순자

순자

순 자 지음
김학주 옮김

을유문화사

옮긴이
김학주(金學主)

충북 충주에서 태어나 서울대학교 문리과대학을 졸업하고, 대만 국립타이완대학 중문연구소에서 문학 석사 학위를, 그리고 서울대학교 대학원 중어중문학과에서 문학 박사 학위를 받았다. 서울대학교 교수로 있으면서 중국어문학회 회장을 역임하였고, 현재 서울대학교 인문대학 명예교수·연세대학교 특별초빙교수로 재직 중이다.
저서로 『논어 이야기』, 『중국 문학의 이해』, 『중국 고대의 가무희』, 『중국 문학사』, 『한대의 문인과 시』, 『공자의 생애와 사상』, 『노자와 도가 사상』이 있으며, 역서로는 『대학』, 『중용』, 『장자』, 『노자』, 『열자』, 『논어』 등이 있다.
hakchu317@naver.com

순자

2001년 10월 31일 초판 1쇄 발행
2003년 9월 5일 초판 3쇄 발행
2008년 3월 25일 2판 1쇄 발행
2025년 3월 20일 2판 18쇄 발행

옮긴이 김학주
펴낸이 정무영, 정상준
펴낸곳 (주)을유문화사

창립 1945년 12월 1일
주소 서울시 마포구 서교동 469-48
전화 02-733-8153 | FAX 02-732-9154
홈페이지 www.eulyoo.co.kr
ISBN 978-89-324-5254-8 03150

* 저작권법에 의해 보호를 받는 저작물이므로 무단전재와 복제를 금합니다.
* 이 책의 전체 또는 일부를 재사용하려면 저작권자와 을유문화사의 동의를 받아야 합니다.
* 책값은 뒤표지에 있습니다. 잘못된 책은 구입하신 곳에서 바꾸어 드립니다.

개정판을 내면서

　필자는 정년 퇴직 후 이전에 번역한 중국 고전의 수정과 불완전한 번역을 보정하는 일에 가장 많은 시간을 바쳐 오고 있다. 이『순자』는 옛날에 일부분만을 골라 번역했던 것을 퇴직 직후에 손을 대어 완역한 것이다. 그러나『노자』·『장자』·『열자』 등의 이전 번역서들에 다시 손을 대면서 이 책도 다시 한 번 개정할 필요를 느끼게 되었다. 여러 가지로 미흡하다고 여겨지는 곳들이 발견되었기 때문이다.

　자신의 번역이라 하더라도 스스로 만족할 수 있을 정도의 번역을 하기란 매우 어려울 것이다. 다시 볼 때마다 잘못된 곳이며 불만을 느끼게 되는 부분이 여기저기에서 발견되곤 한다. 나는 책을 번역하면서 어떤 것이든 힘이 닿는 한 계속 손을 대어 바로잡으리라는 마음가짐으로 지내고 있다.『순자』의 경우 심지어는 본문 한자가 잘못 씌어져 있는 곳도 몇 군데 발견하였다. 이번 이『순자』교정에서 특히 힘을 많이 기울인 점은 첫째, 번역 본문에 있는 한자어를 모두 되도록 쉬운 우리말로 풀어 쓰는 일과 둘째, 주석 부분을 간결하면서도 되도록 알기 쉽도록 바로잡는 일이었다. 이 정도의 교정으로는 아직도 부족한 점이 적지 않으리라고 믿고 있다.

  순자는 어떤 학자보다도 중국 유학의 발전에 크게 공헌한 사상가이다. 주자학(朱子學)에서 이른바 도통론(道統論)을 내세운 뒤로 순자는 유가의 도통에서 벗어나 심지어 이단으로 취급되기도 하였다. 그러나 유학을 올바로 이해하기 위하여 순자는 맹자 못지않게 중요시되어야 한다. 특히 유학의 현대화가 추구되고 있는 지금에 와서는 현실 감각이 뛰어난 순자에 대한 연구는 무엇보다도 중요한 과제가 될 줄로 믿는다. 독자 여러분들의 고견이 전해 오기를 간절히 빈다.

2008년 2월 18일
인헌서실에서 김학주

옮긴이의 말

순자는 송(宋)대 이후 유가의 도통(道統)에서 제외되고 마치 이단 같은 취급을 받는 경향도 있었으나, 경학(經學)과 경전(經傳)의 전수 면에서는 맹자(孟子)보다도 그 공이 훨씬 크다. 그 이유는 순자가 맹자처럼 시종 인의(仁義)와 왕도(王道)만을 철저히 떠받들지 않고 예의(禮儀)와 법도(法度)를 중시하고 패도(覇道)도 어느 정도 인정하였기 때문이다. 그 결과 순자의 제자 중에서 한비(韓非)와 이사(李斯) 같은 법가(法家)의 대표적인 인물이 배출되기도 하였다.

순자가 인의·왕도 이외에도 예의·법도·패도를 중요하게 여겼던 것은 약육강식의 싸움으로 어지러웠던 전국(戰國) 시대의 현실을 그대로 받아들였기 때문이었다. 그러한 순자의 현실 감각은 지금 흔히 논의되고 있는 유교의 현대화는 순자에 대한 재인식에서 출발하지 않으면 안 될 것이라는 생각을 갖게 한다. 때문에 『순자』의 완역본이 나오기까지 힘은 들었지만 끝내 놓고 보니 의미 있는 작업이었다는 생각이 든다.

필자는 정년 퇴직 후, 이전에 나온 필자의 저서와 역서를 수정 보완하는 일을 중요 과제의 하나로 정하고 열심히 추진해 왔다. 그러나 막상 일을 해보니 번역서의 수정 보완 작업은 무척 어렵고 힘든 일이었다. 그 중에서도 다음과 같은 두 가지 어려움이 컸다.

첫째, 『시경(詩經)』이나 『서경(書經)』처럼 본디부터 글의 번역이 쉽지 않은 데다가, 여러 해를 두고 공부해 오면서 그 책에 대한 이해와 글의 해석이 예전과 견해가 많이 달라진 경우였다.

둘째, 『순자(荀子)』나 『묵자(墨子)』처럼 일부를 뽑아 초역(抄譯)을 한 책들이다. 특히 순자는 유가의 가장 중요한 사상가라 여기고 먼저 완역을 하려고 손을 댔다가 크게 혼쭐이 난 경우였다.

필자는 1970년에 『순자』를 초역한 적이 있다. 아무리 초역이라 하더라도 원문의 반쯤은 번역했으리라 생각하고 손을 댔는데, 방대한 분량의 원문 가운데 3분의 1 정도를 초역한 데 지나지 않았다. 초역본을 수정하면서 나머지 부분도 전부 번역하여 완역본을 이루다 보니, 처음부터 완전히 새로 번역하는 것 못지 않은 노력과 시간이 소요되었다.

퇴직하지마자 이 작업에 착수하여 이제 완성하였으니 거의 2년 반의 세월을 바친 셈이지만, 아직도 미진한 부분이 많을 것이라 생각된다. 이에 특히 독자 여러분의 아낌없는 고견과 가르침을 바란다.

끝으로 어려운 여건 속에서도 양서 출판에 힘쓰고 있는 을유문화사 정진숙 회장님 이하 여러 직원들의 노고에 경의를 표한다.

2001년 10월 15일
인헌서실에서 김학주

차례

개정판을 내면서 5
옮긴이의 말 7   일러두기 12
『순자』는 어떤 책인가? 13

제1권
제1편 학문을 권함(勸學) 39
제2편 자기 몸 닦는 법(修身) 63

제2권
제3편 구차한 짓을 하지 말라(不苟) 87
제4편 영예와 치욕(榮辱) 112

제3권
제5편 관상은 정확하지 않다(非相) 142
제6편 12명의 학자를 비판함(非十二子) 170
제7편 공자의 가르침(仲尼) 193

제4권
제8편 유학의 효험(儒效) 208

제5권
제9편 올바른 정치 제도(王制) 255

제 6 권
제10편 나라를 부유하게 하는 법(富國) 314

제 7 권
제11편 왕도와 패도(王覇) 365

제 8 권
제12편 임금의 도리(君道) 416

제 9 권
제13편 신하의 도리(臣道) 456
제14편 훌륭한 선비를 끌어들이는 법(致士) 476

제10권
제15편 군사를 논함(議兵) 489

제11권
제16편 나라를 강하게 하는 법(彊國) 532
제17편 하늘에 대하여 논함(天論) 562

제12권
제18편 올바른 이론(正論) 586

제13권
제19편 예의에 대하여 논함(禮論) 629

제14권
제20편 음악에 대하여 논함(樂論) 683

제15권
제21편 가려진 마음은 열어야 한다(解蔽) 704

제16권
제22편 올바른 명칭(正名) 741

제17권
제23편 사람의 본성은 악함(性惡) 773
제24편 훌륭한 군자(君子) 806

제18권
제25편 상(相) 가락의 노래(成相) 816
제26편 부(賦)로 노래함(賦) 845

제19권
제27편 위대한 학문의 개략(大略) 865

제20권
제28편 평상시의 교훈(宥坐) 947
제29편 자식의 올바른 도리(子道) 967
제30편 법도에 맞는 행동(法行) 982
제31편 공자와 애공의 문답(哀公) 993
제32편 요임금과 순임금의 대화(堯問) 1012

| 일러두기 |

1. 이 책은 『순자』 32편을 현대인이 읽고 공부하기에 편하도록 간단한 주석과 해설을 붙여 번역한 것이다.
2. 번역은 왕선겸(王先謙)의 『순자집해(荀子集解)』를 주 텍스트로 삼고, 그 밖에 유사배(劉師培)의 『순자보석(荀子補釋)』, 우성오(于省吾)의 『순자신증(荀子新證)』을 비롯한 근세 학자들의 저서를 참고하였다.
3. 본문의 분장(分章)은 대체로 『순자집해』를 따랐으며, 편의를 위해 매편의 순서에 따라 앞에 번호를 붙였다.
4. 주(註)에는 보통 쓰이는 글자의 뜻과 판이하게 다를 경우에만 그 근거를 밝혔다. 다만 『순자집해』에서 인용한 경우에는 그런 해석을 하고 있는 학자 이름만을 괄호 안에 써넣었다.
5. 원문은 태주(台州) 국자감본(國子監本)을 따랐으나, 가끔 뜻이 너무 맞지 않는다고 생각되는 곳의 한두 글자만을 여러 학자들의 설을 따라 고쳤다. 억지로라도 뜻이 통할 만하면 원문은 그대로 두고 해석은 달리한 다음, 그 근거를 주에 밝혀 놓았다.
6. 원문은 현대식 표점 부호를 써서 끊어 놓았다.

『순자』는 어떤 책인가?

1. 유가(儒家)에서의 순자(荀子)의 위치

  주(周)나라는 크게 서주(西周, B. C. 1027~B. C. 771)와 동주(東周, B. C. 770~B. C. 256)로 나뉘고, 동주는 다시 춘추(春秋, B. C. 770~B. C. 481)와 전국(戰國, B. C. 480~B. C. 221)의 시대로 나뉜다. 춘추 시대에 공자(孔子, B. C. 551~B. C. 479)는 어지러운 세상을 바로잡으려고 어짊(仁)과 덕(德)을 바탕으로 한 사상의 체계를 세워 유교(儒敎)를 창설하고 그 가르침을 세상에 폈다. 이러한 공자의 이상에도 불구하고 세상은 전국 시대라 불리는 더욱 어지러운 세상으로 이어진다. 그러나 세상이 혼란할수록 평화를 갈망하는 사람들의 마음은 더욱 강렬해, 공자의 가르침은 여러 후계자들에 의해 더욱 발전하였고, 그 밖에도 자기 나름대로의 경륜으로 세상을 바로잡아 보려는 수많은 사상가들, 이른바 제자백가(諸子百家)가 앞을 다투어 나타났다.

  정치적으로나 사상적으로나 혼란을 극한 기원전 350년을 전후해 유가에는 맹자(孟子, B. C. 372~B. C. 289?)에 뒤이어 순자(荀子, B. C. 323?~B. C. 238?)라는 위대한 사상가가 나타났다. 공자의 사상은 맹자와 순자에 의해 더욱 이론적으로 체계화되어 다른 학파들을 압도하고 오랫동안 중국 사람들의 마음을 지배해 왔다고 할 수 있다.

본디 공자의 가르침에는 어짊과 의로움 또는 충성과 믿음 같은 덕을 숭상하는 내면적인 정신주의와 실행과 예의를 존중하는 외면적인 형식주의라는 두 가지 면이 있었다. 정신주의적인 면은 증자(曾子)를 거쳐 맹자를 통하여 발전하였는 데 비해, 형식주의적인 면은 자유(子游)·자하(子夏)를 거쳐 순자에게로 계승되었다. 맹자가 주관적이고 이상적이었다면, 순자는 객관적이고 현실적이었다고 할 수 있다.

이러한 설명이 정당하다 하더라도 사상의 발전은 선을 긋듯이 그렇게 단순한 것은 아니다. 순자는 틀림없이 공자의 사상을 이어받은 유가인데도 불구하고 오랫동안 유학자들 자체에서 이단자로 취급되어 왔다. 그것은 순자가 인간 도덕의 바탕으로 받들어져 온 하늘〔天〕의 권위를 부정하면서 인간과의 분계선(分界線)을 그었고, 사람의 본성은 본래 악하다고 주장하며, 예의와 함께 형벌의 올바른 사용을 강조해 법가(法家)에 가까운 견해를 주장하였기 때문이다. 그의 문하에서 한비자(韓非子, B. C. 280?~B. C. 233?)와 이사(李斯, B. C. 284?~B. C. 210) 같은 법가를 대표하는 사람들이 배출되기도 하였다. 이러한 성격 때문에 순자의 사상은 유가의 정통으로 일컬어지는 맹자의 사상과는 여러 가지 면에서 상충되었다. 이 점은 바로 순자가 유가 이외의 다른 학파의 사상도 널리 공부해, 이들을 유가 사상 속으로 흡수하였기 때문이라고 보는 것이 옳을 것이다.

「12명의 학자를 비판함(非十二子)」을 비롯한 「올바른 이론(正論)」· 「가려진 마음은 열어야 한다(解蔽)」 등의 편에서 순자는 그 시대 다른 학파들에 대해 준엄한 비평을 가하면서 공자의 사상을 드러내려 애쓰고 있다. 공격의 대상에는 공자의 정신주의를 계승한 자사(子思)와 맹자까지도 포함되고 있다.

순자의 견해에 의하면 다른 여러 제자백가들은 사물의 일부분만을 아는 '곡지(曲知)'의 사람들이다. 이들은 부분적인 지식에 의한 판단을 절대적인 것으로 믿고 진리와는 거리가 먼 학문을 하게 되었다는 것이다. 진리와 거리가 먼 학문은 자연히 어떤 명예나 자기의 이익을 뒤쫓게 되므로 순자는 그것에 대해 더욱 분개하면서 이들의 눈을 가리고 마음을 막고 있는 요소들을 제거해 올바른 길을 깨우쳐야 한다고 생각하여 「가려진 마음은 열어야 한다(解蔽)」편을 썼다.

이렇게 다른 학파를 비판하기 위해 순자는 그들의 사상을 널리 공부하였다. 그러는 동안에 다른 학파의 현실적인 사상들이 반대로 순자에게 영향을 미쳐 정통적인 유학과는 다른 독특한 사상 체계를 이룩하기에 이르렀던 것이다. 이렇게 보면 순자는 단순한 공자의 후계자가 아니라 고대의 중국 철학을 집대성한 사람이라는 영예를 누릴 수도 있을 것이다.

유가에서 크게 평가되어야 할 순자의 공로는 여러 유가 경전에 대한 폭넓은 연구이다. 한대의 유향(劉向, B. C. 77~B. C. 6)은 『교수중손경서록(校讎中孫卿書錄)』에서 "순자는 『시경(詩經)』·『예기(禮

記)』·『역경(易經)』·『춘추(春秋)』에 조예가 깊었다"고 말하고 있다. 청대의 학자 왕중(汪中, 1744~1794)의 『순경자통론(荀卿子通論)』에서 고증한 바에 의하면 『시경』의 모시(毛詩)를 비롯해 노시(魯詩)와 한시(韓詩)의 전승이 모두 순자의 손을 직접 간접으로 거치고 있으며, 『춘추』의 좌씨전(左氏傳)·곡량전(穀梁傳)·대대례(大戴禮)·소대례(小戴禮)의 많은 부분이 순자나 그의 제자들의 힘을 입어 전해진 것이다. 학문으로서의 유학이 경전에 바탕을 두고 있는 것이라면, 순자가 유학에 끼친 공로는 위대한 것이다.

순자는 「사람의 본성은 악함(性惡)」편에서 "곧은 나무가 댈나무를 쓰지 않아도 곧은 것은 그 본성이 곧기 때문이다. 굽은 나무가 반드시 댈나무를 대고서 불로 쪄서 바로잡은 다음에야 곧아지는 것은 그 본성이 곧지 않기 때문이다"라고 하면서 곧은 나무와 굽은 나무로써 사람의 본성을 비유하고 있다. 이것은 청대의 학자 왕선겸(王先謙, 1842~1917)이 그의 『순자집해(荀子集解)』서문(序文)에서 지적한 것처럼 순자가 사람의 악한 면뿐만 아니라 선한 면도 인식하고 있었음을 증명하는 것이다. 순자는 서로 해치고 죽이는 그 시대의 어지러운 정치와 그 밑에서 허덕이는 백성들의 비참한 생활을 통감한 나머지, 이를 바로잡기 위해 성악설을 비롯해 예의와 형벌을 주장하였던 것이다. 혼란 속에서는 어짊과 의로움 같은 덕이 발붙일 곳이 없다는 것을 생각하면, 현실에 민감한 순자로서는 불가피한 귀결이라 할 것이다. 순자는 공자의 이상을 버린 것이 아니라, 그 이상을 실현하기 위해 현실에 적응하려 하였던 것이다.

2. 순자의 생애

순자의 생애에 대한 기록으로는 사마천(司馬遷, B. C. 145~B. C. 86?)의 『사기(史記)』 열전(列傳)이 가장 대표적이다. 이를 근거로 그의 생애를 대략 살펴보기로 한다.

순자는 이름이 황(況)이며 순경(荀卿)이라고도 부르는데 경(卿) 은 자(字)라는 견해도 있고 존칭이라는 견해도 있다. 한대 이후로는 손경(孫卿)이라고도 부르는데, 그것은 한나라 선제(宣帝)의 이름 순 (詢)을 휘(諱)하여 손이라 고쳐 부르게 된 것이다. 또한 옛날 순(郇) 나라 공손(公孫)씨 집안이라 하여 손경이라 부른다고 주장하는 이도 있다.

순자는 기원전 323년경 조(趙)나라(지금의 산서성)에서 태어났다. 순자는 고향에서 공부를 해 열다섯 살에는 수재라 일컬어졌다. 이때 제(齊)나라 직하(稷下)에는 위선왕(威宣王) 때부터 임금의 보호에 힘입어 수많은 학자들이 모여 학문을 토론하며 연마하고 있었으므로, 제나라 민왕(暋王) 말년에 순자도 그곳으로 가 학문을 닦았다. 직하 에는 유가를 비롯해 묵가(墨家)·도가(道家)·법가(法家)·명가 (名家) 등에 속하는 전국의 학자들이 모여들어 자유로이 자기 분야의 학문을 연구하고 있었으므로, 한때 이곳을 중심으로 학문이 크게 번 창하였다. 순자는 이곳에서 폭넓은 학문의 기틀을 잡았을 것이다.

제나라 민왕이 죽어 직하의 여러 학자들이 흩어졌으나 양왕(襄王) 이 다시 학자들을 모아 문화의 부흥을 꾀했다. 『사기』 열전에 의하면 순자는 이 무렵 가장 연장자로서 높은 대우를 받으며 좨주(祭酒)라는 학자로서 존경받는 벼슬을 세 번이나 지냈다 한다.
　그러나 순자는 어떤 자의 모함을 받아 제나라를 떠나 초(楚)나라로 갔다. 초나라 재상 춘신군(春申君)은 순자를 맞아 난릉(蘭陵) 땅의 수령에 임명하였다. 그러자 어떤 사람이 춘신군에게 말하였다.
　"탕(湯)임금은 칠십 리 사방의 땅, 문왕(文王)은 백 리 사방의 땅으로 천하를 통일했습니다. 손경도 어진 사람인데 지금 그에게 백 리 사방의 땅을 주었으니 초나라가 위태롭습니다."
　이에 춘신군이 순자를 파면하니, 그는 다시 조(趙)나라로 돌아갔다. 이것은 대략 기원전 265년경의 일이었다.
　순자가 조나라 효성왕(孝成王) 앞에서 임무군(臨武君)과 군사에 관한 토론을 한 것은 이 시기였다(「군사를 논함(議兵)」편 참조). 또한 이 사이에 이웃 진(秦)나라에도 가서 재상인 응후(應侯)와 대담을 하였다(「나라를 강하게 하는 법(彊國)」편 참조). 의병편과 강국편을 보면 임무군에게 용병(用兵)의 근본은 백성들을 따르게 함에 있음을 주장하면서 옛날의 군사제도를 설명하는 태도나, 훌륭한 진나라의 정치를 인정하면서도 유가를 숭상하지 않기 때문에 이상적인 왕자(王者)의 나라는 될 수 없다고 판단하고 진나라를 떠나는 태도에서, 유가로서의 완숙한 면모를 느낄 수 있다.
　한편 초나라에서는 다시 어떤 사람이 춘신군에게 간하였다.
　"걸(桀)왕 때 이윤(伊尹)이 하(夏)나라를 떠나 은(殷)나라로 가자 은나라가 천하를 통일해 하나라는 망하였으며, 관중(管仲)이 노

(魯)나라를 떠나 제나라로 가자 노나라는 약해지고 제나라는 강해졌습니다. 이처럼 현명한 사람이 있으면 임금은 더욱 존귀해지고 나라는 편안해집니다. 지금 손경은 천하의 현명한 사람이니, 그가 버리고 떠난 나라는 편치 못할 것입니다."

이 말을 듣고 춘신군은 사람을 보내어 순자를 다시 초나라로 모셔다 난릉의 수령으로 삼았다.

그러나 기원전 238년, 춘신군이 암살을 당하자 순자도 난릉의 수령 벼슬을 내놓았다. 이때 순자는 꽤 늙었던 듯하며, 그대로 난릉에 머물러 살다가 몇 년 뒤에 죽었다. 그의 제자들은 난릉에 순자를 장사 지냈다.

이보다 더 자세한 그의 생애에 대한 기록은 전하지 않는다. 순자는 그다지 높은 벼슬도 하지 못하고 대부분의 생애를 학문과 교육에 바쳤다. 맹자의 글이 열정적이고 격한 데 비해, 순자의 글은 냉정하고 논리적이라는 점도 그의 생활을 통해 얻어진 성격의 차이에서 온 것이다. 그러나 이러한 냉정하고 논리적인 성격은 유가의 경전들을 정리해 전승시키는 데에 누구보다도 더 큰 업적을 이루게 하였다.

그의 제자로는 법가의 대표적인 인물이라 할 수 있는 한비자와 진시황의 재상으로 유명한 이사가 있다. 이러한 제자들의 이질적인 행동이 순자를 유가에서 더욱 이단자로 몰리게 하였을 것이다. 한편 노나라에 조용히 숨어살면서 학문에 종사해 유학의 전승에 큰 공로를 세운 부구백(浮邱伯) 같은 제자도 있었다.

3. 순자의 저서

지금 우리에게 전해지고 있는 20권 32편의 『순자』는 순자 자신에 의해 씌어진 부분과 제자들의 손에 의해 이루어진 부분이 섞여 있는데, 모두 처음 편집하였던 모습 그대로는 아니다.

반고(班固, 32~92)의 『한서(漢書)』 예문지(藝文志) 제자략(諸子略) 유가(儒家)조에는 『손경자(孫卿子)』 33편, 시부략(詩賦略) 부가(賦家)조에는 『손경부(孫卿賦)』 10편이 수록되어 있다. 『수서(隋書)』 경적지(經籍志) 자부(子部) 유가(儒家)조에는 『손경자』 12권, 또 집부(集部) 별집(別集)에는 『초난릉령순황집(楚蘭陵令荀況集)』 1권이 수록되어 있다. 『구당서(舊唐書)』 경적지 병부(丙部) 자록(子錄) 유가류(儒家類)에는 『손경자』 12권, 또 정부(丁部) 집록(集錄) 별집류(別集類)에는 『조순황집(趙荀況集)』 2권이 수록되어 있다. 『신당서(新唐書)』 예문지(藝文志) 병부 자록 유가류에는 『순경자』 12권・『양경주순자(楊倞注荀子)』 20권, 또 정부 집록 별집류에는 『조순황집』 2권이 수록되어 있다. 『송사(宋史)』 예문지 자류(子類) 유가류에는 『순경자』 20권・『양경주순자』 20권이 수록되어 있다.

이것만 보아도 한대로부터 송대에 이르기까지 거의 시대마다 유행하던 『순자』의 판본에 차이가 있었음을 알 수 있다.

이에 앞서 『순자』를 가장 먼저 교정하여 우리가 지금 보는 『순자』의 형태로 정리한 사람은 한대의 유향이었다. 유향(劉向, B. C. 77?~B. C. 6)의 『교수중손경서록(校讎中孫卿書錄)』에 의하면 순자의 글은 본디 322편이 있었는데, 서로 중복되는 내용을 32편으로 정리하였다 한다. 그 편목(篇目)을 보면 순서에는 약간의 차이가 있지만 내용은 지금 우리가 보는『순자』와 완전히 일치한다. 유향이 교정한『순경신서(荀卿新書)』32편이 지금 우리에게 전해지는『순자』의 바탕이 되었음은 의심할 여지가 없다.

『순자』를 가장 먼저 연구해 주(註)를 단 사람은 당나라의 학자 양경(楊倞)이다. 지금 전해지는 판본으로는 북송(北宋)의 국자감본(國子監本)을 바탕으로 남송(南宋) 순희(淳熙) 8년(1181)에 간행한 태주간본(台州刊本)이 가장 좋은 것이며, 이것은 양경이 주를 단『순자』를 교정한 것이다. 그 뒤로 많은 학자들이『순자』의 가치를 새롭게 인식하고 연구해 주석을 달았다. 근세의 왕선겸(王先謙, 1842~1917)은 학의행(郝懿行)의『순자보주(荀子補注)』, 왕염손(王念孫)의『독서잡지(讀書雜志)』, 유월(俞樾)의『제자평의(諸子平議)』등을 비롯한 이전 여러 학자들의 설을 모두 모은 뒤 자신의 견해를 가해『순자집해(荀子集解)』란 책을 냈다. 그 뒤에도 유사배(劉師培)의『순자보석(荀子補釋)』·『순자구보(荀子斠補)』등을 비롯해, 양계웅(梁啓雄)의『순자간석(荀子簡釋)』(1955) 등이 나와 있다. 근래 순자의 사상을 연구한 책으로는 도사승(陶師承)의『순자연구』, 진등원(陳登元)의『순자철학』, 웅공철(熊公哲)의『순자학안(荀子學案)』, 유자정(劉子靜)의『순자철학강요(荀子哲學綱要)』등이 읽을 만하다.

4. 순자의 사상

① 자연론(自然論)

　순자의 철학은 '하늘〔天〕'이란 말로 표현되는 그의 독특한 자연에 대한 인식에서 출발한다. 순자에게 있어 하늘이란 좁은 뜻으로는 땅과 대조를 이루는 해와 달과 별과 구름이 있는 하늘이고, 넓은 뜻으로는 지금 우리가 쓰고 있는 자연이란 말에 가까운 개념을 지닌 것이다.

　공자·맹자로 이어지는 정통적인 유가 사상에서는 하늘이 사람들의 도덕적인 권위의 기초로서 받아들여지고 있었다. 하늘은 사람 위에서 자연과 함께 이 세상 모든 것을 지배하는 섭리였다. 노자(老子)와 장자(莊子) 같은 도가들도 사람은 자연으로 돌아가야 한다고 생각하였다. 일반적으로 옛날 중국 사람들은 자연 속의 사람, 사람과 자연을 지배하는 하늘을 생각하고 있었다.

　그러나 순자는 하늘과 사람의 관계를 분리시켰다. 자연에는 자연의 법칙이 있고 사람들에게는 사람의 법칙이 있어야 한다는 것이다. 이러한 그의 하늘에 대한 사상은 「하늘에 대하여 논함(天論)」편을 중심으로 한 여러 곳에 구체적으로 서술되어 있다.

　순자는 하늘에는 지각과 뜻이 있어 착하고 악함에 따라 사람들에게 복(福)과 화(禍)를 내린다는 일반적인 생각을 부정하였다.

　"하늘은 만물을 생성하기는 하지만 만물을 분별하지는 못하며, 땅은 사람들을 그 위에 살게 하기는 하지만 사람들을 다스리지는 못한다."(「예의에 대하여 논함(禮論)」)

"작위를 가하지 않아도 이루어지고 추구하지 않아도 얻어지는 것, 이것을 하늘의 직무라 한다."(「하늘에 대하여 논함」)

이 말들은 모두 하늘에는 어떤 의지가 있는 것이 아니라 자연히 그렇게 되어 가고 있음을 뜻하는 것이다. 다만 하늘(자연)은 일정한 원리에 의해 운행되고 있을 따름이라는 것이다.

"하늘의 운행에는 일정한 법도가 있다."(「하늘에 대하여 논함」)

"하늘에는 일정한 도(道)가 있고, 땅에는 일정한 법칙이 있다."(「하늘에 대하여 논함」)

옛날 사람들은 일식·월식이 생기거나 혜성이 나타나고 이상한 기후 변화가 생기면, 모두 사람들이 옳지 못한 일을 해 하늘이 경고하는 뜻에서 일으키는 일종의 흉한 징조라 보았다.

그러나 순자는 이렇게 말하였다.

"일식과 월식이 생기고 철에 맞지 않는 비바람이 일고 이상한 별이 나타나는 것은 늘 어느 세상에서나 있었던 일이다.…… 별이 떨어지고 나무가 우는소리를 내는 것은 천지의 변화이자 음양의 변화로 드물게 생기는 일이다. 이상하게 여기는 것은 괜찮지만 그것을 두려워하면 안 된다."(「하늘에 대하여 논함」)

따라서 하늘이 사람을 다스리는 것이 아니라 반대로 사람이 하늘을 다스려야 한다는 것이다.

"하늘과 땅은 군자를 낳았고, 군자는 하늘과 땅을 다스린다."(「올바른 정치 제도(王制)」)

"하늘에는 그의 철에 따른 변화가 있고, 땅에는 여러 가지 생산물이 있으며, 사람에게는 그 다스림이 있다. 이것을 두고서 하늘과 땅의 변화에 참여하는 것이라 한다. 사람으로서 참여하는 일은 버리고 참여하는 대상만 알기를 바란다면 미혹된 일이다."(「하늘에 대하여 논함」)

하늘에는 하늘의 작용이 있고 땅에는 땅의 작용이 있으며, 사람은 사람으로서의 작용이 있어야 한다. 따라서 사람은 하늘의 변화와 땅의 재물들을 적극적으로 개발하고 이용해야 한다는 것이다. 이것을 순자는 앞에서 참여하는 것이라 표현하고 있다.

"하늘의 운행에는 일정한 법도가 있다. 요임금 때문에 존재하는 것도 아니고 걸왕 때문에 없어지는 것도 아니다.…… 농사에 힘쓰고 쓰는 것을 절약하면 하늘도 가난하게 할 수 없고, 잘 보양하고 제때에 움직이면 하늘도 병들게 할 수 없으며, 올바른 도를 닦아 도리에 어긋나지 않으면 하늘도 재난을 당하게 할 수 없다."(「하늘에 대하여 논함」)

순자는 하늘과 땅 사이에 있는 재물들을 이용하고 머리를 써서 개발하며 쓰는 것을 절약하면 누구나 부유하게 잘살 수 있다고 하였다. 또한 그는 이렇게 말하였다.

"그의 행위가 빈틈없이 모든 것을 잘 다스리고, 그의 보양이 빈틈없이 모두가 적절하면, 그의 삶은 손상되지 않는다. 이것을 두고 지천(知天)이라 한다."(「하늘에 대하여 논함」)

사람은 행동과 사고를 통해 하늘을 많이 알아야 한다. 하늘을 잘 알아야 하늘을 충분히 이용할 수 있을 것이기 때문이다. 순자의 이러한 사상은 자연을 정복하려는 과학 정신과 완전히 합치된다.

여기에서는 하늘에 관한 형이상학을 완전히 거부하고 있다. 『중용(中庸)』같은 데 보이는 하늘의 도(道)와 땅의 도와 사람의 도는 모두 일맥 상통하며 결국에 가서는 모두 같은 것이라는 유가의 전통 사상을 부정하고 있는 것이다. 순자에 의하면 하늘의 도는 하늘에만 통용되는 것이고 사람의 도는 사람에게만 적용되는 것이다.

이 때문에 하늘의 권위에 의해 지탱되어 오던 인간의 미신들도 모두 깨어져 버렸다. 사람의 자주적인 입장이나 적극적인 활동을 막는 모든 요소는 제거되어야 한다고 생각하였기 때문이다. 그렇다고 하늘이나 땅에 대한 숭앙심(崇仰心)을 모두 지워 버린 것은 아니다.

"예에는 세 가지 근본이 있다. 하늘과 땅은 생명의 근본이고, 선조는 종족의 근본이고, 훌륭한 임금은 다스림의 근본이다. 하늘과 땅이 없다면 어떻게 생명이 있겠는가? 선조가 없다면 사람이 어디서 나왔겠는가? 훌륭한 임금이 없다면 어떻게 다스려지겠는가? 세 가지 중에 어느 하나가 없어도 안락할 사람은 없을 것이다. 그러므로 예는 위로는 하늘을 섬기고 아래로는 땅을 섬기며 선조를 높이고 임금을 존중해야 한다. 이것이 예의 세 가지 근본이다."(「예의에 대하여 논함」)

곧 사람이 자기를 낳아 준 조상들을 숭배하고, 자기들을 다스려 주는 임금을 존경하는 것과 같이, 하늘과 땅도 자기들의 생명을 유지해 주는 것이므로 섬겨야 한다는 것이다. 사람들에게 복이나 재난을 내려 주는 하늘의 권위 때문에 하늘을 신앙하는 것이 아니라, 하늘과 땅이 사람들을 살게 해주는 은덕을 지니고 있기 때문에 섬겨야 한다는 것이다. 조상들의 제사가 산 사람을 위한 것이듯, 하늘에 대한 존경도

산 사람들 자신을 위한 것이다.

　이러한 하늘과 사람의 분리는 사람의 우수성의 인식에서 출발하였을 것이다. 순자는 이렇게 말하였다.

　"물과 불은 기운은 있으나 생명이 없고, 풀과 나무는 생명은 있으나 지각이 없고, 새와 짐승은 지각은 있으나 의로움이 없다. 사람에게는 기운도 있고 생명도 있고 지각도 있고 의로움도 있다. 그래서 천하에서 가장 존귀한 것이다."(「올바른 정치 제도」)

　② 성악설(性惡說)

　순자의 사상 가운데에서 유가 내부에서 혹평을 받으면서 후세 학자들의 관심을 가장 많이 끈 것이 성악설이다. 그러기에 성악설은 흔히 순자의 기본 사상이며 대표적인 사상이라고 알려져 왔지만, 사실은 여러 가지 기본적인 관념 가운데 한 가지에 불과하다. 사람의 타고난 본성은 악하다는 성악설은 여러 면에서 사람들에게 감정적인 비판을 받아 왔다. 또한 맹자의 성선설과 대치시켜 생각해 왔기 때문에 유가들에 의해 무조건 부정되었다.

　그러나 순자의 성악설은 그 성격을 올바로 이해해야만 할 필요가 있다. 특히 순자가 말하는 본성 가운데에는 사람의 욕망 작용만이 있을 뿐 사고 작용은 포함되어 있지 않다는 점에 주의해야 한다. 다시 말하면 순자는 본성과 지각은 각각 독립된 심리 작용이라는 전제 아래 성악설을 얘기하고 있는 것이다. 보통의 경우 선과 악은 상대적인 것이지만, 순자에게는 선은 적극적인 가치가 주어지고 악에는 소극적인 가치만이 주어지는 것이다.

"사람의 본성은 악하다.…… 지금 사람의 본성은 나면서부터 이익을 좋아하는데, 이것을 따르기 때문에 쟁탈이 생기고 사양함이 없어진다. 나면서부터 질투하고 미워하는데, 이것을 따르기 때문에 남을 해치고 상하게 하는 일이 생기며 충성과 믿음이 없어진다. 사람은 나면서부터 귀와 눈의 욕망이 있어 아름다운 소리와 빛깔을 좋아하는데, 이것을 따르기 때문에 지나친 혼란이 생기고 예의와 아름다운 형식이 없어진다. 그러니 사람의 본성을 따르고 사람의 감정을 좇으면 반드시 서로 쟁탈을 하게 되고 분수를 어기고 이치를 어지럽혀 난폭함으로 귀결될 것이다.…… 이로써 본다면 사람의 본성은 악한 것이 분명하다."(「사람의 본성은 악함」)

이처럼 성악설의 근거가 사람의 욕망에 있다면, 사람들이 지니고 있는 선의 요소가 완전히 부정되는 것은 아니다. 아무리 성선설을 주장하는 맹자라 하더라도 "사람은 나면서부터 욕망이 있는데, 바라면서도 얻지 못하면 곧 추구하지 않을 수 없고, 추구함에 일정한 기준과 한계가 없다면 곧 다투지 않을 수 없게 된다. 다투면 어지러워지고, 어지러워지면 궁해진다"(「예의에 대하여 논함」)는 순자의 논리를 부정할 수는 없을 것이다.

그러기에 순자는 "타고나는 본성은 우리가 어찌할 수가 없지만 교화시킬 수는 있다"(「유학의 효험(儒效)」)라고 하여, 사람 자신이 선해질 수 있는 능력 곧 선의 요소를 지니고 있음을 인정하고 있다. 그러면 그 선의 요소란 무엇일까?

"배워서 행할 수 없고 노력해도 이루어질 수 없는데도 사람에게 있는 것을 본성이라 한다. 배워서 행할 수 있고 노력하면 이루어질 수 있는 사람에게 있는 것을 작위라 한다."(「사람의 본성은 악함」)

배우고 노력해서 사람을 선하게 하는 선의 요소가 바로 작위라는 것이다.

"감정이 그러하여 마음이 그것을 선택하는 것을 생각(慮)이라 말하고, 마음이 생각하여 그것을 위해 움직일 수 있는 것을 작위라 말한다."(「올바른 명칭(正名)」)

작위에는 올바른 판단과 올바른 행동을 할 수 있는 지각이 전제되고 있는 것이다.

그리하여 "성인은 본성을 교화시키고 작위를 일으키는데, 작위가 일어나면 예의가 생기고, 예의가 생기면 법도가 제정된다"고 하면서 작위를 통해 생겨나는 예의와 법도로써 사람들을 선하게 만들어야 한다고 하였다.

순자의 성악설은 단순히 "사람의 본성은 악하다"는 것이 아니라, 사람의 능력을 개발해 어지러운 세상을 바로잡아 보려는 적극적인 뜻을 지닌 것이다. 순자는 "길거리의 사람 누구나가 성인이 될 수 있고, 소인이라도 누구나 군자가 될 수 있다"(「사람의 본성은 악함」)고 주장하면서, 사람들의 본성과 감정을 다스려 보려 하였던 것이다.

③ 인식론(認識論)

순자의 인식론은 하늘과 사람의 존재를 명확히 갈라놓는 태도로부터 출발한다. 그러기에 하늘의 권위를 빌려 절대적인 가치를 지녔던 일반적인 유가나 도가의 도는 순자에 이르러 사람을 기준으로 한 분명한 한계가 그어진다.

"도란 하늘의 도도 아니요, 땅의 도도 아니며, 사람의 근본이 되는 도이며, 군자가 지켜야 할 도이다."(「유학의 효험」)

"도란 무엇인가? 그것은 예의와 사양과 충성과 믿음이다."(「나라를 강하게 하는 법」)

순자는 모든 불확실한 애매한 근거를 가진 인식은 잘못이라고 생각하였다. 사물의 관찰이나 판단을 정확히 하자면 일정한 기준이 있어야 하는데(「가려진 마음은 열어야 한다」), 그것은 마음의 맑고 깨끗함에서 얻어진다.

"내 생각이 분명하지 않으면 곧 그렇고 그렇지 않음을 결정할 수가 없다."(「가려진 마음은 열어야 한다」)

"사람들은 무엇으로 도를 아는가? 그것은 마음으로 알 수 있다. 마음은 어떻게 도를 아는가? 그것은 마음이 텅 비고 한결같아지고 고요해지는 것으로 알게 된다.…… 마음이 텅 비고 한결같아지고 고요한 것을 크게 맑고 밝다〔大淸明〕고 하는 것이다."(「가려진 마음은 열어야 한다」)

다시 말하면 마음의 욕망이나 잡된 생각을 없애고 텅 비우고 한 가지 일에 통일시킨 다음 고요히 사색하는 것을 맑고 깨끗하다고 하는 것이다. 맑고 깨끗한 마음에서 제대로 지각이 작용해 올바른 인식이 얻어진다.

이러한 정확한 인식의 주장은 그로 하여금 올바른 분별과 논설을 중시하게 하였다. 분별의 표현이 논설이기 때문에 사실상 분별과 논설은 같은 개념의 말이며, 순자도 분별의 뜻인 변(辨)·논설의 뜻인 변(辯)·이론의 뜻인 설(說)의 세 글자를 거의 같은 범주에서 사용하고 있다. 순자는 분별의 중요성을 강조해 "옳고 그름(是非)이 혼동되지 않는다면 나라가 잘 다스려질 것이다"(「올바른 정치 제도」)라고까지 하였다.

"군자는 반드시 말을 잘한다. 사람들은 그가 훌륭하다고 여기는 일을 말하기 좋아하지 않는 이 없지만, 군자는 그 경향이 더욱 심하다." (「관상은 정확하지 않다(非相)」)

분별과 논설은 세상이 어지러울수록 더욱 절실해진다.

"지금 성왕은 돌아가시고 천하가 어지러워져 간사한 말이 생겨나고 있으나, 군자에게는 그들에게 군림할 권세도 없고, 그들의 잘못을 금할 형벌도 없다. 그러므로 일의 옳고 그름을 분명하게 펴고 있는 것이다."(「올바른 명칭」)

올바른 판단과 의로운 논설은 어느 때고 유익한 것이지만, 세상이 어지러울 때에는 혼란을 바로잡기 위해 더욱 필요하다는 것이다. 그래서 순자는 「올바른 명칭」편을 비롯한 여러 곳에서 올바른 논설을 위해 정확한 논리를 주장하고 있다.

순자는 또 많은 사람들이 그릇된 주장을 하는 것은 마음 한 구석이 욕망이나 이익 같은 데 가려 있기 때문이라고 생각하였다. 그리하여 사람들의 마음을 가리거나 막고 있는 것을 없애 버려야 세상이 올바르게 된다고 생각하고 「가려진 마음은 열어야 한다」편을 썼다.

확실한 인식을 바탕으로 하여 비로소 정확한 논리가 성립된다. 명가(名家) 같은 궤변가에 의한 논리의 혼란을 걱정한 순자는, 올바른 사회의 건설을 위해서 정확한 논리가 필요하다고 생각하고 논리학에도 깊은 관심을 기울였다. 여기에서 그가 가장 주의를 기울인 것은 명칭〔名〕에 관한 문제였다. 그는 "명칭을 들으면 실물을 깨닫게 되는 것이 명칭의 효용이다"(「올바른 명칭」), "명칭이 올바라야 물건을 이해할 수 있다"(「올바른 명칭」)고 하였다.

올바른 명칭은 본디 유가에서 중시하던 문제의 하나였다. 자로(子路)가 스승인 공자에게 물었다.

"위나라 임금이 선생님께 정치를 맡긴다면 선생님은 무엇을 먼저 하시겠습니까?"

공자는 이렇게 대답하였다.

"반드시 명칭을 바로잡는 일부터 할 것이다."(『논어(論語)』「子路」)

그러나 순자는 한층 더 심각하였다.

"말을 분석해 멋대로 명칭을 만들어 올바른 명칭을 어지럽혀 백성들에게 의혹을 품게 하면 사람들은 말다툼과 소송이 많아질 것이니 곧 이것을 두고 크게 간사함〔大姦〕이라 말하는 것이다. 그 죄는 사신의 신표(信標)나 도량형기를 멋대로 만든 것과 같다."(「올바른 명칭」)

그리고는 명칭을 단명(單名)과 겸명(兼名) 및 별명(別名)과 공명(共名)으로 구분하기도 하였다. 즉 한 가지 개념을 표시할 때를 단명이라 하고, 두 가지 이상의 개념이 합쳐서 한 개념을 나타내는 것을 겸명이라 한다. 예를 들면 말〔馬〕은 단명이고 흰 말〔白馬〕은 겸명이 된다. 또 종류의 개념에 의해 사람〔人〕이란 말이 동물이란 말에 대해 쓰일 때면 별명이 되고, 동물은 사람에 대해 공명이 된다. 그리고 별명의 극은 여러 가지 낱개의 물건 이름이며, 공명의 극은 물(物)이란 말이 된다.(「올바른 명칭」) 이것은 묵가(墨家)의 논리학파에 비길 만한 귀중한 업적이며, 순자의 객관적·과학적인 사상의 성격을 잘 설명해 주는 것이다. 결국 순자의 인식론은 논리학으로, 논리학은 다시 문법의 범주에 속할 정확한 명칭(또는 명사)의 사용으로 발전하고 있는 것이다.

④ 예론(禮論)

순자는 사람이란 무리를 이루어 사는(「올바른 정치 제도」) 사회적인 동물이며, 그 사회의 질서를 유지하며 원활히 살아가는 데에 사람의 특징이 있다 하였다. 사람은 여럿이 화합할 수 있다는 데에 무한한 가능성이 있다. 따라서 사회를 떠나서는 사람이란 존재할 수도 없는 것이라고까지 생각하였다. 그런데 사회가 제대로 유지될 수 있는 것은 사람들이 의로움〔義〕을 알기 때문이다. 이 의로움을 바탕으로 사회적인 분별과 규범으로 나타나는 것이 예의인 것이다.

한편 예의의 필요성은 성악설과도 관계지어 설명할 수 있다. 사람에게는 본디 욕망이라는 악한 본성이 있어서 그대로 버려 두면 서로 충돌해 큰 혼란이 일어난다(「영예와 치욕(榮辱)」). 그래서 옛 임금들은 그 혼란을 막기 위해 예의를 제정하였다.(「올바른 정치 제도」·「예의에 대하여 논함」)

따라서 나라에 예가 없으면 나라가 어지러워지며(「왕도와 패도(王覇)」), 개인이 예의를 지키면 처신이 바르게 되어(「자기 몸 닦는 법(修身)」) 군자가 된다.(「사람의 본성은 악함」) 예의는 개인 행동의 규범이 될 뿐만 아니라 사회 질서의 기본이 되는 것이다. 순자가 생각하는 예의를 더 구체적으로 표현하면 사회적인 계급 질서이다. 곧 사회적으로 가난하고 부유한 사람, 귀하고 천한 사람, 또는 어른과 아이의 분별을 올바르게 짓는 것이다.

이 예의는 일방적으로 개인의 욕망을 억누르는 것이 아니다.

"사람들의 욕망을 충족시켜 주고 사람들이 원하는 것을 공급케 하였던 것이다. 그리하여 욕망은 반드시 물건에 궁해지지 않도록 하고, 물건은 반드시 욕망에 부족함이 없도록 해, 이 두 가지가 서로 균형 있게 발전하도록 하는 것이다."(「예의에 대하여 논함」)

즉 사람들이 사회 생활을 하면서 자기 신분에 알맞게 일하고 행동하며 거기에 따른 보수를 받게 함으로써 통일된 조화[和一] 속에 평화롭게 살도록 하기 위한 것이 예의이다.(「영예와 치욕」)

한편 예의의 방법은 옷이나 기구 또는 거처나 행동을 자기 신분과 처지에 알맞도록 수식하는 것이다. 예의 제도라는 말이 한 가지 개념으로 쓰여지고 있는 것도 그 때문이다.

"무릇 예가 삶을 섬김은 기쁨을 장식하려는 것이고, 죽음을 전송함은 슬픔을 장식하려는 것이고,…… 군대의 의식은 위엄을 장식하려는 것이다"(「예의에 대하여 논함」)라고 한 것은 그러한 예의 형식을 설명한 것이다.

그러므로 예의는 함부로 만들어질 수 없는 것이다. 덕이 많고 모든 이치에 통달한 이상적인 인간인 성인에 의해 만들어지는 것이다.

"예의라는 것은 성인의 작위에 의해 생겨나는 것이지, 본디 사람의 본성에서 생겨나는 것은 아니다.…… 성인이 생각을 쌓고 작위를 오랫동안 익혀 예의를 만들어 내고 법도를 제정한다."(「사람의 본성은 악함」)

작위란 앞의 성악설에서 설명했듯이 사람의 본성을 교화시키려는 올바른 지려에 의한 행위이다. 이러한 성인의 작위에 의해 예의가 생겨나는 것이므로 그것은 사람의 본성을 올바로 이끌고 사회의 질서를 바로잡는 규범이 될 수 있는 것이다.

어떻든 순자의 예는 "사양하는 마음은 예의 발단"이라고 한 맹자에 비해 훨씬 외면적이고 형식적이다. 이러한 외면적이고 형식적인 성격은 개인의 수양이나 국가의 정치에 있어서도 맹자의 내면적이고 주관적인 견해와 시종 대립된다.

⑤ 정치론(政治論)

　순자는 "사람은 나면서부터 무리를 이룬다"(「나라를 부유하게 하는 법(富國)」)면서 인간의 사회성을 중시하였기 때문에, 국가나 정치 제도도 모두 사람들을 잘 모여 살게 하기 위한 것이라는 생각을 지니고 있었다. 그리하여 "하늘이 백성을 낳은 것은 임금을 위한 것이 아니며, 하늘이 임금을 세운 것은 백성을 위한 것이다"(「위대한 학문의 개략(大略)」)라고 하는 민본 사상이 정치론의 바탕이 된다. 따라서 백성이 지지하는 나라는 흥하고 백성이 싫어하는 나라는 망할 것이기 때문에 온갖 수단을 다해 백성들을 잘 살게 해야 한다.
　거기에서 가장 중요한 것으로 등장하는 것이 경제 정책이다. 그는 "부유하지 않으면 백성들의 감정을 길러 줄 수 없다"(「위대한 학문의 개략」)고 하면서 농업 생산을 바탕으로 한 부국(富國)을 역설하고 있다. 이 부국의 방법으로 "생산에 힘쓰면서 절약해 쓰는 것"(「나라를 부유하게 하는 법」)을 주장한 것은 신랄한 그의 비판에도 불구하고 묵자(墨子)의 영향을 느끼게 한다.
　순자가 세상을 다스리는 방법으로 법을 매우 중요시했음은 또 하나의 특징이라 할 것이다.
　"법은 다스림의 발단(端)이다."(「임금의 도리(君道)」)
　그는 나라에는 다스림의 기준이 되는 법이 있어야 함을 강조하였다. 뒤에는 형벌을 엄히 해야 한다고 주장하는 대목이 여러 곳에 보인다. 이러한 법의 중시는 그의 제자 한비자에게서 극도로 발전해 법가(法

家)를 이루었다.

그러나 "좋은 법이 있어도 어지러워지는 일은 있으나, 군자가 있으면서도 어지러워진다는 말은 예로부터 지금까지 들어본 일이 없다"(「올바른 정치 제도」)고 하면서 법을 다스리는 사람이 더 중요하다고 주장하여 유가의 테두리를 벗어나지는 못하였다.

그의 정치 사상 가운데에서도 가장 특색 있는 것은 후왕 사상(後王思想)이다. 순자는 유가의 전통을 따라 이상적인 정치를 한 옛 임금(先王)의 이상을 받아들이기는 하였다. 그러나 현실적으로는 오래 되어 잘 알 수 없는 옛 임금보다는 그 전통을 계승한 후왕, 즉 후세의 임금 또는 근세의 임금을 본받아야 한다는 것이다. 순자는 이렇게 말하였다.

"대략 옛 임금을 법도로 삼기는 하지만 그 정통을 알지 못하며······ 이것이 곧 자사(子思)와 맹자의 죄이다."(「12명의 학자를 비판함」)

또한 그는 후왕을 본뜰 것을 주장한다.

"대체로 옛 임금(先王)을 본뜬다고는 하지만 세상을 어지럽히기에 충분한 술법을 따르며······ 후세 임금(後王)을 법도로 삼아 제도를 통일할 줄 모르며······ 옛 임금을 부르면서 어리석은 자를 속여 입고 먹을 것을 구하는데······ 이것은 속된 유자이다. 후세 임금을 법도로 삼고 제도를 통일하며······ 이것은 아유(雅儒)이다."(「유학의 효험」)

이것은 순자 사상의 현실적인 성격을 말해 주는 한편 예의 사상과도 관련이 있다. 정치에서 중요한 것은 맹자가 말하는 왕자의 덕이나 도의심(道義心)이 아니라 객관적·형식적으로 규정된 예의 제도이다. 그러니 임금의 개인적인 소질은 별 관계가 없어져서, 증거가 애매한 옛 임금보다는 근세의 임금을 내세우게 되는 것이다. 여기에서 정치의 객관적·기술적인 성격이 분명해졌는데, 이 점도 법가인 한비자에 의해 더욱 철저히 계승 발전하게 된다.

순자의 현실적인 성격은 유가의 전통을 따라 덕을 위주로 하는 왕도(王道)를 이상으로 받들면서도, 힘으로 다스리는 패도(覇道)까지도 받아들이고 있다. 전국 시대처럼 어지러운 세상이라면 적어도 패도 정치라도 제대로 되어 주기를 바라는 현실적인 소망이 있었을 것이다. 이 점에서도 유가 사상 속에 숨어든 법가적인 낌새를 느낄 수 있다.

5. 『순자』의 중요성

순자의 사상은 객관적이고 현실적이라는 말로 그 특징을 요약할 수 있다. 그런데 이러한 사상을 주장하는 학자나 사상가는 중국에서는 찾아보기 힘들다. 유교의 정통이 만약 맹자가 아닌 순자로 이어졌더라면 유교가 지배해 온 중국 사회가 얼마나 달라졌을까 하는 생각을 해본다. 혹 한(漢) 민족이 서양에 못지않은 과학 문명을 건설했을지도 모를 일이다.

순자는 그 시대의 다른 사상가들의 사상도 참고하고 흡수하였을 뿐만 아니라, 법가(法家)나 명가(名家) 같은 다른 학파들의 사상 발전에도 큰 영향을 끼쳤다. 또한 유가 경전의 연구와 전승에는 다른 어떤 학자들보다도 큰 역할을 하였다. 따라서 중국 고대 사상을 올바로 이해하기 위해 『순자』는 반드시 읽어야만 할 책이다. 이처럼 독특하고 훌륭한 고전들이 많이 읽혀짐으로써 동양 문화는 새로운 발판을 얻게 될 것이다.

제1편

학문을 권함

勸學

학문을 권장하는 글. 학문의 필요성과 학문하는 방법을 논하고 있다. 순자가 그의 사상을 서술함에 있어서 이처럼 학문에 대한 기본 태도부터 밝히고 있다는 것은 그의 학자로서의 성실성을 보여준다. 그는 경전을 읽고 예(禮)를 숭상하는 공부를 통해 사람은 완전해지는 것이라 믿고 있었다. 따라서 순자의 학문에 대한 태도의 이해는 바로 순자의 사상 전체를 이해하는 데 있어서 기본이 될 것이다.

1

군자들은 "학문은 하지 않을 수가 없는 것이다"라고 말한다. 푸른 물감은 쪽풀에서 얻지만 쪽풀보다 더 파랗고, 얼음은 물로 이루어졌지만 물보다 더 차다. 나무가 곧아서 먹줄에 들어맞는다 하더라도 굽혀 수레바퀴를 만들면 굽은 자에 들어맞게 되고, 비록 바싹 마른다 하더라도 다시 펴지지 않는 것은 굽혔기 때문이다. 나무는 먹줄을 따르면 곧아지고 쇠는 숫돌에 갈면 날카로워지는 것처럼 군자도 널리 배우며 매일 자기에 대해 생각하고 살피면 앎이 밝아지고 행동에 허물이 없을 것이다.

그러므로 높은 산에 올라가 보지 않으면 하늘이 높은 것을 알지 못하고, 깊은 계곡 가까이 가보지 않으면 땅이 두터운 것을 알지 못하며, 옛 임금들이 남긴 말씀을 듣지 못한다면 학문의 위대함을 알지 못할 것이다. 오(吳)나라 월(越)나라 오랑캐의 자식들도 태어났을 때는 같은 소리를 내지만 자랄수록 풍습이 달라지는 것은 가르침이 다르기 때문이다.

『시경(詩經)』에 이렇게 읊고 있다.

"아아, 그대들 군자여! 언제나 편히 쉬려고만 하지 말라. 그대 직위를 삼가 잘 다스리고 바르고 곧은 이들을 좋아하라.

신명께서 들으시면 그대에게 큰 복 내리시리라."

올바른 길[道]로 교화시키는 일보다 더 크게 여기는 신명은 없으며, 화를 입지 않는 것보다 더 좋은 복은 없다.

| 원문 |

君子[1]曰; 學不可以已. 青取之於藍,[2] 而青於藍. 氷水爲之, 而寒於水.

木直中繩,³ 輮⁴以爲輪, 其曲中規,⁵ 雖有槁暴,⁶ 不復挺⁷者, 輮使之然也. 故木受繩則直, 金就礪⁸則利, 君子博學而日參⁹省乎己, 則知明而行無過矣.

故不登高山, 不知天之高也, 不臨深谿, 不知地之厚也, 不聞先王¹⁰之遺言, 不知學問之大也. 干越夷貉¹¹之子, 生而同聲, 長而異俗, 敎使之然也.

詩¹²曰; 嗟爾君子, 無恒安息. 靖¹³共¹⁴爾位, 好是正直. 神¹⁵之聽之, 介¹⁶爾景¹⁷福.

---

1 君子(군자) : 본래는 벼슬하는 지배 계급에 있는 사람들을 가리키는 말이었으나, 뒤에는 덕이 많은 훌륭한 사람을 가리키는 말로 바뀌었다. 그것은 덕이 많은 사람이 세상을 다스려야 한다는 유가의 덕치주의 사상 때문이다. 군자의 반대말은 소인(小人)이다.
2 藍(람) : 여뀌과[蓼科]에 속하는 풀이름. 쪽. 이 풀의 잎으로 푸른 물감을 만들었다.
3 繩(승) : 목수들이 쓰는 먹줄.
4 輮(유) : 굽히는 것.
5 規(규) : 목수들이 원을 그릴 때 쓰던 굽은 자. 지금의 컴퍼스와 같은 것.
6 暴(폭) : 볕에 말리다.
7 挺(정) : 곧아지는 것.
8 礪(려) : 숫돌.
9 參(참) : 『논어』에 증자(曾子)가 "하루에 내 자신에 대해 세 가지를 반성한다(日參省吾身)"는 말이 있어, 여기서도 '삼'으로 읽는 이가 있으나 참험(參驗)의 뜻, 곧 "살피고 생각한다"고 해석함이 좋다(俞樾).
10 先王(선왕) : 요(堯)·순(舜)·우(禹)·탕(湯)·문왕(文王) 같은 옛날의 훌륭한 임금들.
11 干越夷貉(간월이맥) : '간'은 오나라에 있던 나라 이름. 오월(吳越)은 지금의 중국 남부 지방으로 옛날에는 미개한 지역이었다. '이맥'은 중국의 동북방에 살던 오랑캐 이름.
12 詩(시) : 『시경』. 이 시는 『시경』 소아(小雅)의 소명(小明)편에 보인다.
13 靖(정) : 꾀하는 것.
14 共(공) : 공손한 것. 공(恭)과 뜻이 통함.
15 神(신) : 본시 『시경』에서는 삼갈 신(愼)의 뜻으로 쓰였고, 그때엔 청(聽)을 청종(聽從: 도리를 잘 따름)의 뜻으로 풀어야 한다. 그러나 여기에서는 뒤의 순자의 말과 연결시키기 위하여 '신'은 '신명', '청'은 '듣는다'는 뜻으로 풀이하였다.
16 介(개) : 굳게 하다, 내려 주다.
17 景(경) : 큰 것.

神莫大於化道, 福莫長於無禍.

| 해설 |

순자가 그의 책 첫머리에 학문에 대한 태도부터 밝히고 있다는 것은 학자로서의 성실성을 증명해 준다. 학문이란 쪽풀에서 푸른 물감을 만들어 내거나, 곧은 나무를 굽혀 놓는 것처럼 사람의 성격이나 행동을 완전히 변화시킨다. 태어날 때엔 똑같던 사람들도 교육에 따라 뒤에는 완전히 다른 사람들로 성장한다. 그러므로 사람들은 성실히 배우면서 올바른 길을 찾아야만 한다는 것이다. 여기에서 이미 성악설(性惡說)의 기본 개념이 느껴진다.

2

나는 일찍이 하루 종일 생각만 해 본 일이 있었으나 잠깐 동안 공부한 것만 못하였다. 나는 일찍이 발돋움을 하고 바라본 일이 있었으나 높은 곳에 올라가 널리 바라보는 것만 못하였다. 높이 올라가 손짓을 하면 팔이 더 길어지는 것은 아니지만 멀리서도 보이며, 바람을 따라 소리치면 소리가 더 커지는 것은 아니지만 분명히 들리며, 수레와 말을 타면 발이 더 빨라지는 것은 아니지만 천 리 길을 갈 수 있으며, 배와 노를 이용하면 물에 익숙지 않더라도 강을 건너갈 수 있다. 군자는 나면서부터 남과 달랐던 것이 아니라 사물을 잘 이용할 줄 아는 것이다.

| 원문 |

吾嘗終日而思矣, 不如須臾[1]之所學也, 吾嘗跂[2]而望矣, 不如登高之博

見也. 登高而招, 臂³非加長也, 而見者遠, 順風而呼, 聲非加疾⁴也, 而聞者彰.⁵ 假⁶輿⁷馬者, 非利足也, 而致千里, 假舟楫⁸者, 非能水⁹也, 而絶¹⁰江河. 君子生非異也, 善假於物也.

| 해설 |

사람에게는 사색보다도 공부하는 것이 더욱 중요하다. 그런데 공부를 잘하려면 좋은 환경에 좋은 방법을 써야 한다. 아무리 홀로 발돋움해 봐도 높은 곳에서 바라보는 것만큼 널리 바라보이지 않는 것처럼, 학문도 좋은 환경에서 크게 발전한다. 수레나 말을 타면 걷는 것보다 빨리 먼 곳에 갈 수 있듯이 좋은 방법으로 공부하면 학문은 더 빨리 발전한다. 좋은 환경에 좋은 방법, 훌륭한 스승 아래 군자가 이룩되는 것이다.

3

남방에 새가 있는데 이름을 몽구(蒙鳩)라 한다. 자기 깃으로 둥지를 만들고 머리털로 그것을 이어 갈대 이삭에다 매달아 놓는다. 바람이

---

1 須臾(수유) : 잠시, 짧은 동안.
2 跂(기) : 발돋움하다.
3 臂(비) : 팔.
4 疾(질) : 여기서는 소리가 커지는 것.
5 彰(창) : 밝다.
6 假(가) : 이용하는 것.
7 輿(여) : 수레.
8 楫(집) : 배의 노를 말함.
9 能水(능수) : 물에 익숙한 것, 헤엄을 잘 치는 것.
10 絶(절) : 물을 가로질러 건너가는 것.

불어와 이삭이 꺾이어지면 그 속의 알이 깨지고 새끼들은 죽게 된다. 둥지가 불완전한 때문이 아니라 그런 곳에 매달아 놓았기 때문이다.

서쪽에 나무가 있는데 이름을 야간(射干)이라 한다. 줄기의 길이는 네 치지만 높은 산 위에 자라고 있어서 백 길이나 되는 심연을 바라보고 있다. 나무의 줄기가 길기 때문이 아니라 높은 산 위에 서 있기 때문이다.

쑥대가 삼대밭 속에서 자라면 부축해 주지 않아도 곧으며, 흰모래를 개흙 속에 넣으면 모두 함께 검어진다.

난괴(蘭槐)의 뿌리는 바로 향료가 되는데, 그것을 구정물에 적셔두면 군자도 가까이 않으려니와 보통 사람들도 그것을 몸에 지니지 않는다. 그 바탕이 아름답지 않은 것이 아니라 적셔 두는 데 따라 그렇게 되는 것이다.

그러므로 군자는 반드시 고을을 가려 살고 반드시 선비들과 어울려 노는데, 이것은 악해지고 비뚤어지는 것을 막아 올바름으로 가까이 가고자 하기 때문이다.

| 원문 |

南方有鳥焉, 名曰蒙鳩,[1] 以羽爲巢, 而編之以髮, 繫之葦[2]苕.[3] 風至苕折, 卵破子死. 巢非不完也, 所繫者然也.

西方有木焉, 名曰射干.[4] 莖長四寸, 生於高山之上, 而臨百仞[5]之淵. 木莖非能長也, 所立者然也.

---

1 蒙鳩(몽구) : 뱁새[鷦鷯]의 일종.
2 葦(위) : 갈대.
3 苕(초) : 갈대의 이삭.

蓬[6]生麻中, 不扶而直. 白沙在涅, 與之俱黑.

蘭槐[7]之根, 是爲芷, 其漸[8]之滫,[9] 君子不近, 庶人不服. 其質非不美也, 所漸者然也.

故君子, 居必擇鄕, 游必就士, 所以防邪僻,[10] 而近中正也.

| 해설 |

여기서도 몽구새·야간나무·난괴 등의 비유를 들어 사람들이 공부하고 살아가는 환경의 중요성을 강조하고 있다. 훌륭한 사람이 되려면 사는 곳을 가리고 친구를 가려 사귐으로써 올바른 일들을 배워야 한다는 것이다.

4

여러 가지 사물이 생겨나는 데에는 반드시 시작이 있으며, 영예나 욕됨이 오는 것은 반드시 그의 덕으로 말미암는 것이다. 고기가 썩으면 벌레가 생겨나고 생선이 마르면 좀벌레가 이는 것처럼, 태만하여 자신을 잊는다면 재앙이 닥칠 것이다. 강한 것은 스스로 떠받치고 서지만, 유약한 것은 스스로 묶이게 된다.

---

4 射干(야간) : 오선(烏扇)이라고도 부르는 중국 서쪽 높은 산에 나는 풀이름.
5 仞(인) : 길이의 단위. 옛 주척(周尺)으로 일곱 자가 일인인데, 우리말로는 한 길에 가깝다.
6 蓬(봉) : 다북쑥.
7 蘭槐(난괴) : 향초의 일종. 그 뿌리는 지(芷)라 하며 향료로 쓰인다.
8 漸(점) : 적시다.
9 滫(수) : 오래된 구정물.
10 邪僻(사벽) : 사악하고 비뚤어진 것.

악함과 더러움을 몸에 지니고 있으면 원한이 맺히어지는 까닭이 된다. 땔나무를 고르게 펼쳐 놓고 불을 붙이면 다 타버릴 것이고, 땅을 평평히 해놓고 물을 부으면 모든 곳을 적실 것이다. 풀과 나무는 무리를 이루어 자라나고 새와 짐승은 떼를 지어 사는데, 모든 물건은 제각기 그의 종류를 따르게 마련이다.

그렇기 때문에 과녁을 펼쳐 놓으면 화살이 날아오게 마련이고, 나무숲이 무성하면 도끼가 쓰여지게 마련이고, 나무가 그늘을 이루면 새떼들이 와서 쉬게 마련이고, 식초가 시어지면 초파리가 모여들게 마련이다. 따라서 말은 화를 부를 수 있고 행동은 욕됨을 자초할 수 있으므로 군자는 그의 처지에 대해 신중한 것이다.

| 원문 |

物類[1]之起, 必有所始, 榮辱之來, 必象其德. 肉腐出蟲, 魚枯生蠹.[2] 怠慢忘身, 禍災乃作. 强自取柱, 柔自取束.[3]

邪穢[4]在身, 怨之所構, 施薪若一, 火就燥也, 平地若一, 水就溼也. 草木疇[5]生, 禽獸羣居, 物各從其類也.

是故, 質的[6]張而弓矢至焉, 林木茂而斧斤至焉, 樹成蔭而衆鳥息焉, 醯[7]酸而蜹[8]聚焉. 故言有召禍也, 行有招辱也, 君子愼其所立[9]乎.

---

1 物類(물류) : 여러 가지 사물.
2 蠹(두) : 좀.
3 强自取柱, 柔自取束(강자취주, 유자취속) : "강한 것은 스스로 떠받치고 서지만, 유약한 것은 스스로 묶이게 된다."(劉師培『荀子補釋』)
4 穢(예) : 더러움.
5 疇(주) : 무리.
6 質的(질적) : '질'은 활쏘는 표적, 적은 표적 안에 그려진 둥근 과녁.

| 해설 |

여기서는 학문하는 사람의 환경을 더 자세히 설명하고 있다. 환경이란 주어지는 것이 아니라, 그 사람의 마음가짐에 따라서 자연히 형성되는 것이다. 풀과 나무가 같은 종류끼리 모여 살 듯, 비슷한 사람들끼리 모이게 되는 것은 당연하다. 따라서 군자는 말과 행동을 조심해 자기 환경을 훌륭하게 조성한다는 것이다.

5

흙이 쌓여 산이 이룩되면 바람과 비가 일게 된다. 물이 모여 못이 이룩되면 교룡과 용이 생겨나게 된다. 선함이 쌓여 덕이 이룩되면 자연히 귀신 같은 총명함을 얻게 되고 성스러운 마음이 갖추어지게 된다. 그러므로 반 걸음이 쌓이지 않으면 천리길을 갈 수 없고, 작은 흐름이 쌓이지 않으면 강과 바다가 이룩될 수 없는 것이다. 천리마도 한 번 뛰어 열 걸음을 갈 수 없고, 둔한 말도 열 배의 시간과 힘을 들여 수레를 끌면 천리마를 따를 수 있다. 공이 이룩되는 것은 중단하지 않는 데 달려 있다. 칼로 자르다 중단하면 썩은 나무라도 자를 수 없으며, 중단하지 않으면 쇠나 돌이라도 자를 수 있다.

지렁이는 날카로운 발톱과 이빨과 힘센 근육이나 뼈를 가지고 있지 않지만, 위로는 티끌과 흙을 먹고 아래로는 땅 속의 물을 마시는데, 그것은 한결같이 마음을 쓰기 때문이다. 게는 여덟 개의 발에다 두 개

---

7 醯(혜) : 초.
8 蛾(예) : 식초나 술이 익을 때 모여드는 조그만 날벌레. 초파리.
9 所立(소립) : 선 곳, 입장. 여기서는 학문하는 처지.

의 집게를 지니고 있지만 장어의 굴이 아니면 의탁할 만한 곳이 없는 것은 산만하게 마음을 쓰기 때문이다. 그러므로 굳은 뜻이 없는 사람은 밝은 깨우침이 없을 것이며, 묵묵히 일하지 않는 사람은 뛰어난 업적을 이루지 못할 것이다.

네거리에서 헤매는 자는 목적지에 이르지 못하고, 두 임금을 섬기는 자는 아무에게도 받아들여지지 않을 것이다. 두 눈은 각기 두 가지를 보지 않기 때문에 밝게 보이고, 두 귀는 각기 두 가지를 듣지 않기 때문에 분명히 듣게 되는 것이다. 등사(螣蛇)는 발이 없어도 날기조차 하나, 석서(鼫鼠)는 다섯 가지 재주가 있어도 곤경에 빠진다.

『시경(詩經)』에 이렇게 읊고 있다. "뻐꾹새가 뽕나무에 있는데 그 새끼 일곱 마리일세. 훌륭한 군자께서는 그 태도가 한결같네. 그 태도가 한결같고 마음은 묶어 놓은 듯 단단하네."

그러므로 군자는 한결같이 단단해야만 하는 것이다.

| 원문 |

積土成山, 風雨興焉. 積水成淵, 蛟[1]龍生焉. 積善成德, 神明[2]自得, 聖心備焉. 故不積蹞[3]步, 無以至千里, 不積小流, 無以成江海. 騏驥[4]一躍, 不能十步, 駑[5]馬十駕,[6] 則亦及之. 功在不舍.[7] 鍥[8]而舍之, 朽木不

---

1 蛟(교) : 용의 한 종류.
2 神明(신명) : 신통한 통찰력.
3 蹞(규) : 반걸음. 규(跬)와 같은 자.
4 騏驥(기기) : 좋은 말의 이름. 준마.
5 駑(노) : 노둔한 말.
6 十駕(십가) : 열 배의 시간과 힘을 들여 수레를 끄는 것. 열 배의 시간과 힘을 들여 수레를 끌면 준마가 한 번 끈 것보다는 더 멀리 간다는 뜻.

折, 鍥而不舍, 金石可鏤.⁹

螾¹⁰無爪¹¹牙之利, 筋骨之强, 上食埃¹²土, 下飮黃泉,¹³ 用心一也. 蟹¹⁴八跪¹⁵而二螯,¹⁶ 非蛇蟺¹⁷之穴, 無可寄託者, 用心躁¹⁸也. 是故無冥冥¹⁹之志者, 無昭昭之明, 無惛惛²⁰之事者, 無赫赫之功.

行衢道²¹者, 不至, 事兩君者, 不容, 目不兩視而明, 耳不兩聽而聰. 螣蛇²²無足而飛, 梧鼠²³五技而窮.

詩²⁴曰; 尸鳩在桑, 其子七兮. 淑²⁵人君子, 其儀²⁶一兮. 其儀一兮, 心如結²⁷兮.

故君子結於一也.

---

7 舍(사) : 중단하는 것.
8 鍥(계) : 칼로 자르기 위해 새기는 것.
9 鏤(누) : 조각의 뜻.
10 螾(인) : 지렁이. 蚓(인)과 같은 자.
11 爪(조) : 손발톱.
12 埃(애) : 티끌.
13 黃泉(황천) : 저승의 뜻으로도 쓰이나, 여기서는 땅 속의 지하수를 가리킴.
14 蟹(해) : 게.
15 跪(궤) : 발.
16 螯(오) : 게의 집게.
17 蛇蟺(사선) : 선(鱓)이라고도 하며, 물가의 진흙 굴속에 사는 뱀장어같이 생긴 물고기. 중국의 특산임.
18 躁(조) : 마음이 부산함. 곧 마음 쓰임이 산만함을 뜻한다.
19 冥冥(명명) : 뜻이 한결같은 모양.
20 惛惛(혼혼) : 묵묵히 정성을 다하는 모양.
21 衢道(구도) : 사방으로 통하는 갈림길.
22 螣蛇(등사) : 용의 일종으로 구름과 안개를 일으키고 그 속에 논다 한다.
23 梧鼠(오서) : 석서(鼫鼠)라고도 부르며 많은 재주를 가진 쥐의 일종.
24 詩(시) : 『시경』 조풍(曹風) 시구(尸鳩)시 가운데의 일절. '시구'는 시구(鳲鳩)로도 쓰며 뻐꾹새. 여기서는 한결같은 방법으로 자식을 기르는 군자에 비유한 것이다(『毛傳』).
25 淑(숙) : 착함.
26 儀(의) : 의도, 태도.
27 結(결) : 마음이 묶여 있음은 마음이 한결같이 굳은 것을 뜻한다.

| 해설 |

여기서는 학문이란 꾸준히 한결같은 마음으로 노력해야만 큰 성과를 거둘 수 있음을 말하고 있다. 재주 있는 사람이라 하더라도 노력이 분산되면 크게 성공하지 못하지만, 재주가 없더라도 꾸준히 힘쓰면 큰 성과를 이룩할 수 있다는 것이다.

6

옛날에 호파가 슬(瑟)을 타면 물속에 잠겨 있는 물고기도 나와 들었고, 백아가 금(琴)을 타면 수레를 끄는 여섯 필의 말이 풀을 뜯어 먹다가도 고개를 들었다. 그러니 소리는 아무리 작다 하더라도 들리지 않는 것이 없고, 행동은 아무리 숨겨도 드러나지 않는 것이 없다. 옥이 산에 있으면 풀과 나무들이 윤택해지고, 못에 진주가 나면 가의 언덕이 마르지 않는다. 선을 행하고 사악함을 쌓지 않는다면 어찌 명성이 드러나지 않겠는가?

| 원문 |

昔者, 瓠巴[1]鼓瑟,[2] 而流魚[3]出聽, 伯牙[4]鼓琴,[5] 而六馬[6]仰秣.[7] 故聲無小而不聞, 行無隱而不形. 玉在山而草木潤, 淵生珠而崖不枯. 爲善不積

---

1 瓠巴(호파) : 옛날 슬(瑟)을 잘 타던 사람. 자세한 것은 알 수 없으나, 『열자(列子)』에도 그가 금(琴)을 타면 새가 춤추고 물고기가 뛰었다는 기록이 있다.
2 瑟(슬) : 악기의 일종. 거문고와 비슷하며 스물다섯 줄 또는 스물세 줄, 열아홉 줄로 된 여러 가지가 있다.
3 流魚(유어) : 흐르는 물속의 고기. 그러나 본시는 침어(沈魚)로 되어 있었다 하니(盧文弨), 여기서는 "물속에 잠겨 있는 고기"로 풀이하였다.

邪,⁸ 安有不聞者乎.

| 해설 |

호파와 백아의 악기 연주에 물고기나 말이 귀를 기울이고, 산이나 못에 있는 구슬이 그 주위에 영향을 미치듯이, 올바른 행동이 쌓이면 온 세상에 알려진다. 따라서 학문하려는 사람은 꾸준히 올바른 길을 걷도록 애써야 한다는 것이다.

7

학문은 어디에서 시작하여 어디에서 끝나는가? 그 방법에 있어서는 경문을 외우는 데서 시작하여 『예기(禮記)』를 읽는 데서 끝나며, 그 뜻에 있어서는 선비가 되는 것에서 시작하여 성인이 되는 것으로 끝난다. 노력을 오랫동안 쌓으면 그런 경지에 들어갈 수 있지만, 학문이란 죽은 뒤에야 끝나는 것이다.

그러므로 학문의 방법에는 끝이 있지만, 그 뜻은 잠시라도 버려둘 수가 없다. 학문을 하면 사람이 되고, 학문을 버리면 짐승이 되는 것이다.

---

4 伯牙(백아) : 옛날 금(琴)의 명인. 종자기(鍾子期)란 친구가 그의 음악을 잘 이해해 주어 지음(知音)이란 말이 생겨났다.
5 琴(금) : 중국의 대표적인 현악기. 일곱 줄이 있다.
6 六馬(육마) : 천자의 수레인 노거(路車)를 끄는 여섯 마리의 말.
7 仰秣(앙말) : 말이 금 소리에 귀를 기울이려고 풀을 뜯어먹다가도 고개를 드는 것.
8 爲善不積邪(위선불적사) : 선을 행하고 악을 쌓지 않는다. '위선불적야'로 읽고 "선을 행함을 쌓지 않겠는가?"로 풀이하기도 한다.

그런데 『서경(書經)』은 정치에 관한 일을 기록한 것이고, 『시경(詩經)』은 음악에 알맞는 것들을 모아 놓은 것이고, 『예기(禮記)』는 법의 근본이 되며 여러 가지 일에 관한 규정이다. 그래서 학문은 『예기』에 이르러 끝맺게 된다. 대체로 이것을 일컬어 도덕의 준칙이라고 한다. 예에서 공경을 하며 겉모양을 꾸미는 것과, 음악에서 알맞게 조화시키는 것과, 『시경』과 『서경』의 광범함과, 『춘추(春秋)』의 미묘함은 하늘과 땅 사이에 있는 모든 것을 포괄한다.

| 원문 |

學惡乎始惡乎終? 曰其數[1]則始乎誦經,[2] 終乎讀禮,[3] 其義[4]則始乎爲士,[5] 終乎爲聖人. 眞積力久則入, 學至乎沒而後止也.

故學數有終, 若其義則不可須臾舍也. 爲之, 人也, 舍之, 禽獸也.

故書者, 政事之紀也, 詩者, 中聲之所止[6]也, 禮者, 法之大分,[7] 類[8]之綱紀也. 故學至乎禮而止矣. 夫是之謂道德之極.[9] 禮之敬文[10]也, 樂之中

---

1 數(수) : 술수. 곧 수단, 방법의 뜻.
2 經(경) : 『시경』, 『서경』 같은 경전들.
3 禮(예) : 예에 관한 경전. 여기서는 편의상 『예기』라고 번역하였으나 지금 유가의 경전으로 전하는 『예기』와 똑같은 것은 아니다.
4 義(의) : 목표와 비슷한 말.
5 士(사) : 공부를 한 분별이 있는 사람. 사회 계급의 신분으로서는 일반 백성이 아닌 벼슬할 수 있는 위치의 사람들을 가리키기도 한다.
6 所止(소지) : 머무는 바, 곧 올바른 자리의 뜻. 번역에서 편의상 모아 놓은 것이라 해 두었다.
7 大分(대분) : 크게 나뉘는 근본이 되는 것.
8 類(류) : 여러 가지 일.
9 極(극) : 준칙의 뜻.
10 文(문) : 본시 무늬 문(紋)의 뜻을 지니고 있어, 겉으로 나타내는 행동이나 장식 같은 것을 뜻한다. 예란 사람의 행동이나 겉모양을 규제하는 것이다.

和也, 詩書之博也, 春秋之微[11]也, 在天地之閒者畢[12]矣.

| 해설 |

여기서는 학문의 방법과 목표를 설명하고 있다. 학문의 방법으로는 옛날의 경전들을 읽고 예에 관한 수양을 쌓을 것을 주장한다. 경전은 사람의 지식을 이룩해 주고 예는 사람의 행동을 바르게 규제해 줄 것이기 때문이다. 학문의 목표는 올바른 지식인으로서의 선비에서 시작해 훌륭한 덕을 갖춘 완전한 사람인 성인이 되는 데 있다. 순자가 학문의 텍스트로서 『시경』·『서경』·『예』·『악』·『춘추』의 다섯 가지 유가의 대표적인 경전을 든 것은, 그 속에 하늘과 땅 사이의 모든 진리와 규범이 서술되어 있다고 믿었기 때문이다.

8

군자의 학문은 귀로 들어와 마음에 붙어서 온몸으로 퍼져 행동으로 나타난다. 소근소근 말하고 점잖이 움직여 모두가 법도가 될 만하다. 소인의 학문은 귀로 들어와 입으로 나온다. 입과 귀 사이는 네 치밖에 안 되니, 어찌 일곱 자나 되는 몸을 아름답게 할 수 있을 것인가?

옛날의 학자들은 자기 자신을 위해 학문을 하였고, 지금의 학자들은 남에게 보이기 위해 학문을 한다. 군자가 학문을 하는 것은 그 자신을 아름답게 하기 위해서이고, 소인이 학문을 하는 것은 남에게 내

---

11 微(미) : 미묘한 것, 『춘추』에서 보인 공자의 필법인 미언대의(微言大義)를 뜻한다.
12 畢(필) : 전부 포괄하였다는 뜻.

놓아 이용하기 위해서이다. 그러므로 묻지도 않았는데 얘기하는 것을 시끄러움[傲]이라 하고, 하나를 물었는데 둘을 얘기하는 것을 뽐냄[囋]이라 한다. 시끄러움도 그르고 뽐냄도 그른 것이니, 군자는 소리가 울리듯 일에 따라 적절히 행동하는 것이다.

| 원문 |

君子之學也, 入乎耳, 著乎心, 布乎四體, 形乎動靜.[1] 端[2]而言, 蝡[3]而動, 一[4]可以爲法則. 小人之學也, 入乎耳, 出乎口. 口耳之間, 則四寸耳, 曷[5]足以美七尺之軀哉.

古之學者, 爲己,[6] 今之學者, 爲人.[7] 君子之學也, 以美其身, 小人之學也, 以爲禽犢.[8] 故不問而告, 謂之傲,[9] 問一而告二, 謂之囋.[10] 傲, 非也, 囋, 非也, 君子如嚮[11]矣.

---

1 動靜(동정) : 행동거지.
2 端(단) : 천(喘)과 통하여 소근소근의 뜻. 단정히 얘기한다고 해석하기도 한다(楊倞).
3 蝡(윤) : 살며시 조금씩 움직이는 것.
4 一(일) : 일체, 모두.
5 曷(갈) : 어찌.
6 爲己(위기) : 자신의 완성을 위해 학문하는 것.
7 爲人(위인) : 남에게 보이고 이용하기 위해 학문하는 것.
8 禽犢(금독) : 『예기』 곡례(曲禮)를 보면 사람들이 처음 만날 때 선물로 가져가는 폐백[贄]으로 "경(卿)은 염소, 대부(大夫)는 기러기, 사(士)는 꿩, 서민들은 집오리"를 썼다 한다. 금독은 이러한 폐백들을 통틀어 한 말. 곧 소인들은 학문을 남에게 선물하는 폐백처럼 출세하는 수단으로 하였다는 것이다(劉師培『荀子補釋』). 그러나 왕선겸은 이를 금수(禽獸)의 뜻으로 보고, "소인은 공부를 해도 금수처럼 된다"고 해석하고 있다(『荀子集解』).
9 傲(오) : 오(嗷)와 같은 뜻으로 시끄러운 것(楊倞). 오탄(傲誕), 곧 건방지게 행동한다는 뜻으로 보는 이도 있다(『荀子補釋』).
10 囋(찬) : 억지로 떠들며 뽐내는 것.
11 嚮(향) : 향(響)과 같은 자. 소리가 울리듯 일에 따라 적절히 말하고 행동한다는 뜻.

| 해설 |

여기서는 지식과 행동이 일치되어야 함을 주장하고 있다. 이는 『논어(論語)』에서 "행하고 남는 힘이 있으면 곧 그것을 가지고 글을 배운다(行有餘力, 則以學文)"고 한 공자의 행동 위주의 가르침과 부합된다. 학문이 행동과 일치하는 사람은 군자이고, 그렇지 못한 사람 곧 학문을 출세하는 수단으로 아는 사람은 소인이라는 것이다. 군자는 자기 완성을 위해 학문을 하고, 또 쌓은 학문은 일에 따라 적절히 행동으로 실천한다는 것이다.

9

학문하는 방법으로는 스승이 될 만한 사람을 가까이하는 것보다 더 편리한 것이 없다. 『예』와 『악』에 관한 경전은 법도를 보여줌에 빠짐이 없고, 『시경』과 『서경』은 옛 기록이어서 천박하지 않고, 『춘추』는 간략하여 번잡하지 않다. 스승이 될 만한 사람을 따라 군자의 말씀을 익힌다면 존엄해져서 세상에 널리 통하게 될 것이다. 그러므로 학문은 스승이 될 만한 사람을 가까이하는 것보다 더 편리한 것은 없다고 한 것이다. 학문의 방법은 스승이 될 만한 그 사람을 좋아하는 것보다 빠른 길이 없으며, 예를 존중하는 것이 그 다음이다.

위로는 스승이 될 만한 사람을 좋아하지 못하고 아래로는 예를 존중하지 못한다면, 다만 잡된 기록의 책이나 공부하고 『시경』과 『서경』을 따를 뿐일 것이니, 곧 세상이 끝나고 해가 다한다 하더라도 비루한 선비임을 면치 못할 것이다.

옛 임금들을 근본으로 삼고 어짊과 의로움을 근본으로 삼으려 한다면, 곧 예가 바로 그 바탕과 지름길이 될 것이며, 다섯 손가락을 굽혀 깃을 들기만 하면 갖옷의 옷깃을 올릴 수 있는 것처럼 매우 순조로울 것이다. 예의 법도를 따르지 않고 『시경』과 『서경』만을 따른다면, 그것은 마치 손가락으로 황하를 재거나 창으로 기장을 절구질하거나 송곳으로 병속의 음식을 먹으려는 것과 같이 불가능한 일이다. 그러므로 예를 존중한다면 비록 명석하지는 못하다 하더라도 법도를 지키는 선비〔法士〕가 될 것이다. 예를 존중하지 않는다면 비록 사리에 밝고 말을 잘한다 하더라도 허튼 선비〔散儒〕가 될 것이다.

| 원문 |

學莫便乎近其人,[1] 禮樂法而不說,[2] 詩書故而不切,[3] 春秋約而不速.[4] 方[5]其人之習君子之說, 則尊以徧矣周[6]於世矣. 故曰; 學莫便乎近其人. 學之經,[7] 莫速乎好其人, 隆[8]禮次之.

上不能好其人, 下不能隆禮, 安[9]特將學雜識志,[10] 順詩書而已耳, 則末

---

[1] 其人(기인) : 스승이 될 만한 옛날의 어진 사람.
[2] 法而不說(법이불설) : '설'은 탈(脫)의 뜻으로 보아 법도를 보여줌에 빠짐이 없다는 뜻(于省吾 『雙劍誃荀子新證』). 보통은 법도만 보여주고 자세한 설명은 하지 않았다는 뜻으로 풀이하고 있다.
[3] 故而不切(고이불체) : 뜻이 고고하면서도 천근(淺近)하지 않다는 뜻(『雙劍誃荀子新證』). 보통은 옛 것이어서 현실에는 절실하지 않다는 뜻으로 풀이하고 있다.
[4] 約而不速(약이불속) : '속'은 삭(數)과 통해 번삭(繁數)의 뜻으로 보고 내용이 간략하면서도 서술이 번거롭지 않다는 뜻으로 풀었다(『雙劍誃荀子新證』). 보통은 간략해 쉽사리 이해할 수 없다는 뜻으로 풀이하고 있다.
[5] 方(방) : 의지할 방(傍)과 뜻이 통함.
[6] 徧矣周(편의주) : 편주(徧周 : 널리 두루 통함)를 강조한 표현.
[7] 學之經(학지경) : 학문의 방법, 법도.
[8] 隆(융) : 존중의 뜻.
[9] 安(안) : 어조사. 문득 억(抑)과 같은 뜻으로 안(案)으로 쓰기도 한다(楊倞).

世窮年, 不免爲陋[11]儒而已.

　將原先王, 本仁義, 則禮正其經緯[12]蹊[13]徑[14]也. 若挈[15]裘[16]領,[17] 詘[18]五指而頓[19]之, 順者不可勝數[20]也. 不道禮憲, 以詩書爲之, 譬之猶以指測河也. 以戈[21]舂[22]黍[23]也, 以錐[24]飡[25]壺[26]也, 不可以得之矣. 故隆禮, 雖未明, 法士[27]也, 不隆禮, 雖察辯,[28] 散儒[29]也.

| 해설 |

여기서는 공부하는 구체적인 방법을 얘기해 준다. 학문하는 가장 좋은 길은 옛날의 어진 사람을 그대로 본받는 것이다. 옛날의 경전을 공부하고 또 예를 통해 올바른 행동을 함으로써 학문을 이룰 수 있다. 여기에서 경

---

10 雜識志(잡지지) : 잡된 기록의 책.
11 陋(누) : 더러움, 비루함.
12 經緯(경위) : 길쌈할 때의 날줄과 씨줄. 곧 어떤 일의 법도가 되는 것.
13 蹊(혜) : 지름길.
14 徑(경) : 지름길.
15 挈(설) : 끌어올리다.
16 裘(구) : 갖옷.
17 領(영) : 옷깃.
18 詘(굴) : 굴(屈)과 같은 자. 굽히는 것.
19 頓(돈) : 들어올리는 것.
20 不可勝數(불가승수) : 이루 다 헤아릴 수 없이, 이루 다 말할 수 없이.
21 戈(과) : 창.
22 舂(용) : 절구질하다.
23 黍(서) : 기장.
24 錐(추) : 송곳.
25 飡(손) : 밥 먹는 것.
26 壺(호) : 병.
27 法士(법사) : 예법을 지키는 선비.
28 察辯(찰변) : 살펴 이치를 잘 알고 말을 잘하는 것.
29 散儒(산유) : 산만한 선비. 허튼짓 하는 선비.

전과 예 두 가지를 놓고 볼 때 더 중요한 것은 지식의 바탕이 되는 경전이 아니라 예이다. 예를 숭상하는 사람은 적어도 남에게 해를 끼치지 않는 법도를 지킬 줄 아는 선비가 되지만, 경전을 통해 지식만을 얻고 예를 숭상할 줄 모르는 사람은 남에게 해를 끼치는 허튼 선비가 된다는 것이다.

10

비루한 것을 묻는 자에게는 대답하지 말 것이며, 비루한 말을 하는 자에게는 묻지 말 것이며, 비루한 얘기를 하는 자의 말은 듣지 말 것이며, 다투려는 자와는 말다툼을 하지 말아야 한다. 그러므로 반드시 올바른 길을 좇아서 오면 그것을 안 뒤에야 그와 접촉하며, 올바른 길로 오지 않으면 곧 그를 피하는 것이다.

그러므로 예가 공손한 다음에야 함께 올바른 길의 방향을 얘기할 수 있으며, 말이 순리한 다음에야 함께 올바른 길의 원리를 얘기할 수 있으며, 얼굴빛이 종순한 다음에야 함께 올바른 길의 극치를 얘기할 수 있는 것이다. 그래서 함께 얘기해서는 안 될 때 얘기하는 것을 시끄러움〔傲〕이라 하고, 함께 얘기할 만할 때 얘기하지 않는 것을 숨김〔隱〕이라 하고, 기색을 살펴보지도 않고 얘기하는 것을 눈멀었다〔瞽〕 한다. 그러므로 군자는 시끄럽지 않고, 숨기지 않고, 눈멀지 않고, 삼가 상대방을 좇아 순리로 행동하는 것이다. 『시경』에 "그분의 사귐은 허술하지 않으니 천자께서 상을 내리신다" 하였는데, 이것을 뜻하는 말이다.

| 원문 |

問楛¹者, 勿告也. 告楛者, 勿問也, 說楛者, 勿聽也, 有爭氣者, 勿與辯也. 故必由其道至, 然後接之, 非其道, 則避之.

故禮恭而後可與言道之方, 辭順而後可與言道之理, 色從²而後可與言道之致. 故未可與言而言, 謂之傲,³ 可與言而不言, 謂之隱, 不觀氣色而言, 謂之瞽.⁴ 故君子, 不傲, 不隱, 不瞽, 謹順其身.⁵ 詩⁶曰; 匪⁷交匪舒,⁸ 天子所予.⁹ 此之謂也.

| 해설 |

여기서는 예를 닦는 데 있어서 학문하는 사람이 조심해야 할 몸가짐을 얘기하고 있다. 먼저 사람은 사귀는 사람의 말을 들어보고 이에 알맞게 행동해야 한다는 것이다. 상대방에 따라 말할 때 말하고, 말해서는 안 될 때엔 말하지 않아야 올바른 예를 파악할 수 있게 된다는 것이다.

---

1 楛(고) : 고(固)와 통해 고루, 비루의 뜻(『雙劍誃荀子新證』). 고(苦)와 통해 악함의 뜻으로 보기도 한다(楊倞).
2 色從(색종) : 안색이 종순한 것, 낯빛이 부드러운 것.
3 傲(오) : 시끄러움의 뜻(제8절 참조).
4 瞽(고) : 눈이 먼 것.
5 其身(기신) : 기인(其人). 곧 교제하는 상대방 사람(郝懿行).
6 詩(시) : 『시경』 소아(小雅) 채숙(采菽)편의 일단.
7 匪(비) : 『시경』에는 피(彼)로 되어 있음.
8 舒(서) : 허술한 것.
9 予(여) : 상을 주는 것.

11

 백 번 쏘아 한 번이라도 실패하면 최고의 사수라 할 수 없고, 천리 길에 반걸음이라도 이르지 못한다면 최고의 수레몰이라 할 수 없듯이, 인류의 윤리에 통하지 못하고 어짊과 의로움이 한결같지 못하면 잘 배웠다고 할 수 없다. 학문이란 본디 배운 것이 한결같아야 한다. 한 번은 잘하였다 한 번은 잘못하였다 하는 것은 길거리의 보통 사람들이며, 잘하는 것은 적고 잘못하는 것은 많은 자는 걸주(桀紂)나 도척(盜跖)일 것이다. 배움을 온전히 하고 배움을 다한 연후에야 학자라 할 것이다. 군자는 온건치 못하고 순수하지 못한 모든 것은 아름답다고 할 수 없다는 것을 알아야 한다.

 그러므로 경서를 외고 익힘으로써 이를 꿰뚫고, 사색함으로써 이에 통달하며, 훌륭한 옛 사람처럼 되도록 처신하고, 학문에 해가 되는 것은 제외함으로써 자신을 건사하고 기르며, 눈으로는 옳지 않은 것은 보려 들지 않고, 귀로는 옳지 않은 것은 들으려 하지 않으며, 입으로는 옳지 않은 것은 말하려 들지 않고, 마음으로는 옳지 않은 것은 생각하려 들지 않아야 한다. 학문의 극치에 이르러 눈은 아름다운 빛깔보다도 이를 더 좋아하고, 귀는 아름다운 소리보다도 이를 더 좋아하며, 입은 달콤한 맛보다도 이를 더 좋아하고, 마음은 온 천하를 차지하는 것보다 이를 더 의롭게 여겨야 한다. 그리하여 권력과 이익으로도 그를 기울어뜨리지 못하고, 많은 사람들도 그의 마음을 변하게 하지 못하며, 온 천하도 그를 움직이지 못하게 될 것이다. 삶에 있어서도 학문을 추구하고, 죽음에 있어서도 학문을 추구하게 되는데, 이런 것을 가리켜 절조 있는 덕이라 한다.

 절조 있는 덕이 있은 뒤에야 마음이 안정되며, 마음이 안정된 뒤에야 주위에 적응할 수 있게 되는데, 안정되고 적응할 수 있으면 이를 일컬어 완성된 사람이라 한다. 하늘은 그의 광명함을 드러내고 땅은 그의 광대함을 드러내듯, 군자는 그의 덕의 온전함을 귀하게 여기는 것이다.

| 원문 |

百發失一, 不足謂善射,[1] 千里蹞[2]步不至, 不足謂善御,[3] 倫類[4]不通, 仁義不一, 不足謂善學. 學也者, 固學一之也. 一出焉, 一入焉,[5] 涂巷[6]之人也. 其善者少, 不善者多, 桀[7]紂[8]盜跖[9]也. 全之盡之, 然後學者也. 君子知夫不全不粹之不足以爲美也.

故誦數[10]以貫之, 思索以通之, 爲其人[11]以處之, 除其害者以持養[12]之,

---

1 善射(선사) : 최고의 사수.
2 蹞(규) : 반걸음.
3 御(어) : 수레를 몰다.
4 倫類(윤류) : 인류 생활에 적용되는 윤리 도덕.
5 一出焉, 一入焉(일출언, 일입언) : 한 번은 나왔다 한 번은 들어갔다 함. 한 번은 잘하였다 한 번은 못하였다 함.
6 涂巷(도항) : '도'는 도(塗)와 통해 골목 길거리. 도항지인(涂巷之人)은 길거리의 보통 백성들.
7 桀(걸) : 하(夏)나라 마지막 임금으로 포악한 정치를 하다가 상(商)나라 탕(湯) 임금에게 멸망당한 사람.
8 紂(주) : 상(商)나라 마지막 임금으로 포악한 정치를 하다가 주(周)나라 무왕(武王)에게 멸망당한 사람. 걸주(桀紂)는 후세 폭군의 대명사처럼 쓰이게 되었다.
9 盜跖(도척) : 본디는 황제(黃帝) 시대의 유명한 도둑의 이름. 춘추 시대엔 유하혜(柳下惠)의 아우가 많은 부하들을 거느리고 크게 도둑질을 일삼아 역시 도척이라 불렀다.
10 誦數(송수) : '수'는 술(述)과 통해 경서들을 외고 익히고 하는 것(『雙劍誃荀子新證』 참조).
11 爲其人(위기인) : 옛날의 어진 사람처럼 되는 것.
12 持養(지양) : 자신을 건사하고 수양하는 것.

使目非是無欲見也, 使耳非是無欲聞也, 使口非是無欲言也, 使心非是無欲慮也. 及至其致好之也, 目好之五色,**13** 耳好之五聲,**14** 口好之五味,**15** 心利之有天下. 是故, 權利不能傾**16**也, 羣衆不能移**17**也, 天下不能蕩**18**也, 生乎由是, 死乎由是. 夫是之謂德操.

德操然後能定, 能定然後能應, 能定能應, 夫是之謂成人. 天見其明, 地見其光,**19** 君子貴其全也.

| 해설 |

학문에 대한 결론으로서 학문은 순수하고도 완전해야 한다고 주장한다. 온몸과 마음을 다해 그의 행동이 한결같이 완전할 때 비로소 학문의 완성을 기할 수 있다는 것이다. 조금이라도 마음이나 행동에 빈틈이 있어서는 안 됨을 강조하고 있다.

---

13 五色(오색) : 본래는 파랑, 노랑, 빨강, 하양, 검정의 다섯 가지 색깔. 여기서는 아름다운 채색을 가리킴.
14 五聲(오성) : 본래는 궁(宮), 상(商), 각(角), 치(徵), 우(羽)의 다섯 가지 음계. 여기서는 아름다운 소리를 뜻함.
15 五味(오미) : 본래는 매운것, 신것, 짠것, 쓴것, 단것의 다섯 가지 맛. 여기서는 여러 가지 달콤한 맛을 가리킴.
16 傾(경) : 그의 뜻을 기울어뜨리는 것.
17 移(이) : 그의 마음을 변화시키는 것.
18 蕩(탕) : 그의 마음을 움직이게 하는 것.
19 光(광) : 넓을 광(廣)과 통해 광대함의 뜻.

제 2 편

자기 몸 닦는 법

修身

이 편에서는 완전한 인간이 되기 위해서는 어떻게 자기 몸을 닦아야 하는가를 논하고 있다. 특히 군자로서 선과 선하지 않은 것에 대해 어떻게 처신해야 하는가, 기를 다스리고 마음을 수양하는 방법, 예와 덕을 기르는 방법, 수신을 다한 군자의 행동 등을 살펴보고 있다.

1

선함을 보면 마음을 가다듬고 반드시 스스로를 살펴보고, 선하지 않은 것을 보면 걱정스런 마음으로 반드시 스스로를 반성해야 한다. 선함이 자신에게 있으면 꿋꿋이 반드시 스스로 좋아하며, 선하지 않은 것이 자신에게 있으면 걱정스러운 듯이 반드시 스스로 싫어해야 한다. 그러므로 나를 비난하더라도 올바른 사람은 나의 스승이고, 나를 옳게 여기면서 올바른 사람은 나의 친구이고, 나에게 아첨하는 자는 나를 해치는 자이다.

그러므로 군자는 스승을 높이고 벗과 친하게 지내며, 그를 해치는 자를 매우 미워하고, 선을 좋아함에 싫증내지 않으며, 충고를 받아들여 훈계를 삼을 줄 안다. 비록 발전하지 않으려 한다 해도 안할 수가 있겠는가!

소인은 이와 반대로 심하게 난동을 부리면서도 남들이 자기를 비난하는 것을 싫어하고, 매우 못났으면서도 남들이 자기를 어질다고 여겨주기 바란다. 마음은 호랑이나 승냥이 같고 행동은 금수 같으면서도 남들이 자기를 해치는 것을 싫어한다. 아첨하는 자와는 친하고 과감히 충고하는 자는 멀리하며, 수양을 쌓은 올바른 사람을 비웃음거리로 삼고, 지극히 충성된 사람을 자기를 해치는 자라고 여긴다. 비록 멸망하지 않으려 한다 해도 안할 수가 있겠는가!

『시경』에 "여럿이 모의하고, 또 서로 욕하니 매우 슬픈 일일세. 계책이 좋은 것은 모두 어겨 쓰지 않고, 계책이 좋지 못한 것은 모두 따라 쓰네"라 한 것은, 이것을 뜻하는 말이다.

| 원문 |

見善, 修然[1] 必以自存[2]也. 見不善, 愀然[3] 必以自省也. 善在身, 介然[4] 必以自好也, 不善在身, 菑然[5] 必以自惡也. 故非我而當者, 吾師也, 是我而當者, 吾友也, 諂諛[6]我者, 吾賊[7]也.

故君子, 隆師而親友, 以致[8]惡其賊. 好善無厭,[9] 受諫[10]而能誡, 雖欲無進得乎哉.

小人反是, 致亂而惡人之非己也. 致不肖,[11] 而欲人之賢己也. 心如虎狼, 行如禽獸, 而又惡人之賊己也. 諂諛者親, 諫爭[12]者疏,[13] 修正爲笑, 至忠爲賊, 雖欲無滅亡得乎哉.

詩曰 :[14] 噏噏[15]呰呰,[16] 亦孔[17]之哀. 謀[18]之其臧[19]則具[20]是違. 謀之不

---

1 修然(수연) : 마음을 가다듬는 모양.
2 存(존) : 찰(察)과 같은 뜻, 살펴보다.
3 愀然(초연) : 근심, 걱정하는 모양.
4 介然(개연) : 마음이 굳은 모양.
5 菑然(재연) : 재앙을 당해 걱정하는 모양. 재는 재(災)와 통함.
6 諂諛(첨유) : 아첨하는 것.
7 賊(적) : 해치는 것.
8 致(치) : 여기서는 모두 극(極)과 같은 뜻으로 쓰여, 극히, 심히, 매우의 뜻.
9 厭(염) : 싫어하는 것.
10 諫(간) : 윗사람에게 올바른 말을 해주는 것, 충고하는 것.
11 不肖(불초) : 못난 것.
12 諫爭(간쟁) : 애써 간하는 것, 한사코 충고하는 것.
13 疏(소) : 멀리하는 것.
14 詩曰(시왈) : 『시경』 소아(小雅) 소민(小旻)편에 나오는 구절.
15 噏噏(흡흡) : 여럿이 나쁜 모의를 하는 모양.
16 呰呰(자자) : 서로 욕하는 모양.
17 孔(공) : 심히, 매우.
18 謀(모) : 계획, 계책.
19 臧(장) : 선(善)의 뜻, 훌륭한 것.
20 具(구) : 모두, 다, 언제나.

臧, 則具是依. 此之謂也.

| 해설 |

사람은 선을 보면 배우려 들고 선하지 않은 것을 보면 그것을 거울삼아 자기 자신을 반성하는 태도를 지녀야 한다. 그러자면 선함과 선하지 않음을 분명히 구별할 줄 아는 능력이 있어야 한다. 자기 뜻에 반하거나 자기를 비난하는 일이 있더라도, 우리는 그것이 올바른가 바르지 못한가를 가려 이에 대처해야만 한다. 자기에게 바른 충고를 해주는 사람을 존경하고, 올바른 친구들과 사귀며, 아첨하는 자들을 멀리하면 군자가 될 수 있다. 그러지 못하면 소인이 된다. 사람이 자기 몸을 닦는 데 있어서는 이러한 선함과 선하지 못한 것을 분별해 행동하는 일이 가장 중요하다는 것이다.

2

선한 것을 분별하는 법칙이 있다. 그것으로써 기운을 다스리고 양생을 한다면 오래 살았다는 팽조(彭祖)보다도 더 오래 살고, 그것으로써 몸을 닦고 스스로 노력하면 요임금이나 우임금처럼 될 수 있으며, 뜻대로 잘 될 때도 처신을 잘할 수 있고 곤경에 처했을 때도 유리해진다.

예가 바로 그것이다. 무릇 혈기와 의지와 생각을 활용하는 데 예를 따르면 잘 다스려지고 잘 통하지만, 예를 따르지 않으면 문란하고 산만해진다. 먹고 마시고 옷을 입고 생활하고 활동하는 데도 예를 따르면 조화가 되고 절도가 있게 되지만, 예를 따르지 않으면 뜻대로 되지 않고 병폐가 생긴다. 겉모양과 몸가짐과 나아가고 물러나는 것과 일을 행하는 데도 예를 따르면 우아해지지만, 예를 따르지 않으면 오만하고 편벽되고 저속하고 뒤떨어진다.

그러므로 사람으로서 예가 없다면 제대로 살아가지 못하고, 일을 하는 데 예가 없다면 일을 성취시킬 수 없으며, 나라에 예가 없다면 편안하지 못하다.

『시경』에 "예의에는 모두 법도가 있고, 웃고 얘기하는 것도 모두 이에 따르네"라 한 것은, 이것을 뜻하는 말이다.

| 원문 |

扁善[1]之度, 以治氣養生, 則後彭祖,[2] 以修身自強,[3] 則配堯禹.[4] 宜於時通,[5] 利以處窮.

禮信是也. 凡用血氣志意知慮, 由禮則治通, 不由禮則勃亂[6]提僈,[7] 食飮衣服居處動靜, 由禮則和節, 不由禮則觸陷[8]生疾. 容貌態度進退趨行,[9] 由禮則雅, 不由禮則夷固[10]僻違,[11] 庸衆[12]而野.

---

1 扁善(편선) : '扁'은 辨(변)과 통하여, 선한 것을 분별하는 것.
2 彭祖(팽조) : 옛날에 오래 산 것으로 유명한 사람 이름. 700세 또는 800세를 살았다 한다 (『神仙傳』).
3 自強(자강) : 스스로 노력하는 것. 자명(自名)으로 된 판본도 많다.
4 堯禹(요우) : 요임금과 우임금. 옛날의 성왕.
5 時通(시통) : 자기 뜻대로 모든 일이 제대로 잘 되는 것.
6 勃亂(발란) : 문란해지는 것.
7 提僈(제만) : '提'는 서완(舒緩)의 뜻(楊倞), '僈'은 만(慢)과 통하여, 산만해지는 것, 태만하게 되는 것.
8 觸陷(촉함) : 걸리고 빠지다. 곧 뜻대로 되지 않는 것.
9 趨行(추행) : 일을 하는 것, 활동하는 것.
10 夷固(이고) : 오만한 것, 고집센 것.
11 僻違(벽위) : 편벽된 것, 그릇된 것.
12 庸衆(용중) : 저속하다. 범속하다.

故人無禮則不生, 事無禮則不成, 國家無禮則不寧.
詩[13]曰; 禮儀卒[14]度, 笑語卒獲, 此之謂也.

| 해설 |

예를 강조한 대목이다. 순자는 사람들이 살아가는 세상의 질서를 위해 예를 강조한다. 예를 바탕으로 해야만 개인 생활도 올바라지고, 국가와 사회의 질서도 유지될 수가 있다는 것이다. 이는 유가의 도통을 이어받았다는 맹자의 태도와는 사뭇 다르다. 예를 조금만 더 강조하면 법이 되기 때문이다.

3

선함으로써 사람들을 인도해 주는 것을 가르침이라 하고, 선함으로써 사람들과 화합하는 것을 순조로움이라 한다. 선하지 않은 것으로써 사람들을 인도하는 것을 모함이라 하고, 선하지 않은 것으로써 사람들과 화합하는 것을 아첨이라 한다.

옳은 것을 옳다 하고 그른 것을 그르다 하는 것을 지혜라 하며, 옳은 것을 그르다 하고 그른 것을 옳다고 하는 것을 어리석음이라 한다. 훌륭한 이를 손상시키는 것을 모함이라 하고, 훌륭한 이를 해치는 것을 해로움이라 한다. 옳은 것은 옳다 하고 그른 것은 그르다 하는 것을 곧다 하고, 남의 재물을 훔치는 것을 도둑이라 하며, 자기 행동을

---

13 詩(시):『시경』소아(小雅) 초자(楚茨)편에 보이는 구절.
14 卒(졸) : 모두, 다.

숨기는 것을 사기라 하고, 말을 바꾸는 것을 허풍을 떤다고 한다.

취하고 버리는 것이 일정치 않은 것을 무상하다 하고, 이익을 지키려고 의로움을 버리는 것을 강도라 한다. 들은 것이 많은 것을 박식하다 하고, 들은 것이 적은 것을 천박하다고 한다. 본 것이 많은 것을 제대로 안다 하고, 본 것이 적은 것을 비루하다고 한다. 나아가기 힘들어하는 것을 어설프다 하고, 잊기를 잘하는 것을 엉성하다고 한다. 적은 노력으로 다스려지는 것을 치안이라 하고, 많은 노력을 해도 어지러워지는 것을 혼란이라고 한다.

| 원문 |

以善先人[1]者謂之敎, 以善和人者謂之順. 以不善先人者謂之諂,[2] 以不善和人者謂之諛.[3]

是是非非謂之知, 非是是非謂之愚. 傷良[4]曰讒,[5] 害良曰賊.[6] 是謂是非謂非曰直. 竊貨曰盜, 匿行[7]曰詐, 易言曰誕.[8]

趣舍無定謂之無常, 保利棄義謂之至賊. 多聞曰博, 少聞曰淺. 多見曰閑,[9] 少見曰陋. 難進曰偍,[10] 易忘曰漏.[11] 少而理曰治, 多而亂曰秏.[12]

---

1 先人(선인) : 사람들의 앞장을 서다, 사람들을 인도해 주다.
2 諂(첨) : 함(陷)과 통하여(楊倞), 빠뜨리다, 모함하다.
3 諛(유) : 아첨, 아유.
4 良(량) : 훌륭한 사람, 옳은 사람.
5 讒(참) : 참해하다, 모함하다.
6 賊(적) : 해치다, 상처를 주다.
7 匿行(익행) : 자신의 행동을 숨기는 것, 행실이 바르지 않기 때문이다.
8 誕(탄) : 허풍을 떨다.
9 閑(한) : 한습(閒習), 익숙히 잘 아는 것.
10 偍(제) : 이완하다, 느슨하다, 어설프다.
11 漏(루) : 소루(疏漏), 꼼꼼하지 못하고 엉성한 것.

| 해설 |

이 대목에서는 사람들이 지닌 여러 가지 좋고 나쁜 성질이나 버릇에 대해 설명하고, 그것을 표현하는 용어를 정리하고 있다. 다음 대목부터 설명할 '치기양심술(治氣養心術)'을 위한 기초 작업이라 할 수 있다.

4

기운을 다스리고 마음을 수양하는 방법이 있다. 혈기가 굳세고 강하면 곧 조화시켜 부드럽게 한다. 지혜와 생각이 너무 깊으면 곧 평이하게 하여 단순하게 한다. 용감하고 사나우면 곧 순하게 인도하여 돕는다. 너무 잽싸고 서두르면 곧 행동을 절제케 해준다. 마음이 좁고 옹졸하면 곧 넓고 크게 틔워 준다. 비굴하고 느슨하며 이익을 탐하면 높은 뜻으로 드높여 준다. 용렬하고도 아둔하면 곧 스승과 벗으로 그런 성질을 없애 준다. 게으르면서도 경박하면 곧 재앙으로 경고해 분명히 알게 해준다. 어리석다 할 정도로 정성스럽고 우직하면 곧 예와 음악으로 알맞게 해주고, 사색으로 융통성 있게 해준다. 모든 기를 다스리고 마음을 기르는 방법은 예를 따르는 것보다 더 빠른 길은 없고, 스승을 얻는 것보다 더 중요한 것은 없으며, 좋아하는 것을 한결같이 하는 것보다 더 신통한 것은 없다. 대체로 이상과 같은 것을 기를 다스리고 마음을 기르는 방법이라 한다.

---

12 耗(모) : 어지러움.

| 원문 |

治氣[1]養心之術, 血氣剛强, 則柔之以調和. 知慮漸深,[2] 則一之以易良,[3] 勇膽[4]猛[5]戾,[6] 則輔之以道順. 齊給[7]便利,[8] 則節之以動止. 狹隘[9]褊小,[10] 則廓[11]之以廣大. 卑溼[12]重遲[13]貪利, 則抗[14]之以高志. 庸衆[15]駑散,[16] 則刦[17]之以師友. 怠慢僄弃,[18] 則炤[19]之以禍災. 愚款[20]端愨,[21] 則合之以禮樂, 通之以思索. 凡治氣養心之術, 莫徑由禮, 莫要得師, 莫神一好. 夫是之謂治氣養心之術也.

| 해설 |

사람의 마음을 수양하는 데 있어서 그가 지닌 기를 다스리고 마음을 기

---

1 氣(기) : 사람이 지니고 있는 기질, 기분, 기운.
2 漸深(점심) : 지나치게 깊은 것.
3 易良(이량) : 안이, 평이의 뜻.
4 膽(담) : 담이 큰 것.
5 猛(맹) : 사나움.
6 戾(려) : 성질이 고약한 것.
7 齊給(제급) : '齊'는 질(疾), '급'은 급(急)과 통하여, 서두르는 것.
8 便利(편리) : 여기서는 잽싸다는 뜻.
9 狹隘(협애) : 마음이 좁은 것.
10 褊小(변소) : 마음이 옹졸한 것.
11 廓(곽) : 연다는 뜻.
12 卑溼(비습) : 행동이 비굴한 것.
13 重遲(중지) : 마음이 느슨한 것.
14 抗(항) : 높이는 것.
15 庸衆(용중) : 용렬한 것.
16 駑散(노산) : 아둔한 것.
17 刦(겁) : 없애버리는 것.
18 僄弃(표기) : 행동이 경박한 것.
19 炤(소) : 밝히는 것.
20 款(관) : 정성스러운 것.
21 端愨(단각) : 우직한 것.

르는 일은 무엇보다도 중요하다. 이 대목에서는 그 방법을 구체적으로 설명하고 있다.

5

뜻이 닦여지면 부유하거나 지위 높은 사람 앞에서도 교만할 수 있고, 도의(道義)가 중후해지면 임금이나 장관도 가볍게 보게 된다. 안으로 반성을 해 보아도 밖의 사물이란 경미한 것들이기 때문이다. 옛부터 전하는 말에 "군자는 외물(外物)을 부리지만 소인은 외물에 부림을 당한다"고 한 것은, 이것을 뜻하는 말이다.

몸은 수고롭다 하더라도 마음이 편안한 일이라면 하고, 이익은 적다 하더라도 의로움이 많은 일이라면 한다. 어지러운 나라의 임금을 섬겨 뜻대로 출세하는 것은, 곤경에 빠진 나라의 임금을 섬기며 의로움을 따르는 것만 못한 일이다.

그러므로 훌륭한 농부는 장마가 지거나 가뭄이 든다고 해서 밭을 갈지 않는 법이 없고, 훌륭한 장사꾼은 손해를 본다고 해서 장사를 하지 않는 일이 없으며, 군자는 가난하고 궁핍하다고 해서 도를 게을리 하지 않는 것이다.

| 원문 |

志意修則驕富貴, 道義重則輕王公, 內省而外物輕矣. 傳[1]曰; 君子役物,[2] 小人役於物, 此之謂也.

---

1 傳(전) : 옛부터 전하는 말.

身勞而心安, 爲之. 利少而義多, 爲之. 事亂君而通,³ 不如事窮君而順⁴焉.

故良農不爲水旱不耕, 良賈⁵不爲折閱⁶不市, 士君子不爲貧窮怠乎道.

| 해설 |

뜻이 닦여져 덕이 쌓이기만 하면 세상에 다른 두려워할 일이란 전혀 없게 된다. 따라서 군자는 괴로움이나 이해 관계 같은 것은 아랑곳없이 오직 정도만을 추구해야 한다는 것이다.

6

몸가짐은 공경하고 마음은 충실하고 신의가 있으며, 일하는 방법은 예의에 들어맞고 감정은 사람들을 사랑한다면, 천하를 멋대로 다니다가 비록 사방 오랑캐 땅에서 곤경에 빠진다 하더라도 그를 존귀하게 여기지 않는 사람이 없을 것이다.

수고롭고 고생스러운 일은 앞다투어 맡고, 매우 즐거운 일은 남에게 사양하며, 정직하고 성실한 데다 직분을 잘 지키며 빈틈이 없다면, 천하를 멋대로 다니다가 비록 사방 오랑캐 땅에서 곤경에 빠진다 하더라도 그를 신임하지 않는 사람이 없을 것이다.

몸가짐은 오만하고 고집이 세며 마음은 음흉하고 거짓되며, 일하는

---

2 役物(역물) : 물건을 부리다, 외물(外物)을 부리다.
3 通(통) : 뜻대로 되는 것, 잘 통하는 것.
4 順(순) : 정도를 따르는 것.
5 良賈(양고) : 훌륭한 장사꾼.
6 折閱(절열) : 손해 보는 거래를 하는 것, 손해를 보고 물건을 파는 것.

방법은 예에 어긋나고 지저분하며 감정은 잡되고 천박하다면, 천하를 멋대로 다니며 비록 세상에서 뜻을 이룬다 하더라도 그를 천하게 여기지 않는 사람이 없을 것이다.

수고롭고 고생스런 일은 이리저리 피하며 맡지 않으려 하고, 매우 즐거운 일은 염치없이 좋아해 양보할 줄 모르며, 편벽되고 비뚤어져 성실하지 못하고, 할 일을 제대로 하지 않는다면, 천하를 멋대로 다니며 비록 세상에서 뜻을 이룬다 하더라도 그를 버리지 않는 사람이 없을 것이다.

| 원문 |

體[1]恭敬而心忠信, 術[2]禮義而情愛人, 橫行天下, 雖困四夷,[3] 人莫不貴.

勞苦之事則爭先,[4] 饒樂[5]之事則能讓, 端慤[6]誠信, 拘守[7]而詳,[8] 橫行天下, 雖困四夷, 人莫不任.

體倨固[9]而心執詐,[10] 術順墨[11]而精[12]雜汙,[13] 橫行天下, 雖達[14]四方, 人

---

1 體(체) : 몸, 몸가짐.
2 術(술) : 일하는 방법, 수단.
3 四夷(사이) : 사방의 오랑캐.
4 爭先(쟁선) : 앞다투듯 남보다 먼저 하는 것.
5 饒樂(요락) : 즐거움이 많은 것, 매우 즐거운 것.
6 端慤(단각) : 정직한 것, 바르고 삼가는 것.
7 拘守(구수) : 직분을 잘 지키는 것.
8 詳(상) : 상세하다, 빈틈이 없다.
9 倨固(거고) : 오만하고 고집이 센 것, 거만하고 비루한 것.
10 執詐(집사) : '집'은 세(埶)의 잘못으로(王引之), 남을 잘 모함하는 것. 따라서 음흉하고 사기를 잘 치는 것
11 順墨(순묵) : '순'은 척(脊)의 잘못으로 척(瘠)과 통해 예에 어긋나는 것. '묵'은 지저분

莫不賤.

勞苦之事則偸儒[15]轉脫,[16] 饒樂之事則佞兌[17]而不曲,[18] 辟違[19]而不愨, 程役[20]而不錄,[21] 橫行天下, 雖達四方, 人莫不棄.

| 해설 |

늘 몸가짐을 바르게 하고 정도를 따르고 예를 지켜야만 함을 강조한 대목이다. 몸과 마음의 수양이 잘 되어 있다면 그가 어떠한 곤경에 처해 있다 하더라도 남들이 그를 존경한다. 그러나 수양이 덜 된 사람이라면 그가 아무리 출세하였다 하더라도 많은 사람들의 존경과 신임을 받지는 못한다는 것이다.

7

길을 갈 때 신중하고 공경스런 몸가짐을 하는 것은 진흙탕에 빠질까 해서 그러는 것이 아니다. 길을 갈 때 고개를 숙이는 것은 발길이 어딘가에 부딪칠까 해서 그러는 것이 아니다. 눈길이 마주쳤을 때 남

한 것.
12 精(정) : 정(情)의 잘못, 감정.
13 汙(오) : 더러운 것, 천박한 것.
14 達(달) : 뜻대로 잘 되는 것. 곤(困)과 반대의 뜻.
15 偸儒(투유) : 이리저리 피하며 하지 않으려 드는 것.
16 轉脫(전탈) : 일을 남에게 미루고 하지 않으려 하는 것.
17 佞兌(영태) : '兌'는 열(悅)과 통하여, 염치없이 좋아하는 것.
18 不曲(불곡) : 양보하지 않고 바로 하는 것.
19 辟違(벽위) : 편벽되고 비뚤어진 것.
20 程役(정역) : 자신이 헤아려 해야만 할 일.
21 不錄(불록) : 제대로 따지며 일을 하지 않는 것.

보다 먼저 몸을 숙이는 것은 상대방이 두려워서 그러는 것이 아니다. 그러한 것들은 선비로서 그의 몸을 잘 닦아 일반 세상 사람들에게 죄를 짓는 일이 없기를 바라기 때문이다.

| 원문 |

行而供翼,[1] 非漬淖[2]也. 行而俯項,[3] 非擊戾[4]也. 偶視[5]而先俯, 非恐懼也. 然夫士欲獨修其身, 不以得罪於比俗[6]之人也.

| 해설 |

군자로서의 예에 맞는 몸가짐을 설명하고 있다. 수양은 이처럼 성실하고 공손한 몸가짐을 통해서 이루어지는 것이기 때문이다.

8

천리마는 하루에 천 리를 달린다지만 둔한 말도 열 배의 노력과 시간을 들이면 준마를 따라잡을 수 있다. 하지만 한없는 목표를 추구하고 끝없는 길을 달려가려 하는가? 그러면 뼈가 부러지고 근육이 끊어지도록 애써도 평생토록 미치지 못하고 말 것이다. 그러나 목표가 되는 곳이 있다면 천 리가 비록 멀다고는 하더라도, 혹은 늦기도 하고

---

1 供翼(공익) : '공'은 공(恭)과 통하며, '익'도 공경의 뜻. 따라서 공경스럽고 신중한 것.
2 漬淖(지작) : 진흙탕에 빠지는 것. 淖은 뇨로 읽기도 한다.
3 俯項(부항) : 고개를 숙이는 것.
4 擊戾(격려) : 물건에 부딪치는 것.
5 偶視(우시) : 두 사람의 눈길이 서로 마주치는 것.
6 比俗(비속) : 보통 세속, 일반 세상.

혹은 빠르기도 하며, 혹은 앞서기도 하고 혹은 뒤지기도 하겠지만, 어찌 그곳에 도달하지 못할 리가 있겠는가? 길을 가는 사람이 한없는 목표를 추구하며 끝없는 길을 달려가고 있는가, 그렇지 않으면 가려는 곳이 있는가 알지를 못하는가?

굳은 것과 흰 것의 차이 · 크게 같은 것과 조금 같은 것은 다르다는 이치 · 두터움이 있는 것과 없는 것의 차이를 논한 궤변도 한 가지 견해가 아닌 것은 아니지만, 군자가 그런 것을 논하지 않는 이유는 학문의 목표가 있기 때문이다.

기괴하고 거창한 행동은 어려운 일이 아닌 것은 아니지만, 군자가 그런 일을 하지 않는 것은 학문의 목적이 있기 때문이다.

그러므로 학문은 완성을 기다리는 것이라 하는 것이다. 목표가 있어 내가 이룩하는 것을 기다리기 때문에 나는 그곳으로 가는 것이니, 혹은 늦기도 하고 혹은 빠르기도 하며, 혹은 앞서기도 하고 혹은 뒤지기도 하지만, 어찌 그곳에 함께 도달하지 못할 리가 있겠는가?

그러므로 쉬지 않고 반 걸음씩 걸으면 절름발이 자라라 하더라도 천 리를 갈 수 있다. 흙을 쌓는 일을 중지하지 않는다면 높은 언덕이나 산을 만들 수 있다. 물의 근원을 막고 물길을 달리 낸다면 장강(長江)이나 황하(黃河)도 말라붙게 된다. 앞으로 갔다 뒤로 갔다, 왼쪽으로 갔다 오른쪽으로 갔다 하면, 여섯 마리의 준마가 수레를 끈다 해도 목적지에 도착하지 못한다.

사람들의 재주와 성질이 어찌 절름발이 자라와 여섯 마리 준마의 발처럼 차이가 크게 날 수 있겠는가? 그런데도 절름발이 자라는 목적지에 도착하고, 여섯 마리 준마는 목적지까지 가지 못하는 것은 다름이 아니라 한쪽은 실행하고 다른 한쪽은 실행하지 않았기 때문이다.

갈 길이 비록 가깝다 하더라도 가지 않으면 목적지에 도착하지 못한다. 일이 비록 작은 것이라 하더라도 하지 않으면 이룩되지 않는다. 그의 생활에 한가한 날이 많은 사람은 남보다 뛰어날 수가 없다.

| 원문 |

夫驥[1]一日而千里, 駑[2]馬十駕[3]則亦及之矣. 將以窮無窮, 逐無極與? 其折骨絶筋, 終身不可以相及也. 將有所止[4]之, 則千里雖遠, 亦或遲, 或速, 或先, 或後, 胡爲乎[5]其不可以相及也! 不識步道者, 將以窮無窮, 逐無極與, 意亦有所止之與?

夫堅白[6]同異[7]有厚無厚[8]之察, 非不察[9]也, 然而君子不辯, 止之也.

倚魁[10]之行, 非不難也, 然而君子不行, 止之也.

故學曰遲.[11] 彼止而待我, 我行而就之, 則亦或遲, 或速, 或先, 或後, 胡爲乎其不可以同至也.

故蹞步[12]而不休, 跛鱉[13]千里. 累土而不輟, 丘山崇成. 厭[14]其源, 開其

---

1 驥(기) : 준마, 천리마.
2 駑(노) : 둔한 말.
3 十駕(십가) : 열 배의 노력과 시간을 들여 수레를 끄는 것.
4 所止(소지) : 머무를 곳, 목표가 되는 곳, 목적.
5 胡爲乎(호위호) : 어찌, 어찌해.
6 堅白(견백) : "굳은 돌은 돌이 아니고, 흰 말은 말이 아니다"라는 공손룡(公孫龍)의 궤변(『莊子』 天下편 참조).
7 同異(동이) : "크게 같은 것은 조금 같은 것과 다르다"는 궤변(『莊子』 天下편 참조).
8 有厚無厚(유후무후) : 역시 『장자』에 보이는 궤변. 두터움이 없는 것이 두터움이 있는 것보다 더 두텁다는 것이다.
9 察(찰) : 살핀 결과, 견해.
10 倚魁(기괴) : '기'는 기(奇)와 통하여, 기괴한 것, 기이한 것. '괴'는 터무니없이 크기만 한 것.
11 遲(지) : 대(待)의 뜻으로, 완성을 기다리는 것.

瀆,¹⁵ 江河可竭. 一進一退, 一左一右, 六驥不致.

彼人之才性之相縣¹⁶也, 豈若跛鼈之與六驥足哉? 然而跛鼈致之, 六驥不致, 是無他故焉. 或爲之或不爲爾! 道雖邇, 不行不至. 事雖小, 不爲不成. 其爲人也多暇日者, 其出入不遠矣.

| 해설 |

학문을 시작하였다면 그 목표를 향해 꾸준히 노력해야 함을 역설한 대목이다. 재능이나 능력보다도 꾸준히 노력하느냐 하지 않느냐가 학문의 성취를 좌우하게 된다는 것이다.

9

법을 좋아하여 그대로 행하는 것이 선비이다. 뜻을 독실히 하고 그것을 체득하는 것이 군자이다. 생각이 민첩하고 총명해 막힘이 없는 것이 성인이다.

사람이 법이 없다면 어디로 가야 할지 모르게 된다. 법은 있으되 의로움에 대한 뜻이 없다면 어떻게 해야 할지 모르게 된다. 법을 따르며 모든 일을 깊이 이해해야만 윤택해진다.

---

12 蹞步(규보) : 반 걸음.
13 跛鼈(파별) : 절름발이 자라.
14 厭(엽) : 막다.
15 瀆(독) : 물길.
16 相縣(상현) : 서로 떨어져 있는 것, 차이가 나는 것.

| 원문 |

好法而行, 士也. 篤志而體,[1] 君子也. 齊明[2]而不竭,[3] 聖人也.

人無法則倀倀然.[4] 有法而無志其義則渠渠然.[5] 依乎法而又深其類,[6] 然後溫溫然.[7]

| 해설 |

법이란 예법을 뜻하는 말로 보아도 좋다. 순자는 늘 예를 강조하고 있기 때문이다. 여기서는 그 법을 중심으로 선비와 군자와 성인의 차이를 설명하고 있는 점이 흥미롭다.

10

예는 몸을 바르게 간직하는 근거가 되고, 스승은 예를 바르게 지키는 근거가 된다. 예가 없다면 무엇을 근거로 몸을 바르게 간직하겠는가? 스승이 없다면 우리가 어떻게 예가 올바른 것이라는 것을 알 수 있겠는가? 예에 따라 그대로 행할 수 있는 것은 감정이 예를 따르면 편안히 지낼 수 있기 때문이다. 스승이 말한 대로 말하게 되는 것은 바로 지려(知慮)가 스승을 따르고 있기 때문이다. 감정이 예를 따라

---

1 體(체) : 체득하다, 몸으로 실천하다.
2 齊明(제명) : '제'는 지려(知慮)가 민첩한 것(王引之), '명'은 총명한 것.
3 不竭(불갈) : 다함이 없다, 막힘이 없다.
4 倀倀然(창창연) : 어디로 가야 할지 모르는 모양(楊倞).
5 渠渠然(거거연) : 어떻게 해야 할지 모르는 모양(陳奐 『毛詩傳疏』).
6 類(류) : 그 주변의 사물들.
7 溫溫然(온온연) : 윤택이 나는 모양.

편안하고 지려가 스승을 따르는 사람은 바로 성인이 될 수 있다.

그러므로 예를 어기는 것은 법도가 없는 것과 같고, 스승을 배반하는 것은 스승이 없는 것과 같다. 스승과 법을 부정하면서 멋대로 행동하기를 좋아하는 것은, 마치 장님이 색깔을 분별하고, 귀머거리가 소리를 분별하는 것과 같아서, 혼란스럽고 망령된 일만을 하게 될 것이다. 그러므로 학문이란 예를 법도로 삼는 것이다. 스승이란 자신을 올바른 의표(儀表)로 내세우고, 그럼으로써 스스로 편안한 것을 귀중히 여기는 사람이다. 『시경』에 "알지도 못하고 의식하지도 못하면서, 하느님의 법도를 따른다"고 한 것은, 이것을 뜻하는 말이다.

| 원문 |

禮者, 所以¹正身也, 師者, 所以正禮也. 無禮, 何以正身? 無師, 吾安知禮之爲是也? 禮然而然,² 則是情安禮也. 師云而云, 則是知若師³也. 情安禮, 知若師, 則是聖人也.

故非禮, 是無法也, 非師, 是無師也. 不是師法, 而好自用,⁴ 譬之是猶以盲辨色, 以聾辨聲也, 舍亂妄無爲⁵也. 故學也者, 禮法也. 夫師以身爲正儀,⁶ 而貴自安者也. 詩云;⁷ 不識不知, 順帝之則, 此之謂也.

---

1 所以(소이) : 방법, 근거가 되는 것.
2 然而然(연이연) : 그러한 대로 그렇게 따르면 되다, 그렇게 되어 있는 대로 그와 같이 하면 되다.
3 若師(약사) : 스승을 따르다, 스승처럼 되다.
4 好自用(호자용) : 자기 멋대로 행동하기를 좋아하는 것.
5 舍亂妄無爲(사란망무위) : '사'는 사(捨)와 통하여, 혼란과 망령됨을 빼고는 하는 일이 없다, 곧 혼란되고 망령된 일만을 한다는 뜻.
6 正儀(정의) : 올바른 의표, 올바른 규범.
7 詩云(시운) : 『시경』 대아(大雅) 황의(皇矣)편에 보이는 구절.

| 해설 |

여기서는 본격적으로 예의 중요성을 강조하고 있다. 올바른 예를 익히기 위해 스승의 중요성을 강조하고, 부수적으로 사회에 있어서는 예 없이는 법도 제대로 존재할 수 없음을 논하고 있다. 순자에게 학문의 목표는 바로 예를 올바로 체득하는 것이다.

11

바르고 성실하고 종순하고 공경스럽다면 훌륭한 젊은이라고 할 수 있다. 거기에 공부하기를 좋아하고 겸손하며 노력을 하여 마음의 균형을 잡고 남의 위로 올라가려는 마음만 가지고 있지 않다면 군자라고 할 수 있다.

게으르고 일하기 싫어하며 염치가 없고 먹고 마시는 일이나 좋아한다면 나쁜 젊은이라고 할 수 있다. 거기에 방탕하고 흉악하며 남의 말은 따르지 않으면서 음험하고 잔악해 공경스럽지 않다면 불량한 젊은이라고 할 것이니, 비록 사형에 처한다 해도 괜찮을 것이다.

| 원문 |

端愨[1]順弟,[2] 則可謂善少[3]者矣. 加好學遜敏[4]焉, 則有鈞[5]無上,[6] 可以爲君子者矣.

---

1 端愨(단각) : 바르고 성실한 것.
2 順弟(순제) : 종순(從順)하고 공경스러운 것. '弟'는 제(悌)와 통함.
3 善少(선소) : 훌륭한 젊은이, 선한 소년.
4 遜敏(손민) : 겸손하고 노력하는 것. '민'은 면(勉)과 통함.

偸儒⁷憚事,⁸ 無廉恥而嗜乎飮食, 則可謂惡少者矣. 加惕悍⁹而不順, 險賊¹⁰而不弟焉, 則可謂不詳¹¹少者矣, 雖陷刑戮¹²可也.

| 해설 |

이 대목에서는 군자와 불량한 자를 대비시켜 설명하고 있다. 여러 가지 설명을 하고 있지만 학문을 좋아해 예를 체득한 사람이 군자이고, 근본적으로 예에 벗어나는 행동을 하는 자가 불량한 자이다. 순자는 불량한 자는 사형에 처해도 좋다는 극언까지 하고 있다.

12

노인들을 노인으로 잘 모시면 젊은이들이 따른다. 곤궁한 사람들을 곤궁하게 지내지 않도록 해주면 잘 사는 사람들도 모여든다. 좋은 일을 남모르게 하고 베풀기는 하되 보답을 바라지 않는다면, 현명한 사람이나 못난 사람이나 다 같이 존경할 것이다. 사람으로서 이 세 가지 행실만 지니고 있다면, 비록 큰 재난이 닥친다 하더라도 하늘이 그가 해를 입도록 내버려 두지는 않을 것이다.

---

5 有鈞(유균) : 마음에 균형이 잘 잡혀 있는 것. 비뚤어지거나 나쁜 쪽으로 기울어지지 않는다.
6 無上(무상) : 남의 윗자리에 올라앉으려 하지 않는 것.
7 偸儒(투유) : 게으르고 무기력한 것.
8 憚事(탄사) : 일하기를 꺼리는 것, 힘든 일은 하지 않으려고 하는 것.
9 惕悍(탕한) : 방탕하고 흉악한 것. '탕'은 탕(蕩)과 통함.
10 險賊(험적) : 음험하고 잔악한 것.
11 不詳(불상) : 불량, 상서롭지 않은 것. '상'은 상(祥)과 통함.
12 刑戮(형륙) : 형벌로 죽이다, 곧 사형시키는 것.

| 원문 |

老老,[1] 而壯者歸[2]焉. 不窮窮,[3] 而通者[4]積焉. 行乎冥冥[5]而施[6]乎無報, 而賢不肖一焉.[7] 人有此三行, 雖有大過,[8] 天其不遂[9]乎.

| 해설 |

여기에서는 사회에서의 착한 일 세 가지를 해설하고 있다. "노인들을 잘 모시는 것", "가난하고 궁한 사람들을 잘 돌보아 주는 것", "남모르게 착한 행동을 많이 하는 것"이 그것이다. 순자의 마음 쓰임이 따스하게 느껴진다.

13

군자는 이익을 추구하는 데는 소홀하지만, 해를 피하는 일에는 재빠르다. 굴욕을 피하는 일은 두려워하지만, 올바른 도리를 행하는 데에는 용감하다.

군자는 가난해도 뜻이 넓고, 부귀해도 몸가짐이 공손하다. 편안히 즐길 때에도 혈기를 따라 멋대로 놀지 않고, 고단하더라도 용모가 일

---

1 老老(노노) : 노인들을 노인으로 잘 모셔 드리는 것.
2 歸(귀) : 귀의하다, 따르다.
3 不窮窮(불궁궁) : 곤궁한 자들을 곤궁히 지내도록 버려 두지 않는 것.
4 通者(통자) : 궁한 자의 반대로 뜻대로 잘 사는 사람.
5 行乎冥冥(행호명명) : 뜻있는 일이나 좋은 일을 남이 모르게 행하는 것.
6 施(시) : 베풀다, 은혜를 베푸는 것.
7 一焉(일언) : 한결같이 모여들다, 다같이 존경하다.
8 大過(대과) : '과'는 화(禍)와 통하여, 큰 환난, 큰 재난.
9 遂(수) : 이루다, 재난의 해를 입는 것.

그러지지 않는다. 노엽다고 해서 지나치게 뺏지도 않고, 기쁘다고 해서 지나치게 주지도 않는다.

군자가 가난하면서도 뜻이 넓은 것은 어짊을 존중하기 때문이다. 부귀해도 몸가짐이 공손한 것은 위세를 부리지 않으려는 것이다. 편안히 즐길 때에도 혈기를 따라 멋대로 놀지 않는 것은 사리를 분별할 줄 알기 때문이다. 고단해도 용모가 일그러지지 않는 것은 사귐을 좋아하기 때문이다. 노엽다고 해서 지나치게 뺏지도 않고, 기쁘다고 해서 지나치게 주지도 않는 것은, 법도가 사사로움을 이기고 있기 때문이다.

『서경(書經)』에 이렇게 말하고 있다. "자기만 좋아하는 일을 하지 말고 임금의 도리를 따를 것이며, 자기만 싫어하는 일을 하지 말고 임금의 길을 따르라."

이 말은 군자란 공의(公義)로써 사사로운 욕심을 이겨낼 수 있음을 뜻하는 것이다.

| 원문 |

君子之求利也略,[1] 其遠害也早. 其避辱也懼, 其行道理也勇.

君子貧窮而志廣, 富貴而體恭. 安燕[2]而血氣不惰,[3] 勞勌[4]而容貌不枯.[5] 怒不過奪, 喜不過予.[6]

---

1 略(략) : 간략하다, 소홀하다.
2 燕(연) : 즐긴다는 뜻.
3 惰(타) : 혈기불타(血氣不惰)는 혈기를 따라 멋대로 놀아나지 않는다는 뜻.
4 勌(권) : 고단한 것.
5 枯(고) : 얼굴 모습이 일그러지는 것.
6 予(여) : 주다.

君子貧窮而志廣, 隆仁也. 富貴而體恭, 殺埶[7]也. 安燕而血氣不惰, 柬[8]理也. 勞勌而容貌不枯, 好交也. 怒不過奪, 喜不過予, 是法勝私也.
書曰:[9] 無有作好,[10] 遵[11]王之道, 無有作惡, 遵王之路.
此言君子之能以公義勝私欲也.

| 해설 |

여기서는 수신을 다한 군자의 성격에 대해 설명하고 있다. 군자는 자기의 처지보다도 언제나 공의(公義)에 입각해서 생각하고 행동한다는 것이다.

---

7 埶(세) : 권세, 세(勢)와 같은 자.
8 柬(간) : 간리(柬理)는 사리를 잘 분별해 처신하는 것.
9 書曰(서왈) : 『서경』 주서(周書) 홍범(洪範)편에 있는 말.
10 作好(작호) : 자기만이 좋아하는 일을 하는 것. 작악(作惡)은 그 반대.
11 遵(준) : 따르다.

제 3 편

구차한 짓을 하지 말라

不苟

 순자가 살고 있던 시대에는 공자의 가르침을 따른 교양 있는 이상적인 지식인인 군자란 과연 어떤 사람인가 하는 의논이 한창 유행하였다. 이 편에서는 그러한 시대 풍조를 따라 주로 군자는 어떤 사람인가를 논하고 있다. 제목의 '불구'는 군자의 성격으로 순자가 첫째로 들고 있는 행동이나 말에 있어서 '구차하지 않다'는 뜻을 지닌다. 군자는 은나라 시대의 신도적(申徒狄)처럼 세상에 올바른 도리가 행해지지 않는다면 물에 몸을 던져 죽을 만한 당당한 마음가짐을 지녀야만 한다. 명예나 이익 때문에 구차한 짓을 해서는 안 된다는 것이다.

이러한 군자의 행동은 예에 합당해야만 한다. '산과 못은 크게 보면 다 같이 평평하다'거나 '계란에 이미 털이 있다'고 주장한 혜시(惠施)나 등석(鄧析)같은 궤변가는 뛰어난 지혜와 재주를 가지고 있다. 또 도척(盜跖)같은 큰 도둑은 요순(堯舜) 임금 못지않은 명성을 지니고 있다. 그럼에도 이들이 존경받지 못하는 것은 그들의 말이나 행동이 예의에 어긋나기 때문이다. 그러니 뛰어난 재주나 명석한 머리나 커다란 명성만으로는 군자가 될 수는 없다는 것이다. 이 밖에도 "군자는 알기는 쉽지만 친해지기는 어렵다", "군자는 능력이 있어도 좋고 능력이 없어도 좋다", "군자는 사람들의 덕을 존경하고 사람들의 훌륭함을 드러내지만 아첨하는 것은 아니다", "군자가 마음이 크면 하늘을 따르고 도를 지키며, 마음이 작으면 의로움을 두려워하고 절조를 지킨다. 지혜가 있으면 모든 일에 밝고 이치에 통달해 모든 사물을 잘 처리할 줄 알고, 어리석으면 바르고 성실하게 법을 지킨다"는 등의 말을 하고 있다. 이에 의하면 군자는 타고난 재주에 상관 없이 그의 학문을 통해 이룩된다는 것이다. 여기에서 유가(儒家)들이 생각하는 이상적인 인간상을 엿볼 수 있다. 군자는 일하는 능력이나 알고 있는 지식과는 큰 상관이 없다는 것이다.

"군자가 마음을 수양하는 데는 정성보다 더 좋은 것이 없다. 정성을 다하면 다른 사고가 나지 않을 것이다. 오직 어짊(仁)만을 지키고, 오직 의로움(義)만을 행해야 한다. ······ 천지는 위대하지만 정성되지 않고는 만물을 변화하고 자라게 하지 못한다. 성인은 지혜가 있지만 정성되지 않고는 만백성을 교화하지 못한다. 아버지와 자식은 친한 관계이지만 정성되지 않으면 멀어진다. 임금은 존귀한 자리이지만 정성되지 않으면 천해진다. 정성이란 군자가 지켜야만 할 덕성이며 정치의 근본이 되기도 하는 것이다" 라고도 주장하고 있다. 이것은 모두 『중용(中庸)』에서 말하고 있는 정성과 같은 내용의 것이다.

또 "군자는 지위가 높아도 뜻은 공손하고, 마음은 작아도 지키는 도는 크며, 듣고 보는 것은 가까워도 아는 것은 원대하다"고 하면서 "하늘과 땅이 시작될 때는 오늘과 같았다. 여러 옛 임금의 도는 후세 임금의 도가 되기도 한다"고도 하였다. 이것이 훌륭한 옛 임금들의 이상적인 정치가 바로 지금 임금에게도 계승되어 현실에 알맞게 실현되어야 한다는 순자의 독특한 후왕 사상(後王思想)이다. 이 밖에도 군자의 특성에 대해 여러 가지 상세한 설명을 하고 있다.

1

군자는 행동은 구차히 행하기 어려운 것만을 귀중히 여기지 않고, 이론은 구차히 잘 살펴 아는 것만을 귀중히 여기지 않으며, 이름은 구차히 세상에 전해지는 것만을 귀중히 여기지 않는다. 오직 합당한 것만을 귀중히 여긴다.

그러므로 돌을 끌어안고 강물에 뛰어드는 것은 행하기 어려운 행동이다. 신도적이 그렇게 하였지만 군자들이 귀중히 여기지 않는 것은 예의에 합당한 일이 아니기 때문이다.

산과 연못은 다 같이 평평하고, 하늘과 땅은 다 비슷하며, 제나라와 진나라는 같은 곳에 있고, 귀로 들어가서는 입으로 나오며, 낚시바늘에 수염이 달렸고, 계란에도 털이 있다는 것은 논리를 유지하기가 어려운 이론이다. 혜시와 등석이 그렇게 하였지만 군자들이 귀중히 여기지 않는 것은 예의에 합당한 일이 아니기 때문이다.

도척은 해와 달 같은 명성을 탐해, 우임금·순임금과 같이 끊임없이 이름이 전해지고 있다. 그러나 군자들이 귀중히 여기지 않고 있는 것은 예의에 합당한 일이 아니기 때문이다.

그러므로 "군자는 행동은 구차히 행하기 어려운 것만을 귀중히 여기지 않고, 이론은 구차히 잘 살펴 아는 것만을 귀중히 여기지 않으며, 이름은 구차히 세상에 전해지는 것만을 귀중히 여기지 않는다. 오직 합당한 것만을 귀중히 여긴다"고 말했던 것이다.

『시경』에 "사물이 있으되, 오직 합당해야만 하네"라 한 것은, 이것을 뜻하는 말이다.

| 원문 |

君子行不貴苟難,[1] 說不貴苟察,[2] 名不貴苟傳, 唯其當之爲貴.

---

1 苟難(구난) : 구차히 어렵기만 한 것.

故懷負³石而赴河, 是行之難爲者也. 而申徒狄⁴能之, 然而君子不貴者, 非禮義之中也.

山淵平,⁵ 天地比, 齊秦襲, 入乎耳, 出乎口,⁶ 鉤有須,⁷ 卵有毛,⁸ 是說之難持⁹者也. 而惠施¹⁰鄧析¹¹能之, 然而君子不貴者, 非禮義之中也.

盜跖貪名,¹² 名聲若日月, 與舜禹俱傳而不息. 然而君子不貴者, 非禮義之中也.

故曰; 君子行不貴苟難, 說不貴苟察, 名不貴苟傳, 唯其當之爲貴.

詩曰;¹³ 物其有矣, 唯其時¹⁴矣. 此之謂也.

---

2 察(찰) : 잘 살펴 아는 것.
3 懷負(회부) : '부'는 포(抱)와 통해, 품안에 끌어안는 것.
4 申徒狄(신도적) : 은나라 말엽의 사람. 세상이 어지러운 것을 분개해 돌을 끌어안고 황하에 몸을 던져 죽었다고 한다.
5 山淵平(산연평) : 이하 세 가지 명제는 모두 『장자(莊子)』 천하(天下)편에 보이는 궤변가의 이론. 산과 연못, 하늘과 땅은 높고 낮은 차이가 있고, 제(齊, 지금의 山東省)나라와 진(秦, 지금의 陝西省)나라는 거리에 큰 차이가 있지만, 절대적으로 큰 견지에서 보면 모두가 같다는 이론이다.
6 入乎耳, 出乎口(입호이출호구) : 귀로 들어가서는 입으로 나온다. 산에는 산울림이 있어 그런 말을 한 듯. 말의 출처가 분명치 않다.
7 鉤有須(구유수) : 낚시에 수염이 있다. 낚시에 고기가 물리면 고기 수염이 낚시 수염이 되기 때문인 듯.
8 卵有毛(난유모) : 달걀에 털의 성분이 있기 때문에, 병아리가 깨어나면 털이 있다는 것이다.
9 難持(난지) : 논리를 유지하기가 어려운 것.
10 惠施(혜시) : 전국 시대 맹자와 거의 같은 때 사람. 위(魏)나라 재상까지 지낸 일이 있는 궤변가로, 공손룡(公孫龍)과 함께 이름을 날렸다.
11 鄧析(등석) : 춘추 시대 정(鄭)나라의 궤변가. 재상이었던 자산(子産)에게 처형당하였다.
12 貪名(탐명) : 명성을 탐내다. 이름이 드러나기를 탐하다.
13 詩曰(시왈) : 『시경』 소아(小雅) 어려(魚麗)편에 보이는 구절.
14 時(시) : 시(是)와 통하여, 옳은 것, 합당한 것.

| 해설 |

사람은 뛰어난 지조나 능력 또는 명성보다도, 행실이 예에 합당해야 한다. 그의 주변의 사물 모든 것이 예에 합당해야만 군자라 할 수 있는 것이다.

2

군자는 알기는 쉽지만 친해지기는 어렵고, 두려워하게 하기는 쉽지만 협박하기는 어렵다. 환난을 두려워하지만 의로움 때문에 죽는다 해도 피하지 않고, 이익을 바라기는 하지만 그릇된 일은 하지 않는다. 사귀어 친하게 지내기는 하지만 편당(偏黨)을 이루지는 않고, 말은 잘하지만 논리가 흐트러지지는 않는다. 마음이 넓고 너그러워서 세상 사람들과는 다르다.

| 원문 |

君子易知而難狎,[1] 易懼而難脅,[2] 畏患而不避義死, 欲利而不爲所非. 交親而不比,[3] 言辯而不辭. 蕩蕩乎,[4] 其有以殊於世也.

---

1 狎(압) : 친해지는 것, 스스럼없이 지내는 것.
2 脅(협) : 위협하다, 협박하다.
3 不比(불비) : 편당을 이루지 않다, 사사로이 친하지는 않은 것.
4 蕩蕩乎(탕탕호) : 마음이 넓고 너그러운 모양. 『논어』술이(述而)편에서도 군자는 "마음이 평탄하고 너그럽다(坦蕩蕩)"고 말하고 있다.

| 해설 |

군자는 세속적인 가치에 좌우되지 않음을 강조하고 있다. 언제나 바르고 예를 지키기 때문이다.

3

군자는 능력이 있어도 좋고, 능력이 없어도 좋다. 소인은 능력이 있어도 추하고, 능력이 없어도 추하다. 군자는 능력이 있으면 너그럽고 곧음으로써 사람들을 계발하고 인도하며, 능력이 없으면 공경스럽게 움츠리고서 두려워하며 사람들을 섬긴다. 소인은 능력이 있으면 멋대로 오만하고 그릇된 일을 하면서 남에게 교만하게 행동하며, 능력이 없으면 질투하고 원망하고 비방하며 사람들을 쓰러뜨리려 한다. 그러므로 "군자에게 능력이 있으면 사람들은 그에게 배우는 것을 기뻐하고, 능력이 없으면 사람들은 그에게 일러주는 것을 즐거워한다. 소인이 능력이 있으면 그에게 배우는 것을 천하게 여기고, 능력이 없으면 사람들은 그에게 일러주는 것을 부끄러이 여긴다"고 하는 것이다. 이것이 군자와 소인의 차이이다.

| 원문 |

君子能亦好, 不能亦好. 小人能亦醜, 不能亦醜. 君子能則寬容[1]易直[2]以開道[3]人, 不能則恭敬繜絀[4]以畏事人. 小人能則倨傲[5]僻違[6]以驕溢[7]人,

---

[1] 寬容(관용) : 남에게 너그럽고 남을 잘 받아들이는 것.
[2] 易直(이직) : 평탄하고 곧은 것.
[3] 開道(개도) : 계발하고 인도하는 것.

不能則妬嫉⁸怨誹以傾覆⁹人.

故曰; 君子能則人榮¹⁰學焉, 不能則人樂告之. 小人能則人賤學焉, 不能則人羞告之. 是君子小人之分也.

| 해설 |

군자와 소인의 차이를 설명한 대목이다. 군자와 소인의 차이는 일에 대한 능력이나 재능과는 관계가 없는 일이다. 예와 의로움이 사람을 어떤 이는 군자로, 어떤 이는 소인으로 갈라놓는다는 뜻이다.

4

군자는 너그럽지만 태만하지 않고, 모가 나지만 사람을 손상치 않으며, 말은 잘하지만 다투지 않고, 잘 살펴 알지만 지나치지 않으며, 바르게 서 있기는 하지만 남을 이기려 들지 않고, 굳고 강하기는 하지만 포악하지 않으며, 부드럽고 종순하지만 세속에 휩쓸리지 않고, 공경스럽고 조신하지만 너그러이 받아들인다. 이러한 것을 두고 지극히 문아(文雅)하다고 한다.

『시경』에 "온순하고 공손한 사람이 덕의 터전일세"라고 한 것은,

---

4 縛紐(준굴) : '준'은 준(撙)과 통하여, 몸을 움츠리는 것. '굴'은 몸을 굽히는 것.
5 倨傲(거오) : 오만하다, 거만하다.
6 僻違(벽위) : 편벽되고 그릇된 것.
7 驕溢(교일) : 교만하게 구는 것.
8 妬嫉(적질) : 질투하는 것.
9 傾覆(경복) : 쓰러뜨리다, 망치다.
10 榮(영) : 기뻐하는 것. "영광으로 생각한다"고 풀이해도 뜻은 통한다.

이것을 뜻하는 말이다.

| 원문 |

君子寬¹而不僈,² 廉³而不劌,⁴ 辯而不爭, 察而不激,⁵ 寡立而不勝, 堅彊⁶而不暴, 柔從而不流,⁷ 恭敬謹愼而容,⁸ 夫是之謂至文.
詩曰;⁹ 溫溫¹⁰恭人, 惟德之基, 此之謂矣.

| 해설 |

군자의 특징을 설명한 대목이다. 군자는 모든 일에 바르고 곧으면서도 너그럽다는 것이다. 이것이 바로 군자의 덕성이다.

5

군자는 사람들의 덕을 숭상하고 사람들의 훌륭함을 드러내지만 아첨하는 것은 아니다. 바르고 곧게 일러주고 사람들의 잘못을 지적하지만 비방하는 것은 아니다. 자기의 빛나고 훌륭한 점이 우임금·순

---

1 寬(관) : 너그럽다, 관대하다.
2 僈(만) : 만(慢)과 통해, 태만하다, 게으르다.
3 廉(염) : 모, 모가 나다.
4 劌(궤) : 손상시키다, 상처 내다.
5 激(격) : 격절(激切)하다, 지나치게 파고드는 것.
6 堅彊(견강) : 견고하고 강하다, 굳고 억세다.
7 不流(불류) : 세속에 휩쓸리지 않다.
8 容(용) : 관용, 너그러이 받아들이다.
9 詩曰(시왈) : 『시경』 대아(大雅) 억(抑)편에 보이는 구절.
10 溫溫(온온) : 온순하다, 따스한 모양.

임금에 비길 만하고 하늘과 땅의 원리에 합치된다고 말하는 것은 과장된 표현이 아니다.

때를 따라 굽히고 뻗고 하며 부드럽게 따르는 것이 창포나 갈대 잎 같지만 두려워서 그러는 것이 아니다. 굳고 강하고 사납고 억세며 뜻대로 하지 않는 일이 없지만 교만하고 포악해서 그러는 것이 아니다. 의로움으로 변화하고 호응하며 일의 옳고 그름에 잘 대처할 줄 알기 때문에 그러한 것이다.

『시경』에 이렇게 읊고 있다. "왼쪽이면 왼쪽으로 군자는 알맞게 행동하고, 오른쪽이면 오른쪽으로 군자는 올바름을 지키네." 이것은 군자가 의로움을 근거로 굽히고 뻗고 하며 변화하고 호응하기 때문에 그러하다는 것을 뜻한다.

| 원문 |

君子崇人之德, 揚人之美, 非諂諛[1]也. 正義直指,[2] 擧人之過, 非毀疵[3]也. 言己之光美, 擬[4]於舜禹, 參[5]於天地, 非夸誕[6]也.

與時屈伸, 柔從若蒲葦,[7] 非懾怯[8]也. 剛强猛毅,[9] 靡所不信,[10] 非驕暴

---

1 諂諛(첨유) : 아첨하다.
2 直指(직지) : 곧장 지도해 주다, 바르게 일러주다.
3 毀疵(훼자) : 비방하다, 비난하다.
4 擬(의) : 비기다, 견주다.
5 參(참) : 참여하다, 원리에 합치되다.
6 夸誕(과탄) : 과장하다, 허풍을 떨다.
7 蒲葦(포위) : 창포와 갈대. 여기서는 창포와 갈대 잎새처럼 부드럽게 움직임을 뜻한다.
8 懾怯(섭겁) : 겁을 내다, 두려워하다.
9 猛毅(맹의) : 사납고 억센 것.
10 靡所不信(미소불신) : '신'은 신(伸)과 통하여(楊倞), 뜻대로 하지 않는 일이 없는 것.

也. 以義變應,[11] 知當曲直[12]故也.

詩曰;[13] 左之左之, 君子宜之, 右之右之, 君子有[14]之. 此言君子能以義屈信變應故也.

| 해설 |

군자는 오직 의로움을 바탕으로 여러 가지 일의 변화에 대처해야 한다는 것이다. 세상일의 변화는 무상하므로 그 속에서 시비곡직을 올바로 가려낸다는 것은 쉽지 않은 일이다.

6

군자는 소인과 반대되는 인물이다. 군자는 마음이 크면 하늘을 따르고 도를 지키며, 마음이 작으면 의로움을 두려워하고 절조를 지킨다. 지혜가 있으면 밝게 이치에 통달해 모든 사물을 잘 처리할 줄 알고, 어리석으면 바르고 성실하게 법을 지킨다. 벼슬자리에 등용되면 공손하고 예를 따르며, 벼슬자리에 등용되지 못하면 공경히 예에 맞게 처신한다. 기쁠 때는 온화하고 조리가 있으며, 걱정할 때는 고요하면서도 조리가 있다. 뜻대로 잘 될 때는 문아(文雅)하고도 밝으며, 곤궁할 때는 검약하면서 올바른 도리를 조심해서 따른다.

소인은 그렇지 않다. 마음이 크면 오만하고도 포악하고, 마음이 작

---

11 變應(변응) : 변화하고 호응하다, 변화에 대응하다.
12 當曲直(당곡직) : 일의 옳고 그름에 합당하게 대처하다.
13 詩曰(시왈) : 『시경』 소아(小雅) 상상자화(常常者華)편에 보이는 구절.
14 有(유) : 올바름을 지키다. 우(友)와 통하여, 남을 돕는다는 뜻으로 풀이해도 된다.

으면 부정하고도 비뚤어지게 행동한다. 지혜가 있으면 남의 것을 빼앗고 도둑질하며 사기를 치고, 어리석으면 남을 해치고 문란한 행동을 한다. 벼슬자리에 등용되면 각박하고도 오만하며, 벼슬자리에 등용되지 못하면 남을 원망하고 음험한 짓을 한다. 기쁠 때는 경박하게 날뛰고, 걱정할 때는 좌절하고 두려워한다. 뜻대로 잘 될 때는 교만하고도 편벽되고, 곤궁할 때는 자포자기해 못난 짓을 한다.

전하는 말에 "군자는 어떤 경우에나 발전하지만, 소인은 어떤 경우에나 나쁜 결과를 낳는다"고 한 것은, 이것을 뜻하는 말이다.

| 원문 |

君子, 小人之反也. 君子大心則天而道, 小心則畏義而節. 知則明通[1]而類,[2] 愚則端愨[3]而法. 見由[4]則恭而止,[5] 見閉[6]則敬而齊,[7] 喜則和而理, 憂則靜而理, 通則文而明, 窮則約[8]而詳.[9]

小人則不然. 大心則慢而暴, 小心則淫[10]而傾.[11] 知則攫盜[12]而漸,[13] 愚

---

1 明通(명통) : 모든 이치에 밝게 통달하는 것.
2 類(류) : 모든 사물을 제대로 파악해 올바로 대처하는 것.
3 端愨(단각) : 바르고 성실한 것.
4 見由(견유) : '유는 용(用)과 통하여, 벼슬자리에 등용되는 것.
5 止(지) : 예에 머물다, 곧 예를 잘 따르는 것.
6 見閉(견폐) : 벼슬자리에 등용되지 못하는 것.
7 齊(제) : 정제한 것, 곧 예에 맞게 처신하는 것.
8 約(약) : 검약, 절약.
9 詳(상) : 상세히 처리하다, 올바른 도리를 조심해서 따르는 것.
10 淫(음) : 지나친 것, 바르지 못한 것.
11 傾(경) : 기울어지다, 비뚤어지다.
12 攫盜(확도) : 남의 물건을 빼앗고 도적질하는 것.
13 漸(잠) : 사기를 치는 것(王引之).

則毒賊而亂. 見由則兌[14]而倨, 見閉則怨而險. 喜則輕而翾,[15] 憂則挫[16]而懾. 通則驕而偏,[17] 窮則棄[18]而儑.[19]

傳曰; 君子兩[20]進, 小人兩廢. 此之謂也.

| 해설 |

군자와 소인은 여러 가지 면에서 정반대의 인물임을 해설한 대목이다. 한편으로 군자라고 해서 반드시 마음이 크고 지혜가 있는 것이 아니다. 따라서 군자라고 해서 늘 벼슬자리에 등용되고 모든 일이 자기 뜻대로 잘 되는 것이 아니라는 것도 강조하고 있다. 군자는 어떤 경우이건 올바른 길을 지키고, 소인은 그러지 못하는 데서 차이가 생긴다는 것이다.

7

"군자는 다스림을 다스리지 어지러움을 다스리지 않는다"고 하는 말은 무슨 뜻일까? 그것은 예의에 들어맞는 것을 다스림이라 하고, 예의에 어긋나는 것을 어지러움이라 말하기 때문이다. 그러므로 군자란 예의를 따라 다스리는 사람이지, 예의에 어긋나게 다스리는 사람이 아니다.

---

14 兌(태) : 銳(예)와 통하여(王先謙), 날카로운 것, 각박한 것.
15 翾(현) : 새가 푸득푸득 날다, 가볍게 날뛰는 것.
16 挫(좌) : 꺾이다, 좌절되다.
17 偏(편) : 편벽된 짓을 하는 것.
18 棄(기) : 자기(自棄), 자포자기.
19 儑(암) : 못난 짓을 하다.
20 兩(량) : 능(能)·불능(不能)의 양편.

그렇다면 나라가 어지러운 것은 다스리지 않는가? 나라가 어지러운 것을 다스린다는 것은, 어지러움을 따라서 그것을 다스린다는 뜻이 아니라 어지러움을 제거시키고 다스림을 거기에 편다는 뜻이다. 사람에게 더러운 곳이 있어 수신을 한다는 것은, 더러운 곳을 따라서 그것을 닦는다는 뜻이 아니라 더러움을 제거시키고 닦음을 거기에 바꾸어 놓는다는 뜻이다. 그러므로 어지러움을 제거하는 것이지 다스리는 것이 아니며, 더러움을 제거하는 것이지 닦는 것이 아니다. 다스림이라는 말은 "군자는 다스림을 위해 힘쓰지만 어지러움 때문에 그러는 것은 아니며, 수신을 위해 힘쓰지만 더러움 때문에 그러는 것은 아니다"라고 한 말에 잘 드러나고 있다.

| 원문 |

君子治治, 非治亂也. 曷[1]謂邪? 曰; 禮義之謂治, 非禮義之謂亂也. 故君了者, 治禮義者也, 非治非禮義者也.

然則國亂將弗治與? 曰; 國亂而治之者, 非案亂[2]而治之之謂也, 去亂而被之[3]以治. 人汙[4]而修[5]之者, 非案汙而修之之謂也, 去汙而易之以修. 故去亂而非治亂也, 去汙而非修汙也. 治之爲名, 猶曰; 君子爲治而不爲亂, 爲修而不爲汙也.

---

1 曷(갈) : 무엇.
2 案亂(안란) : 어지러움을 따라서, 어지러움을 근거로 해.
3 被之(피지) : 그것을 펴다.
4 汙(오) : 더러움. 오(汚)와 같은 글자.
5 修(수) : 닦다, 수신하다.

| 해설 |

순자는 정치의 개념도 다른 학자들과는 다르다. 그는 다스린다는 말도 예의를 따른다는 말과 같은 뜻으로 이해하고 있다. 곧 정치는 예에 합당한 일을 추진하는 것이다. 따라서 군자는 혼란이나 부정을 없애고 난 위에 예의에 따른 다스림을 편다는 것이다.

8

군자는 몸을 깨끗이 간수해 그와 같은 사람들이 모여들고, 말을 옳게 해 비슷한 사람들이 거기에 호응하게 된다. 그러므로 한 마리 말이 울면 다른 말이 따라 우는데, 그것은 지려(知慮)가 있어서가 아니라 형세가 그렇게 만드는 것이다. 그러므로 막 목욕을 하고 나온 사람은 그의 옷을 털어 입고, 막 머리를 감은 사람은 그의 관을 털어 쓰는데, 모두가 인정인 것이다. 그 누가 자기의 깨끗한 몸으로 남의 더러움을 받아들이려 하겠는가?

| 원문 |

君子絜[1]其身而同焉者合[2]矣, 善其言而類焉者應矣. 故馬鳴而馬應之, 牛鳴而牛應之, 非知也, 其埶然也. 故新浴者振其衣, 新沐[3]者彈[4]其冠, 人之情也. 其誰能以己之潐潐,[5] 受人之掝掝[6]者哉?

---

1 絜(결) : 깨끗한 것. 결(潔)과 같은 자.
2 合(합) : 모여드는 것.
3 沐(목) : 머리를 감는 것.
4 彈(탄) : 손가락으로 튀기다. 먼지를 터는 것.

| 해설 |

군자는 행실이 곧고 깨끗하다. 따라서 군자의 주위에는 행실이 곧고 깨끗한 사람들이 모여들게 마련이라는 것이다.

9

　군자가 마음을 수양하는 데는 정성보다 더 좋은 것이 없다. 정성을 다하면 다른 사고가 나지 않을 것이다. 오직 어짊(仁)만을 지키고, 오직 의로움(義)만을 행해야 한다. 정성된 마음으로 어짊을 지키면 그것이 겉으로 드러나고, 그것이 겉으로 드러나면 신묘(神妙)해지고, 그것이 신묘해지면 사람들을 교화시킬 수가 있다. 정성된 마음으로 의로움을 행하면 조리가 서고, 조리가 서면 모든 것이 분명해지고, 모든 것이 분명해지면 사람들을 훌륭하게 변화시킬 수 있다.
　이 변화와 교화가 연이어 일어나는 것을 하늘의 덕이라 한다. 하늘은 아무런 말을 하지 않지만 사람들은 그것을 높다고 추켜세우고, 땅은 아무런 말을 하지 않지만 사람들은 그것을 두텁다고 추켜세우며, 사철도 아무런 말을 하지 않지만 백성들은 때를 아는 표준으로 삼는다. 이것들은 모두 일정한 법도를 지니고 있어서, 그의 정성을 지극히 다하고 있는 것이다.
　군자는 지극한 덕을 지니고 있어서 아무 말도 하지 않아도 사람들이 깨우치게 되며, 아무 것도 베풀지 않아도 사람들과 친하게 되며,

---

5 漅漅(초초) : 작작(皭皭)과 같은 말로(王先謙), 깨끗한 모양.
6 掝掝(혹혹) : 더러운 모양, 흐리멍텅한 모양.

성내지 않아도 사람들이 위압을 받는다. 이것은 하늘의 명(命)을 따라서 그의 독립된 지위를 정성되이 지키기 때문이다.

훌륭한 도를 지키는 데는, 정성되지 않으면 독립된 지위를 갖지 못하고, 독립된 지위를 갖지 못하면 그것이 겉으로 드러나지 않고, 겉으로 드러나지 않는다면 비록 마음으로 작정하여 얼굴빛으로 드러나고 말로 표현한다 하더라도 사람들은 그대로 그의 뜻을 좇지 않을 것이다. 비록 좇는다 하더라도 반드시 의심할 것이다.

천지는 위대하지만 정성되지 않고는 만물을 화육(化育)하지 못한다. 성인은 지혜가 있지만 정성되지 않고는 만백성을 교화하지 못한다. 아버지와 자식은 친한 관계이지만 정성되지 않으면 멀어진다. 임금은 존귀한 자리이지만 정성되지 않으면 천해진다. 정성이란 군자가 지켜야 할 덕성이며 정치의 근본이다.

오직 정성이 있는 곳에 그와 비슷한 사람들이 모여든다. 정성을 지키면 일에 성공하지만, 정성을 내버리면 일에 실패한다. 정성을 지켜 일을 이루면 일이 가벼워지고, 일이 가벼워지면 독립하여 무슨 일이나 할 수가 있으며, 독립하여 무슨 일이나 하는 것을 중단치 않으면 모든 일을 이룰 수가 있고, 모든 일을 이루게 되면 재능을 다하여 언제까지나 일을 계속해도 처음의 상태로 돌아가지는 않게 되는데, 변화되었기 때문이다.

---

1 致誠(치성) : 정성을 다하다, 성의를 다하다.
2 它事(타사) : 다른 일, 다른 사고.
3 形(형) : 겉으로 드러나다, 형체로 드러나다.
4 神(신) : 신묘한 것.

| 원문 |

君子養心莫善於誠. 致誠[1]則無它事[2]矣. 唯仁之爲守, 唯義之爲行. 誠心守仁則形,[3] 形則神, 神[4]則能化矣. 誠心行義則理, 理[5]則明, 明則能變矣.

變化代興,[6] 謂之天德. 天不言而人推其高焉, 地不言而人推其厚焉, 四時不言而百姓期[7]焉. 夫此有常,[8] 以至其誠者也.

君子至德, 嘿然[9]而喩,[10] 未施而親, 不怒而威. 夫此順命,[11] 以愼其獨[12] 者也.

善之爲道者, 不誠則不獨, 不獨則不形, 不形則雖作於心, 見於色, 出於言, 民猶若未從也. 雖從必疑.

天地爲大矣, 不誠則不能化萬物. 聖人爲知矣, 不誠則不能化萬民. 父子爲親矣, 不誠則疏. 君上爲尊矣, 不誠則卑. 夫誠者, 君子之所守也, 而政事之本也.

唯所居[13]以其類至. 操[14]之則得[15]之, 舍之則失之. 操而得之則輕, 輕則

---

5 理(리) : 조리가 서다, 원리가 이룩되다.
6 代興(대흥) : 번갈아 가며 일어나다, 연이어 일어나다.
7 期(기) : 시기를 아는 표준으로 삼는 것.
8 常(상) : 영원 불변한 것, 법도.
9 嘿然(묵연) : '묵'은 묵(墨)과 같은 글자로, 아무 말도 않고 있는 모양.
10 喩(유) : 깨우치다.
11 順命(순명) : 천명을 따르는 것.
12 愼其獨(신기독) : '신'은 성(誠)과 통해, 그의 독립된 지위를 정성되이 지키는 것. 『중용(中庸)』에도 보통 "그가 홀로 있을 적을 삼간다"고 풀이하는 말이 보이나, 왕염손(王念孫)은 『중용』에서도 신은 성(誠)의 뜻으로 보는 것이 옳다고 주장하고 있다.
13 所居(소거) : 정성이 있는 곳, 정성되이 처신하는 경우.
14 操(조) : 잡다, 정성을 꼭 지키는 것.
15 得(득) : 일에 성공하다, 뜻대로 되는 것.

獨行. 獨行而不舍, 則濟**16**矣. 濟而材盡,**17** 長遷**18**而不反其初, 則化矣.

| 해설 |

군자의 정신 수양 방법과 그 효과를 논한 대목이다. 특히 여기에서 정성〔誠〕을 강조하고 있는 것은 『중용(中庸)』 사상과도 통한다. 정성은 맹자(孟子)도 중시하였고 『대학(大學)』에도 강조하고 있는 유가의 중요한 덕목의 하나이다.

10

군자는 지위가 높아도 뜻은 공손하고, 마음은 작아도 지키는 도는 크며, 듣고 보는 것은 가까워도 아는 것은 원대하다. 그것은 무엇 때문인가? 그가 지키는 행동 규범이 그러하기 때문이다.

그러므로 천 명이나 만 명의 감정은 바로 한 사람의 감정과 같은 것이다. 하늘과 땅이 시작될 때는 오늘과 같았다. 여러 옛 임금들의 도는 후세 임금들의 도가 되기도 한다. 군자가 후세 임금들의 도를 잘 살핀 다음에 여러 옛 임금들의 전 일들에 대해 논한다면, 팔짱을 끼고 앉아 논의하는 것처럼 쉬운 일이 될 것이다. 예의의 기본 규범을 밀고 나가 옳고 그른 분별을 분명히 하고, 천하의 중요한 일들을 총괄해 세상 사람들을 다스린다면, 한 사람을 부리는 것처럼 쉬울 것이다.

그러므로 지키는 행동 규범이 간략할수록 하는 일은 더욱 위대해지

---

16 濟(제) : 모든 일을 잘 이루는 것.
17 材盡(재진) : '재'는 재(才)와 통해, 재능을 다하는 것.
18 長遷(장천) : 오래도록 옮아가다, 오래도록 일을 계속하는 것.

는 것은, 다섯 치의 굽은 자를 가지고 온 천하의 네모꼴을 올바로 가늠할 수 있는 것과 같다. 그러므로 군자가 자기집 거실에서 나오지 않고도 온 세상의 실정을 자기 있는 곳에 모두 쌓아놓고 있듯이 파악하고 있는 것은, 지키는 행동 규범이 그렇게 만드는 것이다.

| 원문 |

君子位尊而志恭, 心小而道大, 所聽視[1]者近, 而所聞見[2]者遠. 是何邪? 則操術[3]然也.

故千人萬人之情, 一人之情是也. 天地始者, 今日是也. 百王[4]之道, 後王是也. 君子審後王[5]之道, 而論於百王之前, 若端拜[6]而議. 推禮義之統,[7] 分是非之分, 總天下之要, 治海內之衆, 若使一人.

故操彌約而事彌大.[8] 五寸之矩,[9] 盡天下之方也. 故君子不下室堂[10]而海內之情[11]擧積此[12]者, 則操術然也.

[1] 聽視(청시) : 듣고 보는 것.
[2] 聞見(문견) : 견문, 듣고 보아 아는 것.
[3] 操術(조술) : 사람이 지키고 있는 행동 규범.
[4] 百王(백왕) : 옛날의 여러 훌륭한 임금들.
[5] 後王(후왕) : 후세 임금, 근대의 임금.
[6] 端拜(단배) : '배'는 옛 공(拱)자로, 팔짱을 끼고 편히 앉아 있는 것.
[7] 統(통) : 기본이 되는 규범.
[8] 彌約…彌大(미약…미대) : ~이 간략할수록 ~은 더욱 크다.
[9] 矩(구) : 목수들이 쓰는 굽은 자, 직각을 가늠하는 데 쓰인다.
[10] 室堂(실당) : 집의 거실.
[11] 海內之情(해내지정) : 온 세상의 실정.
[12] 擧積此(거적차) : 모두가 여기에 쌓이다.

| 해설 |

군자가 지키는 행동 규범인 조술(操術)에 대해 설명한 것이다. 군자는 언제나 지키는 행동 규범이 있기 때문에, 작은 것을 근거로 해서 큰 것을 알고, 가까운 일들을 통해서 먼 곳의 일도 알게 된다는 것이다.

11

통달한 선비가 있고, 공정한 선비가 있고, 곧은 선비가 있고, 성실한 선비가 있고, 소인이 있다.

위로는 임금을 존중해 받들고 아래로는 백성들을 사랑해 돌보아주며, 자기 주변의 물건들을 적절히 대응해 처리하고, 주변에 일어나는 일들을 잘 분별해 해결한다면, 이러한 사람은 통달한 선비라 할 수 있다.

아래 사람들과 붕당을 이루어 임금을 어둡게 만들지 않고, 임금 하는 대로 따라서 백성들을 괴롭히지 않으며, 중간의 올바른 위치에서 다툼을 해결하고, 사사로움으로 남을 해치지 않는다면, 이러한 사람은 공정한 선비라 할 수 있다.

자신이 잘하는 일을 임금이 비록 모른다 하더라도 임금을 거스르지 않고, 자신이 잘못하는 것을 임금이 비록 모른다 하더라도 그 일로 상을 받지 않으며, 잘하고 못하는 것을 꾸미지 않고 진정으로 자기의 능력을 다한다면, 이러한 사람은 곧은 선비라 할 수 있다.

일상적인 말에는 반드시 신의가 있고, 일상적인 행동에는 반드시 신중히 하며, 세속에 휩쓸리는 것을 두려워하지만 감히 자기만이 옳다고 내세우지 않는다면, 이러한 사람은 성실한 선비라 할 수 있다.

말에는 언제나 신의가 없고, 행동에는 언제나 곧음이 없으며, 이익을 좇아 무슨 짓이든 하는 자는 소인이라고 할 수 있다.

| 원문 |

有通士者, 有公士者, 有直士者, 有愨士[1]者, 有小人者.

上則能尊君, 下則能愛民, 物至而應, 事起而辨,[2] 若是則可謂通士矣.

不下比[3]以闇[4]上, 不上同[5]以疾下,[6] 分爭[7]於中, 不以私害之, 若是則可謂公士矣.

身之所長, 上雖不知, 不以悖[8]君, 身之所短, 上雖不知, 不以取賞,[9] 長短不飾, 以情自竭,[10] 若是則可謂直士矣.

庸言必信之, 庸[11]行必愼之, 畏法流俗,[12] 而不敢以其所獨甚, 若是則可謂愨士矣.

言無常信, 行無常貞, 唯利所在, 無所不傾,[13] 若是則可謂小人矣.

---

1 愨士(각사) : 성실한 선비.
2 辨(변) : 잘 분별해 해결하는 것.
3 下比(하비) : 아래 사람들과 친하지 않다, 아래 사람들과 붕당을 이루지 않다.
4 闇(암) : 어둡게 하다, 몽매하게 만들다.
5 上同(상동) : 윗사람과 같아지다, 임금의 뜻을 무조건 따르는 것.
6 疾下(질하) : 백성들을 괴롭히다.
7 分爭(분쟁) : 다툼을 해결하다.
8 悖(패) : 거스르다, 배반하다.
9 取賞(취상) : 상을 받다.
10 自竭(자갈) : 스스로를 다하다, 자기의 능력을 다하다.
11 庸(용) : 일상적인, 보통의.
12 流俗(유속) : 세속, 세상의 일반적인 습속.
13 無所不傾(무소불경) : 노력하지 않는 일이 없다, 하지 않는 일이 없다.

| 해설 |

통달한 선비, 공정한 선비, 곧은 선비, 성실한 선비와 소인에 대한 설명이다. 소인 이외의 사람들은 성격상 차이는 있지만 모두 군자라 보아야 할 것이다.

12

공정하면 총명함을 낳고, 편벽되면 어리석음을 낳는다. 바르고 성실하면 형통함을 낳고, 거짓 속이면 궁색함을 낳는다. 정성되고 신의가 있으면 신묘함을 낳고, 허풍을 떨며 남을 속이면 미혹됨을 낳는다. 이 여섯 가지 결과가 낳는 것에 대해 군자는 신중히 대처한다. 우임금과 걸왕으로 나누어지는 근거이기 때문이다.

| 원문 |

公生明, 偏生闇. 端慤生通,[1] 詐僞生塞.[2] 誠信生神,[3] 夸誕[4]生惑. 此六生者, 君子愼之, 而禹桀[5]所以分也.

| 해설 |

군자로서 근신해야만 할 여섯 가지 원칙을 설명하고 있다. 이 여섯 가

---

1 通(통) : 뜻대로 잘 되는 것, 형통하다.
2 塞(색) : 막히다, 궁색해지다.
3 神(신) : 신묘함, 신명.
4 夸誕(과탄) : 허풍을 떨며 남을 속이는 것, 지나치게 큰소리를 치는 것.
5 禹桀(우걸) : '우'는 하(夏)나라를 세운 성군, '걸'은 하나라를 망친 포악한 임금.

지에 대한 태도 여하에 따라 성인이 되기도 하고 소인이 되기도 한다는 것이다.

13

바라고 싫어하는 것과 취하고 버리는 것을 저울질해 결정하는 방법을 설명하겠다. 자기가 바라는 것을 보았을 때에는 반드시 앞뒤로 그것이 싫어하게 될 수 있는 점에 대해 생각해야 한다. 이익이 될 만한 것을 보았을 때에는 반드시 앞뒤로 그것이 해가 될 수 있는 점에 대해 생각해야 한다. 아울러 그것에 대해 저울질해 보고 잘 헤아려 본 다음에 자기가 바라고 싫어하는 것과 취하고 버리는 것을 결정해야 한다. 그렇게만 하면 언제나 실수하는 일이 없을 것이다.

보통 사람들의 환난은 편벽됨으로써 실패하는 것이다. 자기가 바라는 것을 보았을 때에는 그것이 싫어하게 될 수 있는 점에 대해서는 생각지 않고, 이익이 될 만한 것을 보았을 때에는 그것이 해가 될 수 있는 점에 대해서는 거들떠보지도 않는다. 그 때문에 움직였다 하면 반드시 실패하고, 걸핏하면 욕을 보게 되는 것이다. 이것이 편벽됨으로써 실패하게 되는 환난이다.

| 원문 |

欲惡[1]取舍[2]之權,[3] 見其可欲也, 則必前後慮其可惡也者. 見其可利也,

---

1 欲惡(욕오) : 바라는 것과 싫어하는 것.
2 取舍(취사) : 취하는 것과 버리는 것. '사'는 사(捨)와 통함.
3 權(권) : 저울, 저울질하다.

則必前後慮其可害也者. 而兼權之, 孰計⁴之, 然後定其欲惡取舍. 如是則常不失陷⁵矣.

凡人之患, 偏傷⁶之也. 見其可欲也, 則不慮其可惡也者, 見其可利也, 則不顧其可害也者. 是以動則必陷, 爲則必辱, 是偏傷之患也.

| 해설 |

자기가 바라는 것과 싫어하는 것, 자기가 취할 것과 버릴 것을 저울질해 결정하는 방법과 그 중요성을 설명한 대목이다.

14

사람들이 싫어하는 것은 나도 역시 싫어한다. 부유하고 귀한 자들에게는 모두에게 오만하게 굴고, 가난하고 천한 자들에게는 힘써 유순하려 든다면, 그것은 사람들의 일반적인 감정이 아니다. 간사한 자가 혼란한 세상에서 거짓된 명성을 떨치려고 그렇게 하는 것이다. 음험함이 이보다 더할 수가 없다. 그러므로 "명성을 훔치는 것은 재물을 도둑질하는 것보다 더 나쁘다"고 하는 것이다. 전중(田仲)과 사추(史鰌)는 도둑보다도 더 나쁜 자들이다.

| 원문 |

人之所惡者, 吾亦惡之. 夫富貴者則類傲之,¹ 夫貧賤者則求柔²之, 是

---

4 孰計(숙계) : 잘 헤아리다, 충분히 헤아리다.
5 失陷(실함) : 실패하다.
6 偏傷(편상) : 편벽됨으로써 손상을 받다, 편벽됨으로써 실패하다.

非仁人之情也. 是姦人將以盜名於晻世³者也, 險莫大焉. 故曰; 盜名不如盜貨. 田仲,⁴ 史鰌⁵不如盜也.

| 해설 |

사람들의 일반적인 감정에 반하는 일을 함으로써 거짓된 명성을 얻으려는 자들을 비판하고 있다. 거짓 명성을 추구하는 자들은 도둑보다도 더 나쁜 자라는 혹독한 비판을 하고 있다.

---

1 類傲之(유오지) : 모두에게 오만하게 굴다.
2 求柔(구유) : '求'는 무(務)의 뜻으로(兪樾 注), 힘써 유순하게 구는 것.
3 晻世(암세) : 어두운 세상, 혼란한 세상.
4 田仲(전중) : 전국 시대 제나라 귀족. 밭에 물을 대는 인부 노릇을 함으로써 청렴하다는 명성을 얻었다. 어룽(於陵)에 살아 어룽중자(於陵仲子)라고도 불리고, 진중자(陳仲子)라 부르기도 한다. 『맹자』 등문공(滕文公) 하편에도 그를 비판한 글이 보인다.
5 史鰌(사추) : 춘추 시대 위(衛)나라의 대부. 자는 자어(子魚)이며, 매우 정직하다는 명성이 있었다. 『논어』 위영공(衛靈公)편과 『공자가어(孔子家語)』 곤서(困誓)편, 『순자』 비십이자(非十二子)편에도 그에 관한 글이 보인다.

제 4 편

영예와 치욕

榮辱

　영예와 치욕은 사람들이 살아 나가면서 가장 많은 관심을 지니게 되는 문제이다. 이 편의 앞부분에서는 영예와 치욕이 생기는 원인을 구체적으로 서술하고, 뒷부분에서는 좀더 대국적인 견지에서 그 원인들을 개괄적으로 논하고 있다. 그러나 그 중에서도 영예와 치욕의 원리 및 편안함과 위태로움의 원칙에 관한 문제들을 서술한 대목과, 사람의 성품과 지능에는 본디 군자와 소인의 구별이 없다는 주장을 하는 대목과, 여러 사람이 모여 살면서 하나로 조화되는 길을 얘기한 결론적인 대목 등이 이 편의 중심을 이루고 있다.

1

　교만한 것은 사람들의 재앙이 된다. 공경스럽고 검소한 것은 모든 무기를 물리칠 수가 있다. 비록 창칼의 날카로움이라 하더라도 공경스럽고 검소한 것의 날카로움은 당해내지 못한다. 그러므로 사람들에게 훌륭한 말을 하는 것은 천이나 비단으로 싸주는 것보다도 따스하고, 사람들을 해치는 말은 창칼보다도 더 깊은 상처를 안겨 준다. 그러므로 광대한 땅을 밟을 곳이 없게 되는 것은 땅이 불안정해서가 아니다. 발길이 위험해 밟을 곳이 없게 되는 것은 모두 자신이 한 말 때문이다. 넓은 길이면 남에게 길을 양보하고, 좁은 길이면 남이 지나가기를 기다려야 하는 것이니, 삼가지 않으려 해도 않을 수가 있겠는가?

| 원문 |

　憍泄[1]者, 人之殃[2]也, 恭儉者, 屛[3]五兵[4]也. 雖有戈矛[5]之利, 不如恭儉之利也. 故與人善言, 煖於布帛[6], 傷人以言, 深於矛戟[7] 故薄薄[8]之地, 不得履[9]之, 非地不安也. 危足無所履者, 凡在言也. 巨涂[10]則讓, 小涂則

---

[1] 憍泄(교설) : '교'는 교(驕)와 통하고, '설'은 설(渫)과 통해, 교만한 것.
[2] 殃(앙) : 재앙.
[3] 屛(병) : 물리치다.
[4] 五兵(오병) : 도(刀)·검(劒)·모(矛)·극(戟)·시(矢)의 다섯 가지 무기. 곧 모든 무기를 뜻함.
[5] 戈矛(과모) : '과'는 끝이 두 갈래인 창, '모'는 보통의 창. 창칼이라 번역하였다.
[6] 布帛(포백) : 천과 비단, 베와 비단.
[7] 矛戟(모극) : '극도 창의 일종. 창칼이라 번역하였다.
[8] 薄薄(박박) : 광대한 모양.
[9] 履(이) : 밟다. 발로 밟는 것.

殆.¹¹ 雖欲不謹, 若云不使?¹²

| 해설 |

사람은 교만해서는 안 되고, 언제나 공경스럽고 검약하는 몸가짐을 지녀야 한다는 것이다. 그래야 자신에게 치욕스런 일이 닥치지 않기 때문이다.

2

유쾌한 듯 제멋대로 행동하다가 망하는 것은 노여움 때문이다. 잘 살펴 알면서도 상처를 받는 것은 남을 시샘하는 마음 때문이다. 널리 알면서도 궁지에 몰리는 것은 남을 욕하기 때문이다. 청렴하려 하면서도 더욱 더러워지는 것은 입으로만 떠들기 때문이다. 잘 먹고 잘 되려 하는데도 더욱 형편없게 되는 것은 사람들과의 사귐이 잘못 되었기 때문이다. 말을 잘하는데도 사람들이 설복당하지 않는 것은 다투기 때문이다. 몸가짐을 곧게 하는데도 사람들이 알아주지 않는 것은 남보다 앞서려 하기 때문이다. 깨끗한데도 사람들이 존귀하게 여기지 않는 것은 사람들에게 상처를 주기 때문이다. 용감한데도 남들이 두려워하지 않는 것은 탐욕스럽기 때문이다. 신의가 있으면서도 사람들로부터 존경을 받지 못하는 것은 자기 멋대로 행동하기 때문이다. 이런 것들은 소인들이 힘쓰는 일이어서, 군자라면 하지 않을 것이다.

---

10 涂(도) : 길. 도(道)와 같은 글자.
11 殆(태) : 대(待)의 뜻으로, 남이 먼저 지나가기를 기다리는 것(王念孫).
12 若云不使(약운불사) : 그렇게 하지 않아도 된다고 말할 수가 있겠는가?

| 원문 |

快快¹而亡者, 怒也. 察察²而殘³者, 忮⁴也. 博而窮者, 訾⁵也. 淸之而
兪濁⁶者, 口⁷也. 豢⁸之而兪瘠⁹者, 交¹⁰也. 辯而不說¹¹者, 爭也. 直立而
不見知者, 勝也. 廉¹²而不見貴者, 劌¹³也. 勇而不見憚¹⁴者, 貪也. 信而
不見敬者, 好剸行¹⁵也. 此小人之所務, 而君子之所不爲也.

| 해설 |

잘하는 일인 듯하면서도 결과는 좋지 않은 일들을 구체적으로 예시하고
있다. 그것이 바로 소인들의 행위임을 밝히고, 그 원인까지도 소상히 설
명하고 있다.

1 快快(쾌쾌) : 유쾌한 듯 제멋대로 행동하는 모양.
2 察察(찰찰) : 잘 살펴 분명히 아는 것.
3 殘(잔) : 손상을 받다, 해를 입다.
4 忮(기) : 남을 시샘하는 것, 남을 미워하는 것.
5 訾(자) : 남을 욕하다, 헐뜯다.
6 兪濁(유탁) : 더욱 혼탁해지다, 더욱 더러워지다.
7 口(구) : 입으로만 지나친 말을 하는 것.
8 豢(환) : 먹여 기르는 것, 잘 되는 것.
9 兪瘠(유척) : 더욱 여위다, 더욱 형편없게 되다.
10 交(교) : 남들과의 사귐.
11 說(설) : 설복당하다, 이해하다. 열(悅)의 뜻. 좋아하다, 기뻐하다의 뜻으로 풀이해도 통
한다.
12 廉(염) : 깨끗하다, 모가 나다.
13 劌(궤) : 남에게 상처를 주는 것.
14 憚(탄) : 꺼리다, 두려워하다.
15 剸行(전행) : '전'은 전(專)과 통해, 자기 멋대로 행동하는 것.

3

남과 다투는 사람은 그 자신을 잊은 자이고, 그 부모를 잊은 자이며, 그 임금을 잊은 자이다. 잠깐 동안의 노여움을 터뜨리면 한평생의 자신을 잃게 되는데도 그러한 일을 행하는 것은 그 자신을 잊었기 때문이다. 집안이 당장 해를 입고 친척들이 형벌을 면치 못하게 될 것인데도 그러한 일을 행하는 것은 그의 부모를 잊었기 때문이다. 임금이 싫어하는 일이고 법으로 크게 금하고 있는 일인데도 그러한 일을 행하는 것은 그의 임금을 잊었기 때문이다. 걱정으로 그 자신을 잊고, 안으로는 그의 부모를 잊고, 위로는 그의 임금을 잊었다면, 이런 자는 법이 그대로 버려 두지 않을 것이고, 성왕(聖王)이라 하더라도 그를 보호해 주지 않을 것이다.

새끼돼지도 호랑이를 건드리지 않고, 강아지도 멀리 혼자 가 놀지 않는데, 그것은 그의 어미를 잊지 않기 때문이다. 걱정으로 그 자신을 잊고, 안으로는 그의 부모를 잊고, 위로는 그의 임금을 잊은 사람은 개돼지만도 못한 자이다.

남과 다투는 사람은 반드시 자기가 옳고 남은 그르다고 여긴다. 자기는 진실로 옳고 남은 진실로 그르다면, 곧 자기는 군자이고 남은 소인인 것이다. 군자가 소인과 서로 해치면서, 걱정으로 그 자신을 잊고, 안으로는 그의 부모를 잊고, 위로는 그의 임금을 잊는다면, 어찌 지나치다고 하지 않겠는가? 이런 사람은 이른바 호보(狐父)의 창으로 쇠똥을 찌르는 것과 같다.

그는 지혜가 있다고 생각할지 모르지만 이보다 큰 어리석음은 없다. 그는 이익이 된다고 생각할지 모르지만 이보다 큰 손해는 없다. 그는 영예로운 일이라고 생각할지 모르지만 이보다 큰 치욕은 없다. 그는 편안해지는 일이라고 여길지 모르지만 이보다 큰 위해는 없다.

　사람들이 다투게 되는 것은 무엇 때문인가? 나는 미치고 미혹된 병자에 속하는 자들로 치부해 버리려 하지만 그렇게 되지 않는다. 성왕들이 그를 처형할 것이기 때문이다. 나는 새나 쥐나 짐승에 속하는 자들로 치부해 버리려 하지만 그렇게 되지 않는다. 그의 형체가 사람인데다가 좋아하고 싫어하는 감정도 대부분 남들과 같기 때문이다. 사람들이 다투게 되는 것은 무엇 때문인가? 나는 그것을 매우 미워하고 있다.

| 원문 |

　鬪者, 忘其身者也, 忘其親者也, 忘其君者也. 行其少頃[1]之怒, 而喪終身之軀, 然且爲之, 是忘其身也. 室家立殘[2], 親戚不免乎刑戮, 然且爲之, 是忘其親也. 君上之所惡也, 刑法之所大禁[3]也, 然且爲之, 是忘其君也. 憂忘其身, 內忘其親, 上忘其君, 是刑法之所不舍[4]也, 聖王之所不畜[5]也.

　乳彘[6]不觸虎, 乳狗[7]不遠遊, 不忘其親也. 人也, 憂忘其身, 內忘其親, 上忘其君, 則是人也, 而曾狗彘之不若也.

　凡鬪者, 必自以爲是而以人爲非也. 己誠是也, 人誠非也, 則是己君子

---

1 少頃(소경) : 잠깐 동안, 잠깐 사이.
2 立殘(입잔) : 당장 해를 입다, 곧 손상되다.
3 大禁(대금) : 크게 금하다, 엄히 금하다.
4 不舍(불사) : 버려 두지 않다, 용서하지 않다.
5 畜(휵) : 길러 주다, 보육하다.
6 乳彘(유체) : 젖먹는 돼지, 새끼돼지.
7 乳狗(유구) : 젖먹는 개, 강아지.

而人小人也. 以君子與小人相賊害也, 憂以忘其身, 內以忘其親, 上以忘其君, 豈不過甚矣哉? 是人也, 所謂以狐父之戈**8**钃牛矢**9**也.

將以爲智邪? 則愚莫大焉. 將以爲利邪? 則害莫大焉. 將以爲榮邪? 則辱莫大焉. 將以爲安邪? 則危莫大焉.

人之有鬪, 何哉? 我欲屬之狂惑疾病邪, 則不可, 聖王又誅之. 我欲屬之鳥鼠禽獸邪, 則不可, 其形體又人, 而好惡多同.**10** 人之有鬪, 何哉? 我甚醜**11**之.

| 해설 |

사람들 사이의 다툼을 맹렬히 비난한 대목이다. 남과 다투는 것이 자기 자신을 잊고, 자기 부모를 잊고, 자기 임금을 잊는 행위와 같다는 것이다. 어떤 종류이든 다툼은 악이라 생각한 것이다.

4

개나 돼지와 같은 용기를 지닌 사람이 있고, 장사꾼이나 도적 같은 용기를 지닌 사람이 있으며, 소인의 용기를 지닌 사람이 있고, 선비와 군자로서의 용기를 지닌 사람이 있다.

먹고 마시는 일을 다투고, 염치가 없으며, 옳고 그른 것을 알지 못

---

8 狐父之戈(호보지과) : '호보'는 지명으로, 좋은 창의 생산지. 따라서 '호보의 창'이란 좋은 창을 뜻한다.
9 钃牛矢(촉우시) : 쇠똥을 찌르다. '우시'는 쇠똥.
10 多同(다동) : 많이 같다, 대부분이 같다.
11 醜(추) : 추하게 여기다, 미워하다.

하고, 죽고 상처받는 일을 피하지 않으며, 인원이 많고 강한 것도 두려워하지 않고, 오직 탐욕스럽게 먹고 마시는 것만을 찾는 것은 바로 개나 돼지와 같은 용기이다.

이익을 추구하고 재물을 다투어 사양하는 일이 없으며, 미친듯이 날뛰고 지나치게 욕심을 부려 도리에 어긋나면서, 오직 탐욕스럽게 이익만을 찾는 것은 바로 장사꾼이나 도둑 같은 용기이다.

죽음을 가벼이 여기며 포악한 것은 소인의 용기이다.

의로움이 있는 곳만을 찾아가고, 권세에 기울어지지 않으며, 이익을 돌보지 않고, 온 나라를 그에게 주겠다 하더라도 눈길을 바꾸지 않으며, 죽음을 소중히 여기고 의로움을 지키며 굽히지 않는 것은 바로 선비와 군자로서의 용기이다.

| 원문 |

有狗彘之勇者, 有賈盜[1]之勇者, 有小人之勇者, 有士君子之勇者.

爭飮食, 無廉恥, 不知是非, 不辟[2]死傷, 不畏衆彊,[3] 恈恈然[4]唯利飮食之見, 是狗彘之勇也.

爲事利, 爭貨財, 無辭讓, 果敢而振,[5] 猛貪而戾,[6] 恈恈然唯利之見, 是賈盜之勇也.

輕死而暴, 是小人之勇也.

---

1 賈盜(고도) : 장사꾼과 도적.
2 不辟(불피) : 피하지 않다, 가리지 않다.
3 衆彊(중강) : 많은 사람들과 힘이 강한 것, 사람들이 많고 강한 것.
4 恈恈然(모모연) : 좋아하고 탐내는 모양, 탐욕스런 모양.
5 振(진) : 움직이다, 날뛰다.
6 戾(려) : 도리에 어긋나는 것.

義之所在, 不傾⁷於權, 不顧其利, 擧國而與之不爲改視,⁸ 重死而持義不橈,⁹ 是士君子之勇也.

| 해설 |

여기서는 네 가지 용기와 진정한 용기, 선비와 군자로서의 용기는 어떤 것인가를 설명하고 있다.

5

파라미와 방어는 햇빛이 밝은 쪽으로 떠오르는 물고기인데, 그것이 지나쳐 모래 위까지 올라와 걸린 후에야 다시 물로 돌아가려 하는 것은 이미 늦은 일이다. 환난이 닥친 뒤에야 근신하려 하는 것은 소용없는 일이다. 스스로를 잘 아는 사람은 남을 원망하지 않고, 운명을 아는 사람은 하늘을 원망하지 않는다. 남을 원망하는 사람은 궁지에 몰리는 자이고, 하늘을 원망하는 사람은 무지한 자이다. 자기가 실패했으면서도 남을 탓하는 것이 어찌 바보 같은 일이 아니겠는가?

| 원문 |

儵¹鱮²者, 浮陽³之魚也, 胠於沙⁴而思水, 則無逮⁵矣. 挂⁶於患而欲謹, 則無益矣. 自知者不怨人, 知命者不怨天. 怨人者窮, 怨天者無志.⁷ 失之己, 反之人, 豈不迂⁸乎哉?

7 不傾(불경) : 기울어지지 않다, 흔들리지 않다.
8 改視(개시) : 눈길을 바꾸어 보는 것.
9 不橈(불요) : 굽히지 않다, 꺾이지 않다.

| 해설 |

사람은 늘 반성해 자신을 올바로 알고 운명을 자각한 다음, 모든 일에 미리 대처해야만 한다는 것이다.

6

영예와 치욕의 원리 및 편안함과 위태로움의 이롭고 해로운 원칙은 다음과 같다. 의로움을 앞세우고 이익을 뒤로 미루는 사람은 영예롭고, 이익을 앞세우고 의로움을 뒤로 미루는 사람은 치욕을 당한다. 영예로운 사람은 언제나 형통하지만 치욕스런 자는 언제나 궁하다. 형통하는 사람은 언제나 남을 제압하지만 궁한 자는 언제나 남에게 제압당한다. 이것이 영예와 치욕의 원리이다.

성격이 성실한 사람은 언제나 편안하고 이롭지만, 방탕하고 사나운 자는 언제나 위태롭고 해를 입는다. 편안하고 이로운 사람은 언제나 즐겁고 평이하지만 위태롭고 해를 입는 자는 언제나 근심스럽고 험난하다. 즐겁고 평이한 사람은 언제나 오래 살지만 근심스럽고 험난한 자는 언제나 일찍 죽는다. 이것이 편안함과 위태로움의 이롭고 해로

---

1 儵(조) : 피라미.
2 鮍(비) : 방어.
3 浮陽(부양) : 햇빛을 좇아서 떠오르는 것.
4 胠於沙(거어사) : '거'는 거(阹)와 통해, 지나치게 밝은 곳으로 헤엄쳐 가다가 모래 위로 올라가 모래에 걸리는 것.
5 無逮(무체) : 미치지 않는다, 되지 않는다.
6 挂(괘) : 걸리다, 당하다.
7 無志(무지) : '지'는 지(知) 또는 식(識)과 통하여, 무지한 것.
8 迂(우) : 우원(迂遠)하다, 바보스럽다.

운 원칙이다.

| 원문 |

榮辱之大分,[1] 安危利害之常體.[2] 先義而後利者榮, 先利而後義者辱. 榮者常通, 辱者常窮. 通者常制人, 窮者常制於人. 是榮辱之大分也. 材[3]愨[4]者常安利, 蕩[5]悍[6]者常危害. 安利者常樂易,[7] 危害者常憂險. 樂易者常壽長, 憂險者常夭折.[8] 是安危利害之常體也.

| 해설 |

영예와 치욕의 구분은 사람의 마음가짐에서 비롯된다. 의로움을 이익보다 먼저 내세우면 영예롭고, 그렇지 못하면 치욕을 당한다. 영예로운 사람은 만사에 형통하고 남 위에 올라서지만, 치욕스런 사람은 그 반대가 된다는 것이다.

따라서 영예로운 사람은 성실하기 때문에 언제나 편안하고 이로우며, 즐겁고 무사하며 오래 살지만, 치욕스런 사람은 그 반대이다. 이것은 영예와 치욕의 원리이며, 이에 따른 편안하고 위태롭게 하는 원칙이라는 것이다.

---

1 大分(대분) : 크게 나뉘는 바탕이 되는 것, 곧 원리.
2 常體(상체) : 일정한 모양, 곧 원칙.
3 材(재) : 재성(材性)의 뜻.
4 愨(각) : 정성.
5 蕩(탕) : 방탕의 뜻.
6 悍(한) : 독살스럽고 사납다는 뜻.
7 易(이) : 평이의 뜻.
8 夭折(요절) : 나이가 어려서 일찍 죽는 것.

7

하늘은 만민을 만들고 자기 지위를 취하는 근거를 마련해 놓았다. 뜻을 완전히 수양하고 덕행을 두터이 이루며 지혜와 생각의 총명함을 이루면, 이는 천자가 천하를 취하는 근거가 된다.

정령(政令)이 법도에 들어맞고 거동이 때에 알맞으며 재판을 공평히 하고 위로는 천자의 명령을 잘 따르며 아래로는 백성들을 잘 보호해 준다면, 이는 제후가 나라를 취하는 근거가 된다.

뜻과 행실을 잘 닦고 맡은 관직을 잘 다스리며 위로는 윗사람의 뜻을 잘 따르고 아래로는 그의 직책을 잘 수행한다면, 이는 사(士)와 대부가 밭이나 고을을 취하는 근거가 된다.

법령·도량형·형법·지적도·호적을 잘 따르고 그 뜻을 모른다 하더라도 그 법칙은 삼가 잘 지키며 멋대로 고쳐 덜고 더 보태지 않고 아버지로부터 아들에게로 전하면서 임금을 잘 도와야 한다. 그 때문에 하(夏)·은(殷)·주(周)의 세 왕조는 비록 망했으나 그들이 다스리던 법은 아직도 남아 있으니, 이는 장관들과 관리들이 봉록을 받는 근거가 된다.

효도를 다하고 공순하며 근신하고 성실하며 자신을 단속하고 노력하며 자기의 업무를 잘 다스려 처리하고 조금도 게을리하지 않는다면, 이는 서민들이 따스한 옷을 입고 배불리 먹으며 장수하고 오래도록 즐기며 처형을 받지 않는 근거가 된다.

사악한 이론을 만들어 내고 간사한 말을 꾸며대며 기괴한 짓을 하고 거짓말과 도둑질을 일삼으며 방탕하고 독살스럽고 교만하고 난폭하며 어지러운 세상을 그때그때 수법을 바꿔 가며 구차히 살아간다면, 이는 간사한 자가 위험과 치욕을 당하고 사형을 받는 근거가 된다.

거기에 대한 생각을 깊이 하지 않고 하는 일을 신중히 선택하지 않으며 자기가 취하고 버릴 것을 아무렇게나 정한다면, 이는 그가 위태로워지는 근거가 된다.

| 원문 |

夫天生蒸民,[1] 有所以取之.[2] 志意致修,[3] 德行致厚, 智慮致明, 是天子之所以取天下也.

政令法, 舉措[4]時, 聽斷公,[5] 上則能順天子之命, 下則能保百姓, 是諸侯之所以取國家也.

志行修, 臨官治,[6] 上則能順上, 下則能保其職, 是士大夫之所以取田邑[7]也.

循法則度量, 刑辟[8]圖籍,[9] 不知其義, 謹守其數,[10] 愼不敢損益也, 父子相傳, 以持王公.[11] 是故三代雖亡, 治法猶存, 是官人百吏之所以取祿秩也.

---

1 蒸民(증민) : 여러 사람들.
2 有所以取之(유소이취지) : 양경(楊倞)은 주에서 "하늘이 여러 사람들을 만들어 놓았는데, 그들 임금과 신하 및 위아래 사람들의 직업은 모두 그것을 취하는 도가 있도록 하였으니, 그 도에서 어긋나면 패망하는 원인이 된다는 것이다(言天生衆民, 其君臣上下職業, 皆有取之道. 非其道, 所之敗之也)"라고 설명하고 있다.
3 致修(치수) : 수양을 완전하게 이룩하다.
4 擧措(거조) : 거동, 행동.
5 聽斷公(청단공) : 소송을 처리하고[聽] 판결하는 일[斷]을 공정히 하는 것.
6 臨官治(임관치) : 관직에 임해서는 잘 다스리다, 맡은 관직을 잘 다스리다.
7 田邑(전읍) : 사(士)나 대부들이 나라로 받은 땅과 고을.
8 刑辟(형벽) : 형법. '벽'은 법의 뜻이 있음.
9 圖籍(도적) : '도'는 지적도, '적'은 호적.
10 其數(기수) : 그 일을 하는 법칙, 그에 관한 원칙.
11 持王公(지왕공) : 임금을 지지하다, 임금을 돕다.

孝弟原慤, 軥錄疾力,¹² 以敦比¹³其事業, 而不敢怠傲, 是庶人之所以取煖衣飽食, 長生久視¹⁴以免於刑戮也.

飾邪說, 文姦言,¹⁵ 爲倚事,¹⁶ 陶誕¹⁷突盜,¹⁸ 惕悍¹⁹憍暴, 以偸生反側²⁰於亂世之間, 是姦人之所以取危辱死刑也.

其慮之不深, 其擇之不謹, 其定取舍楛僈,²¹ 是其所以危也.

| 해설 |

위로는 천자가 되고 아래로는 사형을 받는 악한 자들도 있는데, 모두 스스로 그렇게 되는 근거를 마련해, 그런 결과를 가져왔다는 것이다. 사람은 자기가 하기에 따라 결과가 이루어진다는 것이다.

8

타고난 재능과 성품 및 지능은 군자와 소인이 똑같다. 영예를 좋아하고 치욕을 싫어하며, 이로움을 좋아하고 해로움을 싫어하는 것도 군자와 소인이 다 같다. 그러나 그들이 그것을 추구하는 방법은 다르다.

---

12 軥錄疾力(구록질력) : '구록'은 자신을 잘 단속하는 것, '질력'은 힘쓰는 것, 노력하다.
13 敦比(돈비) : 잘 다스려 처리하는 것(王引之).
14 久視(구시) : 오래도록 보며 즐기는 것.
15 文姦言(문간언) : 간사한 말을 잘 꾸미는 것.
16 倚事(의사) : 기이한 일. '의'는 기(奇)와 통함.
17 陶誕(도탄) : 거짓말을 하는 것(王念孫).
18 突盜(돌도) : 도둑질을 하는 것(郝懿行).
19 惕悍(탕한) : 방탕하고 독살스러운 것. '탕'은 탕(蕩)과 통함.
20 反側(반측) : 본시는 몸을 이리 뒤척 저리 뒤척 하는 것. 여기서는 일을 하는 수법을 이리저리 바꾸는 것.
21 楛僈(고만) : 아무렇게나 하는 것. '고'는 거친 것, 나쁜 것.

소인이란 허망한 일에 힘쓰면서도 남들이 자기를 믿어 주기 바라고, 속이는 일에 힘쓰면서도 남들이 자기와 친해지기를 바라며, 짐승과 같은 행동을 하면서도 남들이 자기를 착하다고 여겨 주기 바란다. 생각하는 것은 이해하기 어렵고, 행동은 안정되기 어렵고, 처신은 바로 서기 어렵다. 마침내는 그가 좋아하는 것을 반드시 얻지 못하고 그가 싫어하는 것을 반드시 맞게 될 것이다.

그러나 군자는 신의가 있으면서도 남이 자기를 믿어 주기 바라고, 충실하면서도 남이 자기와 친해지기를 바라며, 올바르게 몸을 닦고 분별 있게 일을 처리하면서 남들이 자기를 착하다고 여겨주기 바란다. 생각하는 것은 이해하기 쉽고, 행동은 안정되기 쉬우며, 처신은 바로 서기 쉽다. 마침내는 그가 좋아하는 것을 반드시 얻게 되고 그가 싫어하는 것은 반드시 만나지 않게 될 것이다.

그러므로 궁하다 하더라도 명망이 숨겨지지 않고, 뜻대로 통할 때에는 크게 밝혀지며, 몸은 죽어도 이름은 더욱 뚜렷해질 것이다. 소인들은 목을 빼고 발뒤꿈치를 들고 우러르면서, 본시 군자란 지혜와 생각과 재성은 남보다 현명한 점이 있다고 말하지 않는 이가 없다. 그들은 자기네와 다를 것이 없다는 것을 알지 못하는 것이다. 말하자면 군자는 일에 대한 조치가 합당했고, 소인은 일에 대한 조치가 잘못되었기 때문이다.

그러므로 소인의 지능을 잘 살펴보면 군자가 하는 일을 하고도 남음이 있음을 충분히 알 수 있다. 비유를 들면 월나라 사람은 월나라에 편히 살고, 초나라 사람은 초나라에 편히 살며, 군자는 중원 땅에 편히 사는 것과 같으니, 이것은 지능 및 재능과 성품이 그렇게 만드는 것이 아니라 일에 대한 조치와 습속에 의해 적합하게도 되고 다르게

도 되는 것이다.

| 원문 |

材性¹知能, 君子小人一也. 好榮惡辱, 好利惡害, 是君子小人之所同也. 若其所以求之之道則異矣.

小人也者, 疾²爲誕³而欲人之信己也, 疾爲詐⁴而欲人之親己也, 禽獸之行而欲人之善己也. 慮之難知也, 行之難安也, 持⁵之難立也. 成則必不得其所好, 必遇其所惡焉.

故君子者, 信矣, 而亦欲人之信己也, 忠矣, 而亦欲人之親己也, 修正治辨⁶矣, 而亦欲人之善己也. 慮之易知也, 行之易安也, 持之易立也. 成則必得其所好, 必不遇其所惡焉.

是故窮則不隱, 通則大明, 身死而名彌白.⁷ 小人莫不延頸⁸擧踵⁹而願¹⁰曰; 知慮材性, 固有以賢人¹¹矣! 夫不知其與己無以異也. 則君子注錯¹²之當, 而小人注錯之過也.

故孰¹³察小人之知能, 足以知其有餘可以爲君子之所爲也. 譬¹⁴之越¹⁵

---

1 材性(재성) : 타고난 재능과 성품.
2 疾(질) : 여기서는 힘쓰는 것.
3 誕(탄) : 속이는 것.
4 詐(사) : 속이는 것.
5 持(지) : 자기 몸을 지탱하는 것.
6 辨(변) : 분별하는 것.
7 白(백) : 뚜렷이 드러나는 것, 밝아지는 것.
8 頸(경) : 목.
9 踵(종) : 발뒤꿈치.
10 願(원) : 여기서는 우러러 흠모하는 것.
11 賢人(현인) : 남보다 현명한 것, 남보다 뛰어난 것.
12 注錯(주조) : 조치와 같은 말, 곧 어떤 일에 대비해 조치하는 것(楊倞).

人安越, 楚人安楚, 君子安雅,**16** 是非知能材性然也, 是注錯習俗之節異**17**也.

| 해설 |

군자나 소인이나 타고난 성품과 지능에는 차이가 없다. 다만 사람에 따라 그의 마음가짐과 태도가 다르기 때문에 어떤 사람은 군자가 되고 어떤 자는 소인이 된다는 것이다. 군자들의 덕성으로는 대개 신용과 충실과 올바른 수양을 닦아 분별 있게 일을 처리하는 것 등이 있다. 이러한 덕성이 습성이 되면 군자가 되고, 그렇지 못하면 소인이 되는 것이다.

9

어짊과 의로움을 지키고 덕행을 하는 것은 언제나 편안할 수 있는 술법이다. 그러나 반드시 위험한 일이 없다고 할 수는 없다. 마음이 바르지 못하고 도둑질을 일삼는 것은 언제나 위험해지는 술법이다. 그러나 반드시 편안한 일이 없다고 할 수는 없다. 그러므로 군자는 올바른 법도를 따르고, 소인은 괴이한 방법을 따르는 것이다.

---

13 孰(숙) : 숙(熟)과 같은 자, 익히, 잘.
14 譬(비) : 비유한다는 것.
15 越(월) : 초나라와 함께 중국 남쪽에 있던 나라.
16 雅(아) : 하(夏)와 통해 중하(中夏), 중국(中國)의 뜻.
17 節異(절이) : 적이(適異)와 같은 말, 곧 적합한 것과 다른 것(王先謙).

| 원문 |

仁義德行, 常安¹之術也, 然而未必不危也, 汙僈²突盜,³ 常危之術也, 然而未必不安也. 故君子道其常,⁴ 而小人道其怪.

| 해설 |

군자와 소인의 차이를 설명한 것이다. 군자가 지키는 어짊과 의로움의 덕행은 편안해질 수 있는 가장 좋은 방법이다. 그러나 군자는 꼭 편안해지려고 어짊과 의로움의 덕행을 행하는 것은 아니라는 것이다. 소인은 군자와 정반대의 인물이다.

10

모든 사람들은 다 같이 배고프면 먹기를 바라고, 추우면 따뜻하기를 바라고, 피곤하면 쉬기를 바라고, 이익을 좋아하나 해가 되는 것은 싫어한다. 이것들은 사람들이 나면서부터 지니고 있는 것이다. 이것들은 다른 영향에 의해 그렇게 된 것이 아니며, 우(禹)임금이나 걸왕(桀王)이 모두 같다.

눈은 희고 검은 것과 아름답고 추한 것을 가려내고, 귀는 소리와 가락과 맑은 소리 탁한 소리를 가려내고, 입은 신 것과 짠 것과 단 것과

---

1 常安(상안) : 언제나 편안한 것, 언제나 안락한 것.
2 汙僈(오만) : '오'는 오(汚)와 같은 글자. 마음이 더럽고 바르지 못한 것. '만'은 만(慢)과 통해, 함부로 행동하는 것.
3 突盜(돌도) : 도둑질을 하는 것.
4 道其常(도기상) : '도'는 동사로, 길을 가다, 따르다의 뜻. '상'은 일정한 법도.

쓴 것을 가려내고, 코는 향기로운 냄새와 비린내 누린내를 가려내고, 육체와 피부는 추위와 더위와 아픔과 가려움을 가려낸다. 이것들도 사람들이 나면서부터 지니고 있는 것이다. 이것들은 다른 영향에 의해 그렇게 된 것이 아니며, 우임금이나 걸왕이 모두 같다.

그러니 누구든 요임금·우임금이 될 수도 있고, 걸왕이나 도척이 될 수도 있으며, 목수와 공인(工人)이 될 수도 있고, 농사꾼이나 장사꾼이 될 수도 있다. 이것은 형세와 마음가짐과 행동과 배움과 버릇이 쌓여 그렇게 되는 것이다. 요임금·우임금처럼 되면 언제나 안락하고 영화롭지만, 걸왕이나 도척처럼 되면 언제나 위태롭고 욕을 보게 된다. 요임금·우임금처럼 되면 언제나 유쾌하고 편안하지만, 목수나 공인이나 농사꾼 장사꾼이 되면 언제나 번거롭고 수고스럽다. 그런데도 사람들은 뒤와 같은 사람이 되기에 힘쓰는 것이 보통이고, 앞과 같은 사람이 되기에 힘쓰는 이들이 적은 것은 어째서인가? 비루하기 때문이다.

요임금이나 우임금은 나면서 모든 것이 갖추어 있던 사람은 아니다. 옛 것을 변화시켜 일어서고 수양과 행동을 통해 완성시켜서 완전하게 된 다음에야 모든 것이 갖추어졌던 것이다. 사람은 태어나면서 본래 소인이어서 스승도 없고 법도도 없다면 오직 이익만을 추구하게 된다. 사람은 태어나면서 본래 소인인데 또 어지러운 세상을 만나 어지러운 버릇을 갖게 된다. 그래서 소인이 더욱 소인이 되고 어지러움에 어지러움을 더하게 된다. 군자가 권세를 가지고 그들에게 군림하지 않는다면, 그들의 마음을 열어 바른 길로 끌어들일 수가 없는 것이다.

지금 사람들의 입과 배만을 인정한다면 어떻게 예의를 알고 어떻게 사양을 알며 어떻게 염치와 도리를 알겠는가? 오직 먹기나 하여 불룩하게 배부르면 그만일 것이다. 사람들에게 스승도 없고 법도도 없다면, 곧 그의 마음도 바로 그의 입과 배처럼 될 것이다. 만약 사람이 나서 쇠고기와 돼지고기, 쌀과 기장 같은 것은 보지도 못하고, 오직 콩과 콩잎 또는 술지게미와 겨 같은 것만을 보았다면, 이것들을 가지고 지극히 만족할 것이다. 그런데 갑자기 눈에 번쩍 띄게 쇠고기와 돼지고기 및 쌀과 기장을 가지고 오는 사람이 있다면, 눈을 크게 뜨고 그것들을 바라보면서 "무슨 이런 이상한 게 있나?" 할 것이다. 그러나 그가 그것을 냄새 맡아 보니 코에 전혀 싫지 않고, 그것을 맛보니 입에 달고, 그것을 먹어 보니 몸이 안락하게 된다면, 누구나 이 좋은 것들을 버리고 먼저의 거친 것들을 취하지는 않을 것이다. 지금 옛 임금들의 도와 어짊과 의로움의 법도를 따라서, 서로가 어울려 살고, 서로가 돕고 아껴 주며, 서로가 예절을 따라 어울리고, 서로가 안락하게 지낸다면, 걸왕과 도척의 방법을 따라 사는 것과 차이가 나는 것이 어찌 다만 쇠고기와 돼지고기 및 쌀과 기장이 술지게미나 겨와 차이가 나는 정도에 그치겠는가? 그런데도 사람들은 뒤의 것을 얻기에 힘쓰는 것이 보통이고 앞의 것을 얻기에 힘쓰는 이들이 적은 것은 어째서인가? 비루하기 때문이다.

 비루하다는 것은 천하의 공통된 환난이다. 그것은 사람들의 큰 재앙이요 폐해이다. 그러므로 어진 사람은 사람들에게 바른 길을 일러주고 보여주기를 좋아한다. 일러주고 보여주고 익혀 가게 하고 쌓아 가게 하고 따라가게 하고 거듭하게 하면, 곧 막혔던 자도 갑자기 통달하게 되고, 비루한 자도 갑자기 의젓해지고, 어리석은 자도 갑자기 지혜로워진다. 이러한 일이 행해지지 않는다면, 탕임금이나 무왕 같은 분이 임금자리에 있다 해도 무슨 소용이 있겠으며, 걸왕이나 주왕이 임금자리에 있다 해도 무슨 손상이 있겠는가? 그러나 탕임금이나 무왕 같은 분이 임금자리에 있으면 그에 따라 천하는 잘 다스려지고, 걸왕이나 주왕이 임금자리에 있으면 그에 따라 천하는 어지러워진다. 그렇게 되는 것은 어찌 사람들의 성정은 본래 이렇게도 될 수 있고 저렇게도 될 수 있음을 뜻하는 것이 아니겠는가?

| 원문 |

凡人有所一同¹, 飢而欲食, 寒而欲煖, 勞而欲息, 好利而惡害. 是人之所生而有也, 是無待而然²者也, 是禹桀之所同也.

目辨³白黑美惡, 耳辨音聲淸濁, 口辨酸鹹甘苦, 鼻辨芬芳腥臊,⁴ 骨體⁵膚理⁶辨寒暑疾養.⁷ 是又人之所常生而有也. 是無待而然者也, 是禹桀之所同也.

可以爲堯禹, 可以爲桀跖,⁸ 可以爲工匠, 可以爲農賈, 在執注錯習俗⁹之所積耳. 是又人之所生而有也, 是無待而然者也, 是禹桀之所同也. 爲堯禹則常安榮, 爲桀跖則常危辱. 爲堯禹則常愉佚,¹⁰ 爲工匠農賈則常煩勞. 然而人力爲此而寡爲彼, 何也? 曰; 陋也.

---

1 所一同(소일동) : 한결같이 같은 바, 모두가 같은 점.
2 待而然(대이연) : 외물(外物)에 의해 그렇게 되다, 다른 것의 영향으로 그렇게 되다.
3 辨(변) : 분별하다, 가려내다.
4 腥臊(성조) : 생선이나 고기의 비린내와 노린내.
5 骨體(골체) : 뼈와 몸, 육체.
6 膚理(부리) : 피부와 살결, 피부.
7 疾養(질양) : 아픈 것과 가려운 것. '양'은 양(癢)과 통함.
8 桀跖(걸척) : 하나라의 폭군인 걸왕과 유명한 도둑인 도척(盜跖).
9 執注錯習俗(세주조습속) : 형세와 마음 가짐과 행동과 배움과 버릇. 왕선겸(王先謙)은 '세는 잘못 끼어든 글자로 아무런 뜻도 없다 하였다(『荀子集解』).
10 愉佚(유일) : 유쾌하고 편안한 것.

堯禹者, 非生而具¹¹者也. 夫起於變故,¹² 成乎修, 修爲,¹³ 待盡¹⁴而後備者也. 人之生故小人, 無師無法, 則唯利之見耳. 人之生固小人, 又以遇亂世, 得亂俗, 是以小重小也, 以亂得亂也. 君子非得埶以臨之,¹⁵ 則無由得開內¹⁶焉.

今是人之口腹, 安知禮義? 安知辭讓? 安知廉恥隅積¹⁷? 亦呥呥¹⁸而噍,¹⁹ 鄕鄕²⁰而飽已矣. 人無師無法, 則其心正其口腹也. 今使人生而未嘗睹芻豢稻粱²¹也, 惟菽藿糟糠²²之爲睹, 則以至足²³爲在此也. 俄而²⁴粲然²⁵有秉芻豢稻粱而至者, 則瞲然²⁶視之曰; 此何怪也! 彼臭之無嗛²⁷於鼻, 嘗之而甘於口, 食之而安於體, 則莫不棄此而取彼矣. 今以夫先王之道, 仁義之統,²⁸ 以相羣居, 以相持養,²⁹ 以相藩飾,³⁰ 以相安固邪? 以夫

---

11 具(구) : 성인으로서의 조건을 다 갖춘 것.
12 起於變故(기어변고) : 옛날의 나쁜 버릇을 변화시키고 일어나 발전하는 것.
13 修爲(수위) : 수양과 행위.
14 待盡(대진) : 완전하게 되기를 기다리다.
15 得埶以臨之(득세이림지) : 권세를 얻어 가지고 그들 소인 위에 군림하다.
16 開內(개내) : 소인들의 마음을 열어 바른 길로 끌어들이다.
17 隅積(우적) : '우'는 도가 나뉘어 드러나는 것, '적'은 도가 모든 곳에 관통하는 것(王先謙 注). 합쳐서 '도리'의 뜻.
18 呥呥(염염) : 씹어먹는 모양. 냠냠.
19 噍(초) : 씹어먹는 것.
20 鄕鄕(향향) : 배가 불룩한 모양.
21 芻豢稻粱(추환도량) : '추'는 소나 양 같은 풀을 뜯어먹는 동물, '환'은 개나 돼지 같은 곡식을 먹는 동물, '도'는 쌀, '량'은 기장. 맛있는 고기와 맛있는 곡식.
22 菽藿糟糠(숙곽조강) : 콩과 콩잎과 술지게미와 겨. 모두 맛없는 거친 음식을 뜻함.
23 至足(지족) : 지극히 만족스러운 것.
24 俄而(아이) : 갑자기.
25 粲然(찬연) : 깨끗한 모양, 눈에 번쩍 띄는 모양.
26 瞲然(휼연) : 놀라서 바라보는 모양, 눈을 크게 뜨고 보는 것.
27 無嗛(무겸) : 싫증이 나지 않다, 싫지 않다. '겸'은 겸(慊)과 통함.
28 統(통) : 법통, 법도.
29 持養(지양) : 도와주고 부양하는 것.

桀跖之道, 是其爲相縣[31]也, 幾直[32]夫芻豢稻粱之縣糟糠爾哉! 然而人力爲此而寡爲彼, 何也? 曰; 陋也.

陋也者, 天下之公患也, 人之大殃大害也. 故曰; 仁者好告示[33]人. 告之示之, 靡[34]之儇[35]之, 鉛[36]之重之, 則夫塞者俄且通也, 陋者俄且僩[37]也, 愚者俄且知也. 是若不行, 則湯武在上曷益[38]? 桀紂在上曷損? 湯武存則天下從而治, 桀紂存則天下從而亂. 如是者, 豈非人之情固可與如此, 可與如彼也哉!

| 해설 |

순자에 의하면 사람의 본성은 본래 모두가 같다. 누구나 소인이 될 수 있지만 성인도 될 수 있다. 특히 그는 사람이란 본래 소인과 같은 것이라 보고, 교육과 노력에 의해 누구든 성인이 될 수 있다 하였다.

첫째 대목에서는 사람이란 본시 모두가 같지만 대부분 소인으로 고생하게 되는 것은 식견이 비루하기 때문이라 하였다.

둘째 대목에서는 스승과 법도의 중요성, 즉 후천적인 교육과 학문의 중요성을 강조하고 있다.

셋째 대목에서는 사람들이 선왕의 도를 따르지 않는 것은 식견이 비루

---

30 藩飾(번식) : 예절을 따라 어울리다. '식'은 분식(分飾), 예절을 차리는 것.
31 相縣(상현) : 서로 떨어지다, 서로 거리를 두다.
32 幾直(기직) : 어찌 다만. '기'는 기(豈)와, '직'은 지(只)와 같은 뜻.
33 告示(고시) : 바른 길을 일러주고, 보여주다.
34 靡(미) : 익히다(王引之).
35 儇(환) : 쌓다(王引之).
36 鉛(연) : 따라가게 하다. 연(沿)과 같은 뜻.
37 僩(한) : 의젓한 것, 여유가 있는 것.
38 曷益(갈익) : 무슨 이익이 되는가?

하기 때문임을 강조하고 있다.

　마지막 대목에서는 군자의 교육을 통해 사람들의 비루한 식견을 타파해야 함을 강조하고 있다. 이처럼 후천적인 교육과 예절을 중시하는 점이 맹자와 다른 특징이라 할 수 있다.

11

　사람들의 성정은 음식은 쇠고기나 돼지고기를 먹으려 하고, 옷은 무늬를 수놓은 비단 옷을 입으려 하고, 길을 가는 데는 수레와 말을 타고자 하고, 또 모아놓은 재산과 저축이 풍부하기를 바란다. 그러나 오랜 세월을 보내면서 만족할 줄 모르는 것도 바로 사람들의 성정이다.

　지금 사람들이 살아가는 것을 보면, 닭과 개와 돼지를 많이 기르고 또 소와 양까지 기르고 있는데도 식사를 할 때는 감히 술과 고기를 먹고 마시지 못하고, 돈이 남아나고 창고가 가득 차 있는데도 의복은 감히 비단 옷을 입지 못하며, 귀중한 것들을 상자와 장롱에 쌓아 두고 있으면서도 길을 갈 때에는 감히 수레나 말을 타고 다니지 못한다. 그것은 어째서인가? 그렇게 하고 싶지 않은 것이 아니라 앞날을 생각해서 계속 그렇게 하지 못하게 될까 두렵기 때문이 아니겠는가? 그래서 쓰는 것을 절약하고 욕심을 억누르며 걷어 들이고 모아 놓음으로써 자기의 생활을 이어가려 하는 것이다. 이것은 자신의 앞날을 잘 생각하는 것이니 어찌 매우 훌륭한 일이 아니겠는가?

　지금 구차히 살아가고 있는 얕은 지혜를 지닌 무리들은 이런 것을 알지 못하고 있다. 너무나 사치스럽게 먹으며 앞날은 생각하지 않아, 갑자기 쪼들려 궁핍해지는 것이다. 그들이 추위와 굶주림을 면치 못하고 동냥 그릇과 쪽박을 차고 빌어먹다가, 결국 도랑 속에 처박힌 시체가 되고 마는 까닭이 여기에 있다. 하물며 옛 임금의 도와 어짊과 의로움의 법도와 『시경』·『서경』과 예의와 음악의 근본에 대해서야 생각할 겨를이나 있겠는가?

그러한 것은 진실로 천하를 크게 걱정하고 생각해 마련해 놓은 것이다. 천하에 살고 있는 사람들을 위해 뒷날을 생각하고 만세토록 그들을 보호해 주려는 것이다. 그 도는 흐름이 장대하고, 그 쌓인 효과는 두터우며, 그 공적은 성대하고 원대하다. 정통하고 잘 수양된 군자가 아니라면 거기에 대해서 알 수가 없다. 그러므로 "짧은 두레박줄로는 깊은 샘의 물을 길을 수가 없고, 지혜가 모자라는 사람은 성인의 말씀을 제대로 이해할 수가 없다"고 하는 것이다. 『시경』·『서경』과 예의와 음악의 근본에 대해서는 원래 일반 사람들로서는 알 수 있는 것이 아니다.

그러므로 "그 근본에 대해 하나를 알았으면 다시 둘을 알도록 힘써야만 하고, 그 근본에 대해 공부하였다면 오래도록 계속해야 하며, 그 근본을 넓혀 널리 통용되게 해야 하고, 그 근본에 대해 생각함으로써 안락해져야 하며, 그 근본을 따라서 되풀이해 살핌으로써 더욱 좋아져야 한다"고 하는 것이다. 그렇게 된 것을 바탕으로 감정을 다스리면 유익해지고, 그렇게 됨으로써 명성이 드러나면 영화로워지며, 그렇게 됨으로써 사람들과 어울리면 조화를 이루게 되고, 그렇게 됨으로써 홀로 지내게 되더라도 스스로 만족하게 된다. 뜻을 즐기는 사람이란 바로 이런 사람이 아니겠는가?

| 원문 |

人之情, 食欲有芻豢, 衣欲有文繡,[1] 行欲有輿馬, 又欲夫餘財蓄積之富也. 然而窮年累世[2]不知不足,[3] 是人之情也.

今人之生也, 方知[4]蓄雞狗猪彘,[5] 又蓄牛羊, 然而食不敢有酒肉, 餘刀布,[6] 有囷窌,[7] 然而衣不敢有絲帛,[8] 約者[9]有筐篋[10]之藏, 然而行不敢有輿馬. 是何也? 非不欲也, 幾不[11]長慮顧後[12]而恐無以繼[13]故也? 於是又節用御欲,[14] 收斂蓄藏[15]以繼之也. 是於已長慮顧後, 幾不甚善矣哉?

今夫偷生[16]淺知之屬, 曾[17]此而不知也. 糧食大侈,[18] 不顧其後, 俄則屈安[19]窮矣. 是其所以不免於凍餓, 操瓢囊[20]爲溝壑[21]中瘠[22]者也. 況夫先王

---

1 文繡(분수): 무늬를 수놓은 비단 옷.
2 窮年累世(궁년루세): 여러 해가 지나고 여러 세기가 쌓이다, 곧 오랜 세월을 보내는 것.
3 不知不足(부지부족): 부지족(不知足)이 옳으며(楊倞), 만족할 줄을 모르는 것.
4 方知(방지): 방다(方多)로 된 판본이 옳으며(元刻本), '방'은 바로, 방금의 뜻.
5 雞狗猪彘(계구저체): 닭과 개와 돼지.
6 刀布(도포): '도'나 '포' 모두 옛날의 돈.
7 囷窌(균교): '균'은 둥글게 지은 창고, '교'는 땅 속에 굴을 파고 만든 움. 모두 창고를 뜻함.
8 絲帛(사백): 비단 실과 비단으로 만든 옷.
9 約者(약자): '약'은 요(要)와 통하여(俞樾), 귀중한 물건들.
10 筐篋(광협): '광'은 모가 진 대광주리, '협'은 상자, 장농.
11 幾不(기불): 어찌 ~아니겠는가? '기'는 기(豈)와 통함. 왕염손(王念孫)은 이 두 글자를 잘못 끼어든 것이라 하였다.
12 長慮顧後(장려고후): 길게 생각하며 뒤를 염려하다, 뒷날을 생각하는 것.
13 無以繼之(무이계지): 그렇게 이어가지를 못하게 되다.
14 御欲(어욕): 욕망을 제어하다.
15 收斂蓄藏(수렴축장): 거두어들여 저장하다.
16 偷生(투생): 구차히 살다.
17 曾(증): 내(乃)와 같은 조사.
18 大侈(대치): 지나치게 사치를 하는 것.
19 屈安(굴안): 쪼들리는 것. 굴연(屈然)과 같은 말로, '안'은 조사임.
20 操瓢囊(조표낭): 표주박과 동냥자루를 차고 다니며 구걸하는 것.

之道, 仁義之統,[23] 詩書禮樂之分乎?

彼固天下之大慮也, 將爲天下生民之屬長慮顧後而保萬世也, 其沠[24]長矣, 其溫[25]厚矣, 其功盛姚遠[26]矣, 非孰修爲[27]之君子, 莫之能知也. 故曰; 短綆[28]不可以汲深井之泉, 知不幾者[29]不可與及聖人之言. 夫詩書禮樂之分, 固非庸人之所知也.

故曰; 一之而可再[30]也, 有之[31]而可久也, 廣之而可通也, 慮之而可安也, 反鉛察之[32]而兪可好也. 以治情則利, 以爲名則榮, 以羣[33]則和, 以獨則足樂, 意者其是邪?

| 해설 |

사람의 성정은 원래 모두 같아서 누구나 욕망이 있다. 그러나 사람은 그 욕망을 억누를 줄 알아야 한다는 것이다.

옛 임금의 도와 어짊과 의로움의 법도는 이전 사람들을 위해서 마련된

---

21 溝壑(구학) : 도랑과 골짜기.
22 瘠(척) : 자(胔)와 통하여, 썩은 시체의 뜻(王念孫).
23 統(통) : 법통(法統), 법도.
24 沠(류) : 류(流)의 옛 글자, 흐름.
25 溫(온) : 온(薀)과 통하여(郝懿行), 쌓인 것.
26 姚遠(요원) : '요'는 요(遙)와 통하여(楊倞), 원대한 것.
27 孰修爲(숙수위) : 앞에 순(順)자가 붙은 것이 옳으며(王念孫, 禮論편 의거), 순(順)은 종(從), 숙(孰)은 정(精)의 뜻이다. 매우 정통한 것. '수위'는 수양이 잘 된 것.
28 短綆(단경) : 짧은 두레박 줄.
29 不幾者(불기자) : 얼마 되지 않는 자, 가깝지 않은 자.
30 一之而可再(일지이가재) : 거기에 대해 하나를 알았으면 둘을 알도록 힘써라(楊倞 注). 그것을 한 번 공부하였으면 거듭 공부해야 한다.
31 有之(유지) : 거기에 대해 공부를 해 아는 것.
32 反鉛察之(반연찰지) : '연'은 연(沿)과 통하여, 반복해 그것을 따라 살피는 것(王先謙 說).
33 羣(군) : 여러 사람들과 어울리다, 곧 사회 생활을 하는 것.

것이다. 따라서 사람들은 옛 임금의 도와 어짊과 의로움의 법도를 따라서 살아야 한다. 그리고 그것은 바로 『시경』·『서경』과 예의와 음악의 근본이 되기도 함을 강조하고 있다. 이 근본을 따라 살면 뜻을 즐기며 사는 사람이 된다는 것이다.

12

 천자처럼 귀해지고 온 세상을 차지할 만큼 부유해지는 것은 사람들의 성정으로서는 다같이 바라는 바이다. 그러니 사람들의 욕심을 따른다면 곧 형세는 그 욕심을 다 받아들일 수가 없고 물건은 충분할 수가 없을 것이다. 그러므로 옛 임금은 생각 끝에 이를 위해 예의를 제정하고 분별을 마련해, 귀하고 천한 등급이 있게 하고, 어른과 아이의 차별을 두게 하고, 지혜 있는 이와 어리석은 자와 능력 있고 능력 없는 사람의 분별을 마련하셨다. 언제나 사람들로 하여금 그들의 일을 맡아 하게 함으로써 각기 그에게 합당한 일을 갖게 하셨다. 그러한 뒤에야 녹으로 받는 곡식이 많고 적고 두텁고 엷은 균형이 있게 되었다. 이것이 곧 여러 사람이 모여 살면서 하나로 조화되는 도이다.
 그러므로 어진 사람이 윗자리에 있으면 곧 농군은 힘써 밭을 갈고, 상인은 잘 살펴 재물을 늘리고, 여러 공인(工人)들은 기술과 기계를 써서 물건을 만든다. 사대부 이상부터 제후들에 이르기까지는 모두가 인후함과 지혜와 능력으로써 그들의 관직을 다한다. 이것을 가리켜 지극한 공평함이라 한다. 그러므로 어떤 이는 온 세상을 녹으로 받아도 스스로 많다고 여기지 않고, 어떤 이는 문지기나 여관 돌보는 사람·관문지기·야경꾼이 되어도 스스로 녹이 적다고 여기지 않는다.

그래서 "잘라서 가지런히 하고 굽혀 따르게 해, 같지 않으면서도 하나가 된다" 하였는데, 이것을 일컬어 인륜이라 한다.

『시경』에 "작은 홀(笏) 큰 홀 쥔 이들 받아들여 세상 나라들을 크게 돌보아 주었네"라고 한 것은, 이것을 뜻하는 말이다.

| 원문 |

夫貴爲天子, 富有天下, 是人情之所同欲也. 然則從人之欲, 則埶[1]不能容, 物不能贍[2]也. 故先王案[3] 爲之制禮義以分之, 使有貴賤之等, 長幼之差, 知愚能不能之分, 皆使人載[4]其事, 而各得其宜, 然後使慤祿[5]多少厚薄之稱.[6] 是夫羣居和一之道也.

故仁人在上, 則農以力盡田, 賈[7]以察盡財, 百工[8]以巧盡械器. 士大夫以上, 至於公侯,[9] 莫不以仁厚知能盡官職. 夫是之爲至平. 故或祿天下[10] 而不自以爲多, 或監門[11]御旅,[12] 抱關[13]擊柝,[14] 而不自以爲寡. 故曰;[15]

---

1 埶(세) : 세(勢)와 같은 자.
2 贍(섬) : 넉넉하다는 뜻.
3 案(안) : 상고한다는 뜻.
4 載(재) : 임(任)의 뜻(郝懿行).
5 慤祿(각록) : '각은 곡(穀)으로 씀이 옳으며, 따라서 녹으로 받는 곡식의 뜻(俞樾).
6 稱(칭) : 균형이 잡히는 것.
7 賈(고) : 상인.
8 百工(백공) : 여러 공인들.
9 士大夫以上, 至於公侯(사대부이상, 지어공후) : 벼슬하는 모든 사람들을 가리킴. '사대부'는 보통 벼슬자리에 있는 사람들, '공후'는 작위를 받은 제후들.
10 祿天下(녹천하) : 온 천하를 녹으로 삼는다. 이는 천자를 가리켜 한 말임.
11 監門(감문) : 문을 주관하는 사람.
12 御旅(어려) : 여관을 돌보는 사람.
13 抱關(포관) : 문지기.
14 擊柝(격탁) : 딱대기 두드리는 야경꾼.
15 故曰(고왈) : 옛날부터 있던 속담을 인용한 것이다.

斬而齊, 枉而順, 不同而一, 夫是之謂人倫.

詩曰;[16] 受小共大共,[17] 爲下國[18]駿[19]蒙.[20] 此之謂也.

| 해설 |

높은 벼슬하며 잘살고 싶은 욕망은 모든 사람이 가지고 있다. 이러한 사람들의 욕망은 한꺼번에 충족될 수 없는 것이므로, 옛 성인들은 사람들의 신분·나이·능력 등을 구분하여 이에 알맞는 일과 행동을 하도록 하는 제도를 마련하였다. 그래서 농군은 농사짓고 상인은 장사하고 공인은 물건을 만들고 벼슬아치는 나랏일을 맡아 처리하게 되었다. 그리고 그들이 받는 보수도 능력과 지위에 따라 차별을 지어 주었다. 이러한 지극한 평형〔至平〕을 통해 여러 사람들이 모여 살면서 하나로 조화되는 길〔羣居和一之道〕이 이루어졌다는 것이다.

---

16 詩曰(시왈) : 『시경』 은송(殷頌) 장발(長發) 시에 있는 대목.
17 小共大共(소공대공) : '공'은 집(執)과 통해, 천자를 뵈올 때 신하들이 들고 있는 옥으로 된 홀(笏)을 가리킴. 따라서 작은 홀을 든 이, 큰 홀을 든 이, 곧 높고 낮은 신분의 신하들(鄭玄의 箋 참조).
18 下國(하국) : 제후들의 나라들.
19 駿(준) : 큰 것.
20 蒙(몽) : 덮어 주다, 보호하다, 돌보아 주다. 『시경』에는 방(厖)으로 씌어 있다.

제 5 편

관상은 정확하지 않다
非相

사람의 관상으로 운명을 판단함이 옳지 않음을 주장한 내용이다. 사람의 길흉은 그 사람의 몸가짐과 마음가짐에 따라 결정되는 것이지 타고난 겉모양에 따라 결정되는 것은 아니라는 것이다. 그러나 뒷부분에서는 예의 중요성과 후왕 사상 및 군자로서의 변설의 중요성과 그 어려움 등도 논하고 있다.

1

사람의 관상을 보는 일은 옛 사람들에게도 없었고 학자들도 얘기하지 않았다. 옛날에는 고포자경(姑布子卿)이란 이가 있었고, 현재에는 양(梁)나라에 당거(唐擧)란 이가 있어서, 사람의 형상과 안색을 보고서 그의 길흉과 화복을 알아낸다고 한다. 세상에서는 이것을 칭송하지만, 옛 사람들에게도 없었고 학자들도 얘기하지 않은 일이다.

그런데 형상을 보는 것은 마음을 논하는 것만 못하고, 마음을 논하는 것은 행동 규범을 잘 가리는 것만 못하다. 형상은 마음만은 못하고, 마음은 행동 규범만은 못하다. 행동 규범이 바르면 마음은 이에 따르는 것이니, 형상이 비록 나쁘다 하더라도 마음과 행동 규범만 훌륭하다면 군자가 되는 데에 아무런 방해도 받지 않는다. 형상이 비록 훌륭하다 하더라도 마음과 행동 규범이 나쁘면 소인이 되는 데에 아무런 방해도 받지 않는다. 군자는 길하다 했고 소인은 흉하다 했으니, 길고 짧고 작고 크고 훌륭하고 나쁜 형상이 길하고 흉한 것은 아니다. 관상은 옛 사람에게도 없었고 학자들도 얘기하지 않은 것이다.

| 원문 |

相人,¹ 古之人無有也, 學者不道也. 古者有姑布子卿,² 今之世梁有唐擧,³ 相人之形狀顏色, 而知其吉凶妖祥,⁴ 世俗稱之. 古之人無有也, 學

---

1 相人(상인) : 사람의 관상을 보고 길흉과 화복을 판단하는 것.
2 姑布子卿(고포자경) : '고포'가 성이고 '자경'은 이름. 조나라 양자(襄子)와 공자의 관상을 보아 알아맞추었다고 한다. '포자경'으로 된 책도 있다.
3 唐擧(당거) : 전국 시대 위(魏)나라 사람. 이태(李兌)·채택(蔡澤) 같은 사람들의 관상을 보아 알아맞추었다고 한다.

者不道也.

故相形不如論心, 論心不如擇術.⁵ 形不勝心, 心不勝術. 術正而心順之, 則形相雖惡, 而心術善, 無害爲君子也. 形相雖善, 而心術惡, 無害爲小人也. 君子之謂吉, 小人之謂凶, 故長短小大善惡形相, 非吉凶也. 古之人無有也, 學者不道也.

| 해설 |

여기에서는 관상이 근거 없는 일임을 논하고 있다. 사람에게 중요한 것은 그의 마음과 태도이지 겉모양이 아니라는 것이다.

2

요임금은 키가 컸고 순임금은 작았으며, 주나라 문왕은 키가 컸고 주공은 작았으며, 공자는 키가 컸고 자궁은 작았다.

옛날 위(衛)나라 영공(靈公)에게 공손려(公孫呂)라는 신하가 있었는데, 키는 일곱자요 얼굴은 길이가 석 자에다 넓이가 세 치였는데, 거기에 코·눈·귀 갖추어져 있었으나, 그의 명성을 온 천하에 떨쳤다. 초나라의 손숙오(孫叔敖)는 기사(期思)란 고을의 촌사람으로, 튀어나온 대머리에다 왼팔이 길었으나, 수레에 기대앉은 채로 초나라의 패업을 이룩하였다. 섭공자고(葉公子高)는 몸집이 작고 말라서 걸을 때는 그의 옷도 이기지 못할 듯하였다. 그러나 백공의 난[白公

---

4 妖祥(요상) : 요사스러움과 상서로움, 곧 화복과 비슷한 말임.
5 術(술) : 도술의 뜻으로 행동 방법.

之亂〕때는 영윤(令尹)인 자서(子西)와 사마(司馬)인 자기(子期)가 모두 죽었으나, 섭공자고는 초나라로 들어가 그곳을 근거로 해 백공을 죽여 손바닥 뒤집듯 초나라를 안정시켰다. 이들의 어질고 의로움과 공적과 명성은 후세에까지도 훌륭히 전해지고 있다.

그러므로 일하는 데 있어서는 키가 큰 것을 헤아리지 않으며, 몸집이 큰 것을 상관하지 않으며, 몸이 가볍고 무거운 것을 따지지 않으며, 역시 사람의 뜻이 가장 중요하다. 어찌하여 키가 크고 작고, 몸집이 작고 크고, 잘생기고 못생긴 형상을 논하는가?

| 원문 |

蓋帝堯長, 帝舜短, 文王長, 周公[1]短, 仲尼[2]長, 子弓[3]短.

昔者, 衛靈公有臣曰公孫呂, 身長七尺, 面長三尺, 焉[4]廣三寸, 鼻目耳具, 而名動天下. 楚之孫叔敖, 期思[5]之鄙人[6]也, 突禿[7]長左,[8] 軒較之下,[9] 而以楚霸.[10] 葉公子高,[11] 微小[12]短瘠,[13] 行若將不勝其衣. 然白公之

---

[1] 周公(주공) : 주공 단(旦). 주나라를 세운 무왕의 아우로, 어린 성왕(成王)을 보좌해 여러 가지 제도를 마련함으로써 주나라의 기틀을 잡아놓았다.
[2] 仲尼(중니) : 공자의 자.
[3] 子弓(자궁) : 『순자』에는 공자와 함께 여러 번 이상적인 인물로 등장하지만 어떤 사람인지 알 수 없다. 양경(楊倞)은 『논어』에 나오는 공자의 제자 중궁(仲弓)이라 하였으나 확실하지 않다.
[4] 焉(언) : 발어사로서 별 뜻은 없다.
[5] 期思(기사) : 초(楚)나라의 고을 이름, 지금의 하남성(河南省) 고시현(固始縣) 지방.
[6] 鄙人(비인) : 시골 사람, 촌 사람.
[7] 突禿(돌독) : 머리가 튀어나오고 대머리인 사람.
[8] 長左(장좌) : 왼팔이 긴 것.
[9] 軒較之下(헌교지하) : '헌'은 수레 이름. '교'는 수레 양편에 가로댄 나무. 따라서 수레를 타고 옆에 기대어 앉은 것. 손숙오가 무력을 쓰지 않고 수레에 앉은 채 지략으로 초나라의 패업을 이룩케 한 것을 뜻함.

亂[14]也. 令尹子西, 司馬子期, 皆死焉, 葉公子高入據楚, 誅[15]白公, 定楚國, 如反手爾. 仁義功名, 善於後世.

故事不揣[16]長,[17] 不揳[18]大,[19] 不權[20]輕重, 亦將志乎爾. 長短小大美惡形相, 豈論也哉?

| 해설 |

여기서는 어진 옛 사람들의 실제 보기를 들어, 사람의 형상은 그 사람의 길흉화복과 상관없음을 설명하고 있다. 못생기고 괴상한 사람들 가운데도 훌륭한 공적을 남긴 사람이 많으니, 사람의 겉모양과 운명은 상관없다는 것이다. 사람에게 가장 중요한 것은 생김새보다는 그 사람이 지닌 뜻임을 강조하고 있다.

---

10 霸(패) : 패업을 이루는 것, 다른 여러 나라를 힘으로 누르고 우두머리가 되는 것.
11 葉公子高(섭공자고) : '섭'은 초나라에 있는 조그만 나라 이름. '자고'는 섭나라 임금이었음으로 '섭공자고'라고 부른다.
12 微小(미소) : 몸집이 약하고 조그만 것.
13 短瘠(단척) : 키가 작고 깡마른 것.
14 白公之亂(백공지란) : 백공 승(白公勝)이 일으킨 반란. 그의 아버지는 초나라 평왕(平王)의 태자였는데, 난을 피해 정(鄭)나라로 갔다가 죽음을 당하였다. 백공 승은 아버지의 원수를 갚으려 하였지만 이때 초나라는 정나라와 사이가 좋았다. 그래서 백공은 평왕의 아들인 영윤(令尹, 재상) 자서(子西)와 사마(司馬, 국방장관) 자기(子期) 두 사람을 죽이고, 초나라 혜왕(惠王)을 협박해 나라의 실권을 쥐었다. 그러나 백공은 초나라로 들어온 섭공자고의 반격을 받아 자살하였다(『春秋左氏傳』 哀公 一六年).
15 誅(주) : 베다, 죽이다.
16 揣(취) : 헤아리는 것.
17 長(장) : 키가 큰 것.
18 揳(설) : 역시 헤아리는 것, 상관하는 것(楊倞).
19 大(대) : 몸집이 큰 것.
20 權(권) : 저울로 단다는 뜻.

3

 또한 서(徐)나라 언왕(偃王)의 모습은 눈으로 말머리나 바라볼 만큼 몸이 뒤로 젖혀져 있었고, 공자의 모습은 얼굴이 방상씨(方相氏) 가면 같았으며, 주공의 모습은 부러진 마른나무 같았고, 고요(皐陶)의 모습은 얼굴빛이 깎아 놓은 오이 같았으며, 굉요(閎夭)의 모습은 얼굴에 살갗이 보이지 않을 정도로 털이 많았고, 부열(傅說)의 모습은 몸이 등지느러미를 세운 물고기 같았으며, 이윤(伊尹)의 모습은 얼굴에 수염도 눈썹도 없었고, 우임금은 절름발이였으며, 탕임금은 반신불수였고, 요임금과 순임금은 눈동자가 겹쳐 있었다.

 학문하는 사람이라면 사람들의 뜻을 논하고 그에 관해 쓴 글들을 견주어 볼 것인가, 그렇지 않으면 다만 키가 크고 작은 것을 구별하고 잘나고 못난 것을 분별하며 서로 망령되이 뽐내기만 할 것인가?

| 원문 |

 且徐偃[1]王之狀, 目可瞻馬,[2] 仲尼之狀, 面如蒙倛,[3] 周公之狀, 身如斷菑,[4] 皐陶[5]之狀, 色如削瓜,[6] 閎夭[7]之狀, 面無見膚, 傅說[8]之狀, 身如植

---

[1] 偃(언) : 눕는 것. 언왕이란 이름이 붙여진 것도 그의 몸이 누워 있는 것처럼 언제나 젖혀져 있었기 때문이라 한다(楊倞).
[2] 目可瞻馬(목가첨마) : 눈은 말을 바라볼 만하였다. 몸이 뒤로 젖혀져 있어 사람은 잘 못 보고 말 같은 큰 것만을 볼 수 있었다는 뜻.
[3] 蒙倛(몽기) : 방상씨(方相氏) 가면. 연말이나 사람을 장사지낼 때 귀신을 쫓는 의식을 행하기 위해 쓰던 무섭게 생긴 가면.
[4] 菑(치) : 서서 죽은 나무, 치(榴)와 같은 뜻. 단치(斷菑)는 부러진 마른나무, 부러진 마른 나무는 다시 펴지지 않으므로 곱사등이를 형용한 말임.
[5] 皐陶(고요) : 순임금의 어진 신하 중의 한 사람. 법을 다스리는 사(士)의 벼슬을 지냄(『書經』 舜典).

鰭,⁹ 伊尹¹⁰之狀, 面無須麋.¹¹ 禹跳,¹² 湯偏,¹³ 堯舜參牟子.¹⁴

從者¹⁵將論志意, 比類文學¹⁶邪? 直¹⁷將差長短, 辨美惡, 而相欺¹⁸傲¹⁹邪?

| 해설 |

여기서도 옛날의 훌륭한 분들이 모두 겉모습이 훌륭하지는 않았다는 실례를 들고 있다. 사람은 못났어도 훌륭해질 수 있는 것이니, 학문을 하려는 사람은 사람의 뜻과 그 뜻을 적어 놓은 글을 존중해야만 한다는 것이다.

4

옛날의 걸왕과 주왕은 키가 크고 체격이 좋으며 잘생겨 천하에서 뛰어났고, 남보다 힘이 세어 백 사람을 대적할 만하였다. 그러나 자신

---

6 削瓜(삭과) : 껍질을 벗긴 오이. 얼굴빛이 푸른색이었음을 뜻한다.
7 閎夭(굉요) : 문왕의 신하. 문왕이 유리(羑里)에 갇혔을 때 아름다운 여자와 말을 주주(紂)왕에게 바쳐 문왕을 구하였다.
8 傅說(부열) : 은나라 고종(高宗) 때의 어진 신하. 그는 임금을 잘 보좌해 은나라의 중흥을 이룩하였다.
9 植鰭(치기) : 물고기가 등지느러미를 세우는 것. 역시 곱사등이임을 뜻한다.
10 伊尹(이윤) : 상나라 탕임금을 도와 하나라 걸임금을 쳐부수게 한 명재상.
11 須麋(수미) : '수'는 수염 수(鬚), '미'는 눈썹 미(眉)와 통함.
12 跳(도) : 걸음을 절름거리는 것.
13 偏(편) : 반신불수의 뜻(楊倞).
14 參牟子(참모자) : 눈동자가 겹친 것. 후세엔 이것을 제왕의 상[帝王之相]이라 하였다.
15 從者(종자) : 따라 배우려는 사람.
16 文學(문학) : 현대의 문학의 뜻과는 달리 자기 생각을 글로 써 놓은 것.
17 直(직) : 지(只)와 같은 뜻, 다만.
18 欺(기) : 망령된다는 뜻.
19 傲(오) : 오만함.

은 죽고 나라는 망해 천하의 큰 죄인이 되었으니, 후세에 악함을 말할 때에는 반드시 참고로 삼게 되었다. 이것은 용모에 의한 환난이 아니라 듣고 본 것이 많지 않고 논의가 비열한 때문이다.

지금 세상에서 난동을 부리는 백성들과 시골의 약삭빠른 자들은 모두가 아름답고 멋지며, 특이한 옷을 입고 부인 같이 꾸며 그들의 기질과 태도는 여자와 비슷하다. 부인들은 그들을 남편으로 삼기를 바라지 않는 이가 없고, 처녀들은 그들을 애인으로 삼기를 바라지 않는 이가 없어서, 그의 친가를 버리고서 그들과 도망하려는 자들이 셀 수도 없이 생겨나고 있다. 그러나 보통 임금이라도 그들을 신하로 삼기를 부끄러워하며, 보통 아버지라도 그들을 자식 삼기를 부끄러워하며, 보통 형이라도 그들을 아우 삼기를 부끄러워하며, 보통 사람이라도 그들을 벗삼기를 부끄러워한다. 그들은 갑자기 관원에게 묶여 가 저자에서 사형을 당하게 되는데, 하늘을 우러러 울부짖으면서 지금의 처지를 괴로워하고 슬퍼하며 그렇게 된 시초를 후회하지 않는 자가 없다. 이것은 용모에 의한 환난이 아니라 듣고 본 것이 많지 않고 논의가 비열한 때문이다. 그러니 학문하려는 사람들은 어떤 것을 옳다고 해야 하겠는가?

| 원문 |

古者桀紂, 長巨姣¹美, 天下之傑²也, 筋力³越勁,⁴ 百人之敵也. 然而

---

1 姣(교) : 아름다움.
2 傑(걸) : 걸물(傑物), 뛰어난 인물.
3 筋力(근력) : 힘, 뚝심, 완력.
4 越勁(월경) : 남보다 훨씬 센 것.

身死國亡, 爲天下大僇,⁵ 後世言惡則必稽⁶焉. 是非容貌之患也, 聞見之不衆, 論議之卑爾.

今世俗之亂君,⁷ 鄕曲⁸之儇子,⁹ 莫不美麗姚¹⁰冶, 奇衣婦飾, 血氣態度擬¹¹於女子, 婦人莫不願得以爲夫, 處女莫不願得以爲士,¹² 弃¹³其親家而欲奔¹⁴之者, 比肩幷起.¹⁵ 然而中君¹⁶羞¹⁷以爲臣, 中父羞以爲子, 中兄羞以爲弟, 中人羞以爲友. 俄¹⁸則束¹⁹乎有司,²⁰ 而戮²¹乎大市,²² 莫不呼天啼哭, 苦傷其今, 而後悔其始. 是非容貌之患也, 聞見之不衆, 論議之卑爾! 然則從者, 將孰²³可也?

---

5 僇(륙) : 륙(戮)과 같은 자. 대륙(大僇)은 죽여야 할 대죄인.
6 稽(계) : 참고로 삼다, 증거로 삼다.
7 亂君(난군) : 어지러운 임금. 그러나 여기서는 문맥으로 보아 난민(亂民, 어지러운 백성)의 잘못일 것 같다(俞樾).
8 鄕曲(향곡) : 시골 마을.
9 儇子(현자) : 약삭빠른 자들.
10 姚(요) : 예쁜 것. 야(冶)도 아름다운 모양.
11 擬(의) : 비긴다는 뜻.
12 士(사) : 여기선 애인, 연인.
13 弃(기) : 기(棄)와 같은 자. 버리는 것.
14 奔(분) : 애인과 집을 뛰쳐나오는 것.
15 比肩幷起(비견병기) : 어깨를 나란히 하고 아울러 일어난다. 곧 수없이 생겨난다는 뜻.
16 中君(중군) : 중급 정도의 임금. 중부(中父), 중형(中兄), 중인(中人)도 같음.
17 羞(수) : 부끄러움.
18 俄(아) : 문득, 갑자기.
19 束(속) : 오라에 묶이는 것.
20 有司(유사) : 법을 다스리는 관원.
21 戮(륙) : 죽이는 것.
22 大市(대시) : 큰 저자. 옛날에는 중죄인을 저자에서 처형함으로써 여러 사람들에게 악인의 마지막을 구경시켰다.
23 孰(숙) : 누구.

| 해설 |

여기서도 용모는 그 사람의 행동과 상관없음을 강조하고 있다. 걸주 같은 포악한 임금도 용모는 미남이었고 힘도 남보다 셌다. 그러나 나라를 망치고 자신도 죽음을 당하고 말았다. 또한 여자들은 미남을 좋아하지만, 그런 사람일수록 죄를 짓고 처형을 당하는 이가 많다. 이처럼 불행한 종말을 맞게 되는 것도, 용모 탓이 아니라 그가 배운 것이 많지 않고 말과 행동이 비열한 데서 온 것이다. 따라서 사람은 겉모습보다는 그의 마음가짐과 행동이 더 중요하다는 것이다.

5

사람에게는 상서롭지 못한 세 가지 조건이 있다. 나이가 어리면서도 어른을 섬기려 하지 않는 것과, 신분이 천하면서도 높은 사람을 섬기려 하지 않는 것과, 어리석으면서도 현명한 사람을 섬기려 하지 않는 것이다. 이것이 사람들의 상서롭지 못한 세 가지 조건이다.

사람에게는 반드시 곤궁해지는 세 가지 조건이 있다. 윗사람이 되어서는 아랫사람을 아낄 줄 모르고, 아랫사람이 되어서는 그의 윗사람을 비난하기 좋아하는 것이 사람들이 반드시 곤궁해지는 첫째 조건이다. 남을 대할 때는 종순하지 않고 남을 등지면 그를 함부로 업신여기는 것이 사람들이 반드시 곤궁해지는 둘째 조건이다. 지혜와 행실은 천박하고 굽고 바른 정도는 남보다 훨씬 못한데도 어진 사람을 받들 줄 모르고, 지혜 있는 선비를 존경할 줄 모르는 것이 사람들이 반드시 곤궁해지는 셋째 조건이다.

사람으로서 이상과 같은 몇 가지 행실이 있는 자는 윗자리에 앉으면 반드시 위험할 것이고, 아랫자리에 있으면 반드시 멸망할 것이다. 『시경』에 "눈이 펑펑 내리지만 햇빛만 보면 녹네. 겸손히 남을 따르려 하지 않고 늘 교만하게만 구네"라고 읊은 것은, 이것을 뜻하는 말이다.

| 원문 |

人有三不祥,¹ 幼而不肯事長, 賤而不肯事貴, 不肖而不肯事賢. 是人之三不祥也.

人有三必窮,² 爲上則不能愛下, 爲下則好非其上, 是人之一必窮也, 鄕³則不若,⁴ 偝⁵則謾⁶之, 是人之二必窮也. 知行淺薄, 曲直有以相縣⁷矣, 然而仁人不能推, 知士不能明,⁸ 是人之三必窮也.

人有此數行者, 以爲上則必危, 爲下則必滅. 詩曰;⁹ 雨雪¹⁰瀌瀌,¹¹ 宴然¹² 聿¹³消. 莫肯下隧,¹⁴ 式¹⁵居¹⁶屢驕.¹⁷此之謂也.

---

1 不祥(불상) : 상서롭지 않은 것, 불길한 것.
2 窮(궁) : 곤궁해지는 것, 곤경에 빠지는 것.
3 鄕(향) : 향(向)과 통해, 사람을 마주 대하고 있는 것.
4 不若(불약) : '약'은 순(順)과 통해, 종순하지 않은 것.
5 偝(배) : 남을 등지는 것, 그 사람이 보이지 않게 되는 것.
6 謾(만) : 함부로 말하는 것, 아무렇게나 비평하는 것.
7 相縣(상현) : '현'은 현(懸)과 통해, 서로 떨어져 있는 것, 상당한 거리가 있는 것, 훨씬 못한 것.
8 明(명) : 존경의 뜻(王念孫).
9 詩曰(시왈) : 『시경』 소아(小雅) 각궁(角弓)시에 보이는 구절.
10 雨雪(우설) : 눈이 내리다. '우'는 동사임.
11 瀌瀌(표표) : 눈이 펑펑 내리는 모양.
12 宴然(연연) : 햇빛이 비치는 모양.
13 聿(율) : 조사.
14 下隧(하수) : '수'는 수(隨)와 통하여, 자신을 낮추고 남의 의견을 따르는 것. 『모시(毛詩)』에는 '수'가 유(遺)로 되어 있음.

| 해설 |

이 대목 이하의 글은 모두 비상(非相)이라는 이 편의 이름과는 직접 관계가 없는 글들이다. 여기서는 사람들에게 "상서롭지 못하게 되는 세 가지 조건"과 "반드시 곤궁하게 되는 세 가지 조건"을 설명하고 있다. 모두 예의를 저버리고 어짊과 의로움의 도를 따르지 않는 것들이다.

6

사람을 사람이라 할 수 있는 근거는 무엇인가? 사람에게는 분별 능력이 있다는 것이다. 굶주리면 먹을 것을 바라고, 추우면 따스한 것을 바라며, 수고로우면 쉬기를 바라고, 이익을 좋아하고 손해를 싫어하는데, 이것은 사람들이 나면서부터 가지고 있는 것이다. 그것은 외부의 영향으로 그렇게 되는 것이 아니며, 성왕인 우임금이나 폭군인 걸왕이 모두 같다.

그러니 사람을 사람이라 할 수 있는 근거는, 그들이 두 다리를 가지고 있고 털이 나지 않은 동물이라는 특징이 아니라 분별이 있다는 것이다. 지금 성성이의 모양을 보면 역시 두 다리에 털이 나지 않았다. 그러나 군자들은 그 고기로 만든 국을 마시고 그 고기를 썰어 먹고 있다. 그러므로 사람을 사람이라 할 수 있는 근거는, 그들이 두 다리를 가지고 있고 털이 나지 않은 동물이라는 특징이 아니라 분별이 있다는 것이다. 새나 짐승에게도 아비와 아들은 있지만 아비와 아들 사이

---

15 式(식) : 조사.
16 居(거) : 처신.
17 屨驕(루교) : 언제나 교만한 것.

의 친밀한 윤리는 없으며, 암컷과 수컷이 있기는 하지만 남자와 여자를 분별하는 윤리는 없다. 그러므로 사람으로서의 도에는 어디에나 분별이 있다는 것이다.

분별에는 분수보다 더 큰 것이 없고, 분수에는 예의보다 더 큰 것이 없으며, 예의에는 성왕(聖王)보다 더 큰 것이 없다. 그런데 성왕이란 백 명도 넘는데, 우리는 누구를 법도로 삼아야 할 것인가? 문물은 오래 되면 없어지고, 음악의 절주는 오래 가면 소멸되며, 법도를 지키는 관리들도 오래 예법을 추구하다 보면 지쳐서 해이해진다.

그러므로 성왕의 발자취를 보려 한다면 그 분명한 것을 보아야 할 것인데, 후세 임금이 바로 그분이다. 후세 임금이야말로 천하의 임금이다. 후세 임금을 버리고 옛날을 얘기하는 것은 마치 자기의 임금은 버리고 남의 나라 임금을 섬기는 것과 같다. 그러므로 천년 전의 일을 알고자 한다면 오늘 일부터 잘 살펴야 하며, 억만 가지 일을 알고자 한다면 한 가지 또는 두 가지 일부터 살펴야 한다. 옛날 세상일을 알고자 한다면 주나라의 도부터 살펴야 하며, 주나라의 도에 대해 알고자 한다면 주나라 사람들이 존귀하게 여기는 군자에 대해 잘 살펴야 한다. 그러므로 "가까운 것을 바탕으로 하여 먼 것을 알고, 한 가지를 바탕으로 하여 만 가지를 알며, 작은 것을 바탕으로 하여 큰 것도 알게 된다"고 하는 것이다.

| 원문 |

人之所以爲人者, 何已[1]也? 曰; 以其有辨[2]也. 飢而欲食, 寒而欲煖,

---

1 何已(하이) : 하이(何以)와 같은 말, 무엇으로써.

勞而欲息, 好利而惡害, 是人之所生而有也. 是無待而然者也, 是禹桀之
所同也.

然則人之所以爲人者, 非特以二足而無毛也, 以其有辨也. 今夫狌狌[3]
形笑亦二足而無毛也, 然而君子啜[4]其羹,[5] 食其胾.[6] 故人之所以爲人者,
非特以其二足而無毛也, 以其有辨也. 夫禽獸有父子而無父子之親, 有
牝牡而無男女之別. 故人道莫不有辨.

辨莫大於分,[7] 分莫大於禮, 禮莫大於聖王. 聖王有百, 吾孰法焉? 故
曰; 文[8]久而息, 節族[9]久而絶, 守法數[10]之有司,[11] 極禮而褫.[12]

故曰; 欲觀聖王之跡, 則於其粲然者[13]矣, 後王[14]是也. 彼後王者, 天
下之君也. 舍後王而道上古, 譬之是猶舍己之君而事人之君也. 故曰;
欲觀千歲, 則數[15]今日, 欲知億萬, 則審一二, 欲知上世, 則審周道, 欲
知周道, 則審其人所貴君子.[16] 故曰; 以近知遠, 以一知萬, 以微知明.

---

2 辨(변) : 분별, 변별력.
3 狌狌(성성) : 성성(猩猩)이라고도 쓰며, 사람 모양에 가장 가까운 원숭이, 유인원.
4 啜(철) : 마시다.
5 其羹(기갱) : 성성이 고기로 만든 국.
6 胾(자) : 썬 고깃덩어리.
7 分(분) : 분수, 분수를 지키는 것.
8 文(문) : 문물.
9 節族(절주) : 음악의 리듬 절주(節奏)와 같은 말.
10 法數(법수) : 법도, 법과 규칙.
11 有司(유사) : 관계관, 담당관.
12 極禮而褫(극례이치) : 오래 예법을 추구하다 보면 해이해진다. 그러나 '예'자가 잘못 끼
어든 것으로 보고(俞樾), 오래 가면 해이해진다고도 풀이한다.
13 粲然者(찬연자) : 분명한 것, 뚜렷한 것.
14 後王(후왕) : 후세 임금, 근세의 훌륭한 임금.
15 數(수) : 헤아리다, 살피다.
16 君子(군자) : 양경(楊倞)은 자기의 임금을 가리킨다 하였으나, 유태공(劉台拱)은 기인
(其人)은 순자 자신을 가리키고, 군자는 공자나 자궁(子弓) 같은 이를 가리킨다 하였다.

此之謂也.

| 해설 |

앞부분에서는 사람으로서의 특징은 분별 능력을 가졌다는 데 있음을 설명하고, 뒷부분에서는 분별 능력을 올바로 발휘하기 위해서는 가까운 것, 간단한 것 등에서 시작해 먼 것, 오랜 일, 복잡한 것까지로 발전시켜 가야 함을 설명하고 있다.

그리고 앞의 이론을 바탕으로 사람들이 법도로 받들어야 할 이상은 성왕이지만, 그분들의 일은 오래 되어 잘 알 수 없으므로 후세 임금을 존중해야 한다는 결론으로 유도하고 있다.

7

망령된 사람들은 "옛날과 지금은 실정이 다르기 때문에, 그 다스림과 혼란의 근거가 되는 도리도 다르다"고 말한다. 그래서 일반 사람들은 미혹당하고 있다. 일반 사람들이란 어리석어서 자기 논리가 없고, 비루해 헤아리는 기준이 없는 자들이다. 그들은 눈으로 본 것조차도 속아넘어가는 자들인데, 하물며 천 년을 두고 전해 온 얘기야 어떠하겠는가? 망령된 자들은 문과 마당 사이의 일이라도 속일 수 있는 자들인데, 하물며 천 년을 넘는 일들이야 그대로 전하겠는가?

성인은 어찌하여 남에게 속지 않는가? 성인은 자기의 기준으로 일을 헤아리기 때문이다. 본시 사람을 기준으로 사람을 헤아리고, 실정을 기준으로 실정을 헤아리며, 같은 종류를 기준으로 그 종류를 헤아리고, 논리를 기준으로 일들을 헤아리며, 도를 기준으로 모든 이치를 살피기 때문에, 옛날이나 지금이나 헤아리는 기준이 한결같은 것이다. 물건의 종류가 어긋나지 않는 이상 비록 오랜 세월이 지나도 이치가 같은 것이다. 그러므로 사악하고 비뚤어진 것을 대하더라도 미혹되지 않고, 잡다한 물건들을 보더라도 당혹하지 않는 것은, 이러한 기준을 가지고 헤아리기 때문이다.

  오제(五帝) 이전 사람으로 후세에 이름이 전하는 사람이 없는 것은, 현명한 사람이 없었기 때문이 아니라 시대가 오래되었기 때문이다. 오제 중에서도 정치 업적이 후세에 전해지지 않는 이가 있는 것은 훌륭한 정치 업적이 없었기 때문이 아니라 시대가 오래되었기 때문이다. 우임금과 탕임금은 정치 업적이 전해지고 있기는 하지만 주나라 임금들만큼 자세하지는 못하다. 훌륭한 정치 업적이 없었기 때문이 아니라 시대가 오래되었기 때문이다. 전해지는 것도 오래된 것은 내용이 간략하고, 가까운 일은 내용이 상세하다. 간략한 경우에는 큰 일들만을 드러내게 되고, 상세한 경우에는 작은 일들까지도 드러내게 된다. 어리석은 자들은 그 간략한 내용만을 듣고는 그 상세한 내용에 대해서는 알지 못하고, 그 상세한 내용들을 듣고는 그 중 큰 것을 분별하지 못한다. 그러므로 문물은 오래되면 없어지고, 음악의 절주도 오래가면 소멸된다는 것이다.

| 원문 |

  夫妄人[1]曰; 古今異情, 其以治亂者異道, 而衆人惑焉. 彼衆人者, 愚而無說,[2] 陋而無度[3]者也. 其所見焉, 猶可欺也, 而況於千世之傳也! 妄

---

1 妄人(망인) : 망령된 사람.

人者, 門庭之間,⁴ 猶可誣欺⁵也, 而況於千世之上乎!

聖人何以不欺? 曰; 聖人者, 以己度者也. 故以人度人, 以情度情, 以類度類, 以說度功,⁶ 以道觀盡,⁷ 古今一度⁸也. 類不悖,⁹ 雖久同理. 故鄕¹⁰乎邪曲而不迷, 觀乎雜物而不惑, 以此度之.

五帝¹¹之外無傳人, 非無賢人也, 久故也. 五帝之中無傳政, 非無善政也, 久故也. 禹湯有傳政而不若周之察¹²也, 非無善政也, 久故也. 傳者久則論略,¹³ 近則論詳. 略則擧大, 詳則擧小. 愚者聞其略而不知其詳, 聞其詳而不知其大也. 是以文久而滅, 節族久而絶.

| 해설 |

앞 대목에 이어 사람은 사물에 대해 헤아리는 기준이 있어야 함을 강조하고 있다. 그런 흔들리지 않는 기준으로 사물을 헤아려야만 만사를 올바로 알고 분별할 수 있을뿐더러, 간략한 옛 일에 대한 기록을 근거로 그 시대를 올바로 파악할 수도 있게 된다는 것이다. 그래야 "가까운 것을 바탕

---

2 無說(무설) : 자기 논리가 없다, 변설을 하지 못한다.
3 度(도) : 일을 헤아리는 기준, 사물의 법도.
4 門庭之間(문정지간) : 문과 마당 사이, 아주 가까운 일들을 가리킨다.
5 誣欺(무기) : 거짓말로 속이다.
6 功(공) : 공업(功業), 일.
7 觀盡(관진) : 모든 사물의 이치를 살피다.
8 一度(일도) : 헤아리는 기준이 한 가지이다, 헤아리는 기준이 같다.
9 悖(패) : 어긋나다, 서로 다르다.
10 鄕(향) : 향(向)과 통해, 향하다, 대하다.
11 五帝(오제) : 태고 때의 다섯 제왕. 황제(黃帝)·전욱(顓頊)·제곡(帝嚳)·당요(唐堯)·우순(虞舜)(『史記』·『大載禮』). 이 밖에 책에 따라 다른 몇 가지 설이 있다.
12 察(찰) : 분명하다, 자세하다.
13 論略(논략) : 내용이 간략하다. 논(論)을 유(俞)의 잘못으로 보고, "더욱 간략하다"로 번역하는 이(俞樾)도 있다. 아래 논상(論詳)의 경우도 같음.

으로 하여 먼 것을 알고, 한 가지를 바탕으로 하여 만 가지를 알며, 작은 것을 바탕으로 하여 큰 것도 알게 된다"는 것이다.

8

　무슨 이론이든 옛 임금들의 가르침과 맞지 않고 예의를 따르지 않는 것이라면, 그것을 간사한 이론이라 한다. 비록 말을 잘한다 하더라도 군자들은 듣지를 않는다.
　옛 임금들을 법도로 삼고 예의를 따르며 공부하는 사람을 잘 이해한다 하더라도, 이론을 좋아하지 않고 말하기를 즐기지 않는다면 절대로 성실한 선비는 되지 못한다.
　그러므로 군자는 그의 뜻으로 이론을 좋아하고, 행동은 그로 말미암아 편안하며, 그것을 말하는 것을 즐긴다. 그러므로 군자는 반드시 말을 잘한다.
　사람들은 그가 훌륭하다고 여기는 일을 말하기 좋아하지 않는 이가 없지만, 군자는 그 경향이 더욱 심하다. 그러므로 사람들에게 이론을 선물하면 금이나 보석이나 진주나 옥보다도 더 소중히 여기고, 사람들에게 이론을 보여주면 보불(黼黻) 무늬나 아름다운 무늬보다도 더 아름답게 여기고, 사람들에게 이론을 들려주면 종과 북이나 거문고와 가야금을 연주하는 것보다도 더 즐겁게 된다. 그러므로 군자는 이론에 대해 싫증내는 일이 없다.
　천한 사람은 이와는 반대로 사물의 실질만을 좋아하고 그 무늬인 이론은 거들떠보지 않는다. 그런 까닭에 평생토록 비루하고 범속함을 면치 못하는 것이다. 그러므로 『역경』에 "자루의 입을 묶은 듯이 입다

물고 있으면 허물도 없으려니와 영예로운 일도 없다" 하였는데, 썩어 빠진 학자들을 두고 말한 것이다.

| 원문 |

凡言不合先王, 不順禮義, 謂之姦言.[1] 雖辯,[2] 君子不聽.

法先王, 順禮義, 黨[3]學者, 然而不好言, 不樂言, 則必非誠士[4]也.

故君子之於言也, 志好之, 行安之, 樂言之. 故君子必辯.

凡人莫不好言其所善, 而君子爲甚. 故贈人以言, 重於金石珠玉, 觀人[5]以言, 美於黼黻[6]文章,[7] 聽人以言, 樂於鐘鼓琴瑟. 故君子之言無厭.[8]

鄙夫[9]反是, 好其實不恤其文. 是以終身不免埤汙[10]傭俗.[11] 故易[12]曰; 括囊,[13] 無咎無譽. 腐儒[14]之謂也.

| 해설 |

이 절에서는 군자가 이론을 중시하는 이유를 설명하고 있다. 순자가 이

---

1 姦言(간언) : 간사한 말, 간악한 이론.
2 辯(변) : 말을 잘하는 것.
3 黨(당) : 잘 이해하는 것(俞樾). 양경(楊倞)은 "친비(親比)의 뜻"이라 설명한다.
4 誠士(성사) : 성실한 선비, 진실한 학자.
5 觀人(관인) : 사람들에게 보게 하다, 사람들에게 보여준다.
6 黼黻(보불) : 옛날 무늬의 이름. '보'는 도끼 모양, '불'은 己자 모양이 이어진 무늬.
7 文章(문장) : 아름다운 색깔과 모양의 무늬.
8 無厭(무염) : 싫증 내지 않다.
9 鄙夫(비부) : 비루한 남자, 천한 사람.
10 埤汙(비오) : 비루한 것.
11 傭俗(용속) : 범속한 것.
12 易(역) : 『역경』 곤괘(坤卦)의 구절.
13 括囊(괄낭) : 자루의 입을 꼭 잡아매는 것.
14 腐儒(부유) : 썩은 선비.

책을 쓰면서 자기 합리화를 한 대목인 듯도 하다.

9

임금을 설복하는 일이 어렵다는 것은 지극히 높은 이상으로 지극히 낮은 생각을 지닌 이를 대하고, 지극한 다스림으로 지극히 혼란한 상대를 대하는 일이기 때문이다. 그러니 곧바로 설복에 임해서는 안 된다. 먼 옛일을 들어 설명하면 오해가 생길까 염려되고, 근세의 일을 들어 설명하면 비천하다 여길까 걱정된다.

잘하는 사람은 이런 일을 함에 있어서 먼일을 들어 설명하면서도 오해가 없도록 하고, 근세의 일을 들어 설명하면서도 비천하다 여기지 않게 하며, 시대와 더불어 이리저리 옮겨다니고, 세상을 따라 이리저리 움직이며, 때로는 더디게 때로는 다급히 몸을 굽혔다 폈다 해, 마치 물을 막는 제방과 나무 모양을 고정시키는 댈나무가 자기에게 있는 것처럼 설복한다. 모든 말을 상대방 뜻에 딱 들어맞게 하지만, 그의 감정은 전혀 손상시키는 법이 없다.

| 원문 |

凡說[1]之難, 以至高遇至卑, 以至治接至亂. 未可直至[2]也, 遠擧[3]則病繆,[4] 近世則病傭.[5]

---

1 說(세) : 유세, 임금이나 권력자를 자기 이론으로 설복시키는 것.
2 直至(직지) : 곧바로 유세하다, 곧바로 유세할 상대방을 설복시키려 들다.
3 遠擧(원거) : 먼 옛일을 보기로 들면서 자기 뜻을 설명하는 것.
4 病繆(병류) : 과오를 범할까 걱정되다, 오해가 생길까 염려되다.

善者於是閒也, 亦必遠擧而不繆, 近世而不傭, 與時遷徙,[6] 與世偃仰,[7] 緩急[8]嬴絀,[9] 府然[10]若渠匽[11]檃栝[12]之於己也. 曲得[13]所謂焉, 然而不折傷.[14]

| 해설 |

앞 절에서 군자는 이론을 존중함을 설명한 데 이어, 이 절에서는 그 이론으로 임금이나 권세가들을 설복시키는 일의 어려움과 설복의 방법을 설명하고 있다.

10

군자는 자기를 헤아리는 법도로는 똑바른 먹줄을 쓰지만 남을 대하는 법도로는 굽은 활도지개를 쓴다. 자기를 먹줄 같은 똑바른 법도로 헤아리기 때문에 충분히 천하의 법도가 될 수가 있다. 남을 활도지개 같은 굽은 법도로 헤아리기 때문에 너그러울 수가 있어서 여러 사람들을 부려 천하의 대사를 이룩하게 되는 것이다.

---

5 病傭(병용) : 비천하게 볼까 걱정되다, 평범하다고 여길까 걱정되다.
6 遷徙(천사) : 이리저리 적절히 옮겨 다니는 것.
7 偃仰(언앙) : 몸을 눕히고 뒤로 젖히는 것, 사정에 따라 적절히 움직이는 것.
8 緩急(완급) : 더딘 것과 다급한 것, 때로는 더디게 때로는 다급하게 움직이는 것.
9 嬴絀(영굴) : 굴신, 몸을 굽혔다 폈다 하는 것.
10 府然(부연) : 설복을 하는 모양.
11 渠匽(거언) : 물을 막는 제방, 둑.
12 檃栝(은괄) : 나무의 모양을 굳히기 위해 틀처럼 대는 댈나무, 제목(制木).
13 曲得(곡득) : 말하는 모든 내용을 상대방 뜻에 딱 들어맞게 말하는 것.
14 折傷(절상) : 상대방의 감정을 손상시키는 것.

그러므로 군자는 현명하지만 무능한 자도 받아들이며, 지혜가 있지만 어리석은 자도 받아들이고, 박식하지만 천박한 자도 받아들이며, 순수하지만 잡된 자도 받아들인다. 바로 이것을 모두를 아울러 받아들이는 술법이라 한다. 『시경』에 "먼 서(徐)나라가 동화된 것은, 천자의 받아들이는 공로일세"라 읊은 것은, 이것을 뜻하는 말이다.

| 원문 |

故君子之度己則以繩,[1] 接人[2]則用挖.[3] 度己以繩, 故足以爲天下法則矣. 接人用挖, 故能寬容, 因求[4]以成天下之大事矣.

故君子賢而能容罷,[5] 知而能容愚, 博而能容淺, 粹而能容雜. 夫是之謂兼術.[6] 詩曰:[7] 徐方[8]旣同, 天下之功. 此之謂也.

| 해설 |

군자는 자기 자신에 대해서는 엄격하면서도, 다른 사람은 너그럽게 대해 모든 사람들을 받아들인다. 모두를 아울러 받아들이는 술법(兼術)이라 하는데, 이 모두를 아울러 받아들이는 술법으로 군자는 천하의 대사를 이룩한다는 것이다.

---

1 繩(승) : 목수들이 똑바른 것을 가늠할 때 쓰는 먹줄.
2 接人(접인) : 사람들을 대하다, 남을 접하다.
3 挖(설) : 설(枻)과 통하여, 활도지개. 활의 모양을 구부려 고정시키는 물건.
4 因求(인구) : '구'는 중(衆)의 잘못(王念孫 說). 많은 사람들을 쓰다, 여러 사람들을 부리다.
5 罷(피) : 피(疲)와 통하여, 무능력한 것.
6 兼術(겸술) : 모든 사람들을 아울러 받아들이는 술법.
7 詩曰(시왈) : 『시경』 대아(大雅) 상무(常武)편에 보이는 구절.
8 徐方(서방) : 서나라, 서나라 지방.

11

말로 설복시키는 술법은, 공손하면서도 엄숙한 태도로 임하고, 바르고 성의 있는 태도로 대처하며, 굳건하고 강하게 주장을 펴고, 비유를 들어가며 깨우쳐 주고, 사리를 분별해 밝혀 주고, 기뻐하게 하고 좋아하게 하여 자기 뜻을 이해시킴으로써, 그것을 보물처럼 여기고, 진귀하게 여기며, 귀중하게 여기고, 신묘하게 여기도록 하는 것이다. 그렇게만 하면 그의 이론은 언제나 받아들여지지 않는 일이 없을 것이다. 비록 그가 기뻐하지 않는다 하더라도 귀중하게 여기지 않는 사람이 없을 것이다. 이러한 것을 두고 "그가 귀중하게 여기는 것을 귀중하게 여기게 하는 것"이라 말하는 것이다. 예로부터 전하는 말에 "군자만이 그가 귀중하게 여기는 것을 귀중하게 여기게 할 수 있다"고 한 것은, 이것을 뜻하는 말이다.

| 원문 |

談說[1]之術, 矜莊[2]以莅之,[3] 端誠以處之, 堅彊以持之,[4] 分別[5]以喩之, 譬稱以明之, 欣驩[6]芬薌[7]以送之,[8] 寶之, 珍之, 貴之, 神之. 如是則說常

---

1 談說(담세) : 얘기해 설복시키는 것, 말로 유세하는 것.
2 矜莊(긍장) : 공손하면서도 엄숙한 것.
3 莅之(이지) : 유세에 임하다. 설복할 상대방을 대하는 것.
4 持之(지지) : 자기 주장을 펴는 것.
5 分別(분별) : 왕염손(王念孫)은 이 자리에는 다음 구절의 비칭(譬稱)이 와야 한다고 하였다. '비칭'은 비유를 들어 얘기하는 것.
6 欣驩(흔환) : 마음속으로 기뻐하는 것.
7 芬薌(분향) : 향내가 나는 것, 역시 마음속으로 좋아하고 따름을 뜻한다.
8 送之(송지) : 자기 주장을 상대방에게 보내 주다, 자기 주장을 상대방에게 잘 이해시키는 것.

無不受. 雖不說[9]人, 人莫不貴. 夫是之謂爲能貴其所貴. 傳曰; 唯君子 爲能貴其所貴, 此之謂也.

| 해설 |
윗사람을 설복하려는 사람의 기본 태도를 설명한 내용이다. 곧 자기 주장을 상대방이 받아들이고 존중케 하는 방법이다.

12

군자는 반드시 이론을 전개한다. 사람이란 누구나 자기가 훌륭하다고 여기는 것을 말하기 좋아하지 않는 이가 없는데, 군자의 경우엔 더욱 심하다. 그래서 소인들이 이론을 전개하는 말은 험악하고, 군자가 이론을 전개하는 말은 어질(仁)다. 말을 하면서도 어짊에 들어맞지 않는다면, 그러한 말은 입을 다물고 있는 것만도 못하고, 그러한 변설은 말을 더듬는 것만도 못하다.

말을 하는 것이 어짊에 들어맞는다면 말을 좋아하는 사람이 윗자리가 되고, 말을 좋아하지 않는 사람이 아랫자리가 된다. 그처럼 어진 말이란 위대한 것이다. 위쪽에서 어진 말을 하면 아랫사람들을 이끌어 주는 근거인 정령(政令)이 된다. 아래쪽에서 어진 말을 하면 윗사람에게 충성을 하는 근거인 정책이 된다.

그러므로 군자는 어짊을 실천하는 일에 싫증을 내지 않는다. 뜻으로 어짊을 좋아하고, 어짊을 실천해 편안히 지내며, 어짊을 얘기하기

---

[9] 不說(불열) : 기뻐하지 않다.

를 즐기기 때문에 말하게 되는 것이다.

| 원문 |

君子必辯.¹ 凡人莫不好言其所善, 而君子爲甚焉. 是以小人辯言險, 而君子辯言仁也. 言而非仁之中也, 則其言不若其默也, 其辯不若其吶²也.

言而仁之中也, 則好言者上矣, 不好言者下矣. 故仁言大矣. 起³於上, 所以道於下,⁴ 正令⁵是也. 起於下, 所以忠於上, 謀救⁶是也.

故君子之行仁也無厭. 志好之, 行安之, 樂言之, 故言.

| 해설 |

군자가 이론을 전개하기 좋아하는 이유를 설명하고 있다. 군자는 어짊을 좋아해, 그 어짊의 덕을 온 세상에 펴기 위해 말하게 되고 이론을 전개하게 된다는 것이다.

13

군자는 반드시 이론을 전개한다. 작은 이론으로는 사물의 단서를

---

1 辯(변) : 이론을 전개하는 것, 변설. 말을 잘하는 것으로 풀이해도 좋다.
2 吶(눌) : 말을 더듬는 것. 訥(눌)과 같은 글자임.
3 起(기) : 어진 말이 일어나는 것.
4 道於下(도어하) : 아랫사람들을 이끌어 줌. '도'는 도(導)와 통함.
5 正令(정령) : '정'은 정(政)과 통해, 정령(政令).
6 謀救(모구) : 가모광구(嘉謀匡救), 곧 어려움을 해결하고 잘못을 바로잡을 좋은 계획, 정책.

드러내는 것이 중요하고, 사물의 단서를 드러내는 것보다는 사물의 본분을 드러내는 것이 더 중요하다. 작은 이론은 사물을 자세히 살피게 하고, 사물의 단서를 드러내면 분명해지고, 사물의 본분을 드러내면 조리가 서게 된다. 이것으로써 성인과 선비와 군자의 분수가 갖추어진다.

소인의 이론이 있고, 선비와 군자의 이론이 있고, 성인의 이론이 있다. 먼저 생각하지도 않고 일찍이 계획하지도 않았지만, 말이 나오기만 하면 도리에 들어맞고, 무늬를 이루면서도 그 뜻이 어긋나지 않고, 가만히 있거나 움직이거나 변화를 따라 막히는 일이 없는 것, 이것이 성인의 이론이다.

먼저 생각하고 일찍이 계획하여 잠깐 동안의 말이라도 들을 만하며, 무늬가 있으면서 실속이 있고, 해박하면서도 바른 것, 이것이 선비와 군자의 이론이다.

그 말을 들어보면 번드르르하게 잘하는데 근거가 없다. 그 자신을 써 보면 거짓이 많고 하는 일은 없으며, 위로는 명철한 임금을 따르지 않고, 아래로는 백성들을 다 같이 화합하게 할 수가 없다. 그런데도 입놀림만은 그럴싸하고, 떠들거나 대답을 하는 데에는 절도가 있어서, 세상에서 위대한 척하며 교만하게 구는 족속이 되기에 충분한 자들이다. 이러한 자들은 간사한 자들의 우두머리라 할 수 있는데, 성왕이 나오면 가장 먼저 처벌될 것이고 도둑은 그 다음에 처벌될 것이다. 도둑은 변하여 착해질 수 있으나 이런 자들은 변하지 않는다.

| 원문 |

君子必辯. 小辯[1]不如見端,[2] 見端不如見本分. 小辯而察,[3] 見端而明,

本分而理. 聖人士君子之分具矣.

有小人之辯者, 有士君子之辯者, 有聖人之辯者. 不先慮, 不早謀, 發之⁴而當,⁵ 成文而類,⁶ 居錯⁷遷徙,⁸ 應變不窮, 是聖人之辯者也.

先慮之, 早謀之, 斯須⁹之言而足聽, 文而致實,¹⁰ 博而黨正,¹¹ 是士君子之辯者也.

聽其言則辭辯而無統,¹² 用其身則多詐而無功, 上不足以順明王, 下不足以和齊¹³百姓, 然而口舌之均, 噡唯¹⁴則節, 足以爲奇偉¹⁵偃卻¹⁶之屬. 夫是之謂姦人之雄. 聖王起, 所以先誅¹⁷也, 然後盜賊次之. 盜賊得變,¹⁸ 此不得變也.

---

1 小辯(소변) : 작은 이론, 작은 사물에 관한 이론.
2 見端(현단) : 사물의 단서를 드러내 보이다.
3 察(찰) : 사물에 대해 자세히 살펴 알게 하다.
4 發之(발지) : 말이 나오는 것.
5 當(당) : 합당하다, 도리에 들어맞는 것.
6 類(류) : 사물을 정확하게 표현하는 것.
7 居錯(거조) : 가만히 있는 것.
8 遷徙(천사) : 움직이다, 옮겨 다니다.
9 斯須(사수) : 잠깐 사이.
10 致實(치실) : 실질적인 것을 가져오다, 실속 있게 하다.
11 黨正(당정) : '당은 당(讜)과 통해, 올바른 것.
12 無統(무통) : 근본이 없는 것, 근거가 없는 것.
13 和齊(화제) : 화합해 가지런하게 하다, 평화롭고 정제히 하다.
14 噡唯(첨유) : 떠들며 예하고 대답하는 것, 말을 많이 하거나 동의하는 것.
15 奇偉(기위) : 거짓 위대한 체하는 것.
16 偃卻(언각) : 언건(偃蹇)과 같은 말로(楊倞), 교만한 것.
17 誅(주) : 주벌, 처벌.
18 變(변) : 변해 착하게 되는 것.

| 해설 |

앞에서는 작은 이론의 중요성을 설명한 뒤, 다시 소인의 이론과 선비와 군자의 이론 및 성인의 이론에 대해 설명하고 있다.

특히 소인의 이론을 펴는 자들은 세상에서 도둑보다도 먼저 처벌해야 할 족속들이라며 신랄한 공격을 하고 있다. 소인의 이론을 펴는 자들이란 곧 유학에 반하는 이단이기 때문이다.

제 6 편

12명의 학자를 비판함
非十二子

순자와 같은 시대인 전국 시대의 학자 열두 사람에 대한 비평이다. 이 글은 『장자(莊子)』 천하편(天下篇)의 제자(諸子)에 대한 비평과 함께 전국 시대의 사상사 연구에 매우 중요한 자료이다. 이 편 중에는 열두 학자를 비평하는 내용과는 직접 관련이 없는 내용도 들어 있다.

1

지금 세상에는 사악한 학설을 꾸미고 간사한 말을 꾸며 온 세상을 어지럽히고, 지나친 거짓말과 매우 간사한 행동으로 온 세상을 혼란하게 만들어, 옳고 그름과 다스려지고 혼란한 것이 어디에 있는가를 모르게 하는 사람들이 있다.

감정과 성질을 따라 방종하고 방자하게 뽐내며 짐승처럼 행동하니, 예에 합치되어 다스림에 통할 수가 없다. 그러나 그의 주장에는 일리가 있고 그의 말은 조리가 있어, 어리석은 대중을 속여 미혹시키기에 충분하다. 이들이 타효(它囂)와 위모(魏牟)이다.

감정과 성질을 억누르고 매우 멀리 세상으로부터 초연하며 구차히 사람들과 나뉘어 특이한 것을 고상하다고 하니, 대중과 합치되어 큰 분별을 밝힐 수가 없다. 그러나 그의 주장에는 일리가 있고 그의 말은 조리가 있어, 어리석은 대중을 속여 미혹시키기에 충분하다. 이들이 진중(陳仲)과 사추(史鰌)이다.

| 원문 |

假今[1]之世, 飾邪說, 文[2]姦言, 以梟亂[3]天下, 矞[4]宇嵬[5]瑣,[6] 使天下混然, 不知是非治亂之所存者有人矣.

---

1 假今(가금) : 지금.
2 文(문) : 무늬, 꾸밀 식(飾)과 같은 뜻.
3 梟亂(효란) : 혼란시키는 것.
4 矞(율) : 속일 휼(譎)과 통하는 자, 율우(矞宇)는 크게 속이는 것, 지나치게 거짓말을 하는 것.
5 嵬(외) : 특출한 것.
6 瑣(쇄) : 여기서는 간사하게 좀스러운 것.

縱⁷情性, 安恣⁸睢,⁹ 禽獸行, 不足以合文¹⁰通治. 然而其持¹¹之有故, 其言之成理, 足以欺惑愚衆. 是它囂¹²魏牟¹³也.

忍情性, 綦谿利跂, 苟¹⁴以分異人¹⁵爲高, 不足以合大衆, 明大分.¹⁶ 然而其持之有故, 其言之成理, 足以欺惑愚衆. 是陳仲¹⁷史䲡¹⁸也.

| 해설 |

궤변으로 그릇된 학설을 멋대로 퍼뜨려 세상을 혼란시키는 학자들에 대한 공격의 시작이다. 이들은 자기 나름대로의 주장이 있고 말에는 논리가 서 있기 때문에 대중들을 속여 미혹시킨다. 여기서는 그 실례로 우선 타효·위모·진중·사추 네 사람의 보기를 들고 있다.

2

온 세상을 통일하고 국가를 건립할 기준을 알지 못하고, 공리와 실

---

7 縱(종) : 방종함.
8 恣(자) : 방자한 것.
9 睢(휴) : 성내고 보는 것. 여기서는 뽐내는 것.
10 合文(합문) : 여기의 문은 겉모양을 다듬는 예의의 뜻, 따라서 예에 합치되는 것.
11 持(지) : 주장하는 것.
12 它囂(타효) : 어느 때 어떤 사람인지 확실치 않다.
13 魏牟(위모) : 위(魏)나라의 공자 모(牟). 도가에 속하는 사람으로 『장자』·『열자(列子)』·『한서(漢書)』에도 그 이름이 보인다.
14 苟(구) : 구차한 것.
15 分異人(분이인) : 남과 특이하게 분리되는 것.
16 大分(대분) : 큰 분별, 사람으로서 옳게 처신하는 분별. 충·효 같은 것을 말한다.
17 陳仲(진중) : 전중(田仲)이라고도 부르며, 전국 시대 제나라의 명족으로 청렴하기로 유명하다(『孟子』에 보임).
18 史䲡(사추) : 제3편 불구 제14절 참조.

용을 숭상하며 검약을 중히 여기면서, 등급의 차별을 업신여겨 전혀 신분의 차별을 받아들이지 못해 임금과 신하의 격차도 둘 줄 모른다. 그러나 그의 주장에 일리가 있고 그의 말은 조리가 있어, 어리석은 대중을 속여 미혹시키기에 충분하다. 이것이 묵적(墨翟)과 송형(宋鈃)이다.

법을 숭상한다지만 사실은 법도를 무시하고, 수양을 가벼이 여기면서도 일을 일으키기 좋아하며, 위로는 임금에게 순종하려 하면서 아래로는 세속에 따르기를 바란다. 하루 종일 하는 말이 글로 쓴 법전을 이룩하지만, 뒤집어 놓고 살펴보면 곧 아득해 논지가 없으니, 그것으로 나라를 다스리고 법도를 정할 수가 없다. 그러나 그의 주장에는 일리가 있고 그의 말은 조리가 있어, 어리석은 대중을 속여 미혹시키기에 충분하다. 이것이 신도(愼到)와 전변(田騈)이다.

| 원문 |

不知壹[1]天下, 建國家之權稱,[2] 上[3]功用,[4] 大儉約, 而僈[5]差等,[6] 曾不足以容辨異,[7] 縣[8]君臣. 然而其持之有故, 其言之成理, 足以欺惑愚衆. 是墨翟[9]宋鈃[10]也.

---

1 壹(일) : 통일.
2 權稱(권칭) : '권'이나 '칭' 모두 저울로 단다는 것이 본뜻인데, 뜻이 바뀌어 저울처럼 기준이 되는 예법을 가리킨다.
3 上(상) : 높임.
4 功用(공용) : 공리와 실용.
5 僈(만) : 업신여기다.
6 差等(차등) : 사회적인 계급의 차별.
7 辨異(변이) : 신분의 차이를 분별하는 것.
8 縣(현) : 현(懸)과 통해 격차가 있는 것.

尚法而無法, 下脩而好作,[11] 上則取聽[12]於上, 下則取從於俗, 終日言成文典, 反紃[13]察之, 則偶然[14]無所歸宿,[15] 不可以經國定分.[16] 然而其持之有故, 其言之成理, 足以欺惑愚衆. 是愼到[17]田駢[18]也.

| 해설 |

여기서는 묵자·송형·신도·전변 네 학자의 학설을 비평하였다.

3

옛 임금들을 법도로 삼지 않고 예의를 옳지 않다고 하며 괴상한 학설을 익히고 이상한 말장난을 좋아해, 매우 잘 살피지만 소용이 없고 말을 잘하지만 쓸데가 없으며 일은 여러 가지 하지만 성과가 적으니, 정치를 하는 기강으로 삼을 수가 없다. 그러나 그의 주장에는 일리가 있고 그의 말은 조리가 있어, 어리석은 대중을 속여 미혹시키기에 충

---

9 墨翟(묵적) : 전국 시대 노나라 사람. 흔히 묵자라 부른다. 송나라에 벼슬해 대부가 되었으며, 모든 사람을 똑같이 사랑해야 한다는 겸애와 검소하고 절약하는 생활을 해야 한다는 학설을 주장해 한 학파를 이루었다. 저서로 『묵자』 열다섯 권이 있다.
10 宋鈃(송형) : 맹자와 거의 같은 시대의 학자. 사람은 욕심을 줄여야 하며 서로 공격하지 말아야 한다는 주장을 했던 사람. 송경(宋牼)이라고도 한다.
11 好作(호작) : 일을 새로 일으키기를 좋아하는 것.
12 聽(청) : 청종(聽從), 곧 말을 잘 듣는 것.
13 反紃(반순) : 옷 같은 것을 뒤집는 것.
14 偶然(척연) : 먼 모양, 아득한 것.
15 所歸宿(소귀숙) : 돌아가 머물게 되는 것, 글이나 말일 때에는 그 논지, 결론.
16 分(분) : 사람들의 분수, 예법, 법도 같은 것.
17 愼到(신도) : 전국 시대의 사상가로서, 법과 형벌로 백성을 다스리려는 법가에 속하는 사람.
18 田駢(전변) : 전국 시대 제나라 사람. 그때 학자들이 많이 모이던 직하(稷下)에서 노닐던 사람으로 도가에 속한다.

분하다. 이것이 혜시(惠施)와 등석(鄧析)이다.

대략 옛 임금들을 법도로 삼기는 하지만 그 정통을 알지 못하며, 점 잖은 체하지만 성질은 격하고 뜻은 크며 듣고 보는 것이 잡되고도 넓다. 옛날 일을 참고해 자기의 학설을 만들고 그것을 오행이라 부르고 있다. 매우 편벽되고 어긋나 규범이 없으며, 그윽히 숨겨져 있어 설명되지 않으며, 닫히고 맺혀져 있어 해설할 수 없다. 그래도 그의 말을 꾸며 가지고 공경하면서 말하기를 이것이야말로 참된 군자의 말이라고 한다. 자사가 이것을 주창했고, 맹자가 이에 따랐다. 세상의 어리석고 미련한 선비들은 왁자지껄하고 있으나 그것의 그릇된 바를 알지 못하고 있다. 마침내는 그것을 배워 받아 전하면서, 공자와 자유(子游)가 이들 때문에 후세에 존경을 받는다고 생각하게 되었다. 이것이 곧 자사와 맹자의 죄이다.

| 원문 |

不法先王, 不是禮義, 而好治怪說, 玩¹琦²辭, 甚察而不惠,³ 辯而無用, 多事而寡功, 不可以爲治綱紀.⁴ 然而其持之有故, 其言之成理, 足以欺惑愚衆. 是惠施⁵鄧析⁶也.

略法先王而不知其統, 然而猶材劇⁷志大, 聞見雜博, 案往舊造說, 謂

---

1 玩(완) : 장난하다.
2 琦(기) : 기이할 기(奇)와 통하는 자.
3 不惠(불혜) : 별 소용이 없는 것(王念孫).
4 綱紀(강기) : 기강, 규범.
5 惠施(혜시) : 제3편 불구 제1절 참조.
6 鄧析(등석) : 제3편 불구 제1절 참조.
7 劇(극) : 격렬한 것.

之五行,[8] 甚僻違[9]而無類,[10] 幽隱而無說, 閉約[11]而無解. 案[12]飾其辭而 祇[13]敬之曰; 此眞先君子之言也. 子思[14]唱之, 孟軻[15]和之. 世俗之溝[16] 猶[17]瞀[18]儒, 嚾嚾然[19]不知其所非也, 遂受而傳之, 以爲仲尼子游[20]爲茲厚 於後世. 是則子思孟軻之罪也.

| 해설 |

여기에서는 옳지 못한 학자로서 혜시·등석 같은 궤변가와 함께 자사와 맹자를 공격하고 있다. 맹자는 "사람의 본성은 본시부터 착하다"는 성선 설을 주장했으니, 성악설을 주장하던 순자와 이때부터 대립이 되어 있었 음을 알 수 있다. 순자의 이러한 비평에도 불구하고 후세 유가들은 모두

---

8 五行(오행) : 금(金)·목(木)·수(水)·화(火)·토(土)의 다섯 가지. 이 다섯 가지의 상 호 관계와 배합에 따라 만물이 생성되고 변화한다는 것이 오행설이다. 그러나 여기서의 오행은 어짊[仁]·의로움[義]·예의[禮]·지혜[知]·믿음[信]의 다섯 가지라고 주장하는 학자들도 많다. 자사나 맹자는 후세 유가들에게 유가의 정통으로 받들어져 왔으므로 이들 을 변호하는 뜻에서 그렇게 풀이하는 것으로 보인다.
9 僻違(벽위) : 편벽되고 사리에 어긋나는 것.
10 類(류) : 법(法)의 뜻(王念孫).
11 閉約(폐약) : 논리가 닫히고 맺혀져 있는 것.
12 案(안) : 발어사.
13 祇(지) : 공경함.
14 子思(자사) : 공자의 손자, 이름은 급(伋), 자사는 그의 자. 증자(曾子)에게 배워 공자의 학설을 계승하였다.
15 孟軻(맹가) : 전국 시대 사람. 흔히 맹자라 부르며 자는 자여(子輿). 자사에게 배워 공자 의 학술을 계승 발전시켰다. 저서로『맹자』십일편이 있다.
16 溝(구) : 어리석을 구(怐)와 통하는 말(楊倞).
17 猶(유) : 유예(猶豫). 머뭇거리며 어쩔 줄 모르는 모양.
18 瞀(무) : 무식함.
19 嚾嚾然(훤훤연) : 왁자지껄 떠드는 모양.
20 子游(자유) : 춘추 시대 오나라 사람. 공자의 제자로서 예에 관한 공부를 많이 했으며 글 도 많이 읽었다. 순자는 유교의 대표적인 인물로 공자와 함께 늘 자궁(子弓)을 들고 있 으니, 여기서도 자궁이라 쓴 것을 잘못 베껴 자유가 됐을 거라고 주장하는 학자도 있다.

자사와 맹자를 유가의 정통으로 보고 순자를 모든 이단의 시발점이라 하고 있다. 학문의 출발점에서의 입장 차이가 뒤에 이처럼 큰 격차를 낳게 된 것이다.

4

이에 방법과 책략을 어우르고 말과 행동을 같게 하며 여러 가지 규범을 통일하고, 온 천하의 영웅호걸들을 모아 아주 옛날 일을 얘기해 주며 지극히 순리한 것을 가르친다면, 방 안 구석에서나 대자리 위에서라도 가득히 성왕들의 글이 갖추어지고 평화로운 세상의 풍속이 일어날 것이니, 앞의 여러 가지 학설을 주창하는 자들이 끼어들지 못할 것이며, 그 열두 사람이 가까이하지 못할 것이다.

송곳 끝을 꽂을 만큼의 땅도 가지고 있지 않지만 왕공들이 그와 이름을 다투지 못하며, 일개 대부의 벼슬에 있다 해도 임금으로서는 홀로 그를 잡아 두지 못하며 나라로서는 홀로 그를 받아들이지 못할 것이다. 이름을 이룩하면 제후들 사이에 퍼져서 모두가 그를 신하로 삼기를 바란다. 이것이 권세를 얻지 못한 성인으로 공자와 자궁(子弓)이 바로 그러한 사람이다.

천하를 통일하고 만물을 풍성하게 하며 백성들을 잘 길러 천하를 모두 이롭게 함으로써, 길이 통하는 곳의 모든 사람들이 복종해 오면, 앞의 여섯 가지 학설을 주장하는 자들이 바로 없어질 것이며, 그 열두 사람들이 감화를 받게 될 것이다. 이것이 권세를 얻었던 성인으로 순임금과 우임금이 바로 그러한 사람이다.

지금 어진 사람이라면 무엇에 힘써야만 하는가? 위로는 순임금과 우임금의 제도를 본받고 아래로는 공자와 자궁의 뜻을 본받아, 열두 사람의 학설을 없애도록 힘써야만 한다. 그렇게 하면 천하의 폐해가 없어지고 어진 사람으로서의 일이 완성되며, 성왕들의 발자취가 현저히 드러날 것이다.

| 원문 |

若夫總[1]方略,[2] 齊[3]言行, 壹統類,[4] 而羣天下之英傑, 而告之以大古,[5] 敎之以至順, 奧窔之間,[6] 簟[7]席之上, 歛然[8]聖王之文章具焉, 佛然[9]平世之俗起焉, 六說者不能入也, 十二子者不能親也.

無置錐[10]之地, 而王公不能與之爭名, 在一大夫之位, 則一君不能獨畜, 一國不能獨容, 成名況[11]乎諸侯, 莫不願以爲臣. 是聖人之不得執者也, 仲尼子弓是也.

一天下, 財萬物,[12] 長養人民, 兼利天下, 通達之屬,[13] 莫不從服, 六說者立息,[14] 十二子者遷化,[15] 則聖人之得執者, 舜禹是也.

---

1 總(총) : 총괄하는 것.
2 方略(방략) : 일하는 방법과 그것을 위한 책략.
3 齊(제) : 가지런함.
4 統類(통류) : 여러 가지 기강, 또는 규범.
5 大古(태고) : 아주 옛날의 훌륭한 일들.
6 奧窔之間(오요지간) : '오'는 집이나 방의 서남쪽 모퉁이, '요'는 동남쪽 모퉁이. 오요지간이란 곧 집 안 또는 방 안을 뜻함.
7 簟(점) : 대자리.
8 歛然(염연) : 물건이 많이 모여 있는 모양.
9 佛然(불연) : '불은 발(勃)과 통해 일어나 오르는 모양.
10 錐(추) : 송곳.
11 況(황) : 부는 것, 더해지는 것(盧文弨).
12 財萬物(재만물) : 만물을 풍성케 하는 것.
13 通達之屬(통달지속) : 수레나 말 또는 사람의 발이 닿는 곳에 사는 모든 무리들.

今夫仁人也將何務哉？ 上則法舜禹之制, 下則法仲尼子弓之義, 以務息十二子之說, 如是則天下之害除, 仁人之事畢, 聖王之跡著矣.

| 해설 |

순자는 옛날의 대표적인 성인으로서 공자와 자궁, 순임금과 우임금을 들고 있다. 앞의 두 사람은 권세를 잡지 못했고 뒤의 두 사람은 권세를 잡고 나라를 다스렸지만, 똑같이 세상의 평화를 위해 공헌하였다. 학문하는 사람이라면 반드시 이 성인들을 규범으로 하여 앞의 열두 사람의 그릇된 학설을 없애도록 해야만 한다는 것이다.

5

믿을 만한 것을 믿는 것은 믿음이다. 의심스런 것을 의심하는 것도 믿음이다. 현명한 사람을 귀중히 여기는 것은 어짊(仁)이다. 못난 자를 천하게 여기는 것도 어짊이다. 말하는 것이 도리에 맞는 것은 지혜이다. 침묵하는 것이 도리에 맞는 것도 지혜이다. 따라서 침묵할 줄 아는 것은 말할 줄 아는 것과 같다.

그러므로 말을 많이 하면서도 모든 표현이 바르다면 성인이다. 말을 적게 하면서도 법도에 맞는다면 군자이다. 말을 많이 하든 적게 하든 법도가 없고 종잡을 수가 없다면, 비록 말을 잘한다 하더라도 소인이다.

---

14 立息(입식) : 당장 없어지는 것.
15 遷化(천화) : 감화를 받아 올바라지는 것.

| 원문 |

信信, 信也, 疑疑, 亦信也. 貴賢, 仁也. 賤不肖,[1] 亦仁也. 言而當, 知也. 默而當, 亦知也. 故知默猶知言也.

故多言而類,[2] 聖人也. 少言而法, 君子也. 多少無法而流湎[3]然, 雖辯, 小人也.

| 해설 |

이 대목부터는 「12명의 학자를 비판함(非十二子)」이라는 편명과 관계가 없는 말들이 계속된다. 순자의 여러 가지 말을 모아 책으로 엮다 보니 이렇게 된 듯하다. 그러나 모두 순자의 유학 사상을 엿볼 수 있는 말들이다. 순자는 말과 논리에 대한 관심이 매우 컸던 듯하다. 제5편 「관상은 정확하지 않다(非相)」에서도 편명과 관계없는 뒷부분은 말과 논리에 대한 이론이 가장 많았다.

6

그러므로 수고를 하면서도 백성들을 위하는 일에 맞지 않는다면, 그것을 간악한 일이라 한다. 지혜를 쓰면서도 그것이 옛 임금들의 법도에 맞지 않는다면, 그것을 간악한 마음이라 한다. 말과 이론과 비유가 번드르르하고 막힘이 없더라도 예의를 따르지 못한다면, 그것을 간악

---

1 不肖(불초) : 못난 짓을 하는 사람, 현인의 반대.
2 類(류) : 사실대로 올바르게 진리를 말하는 것.
3 流湎(유면) : '유'는 흘러가서 되돌아오지 못할 듯한 말을 하는 것. '면'은 가라앉아서 다시 떠오르지 못할 듯한 말을 하는 것. 곧 종잡을 수 없는 말을 하는 것을 뜻함.

한 말이라 한다. 이 세 가지 간악한 것은 성왕들이 금하던 일이다.

| 원문 |

故勞力而不當民務, 謂之姦事. 勞知而不律[1]先王, 謂之姦心. 辯說譬諭, 齊給[2]便利,[3] 而不順禮義, 謂之姦說. 此三姦者, 聖王之所禁也.

| 해설 |

세상에서의 세 가지 간악한 것, 곧 간악한 일, 간악한 마음, 간악한 말에 대해 설명하고 있다. 이 삼간(三姦)에 간악한 말(또는 이론)을 넣은 것도, 순자가 이단을 얼마나 싫어하고 있는가를 보여준다고 할 수 있다.

7

지혜가 있으면서도 음험하고, 남을 해치기 잘하면서도 신묘하며, 남을 속이면서도 교묘하고, 쓸데없는 말을 잘하며, 말이 순리하지 않은데도 자세한 것은 정치의 큰 재앙이 된다.

편벽된 행동을 하면서도 고집이 세고, 그릇된 것을 꾸며 놓고 훌륭하다 하며, 간사한 일을 하면서도 잘 지내고, 말은 잘하면서도 도리에 어긋나는 것은 옛날에 엄격히 금하던 일이다.

지혜가 있으면서 법을 지키지 않고, 용기가 있으면서 꺼리는 일이 없으며, 말은 분명하고 자세하면서 지조는 편벽되고, 과격한 행동을

---

1 不律(불률) : 법도에 어긋나다.
2 齊給(제급) : 약삭빠른 것, 말이 번드르르한 것.
3 便利(편리) : 날렵한 것, 막힘이 없는 것.

하면서도 쓸 곳은 없으며, 간악한 것을 좋아해 여러 사람들을 끌어들이고, 발걸음은 빠른데 길을 헤매며, 돌을 지고 뛰어 내리는 짓을 하는 것은 온 천하 사람들이 버리는 일이다.

| 원문 |

知而險,[1] 賊[2]而神, 爲詐而巧, 言無用而辯, 辯不惠[3]而察,[4] 治之大殃也.

行辟[5]而堅,[6] 飾非而好, 玩[7]姦而澤,[8] 言辯而逆, 古之大禁也.

知而無法, 勇而無憚,[9] 察辯而操僻,[10] 淫大[11]而用之,[12] 好姦而與衆,[13] 利足[14]而迷, 負石而墜, 是天下之所棄也.

| 해설 |

정치에 큰 재앙이 되는 언행, 옛날 이상적인 시대에 엄금하였던 언행,

---

1 險(험) : 음험하다.
2 賊(적) : 남을 해치는 것.
3 不惠(불혜) : 순리하지 않다. '혜'는 순(順)의 뜻이 있음.
4 察(찰) : 자세한 것.
5 辟(벽) : 편벽된 것. 벽(僻)과 통함.
6 堅(견) : 군다, 고집이 세다.
7 玩(완) : 익숙한 것, 잘하는 것. 완(翫)과 뜻이 통함.
8 澤(택) : 윤택, 겉으로는 잘 지내고 있는 것.
9 憚(탄) : 거리낌이 없다.
10 操僻(조벽) : 그의 지조가 편벽된 것.
11 淫大(음대) : 양경(楊倞)은 '음'을 앞 구절에 붙여 읽었으나, 이 구절에 붙여 읽는 편이 옳으며, 음태(淫汰)와 같은 말로(俞樾), 과격한 행동을 하는 것, 아무렇게나 지나친 행동을 하는 것.
12 用之(용지) : '지'는 핍(乏)으로 된 판본이 옳으며, 쓸 곳이 적다, 쓸데가 없다.
13 與衆(여중) : 여러 사람들을 자기와 함께 간악한 짓을 하도록 끌어들이는 것.
14 利足(이족) : 발빠르다.

온 천하 사람들이 모두 버리는 언행 등에 대해 설명하고 있다. 모두 간사하고 그릇된 말과 행동이다.

8

천하 사람들의 마음을 다 아울러 따르게 하려면, 높이 윗자리의 존귀한 신분이면서도 남들에게 교만하지 않고, 총명하고 성인다운 덕과 지혜를 지녔으면서도 남들을 어렵게 만들지 않고, 재빠르고 날렵하면서도 남보다 앞서려고 다투지 않고, 굳세고 꿋꿋하며 용감하면서도 남들을 해치지 않으며, 알지 못하는 일은 남에게 묻고, 하지 못하는 일은 남에게 배우며, 비록 능력이 있다 하더라도 반드시 남에게 양보해야 한다. 그러면 그런 덕을 지니게 된다.
임금을 대할 때는 신하로서의 의리를 닦고, 자기 고을에서는 어른과 아이의 의리를 닦고, 나이 많은 이를 대할 때는 자제로서의 의리를 닦고, 벗을 대할 때는 예절과 사양하는 의리를 닦고, 신분이 낮은 사람이나 나이 적은 사람을 대할 때는 일러주고 이끌어 주고 너그러이 받아들이는 의리를 닦으며, 모든 사람을 사랑하고, 모든 사람을 공경하고, 남들과 다투지 않으며, 하늘과 땅이 만물을 감싸듯이 마음이 넓어야 한다. 그렇게만 한다면 현명한 사람들은 그를 귀중히 여기고, 못난 사람들은 그에게 친근히 굴 것이다. 그렇게 되었는데도 따르지 않는 자라면, 곧 요괴나 교활한 자들이라 할 것이다. 그런 자가 비록 자기 자제들 가운데 있다 하더라도 형벌을 받는 것은 당연하다.
『시경』에 "하느님이 옳지 않아서가 아니라 은나라가 옛 법도 따르지 않은 때문이네. 비록 나이 많고 훌륭한 사람은 없다 하나 여전히 옛 법도는 있거늘, 전혀 그것을 따르지 않으니 나라의 운명이 기울어진 것일세"라고 읊은 것은, 이것을 뜻하는 말이다.

| 원문 |

兼服¹天下之心, 高上尊貴不以驕人, 聰明聖智不以窮人,² 齊給³速通⁴不爭先人, 剛毅⁵勇敢不以傷人. 不知則問, 不能則學, 雖能必讓, 然後爲德.

遇⁶君則修臣下之義, 遇鄕則修長幼之義, 遇長則修子弟之義, 遇友則修禮節辭讓之義, 遇賤而少者則修告導⁷寬容之義. 無不愛也, 無不敬也, 無與人爭也, 恢然⁸如天地之苞⁹萬物. 如是則賢者貴之, 不肖者親之. 如是而不服者, 則可謂訞怪¹⁰狡猾之人矣. 雖則子弟之中, 刑及之而宜.

詩云;¹¹ 匪¹²上帝不時,¹³ 殷不用舊. 雖無老成人,¹⁴ 尙有典刑. 曾是莫聽,¹⁵ 大命以傾. 此之謂也.

---

1 兼服(겸복) : 모두 아울러 복종시키다, 모두가 따르게 하다.
2 窮人(궁인) : 남을 궁지에 몰아넣다, 남을 어렵게 만들다.
3 齊給(제급) : 재빠른 것.
4 速通(속통) : 날렵한 것.
5 剛毅(강의) : 굳세고 꿋꿋한 것.
6 遇(우) : 만나다, 대하다, 처하다.
7 告導(고도) : 일러주고 이끌어 주다.
8 恢然(회연) : 마음이 광대한 모양.
9 苞(포) : 싸다, 감싸주다. 포(包)와 통함.
10 訞怪(요괴) : 요괴(妖怪).
11 詩云(시운) : 『시경』 대아(大雅) 탕(蕩)편에 보이는 구절.
12 匪(비) : 아니다, 비(非)와 같은 자.
13 不時(불시) : 옳지 않다. '시'는 시(是)와 통함.
14 老成人(노성인) : 나이 많고 경험 많은 훌륭한 사람.
15 莫聽(막청) : 따르지 않다.

| 해설 |

온 천하 사람들의 마음을 따르게 하는 방법을 설명하고 있다. 온 천하 사람들의 마음을 잡으면 세상은 평화로워지지만, 그 마음을 잡지 못하면 큰 나라도 멸망해 버린다는 것이다.

9

옛날의 이른바 선비로써 벼슬하는 사람은, 후덕한 사람이었고, 여러 사람들과 화합하는 사람이었고, 올바른 도리를 즐기는 사람이었고, 남에게 나누어주고 베풀기를 즐기는 사람이었고, 죄와 허물을 멀리하는 사람이었고, 일을 잘 처리하기에 힘쓰는 사람이었고, 홀로 부자인 것을 부끄러워하는 사람이었다.

지금의 이른바 벼슬하는 선비는, 더럽고 지저분한 자이고, 남을 해치고 세상을 어지럽히는 자이고, 함부로 제멋대로 행동하는 자이고, 이익을 탐하는 자이고, 죄를 범하는 자이고, 예의도 모르고 오직 권세만을 좋아하는 자이다.

옛날의 이른바 벼슬을 안하는 선비는, 덕이 많은 사람이었고, 조용히 살아갈 줄 아는 사람이었고, 올바르게 수양하는 사람이었고, 운명을 받아들이는 사람이었고, 옳은 일을 드러내는 사람이었다.

지금의 이른바 벼슬을 안하는 선비는, 무능하면서도 유능하다고 내세우는 자이고, 무지하면서도 아는 것이 많다고 내세우는 자이고, 이익을 추구하는 마음이 만족을 모르면서도 욕심이 없는 체하는 자이고, 행실은 거짓되고 음험하고 더러우면서도 신중하고 바르다고 억지로 큰소리 치는 자이며, 속되지 않은 것을 속되다 하고 세상 사람들과는 동떨어진 엉뚱한 짓을 하는 자들이다.

| 원문 |

古之所謂仕士者,[1] 厚敦[2]者也, 合羣者也, 樂富貴[3]者也, 樂分施者也, 遠罪過者也, 務事理[4]者也, 羞獨富者也.

今之所謂仕士者, 汙漫[5]者也, 賊亂者也, 恣睢[6]者也, 貪利者也, 觸抵[7]者也, 無禮義而唯權埶之嗜者也.

古之所謂處士[8]者, 德盛者也, 能靜者也, 修正者也, 知命者也, 箸是[9]者也.

今之所謂處士者, 無能而云能者也, 無知而云知者也, 利心無足而佯[10]無欲者也, 行僞險穢[11]而彊[12]高言謹愨[13]者也, 以不俗爲俗, 離縱[14]而跂訾[15]者也.

---

1 仕士者(사사자) : 사(士)로써 벼슬하는 사람. 사란 본시 봉건 사회에서 벼슬할 수 있는 계급의 사람들을 뜻하는 말이었으나 간단히 선비라 번역하였다.
2 厚敦(후돈) : 돈후, 후덕한 것.
3 富貴(부귀) : '부'는 가(可)의 잘못으로, 가귀(可貴)는 귀하게 될 수 있는 도리, 곧 올바른 도리를 뜻한다.
4 事理(사리) : 일을 잘 처리하다, 일을 조리 있게 해 나가다.
5 汙漫(오만) : 더럽고 지저분한 것.
6 恣睢(자휴) : 함부로 멋대로 행동하는 것.
7 觸抵(촉저) : 죄를 범하다, 법에 저촉되다.
8 處士(처사) : 벼슬을 안하는 재야의 선비.
9 箸是(저시) : '저는 저(著)와 통해, 옳은 것을 밝게 드러내는 것.
10 佯(양) : 거짓.
11 險穢(험예) : 마음이 음험하고 더러운 것.
12 彊(강) : 억지로.
13 謹愨(근각) : 신중하고 바르다, 삼가고 성실하다.
14 離縱(이종) : '종'은 쇄(縱)로 씀이 옳으며, 스스로 다른 사람과는 동떨어진 행동을 하는 것(王念孫).

| 해설 |

사(士) 또는 선비란 지금의 지식인에게 해당할 것이다. 지식인으로써 벼슬한 사람들과 벼슬을 하지 않고 재야에 있는 사람들의 마음가짐과 행실을 옛날의 모습과 현재의 모습을 놓고 비교하고 있다. 그처럼 지식인인 선비들이 덕이 많고 올바랐기 때문에 옛날에는 이상 사회가 이룩될 수가 있었던 것이다.

10

선비와 군자들에게는 할 수 있는 일이 있고 할 수 없는 일이 있다. 군자는 귀해질 수 있는 올바른 도를 지키기는 하지만, 사람들이 자기를 반드시 귀하게 여기도록 하지는 못한다. 믿을 수 있는 신의를 지키기는 하지만, 사람들이 자기를 반드시 믿도록 하지는 못한다. 등용될 만한 능력을 기르기는 하지만, 사람들이 자기를 반드시 등용하도록 하지는 못한다.

그러므로 군자는 자신을 수양하지 못한 것은 부끄럽게 여기지만, 남들이 더럽게 보는 것을 부끄럽게 여기지는 않는다. 신의가 없는 것은 부끄럽게 여기지만, 남들이 믿어 주지 않는 것을 부끄럽게 여기지는 않는다. 능력이 없는 것은 부끄럽게 여기지만, 등용되지 못하는 것을 부끄럽게 여기지는 않는다.

그 때문에 명예에 유혹당하지 않고 남의 비방을 두려워하지도 않는다. 도를 따라 행동하며 단정히 자기를 올바르게 유지하기만 하지, 외

---

15 跂訾(기자) : 멋대로 사람들과 다른 행동을 하는 것(王念孫).

물에 의해 기울어지는 일이 없다. 이런 사람을 두고 진실한 군자라 하는 것이다. 『시경』에 "온순하고 공손한 사람은 바로 덕의 바탕이네"라고 읊은 것도, 이것을 뜻하는 말이다.

| 원문 |

士君子之所能[1]不能爲. 君子能爲可貴,[2] 不能使人必貴己. 能爲可信, 不能使人必信己. 能爲可用, 不能使人必用己.

故君子恥不修, 不恥見汙.[3] 恥不信, 不恥不見信. 恥不能, 不恥不見用.

是以不誘於譽, 不恐於誹,[4] 率道而行, 端然正己, 不爲物傾側.[5] 夫是之謂誠君子. 詩云 ;[6] 溫溫恭人, 維德之基. 此之謂也.

| 해설 |

참된 군자란 어떤 것인가를 설명하고 있다. 남이야 뭐라든 자신은 언제나 올바른 도를 따라 행동하며 단정하고 바른 몸가짐을 지니는 것이 참된 군자라는 것이다.

---

1 所能(소능) : 할 수 있는 일.
2 可貴(가귀) : 사람이 귀해질 수 있는 올바른 도를 가리킨다.
3 見汙(견오) : 남이 자기를 더럽게 보는 것.
4 誹(비) : 비방, 비난.
5 傾側(경측) : 기울어지다.
6 詩云(시운) : 『시경』 대아(大雅) 억(抑)편에 보이는 구절.

11

 선비와 군자의 모습은 이러하다. 그의 관은 높다랗고, 그의 옷은 풍성하며, 그의 모습은 부드러우며, 엄연하고, 위엄이 있고, 편안하고, 여유가 있고, 커다랗고, 널찍하고, 환하고, 훤한 것, 이것이 바로 부형으로서의 모습이다. 그의 관은 높다랗고, 그의 옷은 풍성하며, 그의 얼굴은 성실하고, 겸손하고, 사랑스럽고, 친근하고, 단정하고, 부드럽고, 공경스럽고, 붙임성 있고, 똑바로 쳐다보지 못하는 것, 이것이 바로 자제로서의 모습이다.

 내 이번에는 당신들에게 공부하는 자로서의 괴이한 모습에 대해 얘기하리라. 그의 관은 앞으로 처져 있고, 그 관끈은 넓고 크면서도 느슨하고, 그의 모습은 오만하기만 하며, 득의한 듯하고, 산만한 듯하고, 오만한 듯하고, 좀스러운 듯하고, 불안한 듯 두리번거리고, 이리저리 둘러보고, 고약한 듯이 보이고, 빤히 남을 쳐다본다. 마시고 먹고 음악과 여자를 즐길 때에는 욕정으로 보이는 것이 없는 듯, 자세히 보이지 않는 듯 행동한다. 예절을 지켜야만 할 때에는, 남을 미워하는 듯, 남을 욕하는 듯이 행동한다. 수고를 하며 일을 해야 할 때에는, 힘을 내지 못하는 듯, 자기가 할 일이 아닌 듯, 구차히 마지못해 움직이며 남의 말은 듣지 않고, 염치도 없고, 못할 욕도 함부로 한다. 이것이 공부하는 자로서의 괴이한 일이다.

 그의 관을 느슨히 처지게 하고, 그의 말은 담박한 듯이 하며, 우임금처럼 걷고 순임금처럼 뛰는 것, 이것이 자장(子張) 같은 무리의 천한 유자이다.

 그의 의관을 바르게 차리고, 그의 얼굴빛은 엄숙히 하고, 겸손한 듯이 하루 종일 말도 안하는 것, 이것이 자하(子夏) 같은 무리의 천한 유자이다.

구차히 억지로 움직이며 일은 꺼리고, 염치도 없이 먹고 마시는 것이나 좋아하고, 늘 "군자는 본래 힘을 쓰는 게 아니다"라고 말하는 것, 이것이 자유(子游) 같은 무리의 천한 유자이다.

그런데 군자는 그렇지 않다. 편안할 때에는 게으르지 않고, 수고로운 일이라 하더라도 아무렇게나 하지 않으며, 근본을 받들며 변화에 적절히 대응해 모든 일이 합당하도록 한다. 이렇게 한 연후에야 성인이 될 수 있는 것이다.

| 원문 |

士君子之容, 其冠進,[1] 其衣逢,[2] 其容良,[3] 儼然, 壯然,[4] 祺然,[5] 蕼然,[6] 恢恢然, 廣廣然, 昭昭然, 蕩蕩然,[7] 是父兄之容也. 其冠進, 其衣逢, 其容愨, 儉然,[8] 恀然,[9] 輔然,[10] 端然, 訾然,[11] 洞然,[12] 綴綴然,[13] 瞀瞀然,[14] 是子弟之容也.

---

1 進(진) : 준(埈)과 통하여, 높다란 것(俞樾 說).
2 逢(봉) : 큰 것, 풍성한 것.
3 良(량) : 온량하다, 즐겁고 부드러운 것.
4 壯然(장연) : 위엄이 있는 모양.
5 祺然(기연) : 편안한 모양.
6 蕼然(사연) : '사'는 사(肆)와 통하여, 넓고 여유가 있는 모양.
7 蕩蕩然(탕탕연) : 넓어서 훤한 모양.
8 儉然(검연) : 겸손한 모양.
9 恀然(지연) : '지'는 제(姼)와 통하여, 예쁘게 보이는 모양, 사랑스런 모양.
10 輔然(보연) : 서로 친근한 모양.
11 訾然(자연) : '자'는 자(孳)와 통하여, 부드럽고 약한 모양.
12 洞然(동연) : 공경스런 모양.
13 綴綴然(철철연) : 붙임성이 있는 모양, 서로 떨어지지 않고 이어지는 모양.
14 瞀瞀然(무무연) : 감히 똑바로 쳐다보지 못하는 모양.

吾語汝學者之嵬¹⁵容. 其冠絻,¹⁶ 其纓¹⁷禁緩,¹⁸ 其容簡連,¹⁹ 塡塡然,²⁰ 狄狄然,²¹ 莫莫然,²² 瞡瞡然,²³ 瞿瞿然,²⁴ 盡盡然,²⁵ 盱盱然.²⁶ 酒食聲色 之中則瞞瞞然,²⁷ 瞑瞑然.²⁸ 禮節之中則疾疾然,²⁹ 訾訾然.³⁰ 勞苦事業之 中則儢儢然,³¹ 離離然.³² 偷儒³³而罔,³⁴ 無廉恥而忍謑詢.³⁵ 是學者之嵬 也.

弟佗³⁶其冠, 神襢³⁷其辭, 禹行而舜趨, 是子張³⁸氏之賤儒也.

正其衣冠, 齊其顏色, 嗛然³⁹而終日不言, 是子夏⁴⁰氏之賤儒也.

---

15 嵬(외) : 괴(傀)와 통하여, 괴(怪)의 뜻, 괴이한 것.
16 絻(문) : 면(俛)과 통하여, 앞쪽으로 처져 있는 것.
17 纓(영) : 관 끈.
18 禁緩(금완) : 관 끈이 허리띠처럼 크면서도 느슨한 것.
19 簡連(간련) : 오만한 모양.
20 塡塡然(진진연) : 만족한 듯한 모양, 득의한 모양.
21 狄狄然(적적연) : 산만한 모양(郝懿行)
22 莫莫然(막막연) : 오만한 모양(上同).
23 瞡瞡然(규규연) : 불안한 듯 두리번거리는 모양.
24 瞿瞿然(구구연) : 이리저리 둘러보는 모양(郝懿行).
25 盡盡然(진진연) : 진진(津津)과 통해, 약하게 보이는 모양(俞樾).
26 盱盱然(우우연) : 남을 빤히 쳐다보는 모양.
27 瞞瞞然(만만연) : 눈을 감은 듯이 행동하는 모양.
28 瞑瞑然(명명연) : 자세히 보이지 않는 듯한 모양.
29 疾疾然(질질연) : 남을 미워하는 모양.
30 訾訾然(자자연) : 남을 욕하거나 비방하는 모양.
31 儢儢然(여려연) : 힘을 내기 싫어하는 모양.
32 離離然(이리연) : 내키지 않는 듯한 모양, 자기가 할 일이 아닌 듯한 모양.
33 偷儒(투유) : 구차히 마지못해 하는 것.
34 罔(망) : 남의 말을 듣지 않는 것.
35 謑詢(혜구) : '혜'는 혜(謑)와 통해, 마구 욕을 하는 것.
36 弟佗(제타) : 앞쪽으로 처져 있는 모양(盧文弨).
37 神襢(충담) : 충담(沖澹)과 같은 말로, 담박한 모양.
38 子張(자장) : 공자의 제자. 성은 전손(顓孫), 이름은 사(師), 자가 자장. 여기서는 공자 가 죽은 뒤의 자장의 유파를 가리킴.
39 嗛然(겸연) : 겸손한 모양. '겸'은 겸(謙)과 통함(郝懿行 說).

偷儒憚事, 無廉恥而耆飮食, 必曰君子固不用力, 是子游[41]氏之賤儒也.

彼君子則不然. 佚[42]而不惰, 勞而不僈,[43] 宗原[44]應變, 曲得其宜. 如是然後聖人也.

| 해설 |

앞에서는 선비와 군자의 모습을 소개하고, 다음에는 공부하는 자로서 올바르지 못한 괴이한 모습을 논하고 있다. 이것도 이단을 공격하기 위한 것으로 보아야 한다. 다만 이단 중에서도 자장·자하·자유의 유파를 잘못된 유학자들의 무리로 보고 비판하고 있는 점으로 보아 특히 이들을 싫어했던 듯하다.

---

40 子夏(자하) : 공자의 제자. 성은 복(卜), 이름은 상(商), 자가 자하임. 『논어(論語)』에 "문학에 자유와 자하가 뛰어났다"고 하였다.
41 子游(자유) : 제3절 참조.
42 佚(일) : 편함, 안락함.
43 僈(만) : 함부로 하는 것.
44 宗原(종원) : 근원을 본종(本宗)으로 하다, 근본을 받들다.

제 7 편

공자의 가르침
仲尼

　이 편 첫머리에서 "공자의 문인들은 어린아이들까지도 오패(五覇)에 관해 얘기하는 것을 부끄럽게 여긴다"고 말하면서, 먼저 오패의 한 사람인 제(齊)나라 환공(桓公)의 예를 들어 힘으로 나라를 다스리는 패도(覇道) 정치를 비평하고 있다. '중니'는 공자의 자이며, 이 편의 첫머리에 보인다.
　제나라 환공은 권력을 위해 자기 형을 죽였고 여자들과 음탕한 생활을 즐긴 사람이다. 사람들은 무력으로 다른 나라들을 억누른 그의 공적을 높이 평가하지만 실은 그는 "군자 틈에 끼지도 못할" 사람이다. 권력으로 나라를 다스리는 자들이란 백성들을 감화시켜 마음으로 따르게 하는 사람들이 아니라, 모략과 무력으로 나라를 통치하려는 사람들이다. 이런 방식으로는 세상에 평화란 찾아올 수가 없다. 덕으로 백성들을 다스려야만 세상은 평화로워질 수 있다는 것이다. 이것은 유가의 전통적인 덕치주의를 역설한 것이다.

다음에는 신하로서 "임금의 총애를 유지하면서 벼슬해 일생토록 잘 지내는 방법"을 얘기한다. 신하는 그의 임금의 성격에 따라 공경해야 하고, 근신해야 하며, 직책을 잘 지켜야[拘守] 하고, 신중히 친근[愼比]해야 하며, 한결같이 완전[全一]해야 하고, 또 임금에 따라서는 그를 두려워할 줄도 알고 사양할 줄도 알아야 한다는 것이다. 전국 시대와 같은 어지러운 세상 속에서 관리로서 처세하는 방법으로 이처럼 조심스런 얘기를 하고 있는 것은 주목할 만하다.

끝으로 천하에 통용되는 처세 방법으로 어짊[仁]을 중심으로, 공경·충신·근신·단정함과 성실함[端慤] 등을 들고 있다. 적어도 이러한 규범을 지키지 못한다면 세상을 바로 살아 나가기 어렵다는 것이다. 근본적으로는 예의를 법도로 삼고 이를 따라야 함을 강조하고 있으면서도, 처세술을 공개적으로 논하고 있는 점은 맹자와 다른 유가 사상의 일면을 보여 준다.

맨 끝에서 "젊은이는 나이 먹은 이를 섬기고, 천한 이는 귀한 이를 섬기고, 못난이는 어진이를 섬기는 것이 천하에 통용되는 정의이다"라고 하여, 다시 사회적인 신분의 차별과 이에 따른 예의를 강조하고 있다.

1

공자의 문인들은 어린아이들까지도 오패에 관해 얘기하는 것을 부끄럽게 여긴다. 그것은 어째서인가?

그렇다! 그들은 진실로 그런 얘기를 하는 것을 부끄럽게 여긴다. 제나라 환공은 오패 중에서도 가장 대단했던 사람이다. 임금자리에 오르기 전의 일로는 형을 죽이면서 나라를 다투었고, 집안의 일로는 고모들과 자기 누이들 중에 시집을 가지 않은 여자가 일곱 명이나 되었고, 집안의 생활은 놀고 즐기며 사치를 해 제나라의 수입의 반을 거기에 쓰는데도 모자라는 지경이었고, 나라 밖의 일로는 주(邾)나라를 속이고 거(莒)나라를 습격하였으며 서른다섯 나라를 합병시켰다. 그가 한 일이나 행실이 이처럼 음험하고 더럽고 지나치고 어지러운데, 그를 어찌 대군자의 문안에 두고 얘기할 수가 있겠는가?

그런데도 망하지 않고 패자가 된 것은 어째서인가? 아아! 제나라 환공은 천하의 위대한 절의를 지니고 있었기 때문이다. 그러니 누가 그를 망하게 할 수 있겠는가? 잠깐 만나 보고는 관중에게 나라 일을 맡길 만한 능력이 있다고 보았으니, 이는 천하의 위대한 지혜이다. 그에 대한 노여움과 원한을 잊고 마침내 그를 중부(仲父)로 삼았으니, 이는 천하의 위대한 결정이다. 그를 세워 중부로 삼았지만 귀족과 친척들도 감히 그를 질투하는 이가 없었다. 그에게 고씨(高氏)나 국씨(國氏)와 같은 지위를 주었지만 조정의 신하들도 감히 그를 싫어하는 이가 없었다. 그에게 삼백 마을의 영지를 주었지만 부자들도 감히 그를 거역하는 이가 없었다. 신분이 높은 사람 낮은 사람과 나이 많은 사람 젊은 사람들이 모두 질서 있게 환공을 따르며 그를 존귀하게 여기고 공경하지 않는 이가 없었으니, 이는 천하의 위대한 절의이다.

제후로서 이러한 절의 한 가지만 가지고 있다 해도 아무도 그를 망하게 할 수가 없을 것이다. 환공은 이러한 몇 가지 절의를 다 가지고 있었으니, 그를 또 어떻게 망하게 할 수가 있겠는가? 그가 패자가 된 것은 합당한 일이라 할 수 있다. 그것은 요행으로 얻어진 것이 아니라 술수로 얻은 것이다. 그런데도 공자의 문인들은 어린아이들까지도 오패에 관한 일을 얘기하는 것을 부끄럽게 여기는 것은 어째서인가?

그렇다! 그는 정치와 교화를 근본으로 한 것이 아니었으며, 숭고한 이념을 추구한 것도 아니고, 사회의 형식과 조리를 잘 정리한 것도 아니며, 사람들의 마음을 따르게 한 것도 아니다. 오직 방법과 책략을 잘 쓰고, 백성들의 수고로움과 편안함을 잘 살피면서, 물자를 저축하고 싸울 군비를 잘 갖추어, 그의 적을 쓰러뜨린 사람이었다. 그는 마음을 속여 승리한 것이니, 전쟁을 겸양으로 치장하고 어짊에 의지하여 이익을 추구한 소인 중에서 뛰어난 자였다. 그를 어찌 대군자의 문안에 두고 얘기할 수가 있겠는가?

| 원문 |

仲尼之門人, 五尺¹之竪子,² 言羞稱乎五伯,³ 是何也?

曰; 然, 彼誠可羞稱也. 齊桓, 五伯之盛者也. 前事⁴則殺兄⁵而爭國, 內行⁶則姑姊妹⁷之不嫁者七人, 閨門之內, 盤樂⁸奢汰,⁹ 以齊之分¹⁰奉之而不足, 外事則詐邾¹¹襲莒,¹² 幷國三十五. 其事行也若是其險汙淫汰¹³也, 彼固曷足稱乎大君子之門哉!

若是而不亡, 乃霸, 何也? 曰; 於乎¹⁴! 夫齊桓公有天下之大節焉. 夫孰能亡之! 俠然¹⁵見管仲¹⁶之能足以託國也, 是天下之大知也. 安忘其

---

1 五尺(오척) : 다섯 자, 키가 작은 것을 뜻함.
2 竪子(수자) : 어린아이, 동자.
3 五伯(오백) : 춘추 시대의 오패. 제 환공(桓公) · 진(晉) 문공(文公) · 진(秦) 목공(穆公) · 초 장왕(莊王) · 송 양공(襄公)의 다섯 제후.
4 前事(전사) : 전의 일, 임금이 되기 전의 일.
5 殺兄(살형) : 제나라 양공은 정치를 잘못해 마침내는 내란이 일어났다. 나라 밖으로 망명해 있던 그의 아우 자규(子糾)와 소백(小白, 桓公이 됨)이 자리를 두고 싸운 끝에, 소백이 이겨 제후가 되었다.
6 內行(내행) : 집안의 일.
7 姑姊妹(고자매) : 아버지의 누이들(곧 고모)과 자기의 누이들.
8 盤樂(반락) : 놀고 즐기는 것. 반도 락(樂)의 뜻.
9 奢汰(사태) : 사치를 하는 것. 태는 치(侈)와 통함.
10 分(분) : 수입의 반.
11 詐邾(사주) : 주나라를 속이다. 무얼 속였는지 알 수 없다.
12 襲莒(습거) : 환공과 관중이 거나라를 치려 했던 일을 가리킨다.
13 淫汰(음태) : 지나치고 어지러운 것.
14 於乎(오호) : 감탄사, 아아! 오호(嗚呼)와 같은 말.
15 俠然(담연) : 잠깐 동안 보는 것. '담은 섬(睒)과 통함(俞樾).
16 管仲(관중) : 춘추 시대 제나라 사람. 이름은 이오(夷吾), 자가 중(仲). 처음엔 공자규

怒,¹⁷ 出忘其讐,¹⁸ 遂立以爲仲父,¹⁹ 是天下之大決也. 立以爲仲父, 而貴戚莫之敢妬也. 與之高國²⁰之位, 而本朝之臣莫之敢惡也. 與之書社²¹三百, 而富人莫之敢距也. 貴賤長少, 秩秩焉,²² 莫不從桓公而貴敬之. 是天下之大節也.

諸侯有一節如是, 則莫之能亡也. 桓公兼此數²³節者而盡有之, 夫又何可亡也? 其覇也, 宜哉! 非幸也, 數也. 然而仲尼之門人, 五尺之豎子, 言羞稱乎五伯, 是何也?

曰; 然, 彼非本政教也, 非致隆高²⁴也, 非綦文理²⁵也, 非服人之心也. 鄕方略,²⁶ 審勞佚, 畜積修鬪²⁷而能顚倒其敵者也. 詐心以勝矣, 彼以讓飾爭, 依乎仁而蹈利者也, 小人之傑也. 彼固曷足稱乎大君子之門哉?

(公子糾)를 섬겼으나, 뒤에 제나라 환공의 재상이 되어 제나라를 부강하게 만들었다.
17 安忘其怒(안망기노) : '안'은 조사(王念孫). 관중이 자규를 섬겼다는 데 대한 노여움을 잊고 그를 등용한 것.
18 出忘其讐(출망기수) : '출'은 잘못 끼어든 글자(王念孫). 그에 대한 원한을 잊다. 관중은 자규를 섬길 때 환공을 향해 활을 쏜 일도 있었다. 그러나 친구 포숙아(鮑叔牙)가 환공에게 관중을 간곡히 추천해 쓰게 되었다 한다.
19 仲父(중부) : 환공이 관중을 아버지처럼 존중하겠다는 뜻으로 이렇게 부른 것이다.
20 高國(고국) : 고씨와 국씨. 그들은 제나라의 상경(上卿)으로 가장 높은 대우를 받고 있었다.
21 書社(서사) : '서'는 호구를 판도(版圖)로 기록해 놓은 것. '사'는 25가구의 마을(楊倞 注).
22 秩秩焉(질질언) : 질서가 있는 모양.
23 數(수) : 술수.
24 致隆高(치융고) : 숭고한 이념을 추구하는 것.
25 綦文理(기문리) : 세상의 형식과 조리를 잘 정리하는 것.
26 鄕方略(향방략) : 방법과 책략을 잘 쓰는 것. '향'은 향(向)과 통해, 그 방면에 노력을 하는 것.
27 修鬪(수투) : 전투할 군비를 갖추는 것.

| 해설 |

유가 사상의 특징의 일면을 강조한 대목이다. 유가에서는 아무리 큰 업적을 세웠다 하더라도 힘에 의한 정치를 인정하지 않는다. 이러한 패도의 배척은 맹자의 경우에 더욱 뚜렷하다. 순자는 패도 정치도 현실적으로는 불가피하다는 입장이나, 역시 기본적으로는 맹자와 마찬가지로 인의를 바탕으로 하는 덕에 의한 왕도 정치이어야만 한다고 생각하였다.

2

참된 왕자는 그렇지 않다. 자기의 현명함을 발휘하지만 못난 자들을 구제해 주고, 강하지만 약한 자를 너그러이 대해 주고, 싸우면 반드시 상대방을 위태롭게 할 수 있지만 그들과 싸우는 것을 부끄럽게 여긴다. 예악과 문물을 아름답게 이룩해 온 천하에 보임으로써, 포악한 나라도 스스로 감화되도록 한다. 재난이 될 그릇된 자만을 처형한다.

그러므로 성왕이 처형하는 일은 매우 드물다. 주나라 문왕은 네 번 처형했고, 무왕은 두 번 처형했으며, 주공이 왕업을 완성시키어 성왕 때에 이르러는 처형할 일이 없게 되었다. 그러니 도가 어찌 행해지지 않겠는가? 문왕은 이 왕도를 사방 백 리의 땅에 행해 천하를 통일시켰다. 하나라 걸왕과 은나라 주왕은 왕도를 버리어 천하를 보전할 만한 세력을 크게 가지고 있었으나 평민으로 평생을 보낼 수조차도 없었다.

그러므로 왕도를 잘 쓰면 사방 백 리의 나라를 가지고도 충분히 독립을 유지할 수 있으나, 왕도를 잘 쓰지 못하면 초나라 같은 사방 육

천 리의 나라도 원수에게 부림을 당하게 된다. 그러므로 임금이 왕도를 터득하는 데 힘쓰지 않고 그의 세력만을 확대시키려 하는 것은 위태로워지는 원인이 된다.

| 원문 |

彼王者則不然. 致賢¹而能以救不肖, 致彊而能以寬弱, 戰必能殆之而羞與之鬪. 委然²成文以示之天下, 而暴國安³自化矣. 有災繆⁴者然後誅之.

故聖王之誅也, 綦省⁵矣. 文王誅四, 武王誅二, 周公卒業,⁶ 至於成王則安無誅矣. 故道豈不行矣哉! 文王載,⁷ 百里地而天下一. 桀紂舍之, 厚於有天下之埶而不得以匹夫⁸老.

故善用之, 則百里之國足以獨立矣, 不善用之, 則楚六千里而爲讎人役. 故人主不務得道而廣有其埶, 是其所以危也.

| 해설 |

여기서는 패도가 아닌 인의의 덕으로 다스리는 왕도란 어떤 것인가를 설명하고 있다. 왕도 정치야말로 유가에서 지향하는 이상이었다.

---

1 致賢(치현) : 현명함을 다하다.
2 委然(위연) : 무늬가 아름다운 모양(王引之).
3 安(안) : 조사. 다음 대목 "則安無誅"의 '安'도 조사임.
4 災繆(재류) : 재난이 될 큰 잘못을 저지르는 자.
5 綦省(기성) : 매우 적다. '기'는 심(甚)으로 된 판본도 있다(王先謙).
6 卒業(졸업) : 왕업을 완성시키다.
7 載(재) : 왕도를 행하다.
8 匹夫(필부) : 보통 남자.

3

임금의 총애를 유지하며 높은 지위에 있으면서도 평생 남들이 싫증을 내지 않게 하는 술법이 있다. 임금이 자기를 존중해 귀하게 여겨주면 공경히 낮추는 몸가짐을 하고, 임금이 자기를 믿고 사랑하면 삼가고 겸손한 몸가짐을 하고, 임금이 자기를 신임해 일을 맡기면 직무를 삼가 지키며 꼼꼼하게 일을 처리하고, 임금이 자기를 편히 여기며 가까이하면 뜻대로 따르며 모시되 아첨해서는 안 되고, 임금이 자기를 멀리하면 한결같이 성의를 다하되 배반하지 않아야 하고, 임금이 자기를 물리치면 두려워하면서도 원망하지 말아야 한다.

자기 신분이 높아져도 사치하지 않고, 신임을 받더라도 남에게 오해를 사는 일이 없어야 하며, 자기 직무가 중요하다 하더라도 감히 멋대로 처리해서는 안 되고, 재물을 받을 때에도 곧 자신의 훌륭함이 그런 것을 받을 정도가 못되는 듯이 반드시 사양의 의리를 다한 뒤에야 받아야 한다.

자기에게 복이 되는 일은 잘 조화되도록 처리하고, 자기에게 화가 되는 일은 고요하게 대응하며 처리한다. 부유하면 널리 남들에게 베풀고 가난하면 씀씀이를 절약해, 신분이 높아도 잘 지내고 신분이 낮아도 잘 지내며, 부유해도 잘 지내고 가난해도 잘 지내야 한다. 그를 죽일 수는 있을지언정 그에게 간악한 일을 하게 할 수는 없어야 한다.

이상이 임금의 총애를 유지하며 높은 지위에 있으면서도 평생 남들이 싫증을 내지 않게 하는 술법이다. 비록 벼슬도 못하고 가난하고 곤궁하게 사는 형세라 하더라도 이를 규범으로 삼아야 한다. 이러한 사람을 길인(吉人) 곧 훌륭한 사람이라 하는 것이다. 『시경』에 "이 한 분을 모두가 사랑하는 것은 올바로 덕을 잘 닦았기 때문이네. 언제나 효도 다하며 계승한 일 밝혔네"라고 읊은 것도, 이것을 뜻하는 말이다.

| 원문 |

持寵[1]處位[2]終身不厭[3]之術. 主尊貴之, 則恭敬而僔,[4] 主信愛之, 則謹愼而嗛,[5] 主專任之, 則拘守而詳, 主安近之, 則愼比而不邪, 主疏遠之, 則全一而不倍, 主損絀之, 則恐懼而不怨.

貴而不爲夸, 信而不處謙, 任重而不敢專, 財利至則善而不及[6]也, 必將盡辭讓之義然後受.

福事至則和而理, 禍事至則靜而理. 富則施廣, 貧則用節, 可貴可賤也, 可富可貧也. 可殺而不可使爲姦也.

是持寵處位終身不厭之術也. 雖在貧窮徒處之埶,[7] 亦取象[8]於是矣. 夫是之謂吉人. 詩曰:[9] 媚[10]茲一人, 應侯[11]順德. 永言[12]孝思, 昭哉嗣服.[13] 此之謂也.

---

1 持寵(지총) : 임금의 총애를 유지하다.
2 處位(처위) : 높은 지위에 있는 것.
3 不厭(불염) : 싫증을 내지 않다.
4 僔(준) : 준(撙)과 통하여, 뒤처지는 몸가짐을 하는 것.
5 嗛(겸) : 겸(謙)과 통하여, 겸손한 것.
6 善而不及(선이불급) : 자기의 선함이 거기에 미치지 못하는 듯이 행동하는 것.
7 徒處之埶(도처지세) : 벼슬을 못하고 지내는 형세.
8 象(상) : 규범, 법도.
9 詩曰(시왈) : 『시경』 대아(大雅) 하무(下武)편에 보이는 구절.
10 媚(미) : 사랑하다.
11 應侯(응후) : 응당히, 올바르게. '후'는 유(維)와 같은 조사.
12 永言(영언) : 길이길이, 언제나. '언'은 조사.
13 嗣服(사복) : 이어받은 일, 계승한 일.

| 해설 |

평생 임금의 신임을 받으며 높은 벼슬을 하면서 올바르게 사는 방법을 해설한 대목이다.

4

매우 중요한 자리를 지키며 중대한 일을 맡아 잘 처리해 천자의 총애를 마음껏 누리면서도 절대로 후환이 없게 하는 술법을 추구하는 데 있어서는, 남들과 화합하는 것이 가장 좋은 방법이다. 현명한 이들을 추천하고 널리 남에게 베풀며, 남의 원한을 해소시켜 주고 남을 해치지 않아야 한다. 능력이 이런 일을 감당할 만한 사람이라면 곧 이 도리를 신중히 행해야 한다.

능력은 이런 일을 감당할 수가 없고, 또 임금의 총애를 잃게 될까 두려운 상태라면 일찍이 남과 화합하도록 해야 한다. 현명한 이들을 추천하고 능력 있는 이들에게 사양하며 편안히 그들의 뒤를 따라야 한다. 그렇게만 한다면 임금의 총애가 있을 때에는 반드시 영화롭게 되고, 임금의 총애를 잃어도 반드시 아무런 죄도 받지 않을 것이다. 이것이 임금을 섬기는 사람의 보배이며, 절대로 후환이 없게 하는 술법이다.

그러므로 지혜 있는 사람은 일을 할 때 가득 찼을 때에는 모자란 경우를 생각하고, 평탄할 때에는 험악한 경우를 생각하고, 편안할 때에는 위험한 경우를 생각한다. 모든 일들을 중히 여기며 미리 대비하면서도 재난이 생기지는 않을까 두려워한다. 그렇기 때문에 백 가지 일을 하더라도 실패하는 일이 없는 것이다. 공자가 "교묘하면서도 법도를 좋아하면 반드시 절도가 있고, 용감하면서도 남과 화합하기를 좋아하면 반드시 싸움에 이기며, 지혜가 있으면서도 사양하기를 좋아한다면 반드시 현명한 사람이다"라고 한 것은, 이것을 뜻하는 말이다.

어리석은 자는 이와 반대이다. 중요한 지위에 있으면서 권세를 휘두르게 되면 일을 자기 멋대로 처리하기 좋아하고, 현명하고 능력 있는 사람을 질투하며, 공로가 많은 사람들을 억누르고, 죄가 많은 사람들을 추천한다. 마음은 교만으로 넘치고, 원한이 있는 자들에게 가벼이 보복하며, 인색하여 위로는 남에게 베푸는 도리를 행하지 않고 자기 위세만을 무겁게 하며, 아래로는 권력을 휘두르며 남들을 해친다. 비록 그가 위태로워지지 않으려 해도 될 수가 있겠는가? 그 때문에 직위가 높아지면 반드시 위태로워지고, 맡은 직무가 중대하면 반드시 파면당하며, 총애를 멋대로 즐기다가 반드시 욕을 보게 되리라는 것은, 금방 알 수 있는 일이요 불을 보듯 뻔한 일이다. 그것은 어째서인가? 그를 무너뜨리려는 사람은 많고, 그를 지지하는 사람은 적기 때문이다.

| 원문 |

求善處大重,[1] 理任大事, 擅寵於萬乘之國,[2] 必無後患之術, 莫若好同[3]之. 援賢[4]博施,[5] 除怨而無妨害人. 能耐任之,[6] 則慎行此道也.

---

[1] 善處大重(선처대중) : 매우 중대한 지위를 잘 지키는 것.
[2] 萬乘之國(만승지국) : '승'은 전차를 세는 단위. 주나라 시대에는 천자 밑에는 전차가 만 대 있어 만승의 나라라 하였다. 제후는 천승, 대부는 백승이다.
[3] 好同(호동) : 사람들과 화동하기를 좋아하다, 사람들과 같이 행동하기를 좋아하다.
[4] 援賢(원현) : 현명한 사람을 밀어 주다.
[5] 博施(박시) : 널리 남에게 베풀다.

能而不耐任, 且恐失寵, 則莫若早同之, 推賢讓能, 而安隨其後. 如是, 有寵則必榮, 失寵則必無罪. 是事君者之寶, 而必無後患之術也.

故知者之擧事也, 滿則慮嗛,[7] 平則慮險, 安則慮危, 曲重其豫,[8] 猶恐及其 䫻,[9] 是以百擧而不陷也. 孔子曰; 巧而好度, 必節, 勇而好同, 必勝, 知而好謙, 必賢. 此之謂也.

愚者反是, 處重擅權, 則好專事, 而妒賢能, 抑有功而擠[10]有罪, 志驕盈而輕[11]舊怨, 以呑嗇[12]而不行施道乎上,[13] 爲重, 招權於下[14]以妨害人, 雖欲無危, 得乎哉? 是以位尊則必危, 任重則必廢,[15] 擅寵則必辱, 可立而待也, 可炊而僵[16]也, 是何也? 則墮[17]之者衆而持[18]之者寡矣.

| 해설 |

나라의 높은 자리에 앉아 중요한 일들을 잘 처리하며 임금의 총애를 받는 법을 설명하고 있다. 그 요점은 남들과 화합 또는 협동을 잘하는 것이

---

6 能耐任之(능내임지) : '내'도 능(能)의 뜻(王念孫). 능력이 큰 일을 맡을 만한 것.
7 慮嗛(여겸) : 모자라던 경우를 생각하다, 가득 차지 않았던 때를 생각하다.
8 曲重其豫(곡중기예) : 모든 일들을 중히 여기며 미리 대비하는 것.
9 䫻 (화) : 화(禍)와 같은 글자.
10 擠(제) : 밀어 주다.
11 輕(경) : 가벼이 다루다, 가벼이 보복하다.
12 呑嗇(인색) : 인색한 것.
13 施道乎上(시도호상) : 위로는 도를 내세우는 것.
14 招權於下(초권어하) : 아래로는 권력을 휘두르는 것.
15 廢(폐) : 벼슬자리에서 쫓겨나는 것.
16 可炊而僵(가취이경) : 양경(楊倞)은 '취'는 취(吹), '경'은 강(僵)의 뜻으로 보고, 입으로 불면 넘어진다고 풀이하였으나 확실하지 않다. 후세 여러 학자들의 해석도 이렇다 할 것이 없다. 문맥으로 보아서는 어리석은 짓을 하는 자들이 욕을 보게 되는 것은 불을 보듯 뻔하다는 뜻이다.
17 墮(타) : 그를 무너뜨리려는 것.
18 持(지) : 그를 지지하는 것.

다. 지혜가 있는 사람은 그렇게 할 수 있으나, 어리석은 자는 그렇지 못하고 스스로를 망친다는 것이다.

5

천하에 통행되는 술법으로 임금을 섬기면 반드시 통하고, 그것으로 사람 노릇을 잘하면 반드시 성인다워진다. 올바른 도를 세워 놓고 흔들리지 않게 된 연후에는 공경스런 마음을 앞세우고, 충성과 신의로써 전체를 관할하며, 삼가 신중히 행하고, 바르고 성실하게 그것을 지키되, 곤궁해질수록 힘을 내어 더욱 노력해야 한다.

임금이 비록 알아주지 않는다 하더라도 원망하고 미워하는 마음을 갖지 않고, 공로가 비록 매우 크다 하더라도 공덕을 자랑하는 기색을 보이지 않으며, 욕구는 줄이고 공로는 많이 쌓으려 하며 사랑하고 공경하는 일을 게을리하지 않아야 한다. 이렇게만 하면 언제든 순조롭지 않은 일이 없을 것이다.

그런 태도로 임금을 섬기면 반드시 통하고, 그런 태도로 사람 노릇을 하면 반드시 성인다워진다. 이런 것을 두고 천하에 통행되는 술법이라 한다.

| 원문 |

天下之行術, 以事君則必通, 以爲仁[1]則必聖. 立隆[2]而勿貳[3]也, 然後恭

---

[1] 仁(인) : 인(人)과 통해, 사람 노릇을 하는 것.
[2] 立隆(입융) : 올바른 도를 세우다. '융'은 중도(中道)의 뜻(王先謙).

敬以先之, 忠信以統之, 愼謹以行之, 端慤以守之, 頓窮[4]則從之疾力[5]以申重[6]之.

君雖不知, 無怨疾之心, 功雖甚大, 無伐[7]德之色, 省求[8]多功, 愛敬不勸, 如是則常無不順矣.

以事君則必通, 以爲仁則必聖. 夫是之謂天下之行術.

| 해설 |

천하에 널리 통용되는, 어디에서나 받아들여질 올바른 술법에 대해 설명하고 있다. 그것은 마음속에 올바른 도를 세워 놓고 흔들리는 법 없이 그 도를 실천하는 것이다.

6

젊은 사람은 어른을 섬기고, 신분이 낮은 사람은 신분이 높은 사람을 섬기고, 못난 사람은 현명한 사람을 섬기는 것이 천하에 통용되는 의리이다. 어떤 사람이 권세는 남의 윗자리에 있지 않은데도 남의 아래에 처신하는 것을 부끄러워한다면, 그것은 간사한 사람의 마음가짐이다. 그의 뜻은 간사한 마음을 면치 못하고 그의 행실은 간사한 도를 면치 못하면서도, 군자나 성인이란 이름으로 불려지기를 바란다면,

---

3 勿貳(물이) : 둘이 되지 않다, 흔들리지 않다, 달라지지 않다.
4 頓窮(돈궁) : 곤궁.
5 疾力(질력) : 힘을 내다, 힘을 쓰다.
6 申重(신중) : 거듭거듭하다.
7 伐(벌) : 자랑하다, 뽐내다.
8 省求(생구) : 욕구를 줄이다.

그것은 마치 엎드려서 하늘을 혀로 핥으려 하고, 목맨 사람을 구해 주려고 그의 발을 잡아당기는 것과 같은 일이다. 그런 이론은 절대로 행해질 수가 없으며, 애를 쓸수록 목적으로부터 더욱 멀어질 것이다. 그러므로 군자는 몸을 굽히고 있어야 할 시세라면 굽히고 몸을 뻗치고 있어야 할 시세라면 뻗치는 것이다.

| 원문 |

少事長, 賤事貴, 不肖事賢, 是天下之通義也. 有人也, 埶不在人上, 而羞爲人下, 是姦人之心也. 志不免乎姦心, 不免乎姦道, 而求有君子聖人之名, 辟之[1]是猶伏而咶[2]天, 救經[3]而引其足也. 說必不行矣, 兪[4]務而兪遠. 故君子時詘[5]則詘, 時伸則伸也.

| 해설 |

군자와 대비시켜 간사한 사람의 마음가짐을 설명하고 있다. 간사한 사람의 마음가짐은 군자와 정반대의 성격이다.

---

1 辟之(비지) : 그것을 비유로 들면. '비'는 비(譬)와 통함.
2 咶(시) : 혀로 핥다.
3 經(경) : 목을 매고 있는 사람.
4 兪(유) : 더욱. 유(逾)와 같은 뜻.
5 詘(굴) : 굽히다. 굴(屈)과 같은 자.

제 8 편

유학의 효험
儒效

유효(儒效)란 선비의 공효(功效) 곧 유학자의 공적을 뜻하는 말이다. 이 편의 첫 구절 대유지효(大儒之效)에서 두 글자를 따서 편명으로 삼았다. 그러나 내용은 유학자의 공적을 직접 논한 글 이외에도, 일반적인 군자론, 성인론, 학문과 수양의 방법, 임금이 신하들을 다루는 법 등을 해설한 부분도 있다. 어떻든 모두 유학자의 공적과 무관한 글이라 할 수는 없다.

이 편에는 주공(周公) 즉위설·후왕론(後王論)·사법론(師法論) 등 순자의 특징을 보여주는 글들이 많다. 특히 내용 구성이 짜임새 있고 문장에서 기세가 느껴진다.

1

 위대한 선비의 공효란 이런 것이다. 주나라 무왕이 죽고 아들 성왕이 어리자 무왕의 아우 주공이 성왕을 뒤로 물리고 무왕을 계승해 천하를 물려받았던 것은, 천하 사람들이 주나라를 배반할까 두려웠기 때문이었다. 천자의 자리에 올라 천하의 정치를 처리하자 평화롭기가 본래부터 그렇게 되도록 되어 있던 듯해, 천하 사람들은 그가 탐욕스럽다고 말하지 않았다. 형인 관숙(管叔)을 죽이고 은나라를 멸망시켰지만 천하 사람들은 그가 포악하다고 말하지 않았다. 온 천하를 통치하며 71개 나라를 세웠는데, 그 중 주나라 왕실과 같은 희성(姬姓)의 나라가 53개였지만, 천하 사람들은 편벽되다고 말하지 않았다.
 성왕을 가르쳐 깨우치고 올바르게 이끌어 도에 대해 알게 함으로써 문왕과 무왕의 발자취를 이을 수 있게 하였다. 주공은 주나라와 천자 자리를 성왕에게 되돌려 주어 천하 사람들이 계속해 주나라를 섬기도록 하였다. 그리고도 주공은 신하로서 조정을 섬겼다.
 천자라는 자리는 어린 나이로는 감당할 수 없는 자리이고, 그 직무를 임시로 맡아 처리할 수도 없는 것이다. 잘 다스리면 온 천하가 그를 따르지만, 잘 다스리지 못하면 온 천하가 그를 떠난다. 그러므로 주공이 성왕을 뒤로 물리고 무왕을 계승해 천하를 물려받았던 것은, 천하 사람들이 주나라를 배반할까 두려웠기 때문이다.
 성왕이 관을 쓰는 성인이 되자 주공은 주나라의 천하를 되돌려 주고 천자 자리도 되돌려 줌으로써 임금을 멸망케 하지 않는다는 의리를 밝혔다. 주공은 천하를 차지하지 않게 되었는데, 전에는 천하를 차지하고 있다가 뒤에는 천하를 차지하지 않게 된 것은 천자 자리를 넘겨준 것이 아니다. 성왕이 전에는 천하를 차지하지 않고 있다가 뒤에는 천하를 차지하게 된 것은 천자 자리를 빼앗은 것이 아니다. 그것은 형세의 변화와 질서의 변환에 의해 그렇게 되도록 되어 있었던 것이다.

그러므로 나뭇가지 같은 방계 사람이 본가의 주인을 대신했던 것이지 지나친 일은 아니었다. 아우이면서도 형을 처형하였지만 포악한 일은 아니었다. 임금과 신하의 자리가 바뀌었지만 순리를 거스른 것은 아니었다. 온 천하의 평화를 바탕으로 문왕과 무왕의 왕업을 완수하고, 방계와 본가의 의리를 밝혔다. 말할 것도 없이 큰 변화였으나 천하 사람들은 순순히 모두가 한결같이 따랐다. 성인이 아니라면 이런 일은 이룰 수가 없는 것이다. 이러한 것을 두고 위대한 선비의 공효라 한다.

| 원문 |

大儒之效. 武王崩,[1] 成王幼, 周公屛成王[2]而及[3]武王以屬[4]天下, 惡天下之倍[5]周也. 履天子之籍,[6] 聽天下之斷, 偃然[7]如固有之, 而天下不稱貪焉. 殺管叔,[8] 虛殷國, 而天下不稱戾[9]焉. 兼制天下, 立七十一國, 姬姓[10]

---

[1] 武王崩(무왕붕) : 주나라 무왕이 죽다. 『예기(禮記)』 문왕세자(文王世子)편에 의하면, 무왕은 93세로 죽었으나 그때 아들 성왕은 매우 어렸다(6세, 10세, 13세 등의 설이 있다).
[2] 屛成王(병성왕) : 성왕을 뒤로 물리다. 주공 단(旦)은 무왕의 동생으로, 보통은 무왕이 죽자 섭정을 하였다고 하나(『史記』周本紀), 순자는 천자 자리에 올랐었다고 주장하고 있다. 매우 독특한 견해이다.
[3] 及(급) : 계승하다. 『공양전(公羊傳)』 장공(莊公) 32년에 "형이 죽고 아우가 그 자리를 계승하는 것을 급(及)이라 한다"는 설명이 있다.
[4] 屬(속) : 이어받다.
[5] 倍(배) : 배반하다, 배(背)와 같은 뜻.
[6] 籍(적) : 천자의 자리(王念孫).
[7] 偃然(언연) : 평화로운 모양.
[8] 管叔(관숙) : 채숙(蔡叔)과 함께 주공의 형으로, 무왕이 죽은 뒤 은나라 주왕의 아들 무경

獨居五十三人, 而天下不稱偏焉.

教誨開導成王, 使諭於道, 而能揜迹**11**於文武. 周公歸周,**12** 反籍**13**於成王, 而天下不輟**14**事周. 然而周公北面**15**而朝之.

天子也者, 不可以少當也, 不可以假攝**16**爲也. 能則天下歸之, 不能則天下去之. 是以周公屛成王而及武王以屬天下, 惡天下之離周也.

成王冠,**17** 成人, 周公歸周反籍焉, 明不滅主之義也. 周公無天下矣. 鄕**18**有天下, 今無天下, 非擅**19**也. 成王鄕無天下, 今有天下, 非奪也. 變埶**20**次序節然**21**也.

故以枝代主**22**而非越**23**也. 以弟誅兄而非暴也. 君臣易位而非不順也. 因天下之和, 遂文武之業, 明枝主之義, 抑亦**24**變化矣, 天下厭然**25**猶一也. 非聖人莫之能爲, 夫是之謂大儒之效.

(武庚)과 손을 잡고 반란을 일으켰다. 주공은 동정(東征)해 반란을 평정하였다.
9 戾(려) : 포악한 것, 사나운 것.
10 姬姓(희성) : 주나라 왕실은 성이 희(姬)였다. 『좌전(左傳)』 소공(昭公) 28년에는 "그의 형제의 나라가 15개, 희성의 나라가 40개"라 했으니, 합치면 55개 나라가 된다.
11 揜迹(엄적) : 발자취를 이어가다.
12 歸周(귀주) : 주나라의 천하를 되돌려 주다.
13 反籍(반적) : 천자의 자리를 되돌려 주다.
14 不輟(불철) : 끊이지 않다.
15 北面(북면) : 북쪽을 면하다, 신하 노릇을 함을 뜻함. 반대로 남면은 임금 노릇을 하는 것.
16 假攝(가섭) : 잠시 맡아 처리하다.
17 冠(관) : 관을 쓰다. 옛날에는 스무 살에 관례를 하였다.
18 鄕(향) : 전에. 향(向)과 통함.
19 擅(천) : 선(禪)과 통해, 천자 자리를 양보하는 것.
20 變埶(변세) : 변화하는 형세.
21 節然(절연) : 그렇게 되도록 되어 있는 것. '절'은 기(期)의 뜻(楊倞).
22 枝代主(지대주) : 나뭇가지 같은 방계의 사람이 주인인 본가를 대신하는 것.
23 越(월) : 참월(僭越), 분수에 지나친 일을 하는 것.
24 抑亦(억역) : 말할 것도 없이, 그러나 또한.
25 厭然(염연) : 순순히 따르는 모양.

| 해설 |

위대한 선비의 공효를 설명하기 위해 주나라 초기에 무왕의 뒤를 이은 어린 성왕을 보좌해 주나라의 터전을 이룩하였다는 주공 단의 업적을 보기로 들고 있다. 주공은 주나라의 문물 제도를 이룩한 성인으로 알려져 있다.

다만 초기에 주공이 성왕 대신 임금자리에 올라 천하를 다스렸다는 이론은 순자의 독특한 주장이라 할 수 있다.

2

진(秦)나라 소왕(昭王)이 순자에게 물었다.

"선비란 나라를 다스리는 데는 무익한 사람이겠지요?"

순자는 다음과 같이 대답하였다.

"선비란 옛 임금들을 본받고 예의를 존중하며, 신하나 자식들에 대해서는 삼가게 하고 그의 윗사람에 대해서는 매우 존경하도록 하는 사람들입니다. 임금이 그를 등용하면 곧 조정의 직위를 따라 모든 일을 합당하게 할 것이며, 등용치 않으면 물러나 백성들 틈에 끼어 성실히 지내 반드시 순종할 것입니다.

비록 곤궁해 헐벗고 굶주린다 하더라도 절대로 사악한 길에 들어서서 탐욕해지지 않을 것이며, 송곳을 꽂을 만큼의 땅도 가지고 있지 않다 하더라도 국가를 지탱하는 대의에는 밝습니다. 소리쳐 불러도 아무도 응해 주지 않는 위치에 있다 하더라도 만물을 풍부하게 하고 백성들을 기르는 법에는 통달해 있습니다.

권세를 잡아 남의 위에 서면 임금이 될 재목이고, 남의 아래에 있으면 국가의 신하이며 임금의 보배가 될 인재들입니다. 비록 가난한 마을 비 새는 집에 숨어산다 하더라도 사람들이 모두 귀하게 여기는 것은 그들에게 올바른 도리가 정말로 존재하기 때문입니다.

공자가 노나라 사구(司寇)가 되려 하자, 심유씨(沈猶氏)는 감히 아침에 그의 양에 물을 먹여 무게를 늘려 팔지 않게 되었고, 공신씨(公愼氏)는 그의 음탕한 처를 내보냈고, 신궤씨(愼潰氏)는 너무 사치했던 탓으로 국경을 넘어 옮겨갔으며, 소와 말을 팔던 노나라 사람들은 값을 속이지 않게 되었는데, 이것은 몸을 바르게 닦고서 기다렸기 때문입니다.

궐당(闕黨)에 있을 때에는 젊은이들이 사냥한 물건을 나누면서 부모가 있는 사람에게는 좀더 많이 갖도록 하였는데, 효도와 우애로써 교화시켰기 때문입니다.

선비가 조정에 있으면 곧 아름다운 정치를 하고, 아랫자리에 있으면 풍속을 아름답게 합니다. 선비가 남의 아래 있게 되어도 이와 같습니다."

| 원문 |

秦昭王¹問孫卿子²曰; 儒無益於人之國?

孫卿子曰; 儒者法先王, 隆禮義, 謹乎臣子, 而致³貴其上者也. 人主

---

1 秦昭王(진소왕) : 진나라 시황제의 3대 앞 임금. B. C. 306년부터 251년 사이에 진나라를 다스렸다. 그는 진나라를 강성케 해 명군으로 알려져 있다.
2 孫卿子(손경자) : 순자. 손(孫)과 순(荀)은 음이 비슷해 옛날에는 통용되었다. 한대의 유향(劉向)이 한나라 선제(宣帝)의 이름 순(詢)을 휘(諱)하기 위해, 순경(荀卿)을 손경(孫卿)으로 고쳤다고도 한다.
3 致(치) : 극(極)의 뜻. 극히, 매우.

用之, 則執在本朝而宜,[4] 不用則退編[5]百姓而愨, 必爲順下矣.

雖窮困凍餒,[6] 必不以邪道爲貪, 無置錐之地, 而明於持社稷之大義. 嗚呼[7]而莫之能應, 然而通乎財萬物, 養百姓之經紀.[8]

執在人上, 則王公之材也, 在人下, 則社稷[9]之臣, 國君之寶也. 雖隱於窮閻[10]漏屋,[11] 人莫不貴之, 道誠存也.

仲尼將爲司寇,[12] 沈猶氏[13]不敢朝飮其羊, 公愼氏[14]出其妻, 愼潰氏[15]踰[16]境而徙,[17] 魯之粥[18]牛馬者, 不豫賈,[19] 必蚤[20]正以待之也.

居於闕黨,[21] 闕黨之子弟, 罔不分有親者取多, 孝弟以化之也.

儒者在本朝則美政, 在下位則美俗. 儒之爲人下, 如是矣.

---

4 宜(의) : 일을 합당케 하는 것.
5 退編(퇴편) : 물러나 어울린다.
6 凍餒(동뇌) : 추위에 헐벗고 굶주리는 것.
7 嗚呼(오호) : 소리쳐 부르는 것, 자기를 알아줄 사람을 구하는 것. 보통은 아아와 같은 감탄사로 쓰인다.
8 經紀(경기) : 기강, 법.
9 社稷(사직) : 사(社)는 땅의 신, 직(稷)은 곡식의 신. 옛날 천자나 제후는 반드시 나라를 위해 이 두 신에게 제사지내고, 또 제단을 마련하였다. 따라서 뒤에는 사직은 국가와 같은 말로 쓰이게 되었다.
10 閻(염) : 마을, 골목.
11 漏屋(누옥) : 비가 새는 집, 초라한 집.
12 司寇(사구) : 지금의 법무장관과 같은 벼슬.
13 沈猶氏(심유씨) : 양장수 이름. 늘 그의 양에 물을 먹여 무게를 늘려 팔았다.
14 公愼氏(공신씨) : 그의 처가 매우 음탕하였는데도 처에게 제재를 가하지 못하고 있었다.
15 愼潰氏(신궤씨) : 매우 사치한 생활을 하고 있던 사람.
16 踰(유) : 넘다.
17 徙(사) : 옮김.
18 粥(육) : 육(鬻)과 통하여, 파는 것.
19 豫賈(예가) : 미리 값을 많이 불렀다가 에누리를 해주는 것.
20 蚤(조) : 닭을 수(修)자가 잘못 씌어진 것인 듯하다(王念孫).
21 闕黨(궐당) : 궐리(闕里)라고도 하며 공자가 처음으로 교육을 시작했던 마을 이름. 지금의 산동성(山東省) 곡부현(曲阜縣)에 있다.

| 해설 |

여기서의 선비는 물론 유학을 공부하는 선비를 말한다. 이들은 성인의 가르침을 받들고 예의를 존중하기 때문에, 나라를 다스리는 요긴한 인물들이라는 것이다. 선비에게 정치를 맡기면 틀림없이 나라가 올바로 다스려진다. 그 보기로 노나라의 사구 벼슬을 지냈던 공자의 경우를 들고 있다.

선비는 또 벼슬하지 않고 초야에 묻혀 산다 하더라도 백성들의 풍속을 아름답게 하는 데 큰 공헌을 하며, 백성들과 어울려 법에 순종한다. 그러므로 선비란 언제나 매우 유익한 존재라는 것이다.

3

임금이 말하였다.
"그렇다면 그들이 남의 위에 서면 어떨까요?"
순자가 대답하였다.
"그들이 남의 윗자리에 서면 넓고 크게 영향을 미칩니다. 안으로는 자기의 뜻이 일정하고, 조정에서는 예절이 닦여지고, 관청에서는 법칙과 도량형기가 올바라질 것이며, 아래로는 백성들에게 충성과 믿음과 사랑과 이로움의 덕이 실현될 것입니다. 의롭지 못한 일을 한 가지 행하고 죄없는 사람을 한 사람 죽여 천하를 얻게 된다 해도 그런 짓은 하지 않습니다. 이러한 임금의 뜻은 사람들이 믿게 되고, 온 세상에 통하게 되어, 곧 온 천하가 떠들썩하게 그에게 호응할 것입니다. 그것은 어째서일까요? 존귀한 이름이 드러나고 천하가 다스려지기 때문입니다.

그러므로 가까운 곳의 사람들은 노래하면서 즐기고, 먼 곳의 사람들은 허겁지겁 그에게로 달려와 온 세상 안이 한 집안처럼 되고, 길이 통하는 모든 곳의 사람들은 복종치 않는 자가 없게 될 것입니다. 이런 것을 일러 사람들의 우두머리라 하는 것입니다.

『시경』에 '서쪽으로부터 동쪽으로부터 남쪽으로부터 북쪽으로부터 와서 복종하지 않는 이 없네'라고 읊고 있는데, 이를 두고 말한 것입니다.

그들이 남의 밑에 있으면 앞에서 말한 것 같고, 그들이 남의 위에 서면 이와 같습니다. 어떻게 그들이 사람들을 다스리는 국가에 이로움이 없다고 말할 수 있겠습니까?"

소왕이 말하였다.

"좋은 말이오!"

| 원문 |

王曰; 然則其爲人上何如?

孫卿曰: 其爲人上也, 廣大矣. 志意定乎內, 禮節脩乎朝, 法則度量正乎官, 忠信愛利形乎下. 行一不義, 殺一無罪, 而得天下, 不爲也. 此君義信乎人矣, 通於四海, 則天下應之如讙.[1] 是何也? 則貴名白而天下治也.

故近者歌謳而樂之, 遠者竭蹶[2]而趨[3]之, 四海之內若一家, 通達之屬, 莫不從服. 夫是之爲人師.[4]

---

1 如讙(여훤) : 왁자지껄 시끄럽게 떠드는 것.
2 竭蹶(갈궐) : 엎어지고 쓰러지고 하면서 허겁지겁 달려오는 모양.
3 趨(추) : 달려오는 것.
4 師(사) : 사장(師長), 우두머리의 뜻.

詩曰:⁵ 自西自東, 自南自北, 無思⁶不服. 此之謂也.
夫其爲人下也如彼, 其爲人上也如此, 何謂其無益於人之國也!
昭王曰; 善!

| 해설 |

만약 선비가 임금이 된다면 어떻게 될까? 그는 덕이 있어서 예절과 법도로 정치를 해 백성들로 하여금 그를 믿고 따르게 만들 것이다. 온 세상을 한 집안처럼 만들려는 유가의 덕치주의 이상은 선비가 임금이 될 때 이루어질 것이다.

이처럼 선비는 피지배자의 위치에 있든 지배자의 위치에 있든 나라와 백성들을 위해 크게 이롭다는 것이다.

4

옛 임금들의 도란 어짊(仁)이 융성하여 이룩된 것으로, 올바름을 따라 행하게 되는 것이다. 무엇을 올바름이라 하는가? 예의가 바로 그것이다. 도란 하늘의 도도 아니요, 땅의 도도 아니며, 사람들의 근본이 되는 도이며, 군자가 지켜야 할 도이다.

군자가 이른바 현명하다고 하는 것은 사람들이 할 수 있는 일을 다 할 수 있다는 뜻이 아니다. 군자가 이른바 지혜롭다고 하는 것은 사람들이 알 수 있는 것을 다 알 수 있다는 뜻이 아니다. 군자가 이른바

---

5 詩曰(시왈) : 『시경』 대아(大雅) 문왕유성(文王有聲)편에 보이는 구절.
6 思(사) : 『시경』에 흔히 쓰이는 조사. 별 뜻이 없음.

말을 잘한다고 하는 것은 사람들이 할 수 있는 말을 다 잘할 수 있다는 뜻이 아니다. 군자가 이른바 잘 살펴 안다고 하는 것은 사람들이 살펴 알 수 있는 것을 다 잘 살펴 안다는 뜻이 아니다. 그들은 근거로 삼는 예의가 있다는 것이다.

땅의 높고 낮음을 둘러보고 땅이 거칠고 기름진 것을 알아보며 오곡을 땅의 성질을 따라 심는 데는, 군자는 농사꾼만 못하다. 재물을 유통시키고 물건이 좋고 나쁜 것을 알아보며 비싼 것과 값싼 것을 분별하는 데는, 군자는 장사꾼만 못하다. 그림쇠와 굽은자를 써서 둥근 것과 모난 것을 가늠하고 먹줄을 써서 똑바르게 모양을 가늠하며 여러 가지를 만들어 쓰기에 편리하게 하는 일에는, 군자는 공인(工人)만 못하다. 옳고 그른 것과 그렇고 그렇지 않은 실정과는 상관없이 상대방을 밟아 누르고 상대방을 부끄럽게 만드는 일에는, 군자는 궤변가인 혜시나 등석만 못하다.

그러나 사람들의 덕을 따져서 지위의 차례를 정하고, 능력을 헤아려 벼슬을 주며, 현명한 사람과 못난 사람이 모두 그에게 맞는 지위를 얻게 하고, 능력 있는 사람과 무능한 사람이 모두 그에게 맞는 벼슬을 받게 하며, 만물이 모두 그 합당한 위치를 얻게 하고, 사물의 변화가 모두 적절한 대응을 받게 하며, 신도와 묵적 같은 자들이 그들의 이론을 내놓을 수 없게 하고, 혜시와 등석 같은 자들의 궤변이 받아들여질 곳이 없게 하며, 말은 반드시 이치에 합당하게 하고, 일은 반드시 맡은 임무에 합당하게 한다. 이러한 것이야말로 군자가 잘하는 일이다.

| 원문 |

先王之道, 仁之隆[1]也, 比中[2]而行之. 曷謂中? 曰禮義是也. 道者, 非

天之道, 非地之道, 人之所以道也, 君子之道也.

君子之所謂賢者, 非能徧能³人之所能之謂也. 君子之所謂知者, 非能徧知人之所知之謂也. 君子之所謂辯者, 非能徧辯人之所辯之謂也. 君子之所謂察者, 非能徧察人之所察之謂也. 有所正⁴矣.

相高下, 視墝肥,⁵ 序五種,⁶ 君子不如農人. 通財貨, 相美惡, 辯貴賤, 君子不如賈人. 設規矩,⁷ 陳繩墨,⁸ 便備用,⁹ 君子不如工人. 不卹¹⁰是非然不然之情,¹¹ 以相薦撙,¹² 以相恥怍,¹³ 君子不若惠施¹⁴鄧析.¹⁵

若夫謫德¹⁶而定次,¹⁷ 量能而授官, 使賢不肖皆得其位, 能不能皆得其官, 萬物得其宜, 事變得其應,¹⁸ 愼墨¹⁹不得進其談, 惠施鄧析不敢竄²⁰其

---

1 隆(융) : 융성하다, 성대하다.
2 比中(비중) : 올바름을 따르는 것. '중'은 올바른 것, 중정한 것, '비'는 따르다, 가까이 하다의 뜻.
3 徧能(편능) : 모든 것을 두루 잘하는 것, 어떤 것에나 두루 능력이 있는 것.
4 所正(소정) : '정'은 지(止)의 잘못(楊倞, 王念孫). 근거로 하는 것, 처신하는 곳의 뜻. 여기서는 예의를 근거로 함을 뜻한다.
5 墝肥(요비) : 땅이 척박한 것과 비옥한 것.
6 五種(오종) : 오곡. 대표적인 다섯 가지 곡식.
7 規矩(규구) : 가늠쇠와 굽은자. 가늠쇠는 원을 가늠하고, 굽은자는 직각을 가늠하는 기구. 주로 목수들이 많이 썼음.
8 繩墨(승묵) : 먹줄. 직선을 가늠하는 데 쓰는 기구.
9 備用(비용) : 여러 가지 쓸 물건을 갖추는 것.
10 不卹(불휼) : 걱정하지 않다, 상관하지 않다.
11 情(정) : 실정, 실상.
12 薦撙(천준) : 밟고 억누르다.
13 恥怍(치작) : 부끄러워하다, 수치로 여기다.
14 惠施(혜시) : 제3편 불구 제1절 참조.
15 鄧析(등석) : 제3편 불구 제1절 참조.
16 謫德(적덕) : 적은 휼(譎)의 잘못(楊倞, 王念孫). 사람들의 덕을 따지는 것.
17 定次(정차) : 신분의 차례를 정하다.
18 得其應(득기응) : 거기에 적절한 대응이 있도록 하다.
19 愼墨(신묵) : 신도(愼到)와 묵적(墨翟). 제6편 비십이자 제2절 참조.

察. 言必當理, 事必當務. 是然後君子之所長也.

| 해설 |

　군자들이 행하는 옛 임금의 도란 곧 모두가 예의에 합당한 것임을 해설한 뒤, 세상에서 군자들이 잘하는 일이란 어떤 것인가를 설명하고 있다. 유가의 개념에 따르면 군자는 곧 안정된 사회라면 지배 계급이 됨을 뜻하기도 한다.

5

　모든 일을 행할 때는, 사리에 따라 유익한 것은 세워 주고, 사리에 따라 아무런 이익도 되지 못하는 것은 내친다. 이러한 것을 일에 들어맞게 하는 것이라 한다.
　모든 지혜와 이론은 사리에 따라 유익한 것은 행해지게 하고, 사리에 따라 아무런 이익도 되지 못하는 것은 버린다. 이러한 것을 이론에 들어맞게 하는 것이라 한다.
　일을 행함에 있어 사리에 맞지 않는 것을 간악한 일이라 한다. 지혜와 이론이 사리에 맞지 않는 것을 간악한 도라 한다. 간악한 일과 간악한 도는 잘 다스려지는 세상에서는 버려지고, 어지러운 세상에서는 따르게 되는 것이다. 그러한 것은 충실한 것과 공허한 것을 서로 엇바꿔 놓고 주장하거나, 굳은 돌은 돌이 아니고 흰말은 말이 아니라거나 〔堅白〕 대동(大同)은 소동(小同)과 다르다〔同異〕고 주장하는 것 같

---

20 竄(찬) : 받아들여지다, 용납되다(王先謙).

은 일들이다. 그러한 것들은 밝은 귀로도 알아들을 수 없는 것이고, 밝은 눈으로도 볼 수가 없는 것이며, 말 잘하는 사람도 표현할 수가 없는 일이다. 비록 성인의 지혜를 지녔다 하더라도 바로 잘못을 가르쳐 줄 수가 없다.

그런 것은 알지 못한다 해도 군자에게는 아무런 지장이 없으며, 그것을 잘 알고 있다 해도 소인으로서 달라질 것이 없다. 그런 것은 공인이 알지 못한다고 해도 기술을 발휘하는 데에 아무런 지장도 없으며, 군자가 알지 못한다고 해도 다스림을 펴는 데에 아무런 지장도 없다.

임금이 그런 것을 좋아하면 법을 어지럽히고, 백성들이 그런 것을 좋아하면 하는 일을 어지럽힌다. 그러나 미치고 미혹되고 어리석고 비루한 자들은 그의 무리들을 이끌고 그러한 이론들을 내세우면서 비유를 들며 주장을 밝히는데 자신이 늙고 아이들이 나이 먹도록 그것이 악한 일임을 알지 못한다. 이러한 자들을 가장 어리석은 자들이라 한다. 그러한 일은 닭이나 개를 잘 품평하여 유명해지는 것만도 못한 것이다. 『시경』에 "귀신이나 단호(短狐)가 되면 남들이 볼 수 없을 것인데, 얼굴 부끄럽게도 남들이 좋지 않게 보고 있네. 이러한 좋은 노래 지어 비뚤어진 그대들 마음 바로잡으려는 것이네"라고 읊은 것은, 이것을 뜻하는 말이다.

| 원문 |

凡事行, 有益於理者, 立之, 無益於理者, 廢之. 夫是之謂中事.[1]

---

1 中事(중사) : 일에 들어맞는 것, 올바른 일.

凡知說, 有益於理者, 爲之, 無益於理者, 舍之. 夫是之謂中說.[2]

事行失中謂之姦事, 知說失中謂之姦道. 姦事, 姦道, 治世之所棄而亂世之所從服也. 若夫充虛之相施易[3]也, 堅白同異之分隔[4]也, 是聰耳之所不能聽也, 明目之不能見也, 辯士之所不能言也, 雖有聖人之知, 未能僂指[5]也.

不知, 無害爲君子, 知之, 無損爲小人. 工匠不知, 無害爲巧, 君子不知, 無害爲治.

王公好之則亂法, 百姓好之則亂事. 而狂惑戇陋[6]之人, 乃始率其羣徒, 辯其談說, 明其辟稱,[7] 老身長子, 不知惡也. 夫是之謂上愚, 曾不如相鷄狗[8]之可以爲名也. 詩曰:[9] 爲鬼, 爲蜮,[10] 則不可得! 有靦[11]面目, 視人罔極.[12] 作此好歌, 以極反側.[13] 此之謂也.

---

2 中說(중설) : 이론에 들어맞는 것, 올바른 이론.
3 相施易(상이역) : 서로 엇바꾸어 주장하다. 충실한 것은 공허하다 하고, 공허한 것은 충실하다고 하는 것. '이'는 이(移)와 같은 뜻.
4 分隔(분격) : 나누어 떼어놓는 것. 궤변가들이 흰 돌 하나를 놓고 굳은 돌과 흰 돌은 다른 것이라 주장하는 것.
5 僂指(누지) : 재빨리 지적하다, 곧 가르쳐 주다.
6 戇陋(당루) : 어리석고 비루한 것.
7 辟稱(비칭) : 비유를 들며 얘기하는 것
8 相鷄狗(상계구) : 닭과 개의 관상을 보다. 닭과 개의 외양을 보고 좋고 나쁜 것을 가려내는 것.
9 詩曰(시왈) : 『시경』 소아(小雅) 하인사(何人斯)시에 보이는 구절.
10 蜮(역) : 단호(短狐)라고도 하며, 강물에 살면서 사람을 해치는 귀신.
11 有靦(유면) : 부끄러워하는 모양.
12 罔極(망극) : 불량, 좋지 않게 보는 것.
13 極反側(극반측) : 비뚤어진 것을 바로잡다.

| 해설 |

여기서는 사리에 어긋나는 간악한 일과 간악한 도의 폐해를 강조하고 있다. 이 간악한 일과 간악한 도에서 궤변 같은 사설과 이단이 발전하기 때문이다.

6

내가 천하면서 귀해지려 하고, 어리석으면서 지혜롭게 되려 하고, 가난하면서 부유해지려 한다면 가능한 일이겠는가? 그것은 오직 학문을 통해서만 가능하다. 배운 것을 행하면 선비〔士〕라 불리고, 그것에 힘쓰면 군자가 되고, 그것에 통달하면 성인이 된다. 위로는 성인이 되고 아래로는 선비와 군자가 되는데 누가 나를 막을 수 있겠는가?

조금 전에는 아둔한 길거리의 사람이었는데, 갑자기 요임금·우임금과 나란히 하게 된다면 어찌 천하였다가 귀해지는 것이 아니겠는가? 조금 전에는 문과 방도 혼동되어 명백히 구별할 수 없었는데, 갑자기 어짊과 의로움을 근본으로 삼고 옳고 그름을 분별하며, 천하를 손바닥 위에서 주무르면서 희고 검은 것을 분별해 논한다면, 어찌 어리석다가 지혜롭게 된 것이 아니겠는가? 조금 전에는 묶여 있는 죄인이었는데 갑자기 천하를 다스리는 큰 그릇이 여기에 있다고 모두가 말한다면, 어찌 가난하였다가 부유해진 것이 아니겠는가?

어떤 사람이 구두쇠 노릇을 하여 천금의 보물을 저축하고 있다면, 비록 길거리에서 구걸하여 먹고 지낸다 하더라도 사람들은 그를 부자라 할 것이다. 그런데 천하를 다스리는 보물이란, 그것으로 옷을 사서 입으려 해도 사 입을 수가 없고, 그것으로 음식을 사서 먹으려 해도 사 먹을 수가 없으며, 그것을 팔려고 해도 쉽게 팔릴 수가 없는 것이다. 어찌 크게 부유해지는 기능이 진실로 여기에 있기 때문이 아니겠는가? 이러한 위대함도 부유함이라 할 수 있다. 그러니 어찌 가난하였다가 부유해진 것이 아니라 하겠는가?

| 원문 |

我欲賤而貴, 愚而智, 貧而富, 可乎? 曰; 其唯學乎! 彼學者, 行之, 曰士也, 敦慕[1]焉, 君子也, 知之, 聖人也. 上爲聖人, 下爲士君子, 孰禁我哉!

鄕[2]也, 混然[3]塗[4]之人也, 俄[5]而竝乎堯禹, 豈不賤而貴矣哉! 鄕也, 效[6]門室之辨, 混然曾不能決也, 俄而原仁義, 分是非, 圖[7]回天下於掌上而辨白黑, 豈不愚而知矣哉! 鄕也, 胥[8]靡[9]之人, 俄而治天下之大器擧在此, 豈不貧而富矣哉!

今有人於此, 屑然[10]藏千溢[11]之寶, 雖行貸[12]而食, 人謂之富矣. 彼寶

---

1 敦慕(돈모) : '돈'은 면(勉)의 뜻(爾雅). '모'는 모(慔)와 통해, 힘쓰는 것(說文). 따라서 돈모도 힘쓴다는 뜻임.
2 鄕(향) : 향(向)과 통하여, 조금 전, 아까.
3 混然(혼연) : 멍청한 것, 아무것도 모르는 모양.
4 塗(도) : 도(途)와 통하는 자.
5 俄(아) : 갑자기.
6 效(효) : 명백히 하는 것, 뚜렷이 하는 것.
7 圖(도) : 어떤 일을 하려 하는 것. 둥글 원(圓)과 통해 도회(圖回)를 원전(圓轉), 곧 둥글게 돈다는 뜻으로 보는 이도 있다.
8 胥(서) : 서로.
9 靡(미) : 얽어 묶는 것. 서미(胥靡)는 죄인들이 오랏줄에 죽 묶여 있는 것.
10 屑然(설연) : 구두쇠 노릇을 하는 모양.
11 千溢(천일) : '일'은 일(鎰)과 통해 금의 무게를 세는 단위. 1일은 24냥(兩)이다. 천금(千金)이라 번역해 두었다.

也者, 衣之, 不可衣也, 食之, 不可食也, 賣之, 不可僂售[13]也. 然而人謂之富, 何也? 豈不大富之器[14]誠在此也? 是杅杅[15]亦富人已, 豈不貧而富矣哉!

| 해설 |

여기서는 학문의 효용을 강조하고 있다. 학문은 사람을 갑자기 귀하게 만들고 지혜롭게 만들고 부유하게 만드는 유일한 길이라는 것이다. 학문을 착실히 하면 작게는 선비나 군자, 크게는 성인이 될 수 있는 것이기 때문에 사람을 위해 학문처럼 유익한 것은 없는 것이다.

7

그러므로 군자는 벼슬이 없어도 신분이 귀하고, 받는 녹이 없어도 부유하며, 말하지 않아도 신의가 있고, 성내지 않아도 위엄이 있으며, 궁하게 지내더라도 영화롭고, 혼자 산다 하더라도 즐겁다. 그러니 어찌 지극히 존귀하고 지극히 부유하고 지극히 중대하고 지극히 위엄이 있게 되는 본질이, 모두 그에게 쌓여 있기 때문이 아니겠는가? 그러므로 귀중한 명성은 나쁜 자들과 작당함으로써 다투어 얻어질 수 있는 것이 아니고, 허세로 얻을 수 있는 것이 아니며, 권세로 협박해 얻을 수 있는 것이 아니고, 반드시 진실로 그러한 연후에야 얻을 수 있

---

12 行貸(행대) : 길거리에서 구걸을 하는 것.
13 僂售(루수) : 금방 팔리다, 쉽게 팔리다.
14 器(기) : 그릇, 기능.
15 杅杅(우우) : 위대한 모양(王引之).

는 것이다. 그러한 명성은 다투면 잃고 사양하면 오히려 따라오며 도를 따르면 쌓이고 허세를 부리면 없어진다.

그러므로 군자는 그의 속을 수양하기에 힘쓰며 밖으로는 사람들에게 사양한다. 자신에게 덕이 쌓이도록 힘쓰며 처신은 오직 도만을 따른다. 이와 같이 하면 존귀하다는 명성이 해와 달처럼 떠오를 것이고, 온 천하가 우레가 울리듯 호응할 것이다. 그러므로 "군자는 숨어 있어도 드러나고 미천해도 밝게 알려지며 사양함으로써 남을 이긴다"고 하는 것이다. 『시경』에 "학이 높은 언덕에서 우니 소리가 하늘에까지 퍼지네"라고 읊은 것도, 이것을 뜻하는 말이다.

비천한 사람은 이와는 반대이다. 나쁜 자들과 작당해 그와 벗하는 사람들이 더욱 적어지며, 비열하게 다투어 명성은 더욱 욕되어진다. 번거로이 수고하면서 편안함과 이익을 추구하지만 그 자신은 더욱 위태로워진다. 『시경』에 "백성들 중 좋지 못한 자들은 오직 남을 원망하며, 벼슬만은 사양하지 않으니 자신을 망치게 되네"라고 읊은 것도, 이것을 뜻하는 말이다.

| 원문 |

故君子無爵而貴, 無祿而富, 不言而信, 不怒而威, 窮處而榮, 獨居而樂. 豈不至尊至富至重至嚴之情, 擧[1]積此哉! 故曰; 貴名不可以比周[2]爭也, 不可以夸誕[3]有也, 不可以埶重[4]脅也, 必將誠此然後就[5]也. 爭之則

---

1 擧(거) : 모두, 다.
2 比周(비주) : 나쁜 자들과 친하게 지내며 작당하는 것.
3 夸誕(과탄) : 과장된 큰소리.
4 埶重(세중) : 대단한 권세.

失, 讓之則至, 遵道則積, 夸誕則虛.

故君子務脩其內而讓之於外, 務積德於身而處之以遵道. 如是, 則貴名起如日月, 天下應之如雷霆. 故曰；君子隱而顯, 微而明, 辭讓而勝. 詩曰；⁶ 鶴鳴於九皐,⁷ 聲聞於天. 此之謂也.

鄙夫⁸反是. 比周而譽兪少, 鄙爭⁹而名兪辱. 煩勞以求安利, 其身兪危. 詩曰；¹⁰ 民之無良,¹¹ 相怨一方. 受爵不讓, 至於己斯亡. 此之謂也.

| 해설 |

군자는 모든 일에 겸손하고 사양하지만, 내면에 쌓은 덕 때문에 더욱 고귀하고 부유한 삶을 누리게 된다. 그러나 비천한 소인들은 그 반대로 허욕을 부리고 이익을 다투지만 결국은 스스로를 위태롭게 할 따름이라는 것이다.

8

그러므로 능력은 적은데도 큰 일을 하려 하는 것은, 마치 힘은 적으면서도 무거운 것을 들려는 것과 같아서 그의 몸이 부서지고 뼈가 부러질 것이다. 자신은 못났으면서도 거짓으로 현명한 체하는 것은,

---

5 就(취) : 성취, 이룩되다.
6 詩曰(시왈) : 『시경』 소아(小雅) 학명(鶴鳴) 시의 구절.
7 九皐(구고) : 높은 언덕. '구'는 고(高)의 뜻.
8 鄙夫(비부) : 비열한 남자, 비천한 사람.
9 鄙爭(비쟁) : 비열하게 다투다.
10 詩曰(시왈) : 『시경』 소아(小雅) 각궁(角弓) 시의 구절.
11 無良(무량) : 좋지 않은 자들.

몸은 곱사등이면서도 높은 곳에 올라가기를 좋아하는 것과 같아서 그의 숙여진 머리꼭지를 손가락질하며 비웃는 사람들이 더욱 많아질 것이다.

그러므로 명철한 임금은 사람들의 덕을 판단해 벼슬자리에 차례대로 앉힌다. 이것이 어지러워지지 않는 이유이다. 충성된 신하는 진실로 능력이 있어야만 감히 내리는 직위를 받는다. 이것이 직무를 수행할 때 궁지에 몰리는 일이 없는 이유이다. 위로는 신분의 차례가 어지럽지 않고, 아래로는 직무 수행 능력이 궁지에 몰리는 일이 없게 되니, 이것이 정치의 극치이다. 『시경』에 "사방이 잘 다스려지고, 모두가 잘 따르고 있네"라고 읊은 것도, 바로 위아래가 잘 어우러져 어지럽지 않음을 뜻하는 말이다.

| 원문 |

故能小而事大, 辟之¹是猶力之少而任重也, 舍粹折²無適也.³ 身不肖而誣賢,⁴ 是猶傴伸⁵而好升高也, 指其頂⁶者愈衆.

故明主譎德⁷而序位, 所以爲不亂也. 忠臣誠能然後敢受職, 所以爲不窮⁸也. 分不亂於上, 能不窮於下, 治辯⁹之極也. 詩曰;¹⁰ 平平¹¹左右, 亦

---

1 辟之(비지) : 비유를 들면, 마치 ~같다.
2 粹折(수절) : '수'는 수(碎)와 통해(楊倞), 몸이 부서지고 뼈가 부러지는 것.
3 無適也(무적야) : 달리 갈 곳이 없다.
4 誣賢(무현) : 스스로 거짓 현명한 체하는 것.
5 傴伸(구신) : '신'은 신(身)과 통하여(楊倞), 몸이 곱사등이인 것.
6 指其頂(지기정) : 곱사등이의 숙여진 머리꼭지를 손가락질하며 비웃는 것.
7 譎德(휼덕) : '휼'은 결(決)의 뜻으로(王先謙), 덕을 판단하다.
8 不窮(불궁) : 직무를 수행함에 궁지에 몰리지 않는 것.
9 治辯(치변) : '변'도 치(治)의 뜻(王先謙). 다스림, 정치.

是率從.¹² 是言上下之交不相亂也.

| 해설 |

임금은 그의 신하들의 능력을 올바로 판별해 적절한 벼슬을 내려 줌으로써, 신하들이 그들의 능력을 제대로 발휘할 수 있게 해야 한다는 것이다. 그래야 위아래가 화합해 모두가 질서를 지키는 이상적인 사회가 이루어질 것이다.

9

세상 습속을 따르는 것을 잘하는 일이라 생각하고, 재물을 보배로 여기며, 자기 삶을 보양하는 것을 자기를 위하는 지극한 도라 생각하는 것은, 바로 일반 백성들의 습성이다.

법도를 지극히 굳건하게 실천하고, 사사로운 욕심으로 들은 가르침을 어지럽히는 일이 없다면, 그는 강직한 선비라 할 수 있다.

법도를 지극히 굳건하게 실천하고, 들은 가르침을 바르게 닦기를 좋아하여 성정을 바로잡으며, 말은 대부분이 합당하기는 하나 모든 것을 이해하지는 못하고 있고, 행동은 대부분이 합당하기는 하나 아직도 안정되지 못한 점이 있으며, 지혜와 생각은 대부분이 합당하기는 하나 전혀 빈틈이 없는 것은 아니고, 위로는 존경하는 사람을 위대하게 하고 아래로는 자기만 못한 사람들을 깨우치고 인도해 줄 수 있

---

10 詩曰(시왈) : 『시경』 소아(小雅) 채숙(采菽) 시에 나오는 구절.
11 平平(평평) : 잘 다스려진 모양.
12 率從(솔종) : 모두가 잘 따르는 것.

다면, 그는 독실한 군자라 할 수 있다.

여러 성왕들의 법도를 흰 것과 검은 것을 분별하듯 분명하게 닦고, 당시의 변화에 하나 둘을 세듯 확실하게 대응하며, 예의 절도를 실천케 하여 세상을 자기 손발을 움직이듯 자연스럽게 안정시키고, 공로를 이룩하는 교묘함이 사철의 순환을 알려주듯 시의적절하며, 올바르게 다스려 억만의 백성을 한 사람처럼 움직여 화합케 한다면, 그는 성인이라 할 수 있다.

| 원문 |

以從俗爲善, 以貨財爲寶, 以養生爲己至道, 是民德[1]也.

行法志堅,[2] 不以私欲亂所聞,[3] 如是, 則可謂勁士[4]矣.

行法志堅, 好脩正其所聞, 以橋飾[5]其情性, 其言多當矣, 而未諭[6]也, 其行多當矣, 而未安也, 其知慮多當矣, 而未周密[7]也, 上則能大其所隆,[8] 下則能開道不己若者, 如是, 則可謂篤厚君子矣.

脩百王之法, 若辨白黑, 應當時之變, 若數一二, 行禮要節[9]而安之, 若生四枝,[10] 要時[11]立功之巧, 若詔四時,[12] 平正和民之善, 億萬之衆而博[13]

---

1 德(덕) : '덕'은 사람의 행동과 관련되는 것이어서 행동·행실·습성의 뜻으로도 쓰인다.
2 志堅(지견) : 지극히 견고함, 지극히 굳건함.
3 所聞(소문) : 들은 것, 가르침.
4 勁士(경사) : 강직한 선비.
5 橋飾(교식) : '교'는 교(矯)와 통하여, 바로잡는 것.
6 未諭(미유) : 모든 이치를 다 알지는 못하는 것.
7 周密(주밀) : 세밀한 것, 빈틈이 없는 것.
8 所隆(소륭) : 그가 존중하는 사람.
9 行禮要節(행례요절) : 예의를 실천하고 절도가 행해지게 하는 것.
10 生四枝(생사지) : 몸에 사지가 나 있듯 하는 것, 자기 손발을 움직이듯 하는 것.
11 要時(요시) : 때에 맞추다, 시의 적절하게 하는 것.

若一人, 如是, 則可謂聖人矣.

| 해설 |

여기서는 일반 백성, 강직한 선비, 독실한 군자, 성인의 습성을 각각 설명하고 있다. 순자는 사람들의 품성을 크게 네 종류로 나누어 생각하였다. 선비 이상의 사람들은 악해질 수는 없는 사람들이라 여겨진다.

10

 조리가 반듯하고, 위엄 있게 자기를 공경할 수 있으며, 하는 일의 시작과 종말이 굳건하게 한결같고, 그의 일이 안락하게 오래 갈 수 있으며, 그가 지키는 도는 뚜렷하여 위태로워지지 않고, 그가 쓰는 지혜는 밝고 분명하며, 그의 기강은 정제하게 유지되고, 그의 언행에는 무늬가 아름답게 드러나며, 사람들의 훌륭함을 기뻐하며 즐기고, 남들이 합당하지 못한 일을 하는 것을 은근히 두려워한다면, 그는 성인이라 할 수 있다.
 그것은 그의 도가 일(一)에서 나왔기 때문이다. 어떤 것을 일이라 하는가? 신(神)을 잘 지켜 굳건한 것이다. 어떤 것을 신이라 하고, 어떤 것을 굳건하다고 하는가? 온 마음이 선해 다스림이 두루 미치는 것을 신이라 하고, 어떤 사물도 그것을 기울어뜨리지 못하는 것을 굳건하다고 한다.

---

12 詔四時(조사시) : 하늘이 사철의 변화를 알려주는 것.
13 博(박) : 단(摶) 자의 잘못(王念孫), 다루다, 움직이다.

신하고 굳건한 사람을 성인이라 한다. 성인이란 도의 중추가 되는 사람이다. 천하의 도의 중추가 바로 이것이며, 여러 성왕의 도가 일이라는 것도 바로 이것이다. 그러므로 『시경(詩經)』· 『서경(書經)』· 『예경(禮經)』· 『악경(樂經)』도 모두 여기에 다다른다. 『시경』에서 말하고 있는 것은 성인의 뜻이다. 『서경』에서 말하고 있는 것은 성인의 일이다. 『예경』에서 말하고 있는 것은 성인의 행실이다. 『악경』에서 말하고 있는 것은 성인의 조화이다. 『춘추(春秋)』에서 말하고 있는 것은 성인의 은밀한 뜻이다.

그러므로 『시경』의 국풍(國風)이 방탕한 방향으로 흐르지 않은 까닭은 성인의 뜻을 취하여 조절하였기 때문이다. 『시경』 소아(小雅)가 소아다운 까닭은 성인의 뜻을 취하여 꾸몄기 때문이다. 『시경』 대아(大雅)가 대아다운 까닭은 성인의 뜻을 취하여 빛나게 하였기 때문이다. 『시경』 송(頌)이 지극하게 된 까닭은 성인의 뜻을 취하여 세상에 통달하게 하였기 때문이다.

천하의 도는 모두가 여기에 집약되어 있다. 이를 추구하는 사람은 훌륭하게 되고, 이를 배반하는 자는 멸망한다. 이를 추구하였는데도 훌륭하게 되지 못하였다거나, 이를 배반하였는데도 망하지 않았다는 자는, 예로부터 지금까지 있은 일이 없었다.

| 원문 |

井井兮[1] 其有理也. 嚴嚴兮[2] 其能敬己也. 分分兮[3] 其有終始也. 猒猒兮[4]

---

1 井井兮(정정혜) : 반듯반듯한 모양, 조리가 있는 모양.
2 嚴嚴兮(엄엄혜) : 위엄이 있는 모양.
3 分分兮(분분혜) : '분은 개(介)가 잘못 쓰인 것(王念孫), 굳건한 모양.

其能長久也. 樂樂兮[5]其執道不殆也. 炤炤兮[6]其用知之明也. 脩脩兮[7]其用統類[8]之行也. 綏綏兮[9]其有文章也. 熙熙兮[10]其樂人之臧[11]也. 隱隱兮[12]其恐人之不當也. 如是, 則可謂聖人矣.

此其道出乎一. 曷謂一? 曰; 執神而固. 曷謂神? 曰; 盡善挾治[13]之謂神. 曷謂固? 曰; 萬物莫足以傾之之謂固.

神固之謂聖人. 聖人也者, 道之管[14]也. 天下之道管是矣, 百王之道一是矣, 故詩書禮樂之歸[15]是矣. 詩言是, 其志也. 書言是, 其事也. 禮言是, 其行也. 樂言是, 其和也. 春秋言是. 其微[16]也.

故風之所以爲不逐[17]者, 取是以節之也. 小雅之所以爲小雅者, 取是而文之也. 大雅之所以爲大雅者, 取是而光之也. 頌之所以爲至者, 取是而通之也.

天下之道畢[18]是矣. 鄕[19]是者臧, 倍[20]是者亡. 鄕是如不臧, 倍是如不亡

---

4 猒猒兮(염염혜) : 편안한 모양(王先謙).
5 樂樂兮(낙낙혜) : '낙'은 력(櫟)과 통하여(俞樾), 돌이 대글대글한 모양, 뚜렷한 모양.
6 炤炤兮(초초혜) : 밝게 보이는 모양.
7 脩脩兮(수수혜) : 정제한 모양.
8 統類(통류) : 기강, 모든 것을 통할하는 것.
9 綏綏兮(수수혜) : 아름다운 모양, 편안한 모양.
10 熙熙兮(희희혜) : 기뻐하고 즐거워하는 모양.
11 臧(장) : 훌륭함, 선함.
12 隱隱兮(은은혜) : 은근한 모양, 두려워하는 모양.
13 挾治(협치) : '협'은 협(浹)과 통하여(楊倞), 다스림이 두루 미치는 것.
14 管(관) : 중추, 가장 중요한 것.
15 歸(귀) : 귀착되는 곳.
16 微(미) : 미지(微旨). 글로는 분명히 표현되지 않은 그 뒤에 숨겨져 있는 은밀한 뜻.
17 逐(축) : 방탕한 방향으로 흐르는 것.
18 畢(필) : 모두가 집약되어 있는 것.
19 鄕(향) : 향하다, 추구하다.
20 倍(배) : 배반하다.

者, 自古及今, 未嘗有也.

| 해설 |

여기서는 성인의 성격을 묘사한 뒤에, 사람은 성인의 도를 추구하면 훌륭하게 되고, 반대로 성인의 도를 배반하면 멸망함을 강조하고 있다.

11

한 손님이 말하였다.

"공자께서는 '주공은 대단한 분이다. 자신이 존귀해질수록 더욱 공손하였고, 집안이 부유해질수록 더욱 검소하였으며, 적과 싸워 이길수록 더욱 경계를 엄히 하였다'라고 말씀하셨습니다."

거기에 대답하였다.

"그것은 아마도 주공이 한 일도 아니려니와 공자의 말씀도 아닐 것이오. 무왕이 돌아가셨을 때 아들 성왕이 어려, 주공이 성왕을 밀쳐내고 무왕의 뒤를 계승해 천자의 자리에 올라 병풍을 등지고 앉으니, 제후들은 당 아래를 종종걸음으로 왔다갔다 하였소. 이러할 때 그 누가 주공이 공경스럽다고 할 수 있겠소? 온 천하를 다스리면서 71개의 나라를 세웠는데, 그 중 주공과 같은 희성(姬姓)의 나라만도 53개였소. 주나라 왕실의 자손이라면 진실로 미치거나 정신 나간 자가 아니라면 모두가 천하에 드러나는 제후가 되었는데, 그 누가 주공이 검소하다고 할 수 있겠소?

또한 무왕이 은나라 주왕을 칠 때, 군사를 출발시킨 날은 병가들이 꺼리는 액운의 날이었소. 동쪽을 향해 진군하는 것은 태세(太歲)를 거스르는 것이어서, 범수(氾水)에 이르자 물이 범람하였고, 회(懷)에 이르자 땅이 무너졌으며, 공두산(共頭山)에 이르자 산이 무너져 내렸소. 곽숙(霍叔)은 두려워서 '군사가 출발한 지 사흘 만에 다섯 가지 재난을 만났으니, 계속 진군해서는 안 되는 것이 아닐까요?' 하고 말하였소. 그러나 주공은 '충신 비간(比干)의 가슴을 쪼개어 보고, 기자(箕子)를 옥에 가두고, 못된 비렴(飛廉)과 오래(惡來)가 정권을 휘두르고 있는데, 어째서 안 될 수가 있겠소?' 하고 말하면서, 끝내 말머리를 가지런히 하고 나아가도록 하였소. 조반은 척(戚)에서 먹고, 저녁에는 백천(百泉)에서 묵은 다음, 새벽에는 목(牧)의 들판에서 적을 만나 압박하면서 북을 울리며 전진하니, 주왕의 군사들이 방향을 돌려 자기편을 공격하였으므로 마침내는 은나라 사람들의 힘을 빌려 주왕을 정벌하게 되었소.

곧 적을 죽인 것은 주나라 사람들이 아니라 은나라 사람들 자신이었소. 그러므로 무왕의 군대는 적의 머리를 잘라 오거나 포로를 잡아오는 전과도 없었고, 어려움을 극복하고 싸움에 이긴 데 대한 상도 내린 것이 없었소. 되돌아와서는 가죽으로 만든 갑옷·투구·방패의 세 가지 병기들을 없애고, 단검·칼·창·갈래진 창·화살 등 다섯 가지 무기를 거두어들였소. 온 천하를 합병하고 새로운 음악을 만들었소. 이에 무왕의 공로를 칭송하는 무상(武象)이 생겨나고, 은나라에서 쓰던 소호(韶護) 같은 음악은 폐지되었던 것이오.

온 세상 사람들은 모두가 마음을 변화시키고 생각을 바꾸어 주나라에 귀화해 따르게 되었소. 그러므로 모든 사람들이 집밖의 문을 닫지 않게 되고, 온 천하에 걸쳐 아무런 경계도 없게 되었던 것이오. 이러한 때에 또 누구를 위해 주공이 경계를 엄히 하였겠소?"

| 원문 |

客¹有道曰；孔子曰；周公其盛乎！身貴而愈恭, 家富而愈儉, 勝敵而愈戒.

應之曰；是殆非周公之行, 非孔子之言也. 武王崩, 成王幼, 周公屛² 成王而及武王. 履天子之籍, 負扆³而坐, 諸侯趨走⁴堂下. 當是時也, 夫又誰爲恭矣哉! 兼制⁵天下, 立七十一國, 姬姓獨居五十三人焉, 周之子孫, 苟不狂惑者, 莫不爲天下之顯諸侯. 孰謂周公儉哉!

武王之誅紂也, 行之日以兵忌,⁶ 東面而迎太歲,⁷ 至氾⁸而汎,⁹ 至懷¹⁰而壞, 至共頭¹¹而山隧.¹² 霍叔¹³懼曰；出三日而五災至, 無乃不可乎？周公曰；刳比干¹⁴而囚箕子,¹⁵ 飛廉¹⁶惡來知政, 夫又惡有不可焉! 遂選馬¹⁷

---

1 客(객) : 나그네. 권력자들에 붙어 먹고살던 식객이라 보아도 좋다.
2 屛(병) : 물리치다.
3 扆(의) : 문[戶]과 창[牖] 사이의 위치(楊倞). 방안의 가장 높은 자리로, 천자의 자리를 뜻하며 병풍이 쳐 있다. 편의상 이 구절을 "병풍을 등지고 앉다"로 번역하였다.
4 趨走(추주) : 종종걸음으로 왔다갔다 하며 천자를 섬기는 것.
5 兼制(겸제) : 모든 것을 아울러 통제하다, 모두 다스리다.
6 兵忌(병기) : 병가에서 꺼리는 날.
7 迎太歲(영태세) : 태세를 거스르다. 태세는 그때의 길한 방향을 뜻한다.
8 氾(범) : 범수(氾水), 강물 이름.
9 汎(범) : 범람하다.
10 懷(회) : 땅 이름.
11 共頭(공두) : 하남성(河南省) 공현(共縣)에 있는 산 이름, 공수(共首)라고 부르기도 한다(『莊子』讓王).
12 隧(수) : 산사태가 나는 것, 산이 무너져 내리는 것.
13 霍叔(곽숙) : 무왕의 아우.
14 刳比干(고비간) : 비간은 주왕(紂王)의 현명한 신하 이름. 비간이 올바로 간하는 말을 계속하자, 주왕은 "성인의 가슴에는 일곱 개의 구멍이 있다는데 사실인가 알아보자"고 하며, 비간의 가슴을 쪼개어 보았다 한다.
15 箕子(기자) : 주왕의 숙부. 기(箕)나라에 봉해져 기자라 부르며, 올바른 사람이었으나 주왕이 잡아 옥에 가두었다.
16 飛廉(비렴) : 오래(惡來)와 함께 주왕에게 아첨을 일삼던 간신.

而進, 朝食於戚,¹⁸ 暮宿於百泉, 厭¹⁹旦於牧之野. 鼓之而紂卒易鄕,²⁰ 遂乘殷人而誅紂.

蓋殺者非周人, 因殷人也. 故無首虜之獲, 無蹈難²¹之賞, 反而定三革,²² 偃五兵,²³ 合天下, 立聲樂, 於是武象²⁴起而韶護²⁵廢矣.

四海之內, 莫不變心易慮以化順之. 故外闔不閉, 跨²⁶天下而無蘄.²⁷ 當是時也, 夫又誰爲戒矣哉!

| 해설 |

주공에 대한 잘못된 통설 세 가지를 바로잡은 내용이다. 주공의 역할에 대한 순자의 견해는 이미 앞에서도 보았듯이 독특하다.

12

조보(造父)는 천하에서 수레를 가장 잘 모는 사람이지만, 수레와 말이 없다면 그의 능력을 드러낼 수가 없다. 예(羿)는 천하에서 활을 가장 잘 쏘는 사람이지만, 활과 화살이 없다면 그의 기교를 드러낼 수

---

17 選馬(선마) : 말머리를 가지런히 하다(兪樾).
18 戚(척) : 백천(百泉) · 목(牧)과 함께 모두 땅 이름.
19 厭(압) : 압(壓)과 통하여, 주왕의 군대에게 압박을 가하는 것(兪樾).
20 易鄕(역향) : 방향을 바꾸어 돌아서서 자기편을 공격하는 것.
21 蹈難(도난) : 어려움을 이겨내고 큰 공을 세우는 것.
22 三革(삼혁) : 가죽으로 만든 갑옷 · 투구 · 방패.
23 五兵(오병) : 단검[刀] · 칼[劍] · 창[矛] · 갈래진 창[戟] · 화살[弓矢]의 다섯 가지 무기.
24 武象(무상) : 무왕이 은나라를 쳐부수고 천하를 통일한 다음 작곡한 음악.
25 韶護(소호) : 은나라 탕왕이 작곡하였다는 은나라의 음악.
26 跨(과) : 걸치다.
27 蘄(기) : 기(圻)와 통해, 경계의 뜻(劉台拱).

가 없다. 위대한 선비는 천하를 잘 조화하고 통일시키는 사람이지만, 사방 백 리의 땅이 없다면 그의 공로를 드러낼 수가 없다.

튼튼한 수레와 말이 잘 갖추어져 있는데도 하루에 멀리 천 리를 가지 못한다면 그는 조보가 아니다. 활이 잘 조정되어 있고 화살은 곧은데도 쏘아서 멀리 있는 작은 것을 맞추지 못한다면 그는 예가 아니다. 사방 백 리의 땅을 차지하고 있는데도 천하를 조화 통일해 강폭한 자들을 제압하지 못한다면 그는 위대한 선비가 아니다.

위대한 선비는 비록 궁색한 골목의 비 새는 집에 숨어 지내며 송곳 하나 꽂을 땅도 가지고 있지 않다 하더라도, 왕이나 귀족도 그와 명성을 다투지 못한다. 그가 일개 대부의 지위에 있다 하더라도 임금이 홀로 그를 거느리거나 나라가 홀로 그를 차지하지 못한다. 그의 명성이 제후들에게 알려져 모두가 그를 신하로 삼기를 바란다. 사방 백 리의 땅을 차지하고 있으면 사방 천 리의 나라도 그와 승부를 다툴 수가 없으며, 포악한 나라들을 응징해 천하를 통일함으로써 아무도 그를 기울어뜨리지 못한다. 이것이 위대한 선비라는 증거이다.

그의 말은 법도가 있고, 그의 행동은 예의에 들어맞는다. 그가 하는 일에는 후회할 일이 없고, 그가 위험을 견뎌 내고 변화에 대응하는 모든 것이 합당하다. 시대에 맞게 행동하고 세상을 따라 움직여, 천 가지 일을 하고 만 가지 변화가 있다 하더라도, 그가 지키는 도는 한결같다. 이것이 위대한 선비가 하는 일이다.

그가 궁할 때는 속된 선비들이 그를 비웃지만, 그의 뜻이 이루어졌을 때는 뛰어난 영웅호걸들도 그에게 감화를 받고, 괴상하고 편벽된 인간들은 그로부터 도망치게 된다. 사악한 이론을 펴는 자들은 그를 두려워하고, 여러 사람들이 그를 귀하게 여긴다. 뜻이 이루어지면 천하를 통일하지만, 궁할 때는 홀로 우뚝히 고귀한 자신의 명예를 지킨다. 하늘도 그를 함부로 죽이지 못하고, 땅도 그를 죽여 묻어 버리지 못한다. 폭군 걸왕이나 강도 도척이 날뛰는 세상도 그를 더럽히지 못한다. 모두 위대한 선비가 아니면 실현할 수가 없는 일인데, 공자와 자궁이 그런 분들이었다.

| 원문 |

造父[1]者, 天下之善御者也, 無輿馬則無所見其能. 羿[2]者, 天下之善射者也, 無弓矢則無所見其巧. 大儒者, 善調一[3]天下者也, 無百里之地則無所見其功.

輿固馬選矣, 而不能以至遠一日而千里, 則非造父也. 弓調矢直矣, 而不能以射遠中微,[4] 則非羿也. 用百里之地, 而不能以調一天下制彊暴, 則非大儒也.

彼大儒者, 雖隱於窮閻漏屋,[5] 無置錐之地, 而王公不能與之爭名. 在一大夫之位, 則一君不能獨畜,[6] 一國不能獨容. 成名況[7]乎諸侯, 莫不願得以爲臣. 用百里之地, 而千里之國莫能與之爭勝, 笞棰[8]暴國, 齊一天下, 而莫能傾也. 是大儒之徵[9]也.

---

1 造父(조보) : 주나라 목왕(穆王) 때의 수레몰이의 명인.
2 羿(예) : 활을 잘 쏘는 사람. 요임금 때도 활약하였고, 하나라 때는 유궁(有窮)의 임금이었는데, 역시 활을 잘 쏘는 한착(寒浞)이 그를 죽였다 한다.
3 調一(조일) : 조화시키고 통일하는 것.
4 中微(중미) : 미세한 것을 맞추다.
5 窮閻漏屋(궁염루옥) : 궁색한 골목의 비가 새는 집.
6 獨畜(독휵) : 홀로 신하로써 거느리며 먹여 살리는 것.
7 況(황) : 널리 알려지다.
8 笞棰(태추) : 매질을 하다, 응징하다.

其言有類,¹⁰ 其行有禮. 其擧事無悔, 其持險¹¹應變曲當.¹² 與時遷徙,¹³ 與世偃仰,¹⁴ 千擧萬變, 其道一也. 是大儒之稽¹⁵也.

其窮也, 俗儒笑之, 其通¹⁶也, 英傑化之, 嵬瑣¹⁷逃之, 邪說畏之, 衆人媿¹⁸之. 通則一天下, 窮則獨立貴名. 天不能死, 地不能埋, 桀跖之世不能汙. 非大儒莫之能立, 仲尼子弓¹⁹是也.

| 해설 |

위대한 선비인 대유(大儒)란 어떤 사람인가를 설명한 대목이다. 위대한 선비의 설명을 통해서 순자의 학문적인 이상을 엿볼 수 있다.

13

속된 사람이 있고, 속된 선비가 있고, 우아한 선비가 있고, 위대한 선비가 있다.

학문을 하지도 않고 정의도 따르지 않으며, 부와 이익만을 존중하는 자가 속된 사람이다.

---

9 徵(징) : 징험, 증거.
10 類(류) : 법도가 있는 것(王先謙 說).
11 持險(지험) : 위험을 견뎌 내는 것.
12 曲當(곡당) : 빈틈없이 모두가 합당한 것.
13 遷徙(천사) : 옮겨가다, 실정에 알맞게 달리 행동하는 것.
14 偃仰(언앙) : 몸을 숙였다 폈다 하는 것, 곧 행동하는 것.
15 稽(계) : 성과, 해 놓은 일.
16 通(통) : 뜻대로 통하다, 곧 뜻이 이루어지는 것.
17 嵬瑣(외쇄) : 괴상하고 편벽된 인간들.
18 媿(괴) : 귀하게 여기다. 괴(愧)와 통해, 부끄러이 여기다로 풀기도 한다(楊倞 注).
19 子弓(자궁) : 제5편 비상 제2절 참조.

넓은 옷에 헐렁한 띠를 두르고 그의 관을 처지게 늘어뜨려 쓰고서, 대체로 옛 임금을 본뜬다고는 하지만 세상을 어지럽히기에 충분한 술법을 따르며, 그릇된 학문을 잡되게 닦아 후세 임금을 법도로 삼아 제도를 통일할 줄 모르며, 예와 의로움을 존중한 다음에 『시경』·『서경』을 공부해야 하는 것도 모른다. 그의 의관과 거짓된 행동은 이미 세속과 같은데도 그것이 나쁜 것임을 알지 못하며, 그의 말과 이론은 이미 묵자와 다를 바가 없는데도 분명히 그것을 분별하지 못한다. 옛 임금을 내세우며 어리석은 자들을 속여 옷과 음식을 마련하며 재물을 쌓아 그의 입에 먹을 것이 충분해지면 의기 양양해진다. 뜻을 이루기 위해서는 상대방 맏아들을 따라다니기도 하고, 상대방 측근자들을 섬기기도 하며, 상대방의 상객(上客)들과 교제하고, 편안히 평생의 포로가 된 것처럼 지내면서 감히 딴 뜻은 품어 보지도 못한다. 이런 자들이 속된 선비이다.

후세 임금을 법도로 삼고 제도를 통일하며, 예의와 의로움을 존중하고 『시경』·『서경』 등을 공부한다. 그의 말과 행동에는 이미 위대한 법도가 있으나, 말과 행동이 일치하지 않는 점이 있다는 것을 분명히 안다. 법도와 교화가 미치지 못하는 곳이나 자기가 듣고 보지 못한 것에 대해서는 그것을 유추해 알 수 없다는 것을 알고 있다. 아는 것은 안다 하고, 알지 못하는 것은 알지 못한다고 하며, 안으로는 스스로 속이지 않고 밖으로도 스스로 거짓말하지 않는다. 그리하여 현명한 사람을 존경하고 법도를 두려워하며 감히 태만하고 오만하지 않다. 이런 사람이 우아한 선비이다.

옛 임금을 법도로 삼고 예와 의로움을 통일하고 제도를 균일하게 하며, 얕은 일을 근거로 넓고 먼 일들까지 알며, 옛 일을 근거로 지금의 일들까지 알며, 하나를 근거로 만 가지 일을 잘 처리한다. 진실로 어짊과 의로움에 관한 일이라면 비록 새와 짐승들 가운데 있다 하더라도 흰 것과 검은 것을 가려내듯 분별해 내며, 기괴한 물건이나 괴상한 변화가 생겨 전에 들어본 일도 없고 본 일도 없는 것이 갑자기 한편에 나타난 경우라 하더라도 통용되는 법칙을 따라 이에 대응해 의심하거나 부끄러워하는 일이 없다. 법도를 적용시켜 한 일에 대해 헤아려 보면 마치 부절(符節)이 딱 들어맞는 것과 같다. 이런 사람이 위대한 선비이다.

그러므로 임금이 속된 사람을 등용하면 곧 만승의 나라라 하더라도 망한다. 속된 선비를 등용하면 만승의 나라는 명맥이나 유지할 것이다. 우아한 선비를 등용하면 천승의 나라가 편안해질 것이다. 위대한 선비를 등용하면 곧 백 리 사방의 땅이라 하더라도 나라가 영구히 발전할 것이며, 삼년 뒤면 천하가 통일되고 제후들은 그의 신하가 될 것이다. 만승의 나라에서 그를 등용한다면 잠깐 사이에 안정되어, 하루 아침에 명성이 온 세상에 밝게 빛날 것이다.

| 원문 |

故有俗人者, 有俗儒者, 有雅儒者, 有大儒者.

不學問, 無正義, 以富利爲隆,[1] 是俗人者也.

逢[2]衣淺帶,[3] 解果[4]其冠, 略法先王而足亂世術, 繆學[5]雜擧, 不知法後

---

1 隆(융) : 높이다, 존중하다, 귀중히 여기다.
2 逢(봉) : 큰 것, 넓은 것.
3 淺帶(천대) : 띠를 헐렁하게 매는 것.
4 解果(해과) : 처지고 늘어지는 것(劉師培).

王而一制度, 不知隆禮義而殺詩書, 其衣冠行僞已同於世俗矣, 然而不知惡者, 其言議談說, 已無以異於墨子矣, 然而明不能別, 呼先王以欺愚者而求衣食焉, 得委積[6]足以揜[7]其口, 則揚揚如[8]也, 隨其長子, 事其便辟,[9] 舉[10]其上客, 億然[11]若終身之虜而不敢有他志. 是俗儒者也.

法後王, 一制度, 隆禮義而殺詩書. 其言行已有大法矣, 然而明不能齊.[12] 法敎之所不及, 聞見之所未至, 則知不能類[13]也. 知之曰知之, 不知曰不知, 內不自以誣,[14] 外不自以欺. 以是尊賢畏法而不敢怠傲. 是雅儒者也.

法先王, 統禮義, 一制度, 以淺持[15]博, 以古持今, 以一持萬. 苟仁義之類也, 雖在鳥獸之中, 若別白黑, 倚[16]物怪變, 所未嘗聞也, 所未嘗見也, 卒然起一方, 則舉統類而應之, 無所儗㤸.[17] 張法而度之, 則晻然[18]若合符節. 是大儒者也.

故人主用俗人, 則萬乘之國亡. 用俗儒, 則萬乘之國存. 用雅儒, 則千乘之國安. 用大儒, 則百里之地久, 而後三年, 天下爲一, 諸侯爲臣. 用

---

5 繆學(류학) : 그릇된 학문.
6 委積(위적) : 재물을 쌓아놓는 것.
7 揜(엄) : 손으로 가리다, 음식을 손으로 입에 넣는 것.
8 揚揚如(양양여) : 득의양양한 모양.
9 便辟(편폐) : 임금이나 윗사람이 좋아해 가까이하는 아랫사람들. '폐'는 폐(嬖)와 통함.
10 擧(거) : 함께 어울리다, 사귀다(王念孫).
11 億然(억연) : 편안한 모양. '억'은 억(儂)으로 잘못 씌어 있음(王念孫).
12 齊(제) : 언행이 일치하는 것.
13 類(류) : 유추해 알아내는 것.
14 誣(무) : 속이다.
15 持(지) : 잡다, 파악하다, 알아내다.
16 倚(의) : 기이한 것. 기(奇)의 뜻.
17 儗㤸(의작) : 의심하고 부끄러워하다. '의'는 의(疑), '작'은 작(怍)과 통하는 글자(楊倞).
18 晻然(엄연) : 마치, 같은 모양(王引之).

萬乘之國, 則舉錯[19]而定, 一朝而伯.[20]

| 해설 |

여기서는 속된 사람과 속된 선비와 우아한 선비와 위대한 선비라는 네 종류의 인물에 대해 설명하고 있다. 위대한 선비가 순자의 이상적인 인물상이지만, 속된 선비에 대한 설명이 가장 긴 것은 순자가 그 중 속된 선비를 가장 미워한 때문일지도 모른다.

14

듣지 못한 것보다는 듣는 것이 좋다. 듣는 것보다는 그것을 보는 것이 좋다. 보는 것보다는 그것을 아는 것이 좋다. 아는 것보다는 그것을 실천하는 것이 좋다. 학문은 실천할 때에 이르러야 종착점에 다다른다. 실천해야만 분명해지며, 분명해지면 성인이 된다.

성인은 어짊과 의로움을 근본으로 삼고 시비를 합당하게 가리며, 말과 행동을 일치시켜 터럭만한 어긋남도 없다. 거기에는 별다른 도가 있는 것이 아니라 실천하는 데에 궁극적인 목표가 있기 때문이다.

본시 그것에 대해 듣기만 하고 보지 못하였다면, 비록 널리 많은 것을 들었다 하더라도 반드시 잘못이 있을 것이다. 그것을 보기만 하고 알지는 못한다면 비록 많은 것을 기억하고 있다 하더라도 반드시 망령됨이 있을 것이다. 그것을 알기만 하고 실천하지 않는다면 비록 아

---

19 擧錯(거조) : 손을 들고 발을 내리고 하는 짧은 순간.
20 伯(백) : 백(白)과 통하여, 분명하고 밝게 빛나는 것.

는 것이 많다 하더라도 반드시 곤경에 빠질 것이다. 듣지도 않고 보지도 않은 일이라면 비록 합당하게 처리한다 하더라도 어진(仁) 사람의 방법은 아닌 것이다. 그러한 방법으로는 백 번 해 보아야 백 번 모두 실패할 것이다.

| 원문 |

不聞不若聞之. 聞之不若見之. 見之不若知之. 知之不若行之. 學至於行之而止¹矣. 行之, 明也, 明之爲聖人.

聖人也者, 本仁義, 當是非, 齊言行, 不失豪釐,² 無他道焉, 已³乎行之矣.

故聞之而不見, 雖博必謬. 見之而不知, 雖識⁴必妄.⁵ 知之而不行, 雖敦⁶必困. 不聞不見, 則雖當, 非仁也. 其道百擧⁷而百陷⁸也.

| 해설 |

여기서는 세상일에 대해 듣는 것, 보는 것, 아는 것, 실천하는 것의 차이를 설명하고 있다.

학문의 목표는 자기가 아는 것과 말을 실천하는 데 있다는 것이다. 또

---

1 止(지) : 종착점에 이르다.
2 豪釐(호리) : 가는 터럭, 털끝.
3 已(이) : 앞의 지(止)와 같은 뜻.
4 識(지) : 기억하다, 마음속에 담고 있다.
5 妄(망) : 망령되다.
6 敦(돈) : 두터운 것, 많이 알고 있는 것.
7 百擧(백거) : 백 번 행하다.
8 百陷(백함) : 백 번 빠지다, 백 번 모두 실패하는 것.

한 듣는 것과 보는 것의 중요성을 강조하고 있다.

15

본래 사람에게 스승도 없고 법도도 없는데 지혜가 많다면, 그는 반드시 도둑이 된다. 용기만 있다면 그는 반드시 남을 해치는 자가 된다. 능력만 있다면 반드시 난동을 부리는 자가 된다. 일을 잘 살핀다면 반드시 괴상한 짓을 하는 자가 된다. 말을 잘한다면 반드시 허황된 일을 하는 자가 된다.

사람은 스승이 있고 법도가 있고 지혜가 있다면 사물에 바로 통달하게 된다. 용기가 있다면 바로 남을 위압하게 된다. 능력이 있다면 바로 일을 이룩하게 된다. 일을 잘 살핀다면 바로 사리대로 다하게 된다. 말을 잘한다면 바로 결론을 유도하게 된다.

그러므로 사람에게 스승과 법도가 있다는 것은 위대한 보배를 가지고 있는 것이고, 사람에게 스승과 법도가 없다는 것은 큰 재앙이 되는 것이다. 사람에게 스승과 법도가 없다면 타고난 본성을 그대로 존중할 것이고, 스승과 법도가 있다면 노력을 쌓는 것을 존중할 것이다. 그런데 스승과 법도라는 것은 노력을 쌓는 데서 얻어지는 것이지 본성으로부터 받는 것이 아니다. 본성이란 홀로 독립해 잘 다스려질 수 있는 것이 아니기 때문이다.

| 원문 |

故人無師無法, 而知則必爲盜. 勇, 則必爲賊. 云能,[1] 則必爲亂. 察,[2] 則必爲怪.[3] 辯, 則必爲誕.[4]

人有師有法, 而知則速通.⁵ 勇, 則速威. 云能, 則速成. 察, 則速盡.⁶ 辯, 則速論.

故有師法者, 人之大寶也, 無師法者, 人之大殃也. 人無師法, 則隆性⁷矣, 有師法, 則隆積⁸矣. 而師法者, 所得乎情,⁹ 非所受乎性. 不足以獨立而治.

| 해설 |

사람에게 진실한 스승과 올바른 법도가 얼마나 중요한가를 설명한 대목이다. 사람의 본성은 악하다. 그러므로 꾸준한 후천적인 노력을 통해 좋은 습성을 쌓아 가야만 올바른 사람이 될 수 있다는 것이다.

16

타고나는 본성은 우리가 어찌할 수가 없지만 교화시킬 수는 있다. 노력을 쌓아 가는 일은 우리가 본시 지니고 있는 버릇은 아니지만 노력할 수는 있다. 노력으로 습속을 바로잡아 가노라면 본성을 교화시키게 된다.

---

1 云能(운능) : 유능한 것. '운'은 유(有)의 뜻(王念孫).
2 察(찰) : 일을 잘 살피는 것.
3 怪(괴) : 혜시나 등석 같은 궤변가가 됨을 뜻한다(楊倞).
4 誕(탄) : 허황된 짓을 하는 것.
5 速通(속통) : 바로 사물에 통달하게 되는 것.
6 速盡(속진) : 바로 사리대로 모든 일을 다하게 되는 것.
7 隆性(융성) : 본성을 존중하게 된다. 순자에 의하면 사람들이 타고나는 본성은 악하다.
8 積(적) : 노력에 의해 좋은 습성을 쌓아 가는 것.
9 情(정) : 적(積)으로 씀이 옳다(王念孫). 뒤에 나오는 정(情)도 마찬가지임.

한결같이 뜻을 오로지 하고 바꾸지 않는 것이 노력을 쌓아 가는 방법이다. 습속은 사람의 뜻을 바꿔 놓아 오랜 동안 그렇게 지나노라면 사람의 바탕도 바뀌어진다. 한결같이 뜻을 오로지 하고 바꾸지 않는다면, 신명함에 통하게 되고 천지의 변화와 함께하게 된다.

그러므로 흙이 쌓이면 산이 되고 물이 쌓이면 바다가 되며, 아침저녁이 쌓이면 한 해가 된다. 지극히 높은 것을 하늘이라 하고, 지극히 낮은 것을 땅이라 하며, 우주의 상하와 사방을 육극(六極)이라 한다. 길거리의 백성이라 하더라도 선을 쌓아 완전함을 다하게 되면, 그를 성인이라 한다. 성인은 선을 추구함으로써 그렇게 되었고, 선을 행함으로써 성인이 되었으며, 그런 일을 쌓아 감으로써 높아졌고, 그런 일을 다한 뒤에야 성인이 되었다. 그러므로 성인이란 사람들이 노력을 쌓아 감으로써 이루어진다.

사람이 김매고 밭가는 일을 쌓아 가면 농부가 된다. 자르고 깎는 일을 쌓아 가면 목수가 된다. 물건 파는 일을 쌓아 가면 장사꾼이 된다. 예의를 쌓아 가면 군자가 된다. 목수의 아들들은 모두 목수 일을 계승하고, 도성 사람들은 그들의 풍습에 익숙해져 있다. 초나라에 살면 초나라 풍습을 따르게 되고, 월나라에 살면 월나라 풍습을 따르게 되며, 중원 땅에 살면 중원 풍습을 따르게 된다. 이것은 타고난 본성이 아니라 쌓아 가는 버릇을 따르기 때문이다.

그러므로 사람이란 일상적으로 하는 일을 근신할 줄 알아야 한다. 습속을 삼가며 쌓아 가는 노력을 따른다면 군자가 된다. 본성과 욕망을 따라 멋대로 행동해 제대로 학문을 하지 못한다면 소인이 된다. 군자는 언제나 안락하고 영화롭지만 소인이 되면 언제나 위태롭고 욕을 보게 된다. 모든 사람은 누구나 안락하고 영화롭기를 바라며 위태롭고 욕을 보는 것을 싫어한다. 그러므로 오직 군자만이 그들이 좋아하는 것을 얻게 되고, 소인들은 매일 그들이 싫어하는 것을 불러들이게 된다.

『시경』에 "훌륭한 사람을 구하지도 등용하지도 않으며, 잔인한 사람들만을 생각하고 또 생각하고 있으니, 백성들은 혼란으로 망하기 바라면서 쓰고 괴로운 생활 겪고 있네"라고 읊은 것은, 이것을 뜻하는 말이다.

| 원문 |

性也者, 吾所不能爲也, 然而可化也. 情[1]也者, 非吾所有也, 然而可爲也. 注錯[2]習俗, 所以化性也.

幷一[3]而不二,[4] 所以成積也. 習俗移志, 安久移質. 幷一而不二, 則通於神明, 參於天地[5]矣.

故積土而爲山, 積水而爲海, 旦暮積謂之歲. 至高謂之天, 至下謂之地, 宇中六指[6]謂之極. 涂[7]之人百姓, 積善而全, 盡謂之聖人. 彼求之而後得, 爲之而後成, 積之而後高, 盡之而後聖. 故聖人也者, 人之所積也.

人積耨耕[8]而爲農夫. 積斲削[9]而爲工匠. 積反[10]貨而爲商賈. 積禮義而

---

1 情(정) : 여기에서도 적(積)으로 씀이 옳은 듯. 노력을 쌓는 것.
2 注錯(주조) : 제대로 처리하는 것, 잘 바로잡아 가는 것.
3 幷一(병일) : 뜻을 한결 같이 오로지 하는 것, 곧 전일(專一).
4 不二(불이) : 뜻을 바꾸지 않는 것, 마음이 흔들리지 않는 것.
5 參於天地(참어천지) : ~천지의 변화에 참여하다, 천지의 변화와 함께하다.
6 六指(육지) : 위아래와 사방.
7 涂(도) : 길거리, 도(途)와 같은 자.

爲君子. 工匠之子莫不繼事, 而都國[11]之民, 安習其服.[12] 居楚而楚, 居越而越, 居夏[13]而夏. 是非天性也, 積靡[14]使然也.

故人知謹注錯, 愼習俗, 大積靡, 則爲君子矣. 縱性情而不足問學, 則爲小人矣. 爲君子則常安榮矣, 爲小人則常危辱矣. 凡人莫不欲安榮而惡危辱. 故唯君子爲能得其所好, 小人則日徼[15]其所惡.

詩曰;[16] 維此良人, 弗求弗迪,[17] 維彼忍心,[18] 是顧是復,[19] 民之貪亂, 寧爲荼毒.[20] 此之謂也.

| 해설 |

학문을 쌓아 본성을 바꿔 감으로써 성인이 되는 길을 제시하고 있다. 꾸준한 노력으로 올바른 습속을 쌓아 가면 결국은 군자가 되고 성인이 되어, 안락하고 영화로운 삶을 영위하게 된다는 것이다.

---

8 耨耕(누경) : 김매고 밭가는 것.
9 斲削(착삭) : 자르고 깎고 하는 것.
10 反(반) : 販(판)과 통하여, 물건을 파는 것(楊倞).
11 都國(도국) : 도성.
12 服(복) : 하는 일, 습속.
13 夏(하) : 중하(中夏), 중원.
14 靡(미) : 따르다, 곧 순(順)의 뜻.
15 徼(요) : 요(邀)와 통하여, 불러들이는 것.
16 詩曰(시왈) : 『시경』 대아(大雅) 상유(桑柔) 편의 구절.
17 迪(적) : 등용하는 것.
18 忍心(인심) : 잔인한 마음의 사람.
19 是顧是復(시고시복) : 그를 돌아보고 또 그렇게 하다, 그를 생각하고 또 생각하다.
20 荼毒(도독) : 씀바귀와 독, 쓰고 괴로운 생활.

17

사람들의 종류를 살펴보자. 자기 뜻은 이기적이면서도 남들이 자기를 공평하다 여겨 주기를 바라며, 자기 행동은 지저분하면서도 남들이 자기를 수양이 잘 되었다고 여겨 주기를 바라며, 자기는 어리석고 무지하면서 남들이 자기를 지혜가 있다고 여겨 주기를 바란다. 이들은 바로 보통 사람이라 할 수가 있다.

자기의 뜻은 사사로움을 참은 뒤에야 공평해지고, 자기의 행동은 정욕과 본성을 참은 뒤에야 수양이 되며, 지혜가 있으면서도 남에게 묻기를 좋아한 뒤에야 재능을 지니게 되어, 그는 공평함과 수양과 재능을 지니게 된다. 이들은 작은 선비라 할 수가 있다.

자기의 뜻은 공평함으로 안정되어 있고, 자기 행실은 수양으로 안정되어 있으며, 지혜는 모든 종류의 사물을 관할하는 데에 통달해 있다. 이들은 위대한 선비라 할 수가 있다.

위대한 선비는 천자의 삼공(三公)이 되고, 작은 선비는 제후의 대부와 사(士)가 되며, 보통 사람은 공인이나 농부나 상인이 된다. 예라는 것은 임금이 여러 신하들을 헤아리고 검색하는 기준이다. 사람들의 종류는 모두 이 안에 들어 있다.

| 원문 |

人論.[1] 志不免於曲私,[2] 而冀[3] 人之以己爲公也, 行不免於汗漫,[4] 而冀

---

[1] 人論(인론) : '論'은 이 대목 끝 구절과 같이 륜(倫)의 잘못. 사람들의 등급별 종류를 뜻한다.
[2] 曲私(곡사) : 사사로움으로 굽다, 곧 마음이 이기적인 것.

人之以己爲修也, 其愚陋溝瞀,[5] 而冀人之以己爲知也, 是衆人也.

志忍私然後能公, 行忍情性然後能脩, 知而好問然後能才, 公脩而才, 可謂小儒矣.

志安公, 行安脩, 知通統類,[6] 如是則可謂大儒矣.

大儒者, 天子三公[7]也. 小儒者, 諸侯大夫士也. 衆人者, 工農商賈也. 禮者, 人主之所以爲羣臣寸尺尋丈[8]檢式[9]也. 人倫盡矣.

| 해설 |

사람들을 보통 사람 · 작은 선비 · 위대한 선비의 세 종류로 나누어 그 특징을 설명하고 있다. 역시 올바른 학문의 길을 보여주기 위함이다.

18

군자에게는 말하는 데에 한계가 있고, 행동에는 일정한 표준이 있으며, 도는 오로지 높여 가야만 한다. 정치에 대한 질문에 대답할 때에는 백성들을 편안히 살게 하는 얘기에서 더 내려가서는 안된다. 마음과 뜻을 닦는 일에 대한 질문에 대답할 때에는 선비(士)가 해야 할

---

3 冀(기) : 바라다.
4 汙漫(오만) : 더러운 것, 지저분한 것. '만'도 오(汚)의 뜻.
5 溝瞀(구무) : 무지한 것, 아는 것이 없는 것.
6 統類(통류) : 모든 일을 통합하여 관할하다.
7 三公(삼공) : 본시는 태사(太師) · 태부(太傅) · 태보(太保) · 천자를 보좌하는 가장 높은 지위의 세 사람.
8 寸尺尋丈(촌척심장) : 모두 길이의 단위. 길이를 재듯 어떤 일을 헤아림을 뜻함.
9 檢式(검식) : 검사하는 법도, 검색하는 기준.

일에서 더 내려가서는 안된다. 도덕에 대한 질문에 대답할 때에는 후세 임금의 법도에 어긋나지 않도록 하여야 한다.

올바른 도라 하더라도 하·은·주의 삼대보다 오래된 것은 아득한 일이라 한다. 올바른 법도라 하더라도 후세 임금의 것과 어긋난다면 바르지 않다고 한다. 군자의 말과 행동에는 높은 것, 낮은 것, 큰 것, 작은 것이 있지만, 이 한계와 표준을 벗어나지 않아야 한다. 그래서 군자는 그의 뜻과 마음을 일정한 한계와 범위 안에서 쓰려 하는 것이다.

그러므로 제후가 정치에 대해 질문해도 백성들을 편안히 살게 하는 방법에 대한 것이 아니라면 대답하지 않는다. 보통 사람이 공부에 대해 질문해도 선비로서의 행실에 대한 것이 아니라면 가르쳐 주지 않는다. 여러 학자들의 이론이 후세 임금의 법도에 관한 문제와 관련이 없다면 그것을 듣지 않는다. 이러한 사람을 군자라 하는데, 말하는 데에는 한계가 있고 행동하는 데에는 표준이 있다.

| 원문 |

君子言有壇宇,[1] 行有防表,[2] 道有一隆,[3] 言道德之求,[4] 不下於安存,[5] 言志意之求, 不下於士. 言道德之求, 不二[6]後王.

---

[1] 壇宇(단우) : '단'은 집의 터전, '우'는 집의 사방 변두리. 따라서 한계를 뜻한다(王念孫).
[2] 防表(방표) : 표준.
[3] 一隆(일륭) : 오로지 높이는 것. 근래의 왕자, 곧 후왕을 가리킨다.
[4] 道德之求(구) : 여기의 '道德'은 '정치(政治)'의 잘못, '도덕에 대한 질문'은 뒤에 다시 보인다(王念孫). '구'는 추구하다, 질문하다의 뜻.
[5] 安存(안존) : 편히 사는 것, 안락하게 생활하는 것.
[6] 不二(불이) : 둘이 아니다, 다르지 않다.
[7] 蕩(탕) : 아득해 잘 알 수 없는 것.

道過三代謂之蕩⁷. 法二後王謂之不雅.⁸ 高之, 下之, 小之, 臣之,⁹ 不外是矣. 是君子之所以騁¹⁰志意於壇宇宮庭¹¹也.

故諸侯問政, 不及安存, 則不告也. 匹夫問學, 不及爲士, 則不敎也. 百家之說, 不及後王, 則不聽也. 夫是之謂君子言有壇宇, 行有防表也.

| 해설 |

군자가 말할 때 지켜야 할 한계와 행동할 때 지켜야 할 표준에 대해 설명하고 있다. 모두 정치와 마음과 뜻 및 도덕과 올바른 도와 법도와의 관계 아래 그것을 설명하고 있는 것은, 역시 학문의 목표를 분명히 하기 위한 것이다. 특히 후세 임금, 곧 후왕을 중시하는 순자의 현실적인 감각에 주의해야 할 것이다.

---

8 雅(아) : 바르다, 정(正)의 뜻.
9 臣之(신지) : '신은 거(臣)의 잘못(楊倞).
10 騁(빙) : 달리다, 달리게 하다.
11 宮庭(궁정) : 집안 마당, 일정한 범위를 뜻함.

제 9 편

올바른 정치 제도
王制

왕자로서의 정치를 하기 위한 제도를 여러 가지 방면에 걸쳐 논한 내용이다. 곧 임금으로서 백성을 다스리는 법, 왜 백성을 사랑해야 하는가, 왕자로서의 마음가짐은 어떠해야 하는가, 이상적인 정치란 무엇인가 등을 논하고 있다. 또한 경제 정책에 대해서도 많은 관심을 기울이고 있다. 맹자는 무력으로 남의 나라를 억누르려는 패자의 정치를 완전히 배척하고 있지만, 순자는 현실적·실제적인 문제로서 그것을 받아들이고 있어 주목할 만하다.

1

정치는 어떻게 해야 하는가? 내 생각으로는 어질고 능력 있는 이는 차례를 기다릴 것 없이 등용하고, 변변치 않고 능력 없는 자는 조금도 지체없이 파면시키며, 매우 악한 자는 교화를 기다릴 것 없이 처벌하고, 보통 백성들은 정치를 기다릴 것 없이 교화시키면 된다. 신분이 안정되지 않았을 때에도 종묘에는 아버지 자리 아들 자리가 구별되어 있다. 비록 임금이나 사대부들의 자손이라 하더라도 예의에 합당하지 못하면 곧 서민으로 돌리고, 비록 서민의 자손이라 하더라도 학문을 쌓고 행실을 바르게 하여 예의에 합치된다면 곧 그들을 경상(卿相)이나 사대부로 삼는다.

그러므로 간사한 말과 간사한 이론과 간사한 일과 간사한 능력을 지니고, 숨어 도망하면서 안정하지 않는 백성들은 특별한 방법으로 그들을 가르치고 여유를 가지고 그들이 착해지기를 기다려야 한다. 그들을 격려할 때는 상을 주고 그들을 징계할 때는 형벌을 가하며, 직업에 안정되면 잘 길러 주고 직업에 안정되지 못하면 버리는 것이다. 다섯 가지 큰 병이 있는 사람들은 임금이 거두어 그들을 부양해 주며, 재능에 따라서 그들을 부리고, 관청에서 입을 것과 먹을 것을 베풀어 주어 모든 사람을 빠짐없이 보호해야 한다. 재능과 행동이 시국에 반하는 자는 용서 없이 사형에 처한다. 이런 것을 두고 하늘의 덕이라 하며, 왕자의 정치라 하는 것이다.

| 원문 |

請問爲政. 曰賢能不待次[1]而擧, 罷[2]不能不待須[3]而廢,[4] 元惡[5]不待敎而誅, 中庸民[6]不待政而化. 分[7]未定也, 則有昭繆.[8] 雖王公士大夫之子孫,

不能屬於禮義, 則歸之庶人, 雖庶人之子孫也, 積文學正身行, 能屬於禮義, 則歸之卿相士大夫.

故姦言姦說姦事姦能, 遁逃⁹反側¹⁰之民, 職¹¹而敎之, 須而待之, 勉之以慶賞, 懲之以刑罰, 安職則畜,¹² 不安職則棄. 五疾上收而養之, 材而事之, 官施而衣食之, 兼覆¹³無遺. 才行反時者, 死無赦. 夫是之謂天德. 是王者之政也.

| 해설 |

여기서는 정치하는 방법을 구체적으로 논하고 있다. 어질고 능력 있는 사람을 등용하고, 형벌을 올바로 쓰며, 예의를 존중해야 한다는 것이다. 특히 신분에 관계없이 그 사람의 학문과 행실, 예절에 의하여 지위가 주어져야 한다는 주장은 주목할 만하다. 그리고 구체적인 정치의 방법으로 상과 벌의 사용을 강조하고 있는 것은, 법가 사상이 그로부터 시작되었다고 주장할 만한 충분한 근거가 된다. 이런 점이 맹자가 처음부터 끝까지

---

1 次(차) : 차례.
2 罷(피) : 잔병 있는 시원찮은 사람.
3 須(수) : 수유(須臾), 잠시.
4 廢(폐) : 벼슬자리를 폐하는 것, 곧 파면.
5 元惡(원악) : 매우 악한 자.
6 中庸民(중용민) : 중간의 보통 백성들.
7 分(분) : 사회적인 신분의 차별.
8 昭穆(소목) : '목'은 목(穆)으로도 쓴다. 옛 종묘에서 '소'는 아버지의 신위, '목'은 아들의 신위(『周禮』春官 小宗伯)였다.
9 遁逃(둔도) : 죄를 짓고 피하여 도망 다니는 것.
10 反側(반측) : 불안한 것.
11 職(직) : 특별한 방법을 쓰는 것.
12 畜(휵) : 양육하는 것, 기르는 것.
13 兼覆(겸복) : 모두를 다 같이 덮어 주는 것, 모두 보호해 주는 것.

덕치를 바탕으로 한 백성들 위주의 정치를 주장하고 있는 것과 크게 대조되며, 순자가 정통 유가로부터 제외당하는 요인이 되었다.

2

　소청을 처리하는 대원칙은, 선한 일을 가지고 온 자는 예로써 대접하고, 선하지 못한 일을 가지고 온 자는 형벌로써 대접하는 것이다. 이 두 가지를 분별하면, 어진이와 못난이가 섞이지 않게 되고, 옳고 그름이 혼동되지 않을 것이다. 어진이와 못난이가 섞이지 않는다면 뛰어난 인물들이 모여들 것이며, 옳고 그름이 혼동되지 않는다면 나라가 잘 다스려질 것이다. 이렇게 되면 명성이 드러나고 온 세상이 그런 정치를 바라게 될 것이며, 명령이 행해지고 금령이 없어져서, 임금으로서의 일이 완성될 것이다.
　소청을 처리하는데 위엄 있고 준엄하여 사람들을 너그러이 인도하기를 좋아하지 않으면, 백성들은 두려워서 친근해지지 않을 것이며 사실을 숨기고 들추어 내지 않을 것이다. 이렇게 되면 큰 일은 거의 실패하고 작은 일도 거의 성공하지 못할 것이다. 부드럽게 말을 잘 들어주며 사람들을 너그러이 인도하기 좋아하여 적절히 제재하지 않으면, 간사한 말들이 늘어나고 떠보는 말이 멋대로 생겨날 것이다. 이렇게 되면 큰 일을 처리함에 번거로울 것이니, 이것도 역시 정치를 해치는 것이다.
　그러므로 법을 알면서도 논의를 하지 않으면 법이 미치지 못하는 일은 반드시 실패할 것이며, 직책을 맡고 있으면서도 그의 일에 통달해 있지 않으면 직책이 미치지 못하는 일은 반드시 잘못될 것이다. 그러므로 법을 알면서도 논의해야 하고, 직책을 맡고 있으면 그 일에 통달해야 하며, 계획이 숨겨지지 않고 선한 일이 버려지지 않는다면 모든 일에 잘못이 없게 될 것인데, 이것은 군자가 아니면 할 수 없는 일이다.

그러므로 공평하다는 것은 일을 하는 기준이 되고 알맞게 조화된다는 것은 일을 하는 법칙이 된다. 법에 있는 일들은 법에 따라 처리하고 법에 없는 일들은 전의 일들에 비추어 결정하면 소청은 바르게 처리될 것이다. 법을 따르지 않고 한쪽의 편만 들면 소청은 공정하지 않게 처리될 것이다. 그러므로 좋은 법이 있어도 어지러워지는 일은 있으나, 군자가 있으면서도 어지러워진다는 말은 예로부터 지금까지 들어본 일이 없다. 옛말에 "다스림은 군자에게서 나오고 혼란은 소인에게서 생겨난다"고 한 것은, 이것을 뜻하는 말이다.

| 원문 |

聽政[1]之大分. 以善至者待之以禮, 以不善至者待之以刑. 兩者分別, 則賢不肖不雜, 是非不亂. 賢不肖不雜則英傑至, 是非不亂則國家治. 若是名聲日聞,[2] 天下願, 令行禁止, 則王者之事畢矣.

凡聽, 威嚴猛厲[3]而不好假道[4]人, 則下畏恐[5]而不親, 周閉[6]而不竭.[7] 若

---

1 聽政(청정) : 백성들의 진언이나 소청을 듣고 처리하는 것.
2 日聞(일문) : 명성이 날로 더해진다. 그러나 이는 백(白) 한 글자로 씌어 있는 판본이 옳다 한다(王念孫). 백(白)은 뚜렷해진다, 현저해진다는 뜻.
3 猛厲(맹려) : 엄격히 일을 처리하는 것.
4 假道(가도) : 너그러이 처지를 이해해 주면서 사람들을 인도해 주는 것.
5 畏恐(외공) : 두려워하는 것.
6 周閉(주폐) : 사정을 숨겨 놓는 것.

是則大事殆乎⁸弛,⁹ 小事殆乎遂.¹⁰ 和解調通,¹¹ 好假道人而無所凝止¹²之, 則姦言幷至, 嘗試之說鋒起.¹³ 若是則聽大事煩,¹⁴ 是又傷¹⁵之也.

故法而不議, 則法之所不至者必廢, 職而不通, 則職之所不及者必隊.¹⁶ 故法而議, 職而通, 無隱謀, 無遺善, 而百事無過, 非君子莫能.

故公平者職之衡¹⁷也, 中和者聽之繩¹⁸也. 其有法者以法行, 無法者以類擧,¹⁹ 聽之盡也. 偏黨²⁰而無經,²¹ 聽之辟²²也. 故有良法而亂者有之矣, 有君子而亂者, 自古及今未嘗聞也. 傳曰;²³ 治生乎君子, 亂生乎小人, 此之謂也.

| 해설 |

여기서 순자가 소청을 처리하는 법을 논하고 있는 것도 덕치를 앞세우는 유가답지 않은 느낌을 준다. 그러나 소청의 처리는 너무 엄해도 안 되

---

7 竭(갈) : 드러내어 소청이나 소송을 하는 것.
8 殆乎(태호) : 거의, 틀림없이.
9 弛(이) : 실패하는 것.
10 遂(수) : 추(墜)와 통하여, 역시 일이 잘 되지 않는 것.
11 和解調通(화해조통) : 너그러이 풀어 주어 소청하는 이들의 말을 잘 들어주는 것.
12 凝止(응지) : 적당히 멈추는 것, 조절하는 것.
13 鋒起(봉기) : 창끝이 들고일어나듯, 막을 수 없이 일어나는 것.
14 煩(번) : 번거로운 것.
15 傷(상) : 정치를 해치는 것.
16 隊(추) : 추(墜)와 통하여 떨어지다, 일이 실패하다.
17 衡(형) : 저울. 저울처럼 어떤 일을 하는 데 기준이 되는 것.
18 繩(승) : 새끼줄, 금을 똑바로 칠 때 줄을 쓰듯 어떤 일을 하는 데 원칙이 되는 것.
19 類擧(유거) : 전의 여러 가지 일들을 참고로 하여 일을 처리하는 것.
20 偏黨(편당) : 한쪽의 편만 드는 것.
21 經(경) : 법도, 기준.
22 辟(벽) : 벽(僻)과 통하여 편벽된 것.
23 傳曰(전왈) : 예로부터 전해 오는 말에 이르기를.

고 너무 너그러워도 안 되며 공평하고 적절해야 하는데, 이런 일은 군자만이 할 수 있다고 주장한다. 군자가 유가에서 말하는 덕과 학식을 모두 갖춘 사람이라면, 순자는 아직 법가와는 거리가 먼 사상가라고 볼 수 있다.

3

신분이 고르면 세상이 다스려지지 않을 것이고, 세력이 고르면 세상이 통일되지 않을 것이며, 대중이 고르면 부릴 수가 없을 것이다. 하늘이 있고 땅이 있어 위아래의 차별이 있듯이, 밝은 임금이 서야만 비로소 나라를 다스리는 데 제도가 있게 되는 것이다.

대체로 양편이 모두 귀한 사람이면 서로 섬길 수가 없고, 양편이 모두 천하면 서로 부릴 수가 없는데, 이것은 하늘의 섭리이다. 세력과 지위가 같으면서 바라는 것과 싫어하는 것도 같으면, 물건이 충분할 수가 없을 것이므로 반드시 다투게 된다. 다투면 반드시 어지러워지고, 어지러워지면 반드시 궁해질 것이다.

옛 임금들은 그러한 혼란을 싫어했기 때문에 예의 제도로써 이들을 구별해 주어 가난하고 부하고 귀하고 천한 등급이 있게 하여 서로 아울러 다스리기 편하게 하였는데, 이것은 천하의 백성들을 기르는 근본이 되는 것이다. 『서경』에 "고르지 않은 것을 고르게 다스린다"고 한 것은, 이것을 뜻하는 말이다.

| 원문 |

分[1]均則不偏,[2] 執齊則不壹, 衆齊則不使. 有天有地, 而上下有差, 明王始立, 而處國[3]有制.

夫兩貴之不能相事, 兩賤之不能相使, 是天數⁴也. 埶位齊而欲惡同, 物不能澹,⁵ 則必爭. 爭則必亂, 亂則窮矣.

先王惡其亂也, 故制禮義以分之, 使有貧富貴賤之等, 足以相兼臨者, 是養天下之本也. 書曰;⁶ 維齊非齊. 此之謂也.

| 해설 |

사회에는 백성들의 신분을 규정하는 제도와 이에 따른 행동을 규제하는 예의 법도가 필요하다. 모든 사람이 평등하다면 언제나 사람의 욕망은 변함없으므로 같은 목표를 추구하다 서로 다투게 될 것이다. 서로 다투면 사회 질서는 혼란에 빠지고, 경제적으로도 더욱 곤궁해질 것이다. 그러므로 사회에는 그 사람의 덕망과 능력, 지식 등의 차등에 따른 공정한 신분의 차별이 있어야 한다. 그 신분의 차별에 의해 사회에 질서가 서게 되고, 공평한 정치가 행해지게 된다는 것이다.

4

말이 수레를 끌다가 놀라면 군자는 수레에서 안정될 수 없고, 서민이 정치에 놀라면 군자는 그의 자리에 안정되지 못한다. 말이 수레를 끌다 놀라면 그것을 안정시키는 것이 가장 좋고, 서민들이 정치에 놀

---

1 分(분) : 사회적인 신분.
2 偏(편) : 변(辨)과 통하여 다스린다는 뜻(高亨『荀子新箋』).
3 處國(처국) : 나라를 다루는 것, 나라를 다스리는 것.
4 天數(천수) : 하늘의 섭리, 자연의 법칙.
5 澹(담) : 섬(贍)과 통하여 충분한 것.
6 書曰(서왈) : 『서경』 주서(周書) 여형(呂刑)편에 보이는 구절.

라면 그들에게 은혜를 베푸는 것이 가장 좋다.

어질고 훌륭한 사람을 골라 쓰고 착실하고 공경스런 사람을 등용하여 효도와 우애를 일으키고 고아나 과부 같은 사람들을 거두어 주고 가난한 사람들을 원조해 준다. 이렇게 하면 서민들이 정치에 안심할 것이다. 서민들이 정치에 안심한 뒤에야 군자는 그의 자리에 안정될 수 있는 것이다. 전하는 말에 "임금은 배요, 서민은 물이다. 물은 배를 띄우기도 하지만 배를 뒤집어엎기도 한다" 하였는데, 이것을 뜻하는 말이다.

그러므로 임금이 안정되려 한다면 정치를 공평히 하고 백성들을 사랑하는 것이 가장 좋고, 번영을 바란다면 예를 존중하고 선비들을 공경하는 것이 가장 좋으며, 공명을 세우기 바란다면 어진이를 높이고 능력 있는 이를 쓰는 것이 가장 좋다. 이것이 임금 된 사람의 큰 원칙이다. 이 세 가지 원칙이 합당하면 그 밖의 것은 합당하게 되지 않는 것이 없을 것이다. 세 가지 원칙이 합당하지 못하면 그 나머지 것이 비록 부분적으로 합당하다 하더라도 아무런 이익도 되지 않을 것이다.

공자께서 말씀하셨다.

"큰 원칙이 바르고 작은 원칙도 바르면 훌륭한 임금이다. 큰 원칙이 바르나 작은 원칙들이 한 가지는 옳고 한 가지는 그르다면 보통 임금이다. 큰 원칙이 옳지 않다면 작은 원칙들이 비록 옳다 하더라도 나는 그 밖의 것은 거들떠보지도 않겠다."

| 원문 |

馬駭[1]輿,[2] 則君子不安輿, 庶人駭政, 則君子不安位. 馬駭輿, 則莫若靜之, 庶人駭政, 則莫若惠之.

選賢良, 擧篤敬,³ 興孝弟, 收孤寡,⁴ 補貧窮. 如是, 則庶人安政矣. 庶人安政, 然後君子安位. 傳曰; 君者, 舟也, 庶人者, 水也. 水則載⁵舟, 水則覆⁶舟. 此之謂也.

故君人者, 欲安, 則莫若平政愛民矣, 欲榮, 則莫若隆禮敬士矣, 欲立功名, 則莫若尙賢使能矣. 是君人者之大節也. 三節者當, 則其餘莫不當矣. 三節⁷者不當, 則其餘雖曲當,⁸ 猶將無益也.

孔子曰; 大節是也, 小節是也, 上君也. 大節是也, 小節一出焉, 一入焉, 中君也. 大節非也, 小節雖是也, 吾無觀其餘矣.

| 해설 |

정치의 근본은 백성들에게 안정된 생활을 보장하는 데 있다. 백성들이 불안하면 나라도 불안해지기 때문이다. 백성들이 정치에 안정되게 하려면, 어질고 훌륭하고 능력 있는 사람들에게 벼슬을 주고, 효도와 우애 같은 예절을 보급시키며, 의지할 곳 없는 사람과 가난한 사람들을 돌봐 주면 된다.

또한 임금이 백성을 다스리는 데에는 세 가지 큰 원칙이 있다. 첫째는 정치를 공평히 하고 백성들을 사랑하는 것, 둘째는 예의를 존중하고 선비

---

1 駭(해) : 놀라는 것.
2 輿(여) : 수레.
3 篤敬(독경) ; 착실하고 행동이 공경스런 사람.
4 孤寡(고과) : 고아와 과부 같은 의지할 곳 없는 사람들.
5 載(재) : 위에 싣는 것, 물위에 띄우는 것.
6 覆(복) : 뒤엎는 것.
7 節(절) : 법도, 원칙, 기준.
8 曲當(곡당) : 부분적으로 정당한 것.

들을 공경하는 것, 셋째는 어진이와 능력 있는 이들을 존경하고 등용하는 것이다. 이 세 가지 원칙만 잘 지켜진다면 그 밖의 작은 일이 옳지 않다 하더라도 정치는 올바르게 된다. 세 가지 원칙이 지켜지지 않으면 그 정치의 결과는 볼 것도 없다. 여하튼 군주 전제 정치 시대에 이처럼 백성들의 위치를 중히 평가한 것은, 맹자의 민본 사상처럼 철저하지는 못하지만 주목할 만한 일이다. 그것은 바로 유가의 전통적인 정치 사상의 한 면이라고도 할 것이다.

5

위(衛)나라의 성후(成侯)와 사공(嗣公)은 세금을 가혹하게 거두고 계산에 밝은 임금이었으나 백성들의 마음을 얻지는 못하였다. 정나라의 자산(子産)은 백성들의 마음은 얻었지만 올바른 정치를 행하지는 못하였다. 제나라의 관중은 올바른 정치를 하였으나 예의를 닦지는 못하였다. 그러므로 예의를 닦는 사람은 왕자가 되고, 올바른 정치를 하는 사람은 강자가 되고, 백성들의 마음을 얻는 사람은 편안해지고, 세금을 가혹하게 거두는 사람은 멸망할 것이다.

그러므로 왕자는 백성들을 부유하게 하고, 패자는 선비[士]들을 부유하게 하고, 겨우 존속하는 나라는 대부(大夫)들을 부유하게 하며, 망해 가는 나라는 임금의 금고를 부유하게 하고 임금의 창고를 가득 차게 한다. 임금의 금고가 부유해지고 임금의 창고가 가득 차도 백성들은 가난하기만 하다. 이런 것을 두고 위는 넘쳐 나고 아래는 바닥이 났다고 하는데, 안으로는 나라를 지킬 수가 없고 밖으로는 전쟁을 할 수가 없을 것이니, 나라가 무너져 멸망하는 것을 눈앞에 볼 수가 있을 것이다.

 그러므로 세금을 가혹하게 거두면 나라가 멸망하고, 외적은 그것을 취득하여 더욱 강해진다. 세금을 가혹하게 거두는 것은 외적을 불러들이고 적을 살찌게 하여, 나라를 망치고 자신도 위태롭게 만드는 길이다. 그러므로 밝은 임금은 그런 길을 걷지 않는다.

| 원문 |

 成侯,[1] 嗣公,[2] 聚斂[3]計數[4]之君也, 未及取民[5]也. 子產[6]取民者也, 未及爲政也. 管仲[7]爲政者也, 未及修禮也. 故修禮者王,[8] 爲政者彊,[9] 取民者安, 聚斂者亡.

 故王者富民, 霸者富士,[10] 僅存之國, 富大夫, 亡國富筐篋,[11] 實府庫.[12] 筐篋已富, 府庫已實, 而百姓貧. 夫是之謂上溢[13]而下漏,[14] 入不可

---

1 成侯(성후) : 위나라 임금. 사공(嗣公)의 할아버지.
2 嗣公(사공) : 위나라 임금. 『한비자(韓非子)』 내저설(內儲說)에도 그 이름이 보이지만, 어느 정도 세금을 가혹하게 거두었는지는 알 길이 없다.
3 聚斂(취렴) : 백성들로부터 가혹하게 세금을 거둬들이는 것.
4 計數(계수) : 숫자 계산에 밝은 것.
5 取民(취민) : 민심을 얻는 것.
6 子產(자산) : 춘추 시대 정나라 대부. 이름은 공손교(公孫僑). 자산은 그의 자이다. 학식과 견문이 넓었으며, 정나라 간공(簡公) 때부터 정공(定公)·헌공(獻公)·성공(聲公)에 이르기까지 수십 년 동안 재상 자리에 있었다. 그는 진(晉)나라·초나라 같은 강한 나라 사이에 끼어서도 예로써 이들을 설복하여 정나라의 평화를 유지하였다. 자산이 죽었을 때 공자도 슬퍼하며 눈물을 흘렸다 한다.
7 管仲(관중) : 제7편 중니 제1절 참조.
8 王(왕) : 왕자(王者), 왕도에 의한 올바른 정치를 하는 임금.
9 彊(강) : 강한 사람.
10 士(사) : 벼슬을 할 수 있는 사람들 가운데서 가장 낮은 계급.
11 筐篋(광협) : 광주리와 상자, 여기서는 임금이 귀중한 물건을 넣어 두는 상자.
12 府庫(부고) : 임금의 재물을 넣어 두는 창고.

以守, 出不可以戰, 則傾覆^{15}滅亡, 可立而待^{16}也.

　故我聚之以亡, 敵得之以彊. 聚斂者, 召寇^{17}肥敵, 亡國危身之道也. 故明君不蹈^{18}也.

| 해설 |

　여기서는 임금은 백성들로부터 세금을 가혹하게 거둬들여서는 안 된다는 것을 강조하고 있다. 백성들의 생활은 아랑곳없이 세금을 긁어모으면 임금은 부유해지지만 그 나라는 얼마 못 가 멸망한다. 나라를 올바르게 다스리려면 먼저 예절을 닦고, 그 예절을 통하여 온 백성들을 부유하게 만들어야 한다. 벼슬아치나 일부의 높은 관리들만이 부유해지는 정치는 어떤 수단으로서는 편리할지 몰라도 올바른 정치가 못 된다는 것이다.

6

　왕자는 사람들의 마음을 얻으려 하고, 패자는 동맹국을 얻으려 하고, 강자는 땅을 얻으려 한다. 사람들의 마음을 얻으려는 사람은 제후들을 신하로 삼게 될 것이고, 동맹국을 얻으려는 사람은 제후들을 벗 삼게 될 것이고, 땅을 얻으려는 사람은 제후들과 원수가 될 것이다.

---

13 溢(일) : 가득 차서 넘치는 것.
14 漏(루) : 새어서 바닥이 나는 것, 말라 버리는 것.
15 傾覆(경복) : 뒤엎어지는 것.
16 可立而待(가립이대) : 선 채로 기다릴 수 있다. 곧 어떤 일의 결과를 눈앞에 볼 수 있다는 뜻.
17 寇(구) : 외구, 외적.
18 蹈(도) : 길을 밟고 걸어가는 것.

제후들을 신하로 삼는 사람은 왕자가 되고, 제후들을 벗삼는 사람은 패자가 되고, 제후들을 원수로 삼는 사람은 위태로워진다.

| 원문 |

王奪[1]之人, 霸奪之與,[2] 彊奪之地. 奪之人者, 臣諸侯, 奪之與者, 友諸侯, 奪之地者, 敵諸侯. 臣諸侯者王, 友諸侯者霸, 敵諸侯者危.

| 해설 |

임금에는 왕자와 패자와 강자가 있다. 왕자는 백성들의 마음을 얻어 올바른 정치를 하려는 사람이고, 패자는 자기를 지지하는 자들을 늘려 남을 제패하려는 사람이고, 강자는 남의 나라 땅을 빼앗으려는 사람이다. 왕자는 자연히 다른 제후들을 굴복시켜 신하로 삼게 되고, 패자는 일부 제후들과 친하게 지내지만, 강자는 다른 제후들을 원수로 삼게 되어 위태로워진다는 것이다. 순자는 계속 덕을 위주로 하는 왕도를 중요시하는 왕자의 정치를 설명하고 있다.

7

강한 힘을 쓰는 자는, 남이 성을 지키며 나와서 싸우는데 내가 힘으로 이들을 이겨내는 것이니, 남의 백성들을 많이 다치게 할 것이 틀림없다. 남의 백성들을 많이 다치게 하면 남의 백성들은 나를 반드시 매

---

1 奪(탈) : 빼앗는 것. 얻는 것.
2 與(여) : 자기편, 동맹국.

우 미워할 것이다. 남의 백성들이 나를 매우 미워한다면 언제든지 나와 싸우려고 들 것이다.

남이 성을 지키며 나와서 싸우는데 내가 힘으로 그들을 이기려면 나의 백성들도 많이 다치게 될 것이 틀림없다. 나의 백성들이 많이 다치면 나의 백성들은 나를 반드시 매우 미워할 것이다. 나의 백성들이 나를 매우 미워한다면 언제든지 나를 위하여 싸우려 들지 않을 것이다.

남의 백성들은 언제든지 나와 싸우려 드는데 나의 백성들은 언제든지 나를 위하여 싸우려 들지 않으니, 이것이 강한 자가 도리어 약해지는 이유이다. 땅은 늘었지만 백성들은 떠나가고 피해는 많지만 이루어 놓은 공은 적으며 비록 지켜야만 할 곳은 늘었지만 지킬 사람들은 줄어들었으니, 이것이 큰 나라가 도리어 땅이 줄어드는 이유이다.

제후들은 모두가 서로 연맹을 맺으려 하면서 그의 적을 원망하며 잊지 않고 강대한 나라의 틈을 엿보고 약점을 이용하려 할 것이다. 이것은 강대한 나라가 위태로운 시기이다.

강대함에 대하여 아는 사람은 강해지기에 힘쓰지 않는다. 그는 임금의 명을 생각하며, 그의 힘을 온전히 하고 그의 덕을 쌓는다. 힘이 온전하면 제후들은 그를 약화시킬 수가 없고, 덕이 쌓이면 제후들은 그의 땅을 빼앗지 못한다. 세상에 왕자와 패자가 없을 때는 언제나 승리를 거둘 것이다. 이것이 강한 자의 도를 알고 있는 사람이다.

| 원문 |

用彊者,[1] 人之城守, 人之出戰, 而我以力勝之也, 則傷人之民必甚矣.

---

[1] 用彊者(용강자) : 강한 힘을 사용하는 자.

傷人之民甚, 則人之民惡我必甚矣. 人之民惡我甚, 則日欲與我鬪.[2]

人之城守, 人之出戰, 而我以力勝之, 則傷吾民必甚矣. 傷吾民甚, 則吾民之惡我必甚矣. 吾民之惡我甚, 則日不欲爲我鬪.

人之民日欲與我鬪, 吾民日不欲爲我鬪, 是彊者之所以反弱也. 地來而民去, 累[3]多而功少, 雖守者益, 所以守者損, 是以大者之所以反削[4]也.

諸侯莫不懷[5]交接,[6] 怨而不忘其敵, 伺[7]彊大之間, 承[8]彊大之敝.[9] 此彊大之殆[10]時也.

知彊大者, 不務彊也. 慮以王命, 全其力, 凝[11]其德. 力全則諸侯不能弱也, 德凝則諸侯不能削也. 天下無王覇主, 則常勝矣. 是知彊道者也.

| 해설 |

전쟁을 좋아하는 강한 자는 언젠가는 멸망한다. 전쟁은 남의 나라 백성들을 다치게 하는 동시에 자기 나라 백성들도 다치게 하는 것이므로, 안으로는 자기 나라 백성들의 원성을 사고 밖으로는 남의 나라 백성들의 원망을 받게 된다. 전쟁을 즐기는 임금은 영토를 늘릴 수 있을지는 모르지만, 민심을 잃는다. 더구나 침략의 대상이 되는 여러 나라들은 단결하여

---

2 鬪(투) : 싸우는 것, 전쟁하는 것.
3 累(루) : 번거로운 것, 전쟁하는 것.
4 削(삭) : 깎이는 것, 나라 땅의 일부를 남에게 빼앗기는 것.
5 懷(회) : 생각하는 것.
6 交接(교접) : 서로 연맹을 맺는 것.
7 伺(사) : 엿보는 것.
8 承(승) : 손으로 받드는 것, 이용하는 것.
9 敝(폐) : 약점.
10 殆(태) : 위태로움.
11 凝(응) : 엉기는 것, 쌓이는 것, 굳어지는 것.

틈만 있으면 보복의 기회를 노린다. 전쟁을 좋아하는 강한 자는 망하지 않을 수가 없다는 것이다.

그러기에 훌륭한 통치자는 묵묵히 자기의 힘을 기르며 덕을 쌓아 민심을 얻는다. 그러면 자연히 그는 왕자가 될 수 있다는 것이다. 여기서도 공자·맹자를 비롯한 유가 전체에서 볼 수 있는 강력한 반전 사상이 엿보인다. 그러나 순자가 덕을 쌓는 한편 자기의 힘을 온전히 길러야 한다고 주장한 것은, 전국 시대라는 현실을 맹자보다도 훨씬 수긍하고 있는 것이라 하겠다.

8

패자(覇者)는 그렇지 않다. 밭과 들을 개간하고 창고를 충실케 하며 쓰는 기구들을 편리하게 하고, 삼가 인재들을 모아 재능과 특기가 있는 인물들을 뽑아 쓴다. 그런 뒤에야 상을 주어 백성들을 선도하고, 형벌을 엄격히 하여 백성들을 바로잡는다. 망한 나라를 일으켜 세워 주고 대가 끊어진 나라를 잇게 해주며, 약한 나라를 지켜 주고 포악한 나라를 제재하면서, 다른 나라를 합병시키려는 마음이 없어서 곧 제후들은 그와 친해질 것이다.

남과 대등히 벗하는 도리를 닦아 공경히 제후들과 접촉하면, 곧 제후들은 그를 좋아하게 될 것이다. 그와 친하게 되는 까닭은 나라를 합병시키지 않으려는 때문이니, 합병하려는 뜻이 드러난다면 곧 제후들은 멀어질 것이다. 그를 좋아하는 까닭은 자기를 대등히 벗해 주기 때문이니, 신하로 굴복시키려는 뜻이 보이면 곧 제후들은 떨어져 나갈 것이다.

그러므로 그가 합병하지 않는다는 행동을 뚜렷이 밝히고 남과 대등히 벗하는 길을 믿게 한다면, 세상에 왕자와 패자가 없을 때에는 언제나 승리를 거두게 될 것이다. 이것이 패자의 도를 아는 사람이다.

| 원문 |

彼霸者, 不然. 辟[1]田野, 實倉廩,[2] 便備用,[3] 案[4]謹募[5]選閱材伎[6]之士. 然後漸[7]慶賞[8]以先[9]之, 嚴刑罰以糾[10]之. 存亡繼絶, 衛弱禁暴, 而無兼併[11]之心, 則諸侯親之矣.

修友敵[12]之道, 以敬接諸侯, 則諸侯說[13]之矣. 所以親之者, 以不幷也, 幷之見, 則諸侯疏[14]矣. 所以說之者, 以友敵也, 臣之見, 則諸侯離矣.

故明其不幷之行, 信其友敵之道, 天下無王霸主, 則常勝矣. 是知霸道者也.

1 辟(벽) : 개간, 개척하는 것.
2 廩(름) : 곡식을 쌓아 두는 창고.
3 備用(비용) : 늘 쓰는 기구.
4 案(안) : 발어사, 아무 뜻이 없음.
5 募(모) : 모집.
6 材伎(재기) : 재능과 특기.
7 漸(점) : 상을 내려 주는 것.
8 慶賞(경상) : 상, 상품.
9 先(선) : 선도.
10 糾(규) : 바로잡는 것.
11 兼倂(겸병) : 합병, 남의 나라를 빼앗아 자기 나라에 합치는 것.
12 友敵(우적) : 대등하게 벗하는 것, 남과 벗하여 잘 지내는 것.
13 說(열) : 기뻐하는 것, 좋아하는 것.
14 疏(소) : 멀어지는 것.

| 해설 |

여기서는 패자의 도를 설명하고 있다. 패자란 자기 나라의 경제를 윤택하게 하고, 훌륭한 인재를 쓰고 상벌을 엄격히 하여 자기 나라의 정치를 올바로 이끈 다음, 망해 가는 나라나 약한 나라를 도와주고 포악한 나라를 견제하는 사람이다.

그는 남의 나라를 뺏으려는 야심이 없고 다른 제후들과 동등한 지위에서 사귀려 하므로, 다른 제후들이 좋아하며 친하게 지내려 든다. 이렇게 되면 언젠가는 틀림없이 온 세상을 제패하게 될 것이라는 것이다.

여기에서도 순자가 전국 시대의 어지러운 상황을 맹자보다 현실적으로 받아들이고 있었음을 알 수 있다. 공자나 맹자가 패자의 정치를 매우 가볍게 여기던 것과는 좋은 대조가 된다.

9

제나라 민왕(閔王)은 연(燕)·조(趙)·초(楚)·위(魏)·진(秦) 다섯 나라에게 망하고, 제나라 환공은 노나라 장공(莊公)에게 협박당하였는데, 그것은 다름 아니라 바로 올바르지 못한 방법으로 왕자가 되려고 생각했기 때문이다.

왕자는 그렇지 않다. 어짊[仁]이 천하에 드높고, 의로움[義]이 천하에 드높고, 위세도 천하에 드높다. 어짊이 천하에 드높기 때문에 온 세상에 친하려 하지 않는 이 없고, 의로움이 천하에 드높기 때문에 온 세상에 귀하게 여기지 않는 이 없고, 위세가 천하에 드높기 때문에 온 세상에 감히 아무도 대적하지 못한다.

아무도 대적하지 못하는 위세로써 사람들을 복종케 하는 도리를 더

도와주는 것이니, 싸우지 않고도 승리하고, 공격하지 않고도 얻게 되고, 군대를 동원하지 않고도 천하를 복종시킨다. 이것이 왕도를 아는 사람이다. 이 세 가지 요건을 알고 있는 사람은, 왕자가 되고 싶으면 왕자가 되고, 패자가 되고 싶으면 패자가 되고, 강자가 되고 싶으면 강자가 될 수 있다.

| 원문 |

閔王[1]毁於五國, 桓公[2]劫[3]於魯莊, 無它故[4]焉, 非其道而慮之以王也.

彼王者, 不然. 仁眇[5]天下, 義眇天下, 威眇天下. 仁眇天下, 故天下莫不親也. 義眇天下, 故天下莫不貴也. 威眇天下, 故天下莫敢敵也.

以不敵之威, 輔[6]服人之道, 故不戰而勝, 不攻而得, 甲兵不勞而天下服. 是知王道者也. 知此三具[7]者, 欲王而王, 欲霸而霸, 欲彊而彊矣.

| 해설 |

임금이 옳지 못한 방법으로 나라를 다스리면 결국은 나라를 망치고 만다. 제나라 민왕이나 환공이 그 보기이다. 왕자는 어질어야 하며 의로워

---

1 閔王(민왕) : 제(齊)나라 민왕(湣王). 전국 시대 말엽에 연나라 악의(樂毅)가 이끄는 조·초·위·진·연의 연합군에게 패배하였다(『史記』 田敬仲完世家).
2 桓公(환공) : 제나라 환공은 관중(管仲)의 도움을 얻어 패자가 되었다. 그러나 가(柯) 땅에서 여러 제후들과 만났을 때 노(魯)나라 장공(莊公)의 신하인 조말(曹沫)에게 단도로 협박당하여 노나라에게서 빼앗았던 땅을 되돌려 주고 말았다(『史記』 魯周公世家).
3 劫(겁) : 겁탈, 협박.
4 它故(타고) : 다른 까닭.
5 眇(묘) : 아득히 높이 솟아 있는 모양(王念孫).
6 輔(보) : 돕는 것, 보조하는 것.
7 三具(삼구) : 세 가지 갖추어야 할 일, 세 가지 요건.

야 하며 위세가 있어야 한다. 어짊과 의로움과 위세 세 가지 요건을 다 갖추고 있는 사람이라면 온 세상이 그를 따르고 그를 존경하고 그에게 굴복할 것이다. 이것이 왕도이다. 왕도를 아는 임금이라면 세상은 마음 먹은 대로 잘 다스려져서, 왕자든 패자든 강자든 자기가 바라는 대로 될 수 있다는 것이다.

어짊·의로움과 함께 사람들을 굴복시키는 위세를 왕자의 세 가지 요건 가운데 하나로 치고 있는 것은 순자의 특징이라 하겠다.

10

왕자가 되는 사람은 예의에 맞게 행동하고, 여러 가지 전례에 비추어 소청을 처리하며, 사소한 일이라도 밝게 드러내고, 그때그때 상황에 맞게 적절히 일을 처리하여 막히는 법이 없다. 이런 것을 두고 근본이 있다고 하며, 이것이 왕자가 되는 사람이다.

| 원문 |

王者之人, 飾動[1]以禮義, 聽斷[2]以類,[3] 明振[4]毫末,[5] 擧措[6]應變[7]而不窮, 夫是之謂有原,[8] 是王者之人也.

---

1 動(동) : 동작, 행동.
2 聽斷(청단) : 신하나 백성들의 소청·소송을 듣고 결단을 내리는 것.
3 類(류) : 여러 가지 전례.
4 振(진) : 드러내는 것.
5 毫末(호말) : 털끝만한 작은 일들.
6 擧措(거조) : 행동, 일 처리.
7 應變(응변) : 그때그때의 사정에 알맞게 적절히 대처하는 것.

| 해설 |

왕자의 행동에 대해 자세히 설명하고 있다. 행동은 예의 바르고 정치는 근거가 있고, 작은 일이라 하더라도 함부로 처리하지 않으며, 언제나 그때그때의 사정에 알맞게 적절히 일을 처리한다. 왕자는 이처럼 근본 있는 정치를 해야만 한다는 것이다.

11

왕자의 제도는 그 도가 하·은·주 삼대를 지나지 않고, 법도는 후세 임금과도 다르지 않다. 도가 삼대를 지나는 것을 방종하다고 하며, 법도가 후세 임금과 다른 것을 바르지 않다고 한다.

의복에는 제도가 있고, 궁실에는 법도가 있으며, 부리는 사람에는 일정한 수가 있고, 장사 지내는 의식이나 제사 지내는 의식에 쓰이는 용구에는 모두 적당한 등급이 있다. 음악은 우아한 소리가 아닌 것은 모두 폐지하고, 채색은 옛날에 근거를 둔 무늬가 아닌 것은 모두 없애며, 쓰는 용구들은 옛날에 근거를 둔 것이 아니면 모두 부숴 버린다. 이런 것을 두고 복고라 말하며, 이것이 왕자의 제도이다.

| 원문 |

王者之制, 道不過三代,[1] 法不貳[2]後王.[3] 道過三代謂之蕩,[4] 法貳後王謂之不雅.[5]

衣服有制, 宮室有度, 人徒有數, 喪祭械用,[6] 皆有等宜. 聲,[7] 則凡非

---

8 原(원) : 근본, 근원.

雅聲者擧廢, 色,[8] 則凡非舊文[9]者擧息, 械用, 則凡非舊器者擧毀. 夫是之謂復古, 是王者之制也.

| 해설 |

여기서는 왕자의 예의 제도에 대하여 풀이하고 있다. 왕자의 제도는 옷·궁실·인원·음악·채색·무늬 등이 모두 옛날에 근거를 둔 법도에 맞는 것이어야 한다. 옛날 것이라고 덮어놓고 오래된 것이어야 하는 것은 아니다. 대체로 하·은·주 삼대에 근거를 둔 것이면 된다.

순자는 이처럼 일정한 제도에 의해 사회적 신분에 따른 등급을 분별하고 예절을 체계화함으로써 나라의 질서를 찾으려 하였다. 순자는 맹자보다도 훨씬 더 이러한 형식적인 예의 제도의 필요성을 강조하고 있는데, 그것은 순자가 사회의 혼란을 보다 현실적으로 받아들이고 있었기 때문일 것이다. 그러나 순자도 그 예의 제도의 근거에서는 유가 전체에서 보는 복고주의의 범위를 벗어나지는 못한다.

1 三代(삼대) : 하(夏)·은(殷)·주(周)의 세 왕조. 세 왕조의 도를 지나치면, 너무 시대가 멀고 역사적인 기록이 거의 없어 근거가 희박해진다는 것이다.
2 貳(이) : 둘, 두 가지 서로 다른 것.
3 後王(후왕) : 후세 임금들.
4 蕩(탕) : 방종, 방탕, 근거 없이 멋대로 하는 것.
5 雅(아) : 바른 것.
6 械用(계용) : 쓰이는 용구.
7 聲(성) : 소리, 음악.
8 色(색) : 채색, 옷이나 궁실, 문장 등에 쓰이는 빛깔.
9 文(문) : 무늬, 문(紋)과 통함.

12

왕자의 이론은, 덕이 있는 이는 귀하게 되지 않는 일 없고, 능력 있는 이는 벼슬하지 않는 일 없으며, 공 있는 이는 상 받지 않는 일 없고, 죄 지은 자는 벌 받지 않는 일 없으며, 조정에는 요행으로 벼슬하는 이 없고, 백성 중에는 요행으로 살아가는 이 없으며, 어진이를 존중하고 유능한 이를 등용하여 등급과 벼슬을 제대로 받지 못하는 이 없으며, 성실한 백성들을 가려내고 흉악한 짓을 금하며, 형벌은 잘못 쓰는 일이 없도록 하는 것이다.

백성들은 모두가 집에서 선한 일을 하면 조정에서 상을 받고, 숨어서 나쁜 짓을 하면 드러내 놓고 형벌을 받는다는 사실을 뚜렷이 알게 될 것이다. 이런 것을 확정된 이론이라 말하며, 이것이 왕자의 이론이다.

| 원문 |

王者之論,[1] 無德不貴, 無能不官, 無功不賞, 無罪不罰. 朝無幸[2]位, 民無幸生. 尙賢使能, 而等位不遺,[3] 析[4]愿[5]禁悍,[6] 而刑罰不過.

百姓曉然[7]皆知, 夫爲善於家, 而取賞於朝也, 爲不善於幽,[8] 而蒙[9]刑於

---

1 論(논) : 이론, 정치의 주장과 이론.
2 幸(행) : 요행(僥倖).
3 不遺(불유) : 그의 재능에 따른 적당한 등급이나 벼슬이 주어지지 않는 일이 없는 것.
4 析(석) : 가려 내는 것.
5 愿(원) : 성실한 사람들.
6 悍(한) : 악하고 사나운 짓.
7 曉然(효연) : 뚜렷한 모양.
8 幽(유) : 남이 잘 모르는 곳, 으슥한 곳.
9 蒙(몽) : ~을 입는 것, 당하는 것.

顯**10**也. 夫是之謂定論, 是王者之論也.

| 해설 |

여기서는 왕자가 정치를 하면서 특히 고려해야 할 점들을 논하고 있다. 순자는 덕이나 능력을 존중해야 한다는 유가들의 일반론과 함께 상벌을 특히 강조하고 있다. 형벌을 엄격히 하지 않고는 백성들을 제대로 다스릴 수 없다는 것이 그 시대의 현실이었을 것이다.

13

왕자의 법도는 부세(賦稅)에 등급을 매기고 일을 올바로 하여 만물을 풍부히 하여 만백성들을 먹여 살리는 근거가 된다. 밭이나 들에서는 수확물의 십 분의 일을 거둬들이고, 관소나 시장에서는 검사는 하지만 세금을 받지는 않는다. 산과 숲, 못과 어살[梁]에는 철에 따라 사냥이나 고기잡이를 금하기도 하고 풀어 주기도 하지만 세금을 거두지는 않는다. 땅이 좋고 나쁜 것을 살펴 등급에 따라 세금을 거두며, 길이 멀고 가까운 것을 참작하여 공물을 바치게 한다. 재물과 양곡들을 유통케 하여 한 군데 쌓이는 일이 없도록 하며, 서로 가져오고 가져가게 하여 온 세상이 한 집안처럼 되게 한다.

그렇게 되면 가까운 곳의 사람들은 그의 재능을 숨기지 않고, 먼 곳의 사람들은 그의 수고로움을 꺼리지 않을 것이니, 깊숙이 떨어져 오지에 숨어 있는 나라 없이 모두가 달려와 일하면서 다스림을 편안히

---

10 顯(현) : 드러내 놓는 것.

즐길 것이다. 이런 것을 두고 백성들의 지도자라 말하며, 이것이 왕자의 법도이다.

| 원문 |

王者之法,[1] 等賦[2]政[3]事, 財萬物, 所以養萬民也. 田野什一,[4] 關[5]市幾而不征,[6] 山林澤[7]梁,[8] 以時禁發[9]而不稅. 相地[10]而衰[11]政,[12] 理[13]道之遠近而致貢,[14] 通流財物粟米,[15] 無有滯留,[16] 使相歸移[17]也. 四海之內若一家.
故近者不隱其能, 遠者不疾[18]其勞, 無幽閒[19]隱僻[20]之國, 莫不趨使[21]而

---

1 法(법) : 법도. 여기서는 경제 정책을 말한다. 보통 순자 판본에는 이 법(法)자가 빠져 있으나 이 단의 끝구절로 보아 들어 있는 것이 옳다(王念孫).
2 賦(부) : 부세(賦稅), 조세.
3 政(정) : 정(正)과 통하여 올바르게 하는 것.
4 什一(습일) : 수확의 십 분의 일을 세금으로 받는 것.
5 關(관) : 관소(關所), 관문.
6 征(정) : 세금을 거둬들이는 것.
7 澤(택) : 못, 호수.
8 梁(량) : 어살. 강물을 막고 가운데를 터 급류를 만든 뒤에, 그곳에 통발을 쳐 고기를 잡는 것.
9 禁發(금발) : 사냥이나 고기잡이를 금하였다 풀어 줬다 하는 것.
10 相地(상지) : 땅이 좋고 나쁨을 살펴보는 것.
11 衰(최) : 등급을 매기는 것.
12 政(정) : 정(征)과 통하여, 세금을 받아들이는 것.
13 理(이) : 이치를 따라 참작하는 것.
14 貢(공) : 공물. 각 지방에 나는 토산물을 임금에게 갖다 바치는 것.
15 粟米(속미) : 좁쌀과 쌀, 양곡.
16 滯留(체류) : 한 군데 쌓이는 것.
17 歸移(귀이) : 가져가고 가져오고 하는 것.
18 疾(질) : 싫어하는 것, 꺼리는 것.
19 幽閒(유간) : 깊숙이 떨어져 있는 것.
20 隱僻(은벽) : 벽지에 숨어 있는 것.
21 趨使(추사) : 달려와 부림을 당하는 것.

安樂之. 夫是之謂人師, 是王者之法也.

| 해설 |

여기서는 왕자로서의 경제 정책을 설명하고 있다. 왕자는 알맞게 세금을 거둬들이고 물자를 유통케 하여 나라의 경제를 원활히 해야 한다. 경제가 윤택해지면 가까운 나라들이나 먼 곳의 나라들이나 모두 그에게 복종해 온다. 백성들의 지도자란 이처럼 경제 정책을 잘해야 한다는 것이다.

이처럼 순자가 현실적인 경제 정책을 힘주어 얘기하고 있는 것도, 그 시대의 어느 유가 사상가들보다도 순자가 현실에 대해 예민하였음을 말해 주는 것이다.

14

북쪽 바다에 잘 달리는 말(走馬)과 잘 짖는 개(吠犬)가 있다. 그런데 중국에서는 이들을 구해 가축으로 사용하고 있다. 남쪽 바다에는 새 깃과 상아와 외뿔소 가죽과 증청(曾靑)과 단사(丹砂)가 난다. 그런데 중국에서는 이것들을 구해 재물로 삼고 있다. 동쪽 바다에는 지치(紫草)와 칡베와 물고기와 소금이 난다. 그런데 중국에서는 이것들을 구해다가 입기도 하고 먹기도 한다. 서쪽 바다에는 짐승들 가죽과 무늬 있는 쇠꼬리가 난다. 그런데 중국에서는 이것들을 구하여 사용하고 있다.

그러므로 못에 사는 사람도 나무가 풍족하고, 산에 사는 사람도 물고기가 풍족하다. 농부들은 나무를 깎고 다듬지 않고 질그릇을 굽지 않지만 쓰는 용구가 풍족하다. 공인들과 상인들은 밭을 갈지 않지만 양곡이 풍족하다. 그리고 호랑이나 표범은 사납지만 군자들은 그들의 가죽을 벗겨 사용하고 있다. 그러므로 하늘 아래 땅 위에 있는 물건들은 모두가 그의 아름다움을 다하고 그 용도를 발휘하고 있는 것이다. 위로는 그 물건들로 어질고 훌륭한 이들을 장식케 하고, 아래로는 백성들을 먹여 살려 모두 편히 즐겁게 살게 해준다. 이것을 일컬어 위대한 평화[大神]라 하는 것이다. 『시경』에 "하늘은 높은 산을 솟게 하셨고 태왕(大王)께서 이를 개척하였다. 그분이 일으키신 일을 문왕께서 안정시키셨다" 하고 읊고 있는데, 이것을 뜻하는 말이다.

| 원문 |

北海[1]則有走馬[2]吠犬[3]焉, 然而中國得而畜使之. 南海則有羽翮[4]齒[5]革,[6] 曾靑[7]丹干[8]焉, 然而中國得而財之. 東海則有紫[9]紶[10]魚鹽[11]焉, 然而中國得而衣食之. 西海則有皮革文旄[12]焉, 然而中國得而用之.

故澤人足乎木, 山人足乎魚. 農夫不斲削[13]不陶冶,[14] 而足械用. 工賈

---

1 北海(북해) : 북쪽 바다, 북쪽 바다 근처 지방. 남해, 동해, 서해도 같음.
2 走馬(주마) : 북쪽에서 나는 말 이름. 잘 달린 데서 그렇게 부른 것 같다.
3 吠犬(폐견) : 북쪽에서 나는 큰 개 이름. 잘 짖는 데서 그렇게 부른 것 같다.
4 羽翮(우핵) : 크고 작은 새 깃.
5 齒(치) : 상아.
6 革(혁) : 외뿔소의 가죽.
7 曾靑(증청) : 구리[銅]에서 추출하며 푸른 물감으로도 쓰이고 또 황금을 녹이는 데도 쓰인다.
8 丹干(단간) : 단사(丹砂).
9 紫(자) : 자(茈)와 통하여, 지치[紫草]. 자색 물감을 만드는 풀.
10 紶(거) : 격(綌)과 통하여, 굵게 짠 칡베[葛布].
11 鹽(염) : 소금.
12 文旄(문모) : 무늬가 있는 모우(旄牛)의 꼬리. 옛날에는 모우 꼬리를 여러 가지 색깔로 물들여 깃대 위에 꽂는 장목으로 썼다.

不耕田, 而足菽粟.¹⁵ 故虎豹¹⁶爲猛矣, 然君子剝¹⁷而用之. 故天之所覆,¹⁸ 地之所載, 莫不盡其美, 致其用, 上以飾¹⁹賢良, 下以養百姓, 而安樂之. 夫是之謂大神.²⁰ 詩曰;²¹ 天作高山, 大王²²荒²³之. 彼²⁴作矣, 文王康²⁵之. 此之謂也.

| 해설 |

여기서는 경제 정책 가운데에서도 특히 물자를 잘 유통시켜야 함을 강조하고 있다. 여러 지방의 특산물을 서로 나르고, 여러 사람들이 제각기 생산하는 물건들을 서로 팔고 사게 하며, 백성들의 생활을 편리하게 해주면 세상은 평화로워질 수 있다는 것이다.

15

여러 가지 일을 종합하여 잡다한 일을 처리하고, 한 가지 원칙으로

---

13 斲削(착삭) : 나무를 깎고 다듬어 용구를 만드는 것.
14 陶冶(도야) : 질그릇을 구워 만드는 것.
15 菽粟(숙속) : 콩과 조. 여기서는 양곡을 대표하는 말.
16 豹(표) : 표범.
17 剝(박) : 껍질을 벗기는 것.
18 覆(복) : 덮는 것.
19 飾(식) : 수레나 옷 등의 장식을 하는 것.
20 大神(대신) : '신'은 신통히 잘 다스리는 것, 따라서 '대신'은 위대한 평화의 뜻.
21 詩曰(시왈) : 『시경』 주송(周頌) 천작(天作)편에 보이는 구절.
22 大王(태왕) : 주나라 문왕의 할아버지인 고공단보(古公亶父).
23 荒(황) : 크게 다스리는 것, 개척하는 것. 고공단보가 빈(豳) 땅에서 기산(岐山) 아래로 옮겨 와 주나라의 터전을 닦은 것을 뜻한다.
24 彼(피) : 저이, 그 사람. 고공단보를 가리킴.
25 康(강) : 편안하게 하는 것.

만 가지 일을 처리하며, 시작하면 끝이 나고 끝이 나면 시작하여 옥고리에 끝이 없는 것과 같이 해야만 한다. 이 방법을 버리면 천하는 쇠미해질 것이다.

하늘과 땅은 삶의 시작이고, 예의는 다스림의 시작이며, 군자는 예의의 시작이다. 예의를 만들고 그것을 통용케 하고 그것이 무겁게 쌓이도록 하여, 그것을 애호하는 것은 군자의 시작이다. 그러므로 하늘과 땅은 군자를 낳았고 군자는 하늘과 땅을 다스리니, 군자란 하늘과 땅의 변화에 참여하는 것이며 만물을 아울러 거느리는 것이며 백성들의 부모가 되는 것이다.

군자가 없다면 하늘과 땅은 다스려지지 않고, 예의는 법통이 없게 되며, 위로는 임금과 스승이 없고 아래로는 아버지와 아들이 없게 될 것이다. 이런 것을 두고 지극한 혼란이라 한다. 임금과 신하, 아버지와 아들, 형과 아우, 남편과 아내가 시작되어서는 끝나고 끝나면 시작되며, 하늘과 땅이 같이 다스려지고 영원토록 똑같이 오래간다면, 이런 것을 두고 위대한 근본〔大本〕이라 한다.

그러므로 장사 지내는 의식과 제사 지내는 의식, 조정에서 천자와 신하가 모이는 의식과 제후들이 서로 문안하는 의식, 군대의 의식은 근본이 하나이다. 귀하고 천하게 하는 것, 죽이고 살리는 것, 주기도 하고 뺏기도 하는 것도 한 가지 원리이다. 임금은 임금 노릇을 하고, 신하는 신하 노릇을 하고, 아버지는 아버지 노릇을 하고, 자식은 자식 노릇을 하고, 형은 형 노릇을 하고, 아우는 아우 노릇을 하는 것도 한 가지 원리이다. 농군은 농사를 짓고, 선비는 벼슬살이를 하고, 공인은 물건을 만들고, 상인은 장사를 하는 것도 한 가지 원리에 의한 것이다.

| 원문 |

以類行雜, 以一行萬, 始則終, 終則始, 若環[1]之無端[2]也. 舍[3]是而天下以衰矣.

天地者, 生之始也, 禮義者, 治之始[4]也, 君子者, 禮義之始也. 爲之,[5] 貫之,[6] 積重之,[7] 致好之者, 君子之始也. 故天地生君子, 君子理天地. 君子者, 天地之參[8]也, 萬物之摠[9]也, 民之父母也.

無君子則天地不理, 禮義無統, 上無君師, 下無父子. 夫是之謂至亂. 君臣, 父子, 兄弟, 夫婦, 始則終, 終則始, 與天地同理, 與萬世同久. 夫是之謂大本.

故喪祭, 朝[10]聘,[11] 師旅,[12] 一也. 貴賤, 殺生, 與奪,[13] 一也. 君君, 臣臣, 父父, 子子, 兄兄, 弟弟, 一也. 農農, 士士, 工工, 商商, 一也.

| 해설 |

정치를 하는 데에는 한 가지 법통이 있어야 한다. 법통이란 예의를 통

---

1 環(환) : 옥으로 만든 둥근 고리.
2 無端(무단) : 끝이 없는 것.
3 舍(사) : 사(捨)와 통하여 버리는 것.
4 始(시) : 시작, 출발, 근거가 되는 것.
5 爲之(위지) : 예의를 만드는 것.
6 貫之(관지) : 예의를 꿰뚫어 통용케 하는 것.
7 積重之(적중지) : 수양을 통하여 예의가 자기 자신에게 무겁게 쌓이도록 하는 것.
8 參(참) : 천지의 조화에 함께 참여하는 것.
9 摠(총) : 다 아울러 다스리는 것.
10 朝(조) : 조정에서 천자를 뵙는 예.
11 聘(빙) : 빙례, 제후들이 사신을 파견하여 서로 문안드리는 예.
12 師旅(사려) : 군대의 여러 가지 의식.
13 與奪(여탈) : 물건을 주기도 하고 빼앗기도 하는 것.

하여 이루어지고 천지의 조화와도 통하며 영원 불멸하는 것이다. 따라서 그 법통은 왕자의 여러 가지 의식을 통일해 주고, 여러 가지 권세를 쥐어 주고, 백성들이 자기 처지와 자기 직분을 지킬 줄 알게 만든다는 것이다.

16

물과 불은 기운은 있으나 생명이 없고, 풀과 나무는 생명은 있으나 지각이 없고, 새와 짐승은 지각은 있으나 의로움〔義〕이 없다. 사람은 기운도 있고 생명도 있고 지각도 있고 의로움도 있다. 그래서 천하에서 가장 존귀한 것이다.

힘은 소만 못하고 달리기는 말만 못한데, 소와 말은 어째서 사람에게 부림을 받는가? 그것은 사람들은 여럿이 힘을 합쳐 모여 살 수 있으나, 소나 말은 여럿이 힘을 합쳐 모여 살 수 없기 때문이다. 사람은 어떻게 여럿이 힘을 합쳐 모여 살 수 있는가? 그것은 분별이 있기 때문이다. 그 분별은 어떻게 존재할 수 있는가? 그것은 의로움이 있기 때문이다. 그러므로 의로움으로써 사람들을 분별 지으면 화합하고, 화합하면 하나로 뭉치고, 하나로 뭉치면 힘이 많아지고, 힘이 많으면 강해지고, 강하면 만물을 이겨낼 수가 있다. 그러므로 사람들은 집을 짓고 살 수가 있다.

그러므로 사철의 질서를 따라 만물을 성장케 하여 온 천하를 함께 이롭게 하는 것은, 다름 아니라 바로 분별과 의로움을 지니고 있기 때문이다.

| 원문 |

水火有氣¹而無生, 草木有生而無知, 禽獸有知而無義, 人有氣有生有知, 亦且有義. 故最爲天下貴也.

力不若牛, 走不若馬, 而牛馬爲用何也? 曰; 人能羣,² 彼不能羣也. 人何以能羣? 曰; 分.³ 分何以能行? 曰; 義. 故義以分則和, 和則一, 一則多力, 多力則彊, 彊則勝物. 故宮室⁴可得而居也.

故序⁵四時, 裁⁶萬物, 兼利天下, 無它故焉, 得之分義也.

| 해설 |

사람이 짐승들보다 힘이 약한 데도 짐승들을 지배하는 것은, 서로 협동하며 여럿이 사회생활을 해나가기 때문이다. 그런데 사람들이 사회 생활을 할 수 있는 것은 자기들의 신분을 구별하여 각자 분수를 지키며 살아갈 줄 알기 때문이다. 또한 질서가 유지되는 것은 사람들이 의로움에 입각하여 신분을 구분하기 때문이다. 따라서 올바른 정치란 정의에 입각한 올바른 신분의 구별을 통하여 가능하다는 것이다.

17

따라서 사람은 태어나면서부터 여럿이 모여 돕고 살지 않을 수가

---

1 氣(기) : 기운, 에너지 같은 것.
2 羣(군) : 여럿이 모여 서로 협조하며 사회생활을 해나가는 것.
3 分(분) : 분별, 사회적 신분의 구별.
4 宮室(궁실) : 여기서는 사람들이 사는 일반적인 집.
5 序(서) : 질서를 따르는 것.
6 裁(재) : 성(成)과 통하여, 만물을 성장케 하는 것.

없다. 여럿이 모여 살면서도 신분의 분별이 없다면 다투게 될 것이고, 다투면 혼란해지고, 혼란하면 서로 떨어져 나가고, 떨어져 나가면 약해지며, 약해지면 만물을 이겨낼 수가 없다. 그러면 사람들은 집에 살 수가 없게 될 것이다. 잠시라도 예의를 버려서는 안 된다고 말하는 것은 이 때문이다.

어버이를 잘 섬기는 것을 효도라 하고, 형을 잘 섬기는 것을 우애 있다고 하고, 윗사람을 잘 섬기는 것을 순(順)하다고 하고, 아랫사람을 잘 부리는 것을 임금이라고 한다.

임금이란 여럿이 모여 잘 살도록 해주는 사람이다. 여럿이 모여 사는 방법이 합당하면 만물이 모두 그들에게 합당케 되고, 여러 가지 가축들이 모두 나름대로 잘 자라게 될 것이며, 여러 생물도 모두 그들의 목숨대로 살게 될 것이다.

| 원문 |

故人生不能無羣. 羣而無分則爭, 爭則亂, 亂則離, 離則弱, 弱則不能勝物. 故宮室不可得而居也. 不可少頃[1]舍禮義之謂也.

能以事親, 謂之孝, 能以事兄, 謂之弟, 能以事上, 謂之順, 能以使下, 謂之君.

君者善羣也. 羣道當, 則萬物皆得其宜, 六畜[2]皆得其長, 羣生皆得其命.

---

1 少頃(소경) : 잠깐, 짧은 동안.
2 六畜(육축) : 여섯 가지 가축. 곧 말·소·양·돼지·개·닭을 말한다.

| 해설 |

사람들은 여럿이 모여 서로 도우며 잘 살아가야 한다. 임금은 사람들이 잘 모여 살도록 지배하는 사람이다. 따라서 임금은 백성들이 자기의 처지와 신분을 잘 지키도록 해야 한다. 사람들이 올바로 모여 살게 된다면 곧 자연의 만물이나 여러 가축들까지도 자연의 섭리대로 잘 변화하고 자라게 된다는 것이다. 이것은 사람의 도〔人道〕는 땅의 도〔地道〕나 하늘의 도〔天道〕로 통하는 것이라 한 『중용(中庸)』의 말과도 통한다.

18

그러므로 때에 알맞게 기르면 여러 가지 가축이 자라나고, 제때에 죽이고 살리면 풀과 나무가 무성해지고, 적절히 정령을 내리면 백성들이 통일되고 어진이와 훌륭한 이들이 복종하게 된다.

성왕의 제도는 풀과 나무가 꽃피고 사라날 때에는 도끼를 산과 숲에 들여보내지 않아, 그 생명을 일찍 빼앗지 않고 그 성장을 중단시키지 않는다. 큰 자라·악어·물고기·자라·미꾸라지·전어 등이 알을 깔 때에는 그물과 독약을 못속에 넣지 않아, 그 생명을 일찍 빼앗지 않고 그 성장을 중단시키지 않는다. 봄에는 밭갈고 여름에는 김매며 가을에는 수확하고 겨울에는 저장하는 네 가지 일들을 철을 놓치지 않고 하여, 곡식이 모자라지 않고 백성들은 먹고도 남음이 있게 된다. 웅덩이와 못과 늪과 강물과 호수에 철에 따라 고기잡이를 금하여, 고기와 자라가 더욱 많아져 백성들은 쓰고도 남음이 있게 된다. 나무를 베고 기르는 것을 때를 놓치지 않고 적절히 하여, 산과 숲은 벌거숭이가 되지 않고 백성들은 쓰고도 남을 재목을 갖게 된다.

성왕의 역할은 위로는 하늘을 살피고 아래로는 땅에 적절히 맞추어, 하늘과 땅 사이에 만물이 가득 차게 하며 만물 위에 작용을 가하는 것이다. 미세한 듯하면서도 뚜렷하고, 짧은 듯하면서도 길고, 좁은 듯하면서도 넓어서, 신통하고도 밝고 넓고도 좁으면서도 지극히 간략한 것이다.

그러므로 한 가지 원칙과 한 가지 원리는 바로 사람들을 위하여 있는 것이며, 이것을 행하면 성인이라 할 수 있다.

| 원문 |

故養長時,[1] 則六畜育, 殺生時, 則草木殖.[2] 政令時, 則百姓一, 賢良服.

聖王之制也, 草木榮華[3]滋碩[4]之時, 則斧斤[5]不入山林, 不夭[6]其生, 不絶其長也. 黿[7]鼉[8]魚鱉[9]鰌[10]鱣[11]孕別[12]之時, 罔罟[13]毒藥不入澤, 不夭其生, 不絶其長也. 春耕[14]夏耘,[15] 秋收冬藏, 四者不失時. 故五穀不絶, 而

---

1 時(시) : 제때에 알맞추어 하는 것.
2 殖(식) : 무성하게 번식하는 것.
3 榮華(영화) : 한창 꽃피는 것.
4 滋碩(자석) : 한창 자라는 것.
5 斧斤(부근) : 도끼.
6 夭(요) : 요절, 젊어서 일찍 죽는 것.
7 黿(원) : 큰 자라.
8 鼉(타) : 악어.
9 鱉(별) : 자라.
10 鰌(추) : 추어(鰍魚), 미꾸라지.
11 鱣(전) : 전어.
12 孕別(잉별) : 알에서 새끼가 깨어나는 것.
13 罔罟(망고) : 그물.
14 耕(경) : 밭 가는 것.

百姓有餘食也. 汙[16]池淵沼[17]川澤, 謹其時禁, 故魚鱉優多, 而百姓有餘用也. 斬伐[18]養長, 不失其時, 故山林不童,[19] 而百姓有餘材也.

  聖王之用也, 上察於天, 下錯[20]於地, 塞備[21]天地之間, 加施萬物之上. 微而明, 短而長, 狹而廣, 神明博大以至約. 故曰; 一與一,[22] 是爲人者, 謂之聖人.

| 해설 |

동물이나 식물은 철에 맞추어 보호하고 관리해 주어야만 풍부한 자원으로 이룩된다. 농사도 물론 철에 맞추어 제때에 지어야만 한다. 이처럼 정치하는 사람이 때를 맞추어 자원을 관리한다는 것은, 하늘의 현상이나 땅의 사정에 적절히 맞추는 것이며, 이것이 바로 성인의 다스림이라는 것이다.

19

관직의 질서는 다음과 같다. 재작(宰爵)은 손님 접대, 제사와 잔

---

15 耘(운) : 김 매는 것.
16 汙(오) : 웅덩이.
17 沼(소) : 늪.
18 斬伐(참벌) : 나무를 베어 내는 것.
19 童(동) : 산이 벌거숭이가 되는 것.
20 錯(조) : 알맞게 조치하는 것.
21 塞備(색비) : 만물이 가득히 차는 것, '비'는 만(滿)의 잘못(王引之).
22 一與一(일여일) : 앞의 일(一)은 "한 가지 원칙으로 만 가지 일을 한다(以一行萬)"는 한 가지 원칙, 뒤의 일(一)은 "농군은 농사짓고 선비는 벼슬하고 공인은 물건을 만들고 상인은 장사를 하는 것은, 한 가지 원리에 의한 것이다(農農, 士士, 工工, 商商, 一也)"라는 한 가지 원리를 가리킨다.

치, 제물로 쓰이는 짐승에 관한 일들을 관장한다. 사도(司徒)는 여러 집안과 성곽과 쓰이는 용구에 관한 일들을 관장한다. 사마(司馬)는 군대나 무기와 전차와 군사들에 관한 일들을 관장한다.

법과 법령을 밝히고 시가를 살피며 음탕한 음악을 금하여 때에 알맞게 따르고 닦게 하여, 오랑캐의 풍속과 사악한 음악이 감히 우아한 것을 어지럽히지 않도록 하는 것은 태사(大師)의 일이다.

제방과 다리를 고쳐 짓고 도랑과 수로를 치며 흐르는 물을 소통케 하고 물이 낮은 곳에 잘 고이도록 하며, 때에 알맞게 트고 막고 하여, 비록 흉년이나 장마 또는 가뭄이 든다 하더라도 백성들이 김매고 거둘 수 있게 하는 것은 사공(司空)의 일이다.

높고 낮은 땅을 살피고 땅이 기름진지 메마른지 보며 오곡을 분별하여 심고 농사일을 돌보아 주며, 힘써 곡식을 저장하고 때에 알맞게 일거리를 손질하게 하고, 농부들이 힘을 내어 농사짓고 다른 생각을 하지 않도록 하는 것은 치전(治田)의 일이다.

산불을 놓는 법령을 밝히고 산림과 늪이나 못의 풀과 나무 및 물고기와 자라와 여러 가지 채소들을 기르며, 때에 맞추어 채취를 금지하기도 하고 풀어 주기도 하여, 나라에 쓸 물건이 풍족하고 재물이 달리는 일이 없도록 하는 것은 우사(虞師)의 일이다.

| 원문 |

序官.[1] 宰爵[2]知[3]賓客祭祀饗食[4]犧牲[5]之牢[6]數.[7] 司徒[8]知百宗[9]城郭[10]立

---

1 序官(서관) : 관직의 질서.
2 宰爵(재작) : 『주례(周禮)』에 보이는 태재(大宰)에 해당하는 관직. 진(秦)나라 관직에서

器[11]之數. 司馬[12]知師旅[13]甲兵[14]乘[15]白[16]之數.

脩憲命,[17] 審[18]詩商,[19] 禁淫聲, 以時順脩, 使夷俗邪音不敢亂雅, 大師[20]之事也.

脩隄梁,[21] 通溝澮,[22] 行[23]水潦,[24] 安水臧,[25] 以時決塞,[26] 歲雖凶敗水旱,[27] 使民有所耘艾,[28] 司空[29]之事也.

는 주재(主宰)라 하였다.
3 知(지) : 관장하는 것, 맡아 처리하는 것.
4 饗食(향식) : 향연, 잔치.
5 犧牲(희생) : 제물로 바치는 소나 양 같은 짐승.
6 牢(로) : 제물로 쓰이는 짐승.
7 數(수) : 일정한 일.
8 司徒(사도) : 요순 시대부터 있던 벼슬 이름. 주나라 제도로는 지관(地官)에 속하며, 대사도는 육경 가운데 하나였다.
9 百宗(백종) : 백족(百族), 여러 종족들.
10 郭(곽) : 외성.
11 立器(입기) : 일정하게 사용되는 용구들.
12 司馬(사마) : 요순 시대부터 있던 벼슬. 주나라 제도로는 하관(夏官)에 속하며, 대사마는 육경 중의 한 사람이었다.
13 師旅(사려) : 군대. 주나라에선 군사 이천오백 명이 '사,' 오백 명이 '려'였다.
14 甲兵(갑병) : 갑옷과 병기.
15 乘(승) : 전차.
16 白(백) : 전차를 따르는 갑사(甲士) 세 명과 보졸(步卒) 칠십이 명을 가리킨다.
17 憲命(헌명) : 법과 정부의 명령.
18 審(심) : 살피는 것.
19 詩商(시상) : '상'은 장(章)과 통하여, 시가의 뜻. 옛날의 시란 노래의 가사였다.
20 大師(태사) : 악관(樂官)의 우두머리.
21 隄梁(제량) : 제방과 교량.
22 溝澮(구회) : 도랑과 수로. 구(溝)는 작은 도랑, 회(澮)는 큰 수로.
23 行(행) : 유통케 하는 것.
24 水潦(수뇨) : 흘러 다니는 물.
25 水臧(수장) : 물이 낮은 곳에 잘 고이는 것.
26 決塞(결색) : 물길을 트기도 하고 막기도 하는 것.
27 水旱(수한) : 장마와 가뭄.
28 耘艾(운예) : '운'은 김매는 것, '예'는 예(刈)와 통하여 곡식을 베어 들이는 것.

相[30]高下,[31] 視肥墝,[32] 序五種,[33] 省[34]農功,[35] 謹蓄藏, 以時順修, 使農夫樸力[36]而寡能,[37] 治田之事也.

脩火憲,[38] 養山林藪[39]澤魚鱉百索,[40] 以時禁發, 使國家足用, 而財物不屈,[41] 虞師[42]之事也.

| 해설 |

여기서는 그 시대의 중요한 관직에 대하여 설명하고 있다. 혼란했던 전국 시대라서 올바른 관제가 무너져 가고 있었으므로, 이를 바로잡는 뜻에서 썼다고 보여진다. 『주례(周禮)』를 참조하며 읽으면 흥미로울 것이다.

20

고을과 마을을 잘 다스리고, 점포와 주택의 한계를 정하며, 여러

---

29 司空(사공) : 요순 시대부터 있던 나라의 토목 공사를 관장하는 관리. 주나라 제도에선 동관(冬官)에 속하며, 대사공은 육경 가운데 한 사람이었다.
30 相(상) : 보고 살피는 것.
31 高下(고하) : 높은 땅과 낮은 땅.
32 肥墝(비요) : 땅이 비옥한 것과 메마른 것.
33 五種(오종) : 다섯 가지 곡식, 오곡. 차기장·메기장·콩·삼·보리의 다섯 가지.
34 省(성) : 보살피는 것.
35 農功(농공) : 농사일.
36 樸力(박력) : 착실히 힘내어 일하는 것.
37 寡能(과능) : 능력을 딴 곳에 발휘하지 않는 것.
38 火憲(화헌) : 산야에 불을 놓는 데 관한 법률.
39 藪(수) : 큰 늪.
40 百索(백색) : '색'은 소(素)자가 잘못 씌어진 것. '소'는 소(蔬)와 통하여, 백소(百素)는 여러 가지 채소(王引之).
41 屈(굴) : 다하는 것, 모자라는 것.
42 虞師(우사) : 우인(虞人) 또는 우(虞)라고도 부르며, 산과 못 등을 관리하는 사람.

가지 가축을 기르게 하고, 심고 가꾸는 일에 익숙케 하며, 교화를 따르도록 권하고, 효도와 우애를 행하도록 하며, 때에 알맞게 일거리를 손질하여, 백성들이 명령을 따르고 안락하게 고을에 살도록 하는 것은 향사(鄕師)의 일이다.

여러 공인들의 기술을 조사하고 철 따라 할 일들을 살피며 잘 만들고 못 만든 것을 분별하여 튼튼하고 편리한 것을 중시하게 하며, 쓰는 용구들을 편리하게 하고, 조각이나 무늬들을 감히 자기 집에서 멋대로 만들지 못하도록 하는 것은 공사(工師)의 일이다.

음과 양 두 기를 살펴 자연의 변화와 여러 가지 조짐들을 점치고, 거북 껍질에 구멍을 뚫기도 하고 점가치를 늘어 놓고 점괘를 보기도 하며, 불결한 것을 쫓고 길한 것을 취하며 비오고 비 개고 구름 끼고 날이 맑고 흐렸다 맑았다 하는 다섯 가지 조짐에 대하여 점을 쳐, 그 길하고 흉한 것과 요사스럽고 상서로움을 알아내는 것은, 곱사등이 무당과 절름발이 박수의 일이다.

무덤이나 화장실 같은 곳을 깨끗이 하고 길을 보수하며, 도적들을 단속하고 여관이나 상점들을 고루 배치하며, 때에 알맞게 일거리를 손질하며, 여행하는 나그네들을 편안히 해주고 재물들을 유통케 하는 것은 치시(治市)의 일이다.

성실한 사람을 가려내고 흉악한 짓을 금하며 음란한 행위를 막고 간사한 자를 없애며, 다섯 가지 형벌로써 처벌하여 난폭하고 흉악한 자들을 감화시키고 간사한 자들이 생겨나지 않게 하는 것은 사구(司寇)의 일이다.

정치와 교육을 근본으로 하여 법칙을 바로잡고, 여러 사람들의 말을 널리 들어 때에 알맞게 이를 참고하며, 그의 공로를 헤아려 상을 심의하여 때에 알맞게 신중히 정리하여, 모든 관리들이 다같이 힘쓰게 하고 백성들이 게으름 피지 않게 하는 것은 총재(冢宰)의 일이다.

예의와 음악을 논하고 행동을 바로잡아 교화를 넓히고 풍속을 아름답게 하여, 모든 사람들을 보호하여 하나로 조화시키는 것은 벽공(辟公)의 일이다.

도덕을 온전히 하고 윤리를 높이 세우며 형식과 무늬를 정리하여 천하를 통일하고 터럭 끝만한 일도 드러내어, 온 천하가 친근히 따르며 복종하지 않는 자가 없도록 하는 것은 천왕(天王)의 일이다.

그러므로 정치가 혼란한 것은 총재의 죄이고, 나라의 풍속이 나빠지는 것은 벽공의 잘못이며, 천하가 통일되지 못하고 제후들이 배반하는 것은 천왕이 합당한 사람이 아니기 때문이다.

| 원문 |

順[1]州里, 定廛宅,[2] 養六畜, 閑[3]樹藝,[4] 勸敎化, 趣[5]孝弟, 以時順脩, 使百姓順命, 安樂處鄕, 鄕師[6]之事也.

論[7]百工, 審時事,[8] 辨功苦,[9] 尙完利,[10] 便備用, 使雕琢[11]文采不敢專

---

1 順(순) : 순조롭게 다스리는 것.
2 廛宅(전택) : 전방과 일반 주택.
3 閑(한) : 한습(閑習), 익숙케 하는 것.
4 樹藝(수예) : 나무와 곡식을 심고 가꾸는 것.
5 趣(추) : 촉(促)과 통하여, ~을 지키도록 강요하는 것.
6 鄕師(향사) : 『주례(周禮)』에선 지관(地官)에 속하는 관리, 공경(公卿)에 해당하는 벼슬이다.
7 論(논) : 여러 공인들의 기술을 조사하는 것.
8 時事(시사) : 철에 따르는 일. 제철에 해야 할 일.
9 功苦(공고) : 물건을 잘 만들고 못 만든 것.
10 完利(완리) : 튼튼하고 편리한 것.

造¹²於家, 工師¹³之事也.

相¹⁴陰陽, 占祲兆,¹⁵ 鑽龜¹⁶陳卦,¹⁷ 主攘擇¹⁸五卜,¹⁹ 知其吉凶妖祥, 偃巫²⁰跛擊²¹之事也.

脩採淸,²² 易²³道路, 謹²⁴盜賊, 平室律,²⁵ 以時順修, 使賓旅安而貨財通, 治市²⁶之事也.

抃急²⁷禁悍,²⁸ 防淫除邪, 戮之以五刑,²⁹ 使暴悍以變, 姦邪不作, 司寇³⁰之事也.

---

11 雕琢(조탁) : 조각.
12 專造(전조) : 사조(私造), 개인이 멋대로 만드는 것.
13 工師(공사) : 공인들을 관리하는 관원의 우두머리, 『예기(禮記)』에도 보임.
14 相(상) : 살펴보는 것.
15 祲兆(침조) : '침'은 햇무리 같은 자연 변화, '조'는 조짐, 징후.
16 鑽龜(찬구) : 거북점을 칠 때 거북 껍질을 불로 지져 구멍을 내는 것, 그때 생기는 균열로 길흉을 판단한다.
17 陳卦(진괘) : 역점(易占)을 칠 때 시초(蓍草)의 줄기로 만든 점가치를 늘어놓아 괘를 만드는 것.
18 攘擇(양택) : '양'은 상서롭지 못한 것을 몰아내는 것, '택'은 길한 일을 골라 하는 것.
19 五卜(오복) : 비오고 비 개고 구름 끼고 날이 맑고 흐렸다 맑았다 하는 다섯 가지 조짐으로 점을 치는 것.
20 偃巫(구무) : 곱사등이 무당.
21 跛擊(파격) : '격'은 격(覡)과 통하여, 절름발이 박수. 옛날에는 몸에 결함이 있는 사람들이 점치는 것을 배워 업으로 삼았다.
22 採淸(채청) : 무덤이나 화장실같이 더러워지기 쉬운 곳을 청소하는 것.
23 易(이) : 보수하여 편하게 하는 것.
24 謹(근) : 엄히 단속하는 것.
25 室律(실률) : '실'은 여관 같은 집, '률'은 사(肆)의 잘못(郝懿行)으로 사는 상점 같은 집.
26 治市(치시) : 『주례(周禮)』의 야려씨(野廬氏)의 직위, 지금의 시장(市長)에 해당된다.
27 抃急(변급) : '변'은 석(析), '급'은 원(愿)의 잘못(楊倞). '석원'은 성실한 사람들을 가려내는 것.
28 悍(한) : 악하고 사나운 것.
29 五刑(오형) : 얼굴에 먹물을 들이는 형벌[墨]·코 베는 형벌[劓]·다리 자르는 형벌[刖]·거세하는 형벌[宮]·사형[大辟]의 다섯 가지 형벌. 중국에서 요순 시대부터 이 다섯 가지 체형이 쓰였다.

本政教, 正法則, 兼聽³¹而時稽³²之, 度³³其功勞, 論其慶賞, 以時愼修, 使百吏免盡,³⁴ 而衆庶不偸,³⁵ 冢宰³⁶之事也.

論禮樂, 正身行, 廣敎化, 美風俗, 兼覆³⁷而調一,³⁸ 辟公³⁹之事也.

全道德, 致隆高,⁴⁰ 綦⁴¹文理,⁴² 一天下, 振⁴³毫末,⁴⁴ 使天下莫不順比⁴⁵從服, 天王之事也.

故政事亂, 則冢宰之罪也, 國家失俗, 則辟公之過也, 天下不一, 諸侯俗反,⁴⁶ 則天王非其人也.

| 해설 |

앞 단에 이어 여러 장관과 임금의 직분을 설명하고 있다. 여러 장관과 임금이 각자의 직분을 다할 때 세상은 평화롭고 살기 좋게 되는 것이다.

---

30 司寇(사구) : 하·은대부터 있던 벼슬 이름. 주나라에선 추관(秋官)에 속하며 육경 중의 한 사람이었다.
31 兼聽(겸청) : 여러 사람의 의견을 다 받아들이는 것.
32 稽(계) : 상고하는 것, 참고하는 것.
33 度(탁) : 헤아리는 것, 조사하는 것.
34 免盡(면진) : '면'은 면(勉)과 통하여, 모두가 힘써 일하는 것(盧文弨).
35 偸(투) : 몰래 꾀를 부리며 게으름 피는 것.
36 冢宰(총재) : 태재(太宰)라고도 하며, 모든 관리를 통할하는 후세의 재상과 비슷한 벼슬. 『주례』에선 천관(天官)에 속한다.
37 兼覆(겸복) : 모두를 덮어 보호해 주는 것.
38 調一(조일) : 하나로 조화시키는 것.
39 辟公(벽공) : 제후들을 가리킨다. 혹은 나라의 문교(文敎)를 맡은 장관.
40 隆高(융고) : 윤리를 높이 세우는 것.
41 綦(기) : 뚜렷이 조리를 드러내는 것.
42 文理(문리) : 외형적인 형식. 예의와 옷·수레 등의 무늬를 통틀어 말한다.
43 振(진) : 드러내는 것.
44 毫末(호말) : 터럭 끝만한 작은 일.
45 順比(순비) : 친근히 따르는 것.
46 俗反(속반) : '속'은 욕(欲)과 통하여(于省吾 『荀子新証』), 배반하려 하는 것.

21

갖추어야 할 조건이 갖추어지면 왕자가 되고, 갖추어야 할 조건이 갖추어지면 패자가 되고, 갖추어야 할 조건이 갖추어지면 편히 존속할 수 있고, 망할 조건이 갖추어지면 멸망하고 만다.

만승의 큰 나라를 다스리고 있는 사람이라면, 위세와 강한 힘이 드러나 있어야 하고, 명성이 아름다워야 하고, 적들이 굴복해야 한다. 나라가 편안하기도 하고 위태롭기도 하며 정치가 잘 되기도 하고 잘못 되기도 하는 것은, 원인이 모두 자기에게 있는 것이지 남에게 있는 것은 아니다. 왕자가 되기도 하고 패자가 되기도 하며 편안하게 살아가기도 하고 위태롭게 되거나 멸망해 버리기도 하는 것은, 원인이 모두 나에게 있는 것이지 남에게 있는 것은 아니다.

대체로 위세와 힘이 이웃의 적국을 위태롭게 하지 못하고, 명성이 천하에 드리워지지 못한다면, 이것은 나라가 아직 독립하지 못하고 있는 것이니, 어찌 그가 밖으로부터의 위해를 면할 수가 있겠는가? 온 천하가 포악한 나라의 협박을 당하여 그쪽 편이 되어, 내가 바라지 않는 일을 하고, 날마다 걸왕과 같은 일과 행동을 하게 된다. 요임금처럼 될 능력이 없는 것도 아니지만, 더 이상 공로와 명성을 이룰 길이 없게 되고, 멸망해 가는 나라를 구하고 위험해진 나라를 안정시킬 길이 없게 될 것이다.

공로와 명성을 이룩하는 길과 멸망해 가는 나라를 구하고 위험해진 나라를 안정시키는 길은, 반드시 안락하고 흥성케 하기 위하여 순수한 마음을 발휘할 수 있는 데 있다. 진실로 그 나라를 왕자에게 어울리는 나라로 만든다면 곧 왕자가 될 것이며, 그 나라를 위태롭고 멸망할 나라로 만든다면 곧 위태롭고 멸망하게 될 것이다.

| 원문 |

具具¹而王, 具具而霸, 具具而存, 具具而亡.

用萬乘²之國者, 威彊之所以立³也, 名聲之所以美也, 敵人之所以屈也. 國之所以安危臧否⁴也, 制⁵與⁶在此, 亡乎人.⁷ 王霸安存危殆滅亡, 制與在我, 亡乎人.

夫威彊未足以殆鄰敵也, 名聲未足以縣⁸天下也, 則是國未能獨立也, 豈渠⁹得免夫累¹⁰乎? 天下脅於暴國而黨,¹¹ 爲吾所不欲, 於是者日與桀同事同行, 無害爲堯,¹² 是非功名之所就也, 非存亡安危之所墮¹³也.

功名之所就, 存亡安危之所墮, 必將於愉¹⁴殷赤心¹⁵之所. 誠¹⁶以其國爲王者之所, 亦王, 以其國爲危殆滅亡之所, 亦危殆滅亡.

---

1 具具(구구) : 갖추어야만 할 자격 또는 요건을 갖추고 있는 것.
2 萬乘(만승) : 만 대의 전차. 옛날 천자는 만승, 제후는 천승이 보통이었다.
3 所以立(소이립) : 만승의 큰 나라는 위세와 강한 힘을 발휘하는 근거가 되어야 한다.
4 臧否(장부) : 좋고 나쁜 것, 정치가 잘 되고 안 되는 것.
5 制(제) : 법칙, 원인.
6 與(여) : 거(擧)와 통하여, 모두 다(王念孫).
7 亡乎人(망호인) : 남에게 있는 것은 아니다, 남에겐 없다.
8 縣(현) : 현(懸)과 통하여, 세상에 드리워지는 것.
9 渠(거) : 그 나라.
10 累(루) : 밖으로부터 가해지는 위해.
11 黨(당) : 한 무리가 되는 것.
12 無害爲堯(무해위요) : 요임금처럼 되는 데 아무런 해가 없다, 요임금처럼 될 수 없는 것은 아니다.
13 墮(타) : 수(隨)의 잘못으로 따르는 것, 길이 되는 것(俞樾).
14 愉(유) : 즐거운 것, 안락한 것.
15 赤心(적심) : 본심, 나라를 잘 다스리려는 본디의 순수한 마음.
16 誠(성) : 진실로, 정말로.

| 해설 |

나라를 다스리는 사람이 왕자도 되고 패자도 되며 혹은 멸망하기도 하는 것은 모두 자기가 그렇게 만드는 것이다. 나라를 다스리는 사람은 위세와 힘이 드러나야 하고 명성이 아름다워야 하고 적국이 굴복해 와야 한다. 남에게 위압을 주지 못하고 오히려 남의 협박에 끌려간다면, 이는 독립한 나라라 할 수 없으며 결국은 나라가 위태로워질 것이다. 이처럼 나라가 잘 되고 못 되는 것은 원인이 모두 자기에게 있는 것이지 남에게 있는 것이 아니다. 나라를 다스리는 사람은 자기가 왕자가 될 수 있도록 여러 가지 요건을 만들어 가야만 한다는 것이다.

22

번창할 때는 중심을 세워 한편으로 기울어지는 일이 없게 하고 종횡으로 여러 가지 일을 하면서 편안히 군사들을 자제시켜 움직이지 않으면서 저 포악한 나라들이 서로 싸우는 것을 관망한다. 정치와 교화를 고르게 하고 자세한 절도까지 살피며 백성들을 독려한다면, 바로 이 날로 군대는 천하에서 가장 강하게 될 것이다. 어짊과 의로움을 닦고 높은 윤리를 존중하며 법칙을 바로잡고 어질고 훌륭한 이를 뽑아 쓰며 백성들을 잘 먹여 살린다면, 바로 이 날로 명성은 천하에서 가장 아름답게 될 것이다.

권세는 무겁고 군대는 강하고 명성은 아름답다면, 요임금이나 순임금이 천하를 통일할 때에도 이보다 털끝만큼이라도 더 잘할 수는 없었을 것이다.

권모술수를 쓰고 나라를 기울어뜨리는 사람을 물리치면 어질고 훌륭한 사람과 지혜 있고 덕 있는 선비들이 스스로 나올 것이다.

형벌과 정치가 공평하고 백성들이 화락하며 나라 풍속에 절도가 있다면 군대는 강해지고 성은 군건해져서 적국은 스스로 굴복해 오게 될 것이다. 자기 본연의 일에 힘쓰며 재물을 모으면서 놀고먹으며 낭비하지 않는다면, 여러 신하들과 백성들이 모두 제도를 따라 행동할 것이므로 재물이 쌓여 나라는 스스로 부유해질 것이다.

위의 세 가지 일이 여기에 갖추어진다면 천하가 굴복하여 포악한 나라의 임금도 스스로 그의 군대를 쓸 수가 없게 될 것이다. 왜냐하면 그에게 편이 되어 주는 자가 없을 것이기 때문이다.

| 원문 |

殷[1]之日, 案[2]以中立,[3] 無有所偏,[4] 而爲縱橫[5]之事, 偃然[6]案兵[7]無動, 以觀夫暴國之相卒[8]也. 案平政敎, 審節奏,[9] 砥礪[10]百姓, 爲是之日,[11] 而兵劘[12]天下勁[13]矣. 案然[14]修仁義, 伉[15]隆高,[16] 正法則, 選賢良, 養百姓, 爲

---

1 殷(은) : 나라가 흥성한 것.
2 案(안) : 안(安)으로도 쓰며 아래에도 자주 나오는데 모두 어조사로 아무 뜻도 없음.
3 中立(중립) : 중심을 세우는 것.
4 偏(편) : 한편으로 치우치는 것.
5 縱橫(종횡) : 좌우로 이리저리 멋대로 하는 것.
6 偃然(언연) : 편안한 모습.
7 案兵(안병) : '안'은 안(按)의 뜻으로 쓰여 군대를 억누르는 것(郝懿行).
8 卒(졸) : 졸(捽)과 통하여(俞樾), 서로 부딪쳐 싸우는 것.
9 節奏(절주) : 일의 세세한 절도.
10 砥礪(지려) : 본래는 숫돌의 뜻. 여기서는 숫돌에 물건을 갈 듯 독려하는 것.
11 爲是之日(위시지일) : 바로 이 날로.
12 劘(전) : 전(專)과 통하여 오로지 하다, 가장 뛰어나다의 뜻.
13 勁(경) : 힘이 센 것.
14 案然(안연) : '연'자는 잘못 붙은 것(俞樾), 아무 뜻도 없는 어조사.

是之日, 而名聲劓天下之美矣.

權者重之, 兵者勁之, 名聲者美之, 夫堯舜者一天下也, 不能加毫末於是矣.

權謀[17]傾覆[18]之人退, 則賢良知聖之士案自進矣.

刑政平, 百姓和, 國俗節, 則兵勁城固, 敵國案自詘[19]矣. 務本事,[20] 積財物, 而勿忘[21]棲遲[22]薛越[23]也, 是使羣臣百姓, 皆以制度行, 則財物積, 國家案自富矣.

三者[24]體[25]此, 而天下服, 暴國之君, 案自不能用其兵矣. 何則彼無與[26]至也.

| 해설 |

왕자는 천하를 울리는 명성과 적국을 위압하는 군사력과 풍부한 나라의 부가 있어야 한다. 이 세 가지는 정치를 잘하여 백성들을 잘 살게 해주며 어짊과 의로움을 존중하고 어진 선비를 등용하면 갖추어진다. 요임금이나 순임금 같은 성인도 이 세 가지로 천하를 통일하였다는 것이다.

---

15 伉(항) : 抗(항)과 통하여 높이는 것, 존중하는 것.
16 隆高(융고) : 높은 사회 윤리.
17 權謀(권모) : 권모술수, 권세나 모략을 이용하는 것.
18 傾覆(경복) : 나라를 기울어뜨리는 것.
19 詘(굴) : 屈(굴)과 통하여, 굴복의 뜻.
20 本事(본사) : 각자가 본래 맡고 있는 직분.
21 忘(망) : 잘못 끼어든 글자.
22 棲遲(서지) : 편히 놀고먹는 것.
23 薛越(설월) : 설월(屑越)로도 쓰며(盧文弨), 물건을 아끼지 않고 함부로 낭비하는 것.
24 三者(삼자) : 명성과 군사력과 국부(國富)의 세 가지.
25 體(체) : 갖추어지는 것, 형성되는 것.
26 與(여) : 편을 드는 것.

정치를 올바르게 하고 국민들을 잘 살게 함으로써 얻어지는 왕자로서의 명성과 함께 군사력과 나라의 부를 이처럼 중시하고 있는 것은 순자의 성격을 잘 설명하는 것이다. 공자나 맹자는 임금이 왕자로서의 명성을 얻기만 하면 자연히 백성들이 모여들어 나라가 강해지고 부유해진다고 생각하였다. 현실적으로 군사력을 기르고 나라의 부를 쌓는 방법을 크게 강구하지 않는 것은, 사람의 덕과 직접 관계가 없는 이러한 인위적인 정치는 결과적으로 이상적인 것이 못 된다고 생각했기 때문이다.

23

그의 편을 들어주는 사람은 반드시 그의 백성들일 것이다. 그런데 그 백성들이 나와 친근하기를 부모들이 나를 좋아하듯 기뻐하며 향기로운 난초처럼 좋아하면서, 반대로 그의 임금은 살갗을 불로 지져 묵형을 가하듯 싫어하며 원수를 대하듯 하는 경우를 보자. 사람들의 감정과 성정으로 말한다면 비록 걸왕 같은 폭군이나 도척 같은 도둑이라 하더라도 어찌 그가 싫어하는 사람을 위하여 그가 좋아하는 사람을 해치려 들겠는가? 그는 이미 나라를 빼앗긴 것과 같다.

그러므로 옛날 사람 중에는 한 나라로부터 시작하여 천하를 차지한 사람이 있었지만, 그것은 그가 가서 빼앗은 것이 아니라 정치를 제대로 하여 모두가 이러한 정치를 흠모하게 되어, 포악한 자를 처벌하고 흉악한 자를 금할 수 있었기 때문이다. 그러므로 주공이 남쪽을 정벌하면 북쪽 나라들은 원망하면서 이렇게 말하였다.

"어째서 이곳은 정벌하러 오지 않으시는가?"

동쪽을 정벌하면 또 서쪽 나라들이 원망하면서 이렇게 말하였다.

"어째서 우리만을 뒤로 미루는가?"

누가 이와 같은 사람과 싸울 자가 있겠는가? 그의 나라를 이처럼 다스리는 사람은 왕자가 된다.

| 원문 |

彼其所與至者, 必其民也. 其民之親我也, 歡若父母好我, 芳[1]若芝蘭,[2] 反顧其上, 則若灼黥,[3] 若仇讎.[4] 彼人之情性也, 雖桀跖,[5] 豈有肯爲其所惡, 賊其所好者哉? 彼以奪矣.

故古之人, 有以一國取天下者, 非往行之[6]也, 修政其所, 莫不願[7]如是, 而可以誅暴禁悍矣. 故周公南征而北國怨. 曰何獨不來也? 東征而西國怨, 曰何獨後我也? 孰能有與是鬪者與? 安[8]以其國爲是者, 王.

| 해설 |

왕자는 백성들이 적극 지지해 주어야 나라를 지탱한다. 백성들의 마음이 떠나면 그 나라는 망한 것과 다름없다. 옛날 조그만 나라로부터 시작하여 천하를 통일했던 임금들도, 반드시 무력으로 다른 나라들을 모두 쳐 굴복시켰던 것은 아니다. 백성들이 모두 그 임금을 따랐기 때문에 그는

---

1 芳(방) : 향기로운 것.
2 芝蘭(지란) : 지초와 난초. 모두 향초이다.
3 灼黥(작경) : 얼굴에 묵형(墨刑)을 가하기 위하여 살갗을 불로 지지는 것. 그처럼 폭군을 싫어한다는 뜻.
4 仇讎(구수) : 원수.
5 桀跖(걸척) : 폭군 걸왕(桀王)과 도둑인 도척(盜跖).
6 往行之(왕행지) : 직접 그가 가서 천하를 뺏는 것.
7 願(원) : 흠모하는 것.
8 安(안) : 안(案)과 같은 어조사.

천하를 통일할 수가 있었던 것이다.

　백성들이 진심으로 그 임금을 따르면 아무도 그 임금을 대적하지 못한다. 그리고 백성들이 진심으로 따르도록 정치하는 사람은 왕자가 된다.

　이것은 유가의 민본주의 사상이다. 유가는 하늘의 명을 받고 천자가 되어 나라를 다스린다는 천명 사상을 떠받들어 왔지만, 한편 "하늘은 백성들을 통하여 보고 백성들을 통하여 듣는다"(『서경』)고도 하였다. 곧 민심이 바로 천심이라는 것이다. 그러므로 민심을 얻는 것이 바로 왕자의 도가 된다.

24

　나라가 번창할 때는 군대를 안정시키고 백성들을 쉬게 하여 백성들을 사랑하고, 밭과 들을 개간하고 창고를 충실케 하며 쓰는 용구들을 편리하게 한다. 그리고 재능과 특기가 있는 선비들을 삼가 모집하여 뽑아 쓴다. 그런 뒤에 상을 내려 주어 백성들을 선도하고, 형벌을 엄히 하여 백성들을 보호해 주며, 일을 할 줄 아는 선비들을 가려 서로 통솔하게 한다. 이렇게 함으로써 편안히 재물이 쌓이고 겉모양도 꾸며져서 쓰는 물건이 풍족하게 되는 것이다.

　폭군은 무기와 갑옷과 장비들을 매일처럼 드러내 놓고 들판 가운데서 부수고 꺾지만, 나는 지금 그것을 잘 수선하고 거두어 창고에 잘 넣어둔다. 그는 재물과 양곡을 매일처럼 들판 가운데서 놀면서 함부로 쓰지만, 나는 지금 그것을 창고 안에 모아 저축해 둔다. 그는 재능과 특기가 있는 사람, 수족처럼 보좌하는 사람, 힘있고 용감한 사람, 호위해 주는 사람들을 매일처럼 다치게 하고 원수들 앞에서 없애지만,

나는 지금 그들을 불러들이고 모두 다 등용하여 조정에서 나랏일에 힘쓰게 한다.

이렇게 한다면 그는 날로 피폐해지지만 나는 날로 충실해지고, 그는 날로 가난해지지만 나는 날로 부유해지고, 그는 날로 괴로워지지만 나는 날로 편안해진다. 임금과 신하의 위아래 사이도 그들은 서로 미워하면서 나날이 서로 싫어져 떨어져 나가지만, 우리는 이제 나날이 화목하고 서로 친애하는 사이가 될 것이다.

이렇게 함으로써 그가 피폐해지기를 기다리는 것이다. 그의 나라를 이렇게 다스리는 사람은 패자가 될 것이다.

| 원문 |

殷之日, 安[1]靜兵息民, 慈愛百姓, 辟[2]田野, 實倉廩,[3] 便備用, 安謹募選閱材伎之士. 然後漸賞慶以先之, 嚴刑罰以防之, 擇士之知事者, 使相率貫[4]也. 是以厭然[5]畜積修飾, 而物用之足也.

兵革[6]器械[7]者, 彼將日日暴露, 毁折[8]中原, 我今將修飾[9]之, 拊循[10]之, 掩蓋[11]之於府庫. 貨財粟米者, 彼將日日棲遲[12]薛越[13]之中野, 我今將蓄

---

1 安(안) : 어조사. 이하도 같음.
2 辟(벽) : 개척, 개간하는 것.
3 廩(름) : 곡식 창고.
4 率貫(솔관) : 통솔.
5 厭然(염연) : 편안한 모양.
6 兵革(병혁) : 병기와 갑옷.
7 器械(기계) : 군대의 여러 가지 장비.
8 毁折(훼절) : 부수고 꺾고 하는 것.
9 修飾(수식) : 수리하는 것.
10 拊循(부순) : 잘 만져 간수하는 것.
11 掩蓋(엄개) : 잘 싸고 덮어두는 것.

積幷聚¹⁴之於倉廩. 材技股肱¹⁵健勇¹⁶爪牙¹⁷之士, 彼將日日挫頓¹⁸ 竭¹⁹之於仇敵, 我今將來致²⁰之, 幷閱²¹之, 砥礪²²之於朝廷.

如是則彼日積敝,²³ 我日積完,²⁴ 彼日積貧, 我日積富, 彼日積勞, 我日積佚.²⁵ 君臣上下之間者, 彼將厲厲²⁶焉, 日日相離疾²⁷也, 我今將頓頓²⁸焉, 日日相親愛也.

以是待其敝. 安以其國爲是者覇.

| 해설 |

여기에서는 패자의 정치를 설명하고 있다. 어지러운 세상에 왕자가 되지 못한다면 적어도 패자는 돼야 한다고 생각했던 때문이다.

덕을 쌓아 왕자가 되지는 못하더라도, 백성들을 위해 주고 전쟁을 삼가며 나라의 부를 쌓고 뛰어난 사람들을 등용한 다음 상벌을 엄히 하면 적어

---

12 棲遲(서지) : 편히 노는 것, 아무렇게나 지내는 것.
13 薛越(설월) : 함부로 낭비하는 것.
14 幷聚(병취) : 다 모르는 것.
15 股肱(고굉) : 팔 다리처럼 옆에서 보좌해 주는 신하.
16 健勇(건용) : 힘있는 날랜 군사.
17 爪牙(조아) : 발톱이나 이빨처럼 외적을 공격하며 몸을 호위해 주는 군사.
18 挫頓(좌돈) : 다치는 것.
19 竭(갈) : 줄어드는 것, 없어지는 것.
20 來致(내치) : 불러모으는 것.
21 幷閱(병열) : 모두를 등용하는 것.
22 砥礪(지려) : 숫돌에 갈 듯 일에 힘쓰는 것.
23 積敝(적폐) : 폐해가 쌓이는 것, 더욱 피폐해지는 것.
24 完(완) : 온전해지는 것, 충실해지는 것.
25 佚(일) : 편안해지는 것, 안락한 것.
26 厲厲(려려) : 서로 미워하는 모양.
27 離疾(이질) : 싫어하여 떨어져 나가는 것.
28 頓頓(돈돈) : 서로 아주 친한 모양.

도 패자는 될 수 있다. 패자의 요건은 남보다 강한 군사력과 뛰어난 경제력과 훌륭한 인재들을 확보하는 데 있다. 그것은 군사력과 재력과 인재들을 아껴 쓰는 데서 쌓여진다. 남이 함부로 쓸 때 자기는 아껴 쓰면 남보다 더 늘게 될 것은 말할 것도 없다.

이 패자의 도는 어지러운 전국 시대에 나라를 다스리는 현실적인 방법이었을 것이다.

25

몸가짐은 일반 습속을 따르고, 일을 처리함에는 일반 관습을 좇고, 귀하고 천한 관리들을 임명하고 내치고 할 때에는 일반적인 선비를 등용하며, 아랫사람이나 백성들을 대하는 태도는 너그럽고 은혜로운 방법을 쓴다. 이와 같은 사람은 안락하게 존속할 것이다.

몸가짐은 가볍고도 악하고, 일을 처리함에는 되살피며 의심하고, 귀하고 천한 직위에 사람을 임명하고 내치고 할 적에는 간사하고 교활한 자를 등용하며, 아랫사람이나 백성들을 대하게 되면 곧 물건을 빼앗기를 좋아한다. 이와 같은 자는 위태로울 것이다.

몸가짐은 방자하고도 난폭하고, 일을 처리함에는 실패할 짓만 하고, 귀하고 천한 직위에 사람을 임명하고 내치고 할 적에는 음험하고 사기를 잘 치는 자를 등용하며, 아랫사람이나 백성들을 대하는 태도는 온 힘을 다해 그들을 부리기 좋아하면서도 그들의 공로는 가벼이 여기고, 그들에게서 거둔 세금은 쓰기 좋아하면서도 그들의 본업은 잊어버린다. 이와 같은 자는 멸망하고 말 것이다.

| 원문 |

立身¹則從傭俗,² 事行則遵³傭故,⁴ 進退貴賤則擧傭士, 之⁵所以接下之人百姓者則庸⁶寬惠.⁷ 如是者則安存.

立身則輕楛,⁸ 事行則翾疑,⁹ 進退貴賤則擧佞倪,¹⁰ 之所以接下之人百姓者則好取侵奪.¹¹ 如是者危殆.

立身則憍暴,¹² 事行則傾覆,¹³ 進退貴賤則擧幽險¹⁴詐故,¹⁵ 之所以接下之人百姓者, 則好用其死力¹⁶矣, 而慢¹⁷其功勞, 好用其籍斂¹⁸矣, 而忘其本務. 如是者滅亡.

| 해설 |

여기서는 왕자와 패자 다음으로 그대로 임금자리를 유지하며 존속할 사

---

1 立身(입신) : 몸을 세우는 것, 몸가짐.
2 傭俗(용속) : 일반 사회의 습속.
3 遵(준) : 따르는 것.
4 故(고) : 예로부터 행해 오는 관습.
5 之(지) : '지'는 기(其)와 같은 뜻으로 그 사람.
6 庸(용) : 사용, 쓰는 것.
7 寬惠(관혜) : 너그럽고 은혜로운 것.
8 楛(고) : 아주 악한 것, 고(苦)와 통함.
9 翾疑(견의) : 밝게 되살펴 보며 의심하는 것.
10 佞倪(영탈) : 간사하고 교활한 자.
11 侵奪(침탈) : 함부로 남의 것을 빼앗는 것.
12 憍暴(교폭) : 방자하고 포악한 것.
13 傾覆(경복) : 기울어뜨림, 실패.
14 幽險(유험) : 음험한 자.
15 詐故(사고) : 사기를 잘 치는 자.
16 死力(사력) : 죽을 힘, 온 힘.
17 慢(만) : 가벼이 여기는 것.
18 籍斂(적렴) : 세금을 거두는 것.

람과 임금자리가 위태로운 사람, 나라를 멸망시킬 사람의 세 종류를 설명하고 있다.

　임금이 일반 습속이나 관습을 따르며 백성들을 너그러이 사랑할 줄만 알아도 임금자리는 유지된다. 적어도 백성들의 동정은 얻을 수 있기 때문이다. 정치를 잘못하면서도 백성들의 동정조차 얻지 못한다면 그 정도에 따라 임금은 위태로워지거나 멸망하게 된다. 임금의 자리를 유지시키는 것은 어디까지나 바로 민심에 달린 것이다.

26

　이 다섯 가지 등급은 잘 선택하지 않으면 안 된다. 왕자·패자·안락한 존속·위태로움·멸망의 요건들은, 잘 선택하는 사람은 남을 제압하게 되고, 잘 선택하지 못하는 사람은 남에게 제압당하게 된다. 그것을 잘 선택하는 사람은 왕자가 되고, 그것을 잘 선택하지 못하는 사람은 망한다.

　대체로 왕자와 망하는 자의 관계는 남을 제압하는 것과 남에게 제압당하는 차이에서 생긴다. 이 두 가지의 거리는 정말 먼 것이다.

| 원문 |

　此五等[1]者, 不可不善擇也, 王覇安存危殆滅亡之具也. 善擇者制人,[2]

1　五等(오등) : 앞에서 말한 다섯 가지 등급의 임금인 왕자·패자·안락하게 존속하는 자·위태로운 자·망하는 자.
2　制人(제인) : 남을 제압하다.

不善擇者人制之.³ 善擇之者王, 不善擇之者亡.
夫王者之與亡者, 制人之與人制之也. 是其爲相縣⁴也, 亦遠矣.

| 해설 |

왕자나 패자 또는 안락하게 존속하는 임금, 위태로운 임금, 망하는 임금이 되는 것은 앞에서 말한 요건 가운데 어느 것을 선택하여 실행하느냐 하는 데 달려 있다는 것이다. 그리고 그 분명한 차이는 자기가 남을 제압하느냐 못하느냐 하는 데서 나타난다. 남을 제압하면 왕자가 되고 남에게 제압당하면 망하고 만다는 것이다. 어지러운 전국 시대의 철학다운 학설이다.

이 편을 전체적으로 볼 때 유가에서의 순자의 독특한 위치를 발견할 수 있다.

공자는 왕자에 대해서는 여러 가지로 말하고 있지만 패자나 그 아래 임금에 대해서는 언급한 것이 별로 없다. 맹자는 왕자와 패자를 엄연히 구분하고 있다. 그는 왕도 정치를 행하는 왕자에 대해서는 존경을 아끼지 않았지만 무력을 앞세우는 패자는 철저하게 배척하였다.

그런데 순자는 같은 유가이면서도 왕도 정치의 이상을 내세우는 한편, 현실적인 위정자로서는 패자까지도 모범이 될 수 있다고 생각했던 것이다. 왕자의 제도를 논한 이 편에서까지도 왕자와 함께 그 아래 패자와 안락하게 존속하는 임금, 위태로운 임금, 멸망할 임금들의 존재를 인정하면서, 패도 정치는 왕도 정치를 행하기 어려운 어지러운 세상에서는 적어도

---

3 人制之(인제지) : 남이 그를 제압하다.
4 相縣(상현) : 서로 떨어져 있는 것, 거리.

차선책은 되는 것으로 받아들이고 있다.

  순자의 패도 정치에 대한 높은 평가는 왕제편 이외에도 여러 곳에 발견된다. 이것은 사람의 본성은 악하다는 성악설을 바탕으로 하여 예의라는 형식적인 규범으로 사람들의 행동이나 정치를 규제하려 했던 순자로서는 당연한 귀결이라 할 것이다. 이 책에 법술(法術)이란 말이 자주 나오는 것도 그 때문일 것이다. 순자도 덕을 바탕으로 하는 왕도 정치를 이상으로 받들기는 하였지만, 공자나 맹자처럼 덕은 하늘로부터 타고난 내재적인 것이라는 주장을 부정하고, 외재적인 사회의 규범이나 예의에 의하여 형성되는 것이라 생각하였다. 여기에서 강력한 힘을 가지고 밖으로부터 남을 규제하려는 패도 정치가 쉽사리 받아들여진 것이다. 후세 학자들이 유가 이외의 법가를 비롯한 이단의 학설적인 근원을 순자에게 두는 것도 이것이 큰 이유 중의 하나이다.

제10편

나라를 부유하게 하는 법
富國

　이 편에서는 나라를 부유하게 하는 방법에 대하여 논하고 있다. 부국강병은 전국 시대 여러 나라 제후들에게 가장 중요한 관심사였다. 나라를 부유하게 하기 위해서는 소비를 절약하여 민중들이 여유를 갖도록 해야 하지만, 그보다도 가장 중요한 것이 예의와 정치임을 강조하고 있다. 예의로 사회를 바로잡고 정치를 올바로 하면 포악한 나라들을 굴복시켜 자연히 부유한 나라가 된다는 것이다. 또한 사회적인 분계(分界)를 분명히 하여, 그 분계에 따라 분업을 해야 한다는 것이 두드러진 그의 경제 정책이다.
　끝으로 묵자(墨子)의 비악(非樂)·절용(節用)의 이론을 공격하며, 유가의 가르침이야말로 진정한 부국의 정책임도 강조하고 있다.

1

만물이 같은 우주 안에 있으면서도 형체가 서로 다르고, 사람들에게 특별한 뜻은 없으면서도 사람을 위해 쓰일 곳이 있는 것은 법도이다.

인류가 모두 함께 생활하면서 욕구는 같은데도 그것을 추구하는 방법이 다르고, 욕망이 같은데도 그것에 대한 지혜는 서로 다른 것은 본성이다.

모두가 괜찮다고 인정하는 점에서는 지혜 있는 사람과 어리석은 자가 같지만, 괜찮다고 인정하는 대상이 달라 지혜 있는 사람과 어리석은 자가 갈라진다.

사회적인 지위는 서로 같은데도 지혜는 서로 차이가 나며, 사사로운 이익을 추구하는데도 재난을 당하지 않고, 욕심껏 멋대로 행동하는데도 궁지에 몰리지 않는다면, 곧 민심은 분격하여 서로 다투게 되어 그들을 열복(悅服)시킬 수가 없다.

그렇게 되면 지혜 있는 사람도 그들을 다스릴 수가 없다. 지혜 있는 사람도 다스릴 수가 없다면 공로와 명성은 이룩되지 못한다. 공로와 명성이 이룩되지 못하면 여러 사람들 사이에 분계가 있을 수 없다. 여러 사람들 사이에 분계가 없으면 임금과 신하의 자리도 없다. 신하들을 통제할 임금이 없다면, 아랫사람들을 통제할 윗사람도 없다.

천하의 폐해는 욕심을 마음대로 부리는 데서 생겨난다. 사람들이 바라는 것과 싫어하는 대상은 같은데, 바라는 것은 많고 그 대상은 적은 것이 실정이다. 그 대상이 적으면 반드시 서로 다투게 된다.

| 원문 |

萬物同宇[1]而異體, 無宜[2]而有用爲人, 數[3]也.

人倫[4]竝處, 同求而異道, 同欲而異知, 生[5]也.

皆有可[6]也, 知愚同, 所可[7]異也, 知愚分.

埶同[8]而知異, 行私[9]而無禍, 縱欲而不窮, 則民心奮[10]而不可說[11]也.

如是, 則知者未得治也. 知者未得治, 則功名未成也. 功名未成, 則羣衆未縣也. 羣衆未縣,[12] 則君臣未立也. 無君以制臣, 無上以制下.

天下害生縱欲. 欲惡同物,[13] 欲多而物寡, 寡則必爭矣.

| 해설 |

여기에서는 물건에 대한 사람들의 욕망을 정치적으로 잘 다루어야 함을 논하고 있다. 부국론의 서설이라 할 수 있다.

---

1 同宇(동우) : 같은 우주 안에 함께 살고 있는 것.
2 無宜(무의) : 특별한 뜻은 없는 것.
3 數(수) : 법칙, 법도.
4 人倫(인륜) : 사람들, 인류.
5 生(생) : 성(性)과 통하여, 본성.
6 可(가) : 괜찮다고 인정하는 것.
7 所可(소가) : 괜찮다고 인정하는 대상.
8 埶同(세동) : 형세가 같다, 사회적인 지위가 같다.
9 私(사) : 사사로운 이익을 추구하는 것, 사리를 추구하는 것.
10 奮(분) : 분격하여 서로 다투는 것.
11 說(열) : 열복(悅服)하다, 기뻐하다.
12 未縣(미현) : 떨어진 사이가 없다, 곧 분계가 없는 것.
13 同物(동물) : 바라고 싫어하는 대상이 같은 것.

2

여러 공인들이 만든 물건은 본래 한 사람을 부양하기 위한 것이다. 그런데 기능이란 한 사람이 모든 기능을 지닐 수가 없는 것이고, 한 사람이 모든 관직을 겸할 수도 없는 것이다. 사람들은 서로 떨어져 살지만 서로 돕지 않으면 곤궁해지고, 여러 사람들이 무리 지어 살지만 분계가 없다면 서로 다툴 것이다. 곤궁해지는 것은 환난이 되며, 다투는 것은 화근이 된다. 환난을 면하고 화근을 없애려면 분계를 분명히 하고서 무리 지어 살도록 해야 한다.

강한 자가 약한 자를 협박하고, 지혜 있는 자가 어리석은 자를 위협하며, 아랫사람이 윗사람의 뜻을 어기고, 나이 적은 이가 어른을 업신여기며, 덕으로써 정치를 하지 않는다면, 이런 경우에는 노인과 약한 사람들은 살아가지 못하게 될 것을 걱정하며, 튼튼한 사람들은 분계를 지키지 않고 다투는 재난이 생길 것이다.

힘든 일을 싫어하고 공리만을 좋아하며 직업에 분계가 없다면, 이런 경우에는 사람들이 자기만을 위한 일을 내세우는 환난이 생기고, 공로를 서로 다투는 재난이 생길 것이다.

남자·여자의 결합과 부부 사이의 분별과 혼인하여 폐백을 드리는 일과 신부를 전송하고 마중하는 데 예의가 없다면, 이런 경우에는 사람들에게 남녀가 결합하지 못하는 걱정이 생기고, 배필을 구하기 위해 서로 다투는 재난이 생길 것이다.

그러므로 지혜 있는 사람은 그러한 일에 분계를 마련하는 것이다.

| 원문 |

故百技[1]所成, 所以養一人也. 而能不能兼技, 人不能兼官, 離居不相

待²則窮, 羣而無分則爭. 窮者患也, 爭者禍也. 救患除禍, 則莫若明分使羣矣.

彊³脅⁴弱也, 知懼⁵愚也, 民下違上, 少陵⁶長, 不以德爲政, 如是, 則老弱有失養之憂, 而壯者有分爭⁷之禍矣.

事業⁸所惡也, 功利所好也, 職業無分, 如是, 則人有樹事⁹之患, 而有爭功之禍矣.

男女之合, 夫婦之分, 婚姻娉內¹⁰送逆¹¹無禮, 如是, 則人有失合之憂, 而有爭色之禍矣.

故知者爲之分也.

| 해설 |

사람들이 살아가는 사회에는 제각기 일하는 분계가 있어야만 한다. 그리고 그 분계는 예의를 바탕으로 한 것이어야 함을 강조하고 있다. 역시 부국론 서설의 연장이다.

---

1 百技(백기) : 여러 공인.
2 相待(상대) : 서로 돕다.
3 彊(강) : 강한 자.
4 脅(협) : 협박하다.
5 懼(구) : 두렵게 만들다, 위협하다.
6 陵(릉) : 능멸하다, 업신여기다.
7 分爭(분쟁) : 분계를 놓고 다투다, 분계를 지키지 않고 다투다.
8 事業(사업) : 일하는 직업, 힘드는 일.
9 樹事(수사) : 자기만을 위한 일을 내세우다.
10 娉內(빙내) : '빙'은 이름을 묻는 것, '내'는 납(納)과 통하여, 납폐(納幣)의 뜻. 곧 처음 만난 인사로 폐백을 드리는 것.
11 送逆(송역) : 사람을 전송하고 마중하는 것. 앞의 빙내와 함께 모두 혼인과 관계되는 일로 풀이하는 것이 좋다.

3

　나라를 풍족하게 하는 도리는 쓰는 것을 절약하여 백성들을 넉넉하게 해주고, 그 남는 것을 잘 저장하는 것이다. 예의로써 쓰는 것을 절약하고, 정치로써 백성들을 넉넉하게 한다. 백성들이 넉넉해지면 여유가 많아진다.

　백성들이 넉넉하면 백성들이 부유해지고, 백성들이 부유해지면 밭은 비옥하고 잘 가꾸어진다. 밭이 비옥하고 잘 가꾸어져 있으면 곡식의 생산이 백 배로 늘어난다. 임금은 법에 따라 세금을 받고, 백성들은 예에 따라 쓰는 것을 절약한다면, 남는 것이 언덕이나 산처럼 많아지고, 때때로 태워 버리지 않으면 그것을 저장할 곳이 없을 정도가 된다.

　군자들이 어찌하여 남는 것이 없음을 걱정하는가? 진실로 쓰는 것을 절약하여 백성들을 넉넉하게 해준다면, 반드시 어질고 의롭고 성인답고 훌륭하다는 명성이 생길 것이며, 또한 언덕이나 산처럼 물자가 쌓여 있는 부유함을 누릴 것이다. 이렇게 되는 것은 다름 아니라 바로 쓰는 것을 절약하여 백성들에게 여유가 있도록 해주기 때문이다.

　쓰는 것을 절약하여 백성들을 넉넉하게 해줄 줄 모른다면, 백성들은 가난해진다. 백성들이 가난해지면 밭이 척박해지고 황폐해진다. 밭이 척박해지고 황폐해지면 수확이 반도 안 되게 줄어든다. 임금이 비록 세금 거두기를 좋아하여 심하게 거둬들인다 하더라도, 거둬들여지는 양은 적을 것이다. 그런데도 예를 따라 그 쓰는 것을 절약하지 않는다면 반드시 이익을 탐하여 너무 거둬들인다는 악명이 높아질 것이며, 또한 창고는 텅 비고 궁핍해지는 실정에 놓일 것이다. 이렇게 되는 것은 다름 아니라 바로 쓰는 것을 절약하여 백성들을 넉넉하게 해줄 줄 모르기 때문이다.

『강고(康誥)』에 "하늘처럼 백성들을 크게 감싸 주고 또 덕을 닦는다면, 그대 자신이 부유하게 되리라"고 한 것은, 이것을 뜻하는 말이다.

| 원문 |

足國之道, 節用裕民,[1] 而善臧[2]其餘. 節用以禮, 裕民以政. 彼裕民故多餘.

裕民則民富, 民富則田肥以易,[3] 田肥以易則出實[4]百倍. 上以法取焉, 而下以禮節用之. 餘若丘山, 不時焚燒,[5] 無所臧之.

夫君子奚患乎無餘? 故知節用裕民, 則必有仁義聖良之名, 而且有富厚[6]丘山之積矣. 此無它故焉, 生於節用裕民也.

不知節用裕民則民貧, 民貧則田瘠[7]以穢,[8] 田瘠以穢則出實不半. 上雖好取侵奪,[9] 猶將寡獲也. 而或以無禮節用之, 則必有貪利糾譑[10]之名, 而且有空虛窮乏之實矣. 此無它故焉, 不知節用裕民也.

康誥[11]曰: 弘覆[12]乎天, 若德[13]裕乃[14]身. 此之謂也.

---

1 裕民(유민) : 백성들을 넉넉하게 해주다.
2 善臧(선장) : 잘 저장하다.
3 易(이) : 다스리다, 잘 손질하다.
4 出實(출실) : 소출, 수확하는 곡식.
5 焚燒(분소) : 곡식을 태워 버리는 것.
6 富厚(부후) : 부가 두텁게 쌓인 것, 부유한 것.
7 瘠(척) : 밭이 척박한 것.
8 穢(예) : 밭을 경작하지 않아 황폐해지는 것.
9 侵奪(침탈) : 억지로 거둬들이다, 약탈하듯 거둬들이는 것.
10 糾譑(규교) : '糾'는 거둬들이는 것, '譑'는 뺏는 것(王念孫 說).
11 康誥(강고) : 『서경』 주서(周書)의 편명.

| 해설 |

본격적으로 부국론이 전개되고 있다. 나라를 부유하게 하는 기본 방법
은 "쓰는 것을 절약하여 백성들을 넉넉하게 해주는 것"이라는 것이다.

이는 어느 시대 어느 나라에나 해당되는 기본 경제 정책이라 할 것이다.

4

예의란 귀하고 천한 등급을 매겨 주고, 나이 많은 이와 적은 이의
차등이 있게 하고, 가난하고 부유한 사람과 신분이 가볍고 무거운 사
람에 따라 모두 어울리는 대우를 하는 것이다.

그러므로 천자는 붉은 비단에 곤룡이 수놓인 옷을 입고 면류관을
쓰고, 제후는 검은 비단에 용이 수놓인 옷에 면류관을 쓰며, 대부는
비의(裨衣)를 입고 면류관을 쓰고, 사(士)는 피변(皮弁)을 쓰고 거
기에 맞는 소적(素積)의 옷을 입는다.

그들의 덕은 반드시 그들의 지위에 어울려야 하며, 그들의 지위는
반드시 그들이 받는 녹에 어울려야 하며, 그들의 녹은 반드시 그들의
쓰임에 어울려야만 한다.

사 이상의 사람들은 반드시 예의와 음악으로 그들의 생활을 조절하
고, 여러 백성들은 반드시 법과 형벌로 그들을 제어해야 한다. 천하의
땅을 헤아려 제후들의 나라를 세워 주고, 나라의 이익을 헤아려 백성
들을 양육하며, 사람들의 능력을 헤아려 할 일을 맡기는 것이다. 사람

---

12 弘覆(홍복) : 크게 덮어 주다, 크게 감싸 주다.
13 若德(약덕) : 덕을 따르다, 덕을 닦다.
14 乃(내) : 그대, 너.

들이 틀림없이 맡은 일을 잘해 내게 되면, 그들이 하는 일은 반드시 이익을 가져오고, 그 이익이 백성들이 살아가는 데 충분하면 모든 사람들이 입고 먹고 여러 가지 일에 쓰는 데에 지출과 수입의 균형이 잡혀, 반드시 남는 것이 있으면 그때마다 저장하게 될 것이다. 이것을 잘 어울리게 하는 술수라 일컫는다.

그러므로 천자로부터 서민들에 이르기까지, 일의 크고 작음이나 많고 적음을 가리지 않고 이 방법을 써서 밀고 나아가야 하는 것이다. "조정에는 요행히 벼슬하는 이가 없고, 백성들 중에는 요행히 살아가는 이가 없다"고 하는 것은, 이런 결과를 두고 한 말이다.

밭과 들판의 세금을 가벼이 하고, 관소와 시장의 세금을 공평히 하며, 장사꾼들의 수는 줄이고, 노동력을 동원해야 할 나랏일은 되도록 적게 일으키며, 농사지을 철을 놓치지 않도록 해야 한다. 이렇게만 하면 나라가 부유해질 것이다. 이것을 두고서 정치로써 백성들을 넉넉하게 해준다고 말하는 것이다.

| 원문 |

禮者, 貴賤有等, 長幼有差, 貧富輕重皆有稱[1]者也.
故天子袾裷[2]衣冕,[3] 諸侯玄[4]裷衣冕, 大夫裨[5]冕, 士皮弁[6]服.[7]

---

1 稱(칭) : 어울리다, 균형이 잡히다.
2 袾裷(주권) : '주'는 붉은색의 비단, '권'은 곤(袞)과 통하여 곤룡(袞龍)이 수놓인 옷.
3 冕(면) : 면류관.
4 玄(현) : 검은 비단 옷.
5 裨(비) : 비의(裨衣). 제후 이하의 등급이 한 등급 낮은 사람들이 입는 제복(祭服)(楊倞).
6 皮弁(피변) : 흰 사슴 가죽으로 만든 관 이름.
7 服(복) : 소적(素積). 흰 천으로 만든 바지(楊倞).

德必稱位, 位必稱祿, 祿必稱用.

由士以上則必以禮樂節之, 衆庶百姓則必以法數[8]制[9]之. 量地而立國, 計利而畜民, 度人力而授事, 使民必勝事, 事必出利, 利足以生民, 皆使衣食百用[10]出入相揜,[11] 必時臧餘, 謂之稱數.[12]

故自天子通於庶人, 事無大小多少, 由是推之. 故曰: 朝無幸[13]位, 民無幸生. 此之謂也.

輕田野之稅, 平關市之征, 省商賈之數, 罕興力役,[14] 無奪農時. 如是則國富矣. 夫是之謂以政裕民.

| 해설 |

앞머리에 보이는 천자·제후·대부·사(士)는 옛날 중국의 봉건사회에 있어서의 지배계급이다. 따라서 여기에서는 '사'를 '선비'라 번역하지 않고 있는 것이다.

여기서는 "쓰는 것을 절약하여 백성들을 넉넉하게 하는" 방법, 곧 나라를 부유하게 하는 방법으로 예의의 중요성을 강조하고 있다. 경제 정책에 있어서까지도 예를 강조하는 것이 순자의 특징이라 할 것이다.

예가 좀더 강화되면 제도가 되고 법이 되고 형벌이 되는 것이다.

---

8 法數(법수) : 법과 제도, 법과 형벌.
9 制(제) : 제어하다, 제약을 가하다.
10 百用(백용) : 여러 가지 쓰임, 일용.
11 揜(엄) : 엄(弇)과 통하여 서로 같다는 뜻으로(王念孫 說), 지출과 수입의 균형이 잡히는 것.
12 稱數(칭수) : 잘 어울리게 하는 술수.
13 幸(행) : 요행.
14 力役(역역) : 백성들을 노역에 동원해야 할 나랏일.

5

　사람은 무리를 이루어 생활하지 않을 수가 없다. 무리를 이루어 생활하는데 사람들 사이의 분계가 없다면 서로 다투게 되고, 서로 다투게 되면 혼란해지고, 혼란해지면 곤궁해진다. 그러므로 분계가 없다는 것은 사람들의 큰 해가 되고, 분계가 있다는 것은 천하의 근본과 이익이 된다.

　그런데 임금이란 이 분계를 관할하는 중추가 되는 사람이다. 그러므로 임금을 찬미하는 것은 바로 천하의 근본을 찬미하는 것이다. 임금을 안정되게 하는 것은 바로 천하의 근본을 안정되게 하는 것이다. 임금을 소중히 하는 것은 바로 천하의 근본을 소중히 하는 것이다.

　옛 임금들은 사람들 사이의 분계를 마련하여 차등을 두었다. 그러므로 어떤 이는 아름답게 차리고 어떤 이는 초라하게 차리며, 어떤 이는 풍족하고 어떤 이는 가난하며, 어떤 이는 안락하고 어떤 이는 고생하게 하였다. 그것은 일부러 지나치게 편하고 화려하게 지내려는 것이 아니라, 어짊의 무늬를 밝히고 어짊의 질서에 통하도록 하기 위해서이다.

　그러므로 옥이나 상아, 쇠붙이에 조각을 하고 옷에 여러 가지 무늬를 수놓는 것은, 사람들의 귀하고 천한 신분을 분별하는 데에 목적이 있지, 겉모양을 꾸미려는 것은 아니다. 종과 북과 피리와 경(磬)과 금(琴)과 슬(瑟)과 우(竽)와 생(笙) 같은 것은 길하고 흉한 일을 분별하고 환락과 화합을 추구할 수 있으면 그뿐이지, 그 나머지의 일은 추구하지 않는다. 궁실과 누각은 더위와 습기를 피하고 덕을 길러 신분이 가볍고 무거운 것을 분별할 수 있게 하면 그뿐이지, 그 밖의 것은 추구하지 않는다.

『시경』에 "그의 외모는 조각한 것처럼 아름답고, 그의 재질은 금이나 옥처럼 뛰어나네. 우리 임금 부지런히 힘써, 온 천하의 기강을 세우네"라 한 것은, 이것을 뜻하는 말이다.

색깔을 중히 여겨 화려한 옷을 입게 하고, 맛을 중히 여겨 맛있는 것을 먹게 하고, 재물을 중히 여겨 재물을 통제하게 하고, 온 천하를 통합하여 나라의 임금 노릇을 하게 하는 것은, 각별히 지나치게 안락하게 살아가도록 해주려는 것이 아니라 그럼으로써 천하를 통일하려는 것이다.

| 원문 |

人之生, 不能無羣, 而無分則爭, 爭則亂, 亂則窮矣. 故無分者, 人之大害也, 有分者, 天下之本利[1]也.

而人君者, 所以管分[2]之樞要[3]也. 故美之者, 是美天下之本也, 安之者, 是安天下之本也, 貴之者, 是貴天下之本也.

古者先王分割而等異之也, 故使或美或惡, 或厚[4]或薄, 或佚或樂, 或劬或勞. 非特以爲淫泰[5]夸麗[6]之聲,[7] 將以明仁之文, 通仁之順[8]也.

---

1 本利(본리) : 근본과 이익, 또는 근본이 되는 이익. 양경(楊倞)은 "본(本)은 대(大)로 쓰는 것이 옳다"고 주를 달고 있으나, 바로 뒤에 천하의 근본에 대한 설명이 나오므로, 근본으로 풀이함이 옳은 듯하다.
2 管分(관분) : 분계를 관할하다.
3 樞要(추요) : 중추, 중심이 되는 것.
4 厚(후) : 생활이 풍족한 것. 따라서 박(薄)은 생활이 궁핍한 것.
5 淫泰(음태) : 지나치게 안락하게 지내는 것.
6 夸麗(과려) : 매우 화려하게 지내는 것.
7 聲(성) : 잘못 끼어든 글자(俞樾).
8 仁之順(인지순) : 어짊을 따르는 것, 어짊의 질서.

故爲之雕琢[9]刻鏤[10]黼黻[11]文章,[12] 使足以辨貴賤而已, 不求其觀.[13] 爲之鐘鼓管磬琴瑟竽笙, 使足以辨吉凶, 合歡[14]定和[15]而已, 不求其餘. 爲之宮室臺榭,[16] 使足以避燥溼養德, 辨輕重[17]而已, 不求其外.

詩曰:[18] 雕琢其章,[19] 金玉其相.[20] 亹亹[21]我王, 綱紀四方. 此之謂也.

若夫重色而衣之, 重味而食之, 重財物而制之, 合天下而君之, 非特以爲淫泰也, 固以爲王天下.[22]

| 해설 |

사람들이 사회생활을 함에 있어서 예의를 바탕으로 하는 분계가 경제정책에서도 매우 중요한 일임을 강조하고 있다. 이런 점이 순자 사상의 특징이라 할 수 있다.

---

9 雕琢(조탁) : 옥을 조각하여 장식하는 것.
10 刻鏤(각루) : 상아나 쇠를 깎고 조각하는 것.
11 黼黻(보불) : 제5편 비상 제8절 참조.
12 文章(문장) : 여러 가지 색깔과 모양의 무늬로 수를 놓는 것.
13 求其觀(구기관) : 그 외관을 추구하다, 겉모양을 꾸미다.
14 合歡(합환) : 환락을 함께 추구하다.
15 定和(정화) : 화합을 이룩하다.
16 臺榭(대사) : 누대, 누각.
17 輕重(경중) : 사회적 신분이 가볍고 무거운 것.
18 詩曰(시왈) : 『시경』 대아(大雅) 역박(棫樸)편의 구절.
19 章(장) : 외모가 아름다운 것.
20 相(상) : 재질이 뛰어난 것.
21 亹亹(미미) : 부지런히 힘쓰는 모양.
22 王天下(왕천하) : '왕'은 일(一)의 잘못(王先謙), 곧 천하를 통일하다.

6

　만 가지 변화를 다스리고 만물을 잘 이용하며 만백성을 먹여 살리고 온 천하를 모두 제어하는 데에는 어진 사람〔仁人〕의 훌륭함보다 더 좋은 것이 없다. 왜냐하면 그의 지혜와 생각은 이들을 다스리기에 족하고, 그의 인후함은 이들을 편안히 해주기에 족하고, 그의 가르침은 이들을 교화하기에 족하기 때문이다. 그런 사람을 얻으면 나라가 잘 다스려지고 그런 사람을 잃으면 나라가 어지러워지기 때문이다.

　백성들은 진실로 그의 지혜에 힘입고 있기 때문에, 모두가 서로 이끌어 주면서 그를 위하여 노고를 다하고 그를 안락하게 해주기에 힘써 그의 지혜를 길러 준다. 진실로 그의 인후함을 아름답게 생각하기 때문에 그를 위하여 죽을힘을 다하고 목숨을 바쳐 그를 보호하고 도와주어 그의 인후함을 길러 준다. 진실로 그의 덕을 아름답게 생각하기 때문에 그를 위하여 조각을 새기고 보불 무늬를 그려 그를 보호하고 장식해 그의 덕을 길러 준다.

　그러므로 어진 사람이 임금자리에 있으면 백성들은 그를 하느님처럼 귀하게 여기고 부모처럼 친근하게 여기며, 그를 위하여 죽을힘을 다하고 목숨을 바치면서도 즐거워하는데, 그것은 다름 아니라 바로 그가 진실로 아름다운 것을 좋아하고, 진실로 큰 것을 얻도록 해주며, 진실로 많은 이로움을 가져오기 때문이다.

　『시경』에 "우리는 짐을 지기도 하고 수레를 끌기도 하고, 우리는 수레를 몰기도 하고 소를 끌기도 하며, 우리 일을 다 이루고 나니, 우리 모두에게 말하기를 돌아가라고 하네"라고 읊은 것은, 이것을 뜻하는 말이다.

　그러므로 군자는 덕을 내세우고 소인은 힘을 내세우는데, 힘은 덕의 부림을 받는 것이라고 하는 것이다.

| 원문 |

治萬變, 材¹萬物, 養萬民, 兼利天下者, 爲莫若仁人之善也. 夫故其知慮足以治之, 其仁厚足以安之, 其德音²足以化之. 得之則治, 失之則亂.

百姓誠賴其知也, 故相率而爲之勞苦, 以務佚³之, 以養其知也. 誠美其厚也, 故爲之出死斷亡,⁴ 以覆救之, 以養其厚也. 誠美其德也, 故爲之雕琢刻鏤,⁵ 黼黻文章, 以藩⁶飾之, 以養其德也.

故仁人在上, 百姓貴之如帝, 親之如父母, 爲之出死斷亡而愉⁷者, 無它故焉. 其所是⁸焉誠美, 其所得焉誠大, 其所利焉誠多.

詩曰:⁹ 我任¹⁰我輦,¹¹ 我車我牛, 我行旣集,¹² 蓋¹³云歸哉! 此之謂也.

故曰; 君子以德, 小人以力. 力者德之役也.

---

1 材(재) : 재(裁)와 통하여, 물건을 적당히 이용하는 것.
2 德音(덕음) : 덕 있는 소리, 여기서는 가르치는 말씀.
3 佚(일) : 편안한 것.
4 出死斷亡(출사단망) : 죽을힘을 다하고 죽기를 마다 않는 것.
5 雕琢刻鏤(조탁각루) : 조각하는 것. 조탁은 구슬이나 돌에, 각루는 쇠나 나무에 무늬를 새기는 것.
6 藩(번) : 울타리, 여기서는 보호해 주는 것.
7 愉(유) : 기뻐하는 것.
8 所是(소시) : 옳다고 하는 것, 좋다고 하는 것.
9 詩曰(시왈) : 『시경』 소아(小雅) 서묘(黍苗)편에 보이는 구절. 이 시는 백성들이 소백(召伯)을 위하여 부역하는 즐거움을 노래한 것이라 한다.
10 任(임) : 짐을 지는 것.
11 輦(련) : 수레를 잡아끄는 것.
12 集(집) : 성(成)의 뜻으로, 다 이룬 것(鄭玄 箋).
13 蓋(개) : 개(皆)와 통하여, 모두(鄭玄 箋).

| 해설 |

백성들을 잘 살게 하며 세상을 잘 다스리는 사람은 어진 사람이다. 어진 사람에게는 지혜가 있고 인후함이 있고 덕이 있다. 백성들은 그의 지혜와 인후함과 덕에 힘입어 잘 살아가고 있기 때문에, 자연히 그의 지혜와 인후함과 덕을 보호해 주고 길러 주기 위하여 목숨까지도 바치는 일을 꺼리지 않는다.

백성들이 임금을 이처럼 존경하고 따르며 그를 위해 온 힘을 다하는 것은, 임금이 그들에게 막대한 이익을 가져다 주기 때문이다. 순수한 마음의 감화보다도 이익을 중요하게 생각한 것도 순자의 현실적인 계산에서 나온 것이다.

7

백성들의 노력은 임금의 덕이 있은 뒤에야 효과가 나타나며, 백성들의 무리는 임금의 덕이 있은 뒤에야 화합하게 되며, 백성들의 재물은 임금의 덕이 있은 뒤에야 모이게 되며, 백성들의 형세는 임금의 덕이 있은 뒤에야 안정되며, 백성들의 수명은 임금의 덕이 있은 뒤에야 길어진다.

부자 사이는 친해지지 않을 수가 없고, 형제 사이는 순조롭지 않을 수가 없으며, 남녀 사이도 기쁨으로 화합되지 않을 수가 없고, 나이 적은 사람들이 성장하고, 노인들은 부양을 받게 되는 것도 모두 임금의 덕 때문이다. 그러므로 "하늘과 땅은 사람들을 낳아 주고, 성인은 사람들을 길러 준다"고 하는 것은, 이것을 뜻하는 말이다.

그러나 지금 세상은 그렇지 않다. 세금을 많이 거두어들여 백성들의 재물을 빼앗고, 밭과 들판의 세금을 무겁게 부과하여 백성들의 양식을 빼앗으며, 관소와 시장의 세금을 가혹하게 거두어 백성들이 장사를 하기 어렵게 하고 있다.

그뿐 아니라 트집을 잡아 허물을 들춰내고 틈을 엿보아 우롱하며, 권세와 계략을 써서 그들을 넘어뜨려 백성들이 서로 해치며 지쳐서 망하게 하고 있다. 백성들도 모두가 분명히 임금의 행동이 지저분하고 난폭하여 큰 위험이 닥쳐와 망하게 될 것임을 알고 있다. 그리하여 신하가 그의 임금을 죽이기도 하고, 아랫사람이 그의 윗사람을 죽이기도 하며, 그의 성을 적군에 팔아 넘기기도 하고, 그의 절조를 배반하며, 그가 섬겨야 할 사람을 위해 목숨을 바치지 않게 된다. 그렇게 되는 이유는 다름 아니라 임금 스스로가 그렇게 만든 것이다. 『시경』에 "말에는 대응이 없는 경우란 없고, 덕에는 보응이 없는 경우란 없다"고 읊은 것은, 이것을 뜻하는 말이다.

| 원문 |

百姓之力, 待之[1]而後功.[2] 百姓之羣, 待之而後和. 百姓之財, 待之而後聚. 百姓之埶,[3] 待之而後安. 百姓之壽, 待之而後長.

父子不得不親, 兄弟不得不順, 男女不得不歡. 少者以[4]長, 老者以養. 故曰; 天地生之, 聖人成之. 此之謂也.

今之世而不然. 厚刀布[5]之斂以奪之財, 重田野之稅以奪之食, 苛關市

---

1 待之(대지) : '지'는 임금을 가리킨다. 따라서 임금을 기다려, 곧 임금의 덕에 의하여.
2 功(공) : 공로, 효과.
3 埶(세) : 형세, 백성들의 생활 형편.
4 以(이) : 이지(以之), 곧 임금의 덕에 의지하여.

之征以難其事.⁶

不然而已矣. 有揭挈⁷伺詐,⁸ 權謀傾覆,⁹ 以相顚倒, 以靡敝¹⁰之. 百姓曉然¹¹皆知其汙漫暴亂而將大危亡也. 是以臣或弑其君, 下或殺其上, 粥¹² 其城, 倍¹³其節, 而不死其事者. 無它故焉, 人主自取之也. 詩曰;¹⁴ 無言不讎,¹⁵ 無德不報. 此之謂也.

| 해설 |

사회에 사람들 사이의 분계가 분명해지고 예에 따라 질서가 잡혀 나라가 부유해지는 것은 모두 임금이 하기에 달렸다는 것이다. 곧 순자는 세상일의 모든 책임을 궁극적으로 임금에게로 돌리고 있다.

8

온 천하가 모두 풍족해지는 도리는 사람들 사이의 분계를 분명히

---

5 刀布(도포) : 옛날의 화폐. '도'는 돈이 칼 모양이었기 때문이고, '포'는 돈 대신 비단이 쓰인 때문이라고도 하고, 널리 분포되어 쓰였기 때문에 그렇게 부른다고도 한다.
6 其事(기사) : 백성들의 일. 장사하고 물건을 유통시키는 것을 뜻함.
7 揭挈(기설) : '기'는 한편으로 잡아당기는 것, '설'은 끌어당기는 것. 따라서 트집을 잡아 허물을 들춰내는 것.
8 伺詐(사사) : '사'는 기회를 엿보는 것, '사'는 속이고 우롱하는 것.
9 傾覆(경복) : 넘어뜨리다, 뒤집어지게 하다.
10 靡敝(미폐) : 지쳐서 망하는 것.
11 曉然(효연) : 밝은 모양, 분명한 모양.
12 粥(육) : 육(鬻)과 같은 자로, 성을 적에게 팔아 넘기다. 곧 적과 내통하여 적이 성을 점령토록 하는 것.
13 倍(배) : 배(背)와 통하여, 배반하는 것.
14 詩曰(시왈) : 『시경』 대아(大雅) 억(抑)편에 보이는 구절.
15 讎(수) : 보응을 받다, 대응하다.

하는 데 있다. 땅을 잘 다스려 땅의 경계를 분명히 하고, 풀을 뽑아 곡식을 잘 자라게 하며, 비료를 많이 주어 밭을 비옥하게 하는 것은 바로 농민 대중들이 할 일이다.

철을 따라 백성들을 일에 힘쓰게 하여 하는 일이 잘 되고 일의 성과가 커지도록 하며, 백성들 모두가 화합케 하여 사람들로 하여금 구차히 지내지 않도록 하는 것은 바로 지방관들이 할 일이다.

높은 곳이라 하더라도 가뭄이 들지 않고, 낮은 곳이라 하더라도 장마가 지지 않으며, 추위와 더위가 계절 따라 잘 조화되어, 오곡이 때에 알맞게 잘 여무는 것은 바로 하늘이 할 일이다.

천하의 모든 사람들을 보육하고, 모든 사람들을 애호하며, 모든 사람들을 통제하여, 비록 흉작이나 장마 또는 가뭄이 든 해라 하더라도, 백성들이 헐벗고 굶주리는 걱정이 없도록 하는 것은 바로 성인다운 임금과 현명한 재상들이 할 일이다.

| 원문 |

兼足天下之道, 在明分. 撩地[1]表畝,[2] 刺屮[3]殖穀,[4] 多糞肥田, 是農夫衆庶之事也.

守時[5]力民, 進事[6]長功,[7] 和齊百姓, 使人不偸,[8] 是將率[9]之事也.

---

1 撩地(요지) : 땅을 다스리다, 땅을 잘 손질하다.
2 表畝(표묘) : 땅의 경계를 분명히 하는 것.
3 刺屮(척초) : 풀을 뽑다.
4 殖穀(식곡) : 곡식이 잘 자라도록 하다.
5 守時(수시) : 철을 지키다. 계절의 변화를 백성들에게 잘 알려 주는 것.
6 進事(진사) : 사업이 발전하다, 하는 일이 잘 되다.
7 長功(장공) : 일의 성과가 커지는 것.

高者不旱, 下者不水, 寒暑和節, 而五穀以時孰, 是天下之事[10]也.
若夫兼而覆之,[11] 兼而愛之, 兼而制之, 歲雖凶敗水旱, 使百姓無凍餧[12]之患, 則是聖君賢相之事也.

| 해설 |

여기서는 구체적으로 나라 안의 중요한 계층을 들어 할 일의 분계를 설명하고 있다. 사람들이 분계를 따라 자기 할 일에 충실해야만 나라가 부강해질 수 있다고 생각했기 때문이다.

9

묵자의 말은 뻔한 것이다. 그는 세상을 위하여 물자가 부족케 될까 걱정하고 있다. 그러나 부족하다는 것은 온 천하 전체의 걱정이 아니라, 다만 묵자의 개인적인 걱정이요 지나친 생각일 따름이다.

지금 이 땅에서 오곡을 생산하고 있는데, 사람들이 이것을 잘 다스리면 땅 한 마지기에서 여러 항아리를 거둘 수 있고 일 년에 두 번도 수확할 수 있다. 또한 오이와 복숭아·대추·오얏은 한 나무에서 여러 항아리를 딴다. 파·마늘이나 여러 가지 채소는 호수만큼이나 거둔다. 여러 가지 가축과 새와 짐승은 한 마리가 수레에 찰 만큼도 자

---

8 不偸(불투) : 구차하지 않게 하다, 게으리 지내지 않도록 하다.
9 將率(장솔) : 여러 고을의 장관들(兪樾).
10 天下之事(천하지사) : '하' 자는 잘못 끼어들었음(王念孫). 하늘이 하는 일을 뜻함.
11 覆之(복지) : 백성들을 보육하다.
12 凍餧(동뇌) : 헐벗고 굶주리다.

란다. 큰 자라와 악어·물고기·자라·미꾸라지·전어 등은 철마다 새끼를 쳐서 한 가지만도 무리를 이룬다. 또 나는 새와 오리·기러기 등은 구름이 덮인 바다처럼 많다. 그리고 또 곤충과 여러 가지 물건들이 그 사이에 생산되어 서로 먹고 살아갈 수 있는 것은 이루 다 헤아릴 수도 없다.

하늘과 땅이 만물을 생산함에는 본시부터 여유가 있어서 사람들을 먹이기에 충분하며, 삼과 칡, 누에와 면사, 새와 짐승의 깃과 털, 이빨과 가죽 등은 본시부터 여유가 있어서 사람들을 입히기에 충분한 것이다.

여유가 있으니 부족하다는 것은 온 천하 전체의 걱정이 아니라, 다만 묵자의 개인적인 걱정이요 지나친 생각에 불과한 것이다.

| 원문 |

墨子之言昭昭然,[1] 爲天下憂不足. 夫不足, 非天下之公患也, 特墨子之私憂過計[2]也.

今是土之生五穀也, 人善治之, 則畝[3]數盆,[4] 一歲而再獲[5]之. 然後瓜[6]桃棗[7]李, 一本數以盆鼓,[8] 然後葷菜[9]百疏,[10] 以澤量,[11] 然後六畜禽獸,

---

1 昭昭然(소소연) : '소'는 소(小)와도 통하여, 조금 환한 것, 뻔한 것.
2 過計(과계) : 지나친 생각.
3 畝(묘) : 백 평 또는 이백 평 넓이, 우리 나라의 마지기와 가깝다.
4 盆(분) : 동이, 항아리. 옛날에는 질그릇으로 만든 항아리로 곡식의 양을 헤아렸다.
5 獲(획) : 수확.
6 瓜(과) : 외.
7 棗(조) : 대추.
8 鼓(고) : 양(量)의 뜻(楊倞), 여러 개.
9 葷菜(훈채) : 파·마늘·고추 같은 양념이 되는 채소.

一而剸車,¹² 黿¹³鼉¹⁴魚鼈¹⁵鰌¹⁶鱣¹⁷以時別,¹⁸ 一而成羣, 然後飛鳥鳧¹⁹ 雁,²⁰ 若烟海,²¹ 然後昆蟲萬物生其間, 可以相食養者, 不可勝數也.

夫天地之生萬物也, 固有餘, 足以食人²²矣. 麻²³葛²⁴繭²⁵絲,²⁶ 鳥獸之羽毛齒革也, 固有餘, 足以衣人矣.

夫有餘, 不足非天下之公患也, 特墨子之私憂過計也.

| 해설 |

묵자는 이름이 묵적(墨翟)이다. 전국 시대 노나라 사람으로 송나라 대부가 되었다. 그는 모든 사람들을 다 같이 사랑한다는 겸애와 함께, 물건을 절약해 쓸 것을 주장하여 그에게 동조하는 이가 많았다. 순자가 살아 있을 때 묵가는 거의 유가와 대등한 세력을 지니고 있었다. 저술로는 『묵자』 15권이 있다.

---

10 百疏(백소) : 여러 가지 채소. '소'는 소(蔬)와 통하는 글자.
11 澤量(택량) : 호수의 물이 양처럼 많다는 뜻.
12 剸車(전거) : 수레 하나를 모두 차지하다, 수레에 가득 차다.
13 黿(원) : 큰 자라.
14 鼉(타) : 악어.
15 鼈(별) : 자라.
16 鰌(추) : 미꾸라지.
17 鱣(전) : 전어.
18 以時別(이시별) : 철에 따라 새끼치다.
19 鳧(부) : 오리.
20 雁(안) : 기러기.
21 烟海(연해) : 안개나 구름이 덮인 바다.
22 食人(사인) : 사람들을 먹이는 것.
23 麻(마) : 삼.
24 葛(갈) : 칡.
25 繭(견) : 누에.
26 絲(사) : 면사.

물건을 절약해서 사용한다는 점에 있어서는 순자는 묵자와 견해가 같다. 이에 세상 사람들이 오해할까 하여 이 편에선 일부러 묵자를 길게 비평하고 있는 것이다. 묵자는 세상의 물건이란 아껴 쓰지 않으면 뒤에는 부족하게 될 것이라는 생각을 하고 있었는데, 세상의 물자가 부족하게 될지도 모른다고 생각한 점을 순자는 비평하고 있다. 세상의 물자는 본시부터 풍부하여 절대로 부족하게 되지는 않을 것이라는 게 순자의 견해이다. 순자는 자원이 부족해질까 걱정이 되어서가 아니라, 나라를 더욱 풍요하게 만들기 위하여 물자를 절약해야 한다고 주장했던 것이다.

10

천하 전체의 걱정은 혼란과 위해이다. 어찌하여 세상을 어지럽히는 자가 누구인가 모두가 함께 추구하여 보지 않는가? 나는 묵자가 음악을 부정하는 것은 천하를 어지럽게 만드는 것이며, 물자의 사용을 절약하자는 것은 천하를 가난하게 만드는 것이라 생각한다. 그를 공격하려는 것이 아니라, 따져 보면 그러함을 면할 수가 없기 때문이다.

묵자가 크게는 천하를 차지하고 작게는 한 나라를 차지한다면, 근심스러운 듯 거친 옷을 입고 나쁜 음식을 먹으면서 걱정하고 슬퍼하며 음악을 내칠 것이다. 이렇게 하면 물자가 모자라고, 물자가 모자라면 욕망을 충족시키지 못하고, 욕망을 충족시키지 못하면 시상 제도가 행해지지 않을 것이다.

묵자가 크게는 천하를 차지하고 작게는 한 나라를 차지한다면, 부리는 사람들을 적게 하고 관직을 줄이며, 공로를 존중하고 노고를 하면서 백성들과 같이 일을 하고 공로와 노고도 같이 쌓게 될 것이다.

이렇게 한다면 위엄이 서지 않고, 위엄이 서지 않으면 형벌이 행해지지 않을 것이다.

시상 제도가 행해지지 않으면 현명한 사람이 나와 벼슬할 수 없고, 형벌이 행해지지 않으면 어리석은 자들이 벼슬자리에서 물러날 수가 없다. 현명한 사람이 벼슬할 수가 없고 어리석은 사람이 물러날 수가 없다면, 곧 능력 있는 사람과 능력 없는 사람을 적당한 벼슬에 가려 임명할 수 없게 된다.

이렇게 되면 만물이 합당한 자리를 잃고 일의 변화에 적응할 줄 모르게 되고, 위로는 하늘의 때를 놓치고 아래로는 땅의 이점을 놓치며 가운데로는 사람들 사이의 조화를 잃게 되어, 천하는 불이 붙어 그을리고 탄 듯이 메마르게 될 것이다. 묵자가 비록 이런 천하를 위하여 칡베옷을 입고 새끼 띠를 매고서 콩국을 먹고 냉수를 마신다 하더라도 어찌 이를 충족시킬 수가 있겠는가? 그 뿌리를 자르고 그 근원을 마르게 함으로써 온 천하를 태워 버리게 될 것이기 때문이다.

| 원문 |

天下之公患, 亂傷[1]之也. 胡不嘗試[2]相與求[3]亂之者誰也? 我以墨子之非樂[4]也, 則使天下亂. 墨子之節用也, 則使天下貧. 非將墮[5]之也, 說不

---

1 亂傷(난상) : 혼란과 위해.
2 嘗試(상시) : 시험삼아 무슨 일을 해보는 것.
3 求(구) : 추구.
4 非樂(비악) : 음악을 부정하는 것. 『묵자』 15권 가운데엔 비악편(非樂篇)이 들어 있다. 사람은 모두 부지런히 노동하며 생산에 종사하면서 물자를 절약하고, 사람의 마음을 들뜨게 하는 음악을 없애야 한다는 것이다.
5 墮(타) : 떨어뜨리는 것, 공격하는 것.

免⁶焉.

　墨子大有天下, 小有一國, 將蹙然⁷衣麤⁸食惡, 憂戚⁹而非樂. 若是則瘠, 瘠¹⁰則不足欲, 不足欲則賞不行.

　墨子大有天下, 小有一國, 將少人徒,¹¹ 省¹²官職, 上功勞苦, 與百姓均事業, 齊功勞. 若是則不威, 不威則罰不行.

　賞不行, 則賢者不可得而進也. 罰不行, 則不肖者¹³不可得而退也. 賢者不可得而進也, 不肖者不可得而退也, 則能不能不可得而官也.

　若是則萬物失宜, 事變失應, 上失天時, 下失地理, 中失人和, 天下敖然,¹⁴ 若燒¹⁵若焦.¹⁶ 墨子雖爲之衣褐帶索,¹⁷ 嚽¹⁸菽¹⁹飮水, 惡²⁰能足之乎? 旣以伐其本, 竭²¹其原,²² 而焦天下矣.

---

6 說不免(설불면) : 이론을 따지면 그러함을 면할 수가 없다는 뜻.
7 蹙然(축연) : 이맛살을 찌푸리며 걱정하는 모양.
8 麤(추) : 성근 것, 조악한 것.
9 憂戚(우척) : 근심하고 슬퍼하는 것.
10 瘠(척) : 몸이 마르는 것, 메마르게 되는 것, 생산이 주는 것.
11 人徒(인도) : 부리는 사람들.
12 省(생) : 생략, 줄이는 것.
13 不肖者(불초자) : 못난 자.
14 敖然(오연) : '오'는 오(熬)와 통하여, 불붙는 모양.
15 燒(소) : 타는 것.
16 焦(초) : 까맣게 타 버리는 것.
17 索(색) : 새끼줄.
18 嚽(철) : 철(啜)과 통하여, 홀쩍거리며 마시는 것.
19 菽(숙) : 콩, 콩국, 콩죽.
20 惡(오) : 어찌.
21 竭(갈) : 다하는 것, 마르는 것.
22 原(원) : 원(源)과 통하여, 근원.

| 해설 |

묵자는 세상 사람은 신분이 높고 낮음을 막론하고 모두 절약하는 한편, 누구나 부지런히 일하며 생산에 종사해야 한다고 하였다. 따라서 사람의 마음을 즐겁게 하는 음악 같은 것은 사치스러운 것, 곧 비생산적인 것이라 하여 부정하였다.

그러나 유가들의 주장에 의하면 임금은 모두 음악을 제정하여 사람들의 성정을 순화시키는 한편, 의식에 응용하여 지배자로서의 위엄을 보여야 한다고 생각하였다. 따라서 이것은 순자뿐만 아니라 전체 유가 사상과도 어긋난다.

또 유가는 음악과 함께 예의를 중시하였다. 사람들은 그의 신분에 알맞는 예에 따라 행동해야 하며, 예에 맞는 일을 해야 사회 질서가 유지된다고 생각하였다. 임금이나 백성을 막론하고 누구나 일하고 누구나 검소하게 산다면, 사회의 질서가 어지러워지고 말 것이다.

묵자의 이러한 생각은 결과적으로 세상의 질서를 어지럽혀 세상의 생산 능력을 형편없이 줄여 버리고 말 것이라는 것이다. 그것은 묵자가 유가에서 말하는 근본적인 예의나 음악 같은 것을 부정하고 있기 때문이다.

11

그러므로 옛날의 임금이나 성인들이 하는 일은 그렇지 않았다. 임금은 아름답지 않고 장식하지 않고서는 백성들을 통일할 수가 없으며, 부유하지 않고 인후하지 않고서는 아랫사람들을 관할할 수가 없으며, 위엄이 없고 강하지 않고서는 포악한 자를 금하고 흉악한 자를 이겨 낼 수가 없다는 것을 알고 있었다.

그러므로 반드시 큰 종을 두드리고 잘 울리는 북을 치며 생황(笙簧)과 우(竽)를 불고 금(琴)과 슬(瑟)을 뜯게 하여 그들의 귀를 막았다. 반드시 무늬를 쪼고 새기며 보불 무늬를 그려 그들의 눈을 막았다. 반드시 소·돼지나 벼와 수수나 여러 가지 맛과 향기로운 물건으로 그들의 입을 막았다. 그런 뒤에 부리는 사람들을 늘리고 관직을 갖추며 상을 내리고 형벌을 엄하게 하여 그들의 마음을 경계시켰다.

천하에 살고 있는 백성의 무리들이 자기가 바라던 것이 모두 여기에 있다는 것을 알도록 하기 위해 그들에게 상을 내리는 것이다. 자기가 두려워하는 것이 모두 여기에 있다는 것을 알도록 하기 위해 그들을 형벌로 위압하는 것이다. 상을 내리고 형벌로 위압하면 곧 현명한 사람이 나와 벼슬할 수 있게 되고, 어리석은 자들은 물러날 수 있게 되며, 능력 있고 능력 없는 이들이 적절히 벼슬을 할 수 있게 될 것이다.

이렇게 되면 곧 만물은 합당하게 존재하고, 일의 변화에는 적절히 호응하며, 위로는 하늘의 때를 잘 맞추고, 아래로는 땅의 이점을 잘 이용하며, 가운데로는 사람들을 잘 화합하게 만들 것이다. 그러면 재물은 샘물이 흐르듯 줄줄 솟아나고, 강물이나 바닷물처럼 출렁출렁 가득 차고, 산더미처럼 불쑥 높이 쌓여, 때때로 태워 버려도 그것을 저장할 곳이 없을 만큼 될 것이다. 그러면 온 천하는 무엇 때문에 부족함을 걱정하겠는가?

| 원문 |

故先王聖人, 爲之不然. 知夫爲人主上者, 不美[1]不飾[2]之不足以一民也, 不富不厚之不足以管下也, 不威不强之不足以禁暴勝悍也.

故必將撞³大鐘,⁴ 擊鳴鼓,⁵ 吹笙⁶竽,⁷ 彈琴瑟, 以塞其耳. 必將鋼琢刻
鏤, 黼黻文章, 以塞其目. 必將芻豢⁸稻⁹粱,¹⁰ 五味¹¹芬芳,¹² 以塞其口.
然後衆人徒, 備官職, 漸慶賞, 嚴刑罰, 以戒其心.

使天下生民之屬, 皆知己之所願欲之擧在是于¹³也, 故其賞行. 皆知己
之所畏恐之擧在是于也, 故其罰威. 賞行罰威, 則賢者可得而進也, 不肖
者可得而退也, 能不能可得而官也.

若是則萬物得宜, 事變得應, 上得天時, 下得地理, 中得人和. 則財貨
渾渾¹⁴如泉源, 汸汸¹⁵如河海, 暴暴¹⁶如丘山, 不時焚燒, 無所臧之. 夫天
下, 何患乎不足也?

| 해설 |

여기에서는 유가의 이상적인 정치를 묵자의 폐해와 견주어 얘기하고 있
다. 유가의 이상적인 인물인 옛 임금이나 성인들은, 묵자가 싫어하는 음

---

1 美(미) : 명성이나 덕이 아름다운 것.
2 飾(식) : 예절에 따라 행동과 겉모양을 꾸미는 것.
3 撞(당) : 치는 것, 두드리는 것.
4 大鐘(대종) : 아악에서 타악기로 쓰는 큰 종.
5 鳴鼓(명고) : 소리 잘 나는 북.
6 笙(생) : 생황(笙簧). 박쪽에다 길고 짧은 열세 개의 관을 꽂아 불어 소리를 내는 악기.
7 竽(우) : 큰 생황. '우'는 서른여섯 개의 관이 있으며, 모양은 생황과 비슷하다.
8 芻豢(추환) : 본시는 소와 돼지가 먹는 먹이, 여기선 그것으로 기르는 소와 돼지.
9 稻(도) : 벼.
10 粱(량) : 기장, 수수.
11 五味(오미) : 달고 시고 짜고 쓰고 매운 여러 가지 맛.
12 芬芳(분방) : 향기로운 물건.
13 是于(시우) : 우시(于是), 또는 어시(於是), 여기에.
14 渾渾(혼혼) : 물이 끊임없이 흐르는 모양.
15 汸汸(방방) : 물이 많은 모양.
16 暴暴(포포) : 불쑥불쑥 크게 솟아 있는 모양.

악과 형식적인 수식과 풍부한 음식과 많은 사람을 써서 훌륭한 정치를 하였다.

다만 성인들이 백성들의 욕망의 충족을 위하여 만든 시상 제도와 자기의 위엄을 위하여 만든 형벌로써 정치의 질서를 세웠다고 한 것은 유가의 견해라기보다는 순자의 견해라고 해야 옳을 것이다.

어떻든 유가의 성인들은 묵자가 배척한 방법을 써서 자연의 질서를 따라 사람들을 화합하게 만들었고, 풍부한 재물을 쌓았다는 것이다.

12

그러므로 유가의 방법이 진실로 행해진다면 곧 천하는 크게 부유해지고 안락하면서도 많은 공을 이루고, 종을 치고 북을 두드리면서 화합하게 될 것이다. 『시경』에 "종소리 북소리 둥둥 울리고, 피리소리 경소리 쟁쟁하네. 내려 주는 복 수북하고, 내려 주는 복 한이 없네. 위엄 있는 거동 점잖은데, 취하고 배부르거늘, 복과 녹이 거듭해 오네"라고 읊은 것은, 이것을 뜻하는 말이다.

그런데 묵가의 방법이 진실로 행해진다면, 곧 천하는 검소함을 숭상하지만 더욱 가난해지고, 싸우려 들지 않는데도 매일처럼 다투게 되며, 노고를 하며 괴로움을 겪어도 더욱 공로는 없게 되며, 핼쑥한 얼굴로 걱정하고 슬퍼하며, 음악을 폐지해도 매일처럼 화합되지 못할 것이다. 『시경』에 "하늘이 막 괴로움을 거듭 내리시니, 재난과 혼란이 정말로 많도다. 백성들의 말은 모두 불평뿐이로되, 슬프다, 아무도 이를 막지 않누나!"라고 읊은 것은, 이것을 뜻하는 말이다.

| 원문 |

故儒術誠行, 則天下大而富, 使而功, 撞鐘擊鼓而和. 詩曰;[1] 鐘鼓喤喤,[2] 管[3]磬[4]瑲瑲.[5] 降福穰穰,[6] 降福簡簡.[7] 威儀[8]反反.[9] 旣醉旣飽,[10] 福祿來反.[11] 此之謂也.

故墨術誠行, 則天下尙儉而彌[12]貧, 非鬪而日爭, 勞苦頓萃[13]而愈[14]無功, 愀然[15]憂戚非樂而日不和. 詩曰;[16] 天方薦[17]瘥,[18] 喪亂[19]弘多. 民言無嘉,[20] 憯[21]莫懲[22]嗟.[23] 此之謂也.

---

1 詩曰(시왈): 『시경』 주송(周頌) 집경(執競)편에 보이는 대목임.
2 喤喤(황황): 종과 북 소리, 둥둥.
3 管(관): 피리, 관악기.
4 磬(경): 돌을 깎아 만든 타악기.
5 瑲瑲(창창): 피리와 경 소리, 쟁쟁 또는 동동.
6 穰穰(양양): 풍부하게 많은 모양.
7 簡簡(간간): 큰 모양(『毛傳』).
8 威儀(위의): 위엄 있는 의표, 위엄 있는 몸가짐.
9 反反(반반): 점잖은 모양.
10 飽(포): 배불리 먹은 것.
11 來反(내반): 반복이 되어 오다.
12 彌(미): 더욱.
13 頓萃(돈췌): 괴로움을 당하는 것.
14 愈(유): 더욱, 갈수록.
15 愀然(초연): 얼굴빛이 변하는 모양, 얼굴이 슬픔이나 긴장으로 핼쑥해지는 것.
16 詩曰(시왈): 『시경』 소아(小雅) 절남산(節南山)편에 보이는 구절들.
17 薦(천): 중복, 거듭하는 것(『毛傳』).
18 瘥(차): 병, 고통.
19 喪亂(상란): 화란(禍亂), 재난과 혼란.
20 無嘉(무가): 좋은 말이 없는 것, 원망과 불평을 하는 것.
21 憯(참): 증(曾)의 뜻, 일찍이(『毛傳』).
22 懲(징): 멈추게 하는 것, 막는 것(『毛傳』).
23 嗟(차): 아아 어쩔 것인가 하는 탄사.

| 해설 |

유가의 방법으로 세상을 다스리면 온 천하가 부유해지고 평화로워지지만 묵가의 방법을 쓰면 오히려 세상은 혼란과 전쟁 속에 빠지고 만다는 것이다. 묵자는 절약과 검소한 생활과 노동을 주장하고 있어, 세상 사람들이 모두 이를 따른다면 얼핏 보기에는 쉽게 부유해질 것 같다. 그러나 사람들이 모여 사는 사회에서는 무엇보다도 질서를 통하여 평화롭게 살 수 있어야 하며, 도덕적인 윤리에 의하여 사람들이 화합하는 것이 중요하다. 나라가 부유하고 잘살게 되기 위해서는 직접적인 경제 정책도 필요하지만, 이에 앞서 사회를 올바로 이끌 질서와 윤리가 필요하다는 것이다. 이 점에서 유가는 묵가를 앞선다.

13

할 일은 버려두고 백성들을 부양하려 하며, 어루만지며 귀엽게 여기고 아이들을 어르듯 사랑하며, 겨울철에는 그들을 위하여 범벅과 죽을 마련해 주고 여름철이면 그들에게 오이와 미숫가루를 마련해 줌으로써, 일시적인 칭송을 받는다 하더라도 그것은 구차한 도리이다. 일시적으로 간사한 백성들의 칭송을 받는다 하더라도 그것은 오래갈 수 있는 도리는 아니다. 일은 반드시 완성되지 않을 것이고, 공로는 반드시 이룩되지 않을 것이니, 그것은 간사한 자들의 다스림인 것이다.

요란하게 시각을 다투며 백성들을 부려 일을 추진하고 공적을 올리려 들면서, 사람들의 비판을 가벼이 여기고 민심을 잃는 것도 문제삼지 않는다면, 일은 추진될 것이지만 백성들이 그를 미워하게 되니, 이

것 또한 옳지 못한 구차하고 편벽된 방법이다. 일은 무너지고 실패하여 반드시 아무런 공적도 없게 될 것이다.

그러므로 할 일은 버려 두고 영예를 추구하는 것도 그릇된 일이고, 공로를 이룩하기 위하여 백성들을 잊는 것도 그릇된 일이며, 모두가 간사한 자들의 도리인 것이다.

| 원문 |

垂事¹養民, 拊循²之, 呃嘔³之, 冬日則爲之饘粥,⁴ 夏日則與之瓜麮,⁵ 以偸⁶取少頃之譽焉, 是偸道也. 可以少頃得姦民之譽, 然而非長久之道也. 事必不就, 功必不立, 是姦治者也.

傮然⁷要時⁸務民,⁹ 進事長功, 輕非譽¹⁰而恬¹¹失民, 事進矣而百姓疾之, 是又不可偸偏¹²者也. 徙壞墮落,¹³ 必反無功.

故垂事養譽, 不可, 以邃功而忘民, 亦不可, 皆姦道也.

---

1 垂事(수사) : 할 일을 버려 두는 것. '수'는 위(委)와 통함(俞樾).
2 拊循(부순) : 귀여운 듯이 어루만지는 것.
3 呃嘔(아구) : 어린아이를 어르는 것.
4 饘粥(전죽) : 범벅과 죽.
5 瓜麮(과거) : 오이와 미숫가루.
6 偸(투) : 구차한 것.
7 傮然(조연) : 시끄러운 모양. '조'는 조(嘈)와 통함(王先謙).
8 要時(요시) : 시각을 다투다.
9 務民(무민) : 백성들을 힘쓰게 하다, 백성들을 심하게 부리다.
10 非譽(비예) : 그릇된 칭송, 비방, 비판.
11 恬(염) : 편안하다, 무관심하다.
12 偸偏(투편) : 구차하고 편벽되다.
13 徙壞墮落(사괴타락) : 바로 일이 무너져 내리듯 실패하는 것.

| 해설 |

여기서는 나라의 경제 정책에 있어서의 간사한 도리 곧 간사한 자들이나 하는 방법에 대해 설명하고 있다. 반드시 할 일이 무엇인가를 올바로 알고 일을 추진해야 한다는 것이다. 그렇지 않은 것은 간사한 자들의 경제 정책이라는 것이다.

14

그러므로 옛 사람들의 방법은 그렇지 않았다. 백성들로 하여금 여름에는 더위를 먹지 않고 겨울에는 헐벗지 않도록 하였다. 다급할 때에도 백성들의 노동력을 손상시키지 않고, 여유가 있을 때에도 때에 뒤지게 하지 않았다. 모든 일이 성취되고 공적이 이루어져 위아래가 모두 부유하게 되었다.

그리하여 백성들은 모두 그들의 임금을 사랑하여, 마치 물이 흐르는 것처럼 임금에게 귀복하고, 임금을 보모처럼 친근히 하여 기뻐하고, 임금을 위해서는 나가서 죽거나 망하게 된다 하더라도 기뻐하는 것은, 그 까닭이 다른 데 있는 것이 아니다. 충실하고 조화를 이루고 공평한 것이 그렇게 만드는 것이다.

그러므로 나라의 임금이 되고 백성들의 우두머리가 된 사람이 시각을 다투며 공적을 올리려 한다면, 조화롭고 평온하게 하는 것이 다급하게 재촉하는 것보다도 효과가 빨리 나타난다. 충실하고 공평하게 하는 것이 상을 주는 것보다도 더 기뻐하며 일에 힘쓰게 된다. 임금이 자기 자신에 관한 일을 반드시 먼저 바르게 닦고 나서 서서히 다른 사람들에 관한 일들을 문책하는 것이 형벌을 가하는 것보다도 더 위압을 느끼게 된다.

이상 세 가지 덕을 임금이 성실히 실천하면 아래 백성들은 그림자나 산울림처럼 임금에게 호응하게 될 것이다. 비록 밝게 알려지거나 명성이 나지 않게 하려 한다 하더라도 그렇게 되겠는가? 『서경(書經)』에 "임금이 일을 크게 밝혀 따르게 하면 곧 백성들은 힘을 다하고 화합하여 속히 일을 이룩할 것이다"라고 한 것은, 이것을 뜻하는 말이다.

| 원문 |

故古人爲之不然. 使民夏不宛暍,[1] 冬不凍寒, 急不傷力, 緩不後時, 事成功立, 上下俱富.

而百姓皆愛其上, 人歸[2]之如流水, 親之歡如父母, 爲之出死斷亡而愉者, 無它故焉, 忠信調和均辨[3]之至也.

故君國長民者, 欲趨時遂功, 則和調累解,[4] 速乎急疾, 忠信均辨, 說乎賞慶矣, 必先修正其在我者, 然後徐責其在人者, 威乎刑罰.

三德[5]者誠乎上, 則下應之如景嚮.[6] 雖欲無明達, 得乎哉? 書曰;[7] 乃大明服, 惟民其力懋,[8] 和而有疾.[9] 此之謂也.

---

[1] 宛暍(완알) : 더위를 먹는 것. 완(宛)은 온(蘊)과 통하여, 더운 기운[暑氣]의 뜻(楊倞).
[2] 歸(귀) : 귀복. 진심으로 존경하며 따르는 것.
[3] 均辨(균변) : 균평, 공평.
[4] 累解(누해) : 평정의 뜻(俞樾).
[5] 三德(삼덕) : 세 가지 덕. 앞 대목에서 얘기한 조화롭고 평온하게 하는 것, 충실하고 공평하게 하는 것, 자기 자신에 관한 일을 먼저 바르게 닦고 나서 서서히 다른 사람들에 관한 일들을 문책하는 것의 세 가지.
[6] 景嚮(영향) : 그림자와 소리의 울림.
[7] 書曰(서왈) : 『서경』 주서(周書) 강고(康誥)에 보이는 구절.

| 해설 |

여기서는 세 가지 덕을 임금이 실천함으로써, 백성들이 스스로 힘을 내어 일하여 나라가 부유해진다는 것을 해설하고 있다.

15

본디 교도하지는 않고 처벌한다면 형벌만 번거로워질뿐 사악함은 이겨낼 수가 없다. 교도를 하면서도 처벌하지는 않는다면 간악한 백성들이 꺼리는 일이 없다. 처벌하기만 하고 상은 주지 않는다면 부지런한 백성들도 힘써 일하지 않는다. 처벌하고 상을 줌에 있어 일정한 기준이 없다면 곧 사람들은 의심을 품고 풍속이 험악하게 되어 백성들은 통일되지 않는다.

그러므로 옛 임금들은 예의를 밝혀 그들을 통일하고, 충실함을 다하여 그들을 사랑하였다. 현명한 사람을 존중하고 능력 있는 사람을 써 그들의 서열을 정하였다. 벼슬과 입는 옷과 내려 주는 상으로 거듭 서열을 밝혀 주고, 그들을 부릴 때에는 철에 따라 알맞게 하여 그들의 부담을 가벼이 해주고 그들의 일을 조절해 주었다. 널리 모든 백성들을 감싸주고 갓난아기를 보육하듯 양육해 주었다.

이와 같이 하였기 때문에 간사한 일이 일어나지 않고 도둑도 생겨나지 않으며, 모두 착하게 감화되어 부지런히 힘썼다. 왜 그러하였을까? 그것은 임금의 도가 평이하고, 백성들의 마음속이 단단하고, 나

---

8 懋(무) : 힘쓰다, 힘을 다하다.
9 有疾(유질) : 빠르게 일을 완성시키는 것.

라의 정령도 일정하여, 정치의 표준이 분명하였기 때문이다.

그러므로 "임금이 일정하면 백성들도 일정하고, 임금이 흔들리면 백성들도 흔들린다. 비유를 들면 마치 풀과 나무의 가지나 잎이 반드시 뿌리를 따라 자라는 것과 같다"라고 한 것은, 이것을 뜻하는 말이다.

| 원문 |

故[1]不敎而誅, 則刑繁而邪不勝.[2] 敎而不誅, 則姦民不懲.[3] 誅而不賞, 則勤屬[4]之民不勸. 誅賞而不類[5], 則下疑俗儉[6]而百姓不一.

故先王明禮義以壹之, 致忠信以愛之. 尙賢使能以次之,[7] 爵服慶賞以申重之.[8] 時其事, 輕其任, 以調齊之. 潢然[9]兼覆之, 養長之, 如保赤子.

若是, 故姦邪不作, 盜賊不起, 而化善者[10]勸勉矣. 是何邪? 則其道易, 其塞[11]固, 其政令一, 其防表[12]明.

故曰; 上一則下一矣, 上二則下二矣. 辟地若屮木, 枝葉必類本. 此之謂也.

---

1 故(고) : 본디, 固(고)와 통함.
2 不勝(불승) : 이겨내지 못하다, 감당하지 못하다.
3 懲(징) : 징계, 마음으로 경계하는 것.
4 勤屬(근속) : 부지런히 힘쓰다. '속'은 려(厲)의 잘못인 듯(楊倞).
5 不類(불류) : 기준이 없다, 비슷함이 없다.
6 儉(검) : 험(險)과 통하여, 험악해지는 것(楊倞).
7 次之(차지) : 백성들의 서열을 매겨 주는 것.
8 申重之(신중지) : 다시 서열을 거듭하여 밝혀 주는 것.
9 潢然(황연) : 물이 질펀한 모양, 널따란 모양.
10 化善者(화선자) : 감화받아 착해진 사람.
11 塞(색) : 마음속에 꽉 찬 것, 마음먹은 것.
12 防表(방표) : 표준, 목표.

| 해설 |

임금이 예의에 따라 사회 질서를 잘 확립해야만 백성들이 자발적으로 모두 일하여 나라가 부유해진다는 것이다.

16

백성들을 불리하게 하고 그들을 이용하는 것보다는 그들에게 이익을 준 다음에 그들을 이용하는 편이 더 유리하다. 백성들을 사랑하지 않으면서 그들을 쓰는 것보다는 그들을 사랑한 다음에 그들을 쓰는 편이 더 많은 효과가 있다. 그들에게 이익을 준 다음에 그들을 이용하는 것보다는, 이익을 주면서도 그들을 이용하지 않는 편이 더 유리하다. 그들을 사랑한 다음에 그들을 쓰는 것보다는 사랑하면서도 그들을 쓰지 않는 편이 더 많은 효과가 있다.

이익을 주면서도 그들을 이용하지 않고, 사랑하면서도 그들을 쓰지 않는 임금은 천하를 차지하게 될 것이다. 이익을 준 다음에 그들을 이용하고, 사랑한 다음에 그들을 쓰는 임금은 사직을 보전하게 될 것이다. 이익을 주지 않으면서 그들을 이용하기만 하고, 사랑하지는 않으면서 그들을 쓰기만 하는 임금은 나라를 위태롭게 할 것이다.

| 원문 |

不利[1]而利之, 不如利而後利之之利也. 不愛而用之, 不如愛而後用之

---

1 利(이) : 이롭게 해준다는 뜻과 이용한다는 두 가지 뜻으로 쓰이고 있으니, 주의하기 바란다.

之功²也. 利而後利之, 不如利而不利者之利也. 愛而後用之, 不如愛而不用者之功也.

利而不利也, 愛而不用也者, 取天下矣. 利而後利之, 愛而後用之者, 保社稷也. 不利而利之, 不愛而用之者, 危國家也.

| 해설 |

임금이 백성들을 대하는 법을 설명한 대목이다. 임금은 백성들을 이롭게 해주고 사랑해야만 한다. 그래야 백성들이 임금을 따르게 되어, 나라가 부유해진다는 것이다.

17

나라가 잘 다스려지고 있는가 어지러운가, 정치가 잘 되고 있는가 잘못 되고 있는가는 그 나라의 국경 안으로 들어가 보기만 해도 그 단서가 이미 드러난다. 그곳을 지키는 관리와 순찰하는 자들이 이리저리 빈틈없이 살피고 있고, 그곳 관소에서 세금을 빠짐없이 걷고 있다면, 이는 어지러운 나라이다. 그 나라 국경 안으로 들어갔을 때 그곳 밭이랑들이 지저분하고 도성과 고을이 무너져 있다면, 이는 탐욕스런 임금의 나라이다.

그 나라 조정을 보았을 때 존귀한 자리에 있는 자가 현명하지 않고, 그 나라 관직을 보았을 때 그 일을 담당한 자들이 무능하며, 그 임금이 좋아하는 자들을 보았을 때 임금이 신임하는 자들이 성실하지 못

---

2 功(공) : 공적이 드러나다, 효과가 드러나다.

하다면, 이는 어리석은 임금의 나라이다.

모든 임금과 재상으로부터 신하 및 여러 관리들에 이르는 무리들이, 돈과 재물을 출납하는 계산에는 틀림없고 밝으면서도, 예의범절은 어둡고 태만하며 아무렇게나 한다면, 이는 욕을 보게 될 나라이다.

그 나라 밭가는 사람들은 농사일을 즐거워하고, 병사들은 위난을 편히 생각하며, 여러 관리들은 법을 좋아하고, 그 나라 조정에서는 예의를 존중하며, 그 나라 공경과 재상들은 나랏일에 협조하고 서로 의논한다면, 이는 잘 다스려지는 나라이다.

그 나라 조정을 보면 존귀한 자리에 있는 이들이 현명하고, 그 나라 관직을 보았을 때 그 일을 담당한 이들이 유능하며, 그 임금이 좋아하는 이들을 보았을 때 임금이 신임하는 이들이 성실하다면, 이는 명철한 임금의 나라이다.

모든 임금과 재상으로부터 신하 및 여러 관리들에 이르는 무리들이, 돈과 재물을 출납하는 계산에는 너그럽고 간편히 하면서도, 예의범절은 엄밀하고 근엄하여 빈틈이 없다면, 이는 번영하는 나라이다.

신하의 현명한 정도가 같다면 친근한 사람을 먼저 존귀한 지위에 앉히고, 능력의 정도가 같다면 오래 된 고참을 먼저 벼슬자리에 앉힌다. 그러면 신하와 여러 관리들 중 마음이 깨끗하지 못한 자들 모두가 감화되어 바르게 닦여지고, 난폭한 자들 모두가 감화되어 성실해지며, 교활한 자들 모두가 감화되어 착실해지는데, 이것은 명철한 임금의 공적이다.

| 원문 |

觀國之治亂臧否,[1] 至於疆易[2]而端已見矣. 其候徼[3]支繚,[4] 其竟關之政

盡察,⁵ 是亂國已. 入其境, 其田疇穢, 都邑露,⁶ 是貪主已.

觀其朝廷, 則其貴者不賢, 觀其官職, 則其治者不能, 觀其便嬖,⁷ 則其信者不愨,⁸ 是闇⁹主已.

凡主相臣下百吏之俗,¹⁰ 其於貨財取與¹¹計數也, 須孰盡察, 其禮義節奏也, 芒軔¹²僈楛,¹³ 是辱國已.

其耕者樂田,¹⁴ 其戰士安難, 其百吏好法, 其朝廷隆禮, 其卿相調議, 是治國已.

觀其朝廷, 則其貴者賢, 觀其官職, 則其治者能, 觀其便嬖, 則其信者愨, 是明主已.

凡主相臣下百吏之屬, 其於貨財取與計數也, 寬饒¹⁵簡易, 其於禮義節奏也, 陵謹¹⁶盡察, 是榮國已.

賢齊則其親者先貴, 能齊則其故者¹⁷先官. 其臣下百吏, 汙者皆化而

---

1 臧否(장부) : 정치가 잘 되는 것과 못 되는 것.
2 疆易(강역) : 국경. '역'은 역(域)의 뜻.
3 候徼(후교) : '후'는 지키는 사람, '교'는 순찰하는 사람.
4 支僚(지료) : '지'는 이리저리 돌아다니는 것, '료'는 요(繞)와 통하여, 빈틈없이 살피는 것.
5 盡察(진찰) : 빈틈없이 살펴 세금을 엄격히 거둬들이는 것.
6 露(노) : 무너지다(王念孫).
7 便嬖(편폐) : 임금이 사랑하고 좋아하는 남녀들.
8 愨(각) : 근엄한 것, 성실한 것.
9 闇(암) : 어두운 것, 어리석은 것.
10 俗(속) : 속(屬)의 뜻, 무리들(俞樾).
11 取與(취여) : 출납.
12 芒軔(망인) : '망'은 매(昧)의 뜻, 어두운 것, '인'은 태만한 것(楊倞).
13 僈楛(만고) : '만'은 만(慢)과 통하여, 함부로 하는 것, '고'는 아무렇게나 하는 것(楊倞).
14 樂田(낙전) : 밭일을 즐기다, 농사일을 즐거워하다.
15 寬饒(관요) : 너그러운 것.
16 陵謹(능근) : 엄밀하고 근엄하다. '능'은 엄밀의 뜻(王念孫).
17 故者(고자) : 오래 된 사람, 고참.

修, 悍[18]者皆化而愿, 躁[19]者皆化而愨, 是明主之功已.

| 해설 |

잘 다스려지고 있는 나라와 어지러운 나라, 정치가 잘 되어 부강한 나라와 정치가 잘못되어 망해 가는 나라를 분별하는 방법을 논하고 있다.
여기에서도 예의범절을 상당히 중시하고 있는 점이 특히 눈에 뜨인다.

18

나라의 강하고 약한 것과 가난하고 부유한 것을 알아보는 데에는 그 징표가 있다. 임금이 예의를 존중하지 않는다면 군대는 약하다. 임금이 백성을 사랑하지 않는다면 군대는 약하다. 이미 응낙한 일도 믿을 수 없는 처지라면 군대는 약하다. 시상이 제대로 되지 않고 있다면 군대는 약하다. 장수들이 무능력하다면 군대는 약하다.

임금이 공적을 올리기를 좋아한다면 나라는 가난하다. 임금이 이익을 좋아한다면 나라는 가난하다. 사대부의 수가 많으면 나라는 가난하다. 공인과 상인이 많으면 나라는 가난하다. 도량형 제도가 없다면 나라는 가난하다.

백성이 가난하면 곧 임금도 가난해진다. 백성이 부유하면 곧 임금도 부유해진다. 그러므로 밭과 들판과 시골 마을들은 재물의 근본이다. 나라의 쌀 창고나 곳간 같은 것은 재물의 말단적인 것이다. 백성

---

18 悍(한) : 사나운, 난폭한.
19 躁(조) : 교활한(王引之).

들이 잘 화합하여 하는 일에 질서가 있는 것이 재화의 근원이다. 차등에 따라 세금을 거둬들이고 창고에 물건이 쌓여 있는 것은 재화의 말류(末流)이다.

그러므로 명철한 임금은 반드시 근신하여 백성들의 화합을 증진시키고, 말단적인 일들은 절제하며, 근원이 되는 것들을 개척하고, 시절에 따라 모든 것을 적절히 조절한다. 그러면 널리 온 천하가 반드시 여유가 있게 되고, 임금은 부족을 걱정하지 않아도 된다. 이렇게 되면 임금과 백성들 모두가 부유해져 서로가 재물을 저장해 둘 곳이 없을 정도가 되는데, 이것이 나라의 재정을 잘 알아 처리하는 극치인 것이다.

그래서 우임금 때에는 십 년 동안이나 장마가 이어지고, 탕임금 때에는 칠 년 동안이나 가뭄이 이어졌지만, 천하에는 굶주려 얼굴이 나물빛으로 파래지는 자가 없었고, 십 년 뒤에는 곡식이 다시 익어 풍년이 들어 쌓인 곡식이 남아돌았다. 이것은 다름 아니라 근본적인 것과 말단적인 것, 원류가 되는 것과 말류가 되는 것을 잘 알았던 때문이다.

본디 밭과 들은 황폐한데도 임금의 곳간에는 곡식이 가득하고, 백성들은 가난한데도 창고에는 재물이 차 있다면, 이것은 나라가 망해가는 징표이다. 근본적인 것은 잘라 버리고 근원이 되는 것은 말라붙게 하며 창고에 거둬들이는 말단적인 일이나 하면서도, 임금과 재상이 나쁜 일인 줄 모른다면, 그 나라가 쓰러지고 멸망하는 것은 뻔한 일이다. 한 나라를 다스리고 있었는데도 자기 한 몸 받아들여질 곳이 없게 되는 것이다. 이런 것을 지극히 탐욕스럽다고 하는데, 바로 어리석은 임금의 극치인 것이다.

부유함을 추구하려 하다가 그 나라를 잃고, 이익을 추구하려 하다가 그 자신을 위태롭게 만드는 것이다. 그래서 옛날에는 만의 나라가 있었는데, 지금은 십으로 헤아릴 수 있을 만큼의 나라만 남았다. 그들이 실패한 원인은 다름 아니라 모두가 위에서 얘기한 한 가지이다. 임금이라면 이런 원리를 깨달아야 할 것이다. 그러면 백 리 사방의 나라라도 잘 독립하게 될 것이다.

| 원문 |

觀國之强弱貧富有徵.[1] 上不隆禮則兵弱, 上不愛民則兵弱, 已諾不信則兵弱, 慶賞不漸[2]則兵弱, 將率[3]不能則兵弱.

上好功則國貧, 上好利則國貧, 士大夫衆則國貧, 工商衆則國貧, 無制數度量則國貧.

下貧則上貧, 下富則上富. 故田野縣鄙[4]者財之本也, 垣窌[5]倉廩[6]者財之末也. 百姓時和,[7] 事業得敍者, 貨之源也. 等賦[8]府庫者, 貨之流[9]也.

故明主必謹, 養其和, 節其流, 開其源, 而時斟酌[10]焉. 潢然[11]使天下

---

1 徵(징) : 징험, 징표.
2 漸(점) : 제대로 해 나가는 것. 진(進)의 뜻.
3 率(수) : 수(帥)와 같은 자. 장수.
4 縣鄙(현비) : 시골 마을. 『주례(周禮)』 지관(地官)에는 2,500가구를 현, 500가구를 비라 하였다.
5 垣窌(원교) : '원'은 사방 담을 치고 곡식을 저장하는 곳, '교'는 땅을 파서 만든 창고.
6 倉廩(창름) : 창고. '창'은 곡식 창고, '름'은 쌀 창고.
7 時和(시화) : 양경(楊倞)은 풍년이 드는 것이라 주를 달았으나, '시'는 시(是)와 통하여, 잘 화합하다의 뜻으로 풀이함이 좋은 듯.
8 等賦(등부) : 등급을 매기고 세금을 거둬들이는 것.
9 流(류) : 말류(末流).
10 時斟酌(시짐작) : 시절에 따라 잘 조절하다. 흉년이 들면 백성들을 구제해 주고, 풍년이

必有餘, 而上不憂不足. 如是, 則上下俱富, 交無所藏之. 是知國計之極也.

故禹十年水, 湯七年旱, 而天下無菜色**12**者, 十年之後, 年穀復孰, 而陳積有餘. 是無它故焉, 知本末源流之謂也.

故田野荒而倉廩實, 百姓虛而府庫滿, 夫是之謂國蹶.**13** 伐其本, 竭其源, 而幷**14**之其末, 然而主相不知惡也, 則其傾覆滅亡可立而待也. 以國持**15**之而不足以容其身. 夫是之謂至貪, 是愚主之極也.

將以求富而喪其國, 張以求利而危其身. 古有萬國, 今有十數焉. 是無它故焉, 其所以失之一也. 君人者, 亦可以覺矣. 百里之國, 足以獨立矣.

| 해설 |

여기서는 강한 나라와 약한 나라, 가난한 나라와 부유한 나라의 징표에 대해 설명한 뒤, 국가 재정의 근본은 백성에게 있음을 강조하고 있다. 어리석은 임금들이 백성을 제쳐 둔 채 자기 욕심만을 추구하다가 나라를 망친다는 것이다.

들면 잘 먹고 살게 해주는 것 등이다.
11 潢然(황연) : 물이 질펀한 모양, 넓은 모양.
12 菜色(채색) : 굶주려 얼굴이 파란색을 띠는 것.
13 蹶(궐) : 쓰러지다, 당하는 것.
14 幷(병) : 거둬들여 쌓아 놓는 것.
15 持(지) : 몸을 담다, 다스리다.

19

　남의 나라를 공격하는 자는 명성을 위해서가 아니라면 이익을 위하여 하는 것이며, 그것도 아니라면 분노 때문이다.

　어진 사람이 나라를 다스릴 때는 먼저 자기 마음부터 닦고 행실을 바르게 하며, 숭고한 예의를 존중하고 충실함과 신의를 다하며, 형식적인 조리를 잘 닦는다. 그러면 허름한 옷을 입고 거친 짚신을 신은 선비라도 성실하고 바르기만 하다면, 비록 그가 가난한 골목 비가 새는 집에 살고 있다 하더라도, 임금조차도 그와 명성을 다툴 수가 없게 된다. 나랏일을 그런 사람에게 맡기면 천하에 그 나라의 명성을 숨기고 감출 수가 없게 된다. 이렇게 되면 명성을 추구하는 나라가 공격하지 못하게 된다.

　밭과 들판을 잘 정비하고, 창고를 채워 놓으며, 일상 용품을 편리하게 쓸 수 있도록 하고, 위아래가 한 마음이 되며, 온 군대가 힘을 합친다면, 그런 나라를 멀리서부터 공격해 와 힘을 다해 싸운다 하더라도 이길 수가 없을 것이다. 국경 안의 경비 부대가 보안을 굳게 하여, 좋은 시기를 엿보아 적군을 맞아 싸워 그들의 장수를 사로잡는 것은 마른 보리를 튀기는 것처럼 손쉬울 것이다. 그들이 싸움에서 얻는 것이 있다 하더라도 상처를 치료하고 패배를 보충하기에는 부족할 것이다. 적은 그들의 군사들을 아끼고 상대방을 적으로 삼는 것이 두려울 것이다. 이렇게 되면 이익을 추구하는 나라가 공격하지 못하게 된다.

　작은 나라와 큰 나라, 약한 나라와 강한 나라 사이의 의리를 닦아 이를 신중히 유지해 나가며, 예의와 절도를 매우 잘 갖추고, 외국에 가는 사신이 가지고 갈 규옥(珪玉)과 벽옥(璧玉)은 매우 큰 것으로 하며, 예물을 매우 풍성히 하고, 사신으로써 용건을 얘기할 사람은 반드시 우아하고 바르고도 교양 있으며 말 잘하고 총명한 군자를 임명한다. 상대방 나라 임금이 진실로 사람의 뜻을 지녔다면 그 누가 이런 나라에게 분노를 품겠는가? 이렇게 되면 분노 때문에 싸우려는 나라가 공격하지 못하게 된다.

명성을 추구하는 나라도 공격하지 못하고, 이익을 추구하는 나라도 공격하지 못하며, 분노 때문에 싸우려는 나라도 공격하지 못하게 된다면, 곧 나라는 반석처럼 안정되고 기성(箕星)이나 익성(翼星)처럼 오래 가게 될 것이다. 다른 나라들은 모두 어지러운데 우리 나라만이 잘 다스려지고, 다른 나라들은 모두 위태로운데 우리 나라만이 안정되며, 다른 나라들은 모두 멸망하는데 우리 나라만이 들고일어나 그들을 정복하며 다스리게 될 것이다. 그러므로 어진 사람이 나라를 다스리면 그가 차지하고 있는 나라를 잘 유지할 뿐만이 아니라 또 다른 나라까지도 합병시키게 되는 것이다. 『시경』에 "훌륭한 군자는 그의 언행 도에 어긋나지 않네. 그의 언행 도에 어긋나지 않으니, 온 세상이 그를 본뜨게 되네"라고 읊은 것은, 이것을 뜻하는 말이다.

| 원문 |

凡攻人者, 非以爲名, 則案以爲利也. 不然則忿之也.

仁人之用國, 將脩志意, 正身行, 伉隆高,[1] 致忠信, 期文理.[2] 布衣紃屨[3]之士誠是, 則雖在窮閻[4]漏屋, 而王公不能與之爭名, 以國載之,[5] 則

---

1 伉隆高(항융고) : '항'은 지극히 여기다, 높이다. '융고'는 숭고한 것. 예의를 가리킨다.
2 期文理(기문리) : 형식적인 조리를 잘 닦다. '기'는 기(綦)와 통함.

天下莫之能隱匿⁶也. 若是, 則爲名者不攻也.

　將辟田野, 實倉廩, 便備用,⁷ 上下一心, 三軍同力. 與之遠擧極戰,⁸ 則不可. 境內之聚⁹也保固, 視可, 午¹⁰其軍, 取其將, 若撥麷.¹¹ 彼得之不足以藥傷¹²補敗. 彼愛其爪牙,¹³ 畏其仇敵. 若是, 則爲利者不攻也.

　將脩小大強弱之義, 以持愼之, 禮節將甚文, 珪璧¹⁴將甚碩, 貨賂¹⁵將甚厚, 所以說之者,¹⁶ 必將雅文¹⁷辯慧¹⁸之君子也. 彼苟有人意焉, 夫誰能忿之? 若是, 則忿之者不攻也.

　爲名者否, 爲利者否, 爲忿者否, 則國安於盤石, 壽於旗翼.¹⁹ 人皆亂, 我獨治. 人皆危, 我獨安. 人皆失喪之, 我按²⁰起而治之. 故仁人之用國, 非特將持其有而已也, 又將兼人.²¹ 詩曰:²² 淑人²³君子, 其儀²⁴不忒,²⁵

---

3 紃屨(순구) : 삼 껍질을 꼰 줄[紃]로 엮어 만든 신발. 거친 짚신이라 번역하였다.
4 窮閻(궁염) : 가난한 골목.
5 載之(재지) : 그에게 나랏일을 맡기는 것. '재'는 임(任)의 뜻(楊倞).
6 隱匿(은닉) : 명성을 숨기고 감추는 것.
7 備用(비용) : 일상 사용하는 것.
8 遠擧極戰(원거극전) : 멀리 출동하여 애써 싸우는 것.
9 聚(취) : 모여 있는 경비 부대.
10 午(오) : 만나다, 맞이하다.
11 撥麷(발풍) : 마른 보리를 손가락으로 튀기는 것. '풍'은 마른 보리. 양경(楊倞)은 쩌서 말린 보리라 매우 가볍다 하였고, 유월(俞樾)은 창포를 뜻한다 하였다.
12 藥傷(약상) : 상처를 치료하다, 상처에 약을 바르다.
13 瓜牙(조아) : 발톱과 어금니, 곧 군사들을 가리킴.
14 珪璧(규벽) : 신분의 표시로 사신이 가지고 가는 규옥(珪玉)과 벽옥(璧玉). '규'는 위쪽은 둥글고 아래쪽은 모가 난 서옥(瑞玉), '벽'은 구멍이 뚫린 둥근 모양의 서옥.
15 貨賂(화뢰) : 선물 또는 공물로 가져가는 물건들.
16 所以說之者(소이설지자) : 사신으로써 용건을 설명할 사람.
17 雅文(아문) : 아정(雅正)하고도 교양이 있는 것.
18 辯慧(변혜) : 말 잘하고 총명한 것.
19 旗翼(기익) : 모두 이십팔수(二十八宿) 중의 하나. '기'는 흔히 기(箕)로 쓴다.
20 按(안) : 조사, 안(案)과 같음.
21 兼人(겸인) : 남의 나라를 합병하는 것.

其儀不忒, 正²⁶是四國. 此之謂也.

| 해설 |

여기서는 먼저 한 나라가 다른 나라를 공격하게 되는 이유로, 명성의 추구, 이익의 추구, 분노의 세 가지를 들고, 어진 정치를 하여 어떤 목적을 위해서도 그 나라를 공격할 수가 없도록 하는 조건을 설명하고 있다. 아무도 감히 그 나라를 넘보지 못한다면, 그 나라는 자연히 부강해진다는 것이다.

20

나라를 유지하는 방법에는 어려움과 쉬움이 있다. 강하고 포악한 나라를 섬기는 것은 어렵지만, 강하고 포악한 나라로 하여금 자신을 섬기게 하는 것은 쉽다. 강한 나라를 재물과 보배로 섬긴다면 재물과 보배가 바닥이 난다 해도 제대로 사귀어지지 않는다. 신의의 약속이나 맹약을 한다 해도 맹약이 맺어진 뒤 며칠 못 가서 배반하게 된다. 나라 땅을 조금씩 떼어 주어 달래는 것은 나라 땅은 일정한데 욕심은 한이 없는 법이다.

그를 섬기는 일은 더욱 번거로워지는데, 그들의 침해는 더욱 심해

---

22 詩曰(시왈) : 『시경』 조풍(曹風) 시구(尸鳩)시에 보이는 구절.
23 淑人(숙인) : 훌륭한 사람.
24 儀(의) : 거동, 언행.
25 不忒(불특) : 도에 어긋나지 않다.
26 正(정) : 바르게 하다, 곧 본받다의 뜻(屈萬里 『詩經釋義』).

지기만 한다. 반드시 물자는 바닥이 나고 나라는 거덜이 나게 된 뒤에야 끝장이 날 것이다. 비록 요임금 같은 사람이 왼편에서 보좌하고 순임금 같은 사람이 오른편에서 보좌한다 하더라도, 이런 방법으로는 멸망을 면할 길이 없을 것이다. 비유를 들면 마치 처녀가 목에 주옥을 주렁주렁 매달고 허리에는 보옥을 잔뜩 찬 뒤 황금 덩어리를 지니고 가다가 산속에서 도적을 만난 것과 같다. 비록 눈을 내려깔고 허리를 굽히며 무릎을 꿇고 천한 여인처럼 행동한다 하더라도 약탈을 면할 길이 없게 되는 것과 같다.

그러므로 백성들의 뜻을 통일하는 방법은 쓰지 않고, 바로 아첨하며 굴복하여 두려움으로써 그들을 섬긴다면, 나라를 유지하고 자신이 안정될 수가 없을 것이다. 그러므로 명철한 임금은 그런 방법을 쓰지 않는다.

명철한 임금은 반드시 예의를 닦음으로써 조정을 바로잡고, 법을 바로잡음으로써 관직을 바로잡으며, 정치를 공평히 함으로써 백성들을 바로잡는다. 그리고 나면 예절이 조정에 바르게 되고, 모든 일들이 관직을 통하여 바르게 되며, 여러 백성들이 아래에서 바르게 되는 것이다.

그렇게만 되면 가까운 나라들은 다투어 친해지려 들고, 먼 나라들은 따르기를 바라게 된다. 나라의 위아래 사람들이 한 마음이 되고, 전군이 협력하게 되므로, 그의 명성은 다른 나라들이 뜨겁게 느낄 만큼 높아지고, 그의 위세와 강함에는 다른 나라들이 매를 맞는 것처럼 떨게 되어, 그들을 팔짱을 끼고 부리게 될 것이다. 그러면 강하고 포악한 나라들도 모두가 와서 부림을 받게 될 것이니, 마치 힘센 오획(烏獲)과 작은 초요(焦僥)가 싸우는 꼴이 될 것이다. 그러므로 "강하고 포악한 나라를 섬기는 것은 어렵지만, 강하고 포악한 나라로 하여금 자신을 섬기게 하는 것은 쉽다"고 한 것은, 이것을 뜻하는 말이다.

| 원문 |

持國之難易. 事强暴之國難, 使强暴之國事我易. 事之以貨寶, 則貨寶單**¹**而交不結. 約信盟誓, 則約定而畔**²**無日. 割國之錙銖**³**以賂之, 則割定而欲無厭.

事之彌煩,**⁴** 其侵人愈甚, 必至於資單國擧然後已. 雖左堯而右舜, 未有能以此道得免焉者也. 辟之是猶使處女嬰**⁵**寶珠, 佩寶玉, 負戴黃金, 而遇中山之盜也. 雖爲之逢蒙視,**⁶** 詘要**⁷**橈膕,**⁸** 君盧屋**⁹**妾, 由將**¹⁰**不足以免也.

故非有一人**¹¹**之道也, 直將巧繁**¹²**拜請**¹³**而畏事之, 則不足以持國安身. 故明君不道也.

---

1 單(단) : 탄(殫)과 통하여, 다 없어지다, 바닥이 나다.
2 畔(반) : 반(叛)의 뜻으로, 배반하는 것.
3 錙銖(치수) : 무게의 단위, 육수(六銖)가 일 치, '수'는 십 분의 일 부(分). 극히 작은 양을 가리킨다.
4 彌煩(미번) : 더욱 번거로워지는 것.
5 嬰(영) : 목에 감는 것(楊倞).
6 逢蒙視(봉몽시) : '봉몽'은 옛날의 활 잘 쏘는 사람 이름. '봉몽처럼 본다'는 것은 눈을 가늘게 내려 까는 것.
7 詘要(굴요) : 굴요(屈腰)와 같은 말로, 허리를 굽히는 것.
8 橈膕(요괵) : 무릎을 꿇는 것.
9 君盧屋(군노옥) : '군'은 약(若)의 잘못으로, ~같다는 뜻(劉台拱), '노옥'은 천한 것(上同).
10 由將(유장) : 여전히, 유(猶)의 뜻.
11 一人(일인) : 사람들의 마음을 통일하는 것.
12 巧繁(교번) : '번'은 민(敏)과 통하여(王引之), 약삭빠르게 아첨하는 것.
13 拜請(배청) : 굴복하는 것.

必將脩禮以齊朝, 正法以齊官, 平政以齊民, 然後節奏齊於朝, 百事齊於官, 衆庶齊於下.

如是, 則近者競親, 遠方致願,**14** 上下一心, 三軍同力. 名聲足以暴炙**15**之, 威强足以捶笞**16**之, 拱揖**17**指揮, 而强暴之國莫不趨使, 譬之是猶鳥獲**18**與焦僥**19**搏**20**也. 故曰; 事强暴之國難, 使强暴之國事我易. 此之謂也.

| 해설 |

강하고 포악한 나라를 두려워하며 섬기기보다는, 스스로 어짊의 덕을 닦고 예의를 숭상하여 정치를 올바르게 함으로써, 반대로 그들이 나를 섬기도록 만드는 것이 훨씬 손쉬운 일이라는 것이다. 어진 사람은 무적이기 때문이다.

---

14 致願(치원) : 따르기를 바라는 것.
15 暴炙(폭자) : 불에 대고 불꽃에 그을리는 것처럼 뜨겁게 느끼는 것.
16 捶笞(추태) : 매를 치는 것.
17 拱揖(공읍) : 팔짱을 끼는 것.
18 烏獲(오획) : 힘이 세기로 유명한 진(秦)나라 사람.
19 焦僥(초요) : 키가 석 자밖에 안 되는 난쟁이.
20 搏(박) : 다투다, 싸우다.

제11편

왕도와 패도
王覇

나라를 다스리는 방법에는 왕도(王道)·패도(覇道)·망도(亡道)의 세 가지가 있다. 물론 이 가운데서 왕도야말로 나라를 다스리는 가장 올바른 길이지만, 그것이 안 될 때는 최소한 패도라도 지켜야 한다는 주장이다.

앞부분에서 인재 등용의 중요성을 강조하고, 뒷부분에서는 나라를 다스리는 근본은 예의에 있음을 강조하고 있다.

패도의 인정이나 예의의 강조는 순자 사상의 특징을 드러내는 중요한 대목이다.

1

 나라란 천하의 제도로서 이로운 연모이고, 임금이란 천하의 이로운 권세이다. 올바른 도(道)를 따라 이것을 유지해 나가면 크게 안락할 것이고, 크게 영화로울 것이며, 아름다운 명성이 쌓이는 근원이 된다. 올바른 도를 따르지 않고 이것을 유지하면 크게 위태로워지고 큰 위해가 가해지며, 그것이 있음은 없는 것만도 못하게 되어, 궁극에 가서는 평범한 남자가 되려고 하더라도 때가 늦을 것이다. 제나라 민왕과 송나라 헌왕(獻王)이 그러한 임금이었다.

 그러므로 임금이란 천하의 이로운 권세이지만 스스로 안락하게 지내지 못하기도 하는 것이다. 임금자리에서 안락히 지내는 사람은 반드시 올바른 도를 지킨 사람이다. 그러므로 나라를 다스리는 사람은 의로움이 행해지면 왕자가 되고, 신용이 알려지면 패자가 되고, 권모술수가 행해지면 망자가 되는 것이다. 이 세 가지는 지혜로운 임금이라면 삼가 가려야 할 길이고, 어진 사람이라면 분명히 힘써 해야 할 일이다.

| 원문 |

 國者, 天下之制[1]利用也, 人主者, 天下之利執也. 得道以持之, 則大安也, 大榮也, 積美之源也. 不得道以持之, 則大危也, 大累也. 有之不如無之. 及其綦[2]也, 索[3]爲匹夫不可得也. 齊湣[4]宋獻[5]是也.

---

1 制(제) : 제도. 그러나 이 글자는 잘못 끼어든 것이라고 주장하는 학자도 있다(楊倞).
2 綦(기) : 궁극, 마지막 단계.
3 索(색) : 구하는 것, 찾는 것.
4 齊湣(제민) : '민'은 민(閔)으로 쓰며 제나라 민왕을 일컫는다. 그는 초나라 장수 요치(淖

故人主天下之利埶也, 然而不能自安也, 安之者必將道也. 故用國者, 義立而王, 信立而霸, 權謀立而亡. 三者明主之所謹擇也, 仁人之所務白[6]也.

| 해설 |

임금이란 세상에서 가장 큰 권세를 누리는 자리이지만 잘못하면 자기 몸 하나도 건사하지 못하고 멸망당하는 경우가 있다. 그것은 임금이 올바른 도리를 지킬 줄 모르기 때문이다.

임금이 얼마나 올바른 도리를 지키느냐에 따라 왕자도 되고 패자도 되고 망자도 된다. 첫째, 그 임금이 의롭다는 명성이 알려지면 그 사람은 왕자가 된다. 둘째, 적어도 그 임금은 믿을 만하다는 소문이 나면 그 사람은 패자가 된다. 그러나 권모술수밖에 모른다고 세상에 알려지면 그 임금은 망하고 만다는 것이다. 그러므로 임금은 무엇보다도 의롭고 올바르게 정치를 해야 한다. 그것이 안되면 적어도 그의 말과 행동이 다른 사람들이 신용할 만한 정치이어야 한다. 의로움이나 신용 없이 그때그때의 이익만을 좇아 권모술수나 쓰는 임금은 멸망하고 만다.

2

온 나라 사람들로 하여금 예의를 중시하게 한다면 아무도 그를 해칠 수가 없다. 한 가지 의롭지 않은 일을 행하고, 한 사람의 죄 없는

齒)에게 죽음을 당하였다.
5 宋獻(송헌) : 송나라 헌왕. 정치를 잘못하다가 제나라 민왕에게 멸망당하였다.
6 白(백) : 분명히 하는 것.

사람을 죽이면 천하를 얻을 수 있다 하더라도, 어진 사람은 그런 일을 하지 않는다. 굳건히 그의 마음과 나라를 견지하는 것이 그처럼 단단한 것이다. 그와 더불어 정치를 하는 사람들은 바로 모두가 의로운 선비이다. 그들이 나라 안에 반포하는 법률이란 바로 모두가 의로운 법이다. 임금이 민첩하게 여러 신하들을 거느리고 향하는 목표는 바로 모두가 의로운 뜻이다.

이렇게 되면 백성들이 임금을 우러르는 것도 의로움 때문이고, 그래서 기본 법도가 확정되는 것이다. 기본 법도가 확정되면 나라가 안정되고, 나라가 안정되면 천하가 안정된다.

공자는 송곳을 꽂을 만큼의 땅조차도 갖지 않았으나, 성실히 의로움으로 뜻을 세우고, 의로움으로 행동하고, 그것을 말로 드러내 천하에 널리 펴자, 명성은 천하에 숨길 수가 없게 되어 후세에까지도 전해진 것이다.

지금이라도 천하에 이름이 알려진 제후들이 성실히 의로움으로 뜻을 세우고, 법칙과 제도도 의로움을 따르며, 그것을 정치하는 일로 드러내고, 거듭하여 그것을 신하들을 귀하게 해주고 천하게 만드는 일과 사람들을 죽이고 살리는 일에까지 적용시켜 처음부터 끝까지 한결같이 들어맞게 하면 되는 것이다. 그렇게만 한다면 명성이 갑자기 천지 사이에 퍼지는 것이, 어찌 해와 달이나 천둥이 울리는 것만 못하겠는가?

그러므로 온 나라가 의로움으로 모든 일을 하면 하루 만에 명성이 드러난다 했는데, 탕임금과 무왕의 경우가 그러하다. 탕임금은 박(亳)을 근거로 하고, 무왕은 호(鄗)를 근거로 일어났는데, 모두 사방 백 리 넓이의 땅이었다. 그러나 천하를 통일하고 제후들을 신하로 삼으니, 서로 내왕하고 연락할 수 있는 사람들이라면 복종하지 않는 이가 없었다. 그것은 다름이 아니라 의로움으로 모든 일을 하였기 때문이다. 이것이 이른바 "의로움이 행해지면 왕자가 된다"는 것이다.

| 원문 |

挈國[1]以呼[2]禮義, 而無以害之. 行一不義, 殺一無罪, 而得天下, 仁者不爲也. 擽然[3]扶持心國, 且若是其固也. 之所與爲之者,[4] 之人則擧義士也. 之所以爲布陳於國家刑法者, 則擧義法也. 主之所極然[5]帥君臣而首鄕[6]之者, 則擧義志也.

如是, 則下仰上以義矣, 是綦定[7]也. 綦定而國定, 國定而天下定.

仲尼無置錐之地,[8] 誠義乎志意, 加義乎身行, 箸[9]之言語, 濟之日, 不隱乎天下, 名垂乎後世.

今亦以天下之顯諸侯, 誠義乎志意, 加義乎法則度量, 箸之以政事, 案申重[10]之以貴賤殺生, 使襲然[11]終始猶一也. 如是, 則夫名聲之部發[12]於

---

1 挈國(설국) : 온 나라를 들어, 온 나라 사람들로 하여금.
2 呼(호) : 부르짖다, 중시하여 주장하다.
3 擽然(약연) : '약'은 역(櫟)으로 씀이 옳으며 역(礫)과 통하여, 작은 돌이 굳은 모양(郝懿行).
4 所與爲之者(소여위지자) : 그와 더불어 정치를 하는 사람들.
5 極然(극연) : '극'은 극(亟)과 뜻이 통하여(郝懿行), 재빠른 모양, 민첩한 모양.
6 首鄕(수향) : '향'은 향(向)의 뜻으로, 머리를 그 편으로 향하다, 곧 그 편으로 향해 가다의 뜻.
7 綦定(기정) : '기'는 극(極)의 뜻으로(劉台拱), 표준 또는 기본 법도의 뜻. 따라서 기본 법도가 확정되다.
8 置錐之地(치추지지) : 송곳을 꽂아 놓을 땅, 아주 좁은 땅을 뜻한다.
9 箸(저) : 저(著)와 같은 자로, 밝게 드러내는 것.
10 申重(신중) : 거듭 중복하여 하다.
11 襲然(습연) : 합일되는 모양(王念孫), 한결같이 들어맞는 모양.

天地之間也, 豈不如日月雷霆然矣哉?

故曰; 以國齊義,¹³ 一日而白, 湯武是也. 湯以毫,¹⁴ 武王以鄗,¹⁵ 皆百里之地也, 天下爲一, 諸侯爲臣, 通達之屬,¹⁶ 莫不從服. 無它故焉, 以濟義矣. 是所謂義立而王也.

| 해설 |

나라를 올바로 다스리는 데에는 예의의 실천, 특히 의로움의 실천을 강조하고 있다. "의로움이 행해지면 왕자가 된다"는 말은 앞 장에서 강조한 말이다. 여기에서는 앞 장의 이 말을 증명하고 있는 셈이다.

3

덕은 비록 지극하지 못하고 의로움도 비록 일을 잘 처리하기에 충분하지는 못하지만, 천하의 도리가 대략 여기에 모여 있고, 형벌을 내리고 상을 주는 기준이 천하 사람들에게 신임을 받으며, 신하들은 분명히 그들의 임금이 약속을 지킬 사람이라는 것을 알고 있고, 정령(政令)이 공포된 뒤에 비록 이익으로 믿었던 일이 손해가 되는 것을 안다 해도 그의 백성들을 속이지 않으며, 맹약이 맺어지고 난 뒤에 비록 이익으로 여겼던 일이 손해가 되는 것을 안다 해도 그의 동맹국을

---

12 部發(부발): 가려져 있다가 갑자기 밝게 드러나는 것.
13 齊義(제의): '제'는 제(濟)와 통하여, 의로움으로 모든 일을 하는 것.
14 毫(박): 지금의 하남성(河南省) 상구현(商邱縣) 근처의 지명.
15 鄗(호): 지금의 섬서성(陝西省) 서안(西安) 근처의 지명.
16 通達之屬(통달지속): 서로 통하고 연락이 되는 무리들, 서로 왕래하고 연락이 되는 사람들.

속이지 않아야 한다. 그렇게 되면 군대는 강하고 성은 견고해져 적국이 그들을 두려워하고, 나라는 통일되어 그들의 기본 방향이 분명해지므로 동맹국들도 그들을 신임하여 비록 후미지고 좁은 나라라 할지라도 위세가 천하를 움직이게 된다. 오패(五覇)가 그런 임금들이었다.

정치와 교화에 근본을 두지 않고, 숭고한 예의를 존중하지 않으며, 문화와 도리를 기본 원리로 삼지 않고, 사람들의 마음은 따르게 하지 못하면서도, 오직 나라를 부강케 할 책략에만 마음을 쓰고, 일이 힘든지 쉬운지만을 따지며, 재물을 쌓는 일에만 힘쓰고, 군비를 잘 갖추어 딱 들어맞도록 위아래가 서로 신임하여 온 천하에 그들을 감당할 만한 상대가 없도록 하는 것이다. 그처럼 제나라 환공, 진나라 문공, 초나라 장왕, 오나라 합려(闔閭), 월나라 구천(句踐)은 모두가 후미지고 외진 곳의 나라였으나, 위세는 천하를 움직이고 그들의 강함은 중원의 나라들을 위태롭게 하였다. 그 이유는 대체적으로 신임을 받았기 때문이다. 이것이 이른바 신의만 인정받아도 패자가 된다는 것이다.

온 나라 사람들로 하여금 공리를 중시하게 하고, 그의 의로움을 내세워 자신의 신의로써 일하는 데에 힘쓰지 않고 오직 이익만을 추구하며, 안으로는 그의 백성들을 속이는 일을 꺼리지 않으면서 작은 이익을 추구하고, 밖으로는 그의 동맹국을 속이는 일을 꺼리지 않으면서 큰 이익을 추구하며, 안으로 그들이 가지고 있는 땅과 재물을 바르게 정돈하지 않고 늘 남이 가지고 있는 것들에만 욕심을 낸다. 그렇게 되면 곧 신하와 백성들도 속이려는 마음으로 그의 임금을 대하지 않는 자가 없게 된다. 윗사람은 그의 아랫사람들을 속이고 아랫사람들은 윗사람을 속이게 되므로, 곧 위아래 사람들의 사이가 벌어진다. 그렇게 되면 적국이 그 나라를 가벼이 보고 동맹국은 그 나라를 의심하게 된다. 나라에는 권모만이 날로 행해지고 위태로움과 침략을 면할 수 없게 되어 궁극적으로는 망하게 될 것이다. 제나라 민왕과 설공(薛公)이 그런 사람들이다.

본디 그들은 강한 제나라를 예의를 닦는 방법으로 다스리지 않고 정치와 교화를 근본으로 삼는 방법으로 다스리지 않았으며, 천하를 통일하는 방법을 쓰지 않으면서 끊임없이 언제나 유세자를 내세워 수레를 몰고 밖의 나라를 돌아다니게 하는 술수에만 힘썼다. 그러므로 강할 때는 남쪽의 초나라를 쳐부술 수가 있었고, 서쪽의 진나라를 굴복시킬 수가 있었으며, 북쪽의 연나라를 깨뜨릴 수가 있었고, 중앙의 송나라를 정복할 수가 있었다. 그러나 연나라와 조나라가 일어나 그들을 공격하여 마치 마른 나뭇잎을 흔들어 떨어뜨리듯 쉽게 쳐부수어, 그의 몸은 죽고 나라는 멸망하는 천하의 대치욕을 당하였다. 그래서 후세에 악한 경우를 얘기할 때에는 이 일을 반드시 참고하게 되었다.

그것은 다른 이유에서가 아니다. 바로 그들이 예의를 따르지 않고 권모술수를 썼기 때문이다. 이상 세 가지 것들은 명철한 임금이 신중히 선택해야 할 일이며, 인덕이 있는 사람들이 분명히 힘써야 할 일이다. 그것을 잘 선택하는 사람은 남을 제압하게 되지만, 잘 선택하지 못하는 사람은 남이 그를 제압하게 된다.

| 원문 |

德雖未至也, 義雖未濟[1]也, 然而天下之理略奏[2]矣, 刑賞已諾,[3] 信乎天

---

1 濟(제) : 일을 잘 처리하는 것.
2 奏(주) : 주(湊)와 통하여, 모여 있는 것(郝懿行 · 王念孫).

下矣, 臣下曉然皆知其可要⁴也, 政令已陳, 雖覩利敗, 不欺其民, 約結已定, 雖覩利敗,⁵ 不欺其與.⁶ 如是, 則兵勁城固, 敵國畏之, 國一綦⁷明, 與國信之, 雖在僻陋之國, 威動天下. 五伯⁸是也.

非本政敎也, 非致隆高⁹也, 非綦文理也, 非服人之心也, 鄕方略,¹⁰ 審勞佚, 謹畜積, 脩戰備, 齵然¹¹上下相信, 而天下莫之敢當. 故齊桓晉文楚莊吳闔閭越句踐, 是皆僻陋之國也, 威動天下, 彊殆中國. 無它故焉, 略信也. 是所謂信立而覇也.

挈國以呼功利, 不務張其義, 齊其信, 唯利之求, 內則不憚詐其民而求小利焉, 外則不憚詐其與而求大利焉, 內不脩正其所以有,¹² 然¹³常欲人之有. 如是, 則臣下百姓莫不以詐心待其上矣. 上詐其下, 下詐其上, 則是上下析¹⁴也. 如是, 則敵國輕之, 與國疑之, 權謀日行, 而國不免危削,¹⁵ 綦之¹⁶而亡. 齊閔薛公¹⁷是也.

---

3 已諾(이낙) : 거부하는 것과 승인하는 것. 이는 불허를 뜻한다.
4 要(요) : 약속을 지키는 것.
5 覩利敗(도리패) : 이익과 손해를 보다, 이익이 손해가 됨을 알다.
6 其與(기여) : 그의 동맹국, 여국(與國).
7 綦(기) : 기본, 기본 방향.
8 五伯(오백) : 춘추 시대 제후 중 다섯 명의 패자.
9 隆高(융고) : 숭고한 것, 숭고한 예의.
10 鄕方略(향방략) : '향'은 향(向)의 뜻, '방략'은 나라의 부강을 위한 책략. 곧 나라를 위한 책략만을 생각하는 것.
11 齵然(촉연) : 위아래 이가 딱 들어맞는 모양.
12 其所以有(기소이유) : 그들이 가지고 있는 땅과 재물(楊倞).
13 然(연) : 왕염손(王念孫)은 이 글자 위에 담담(啖啖) 두 자가 더 붙어 있어야 옳다고 하였다. 남의 것을 병탐하려는 모양, 먹을 것을 욕심 내는 모양.
14 析(석) : 떨어지다, 거리가 생기다.
15 危削(위삭) : 위태로움과 침략 때문에 땅을 뺏기는 것.
16 綦之(기지) : 궁극적으로는, 끝에 가서는.
17 齊閔薛公(제민설공) : 제나라 민왕과 설공. 민왕은 연(燕)나라 악의(樂毅)의 군대에게

故用彊齊, 非以修禮義也, 非以本政敎也, 非以一天下也, 縣縣[18]常以
結引[19]馳外[20]爲務. 故彊, 南足以破楚, 西足以詘[21]秦, 北足以敗燕, 中足
以擧宋. 及以燕趙起而攻之, 若振槁[22]然, 而身死國亡, 爲天下大戮.[23] 後
世言惡, 則必稽[24]焉.

是無它故焉. 唯其不由禮義, 而由權謀也. 三者,[25] 明主之所以謹擇也,
而仁人之所以務白也. 善擇者制人, 不善擇者人制之.

| 해설 |

임금들 중에는 도의를 존중하여 왕자가 되는 이가 있고, 신의를 존중하여 패자가 되는 이가 있고, 권모만을 존중하다 망하는 이가 있다. 앞 장에서는 왕자에 대하여 설명하였고, 여기에서는 춘추오패와 제나라 민왕을 실례로 들어 패자와 망하는 자들에 대해 설명하고 있다.

패전하였다. 설공은 식객을 좋아하기로 유명한 맹상군(孟嘗君) 전문(田文)을 말하는데 민왕의 재상이었다.
18 縣縣(면면) : 끊임없이 계속되는 모양.
19 結引(결인) : 말을 수레에 매어 끌게 하는 것. '인'은 인(靷)과 통함(楊倞).
20 馳外(치외) : 유세하는 사람으로 하여금 외국을 찾아다니면서 술수를 써서 자기에게 이롭게 하는 것.
21 詘(굴) : 굴복시키다. 굴(屈)과 통함.
22 振槁(진고) : 마른 나뭇잎을 흔들어 떨어뜨리다. 무척 쉬운 일을 비유한 말.
23 戮(육) : 욕을 보다, 치욕을 당하다.
24 稽(계) : 참고하다. 『사기(史記)』 전경중완세가(田敬仲完世家)에 의하면, "민왕 40년에 연(燕)·진(秦)·초(楚)와 삼진(三晉)의 나라가 제(齊)나라를 쳐서 제수(濟水) 서쪽에서 제나라 군대를 크게 쳐부수었다. 연나라 장수 악의는 제나라 수도 임치(臨淄)로 쳐들어가 제나라의 보물을 모두 약탈하고, 민왕은 도망쳤다." 이런 민왕의 일을 참고로 얘기한다는 것이다.
25 三者(삼자) : 앞 장에 나온 탕임금과 무왕처럼 의로움을 내세워 왕자가 되는 것, 춘추오패처럼 신의만 내세워 패자가 되는 것, 그리고 권모술수만을 내세우다 멸망한 제나라 민왕처럼 되는 것의 세 가지.

4

　나라라는 것은 천하의 큰 그릇이요 무거운 짐이니, 위치를 잘 가린 다음 그것을 놓아두지 않으면 안 된다. 험난한 곳에 놓아두면 위태로워지기 때문이다. 길을 잘 가린 다음 그 길을 따라 정치를 하지 않으면 안 된다. 길이 지저분하면 막혀 버리게 되고, 위태롭게 막히면 나라는 망한다.

　나라를 잘 놓아둔다는 것은 국경을 분명히 하여 나라 땅을 차지하는 것을 뜻하는 것이 아니다. 그것은 어떤 법도로 정치를 행하고, 어떤 사람과 더불어 정치를 하는가를 뜻한다. 그러므로 왕자의 법도로 정치를 행하고, 왕자에 어울리는 사람과 더불어 정치를 행하면 바로 왕자가 된다. 패자의 법도로 정치를 행하고, 패자에 어울리는 사람과 더불어 정치를 행하면 바로 패자가 된다. 나라를 망치는 법도로 정치를 행하고, 나라를 망치는 사람들과 더불어 정치를 행하면, 바로 나라가 망한다. 이 세 가지는 명철한 임금이라면 신중히 가려 쓰는 방법이며, 어진 사람이라면 분명히 힘써야 할 일이다.

　그처럼 나라라는 것은 무거운 짐이다. 오랜 동안 유지할 방법으로 다스리지 않으면 존립할 수가 없는 것이다. 그러므로 나라라는 것은 시대에 따라 새로워지는 것이지만, 언제나 탄탄하고 분명하여 변하는 것이 아니며, 임금이 바뀌고 행정 방법이 바뀌어질 뿐이다. 그런데 나라를 다스리는 세월도 짧고 사람의 수명도 짧은데, 안전하게 천 년이 이어지는 나라가 있는 것은 어째서인가? 그것은 천 년을 두고 믿게 되는 법도를 원용하여 나라를 유지하기 때문이며, 또 천 년을 두고 믿게 될 사람과 더불어 정치를 하기 때문이다.

　사람은 백 년의 수명도 유지하지 못하는데, 천 년을 두고 믿게 되는 사람이 있다는 것은 어째서인가? 그것은 천 년을 두고 이어질 법도를 스스로 지탱하여, 이에 천 년을 두고 믿게 되는 사람이 있게 되는 것이다. 그러므로 예의를 쌓아 가는 군자와 더불어 정치를 하면 곧 왕자가 되고, 바르고 성실하며 신의가 온전한 사람과 더불어 정치를 하면 곧 패자가 되고, 권모를 쓰며 못된 짓을 일삼는 사람과 더불어 정치를 하면 곧 나라가 망하게 되는 것이다.

이상 세 가지는 명철한 임금이 신중히 가려 쓰는 방법이며, 어진 사람이라면 분명히 힘써야 할 일이다. 그것을 잘 가려 쓰는 사람은 남을 제어하게 되고, 그것을 잘 가려 쓰지 못하는 사람은 남에게 제어당하게 된다.

| 원문 |

國者, 天下之大器也, 重任[1]也, 不可不善爲擇所而後錯[2]之. 錯險則危. 不可不善爲擇道然後道之.[3] 塗[4]薉[5]則塞, 危塞則亡.

彼國錯者, 非封焉[6]之謂也. 何法之道, 誰子之與[7]也. 故道王者之法, 與王者之人爲之, 則亦王. 道霸者之法, 與霸者之人爲之, 則亦霸. 道亡國之法, 與亡國之人爲之, 則亦亡. 三者, 明王之所以謹擇也, 而仁人之所以務白也.

---

1 任(임) : 책임지는 것, 짐.
2 錯(조) : 두다. 조(措)와 뜻이 통함.
3 道之(도지) : 정치를 하는 것.
4 塗(도) : 도(途)와 같은 자로, 길.
5 薉(예) : 더러운 것. 예(穢)와 같은 자.
6 封焉(봉언) : 봉강(封疆)을 정하다, 국경을 정하여 나라 땅을 차지하다.
7 誰子之與(수자지여) : 누구와 더불어 정치를 하는가? '수자'는 수인(誰人)의 뜻.

故國者, 重任也. 不以積持之[8]則不立. 故國者, 世所以新者也, 是憚憚,[9] 非變也, 改王改行也. 故一朝之日[10]也, 一日之人[11]也, 然而厭焉[12]有千歲之固何也? 曰; 援[13]夫千歲之信法[14]以持之也, 安與夫千歲之信士爲之也.

人無百歲之壽, 而有千歲之信士, 何也? 曰; 以夫千歲之法自持者, 是乃千歲之信士矣. 故與積禮義之君子爲之則王, 與端誠[15]信全之士爲之則霸, 與權謀傾覆之人爲之則亡.

三者, 明主之所以謹擇也, 而仁人之所以務白也. 善擇之者制人, 不善擇之者人制之.

| 해설 |

앞에서 얘기한 왕자와 패자와 망하는 나라의 구별은, 정치를 하는 방법과 정치에 등용하는 인물의 차이에서 결정됨을 설명하고 있다. 천 년을 두고 이어지는 나라와 천 년을 두고 사람들이 믿게 되는 사람에 대한 설명이 흥미롭다.

---

8 積持之(적지지) : 오래 가는 방법으로 나라를 유지하는 것.
9 憚憚(탄탄) : 평탄하고 분명한 것. '탄'은 탄(坦)과 통함(楊倞).
10 一朝之日(일조지일) : 하루아침 같은 세월, 짧은 세월.
11 一日之人(일일지인) : 하루 사는 것 같은 사람, 수명이 짧은 사람.
12 厭焉(염언) : 안정된 모양(王先謙).
13 援(원) : 원용, 사용.
14 信法(신법) : 믿게 되는 법도.
15 端誠(단성) : 단정하고 성실한 것.

5

　나라를 유지하는 것은 반드시 혼자서는 할 수 없다. 그러므로 강하고 견고해지거나 영예롭고 욕되게 되는 것은 재상을 고르는 데 달려 있다. 자신이 능력 있고 재상도 능력이 있다면 이러한 사람은 왕자가 된다. 자신은 능력이 없지만 두려워할 줄 알아 능력 있는 사람을 구한다면 이러한 사람은 강자가 된다. 자신이 능력이 없으면서도 두려워하며 능력 있는 사람을 구하지 않고, 오직 가까이서 아양떨며 자기에게 친근하게 구는 사람을 등용한다면, 이와 같은 사람은 나라를 위태롭게 할 뿐만 아니라 땅도 빼앗기게 되고 결국에는 망하게 할 것이다.

　나라라는 것은 크게 다스리면 커지고, 작게 다스리면 작아진다. 큰 것은 결국에는 왕자가 되며, 작은 것은 결국에는 망하게 되고, 중간 것은 존속만 한다. 크게 다스리는 사람은 의로움을 앞세우고 이익을 뒤로 미루며, 친하고 친하지 않은 것을 가리지 않고, 귀하고 천한 것을 상관하지 않으며, 오직 진실로 능력 있는 사람을 구한다. 이런 사람을 두고 크게 다스리는 것이라 말하는 것이다. 작게 다스리는 사람은 이익을 앞세우고 의로움을 뒤로 미루며, 옳고 그른 것을 상관 않고, 굽고 곧은 것을 따지지 않으며, 오직 아양떨며 자기에게 친근하게 구는 사람을 등용한다. 이런 사람을 두고 작게 다스리는 것이라 말하는 것이다.

　크게 다스리는 사람은 그와 같고 작게 다스리는 사람은 이와 같으며, 중간 사람은 또한 그와 같이 되기도 하고 이와 같이 되기도 한다. 그러므로 "순수하면 왕자가 되고 잡되면 패자가 되며, 이런 것이 하나도 없다면 망한다"고 하는 것은, 이것을 뜻하는 말이다.

| 원문 |

彼持國者, 必不可以獨也. 然則彊固榮辱在於取相矣. 身能, 相能, 如是者王. 身不能, 知恐懼而求能者, 如是者彊. 身不能, 不知恐懼而求能者, 安唯便僻[1]左右[2]親比[3]己者之用, 如是者危削,[4] 綦[5]之而亡.

國者, 巨用之則大, 小用之則小. 綦大而王, 綦小而亡, 小巨分流[6]者存. 巨用之者, 先義而後利, 安不卹[7]親疏,[8] 不卹貴賤, 唯誠能之求. 夫是之謂巨用之. 小用之者, 先利而後義, 安不卹是非, 不治[9]曲直, 唯便僻親比己者之用, 夫是之謂小用之.

巨用之者若彼, 小用之者若此, 小巨分流者, 亦一若彼, 一若此也. 故曰: 粹[10]而王, 駁[11]而覇, 無一焉而亡. 此之謂也.

| 해설 |

여기서는 인재 등용의 중요성을 얘기하고 있다. 인재를 능력에 따라 잘 쓰는 사람은 왕자가 되고, 자기와 개인적으로 가까운 사람의 능력을 따지지 않고 쓰는 사람은 패자가 되며, 이것도 저것도 못하는 사람은 망하는 자가 된다는 것이다.

---

1 便僻(편폐) : 편폐(便嬖)와 같은 말로 아양떨며 환심을 사는 것.
2 左右(좌우) : 옆, 가까이.
3 親比(친비) : 친근.
4 削(삭) : 나라 땅의 일부를 남에게 뺏기는 것.
5 綦(기) : 궁극에 가서는, 마지막에는.
6 分流(분류) : 여기서는 물이 나뉘어 흐르는 중간, 곧 크고 작은 중간을 뜻한다.
7 卹(술) : 걱정하는 것, 여기서 불술(不卹)은 상관 않는 것.
8 疏(소) : 관계가 먼 사람, 친(親)의 반대.
9 不治(불치) : 여기서는 따지지 않는 것.
10 粹(수) : 순수한 것, 온전한 것.
11 駁(박) : 섞인 것, 잡된 것.

6

나라에 예의가 없으면 바르게 다스려지지 않으니, 예라는 것은 나라를 바르게 다스리는 근본이다. 그것은 마치 저울이 무겁고 가벼운 것을 가늠하는 근본이 되고, 먹줄이 곧고 굽은 것을 가늠하는 근본이 되며, 그림쇠와 굽은자가 네모와 동그라미를 가늠하는 근본이 되는 것과 같다. 이미 그런 근본이 놓여 있으니 사람이라면 아무도 그것을 속일 수가 없는 것이다.

『시경』에 "서리와 눈이 내려 쌓이듯, 해와 달이 밝게 비치듯, 예의를 지키면 존속되지만, 예의를 지키지 않으면 망하게 된다"고 읊은 것은 이것을 뜻하는 말이다.

| 원문 |

國無禮則不正. 禮之所以正國也, 譬之猶衡[1]之於輕重也, 猶繩墨[2]之於曲直也, 猶規矩[3]之於方圓也. 旣錯之而人莫之能誣[4]也.

詩云;[5] 如霜雪之將將,[6] 如日月之光明, 爲之則存, 不爲則亡. 此之謂也.

---

1 衡(형) : 저울.
2 繩墨(승묵) : 목수들이 쓰는 먹줄. 직선을 가늠하는 기구.
3 規矩(규구) : '규'는 목수가 원을 그릴 때 쓰는 기구, 그림쇠. '구'는 직각을 가늠할 때 쓰는 기구, 굽은자.
4 誣(무) : 속이다.
5 詩云(시운) : 지금의 『시경』에는 보이지 않는 일시(逸詩)임.
6 將將(장장) : 내려 쌓이는 모양(王先謙).

| 해설 |

나라를 다스리는 근본이 예의라는 것을 거듭 강조하는 대목이다.

7

나라가 위태로우면 즐기는 임금이 없고, 나라가 편안하면 걱정하는 백성이 없다. 혼란하면 나라가 위태로워지고, 잘 다스려지면 나라가 편안해진다. 지금 임금들은 즐거움을 추구하기에 급급해서 나라를 다스리는 일은 느슨히 하고 있다. 어찌 잘못이 심하다고 하지 않을 수 있겠는가? 이는 마치 음악과 색깔을 좋아하면서도 귀와 눈이 없는 채로 편안히 지내는 것과 같은 일이다. 어찌 슬픈 일이 아니겠는가?

사람들의 감정이란, 눈은 색깔을 추구하려 하고, 귀는 음악을 추구하려 하며, 입은 맛을 추구하려 하고, 코는 냄새를 추구하려 하며, 마음은 편안함을 추구하려 한다. 이 다섯 가지의 추구란 사람들의 감정으로서는 절대로 피할 수가 없는 것이다. 이 다섯 가지의 추구를 잘하기 위해서는 갖추어야 할 조건이 있다. 이 조건을 갖추지 못하였다면 다섯 가지의 추구는 이룰 수가 없는 것이다.

천자의 나라라면 광대하고 부유하다고 할 수 있을 터인데, 거기에 나라를 잘 다스려 강하고 튼튼하게 할 도리까지 갖추고 있다면 그런 나라는 안락하고 환난이 없을 것이다. 그렇게 된 뒤에 다섯 가지의 추구를 위해 갖추어야 할 조건들을 잘 갖출 수 있게 된다.

그러므로 여러 가지 즐거움이란 나라를 잘 다스리는 데에서 생겨나는 것이다. 걱정과 환난이란 나라가 어지러운 데에서 생겨나는 것이다. 즐거움을 추구하는데 급급해서 나라 다스리는 일을 느슨히 하는 사람은 즐길 줄을 모르는 자이다. 그러므로 명철한 임금은 반드시 먼저 그의 나라를 잘 다스린 뒤에 온갖 즐거움을 그 속에서 얻는 것이다. 어리석은 임금은 반드시 즐거움을 추구하는 데 급급하여 나라를 다스리는 일을 느슨히 한다. 그러므로 걱정과 환난은 이루 헤아릴 수 없을 정도가 된다. 반드시 그의 몸이 죽고 나라가 망한 뒤에야 그만두게 될 것이다. 어찌 슬픈 일이 아니겠는가?

즐기려 하다가 걱정을 얻게 되고, 편안히 지내려다가 위험을 얻게 되며, 복을 받으려다가 죽고 망하게 되는 것이다. 어찌 슬픈 일이 아니겠는가? 아아! 임금이라면 이상의 이론을 잘 살필 수 있어야 할 것이다.

| 원문 |

國危則無樂君, 國安則無憂民.[1] 亂則國危, 治則國安. 今君人者, 急逐樂而緩[2]治國, 豈不過甚矣哉? 譬之是由好聲色而恬[3]無耳目也. 豈不哀哉?

夫人之情, 目欲綦[4]色, 耳欲綦聲, 口欲綦味, 鼻欲綦臭, 心欲綦佚. 此五綦者, 人情之所必不免也. 養五綦者有具,[5] 無其具, 則五綦者不可得而致也.

萬乘之國, 可謂廣大富厚矣, 加有治辨[6]彊固之道焉, 若是則恬愉[7]無患

---

1 憂民(우민) : '민'은 군(君)으로 쓰는 것이 옳다고 보는 이도 있다(顧千里).
2 緩(완) : 느슨히 하다, 태만히 하다.
3 恬(념) : 편안히 지내다.
4 綦(기) : 극(極)의 뜻으로, 추구하는 것.
5 具(구) : 갖추어야 할 조건.
6 治辨(치변) : 모든 일을 분별하여 잘 다스리는 것.

難矣. 然後養五綦者之具, 具也.

故百樂者, 生於治國者也, 憂患者, 生於亂國者也.

急逐樂而緩治國者, 非知樂者也. 故明君者, 必將先治其國, 然後百樂得其中. 闇君者, 必將急逐樂而緩治國, 故憂患不可勝校**8**也, 必至於身死國亡然後止也. 豈不哀哉?

將以爲樂, 乃得憂焉, 將以爲安, 乃得危焉, 將以爲福, 乃得死亡焉. 豈不哀哉? 於乎!**9** 君人者亦可以察若言矣.

| 해설 |

나라를 잘 다스리는 것이 무엇보다도 임금의 중요한 선결 요건이다. 나라를 잘 다스리면 모든 즐거움을 얻지만 그렇지 못하면 자신도 죽고 나라도 망하는 결과를 가져온다는 것이다.

8

그러므로 나라를 다스리는 데에는 도리가 있고, 임금에게는 일정한 직분이 있는 것이다. 여러 날 걸려 상세히 일을 다스리고, 하루 동안에 그런 것들을 빈틈없이 벌려 놓아 처리하는 일은 바로 여러 관리들을 시켜 할 일이다. 그런 일로 임금이 놀고 즐기는 즐거움을 손상시켜서는 안 된다.

한 사람의 재상을 검토하고 골라서 모든 일들을 아울러 통솔케 하

---

7 恬愉(염유) : 안락.
8 校(교) : 헤아리다, 재다.
9 於乎(오호) : 감탄사, 오호(嗚呼)와 같음.

고, 신하들과 여러 관리들이 모두가 도에 뜻을 두어 올바른 방향으로 힘써 일하도록 하는 일이 바로 임금의 직무인 것이다. 그렇게만 되면 천하를 통일하여 요임금이나 우임금과 같은 명성을 얻게 될 것이다. 이런 임금은 스스로 지키는 것이 간략하면서도 자세한 일까지 영향을 미치고, 하는 일은 지극히 편안하면서도 큰 공적을 올리게 될 것이다. 옷자락을 늘어뜨린 채 편한 자세로 앉아 있는 자리에서 내려오지 않고 편히 있어도 온 세상 사람들 모두가 그를 자기네 제왕으로 모시고 싶어할 것이다. 이러한 것을 두고 지극히 간략하면서도 즐거움은 이보다 더 클 수가 없다고 하는 것이다.

임금이란 사람들을 관직에 임명하는 것을 본분으로 삼는 사람이다. 보통 남자란 자기의 능력으로 일하는 것을 본분으로 삼는 사람이다. 임금은 다른 사람을 시켜 일을 할 수가 있으나, 보통 남자들은 그의 일을 맡길 사람이 없으니, 백 묘(畝)의 땅을 지키며 농사짓다가 일하기 어려워져도 일을 맡길 사람이 없는 것이다. 지금 임금은 한 사람이 천하의 모든 일을 주관하면서도 시간의 여유가 있고 다스리는 일이 많지 않은 것은 다른 사람을 시켜 일을 하기 때문이다.

크게는 천자로서 천하를 다스리고 작게는 제후로서 나라를 다스리는 데 있어서, 반드시 자신이 일을 해야 한다면 신체적으로 대단히 수고롭고 정신적으로 매우 초췌하게 될 것이다. 그렇다면 비록 하인이나 하녀라 하더라도 천자의 지위와 바꾸려 하지 않을 것이다. 그러므로 천하를 잘 다스리고 온 세상을 통일하는 일을 어찌하여 반드시 자신이 해야만 하겠는가?

그런 일을 하는 것은 일꾼들의 역할이며, 묵자의 이론인 것이다. 덕을 따져 인재를 고르고 능력 있는 사람을 부려 그들을 벼슬자리에 앉히는 것이 성왕의 도이며, 유가에서 삼가 지키는 일이다. 전하는 말에 "농부들은 밭을 나누어 농사를 짓고, 상인들은 재물을 나누어 장사를 하며, 공인들은 일을 분담해 물건을 만들고, 사대부는 직분을 분담해 일을 처리하며, 나라를 봉해 받은 제후들은 영토를 나누어 지키고, 천자의 삼공(三公)은 여러 가지 직무를 총괄하며 논의한다. 그러니 천자는 팔짱을 끼고 있기만 해도 된다. 밖으로도 이와 같이 하고 안으로도 이와 같이 하면 천하는 공평하게 고루 다스려지지 않는 곳이란 없게 된다. 이것이 여러 왕자들이 다 같이 행한 것이고, 예의와 법도의 강령이다"라고 하였다.

| 원문 |

故治國有道, 人主有職. 若夫貫日[1]而治詳, 一日而曲列[2]之, 是所使夫百吏官人爲也, 不足以是傷游玩[3]安燕[4]之樂.

若夫論[5]一相以兼率之, 使臣下百吏莫不宿道[6]鄕方[7]而務, 是夫人主之職也. 若是則一天下, 名配堯禹. 之主者, 守至約[8]而詳, 事之佚而功, 垂衣裳[9]不下簟席[10]之上, 而海內之人莫不願得以爲帝王. 夫是之謂至約,

---

1 貫日(관일) : 여러 날이 걸리는 것. '관'은 적(積)의 뜻(楊倞).
2 曲列(곡열) : 자세히 빠짐없이 늘어놓다.
3 游玩(유완) : 즐기며 놀다.
4 安燕(안연) : 편안히 즐기다.
5 論(론) : 따져서 고르는 것.
6 宿道(숙도) : 도에 뜻을 두다, 올바른 도에 머물다.
7 鄕方(향방) : 올바른 길로 향하다, '향'은 향(向)의 뜻.
8 至約(지약) : 지극히 간략함.
9 垂衣裳(수의상) : 옷자락을 늘어뜨리다, 편안히 있는 모습을 형용한 말.
10 簟席(점석) : 대자리.

樂莫大焉.

人主者, 以官人爲能者也, 匹夫者, 以自能爲能者也. 人主得使人爲之, 匹夫則無所移之.**11** 百畝一守,**12** 事業窮, 無所移之也. 今以一人兼聽天下, 日有餘而治不足者, 使人爲之也.

大有天下, 小有一國, 必自爲之然後可, 則勞苦秏顇**13**莫甚焉. 如是, 則雖臧獲**14**不肯與天子易埶業,**15** 以是縣天下,**16** 一四海, 何故必自爲之?

爲之者, 役夫之道也, 墨子**17**之說也. 論德使能而官施**18**之者, 聖王之道也, 儒之所謹守也. 傳曰; 農分田而耕, 賈分貨而販, 百工分事而勸, 士大夫分職而聽, 建國諸侯之君分土而守, 三公**19**摠方**20**而議, 則天子共己**21**而已! 出若入若, 天下莫不平均, 莫不治辨, 是百王之所同也, 而禮法之大分**22**也.

| 해설 |

세상은 천자에서 서민들에 이르기까지 모두가 예의에 따른 자기 직분을

---

11 移之(이지) : 자기 일을 맡기다.
12 一守(일수) : 오로지 지키다, 한 가지 일만을 하다.
13 秏顇(모췌) : 정신을 쓰고 초췌해지는 것.
14 臧獲(장확) : 노비, 하인과 하녀.
15 埶業(세업) : 지위와 직업, 권세와 하는 일.
16 縣天下(현천하) : 천하를 고르게 하다, 천하를 잘 다스리다.
17 墨子(묵자) : 묵가의 창시자인 묵적(墨翟). 그는 모든 사람들이 서로 사랑해야 한다는 겸애와 함께, 모든 사람들이 절약하고 부지런히 일해야 한다는 근검을 주장하였다.
18 官施(관시) : 여러 관직에 임명하는 것.
19 三公(삼공) : 천자의 가장 중요한 대신 세 사람, 옛날에는 태사(太師) · 태부(太傅) · 태보(太保)였다.
20 摠方(총방) : 여러 방면의 직무를 총괄하다.
21 共己(공기) : 스스로는 팔짱을 끼고 있는 것. '공'은 공(拱)과 같은 뜻.
22 大分(대분) : 큰 법칙, 강령.

잘 지켜 나가야만 제대로 다스려진다. 따라서 천자의 가장 중요한 직분은 스스로 일을 하는 것이 아니라 능력 있는 사람들을 골라 관직에 임명하는 일이라는 것이다. 그것이 왕자의 기본이며, 이를 뒷받침하는 예의의 강령이다.

9

백 리 사방의 땅으로도 천하를 차지할 수 있다는 것은 거짓이 아니다. 그것이 어려운 것은 임금이 그 방법을 이해하는 것이 어렵기 때문이다. 천하를 차지한다는 것은 사람들이 그들의 땅을 짊어지고 와서 그를 따르는 것을 뜻하는 것이 아니다. 그의 도가 사람들의 마음을 한곳에 모으기에 충분하기만 하면 되는 것이다. 그곳 사람들이 진실로 한마음이 된다면 그곳의 땅이 어찌 나를 떠나 다른 사람에게로 갈 수가 있겠는가?

그러므로 백 리 사방의 땅이라 하더라도, 그 나라의 등급과 직위 및 벼슬과 의복제도가 제대로 되어 있으면 천하의 현명한 사람들을 받아들이기에 충분하고, 그 나라의 관직이나 다스리는 일이 잘 되어 있으면 천하의 능력 있는 사람들을 받아들이기에 충분하며, 그 나라의 옛 법도를 따르고 그 나라의 훌륭한 자들을 골라 그들을 공개적으로 등용한다면 이익을 좋아하는 사람들을 따르고 복종케 하기에 충분할 것이다.

현명한 사람들이 한곳에 모이고, 능력 있는 사람들이 벼슬을 하고, 이익을 좋아하는 사람들이 복종하게 되어, 이 세 가지가 갖추어지면 천하의 일은 다 이루어지므로 그 밖에는 아무것도 더 필요하지 않은 것이다. 그러므로 백 리 사방의 땅이라 하더라도 천하의 세력을 다 모여들게 할 수 있으며, 충성과 신의를 다하고 어짊과 의로움을 드러낸다면 천하의 사람들을 다 따르게 할 수가 있다. 이 천하의 세력과 천하의 사람들 두 가지가 합쳐지면 천하를 차지하게 될 것이며, 제후들 중에 뒤늦게 협동하는 자는 먼저 위태롭게 될 것이다.

『시경』에 "서쪽으로부터, 동쪽으로부터, 남쪽으로부터, 북쪽으로부터 와서 복종하려 들지 않는 이가 없네" 하고 읊은 것도 사람들의 마음을 한곳에 모이게 하는 것을 뜻한다.

| 원문 |

百里之地可以取天下, 是不虛.[1] 其難者在人主之知之[2]也. 取天下者, 非負其土地而從之之謂也, 道足以壹人[3]而已矣. 彼其人苟壹, 則其土地且奚去我而適它!

故百里之地, 其等位[4]爵服, 足以容天下之賢士矣, 其官職事業, 足以容天下之能士矣, 循其舊法, 擇其善者而明用之, 足以順服[5]好利之人矣.

賢士一焉, 能士官焉, 好利之人服焉, 三者具而天下盡,[6] 無有是其外矣. 故百里之地, 足以竭勢[7]矣, 致[8]忠信, 著[9]仁義, 足以竭人[10]矣. 兩者

---

1 虛(허) : 허위, 거짓.
2 知之(지지) : 그 방법을 아는 것.
3 壹人(일인) : 사람들의 마음을 한곳으로 모으는 것, 사람들을 귀일케 하는 것.
4 等位(등위) : 등급과 지위, 신분상의 등급.
5 順服(순복) : 따르고 복종케 하다.
6 天下盡(천하진) : 천하의 모든 일이 잘 되는 것.
7 竭勢(갈세) : 천하의 세력을 다 모여들게 하다.
8 致(치) : 다하다.
9 著(저) : 드러내다.

合而天下取, 諸侯後同者先危.

詩曰;[11] 自西自東, 自南自北, 無思不服. 一人[12]之謂也.

| 해설 |

백 리 사방의 작은 나라라도 온 천하를 차지할 수 있음을 이야기하고 있다. 온 세상 사람들이 진심으로 자기를 따르게 될 때 온 천하는 자연히 자기 것이 된다는 것이다.

10

예(羿)와 봉문(蠭門)은 활 쏘는 사람들을 모두 굴복시키는 명사수이다. 왕량(王良)과 조보는 수레 모는 사람들을 모두 굴복시키는 유명한 수레몰이꾼이다. 총명한 군자는 사람들을 모두 굴복시키는 훌륭한 인물이다. 사람들이 굴복하면 세력이 그를 따르고, 사람들이 굴복하지 않으면 세력이 그로부터 떠나간다. 그러므로 왕자는 사람들을 굴복시키기에 힘을 다하는 것이다.

임금이 먼 곳의 작은 것을 쏘아 맞추는 활 잘 쏘는 사람을 얻고자 할 때는 예나 봉문보다 더 좋은 사람이 없을 것이다. 빨리 달려 멀리까지 가는 수레를 잘 모는 사람을 얻고자 할 때는 왕량이나 조보보다 더 좋은 사람이 없을 것이다. 천하를 잘 조정하고 통일하여 진나라나 초나라를 제압할 사람을 얻고자 할 때는 총명한 군자보다 더 좋은 사

---

10 竭人(갈인) : 사람들이 다 따르는 것.
11 詩曰(시왈) : 『시경』 대아(大雅) 문왕유성(文王有聲)의 구절.
12 一人(일인) : 사람들을 한 곳으로 모이게 하다. 사람들을 모두 따라오게 하다.

람이 없을 것이다.

그가 쓰는 지략은 매우 간단하고 그가 하는 일은 수고롭지 않은데도 공로와 명성이 크게 되어, 처신하기가 매우 쉬워지고 안락하게 될 것이다. 그러므로 명철한 임금은 그것을 보배롭게 여기지만, 어리석은 자들은 그렇게 하기가 어려운 일로 아는 것이다.

| 원문 |

羿[1]蠭門[2]者,善服射者也. 王良[3]造父[4]者,善服馭[5]者也. 聰明君子者, 善服人者也. 人服而埶從之, 人不服而埶去之. 故王者已於服人[6]矣.

故人主欲得善射, 射遠中微, 則莫若羿蠭門矣. 欲得善馭, 及速致遠, 則莫若王良造父矣. 欲得調壹[7]天下, 制秦楚, 則莫若聰明君子矣.

其用知甚簡, 其爲事不勞而功名致大, 甚易處而綦[8]可樂也. 故明君以爲寶, 而愚者以爲難.[9]

| 해설 |

왕자는 사람들의 마음을 하나로 모아야 하는데, 그 방법으로는 총명한

---

1 羿(예) : 제8편 유효 제12절 참조.
2 蠭門(봉문) : 봉몽(蠭蒙)이라고도 부르는 예의 제자. 그는 자기가 천하의 명사수가 되려고 스승인 예를 죽였다 한다.
3 王良(왕량) : 춘추 시대 조나라 간자(簡子)의 유명한 수레몰이.
4 造父(조보) : 제8편 유효 제12절 참조.
5 馭(어) : 수레를 몰다. 어(御)와 같은 글자.
6 已於服人(이어복인) : 사람들을 굴복시키는 데 최선을 다하다.
7 調壹(조일) : 조정하여 통일하다.
8 綦(기) : 극히, 매우.
9 難(난) : 하기 어려운 것으로 알다.

군자를 등용하는 것이 제일이라는 것이다.

11

존귀하기로는 천자가 되고, 부유하기로는 천하를 차지하며, 성왕이라는 명성을 얻고, 모든 사람들을 제어하되 다른 사람들이 그를 제어할 수가 없게 되는 것은, 바로 사람의 감정이라면 누구나가 바라는 일이다. 그런데 왕자는 이런 것들을 모두 아울러 가지고 있는 사람이다.

여러 가지 색깔의 옷을 입고, 여러 가지 맛있는 음식을 먹고, 많은 재물들을 마음대로 쓰고, 온 천하를 합쳐 그곳의 임금 노릇을 하고, 먹고 마실 것이 매우 풍부하고, 음악을 성대하게 즐기고, 높은 누각에 넓은 정원을 가지고, 제후들을 신하로 부리면서 천하를 통일한다는 것은, 역시 사람의 감정이라면 누구나가 바라는 일이다. 그런데 천자의 예의 제도는 그와 같이 할 수 있도록 되어 있다.

여러 가지 제도가 시행되고 정령이 널리 펼쳐져 관리들이 정령의 요점을 그르치면 사형을 시키고, 제후들이 예의에 어긋나는 짓을 하면 잡아 가두고, 사방의 여러 나라들 중에 덕에 어긋나는 나라가 있으면 반드시 멸망시켜, 명성은 해와 달 같고, 공적은 하늘과 땅 같으며, 온 천하 사람들이 그에게 그림자나 산울림처럼 따르는 것은, 역시 사람의 감정이라면 누구나가 바라는 일이다. 그런데 왕자는 이런 것들을 모두 가지고 있는 사람이다.

그러므로 사람들의 감정은 입은 맛있는 것을 좋아하지만 왕자보다 더 맛있는 것을 먹을 수는 없고, 귀는 좋은 소리를 좋아하지만 왕자보다 더 멋있는 음악을 들을 수는 없고, 눈은 아름다운 색깔을 좋아하지만 왕자보다 아름다운 무늬와 장식을 즐기고 많은 여자들을 거느릴 수는 없고, 육체는 편안한 것을 좋아하지만 왕자보다 안락하고 안정되게 즐거이 지낼 수는 없고, 마음으로는 이익을 좋아하지만 녹으로 받는 곡식이 왕자보다 더 많을 수는 없다. 온 천하 사람들이 다 같이 바라는 것들을 모두 겸하여 차지하고, 온 천하를 한꺼번에 제어하기를 자기 아들이나 손자 다루듯이 하고 있는 것이다. 사람이라면 진실로 미쳤거나 미혹되었거나 어리석거나 모자란 사람이 아닌 이상 그 누가 이런 것을 보고서 즐겁지 않다고 할 수 있겠는가?

이렇게 되기를 바라는 임금은 줄을 서 있을 정도이고, 이런 조건을 만들어 낼 수 있는 선비는 세상에 끊이지 않고 많이 있다. 그런데 천년이 지나도록 이들이 합쳐 일하지 못하는 것은 어떤 이유 때문인가? 그것은 임금이 공정하지 못하고 신하는 충성스럽지 않기 때문이다. 임금은 현명한 사람을 외면하고 자기가 좋아하는 사람만을 등용하며, 신하들은 관직을 다투고 현명한 사람을 질투한다. 이것이 이들이 합쳐 일하지 못하는 이유이다. 임금은 어찌하여 마음을 넓혀 자기와의 친분 관계와는 상관없이 출신의 귀천을 따지지 않고, 오직 성실하고 유능한 사람을 구하지 못하는가? 그렇게만 한다면 신하들도 관직을 가벼이 여겨 현명한 이들에게 양보하고 편안히 그들의 뒤를 따를 것이다. 그렇게만 되면 순임금이나 우임금 같은 업적을 곧 이루게 되고, 왕업이 바로 흥성해져 그의 공적은 천하를 통일하고 명성은 순임금이나 우임금처럼 될 것이다. 어떤 사물이 또 즐겁기가 이처럼 아름다울 수가 있겠는가?

아아! 임금들은 이러한 이론을 잘 살펴야만 할 것이다. 양주(楊朱)는 갈림길에서 울면서 이렇게 말하였다.

"여기에서 반걸음만 잘못된 방향으로 향해도 뒤에는 천 리나 어긋나게 된다는 것을 알고 슬퍼서 우는 것이다."

앞에서 얘기한 것들도 영화롭고 치욕스러운 것과 안락하고 위태로운 것과 존속하고 멸망하는 갈림길이 되는 것이다. 여기에서도 갈림길보다 더 심한 슬픔을 느껴야만 할 것이다. 아아! 슬프다! 임금들은 천 년을 두고도 이를 깨닫지 못하고 있다.

| 원문 |

夫貴爲天子, 富有天下, 名爲聖王, 兼制人, 人莫得而制也, 是人情之所同欲也. 而王者兼而有是者也.

重色[1]而衣之, 重味而食之, 重財物而制之, 合天下而君之, 飮食甚厚, 聲樂甚大, 臺謝[2]甚高, 園囿[3]甚廣, 臣使諸侯, 一天下, 是又人情之所同欲也. 而天子之禮制, 如是者也.

制度以陳,[4] 政令以挾,[5] 官人失要[6]則死, 公侯失禮則幽,[7] 四方之國有侈離[8]之德則必滅, 名聲若日月, 功績如天地, 天下之人應之如景嚮,[9] 是又人情之所同欲也. 而王者兼而有是者也.

故人之情, 口好味而臭[10]味莫美焉, 耳好聲而聲樂莫大焉, 目好色而文

---

1 重色(중색) : 여러 가지 색깔.
2 臺謝(대사) : 누대와 누각. '사'는 사(榭)와 같은 글자.
3 園囿(원유) : 정원과 동물들을 놓아 기르는 곳.
4 陳(진) : 펴다, 널리 시행되다.
5 挾(협) : 널리 퍼지다. 협(浹)과 같은 글자(楊倞).
6 失要(실요) : 정령의 요점을 그르치다.
7 幽(유) : 잡아 가두는 것, 유폐.
8 侈離(치리) : 어긋나다. '치'도 '리'와 같은 뜻(王念孫).
9 景嚮(영향) : 그림자[影]와 산울림[響].

章致繁, 婦女莫衆焉, 形體好佚而安重閑靜[11]莫愉焉, 心好利而穀祿莫厚焉, 合天下之所同願, 兼而有之, 睪牢[12]天下而制之, 若制子孫. 人苟不狂惑戇陋[13]者, 其誰能睹是而不樂也哉?

欲是之主竝肩[14]而存, 能建是之士不世絶, 千歲而不合, 何也? 曰; 人主不公, 人臣不忠也. 人主則外賢而偏擧,[15] 人臣則爭職而妬賢, 是其所以不合之故也. 人主胡不廣焉, 無卹[16]親疏, 無偏[17]貴賤, 唯誠能之求? 若是, 則人臣輕職業讓賢, 而安隨其後. 如是, 則舜禹還至,[18] 王業還起, 功壹天下, 名配舜禹, 物由有可樂如是其美焉者乎?

嗚呼! 君人者亦可以察若言矣! 楊朱[19]哭衢涂[20]曰; 此夫過擧蹞步[21]而覺跌[22]千里者夫! 哀哭之.

此亦榮辱安危存亡之衢已, 此其爲可哀, 甚於衢涂. 嗚呼! 哀哉! 君人者, 千歲而不覺也.

---

10 臭(취) : 냄새, 향기. 음식의 향기.
11 閑靜(한정) : 한가하고 안정된 것.
12 睪牢(역로) : 한꺼번에. '역'은 고(睾·皐)와 통한다(郝懿行).
13 戇陋(당루) : 어리석은 자와 견문이 좁은 자.
14 竝肩(병견) : 어깨를 나란히 하는 것, 줄을 서는 것.
15 偏擧(편거) : 편당적으로 등용하다. 자기가 좋아하는 사람만을 쓰는 것.
16 無卹(무휼) : 거들떠보지 않다, 상관치 않다.
17 無偏(무편) : 따지지 않다. '편'은 륜(倫)·론(論)과 통함(王念孫).
18 還至(환지) : 곧 이르다(王念孫).
19 楊朱(양주) : 전국 시대 위(衞)나라 사람. 자기 몸의 털 한 개를 뽑아 온 천하를 이롭게 할 수 있다 해도 그런 짓은 안한다는 극도의 위아주의자(爲我主義者). 『열자(列子)』·『맹자(孟子)』등에 그에 관한 기록이 보임.
20 衢涂(구도) : 갈라진 길, 삼거리 또는 네거리.
21 蹞步(규보) : 반걸음.
22 跌(질) : 어긋나다.

| 해설 |

사람들이 바라는 모든 것을 아울러 다 갖게 되는 사람이 왕자이다. 그러한 왕자가 되기 위해서는 스스로 공평하고 현명하고 능력 있는 사람들을 등용하기만 하면 된다. 세상에는 현명하고 유능한 사람들이 많은데도 왕자가 되는 임금은 거의 없다. 간단한 일을 처음부터 올바로 하지 못하기 때문이라는 것이다.

12

다스리는 법이 없는 나라도 없지만 어지럽히는 법이 없는 나라도 없으며, 현명한 선비가 없는 나라도 없지만 무능한 선비가 없는 나라도 없으며, 성실한 백성이 없는 나라도 없지만 흉악한 백성이 없는 나라도 없으며, 아름다운 풍속이 없는 나라도 없지만 악한 풍속이 없는 나라도 없다.

이 두 가지가 함께 존재하고 있으면 나라가 존속하고, 앞쪽으로 치우쳐 있으면 나라가 편안히 존속하고, 뒤쪽으로 치우치면 나라가 위태로워진다. 앞쪽의 한편만 있으면 왕자가 되고, 뒤쪽의 한편만 있으면 망하고 만다. 그러므로 그 나라의 법은 잘 다스려지고, 그 신하는 현명하고, 그 백성은 성실하고, 그 풍속은 아름다워서, 이 네 가지 것이 갖추어진 것, 이것을 두고 앞쪽의 한편만 있는 것이라고 말한다. 이렇게 되면 싸우지 않고도 승리하고 공격하지 않고도 획득하며, 군사들이 수고하지 않아도 천하가 복종하게 된다.

그러므로 상나라 탕임금은 박, 주나라 무왕은 호 땅을 차지하고 있었는데, 모두 사방 백 리밖에 안 되는 땅이었으나 그들이 천하를 통일하였고, 제후들이 그들의 신하가 되었으며, 길이 통하는 모든 곳의 사람들이 복종치 않는 자가 없었다. 이것은 다름 아니라 바로 위의 네 가지를 갖추고 있었기 때문이다. 하나라 걸왕과 은나라 주왕은 천하를 지배하는 권세를 지닌 자리에 있었으면서도, 평범한 남자가 되고 싶어도 되지 못할 지경이 되었었다. 이것은 다름 아니라 바로 위의 네 가지를 모두 갖추고 있지 않았기 때문이다. 그러므로 여러 임금들의 법이 똑같지는 않아도 이처럼 하나로 귀결되는 것이다.

| 원문 |

無國而不有治法, 無國而不有亂法, 無國而不有賢士, 無國而不有罷士,[1] 無國而不有愿[2]民, 無國而不有悍[3]民, 無國而不有美俗, 無國而不有惡俗.

兩者竝行而國在, 上偏[4]而國安在, 下偏而國危, 上一而王, 下一而亡. 故其法治, 其佐[5]賢, 其民愿, 其俗美, 而四者齊, 夫是之謂上一. 如是, 則不戰而勝, 不攻而得, 甲兵不勞而天下服.

故湯[6]以亳, 武王[7]以鄗, 皆百里之地也, 天下爲一, 諸侯爲臣, 通達之

---

1 罷士(피사) : 무능한 선비, 병신 같은 사람.
2 愿(원) : 성실한 것.
3 悍(한) : 악독한 것.
4 偏(편) : 한편으로 기우는 것, 치우쳐지는 것.
5 佐(좌) : 돕는 이, 신하.
6 湯(탕) : 상나라를 세운 임금. 탕임금은 본시 박(亳)이란 작은 지방의 제후에 불과했으나 하나라 걸왕을 쳐부수고 천자가 되었다. 박 땅은 지금의 하남성(河南省) 상구현(商丘縣)에 해당한다.
7 武王(무왕) : 주나라 문왕의 아들. 포악한 은나라 주(紂)왕을 쳐부수고 자신이 천자가 되었다. 호(鄗)는 호(鎬)로 쓰며 지금의 섬서성(陝西省) 장안현(長安縣) 서남쪽에 해당하는 지방.

屬, 莫不從服. 無它故焉, 四者齊也. 桀紂卽序⁸於有天下之埶, 索爲匹夫而不可得也. 是無它故焉, 四者竝亡⁹也. 故百王之法不同, 若是, 所歸者一也.

| 해설 |

어느 나라나 그 나라 안에는 여러 가지 좋은 요소와 나쁜 요소를 지니고 있다. 법이나 선비·백성·풍속에도 좋은 것과 나쁜 것이 있다. 그런데 이들 가운데서 좋은 것만 가려 발전시키면 왕자가 되고, 나쁜 것만 가려 따르면 망하게 된다. 따라서 임금이 왕자·패자·망자로 갈리는 근본적인 원인은 극히 간단한 것이다. 누구나가 지니고 있는 여러 가지 좋은 점만을 잘 발전시키면 왕자가 되고, 나쁜 점만을 좇으면 망자가 되며, 좋은 것 나쁜 것을 섞어 발전시키면 패자가 된다는 것이다.

13

임금은 언제나 그의 아랫사람들을 사랑하고, 그들을 예의로 통제한다. 임금은 어린아이를 보육하듯이 백성들을 대해야 한다. 나라의 정령과 제도가 아래 백성들을 위하는 방법에서 불합리한 점이 털끝만큼이라도 있다면, 비록 고아나 자식 없는 노인이나 홀아비와 과부 같은 무력한 사람들일지라도 절대로 강요하지 않는다. 그러므로 백성들이 임금을 친근히 대하는 모습이 기쁘게 부모를 대하듯 하게 되고, 그들

---

8 序(서) : 서열, 자리.
9 亡(망) : 무(無)와 같은 자.

을 죽일 수는 있을지언정 따르지 않도록 할 수는 없게 되는 것이다. 임금과 신하, 윗사람과 아랫사람, 신분이 높은 사람과 천한 사람, 나이 많은 사람과 어린 사람들로부터 서민들에 이르기까지 이것을 표준으로 삼지 않는 이가 없게 된다. 그리고 나서 모두가 속으로 스스로를 반성하여 자기의 직분에 삼가 힘쓰게 된다. 이것이 여러 왕자들이 다 같이 행한 것이고, 예의와 법도의 중심이 되는 것이다.

그렇게 된 뒤에야 농민들은 밭을 나누어 농사를 짓고, 상인들은 재물을 나누어 장사를 하고, 여러 공인들은 할 일을 나누어 힘써 일하며, 사대부들은 직무를 나누어 정령을 따라 일하고, 나라에 봉해진 제후들은 땅을 나누어 지키며, 천자의 삼공은 정책을 총괄하여 논의를 하면, 천자는 팔짱을 끼고 있기만 하면 되는 것이다. 밖으로도 이와 같이 하고 안으로도 이와 같이 하면 천하는 고르게 되지 않거나 잘 다스려지지 않는 일이 없을 것이다. 이것이 여러 왕자들이 다 같이 행한 것이며, 예의와 법도의 강령이다.

여러 날 걸려 고르게 다스리고, 사물을 저울질하여 쓰는 데 알맞도록 하며, 입는 옷에 제도가 있도록 하고, 사는 집에 법도가 있도록 하며, 부리는 사람에 일정한 수가 있게 하고, 장사 지내는 의식이나 제사 지내는 의식에 쓰는 그릇들에 모두 적합한 등급이 있도록 하며, 그러한 것들이 만사에 두루 쓰이게 하고, 길이를 재는 척촌법(尺寸法) 같은 것도 제도와 규정에 따르지 않는 일이 없게 한 다음에 일을 행하도록 하는 것은, 바로 관리와 일꾼들이 하는 일이다. 위대한 군자인 임금 앞에서 떠벌일 일은 못된다.

| 원문 |

上莫不致愛其下, 而制之以禮. 上之於下, 如保赤子. 政令制度, 所以接下之人百姓, 有不理者[1]如豪末,[2] 則雖孤獨鰥寡[3]必不加[4]焉. 故下之親上, 歡如父母, 可殺而不可使不順. 君臣上下, 貴賤長幼, 至於庶人, 莫不以是爲隆正.[5] 然後皆內自省以謹於分, 是百王之所以同也, 而禮法之樞要[6]也.

然後農分田而耕, 賈分貨而販, 百工分事而勸, 士大夫分職而聽, 建國諸侯之君分土而守, 三公摠方而議, 則天子共己而止矣. 出若入若, 天下莫不平均, 莫不治辨, 是百王之所同, 而禮法之大分也.

若夫貫日[7]而治平, 權物而稱用, 使衣服有制, 宮室有度, 人徒[8]有數, 喪祭械用皆有等宜, 以是周挾於萬物, 尺寸尋丈,[9] 莫得不循乎制度數量然後行, 則是官人使吏之事也. 不足數於大君子之前.

| 해설 |

임금이 백성을 사랑하고 합리적인 정치를 하면, 모든 백성들은 자기 직분을 다하고 따르게 되어 가만히 있어도 왕자가 된다. 임금은 자질구레한 일들을 신경쓰지 않고 인재 등용만 잘하면 팔짱을 끼고 있어도 된다는 것

---

1 不理者(불리자) : 불합리한 것.
2 豪末(호말) : 가는 터럭 끝.
3 孤獨鰥寡(고독관과) : 고아, 자식 없는 노인, 홀아비, 과부.
4 加(가) : 따르기를 요구하다, 강요하다.
5 隆正(융정) : 높고 바르게 여기는 것, 표준, 기준.
6 樞要(추요) : 중심, 요점이 되는 것.
7 貫日(관일) : 여러 날 걸리는 것.
8 人徒(인도) : 하인이나 일꾼, 부리는 사람.
9 尋丈(심장) : 척촌(尺寸)과 같은 길이의 단위. '심'은 8자, '장'은 10자.

이다.

14

그러므로 임금은 나라의 표준을 세워 자기 조정에 합당케 해야 한다. 나라의 모든 일을 통할하도록 한 사람이 진실로 어진 사람이라면, 곧 자신은 편안하고 나라는 잘 다스려지고, 공적은 크게 이루어지고 아름다운 명성이 이룩되며, 위로는 왕자가 될 수 있고 아래로는 적어도 패자가 될 수 있다.

임금이 세운 표준이 자기 조정에 합당하지 않고, 나라의 모든 일을 통할하는 사람이 어진 사람이 아니라면, 곧 자신은 수고롭고 나라는 어지럽게 되며, 공적은 이루어지지 않고 명성은 욕되게 되며, 나라는 반드시 위태로워질 것이다. 이것이 임금으로서 알아두어야 할 중요한 일이다.

그러므로 합당한 인물을 한 사람 쓸 수 있으면 곧 천하를 차지하게 되고, 합당치 못한 인물을 한 사람 쓰면 나라가 위태로워진다. 합당한 인물을 한 사람도 쓰지 못하면서, 천 명이나 백 명의 합당한 사람을 쓸 수 있다는 것은 이론상 있을 수가 없는 일이다. 합당한 인물을 한 사람 쓸 수가 있다면, 그 자신이 무슨 수고를 할 일이 있겠는가? 옷자락을 늘어뜨리고 편히 있어도 천하가 안정된다. 그러므로 탕임금은 이윤(伊尹)을 썼고, 문왕은 여상(呂尙)을 썼고, 무왕은 소공(召公)을 썼고, 성왕은 주공 단(旦)을 썼던 것이다.

그분들보다 낮은 자들로 오패가 있다. 제나라 환공은 집안에 악기들을 늘어놓고 사치하며 노는 일에만 힘썼다. 천하 사람들도 그가 수신을 잘한 사람이라고 여기지 않았다. 그런데도 제후들을 규합하여 천하를 바로잡아 오패의 우두머리가 되었다. 그것은 다름 아니라 관중에게 정치를 일임할 줄 알았기 때문이다. 이것이 임금으로서 지켜야 할 중요한 일이다. 그것을 아는 임금은 쉽게 그 힘을 발휘할 수 있으므로 공적과 명성이 매우 커지는 것이다. 이 방법을 버리고 누가 제대로 나라를 다스릴 수 있겠는가?

그러므로 옛날 사람들 중에 큰 공적과 명성이 있는 사람이란 틀림없이 이 길을 따른 사람이다. 그의 나라를 잃고 그 자신을 위태롭게 한 사람이란 틀림없이 이에 반하는 길을 따른 사람이다. 그러므로 공자께서 말씀하셨다.

"지혜 있는 사람의 앎은 진실로 풍부하지만 그가 지키는 요점은 적으니 잘 살피지 못할 리가 있겠는가? 어리석은 자의 앎이란 진실로 적은데도 그가 지키려는 요점은 많으니 엉망이 되지 않겠는가?"

이것도 한 사람을 잘 쓰는 것을 두고 한 말이다.

| 원문 |

故君人者, 立隆政[1]本朝而當. 所使要百事者,[2] 誠仁人也, 則身佚而國治, 功大而名美. 上可以王, 下可以霸.

立隆正本朝而不當, 所使要百事者非仁人也, 則身勞而國亂, 功廢而名辱, 社稷必危. 是人君者之樞機[3]也.

---

1 隆政(융정) : 융정(隆正), 높고 올바른 표준.
2 要百事者(요백사자) : 나라의 모든 일을 통할하는 사람, 재상을 가리킨다.
3 樞機(추기) : 중추가 되는 기틀, 중요한 일.

故能當一人⁴而天下取, 失當一人而社稷危. 不能當一人而能當千人百人者, 說無之有也. 旣能當一人, 則身有何勞而爲, 垂衣裳而天下定. 故湯用伊尹⁵, 文王用呂尙,⁶ 武王用召公,⁷ 成王用周公旦.⁸

卑者五伯. 齊桓公閨門之內,⁹ 縣樂奢泰¹⁰游抏¹¹之脩. 於天下不見謂脩. 然九合¹²諸侯, 一匡天下, 爲五伯長. 是亦無它故焉, 知一政於管仲也. 是君人者之要守也. 知者易爲之興力¹³而功名綦大. 舍是而孰足爲也.

故古之人, 有大功名者, 必道是者也. 喪其國, 危其身者, 必反是者也. 故孔子曰; 知者之知, 固以多矣, 有以守少,¹⁴ 能無察乎? 愚者之知, 固以少矣, 有以守多, 能無狂乎?

此之謂也.

| 해설 |

임금이란 재상 한 사람만 잘 임명할 줄 알면 나라가 편히 잘 다스려져 왕자가 된다. 능력이 부족한 사람이라도 인재 등용만 잘하면 적어도 패자

---

4 當一人(당일인) : 한 사람의 합당한 인물을 쓰는 것, 합당한 재상을 등용하는 것을 말함.
5 伊尹(이윤) : 제5편 비상 제3절 참조.
6 呂尙(여상) : 성은 강(姜). 낚시질하고 있다가 주나라 문왕에게 등용되어, 태공망(太公望)이라고도 불렸다. 뒤에 무왕이 은나라를 쳐부수는 데에도 크게 공헌하였다.
7 召公(소공) : 문왕의 서자, 이름은 석(奭). 무왕이 은나라를 쳐부수는 데 크게 공헌하여 소백(召伯)이라고도 부름.
8 周公旦(주공단) : 제5편 비상 제2절 참조.
9 閨門之內(규문지내) : 개인의 집안을 가리킴.
10 奢泰(사태) : 멋대로 사치하는 것.
11 游抏(유완) : 놀다. '완'은 완(玩)과 같은 글자.
12 九合(구합) : 규합하다.
13 爲之興力(위지흥력) : 그로 인하여 힘을 발휘하다.
14 有以守少(유이수소) : 적은 요점만 지키면서 일하다, 곧 현명한 사람을 등용하여 일을 맡기고 자신은 편히 지냄을 뜻한다.

는 된다. 따라서 정치의 요체는 능력 있는 사람을 관직에 임명하여 일을 맡기고 자신은 편히 지내는 것이다.

15

잘 다스려지는 나라는 사람들의 직분이 이미 정해져 있어, 임금과 재상과 신하들과 여러 관리들은 각각 그의 직분으로 들은 일들을 삼가 힘쓰게 되므로 그가 들어보지 않은 직분 이외의 일은 들으려 애쓰지 않는다. 각각 그의 직분으로 본 일들을 삼가 힘쓰게 되므로, 그가 본 일이 없는 직분 이외의 일은 보려고 애쓰지 않는다. 그들이 들은 일과 본 일들이 진실로 그들 직분에 들어맞기 때문에 비록 으슥하고 외진 곳의 백성들이라 하더라도 직분을 공경히 지키고 제도에 안주하지 않는 사람이 없게 되어, 모두가 그들의 임금에게 감화받는다. 이것이 잘 다스려지는 나라의 징조이다.

| 원문 |

治國者分[1]已定, 則主相臣下百吏各謹其所聞, 不務聽其所不聞, 各謹其所見, 不務視其所不見. 所聞所見, 誠以齊[2]矣, 則雖幽閑隱辟, 百姓莫敢不敬分安制[3]以化其上. 是治國之徵[4]也.

---

1 分(분) : 직분, 분계(分界).
2 齊(제) : 그들이 맡은 직분에 고루 들어맞는 것.
3 安制(안제) : 제도에 안주하다.
4 徵(징) : 징험.

| 해설 |

여기서는 잘 다스려지는 나라의 징험을 설명하고 있다. 그것은 바로 임금으로부터 백성들에 이르는 모든 사람들이 자기 직분에 충실한 것이다.

16

임금의 도는 가까운 곳을 다스리고 먼 곳은 다스리지 않으며, 분명한 것을 다스리고 분명하지 않은 것은 다스리지 않으며, 한 가지 일을 다스리고 두 가지 일을 다스리지 않는다.

임금이 가까운 곳을 잘 다스리면 먼 곳도 다스려지고, 임금이 분명한 것을 잘 다스리면 분명하지 않은 것들도 교화되며, 임금이 한 가지 일을 합당하게 처리하면 곧 모든 일이 바르게 된다. 온 천하의 일을 모두 아울러 처리하면서도 시간에 여유가 있고 다스릴 일이 별로 없게 된다는 것은 이런 이유 때문이다. 이것이 다스림의 극치인 것이다.

가까운 곳을 다스리고 나서는 또 먼 곳을 다스리기에 힘쓰고, 분명한 것을 다스리고 나서는 다시 분명하지 않은 것들을 드러내기에 힘쓰며, 한 가지 일을 합당하게 하고 나서는 또 모든 일들을 올바르게 하고자 힘쓴다면, 이는 지나친 행위이다. 지나친 것은 미치지 못하는 것만 못하다. 그것은 마치 곧은 나무를 세워 놓고 그 그림자가 굽어지기를 바라는 것과 같다.

가까운 곳을 다스리지 못하면서 또 먼 곳을 다스리기에 힘쓰고, 분명한 것도 잘 살피지 못하면서 분명하지 않은 것들을 드러내기에 힘쓰며, 한 가지 일도 합당하게 하지 못하면서 또 모든 일들을 올바르게 하고자 힘쓴다면, 이는 미혹된 행위이다. 그것은 마치 굽은 나무를 세

위 놓고 그 그림자가 똑바르기를 바라는 것과 같다.

그러므로 명철한 임금은 요점을 파악하기를 좋아하지만, 어리석은 임금은 모든 것을 상세히 처리하기를 좋아한다. 임금이 요점을 파악하기를 좋아하면, 모든 일이 상세히 처리된다. 임금이 모든 것을 상세히 처리하기를 좋아한다면 모든 일이 엉망이 된다. 임금은 한 사람의 재상을 검토하여 임명하고, 한 가지 기본법을 시행하며, 한 가지 지침만을 분명히 한다. 그리하여 온 천하를 감싸 주고 밝혀 주어 이룩되는 성과를 살피는 것이다.

재상은 여러 관청의 우두머리를 골라 앉히고, 모든 일의 처리를 통할하여 조정의 신하들과 여러 관리들의 직분을 정리하는 것이다. 그리고 그들의 공로를 헤아리고 그들에게 내릴 상을 책정하며, 한 해가 끝날 때는 그들이 이루어 놓은 공적을 정리하여 임금에게 아뢰고, 그들의 공적이 합당하면 인정해 주고, 합당치 않을 때는 면직시킨다. 그러므로 임금은 좋은 재상감을 찾느라 수고하지만, 그를 부리는 단계에 이르면 쉬게 되는 것이다.

| 원문 |

主道[1]治近不治遠, 治明不治幽,[2] 治一不治二.

主能治近則遠者理, 主能治明則幽者化, 主能當一則百事正. 夫兼聽天下, 日有餘而治不足者, 如此也. 是治之極也.

旣能治近, 又務治遠, 旣能治明, 又務見幽, 旣能當一, 又務正百, 是

---

[1] 主道(주도) : 임금으로서의 도, 군주의 도.
[2] 幽(유) : 어두운 것, 분명치 않은 것.

過者也. 過猶不及也, 辟³之是猶立直木而求其景之枉也.

不能治近, 又務治遠, 不能察明, 又務見幽, 不能當一, 又務正百, 是悖⁴者也. 辟之是猶立枉木而求其景之直也.

故明主好要,⁵ 而闇主好詳.⁶ 主好要則百事詳, 主好詳則百事荒.⁷ 君者, 論一相, 陳一法, 明一指, 以兼覆之, 兼炤⁸之, 以觀其盛⁹者也.

相者, 論列百官之長, 要百事之聽, 以飾¹⁰朝廷臣下百吏之分. 度其功勞, 論其慶賞, 歲終奉其成功以效於君. 當則可, 不當則廢.¹¹ 故君人勞於索之, 而休於使之.

| 해설 |

임금은 자기 가까이의 분명하고 중요한 일만 처리하고, 나머지 일들은 모두 재상 이하의 신하들에게 맡기면 되는 것이다. 따라서 임금으로서 가장 중요한 일은 인재의 등용이다. 사람만 잘 쓰면 임금은 편히 놀며 지낼 수 있는 것이다.

---

3 辟(비) : 비유를 들다. 비(譬)와 같은 글자.
4 悖(패) : 도리에 어긋나다, 미혹되다(楊倞).
5 要(요) : 나랏일의 중요한 요점만을 파악하는 것.
6 詳(상) : 나라의 여러 가지 일을 상세히 모두 직접 하려는 것.
7 荒(황) : 거칠어지다, 엉망이 되다.
8 炤(소) : 밝히다. 소(昭)와 같은 글자.
9 盛(성) : 이룩한 공로, 성공. 성(成)의 뜻(楊倞).
10 飾(식) : 수식하다, 정리하다.
11 廢(폐) : 면직시키다.

17

나라를 다스리는 사람이라면, 백성들의 힘을 얻은 사람은 부유해지고, 백성들의 죽음을 얻은 사람은 강해지며, 백성들의 칭송을 얻은 사람은 영화롭게 된다. 이 세 가지를 모두 얻은 사람은 온 천하가 그를 따르게 된다. 이 세 가지를 다 잃은 사람은 온 천하가 그로부터 떠나간다. 온 천하가 그를 따르게 되는 것을 왕자라고 하며, 온 천하가 그로부터 떠나가는 것을 망할 자라고 한다.

탕임금과 무왕은 그러한 도를 따라서 그러한 뜻을 행하여, 온 천하 사람들의 공동의 이익을 흥성케 하고, 온 천하 사람들의 공동의 해를 제거하여, 온 천하가 그에게로 귀복했던 사람이다. 그러므로 덕이 많다는 명성이 널리 퍼져 백성들을 선도하고, 예의를 밝혀 백성들을 이끌어 주며, 충성과 신의를 다하여 백성들을 사랑하고, 현명한 이를 존중하고 능력 있는 사람을 부려 백성들의 서열을 매기며, 벼슬과 옷과 상을 내려 백성들을 거듭 힘쓰도록 해야 한다. 나랏일도 때를 보아 하고 백성들이 맡은 일들을 가볍게 해주어 백성들의 일을 적절히 조정하여, 널리 모든 사람들을 아울러 보살펴 주고 갓난아이를 보육하듯 백성들을 양육해 주어야 한다.

그러면 백성들의 생활은 여유가 있게 되고, 백성들을 부리는 데에도 도리를 다하게 되며, 정령과 제도가 천하 사람들과 백성들에 적용되는 방법을 잘 살피게 된다. 털끝만큼이라도 이치에 맞지 않는 것이 있으면, 비록 고아나 자식 없는 노인이나 홀아비나 과부들에게도 절대로 그것을 강요하지 않아야 한다. 그런 까닭에 백성들은 그를 천제(天帝)처럼 존귀하게 여기고, 부모처럼 친근히 여기며, 임금을 위해서라면 나가서 죽고 목숨을 잃게 된다 하더라도 두려워하지 않게 된다. 그것은 다름이 아니라 도덕이 진실로 밝고 이익과 은택이 진실로 두텁기 때문이다.

어지러운 세상은 그렇지 않다. 더럽고 지저분하고 억누르고 도둑질하는 방법으로 백성들을 선도하고, 권모술수와 남을 망치는 짓으로 백성들에게 시범을 보여, 배우와 난쟁이와 여인들의 청탁을 받아들여 도리를 어지럽힌다. 어리석은 자들로 하여금 지혜 있는 사람들에게 명을 내리게 하고, 못난 자들로 하여금 현명한 사람들을 부리게 하여, 백성들의 생활은 더욱 가난하고 어려워지며, 백성들을 부려 극도의 노고로 시달리게 한다. 이런 까닭에 백성들은 임금을 독사처럼 천하게 보고 귀신처럼 미워하게 되는 것이다. 그래서 날마다 틈을 엿보아 서로 임금을 내던지고 짓밟고 내쫓고자 하는 것이다. 갑자기 외적이 침입하는 일이 있다 해도 백성들이 자기를 위하여 죽어 주기를 바란다는 것은 불가능한 일이다. 어떤 이론도 이것을 받아들일 수는 없는 것이다.

공자께서 "내가 남들을 대하는 방법을 잘 살펴야 하는 것은, 내가 남을 대한 대로 나에게 돌아오기 때문이다"라고 말씀하신 것도 이것을 뜻하는 말이다.

| 원문 |

用國[1]者, 得百姓之力者富, 得百姓之死[2]者彊, 得百姓之譽者榮. 三得

---

1 用國(용국) : 나라를 다스리다. '用'은 위(爲)의 뜻.
2 得百姓之死(득백성지사) : 백성들의 죽음을 얻다, 백성들이 자기를 위하여 목숨을 바치는 것을 뜻한다.

者具而天下歸之, 三得者亡而天下去之. 天下歸之之謂王, 天下去之之謂亡.

湯武者, 循其道, 行其義, 興天下同利, 除天下同害, 天下歸之. 故厚德音[3]以先之. 明禮義以道之, 致忠信以愛之, 賞賢[4]使能以次之,[5] 爵服賞慶以申重[6]之, 時其事, 輕其任以調齊[7]之, 潢然[8]兼覆之, 養長之, 如保赤子.

生民[9]則致寬,[10] 使民則綦理,[11] 辨[12]政令制度, 所以接下之人百姓. 有非理者如豪末, 則雖孤獨鰥寡必不加焉. 是故百姓貴之如帝, 親之如父母, 爲之出死斷亡[13]而不愉[14]者, 無它故焉, 道德誠明, 利澤誠厚也.

亂世不然. 汙漫[15]突盜[16]以先之, 權謀傾覆以示之, 俳優侏儒[17]婦女之請謁以悖[18]之. 使愚詔[19]知, 使不肖臨賢, 生民則致貧隘,[20] 使民則綦勞

---

3 德音(덕음) : 덕이 많다는 명성.
4 賞賢(상현) : '상'은 상(尙)으로 쓰는 것이 옳으며(楊倞), 현명한 사람을 숭상하는 것.
5 次之(차지) : 백성들에게 서열을 매기다.
6 申重(신중) : 거듭하여 힘쓰게 하다.
7 調齊(조제) : 적절히 조정하다.
8 潢然(황연) : 물이 질펀한 모양, 넓은 모양.
9 生民(생민) : 백성들의 생활.
10 致寬(치관) : 여유 있게 되다, 부유해지다.
11 綦理(기리) : 도리를 다하다, 이치를 철저히 따르다.
12 辨(변) : 잘 살피다, 잘 처리하다.
13 出死斷亡(출사단망) : 나가서 죽고 목숨을 잃는 것.
14 不愉(불유) : '유'는 투(偸)와 통하여(王先謙), 구차하게 여기지 않다, 어렵게 여기지 않다.
15 汙漫(오만) : 더럽고 지저분한 것.
16 突盜(돌도) : 함부로 굴고 도둑질하는 것.
17 侏儒(주유) : 난쟁이. 옛날에 궁정에서 우스갯짓을 전문으로 하였다.
18 悖(패) : 어지럽히다.
19 詔(조) : 명을 내리다.
20 貧隘(빈애) : 가난하고 어려워지는 것.

苦. 是故百姓賤之如尪,[21] 惡之如鬼, 日欲司閒[22]而相與投藉[23]之, 去逐之. 卒有寇難[24]之事, 又望百姓之爲己死, 不可得也, 說無以取之焉.

孔子曰; 審吾所以適人,[25] 人之所以來我也. 此之謂也.

| 해설 |

임금은 백성들의 지지를 받으면 왕자가 된다. 백성들의 마음을 얻기 위해서는 백성들을 사랑하는 정치를 해야 한다. 백성들을 사랑하고 위하면, 그들도 임금을 위하게 된다는 것이다.

18

나라가 손상되는 것은 어떤 이유 때문인가? 그것은 소인들이 백성들 위에서 위세를 부리고, 백성들에게 취해서는 안 될 교묘한 명분을 취한다면, 이것이 나라를 손상시키는 대재난이 된다. 큰 나라의 임금이라 하더라도 조그만 이익을 쫓는 것을 좋아하면 나라를 손상시키게 된다. 임금이 음악과 여색, 누각과 정원 같은 것들을 만족할 새도 없이 새로운 것을 좋아하면 나라가 손상된다. 나라를 올바로 건사하기를 좋아하지 않고 자기의 탐욕을 따라서 늘 남이 가지고 있는 것들을

---

21 尪(왕) : 양경(楊倞)은 왕(尪)의 잘못으로, 병든 사람, 불구자를 뜻한다 하였다. 그러나 학의행(郝懿行)이 왕(尪)은 다시 훾(虺)(독사의 뜻)의 잘못이라 한 의견을 따라 번역하였다.
22 司閒(사한) : 틈을 엿보다. '사'는 사(伺)의 뜻.
23 投藉(투자) : 내던지고 짓밟는 것.
24 寇難(구난) : 외적이 침입하는 어려움.
25 適人(적인) : 남을 대하다, 남을 대접하다.

욕심낸다면 나라를 손상시키게 된다.

이상 세 가지 사악한 것들을 가슴속에 지니고 있으면서, 권모술수와 남을 잘 해치는 사람을 써서 나라 밖의 일들을 결단케 한다면, 바로 권세는 가벼워지고 명성은 욕되어지며 나라는 반드시 위태로워질 것이니, 이것도 나라를 손상시키는 일이다. 큰 나라의 임금이라 하더라도 근본적인 행위를 존중하지 않고 옛 법도를 공격하지 않으면서 속임수를 좋아한다면 곧 조정의 여러 신하들도 그를 따라 습속이 이루어져, 예의를 존중하지 않고 남을 해치는 일을 좋아하게 될 것이다. 조정 여러 신하들의 습속이 이와 같이 된다면, 여러 서민들과 백성들도 그들의 습속을 따라 예의를 존중하지 않고 탐욕스런 이익만을 좋아하게 될 것이다.

임금과 신하와 위아래의 습속이 모두 이와 같이 된다면, 나라 땅이 비록 넓다 해도 권세는 반드시 가벼워질 것이며, 인구가 비록 많다 해도 군대는 반드시 약해질 것이며, 형벌이 비록 번거로이 쓰인다 하더라도 명령이 아래로 전달되지 않을 것이다. 이러한 것을 나라가 위태롭다고 하며, 이것이 나라를 손상시키는 일이다.

| 원문 |

傷國者何也？ 曰； 以小人尙民¹而威, 以非所取²於民而巧,³ 是傷國之大災也. 大國之主也, 而好見小利, 是傷國. 其於聲色臺謝園囿也, 愈

---

1 尙民(상민) : 백성들의 윗자리에 있는 것. '상'은 상(上)의 뜻.
2 非所取(비소취) : 취해서는 안 될 것.
3 巧(교) : 교묘한 명분을 취하는 것.

厭⁴而好新, 是傷國, 不好循正⁵其所以有, 啖啖⁶常欲人之有, 是傷國.

三邪⁷者在匈⁸中, 而又好以權謀傾覆之人, 斷事其外, 若是, 則權輕名辱, 社稷必危, 是傷國者也. 大國之主也, 不隆本行,⁹ 不敬舊法, 而好詐故.¹⁰ 若是, 則夫朝廷羣臣亦從而成俗於不隆禮義, 而好傾覆也. 朝廷羣臣之俗若是, 則夫衆庶百姓亦從而成俗於不隆禮義, 而好貪利矣.

君臣上下之俗莫不若是, 則地雖廣, 權必輕, 人雖衆, 兵必弱, 刑罰雖繁, 令不下通. 夫是之謂危國, 是傷國者也.

| 해설 |

여기서는 나라를 손상시키는 행위에 대해 설명하고 있다. 곧 예의를 따라 나라를 올바로 다스리지 않으면 나라는 위태로워지고 손상된다는 것이다.

19

유자가 나라를 다스리면 그렇게 하지 않고 반드시 빈틈없이 다스린다. 조정에서는 반드시 예의를 존중하여 신분이 귀하고 천한 것을 잘 살필 것이다. 그렇게 되면 사대부들은 절조를 공경하고 제도를 위해

---

4 厭(염): 만족하다.
5 循正(순정): '순'은 수(脩)의 잘못(盧文弨), 나라를 올바로 건사하는 것.
6 啖啖(담담): 먹을 것을 욕심내는 모양, 탐욕을 내는 것.
7 三邪(삼사): 세 가지 사악한 것. 곧 앞에서 얘기한 나라를 손상케 하는 세 가지 행위.
8 匈(흉): 흉(胸)의 옛 글자, 가슴.
9 隆本行(융본행): 근본적인 행위를 존중하다.
10 詐故(사고): 속임수. '고'도 '사'의 뜻(王念孫).

죽지 않는 이가 없을 것이다. 여러 관리들에게는 나라의 제도를 정제히 하고 관록을 후하게 줄 것이다. 그렇게 되면 여러 관리들은 법을 두려워하지 않고 법도를 지키지 않는 이가 없을 것이다.

관소와 시장에서는 조사는 하되 세금은 걷지 않으며, 어음으로 간사한 짓을 못하도록 금하여 그릇됨이 없도록 한다. 그렇게 되면 상인들은 착실하고 성실하지 않은 사람이 없게 되며 속이는 일도 없게 된다. 여러 공인들에게는 일정한 때에만 나무를 베도록 하고, 물건 만드는 기일에 여유를 주어 그들이 기능을 발휘하기에 유리하도록 한다. 그렇게 되면 여러 공인들 가운데 충성과 신의가 없는 자가 없게 되고, 튼튼하지 못한 물건을 만들지 않을 것이다. 향촌에서는 밭과 들에서 거두는 세금을 가벼이 하고 재산세를 줄여 주며, 노력 동원을 적게 하여 농사지을 철을 뺏지 말아야 한다. 그렇게 되면 농부들은 소박해져 자기 일에 힘쓰게 되고 자기 능력을 다하지 않는 경우가 없게 될 것이다.

사대부들이 절조에 힘쓰고 제도를 위하여 죽음을 무릅쓴다면 군대가 강해질 것이다. 여러 관리들이 법을 두려워하고 법도를 따른다면 나라는 언제나 어지럽지 않을 것이다. 상인들이 인정 있고 성실하여 속이지 않는다면, 상인들은 왕래하며 재정을 안정시키고 재물을 유통시켜 나라에서 바라는 것들을 다 공급할 것이다. 여러 공인들이 충성과 믿음으로 튼튼하지 않은 물건을 만들지 않으면, 곧 그릇이나 쓰는 물건들이 훌륭하고 편리하게 되며, 재물도 궁핍하지 않을 것이다. 농부들이 자기 일에 힘쓰고 다른 짓을 하는 경우가 적어지면, 곧 위로는 하늘의 철을 놓치지 않고 아래로는 땅의 편리함을 놓치지 않고 농사를 짓고, 가운데로는 사람들이 화합하게 되어 모든 일이 잘못되는 경우가 없을 것이다.

이런 것을 두고 정령이 행해지고 풍속이 아름답게 되었다고 하는 것이다. 그런 뒤에 나라를 지키면 견고해지고, 다른 나라를 정벌하면 강해지며, 가만히 있어도 명성이 드러나고, 움직이면 공적이 이루어진다. 이것이 바로 유자들이 이른바 나라를 빈틈없이 다스리는 것이다.

| 원문 |

儒者爲之不然, 必將曲辨.[1] 朝廷必將隆禮義而審貴賤. 若是, 則士大夫莫不敬節[2]死制[3]者矣. 百官則將齊其制度, 重其官秩.[4] 若是, 則百吏莫不畏法而遵繩[5]矣.

關市幾[6]而不征,[7] 質律[8]禁止[9]而不偏. 如是, 則商賈莫不敦慤[10]而無詐矣. 百工將時斬伐,[11] 佻[12]其期日, 而利其巧任.[13] 如是, 則百工莫不忠信而不楛[14]矣. 縣鄙[15]將輕田野之稅, 省刀布[16]之斂, 罕擧力役, 無奪農時.

---

1 曲辨(곡변) : 위곡(委曲)하게 빈틈없이 다스리다. '변'은 리(理)의 뜻(楊倞).
2 敬節(경절) : 절조를 공경하다.
3 死制(사제) : 제도를 위해 죽다, 제도를 지키기 위해 목숨을 바치다.
4 官秩(관질) : 관폭, 벼슬에 따른 봉록.
5 遵繩(준승) : 법도나 규칙을 지키다.
6 幾(기) : 기(譏)와 통하여, 조사하는 것.
7 不征(부정) : 세금을 거둬들이지 않다.
8 質律(지률) : 지제(質劑). 옛날에는 나무쪽에 글을 쓴 뒤 둘로 쪼개어 두 사람이 거래한 증거로 나누어 가졌는데, 긴 것을 지(質), 짧은 것을 제(劑)라 하였으며, 권서(券書)와 같은 것이다(鄭玄 『周禮』 小宰 注). 곧 지금의 어음.
9 禁止(금지) : 간사한 자들의 활동을 금하여 막는 것.
10 敦慤(돈각) : 돈후하고 성실한 것.
11 時斬伐(시참벌) : 철에 맞추어 나무를 베게 하다.
12 佻(조) : 조(窕)와 통하여 멋대로 하게 하다, 여유를 주다.
13 巧任(교임) : 교능(巧能).
14 楛(고) : 기구가 튼튼하지 못한 것, 기구가 조악한 것.
15 縣鄙(현비) : 향촌. 본시는 500가구가 모여 사는 곳을 비, 2,500가구가 모여 사는 곳을

如是, 則農夫莫不朴力[17]而寡能矣.

士大夫務節死制, 然而兵勁.[18] 百吏畏法循繩, 然後國常不亂. 商賈敦慤無詐, 則商旅安貨[19]通財,[20] 而國求給[21]矣. 百工忠信而不楛, 則器用巧便而財不匱[22]矣. 農夫朴力而寡能, 則上不失天時, 下不失地利, 中得人和, 而百事不廢.

是之謂政令行, 風俗美. 以守則固, 以征則彊, 居則有名, 動則有功. 此儒之所謂曲辨也.

| 해설 |

순자에 의하면 유자야말로 가장 이상적인 정치가가 될 수 있다. 유자가 유가의 윤리를 바탕으로 정치를 하면 나라가 부강해져서 왕자의 정치가 이룩된다는 것이다. 이것이 이 편 전체의 결론이기도 하다.

현이라 하였다.
16 刀布(도포) : 옛날의 화폐. 여기서는 재산에 대하여 과하는 세금을 뜻한다.
17 朴力(박력) : 꾸밈없이 수수하게 자기 본업에 힘쓰는 것.
18 兵勁(병경) : 군대가 강하다.
19 安貨(안화) : 재정이 안정되다.
20 通財(통재) : 재물이 잘 유통되다.
21 求給(구급) : 구하는 물건이 공급되다.
22 匱(궤) : 다하다, 없어지다.

제12편

임금의 도리
君道

　　임금이란 어떤 것이며 어떻게 해야 나라를 올바로 다스릴 수 있는가, 곧 임금의 도리를 논한 편이다. 앞의 왕제·부국·왕패 등 여러 편을 통해 이미 순자가 생각하는 임금이란 어떤 것이며 임금은 어떻게 나라를 다스려야 하는가를 대강 짐작할 수 있을 것이다. 여기서는 특히 유가적 정치론을 바탕으로 한 인물 중심의 임금의 도리를 논하고 있는 점이 특징이다. 순자는 "반드시 다스리는 사람은 있어도 꼭 다스리게 하는 법은 없다"면서, 법이나 제도보다 사람을 더 중시한다. 따라서 나라를 다스리는 근본은 임금이 자신의 몸을 잘 수양하고 유능한 인재를 등용하는 데 있다고 결론짓고 있다.

1

어지럽히는 임금은 있어도 꼭 어지러워야 할 나라는 없다. 반드시 다스리는 사람은 있어도 꼭 다스리게 하는 법은 없다. 활을 잘 쏜 예의 활쏘는 법은 없어지지 않았으나 예가 세상에 살고 있는 것은 아니며, 우임금의 법은 아직도 존재하고 있지만 그의 하나라가 대대로 전해지고 있는 것은 아니다. 그러므로 법이란 독립할 수 없는 것이며, 전에 있었던 일은 그대로 행해질 수는 없는 것이다. 합당한 사람이 있으면 실행이 되지만, 합당한 사람이 없으면 실행되지 않고 없어지는 것이다.

법이란 다스림의 시작이고, 군자란 법의 근원이다. 그러므로 군자가 있으면 법이 비록 생략되었다 하더라도 충분히 두루 퍼질 것이다. 군자가 없으면 법이 비록 갖추어져 있다 하더라도 앞뒤로 시행할 순서를 잃고 일의 변화에 적응하지 못하여 충분히 어지러워질 것이다.

법의 뜻을 알지 못하면서 법의 조문만을 바로 지키는 사람은 비록 널리 안다 하더라도 일을 당하면 반드시 혼란을 일으킬 것이다. 그러므로 지혜로운 임금은 합당한 사람을 얻기를 서두르고, 어리석은 임금은 그의 권세를 얻기를 서두른다. 합당한 사람을 얻기를 서두르면 곧 자신은 안락해지고 나라는 다스려질 것이며, 공로는 커지고 명성은 아름다워져, 위로는 왕자가 될 수 있고 아래로는 패자가 될 수 있을 것이다. 합당한 사람을 얻기를 서두르지 않고 그의 권세를 얻기를 서두른다면, 자신은 수고로워지고 나라는 어지러워질 것이며, 공로는 없어지고 명성은 욕되어 나라는 반드시 위태로워질 것이다. 그러므로 임금은 그런 사람을 찾기에 수고하지만, 그를 부릴 때는 놀고 먹는다.

『서경』에 "문왕께서는 공경하고 조심하시어 훌륭한 한 사람을 간택하셨다" 하였는데, 이것을 뜻하는 말이다.

| 원문 |

有亂君, 無亂國, 有治人, 無治法. 羿**¹**之法非亡也, 而羿不世中,**²** 禹**³**之法猶存, 而夏不世王. 故法不能獨立, 類**⁴**不能自行. 得其人則存, 失其人則亡.

法者, 治之端**⁵**也, 君子者, 法之原也. 故有君子, 則法雖省, 足以徧矣. 無君子, 則法雖具, 失先後之施, 不能應事之變, 足以亂矣.

不知法之義而正法之數**⁶**者, 雖博, 臨事必亂. 故明主急得其人, 而闇主**⁷**急得其埶. 急得其人, 則身佚而國治, 功大而名美, 上可以王, 下可以霸. 不急得其人, 而急得其埶, 則身勞而國亂, 功廢而名辱, 社稷**⁸**必危. 故君人者, 勞於索**⁹**之, 而休於使之. 書曰;**¹⁰** 惟文王敬忌,**¹¹** 一人**¹²**以

---

1 羿(예) : 제8편 유효 제12절 참조.
2 世中(세중) : 세상에 존재하다, 또는 대대로 그의 사법을 배운 자손들이 존재하다.
3 禹(우) : 하나라의 첫째 임금. 순임금 때 중국 땅의 범람하는 물을 다스린 공로로 임금자리를 물려받았다.
4 類(류) : 유례, 전에 있었던 일.
5 端(단) : 발단, 시작.
6 數(수) : 일정한 원칙, 여기서는 법의 조문.
7 闇主(암주) : 어두운 임금, 어리석은 임금.
8 社稷(사직) : 나라를 가리키는 말. 사는 땅의 신, 직은 곡식의 신, 임금은 이 두 신에게 반드시 제사를 지냈다.
9 索(색) : 찾는 것, 구하는 것.
10 書曰(서왈) : 여기에 인용한 것과 완전히 같은 구절은 『서경』엔 보이지 않는다. 『서경』 주서(周書) 강고(康誥)편에 "惟文王之敬忌., 乃裕民. 曰; 我惟有及, 則予一人以懌(오직 문왕께서 공경하고 조심하던 대로 하면 백성들이 넉넉해질 것이다. 나도 그렇게 되도록 하겠다고 한다면, 나 한 사람은 기뻐할 것이다)"라는 글이 있는데, 여기에서는 두 구절의 내용을 약간 바꾸어 따온 듯하다.
11 忌(기) : 경계하는 것, 조심하는 것.

擇.¹³ 此之謂也.

| 해설 |

나라에는 법이나 제도가 있지만 이를 운용하며 나라를 다스리는 것은 바로 사람이다. 따라서 다스리는 사람이 훌륭한 군자라면 법이나 제도가 약간 불완전해도 나라를 다스릴 수 있다. 그러나 다스리는 자가 소인이라면 아무리 완전한 법과 제도가 있다 하더라도 나라는 올바로 다스려질 수 없다.

그러므로 다스리는 임금 자신도 현명해야 하지만, 그 밑의 신하들을 잘 골라 등용해야 한다. 훌륭한 사람들을 잘 등용하면 그 나라는 번창하지만, 그렇지 못하면 망하는 것이다.

2

부절을 맞추어 보고 어음을 나누어 갖는 것은 신용을 확인하는 방법이다. 그러나 임금이 권모술수를 좋아하면 곧 신하와 여러 관리에서부터 속임수를 잘 쓰는 사람들에 이르기까지, 그런 것들을 이용하여 남을 속일 것이다. 제비를 뽑거나 물건을 던져 어떤 일을 결정하는 것은 공평을 기하는 방법이다. 그러나 임금이 사사로운 감정에 치우친다면 곧 신하와 여러 관리들이 그런 것들을 이용하여 한쪽으로 치우치게 일을 처리할 것이다. 무게를 재고 저울질을 하는 것은 균평을

---

12 一人(일인) : 임금을 가리킴.
13 擇(택) : 어진 사람을 골라 등용하는 것.

유지하는 방법이다. 그러나 임금이 남을 망치기를 좋아한다면 곧 신하와 여러 관리들은 그런 것들을 이용하여 음험한 짓을 할 것이다. 되나 말로 물건을 되질하는 것은 균등을 유지하는 방법이다. 그러나 임금이 탐욕스럽고 이익을 좋아하면 곧 신하와 여러 관리들은 그런 것들을 이용하여 자기는 많은 양을 받고 남에게는 조금 주어 백성들을 한도 없이 착취할 것이다.

그러므로 도량형기나 법칙 같은 것은 나라를 다스리는 말류(末流)의 수단이지, 다스림의 근원은 아니다. 군자가 다스림의 근원인 것이다. 관리들은 법칙을 지키도록 하고, 군자는 근원을 기르는 사람이다. 근원이 맑으면 말류도 맑게 되고, 근원이 흐리면 말류도 흐리게 된다. 그러므로 임금이 예의를 좋아하고 현명한 사람을 존중하고 능력 있는 사람을 등용하며, 탐욕과 이익을 추구하는 마음이 없다면, 곧 아랫사람들도 극히 서로 사양하게 되고, 매우 충성스럽고 신의가 있게 되며, 신하로서의 할 일을 삼가 힘쓸 것이다.

그렇게 된다면 비록 낮은 서민들이라 하더라도 부절을 맞추어 보거나 어음을 나누어 갖지 않아도 서로 믿게 되며, 제비를 뽑거나 물건을 던져 순서를 결정하지 않더라도 공평해질 것이며, 무게를 재고 저울질하지 않더라도 균평을 유지할 것이며, 되나 말로 물건을 되질하지 않더라도 균등을 유지할 것이다.

그러므로 상을 내리지 않더라도 백성들은 일에 힘쓰고, 벌을 주지 않더라도 백성들은 복종하게 되므로 관리들은 수고하지 않아도 일이 잘 다스려지고, 정령(政令)을 번거로이 펴지 않아도 풍속이 아름다워지며, 백성들은 임금의 법도를 따르고 임금의 뜻을 모범으로 받들어 모두가 임금의 일에 힘쓰면서 안락하게 지낼 것이다.

그러므로 세금을 거둬들인다 하더라도 돈을 내는 사실을 잊고, 일을 하면서도 수고로움을 잊으며, 외적이 침입하면 죽음도 잊고 싸우게 된다. 나라의 성곽들은 더 손을 대지 않아도 견고해지고, 무기는 갈고 닦지 않아도 예리해진다. 적국은 복종하기를 기다리기도 전에 굴복해 오고, 온 세상 백성들은 명령을 내리기도 전에 통일을 이루게 된다. 이와 같은 것을 지극한 다스림이라고 한다.

『시경』에 "임금의 하시는 일 진실로 훌륭하시니, 먼 서(徐)나라도 항복해 오네"라고 읊은 것도 이것을 뜻하는 말이다.

| 원문 |

合符節,[1] 別契券[2]者, 所以爲信也. 上好權謀, 則臣下百吏, 誕詐[3]之人, 乘是[4]而後欺. 探籌[5]投鉤[6]者, 所以爲公也. 上好曲私,[7] 則臣下百吏, 乘是而後偏. 衡石[8]稱縣[9]者, 所以爲平也. 上好傾覆, 則臣下百吏, 乘是而後險. 斗斛[10]敦槪[11]者, 所以爲嘖[12]也. 上好貪利, 則臣下百吏, 乘是而

---

1 符節(부절) : 한 개의 대쪽에 글을 쓴 다음 둘로 쪼개어 서로 나누어 가졌다가 뒷날에 약속이나 사람을 증명하기 위해 두 개를 맞추어서 증표로 삼던 물건.
2 契券(계권) : 부절 또는 그와 비슷한 물건으로 돈 또는 증권 같은 것. 재물의 거래에 주로 썼다. 지금의 어음 비슷한 것.
3 誕詐(탄사) : 거짓말, 속임수.
4 乘是(승시) : 이를 틈타다, 이를 이용하다.
5 探籌(탐주) : 대쪽을 이용하여 제비뽑기를 하는 것.
6 投鉤(투구) : 물건을 던지는 방법으로 제비뽑기를 하는 것.
7 曲私(곡사) : 사사로움에 기울어지다. 사사로운 감정으로 일을 처리하는 것.
8 衡石(형석) : 무게를 저울로 다는 것.
9 稱縣(칭현) : 저울질을 하는 것.
10 斗斛(두곡) : 되와 말. 두는 한 말, 곡은 열 말임.
11 敦槪(돈개) : 노문초(盧文弨)는 준개(準槩)의 뜻이라 하였다. 되질하다의 뜻으로 추정된다.

後豊取[13]刻與,[14] 以無度取於民.

故械數[15]者, 治之流[16]也, 非治之原也. 君子者, 治之原也. 官人守數, 君子養原, 原淸則流淸, 原濁則流濁. 故上好禮義, 尙賢使能, 無貪利之心, 則下亦將綦辭讓, 致忠信, 而謹於臣子矣.

如是, 則雖在小民, 不待合符節別契券而信, 不待探籌投鉤而公, 不待衡石稱縣而平, 不待斗斛敦槪而嘖.

故賞不用而民勸, 罰不用而民服, 有司不勞而事治, 政令不煩而俗美, 百姓莫敢不順上之法, 象上之志,[17] 而勸上之事, 而安樂之矣.

故藉斂[18]忘費, 事業忘勞, 寇難忘死, 城郭不待飾而固, 兵刃不待陵[19]而勁. 敵國不待服而詘, 四海之民不待令而一. 夫是之謂至平.

詩曰:[20] 王猶[21]允塞,[22] 徐方旣來. 此之謂也.

| 해설 |

사회 생활의 규칙이나 나라의 법도 같은 것은 나라를 다스리는 데 말단적인 것들이다. 정치의 근본은 임금에게 있는 것이므로 임금이 몸과 마음을 올바로 지니면, 말단적인 것들은 자연히 제대로 따라오게 된다.

---

12 嘖(책) : 제(齊)의 뜻(王念孫), 곧 균등.
13 豊取(풍취) : 많은 것을 뺏다, 많은 것을 받다.
14 刻與(각여) : 주는 것을 각박하게 하다, 조금 주다.
15 械數(계수) : '계'는 도량형기, '수'는 법칙, 규칙.
16 流(류) : 말류(末流).
17 象上之志(상상지지) : 임금의 뜻을 본뜨다.
18 藉斂(적렴) : 세금을 거둬들이는 것. 앞의 왕제(王制)편에서는 적렴(籍斂)으로 나왔었다.
19 陵(릉) : 칼이나 창날을 날카롭게 가는 것.
20 詩曰(시왈) : 『시경』 대아(大雅) 상무(常武)편에 나오는 구절.
21 猶(유) : 유(猷)와 통하여 계획, 하는 일.
22 塞(책) : 충실한 것, 훌륭한 것.

3

임금 노릇은 어떻게 하면 되는가? 임금은 예에 따라 신하들에게 나누어 베풀고, 고르게 베풀어 한쪽으로 치우치지 않도록 해야 한다. 신하 노릇은 어떻게 하면 되는가? 신하는 예로써 임금에게 봉사하고 충성되고 순종하여 게을리하는 일이 없어야 한다.

아버지 노릇은 어떻게 하면 되는가? 아버지는 자식들에게 너그러우면서도 그들을 사랑하고 예의를 지켜야 한다. 아들 노릇은 어떻게 하면 되는가? 부모를 공경하고 사랑하며 예법을 잘 지켜야 한다.

형 노릇은 어떻게 하면 되는가? 아우들에게 자애로우면서도 우애가 있어야 한다. 아우 노릇은 어떻게 하면 되는가? 형을 공경하고 형에게 복종하되 구차하지 않도록 해야 한다.

남편 노릇은 어떻게 하면 되는가? 부인과 화합하되 아무렇게나 행동하지 않으며, 위엄을 가지고 부인을 대하되 분별이 있어야 한다. 부인 노릇은 어떻게 하면 되는가? 남편이 예의를 잘 지키면 부드럽게 따르면서 시중을 하고, 남편이 무례하다 하더라도 자신에게도 잘못이 있을까 두려워하면서 스스로를 삼가야 한다.

이러한 도리들은 한편에서만 지키면 어지러워지고, 양편 모두가 지켜야만 잘 다스려진다. 이 점은 충분히 생각해야만 한다. 그러면 이런 도리들을 아울러 잘 지키려면 어떻게 하면 되는가? 예의를 잘 살펴야만 한다. 옛 임금들은 예의를 잘 살핌으로써 온 천하에 두루 퍼지게 하여, 그들의 행동에는 합당하지 않은 것이 없었다.

| 원문 |

請問爲人君? 曰; 以禮分施,[1] 均徧而不偏. 請問爲人臣? 曰; 以禮待

君, 忠順而不懈.

請問爲人父? 曰; 寬惠而有禮. 請問爲人子? 曰; 敬愛而致文.²

請問爲人兄? 曰; 慈愛而見友. 請問爲人弟? 曰; 敬詘³而不苟.

請問爲人夫? 曰; 致功而不流,⁴ 致臨⁵而有辨.⁶ 請問爲人妻? 曰; 夫有禮則柔從聽侍, 夫無禮則恐懼而自竦⁷也.

此道也, 偏立⁸而亂, 具立⁹而治, 其足以稽¹⁰矣. 請問兼能之奈何? 曰; 審之禮也. 古者先王審禮以方皇¹¹周浹¹²於天下, 動無不當也.

| 해설 |

여기서는 임금과 신하, 아버지와 아들, 형과 아우, 남편과 아내 노릇을 올바로 하는 방법, 곧 올바른 군자가 되는 방법을 이야기하고 있다.

---

1 分施(분시) : 직책과 봉록 등을 신하들에게 나누어 베푸는 것.
2 致文(치문) : 예의를 잘 지키는 것. 문은 예의의 겉모양 전체를 가리키는 말.
3 詘(굴) : 굽혀 따르다, 복종하다.
4 致功而不流(치공이불류) : '공'은 화(和)의 잘못으로(劉師培『荀子補釋』), 『중용(中庸)』에 나오는 "화이불류(和而不流)"와 같은 말. 곧 부인과 잘 화합하되 아무렇게나 행동하지 않는다는 뜻.
5 臨(림) : 위엄 있게 대하는 것.
6 辨(변) : 분별이 있는 것. 유변(有辨)은 유별(有別)과 같은 말.
7 自竦(자송) : 스스로 잘못이 없도록 삼가는 것.
8 偏立(편립) : 편벽되게 서다, 한쪽만이 제대로 행하는 것.
9 具立(구립) : 양편이 모두 잘 지키는 것.
10 稽(계) : 생각하다, 참고하다.
11 方皇(방황) : '방'은 방(旁)과 통하여, 넓은 것. 황은 큰 것.
12 周浹(주협) : 두루 스며들다, 두루 퍼지다.

4

그러므로 군자는 공손하지만 비굴하지 않으며, 공경스럽지만 두려워하지 않는다. 가난하고 곤궁하다 하더라도 구애받지 않으며, 부유하고 존귀하다 하더라도 교만하게 굴지 않아 여러 가지 변화에 당면한다 하더라도 궁지에 몰리는 법이 없다. 그것은 예의를 잘 살피기 때문이다.

그러므로 군자는 예의에 대해서는 그것을 공경하면서 거기에 안주한다. 그들이 일을 함에 있어서는 곧장 예를 따라가 그것을 잃는 법이 없다. 그들이 사람을 대함에 있어서는 예를 따라 원한 살 일을 적게 하며 관대하고도 아첨하는 법이 없다. 그들이 자기 몸을 건사함에 있어서는 삼가 예를 따라 몸을 단속하여 도리에 어긋나는 법이 없다. 그들이 변고에 대응함에 있어서는 재빨리 신속하게 행동하되 미혹되는 법이 없다. 그들이 천지 만물을 대함에 있어서는 그것들이 그와 같이 되어 있는 까닭을 설명하는 일에는 힘쓰지 않고, 그 자원을 잘 쓰기에 노력한다. 그들이 여러 관리들의 일과 기능을 지닌 사람들을 대함에 있어서는 그들과 능력을 다투지 않고 그들의 기능을 잘 이용하기에 힘쓴다.

그들이 임금을 모심에 있어서는 충성되고 순종하면서도 게을리하는 법이 없다. 그들이 아랫사람을 부림에 있어서는 공평하면서도 한쪽으로 기울지 않는다. 그들이 남과 사귐에 있어서는 의로움을 따라 적절히 행동한다. 그들이 향리에 거처함에 있어서는 너그러이 받아들이면서도 어지러워지지 않는다.

이러한 까닭에 군자는 곤궁하다 하더라도 반드시 명성이 있으며, 뜻을 이루면 반드시 공적이 있게 되고, 어진 덕은 온 천하를 아울러 돌보아 주어 걱정할 일이 없으며, 명철하고 통달한 지혜는 하늘과 땅을 두루 감싸며 만 가지 변화를 잘 다스려 의심할 것이 없게 된다. 그들의 혈기는 화평하고 그들의 뜻은 넓고 크며, 그들이 행하는 의로움은 하늘과 땅 사이에 가득 차니, 이는 인덕과 지혜의 극치이다.

이런 사람을 성인이라 하며, 예의를 잘 살피는 사람이다.

| 원문 |

故君子恭而不難,[1] 敬而不鞏,[2] 貧窮而不約,[3] 富貴而不驕, 竝遇[4]變態[5]而不窮, 審之禮也.

故君子之於禮, 敬而安之. 其於事也, 徑[6]而不失. 其於人也, 寡怨寬裕而無阿.[7] 其所爲身也, 謹修飾[8]而不危.[9] 其應變故也, 齊給[10]便捷[11]而不惑. 其於天地萬物也, 不務說其所以然[12]而致善用其材. 其於百官之事技藝之人也, 不與之爭能而致善用其功.

其待上[13]也, 忠順而不懈. 其使下也, 均徧而不偏. 其交遊也, 緣義而

---

1 難(난) : 난(戁)과 통하여(王引之), 송구스런 태도를 취하는 것, 비굴한 것.
2 鞏(공) : 공(蛩)과 통하여(王引之), 두려워 떠는 것.
3 約(약) : 약속, 구속, 구애를 받다.
4 竝遇(병우) : 여러 가지를 만나다, 여러 가지 일을 당하다.
5 變態(변태) : 변화 많은 특수한 사태.
6 徑(경) : 곧장 가다, 예를 곧바로 따르는 것.
7 阿(아) : 기대다, 아첨하다.
8 修飾(수식) : 수칙(修飭)과 같은 말로(盧文弨), 잘 단속하는 것.
9 危(위) : 궤(詭)와 통하여(王念孫), 도리에 어긋나는 것.
10 齊給(제급) : 재빠른 것.
11 便捷(편첩) : 민첩한 것, 신속한 것.
12 所以然(소이연) : 그러한 까닭, 그렇게 되어 있는 이유.
13 待上(대상) : 임금을 모시는 것. '대'가 시(侍)로 되어 있는 판본도 있다.

有類. 其居鄕里也, 容而不亂.

是故窮則必有名, 達則必有功, 仁厚兼覆天下而不閔,[14] 明達用天地[15] 理萬變而不疑. 血氣和平, 志意廣大, 行義塞於天地之間, 仁知之極也.

夫是之謂聖人, 審之禮也.

| 해설 |

여기에서는 진정한 군자란 어떤 사람인가를 여러 가지 면에서 설명하고 있다. 진정한 군자란 바로 성인인 것이다.

5

나라를 다스리는 방법은 무엇인가? 자기 몸을 닦는 일에 대해서는 들은 일이 있으나 나라를 다스리는 방법에 대해서는 들은 일이 없다. 임금이란 의표이다. 의표가 바르면 그 그림자도 바르다. 임금이란 쟁반이다. 쟁반이 둥글면 거기에 담긴 물도 둥글다. 임금이란 바리이다. 바리가 네모나면 거기에 담긴 물도 네모나다. 임금이 활을 쏘면 신하도 활깍지를 끼게 된다. 초나라 장왕이 허리 가는 여자를 좋아하자, 조정의 여자들은 굶는 이들이 속출하였다. 그러므로 자기 몸을 다스리는 일에 대해서는 들은 일이 있으나, 나라를 다스리는 방법에 대해서는 들은 일이 없다고 말한 것이다.

임금이란 백성들의 근원이다. 근원이 맑으면 흐름도 맑고, 근원이

---

14 閔(민) : 고민하다, 걱정하다.
15 用天地(용천지) : '용'은 주(周)의 잘못으로(王念孫), 하늘과 땅을 두루 감싸는 것.

흐리면 흐름도 흐리다. 그러므로 나라를 다스리고 있는 사람이 백성을 사랑하지 못하고 백성을 이롭게 하지 못하면서 백성들이 자기와 친하기를 바라는 것은 있을 수 없는 일이다. 백성들과 친하지도 않고 사랑하지도 않는데 그들이 자기를 위해 일하고 자기를 위해 죽기 바란다는 것은 있을 수 없는 일이다.

백성들이 자기를 위해 일하지 않고 자기를 위해 죽지 않는데도 군대가 강하고 성이 견고해지기 바란다는 것은 있을 수 없는 일이다. 군대가 강하지 않고 성이 견고하지 않으면서 외적이 침범해 오지 않기 바란다는 것은 불가능한 일이다. 적이 침범해 와서 위태로워지거나 땅을 빼앗기지 않고 또 멸망당하지 않기를 바란다는 것은 있을 수 없는 일이다. 위태롭게 되고 땅을 빼앗기고 멸망케 될 요건들이 모두 여기에 쌓여 있는데도 안락하기를 바라는 것은 미친 사람일 것이다. 미친 사람은 때를 가리지 않고 즐긴다.

| 원문 |

請問爲國? 曰; 聞脩身, 未嘗聞爲國也. 君者儀也, 儀[1]正而景正. 君者槃[2]也, 槃圓而水圓. 君者盂[3]也, 盂方而水方. 君射則臣決.[4] 楚莊王[5]好細腰, 故朝有餓人. 故曰; 聞脩身, 未嘗聞爲國也.

君者, 民之原也, 原淸則流淸, 原濁則流濁. 故有社稷者而不能愛民,

---

1 儀(의) : 의표, 표준.
2 槃(반) : 쟁반.
3 盂(우) : 바리, 밥그릇.
4 決(결) : 활깍지. 활을 쏠 때 손에 끼는 물건.
5 楚莊王(초장왕) : 초나라 장왕. 춘추 오패 중의 한 사람.

不能利民, 而求民之親愛己, 不可得也. 民不親不愛, 而求其爲己用, 爲己死, 不可得也.

民不爲己用, 不爲己死, 而求兵之勁, 城之固, 不可得也. 兵不勁,[6] 城不固,[7] 而求敵之不至, 不可得也. 敵至而求無危削, 不滅亡, 不可得也. 危削滅亡之情[8] 擧[9]積此矣, 而求安樂, 是狂生[10]者也. 狂生者, 不胥時[11]而落.[12]

| 해설 |

나라를 다스리는 일은 임금이 자기 몸을 닦는 데서부터 시작된다. 따라서 임금이란 정치를 하는 데 있어서는 백성들의 근원과 같다. 임금이 올바를 때 백성들이 잘 살게 되고 또 백성들이 그 임금을 따르게 된다.

백성들이 임금을 위해 일하고 임금을 위해 죽으려 할 때 그 나라는 강하고 안락한 나라가 된다. 그렇게 되기 위해서는 훌륭한 사람들을 등용하여 올바른 정치를 해 나가야 한다. 곧 임금은 훌륭한 신하를 두어 올바른 정치를 해야만 백성들이 복종하는 왕자가 될 수 있다.

---

6 勁(경) : 강한 것, 힘 있는 것.
7 固(고) : 수비가 견고한 것.
8 情(정) : 사정, 요건.
9 擧(거) : 모두.
10 狂生(광생) : 미친 사람, 사리를 분간 못하는 사람.
11 胥時(서시) : '서'는 수(須)와 통하여, 때를 기다리지 않고, 때를 가리지 않고.
12 落(낙) : 낙(樂)으로 된 판본이 옳다(王先謙). 즐기는 것, 안락하게 지내는 것.

6

그러므로 임금이 강하고 견고해지고 안락해지기를 바란다면, 백성들을 돌이켜 살펴보는 일보다 더 좋은 것은 없다. 신하들이 따르고 백성들이 통일되기를 바란다면, 정치를 돌이켜 살펴보는 일보다 더 좋은 것은 없다. 정치를 잘하여 나라를 아름답게 하고자 한다면, 합당한 사람을 등용하는 일보다 더 좋은 것은 없다.

학문을 축적하여 그러한 도리를 터득하고 있는 사람은 대대로 끊이지 않고 있다. 그러한 사람은 지금 세상에 살고 있으면서도 옛 성인의 도에 뜻을 두고 있다. 천하의 임금들 가운데 그 도를 좋아하는 사람이 없다고 해도 그는 여전히 홀로 그 도를 좋아하며, 천하의 백성들이 그 도를 아무도 바라지 않는다 하더라도 그는 여전히 홀로 그 도를 따른다. 그 도를 좋아하는 사람이 가난해지고, 그 도를 따르는 사람이 곤경에 처한다 하더라도, 그는 여전히 홀로 그 도를 실천한다. 잠시도 그 일을 멈추는 법이 없다.

환하게 홀로 옛 임금들이 천하를 얻었던 까닭과 천하를 잃었던 이유를 분명히 알고 있다. 나라가 편안하고 위태로운 것과 훌륭하고 나쁜 것을 검은 것과 흰 것을 구별하듯 알고 있다. 이런 사람이 합당한 사람이다.

그를 크게 쓰면 천하를 통일하고 제후들을 신하로 부리게 된다. 그를 작게 쓴다 하더라도 그 위세가 이웃 적국에까지도 미치게 된다. 비록 그를 쓰지는 못한다 하더라도 그가 그 나라를 떠나지 않는다면, 곧 그 나라는 그가 살아 있는 동안 무고할 것이다.

그러므로 임금이 백성들을 사랑하면 안락하게 되고, 뛰어난 선비들을 좋아하면 영화롭게 되며, 두 가지 중 한 가지도 가지고 있지 않다면 망하게 된다.

『시경』에 "위대한 사람은 나라의 울타리요, 삼공은 나라의 담일세"라 고 읊은 것은, 이것을 뜻하는 말이다.

| 원문 |

故人主欲彊固安樂, 則莫若反[1]之民. 欲附下[2]一民, 則莫若反之政. 欲脩政美俗, 則莫若求其人.[3]

彼或蓄積[4]而得之者, 不世絶. 彼其人者, 生乎今之世而志乎古之道. 以天下之王公莫好之也, 然而于是[5]獨好之. 以天下之民莫欲之也, 然而于是獨爲之. 好之者貧, 爲之者窮, 然而于是獨猶將爲之也, 不爲少頃輟焉.

曉然[6]獨明於先王之所以得之, 所以失之. 知國之安危臧否,[7] 若別白黑. 是其人者也.

大用之, 則天下爲一, 諸侯爲臣. 小用之, 則威行隣敵. 縱不能用, 使無去其疆域, 則國終身無故.

故君人者, 愛民而安, 好士而榮, 兩者無一焉而亡.

詩曰;[8] 介人[9]維藩,[10] 大師[11]維垣. 此之謂也.

---

1 反(반) : 돌이켜 살펴보는 것.
2 附下(부하) : 신하들이 따르는 것.
3 其人(기인) : 거기에 합당한 사람.
4 或蓄積(혹축적) : 학문의 축적이 있는 것. '혹'은 유(有)의 뜻.
5 于是(우시) : 시자(是子)의 잘못(王念孫), 그 사람.
6 曉然(효연) : 환한 모양, 밝은 모양.
7 臧否(장부) : 선부(善否), 훌륭한 것과 나쁜 것.
8 詩曰(시왈) : 『시경』 대아(大雅) 판(板)편에 나오는 구절.
9 介人(개인) : 위대한 사람. 정현(鄭玄)은 갑옷을 입은 군인이라 풀이하고 있다(『箋』).

| 해설 |

임금이 정치를 잘하려 한다면 뛰어난 인물, 곧 앞에서 얘기한 참된 군자를 등용하여 정사를 맡겨야 한다. 그리고 그 뛰어난 인물이란 어떤 사람이며, 그를 등용하면 어떤 효용이 있는지 자세히 설명하고 있다.

7

도란 무엇인가? 임금의 도를 말한다. 임금이란 무엇인가? 많은 사람들을 잘 돌보는 것을 말한다. 많은 사람들을 잘 돌본다는 것은 무엇을 말하는가? 사람들이 잘 살도록 보양하는 것이며, 사람들을 잘 다스리는 것이며, 사람들을 잘 등용하는 것이며, 사람들에게 제대로 신분에 맞는 옷을 입게 해주는 것이다.

사람들이 잘 살도록 보양해 주는 사람에 대해서는 모든 사람들이 친근해진다. 사람들을 잘 다스리는 사람에 대해서는 모든 사람들이 안심하게 된다. 사람들을 잘 등용하는 사람에 대해서는 모든 사람들이 즐겁게 여긴다. 사람들에게 제대로 신분에 맞는 옷을 입게 해주는 사람에 대해서는 모든 사람들이 그를 영화롭게 해준다. 이상 네 가지 요건이 다 갖추어지면 온 천하가 그를 따르게 된다. 이것을 많은 사람들을 잘 돌보아 준다고 하는 것이다.

사람들이 잘 살도록 보양하지 못하는 사람에게는 사람들이 친근해지지 않는다. 사람들을 잘 다스리지 못하는 사람에 대해서는 사람들

---

10 藩(번) : 울타리.
11 大師(태사) : 삼공 중의 한 사람.

이 안심하지 못한다. 사람들을 잘 등용하지 못하는 사람에 대해서는 사람들이 즐겁게 여기지 않는다. 사람들에게 제대로 신분에 맞는 옷을 입게 해주지 못하는 사람에 대해서는 사람들이 그를 영화롭게 해주지 않는다. 이상 네 가지 요건이 없다면 천하는 그에게서 떠나간다. 이렇게 되는 사람을 두고 필부라 하는 것이다. 그러므로 도가 확연하면 나라도 확연하고, 도가 망하면 나라도 망한다고 하는 것이다.

공인과 상인은 줄이고 농부들을 늘리며, 도둑을 없애고 간사한 자들을 물리치는 것, 이것이 사람들을 잘 살도록 해주는 방법이다. 천자는 삼공을 두고 제후는 한 사람의 재상을 두며, 대부들은 벼슬을 차지하고 사(士)는 그 직무를 지키는데, 법도에 맞지 않고 공정하지 않은 것이 없도록 하는 것, 이것이 사람들을 잘 다스리는 방법이다. 덕이 있고 없음을 검토하여 서열을 결정하고, 능력을 헤아려 벼슬을 주어 모든 사람들로 하여금 그의 할 일을 수행하며 각각 모두가 그의 합당한 자리를 차지하게 하며, 가장 현명한 사람은 그들로 하여금 삼공의 자리를 맡게 하고, 그 다음으로 현명한 사람은 그들로 하여금 제후가 되게 하며, 하급의 현명한 사람들은 그들로 하여금 사대부가 되게 하는 것, 이것이 사람들을 잘 등용하는 것이다. 관과 옷은 여러 가지 무늬와 여러 가지 조각을 잘 정리하여 모두 차등이 있도록 하는 것, 이것이 사람들에게 제대로 신분에 맞는 옷을 입도록 해주는 것이다.

그러므로 천자로부터 서민에 이르기까지 모두가 그의 능력을 발휘하여, 그의 뜻을 이루고 그의 일을 하며 안락하게 지내게 된다. 이것은 모두가 다 같이 그렇게 되는 것이다. 옷은 따스하고 음식은 충분하며, 사는 곳은 편안하고 움직임은 즐거우며, 일은 때에 알맞고 제도는 분명하고 쓰는 물건은 충분하게 된다. 이런 것도 모두가 다 같이 그렇게 되는 것이다. 그러나 여러 가지 색깔을 써서 무늬를 이루고, 여러 가지 맛을 써서 진귀한 음식을 마련하는 것, 이런 것들은 여분의 일인 것이다.

성왕은 여분의 것들을 잘 정돈하여 신분의 차이를 분명히 하였으니, 위로는 현명하고 훌륭한 사람들을 차이가 나게 꾸며주어 신분이 귀하고 천한 것을 분명히 하였고, 아래로는 나이 많은 사람과 젊은이들을 차이가 나게 꾸며주어 친근하고 소원한 관계를 분명히 하였다. 위로는 임금의 조정, 아래로는 백성들의 집에 이르기까지 온 천하를 분명하게 한 것은 단순한 차별을 하기 위해서가 아니라 그것으로써 사람들의 직분을 분명히 하고 다스림을 이루어 오랜 세월 나라를 보전하기 위함이라는 것을 알았다.

그러므로 천자나 제후들은 사치스런 낭비가 없고, 사대부들은 함부로 지나친 일을 하는 일이 없고, 여러 관리들은 직무에 태만하는 일이 없고, 여러 서민들과 백성들에게는 간악하고 괴상한 풍속이 없고 도둑질하는 죄를 범하는 일이 없게 된다. 의로움에 합당하다고 할 수 있는 일들이 보편화되는 것이다. 그러므로 "나라가 잘 다스려지면 백성들에게 여유가 생기고, 나라가 어지러우면 임금까지도 궁핍하게 된다"고 한 것은, 이것을 뜻하는 말이다.

| 원문 |

道者, 何也? 曰; 君道也. 君者, 何也? 曰; 能羣[1]也. 能羣也者, 何也? 曰; 善生養[2]人者也, 善班治[3]人者也, 善顯設[4]人者也, 善藩飾[5]人者

---

1 羣(군) : 무리를 이루다, 무리를 이루고 잘 살게 하다, 사람들을 모두 잘 살게 하다.

也.

 善生養人者人親之. 善班治人者人安之. 善顯設人者人樂之. 善藩飾人者人榮之. 四統[6]者俱而天下歸之. 夫是之謂能羣.

 不能生養人者, 人不親也. 不能班治人者, 人不安也. 不能顯設人者, 人不樂也. 不能藩飾人者, 人不榮也. 四統者亡而天下去之. 夫是之謂匹夫. 故曰: 道存則國存, 道亡則國亡.

 省工賈, 衆農夫, 禁盜賊, 除姦邪, 是所以生養之也. 天子三公, 諸侯一相, 大夫擅官,[7] 士保職, 莫不法度而公. 是所以班治之也. 論德[8]而定次, 量能而授官, 皆使人載[9]其事而各得其所宜, 上賢使之爲三公, 次賢使之爲諸侯, 下賢使之爲士大夫. 是所以顯設之也. 修冠弁衣裳, 黼黻[10]文章,[11] 彫琢[12]刻鏤,[13] 皆有等差. 是所以藩飾之也.

 故由天子至於庶人也, 莫不騁[14]其能. 得其志, 安樂其事, 是所同[15]也, 衣煖而食充, 居安而游樂, 事時制明而用足, 是又所同也. 若夫重色而成

---

2 生養(생양) : 잘 살게 해주고 보양해 주는 것.
3 班治(반치) : '반'은 변(辨)의 뜻으로(王先謙), 잘 다스리는 것.
4 顯設(현설) : 현용(顯用)의 뜻으로(王先謙), 사람을 잘 등용하는 것.
5 藩飾(번식) : 감싸 주고 꾸며 주다, 신분에 따라 관복이나 쓰는 물건의 색깔과 무늬·모양 등을 달리하는 것.
6 四統(사통) : 네 가지 요건.
7 擅官(천관) : 벼슬자리를 모두 지배하는 것.
8 論德(논덕) : 사람들의 덕을 검토하다, 덕을 따지다.
9 載(재) : 일하다, 행하다.
10 黼黻(보불) : 제5편 비상 제8절 참조.
11 文章(문장) : 여러 가지 색깔의 무늬.
12 彫琢(조탁) : 옥이나 돌을 갈고 쪼아 무늬를 새기는 것.
13 刻鏤(각루) : 나무나 쇠에 조각을 하는 것.
14 騁(빙) : 발휘하다, 달리다.
15 所同(소동) : 모두가 똑같이 그렇게 되다, 모두가 다 같이 그렇게 되기 바라다.

文章, 重味而成珍備,[16] 是所衍[17]也.

聖王財衍[18]以明辨異,[19] 上以飾賢良而明貴賤, 下以飾長幼而明親疏. 上在王公之朝, 下在百姓之家, 天下曉然, 皆知其非以爲異也, 將以明分達治而保萬世也.

故天子諸侯無靡費[20]之用, 士大夫無流淫[21]之行, 百吏官人無怠慢之事, 衆庶百姓無姦怪之俗, 無盜賊之罪. 其能以稱義,[22] 徧矣. 故曰; 治則衍及百姓, 亂則不足及王公. 此之謂也.

| 해설 |

여기서는 임금이 지켜야 할 도에 대하여 설명하고 있다. 순자는 임금이 지켜야 할 네 가지 요건인 도를 잘 실천하면 그 나라는 천하를 차지하게 되고, 이 네 가지 요건이 하나도 행해지지 않는다면 곧 망해 버린다고 하였다. 또한 이 요건들을 갖추는 방법과 요건들이 지니는 정치적·사회적 효용을 설명하고 있다. 그 중에서도 순자는 예와 관련된 제도에 따른 여러 사람들의 직분을 매우 중시하는 것이 특징이라 할 수 있다.

---

16 珍備(진비) : 진귀한 음식을 갖추다.
17 所衍(소연) : 여분의 것, 꼭 필요하지도 않고 다 같이 그렇게 되는 것도 아닌 것을 뜻함.
18 財衍(재연) : '재'는 재(裁)와 통하여, 여분의 것을 잘 정돈하다.
19 辨異(변이) : 신분의 차이.
20 靡費(미비) : 사치스럽게 낭비하다, 쓸데없이 소비하다.
21 流淫(유음) : 멋대로 지나친 것.
22 稱義(칭의) : 의로움과 어울리다, 의로움에 합당하다.

8

지극한 도는 위대한 형태를 이룬다. 예의를 숭상하고 법도를 이룩하면 나라의 표준이 있게 된다. 현명한 사람을 숭상하고 능력 있는 사람을 부리면 백성들이 나아갈 방향을 알게 된다. 여론을 모으고 공정히 살핀다면 백성들은 의심치 않게 된다. 힘쓰는 사람에겐 상을 주고 구차하게 구는 자에겐 벌을 주면 백성들은 게으르지 않게 된다. 널리 아울러 일을 처리하되 공평하고 분명하면 온 천하가 그를 따르게 된다.

그런 뒤에 사람들의 직분을 분명히 하고, 하는 일에 질서를 마련하며, 재능과 기술을 따져 능력 있는 사람에게 벼슬을 주면 잘 다스려지지 않을 수가 없다. 그렇게 되면 공정한 도가 널리 행해지고 사사로운 길은 모두 막혀 버릴 것이며, 공평한 의리가 밝아지고 사사로운 일은 없어질 것이다. 그렇게 되면 곧 덕이 두터운 사람은 나아가 벼슬을 하고, 아첨하는 말을 잘하는 자는 없어질 것이며, 이익을 탐하는 자는 물러나고, 결렴하고 절조가 있는 사람이 일어설 것이다. 『서경(書經)』에 "때에 앞서는 자도 죽이고 용서치 않으며, 때에 미치지 못하는 자도 죽이고 용서치 않는다"고 하였다. 사람들은 그들의 일에 익숙하여 딴 짓을 하지 않도록 해야 한다.

사람들의 여러 가지 일은 귀와 눈과 코와 입이 서로 기능을 빌려줄 수가 없는 것과 같다. 그러므로 직분이 정해져 백성들은 태만하지 않게 되고, 서열이 정해져 질서가 어지러워지지 않게 되는 것이다. 널리 아울러 일을 처리하고 공평하고 분명하면 여러 가지 일들이 남아 있지 않고 처리될 것이다. 그렇게 되면 신하와 여러 관리들로부터 서민들에 이르기까지 모두가 자기를 잘 닦은 뒤에 정치가 안정될 것이며, 성실함과 능력을 갖춘 뒤에 직분을 받게 되어 백성들의 풍속이 바뀌고, 소인들은 마음을 바꾸고, 간사하고 괴상한 자들도 모두가 성실한 마음으로 되돌아갈 것이다. 이러한 것을 두고 정치와 교화의 극치라 한다.

그렇게 되면 천자는 보지 않아도 보는 것 같고, 듣지 않아도 듣는 것 같으며 생각하지 않아도 알게 되고, 움직이지 않아도 공적이 쌓여 우뚝이 홀로 앉아 있어도 온 천하가 그를 따라 한몸처럼 또는 자기의 사지처럼 자신의 마음을 따르게 될 것이다. 이것을 두고 위대한 형태라 말하는 것이다.

『시경』에 "온순하고 공손한 사람은 덕의 터전일세"라고 읊은 것은 이것을 뜻하는 말이다.

| 원문 |

至道大形.[1] 隆禮至法[2]則國有常,[3] 尙賢使能則民知方,[4] 纂論[5]公察則民不疑, 賞克[6]罰偸則民不怠, 兼聽齊明則天下歸之.

然後, 明分職, 序事業, 材技[7]官能, 莫不治理. 則公道達而私門塞矣, 公義明而私事息矣. 如是, 則德厚者進而佞說[8]者止, 貪利者退而廉節者起. 書曰:[9] 先時者殺無赦, 不逮時者殺無赦. 人習其事而固.[10]

---

1 大形(대형) : 위대한 형태, 위대한 형태를 이루다.
2 至法(지법) : '지'는 치(致)와 통하여, 법도를 이룩하다.
3 常(상) : 법, 표준.
4 方(방) : 방향, 나아갈 방향.
5 纂論(찬론) : 논의를 모으다.
6 賞克(상극) : '극'은 면(免)의 잘못(王念孫 說), 부지런히 힘쓰는 사람에게 상을 주는 것.
7 材技(재기) : 재능과 기술을 따지다.
8 佞說(영설) : 아첨하는 말을 하는 것.
9 書曰(서왈) : 『서경(書經)』 하서(夏書) 윤정(胤征)편에 나오는 구절.

人之百事, 如耳目鼻口之不可以相借官也. 故職分而民不探,[11] 次定而
序不亂, 兼聽齊明而百事不留. 如是, 則臣下百吏至於庶人莫不修己而
後敢安正,[12] 誠能而後敢受職, 百姓易俗, 小人變心, 姦怪之屬莫不反慤.
夫是之謂政敎之極.

故天子不視而見, 不聽而聰, 不慮而知, 不動而功. 塊然[13]獨坐而天下
從之如一體, 如四肢[14]之從心. 夫是之謂大形.

詩曰;[15] 溫溫[16]恭人, 維德之基. 此之謂也.

| 해설 |

여기서는 이 편의 주제인 임금의 도를 본격적으로 논하고 있다. 여기서
도 예의를 존중하고 능력 있는 사람을 등용할 것을 강조하며, 모든 사람들
의 직분을 매우 중시하고 있다. 세상 모든 사람들이 자기 직분을 올바로
수행한다면 임금이 아무 일을 하지 않아도 천하가 태평해진다는 것이다.

9

임금이 된 사람은 누구나가 강해지기를 바라고 약해지는 것은 싫어
하며, 안락한 것을 바라고 위험해지는 것은 싫어하며, 영화롭게 되기

---

10 固(고) : 굳어지다, 딴 짓을 하지 않는 것.
11 不探(불탐) : '탐'은 만(慢)이 옳으며(王念孫 說), 태만히 하지 않는 것.
12 安正(안정) : 정치가 안정되다. '정'은 정(政)의 뜻.
13 塊然(괴연) : 흙덩어리 같은 모양, 우뚝한 모양.
14 四肢(사지) : 짐승의 네 다리, 사람의 팔다리.
15 詩曰(시왈) : 『시경』 대아(大雅) 억(抑)편에 나오는 구절.
16 溫溫(온온) : 인격이 온순한 모양.

를 바라고 욕을 보는 것은 싫어한다. 그것은 우임금이나 걸왕이나 다 같은 것이다. 이상 세 가지 바라는 것을 얻고, 또 세 가지 싫어하는 것을 피하려면 과연 어떤 방법이 편리할까? 그것은 재상을 신중히 등용하는 것이 가장 편리한 방법이다.

본디 재상은 지혜가 있다 해도 어질지 않으면 안 되고, 어질다 해도 지혜가 없으면 안 된다. 지혜가 있고 어짐도 있어야만 임금의 보배가 되고, 왕자와 패자의 보좌인이 되는 것이다. 그런 사람을 얻으려고 서두르지 않는다면 지혜 없는 임금일 것이며, 그런 사람을 얻고도 등용하지 않는다면 어질지 않은 임금이다. 그러한 사람이 없는데도 그러한 공적이 이루어지기를 바라는 것은 어리석음이 그보다 더할 수가 없다.

지금 임금들에게는 큰 환난이 있다. 그것은 현명한 사람에게 나라를 다스리게 해놓고도 못난 사람들과 더불어 그가 하는 일을 규제하고, 지혜 있는 사람에게 다스리는 계획을 세우게 해놓고도 어리석은 자들과 더불어 그가 하는 일을 비평하고, 몸을 잘 닦은 선비에게 다스리는 일을 하도록 해놓고도 간사한 자들과 더불어 그가 하는 일을 의심하는 것이다. 비록 공적을 이루고자 하더라도 될 수가 있겠는가? 그것은 마치 곧은 나무를 세워 놓고 그 그림자가 굽을까 두려워하는 것과 같다. 미혹됨이 이보다 더 클 수가 없다. 전하는 말에 "예쁜 여자의 아름다움은 추한 여자들에게는 해로움이 되고, 공정한 선비는 일반 여러 사람들에게는 병폐가 된다"고 하였다. 도를 따르는 사람은 간사한 자들에게는 적이 된다. 지금 간사한 자들에게 그들이 원망하는 적을 비평하도록 하면서, 그들이 한쪽으로 치우치지 않기를 바랄 수가 있겠는가? 그것은 마치 굽은 나무를 세워 놓고 그 그림자가 곧

기를 바라는 것과 같다. 어지러움이 이보다 더할 수가 없다.

본디 옛날 사람들의 나라를 다스리는 방법은 그렇지 않았다. 그들은 사람을 고르는 데 도가 있었고, 사람을 등용하는 데 법이 있었다. 사람을 고르는 도란 예의로써 그를 따져 보는 것이고, 사람을 등용하는 법이란 사회 계급으로써 그의 직위를 한정하는 것이다. 그들이 의로움을 행하는 거동을 예의를 바탕으로 헤아리고, 그들의 지혜와 생각으로 일을 처리하는 능력을 이루어 놓은 성과를 참조하여 평가하고, 그들이 오랜 세월 쌓아 놓은 업적은 공적을 근거로 하여 평가한다. 그러므로 신분이 낮은 자가 신분이 높은 사람 위에 군림할 수가 없고, 직분이 가벼운 사람이 직분이 무거운 사람을 비판할 수가 없으며, 어리석은 자가 지혜 있는 사람의 생각을 아는 체할 수가 없었다. 그렇기 때문에 만 가지 일을 해도 한 번의 잘못도 없었다.

그러므로 쓸 사람을 예의로써 평가하여 그가 공경한 몸가짐으로 편안할 수 있는가를 살펴보며, 그와 더불어 여러 가지 일을 해보고 행동을 해보아 그가 여러 가지 변화에 잘 대응할 수 있는가를 살펴보며, 그와 더불어 함께 놀고 잔치를 벌이면서 그가 지나친 즐김에 빠지지 않는가를 살펴보며, 그를 음악과 여자, 권세와 이익, 분한 일과 노여운 일, 환난과 위험 등을 체험하게 하여 그가 지켜야 할 절조를 잃지 않는가 살펴보는 것이다. 그들이 진실로 그러한 것들을 몸에 지니고 있는가와 그들이 진실로 그러한 것들을 지니고 있지 않은가를 흰 것과 검은 것을 구별하듯 알 수 있는 것이니, 잘못 판단할 수가 있겠는가? 그러므로 백락(伯樂)은 말에 관한 일로 속일 수가 없고, 군자는 사람을 판단하는 일로 속일 수가 없는 것이다. 이것이 명철한 임금의 도이다.

| 원문 |

爲人主者, 莫不欲彊而惡弱, 欲安而惡危, 欲榮而惡辱, 是禹桀[1]之所同也. 要此三欲, 辟[2]此三惡, 果何道而便? 曰; 在愼取相, 道莫徑[3]是矣.

故知而不仁, 不可, 仁而不知, 不可. 旣知且仁, 是人主之寶也, 而王霸之佐也. 不急得, 不知, 得而不用, 不仁. 無其人而幸[4]有其功, 愚莫大焉.

今人主有六患.[5] 使賢者爲之, 則與不肖者規[6]之, 使知者慮[7]之, 則與愚者論之, 使脩士行之, 則與汙邪[8]之人疑之. 雖欲成功得乎哉? 譬之是猶立直木而恐其景[9]之枉也, 惑莫大焉. 語曰; 好女之色,[10] 惡者之孼[11]也. 公正之士, 衆人之痤[12]也. 循乎道之人, 汙邪之賊也. 今使汙邪之人, 論其怨賊而求其無偏, 得乎哉? 譬之是立枉木而求其景之直也, 亂莫大焉.

故古之人爲之不然. 其取人有道, 其用人有法. 取人之道, 參之以禮, 用人之法, 禁之以等.[13] 行義動靜, 度[14]之以禮, 知慮取舍, 稽[15]之以成,

---

1 禹桀(우걸) : '우'는 하나라를 창건한 임금, '걸'은 하나라를 망친 최후의 임금. 성군과 폭군.
2 辟(피) : 피하다. 피(避)와 같은 글자.
3 徑(경) : 빠른 것, 편리한 것.
4 幸(행) : 요행을 바라다. 행(倖)과 같은 글자.
5 六患(육환) : 큰 환난. '육'은 대(大)의 잘못(俞樾).
6 規(규) : 규제하다.
7 慮(려) : 생각하다, 계획을 세우다.
8 汙邪(우사) : 더럽고 사악한 것. 다만 '우'는 간(奸)으로 된 판본도 있으니(王先謙), 간사하다는 뜻.
9 景(영) : 그림자. 영(影)과 같은 글자.
10 好女之色(호녀지색) : 예쁜 여자의 아름다움, 예쁜 여자의 얼굴.
11 孼(얼) : 해, 해독(王念孫).
12 痤(좌) : 부스럼, 병폐.
13 禁之以等(금지이등) : 신분의 등급으로 직위를 한정하는 것(王先謙). 봉건 사회는 계급 사회이며, 천자·제후·대부·사·서민·노예의 계급은 나면서 정해지는 것이었다.

日月積久, 校¹⁶之以功. 故卑不得以臨尊, 輕不得以縣¹⁷重, 愚不得以謀知. 是以萬擧不過¹⁸也.

故校之以禮, 而觀其能安敬也, 與之擧錯遷移,¹⁹ 而觀其能應變也, 與之安燕,²⁰ 而觀其能無流慆²¹也. 接之以聲色, 權利, 忿怒, 患險, 而觀其能無離守也. 彼誠有之者, 與誠無之者, 若白黑然, 可詘²²邪哉? 故伯樂²³不可欺以馬, 而君子不可欺以人. 此明王之道也.

| 해설 |

임금의 도로서 가장 중요한 재상을 가려 뽑아 쓰는 방법을 설명하고 있다. 특히 여러 가지 면에서 사람을 알아보고 평가하는 방법이 흥미롭다.

10

임금이 멀리 있는 작은 물건도 쏘아 맞추는 활을 잘 쏘는 사람을 구하고자 한다면, 높은 벼슬과 많은 상을 내걸고 그런 사람을 불러들이되, 안으로는 가까운 자제들이라 하더라도 편들면 안 되고, 밖으로는

---

14 度(탁) : 헤아리다.
15 稽(계) : 참조하다, 참조하여 평가하다.
16 校(교) : 조사하여 평가하는 것.
17 縣(현) : 무게를 재보다, 평가하다.
18 不過(불과) : 잘못이 없다.
19 擧錯遷移(거조천이) : 여러 가지 일을 하고 행동을 하는 것.
20 安燕(안연) : 편안히 놀고 잔치를 벌이다.
21 流慆(유도) : '도'는 음(淫)의 잘못(盧文弨), 즐김에 지나치게 빠지는 것.
22 詘(굴) : 굴(屈)과 통하여(王先謙), 잘못 판단하는 것.
23 伯樂(백락) : 춘추 시대 진(秦)나라 목공(穆公) 때 사람. 이름은 손양(孫陽)으로, 말을 잘 알아보는 전문가였다.

먼 곳의 사람이라 하더라도 놓치지 않고 잘 쏘아 맞추는 사람만을 받아들여야 한다. 이것이 어찌 반드시 그런 사람을 구하여 얻는 방법이 아니겠는가? 비록 성인이라 하더라도 이 방법을 바꿀 수는 없다.

　빠르게 멀리까지 달려 하루에 천 리 길을 갈 수 있는 수레를 잘 모는 사람을 구하고자 한다면, 높은 벼슬과 많은 상을 내걸고 그런 사람을 불러들이되, 안으로는 가까운 자제들이라 하더라도 편들면 안 되고, 밖으로는 먼 곳의 사람이라 하더라도 놓치지 않고 그렇게 수레를 모는 사람만을 받아들여야 한다. 이것이 어찌 반드시 그런 사람을 구하여 얻는 방법이 아니겠는가? 비록 성인이라 하더라도 이 방법을 바꿀 수는 없다.

　나라를 다스리고 백성들을 부려 위아래 사람들을 조화시키고 통일시키려 한다면, 안으로는 성을 견고히 하고, 밖으로는 외적의 침입을 막을 수 있어야 한다. 나라가 잘 다스려지면 남을 제압하게 되어 남이 그를 제압할 수 없게 된다. 나라가 어지러우면 위태롭고 욕을 보게 되어 멸망은 서서 기다려도 될 만큼 순식간에 닥칠 것이다.

　그런데도 재상과 보좌하는 사람을 구하는 일에 유독 그처럼 공정하지 않고, 오직 자기가 좋아하는 사람과 자기와 가까운 자들만을 등용하고 있다. 어찌 심한 잘못이 아니라 하겠는가? 그러므로 나라를 다스리는 사람이라면, 모두가 강해지기를 바라지만 곧 약해지고, 모두가 안락하기를 바라지만 곧 위태로워지고, 모두가 나라를 존속시키기를 바라지만 곧 망하고 있다. 그래서 옛날에는 여러 나라가 있었으나 지금은 수십의 나라밖에 없다. 그 까닭은 다름이 아니라 모두가 이 일에 실패하였기 때문이다.

| 원문 |

人主欲得善射, 射遠中微者, 縣¹貴爵重賞以招致之. 內不可以阿²子弟, 外不可以隱³遠人, 能中是者取之. 是豈不必得之之道也哉? 雖聖人不能易也.

欲得善馭, 速致遠者, 一日而千里, 縣貴爵重賞以招致之. 內不可以阿子弟, 外不可以隱遠人, 能致是者取之. 是豈不必得之之道也哉? 雖聖人不能易也.

欲治國馭民, 調壹上下, 將內以固城, 外以拒難. 治則制人, 人不能制也. 亂則危辱, 滅亡可立而待也.

然而求卿相輔佐, 則獨不若是其公也, 案唯便嬖⁴親比己者之用也, 豈不過甚矣哉? 故有社稷者莫不欲彊, 俄⁵則弱矣, 莫不欲安, 俄則危矣, 莫不欲存, 俄則亡矣. 古有萬國, 今有數十焉. 是無它故, 莫不失之是⁶也.

| 해설 |

임금의 도 가운데 사람을 잘 등용하는 일이 가장 중요함을 거듭 강조하는 대목이다.

---

1 縣(현) : 내걸다.
2 阿(아) : 가까이하다, 아첨하다, 편들어 주다.
3 隱(은) : 놓쳐 숨겨지는 것.
4 便嬖(편폐) : 자신이 개인적으로 좋아하고 사랑하는 사람.
5 俄(아) : 갑자기, 곧.
6 失之是(실지시) : 이것에 실패하다. 이것이란 사람을 공정히 뽑아 등용하는 것을 가리킨다.

11

그러므로 명철한 임금은 금이나 보석이나 주옥은 사사로이 사람들에게 주지만, 관직이나 직책은 사사로이 사람들에게 주는 법이 없다. 그것은 어째서인가? 그것은 사사로이 주는 것이 크게 이롭지 않은 일이기 때문이다. 능력이 없는 자를 임금이 부리고 있다면 이는 바로 임금이 어리석은 것이다. 능력이 없는 신하가 능력 있는 체하고 있다면 이는 바로 신하가 속임수를 쓰는 것이다. 위의 임금은 어리석고 아래 신하는 속임수를 쓰고 있다면 얼마 못 가서 멸망할 것이며, 모두가 해를 입게 되는 길인 것이다.

주나라 문왕은 높은 자리에 친척이 없었던 것이 아니고, 자기 자식들이 없었던 것도 아니며, 자기가 좋아하고 사랑하는 자가 없었던 것도 아니었다. 그런데도 초연히 낚시꾼 중에서 강태공을 골라 썼다. 어찌 이것이 사사로운 행동이겠는가? 친족이었기 때문인가? 주나라는 성이 희씨(姬氏)이고, 강태공은 성이 강씨(姜氏)였다. 오랜 친구였기 때문인가? 두 사람은 전혀 서로 알지 못하는 사이였다. 용모가 출중했기 때문인가? 강태공은 나이가 일흔두 살에 이가 다 빠져 두 볼이 움푹 들어간 상태였다.

그런데도 강태공을 등용한 것은 문왕이 존귀한 도를 세우고 존귀한 명성을 분명히 하여 천하에 혜택을 입히고자 하였기 때문이다. 그런 일은 자기 혼자서는 할 수가 없었다. 그러한 사람이 아니라면 그런 일은 행할 수가 없었기 때문에 그를 골라서 등용했던 것이다. 그렇게 하여 존귀한 도가 세워졌고 결과적으로 존귀한 명성이 알려져 온 천하를 제어하였다. 문왕은 일흔한 나라를 세웠는데 희씨(姬氏) 성의 사람들이 쉰세 나라나 차지하였다. 주나라의 자손은 진실로 미치고 정신 나간 사람이 아니라면 모두가 천하의 제후가 되었다. 그렇게 될 수 있었던 것은 사람들을 사랑할 줄 알았기 때문이다.

그러므로 천하에 위대한 도를 행하고, 천하에 위대한 공적을 세운 뒤에 그가 좋아하고 그가 사랑하는 사람들을 사사로이 위할 수가 있는 것이다. 그들뿐만 아니라 아래의 사람들도 천하에 드러나는 제후가 되기에 충분하였던 것이다. 그러므로 "오직 명철한 임금만이 그가 사랑하는 사람을 사랑해 줄 수가 있고, 어리석은 임금은 반드시 그가 사랑하는 사람을 위태롭게 만든다."고 하는 것은, 바로 이것을 뜻하는 말이다.

| 원문 |

故明主有私人[1]以金石珠玉, 無私人以官職事業. 是何也? 曰; 本不利[2]於所私也. 彼不能而主使之, 則是主闇[3]也. 臣不能而誣能,[4] 則是臣詐也. 主闇於上, 臣詐於下, 滅亡無日, 俱害之道也.

夫文王非無貴戚也, 非無子弟也, 非無便嬖也, 偶然[5]乃擧太公[6]於州人[7]而用之, 豈私之也哉? 以爲親邪? 則周姬姓也, 而彼姜姓也. 以爲故[8]邪? 則未嘗相識也. 以爲好麗邪? 則夫人行年七十有二, 齫然[9]而齒墮矣.

---

1 私人(사인) : 사사로이 사람들에게 주다.
2 本不利(본불리) : 크게 이롭지 않다. '본'은 대(大)의 잘못(王先謙).
3 闇(암) : 어리석음.
4 誣能(무능) : 능력 있는 체하다.
5 偶然(척연) : 얽매이지 않은 모양, 초연.
6 太公(태공) : 강태공, 태공망(太公望) 여상(呂尙). 제11편 방패 제14절 참조.
7 州人(주인) : '주'는 주(舟)와 통하여 뱃사람, 배를 타고 낚시질하던 사람.
8 故(고) : 오래 사귄 사람, 오랜 친구.
9 齫然(곤연) : '곤'은 운(齳)으로 쓰는 것이 옳으며(盧文弨), 이가 다 빠져 볼이 움푹 들어

然而用之者, 夫文王欲立貴道, 欲白貴名, 以惠天下, 而不可以獨也. 非于是子莫足以擧之, 故擧是子而用之. 於是乎貴道果立, 貴名果明, 兼制天下, 立七十一國, 姬姓獨居五十三人. 周之子孫, 苟不狂惑者, 莫不爲天下之顯諸侯. 如是者, 能愛人也.

故擧天下之大道, 立天下之大功, 然後隱[10]其所憐所愛, 其下猶足以爲天下之顯諸侯. 故曰; 唯明主爲能愛其所愛, 闇主則必危其所愛. 此之謂也.

| 해설 |

사람을 공정하게 골라 등용해야 함을 문왕이 강태공을 등용했던 고사를 인용하여 자세히 설명하고 있다.

12

담 밖은 눈으로 볼 수가 없고 일 리 저편 소리는 귀로 들을 수가 없다. 그런데 임금이 지키며 관할하는 범위는 멀리는 온 천하까지, 가까이는 국경 안까지여서 모든 일을 알지 않으면 안 된다. 천하의 변화와 국경 안의 일에는 느슨한 것도 있고 서로 어긋나는 것들도 있다. 그런데 임금이 그런 것들을 알 길이 없다면, 곧 그는 구속당하고 협박당하고 가려지고 막혀지는 근원이 될 것이다. 귀와 눈으로 듣고 보는 범위는 그처럼 좁은데, 임금이 지키며 관할해야 할 범위는 그처럼 넓다.

간 모양.
10 隱(은) : 사사로이 돌보는 것(王先謙).

그 범위 안의 일을 알지 못하면 위험해지기 때문이다.

그렇다면 임금은 무엇을 통해서 그런 것을 알아야 하는가? 그것은 그가 좋아하고 사랑하는 측근의 사람들을 통해서이다. 그들은 임금의 먼 곳의 일을 알고 여러 사람들의 의견을 모으는 문이 되고 창문이 되는 것이다. 그런 사람들을 일찍이 갖추어 놓지 않으면 안 된다. 그러므로 임금에게는 반드시 자기가 좋아하고 사랑하는 믿을 만한 측근이 있어야만 한다. 그들의 지혜는 사물을 판단하기에 충분하고, 그들의 바르고 성실함은 사물을 판정하기에 충분해야만 한다. 이러한 것을 나라가 갖추어야 할 요건이라 한다.

임금은 놀고 구경하고 편히 지내고 잔치하는 때가 없을 수가 없다. 그리고 병이 나거나 사고가 생기는 등의 변고도 없을 수가 없다. 그와 같이 나라라는 것은 여러 가지 일이 샘의 근원처럼 생겨나고 닥쳐오게 된다. 그것들 중 한 가지 사물에라도 제대로 대응하지 못하면 혼란의 발단이 되고 만다. 그러므로 "임금은 홀로 나라를 다스릴 수 없다"고 하는 것이다. 재상과 보좌하는 사람들은 임금에게는 들메끈이나 지팡이 같은 것이다. 그것은 서둘러 갖추지 않으면 안 되는 것이다.

본디 임금이란 반드시 일을 맡길 만한 재상이나 보좌하는 사람들이 있어야만 한다. 그의 덕이 있다는 명성은 백성들을 쓰다듬어 안정시킬 만하고, 그의 지혜와 생각은 온갖 변화에 대처할 만한 것이어야 한다. 이러한 것을 나라가 갖추어야 할 요건이라 한다.

사방 이웃의 제후들과의 관계에서는 서로 교섭을 하지 않으면 안 된다. 그렇지만 반드시 모두와 친하게 지낼 수는 없다. 그러므로 임금은 멀리 있는 나라에 가서 자기의 뜻을 설명해 주고 상대방의 의심을 풀어 줄 만한 사람이 반드시 있어야만 한다. 그의 옳고 그름의 설명은 번잡한 일을 해결할 수 있고, 그의 지혜와 생각은 의심을 풀어 줄 수 있고, 그의 결단은 어려운 제의를 막아낼 수 있으며, 사사로운 일을 하지 않고, 임금을 배반하지 않아야 한다. 또 다급한 일에 대응을 잘 하여, 환난을 막아 주어 나라를 잘 지탱할 수 있어야만 한다. 이러한 것을 나라가 갖추어야 할 요건이라 하는 것이다.

그러므로 임금으로서 자기가 좋아하고 사랑하는 믿을 만한 측근이 없다면, 그를 어리석은 임금이라 한다. 일을 맡길 만한 재상과 보좌하는 사람들이 없다면, 그를 외톨이 임금이라 한다. 사방 이웃 제후들에게 사신으로 보내는 사람이 잘못된 인물이라면, 그러한 사람을 외로운 임금이라 한다. 외롭고 외톨이인데다가 어리석다면 그런 임금의 나라를 위태로운 나라라 한다. 비록 나라가 존속되고 있는 듯하더라도 옛날 사람들은 그런 나라는 망하였다고 하였다.

『시경』에 "많은 신하들 있어서 문왕께서는 편안하셨네."라고 읊은 것은, 이것을 뜻하는 말이다.

| 원문 |

墻之外, 目不見也, 里之前,[1] 耳不聞也. 而人主之守司, 遠者天下, 近者境內, 不可不略知[2]也. 天下之變, 境內之事, 有弛易[3]齵差[4]者矣, 而人主無由知之, 則是拘脅蔽塞[5]之端也. 耳目之明, 如是其狹也, 人主之守

---

[1] 里之前(이지전) : 일 리 앞쪽, 일 리 저쪽.
[2] 略知(략지) : 모든 일을 널리 아는 것.
[3] 弛易(이이) : 느슨한 것, 이만(弛慢).
[4] 齵差(우차) : 뻐드렁니가 어긋나 있는 것, 가지런하지 않고 어긋나는 것.
[5] 拘脅蔽塞(구협폐색) : 구속 · 협박 · 가려지는 것 · 막히는 것.

司, 如是其廣也. 其中⁶不可以不知也, 如是其危也.

然則人主將何以知之? 曰; 便嬖左右者, 人主之所以窺遠,⁷ 收衆⁸之門戶牖嚮⁹也, 不可不早具也. 故人主必將有便嬖左右足信者, 然後可. 其知惠足使規物,¹⁰ 其端誠足使定物,¹¹ 然後可. 夫是之謂國具.¹²

人主不能不有遊觀安燕之時, 則不得不有疾病物故¹³之變焉. 如是, 國者, 事物之至也如泉原, 一物不應, 亂之端也. 故曰; 人主不可以獨也. 卿相輔佐, 人主之基杖¹⁴也, 不可不早具也.

故人主必將有卿相輔佐足任者, 然後可. 其德音足以塡撫¹⁵百姓, 其知慮足以應待萬變, 然後可. 夫是之謂國具.

四隣諸侯之相與, 不可以不相接也. 然而不必相親也. 故人主必將有足使喩志,¹⁶ 決疑於遠方者, 然後可. 其辯說足以解煩,¹⁷ 其知慮足以決疑, 其齊斷¹⁸足以距難, 不還秩¹⁹不反君.²⁰ 然而應薄²¹扞患,²² 足以持社

---

6 其中(기중) : 그 범위 안의 일.
7 窺遠(규원) : 먼 곳을 보다, 먼 곳의 일을 알다.
8 收衆(수중) : 여러 사람들의 의견을 모으다, 여론을 수집하다.
9 牖嚮(유향) : 창문. '향'은 향(向)과 통함.
10 規物(규물) : 사물을 올바로 판단하다.
11 定物(정물) : 사물을 옳게 판정하다.
12 國具(국구) : 나라에 갖추어야 할 것, 나라가 갖추어야 할 요건.
13 物故(물고) : 사고, 변고.
14 基杖(기장) : '기'는 기(綦)와 통하여(俞樾), 들메끈. 장은 지팡이.
15 塡撫(진무) : 쓰다듬어 진정시키다, 어루만져 안정시키다.
16 喩志(유지) : 자기의 뜻을 상대방에게 깨우쳐 주는 것.
17 解煩(해번) : 번잡한 일을 해결하다.
18 齊斷(제단) : 결단.
19 還秩(환질) : '환'은 영(營)의 뜻, 경영하다. '질'은 사(私)의 잘못(王念孫), 사사로운 것.
20 反君(반군) : 임금을 배반하다.
21 應薄(응박) : 긴박한 일에 잘 대응하는 것.
22 扞患(간환) : 환난을 막다.

稷, 然後可. 夫是之謂國具.

　故人主無便嬖左右足信者謂之闇, 無卿相輔佐足任者謂之獨, 所使於四隣諸侯者非其人謂之孤. 孤獨而晻²³謂之危. 國雖若存, 古之人曰亡矣. 詩曰;²⁴ 濟濟²⁵多士, 文王以寧. 此之謂也.

| 해설 |

　여기서도 정치는 임금 혼자서 할 수 없는 일이니, 무엇보다도 사람을 잘 등용해야 함을 강조하고 있다. 임금은 신하들을 통해서 천하의 일을 보고 듣고 다스릴 수 있는 것이다.

13

　사람들의 재능을 헤아리되, 신중하고 성실하며 부지런히 일하고, 계산이 세밀하여 전혀 빠뜨리는 일이 없다면, 이는 관청의 일반 관리로 쓸 재목이다. 몸을 잘 닦아 단정하며, 법을 존중하고 직분을 공경히 지켜 비뚤어진 마음이 없고, 직책을 잘 지키고 할 일에 전념하여, 전혀 더하거나 덜하지 않고 대대로 자손들에게 물려줄 수 있으며, 남이 그가 하는 일을 간섭하거나 뺏을 수가 없다면, 이는 사대부로서 관청의 우두머리로 쓸 재목이다.

　예의를 숭상하는 것은 임금을 존중하기 위한 일임을 알고, 훌륭한 선비를 좋아하는 것은 명성을 아름답게 하기 위한 일임을 알며, 백성

---

23 晻(암) : 암(闇)과 같은 뜻, 어리석고 어두운 것.
24 詩曰(시왈) : 『시경』 대아(大雅) 문왕편의 구절.
25 濟濟(제제) : 훌륭한 인물이 많은 모양.

을 사랑하는 것은 나라를 안락하게 하기 위한 일임을 알고, 일정한 법도가 있는 것은 풍속을 통일하기 위한 일임을 알며, 현명한 이를 숭상하고 능력 있는 이를 등용하는 것은 공적을 증대하기 위한 일임을 알고, 근본적인 농업에 힘쓰게 하고 말단적인 상업을 억제하는 것은 물자를 풍부하게 하기 위한 일임을 알며, 아랫사람들과 작은 이익을 다투지 않아야 하는 것은 일을 하는 데 편리하도록 하기 위한 일임을 알고, 제도를 분명히 하고 사물을 잘 저울질하여 쓰는 데 알맞도록 하는 것은 모든 일이 정체되지 않도록 하기 위한 일임을 안다면, 이는 재상이나 보좌하는 신하가 될 재목이다. 그러나 이것은 임금의 도에는 미치지 못하는 것이다.

　이상 세 가지 재목의 사람들을 잘 따지고 골라 벼슬자리에 앉혀 그들의 서열이 잘못되는 일이 없도록 하는 것이 바로 임금의 도이다. 그와 같이 한다면 임금의 몸은 안락하고 나라는 잘 다스려지며, 공적은 위대해지고 명성은 아름다워져 위로는 왕자가 될 수가 있고 아래로는 패자가 될 수 있는 것이니, 이것이 임금이 지켜야 할 요건이다.

　임금이 이상 세 가지 재목이 될 만한 사람들을 잘 따지고 고르지 못한다면, 도를 행할 줄 모르는 임금이다. 다만 권세를 낮추고 스스로 나가 애쓰며, 귀와 눈을 통한 즐김은 물리치고, 스스로 매일 자잘한 일까지 다스리며, 하루 동안에 그런 일들을 빈틈없이 정리하려 하고, 신하들과 작은 일을 살피는 일을 두고 다투어 자기의 치우친 능력을 다하려고만 생각하게 된다. 옛날부터 지금에 이르기까지 이러하고도 어지럽지 않은 나라는 없었다. 이른바 "볼 수 없는 것을 보려 하고, 들을 수 없는 것을 들으려 하며, 이루어질 수 없는 일을 이루려 한다"는 것은 이것을 뜻하는 말이다.

| 원문 |

材人,[1] 愿慤[2]拘錄,[3] 計數纖嗇[4]而無敢遺喪,[5] 是官人[6]使吏之材也. 脩飾[7]端正, 尊法敬分而無傾側之心,[8] 守職循業,[9] 不敢損益,[10] 可傳世也, 而不可使侵奪, 是士大夫官師[11]之材也.

知隆禮義之爲尊君也, 知好士之爲美名也, 知愛民之爲安國也, 知有常法之爲一俗也, 知尙賢使能之爲長功也, 知務本禁末[12]之爲多材[13]也, 知無與下爭小利之爲便於事也, 知明制度權物[14]稱用之爲不泥[15]也, 是卿相輔佐之材也. 未及君道也.

能論官[16]此三材者而無失其次, 是謂人主之道也. 若是, 則身佚而國治, 功大而名美, 上可以王, 下可以霸, 是人主之要守也.

人主不能論此三材者, 不知道此道,[17] 安値[18]將卑埶出勞, 倂[19]耳目之

---

1 材人(재인) : '재'는 재(才)와 통하여, 사람들의 재능을 헤아리는 것.
2 愿慤(원각) : 신중하고 성실함, 성실하고 바름.
3 拘錄(구록) : 구록(劬錄)과 같은 말로(盧文弨), 부지런히 일하다, 힘써 일하다.
4 纖嗇(섬색) : 세밀, 치밀.
5 遺喪(유상) : 빠뜨리다, 잃다.
6 官人(관인) : 관청의 일반 관리들.
7 脩飾(수칙) : 몸을 잘 닦는 것.
8 傾側之心(경측지심) : 비뚤어진 마음, 부정한 마음.
9 循業(순업) : 자기 할 일에 전념하다, 일을 잘 수행하다.
10 不敢損益(불감손익) : 자기 신분과 직분을 전혀 더하거나 덜하지 않은 채 보존하는 것.
11 官師(관사) : 관청의 우두머리.
12 務本禁末(무본금말) : 근본적인 일에 힘쓰게 하고 말단적인 일은 금하다. 근본적인 일은 농업, 말단적인 일은 상업을 가리킨다.
13 多材(다재) : '재'는 재(財)와 통하여, 재물을 늘리다.
14 權物(권물) : 사물을 저울질하다.
15 不泥(불니) : 정체되지 않다.
16 論官(논관) : 사람들을 잘 따지고 골라 벼슬자리에 앉히다.
17 道此道(도차도) : 이 도를 따르다, 이 도를 행하다.
18 安値(안치) : '안'은 조사. '치'는 직(直)과 통하여, 다만(王先謙).

樂, 而親自貫日[20]而治詳, 一內[21]而曲辨之, 慮與臣下爭小察而綦偏能.[22] 自古及今, 未有如此而不亂者也. 是所謂視乎不可見, 聽乎不可聞, 爲乎不可成. 此之謂也.

| 해설 |

여기에서도 사람들을 가려 적재적소에 쓰는 것이 임금의 도라는 것으로 결론짓고 있다.

---

19 倂(병) : 병(屛)과 통하여(王先謙), 버리다.
20 貫日(관일) : 연일, 여러 날.
21 一內(일내) : 일일(一日)의 잘못(王先謙).
22 綦偏能(기편능) : 편벽된 능력을 다하다. '기'는 극(極)의 뜻.

제 13 편

신하의 도리
臣道

　나라를 다스리는 데 있어서 임금 못지 않게 중요한 역할을 하는 것이 신하들이다. 앞 편에서는 임금이 나라를 다스리는 방법 가운데 임금의 도를 논하였는데, 그 결론은 임금이 홀로 나라를 다스릴 수 없기 때문에 사람들을 잘 뽑아 적재적소에 기용해야 함을 강조하였다. 이 편에서는 신하가 임금을 올바로 섬기는 법, 곧 신하의 도리를 논하고 있다.
　신하들의 여러 종류를 분류하고 임금이 그것을 올바로 가려내야 함을 강조하고 있는데, 이는 앞 장에서 논한 임금의 도리와 크게 성격이 다르지 않은 내용이다. 임금과 신하는 상대적인 관계에 있기 때문에, 결국 임금의 도리가 신하의 도리로 발전 해석될 수 있는 것이다. 그러나 바로 뒤이어 임금을 성군(聖君)·중군(中君)·폭군(暴君)의 세 종류로 나누고, 신하로서 각각 그런 임금을 섬기는 방법을 해설하고 있다. 그 중에서도 특히 난세와 폭군이 다스리는 나라에서 신하 노릇을 하며 보신하는 방법을 설명한 대목은 순자의 현실적인 역사 의식을 반영한 것이라 할 수 있다.
　신하로서 임금을 섬기는 근본적인 조건과 마음가짐 또는 몸가짐을 해설하고, 군자와 소인을 대비시켜 군자로서 임금을 섬겨 안락을 누려야 함도 역설하고 있다.

1

신하들에 대해 논하면, 태신(態臣)이 있고, 찬신(簒臣)이 있고, 공신(功臣)이 있고, 성신(聖臣)이 있다.

안으로는 백성들을 통일시키지 못하고 밖으로는 환난을 막아내지 못하여, 백성들이 친하지 않고 제후들이 믿지 않지만, 그러나 교묘히 아첨하여 임금의 총애를 얻는 것, 이것이 태신이다.

위로는 임금에게 충성되지 못하면서 아래로는 백성들에게 명성을 얻고, 공정한 길을 거들떠보지 않고 뜻을 통하여 붕당을 이루며, 임금을 가까이하여 미혹시키고 개인의 이익을 도모하는 데에만 힘쓰는 것, 이것이 찬신이다.

안으로는 백성들을 잘 통일시키고 밖으로는 환난을 잘 막아 주고, 백성들은 그와 친하고 선비들은 그를 믿으며, 임금에게 충성되고 아래로는 백성들을 사랑하는 데 지치는 일이 없는 것, 이것이 공신이다.

위로는 임금을 존중할 줄 알고 아래로는 백성을 사랑할 줄 알고, 징령으로 교화시켜 그의 아랫사람들을 자기의 그림자처럼 제어하며, 갑자기 생긴 일에 잘 대응하며 소리의 울림처럼 변화에 신속히 대처하고, 전례를 미루어 나가 그 명성을 계승하여 무상한 일에 대비하며 빈틈없이 제도와 법상(法象)을 이루는 것, 이것이 성신이다.

그러므로 성신을 등용하는 사람은 왕자가 되고, 공신을 등용하는 사람은 강자가 되며, 찬신을 등용하는 사람은 위태로워지고, 태신을 등용하는 사람은 망하게 된다. 태신을 등용하면 반드시 죽게 되고, 찬신을 등용하면 반드시 위태로워지고, 공신을 등용하면 반드시 영예로워지며, 성신을 등용하면 반드시 존귀해진다.

그러므로 제나라의 소진(蘇秦), 초나라의 주후(州侯), 진(秦)나라의 장의(張儀) 등은 태신이라 할 수 있다. 한(韓)나라의 장거질(張去疾), 조나라의 봉양군(奉陽君), 제나라의 맹상군(孟嘗君) 등은 찬신이라 할 수 있다. 제나라의 관중, 진(晉)나라의 구범(咎犯), 초나라의 손숙오(孫叔敖) 등은 공신이라 할 수 있다. 은나라의 이윤, 주나라의 태공 등은 성신이라 할 수 있다.

이것이 신하들에 대해 논한 것이다. 나라의 길흉과 임금의 현명함과 그렇지 못함이 나뉘는 극점이다. 반드시 삼가 이것을 마음속에 새겨 두고 신중히 스스로 가려 쓴다면, 참고할 만한 말이 될 것이다.

| 원문 |

人臣之論, 有態臣者, 有簒臣者, 有功臣者, 有聖臣者.

內不足使一民, 外不足使距難,[1] 百姓不親, 諸侯不信, 然而巧敏[2]佞說,[3] 善取寵[4]乎上, 是態臣者也.

上不忠乎君, 下善取譽乎民, 不卹[5]公道通義, 朋黨比周,[6] 以環[7]主圖私[8]爲務, 是簒臣者也.

內足使以一民, 外足使以距難, 民親之, 士信之, 上忠乎君, 下愛百姓而不倦,[9] 是功臣者也.

---

1 距難(거난) : 환난을 막아내는 것.
2 巧敏(교민) : 교묘하고 잽싼 것.
3 佞說(영열) : 간사하게 구는 것. '열은 탈(佚)로 된 판본도 있으며, '탈'은 교활하다는 뜻.
4 寵(총) : 총애.
5 不卹(불휼) : 따르지 않는다, 거들떠보지 않는다.
6 比周(비주) : 가까이서 아주 친한 체 구는 것.
7 環(환) : 영(營)과 통하여, 영혹(營惑), 곧 미혹시키는 것.
8 圖私(도사) : 개인의 이익만을 도모하는 것.
9 倦(권) : 권태, 지치는 것.

上則能尊君, 下則能愛民, 政令敎化, 刑下[10]如影,[11] 應卒[12]遇變,[13] 齊給[14]如響,[15] 推類[16]接譽,[17] 以待無方,[18] 曲[19]成制象,[20] 是聖臣者也.

故用聖臣者王, 用功臣者彊, 用簒臣者危, 用態臣者亡. 態臣用, 則必死, 簒臣用, 則必危, 功臣用, 則必榮, 聖臣用, 則必尊.

故齊之蘇秦,[21] 楚之州侯,[22] 秦之張儀,[23] 可謂態臣者也. 韓之張去疾,[24] 趙之奉陽,[25] 齊之孟嘗,[26] 可謂簒臣也. 齊之管仲, 晉之咎犯,[27] 楚之孫叔敖,[28] 可謂功臣矣. 殷之伊尹, 周之太公,[29] 可謂聖臣矣.

---

10 刑下(형하) : '형'은 제(制)와 통하여, 아랫사람들을 제어하는 것.
11 如影(여영) : 그림자처럼 하다. 곧 자기가 움직이는 대로 된다는 뜻.
12 應卒(응졸) : 갑자기 일어난 일에 적절히 대응함.
13 遇變(우변) : 변화를 당하여 대처하는 것.
14 齊給(제급) : '제'는 질(疾)과 통하여 빠른 것, 따라서 제급은 신속히 대처하는 것.
15 如響(여향) : 소리의 울림같이 한다, 곧 자기가 소리를 내면 울리듯 자기 행동대로 다 된다는 뜻.
16 推類(추류) : 전례로 미루어 일을 처리하는 것.
17 接譽(접예) : 그 전날의 명성을 이어받아 계승시키는 것.
18 無方(무방) : 무상의 뜻(楊倞).
19 曲(곡) : 위곡(委曲), 빈틈없이.
20 制象(제상) : 제도와 법상(法象).
21 蘇秦(소진) : 전국 시대 말엽 제(齊)·초(楚)·연(燕)·한(韓)·위(魏)·조(趙) 여섯 나라 제후들을 설복하고 합종책을 쓰게 하여 여섯 나라의 재상 인장(印章)을 차고 다닌 사람. 본디 낙양(洛陽) 사람이지만 뒤에 제나라에서 죽었기 때문에 제나라의 소진이라 하였다.
22 州侯(주후) : 초(楚)나라 양왕(襄王)을 섬긴 간사한 신하의 이름.
23 張儀(장의) : 전국 시대 위(魏)나라 사람. 소진과 함께 귀곡자(鬼谷子)에게 배웠다. 진(秦)나라 혜왕의 재상이 되어, 나머지 여섯 나라를 설복하여 소진의 합종책을 버리고 연횡책을 따르게 하였다. 소진과 장의는 이른바 종횡가의 대표로 알려져 있다.
24 張去疾(장거질) : 양경(楊倞)은 장량(張良)의 선조일 것이라고 하였는데, 확실하지 않다.
25 奉陽(봉양) : 조나라의 정치를 멋대로 휘두른 봉양군. 소진과 사이가 좋지 않았다.
26 孟嘗(맹상) : 제나라 양왕 때의 권세가 맹상군. 성은 전(田)씨, 이름은 문(文), 많은 식객을 집안에 두어 유명했다.
27 咎犯(구범) : 진(晉)나라 문공(文公)의 외삼촌. 구는 구(舅)와 같은 자. 본 이름은 호언(狐偃), 범(犯)은 그의 자임. 문공을 도와 패업을 이루게 함.

是人臣之論也, 吉凶賢不肖之極也. 必謹志[30]之而愼自爲擇取焉, 足以稽矣.

| 해설 |

신하들을 태신·찬신·공신·성신의 네 종류로 나누어 설명하고, 그 예를 역사적 인물에서 찾고 있다. 성신을 등용하는 임금은 왕자, 공신을 등용하는 임금은 패자가 되지만, 찬신을 등용하는 임금은 나라가 위태롭게 되고, 태신을 등용하는 임금은 나라를 망치게 된다 하였다. 그러므로 임금이라면 최소한 공신은 등용해야 한다.

2

명령을 따르면서 임금을 이롭게 하는 것을 순종이라 하고, 명령을 따르면서 임금을 불리하게 하는 것을 아첨이라 하고, 명령을 어기면서 임금을 이롭게 하는 것을 충성이라 하고, 명령을 어기면서 임금을 불리하게 하는 것을 찬탈이라 한다. 임금의 영예나 욕됨은 거들떠보지도 않고, 나라가 잘되고 못되는 것도 거들떠보지 않으며, 간사하게 영합하여 구차하게 받아들여져, 봉록을 지탱하고 교제 범위를 넓힐 따름인 것, 이런 자를 국적(國賊)이라 한다.

임금에게 그릇된 계획과 그릇된 일이 있으면 나라가 위태로워지고 왕권이 무너질까 두렵게 된다. 이때 대신이나 임금의 부형 중에 임금

---

28 孫叔敖(손숙오) : 춘추 시대 초나라의 재상. 장왕(莊王)을 도와 패자가 되게 하였다.
29 太公(태공) : 주나라 문왕 때의 강태공 여상(呂尙). 주나라 건국에 큰 공을 세웠다.
30 志(지) : 마음에 새기다, 기억하다.

에게 진언을 하여, 그 말이 받아들여지면 괜찮지만 받아들여지지 않을 때 떠나는 사람이 있다면, 그를 간신(諫臣)이라 한다. 임금에게 진언을 하여 그 말이 받아들여지면 괜찮지만 받아들여지지 않을 때 죽음을 무릅쓰는 사람이 있다면, 그를 쟁신(爭臣)이라 한다. 지혜를 모으고 힘을 모아 여러 신하들과 많은 관리들을 거느리고, 함께 임금에게 강요하여 임금을 굴복시키고, 임금이 비록 불안해 하더라도 그의 말을 따르게 하여 마침내 나라의 큰 환난을 해결하고 나라의 큰 피해를 제거하여, 임금을 존중하고 나라를 안정시키는 사람이 있다면, 그를 보신(輔臣)이라 한다. 임금의 명령에 항거하고 임금의 권력을 절취하여 임금이 하는 일에 반대함으로써 나라의 위태로움을 안정시키고 임금의 치욕을 제거하여, 그의 공로가 나라의 큰 이익을 이룩하는 사람이 있다면, 그를 불신(拂臣)이라 한다.

그러므로 간신 · 쟁신 · 보신 · 불신 같은 사람들은 나라의 신하이며 임금의 보배인 것이다. 명철한 임금에게는 존중하고 귀중히 여기는 대상이지만, 어리석은 임금이나 미혹된 임금들은 자기의 적이라 여기게 된다. 그러므로 명철한 임금이 상을 주는 사람들을 어리석은 임금은 벌을 주게 된다. 어리석은 임금이 상을 주는 사람들을 명철한 임금은 죽여 버리게 된다.

이윤과 기자는 간신이었고, 비간과 오자서(伍子胥)는 쟁신이었다. 평원군(平原君)은 조나라의 보신이었고, 신릉군(信陵君)은 위(魏)나라의 불신이었다. 전하는 말에 "신하는 도를 따라야지 임금을 따라서는 안 된다"고 한 것은 이를 뜻하는 것이다.

그러므로 정의로운 신하가 등용되면 조정은 사악해지지 않고, 간신 · 쟁신 · 보신 · 불신 같은 사람들이 신임을 받게 되면 임금의 잘못이 커질 수가 없으며, 용기 있는 무사들이 쓰이면 원수가 생겨나지 않고, 국경을 잘 지키는 신하들이 있으면 변경의 땅을 잃지 않는다.

그러므로 명철한 임금은 신하들과 함께 일하기를 좋아하고, 어리석은 임금은 나랏일을 홀로 하기를 좋아한다. 명철한 임금은 현명한 사람을 숭상하고 능력 있는 사람을 써서 그들이 이룩하는 공로를 누리고, 어리석은 임금은 현명한 사람을 질투하고 능력 있는 사람을 두려워하여 그들의 공로를 이룩하지 못하게 하며, 충성스런 사람들에게는 벌을 주고, 도둑 같은 자들에게는 상을 준다. 이런 것을 두고 지극한 어리석음이라 하는데, 걸왕과 주왕이 멸망했던 이유이다.

| 원문 |

從命而利君謂之順, 從命而不利君謂之諂, 逆命而利君謂之忠, 逆命而不利君謂之篡. 不卹[1]君之榮辱, 不卹國之臧否,[2] 偸合[3]苟容[4]以持祿養交[5]而已耳, 謂之國賊.

君有過謀過事, 將危國家, 殞[6]社稷之懼也, 大臣父兄有能進言於君, 用則可, 不用則去, 謂之諫. 有能進言於君, 用則可, 不用則死, 謂之爭. 有能比知[7]同力, 率羣臣百吏而相與彊君[8]撟君,[9] 君雖不安, 不能不聽, 遂

---

1 不卹(불휼) : 거들떠보지 않다, 돌보지 않다.
2 臧否(장부) : 좋은 것과 나쁜 것, 잘 되는 것과 잘못되는 것.
3 偸合(투합) : 간사하게 억지로 비위를 맞추는 것.
4 苟容(구용) : 구차하게 용납되다.
5 養交(양교) : 교제를 넓히다.
6 殞(운) : 떨어지다, 죽다, 망치다.
7 比知(비지) : 지혜를 모으다.
8 彊君(강군) : 임금에게 강요하다.
9 撟君(교군) : 임금을 굴복시키다. '교'는 교(矯)와 통하여, 굴(屈)의 뜻(楊倞).

以解國之大患, 除國之大害, 成於尊君安國, 謂之輔. 有能抗君之命, 竊君之重,¹⁰ 反君之事, 以安國之危, 除君之辱, 功伐¹¹足以成國之大利, 謂之拂.¹²

故諫爭輔拂之人, 社稷之臣也, 國君之寶也, 明君之所尊厚也, 而闇主惑君以爲己賊也. 故明君之所賞, 闇君之所罰也, 闇君之所賞, 明君之所殺也.

伊尹¹³箕子¹⁴可謂諫矣, 比干¹⁵子胥¹⁶可謂爭矣, 平原君¹⁷之於趙可謂輔矣, 信陵君¹⁸之於魏可謂拂矣. 傳曰; 從道不從君. 此之謂也.

故正義之臣設,¹⁹ 則朝廷不頗, 諫爭輔拂之人信, 則君過不遠. 爪牙之士²⁰施,²¹ 則仇讎不作, 邊境之臣處, 則疆垂²²不喪.

故明主好同, 而闇主好獨. 明主尚賢使能而饗其盛,²³ 闇主妬賢畏能而

---

10 君之重(군지중) : 임금의 권세.
11 功伐(공벌) : 공로. '벌'은 전쟁의 공로를 뜻한다(楊倞).
12 拂(불) : 불신. 항거하는 신하. '불'은 항거의 뜻.
13 伊尹(이윤) : 제5편 비상 제3절 참조.
14 箕子(기자) : 제8편 유효 제11절 참조.
15 比干(비간) : 제8편 유효 제11절 참조.
16 子胥(자서) : 오자서(伍子胥), 이름은 원(員). 오(吳)나라 임금 합려(闔閭)가 월(越)나라 임금 구천(勾踐)의 화의를 받아들이자 간하다가 죽임을 당하였다(『史記』伍子胥傳).
17 平原君(평원군) : 조나라 혜문왕(惠文王)의 아우 조승(趙勝). 수도 한단(邯鄲)이 진(秦)나라 군사들에게 포위당했을 때에, 혜문왕은 항복하려 하였으나 평원군이 군사를 일으켜 초나라 · 위(魏)나라 군대의 후원을 얻어 진나라 군사를 격파하였다.
18 信陵君(신릉군) : 위(魏)나라 소왕(昭王)의 아들이며, 안희왕(安釐王)의 아우인 위무기(魏無忌). 진나라가 조나라를 치자 신릉군은 조나라를 구해 주려 하였으나 위나라 왕은 반대하였다. 이에 그는 왕의 명을 위장하고 병력을 동원하여 진나라 군사를 쳐부수어 조나라를 구해 주고 위나라도 안정시켰다.
19 設(설) : 쓰이다, 등용되다(王先謙).
20 爪牙之士(조아지사) : 임금의 발톱과 어금니가 되는 용사, 용기 있는 무사.
21 施(시) : 쓰이다(俞樾).
22 疆垂(강수) : 변경의 영토.

滅其功, 罰其忠, 賞其賊, 夫是之謂至闇, 桀紂所以滅也.

| 해설 |

앞에서는 순종하고 충성을 다하는 훌륭한 신하와 아첨하고 찬탈을 일삼는 악한 신하에 대해 설명하고 있다. 또한 나라가 위험에 처했을 때에는 간신·쟁신·보신·불신이란 네 종류의 현명한 신하들이 임금의 보배임을 강조하고 있다. 다만 어리석은 임금들은 그런 훌륭한 신하들을 자신을 해치는 자들로 알고 오히려 그들을 해쳐 나라를 멸망에 이르게 한다고 하였다.

3

성군을 섬기는 사람은 듣고 따르기만 할 뿐 간하고 다투면 안 된다. 중군을 섬기는 사람은 간하고 다투기만 할 뿐 아첨해서는 안 된다. 폭군을 섬기는 사람은 부족함을 보충하고 잘못을 없애기만 할 뿐 그를 꺾거나 거스르려 들면 안 된다.

혼란한 시국에 할 수 없이 횡포한 임금의 나라에 궁하게 살게 되어 이를 피할 곳이 없다면, 곧 그의 아름다움을 높여 주고 그의 선함을 드러내 주며, 그의 악함은 피하고 그의 잘못은 덮어두며, 그가 잘하는 것만을 얘기하고 그가 잘못하는 것은 얘기하지 말아야 하는 것이 옛날부터의 습속이라 생각해야 한다.

『시경』에 "나라에 큰 일이 있으나 남에게 얘기할 수 없으니, 내 몸

---

23 盛(성) : 성(成)과 통하여, 이룩한 공적(王先謙).

의 위해를 막기 위해서이네."하고 읊은 것은, 이것을 뜻하는 말이다.

| 원문 |

事聖君者, 有聽從[1]無諫爭.[2] 事中君者, 有諫爭無諂諛.[3] 事暴君者, 有補削[4]無撟拂.[5]

迫脅於亂時, 窮居於暴國, 而無所避之, 則崇其美, 揚其善, 違[6]其惡, 隱其敗, 言其所長, 不稱其所短, 以爲成俗.[7]

詩曰;[8] 國有大命,[9] 不可以告人, 妨其躬身.[10] 此之謂也.

| 해설 |

임금에는 성군·중군·폭군이 있으니, 신하로서 이들을 대하는 방법은 모두 달라야 한다. 성군을 섬기는 신하는 임금에게 복종만 하면 되고, 중군을 섬기는 신하는 가끔 저지르는 임금의 잘못을 바로잡아 주기만 하면 된다. 그러나 폭군을 섬기는 신하는 뒤에서 드러나지 않게 부족한 점을 보충해 주고 잘못한 것을 감춰 주기만 해야지, 노골적으로 잘못을 지적하였다가는 목숨을 잃기 쉽다. 여기서 순자가 특히 폭군을 대처하는 방법을

---

1 聽從(청종) : 말을 듣고 복종하는 것.
2 諫爭(간쟁) : '간'은 임금의 잘못을 얘기하는 것, '쟁'은 죽음을 무릅쓰며 임금의 잘못을 지적하여 고치려 드는 것.
3 諂諛(첨유) : 아첨.
4 補削(보삭) : '보'는 부족한 점을 보충해 주는 것, '삭'은 잘못을 제거해 버리는 것.
5 撟拂(교불) : '교'는 폭군의 뜻을 굴복시키는 것, '불'은 폭군의 뜻을 어기고 항거하는 것.
6 違(위) : 휘(諱)와 통하여, 다치지 않고 피하는 것(王念孫).
7 成俗(성속) : 이미 이루어져 있는 예로부터 내려오는 습속.
8 詩曰(시왈) : 현재 『시경』 속에는 보이지 않는 없어진 구절.
9 大命(대명) : 큰 운명, 큰 일.
10 妨其躬身(방기궁신) : 그의 몸을 보존하려는 것.

상세히 얘기하고 있는 것은 전국 시대의 현실을 반영한 것으로 보인다.

4

 공경하면서도 겸손하고, 임금의 뜻을 잘 따르되 민첩하게 움직이며, 감히 사사로운 뜻으로 일을 결정하거나 선택하는 일이 없고, 감히 사사로이 물건을 받거나 주는 일이 없으며, 임금의 뜻을 따르는 일에 뜻을 두는 것, 이것이 성군을 섬기는 의리이다.
 충성스럽고 신의가 있으면서도 아첨하지 않고, 간쟁을 하면서도 눈치를 보지 않으며, 꿋꿋이 강직하게 결단을 내리며 바른 뜻을 지녀 비뚤어진 마음을 갖지 않고, 옳은 것은 옳다 하고 그른 것은 그르다고 하는 것, 이것이 중군을 섬기는 의리이다.
 조화를 이루면서도 마음이 흔들리지 않고, 부드러우면서도 굽히지는 않으며, 너그러이 받아들이되 어지러워지지는 않고, 분명하게 지극한 도를 내세우지만 임금과 조화를 이루지 않는 경우가 없으며, 그렇게 하여 임금을 감화시켜 변하게 하고, 때때로 그것을 임금의 마음 속에 넣어 주는 것, 이것이 폭군을 섬기는 의리이다.
 조련하지 않은 말을 모는 듯, 어린아이를 기르는 듯, 굶주린 사람에게 음식을 먹여 주는 듯이 해야 한다. 그러므로 폭군이 두려워하는 것을 근거로 그의 잘못을 고쳐 주고, 폭군이 걱정하는 것을 근거로 그의 옛 버릇을 변화하도록 해주며, 폭군이 기뻐하는 것을 근거로 그를 이끌어 주고, 폭군의 노여움을 근거로 그가 원망하는 자들을 제거함으로써, 빈틈없이 생각하는 대로 폭군을 다루어야 한다.
 『서경』에 "임금의 명을 따르며 어기지 않고, 드러나지 않게 간하는 일을 게을리하지 않아, 위의 임금은 명철해졌고 아래의 신하들은 겸손해졌다" 하였는데, 이것을 뜻하는 말이다.

| 원문 |

恭敬而遜, 聽從[1]而敏, 不敢有以私決擇[2]也, 不敢有以私取與也, 以順上爲志, 是事聖君之義也.

忠信而不諛, 諫爭而不諂,[3] 撟然[4]剛折,[5] 端志而無傾側之心, 是案[6]曰是, 非案曰非, 是事中君之義也.

調而不流, 柔而不屈, 寬容而不亂, 曉然[7]以至道, 而無不調和也, 而能化易,[8] 時關內[9]之, 是事暴君之義也.

若馭樸馬,[10] 若養赤子, 若食餒人,[11] 故因其懼也而改其過, 因其憂也而辨其故,[12] 因其喜也而入其道, 因其怒也而除其怨, 曲[13]得所謂[14]焉.

書曰; 從命而不拂, 微諫而不倦, 爲上則明, 爲下則遜. 此之謂也.

---

1 聽從(청종) : 임금의 뜻을 잘 따르는 것.
2 決擇(결택) : 일을 결정하고 선택하는 것.
3 諂(유) : 아첨하다.
4 撟然(교연) : 꿋꿋한 모양.
5 剛折(강절) : 강직하게 결단을 내리다.
6 案(안) : 조사로 쓰였으며, 뜻은 없음.
7 曉然(효연) : 밝은 모양, 분명한 모양.
8 化易(화역) : 감화시켜 달라지게 하는 것.
9 關內(관내) : 마음속에 넣어 주다. '관'은 넣다, 또는 납(納)의 뜻(王念孫).
10 樸馬(박마) : 조련되지 않은 말, 길들이지 않은 말.
11 餒人(뇌인) : 굶주린 사람.
12 辨其故(변기고) : 그의 옛날 나쁜 버릇을 변화하게 하는 것. '변'은 변(變)과 통함(王念孫).
13 曲(곡) : 위곡(委曲), 빈틈없는 것.
14 所謂(소위) : 자기 생각, 폭군을 바로 이끌려는 자기의 뜻.

| 해설 |

앞에서는 임금을 성군·중군·폭군의 세 종류로 분류하고, 신하로서 그들을 섬기는 방법을 설명하고 있다. 뒤에서는 가장 섬기기 어려운 폭군을 섬기는 방법에 대하여 자세히 설명하고 있다.

5

임금을 섬기면서도 그의 뜻대로 되지 않는 것은 힘쓰지 않기 때문이다. 힘쓰면서도 그의 뜻대로 되지 않는 것은 공경하지 않기 때문이다. 공경하면서도 그의 뜻대로 되지 않는 것은 충성스럽지 않기 때문이다. 충성스러우면서도 그의 뜻대로 되지 않는 것은 공로가 없는 자이기 때문이다. 공로가 있으면서도 그의 뜻대로 되지 않는 것은 덕이 없는 자이기 때문이다.

그러므로 덕이 없는 자들의 방법을 따르면, 힘쓴 일을 손상시키고, 이룬 공로를 무너뜨리고, 수고한 것을 헛되게 만든다. 그러므로 군자는 그렇게 하지 않는 것이다.

| 원문 |

事人而不順[1]者, 不疾[2]者也. 疾而不順者, 不敬者也. 敬而不順者, 不忠者也. 忠而不順者, 無功者也. 有功而不順者, 無德者也.
故無德之爲道也, 傷疾, 墮功, 滅苦. 故君子不爲也.

1 順(순) : 순복(順服), 자기 뜻대로 잘 되는 것.
2 疾(질) : 빨리 하다, 힘쓰다.

| 해설 |

신하로서의 도는 덕이 제일임을 강조한 대목이다.

6

　대충(大忠)이 있고, 차충(次忠)이 있고, 하충(下忠)이 있고, 국적(國賊)이 있다. 덕으로 임금에 보답하며 임금을 감화시키는 것이 대충이다. 덕으로 임금을 조절하며 임금을 보좌하는 것이 차충이다. 옳은 말로 임금의 그릇됨을 간하여 임금을 노엽게 하는 것이 하충이다. 임금의 영예나 치욕은 거들떠보지 않고 나라가 잘 되고 못 되는 것도 거들떠보지 않으면서, 교묘히 임금에게 영합하여 구차하게 받아들여져 자기의 녹봉이나 유지하고 사람들과의 사귐만 넓히고 있을 따름이라면, 그는 국적이다.
　성왕에게 주공은 대충이라 할 수 있다. 제나라 환공에게 관중은 차충이라 할 수 있다. 오나라 부차에게 자서는 하충이라 할 수 있다. 은나라 주왕에게 조촉룡(曹觸龍)은 국적이라 할 수 있다.

| 원문 |

　有大忠者, 有次忠者, 有下忠者, 有國賊者. 以德復君[1]而化之, 大忠也. 以德調君而輔[2]之, 次忠也. 以是諫非而怒之, 下忠也. 不卹君之榮辱, 不卹國之臧否, 偸合[3]苟容以持祿養交而已耳, 國賊也.

---

[1] 復君(복군) : 임금에게 보답하다. '복'은 보(報)의 뜻(楊倞).
[2] 輔(보) : 보(補)와 통하여(郝懿行), 보조하는 것.

若周公之於成王也, 可謂大忠矣. 若管仲之於桓公, 可謂次忠矣. 若子胥之於夫差, 可謂下忠矣. 若曹觸龍[4]之於紂者, 可謂國賊矣.

| 해설 |

여기에서는 신하들의 충성을 대충·차충·하충·국적으로 나누고, 진정한 신하의 도란 무엇인가를 일깨우려 하고 있다.

7

어진 사람은 반드시 남을 공경한다. 모든 사람은 현명하지 않으면 곧 못났다. 사람이 현명한데도 공경하지 않는다면 이는 새나 짐승 같은 사람이다. 사람이 못났다고 공경하지 않는다면 이는 호랑이를 업신여기는 사람과 같다. 새나 짐승 같으면 곧 혼란을 일으키고, 호랑이를 업신여기면 곧 위태로워져서 재앙이 그의 몸에 닥칠 것이다.

『시경』에 "감히 호랑이와 맨손으로 싸우지 않으며, 감히 황하를 걸어서 건너지 않는다. 사람들은 그의 목적 하나만 알았지 그 밖의 위험은 알지 못한다. 두려움에 떨면서 깊은 못가에 다가가듯, 얇은 얼음을 밟고 가듯 해야 한다"라고 읊은 것은, 이를 뜻하는 것이다.

그러므로 어진 사람은 반드시 남을 공경하는데, 남을 공경하는 데에는 원칙이 있다. 현명한 사람이면 곧 귀하게 여겨 그를 공경하고, 못난 사람이면 곧 두려워하며 그를 공경한다. 현명한 사람이면 곧 친

---

3 偸合(투합) : 비굴하게 교묘히 영합하는 것.
4 曹觸龍(조촉룡) : 은나라의 폭군 주왕의 좌사(左師)로 아첨을 하며 부정을 일삼았다 한다 (楊倞 引 『說苑』).

근히 하며 그를 공경하고, 못난 사람이면 곧 멀리하며 그를 공경한다. 그가 공경하는 것은 한 가지이지만, 그의 감정은 두 가지이다.

충성스럽고 신의가 있고 올바르고 성실하여 아무도 해치거나 손상시키지 않는 사람은 어떤 사람들을 상대해도 그렇지 않은 일이 없는데, 이것이 어진 사람의 바탕이다. 그는 충성과 신의를 바탕으로 삼고, 올바르고 성실한 것을 기강으로 삼으며, 예의로 자신의 수식을 삼고, 인륜과 원리를 이치로 삼아 짧은 말 간단한 움직임도 한결같이 법칙이 될 수 있는 것이다.

『시경』에 "어긋남이 없고 남을 해치는 일이 없으면, 모두가 본받게 될 것이네."라고 읊은 것은, 이것을 뜻하는 말이다.

| 원문 |

仁者必敬人. 凡人非賢, 則案不肖也. 人賢而不敬, 則是禽獸也. 人不肖而不敬, 則是狎虎[1]也. 禽獸則亂, 狎虎則危, 災及其身矣.

詩曰:[2] 不敢暴虎,[3] 不敢馮河.[4] 人知其一,[5] 莫知其它.[6] 戰戰兢兢,[7] 如臨深淵, 如履[8]薄氷.[9] 此之謂也.

---

1 狎虎(압호) : 호랑이를 업신여기며 가까이하는 것.
2 詩曰(시왈) : 『시경』 소아(小雅) 소민(小旻)편에 보이는 구절. 왕인지(王引之)에 의하면 이 가운데 "戰戰兢兢" 이하 세 구절은 후세 사람들이 보탠 것으로, 본디 순자가 인용한 것이 아니라고 한다.
3 暴虎(폭호) : 호랑이와 맨손으로 싸우는 것.
4 馮河(빙하) : 황하를 맨몸으로 걸어 건너는 것. 후세엔 앞의 폭호(暴虎)와 합쳐 폭호빙하는 위험한 일을 무모하게 하는 것을 가리키는 비유로 쓰인다.
5 其一(기일) : 그의 한 가지 목적.
6 其它(기타) : 목적 이외에 이에 따르는 위험.
7 戰戰兢兢(전전긍긍) : 두려워서 떠는 모양.
8 履(리) : 밟고 걷는 것.

故仁者必敬人. 敬人有道. 賢者則貴而敬之, 不肖者則畏而敬之, 賢者則親而敬之, 不肖者則疏而敬之. 其敬一也, 其情二[10]也.

若夫忠信端愨而不害傷, 則無接而不然.[11] 是仁人之質也. 忠信以爲質, 端愨以爲統,[12] 禮義以爲文,[13] 倫類以爲理, 喘[14]而言, 臑[15]而動, 而一可以爲法則.

詩曰:[16] 不僭[17]不賊, 鮮不爲則. 此之謂也.

| 해설 |

어진 사람은 못났든 잘났든 무조건 남을 공경한다. 공경한다는 것은 예이기 때문이다. 그러나 이들이 현명한 사람과 못난 사람을 대할 때의 마음가짐은 다르다. 현명한 사람은 친근하고 귀하게 여기지만 못난 사람은 멀리하고 두려워한다. 어진 사람은 이처럼 공경으로 남의 신의와 존경을 받는다.

8

공경은 예의를 이루고, 조화는 음악을 이룬다. 근신하는 것은 이익

---

9 薄氷(박빙) : 얇은 얼음.
10 其情二(기정이) : 그의 감정은 두 가지, 곧 현명한 사람과 못난 사람을 다 같이 공경하지만 그의 감정은 다르다는 뜻.
11 則無接而不然(무접이불연) : 어떤 사람을 상대해도 그렇지 않은 일이 없다.
12 統(통) : 기강, 법도.
13 文(문) : 문식, 겉의 수식.
14 喘(천) : 숨을 헐떡거리다, 약간의 말을 하는 것.
15 臑(윤) : 윤(蝡)과 통하여, 벌레처럼 약간 움직이는 것.
16 詩曰(시왈) : 『시경』 대아(大雅) 억(抑)편에 나오는 구절.
17 僭(참) : 도리에 어긋나는 것.

이 되고, 성내며 싸우는 것은 해가 된다. 그러므로 군자는 예의와 음악으로 편안히 지내고, 근신하여 이익을 얻으며, 성내 싸우는 법이 없다. 그런 까닭에 어떤 행동에도 잘못이 없게 된다. 소인은 이와 반대이다.

| 원문 |

恭敬, 禮也, 調和, 樂也. 謹愼, 利也, 鬪怒,[1] 害也. 故君子安禮樂利, 謹愼而無鬪怒. 是以百擧[2]不過也. 小人反是.

| 해설 |

군자는 예의를 지키고 음악을 즐기며, 근신하는 태도를 가지고 남과 성내 싸우는 일이 없어야 함을 설명하고 있다.

9

충성을 계속하여 순조롭게 하는 이가 있고, 험난함을 잘 헤아려 평안하게 하는 이가 있으며, 세상의 어지러움 속에서도 임금의 뜻에 따르기만 하는 이가 있다. 이 세 가지는 명철한 임금이 아니라면 잘 알 수가 없는 것이다.

임금과 다툰 뒤에야 잘 되고, 임금의 뜻을 거스른 뒤에야 공을 이루며, 나아가서 죽음을 무릅쓰되 사사로운 마음은 없고, 충성을 다하여

---

1 鬪怒(투노) : 성내며 싸우다.
2 百擧(백거) : 모든 행동.

공정하기만 한 것, 이것을 충성을 계속하여 순조롭게 하는 것이라 한다. 위나라 신릉군이 이에 가까웠다.

빼앗은 뒤에야 의로워지고, 죽여 버린 뒤에야 어질게(仁) 되며, 위아래 자리가 바뀐 뒤에야 곧게 되고, 그의 공적은 하늘과 땅에 맞먹을 만하고, 그의 은택은 온 백성들이 누리게 되는 것, 이것을 험난함을 잘 헤아려 평안하게 하는 것이라 한다. 상나라 탕임금과 주나라 무왕이 그런 사람이었다.

임금이 잘못을 저지르고 있는데도 부드러운 정으로 동조하고, 고분고분 잘 따르기만 하고 법도가 없으며, 옳고 그른 것도 상관하지 않고, 굽고 곧은 것도 따지지 않으며, 아첨하고 영합하여 구차히 받아들여지고, 임금을 미혹되고 어지럽게 하여 멋대로 행동하게 하는 것, 이것을 세상의 어지러움 속에서도 임금의 뜻에 따르기만 하는 것이라 한다. 은나라 주왕의 비렴과 오래가 그런 사람이었다.

전하는 말에 "잘라야 같아지고, 구부려야 뜻을 따르게 되고, 서로 같지 않아야 통일이 된다."고 하였다. 또 『시경』에는 "작은 법 큰 법 모두 하늘로부터 받아 온 세상 나라들의 본보기가 되었네."라고 읊고 있다. 모두 이런 것을 뜻하는 말이다.

| 원문 |

通忠[1]之順, 權險[2]之平, 禍亂之從聲.[3] 三者, 非明主莫之能知也.

---

1 通忠(통충) : 충성을 관통시키다, 충성을 계속하는 것.
2 權險(권험) : 험난한 실정을 저울질하다, 험난함을 잘 판단하다.
3 從聲(종성) : 소리를 따르다, 임금의 명령 또는 뜻을 따르는 것.

爭然後善, 戾⁴然後功, 出死無私, 致忠而公, 夫是之謂通忠之順. 信陵君似之矣.

奪然後義, 殺然後仁, 上下易位然後貞, 功參天地, 澤被生民. 夫是之謂權險之平, 湯武是也.

過而通情,⁵ 和而無經,⁶ 不卹是非, 不論曲直, 偸合苟容, 迷亂狂生.⁷ 夫是之謂禍亂之從聲, 飛廉⁸惡來是也.

傳曰: 斬而齊, 枉而順, 不同而壹. 詩曰:⁹ 受小球¹⁰大球, 爲下國綴旒.¹¹ 此之謂也.

| 해설 |

신하 노릇을 하는 세 가지 방법을 설명하면서 이 편의 주제인 신하의 도를 결론짓고 있다. 신하의 세 가지 종류에는 임금의 뜻을 거스르면서도 사사로운 마음 없이 충성을 다하는 신하, 세상의 혼란이 극심할 때 무력으로 포악한 자들을 몰아내고 세상을 바로잡는 신하, 포악한 임금 밑에 아부나 하며 못된 짓을 하는 신하가 있다. 신하의 도를 얘기하면서 폭군을 몰아내고 새로운 왕조를 건설하는 행위를 두번째로 들고 있는 것은, 순자가 처했던 시대가 극히 혼란스러웠기 때문인 듯하다.

---

4 戾(려): 임금의 뜻을 어기다, 거스르다.
5 通情(통정): 서로 정을 통하며 잘 지내다, 동조하다.
6 無經(무경): 일정한 법도가 없는 것.
7 狂生(광생): 멋대로 행동하는 것.
8 飛廉(비렴): 제8편 유효 제11절 참조.
9 詩曰(시왈): 『시경』 상송(商頌) 장발(長發)편에 나오는 구절.
10 球(구): 구(捄)와 통하여, 법의 뜻(王引之 『經義述聞』).
11 綴旒(체류): '체'는 표(表), '류'는 장(章)의 뜻으로(『毛傳』), 본보기 또는 표준을 말함.

제14편

훌륭한 선비를 끌어들이는 법
致士

　치사란 현명한 선비들을 자기 나라에 불러오는 것을 뜻한다. 앞 편인 신도(臣道)에서 논한 것처럼 훌륭한 신하들을 많이 거느려야 나라가 번성할 수 있기 때문이다. 올바른 말, 올바른 일, 올바른 계획 등을 잘 분간하여 시행하는 방법, 그리고 이런 것들을 잘 실천하기 위하여 현명한 사람들이 많이 모여들어야 함을 역설한 내용이다.
　그러나 이 편의 주제와는 직접적인 연관이 없는 내용도 여러 장 있으므로 분별하여 읽어야 할 것이다.

1

 널리 듣고 어두운 것을 드러내며, 밝은 것을 거듭 밝히고 간사한 자들을 물러나게 하여 훌륭한 사람을 벼슬자리에 나아가게 하는 술법에 관해서 논하려 한다. 붕당을 이루어 친하게 어울리는 자들끼리의 칭찬이라면 군자는 듣지 않는다. 남을 해치고 남에게 음해를 가하는 무고한 말이라면 군자는 따르지 않는다. 현명한 이를 투기하고 막고 가리는 사람이라면 군자는 가까이하지 않는다. 재물이나 가축 등을 가지고 와서 청탁하는 말이라면 군자는 들어주지 않는다.

 모든 근거 없는 말이나 낭설과 허튼 일·허튼 계획·근거 없는 칭찬·무고 등 출처도 모르는 것들이 함부로 들려 오면, 군자는 거기에 대하여 신중히 행동한다. 곧 거기에 대하여 잘 듣고 분명하게 드러나도록 하여, 그것이 사실에 합당한가를 결정하여 사실과 틀림없음을 확인한 뒤에 형벌이나 상을 그에게 내려 주는 것이다. 그렇게 하면 간사한 말·간사한 이론·간사한 일·간사한 꾀·간사한 칭찬·간사한 무고 같은 것을 하려고 하지도 않을 것이다. 그리고 충실한 말·충실한 이론·충실한 일·충실한 계획·충실한 칭찬·충실한 충고 같은 것이 잘 통하고 여러 곳에서 생겨나 그것들이 임금에게로 전해질 것이다.

 이런 것이 널리 듣고 어두운 것을 드러내며, 밝은 것을 거듭 밝히고 간사한 자들을 물러나게 하여, 훌륭한 사람을 벼슬자리에 나아가게 하는 술법이다.

| 원문 |

 衡聽[1]顯幽,[2] 重明退姦, 進良,[3] 之術. 朋黨比周[4]之譽, 君子不聽, 殘

賊⁵加累⁶之譖, 君子不用, 隱忌⁷雍蔽⁸之人, 君子不近, 貨材禽犢之請,⁹ 君子不許.

凡流言流說流事流謀流譽流愬,¹⁰ 不官¹¹而衡至¹²者, 君子愼之. 聞聽而明譽¹³之, 定其當¹⁴而當, 然後士¹⁵其刑賞而還與之. 如是, 則姦言姦說姦事姦謀姦譽姦愬, 莫之試也, 忠言忠說忠事忠謀忠譽忠愬, 莫不明通,¹⁶ 方起¹⁷以尙盡¹⁸矣.

夫是之謂衡聽顯幽, 重明, 退姦進良之術.

| 해설 |

임금이 충성된 신하를 등용하는 방법을 논하고 있다.

---

1 衡聽(형청) : '형'은 횡(橫)과 통하고 광(廣)의 뜻이 있어(兪樾), 널리 여러 사람들의 의견을 듣는 것.
2 顯幽(현유) : 어두운 것을 밝히다, 숨어 있는 사람이나 잘 모르는 훌륭한 사람들을 드러나게 하다.
3 進良(진량) : 훌륭한 사람을 벼슬자리에 나아가게 하는 것.
4 比周(비주) : 친하게 어울리는 사람들.
5 殘賊(잔적) : 남을 해치는 것.
6 加累(가루) : 남에게 음해를 가하는 것.
7 隱忌(은기) : 의기(意忌)의 뜻으로, 현명한 사람을 투기하는 것(王念孫).
8 雍蔽(옹폐) : 막아서 가리는 사람.
9 請(청) : 청탁.
10 流愬(유소) : 근거 없는 호소 또는 고소, 무고.
11 不官(불관) : 책임지는 자가 없는 것, 출처도 모르는 것.
12 衡至(형지) : 횡지(橫至), 함부로 지껄이는 말이 들려 오는 것.
13 明譽(명예) : 분명히 드러내는 것(楊倞).
14 當(당) : 사실에 합당함, 사실과 틀림없음.
15 士(사) : 출(出)의 잘못(王引之).
16 明通(명통) : 명백히 통달되다.
17 方起(방기) : 한꺼번에 생겨나다.
18 尙盡(상진) : 상진(上進)과 같은 말로, 임금에게 알려지는 것.

2

 냇물이나 연못이 깊으면 물고기와 자라가 모여들고, 산이나 숲이 무성하면 새와 짐승들이 모여들고, 법과 정치가 공평하면 백성들이 모여들고, 예의가 잘 갖추어 있으면 군자들이 모여든다. 본디 예의가 몸에 갖추어지면 행실이 잘 닦여지고, 의로움이 나라에 잘 갖추어지면 정치가 밝아지는 것이다. 예의를 언제나 잘 지키면 존귀한 명성이 밝게 드러나고 온 천하가 그를 따르게 되어, 명령이 실행되고 금령이 지켜져, 왕자로서의 정사가 다 이룩될 것이다.

 『시경』에 "우리 중원(中原)에 사랑을 베풀어 온 세상 안정시켜 주네."라고 읊은 것도 그것을 뜻하는 말이다.

 냇물과 연못은 용과 물고기가 사는 곳이다. 산과 숲은 새와 짐승이 사는 곳이다. 나라는 선비와 백성들이 사는 곳이다. 냇물과 연못이 마르면 용과 물고기가 떠나간다. 산과 숲이 험난하면 새와 짐승이 떠나간다. 나라의 정치를 잘못하면 선비와 백성들이 떠나간다.

 땅이 없다면 사람들이 편안히 살지 못한다. 사람들이 없다면 땅을 지키지 못한다. 도와 법이 없다면 사람들이 모여들지 않고, 군자가 없다면 도가 행해지지 않는다. 그러므로 땅과 사람과 도와 법이라는 것은 나라가 이루어지는 근본이다. 군자라는 것은 도와 법을 총괄하는 요체여서 잠시라도 없어서는 안 되는 것이다.

 군자를 얻으면 나라가 다스려지고 잃으면 어지러워진다. 군자를 얻으면 나라가 안정되고 잃으면 위태로워진다. 군자를 얻으면 나라가 존속되고, 잃으면 멸망한다. 그러므로 좋은 법이 있어도 나라가 어지러워지는 경우는 있어도 군자가 있는데 나라가 어지러워졌다는 이야기는 옛날부터 지금에 이르기까지 들어본 일이 없다.

전하는 말에 "다스림은 군자에게서 생겨나고, 어지러움은 소인에게서 생겨난다."고 한 것은 이것을 뜻하는 것이다.

| 원문 |

川淵深而魚鱉¹歸之, 山林茂而禽獸歸之, 刑政平而百姓歸之, 禮義備而君子歸之. 故禮及身而行修, 義及國而政明, 能以禮挾²而貴名白, 天下願, 令行禁止,³ 王者之事畢矣.

詩曰;⁴ 惠⁵此中國,⁶ 以綏⁷四方. 此之謂也.

川淵者, 龍魚之居也, 山林者, 鳥獸之居也, 國家者, 士民之居也. 川淵枯則龍魚去之, 山林險則鳥獸去之, 國家失政則士民去之.

無土則人不安居, 無人則土不守, 無道法則人不至, 無君子則道不擧. 故土之與人也, 道之與法也者, 國家之本作⁸也. 君子也者, 道法之摠要⁹也, 不可少頃曠¹⁰也.

得之則治, 失之則亂, 得之則安, 失之則危, 得之則存, 失之則亡. 故有良法而亂者有之矣, 有君子而亂者, 自古及今, 未嘗聞也.

傳曰; 治生乎君子, 亂生乎小人. 此之謂也.

---

1 魚鱉(어별) : 물고기와 자라.
2 禮挾(예협) : '협'은 협(浹)의 뜻으로, 예의를 언제 어디서나 잘 지키는 것(楊倞).
3 禁止(금지) : 금령이 지켜지다.
4 詩曰(시왈) : 『시경』대아(大雅) 민로(民勞)편의 구절.
5 惠(혜) : 사랑하다, 은혜를 베풀다.
6 中國(중국) : 중원(中原). 경사(京師)를 뜻한다.
7 綏(수) : 편안한 것.
8 本作(본작) : '작'은 시(始)의 뜻으로(王念孫), 시작되는 근본, 이루어지는 근본.
9 摠要(총요) : 총괄하는 요체.
10 曠(광) : 버려두다, 없는 채로 지나다.

| 해설 |

군자야말로 정치를 올바로 하는 근본이다. 임금이 정치를 공정히 하고 예의를 잘 갖추면, 사람들이 그 나라로 모여들고 군자도 그 나라로 모여들게 되어 나라는 자연히 번창하게 된다는 것이다.

3

민중의 마음을 얻으면 하늘도 움직이게 되고, 뜻을 아름답게 지니면 수명이 늘어나게 되며, 정성되고 신의가 있으면 신명처럼 되고, 지나친 행동과 거짓말은 자기의 혼령을 쫓아내버린다.

| 원문 |

得衆動天, 美意延年, 誠信如神,[1] 夸誕[2]逐魂.[3]

| 해설 |

"뜻을 아름답게 지니면 수명이 늘어난다"는 말이 특히 흥미롭다. 그러나 이 편의 주제와는 직접적인 관련이 없는 글이다.

---

[1] 神(신) : 신명. 무슨 일이든 제대로 이룩하고, 아무도 그를 속이지 못하는 것.
[2] 夸誕(과탄) : '과'는 과(誇)와도 통하여, 말이나 행동을 지나치게 하는 것. '탄'은 근거 없는 말을 하거나 속이는 것.
[3] 魂(혼) : 혼령, 정신.

4

임금의 환난은 현명한 사람을 등용하겠다고 말하지 않는 데 있는 것이 아니라 성심으로 반드시 현명한 이를 등용하겠다고 생각하지 않는 데 있다. 말로써 현명한 사람을 등용하겠다고 하는 것은 입뿐이고, 현명한 이를 물리치는 행동을 한다. 입과 행동이 서로 반대이면서 현명한 사람들이 찾아오고 못난 자들은 물러가기를 바란다는 것은 매우 어려운 일이 아니겠는가?

밤에 매미가 많은 나무에 불을 비추고 나무를 흔들어 떨어지는 매미를 잡는 사람은, 그의 불빛을 밝게 하고 매미가 있는 나무를 흔드는 데 힘을 쓰기만 하면 된다. 그의 불이 밝지 않다면 비록 매미가 있는 나무를 흔든다 하더라도 아무 소득도 없을 것이다. 지금 임금이 그의 덕을 밝히기만 한다면 곧 천하가 그를 따르는 것이 마치 매미가 밝은 불을 좇는 것처럼 될 것이다.

| 원문 |

人主之患, 不在乎不言用賢, 而在乎誠必[1]用賢. 夫言用賢者, 口也, 却賢者, 行也. 口行相反, 而欲賢者之至, 不肖者之退也, 不亦難乎.

夫耀蟬[2]者, 務在明其火, 振其樹而已. 火不明, 雖振其樹, 無益也. 今人主有能明其德者, 則天下歸之, 若蟬之歸明火也.

---

[1] 誠必(성필) : 이 위에 불(不)자가 있는 것이 옳은 듯하다(王念孫). "성심으로 반드시 하겠다고 생각하지 않는다"로 풀이해야 뜻이 잘 통한다.
[2] 耀蟬(요선) : 밤에 불을 비추어 매미를 잡는 방법이다. 중국 남쪽에서는 캄캄한 밤에 매미가 많은 나무를 불로 비추고 나무를 흔들어 떨어지는 매미를 잡아먹었다 한다.

| 해설 |

임금은 성심으로 꼭 현명한 사람을 등용하겠다는 생각을 지녀야 하고, 또 현명한 사람들을 따르게 하려면 먼저 자기의 덕을 닦아야 한다.

5

일을 하고 백성들을 대할 때는 의로움으로 여러 가지 변화에 대응하며, 너그러이 여유를 가지고 널리 받아들이며, 공경스런 몸가짐으로 그들을 선도하는 것이 정치의 시작이다. 그런 뒤에 알맞고 조화되게 살피고 결단하여 그들을 도와 바르게 이끄는 것이 정치의 중간 단계이다. 그리고 나서 그들의 성과에 따라 승진시키고 물러나게도 하고, 처벌하기도 하고 상을 주기도 하는 것이 정치의 마지막 단계이다.

그러므로 정치의 첫 일 년은 시작 단계를 가지고 시작하고, 삼 년째가 되면 마지막 단계를 가지고 끝맺어야 하는 것이다. 정치의 마지막 단계를 사용하여 정치를 시작하면 정령(政令)이 행해지지 않고 위아래 사람들이 원망하고 미워하여 어지러움이 스스로 일어나는 까닭이 된다.

『서경』에 이르기를 "의로운 형벌과 의로운 사형도 즉각적으로 행해서는 안 된다. 그대는 오직 아직도 일을 순서대로 하지 못하고 있다고 말해야만 한다." 하였는데, 이것은 먼저 교도해야 함을 말한 것이다.

| 원문 |

臨事接民, 而以義變應,[1] 寬裕而多容,[2] 恭敬而先之, 政之始也. 然後中和[3]察斷以輔之, 政之隆[4]也. 然後進退誅賞之, 政之終也.

故一年與之始, 三年與之終. 用其終爲始, 則政令不行而上下怨疾, 亂所以自作也.

書曰 ;[5] 義刑義殺, 勿庸[6]以卽,[7] 女[8]惟曰; 未有順事.[9] 言先敎也.

| 해설 |

정치를 행하는 순서를 세 단계로 나누어 설명하고 있다. 이 순서를 바꾸면 올바른 정치가 행해질 수 없다는 것이다.

6

도량형이란 물건을 재는 기준이고, 예의란 신분에 절도를 매기는 기준이다. 도량형으로는 물건의 수량을 표시하고, 예의로는 인륜을 결정한다. 덕을 근거로 하여 직위의 서열을 매기고, 능력을 기준으로 하여 벼슬을 내려 준다.

모든 예의 절도는 엄밀할수록 좋고, 백성들이 살아가는 데는 관대할수록 좋다. 예의 절도가 엄밀하면 여러 가지 문식이 생기고, 백성들의

---

1 變應(변응) : 변화에 대응하다.
2 多容(다용) : 널리 받아들이다.
3 中和(중화) : 알맞고 조화롭다.
4 隆(융) : 중(中)의 뜻(王念孫). 곧 정치의 중간 단계.
5 書曰(서왈) : 『서경』 주서(周書) 강고(康誥)편의 구절.
6 庸(용) : 용(用)의 뜻. 사용하다, 행하다.
7 以卽(이즉) : 즉각, 당장 바로.
8 女(여) : 그대, 여(汝).
9 順事(순사) : 일을 순서대로 하다, 일을 순조롭게 하다. 먼저 백성들을 교도한 뒤에 형벌을 사용하는 것이 옳은 순서임을 뜻한다.

생활이 관대하면 안락하게 된다. 위로는 문식이 생기고 아래로는 안락하여 공로와 명성이 극치이므로, 여기에 더 보탤 것이 없는 것이다.

| 원문 |

程¹者, 物之準也, 禮者, 節之準也. 程以立數, 禮以定倫. 德以敍位,² 能以授官.

凡節奏³欲陵,⁴ 而生民⁵欲寬. 節奏陵而文, 生民寬而安. 上文下安, 功名之極也, 不可以加矣.

| 해설 |

예의가 정치의 근본임을 다시 강조한 글로 예의를 바탕으로 하는 정치의 모양을 설명하고 있다.

7

임금이란 나라의 최고 지위이고, 아버지란 집안의 최고 지위이다. 최고 지위자가 한 사람이면 다스려지고, 두 사람이면 어지러워진다. 옛날부터 지금에 이르기까지 두 사람의 최고 지위자가 권력을 다투면서 오래 갈 수 있었던 경우는 없었다.

---

1 程(정) : 도량형, 물건을 재는 것.
2 敍位(서위) : 직위의 서열을 매기다.
3 節奏(절주) : 예의 절도.
4 陵(릉) : 엄밀한 것(王念孫).
5 生民(생민) : 백성들의 삶, 백성들을 살아가게 하는 것.

| 원문 |

君者, 國之隆¹也, 父者, 家之隆也. 隆一而治, 二而亂. 自古及今, 未有二隆爭重²而能長久者.

| 해설 |

나라에는 임금이 한 사람이어야 함을 강조한 글이다.

8

스승으로서의 술법에는 네 가지가 있으나, 널리 많은 것을 익히는 것은 포함되지 않는다. 몸가짐이 존엄하여 남들이 경외한다면, 남의 스승이 될 수 있다. 나이가 많고 신의가 있다면, 남의 스승이 될 수 있다. 경전을 외고 또 해설하되 스승의 이론을 무시하지 않고 범하지도 않는다면, 남의 스승이 될 수 있다. 정미한 것들을 알고 이론이 체계적이라면, 남의 스승이 될 수 있다. 그러므로 스승으로서의 술법에는 네 가지가 있으나, 널리 많은 것을 익히는 것은 포함되지 않는 것이다.

강물이 깊으면 소용돌이치게 되고, 나뭇잎이 떨어지면 뿌리에 거름이 된다. 제자가 학문에 통하고 출세를 하면 스승을 생각하게 된다.

『시경』에 이르기를 "어떤 경우이든 말에는 응답이 있고, 어떤 경우이든 덕에는 보답이 있다."고 읊은 것도, 이것을 뜻하는 말이다.

---

1 隆(륭) : 높은 사람, 최고 지위.
2 爭重(쟁중) : 권력을 다투다.

| 원문 |

師術有四, 而博習¹不與焉. 尊嚴而憚,² 可以爲師. 耆艾³而信, 可以爲師. 誦說而不陵⁴不犯, 可以爲師. 知微⁵而論,⁶ 可以爲師. 故師術有四, 而博習不與焉.

水深而回,⁷ 樹落則糞本.⁸ 弟子通利⁹則思師.

詩曰;¹⁰ 無言不讎,¹¹ 無德不報. 此之謂也.

| 해설 |

남들의 스승이 될 자격으로 네 가지를 들어 설명한 뒤, 제자가 학문을 이루면 절대로 스승을 잊지 않아야 함을 역설하고 있다.

9

상은 기준을 벗어나면 안 되고, 형벌은 지나치면 안 된다. 상이 기준을 벗어나면 이익이 소인들에게로 돌아가고, 형벌이 지나치면 피해

---

1 博習(박습) : 널리 익힌 것, 널리 많은 것을 공부한 것.
2 憚(탄) : 경외하다, 함부로 못하고 두려워하다.
3 耆艾(기애) : 늙은이. 양경(楊倞)은 쉰 살이 애, 예순 살이 기라 하였다.
4 不陵(불능) : 무시하지 않다. '릉'은 릉(凌)과 통함. 불범(不犯)과 함께 옛 학자들의 원칙인 사법(師法)을 지키는 것을 뜻한다.
5 微(미) : 정미(精微).
6 論(론) : 륜(倫)과 통하여, 조리가 있다. 이론이 체계적인 것.
7 回(회) : 물이 소용돌이치는 것.
8 糞本(분본) : 뿌리에 거름이 되다.
9 通利(통리) : 학문에 통달하고, 세상일이 뜻대로 잘 된 것.
10 詩曰(시왈) : 『시경』 대아(大雅) 억(抑)편의 구절.
11 讎(수) : 응답하다.

가 군자에게까지 미친다. 만약 불행히도 잘못을 저지를 것이라면, 차라리 상이 기준을 벗어나야지 형벌이 지나치는 일은 없어야 한다. 착한 사람을 해치는 것보다는 그릇된 자를 이롭게 하는 편이 낫기 때문이다.

| 원문 |

賞不欲僭,[1] 刑不欲濫.[2] 賞僭則利及小人, 刑濫則害及君子. 若不幸而過, 寧僭無濫. 與其害善, 不若[3]利淫.[4]

| 해설 |

상벌을 신중히 사용할 것을 논한 글이다.

---

1 僭(참) : 기준을 벗어나는 것.
2 濫(람) : 지나친 것, 남용하는 것.
3 與其~不若(여기~불약) : ~보다는 차라리 ~이 낫다.
4 淫(음) : 그릇된 자.

제15편

군사를 논함

議兵

　　군사와 용병에 관한 일을 논한 편이다. 첫 절에서 제6절까지는 순자와 다른 사람들의 대화로 이루어져 있고, 제7절에서 제10절에 이르는 부분은 순자의 이론이 서술되어 있다. 순자와 문답을 하는 사람들은 병가다운 병법을 얘기하는 이들이 대부분이나, 순자는 시종 군사와 용병의 근본은 백성들의 마음을 잡는 데 있음을 강조하고 있다. 용병의 근본도 덕을 가지고 백성들을 친근히 함에 있다는 것이다. 유가적인 군사론이라 할 수 있다.

1

임무군(臨武君)과 순자가 조나라 효성왕(孝成王) 앞에서 병사에 관해 토론하였다. 임금이 말하였다.

"병법의 요체에 대하여 알고 싶소."

임무군이 대답하였다.

"위로는 하늘의 때를 얻고 아래로는 땅의 유리한 조건을 얻은 뒤 적군의 변화와 동정을 살피고, 적군보다 늦게 출발하여 적군보다 싸움터에 먼저 도착해 있는 것, 이것이 용병의 요체가 되는 술법입니다."

순자가 말하였다.

"그렇지 않습니다. 제가 들은 바로는 옛날의 도는 모든 용병과 공격 전투의 근본이 백성들을 통일하는 데 있다 하였습니다. 활과 화살이 조절되어 있지 않다면 예(羿) 같은 명궁이라 하더라도 작은 것을 쏘아 맞힐 수가 없을 것이며, 수레를 끄는 여섯 마리의 말이 화합하지 않는다면 조보 같은 수레몰이라 할지라도 먼 곳까지 수레를 몰고 갈 수가 없을 것입니다. 백성들이 따르지 않는다면 탕임금이나 무왕이라 할지라도 도저히 싸움에 이길 방법이 없을 것입니다. 그러므로 백성들을 잘 따르게 하는 사람이 바로 용병을 잘하는 사람입니다. 그러므로 병법의 요체는 백성들을 잘 따르도록 하는 데 있을 따름입니다."

임무군이 말하였다.

"그렇지 않습니다. 병법에서는 형세를 이용하여 유리한 위치를 차지하는 것이 중요하며, 변화와 속임수를 잘 써야 합니다. 용병을 잘하는 사람은 재빠르고 신비스럽게 보여 그가 어떤 계략으로 나올지 알 수 없도록 합니다. 손무(孫武)와 오기(吳起)도 이런 방법을 써서 천하에 대적할 자가 없었습니다. 어찌 반드시 백성들이 따르도록 해야만 되겠습니까?"

순자가 말하였다.

"그렇지 않습니다. 제가 말씀드리는 것은 어진 사람의 군대이고, 왕자의 뜻입니다. 군께서는 권모술수와 형세를 이용하여 유리함을 얻는 것을 중요하게 여기고, 공격과 약탈과 변화와 속임수를 행하려 하는데, 이것은 제후 정도가 하는 일입니다. 어진 사람의 군대는 속일 수가 없습니다. 속일 수 있는 상대란 대비에 태만한 군대이거나 함부로 부려 지쳐 있는 군대입니다. 임금과 신하와 위아래 사람들 사이가 덕으로부터 멀리 떨어져 있는 자들입니다. 그러므로 걸왕 같은 사람의 군대가 걸왕 같은 사람의 군대를 속인다면 교묘하고 졸렬한 방법으로 다행히 승리를 거두는 경우도 있을 것입니다. 그러나 걸왕 같은 사람의 군대가 요임금 같은 사람의 군대를 속인다는 것은 마치 달걀로 바위를 치고 맨손가락으로 끓는 물을 휘젓는 것과 같으며, 물이나 불 속에 뛰어드는 것처럼 들어가기만 하면 타 버리거나 빠져 죽을 것입니다."

| 원문 |

臨武君[1]與孫卿子[2]議兵於趙孝成王[3]前. 王曰; 請問兵要.

臨武君對曰; 上得天時,[4] 下得地利,[5] 觀敵之變動, 後之發, 先之至,

---

1 臨武君(임무군) : 초나라의 장군(『戰國策』).
2 孫卿子(손경자) : 순자를 달리 부르는 말.
3 孝成王(효성왕) : 조나라 임금, 그때엔 유명한 평원군(平原君)이 재상이었다.
4 天時(천시) : 하늘의 때. 주로 철에 따른 날씨의 변화를 가리킴.
5 地利(지리) : 유리한 지세 조건.

此用兵之要術也.

孫卿子曰; 不然. 臣所聞古之道, 凡用兵攻戰之本在乎壹民. 弓矢不調, 則羿[6]不能以中微, 六馬不和, 則造父[7]不能以致遠. 士民不親附,[8] 則湯武不能以必勝也. 苦善附民者, 是乃善用兵者也. 故兵要在乎善附民而已.

臨武君曰; 不然. 兵之所貴者埶利[9]也, 所行者變詐[10]也. 善用兵者, 感忽[11]悠闇,[12] 莫知其所從出. 孫吳[13]用之無敵於天下, 豈必待附民哉?

孫卿子曰; 不然. 臣之所道, 仁人之兵, 王者之志也. 君之所貴, 權謀埶利也, 所行, 攻奪變詐也, 諸侯之事也. 仁人之兵, 不可詐也. 彼可詐者, 怠慢者也, 路亶[14]者也, 君臣上下之間, 滑然[15]有離德者也. 故以桀詐桀, 猶巧拙有幸焉. 以桀詐堯, 譬之若以卵投石, 以指撓沸,[16] 若赴水火, 入焉焦沒耳.

---

6 羿(예) : 제8편 유효 제12절 참조.
7 造父(조보) : 제8편 유효 제12절 참조.
8) 親附(친부) : 친하게 모여들다, 친해지고 따르다.
9) 埶利(세리) : 형세를 이용하여 유리한 위치를 차지하는 것.
10) 變詐(변사) : 변화와 속임수. 책략을 뜻한다.
11) 感忽(감홀) : 재빨리 움직이는 것(郝懿行).
12) 悠闇(유암) : 신비스러워 잘 알 수가 없는 것.
13) 孫吳(손오) : 손무(孫武)와 오기(吳起). 손무는 춘추 시대 오(吳)나라 합려(闔閭)의 장수, 오기는 전국 시대 위(魏)나라 무후(武侯)의 장수. 모두 병법(兵法) 저술을 남긴 병가의 대표적 인물.
14) 路亶(노단) : 고생으로 지친 것(郝懿行).
15) 滑然(활연) : 틈이 벌어져 있는 모양(王引之).
16) 撓沸(요비) : 끓는 물을 휘젓는 것.

| 해설 |

임무군은 일반적인 병가들이 생각하고 있는 용병술을 얘기하는 데 반해, 순자는 "백성들을 잘 따르게 하는 것"이 용병의 요체임을 강조하고 있다.

2

"그러므로 어진 사람의 군대는 위아래 모든 장수들이 한마음이 되고 전군이 힘을 합쳐 신하들과 임금의 관계, 아랫사람과 윗사람의 관계가 마치 아들이 아버지를 섬기고 아우가 형을 섬기는 것 같으며, 마치 손과 팔이 머리와 눈을 보호하고 가슴과 배를 가려 주는 것과 같습니다. 속임수로 그들을 습격한다 해도, 먼저 그들을 놀라게 한 뒤에 그들을 치는 것과 마찬가지가 됩니다.

또한 어진 사람이 십 리 사방의 나라를 다스린다면 곧 백 리 사방의 일들을 다 들을 것이고, 백 리 사방의 나라를 다스린다면 곧 천 리 사방의 일들을 다 들을 것이며, 천 리 사방의 나라를 다스린다면 곧 온 세상의 일들을 다 들을 것이고, 반드시 모든 일들을 잘 듣고 분명히 보면서 경계를 하고 하나로 화합하여 뭉칠 것입니다.

그러므로 어진 사람의 군대는 모이면 전투 부대가 되고, 흩어져도 전열을 이루며, 군사들을 길게 늘어놓으면 막야(莫邪)와 같은 긴 칼처럼 되어 거기에 걸리는 것은 모두 잘리며 앞으로 나아가면 막야의 날카로운 칼끝처럼 거기에 부딪히는 것은 모두가 무너지며, 둥근 진을 치거나 네모난 진을 치고 있으면 반석처럼 거기에 닿는 것들은 모두가 부숴지고 깨져서 추한 모습을 보이며 후퇴할 것입니다.

또한 난폭한 정치를 하는 나라의 임금은 누구와 함께 쳐들어오겠습니까? 그와 함께 쳐들어오는 사람들은 반드시 그의 백성들일 것입니다. 그런데 그의 백성들이 나와 친하여, 나를 보고 자기네 부모를 대하듯 기뻐하고 향기로운 산초(山椒)와 난초처럼 좋아하는 반면, 자기네 임금은 마치 불에 달군 쇠도장을 찍듯이 싫어하며 원수를 대하듯 하는 것입니다. 사람의 감정을 지녔다면 비록 걸왕이나 도척 같은 자라 할지라도, 어찌 자기가 미워하는 사람을 위해 자기가 좋아하는 사람을 해치려 하겠습니까? 그것은 마치 아들이나 손자로 하여금 스스로 그의 부모를 해치도록 하려는 것과 같습니다. 그들은 반드시 미리 와서 습격 계획을 알려줄 것입니다. 그런데 어떻게 속임수를 쓸 수가 있겠습니까?

그러므로 어진 사람이 나라를 다스리면 나날이 모든 것이 분명히 드러납니다. 제후들도 먼저 그를 따르는 사람은 안락해지고 뒤늦게 따르는 사람은 위태로워질 것입니다. 그에게 대적하려는 자들은 나라 땅을 뺏길 것이고 그에게 반항하는 자들은 망할 것입니다.

『시경』에 '용맹하신 탕임금께서 깃발 세우시고, 삼가 도끼를 잡으시니, 불이 붙어 훨훨 타오르듯, 아무도 감히 당해 내지 못하였네.'라고 읊은 것도 이것을 뜻하는 말입니다."

| 원문 |

故仁人上下, 百將一心, 三軍[1]同力, 臣之於君也, 下之於上也, 若子之事父, 弟之事兄, 若手臂之扞[2]頭目而覆胸腹也. 詐而襲之, 與先驚而

---

1 三軍(삼군) : 전군을 뜻함. 상군·중군·하군의 군 편성을 가리킴.

後擊之一也.

 且仁人之用十里之國, 則將有百里之聽, 用百里之國, 則將有千里之聽, 用千里之國, 則將有四海之聽, 必將聰明3) 警戒, 和傳4而一.

 故仁人之兵, 聚則成卒,5 散則成列,6 延則若莫邪7之長刃, 嬰8之者斷, 兌9則若莫邪之利鋒, 當之者潰,10 圓居而方止則若盤石然, 觸之者角摧,11 案角鹿埵12隴種東籠13而退耳.

 且夫暴國之君, 將誰與至哉? 彼其所與至者, 必其民也, 而其民之親我歡若父母, 其好我芬若椒蘭, 彼反顧其上, 則若灼黥,14 若仇讎, 人之情, 雖桀跖,15 豈又肯爲其所惡, 賊其所好者哉? 是猶使人之子孫, 自賊其父母也, 彼必將來告之, 夫又何可詐也?

 故仁人之用國, 日明, 諸侯先順者安, 後順者危, 慮敵之者削,16 反之者亡.

---

2 扞(한) : 막다, 보호하다.
3 聰明(총명) : 모든 일에 관해 잘 듣고 밝게 보는 것.
4 和傳(화전) : 화합하여 뭉치다. '전'은 단(摶)의 잘못으로(王先謙), 뭉쳐지는 것.
5 成卒(성졸) : 전투 부대를 이루다.
6 成列(성열) : 전열을 이루다.
7 莫邪(막야) : 옛날의 명검, 간장(干將)과 흔히 병칭된다.
8 嬰(영) : 영(攖)과 통하여, 부딪치다, 걸리다.
9 兌(태) : 예(銳)와 통하여, 뾰죽이 앞으로 나아가는 것.
10 潰(궤) : 궤멸하다, 무너지다.
11 角摧(각최) : 산산이 부숴지는 것.
12 案角鹿埵(안각록타) : 뜻이 확실치 않으나, 최패피미(摧敗披靡)의 모습(楊倞), 곧 박살이 난 모습.
13 隴種東籠(농종동롱) : 형편없는 모양, 보기 흉한 모양. '농종'은 용종(龍種)으로도 쓰며, '동롱'은 동롱(洞瀧)과 같은 말로 흠뻑 물에 젖은 모양(楊倞).
14 灼黥(작경) : 죄인 같은 자에게 불에 달군 쇠도장을 찍어 표시를 남기는 것.
15 桀跖(걸척) : 폭군인 걸왕과 유명한 강도 도척.
16 削(삭) : 나라 땅이 깎이다, 나라 땅을 빼앗기다.

詩曰:[17] 武王[18]載發,[19] 有虔[20]秉鉞,[21] 如火烈烈, 則莫我敢遏.[22] 此之
謂也.

| 해설 |

앞 장에 이어지는 내용이다. 역시 병법의 요체는 백성들을 따르게 하는
것이기 때문에, 백성들의 마음을 얻으려면 인덕으로 나라를 다스려야 함
을 주장하고 있다.

3

효성왕과 임무군이 말하였다.
"훌륭하십니다. 왕자의 군대는 어떤 도를 따라 어떻게 움직이도록
통솔하면 되겠습니까?"
순자가 대답하였다.
"임금에게 있어 장수로서 부하를 통솔하는 것은 말단적인 일입니
다. 왕자와 제후가 강하고 약해지는 것, 나라가 존속하고 망하는 효
험, 그리고 안락하고 위험해지는 형세에 대해 다 말씀드리겠습니다.
임금이 현명하면 그 나라는 잘 다스려지고, 임금이 무능하면 그 나
라는 어지러워집니다. 예의를 존중하고 의로움을 귀중히 여기면 그

---

17 詩曰(시왈) : 『시경』 상송(商頌) 장발(長發)편에 보이는 구절.
18 武王(무왕) : 용맹스런 임금, 여기서는 탕임금을 가리킨다.
19 載發(재발) : 발은 패(旆)의 뜻으로(『시경』), 깃발을 세우는 것.
20 有虔(유건) : 공경스런 모양, 신중한 모양.
21 秉鉞(병월) : 도끼를 잡다. 도끼는 권력과 지휘권을 상징한다.
22 遏(알) : 막다, 당해 내다.

나라는 잘 다스려지고, 예의를 가벼이 하고 의로움을 천하게 여기면 그 나라는 어지러워집니다. 잘 다스려지는 나라는 강하고, 어지러운 나라는 약합니다. 이것이 나라가 강하고 약하게 되는 근본입니다.

임금이 우러러볼 만한 사람이면 백성들을 부릴 수가 있습니다. 임금이 우러러볼 만한 사람이 아니면 백성들을 부릴 수가 없습니다. 백성들을 부릴 수 있는 나라는 강하고, 백성들을 부릴 수 없는 나라는 약합니다. 이것이 나라가 강해지고 약해지는 법도입니다. 예의를 존중하고 공로를 드러내는 것은 상급의 방법입니다. 봉록을 중히 하고 절의를 귀중히 여기는 것은 중급의 방법입니다. 공로만을 숭상하고 절의를 천히 여기는 것은 하급의 방법입니다. 이것이 나라가 강해지고 약해지는 일반적인 원칙입니다.

훌륭한 선비를 좋아하는 나라는 강하고, 훌륭한 선비를 좋아하지 않는 나라는 약합니다. 백성을 사랑하는 나라는 강하고, 백성을 사랑하지 않는 나라는 약합니다. 정령에 신의가 있는 나라는 강하고, 정령에 신의가 없는 나라는 약합니다. 백성들이 힘을 합치는 나라는 강하고, 백성들이 힘을 합치지 않는 나라는 약합니다. 상에 무게가 있는 나라는 강하고, 상이 가벼운 나라는 약합니다. 형벌에 위엄이 있는 나라는 강하고, 형벌을 업신여기는 나라는 약합니다. 용구와 무기와 갑옷이 잘 만들어져 쓰기에 편리한 나라는 강하고, 용구와 무기와 갑옷이 잘못 만들어지고 부실하여 쓰기에 불편한 나라는 약합니다. 용병을 신중히 하는 나라는 강하고, 용병을 가벼이 하는 나라는 약합니다. 권력이 한곳에서 나오는 나라는 강하고, 권력이 두 곳에서 나오는 나라는 약합니다. 이것이 강하고 약한 표준입니다."

| 원문 |

孝成王臨武君曰; 善! 請問王者之兵, 設¹何道何行而可.

孫卿子曰; 凡在大王, 將率²末事也. 臣請遂道, 王者諸侯彊弱存亡之效,³ 安危之埶.

君賢者其國治, 君不能者其國亂. 隆禮貴義者其國治, 簡⁴禮賤義者其國亂. 治者強, 亂者弱, 是強弱之本也.

上足卬⁵則下可用也, 上不卬則下不可用也. 下可用則強, 下不可用則弱, 是強弱之常也. 隆禮效功, 上也, 重祿貴節, 次也, 上功賤節, 下也, 是強弱之凡⁶也.

好士者強, 不好士者弱. 愛民者強, 不愛民者弱. 政令信者強, 政令不信者弱. 民齊⁷者強, 民不齊者弱. 賞重者強, 賞輕者弱. 刑威者強, 刑侮⁸者弱. 械用⁹兵革攻完¹⁰便利者強, 械用兵革窳楛¹¹不便利者弱. 重用兵者強, 輕用兵者弱. 權出一者強, 權出二者弱. 是強弱之常也.

| 해설 |

여기서는 주로 군대가 강해지거나 약해지는 원인을 설명하고 있다. 역

---

1 設(설) : 용(用)의 뜻(王先謙), 부리다, 통솔하다.
2 將率(장수) : 장수.
3 效(효) : 효험.
4 簡(간) : 가벼이 여기다.
5 卬(앙) : 앙(仰)과 통하여, 우러러보다.
6 凡(범) : 대범, 일반 원칙.
7 齊(제) : 힘을 합치는 것(楊倞).
8 侮(무) : 업신여기다.
9 械用(계용) : 용구, 연장.
10 攻完(공완) : 완전하게 잘 만들어진 것.
11 窳楛(유고) : 잘못 만들어지고 부실한 것.

시 임금이 예의를 존중하고 인덕으로 나라를 다스리는 것이 제일임을 강조하고 있다.

4

"제나라 사람들은 손발의 재주로 적을 넘어뜨리는 기격(技擊)을 중시합니다. 기격으로 적군 한 명의 머리를 잘라 오는 사람에게는 대가로 일 치(錙)의 금을 주었는데, 근본적으로 상은 없는 셈입니다. 이것은 수적으로 약한 적군을 상대할 때는 그런 대로 쓰여질 수 있으나, 강대한 적군을 상대할 때는 마치 날아가는 새들처럼 흩어져 버리니, 하루도 못 가서 무너져 버릴 것입니다. 이것은 망하는 나라의 군대이니, 군대가 이보다 더 약할 수는 없을 것입니다. 이들은 시장의 인부들에게 품삯을 주고 나가 싸우게 한 것과 다를 바가 없을 것입니다.

위(魏)나라의 군졸은 그들의 무술을 시험해 보고 고른 자들입니다. 그들에게는 온몸을 감싸는 삼촉(三屬)의 갑옷을 입히고, 십이 석(石)의 쇠뇌를 들리고, 오십 대의 화살이 담긴 화살통을 지게 하고, 그 위에 창을 놓고, 투구를 쓰고 칼을 차게 하고서, 사흘 동안의 양식을 지니고, 하루 동안에 백 리를 달리게 합니다. 군졸 시험에 합격하면 그 집의 노역을 면제해 주고, 밭과 택지의 세금도 줄여 줍니다. 군졸은 몇 년 지나면 노쇠해지지만 이들의 특전을 뺏을 수가 없기 때문에, 다시 군졸들을 뽑아 그들에게 특전을 주기에 어려움을 겪고 있습니다. 그러므로 국토가 비록 넓다고는 하지만, 그들의 세금은 적어지게 마련입니다. 이것은 위험한 나라의 군대입니다.

진(秦)나라 사람들은 백성들의 생활이 궁핍한데도, 가혹하고 사납게 백성들을 부립니다. 그들을 권세로 협박하고 강권으로 궁핍하게 하며, 상을 많이 내려 거기에 맛이 들리게 하고, 형벌로써 압박을 가하여 백성들이 임금에게서 이익을 얻어내는 방법으로는 싸움 말고는 다른 길이 없도록 합니다. 궁핍하게 해놓고 그들을 부리고, 승리를 얻은 뒤에야 그들의 공로를 인정하며, 공로와 상이 서로 많아지도록 애씁니다. 다섯 명의 적의 머리를 잘라 온 자에게는 다섯 집을 부리게 해줍니다. 이들은 가장 병력이 강하고 오래 가서, 많은 땅을 차지하여 세금을 거둬들이고 있습니다. 그러므로 진나라는 사대에 걸쳐 싸움에서 승리를 거두고 있는데, 그것은 요행이 아니라 이치가 그런 것입니다."

| 원문 |

齊人隆技擊.[1] 其技也, 得一首[2]者, 則賜贖[3]錙金,[4] 無本賞[5]矣. 是事小敵毳[6]則偸可用也, 事大敵堅則渙焉[7]離耳, 若飛鳥然, 傾側反覆[8]無日.[9] 是亡國之兵也, 兵莫弱是矣. 是其去賃市傭[10]而戰之, 幾[11]矣.

魏氏之武卒, 以度[12]取之, 衣三屬之甲,[13] 操十二石之弩,[14] 負服[15]矢五

---

[1] 技擊(기격) : 손발의 재주로 적을 쳐 넘어뜨리는 기술.
[2] 一首(일수) : 적의 머리 하나.
[3] 賜贖(사속) : 대가로 주다.
[4] 錙金(치금) : 일 치의 금. 여덟 냥이 일 치임.
[5] 本賞(본상) : 본격적인 상.
[6] 毳(취) : 약하고 가벼운 것.
[7] 渙焉(환언) : 흩어지는 모양.
[8] 傾側反覆(경측반복) : 기울어져 무너지다.
[9] 無日(무일) : 하루도 못 가다.
[10] 賃市傭(임시용) : 시장의 일꾼들에게 품삯을 주고 고용하다.
[11] 幾(기) : 거의 같다, 비슷하다.
[12] 度(탁) : 무술을 시험하는 것.

十個, 置戈其上, 冠冑[16]帶劍, 嬴[17]三日之糧, 日中而趨百里. 中試則復其戶.[18] 利其田宅.[19] 是數年而衰, 而未可奪也, 改造[20]則不易周[21]也. 是故地雖大, 其稅必寡. 是危國之兵也.

秦人其生民也陿陋,[22] 其使民也酷烈. 劫[23]之以執, 隱[24]之以阸, 忸[25]之以慶賞, 鰌[26]之以刑罰, 使天下之民, 所以要利於上者, 非鬪無由也. 阸而用之, 得而後功之, 功賞相長也. 五甲首而隸五家. 是最爲衆彊長久, 多地以正.[27] 故四世[28]有勝, 非幸也, 數也.

| 해설 |

무술을 잘 닦은 기격을 중시하는 제나라와 잘 훈련되고 무장을 갖춘 군졸을 중시하는 위나라와 권력과 상형(賞刑)을 중시하는 진나라의 군대를

---

13 三屬之甲(삼촉지갑) : 윗몸 · 허리 · 아랫도리를 감싸주도록 이어진 갑옷.
14 十二石之弩(십이석지노) : '십이석은 쇠뇌의 강도를 나타내며, '노'는 재빨리 많은 화살을 강하게 쏘아 내는 쇠뇌.
15 服(복) : 복(箙)과 통하여, 화살을 넣는 화살통.
16 冠冑(관주) : 투구를 쓰다.
17 嬴(영) : 짊어지다.
18 復其戶(복기호) : 그의 집안에 요역을 면제시켜 주다.
19 利其田宅(이기전택) : 그의 밭과 택지의 세금을 받지 않는 것.
20 改造(개조) : 다른 군졸들을 뽑는 것.
21 不易周(불이주) : 특전이 다 돌아가게 하기 쉽지 않다.
22 陿陋(협애) : 좁고 험하다, 생활이 궁핍함을 뜻함.
23 劫(겁) : 협박하다.
24 隱(은) : 은(檼)과 통하여, 강요, 강권.
25 忸(뉴) : 뉴(狃)와 통하여, 버릇이 되다.
26 鰌(추) : 이용하다, 압박을 가하다.
27 正(정) : 정(征)과 통하여, 세금을 거두어 들이는 것.
28 四世(사세) : 진(秦)나라 효공(孝公) · 혜공(惠公) · 무왕(武王) · 소왕(昭王)의 네 임금(楊倞).

비교하고 있다.

순자에게 병술은 그렇게 중요한 것이 아니다. 위의 세 나라 중 병력이 가장 강한 진나라도 병술 때문에 군대가 강한 것이 아니라 권력으로 백성들을 싸우지 않으면 안 되도록 강요하기 때문에 강하다는 것이다. 이것은 물론 이상적인 군대는 되지 못한다.

5

"그러므로 제나라의 기격으로는 위나라의 군졸을 대적할 수가 없고, 위나라의 군졸은 진나라의 정예 군사를 대적하지 못하며, 진나라의 정예 군사도 제나라 환공이나 진(晉)나라 문공의 절도와 제도가 있는 군대는 당해낼 수가 없고, 환공이나 문공의 절도와 제도가 있는 군대도 탕임금과 무왕의 인의의 군대는 대적할 수가 없습니다. 만약 이들을 대적하는 군대가 있다면, 다 타버린 물건으로 바위를 치는 것과 같을 것입니다.

앞에 제시한 여러 나라들은 모두가 상을 노리고 이익을 추구하는 군대이므로 일꾼을 고용하거나 물건을 파는 것과 다를 바가 없으며, 임금을 귀중히 여기고 제도를 안정시키며 절의를 추구하는 도리는 전혀 갖추지 않고 있습니다. 제후들 중에 절의로써 군대를 정묘하게 다스리는 이가 나온다면 이들을 모두 위태롭게 할 것입니다. 그러므로 군사들을 불러모으고 용사들을 모집하며, 권세와 속임수를 존중하고 공로와 이익을 숭상하는 것은, 바로 백성들을 속이는 일입니다.

예의로 교화하는 것만이 백성들의 마음을 통일시키는 길입니다. 그러므로 속임수로써 속임수를 대적한다면 잘하고 못하는 것이 있을 수 있지만, 속임수로써 마음이 통일된 군대를 대적한다면 그것은 마치 송곳이나 칼로 태산을 무너뜨리려는 것과 같습니다. 천하의 어리석은 사람이 아니라면 감히 그런 방법을 쓰지 않을 것입니다.

그러므로 왕자의 군대는 시험을 받는 일이 없습니다. 탕임금과 무왕이 걸왕과 주왕을 베어 죽일 때 팔짱을 끼고 지휘를 하였지만 강하고 포악한 나라들까지도 모두 달려와 부림을 받아, 걸왕과 주왕을 베어 죽이는 일이 마치 한 평범한 남자를 처벌하는 것과 같았습니다. 『태서(泰誓)』에서 "외로운 남자 주(紂)"라 표현한 것도, 이것을 뜻하는 말입니다.

그러므로 군대의 규모가 크고 합심이 잘 되면 천하를 제압하고, 규모가 작아도 합심이 잘 되면 이웃의 적국을 다스리게 될 것입니다. 군사들을 불러 모으고 용사들을 모집하며, 권세와 속임수를 존중하고 공로와 이익을 숭상하는 군대는 곧 승리하고 승리하지 못하는 일이 일정하지 않아 줄어들었다 늘어났다 하고 존속하다 망하기도 하며 서로가 자웅을 겨루는 형편이 됩니다. 이런 것을 두고 도적의 군대라 부르는데, 군자는 그런 방법을 쓰지 않습니다.

그러므로 제나라의 전단(田單)과 초나라의 장교(莊蹻), 진나라의 위앙(衛鞅)과 연나라의 유기(繆蟣)는 모두가 세상에서 말하는 이른바 용병을 잘했던 사람들입니다. 그들의 교묘함과 졸렬함, 강하고 약한 정도는 서로 같은 점이 없지만, 그들이 추구한 도는 하나입니다. 그들은 조화되고 마음이 화합된 군대는 아닙니다. 밀고 당기며 틈을 엿보고, 속임수와 권모술수를 쓰다가 멸망을 면치 못하였으니 도적의 군대입니다.

제나라 환공, 진(晉)나라 문공, 초나라 장왕, 오나라 합려, 월나라 구천 등은 모두 조화되고 마음이 화합된 군대였습니다. 왕자의 군대 범위 안으로 들어올 수도 있었습니다. 그러나 근본적인 법도가 없었기 때문에 패자는 될 수 있었지만 왕자는 될 수가 없었습니다. 이상이 강하고 약한 군대의 효험입니다."

| 원문 |

故齊之技擊不可以遇¹魏氏之武卒, 魏氏之武卒不可以遇秦之銳士. 秦之銳士不可以當桓文之節制, 桓文之節制不可以敵湯武之仁義. 有遇之者, 若以焦熬²投石焉.

兼是數國者, 皆干賞³蹈利之兵也. 傭徒鬻賣之道也. 未有貴上安制綦節⁴之理也. 諸侯有能微妙之⁵以節, 則作而兼殆⁶之耳! 故招近⁷募選, 隆埶詐, 尙功利, 是漸之⁸也,

禮義敎化, 是齊之⁹也. 故以詐遇詐, 猶有巧拙焉, 以詐遇齊, 辟之猶以錐刀墮太山也, 非天下之愚人莫敢試.

故王者之兵不試. 湯武之誅桀紂也, 拱挹¹⁰指麾, 而彊暴之國莫不趨使, 誅桀紂若誅獨夫. 故泰誓¹¹曰; 獨夫紂. 此之謂也.

---

1 遇(우) : 대적하다, 당해 내다.
2 焦熬(초오) : 불에 타 버린 것, 숯이나 재 같은 것.
3 干賞(간상) : 상 받기를 추구하다.
4 綦節(기절) : 절의를 추구하다.
5 微妙之(미묘지) : 용병을 정묘하게 하는 것.
6 兼殆(겸태) : 아울러 모두 위태롭게 하다.
7 招近(초근) : '근'은 연(延)의 잘못으로(俞樾), 군사들을 불러모으는 것.
8 漸之(점지) : 백성들을 속이는 것(王先謙).
9 齊之(제지) : 백성들의 마음을 통일하다, 마음을 화합게 하다(楊倞).
10 拱挹(공읍) : 팔짱을 끼고 있는 것.
11 泰誓(태서) : 『서경』의 편명.

故兵大齊[12]則制天下, 小齊則治隣敵. 若夫招近募選, 隆埶詐, 尙功利之兵, 則勝不勝無常, 代翕代張,[13] 代存代亡, 相爲雌雄耳矣. 夫是之謂盜兵, 君子不由也.

故齊之田單,[14] 楚之莊蹻,[15] 秦之衞鞅,[16] 燕之繆蟣,[17] 是皆世俗之所謂善用兵者也. 是其巧拙强弱, 則未有以相君[18]也, 若其道一也. 未及和齊也. 掎契[19]司詐, 權謀傾覆, 未免盜兵也.

齊桓晉文楚莊吳闔閭越勾踐, 是皆和齊之兵也. 可謂入其域矣, 然而未有本統[20]也. 故可以霸而不可以王. 是强弱之效也.

| 해설 |

여기서는 앞에서 이야기한 제나라·위나라·진나라 군대의 강약을 비교한 뒤 그들이 패자의 군대는 당할 수 없고, 또한 패자의 군대는 왕자의 군대 앞에 나서지도 못함을 강조하고 있다. 곧 군대가 강하고 약한 효험이 어떻게 드러나고 있는가를 설명하고 있다.

---

12 大齊(대제) : 병력이 많고 합심이 잘 되는 것.
13 代翕代張(대흡대장) : 오므라들었다 늘어났다 하는 것, 줄어들었다 많아졌다 하는 것.
14 田單(전단) : 전국 시대 제(齊)나라의 대부. 연(燕)나라 장수 악의(樂毅)가 쳐들어와 제나라를 거의 모두 점령하였으나, 6년 뒤에 전단이 군사를 일으켜 연나라 군사들을 내몰고 도망가 있던 제나라 양왕(襄王)을 맞아들여 제나라를 다시 세웠다(『史記』 田敬仲完世家, 燕世家, 樂毅傳, 田單傳 참조).
15 莊蹻(장교) : 초나라 위왕(威王)의 장군.
16 衞鞅(위앙) : 진(秦)나라 효공(孝公)을 섬겨 진나라 부강의 기초를 닦은 사람. 뒤에 상(商)나라에 봉해져 상앙이라 부른다. 그가 지었다는 『상군서(商君書)』는 법가의 저술로 알려져 있다.
17 繆蟣(유기) : 어떤 사람인지 분명치 않음(楊倞).
18 相君(상군) : '군'은 약(若)의 잘못(盧文弨), 서로 같다.
19 掎契(의계) : 밀치고 잡아당기고 하는 것. 의척(掎摭)과 같은 말.
20 本統(본통) : 근본적인 법도.

6

효성왕과 임무군이 말하였다.
"훌륭하십니다! 장군에 대하여 여쭙고자 합니다."
순자가 말하였다.
"장군이라면, 지혜에 있어서는 의심스런 생각을 버리는 것이 가장 중요하고, 행동에 있어서는 잘못이 없도록 하는 것이 가장 중요하며, 일을 처리함에 있어서는 후회하지 않도록 하는 것이 가장 중요합니다. 일은 후회하지 않도록 하면 그뿐이지, 반드시 성공을 하려 해서는 안 됩니다.

그러므로 장군은 제도와 명령이 엄하고 위엄이 있어야 하며, 시상과 형벌이 반드시 신의가 있도록 해야 하며, 군영과 군용품의 저장은 빈틈없고 견고해야 하며, 부대의 이동이나 전진 후퇴는 편안하면서도 신중해야 하고 빠르면서도 신속해야 하며, 적군을 정탐하고 변화를 살핌에 있어서는 몰래 깊이 들어가 살피게 하고 그 결과를 종합 참작해야 하며, 적과 맞붙어 싸울 때는 반드시 자신이 명확하게 세운 전략을 따라야 되며 자신이 의심스럽게 여기는 전략을 따라서는 안 됩니다. 이상이 장군의 여섯 가지 술법입니다.

장군은 파면당하는 것을 두려워해서는 안 되고, 성급히 승리를 거두고자 하여 패배를 잊어서는 안 되며, 군대 안에서는 위세를 떨치되 밖의 적을 가벼이 보아서는 안 되고, 자기에게 유리한 것만을 보고 자기에게 해가 되는 것은 거들떠보지 않아서는 안 되며, 모든 일에 대해 빈틈없이 생각하고 재물의 사용에는 너그러워야 합니다. 이상이 장군의 다섯 가지 요령입니다.

장군이 임금의 명을 받지 않아도 되는 일이 세 가지 있습니다. 임금을 위해 병사들을 죽일 수는 있으나 불완전한 곳에 진을 치게 해서는 안 됩니다. 임금을 위해 병사들을 죽일 수는 있으나 이기지 못할 적을 공격하도록 해서는 안 됩니다. 임금을 위해 병사들을 죽일 수는 있으나 백성들을 속이는 일을 해서는 안 됩니다. 이상은 장군의 세 가지 지엄한 책임입니다.

 장군이 임금의 명을 받아 전군을 움직여 전군이 다 정돈되고 요직이 서열대로 잘 배치되어 여러 가지 사물이 모두 올바르게 갖춰졌다 해도, 그것으로 임금이 기뻐할 수는 없는 것이며 반대로 적을 노엽게 할 수도 없는 것입니다. 이러한 것을 신하로서의 지당한 일이라 합니다.

 장군은 반드시 생겨나는 일들보다 생각이 앞서야 하고, 그 위에 거듭하여 공경히 생각해야 합니다. 모든 일의 끝을 시작할 때처럼 신중히 하여, 시작할 때와 끝날 때가 한결같아야 합니다. 이러한 것을 군대에 있어서 크게 길한 현상이라 합니다.

 여러 가지 일들이 모두 성공하는 것은 반드시 일을 공경히 한 데에 원인이 있고, 그 일이 실패하는 것은 반드시 일을 함부로 한 데에 원인이 있습니다. 그러므로 장군의 공경함이 태만함보다 뛰어나다면 그것은 길(吉)한 일이지만, 그의 태만함이 공경함보다 뛰어나다면 그 군대는 멸망할 것입니다. 장군의 계책이 욕심보다 뛰어나다면 잘 될 수 있지만, 욕심이 그의 계책보다 뛰어나다면 안 좋은 결과를 맞게 될 것입니다. 전쟁을 수비하듯 하고, 행군을 전쟁하듯 하고, 전공이 있을 때는 요행을 얻은 듯이 해야 합니다. 계략을 공경히 하는 일을 소홀히 하지 말 것이며, 일을 공경히 하는 일을 소홀히 하지 말 것이며, 장교들을 공경히 하는 일을 소홀히 하지 말 것이며, 병사들을 공경히 하는 일을 소홀히 하지 말 것이며, 적군을 공경히 하는 일을 소홀히 하지 말아야 합니다. 이상은 장군이 소홀히 하지 말아야 할 다섯 가지 일입니다.

장군은 이상의 여섯 가지 술법과 다섯 가지 요령과 세 가지 지엄한 책임을 신중히 행하고, 공경스럽고 소홀하지 않는 태도로 모든 일에 대처해야만 합니다. 이렇게 하는 이를 천하의 명장이라 하며, 신명에 통달한 장수라 합니다."

| 원문 |

孝成王臨武君曰: 善! 請問爲將.

孫卿子曰: 知莫大乎棄疑,[1] 行莫大乎無過, 事莫大乎無悔. 事至無悔而止矣, 成不可必[2]也.

故制號政令, 欲嚴以威, 慶賞刑罰, 欲必以信, 處舍[3]收臧,[4] 欲周以固, 徙擧[5]進退, 欲安以重, 欲疾以速, 窺敵觀變, 欲潛以深, 欲伍以參,[6] 遇敵決戰, 必道吾所明, 無道吾所疑. 夫是之謂六術.

無欲將而惡廢,[7] 無急勝而忘敗, 無威內[8]而輕外, 無見其利而不顧其害, 凡慮事欲孰,[9] 而用財欲泰.[10] 夫是之謂五權.[11]

---

1 棄疑(기의) : 의심스러운 것은 버리다. 의심스러운 것이란 계책이라 볼 수도 있고(楊倞), 사람을 쓰는 것으로 볼 수도 있다(王先謙).
2 成不可必(성불가필) : 꼭 성공을 거두겠다고 해서는 안 된다. 단번에 성공하는 경우란 드물기 때문이다.
3 處舍(처사) : 군영.
4 收臧(수장) : 군수품의 저장.
5 徙擧(사거) : 부대의 이동.
6 伍以參(오이참) : 여러 가지 정보를 종합하고 참조하는 것.
7 惡廢(오폐) : 파면되는 것을 싫어하다. 장수가 파면을 겁내면 무조건 임금의 뜻만 따르게 되기 때문이다.
8 內(내) : 자기 군대 안. 따라서 외(外)는 밖의 적을 가리킨다.

所以不受命於主有三. 可殺而不可使處不完, 可殺而不可使擊不勝, 可殺而不可使欺百姓. 夫是之謂三至.

凡受命於主而行三軍, 三軍旣定, 百官得序, 羣物皆正, 則主不能喜, 敵不能怒. 夫是之謂至臣.

慮必先事, 而申之[12]以敬, 愼終如始, 終始如一. 夫是之謂大吉.

凡百事之成也必在敬之, 其敗也必在慢之. 故敬勝怠則吉, 怠勝敬則滅, 計勝欲則從, 欲勝計則凶. 戰如守, 行如戰, 有功如幸.[13] 敬謀無壙,[14] 敬事無壙, 敬吏無壙, 敬衆無壙, 敬敵無壙. 夫是之謂五無壙.

愼行此六術五權三至, 而處之以恭敬無壙. 夫是之謂天下之將, 則通於神明矣.

| 해설 |

여기서는 장수의 몸가짐과 마음가짐 등을 설명하고 있다.

7

임무군이 말하였다.
"훌륭하십니다. 이번에는 왕자의 군제에 대하여 여쭙고자 합니다."
순자가 대답하였다.

---

9 孰(숙) : 숙(熟)과 통하여, 익숙히 하다, 빈틈없이 하다.
10 泰(태) : 너그러이 하다.
11 五權(오권) : 장수가 잘 헤아려 행해야 할 다섯 가지 요략.
12 申之(신지) : 그것을 거듭하다.
13 如幸(여행) : 요행인 듯이 여기다.
14 壙(광) : 광(曠)과 통하여, 버려두다, 소홀히 하다.

"장수는 죽음으로 북을 지키고, 수레몰이는 죽음으로 말고삐를 지키고, 여러 관리들은 죽음으로 직무를 지키며, 사대부들은 죽음으로 대열을 지킵니다. 북소리가 들리면 진격하고 징소리가 들리면 후퇴하는데, 명령에 순종하는 것이 첫째이고 공을 세우는 것은 그 다음입니다. 진격하라고 명령하지 않았는데도 진격하는 것은, 후퇴하라고 명령하지 않았는데도 후퇴하는 것과 같은 것이어서 그 죄는 다 같습니다.

노인이나 약한 자는 죽이지 않고, 벼나 곡식을 짓밟지 않으며, 항복하는 사람은 포로로서 잡지 않고, 대항하는 자는 버려두지 않으며, 목숨을 부지하고 도망온 자는 포로로서 잡지 않습니다. 모든 처벌은 그 백성들을 처벌하는 것이 아니라, 그 백성들을 어지럽힌 자를 처벌하는 것입니다. 백성 가운데 그의 적을 도와주는 자가 있다면 이 역시 적이 됩니다. 그러므로 칼날에 순종하는 자는 살려주고, 칼날에 맞서는 자는 죽이며, 목숨을 부지하고 도망온 자는 장군에게 바쳐 부리도록 하는 것입니다.

무왕이 주왕을 쳐부수었을 때, 미자계(微子啓)는 송나라에 봉하였으나 조촉룡은 군중(軍中)에서 처형하였으며, 항복한 은나라 백성들도 먹여 살려야 할 사람들이므로 주나라 사람과 똑같이 대해 주었습니다. 그러므로 가까운 곳의 사람들은 노래 부르면서 즐거워하였고, 먼 곳의 사람들은 엎어지면서 달려왔고, 후미지고 외진 나라의 사람들까지 모두 달려와 부림을 받으면서 안락하게 지냈습니다. 온 세상이 한 집안처럼 되었고, 길이 통하는 곳의 사람들이면 모두가 복종해 왔는데, 이런 사람을 두고 백성들의 지도자라 하는 것입니다. 『시경』에 "서쪽으로부터 동쪽으로부터 남쪽으로부터 북쪽으로부터, 굴복해 오지 않는 이 없네."라 한 것은 이것을 뜻하는 말입니다.

왕자에게는 주벌은 있지만 전쟁은 없습니다. 성을 지키고 있을 때는 공격하지 않고, 적군의 저항이 완강하면 공격하지 않습니다. 임금과 신하들이 서로 기뻐하고 있으면 그것을 축하해 주며, 적을 공격할 때도 성안의 백성들을 모두 죽이지 않고, 몰래 쳐들어와 적을 공격하지 않으며, 민중들을 오랜 기간 전장에 붙들어 두지 않고, 출전은 한 철을 넘기지 않습니다. 그러므로 어지러운 나라 사람들은 그러한 정치를 즐기게 되고, 자기네 임금에 불안을 느껴 왕자의 군대가 오기를 바라게 되는 것입니다."

임무군이 말하였다.

"좋은 말씀이오."

| 원문 |

臨武君曰; 善! 請問王者之軍制.

孫卿子曰; 將死鼓,[1] 御死轡,[2] 百吏死職, 士大夫死行列.[3] 聞鼓聲而進, 聞金[4]聲而退, 順命爲上, 有功次之. 令不進而進, 猶令不退而退也, 其罪惟均.

不殺老弱, 不獵[5]禾稼,[6] 服者不禽,[7] 格[8]者不舍,[9] 犇[10]命者不獲. 凡誅,

---

1 鼓(고) : 군대를 지휘하는 북, 본진에 있다.
2 轡(비) : 수레를 모는 말들의 말고삐.
3 行列(행렬) : 항오(行伍), 대열. 군진 속에서 졸병들과 함께 싸우다 죽는다는 뜻.
4 金(금) : 징. 옛날 군대에서는 북과 징을 진격과 후퇴를 알리는 신호로 썼다.
5 獵(렵) : 렵(躐)과 통하여, 짓밟는 것.
6 禾稼(화가) : 농사지어 놓은 곡식들.
7 禽(금) : 금(擒)과 통하여, 사로잡아 포로로 취급하는 것.
8 格(격) : 항거하는 것.
9 不舍(불사) : 버려두지 않고 죽여 버리는 것.

非誅[11]其百姓也, 誅其亂百姓者也. 百姓有扞[12]其賊, 則是亦賊也. 以故順刃者生, 蘇[13]刃者死, 犇命者貢.[14]

微子開[15]封於宋, 曹觸龍[16]斷[17]於軍, 殷之服民, 所以養生之者也, 無異周人. 故近者歌謳而樂之, 遠者竭蹙[18]而趨[19]之, 無幽閒[20]辟陋[21]之國, 莫不趨使而安樂之, 四海之內若一家, 通達之屬莫不從服. 夫是之謂人師. 詩曰:[22] 自西自東, 自南自北, 無思[23]不服. 此之謂也.

王者有誅而無戰. 城守不攻, 兵格[24]不擊. 上下相喜則慶之. 不屠城,[25] 不潛軍,[26] 不留衆, 師不越時.[27] 故亂者樂其政, 不安其上, 欲其至也.

臨武君曰; 善!

---

10 犇(분) : 소가 놀라 달리는 것. '분명'은 목숨을 살려 도망 오는 것.
11 誅(주) : 주벌, 처벌.
12 扞(간) : 막아 주는 것, 감싸 주는 것.
13 蘇(소) : 소(傃)와 통하여, 향(向)의 뜻, 맞서는 것.
14 貢(공) : 장군에게 갖다 바쳐 부리도록 하는 것.
15 微子開(미자개) : 은나라 주왕의 서형(庶兄)인 미자계(微子啓). 주나라 무왕은 은나라를 쳐부순 뒤 미자를 송나라에 봉하였다.
16 曹觸龍(조촉룡) : 주왕의 좌사(左史)로 있었던 아첨 잘하던 사람.
17 斷(단) : 처단, 처결.
18 竭蹙(갈귈) : 너무 서두르는 나머지 앞으로 엎어지는 것.
19 趨(추) : 달려오는 것.
20 幽閒(유한) : 으슥한 것.
21 辟陋(벽루) : 외진 곳, 편벽된 곳.
22 詩曰(시왈) : 『시경』 대아(大雅) 문왕유성(文王有聲)편에 보이는 구절.
23 思(사) : 『시경』에 흔히 쓰이는 어조사.
24 格(격) : 완강히 저항하는 것.
25 屠城(도성) : 성을 점령하여 부수고 그곳의 백성들을 모두 죽여 버리는 것.
26 潛軍(잠군) : 몰래 쳐들어와 적을 습격하는 것.
27 越時(월시) : 한철, 곧 석 달을 넘는 것.

| 해설 |

왕자는 정정당당히 싸워야 한다. 개인의 이익이나 자기 나라를 위하여 군대를 움직이지 않고, 언제나 천하의 공의(公義)를 위하여 부정을 무찌르기 위하여 출전한다. 따라서 왕자는 영(令)을 엄히 세워 싸운다 하더라도 자기 군사들을 아끼며, 적이라 하더라도 쓸데없이 사람을 죽이지 않는다.

이처럼 왕자는 적군과 아군을 막론하고 백성들을 위한 싸움을 하기 때문에 결국 자기 나라 백성은 물론 적국의 백성들까지도 왕자를 지지하게 된다는 것이다.

8

진효(陳囂)가 순자에게 물었다.

"선생께서는 언제나 어짊과 의로움〔仁義〕을 근본으로 삼아 군대를 논하고 계십니다. 어진 사람은 남을 사랑하고, 의로운 사람은 이치를 따르는 것이니, 그렇다면 무엇 때문에 군사를 일으킵니까? 모든 군사 행동의 궁극적인 이유는 싸워 빼앗기 위한 것입니다."

순자가 대답하였다.

"네가 알 수 있는 일이 아니다. 어진 사람은 남을 사랑하는데, 남을 사랑하기 때문에 남이 백성들을 해치는 것을 싫어한다. 의로운 사람은 이치를 따르는데, 이치를 따르기 때문에 남이 백성들을 어지럽히는 것을 싫어한다. 그의 군대는 포악함을 막아 폐해를 없애려는 수단이지 싸워서 빼앗으려는 것이 아니다.

그러므로 어진 사람의 군대는, 머무르고 있는 곳에서는 신처럼 위세가 있고, 지나가는 곳이면 교화를 시켜 마치 철에 맞는 단비가 내리는 것처럼 기뻐하지 않는 이가 없는 것이다. 그러기에 요임금은 환두(驩兜)를 정벌했고, 순임금은 묘족(苗族)을 정벌했으며, 우임금은 공공(共工)을 정벌했고, 탕임금은 하나라를 쳐부쉈고, 문왕은 숭(崇)나라를 정벌하였으며, 무왕은 주왕을 정벌했는데, 이 네 황제와 두 왕은 모두 어질고 의로운 군대로써 천하에 출전을 했던 것이다. 그러므로 가까운 곳의 사람들은 그 선함에 친근해지고 먼 곳의 사람들은 그 덕을 흠모하여, 군사들은 칼날에 피를 묻히지 않아도 멀고 가까운 사람들이 굴복해 왔으니, 이곳의 극성한 덕이 사방 온 세상에 베풀어지게 된 것이다.

『시경』에 "훌륭한 군자는 그의 행동이 그릇되지 않네. 그의 행동이 그릇되지 않아 온 세상을 바로잡은 것일세."라고 읊은 것은, 이것을 뜻하는 말이다."

| 원문 |

陳囂[1]問孫卿子曰; 先生議兵, 常以仁義爲本. 仁者愛人, 義者循理.[2] 然則又何以兵爲? 凡所爲有兵者, 爲爭奪也.

孫卿子曰; 非女[3]所知也. 彼仁者愛人, 愛人故惡人之害之也. 義者循禮, 循禮故惡人之亂之也. 彼兵者, 所以禁暴除害也, 非爭奪也.

故仁人之兵, 所存者神,[4] 所過者化, 若時雨之降, 莫不說喜.[5] 是以堯

---

1 陳囂(진효) : 순자의 제자 가운데 한 사람.
2 循理(순리) : 이치를 따라 행동하는 것.
3 女(여) : 여(汝)와 통하여 그대, 너.
4 神(신) : 신처럼 사람들이 존경하고 두려워한다는 뜻.

伐驩兜,⁶ 舜伐有苗,⁷ 禹伐共工,⁸ 湯伐有夏, 文王伐崇,⁹ 武王伐紂, 此四帝兩王, 皆以仁義之兵行於天下也. 故近者親其善, 遠方慕其德, 兵不血刃, 遠邇¹⁰來服, 德盛於此, 施及四極.¹¹

詩曰;¹² 淑人¹³君子, 其儀¹⁴不忒.¹⁵ 其儀不忒, 正是四國.¹⁶ 此之謂也.

| 해설 |

어진 사람의 군대는 해를 막고 악을 처벌하기 위하여 있는 것이지, 싸워서 남의 땅이나 재물을 빼앗기 위하여 있는 것은 아니다. 어진 임금은 전쟁을 하더라도 백성들을 사랑하고 정의를 따른다는 기본 원칙에서 벗어나는 행동을 하지 않는다. 그렇기 때문에 어진 임금이 군사를 일으키면 가까운 곳 먼 곳 가릴 것 없이 온 천하가 호응하여, 힘들이지 않고 승리를 거두어 세상을 평화롭게 만든다. 군대나 전쟁의 목적은 바로 여기에 있는 것이다. 일반적으로 생각하는 것처럼 남의 나라를 쳐부수고 빼앗는 데 있

---

5 說喜(열희) : 기뻐하는 것.
6 驩兜(환두) : 요임금은 환두가 명을 거스르자 그를 숭산(崇山)으로 내쳤다(『書經』).
7 有苗(유묘) : 묘족(苗族). 순임금 때 명을 거스르던 종족 이름. 순임금은 우(禹)를 시켜 그들을 정벌하였다(『書經』).
8 共工(공공) : 『서경』에 의하면 요임금은 공공이 명을 거역하자 유주(幽州)로 귀양보냈다 한다. 환두를 숭산으로 내친 것과 같은 때 일인데, 이곳에선 하나라 우임금의 일로 기록하고 있어 근거를 알 수 없다.
9 崇(숭) : 나라 이름, 지금의 섬서성(陝西省) 호현(鄠縣) 동쪽에 있었다.
10 遠邇(원이) : 먼 곳과 가까운 곳.
11 四極(사극) : 사방 땅의 맨 끝까지, 온 세상.
12 詩曰(시왈) : 『시경』 조풍(曹風) 시구(尸鳩)편에 나오는 구절임.
13 淑人(숙인) : 선인(善人), 훌륭한 사람.
14 儀(의) : 의표, 행동거지.
15 忒(특) : 잘못되는 것, 어긋나는 것.
16 正是四國(정시사국) : 진환(陳奐)의 설에 따라 뒤의 두 구절을 더 넣었다(『荀子集解』). '사국'은 사방의 나라, 온 세상.

지 않다는 것이다.

9

이사(李斯)가 순자에게 물었다.

"진(秦)나라는 사대에 걸쳐 싸움에 이겨 군대는 세상에서 제일 강하고 위세는 제후들 사이에 떨쳐지고 있는데, 선생님이 말씀하시는 어짊과 의로움으로 그렇게 된 것이 아니라 편의를 따라 일을 처리하였을 따름인데 그렇게 된 것 아닙니까?"

순자가 대답하였다.

"네가 알 수 있는 일이 아니다. 네가 말하는 편의라는 것은 편의인 듯하면서도 실은 불편이고, 내가 말하는 어짊과 의로움이라는 것은 크게 편리한 편의인 것이다. 그 어짊과 의로움이라는 것은 정치를 잘 닦는 방법인데, 정치가 잘 닦여지면 백성들이 그들 임금을 친근히 여기고 좋아하게 되어, 가벼이 임금을 위하여 죽을 수 있게 된다. 그러므로 군사에서 장수가 부대를 거느리는 것은 말단적인 일이라 한 것이다.

진나라는 사대에 걸쳐 싸움에 이기기는 하였지만, 늘 온 천하가 연합하여 자기를 짓밟으려 들지 않을까 두려워하고 있다. 이것은 이른바 말세의 군대여서 근본적인 법도를 갖추지 못하고 있는 것이다. 본디 탕임금이 걸왕을 쫓아낸 것은 그를 명조(鳴條)에서 추격했을 때가 아니고, 무왕이 주왕을 토벌한 것도 갑자날 아침 결전을 벌인 뒤 그를 이겼을 때가 아니다. 모두 전부터 행한 일과 평소에 정치를 닦았을 때 이미 그렇게 된 것이니, 이것이 이른바 어질고 의로운 군대이다.

지금 너는 근본적인 문제는 찾으려 하지 않고 말단적인 것을 추구하고 있으니, 이것이 세상이 어지러워지고 있는 까닭이다."

| 원문 |

李斯¹問孫卿子曰; 秦四世有勝, 兵强海內, 威行諸侯, 非以仁義爲之也, 以便從事²而已.

孫卿子曰; 非女所知也. 女所謂便者, 不便之便也. 吾所謂仁義者, 大便之便也. 彼仁義者, 所以脩政者也. 政脩則民親其上, 樂其君, 而輕爲之死. 故曰; 凡在於君, 將率末事也.

秦四世有勝, 諰諰然³常恐天下之一合而軋⁴己也, 此所謂末世之兵, 未有本統也. 故湯之放桀也, 非其逐之鳴條⁵之時也, 武王之誅紂也, 非以甲子⁶之朝而後勝之也. 皆前行素脩也. 此所謂仁義之兵也.

今女不求之於本而索之於末, 此世之所以亂也.

| 해설 |

순자가 이사에게 인의의 군대에 대하여 설명하는 대목이다. 인의의 군대는 이미 백성들의 마음을 얻고 있기 때문에 싸울 것도 없이 승리를 거둔다는 것이다.

---

1 李斯(이사) : 순자의 제자. 뒤에 진시황을 섬겨 승상이 되었다. 한비자와 함께 순자에게 배웠다. 법가의 대표적인 인물.
2 以便從事(이편종사) : 편의를 따라 일을 처리하는 것.
3 諰諰然(시시연) : 두려워하는 모양.
4 軋(알) : 짓밟는 것(張晏).
5 鳴條(명조) : 은나라 탕임금이 하나라 걸왕을 패멸시킨 들판 이름.
6 甲子(갑자) : 주나라 무왕은 갑자날 아침 목야(牧野)에서 은나라 주왕을 패멸시켰다.

10

예의는 나라를 잘 다스리는 규범이며, 강하고 굳세지는 근본이며, 위세를 펴는 길이며, 공적과 명성을 올리는 요체이다. 임금이 예의를 따르면 천하를 얻는 방법이 될 것이며, 예의를 따르지 않으면 나라를 망치는 근거가 될 것이다. 그러므로 튼튼한 갑옷이나 예리한 무기만으로는 승리할 수가 없고, 높은 성이나 해자만으로는 굳건히 지킬 수가 없으며, 엄한 명령이나 번거로운 형벌만으로는 위세를 떨칠 수가 없다. 올바른 도를 따르면 정치가 잘 되지만, 올바른 도를 따르지 않으면 멸망하게 된다.

초나라 사람들은 상어 가죽과 물소·외뿔소 가죽으로 갑옷을 만들어 쇠나 돌 같이 단단하고, 완(宛)에서 나는 강철로 만든 창은 벌이 쏘듯 사람들을 해치고, 병사들은 가볍고 날쌔고 재빨라서 움직임이 회오리바람 같으나, 그 군대는 수사(垂沙)에서 위험한 지경에 처하여 장수 당멸(唐蔑)은 전사하였고, 장수 장교(莊蹻)가 나온 뒤로는 초나라가 서너 개로 분열되었다. 이들이 어찌 단단한 갑옷과 예리한 무기가 없었기 때문이겠는가? 그 나라를 통치하는 방법이 올바른 도를 따르지 않았기 때문이다.

초나라는 여수와 영수가 요해(要害)처럼 막아 주고, 강수와 한수는 자연의 해자처럼 되어 있으며, 등(鄧) 땅의 숲이 북쪽 한계를 지어 주고 있고, 방성산도 둘러 쳐져 있다. 그러나 진나라 군대가 쳐들어와서 수도인 언영을 마른 나뭇잎을 치듯 가볍게 점령하였다. 이것이 어찌 튼튼한 요새와 막아 주는 험한 지형이 없었기 때문이겠는가? 그 나라를 통치하는 방법이 올바른 도를 따르지 않았기 때문이다.

은나라 주왕은 비간의 가슴을 쪼개고 기자를 잡아 가두었으며, 잔인한 포락형(炮烙刑)을 행하고 시도 때도 없이 사람들을 죽여, 신하들은 두려움에 떨며 자기 목숨이 언제까지 붙어 있을지 모른다고 여기는 형편이었다. 그러나 주나라 군대가 몰려오자 임금의 명령을 따르는 자가 없어 자기 백성을 쓸 수가 없었다. 이것이 어찌 명령이 엄하지 않고 형벌이 번거롭지 않았기 때문이겠는가? 그 나라를 통치하는 방법이 올바른 도를 따르지 않았기 때문이다.

| 원문 |

禮者, 治辨¹之極²也, 强固之本也, 威行之道也, 功名之總³也. 王公由之, 所以得天下也, 不由, 所以隕⁴社稷也. 故堅甲利兵不足以爲勝, 高城深池不足以爲固, 嚴令繁刑不足以爲威. 由其道則行, 不由其道則廢.

楚人鮫⁵革犀兕⁶以爲甲, 鞈⁷如金石, 宛⁸鉅鐵⁹釶,¹⁰ 慘¹¹如蠭蠆,¹² 輕利僄遬,¹³ 卒如飄風. 然而兵殆於垂沙,¹⁴ 唐蔑¹⁵死, 莊蹻起, 楚分而爲三

---

1 治辨(치변) : 나라를 잘 다스리는 것.
2 極(극) : 궁극, 규범.
3 總(총) : 요체.
4 隕(운) : 떨어지다, 망치다.
5 鮫(교) : 상어.
6 犀兕(서시) : 들소와 외뿔소.
7 鞈(협) : 단단한 모양(楊倞).
8 宛(완) : 지금의 하남성(河南省) 남양현(南陽縣)의 땅 이름. 강철의 명산지였다.
9 鉅鐵(거철) : 강철.
10 釶(시) : 시(鍦)와 같은 자로(楊倞), 창, 짧은 창.
11 慘(참) : 사람을 심하게 손상시키는 것.
12 蠭蠆(봉채) : 벌. 둘 다 벌의 일종.
13 僄遬(표속) : 날쌔고 빠르다. '속'은 속(速)과 같은 글자.
14 垂沙(수사) : 땅 이름. 어디인지 확실치 않다.
15 唐蔑(당멸) : 초나라 장수 당매(唐眛).

四. 是豈無堅甲利兵也哉? 其所以統之者, 非其道故也.

汝潁以爲險, 江漢以爲池, 限之以鄧林, 緣[16]之以方城.[17] 然而秦師至而鄢郢[18]擧, 若振槁[19]然. 是豈無固塞隘阻也哉? 其所以統之者, 非其道故也.

紂刳比干, 囚箕子, 爲炮烙刑,[20] 殺戮無時, 臣下懍然,[21] 莫必其命.[22] 然而周師至而令不行乎下, 不能用其民. 是豈令不嚴, 刑不繁也哉? 其所以統之者, 非其道故也.

| 해설 |

나라를 다스리는 요체는 예의이다. 예의를 따르면 나라가 흥성해지고 강해진 반면 군비를 증강하고 법령을 엄하게 시행한 나라들은 결국 망하고 만다는 것을 보기를 들어 설명하고 있다.

11

옛날에는 무기가 외날 창과 쌍날 창, 활, 화살뿐이었다. 그런데도 적국은 이것들을 써보기도 전에 굴복해 왔다. 성곽을 제대로 만들지

---

16 緣(연) : 두르다.
17 方城(방성) : 등(鄧) 땅의 숲과 함께 초나라 북쪽에 있는 산 이름.
18 鄢郢(언영) : 초나라 수도. 보통은 영(郢) 한 자로 부른다.
19 槁(고) : 마른 나뭇잎.
20 炮烙刑(포락형) : 구리 기둥에 기름을 바른 다음 숯불 위에 걸쳐놓고 사람들을 그 위로 기어가게 한 형벌. 주왕과 애희인 달기(妲己)는 숯불 위에 떨어지는 사람들을 보며 웃고 즐겼다 한다.
21 懍然(늠연) : 두려워 떠는 모양.
22 莫必其命(막필기명) : 자기 목숨을 반드시 부지할 수 있다고 생각하지 않는 것.

않고, 해자를 파지 않고, 견고한 요새를 구축하지 않고, 적을 막는 여러 가지 장치도 설치하지 않았지만, 나라는 편안하고 밖의 나라를 두려워할 필요도 없이 견고하였다. 그것은 다름 아니라 도를 분명히 밝히고 백성들의 직분을 공평히 한 뒤 백성들을 때에 맞게 부리고 성실히 그들을 사랑하여, 백성들이 임금에게 화합하여 따르기를 그림자나 산울림처럼 하였기 때문이다.

그리고 명령을 따르지 않는 자가 있으면 비로소 형벌로 그를 처형하였다. 한 사람을 처형하여 온 천하가 복종하게 되고, 죄인도 그의 임금을 원망하지 않고, 죄가 자기에게 있음을 인정하였다. 따라서 형벌은 줄어들고 위엄은 떨쳐진 것이다. 그것은 다름 아니라 올바른 도를 따랐기 때문이다.

옛날 요임금이 천하를 다스렸을 때도, 한 사람을 죽이고 두 사람을 벌 주었지만 온 천하가 다스려졌다. 전하는 말에 "위엄은 대단하지만 그것이 쓰이지는 않고, 형벌은 마련되어 있지만 쓰지는 않았다" 하였는데, 이것을 뜻하는 말이다.

| 원문 |

古之兵, 戈矛[1]弓矢而已矣. 然而敵國不待試而詘,[2] 城郭不辨,[3] 溝池不抇,[4] 固塞不樹,[5] 機變[6]不張. 然而國晏然[7]不畏外而固明內[8]者, 無它故焉.

---

1 戈矛(과모) : 갈라진 창과 보통 창.
2 詘(굴) : 굴(屈)과 통하여, 굴복하다.
3 辨(변) : 다스리다, 만들다.
4 抇(겸) : 파다.
5 樹(수) : 세우다, 구축하다.
6 機變(기변) : 적을 막는 여러 가지 기계와 장치.

明道而分鈞之, 時使而誠愛之, 下之和上也如影響.

有不由令者, 然後誅之以刑. 故刑一人而天下服, 罪人不郵[9]其上, 知罪之在己也. 是故刑罰省而威流.[10] 無它故焉, 由其道故也.

古者帝堯之治天下也, 蓋殺一人, 刑二人[11]而天下治. 傳曰; 威厲而不試, 刑錯[12]而不用. 此之謂也.

| 해설 |
예의를 바탕으로 한 도를 잘 따르면 실제로 군대나 무기는 쓸 필요가 없음을 역설하고 있다.

12

모든 사람이 상을 받기 위하여 행동하는 것이라면 손해를 입으면 그만둘 것이다. 그러므로 포상이나 형벌 또는 권세와 속임수로는 사람들의 힘을 다하게 하고 사람들이 죽음을 무릅쓰도록 할 수가 없다. 임금이 예의와 충성과 신의는 없고 모든 일에 포상과 형벌 또는 권세와 속임수로 백성들을 대해 어려운 처지로 몰아간다면, 그것은 그들이 일한 성과를 얻으려 하는 것일 따름이다.

---

7 晏然(안연) : 편안한 모양.
8 明內(명내) : '명'은 잘못 붙은 글자, '내'는 고(固)의 잘못(王念孫).
9 不郵(불우) : 원망하지 않다.
10 威流(위류) : 위엄이 떨쳐지다.
11 殺一人刑二人(살일인형이인) : 천하의 강물을 다스리는 일에 실패한 곤(鯀)을 우산(羽山)에서 처형하고, 명령에 복종치 않는 공공(共工)을 유주(幽州)로 귀양보내고, 환두(驩兜)를 숭산(崇山)으로 쫓아냈던 일을 가리킨다(楊倞).
12 錯(조) : 마련해 놓다.

적의 대군이 몰려왔을 때 그들에게 위험해진 성을 지키도록 하면 반드시 배반할 것이다. 적군을 만나 싸우게 한다면 반드시 도망칠 것이다. 힘들고 번거로운 일을 시키면 반드시 적에게로 도망칠 것이다. 위아래 사이가 벌어져 아랫사람들이 반대로 윗사람들을 지배하게 될 것이다. 그러므로 포상이나 형벌 또는 권세와 속임수를 사용하는 방법이란, 품삯으로 일꾼을 사고 장사꾼이 물건을 파는 방법과 같다. 그것으로는 민중들을 통합시켜 나라를 아름답게 만들 수가 없다. 그러므로 옛날 사람들은 부끄럽게 여기고 입에 담지도 않았던 것이다.

| 원문 |

凡人之動也, 爲賞慶爲之, 則見害傷焉止矣.[1] 故賞慶刑罰埶詐,[2] 不足以盡人之力, 致人之死. 爲人主上者也, 其所以接下之百姓者, 無禮義忠信, 焉慮[3]率用賞慶刑罰埶詐, 除阨[4]其下, 獲其功用而已矣.

大寇則至, 使之持危城則必畔, 遇敵處戰則必北,[5] 勞苦煩辱則必犇,[6] 霍焉[7]離耳, 下反制其上. 故賞慶刑罰埶詐之爲道者, 傭徒粥賣[8]之道也. 不足以合大衆, 美國家. 故古之人羞而不道也.

---

1 止矣(지의) : 멈추다, 그만두다.
2 埶詐(세사) : 권세와 속임수를 쓰는 것.
3 焉慮(언려) : '언'은 조사. '려'는 대범(大凡), 모든 일에(王念孫).
4 除阨(제액) : '제'는 험(險)의 잘못(王念孫). 험난한 처지로 몰고 가다, 어려운 처지에 몰아넣다.
5 北(배) : 등을 돌려 도망치는 것.
6 犇(분) : 달아나다, 적에게로 도망치다.
7 霍焉(곽언) : 서로 떨어지는 모양.
8 粥賣(육매) : 장사꾼이 물건을 파는 것.

| 해설 |

포상과 형벌, 권세와 속임수의 사용만으로는 백성들을 제대로 부릴 수가 없음을 역설하고 있다.

13

그러므로 덕망을 높여 백성들을 올바른 길로 이끌고, 예의를 밝혀 백성들을 교도하고, 충성과 신의를 다하여 백성들을 사랑하고, 현명한 사람을 존중하고 능력 있는 사람을 써서 백성들에게 서열을 마련해 주고, 벼슬과 복식과 상으로써 백성들에게 거듭 서열을 확인시켜 주어야 한다. 나랏일을 때에 맞추어 하되 백성들의 부담은 가벼이 하고 모두 다 공평하게 조절하며, 어린아이를 보육하듯 백성들을 먹여 살려야 한다.

정령(政令)은 그렇게 하여 안정되고 나라의 풍속은 그렇게 하여 통일된다. 그리고도 풍속을 배반하고 임금을 따르지 않는 자가 있다면, 백성들 모두가 그 자를 원망하고 미워하며 해악을 끼치는 자라 여겨 역귀(疫鬼)를 쫓아내듯 할 것이다.

그렇게 된 뒤에야 형벌이 생겨나는 것이다. 이것이 위대한 형벌이 가해지는 까닭이다. 치욕이 이보다 더 클 수가 있겠는가? 이것을 자기에게 이익이 되는 것이라 여기겠는가? 곧 위대한 형벌이 가해지는데 그 자신이 진실로 미치고 미혹되었거나 어리석고 못나지 않았다면 그 누가 이것을 보고도 행실을 고치지 않겠는가?

그렇게 된 뒤에야 백성들은 모두가 임금의 법을 따를 줄 알게 되고, 임금의 뜻을 본받아 안락하게 살게 될 것이다. 이에 백성들은 착하게 교화되고 몸을 닦아 행실을 올바로 하며, 예의를 따르고 도덕을 존중하게 될 것이다. 백성들은 모두가 그런 이를 존귀하게 여기고 공경하며, 누구나가 그런 이와 친근히 지내며 칭송할 것이다.

그렇게 된 뒤에야 상이 생겨나는 것이다. 이것이 높은 벼슬과 많은 녹이 주어지는 까닭이다. 영화로움이 이보다 더 클 수가 있겠는가? 이것을 자기에게 해로운 것이라 여기겠는가? 곧 높은 벼슬과 많은 녹을 가지고 먹고 살아가게 되는데, 사람이라면 그 누가 그것을 바라지 않겠는가?

분명하게 귀중한 벼슬과 무거운 상을 백성들 앞에 내걸고, 분명한 형벌과 큰 치욕을 백성들 뒤에 내건다면, 비록 그들이 교화되지 않으려 한다 해도 그것이 가능하겠는가? 그러므로 백성들은 흐르는 물처럼 임금을 따르게 되고, 임금이 있는 곳이면 신이 조화를 부리듯 잘 다스려지며, 임금이 하는 일에는 모두가 교화되고 따르게 된다. 포악하고 힘 있는 무리들도 임금에게 감화되어 성실해지고, 편벽되고 이기적인 무리들도 임금에게 감화되어 공정해지며, 성미가 다급하고 비뚤어진 무리들도 임금에게 감화되어 조화를 이루게 된다. 이런 것을 두고 위대한 교화에 의한 지극한 통일이라 하는 것이다.『시경』에 "임금님의 정책 진실로 충실하여서, 서(徐)나라 사람들도 귀복해 왔네."라고 읊은 것도, 이것을 뜻하는 말이다.

| 원문 |

故厚德音[1]以先之; 明禮義以道之,[2] 致忠信以愛之, 尙賢使能以次之,

---

1 德音(덕음) : 덕이 많다는 평판, 덕망.

爵服慶賞以申之.³ 時其事,⁴ 輕其任, 以調齊之, 長養之, 如保赤子.

政令以定, 風俗以一. 有離俗⁵不順其上, 則百姓莫不敦惡,⁶ 莫不毒孼,⁷ 若祓不祥.⁸

然後刑於是起矣. 是大刑之所加也, 辱孰大焉? 將以爲利邪? 則大刑加焉. 身苟不狂惑戇陋,⁹ 誰睹是而不改也哉?

然後百姓曉然皆知脩上¹⁰之法, 像上¹¹之志而安樂之. 於是有能化善, 脩身正行, 積禮義, 尊道德, 百姓莫不貴敬, 莫不親譽.

然後賞於是起矣. 是高爵豊祿之所加也, 榮孰大焉? 將以爲害邪? 則高爵豊祿以持養¹²之, 生民之屬, 孰不願也.

雕雕焉¹³縣¹⁴貴爵重賞於其前, 縣明刑大辱於其後, 雖欲無化, 能乎哉? 故民歸之如流水, 所存者¹⁵神, 所爲者化而順, 暴悍勇力之屬, 爲之化而愿,¹⁶ 旁辟¹⁷曲私¹⁸之屬, 爲之化而公, 矜糾收繚¹⁹之屬, 爲之化而調.

---

2 道之(도지) : 백성들을 교도하다.
3 申之(신지) : 거듭 서열을 분명히 하다.
4 時其事(시기사) : 나라의 일을 때에 알맞게 하다. 농번기는 피하여 백성들을 일에 동원함을 뜻한다.
5 離俗(이속) : 통일된 풍속을 어기는 것.
6 敦惡(대오) : '대는 대(憝)와 통하여(王念孫), 원망하고 미워하다.
7 毒孼(독얼) : 해독을 끼치는 것.
8 祓不祥(불불상) : 상서롭지 않은 것을 쫓아내는 것, 역귀나 불행을 몰아내는 것.
9 戇陋(당루) : 어리석고 못나다, 바보 같고 고루하다.
10 脩上(수상) : '수는 순(循)의 잘못(王念孫), 임금을 따르다.
11 像上(상상) : 임금을 본뜨다.
12 持養(지양) : 먹고 살아가는 것.
13 雕雕焉(조조언) : 분명한 모양.
14 縣(현) : 내걸다. 현(懸)과 같은 자.
15 所存者(소존자) : 임금이 있는 곳, 임금이 가는 곳.
16 愿(원) : 성실함.
17 旁辟(방벽) : 편벽된 것.

夫是之謂大化至一. 詩曰;²⁰ 王猶²¹允塞,²² 徐方²³旣來. 此之謂也.

| 해설 |

올바른 형벌과 올바른 시상에 대하여 설명하고 있다. 올바른 형벌과 올바른 시상에는 백성들 모두가 스스로 따르게 된다는 것이다.

14

다른 나라를 병합하는 데에는 세 가지 경우가 있다. 즉 덕으로써 다른 나라를 병합하는 경우, 힘으로써 다른 나라를 병합하는 경우, 부로써 다른 나라를 병합하는 경우가 있다.

그들이 우리의 명성을 존중하고 우리의 덕행을 아름답게 여겨 우리의 백성들이 되고자 하기 때문에, 문을 열고 길을 치워놓고서 우리가 들어가는 것을 마중한다. 우리는 그곳 백성들의 풍습을 따르고 그들의 생활 방식을 따라서 백성들은 모두가 안정되고, 입법과 시정(施政)에 친근히 따르지 않는 자가 없다. 그러므로 영토를 얻음으로써 권세는 더욱 커지고 다른 나라의 군대를 병합시켜 나라는 더욱 강해진다. 이것이 덕으로써 다른 나라를 병합하는 경우이다.

우리의 명성을 존중하지도 않고 우리의 덕행을 아름답게 여기지도

---

18 曲私(곡사) : 사사로운 것, 이기적인 것.
19 矜糾收繚(금규수료) : 네 자 모두 다급하고 비뚤어졌다는 뜻을 가지고 있음(王念孫).
20 詩曰(시왈) : 『시경』 대아(大雅) 상무(常武)편에 보이는 구절.
21 猶(유) : 유(猷)와 통하여, 계책, 정책.
22 塞(색) : 충실하다, 착실하다.
23 徐方(서방) : 서나라, 먼 곳의 나라임.

않지만, 그들은 우리의 위세를 두려워하고 세력에 겁을 내기 때문에, 백성들이 비록 마음이 떠나 있다 하더라도 감히 배반할 생각을 갖지 못한다. 그렇게 되면 무장한 군사들의 수는 더욱 많아져 그들을 먹여 살리기 위해 반드시 많은 비용이 들 것이다. 그러므로 영토를 얻음으로써 권세는 더욱 가벼워지고 다른 나라 군대를 병합시켰으나 나라는 더욱 약해진다. 이것이 힘으로써 다른 나라를 병합하는 경우이다.

우리의 명성을 존중하지도 않고 우리의 덕행을 아름답게 여기지도 않지만, 그들은 가난하기 때문에 부를 추구하고 굶주리기 때문에 배부르기를 원해서, 빈 배로 입을 벌리고 우리 음식을 보고서 귀복해 온다. 그렇게 되면 반드시 창고의 곡식을 꺼내서 그들을 먹여 주고, 재물을 내어 주어 그들을 부유하게 해주고, 착한 관원을 내세워 그들을 접대하도록 해야 한다. 그렇게 만 삼 년이 되어야 비로소 그 백성들은 믿을 수 있게 된다. 그러므로 영토를 얻음으로써 권세는 더욱 가벼워지고 다른 나라를 병합하였으나 나라는 더욱 가난해진다. 이것이 부로써 다른 나라를 병합하는 경우이다.

그러므로 "덕으로써 다른 나라를 병합하는 사람은 왕자가 되고, 힘으로써 다른 나라를 병합하는 사람은 약해지며, 부로써 다른 나라를 병합하는 사람은 가난해진다"고 하였는데, 이것은 예나 지금이나 같다.

| 원문 |

凡兼人[1]者有三術, 有以德兼人者, 有以力兼人者, 有以富兼人者.
彼貴我名聲, 美我德行, 欲爲我民, 故辟門[2]除涂,[3] 以迎吾入. 因其

---

1 兼人(겸인) : 다른 사람들을 병합하다, 다른 나라를 병합하다.

民,⁴ 襲其處,⁵ 而百姓皆安, 立法施令莫不順比. 是故得地而權彌重, 兼人而兵愈强, 是以德兼人者也.

非貴我名聲也, 非美我德行也, 彼畏我威, 劫我埶,⁶ 故民雖有離心, 不敢有畔慮.⁷ 若是則戎甲愈衆, 奉養必費. 是故得地而權彌輕, 兼人而兵愈弱. 是以力兼人者也.

非貴我名聲也, 非美我德行也, 用貧求富, 用飢求飽, 虛腹張口來歸我食. 若是則必發夫掌窌⁸之粟以食之, 委之財貨以富之, 立良⁹有司以接之, 已朞三年,¹⁰ 然後民可信也. 是故得地而權彌輕, 兼人而國愈貧. 是以富兼人者也.

故曰; 以德兼人者王, 以力兼人者弱, 以富兼人者貧. 古今一也.

| 해설 |

순자는 힘과 부로써 남의 나라를 차지하는 것은 결과적으로 이득이 되지 못하며 오직 덕으로 다른 나라들을 귀복시켜야 한다고 역설하고 있다.

---

2 辟門(벽문) : 문을 열어 놓다. '벽은 벽(闢)과 통함.
3 除涂(제도) : 길을 치우다, 길을 닦다. '도'는 도(途)와 통함.
4 因其民(인기민) : 그곳 백성들의 풍습을 따르는 것.
5 襲其處(습기처) : 그들의 생활 방식을 따르는 것.
6 劫我埶(겁아세) : 우리 세력을 겁내다.
7 畔慮(반려) : 배반할 생각, 반란을 일으킬 생각.
8 掌窌(장교) : '장'은 름(廩)으로 쓰는 것이 옳으며(王引之), 창고. '교'는 땅을 파서 만든 곡식 창고.
9 立良(입량) : 착한 사람을 임명하다.
10 朞三年(기삼년) : 만 3년(王引之).

15

　다른 나라를 병합시키는 것은 쉬운 일이지만 그것을 안정시키기는 어렵다. 제나라는 송나라를 병합시킬 수는 있었지만 안정시키지는 못하였다. 그래서 위(魏)나라가 다시 그것을 빼앗아 갔다. 연나라는 제나라를 병합시킬 수는 있었지만 안정시키지는 못하였다. 그래서 전단이 그것을 빼앗았다. 한(韓)나라의 상당(上黨) 지방은 사방 수백 리 넓이에 성읍은 튼튼하고 재정은 부유하였다. 조나라가 그곳을 차지하였으나 안정시키지는 못하였다. 그래서 진나라가 그곳을 빼앗아 갔다.
　그러므로 나라를 병합시킨 후 안정시키지 못하면 반드시 빼앗긴다. 다른 나라를 병합시키지도 못하고 그의 나라도 안정시키지 못한다면 반드시 멸망한다. 나라를 안정시킬 수 있다면 반드시 다른 나라를 병합시킬 수 있을 것이고, 새로 얻은 나라를 안정시킨다면 다른 나라를 합병할 때 강한 나라도 문제가 없을 것이다.
　옛날에 탕임금은 박(亳)에서, 무왕은 호(鄗)에서 일어났는데, 모두 사방 백 리 정도의 땅이었다. 그러나 그들은 천하를 통일하고 제후들을 신하로 삼았다. 그 까닭은 다름이 아니라 나라를 안정시킬 수가 있었기 때문이다. 본디 선비들은 예의로써 안정시키고, 백성들은 정치로써 안정시키는 것이다. 예의가 잘 닦이면 선비들은 복종할 것이고, 정치가 공평히 잘 되면 백성들이 안락해질 것이다. 선비들이 복종하고 백성들이 안락하게 지내는 것, 이것을 위대한 안정 상태라 한다. 그런 상태가 되면 나라의 수비는 견고해지고, 다른 나라를 정벌하면 강해지며, 정령은 행해지고 금령은 지켜져서, 왕자로서의 할 일이 다 이루어지게 된다.

| 원문 |

兼并易能也, 唯堅凝¹之難焉. 齊能并宋, 而不能凝也. 故魏奪之. 燕能并齊, 而不能凝也. 故田單²奪之. 韓之上地,³ 方數百里, 完全富足而趨趙,⁴ 趙不能凝也, 故秦奪之.

故能并之而不能凝, 則必奪. 不能并之, 又不能凝其有, 則必亡. 能凝之則必能并之矣. 得之則凝, 兼并無強.⁵

故者湯以薄,⁶ 武王以滈,⁷ 皆百里之地也, 天下爲一, 諸侯爲臣, 無它故焉, 能凝之也. 故凝士以禮, 凝民以政. 禮脩而士服, 政平而民安. 士服民安, 夫是之謂大凝. 以守則固, 以征則強, 令行禁止, 王者之事畢矣.

| 해설 |

무력으로 남의 나라를 뺏는 것보다 나라를 안정시키는 능력이 더 중요하다. 자기 나라만 잘 안정시키면 다른 나라들도 모두 귀복케 되고, 그 나라들을 모두 안정시키면 온 천하가 그의 것이 된다는 것이다. 이러한 왕자가 되는 기본 원리는 예의를 잘 닦는 일에서부터 비롯됨을 강조하고 있다.

1) 堅凝(견응) : 견고하게 안정시키다.
2) 田單(전단) : 제5절 참조.
3) 上地(상지) : 상당 지방(지금의 山西省 東南縣).
4) 趨趙(추조) : 조나라에 귀속되다.
5) 無強(무강) : 강한 나라도 없다, 강한 나라도 모두 병합시키게 됨을 뜻한다.
6) 薄(박) : 박(亳). 상나라 탕임금의 도읍지.
7) 滈(호) : 호(鄗). 주나라 무왕의 도읍지.

제16편

나라를 강하게 하는 법
彊國

어떻게 하면 나라를 강하게 할 수 있는가를 논한 내용이다. 순자는 힘에 의한 정치를 배격하는 한편 예의를 바탕으로 하여 도의에 의한 정치를 해야만 나라가 강해질 수 있다고 주장한다. 그것은 나라를 올바로 다스리는 데 대한 순자의 일관된 주장이다.
 그 밖에도 올바른 상벌의 사용과 왕자와 패자를 논한 대목이 있으며 순자의 정치 사상의 특징이 비교적 잘 드러나 있다.

1

주형(鑄型)이 바르고, 쇠의 질이 좋으며, 대장장이의 기술이 뛰어나고, 불길의 강도가 적절해야만 주형을 열었을 때 막야(莫邪) 같은 명검이 나온다. 그러나 다듬고 갈지 않으면 새끼줄도 끊을 수가 없다. 그것을 다듬고 갈면 손쉽게 쟁반이나 대야를 쪼개고 소나 말을 벨 수 있다.

이것은 나라의 경우에도 마찬가지여서 강한 나라를 만드는 것도 주형을 열어 놓은 상태와 같다. 그러니 교화하지 않고 조화롭게 통일시키지 않으면 안으로는 나라를 지킬 수가 없고 나아가서는 전쟁을 할 수가 없다. 교화시키고 조화롭게 통일시키면 군대는 강해지고 성은 굳건해져 적국이 감히 공격해 오지 못할 것이다. 나라 역시 예의 법도라는 숫돌에 갈아야만 하는 것이다.

그러므로 사람의 목숨은 하늘에 달려 있고 나라의 목숨은 예의에 달려 있다. 임금이 예의를 높이고 현명한 이를 존중하면 왕자가 되고, 법을 중히 여기고 백성을 사랑하면 패자가 되고, 이익을 좋아하고 거짓이 많으면 위태로워지고, 권모술수를 쓰고 못되고 음흉한 일을 하면 망할 것이다.

| 원문 |

刑范[1]正, 金錫[2]美, 工冶[3]巧, 火齊得,[4] 剖刑[5]而莫邪[6]已. 然而不剝脫,[7]

---

1 刑范(형범) : '형'은 형(形), '범'은 법(法)과 통하여, 쇳물을 부어 칼을 만드는 주형.
2 金錫(금석) : 칼을 만드는 쇠붙이.
3 工冶(공야) : 칼을 만드는 대장장이.
4 火齊得(화제득) : 불의 강도가 일정함을 얻다. 쇠를 달구는 불의 강도를 적절히 유지하

不砥厲,[8] 則不可以斷繩.[9] 剝脫之, 砥厲之, 則劙[10]盤[11]盂,[12] 刎[13]牛馬忽然[14]耳.

彼國者, 亦彊國之剖刑已. 然而不教誨,[15] 不調一, 則入不可以守, 出不可以戰. 教誨之, 調一之, 則兵勁城固, 敵國不敢嬰[16]也. 彼國者亦有砥厲, 禮義節奏[17]是也.

故人之命在天, 國之命在禮. 人君者, 隆禮尊賢而王, 重法愛民而霸, 好利多詐而危, 權謀傾覆幽險而亡.

| 해설 |

나라는 칼을 만드는 것과 같다. 법도대로 좋은 쇠를 써서 올바른 모양으로 기술을 다해 만든 다음, 잘 다듬고 갈아야만 명검이 된다. 나라에는 훌륭한 임금과 자원이 풍부한 땅, 그리고 백성들이 있어야 하는데, 이것을 법도대로 잘 교화시키고 조화 통일시키지 않으면 강한 나라가 되지 못한다. 여기서 나라의 법도가 되는 것은 바로 예의이다.

는 것.
5 剖刑(부형) : 주형을 여는 것.
6 莫邪(막야) : 옛날의 유명한 칼 이름.
7 剝脫(박탈) : 칼에 묻은 불순물을 벗겨 내고 다듬는 것.
8 砥厲(지려) : 숫돌에 가는 것.
9 繩(승) : 새끼줄.
10 劙(리) : 쪼개는 것, 칼로 저미는 것.
11 盤(반) : 쟁반.
12 盂(우) : 큰 대접처럼 생긴 쇠그릇.
13 刎(문) : 칼로 자르는 것. 옛날에는 칼이 완성되면 소나 말을 쳐서 칼을 시험하였다 한다.
14 忽然(홀연) : 갑자기 되다, 간단히 되다.
15 敎誨(교회) : 교육, 교화.
16 嬰(영) : 쳐들어오는 것.
17 節奏(절주) : 법도와 같은 말.

임금이 예의 법도를 따르면 왕자가 되고, 그렇지 못하면 정도에 따라 패자도 되고 위태로워지기도 하며 망하기도 한다. 따라서 나라를 강하게 하는 첫째 요건은 강한 군대나 견고한 성이 아니라 예의이다.

2

나라의 위세에는 세 가지가 있다. 도덕에 의한 위세가 있고, 난폭하고 빈틈이 없는 위세가 있고, 망령된 위세가 있다. 이 세 가지 위세에 대해서 잘 살펴보아야 한다.

예의와 음악은 잘 정비되고, 신분과 의리는 분명하며, 여러 가지 하는 일은 때에 알맞고, 사람들을 사랑하고 이롭게 하려는 뜻이 잘 드러난다면, 백성들은 임금을 하느님처럼 존귀하게 여기고, 하늘처럼 높이 받들며, 부모처럼 친근히 여기고, 귀신처럼 두려워한다. 그러므로 상을 내릴 필요도 없이 백성들은 힘쓰게 되며, 형벌을 쓸 필요도 없이 위엄이 행해진다. 이런 것을 두고 도덕에 의한 위세라 한다.

예의와 음악은 제대로 행해지지 않고, 신분과 의리는 분명치 않으며, 여러 가지 하는 일은 때에 알맞지 않고, 사람들을 사랑하고 이롭게 하려는 뜻이 드러나지 않는다. 그러나 나라의 금령은 난폭하고도 빈틈이 없고, 복종치 않는 자에 대한 처벌은 철저하며, 그 형벌은 무겁고도 놓아주는 일이 없고, 그들이 처벌하고 죽이는 일은 사납고도 틀림이 없으며, 이런 통제가 갑자기 닥치는 것은 벼락이 치고 넘어지는 담에 깔리는 듯하다. 그렇게 되면 백성들은 협박을 당하는 동안은 두려워하지만 조금 늦춰지기만 하면 임금을 업신여기게 되며, 구속당하는 동안은 모여들지만 여유만 생기면 흩어진다. 적절히 알맞은 방법을 쓰면 권위를 빼앗기게 되므로, 권세로써 협박을 하고 처벌과 사형으로 그들을 분발시키지 않으면 곧 그의 백성들을 다스릴 길이 없게 된다. 이런 것을 두고 난폭하고 빈틈이 없는 위세라 한다.

사람들을 사랑하는 마음도 없고, 사람들을 이롭게 하는 일도 하지 않으면서, 매일같이 인간의 도를 어지럽히는 일이나 하고, 백성들이 시끄럽게 떠들면 그들을 잡아다가 불로 지지는 형벌을 가하며 사람들의 마음을 부드럽게 해주지 않는다. 그렇게 되면 백성들은 서로 어울려 도망치고 흩어져 임금을 멀리 떠나게 된다. 나라가 기울어 멸망하는 것을 선 채로 기다릴 수가 있을 것이다. 이런 것을 두고 망령된 위세라 한다.

이 세 가지 위세에 대해서는 잘 살펴야 한다. 도덕에 의한 위세는 나라의 평안과 강함을 이룩하고, 난폭하고 빈틈없는 위세는 나라의 위험과 약화를 이룩하고, 망령된 위세는 나라의 멸망을 이룩한다.

| 원문 |

威[1]有三, 有道德之威者, 有暴察[2]之威者, 有狂妄[3]之威者. 此三威者, 不可不孰察也.

禮樂則脩, 分義[4]則明, 擧錯[5]則時, 愛利則形. 如是, 百姓貴之如帝, 高之如天, 親之如父母, 畏之如神明. 故賞不用而民勸, 罰不用而威行.

---

1 威(위) : 나라의 위세, 위엄.
2 暴察(폭찰) : 난폭하고 빈틈이 없는 것.
3 狂妄(광망) : 망령된 것.
4 分義(분의) : 사회적인 신분과 의리.
5 擧錯(거조) : 나라에서 하는 일.

夫是之謂道德之威.

禮樂則不脩, 分義則不明, 擧錯則不時, 愛利則不形. 然而其禁暴也察, 其誅不服也審,[6] 其刑罰重而信,[7] 其誅殺猛而必, 黭然[8]而雷擊之, 如牆厭[9]之. 如是, 百姓劫則致畏,[10] 嬴[11]則敖上, 執拘[12]則最,[13] 得閒[14]則散, 敵中[15]則奪.[16] 非劫之以形埶, 非振之以誅殺, 則無以有其下. 夫是之謂暴察之威.

無愛人之心, 無利人之事, 而日爲亂人之道, 百姓讙敖,[17] 則從而執縛之, 刑灼之, 不和人心, 如是, 下比周[18]賁潰,[19] 以離上矣. 傾覆滅亡, 可立而待也. 夫是之謂狂妄之威.

此三威者, 不可不孰察也. 道德之威成乎安彊, 暴察之威成乎危弱, 狂妄之威成乎滅亡也.

| 해설 |

임금 또는 나라의 백성들을 위압하는 위세로 도덕에 의한 것, 난폭하고

---

6 審(심) : 자세하다, 철저하다.
7 信(신) : 신의가 있다, 곧 형벌을 가하지 않고 그냥 넘어가는 일이 없음을 뜻한다.
8 黭然(암연) : 갑자기 일어나는 모양, 졸지에.
9 厭(압) : 압(壓)과 같은 글자. 짓누르다, 압박하다.
10 致畏(치외) : 두려워하게 되다.
11 嬴(영) : 늦춰지다, 여유가 생기다.
12 執拘(집구) : 구속을 당하다.
13 最(최) : 취(聚)의 뜻으로(楊倞), 모여드는 것.
14 得閒(득한) : 틈을 얻다, 여유가 생기다.
15 敵中(적중) : 적중, 적절히 알맞게 하는 것(俞樾).
16 奪(탈) : 권세를 빼앗기다.
17 讙敖(환오) : 시끄럽게 떠들다. '오'는 오(嗷)의 뜻.
18 比周(비주) : 친하게 서로 어울리다.
19 賁潰(분궤) : 달아나며 흩어지다. '분'은 분(奔)과 통함(郝懿行).

빈틈없는 것, 망령된 것의 세 가지를 들고 있다. 도덕에 의한 위세는 나라를 안락하고 강하게 하지만, 다른 방법에 의한 위세는 나라를 위험에 빠뜨리고 심지어는 멸망에 이르게 한다.

3

공손자(公孫子)가 말하였다.

"초나라의 자발(子發)은 장수가 되어 채(蔡)나라를 정벌하여 쳐부수고 채나라 제후를 포로로 잡았다. 그는 돌아와서 임금에게 '채나라 제후가 그의 나라를 받들어 초나라에 귀복하였습니다. 저는 두세 명의 초나라 신하를 위촉하여 그곳 땅을 다스리도록 하였습니다.'라고 보고하였다.

초나라에서는 그 전쟁에 대해 상을 내리기로 하였다. 자발은 사양하면서 '포고하고 명령을 내리자 적이 후퇴하였는데, 이것은 임금의 위세 때문입니다. 군대를 이동시켜 공격을 가하자 적이 후퇴하였는데, 이것은 장수들의 위세 때문입니다. 맞붙어 싸워 힘을 쓰자 적이 후퇴하였는데, 이것은 여러 병사들의 위세 때문입니다. 신으로서는 여러 병사들의 위세로 얻은 공적으로 상을 받는다는 것은 온당치 않다고 생각합니다.'라고 하였다.

나는 그것을 다음과 같이 비판하고자 한다. 자발이 돌아와 임금에게 보고하는 태도는 공손하다 하겠으나, 그가 상 받는 것을 사양한 것은 변통성이 없는 일이다. 대체로 현명한 사람을 존중하고 능력 있는 사람을 부리며, 공적이 있으면 상을 내리고, 죄가 있으면 벌을 주는 것은 유독 초나라 임금 한 사람만이 그렇게 한 것이 아니다. 그것은 선왕의 도이며, 사람들을 통일하는 근본이며, 착한 이를 착하게 대하고 악한 이를 악하게 대하는 응보인 것이다. 나라를 다스리려면 반드시 이 길을 따라야 한다는 것은 옛날이나 지금이나 같은 이치이다.

옛날에 명철한 임금이 위대한 사업을 일으키고 위대한 공적을 세워서, 위대한 사업이 널리 이룩되고 위대한 공적이 세워졌다면, 곧 임금은 그 성과를 누리고 여러 신하들은 그 공로를 누렸다. 그리하여 사대부들에게는 작위가 보태지고, 관리들에게는 직위가 보태지고, 여러 사람들에게는 봉록이 보태졌다. 따라서 착한 일을 한 사람은 더욱 격려하고, 착하지 않은 일을 한 사람은 기세를 꺾어 위아래가 한 마음이 되고, 전군이 힘을 합치게 된다. 그런 까닭에 모든 일이 이루어지고 공적과 명성이 커지는 것이다.

지금 자발을 보면 홀로 그렇지 못하다. 선왕의 도를 위반하고 초나라의 법을 어지럽히며, 공로를 세운 신하들의 기를 죽이고, 상을 받은 사람들을 부끄럽게 하고 있다. 집안 사람들 중에 사형을 받은 이가 없는데도, 그의 후손들을 억눌러 비천하게 만들고 있다. 그리고는 홀로 자기만은 결렴하다고 여기고 있으니, 어찌 잘못이 심하다고 하지 않을 수가 있겠는가? 그러므로 자발이 돌아와 임금에게 보고하는 태도는 공손하다 하겠으나, 그가 상 받는 것을 사양한 것은 변통성이 없는 일이라고 말한 것이다."

| 원문 |

公孫子[1]曰: 子發[2]將西[3]伐蔡, 克蔡, 獲蔡侯. 歸致命[4]曰: 蔡侯奉其社

---

1 公孫子(공손자) : 제나라 재상으로 그 이름은 알 수 없다(楊倞).

稷而歸之楚, 舍⁵屬⁶二. 三子, 而治其地.

旣楚發其賞. 子發辭曰; 發誡⁷布令而敵退, 是主威也. 徙擧⁸相攻而敵退, 是將威也. 合戰用力而敵退, 是衆威也. 臣舍不宜以衆威受賞.

譏⁹之曰; 子發之致命也恭, 其辭賞也固. 夫尙賢使能, 賞有功, 罰有罪, 非獨一人¹⁰爲之也. 彼先王之道也, 一人之本也, 善善惡惡之應也. 治必由之, 古今一也.

古者明王之擧大事, 立大功也, 大事已博, 大功已立, 則君享其成, 君臣享其功, 士大夫益爵, 官人益秩,¹¹ 庶人益祿. 是以爲善者勸, 爲不善者沮, 上下一心, 三軍同力, 是以百事成, 而功名大也.

今子發獨不然. 反先王之道, 亂楚國之法, 墮¹²興功之臣, 恥受賞之屬, 無僇¹³乎族黨, 而抑卑¹⁴其後世. 案獨以爲私廉, 豈不過甚矣哉? 故曰; 子發之致命也恭, 其辭賞也固.

---

2 子發(자발) : 초나라 영윤(令尹). 성은 알 수 없고, 이름은 원문에 사(舍)라고 보인다.
3 將西(장서) : '서'는 이(而)의 잘못(王念孫), 따라서 장수가 되어의 뜻. 채나라는 초나라의 북쪽에 있었다.
4 致命(치명) : 임금에게 보고하는 것.
5 舍(사) : 자발의 이름. 자신을 낮추어 이름을 부른 것이다.
6 屬(촉) : 위촉하다.
7 發誡(발계) : 전쟁에 관한 포고를 하다.
8 徙擧(사거) : 군부대를 이동시키는 것.
9 譏(기) : 꾸짖다, 비판하다.
10 一人(일인) : 사람들을 통일하다.
11 秩(질) : 직위.
12 墮(타) : 기를 죽이다.
13 僇(육) : 사형을 당하다.
14 抑卑(억비) : 억눌러 비천하게 만들다.

| 해설 |

공손자의 말을 인용하여 초나라 자발이 큰 공을 세우고도 임금이 내리는 상을 사양한 얘기를 통하여 정당한 상을 거절한 자발 같은 행위는 변통성 없고 잘못된 일임을 강조하고 있다. 상벌 제도가 제대로 시행되어야 나라가 잘 다스려진다는 것이 순자의 지론이다.

4
순자가 제나라 재상에게 유세하며 이렇게 말하였다.
"다른 사람을 이기는 권세를 차지하고 다른 사람을 이기는 도를 행하여, 천하에 성내는 사람이 없었던 것은 탕임금과 무왕의 경우입니다. 다른 사람을 이기는 권세를 차지하고도 다른 사람을 이기는 도를 따르지 않아, 온 천하를 다스리는 권세를 다 가지고 있었으나 나라를 망쳐 보통 남자로 살아남기를 바랐으되 그것조차도 되지 않았던 것은 걸왕과 주왕의 경우입니다. 그러므로 다른 사람을 이기는 권세를 얻는 것은, 다른 사람을 이기는 도를 행하는 것만 훨씬 못한 것입니다.
임금과 재상의 지위는 다른 사람을 이기는 권세입니다. 옳은 것은 옳다 하고, 그른 것은 그르다 하며, 능력이 있는 경우엔 능력이 있다 하고, 능력이 없는 경우엔 능력이 없다 하며, 자기의 사욕을 물리치고 반드시 공정한 도리로 의로움을 통하여 모든 것을 아울러 받아들여야 하는 것을 다른 사람을 이기는 도라고 합니다.
지금 나라의 재상인 당신은, 위로는 임금을 마음대로 움직일 수가 있고, 아래로는 나라를 마음대로 움직일 수가 있습니다. 나라의 재상은 진실로 다른 사람을 이기는 권세를 가지고 있습니다. 그런데 어찌

하여 다른 사람을 이기는 권세를 몰고서 다른 사람을 이기는 도로 나아가지 않습니까? 인(仁)하고 후덕하며 도리에 밝게 통하는 군자를 구하여 임금의 보좌를 부탁하고, 그들과 더불어 나라의 정치에 참여하여 옳고 그름을 바르게 가려야 합니다. 그렇게 한다면 나라의 어느 누가 감히 의로운 일을 하지 않겠습니까?

임금과 신하, 윗사람과 아랫사람, 신분이 존귀한 사람과 천한 사람, 나이 많은 사람과 적은 사람으로부터 서민들에 이르기까지 의로움을 행하지 않는 이가 없게 된다면, 곧 온 천하의 사람들이 의로움에 귀복하여 합쳐지기를 바라지 않는 사람이 어디 있겠습니까? 현명한 선비들이 재상의 나라 조정에 참여하기 바라고, 능력 있는 선비들이 재상의 나라 벼슬을 하기 바라며, 이익을 좋아하는 백성들조차도 제나라로 귀복하기를 바라지 않는 사람이 없을 것입니다. 이것이 천하를 통일하는 방법입니다.

나라의 재상이 이런 방법은 따르지 않고, 다만 세속에서 생각하는 다른 사람을 이기는 권세만을 쫓기 때문에, 임금의 비첩들은 후궁에서 난동을 부리고, 속임수를 일삼는 신하들은 조정에서 난동을 부리고, 탐욕이 많은 관리들은 관청에서 난동을 부리고, 여러 서민과 백성들은 모두가 이익을 탐내 남의 것을 다투어 뺏는 일이 습속이 됩니다. 어찌 이와 같은데도 나라를 지탱할 수가 있겠습니까?

지금 큰 초나라가 우리 남쪽에 버티고 있고, 큰 연나라는 우리 북쪽에서 발길질을 하고 있으며, 강한 위(魏)나라는 우리 서쪽에서 팔을 휘젓고 있어 서쪽 국경은 새끼줄을 쳐 놓은 듯이 허약하고, 노나라 사람들은 양분과 개양 두 고을을 차지하고 우리 동쪽을 압박하고 있습니다.

이러니 한 나라에서 꾀만 내면 바로 세 나라가 틀림없이 일어나 우리의 틈을 파고 쳐들어올 것입니다. 그렇게 되면 제나라는 반드시 네 동강으로 쪼개질 것이며, 여러 나라들이 마치 자기네 성을 빌려주는 것처럼 되어, 반드시 천하의 큰 웃음거리가 될 것입니다.

앞에서 말한 두 가지 중에 어느 쪽을 행해야 하겠습니까?"

| 원문 |

荀卿子[1]說齊相曰; 處勝人之埶, 行勝人之道, 天下莫忿,[2] 湯武是也. 處勝人之埶, 不以[3]勝人之道, 厚於有天下之埶, 索[4]爲匹夫, 不可得也, 桀紂是也. 然則得勝人之埶者, 其不如勝人之道遠矣.

夫主相者, 勝人以埶也. 是爲是, 非爲非, 能爲能, 不能爲不能, 併[5]己之私欲, 必以道夫公道通義[6]之可以相兼容者, 是勝人之道也.

今相國, 上則得專主, 下則得專國. 相國之於勝人之埶, 亶[7]有之矣. 然則胡不敺[8]此勝人之埶, 赴勝人之道? 求仁厚明通之君子, 而託王[9]焉, 與之參國政, 正是非. 如是, 則國孰敢不爲義矣?

君臣上下, 貴賤長少, 至於庶人, 莫不爲義, 則天下孰不欲合義[10]矣?

---

1 荀卿子(순경자) : 순자. 손경자(孫卿子)라고도 불렀다.
2 忿(분) : 성내다, 분개하다.
3 不以(불이) : 쓰지 않다, 행하지 않다, 불용(不用).
4 索(색) : 찾다, 구하다.
5 倂(병) : 버리다, 내던지다. 병(拼)의 뜻.
6 公道通義(공도통의) : 공정한 도리로 의로움은 통하는 것.
7 亶(단) : 진실로.
8 敺(구) : 몰고 가다.
9 託王(탁왕) : 임금을 기탁하다, 임금의 보좌를 맡기다.
10 合義(합의) : 의로움에 합쳐지다, 의로움으로 귀복하다.

賢士願相國之朝, 能士願相國之官, 好利之民, 莫不願以齊爲歸. 是一天下也.

相國舍是而不爲, 案[11]直爲是世俗之所以爲,[12] 則女主亂之宮, 詐臣亂之朝, 貪吏亂之官, 衆庶百姓皆以貪利爭奪爲俗. 曷若是而可以持國乎?

今巨楚縣吾前,[13] 大燕鰌[14]吾後, 勁魏鉤[15]吾右, 西壤[16]之不絕若繩, 楚人[17]則乃有襄賁[18]開陽, 以臨吾左.

是一國作謀, 則三國必起而乘我. 如是, 則齊必斷而爲四, 三國[19]若假城[20]然耳. 必爲天下大笑.

曷若兩者[21]孰足爲也?

| 해설 |

순자가 제나라 재상에게 유세한 말이다. 재상이란 자리는 임금과 함께 다른 사람을 이기는 권세지만, 그보다는 다른 사람을 이기는 도를 잘 따라야 나라가 부강해진다고 강조하고 있다. 다른 사람을 이기는 도란 모든 일에 의로움을 쫓는 것이다.

---

11 案(안) : 조사.
12 世俗之所以爲(세속지소이위) : 세속 사람들이 생각하고 있는 것, 곧 다른 사람을 이기는 권세를 가리킴.
13 縣吾前(현오전) : 우리 앞에 버티고 서 있다, 제나라 남쪽에 버티고 서 있다.
14 鰌(추) : 축(蹴)과 통하여(楊倞), 발길질을 하는 것, 압박을 가하는 것.
15 鉤(구) : 물건을 낚아채 가려는 듯 팔을 휘젓고 있는 것.
16 西壤(서양) : 서쪽 땅, 서쪽 국경.
17 楚人(초인) : 노인(魯人)의 잘못(劉師培『荀子補釋』), 노나라 사람.
18 襄賁(양분) : 개양(開陽)과 함께, 제나라 동쪽에 있던 고을 이름.
19 三國(삼국) : 세 나라. 숫자가 맞지 않아 여러 나라로 번역하였다.
20 假城(가성) : 성을 빌려주다.
21 兩者(양자) : 다른 사람을 이기는 권세와 다른 사람을 이기는 도.

5

"걸왕과 주왕도 성왕의 후손이고, 천하를 다스리는 후계자였으며, 권세 있는 지위가 그에게 주어졌고, 온 천하의 종친이었습니다. 영토는 경내가 천 리나 될 정도로 넓었으며, 인구는 그 수를 억만으로 헤아릴 정도로 많았습니다. 그러나 갑자기 온 천하 사람들 모두가 걸왕과 주왕을 떠나 탕임금과 무왕에게로 달려가고, 모두가 걸왕과 주왕은 미워하고 탕임금과 무왕을 존귀하게 여기게 되었습니다.

그것은 어째서입니까? 걸왕과 주왕은 어찌하여 천하를 잃었고, 탕임금과 무왕은 어찌하여 천하를 얻었습니까? 그것은 다름 아니라 걸왕과 주왕은 사람들이 싫어하는 일을 잘하였고, 탕임금과 무왕은 사람들이 좋아하는 일을 잘하였기 때문입니다. 사람들이 싫어하는 일이란 무엇이겠습니까? 바로 더럽고 속이고 남의 것을 다투며 빼앗고 이익을 탐내는 것입니다. 사람들이 좋아하는 일이란 무엇이겠습니까? 바로 예의와 사양과 충성과 신의입니다.

지금 임금들은 곧 스스로를 탕임금이나 무왕과 비유하려 합니다. 그러나 그들이 나라를 통치하는 방법은 걸왕이나 주왕과 다를 바가 없습니다. 그러면서도 탕임금과 무왕 같은 공적과 명성을 누리려 한다면 되겠습니까?

그러므로 다른 사람을 이길 수 있는 처지에 있는 사람은 반드시 일을 사람들과 함께 해야 하며, 사람들의 협조를 얻는 사람은 반드시 도를 따라야만 합니다. 도란 무엇이겠습니까? 예의와 사양과 충성과 신의입니다. 그러므로 인구 사만이나 오만 이상을 거느리는 나라로서 남보다 강하고 다른 사람들을 이긴다면, 그것은 여러 사람들의 힘이 아니라 그들이 신의를 존중하기 때문입니다. 사방 백 리 이상의 나라를 다스리는데도 안정되고 견고하다면, 그것은 나라가 큰 데서 오는 힘이 아니라 그들이 스스로를 잘 닦고 올바르게 하는 일을 존중하기 때문입니다.

지금의 임금들은 이미 수많은 사람들을 거느리고 교묘한 말로 남을 속이고 친한 사람들과 어울려 가까운 나라들을 뺏기 위해 다투고, 이미 사방 수백 리의 나라를 다스리고 있으면서도 서로 넘보고 속이고 도둑질하듯 남의 나라와 영토를 차지하기 위해 다투고 있습니다. 그러니 이것은 자기가 안정되고 강해지는 길을 버리고, 자기를 위험하고 약하게 만드는 방법을 다투어 추구하는 것입니다. 자기에게 부족한 것, 곧 도를 더욱 손상시키면서 자기에게 남음이 있는 것, 곧 사람과 영토를 중히 여기는 일입니다. 이와 같이 도리에 어긋나는 잘못을 저지르면서도, 탕임금이나 무왕과 같은 공적과 명성을 추구할 수 있겠습니까? 마치 엎드려서 하늘을 혀로 핥으려 하고, 목맨 사람을 구해 주려고 그 발을 잡아당기는 것과 같은 일입니다. 그런 주장은 절대로 통하지 않을 것이며, 힘쓸수록 목적으로부터 더욱 멀어질 것입니다.

신하가 자기의 행동이 임금에게 통하지 않는 것은 거들떠보지도 않고 구차히 이익만을 얻으려 한다면, 그것은 큰 전차가 구덩이에 빠져서도 유리하게 움직여 보려고 하는 것과 같은 일입니다. 그것은 인덕이 있는 사람이라면 부끄러이 여기고 하지 않을 일입니다.

본디 사람에게는 삶보다 더 귀중한 것이 없고, 안정보다 더 즐거운 상태는 없습니다. 그러한 삶을 보양하고 안정됨을 즐기는 방법으로는 예의보다 더 위대한 것이 없습니다. 사람들은 삶이 귀중하고 안정됨이 즐겁다는 것을 알면서도 예의를 버리고 있는데, 그것은 마치 오래 살려고 하면서도 자기 목을 자르는 것과 같습니다. 어리석음이 이보다 더 클 수가 없습니다.

본디 임금이란 백성들을 사랑하면 안정되고, 선비들을 좋아하면 영화로워지며, 두 가지 중 한 가지도 없다면 망하게 됩니다. 『시경』에 '훌륭한 군인은 나라의 울타리요, 삼공(三公)은 나라의 담일세.' 라고 읊은 것도, 이것을 뜻하는 말입니다."

| 원문 |

夫桀紂, 聖王之後子孫也, 有天下者之世[1]也, 埶籍[2]之所存, 天下之宗室也. 土地之大, 封內[3]千里, 人之衆, 數以億萬. 俄而天下倜然[4]擧去桀紂而犇[5]湯武, 反然擧惡桀紂而貴湯武.

是何也? 夫桀紂何失, 而湯武何得也? 曰; 是無它故焉, 桀紂者善爲人所惡也, 而湯武者善爲人所好也. 人之所惡何也? 曰; 汙漫[6]爭奪貪利是也. 人之所好者何也? 曰; 禮義辭讓忠信是也.

今君人者, 辟稱比方,[7] 則欲自竝乎湯武. 若其所以統之, 則無以異於桀紂, 而求有湯武之功名, 可乎?

故凡得勝者, 必與人也. 凡得人者, 必與道也. 道也者何也? 曰; 禮讓忠信是也. 故自四五萬而往[8]者, 彊勝, 非衆之力也, 隆在信矣. 自數百

---

1 世(세) : 후계자.
2 埶籍(세적) : 권세 있는 지위. '埶'은 위(位)의 뜻(王念孫).
3 封內(봉내) : 나라의 경계 안.
4 倜然(척연) : 높이 솟는 모양.
5 犇(분) : 달려가다. 분(奔)의 뜻.
6 汙漫(오만) : 더럽고 속임수를 쓰는 것.
7 辟稱比方(비칭비방) : 비유를 들고 남에게 견주다.
8 而往(이왕) : 이상(以上, 楊倞).

里而往者,安固,非大之力也,隆在脩政⁹矣.

今已有數萬之衆者也,陶誕¹⁰比周以爭與,¹¹ 已有數百里之國者也,汙漫突盜¹²以爭地. 然則是棄己之所安彊,而爭己之所以危弱也,損己之所不足,以重己之所有餘. 若是其悖繆¹³也,而求有湯武之功名,可乎? 辟之是猶伏而咶¹⁴天,救經¹⁵而引其足也,說必不行矣. 愈務而愈遠.

爲人臣者,不恤己行之不行,苟得利而已矣,是渠衝¹⁶入穴而求利也. 是仁人之所羞而不爲也.

故人莫貴乎生,莫樂乎安,所以養生安樂者,莫大乎禮義. 人知貴生樂安而棄禮義,辟之是猶欲壽而殉頸¹⁷也,愚莫大焉.

故君人者,愛民而安,好士而榮,兩者無一焉而亡. 詩曰;¹⁸ 价人¹⁹維藩,大師²⁰維垣. 此之謂也.

| 해설 |

순자는 제나라 재상에게 걸왕과 주왕, 탕임금과 무왕의 보기를 들어가며 다른 사람을 이기는 도에 따라 나라를 다스린 전례를 설명하고 있다.

---

9 脩政(수정) : '정'은 정(正)의 뜻으로, 스스로 닦고 바르게 하는 것(王念孫).
10 陶誕(도탄) : '도'는 도(謟)와 통하여(王先謙), 헛된 말을 하다, 교묘한 말로 남을 속이다.
11 爭與(쟁여) : '여'는 여국(與國). 가까운 나라의 것도 뺏으려고 다투는 것.
12 突盜(돌도) : 남의 것을 넘보고 도둑질하는 것.
13 悖繆(패류) : 조리에 어긋나게 잘못을 저지르다.
14 咶(시) : 혀로 핥다.
15 經(경) : 목을 맨 것.
16 渠衝(거충) : 큰 전차. '충'은 특히 성을 공격하는 데 쓰는 전차임.
17 殉頸(문경) : 목을 자르다. '문'은 문(刎)과 통함(王念孫).
18 詩曰(시왈) : 『시경』 대아(大雅) 판(板)편의 구절.
19 价人(개인) : 갑옷을 입은 군인(鄭玄 箋).
20 大師(태사) : 삼공(三公, 鄭玄 箋).

그리고 다른 사람을 이기는 도란 예의와 충성과 신의임을 강조하고 있다.

6

힘으로 다스리는 술법은 잘 통하지 않고, 의로움으로 다스리는 술법만이 잘 통한다고 하는 것은 무엇을 말하는가?

진나라 같은 경우를 말하는 것이다. 나라의 위세는 탕임금이나 무왕보다도 강하고, 나라의 땅은 순임금이나 우임금보다도 넓었다. 그러나 우환은 이루 헤아릴 수 없을 정도로 많이 일어났고, 언제나 온 천하가 벌벌 떨면서 연합하여 자기 나라를 짓밟지 않을까 두려워하였다. 이것이 이른바 힘으로 다스리는 술법은 잘 통하지 않는다는 것이다.

나라의 위세가 탕임금이나 무왕보다도 강하였다는 것은 무엇을 뜻하는가?

탕임금과 무왕은 바로 자기를 좋아하는 사람들만을 부렸다. 그런데 초나라 임금의 아버지 회왕(懷王)은 진나라 군사에게 잡혀 죽었고, 나라의 수도는 진나라에게 점령당했으며, 경양왕(頃襄王)은 아버지와 할아버지 세 임금의 위패를 종묘에서 꺼내 짊어지고 진(陳)나라와 채(蔡)나라 지방으로 피난하였다. 그리고 복수할 수 있는 틈을 엿보다가 발을 들어올려 진나라의 배를 짓밟고자 하였다. 그러나 진나라가 왼쪽으로 가라면 왼쪽으로 가고, 오른쪽으로 가라면 오른쪽으로 가면서, 원수에게 부림을 당하는 수 밖에 없었다. 이것이 이른바 진나라의 위세가 탕임금이나 무왕보다도 강하였다는 것이다.

나라의 땅은 순임금이나 우임금보다도 넓었다는 것은 무엇을 뜻하는가?

옛날에 여러 왕자들이 천하를 통일하고 제후들을 신하로 부릴 때, 그들의 경내 넓이는 천 리를 넘는 일이 없었다. 지금 진나라는 남쪽의 사섬(沙羨)도 함께 차지하여 자기 영토에 편입시키고 있는데 그곳은 바로 강남(江南)이다. 북쪽은 호(胡)와 학(貉)의 오랑캐와 이웃하고 있고, 서쪽은 파(巴)와 융(戎) 나라의 땅을 차지하고 있다. 동쪽으로는 초나라가 가지고 있던 땅을 차지하여 바로 제나라와 국경을 사이에 두고 있고, 한(韓)나라 영토였던 곳은 상산(常山)을 넘어 임려(臨慮)에 이르는 땅을 차지하였고, 위(魏)나라 영토였던 곳은 위진(圍津)을 차지하게 되어 위나라 수도인 대량(大梁)과는 백이십 리의 거리밖에 안되고, 조나라 영토였던 곳은 영(蔘)을 점령하고 소나무와 잣나무를 심어 놓은 요새까지도 차지하게 되었다. 뒤로는 서해를 등지고 있고, 앞에는 상산(常山)이 견고하게 막아 주고 있다. 이처럼 그들의 땅은 온 천하에 펼쳐져 있다.

나라의 위세는 온 세상을 진동시키고, 그 강함은 중원의 나라들을 위태롭게 하는데도, 그들의 우환은 이루 헤아릴 수 없을 정도로 많이 일어났고, 언제나 벌벌 떨면서 온 천하가 연합하여 자기 나라를 짓밟지 않을까 두려워하였다. 이런 실정에도 나라 땅이 순임금이나 우임금보다도 광대하다는 것이다. 그렇다면 어찌해야 되겠는가?

위세를 조절하여 문화적인 방법의 정치로 되돌아가야 한다. 곧 단정하고 성실하고 신의가 있고 완전한 군자를 등용하여 천하를 다스리게 하는 것이다. 그리고 나서 그들과 함께 나라의 정치에 참여하여, 옳고 그름을 바로잡고 곧고 굽은 것을 잘 다스려 수도 함양(咸陽)에서 정치를 잘 돌보면서, 여기에 잘 따르는 자들은 그대로 잘 살게 두고 따르지 않는 자들이 있다면 비로소 그들을 처형하는 것이다.

그렇게 되면 군대를 국경 밖으로 다시는 내보내지 않는다 하더라도 온 천하가 명령에 따르게 될 것이다. 그렇게 되면 비록 제후들을 위해 명당을 짓고 제후들을 내조케 해도 괜찮을 것이다. 지금 세상에서 영토를 늘리는 일은 신의를 늘리는 일만큼 중요하지 않다.

| 원문 |

力術[1]止, 義術行. 曷謂也?

曰；秦之謂也. 威彊乎湯武, 廣大乎舜禹. 然而憂患不可勝校[2]也, 諰諰然[3]常恐天下之一合而軋己也. 此所謂力術止也.

曷謂乎威彊乎湯武?

湯武也者, 乃能使說己[4]者使耳. 今楚父[5]死焉, 國擧[6]焉, 負三王之廟[7]而辟於陳蔡之間, 視可司間,[8] 案欲剡[9]其脛, 而以蹈秦之腹. 然而秦使左案左, 使右案[10]右, 是乃使讐人役也. 此所謂威彊乎湯武也.

曷謂廣大乎舜禹也?

曰；古者百王之一天下, 臣諸侯也, 未有過封內千里者也. 今秦南乃

---

1 力術(역술) : 힘으로 나라를 다스리는 술법, 무력으로 다른 나라들을 상대하는 방법.
2 校(교) : 헤아리다.
3 諰諰然(시시연) : 두려워하는 모양.
4 說己(열기) : 자기를 좋아하다.
5 楚父(초부) : 초나라 임금의 아버지. 경양왕(頃襄王) 때이므로 회왕(懷王)을 가리킴.
6 國擧(국거) : 경양왕 21년(B.C. 278) 진(秦)나라 장군 백기(白起)가 초나라 수도 영을 점령했던 일을 가리킴.
7 三王之廟(삼왕지묘) : 종묘에 있던 세 임금의 위패. 세 임금은 선왕(宣王)·위왕(威王)·회왕(懷王)이다.
8 司間(사간) : 틈을 엿보다. '사'는 사(伺)와 통함.
9 剡(염) : 기(起)의 뜻(盧文弨), 들어올리는 것.
10 案(안) : 즉(則)과 비슷한 조사.

有沙羨[11]與俱,[12] 是乃江南也. 北與胡貉[13]爲隣, 西有巴戎,[14] 東在楚者乃界於齊, 在韓者踰常山[15]乃有臨慮,[16] 在魏者乃據圉津,[17] 卽去大梁百有二十里耳, 其在趙者剡然[18]有苓[19]而據松柏之塞,[20] 負西海而固常山, 是地徧天下也.

威動海內, 彊殆中國, 然而憂患不可勝校也, 諰諰然常恐天下之一合而軋己也. 此所謂廣大乎舜禹也. 然則柰何?

曰; 節威反文.[21] 案用夫端誠信全之君子, 治天下焉. 因與之參國政, 正是非, 治曲直, 聽咸陽,[22] 順者錯之, 不順者而後誅之.

若是則兵不復出於塞外, 而令行於天下矣. 若是則雖爲之築明堂[23]於塞外, 而朝諸侯, 殆可矣. 假今[24]之世, 益地不如益信之務也.

| 해설 |

무력에 의한 정치는 발전에 한계가 있다. 의로움과 신의를 바탕으로 한

---

11 沙羨(사섬) : 지금의 호북성(湖北省) 무창(武昌) 근처의 지명.
12 與俱(여구) : 함께 차지하다.
13 胡貉(호학) : 모두 북쪽 오랑캐 이름.
14 巴戎(파융) : '파'는 서남쪽, '융'은 서쪽에 있던 이족(異族) 이름.
15 常山(상산) : 항산(恒山), 하북성(河北省)의 산서성(山西省) 경계 쪽에 있음.
16 臨慮(임려) : 하남성(河南省) 북서쪽 임현(林縣)에 있던 땅 이름.
17 圉津(어진) : '어'는 위(圉)로 쓰는 것이 옳으며(楊倞), 지금의 산서성에 있던 지명인 듯하다.
18 剡然(염연) : 땅이 외국의 침략으로 줄어드는 모양.
19 苓(영) : 땅 이름.
20 松柏之塞(송백지새) : 조나라는 진나라와 접경하는 요새에 소나무와 잣나무를 심었다 한다.
21 反文(반문) : 문화적인 정책으로 돌아가는 것.
22 咸陽(함양) : 진나라의 수도, 지금의 서안(西安) 근처.
23 明堂(명당) : 천자가 제후들을 접견하는 건물 이름.
24 假今(가금) : 지금.

정치여야 나라가 발전하고, 천하를 통일하게 된다.

7

응후(應侯)가 순자에게 물었다.
"진(秦)나라로 들어와서 무엇을 보셨습니까?"
순자가 대답하였다.
"견고한 요새는 험하고, 땅의 형세는 유리하고, 산림과 냇물과 골짜기는 아름다웠으며, 천연 자원의 이점이 많았으니, 이것은 뛰어난 지형입니다.
국경 안으로 들어와 나라의 풍속을 보니, 백성들은 소박했고, 음악은 음란하지 않으며, 옷은 경박하지 않고, 관리들을 매우 두려워하면서 순종하고 있으니, 옛날 백성들과 같았습니다.
도시나 관청에 가 보니 여러 관리들은 숙연히 모두가 공손하고 검소하였으며 착실하고 공경스럽고 충성되고 신의가 있으면서 그릇되지 않았으니, 옛날의 관리들과 같았습니다.
도읍에 들어가 사대부들을 보니, 그의 집 문을 나와서는 곧장 관청 문으로 들어가고, 관청의 문을 나서서는 곧장 그의 집으로 들어가 사사로운 일을 하는 경우가 없었습니다. 자기와 뜻 맞는 사람만 가까이 하지 않고 자기네끼리 붕당을 만들지 않으며, 모두가 밝게 통하도록 공사를 처리하고 있었으니, 옛날의 사대부들과 같았습니다.
조정을 보니, 그곳에서 정사를 듣고 처리함에 여러 가지 일들을 남겨 미루어 두지 않고, 고요하기가 다스리는 사람이 없는 것 같았으니, 옛날의 조정과 다름없었습니다.

그러므로 사대 동안 승리를 거두어 온 것은 요행이 아니라 당연한 일이었습니다. 이것이 본 대로입니다. 그러므로 '편안하면서도 다스려지고, 간략히 하면서도 일은 상세히 처리되고, 번거롭지 않은데도 공로를 이룩한다' 고 말하고 있습니다. 진나라는 거의 정치의 극점에 가깝습니다.

비록 그렇기는 하지만 진나라에는 우려되는 부분이 있습니다. 이 몇 가지 요건들을 아울러 모두 지니고 있지만, 왕자의 공적과 명성에 견주어 보면 까마득히 멀리 떨어져 있습니다. 그것은 무엇 때문이겠습니까? 곧 진나라에는 유학자가 거의 없기 때문입니다. 그러므로 순수하게 유학을 쓰면 왕자가 되고, 잡되게 쓰면 패자가 되고, 하나도 쓰는 것이 없다면 망한다고 하였습니다. 이것은 또한 진나라의 단점이 되고 있습니다."

| 원문 |

應侯[1]問孫卿子曰; 入秦何見?

孫卿子曰; 其固塞[2]險, 形埶便, 山林川谷美, 天材[3]之利多, 是形勝也. 入境, 觀其風俗, 其百姓樸,[4] 其聲樂不流汙,[5] 其服不挑,[6] 甚畏有司[7]

---

1 應侯(응후) : 진나라의 재상 범수(范雎). 지금의 하남성(河南省) 보풍현(寶豊縣)에 있던 응(應) 땅에 봉함을 받아 응후라고 부른다.
2 固塞(고새) : 견고한 요새.
3 天材(천재) : 천연 자원.
4 樸(박) : 소박, 질박.
5 流汙(유우) : 음탕한 경향으로 흐르다.
6 挑(조) : 괴상하고 유별난 것, 경박한 것.
7 有司(유사) : 관리들.

而順, 古之民[8]也.

及都邑官府, 其百吏肅然,[9] 莫不恭儉敦敬忠信而不楛,[10] 古之吏也.

入其國, 觀其士大夫, 出於其門, 入於公門,[11] 出於公門, 歸於其家, 無有私事也, 不比周,[12] 不朋黨, 偶然[13]莫不明通而公也, 古之士大夫也.

觀其朝廷, 其間, 聽決百事不留, 恬然[14]如無治者, 古之朝也. 故四世有勝, 非幸也, 數[15]也. 是所見也. 故曰; 佚而治, 約而詳, 不煩而功, 治之至也, 秦類之矣.

雖然, 則有其諰[16]矣. 兼是數具[17]者而盡有之, 然而縣[18]之以王者之功名, 則偶偶然[19]其不及遠矣. 是何也? 則其殆[20]無儒邪? 故曰; 粹[21]而王, 駁而霸, 無一焉而亡. 此亦秦之所短也.

| 해설 |

진나라는 지리적 요건이 뛰어나고 백성들·관리들·신하들이 모두 훌륭하다. 그런데도 어째서 왕자가 되지 못하는가? 그것은 진나라가 유학을

---

8 古之民(고지민) : 옛날 이상적인 시대의 백성.
9 肅然(숙연) : 정연한 모양. 엄숙한 모양.
10 楛(고) : 함부로 악한 일을 하는 것.
11 公門(공문) : 공소(公所)의 문, 직장인 관청의 문.
12 比周(비주) : 자기와 뜻이 맞는 사람들과 친하게 어울리는 것.
13 偶然(척연) : 높고 먼 모양.
14 恬然(염연) : 안정된 모양, 고요한 모양.
15 數(수) : 정해진 일, 당연한 일.
16 諰(시) : 두려움.
17 數具(수구) : 몇 가지 요건.
18 縣(현) : 견주어 보는 것, 대어 보는 것.
19 偶偶然(척척연) : 까마득히 높고 멀리 떨어진 모양.
20 殆(태) : 거의, 아마.
21 粹(수) : 순수하게 유학의 도를 받아들이는 것.

받아들이지 않고 있기 때문이라는 것이다.

정말로 강한 나라는 병력이 많고 부유한 나라가 아니라, 유가들이 주장하는 어짊과 의로움으로 다스리는 나라, 즉 군자가 다스리는 나라이다. 진나라는 표면상으로는 강한 듯하나 정말로 강한 왕자의 나라가 되기에는 거리가 멀다는 것이다.

8

미세한 것을 쌓아 가는 데 있어서는, 달〔月〕이 날〔日〕을 이기지 못하고, 철〔時〕이 달을 이기지 못하고, 해〔歲〕가 철을 이기지 못한다. 대체로 사람들은 작은 일은 가벼이 보고, 큰 일이 닥친 뒤에야 흥분하여 대책에 힘쓴다. 그래서는 늘 작은 일을 잘 처리하고 있는 사람을 이겨내지 못한다.

그것은 어떤 이유 때문인가? 작은 일은 자주 닥치고, 거기에 쓰이는 날도 많아서, 그것으로 인해 쌓이는 성과는 크다. 큰 일은 드물게 닥치고, 거기에 쓰이는 날도 적어, 그것으로 인해 쌓이는 성과는 작다. 그러므로 날을 잘 쓰는 사람은 왕자가 되고, 철을 잘 쓰는 사람은 패자가 되고, 일이 잘못된 후에야 보충하는 사람은 위태로워지고, 매우 태만히 구는 사람은 망하게 된다.

그러므로 왕자는 하루하루를 공경히 일하고, 패자는 한 철 한 철을 공경히 일한다. 겨우 존속이나 하는 나라는 위태롭게 된 뒤에야 나라를 걱정하고, 망해 가는 나라는 망한 뒤에야 망하는 것을 알고, 죽게 된 뒤에야 죽는 것을 안다. 망하는 나라의 재난이란 후회할 일이 이루 말할 수 없는 정도이다.

패자가 잘하는 일은 두드러지기는 하지만 철을 따라 기록할 수 있을 정도이고, 왕자의 공적과 명성은 하루하루 기록한 대로 이루 다 적을 수 없는 정도이다. 재물이나 보물은 클수록 존중되지만, 정치와 교화와 공적과 명성은 이와는 반대로 미세한 것들을 잘 쌓아 가는 사람이 빨리 그것을 성취시킨다. 『시경』에 "덕은 터럭과 같이 가벼우나, 사람들 중에는 그것을 잘 들어올리는 이가 드무네."라고 읊은 것도, 이것을 뜻하는 것이다.

| 원문 |

積微, 月不勝日, 時¹不勝月, 歲不勝時. 凡人好敖慢小事, 大事至然後興之務之, 如是則常不勝夫敦比²於小事者矣.

是何也? 則小事之至也數,³ 其縣日也博,⁴ 其爲積也大. 大事之至也希, 其縣日也淺, 其爲積也小. 故善日者王, 善時者覇, 補漏⁵者危, 大荒⁶者亡.

故王者敬日, 覇者敬時. 僅存之國危而後戚⁷之, 亡國至亡而後知亡, 至死而後知死. 亡國之禍敗, 不可勝悔也.

覇者之善箸焉, 可以時託⁸也, 王者之功名, 不可勝日志也. 財物貨寶

---

1 時(시) : 철, 계절.
2 敦比(돈비) : 잘 다스리다, 잘 처리하다(王先謙).
3 數(삭) : 잦다, 자주 있다.
4 其縣日也博(기현일야박) : 그것에 쓰이는 날짜가 많은 것.
5 補漏(보루) : 물이 새는 것을 보충하다, 결함이 생기면 보수하다.
6 大荒(대황) : 크게 버려두다, 크게 태만히 굴다.
7 戚(척) : 걱정하다.
8 時託(시탁) : 철을 따라 기록하다, 계절을 두고 기록하다. '탁'은 기(記)의 잘못(俞樾).

以大爲重, 政敎功名反是, 能積微者速成. 詩曰:[9] 德輶[10]如毛, 民鮮克擧
之. 此之謂也.

| 해설 |
작은 일들을 잘 처리하여 그 공적을 쌓아 감으로써 위대한 정치가 이루
어진다. 덕도 본시는 매우 가벼운 것이지만, 그것을 쌓아 가지 못하기 때
문에 위대한 인덕으로 발전시키지 못하는 것이다. 곧 작은 일부터 잘해
가야 큰 공적을 이룰 수가 있다.

9
 간사한 사람이 생겨나는 것은 임금이 의로움을 귀중히 여기지 않고,
의로움을 공경하지 않기 때문이다. 의로움이란 사람들이 악하고 간사
한 행동을 못하도록 막아 주는 것이다. 지금 임금이 의로움을 귀중히
여기지도 않고 공경하지도 않는다면 곧 백성들도 모두 의로움을 버리
려는 뜻을 갖게 되어, 간사함으로 나아가는 마음을 지니게 된다. 이것
이 간사한 사람이 생겨나는 까닭이다.
 또한 임금이란 백성들의 스승이다. 백성들이 임금과 화합하는 것
은, 마치 소리에 산울림이 따르는 것이나 어떤 형상에 그림자가 생기
는 것과 같다. 그러므로 사람들의 윗자리에 앉은 사람은 의로움을 따
르지 않으면 안 된다.

---

9 詩曰(시왈) : 『시경』 대아(大雅) 증민(烝民)편의 구절.
10 輶(유) : 가벼운 것.

의로움이란 안으로는 사람들을 조절하고, 밖으로는 만물을 조절하는 것이다. 위로는 임금을 편안하게 하고, 아래로는 백성들을 조절하는 것이다. 안팎과 위아래 모든 것을 조절하는 것이 의로움의 실정이다.

그러므로 모든 천하를 다스리는 요체는 의로움을 근본으로 삼고, 그 다음은 신의를 근본으로 삼는다. 옛날에 우임금과 탕임금은 의로움을 근본으로 삼고 신의에 힘써서 천하가 잘 다스려졌다. 그러나 걸왕과 주왕은 의로움을 버리고 신의를 배반하여 천하를 어지럽혔다. 그러므로 위의 임금은 반드시 예의를 삼가고 충성과 신의에 힘써야만 하는 것이다. 이것이 임금으로서의 위대한 근본이다.

| 원문 |

凡姦人之所以起者, 以上之不貴義, 不敬義也. 夫義者, 所以限禁[1]人之爲惡與姦者也. 今上不貴義, 不敬義, 如是, 則下之人百姓皆有棄義之志, 而有趨姦之心矣. 此姦人之所以起也.

且上者下之師也, 夫下之和上, 譬之猶響之應聲, 影之像形也. 故爲人上者, 不可不順[2]也.

夫義者, 內節於人而外節於萬物者也, 上安於主而下調於民者也. 內外上下節者, 義之情[3]也.

然則凡爲天下之要, 義爲本, 而信次之. 古者禹湯本義務信而天下治, 桀紂棄義倍信而天下亂. 故爲人上者, 必將愼禮義, 務忠信然後可. 此君

---

1 限禁(한금) : 한계를 긋고 금하다, ~을 못하도록 막아 주는 것.
2 順(순) : 의로움을 따르는 것.
3 情(정) : 실정, 진실.

人者之大本也.

| 해설 |

간사함은 의로움을 가벼이 여기는 데에서 생겨난다. 따라서 의로움이야말로 임금이 백성들을 다스리는 데 필요한 위대한 근본이라는 것이다.

10

대청 위를 청소하지 못한다면, 교외의 풀도 뽑을 새가 없을 것이다. 칼날이 가슴에 겨누어져 있다면, 그의 눈은 날아오는 화살을 볼 여유가 없을 것이다. 갈라진 창이 목에 겨누어져 있다면, 열 손가락이 끊어지는 것도 가리지 않고 목을 감싸려 할 것이다. 모두 뒤의 것에 힘쓰기 때문이 아니다. 아픈 것과 가려운 것, 느슨한 것과 다급한 것에 의하여 먼저 하려는 것이 있기 때문이다.

| 원문 |

堂上不糞,[1] 則郊草不瞻曠芸.[2] 白刃扞[3]乎胸, 則目不見流矢. 拔戟加乎首, 則十指不辭斷. 非不以此爲務也, 疾養[4]緩急之有相先者也.

---

1 糞(분) : 쓸어 내다, 청소하다(楊倞).
2 不瞻曠芸(불첨광운) : 양경(楊倞)은 "풀이 없이 텅 비었는지 풀이 많이 있는지 보지 못한다"고 풀이하고 있지만, 왕염손(王念孫)은 "첨광(瞻曠)" 두 자는 잘못 끼어든 것이라 하였다(『荀子集解』).
3 扞(한) : 간(干)과 통하여(王念孫), 대어져 있는 것.
4 疾養(질양) : '양'은 양(癢)과 통하여, 아프고 가려운 것.

| 해설 |

모든 일에는 우선 주의할 다급한 일이 있다. 이 중요하고 다급한 것을 해결하지 못하면 다른 것은 아무것도 되지 않는다. 임금에게 다급한 것이란 순자에 의하면 예의이다.

제17편

하늘에 대하여 논함

天論

　이 편에서는 하늘에 대한 순자의 독특한 견해를 논하고 있다. 하늘은 지각도 의지도 없이 다만 영원 불변한 원리에 의해 운행되고 있을 따름이라는 것이다. 따라서 하늘은 사람에게 화나 복을 내려 줄 수 없으며, 그것은 모두 사람 자신이 그렇게 만든다는 것이다. 여기에서 순자는 하늘과 사람의 분수를 완전히 분리하고 사람은 하늘을 잘 이용해야 한다고 주장한다. 곧 사람은 예의 법도를 만들어 하늘을 제어하고 이용해야 한다는 것이다.
　특히 하늘을 논하면서도 예의의 중요성을 강조하고 있는 점에 주의하기 바란다.

1

하늘의 운행에는 일정한 법도가 있다. 요임금 때문에 존재하는 것도 아니고 걸왕 때문에 없어지는 것도 아니다. 거기에 다스림으로 호응하면 곧 길하고, 거기에 어지러움으로 호응하면 곧 흉하다. 농사에 힘쓰고 쓰는 것을 절약하면 하늘도 가난하게 할 수 없고, 잘 보양하고 제때에 움직이면 하늘도 병들게 할 수 없으며, 올바른 도를 닦아 도리에 어긋나지 않으면 하늘도 재난을 당하게 할 수 없다. 그러므로 장마와 가뭄도 그런 사람을 굶주리게 할 수 없고, 추위와 더위도 그런 사람을 병들게 할 수 없으며, 요괴도 그런 사람을 불행하게 할 수 없다.

농사 같은 근본적인 일은 버려 두고 사치하게 쓰기만 하면 하늘은 그를 부유하게 할 수 없으며, 잘 보양하지 않고 잘 움직이지 않으면 하늘은 그를 온전하게 할 수 없으며, 올바른 도를 어기고 함부로 행동하면 하늘은 그를 길하게 할 수 없다. 그러므로 그런 사람은 장마와 가뭄이 오기도 전에 굶주리고, 추위와 더위가 닥치지 않아도 병이 나며, 요괴가 나타나기도 전에 불행하게 된다.

타고난 세상은 잘 다스려지던 시대와 같은데도 재앙과 재난은 잘 다스려지던 시대와는 달리 많은 것에 대해 하늘을 원망할 수는 없는 것이며, 그들의 행동 방법이 그렇게 만든 것이다. 그러므로 하늘과 사람의 구분에 밝으면 곧 그를 지극한 사람[至人]이라 말할 수 있다.

| 원문 |

天行有常,[1] 不爲堯存, 不爲桀亡. 應之以治則吉, 應之以亂則凶. 彊[2]

---

1 常(상) : 만고불변의 법도.

本³而節用, 則天不能貧, 養備⁴而動⁵時, 則天不能病, 脩道而不貳,⁶ 則天不能禍. 故水旱不能使之飢渴,⁷ 寒暑不能使之疾,⁸ 祅怪⁹不能使之凶.

本荒而用侈,¹⁰ 則天不能使之富, 養略¹¹而動罕,¹² 則天不能使之全,¹³ 倍¹⁴道而妄行, 則天不能使之吉. 故水旱未至而飢, 寒暑未薄¹⁵而疾, 祅怪未至而凶.

受時¹⁶與治世同, 而殃禍¹⁷與治世異, 不可以怨天, 其道¹⁸然也. 故明於天人之分, 則可謂至人矣.

| 해설 |

하늘은 아무런 의지도 없이 일정한 원리를 따라 운행되고 있을 따름이다. 따라서 하늘이 사람의 운명을 지배하는 것이 아니라 사람들의 행동이 자기의 운명을 결정한다. 빈부나 길흉 또는 사람들의 건강까지도 모두 사

---

2 彊(강) : 힘쓰는 것.
3 本(본) : 농업 같은 근본적인 생산업.
4 養備(양비) : 건강 유지와 증진에 힘쓰는 것.
5 動(동) : 운동, 움직이는 것.
6 不貳(불이) : 둘로 안 되는 것, 곧 올바른 도를 어기는 일이 없는 것.
7 飢渴(기갈) : 배고프고 목마른 것, 굶주리는 것.
8 疾(질) : 질병, 병드는 것.
9 祅怪(요괴) : 요사스런 괴물.
10 侈(치) : 사치한 것.
11 略(략) : 소홀히 하는 것.
12 罕(한) : 드물게 하는 것, 부족한 것.
13 全(전) : 온전한 것, 건강한 것.
14 倍(배) : 배(背)와 통하여, 배반, 어기는 것.
15 薄(박) : 박(迫)과 통하여, 닥쳐오는 것.
16 受時(수시) : 타고난 때, 타고난 시대.
17 殃禍(앙화) : 재앙과 불행.
18 其道(기도) : 사람들이 행동하는 방법.

람들 자신이 어떤 상태로 만드는 것이므로 사람들은 하늘을 오히려 잘 이용해야 한다. 이처럼 하늘과 사람의 구별을 분명히 알고 있는 사람을 지극한 사람〔至人〕이라고 한다.

현대어로 하늘은 자연이란 말로 바꿀 수 있다. 이 자연을 잘 이용하는 사람이 바로 성인이다. 그렇기 때문에 사람은 타고난 재질이나 부귀보다도 그의 노력에 의해 후천적으로 얻어진 수양이나 덕행과 그의 의지 등이 더 중요하다. 군자와 소인의 구별도 타고나는 것이 아니라 이러한 후천적인 노력에 의해 구별되는 것이다. 이것도 유명한 그의 성악설과 통하는 사상이다.

2

작위를 가하지 않아도 이루어지고 추구하지 않아도 얻어지는 것, 이것을 하늘의 직무라 한다. 이러한 것이 비록 심원하다 하더라도 올바른 사람은 거기에 대해 생각을 더하지 않고, 그것이 비록 위대하다 하더라도 능력을 더 보태려 하지 않으며, 그것이 비록 빈틈없다 하더라도 더 살펴 주지 않는다. 이것을 두고 하늘과 직무를 두고 다투지 않는다고 하는 것이다.

하늘에는 그의 철에 따른 변화가 있고, 땅에는 여러 가지 생산물이 있으며, 사람에게는 그 다스림이 있다. 이것을 두고 하늘과 땅의 변화에 참여하는 것이라 한다. 사람으로서 참여하는 자신의 할 일은 버리고 참여하는 대상만 알기를 바란다면 미혹된 일이다.

많은 별들은 일정하게 돌고, 해와 달은 번갈아가며 빛을 비추고, 사철은 번갈아 바뀌고, 음과 양은 크게 변화하며 만물을 생성시키고,

비바람은 널리 내리고 불어 생육을 돕는다. 만물은 각각 그러한 조화를 얻어 생겨나고, 각각 그러한 양육을 얻어 성장한다. 그러한 일을 하는 것은 드러내 보이지 않고 그 공적만을 드러낸다. 이러한 것을 두고 신묘함이라 한다.

모두가 그렇게 하여 이루어 놓은 것은 알지만, 이루어 놓는 방법은 그 형체가 없어 알 수가 없다. 이러한 것을 두고 하늘이라 하는 것이다. 오직 성인만은 하늘에 대해 알려고도 하지 않고 추구하지도 않는다.

| 원문 |

不爲而成, 不求而得, 夫是之謂天職.[1] 如是者, 雖深, 其人[2]不加慮焉, 雖大, 不加能焉, 雖精, 不加察焉. 夫是之謂不與天爭職.

天有其時, 地有其財, 人有其治. 夫是之謂能參.[3] 舍其所以參,[4] 而願其所參,[5] 則惑矣.

列星隨旋, 日月遞炤,[6] 四時代御, 陰陽大化, 風雨博施, 萬物各得其和以生, 各得其養以成. 不見其事而見其功. 夫是之謂神.

皆知其所以成, 莫知其無形.[7] 夫是之謂天. 唯聖人爲不求知天.

---

1 天職(천직) : 하늘의 직무, 하늘이 하는 일.
2 其人(기인) : 올바른 사람, 진실한 사람.
3 參(참) : 하늘과 땅의 조화에 참여하는 것. 그리하여 사람은 하늘과 땅과 동등한 삼재가 된다.
4 所以參(소이참) : 참여해서 해야 할 일, 사람들의 일.
5 所參(소참) : 참여하는 대상, 하늘과 땅의 조화를 가리킨다.
6 炤(조) : 비치다, 조(照)와 통함.
7 無形(무형) : 형체가 없는 것, 하늘의 작용을 가리킴.

| 해설 |

하늘의 조화는 위대하지만 그 원리는 알 수가 없다. 사람은 사람으로서의 할 일을 잘하면 될 뿐 하늘의 원리까지 알려고 넘볼 필요가 없다는 것이다.

3

하늘의 직무가 성립되고, 하늘의 공적이 이루어진 뒤에, 사람의 형체가 갖추어지고 정신이 생겨나서, 좋아함과 싫어함, 기쁨과 노여움, 슬픔과 즐거움의 감정이 깃들게 된다. 이것을 천정(天情)이라 한다.

귀·눈·코·입과 육체는 각각 밖의 것들과 접촉해 기능을 발휘하나, 기능을 함께할 수는 없다. 이것을 천관(天官)이라 한다.

마음은 가운데 텅 빈 곳을 차지하고, 귀·눈·코·입·육체의 오관(五官)을 다스린다. 이것을 천군(天君)이라 한다.

그와 같은 종류가 아닌 것들을 적절히 이용해 인류를 양육해 주고 있다. 이것을 천양(天養)이라 한다.

그와 같은 종류의 생활에 순조로운 것을 복이라 하고, 그와 같은 종류의 생활을 거스르는 것을 화라고 한다. 이것을 천정(天政)이라 한다.

그의 마음인 천군을 어둡게 하고, 그의 관능인 천관을 어지럽히고, 자연의 양육인 천양을 버리고, 자연의 화복인 천정(天政)을 거스르고, 자연의 감정인 천정(天情)을 위배하면, 천공(天功)인 그 자신을 잃게 된다. 이것을 두고 대흉(大凶)이라 한다.

사람은 그의 마음인 천군을 맑게 하고, 그의 관능인 천관을 올바르게 하고, 자연의 양육인 천양을 두루 갖추고, 자연의 화복인 천정(天政)을 따르고, 자연의 감정인 천정(天情)을 길러서, 그의 몸인 천공을 온전히 해야 하는 것이다. 그렇게 되면 곧 그가 할 일과 해서는 안 될 일을 알게 된다. 그러면 하늘과 땅도 제 할 일을 해, 만물을 모두 부릴 수 있게 될 것이다.

| 원문 |

天職旣立, 天功[1]旣成, 形具而神生. 好惡喜怒哀樂臧焉, 夫是之謂天情.

耳目鼻口形能,[2] 各有接而不相能[3]也. 夫是之謂天官.

心居中虛, 以治五官. 夫是之謂天君.

財[4]非其類, 以養其類. 夫是之謂天養.

順其類者謂之福, 逆其類者謂之禍. 夫是之謂天政.

暗其天君, 亂其天官, 棄其天養, 逆其天政, 背其天情, 以喪天功. 夫是之謂大凶.

聖人淸其天君, 正其天官, 備其天養, 順其天政, 養其天情, 以全其天功. 如是, 則知其所爲, 知其所不爲矣. 則天地官而萬物役矣.

| 해설 |

사람과 하늘의 관계를 분명히 설명하고 있다. 하늘의 작용에 의해 사람이 이루어졌지만, 사람은 하늘의 작용을 알고 간섭하려 하지 말고, 사람

---

1 天功(천공) : 하늘의 공적, 하늘이 창조한 인간을 가리킨다.
2 形能(형능) : '능'은 태(態)와 통하여(王念孫), 형태, 곧 육체를 가리킴.
3 相能(상능) : 서로 기능을 함께 하는 것.
4 財(재) : 재(裁)와 통하여(楊倞), 적절히 이용하는 것.

의 도리를 잘 지켜야 한다는 것이다.

4

그의 행위가 빈틈없이 모든 것을 잘 다스리고, 그의 보양이 빈틈없이 모두가 적절하면, 그의 삶은 손상되지 않는다. 이것을 두고 지천(知天)이라 한다. 그러므로 위대한 기교는 아무것도 하지 않는 데에 있고, 위대한 지혜는 아무것도 생각하지 않는 데에 있다.

하늘에 대해 알 수 있는 것은 그것이 확실히 지적할 수 있는 현상으로 드러나는 범위에 한정된다. 땅에 대해 알 수 있는 것은 그것이 생물을 번식시키기에 합당함을 드러내 주는 범위에 한정된다. 사철에 대해 알 수 있는 것은 그것이 여러 가지 일을 할 수 있는 방도를 드러내 주는 범위에 한정된다. 음양에 대해 알 수 있는 것은 그것이 여러 가지를 다스릴 수 있는 지식을 드러내 주는 범위에 한정된다.

적절한 사람을 벼슬자리에 앉혀 하늘을 지키게 하고, 임금 자신은 도를 지켜야만 한다.

| 원문 |

其行曲治,[1] 其養曲適, 其生不傷. 夫是之謂知天. 故大巧在所不爲, 大智在所不慮.

所志[2]於天者, 已其見象[3]之可以期[4]者矣. 所志於地者, 已其見宜之可

---

1 曲治(곡치) : 빈틈없이 상세한 곳까지도 잘 다스리는 것.
2 所志(소지) : '지'는 지(知)의 뜻으로(兪樾), 아는 것.

以息^{5}者矣. 所志於四時者, 已其見數之可以事者矣. 所志於陰陽者, 已其見知之可以治者矣.

官人守天, 而自爲守道也.

| 해설 |

하늘이나 자연에 대한 인식은 겉으로 드러나는 현상에 한정시켜야 한다는 것이다. 그 이상을 추구해도 알 수가 없다. 이것이 진실로 하늘을 아는 것이다.

5

잘 다스려지거나 어지러워지게 하는 것은 하늘인가?

해와 달과 별들이 운행되고 있는 현상은 우임금 때나 걸왕 때나 같았다. 그러나 우임금 때는 잘 다스려졌고 걸왕 때는 어지러웠으니, 잘 다스려지거나 어지러워지게 하는 것은 하늘이 아니다.

그럼 때인가?

봄 여름에는 많은 식물의 싹이 터서 무성하게 자라고, 가을 겨울에는 거둬들여 쌓아 놓는 것은 역시 우임금 때나 걸왕 때나 같았다. 그러나 우임금 때는 잘 다스려졌고 걸왕 때는 어지러웠으니, 잘 다스려지거나 어지러워지게 하는 것은 때가 아니다.

그럼 땅인가?

---

3 見象(현상) : 형상을 드러내다.
4 期(기) : 기약하다, 확실히 지적하다.
5 息(식) : 생물을 번식시키는 것.

땅을 얻으면 살아갈 수 있고 땅을 잃으면 죽는 것 역시 우임금 때나 걸왕 때나 같았다. 그러나 우임금 때는 잘 다스려졌고 걸왕 때는 어지러웠으니, 잘 다스려지거나 어지러워지게 하는 것은 땅이 아니다.

『시경』에 "하늘이 높은 산을 만드셨고, 태왕께선 그것을 다스리셨네. 태왕께서 일으킨 나라를 문왕께서 편안케 하셨네."라고 읊은 것도, 이것을 뜻하는 말이다.

| 원문 |

治亂天邪?

曰; 日月星辰瑞厤,[1] 是禹桀之所同也. 禹以治, 桀以亂, 治亂非天也.

時邪?

曰; 繁啓[2]蕃長[3]於春夏, 畜積收臧於秋冬, 是又禹桀之所同也. 禹以治, 桀以亂, 治亂非時也.

地邪?

曰; 得地則生, 失地則死, 是又禹桀之所同也. 禹以治, 桀以亂, 治亂非地也.

詩曰;[4] 天作高山, 大王[5]荒[6]之. 彼作[7]矣, 文王康之. 此之謂也.

---

1 瑞厤(서력) : 역상(曆象), 곧 천체의 운행을 뜻한다.
2 繁啓(번계) : 많은 초목의 싹이 트는 것.
3 蕃長(번장) : 무성하게 자라는 것.
4 詩曰(시왈) : 『시경』 주송(周頌) 천작(天作)편의 구절.
5 大王(태왕) : 주나라 문왕의 할아버지 고공단보(古公亶父). 그는 서쪽에서 오랑캐를 피해 기산(岐山) 아래로 옮겨와 덕을 쌓아 주나라의 터전을 이룩하였다.
6 荒(황) : 다스리다(朱熹 『集傳』).
7 作(작) : 나라를 일으키다.

| 해설 |

세상이 잘 다스려지거나 어지러워지는 것은 모두 사람에게 달린 일임을 강조하고 있다.

6

하늘은 사람들이 추위를 싫어한다 하여 겨울을 없애지 않는다. 땅은 사람들이 먼 것을 싫어한다 하여 넓음을 없애지 않는다. 군자는 소인들이 시끄럽게 군다 하여 행실을 그르치지 않는다.

하늘에는 영원 불변하는 도가 있고, 땅에는 영원 불변하는 원리가 있고, 군자에게는 영원 불변하는 몸가짐이 있다. 군자는 그 영원 불변함을 따라 가지만, 소인은 공리를 헤아린다. 『시경』에 "어찌 사람들의 말을 돌볼 겨를 있으랴?"라고 읊은 것도, 이것을 뜻하는 말이다.

| 원문 |

天不爲人之惡寒也, 輟[1]冬. 地不爲人之惡遼遠也, 輟廣. 君子不爲小人之匈匈[2]也, 輟行.

天有常道矣, 地有常數矣, 君子有常體矣. 君子道其常, 而小人計其功. 詩曰;[3] 何恤人之言兮? 此之謂也.

---

1 輟(철) : 그만두다, 없애다, 중지하다.
2 匈匈(흉흉) : 시끄러운 모양.
3 詩曰(시왈) : 지금의 『시경』에는 없는 일시(逸詩).

| 해설 |

하늘의 도와 사람의 도는 다름을 강조하고 있다. 군자는 오직 영원 불변하는 도만을 따른다는 것이다.

7

초나라 임금은 뒤따르는 수레가 천 대나 되었지만 지혜롭지는 않았다. 군자는 콩국을 먹고 물을 마셔도 어리석지는 않다. 어쩌다가 그렇게 된 것일 뿐이다.

뜻을 닦고, 덕행이 두텁고, 지려가 명석하고, 지금 세상에 살면서도 옛날에 뜻을 두고 있다면, 모든 것이 자기에게 달려 있는 것이다. 그러므로 군자는 자기에게 달려 있는 것에 힘을 쓰고 하늘에 달려 있는 것은 흠모하지 않는다. 소인은 자기에게 달려 있는 것은 버려 두고 하늘에 달려 있는 것을 흠모한다.

군자는 자기에게 달려 있는 것에 힘쓰고 하늘에 달려 있는 것은 흠모하지 않기 때문에 날로 발전한다. 소인은 자기에게 달려 있는 것은 버려 두고 하늘에 달려 있는 것을 흠모하기 때문에 날로 퇴보한다. 그러므로 군자가 날로 발전하는 까닭과 소인이 날로 퇴보하는 까닭은 한 가지이다. 군자와 소인의 거리가 서로 떨어져 있는 것은 이 때문이다.

| 원문 |

楚王後車千乘, 非知也. 君子啜菽[1]飮水, 非愚也. 是節然也.[2]

---

1 啜菽(철숙) : 콩국을 먹다, 거친 음식을 먹는 것을 뜻함.

若夫心意³脩, 德行厚, 知慮明, 生於今而志乎古, 則是其在我者⁴也. 故君子敬其在己者, 而不慕其在天者. 小人錯⁵其在己者, 而慕其在天者.

君子敬其在己者, 而不慕其在天者, 是以日進也. 小人錯其在己者, 而慕其在天者, 是以日退也. 故君子之所以日進, 與小人之所以日退, 一也. 君子小人之所以相縣⁶者, 在此耳!

| 해설 |

사람은 자신의 노력과 행동으로 모든 일이 결정된다. 따라서 소인만이 자신은 노력하지 않고 초월적인 세계에 자기 일의 결과를 기대한다는 것이다.

8

별이 떨어지고 나무가 우는 소리를 내면 나라 사람들이 모두 두려워한다. 그것은 어째서인가?

그것은 아무것도 아니다. 천지의 변화이자 음양의 변화로 드물게 생기는 일이다. 그것을 괴상하게 여기는 것은 괜찮지만, 두려워하는 것은 잘못이다. 일식과 월식이 생기고 철에 맞지 않는 비바람이 일고 이상한 별이 나타나는 것은 늘 어느 시대에나 있었던 일이다.

---

2 節然也(절연야): '절'은 적(適)과 통하여(俞樾), 어쩌다가 그렇게 된 것이라는 뜻.
3 心意(심의): '심'은 지(志)의 잘못(王念孫), 뜻.
4 在我者(재아자): 나에게 달려 있는 것, 곧 자기의 노력과 행동에 따라 모든 일이 결정됨을 뜻한다.
5 錯(조): 버려두다, 놓아두다.
6 相縣(상현): 서로 떨어지다, 거리가 서로 멀리 떨어져 있는 것.

임금이 명철하면 정치가 공평하게 이루어져서, 비록 그런 일이 세상에 연달아 일어나도 아무 상관이 없다. 임금이 어리석으면 정치가 험난해져서, 그런 일이 비록 한 번도 일어나지 않아도 아무 소용이 없다. 별이 떨어지고 나무가 우는소리를 내는 것은 바로 천지의 변화이자 음양의 조화로 드물게 생기는 일이다. 괴상하게 여기는 것은 괜찮지만 그것을 두려워하면 안된다.

　이미 생겨난 일이 사람들이 일으키는 요사스런 변괴라면 두려워해야 한다. 함부로 경작해 농작물을 손상케 하고, 함부로 김을 매어 수확을 줄어들게 하며, 정치는 험난해 민심을 잃고, 밭은 황폐해 농작물이 형편없으며, 사들이는 곡식은 비싸서 백성들이 굶주리고, 길에는 죽은 사람들이 널려 있다면, 이런 것을 사람들이 일으키는 요사스런 변괴라 한다.

　나라의 명령이 명확하지 않고, 나라에서 하는 일은 철을 가리지 않으며, 근본적인 농사는 잘 다스려지지 않는다면, 이런 것을 사람들이 일으키는 요사스런 변괴라 한다.

　철에 맞지 않게 일을 하고, 소가 망아지를 낳고 말이 송아지를 낳는 등 가축들에게 요사스런 변의가 생겨나며, 예의를 닦지 않고, 내외의 분별이 없으며, 남녀가 음란하고, 아버지와 아들이 서로 의심하며, 위아래 사람들의 관계가 어긋나 서로 멀어지고, 외적의 침입이 연달아 일어난다면, 이런 것을 사람들이 일으키는 요사스런 변괴라 한다.

　요사스런 변괴는 혼란으로 생겨나는 것이다. 이상 세 가지 요사스런 변괴가 섞여 일어나면, 편안한 나라란 있을 수가 없다. 요사스런 변괴에 대한 이론은 매우 간단하지만, 그 재해는 매우 처참하다. 그것은 괴상하게 여길만한 일이지만 두려워할 것은 못된다.

전하는 말에 "만물에 일어나는 괴상한 일은 써 놓기는 하되 설명하지는 않는 법이니, 쓸데없는 이론이요 다급하지 않은 고찰이므로 버려 두고 다루지 않는 것이다."라고 하였다. 임금과 신하 사이의 의리와 아버지와 아들 사이의 친밀함과 부부 사이의 분별 등은 매일 노력하고 다듬는 일을 게을리해서는 안 된다.

| 원문 |

星隊,[1] 木鳴, 國人皆恐. 曰; 是何也?

曰; 無何也, 是天地之變, 陰陽之化, 物之罕至者也. 怪之, 可也. 而畏之, 非也. 夫日月之有蝕, 風雨之不時, 怪星之黨見,[2] 是無世而不常有之.

上明而政平, 則是雖並世起, 無傷也. 上闇而政險, 則是雖無一至者, 無益也. 夫星之隊, 木之鳴, 是天地之變, 陰陽之化, 物之罕至者也. 怪之, 可也, 而畏之, 非也.

物之已至者, 人祅[3]則可畏也. 楛耕[4]傷稼, 耘耨失薉,[5] 政險失民, 田薉稼惡, 糴[6]貴民飢, 道路有死人. 夫是之謂人祅.

政令不明, 擧錯[7]不時, 本事不理. 夫是之謂人祅.

---

1 隊(추) : 추(墜)와 통하여, 떨어지는 것.
2 黨見(당현) : 우연히 나타나다, 가끔 나타나다. '당'은 당(儻)과 통함(王念孫).
3 人祅(인요) : 사람들이 일으키는 요사스런 변괴, 사람들로 인해 생기는 요변(妖變).
4 楛耕(고경) : 함부로 밭을 갈다, 함부로 경작하다.
5 耘耨失薉(운누실예) : "고운상세(枯耘傷歲)"의 잘못으로, '고'는 고(楛)의 뜻. 양경(楊倞)은 "김매기 하는 때를 놓쳐 황폐하게 만든 것"이라 해설하였다. 함부로 김매기를 해 그 해의 수확을 줄어들게 하는 것.
6 糴(적) : 다른 지방 또는 외국으로부터 곡식을 사들이는 것.
7 擧錯(거조) : 나라 일을 하는 것.

勉力不時,¹⁰ 則牛馬相生, 六畜作祅, 禮義不脩, 內外無別, 男女淫亂, 則父子相疑, 上下乖離, 寇難竝至. 夫是之謂人祅.

祅是生於亂. 三者錯,⁸ 無安國. 其說甚爾,⁹ 其菑甚慘. 可怪也,¹¹ 而不可畏也.

傳曰; 萬物之怪, 書不說, 無用之辯, 不急之察, 棄而不治. 若夫君臣之義, 父子之親, 夫婦之別, 則日切磋¹²而不舍也.

| 해설 |

자연의 괴이한 현상은 두려워할 것이 못 된다. 두려운 것은 사람들에 의해 생겨나는 요사스런 변괴이다. 사람들이 일으키는 요사스런 변괴는 윤리의 문란에서 비롯된다.

9

기우제를 지내면 비가 오는 것은 어째서인가?

그것은 아무것도 아니다. 기우제를 지내지 않는다 하더라도 비는 온다.

일식과 월식이 일어나면 그 재난을 막는 의식을 행하고, 가뭄이 들면 기우제를 지내며, 점을 쳐본 뒤에야 큰 일들을 결정하는데, 그렇게

---

8 三者錯(삼자착) : 이상 세 가지가 엇섞여 일어나는 것.
9 爾(이) : 이(邇)의 뜻. 가까운 것, 간단한 것.
10 勉力不時(면력불시) : 백성들의 노역 동원이 철에 맞지 않는 것. 이하 세 구절은 원문에서 "예의불수(禮義不脩)" 앞에 놓여야 한다(王念孫).
11 可怪也(가괴야) : 이 두 구절은 잘못 끼어든 것, 없어야 옳다(盧文弨).
12 切磋(절차) : 깎고 다듬다, 노력하고 다듬다.

함으로써 바라는 것이 얻어진다고 여기는 것이 아니라, 형식을 갖추어 위안을 얻는 것이다.

그러므로 군자는 형식을 갖추기 위해 그런 일을 하고, 백성들은 신령스런 것이라 여기고 그런 일을 한다. 형식을 갖추기 위해서 그런 일을 하면 길하지만, 신령스런 것이라 여기고 그런 일을 하면 흉하다.

| 원문 |

雩[1]而雨, 何也?

曰 ; 無何也, 猶不雩而雨也.

日月食而救之, 天旱而雩, 卜筮然後決大事, 非以爲得求也, 以文之[2]也.

故君子以爲文, 而百姓以爲神. 以爲文則吉, 以爲神則凶也.

| 해설 |

옛날부터 기우제를 지내고 점을 치는 등, 사람들이 초월적인 문제를 두고 의식을 행해 온 까닭을 설명하고 있다.

10

하늘에 있는 것 중에는 해와 달보다 더 밝은 것이 없고, 땅에 있는 것 중에는 물과 불보다 더 밝은 것이 없으며, 물건 중에는 진주와 옥

---

1 雩(우) : 기우제.
2 文之(문지) : 문식(文飾)하다, 형식을 갖추다. 형식을 갖추어 마음의 위안을 얻는 것이다.

보다 더 밝은 것이 없고, 사람에게는 예의보다 더 밝은 것이 없다.

그런데 해와 달은 높이 뜨지 않으면 밝게 빛나지 않고, 물과 불은 쌓이지 않으면 빛과 윤기가 널리 퍼지지 못하며, 진주와 옥은 밖으로 드러나지 않으면 임금이나 귀족들이 보배라 여기지 않고, 예의는 나라에 시행되지 않으면 공적과 명성이 드러나지 않는다.

그러므로 사람의 목숨은 하늘에 달려 있고, 나라의 운명은 예의에 달려 있다. 임금이 예의를 존중하고 현명한 사람을 귀중히 여기면 왕자가 되고, 법을 중시하고 백성을 사랑하면 패자가 되고, 이익을 좋아해 속임수를 많이 쓰면 위태로워지고, 권모술수를 쓰고 남을 무너뜨리며 음험한 일을 하면 망하게 된다.

| 원문 |

在天者莫明於日月, 在地者莫明於水火, 在物者莫明於珠玉, 在人者莫明於禮義.

故日月不高, 則光暉不赫, 水火不積, 則暉潤不博, 珠玉不睹乎外,[1] 則王公不以爲寶, 禮義不加於國家, 則功名不白.

故人之命在天, 國之命在禮. 君人者, 隆禮尊賢而王, 重法愛民而覇, 好利多詐而危, 權謀傾覆幽險而盡亡[2]矣.

| 해설 |

사람들이 사는 세상에서 가장 소중한 것이 예의임을 강조하고 있다.

---

1 不睹乎外(부도호외) : '도'는 조(睹)로 쓰는 것이 옳으며(王念孫), 밝게 드러난다는 뜻. 따라서 밖으로 드러난다는 뜻.
2 盡亡(진망) : '진'은 잘못 끼어든 것(王先謙). 망하다.

11

하늘을 위대하게 여기고 그 생성의 힘을 고맙게 생각하는 것과, 물건을 저축하면서 그것을 사용하는 것은 어느 쪽이 더 낫겠는가? 하늘을 따르면서 그것을 기리는 것과 하늘로부터 타고난 것을 처리하면서 그것을 이용하는 것은 어느 쪽이 더 낫겠는가? 철을 바라보면서 그것을 기다리는 것과 철에 호응해 그것을 활용하는 것은 어느 쪽이 더 낫겠는가?

물건을 그대로 두고 그것이 많아지기를 바라는 것과 능력을 다해 그것을 변화시키려는 것은 어느 쪽이 더 낫겠는가? 물건을 가지려 생각하면서 만물을 자기 것이라 여기는 것과 물건을 정리해 그것을 잃지 않도록 하는 것은 어느 쪽이 더 낫겠는가? 물건을 생성하는 자연을 사모하는 것과 물건을 만들어 이룩하는 사람의 입장을 지니는 것은 어느 쪽이 더 낫겠는가? 그러므로 사람으로서의 입장을 버리고 하늘을 생각한다면 곧 만물의 실정을 잃게 될 것이다.

| 원문 |

大天[1]而思之, 孰與[2]物畜而制之? 從天而頌之, 孰與制[3]天命[4]而用之? 望時而待之, 孰與應時而使之?

因物[5]而多之, 孰與騁能[6]而化之? 思物[7]而物之,[8] 孰與理物而勿失之

---

1 大天(대천) : 하늘 또는 자연의 힘을 위대하다고 보는 것.
2 孰與(숙여) : 누구 편을 들겠는가? 어느 쪽이 좋겠는가?
3 制(제) : 재(裁)와 통하여 적절히 쓰는 것.
4 天命(천명) : 하늘이 명한 것. 곧 선천적으로 타고난 것.
5 因物(인물) : 물건으로 말미암아. 곧 물건을 그대로 두고서.

也? 願⁹於物之所以生,¹⁰ 孰與有物之所以成?¹¹ 故錯¹²人而思天, 則失萬物之情.

| 해설 |

여기서는 더욱 뚜렷이 하늘과 사람의 입장을 구분하고, 사람은 하늘을 잘 이용해야 함을 강조하고 있다.

여기에서 대조적으로 나타나는 것은 자연에 동화되기를 주장한 도가 사상이다. 노자와 장자는 사람의 입장을 버리고 자연 속으로 돌아가 자연의 변화와 함께 변화하며 살 것을 주장하였다.

12

여러 왕자들에게 변화 없이 적용되는 것은 도를 관통하는 조리가 되기에 충분한 예의이다. 왕자들은 없애고 일으키는 정책의 변화가 있었지만, 모두 도를 관통하는 조리에 호응하는 것이었다. 이 조리가 잘 관통되면 어지러워지지 않는다. 관통되는 조리를 모른다면 변화에 대응할 줄도 모르게 된다.

관통되는 조리의 위대한 본체는 없어진 일이 없다. 조리가 어긋나

---

6 騁能(빙능) : 능력을 발휘하는 것.
7 思物(사물) : 물건을 가지려고 생각하다.
8 物之(물지) : 모든 물건을 자기 것이라 여기다.
9 願(원) : 흠모하는 것.
10 所以生(소이생) : 물건을 생성케 한 원인, 곧 자연.
11 所以成(소이성) : 물건을 만들어 이룩하는 원인이 되는 것, 곧 사람, 사람의 입장.
12 錯(조) : 조(措)와 통하여 버려 두는 것.

는 데서 어지러움이 생기고, 조리가 상세히 관통됨으로써 잘 다스려지게 된다. 그러므로 도가 훌륭한 것이라 하더라도 조리가 잘 관통되어 알맞으면 따라야 하고, 조리가 편벽되면 따라서는 안 된다. 조리에 어긋나면 크게 미혹되는 것이다.

물을 건너는 사람은 깊은 곳에 표식을 세우는데, 표식이 분명치 않으면 물에 빠진다. 백성을 다스리는 사람은 도를 표식으로 세우는데, 표식이 분명치 않으면 어지러워진다. 예의가 바로 표식이다. 예의에 어긋나면 세상이 어두워지고, 세상이 어두워지면 크게 어지러워진다.

그러므로 도가 밝지 않은 곳이란 없어서, 바깥 세상일과 집안일의 표식이 다르고, 안과 밖에 일정한 법도가 있다면, 백성들이 재난에 빠지는 일이 없다.

| 원문 |

百王之無變, 足以爲道貫.[1] 一廢一起, 應之以貫. 理貫, 不亂, 不知貫, 不知應變.

貫之大體未嘗亡也. 亂生其差,[2] 治盡其詳. 故道之所善, 中則可從, 畸[3]則不可爲. 匿[4]則大惑.

水行者表深,[5] 表不明則陷. 治民者表道, 表不明則亂. 禮者, 表也. 非禮, 昏世也, 昏世, 大亂也.

---

1 道貫(도관) : 도를 관통하는 조리, 예의를 가리킨다.
2 差(차) : 어긋남, 잘못됨.
3 畸(기) : 편벽된 것(楊倞).
4 匿(익) : 특(慝)과 통하여(王念孫), 어긋나다, 간사하다.
5 表深(표심) : 깊은 곳에 표식을 세우다.

故道無不明, 外內⁶異表, 隱顯⁷有常,⁸ 民陷乃去.

| 해설 |
세상을 올바로 다스리는 도를 관통하는 조리가 바로 예의이며, 예의야말로 영원 불변하는 사회의 규범임을 강조하고 있다.

13

만물이란 도의 일부이고, 한 물건이란 만물의 일부이다. 어리석은 자는 한 물건이나 그 일부를 두고서 스스로는 도를 알고 있다고 생각하지만 실은 알지 못하는 것이다.

신자(愼子)는 뒤에서만 보고 앞에서는 보지 못하였으며, 노자는 굽히는 것만 알고 뻗는 것은 알지 못하였으며, 묵자는 가지런한 것만 알고 두드러진 것은 알지 못하였으며, 송자(宋子)는 적은 것만 알고 많은 것은 알지 못하였다.

뒤만 알고 앞을 알지 못하면 군중들은 나아갈 길을 모를 것이며, 굽히는 것만 알고 뻗는 것을 모른다면 귀하고 천한 신분이 구별되지 않을 것이며, 가지런한 것만 알고 두드러진 것이 있음을 모른다면 정령이 베풀어지지 않을 것이며, 적은 것만 알고 많은 것을 모른다면 군중들이 교화되지 않을 것이다.

『시경』에 "자기만 좋아하는 일없이 임금의 길을 따를 것이며, 자기

---

6 外內(외내) : 밖의 조정이나 사회와 안의 집안.
7 隱顯(은현) : 잘 드러나지 않는 안과 잘 드러나는 밖.
8 常(상) : 일정한 법도.

만 싫어하는 일없이 임금의 도를 따를 것이다."라고 읊은 것은, 이것을 뜻하는 말이다.

| 원문 |

萬物爲道一偏,[1] 一物爲萬物一偏. 愚者爲一物一偏, 而自以爲知道, 無知也.

愼子[2]有見於後, 無見於先, 老子有見於詘,[3] 無見於信,[4] 墨子有見於齊,[5] 無見於畸,[6] 宋子[7]有見於少, 無見於多.

有後而無先, 則羣衆無門,[8] 有詘而無信, 則貴賤不分, 有齊而無畸, 則政令不施, 有少而無多, 則羣衆不化.

書曰; 無有作好, 遵王之道, 無有作惡, 遵王之路. 此之謂也.

| 해설 |

사물의 한 부분만을 보고 전체를 판단하는 것은 어리석은 일이다. 신

---

1 一偏(일편) : 한편으로 치우쳐진 일부분.
2 愼子(신자) : 전국 시대 조나라 사람, 이름은 신도(愼到). 황제(黃帝)와 노자의 도덕에 관한 법술을 배웠다고 하나 형벌과 법을 중시해, 『한서(漢書)』 예문지(藝文志)에서는 법가 속에 넣고 있다. 그의 저서로 『신자』 한 권이 있다.
3 詘(굴) : 굴(屈)과 통하여, 몸을 굽히는 것.
4 信(신) : 신(伸)과 통하여, 몸을 뻗치는 것.
5 齊(제) : 모든 것이 평등한 것.
6 畸(기) : 일정치 않은 것, 두드러진 것.
7 宋子(송자) : 이름은 형(銒). 송나라 사람으로 맹자와 같은 시대에 살았다한다. 『장자』·『관자(管子)』 등에도 단편적으로 그에 관한 기록이 있으나 상세한 사상은 알 수 없다. 대체로 도가에 속하는 사상가로 보는 사람이 많다. 뒤의 『정론편(正論篇)』에서는 다시 그에 대한 비평이 나온다.
8 門(문) : 나아갈 곳, 나아갈 길.

자·노자·송자·묵자 등이 바로 그런 사람들이다. 순자는 하늘과 사람을 분리시켜 냉정히 전체를 관찰할 때 올바른 도를 파악하게 된다고 생각하였다.

　유가에서도 공자나 맹자는 하늘이나 하늘의 명에 대해 독실한 믿음을 지니고 있었다. 그들은 하늘을 잘 이용하는 것이 아니라 하늘의 뜻이나 자연의 질서를 따르는 것이 올바른 길이라고 생각하였다. 현대인의 눈으로 보면 하늘이나 자연에 대한 순자의 견해가 공자나 맹자보다도 과학적이었다고 할 수 있다.

제18편

올바른 이론
正論

이 편에서는 법가·묵가의 이론과 송형(宋銒) 등 여러 학파들의 그릇된 견해를 비판하면서, 자기의 주장을 펴고 있다. 또한 옛 성왕(聖王)에 관한 그릇된 속설들을 비판하고 바로잡는 데에도 힘을 기울이고 있다. 편명을 정론(正論)이라 한 것은 그러한 그릇된 이론과 견해 및 속설을 타파하고 유가의 올바른 이론을 확립하겠다는 뜻이 담겨 있는 것으로 보아야 할 것이다.

1

　세속의 논자들 중에는 "임금의 통치 방법은 비밀스럽게 하는 것이 좋다."고 하는 이가 있으나, 그것은 그렇지 않다. 임금이란 백성들의 선창자이며, 지배자란 아래 사람들의 의표이다. 그들은 선창하는 것을 듣고 호응하며, 의표를 보고 움직인다. 선창이 잠잠하면 백성들은 호응이 없고, 의표가 숨겨져 있으면 아래 사람들은 움직임이 없을 것이다. 호응이 없고 움직임도 없다면 위아래가 서로 의지할 것이 없게 된다. 이렇게 되면 임금이 없는 것과 같을 것이니, 불행이 이보다 더 클 수가 없을 것이다. 그러므로 임금이란 백성들의 근본이다.

　임금이 드러내어 밝히면 백성은 잘 다스려질 것이고, 임금이 바르고 성실하면 백성도 성실해질 것이며, 임금이 공정하면 백성들은 정직해질 것이다. 잘 다스려지면 통일되기 쉽고, 성실하면 부리기 쉬우며, 정직하면 마음을 알기 쉽다. 통일되기 쉬우면 강해지고, 부리기 쉬우면 공이 있게 되고, 마음을 알기 쉬우면 분명해질 것이다. 이것이 다스려지는 근본이다.

　임금이 비밀이 있으면 백성은 어두움을 의심할 것이고, 임금이 음험하면 백성은 간사해질 것이며, 임금이 한편으로 치우치면 백성은 아첨으로 환심을 사게 될 것이다. 어두움을 의심하면 통일되기 어렵고, 간사해지면 부리기 어렵고, 아첨으로 환심을 사면 마음을 알기 어렵다. 통일되기 어려우면 강하지 못하고, 부리기 어려우면 공을 이루지 못하고, 마음을 알기 어려우면 분명하지 못할 것이다. 이것이 혼란이 생겨나는 근본이다.

　그러므로 임금의 통치 방법은 현명한 것이 이롭고 어두운 것은 이롭지 않으며, 밝게 드러냄이 이롭고 비밀스럽게 하는 것은 이롭지 않다. 그러므로 임금의 통치 방법이 밝으면 백성들은 안락해지고, 임금의 통치 방법이 어두우면 백성들은 위태로워진다. 백성들이 안락하면 임금이 존귀해지고, 백성들이 위태로우면 임금은 천해진다. 그러므로 임금의 본 마음을 알기 쉬우면 백성들은 임금과 친해지고, 임금의 본 마음을 알기 어려우면 백성들은 임금을 두려워하게 된다. 백성들이 임금과 친하면 임금은 안락해지고, 백성들이 임금을 두려워하면 임금은 위태로워진다. 그러므로 임금의 방법으로는 본심을 알기 어려운 것보다 더 나쁜 것이 없으며, 백성들이 자기를 두려워하게 하는 것보다 더 위태로운 것은 없다.

전하는 말에 "그를 미워하는 사람이 많으면 위태롭다" 하였고, 『서경』에 "밝은 덕을 잘 밝히셨다." 하였으며, 『시경』에 "밝고 밝게 백성을 다스리셨다."라고 하였다. 그러므로 옛 임금들께서는 밝게 다스렸던 것이다. 어찌 그토록 어둡게 다스렸겠는가?

| 원문 |

世俗之爲說者曰; 主道[1]利周,[2] 是不然. 主者, 民之唱[3]也, 上者, 下之儀[4]也. 彼將聽唱而應, 視儀而動. 唱默則民無應也, 儀隱則下無動也. 不應不動, 則上下無以相有[5]也. 若是, 則與無上同也, 不祥[6]莫大焉. 故上者下之本也.

---

1 主道(주도) : 임금의 도, 임금이 통치하는 방법.
2 周(주) : 주밀, 비밀리에 하는 것.
3 唱(창) : 소리쳐 부르는 것, 선창.
4 儀(의) : 의표, 모범.
5 相有(상유) : 서로 존재를 인정하며 의지하는 것.
6 不祥(불상) : 불행.

上宣明⁷則下治辨⁸矣, 上端誠則下愿慤⁹矣, 上公正則下易直¹⁰矣. 治辨則易一, 愿慤則易使, 易直則易知, 易一則彊, 易使則功, 易知則明. 是治之所由生也.

上周密則下疑玄¹¹矣, 上幽險則下漸詐¹²矣, 上偏曲¹³則下比周矣. 疑玄則難一, 漸詐則難使, 比周則難知, 難一則不彊, 難使則不功, 難知則不明. 是亂之所由作也.

故主道利明不利幽, 利宣不利周. 故主道明則下安, 主道幽則下危. 故下安則貴上, 下危則賤上. 故上易知則下親上矣, 上難知則下畏上矣. 下親上則上安, 下畏上則上危. 故主道莫惡乎難知, 莫危乎使下畏己.

傳曰;¹⁴ 惡之者衆則危. 書曰;¹⁵ 克明¹⁶明德. 詩曰;¹⁷ 明明在下, 故先王明之. 豈特玄之耳哉?

| 해설 |

법가에서는 백성들을 법과 형벌로써 엄히 다스리면 될 뿐, 백성들을 이해시키고 백성들에게 정치를 공개할 필요가 없다고 주장하였다. 여기서는 첫머리에 세속의 설이라 하였지만 실은 법가의 사상과 가장 가깝다.

---

7 宣明(선명) : 밝게 드러내는 것, 널리 밝히는 것.
8 治辨(치변) : 잘 다스려지는 것.
9 愿慤(원각) : 성실한 것.
10 易直(이직) : 정직.
11 疑玄(의현) : 어두운 것을 의심하는 것.
12 漸詐(점사) : 간사하게 되는 것.
13 偏曲(편곡) : 자기가 좋아하는 한편으로만 치우치는 것.
14 傳曰(전왈) : 예로부터 전하는 말에 이르기를.
15 書曰(서왈) : 『서경』 주서(周書) 강고(康誥)편에 보이는 말.
16 克明(극명) : 밝힐 수 있었다, 잘 밝혔다.
17 詩曰(시왈) : 『시경』 대아(大雅) 대명(大明)편에서 문왕의 덕을 기린 구절.

순자는 법가처럼 백성을 무시하고 법과 형벌로만 다스린다는 입장을 반대하고, 정치란 어디까지나 공명정대해야 함을 역설한다. 옛날의 탕임금이나 문왕도 모두 공명한 정치를 하였기 때문에 왕자가 될 수 있었다는 것이다. 여기서는 유가의 전통적인 사상을 주장한 것이라 볼 수 있다.

2

세속의 논자들 중에는 "걸왕과 주왕이 천하를 다스리고 있었는데, 탕임금과 무왕이 그것을 찬탈하였다."고 하는 이가 있다.

그것은 그렇지 않다. 걸왕과 주왕이 일찍이 천자의 지위를 차지하고 있었다는 말은 옳다. 친히 천자의 자리를 차지하고 있었다는 말도 옳다. 그러나 천하가 걸왕과 주왕에게 있었다고 하는 말은 옳지 않다.

옛날에 천자에게는 천 가지 관직이 있었고, 제후에게는 백 가지 관직이 있었다. 이 천 가지 관직을 근거로 명령이 여러 중원의 나라들에 시행되면 그를 일컬어 왕자라 하였다. 이 백 가지 관직을 근거로 경내에 명령이 시행되면 나라가 비록 불안하다 하더라도 임금을 쫓아내고 바꾸거나 나라가 망해 버리는 지경에 이르지는 않게 되는데, 이를 임금〔君王〕이라 한다.

걸왕과 주왕은 성왕의 자손이고, 천하를 다스리던 이들의 후예이며, 권세와 지위가 그들에게 있었고, 천하의 종친이었다. 그러나 그들은 거기에 알맞는 재능이 없었고 거기에 알맞게 바르지도 않았다. 안으로는 백성들이 그들을 미워했고, 밖으로는 제후들이 반란을 일으켜, 가까이는 경내도 통일되지 못하였고, 멀리는 제후들이 따르지 않았다. 명령은 경내에도 시행되지 않았고, 심지어는 제후들이 천자의 땅을 침략해 빼앗고 천자를 공격하고 정벌하기까지 하였다.

　이와 같이 되면 비록 망하지는 않았다 하더라도 그는 이미 천하를 다스리고 있지 않다고 할 수 있다. 성왕께서 돌아가시고 권세와 지위를 가지고 있는 자손은 무능해 천하를 평화롭게 할 수가 없어 천하에 임금이 없는 상태일 때, 제후 중에 덕을 밝히고 위엄을 쌓아 가는 이가 있게 된다면 세상의 백성들은 모두 그를 모셔다가 임금이나 우두머리로 삼기를 원할 것이다. 그런데도 난폭한 나라가 홀로 방종한 짓을 하고 있다면 곧 그 제후는 그를 토벌할 것이며 죄 없는 백성들은 손상시키거나 해치는 일이 절대로 없을 것이다. 난폭한 나라의 임금을 토벌하는 것이 한 사람을 토벌하듯 간단할 것이다. 그렇게 된다면 천하를 잘 다스린다고 할 수 있을 것이며, 천하를 잘 다스리는 것을 왕자라 일컫는 것이다.

　탕임금과 무왕은 천하를 빼앗은 것이 아니다. 그가 도를 닦고 의로움을 행하며, 온 천하 사람들이 다같이 이로운 일은 일으키고, 온 천하 사람들에게 다같이 해로운 일은 없애 주어, 온 천하가 그에게로 귀복했던 것이다. 걸왕과 주왕은 천하가 스스로 떠나간 것이 아니다. 우임금과 탕임금의 덕을 어기고, 예의의 분수를 어지럽히고, 새나 짐승 같은 행동을 해, 그의 흉악함을 쌓고 그의 사악함을 완전히 드러내 천하가 그들로부터 떠나갔던 것이다.

　천하가 그에게로 귀복하면 그를 왕자라 하고, 천하가 그에게서 떠나가면 그는 망할 자라고 한다. 걸왕과 주왕은 천하를 잃고 있었으므로, 탕임금과 무왕이 임금을 시해한 것이 아님을 증명할 수 있다.

| 원문 |

世俗之謂說者曰; 桀紂有天下, 湯武簒而奪¹之.

是不然. 以桀紂爲常有天下之籍²則然, 親有天下之籍則不然.³ 天下謂在桀紂則不然.

古者天子千官, 諸侯百官. 以是千官也, 令行於諸夏⁴之國, 謂之王. 以是百官也, 令行於境內, 國雖不安, 不致於廢易⁵遂亡, 謂之君.

聖王之子也, 有天下之後也, 埶籍⁶之所在也, 天下之宗室也. 然而不材不中.⁷ 內則百姓疾之, 外則諸侯叛之, 近者境內不一, 遙者諸侯不聽. 令不行於境內, 甚者諸侯侵削之, 攻伐之.

若是, 則雖未亡, 吾謂之無天下矣. 聖王沒, 有埶籍者罷⁸不足以縣天下,⁹ 天下無君, 諸侯有能德明威積, 海內之民莫不願得以爲君師.¹⁰ 然而暴國獨侈,¹¹ 安能¹²誅之, 必不傷害無罪之民. 誅暴國之君, 若誅獨夫. 若是, 則可謂能用天下矣. 能用天下之謂王.

---

1 簒而奪(찬이탈) : 찬탈하다. 임금에게 반역해 임금자리를 빼앗는 것.
2 天下之籍(천하지적) : 두 구절 모두 천하의 천자(天子)의 잘못(王先謙). 따라서 천자의 지위를 뜻함.
3 不然(불연) : "친유천자지적즉(親有天子之籍則)" 밑에 있는 이 '불연'의 불(不)자가 없어야 한다(王先謙).
4 夏(하) : 중원을 가리킴.
5 廢易(폐역) : 임금이 쫓겨나 다른 사람으로 바뀌는 것.
6 埶籍(세적) : 천자로서의 권세와 지위.
7 不材不中(부재부중) : '재'는 재(才)와 통하여, 천자로서의 재능도 없고 그 자리에 알맞게 바르지도 않은 것.
8 罷(피) : 피(疲)와 통하여, 병이 들다, 무능력하다.
9 縣天下(현천하) : 천하를 평화롭게 잘 다스리는 것.
10 君師(군사) : 군장, 임금과 우두머리.
11 侈(치) : 멋대로 방종한 것.
12 安能(안능) : '안'은 잘못 끼어든 글자, '능'은 즉(則)의 잘못(王先謙).

湯武非取天下也, 脩其道, 行其義, 興天下之同利, 除天下之同害, 而天下歸之也. 桀紂非去天下也, 反禹湯之德, 亂禮義之分, 禽獸之行, 積其凶, 全其惡, 而天下去之也.

天下歸之之謂王, 天下去之之謂亡. 故桀紂無天下, 而湯武不弑君, 由此效之[13]也.

| 해설 |

상나라 탕임금은 하나라 걸왕의 천자 자리를 찬탈하고, 주나라 무왕은 상나라 주왕의 천자 자리를 찬탈한 것이라는 속설을 반박하는 내용이다. 걸왕과 주왕은 탕임금과 무왕이 주벌하기 전에 이미 천하를 잃고 있었으므로 찬탈이 아니라는 것이다.

3

탕임금과 무왕은 백성들에게 부모와 같은 분들이었고, 걸왕과 주왕은 백성들이 원망하는 도적이었다. 지금 세속의 논자들 중에는 걸왕과 주왕을 임금이라 여기고, 탕임금과 무왕이 그들을 시해하였다고 하는 자들이 있다. 그렇다면 그 말은 백성들의 부모와 같은 분들을 죽이고 백성들이 원망하는 도적을 우두머리로 모셨다는 말이 되니, 이것보다 더 큰 불상사는 있을 수가 없다.

천하 사람들이 그에게로 모여드는 이를 임금이라 하는데, 천하 사

---

[13] 由此效之(유차효지) : '유'는 용(用)의 뜻, 효(效)는 밝히는 것(楊倞). 이것으로써 그것을 증명할 수 있다.

람들은 걸왕과 주왕에게 모여들었던 일이 없었다. 그러므로 탕임금과 무왕이 그들을 시해하였다고 하는 것은 전혀 근거가 없으며, 오직 그분들을 깎아 내리려는 말에 불과하다.

그러므로 천자란 오직 그 자리에 합당한 사람이어야만 한다. 천하란 지극히 중대한 것이어서 지극히 강력한 사람이 아니면 그것을 책임질 수가 없다. 지극히 큰 것이어서 지극히 분별력 있는 사람이 아니면 그 분수를 따라 질서를 유지할 수가 없다. 지극히 많은 사람들이 있어 지극히 명철한 사람이 아니라면 그들을 화합시킬 수가 없다. 이 세 가지 지극한 능력은 성인이 아니라면 다 갖출 수가 없다.

그러므로 성인이 아니라면 왕자가 될 수 없다. 성인은 도를 두루 갖추고 완전한 아름다움을 지닌 분이어서, 천하를 저울질하듯 평화롭게 다스릴 사람이다. 걸왕과 주왕은 지혜와 생각이 지극히 음험하고, 뜻이 지극히 아둔하고, 행위가 지극히 어지러운 자들이다. 그래서 친척들은 그들을 멀리하고, 현명한 사람들은 그들을 천시하고, 백성들은 그들을 원망하였다. 그들은 우임금과 탕임금의 후손이었지만 한 사람도 자기편을 얻지 못하였다. 비간의 가슴을 쪼개고 기자를 잡아 가두었으나, 그 자신은 죽고 나라는 망해 천하의 대치욕이 되었다. 후세에 사악함을 얘기할 때에는 반드시 그들을 참고로 하게 되었다. 이것이 처자식조차 보존하지 못하는 도리이다.

그러므로 지극히 현명해야만 세상을 보존하게 되는데, 탕임금과 무왕이 그러한 분들이었다. 지극히 무능하면 처자식조차도 보존하지 못하게 되는데, 걸왕과 주왕이 그런 사람들이었다. 지금 세속의 논자들 중에는 걸왕과 주왕이 천하를 다스리면서 탕임금과 무왕을 신하로 거느렸다고 주장하는 자들이 있는데, 어찌 그들의 잘못이 심하다 하지 않을 수 있겠는가? 그것은 마치 곱사등이 무당이 절름발이에 온전치 못하면서도 스스로는 지혜가 많다고 생각하는 것과 같다.

그러므로 나라를 빼앗을 수는 있으나 천하를 빼앗을 수는 없으며, 나라를 훔칠 수는 있으나 천하를 훔칠 수는 없다. 나라를 빼앗은 사람은 나라를 차지할 수는 있으나 천하를 차지할 수는 없다. 나라를 훔친 사람은 나라를 손에 넣을 수는 있으나 천하를 자기 손에 넣을 수는 없다.

그것은 어째서인가? 나라란 작은 기구여서 작은 사람도 차지할 수가 있고, 작은 도리로도 손에 넣을 수가 있으며, 작은 힘으로도 유지할 수가 있다. 그러나 천하는 큰 기구여서, 작은 사람은 차지할 수가 없고, 작은 도리로서는 손에 넣을 수가 없으며, 작은 힘으로는 유지할 수가 없다. 나라는 작은 사람도 그것을 차지할 수가 있으나, 절대로 망하지 않는다고 할 수는 없다. 천하는 지극히 큰 것이어서, 성인이 아니면 그것을 차지할 수가 없다.

| 원문 |

湯武者, 民之父母也, 桀紂者, 民之怨賊也. 今世俗之爲說者, 以桀紂爲君, 而以湯武爲弑. 然則是誅民之父母, 而師[1]民之怨賊也, 不祥莫大焉.

以天下之合爲君, 則天下未嘗合於桀紂也. 然則以湯武爲弑, 則天下未嘗有說也, 直墮之[2]耳.

故天子唯其人.[3] 天下者, 至重也, 非至彊莫之能任. 至大也, 非至辨

---

1 師(사) : 우두머리로 삼다.
2 直墮之(직타지) : 오직 그들을 손상시키다, 다만 그들을 해칠 뿐이다.

莫之能分. 至衆也, 非至明莫之能和. 此三至者, 非聖人莫之能盡.

故非聖人莫之能王. 聖人備道全美者也, 是縣天下之權稱⁴也. 桀紂者, 其知慮至險也, 其志意至闇也, 其行之爲⁵至亂也. 親者疏之, 賢者賤之, 生民怨之. 禹湯之後也, 而不得一人之與.⁶ 剖比干,⁷ 囚箕子,⁸ 身死國亡, 爲天下之大僇.⁹ 後世之言惡者, 必稽¹⁰焉. 是不容妻子之數¹¹也.

故至賢疇¹²四海, 湯武是也. 罷不容妻子, 桀紂是也. 今世俗之爲說者, 以桀紂爲有天下而臣湯武, 豈不過甚矣哉? 譬之, 是猶傴巫¹³跛匡,¹⁴ 大自以爲¹⁵有知也.

故可以有奪人¹⁶國, 不可以有奪人天下, 可以有竊國, 不可以有竊天下也. 可以奪之者,¹⁷ 可以有國, 而不可以有天下. 竊可以得國, 而不可以得天下.

是何也? 曰: 國, 小具也, 可以小人有也, 可以小道得也, 可以小力持也. 天下者, 大具也, 不可以小人有也, 不可以小力得也, 不可以小力持

---

3 唯其人(유기인) : 오직 그 자리에 합당한 사람.
4 權稱(권칭) : 저울로 무게를 다는 것.
5 行之爲(행지위) : '지'는 잘못 끼어든 글자(王引之).
6 一人之與(일인지여) : '여'는 편들어 주는 사람, 자기편.
7 比干(비간) : 제8편 유효 제11절 참조.
8 箕子(기자) : 제8편 유효 제11절 참조.
9 大僇(대륙) : 큰 치욕.
10 稽(계) : 참고하다.
11 數(수) : 방법, 도리.
12 疇(주) : 보존하다(俞樾).
13 傴巫(구무) : 곱사등이 무당.
14 跛匡(파광) : 절름발이와 지체 부자유자. '광'은 왕(尫)과 통하여, 지체 부자유자(楊倞).
15 大自以爲(대자이위) : '대'는 이(而)의 잘못(俞樾).
16 奪人(탈인) : 두 구절 모두 '인'은 잘못 끼어든 것(王先謙).
17 可以奪之者(가이탈지자) : '가이'는 잘못 끼어든 글자(王念孫).

也. 國者, 小人可以有之, 然而未必不亡也. 天下者, 至大也, 非聖人莫之能有也.

| 해설 |
앞의 잘못된 속설을 바로잡는 말이다. 탕임금이나 무왕은 무력으로 정벌해 천하를 차지한 것이 아니다. 천하란 힘으로 빼앗거나 차지할 수가 없는 것임을 이야기하고 있다.

4
세속의 논자들 중에는 "잘 다스려지던 옛날에는 체형은 없었고 상징적인 형벌(象刑)만이 있었다. 검은 수건을 머리에 감게 하고, 새끼줄로 갓끈을 삼게 하고, 청백색의 앞가리개를 하게 하고, 풀이나 수삼으로 신을 삼아 신게 하고, 가장자리를 시치지 않은 붉은 천의 옷을 늘어뜨려 입게 하는 것 등인데, 잘 다스려지던 옛날에는 그렇게 하였을 따름이었다."고 주장하는 자가 있다.

그것은 그렇지 않다. 잘 다스려졌다고 한다면 곧 사람들은 본디 죄를 저지르지 않을 것이기 때문에, 체형을 사용하지 않았을 뿐만 아니라 상징적인 형벌조차도 사용하지 않았을 것이다. 그런데 사람들이 간혹 죄를 저질렀을 때 그에 대한 형벌을 가벼이 한다면, 살인한 자도 사형을 당하지 않고 사람들을 상해한 자도 형벌을 받지 않게 된다. 죄는 지극히 무거운데 형벌은 지극히 가벼워 보통 사람들은 악한 일을 미워할 줄 모르고 어지러움은 이보다 더할 수가 없게 될 것이다.

사람들에게 형벌을 가하는 근본은 난폭한 행동을 금하고 악한 일을 미워하게 하고 또 앞날을 조심하도록 하기 위한 것이다. 살인한 자도 사형을 당하지 않고 사람들을 상해한 자도 형벌을 받지 않는다면, 그것은 난폭한 자에게 혜택을 베풀고 남을 해치는 자에게 너그러운 것이어서, 악을 미워하는 것이 아니다. 그러므로 상형이란 잘 다스려지던 옛날에 생겨난 것이 아니라 어지러워진 후세에 함께 생겨난 것이다.

잘 다스려지던 옛날은 그렇지 않았다. 모든 벼슬자리와 관직과 시상과 형벌은 어떤 일에 대한 응보로서, 같은 종류의 일을 한 사람들에게 똑같이 주어졌다. 한 가지 일이라도 잘못 헤아린다면 그것은 어지러움의 발단이 된다. 그 사람의 덕이 벼슬에 어울리지 않고, 그의 능력이 벼슬에 어울리지 않으며, 주어지는 상이 공로에 합당하지 않고, 형벌이 죄에 합당하지 않다면, 불길함이 이보다 더 클 수는 없다.

옛날에 주나라 무왕이 상나라의 주왕을 쳤을 때, 그의 목을 잘라 붉은 깃발 아래 매달았다. 난폭한 자를 정벌하고 흉악한 자를 처형하는 것은 다스림의 성사(盛事)이다. 살인한 자는 사형으로 다스리고, 사람들을 상해한 자는 형벌로 다스린다는 것은 모든 왕자들이 다 같이 행하였던 것이어서, 그것이 어디에서부터 시작된 것인지 알 수 없는 일이다. 형벌이 죄에 어울리면 잘 다스려지고, 죄에 어울리지 않으면 어지러워진다는 것이다. 그러므로 잘 다스려질 때에는 형벌이 무겁고, 어지러울 때에는 형벌이 가볍다. 잘 다스려지는 질서를 범하는 죄는 본래 무겁고, 어지러운 질서를 범하는 죄는 본래 가벼운 것이다.

『서경』에 "형벌은 시대에 따라 가볍기도 하고 시대에 따라 무겁기도 하였다."고 한 것은, 이것을 뜻하는 말이다.

| 원문 |

世俗之爲說者曰; 治古無肉刑,[1] 而有象刑.[2] 墨黥,[3] 慅嬰,[4] 共艾畢,[5] 菲 對屨,[6] 殺赭衣[7]而不純.[8] 治古如是.

是不然. 以爲治邪, 則人固莫觸罪, 非獨不用肉刑, 亦不用象刑矣. 以爲人或觸罪矣, 而直輕其刑, 然則是殺人者不死, 傷人者不刑也. 罪至重而刑至輕, 庸人[9]不知惡矣, 亂莫大焉.

凡刑人之本, 禁暴惡惡, 且徵其未[10]也. 殺人者不死, 而傷人者不刑, 是謂惠暴而寬賊也, 非惡惡也. 故象刑殆非生於治古, 幷起於亂今也.

治古不然. 凡爵列官職賞慶刑罰, 皆報也, 以類相從[11]者也. 一物失稱, 亂之端也. 夫德不稱位, 能不稱官, 賞不當功, 罰不當罪, 不祥莫大焉.

昔者武王伐有商, 誅紂, 斷其首, 縣之赤旆.[12] 夫征暴誅悍,[13] 治之盛

---

1 肉刑(육형) : 체형. 옛날에는 얼굴에 문신을 하는 것[墨], 코 베는 것[劓], 다리 자르는 것[刖], 생식기를 잘라 내는 것[宮], 사형[大辟]의 오형(五刑)이 있었다.
2 象刑(상형) : 상징적인 형벌. 어떤 표식이나 옷을 달리해 죄인임을 나타내는 식의 형벌.
3 墨黥(묵경) : 얼굴에 검은 문신을 하는 것. 그러나 "검은 수건을 머리에 감는 것"이라고도 한다(楊倞).
4 慅嬰(초영) : '초'는 초(草), '영'은 영(纓)과 통하여(楊倞), 풀을 꼬아 갓끈을 만들어 다는 것.
5 共艾畢(공애필) : '공'의 뜻은 알 수 없고, '애'는 창백색(蒼白色), '필'은 필(韠)과 통하여, 청백색의 천으로 앞가리개를 하는 것(楊倞).
6 菲對屨(비대구) : '비'는 풀로 삼은 풀신, '대'는 봉(綁)의 잘못으로 수삼(枲). 따라서 풀이나 수삼으로 삼은 풀신(楊倞).
7 殺赭衣(살자의) : 붉은 흙으로 물들인 천으로 만든 옷을 늘어뜨려 입는 것.
8 純(순) : 천의 가장자리를 시치는 것.
9 庸人(용인) : 보통 사람, 일반 백성.
10 徵其未(징기미) : 그들의 미래를 경계토록 하는 것. '징'은 징(懲)의 뜻.
11 以類相從(이류상종) : 같은 종류의 사람들에게는 같은 응보가 따르는 것.
12 縣之赤旆(현지적패) : 붉은 깃발에 매달다. 『사기(史記)』에는 주왕의 머리를 잘라 태백기(太白旗)에 매달았다고 적고 있다.
13 悍(한) : 흉악함, 극히 사나움.

也. 殺人者死, 傷人者刑, 是百王之所同也, 未有知其所由來者也. 刑稱罪則治, 不稱罪則亂. 故治則刑重, 亂則刑輕. 犯治之罪固重, 犯亂之罪固輕也.

書曰:[14] 刑罰世輕世重. 此之謂也.

| 해설 |

여기서는 옛날 성왕들의 치세에는 체형이 없었다는 속설을 순자가 반박하고 있다. 순자는 예의와 함께 상여와 형벌도 매우 중시하고 있다. 더구나 벌이 제대로 주어지지 않으면 세상은 죄의식이 없어져 혼란에 빠지고 만다는 것이 그의 지론이다.

5

세속의 논자들 중에 "탕임금과 무왕은 금령을 시행하지 못하였는데, 그것은 어째서인가?"고 묻는 자가 있었다.

초나라와 월나라는 통제를 받지 않았다고 하는데, 그것은 그렇지 않다. 탕임금과 무왕은 천하에서 지극히 금령을 잘 썼던 분들이다. 탕임금은 박(亳), 무왕은 호(鄗) 땅을 차지하고 있었는데 모두 사방 백 리 넓이의 땅이었으나, 천하를 통일하고 제후들을 신하로 삼았으며, 서로 통하고 연락이 되는 사람들은 두려운 듯 떨면서 복종해 그분들에게 교화되고 따르지 않는 사람이 없었다. 어찌 초나라와 월나라만이 통제를 받지 않았다고 할 수가 있겠는가?

---

14 書曰(서왈) : 『서경』 주서(周書) 여형(呂刑)편에 나오는 말.

왕자의 통제에 있어서는 각 지방의 지형과 형세를 보고 기물과 용구를 제정하고, 그 지방의 멀고 가까운 데 알맞도록 공물과 헌상품을 정했던 것이니, 어찌 반드시 모든 것들이 같았겠는가? 그러므로 노나라 사람들은 당(餳)을, 위(衛)나라 사람들은 가(柯)를, 제나라 사람들은 일혁(一革)을 각각 썼는데, 각 지방의 지형과 형세가 같지 않은 경우에는 기물과 용구 및 장비와 장식 같은 것도 다르지 않으면 안 되었던 것이다.

그러므로 중원의 여러 나라들은 지역도 같고 제도도 같으나, 사방의 오랑캐 나라들은 같은 지역이라 하더라도 제도가 같지 않다. 천자의 지경 안은 전복(甸服)이고, 지경 밖은 후복(侯服)이고, 후복을 둘러싸고 있는 지역은 빈복(賓服)이고, 그 밖의 남쪽 오랑캐와 동쪽 오랑캐의 땅은 요복(要服)이고, 북쪽 오랑캐와 서쪽 오랑캐의 땅은 황복(荒服)이다. 전복에서는 날에 따른 제사(日祭)를 지내고, 후복에서는 달에 따른 제사(月祀)를 지내고, 빈복에서는 철에 따른 제사(時享)를 지내고, 요복에서는 해에 따른 제사(歲貢)를 지내고, 황복에서는 임금이 죽었을 때 지내는 제사(終王)를 지내니, 날에 따른 제사와 달에 따른 제사와 철에 따른 제사와 해에 따른 제사와 임금이 죽었을 때 지내는 제사가 있는 것이다. 그러한 때문에 형세를 따라서 기물을 제정하고, 멀고 가까운 데 알맞도록 바칠 물건을 정하였다고 하는 것이다. 이것이 왕자의 통제이다.

초나라와 월나라는 또한 철에 따른 제사와 해에 따른 제사와 임금이 죽었을 때 지내는 제사를 지내는 족속들이다. 반드시 날에 따른 제사나 달에 따른 제사 같은 것으로 똑같이 지내도록 했어야만 통제를 받았다고 말할 수가 있는가? 그것은 그릇된 이론이며, 도랑 속에 빠진 거지처럼 생각이 모자라는 자들이다. 그러니 왕자의 통제에 대해서는 논할 자격이 없는 것이다.

전하는 말에 "생각이 얕은 자는 깊은 것을 헤아릴 수가 없고, 어리석은 자는 지혜 있는 사람과 일을 꾀할 수가 없으며, 무너진 우물 안의 개구리는 동해의 즐거움을 얘기할 자격이 없다" 하였는데, 이것을 뜻하는 말이다.

| 원문 |

世俗之爲說者曰; 湯武不能禁令, 是何也?

曰; 楚越不受制,[1] 是不然. 湯武者, 至天下之善禁令者也. 湯居亳,[2] 武王居鄗,[3] 皆百里之地也, 天下爲一, 諸侯爲臣, 通達之屬,[4] 莫不振動[5] 從服以化順之. 曷爲楚越獨不受制也?

彼王者之制也, 視形埶[6]而制械用,[7] 稱遠邇而等貢獻,[8] 豈必齊哉? 故魯人以榶,[9] 衛人用柯, 齊人用一革,[10] 土地刑制[11]不同者, 械用備飾不可

---

1 制(제): 통제, 통제하다.
2 亳(박): 상나라 수도. 지금의 하남성(河南省) 상구현(商邱縣) 근처.
3 鄗(호): 주나라의 수도. 지금의 섬서성(陝西省) 서안(西安) 근처.
4 通達之屬(통달지속): 서로 통하고 연락이 되는 사람들.
5 振動(진동): 두려운 듯 떠는 것. 진은 진(震)과 통함.
6 形埶(형세): 지형과 형세.
7 制械用(제계용): 기물과 용구를 제정하다.
8 等貢獻(등공헌): 공물과 헌상품에 차등을 두다.
9 榶(당): 양경(楊倞)도 알 수 없다 하고 나서, 간혹 방언에서 주발[盌]을 당(榶)이라 하고, 바리[盂]를 가(柯)라 한다고 하였다.
10 一革(일혁): 학의행(郝懿行)은 잘 알 수 없다고 하면서도, 술을 담는 가죽으로 만든 치이(鴟夷)인 듯하다고 하였다.
11 刑制(형제): 형세의 잘못.

不異也.

故諸夏之國, 同服[12]同儀, 蠻夷戎狄之國, 同服不同制. 封內甸服, 封外侯服, 侯衞賓服, 蠻夷要服, 戎狄荒服. 甸服者祭,[13] 侯服者祀, 賓服者享, 要服者貢, 荒服者終王.[14] 日祭, 日祀, 時享, 歲貢, 終王. 夫是之謂視形埶而制械, 稱遠近而等貢獻. 是王者之制也.

彼楚越者, 且時享歲貢終王之屬也. 必齊之日祭月祀之屬, 然後曰受制邪? 是規磨之說[15]也, 溝中之瘠[16]也. 則未足與及王者之制也.

語曰; 淺不足與測深, 愚不足與謀知, 坎井[17]之䵷不可與語東海之樂. 此之謂也.

| 해설 |

탕임금과 무왕이 금령을 제대로 시행하지 못하였다는 세속의 논자들의 이론을 특히 남쪽의 오랑캐 나라들인 초나라와 월나라가 천자의 통제를 받지 않고 멋대로 행동하였다는 사실을 들어 주장한 듯하다. 순자는 초나라

---

12 服(복) : 『서경』 우공(禹貢)에 보이는 천하의 행정 구역. 천하를 오복(五服)으로 나누어, 도읍지로부터 사방 오백 리 안의 땅을 전복, 전복 끝에서 다시 사방 오백 리 안의 땅을 후복, 다시 후복 밖 오백 리 안의 땅을 수복(綏服), 수복 밖 오백 리 안의 땅을 요복, 다시 그 밖 오백 리 안의 땅을 황복이라 하고 있다. 순자는 수복을 빈복(賓服)이라 했고, 요복과 황복의 설명이 약간 다르다.
13 祭(제) : 일제(日祭). 사(祀)는 월사(月祀), 향(享)은 시향(時享), 공(貢)은 세공(歲貢)이다. 매일 지내는 제사, 한 달에 한 번 지내는 제사, 한 철에 한 번 지내는 제사, 일 년에 한 번 지내는 제사의 차이가 있는 듯하나 자세한 내용은 알 수가 없다.
14 終王(종왕) : 위 네 가지 제사의 차이로 미루어, 임금이 죽었을 때 한 번 제사지내고 마는 것인 듯하다.
15 規磨之說(규마지설) : 그릇된 이론(楊倞).
16 溝中之瘠(구중지척) : 도랑 속에 빠진 몸이 야윈 거지, 지혜나 생각이 모자라는 자를 뜻함.
17 坎井(감정) : 무너진 우물.

와 월나라도 탕임금과 무왕의 통제를 받았음을 증명하려 노력하고 있다.

그러나 초나라와 월나라 지방은 탕임금이나 무왕 시대에는 천자의 행정력이 잘 미치지 못하던 지역이었다고 보는 것이 옳을 것이다. 그들은 춘추 시대 이후로 활약하기 시작하였고 임금들은 모두 왕이라 칭하였다.

6

세속의 논자들 중에는 "요임금과 순임금은 선양을 하였다."고 하는 자들이 있는데, 사실은 그렇지 않다. 천자란 권세와 지위가 지극히 존귀해 천하에 필적할 것이 없는데, 또한 누구에게 양도하겠는가?

올바른 도와 덕이 순수하게 갖추어지고 지혜가 매우 밝으며, 왕좌에 앉아 천하의 일을 처리하면, 살고 있는 무리들이라면 모두가 두려워 떨며 복종함으로써 그에게 교화되어 순종한다. 천하엔 숨어 있는 선비가 없게 되고, 선한 사람을 그대로 버려 두는 일이 없다. 동조하는 사람은 옳고, 어기는 사람은 그르다. 그런데 또 어찌 천하를 물려주겠는가?

| 원문 |

世俗之爲說者曰; 堯舜擅讓.[1] 是不然. 天子者, 執位至尊, 無敵於天下. 夫有誰與讓矣?

---

[1] 擅讓(선양) : 천자의 자리를 남에게 물려주는 것, 흔히 선양(禪讓)이라 쓴다. 요임금은 자기 아들이 용렬해 세상에서 덕 있는 사람을 구한 결과 순을 얻어 그에게 천자의 자리를 물려주었다 한다. 순임금은 다시 나라의 홍수를 다스려 공이 큰 우에게 그 자리를 물려주었다.

道德純備, 智惠甚明, 南面²而聽,³ 天下生民之屬, 莫不振動⁴從服以化順之. 天下無隱士, 無遺善.⁵ 同焉者⁶是也, 異焉者⁷非也. 夫有惡擅天下矣?

| 해설 |

요임금과 순임금이 각기 임금자리를 순과 우에게 물려줬다는 선양설은 『서경』의 요전(堯典)과 순전(舜典), 『논어』와 『맹자』에도 나오는 유가의 유명한 이론이다. 나쁜 임금을 쳐부수고 덕 있는 사람이 임금이 된다는 방벌설(放伐說)과는 대조가 되는 것으로 유가에서는 이 선양을 가장 이상적인 왕조의 교체 방법으로 받들어 왔다.

선양설은 본디 묵가에서 나온 것이라고도 하지만, 이미 유가의 전통적인 학설이 된 것을 순자는 정면으로 반대하고 있다. 성인이 지니는 천자의 자리란 남에게 물려줄 수가 없는 것이다. 요임금에 이어 순임금이 천자가 된 것은 요임금이 순임금에게 왕위를 물려준 때문이 아니라, 요임금과 같은 성인인 순임금이 있었기 때문에 성인이 성인의 자리를 계승한 것이라는 말이다. 순임금이나 우임금이 천자가 되었던 것은 남이 그 자리를 물려줬기 때문이 아니라, 그들 자신이 지극한 덕을 지니고 있어서 천하가

---

2 南面(남면) : 예로부터 임금은 남쪽을 향해 앉고 신하들은 동쪽과 서쪽의 양편으로 갈라서서 조회를 하였다. 그래서 임금 노릇 하는 것을 남면칭왕(南面稱王)이라고 한다.
3 聽(청) : 정사를 듣고 처리하는 것.
4 振動(진동) : 두려운 듯이 떠는 것.
5 遺善(유선) : 빠뜨린 선한 사람, 그대로 버려둔 선한 사람. 선한 사람에게는 모두 상과 벼슬을 주었다는 뜻.
6 同焉者(동언자) : 임금이 하는 일에 동조하는 자.
7 異焉者(이언자) : 임금의 정책과 다른 의견이 있거나 다른 행동을 하는 자.

당연한 원리에 의해 그들 성인에게 계승된 것이라는 것이다.

어떻든 유가에 속하는 순자가 유가의 전통적인 학설을 부정하고 있다는 것은 재미있는 일이다.

7

논자들은 "천자가 죽은 다음에 선양되었다."고도 말하는데, 그것도 그렇지 않다. 성왕이 윗자리에 있으면 덕을 헤아려 벼슬의 차례를 정하고, 능력을 헤아려 관직을 내려 주고, 모든 백성들이 그들의 일을 담당해 각각 그들에게 적합한 일을 하게 된다. 도의로써 자기 이익을 제어하지 못하는 자나 노력을 통해 자기 본성을 잘 건사하지 못하는 자들은 곧 아울러 백성으로 삼아 다스리는 것이다.

성왕께서 돌아가시어 천하에 성인이 없다면 본디 천하를 선양할 만한 상대도 없는 것이다. 천하에 성인이 있는데 그가 바로 후계자라면 천하 사람들은 그로부터 떨어지지 않을 것이다. 조정의 천자 자리도 바뀌지 않고, 나라의 제도도 달라지지 않고, 온 천하가 공순해 전과 다를 바가 없을 것이다. 요임금으로부터 요임금에게로 계승되는데 무슨 변화가 있을 수 있겠는가?

성인이 후계자들 중에는 없고 삼공(三公) 중에 있다면, 온 천하가 그에게로 귀복해 다시 떨치고 일어나게 되어, 온 천하가 공순해 전과 다를 바가 없을 것이다. 요임금으로부터 요임금에게로 계승되는데 무슨 변화가 있을 수 있겠는가?

오직 조정의 벼슬자리를 바꾸고 제도를 고치는 일은 올바로 하기 어렵다. 본디 천자가 살아 있을 때 천하가 다같이 예의를 존중하며 순종을 다하도록 함으로써 다스리고, 덕을 따져 벼슬자리의 차례를 정하였으므로, 천자가 죽어도 천하를 맡을 만한 사람이 반드시 있게 마련이다. 예의의 분수는 여기에서 다하고 있는 것이니, 어찌 선양을 할 필요가 있겠는가?

| 원문 |

曰; 死而擅之. 是又不然. 聖王在上, 圖德而定次, 量能而授官, 皆使民載其事[1]而各得其宜. 不能以義制利, 不能以僞[2]飾性, 則兼以爲民.

聖王已沒, 天下無聖, 則固莫足以擅天下矣. 天下有聖而在後者,[3] 則天下不離, 朝不易位, 國不更制, 天下厭然,[4] 與鄕[5]無以異也. 以堯繼堯, 夫又何變之有矣?

聖不在後子而在三公, 則天下如歸, 猶復而振之矣, 天下厭然, 與鄕無以異也. 以堯繼堯, 夫又何變之有矣?

唯其徙朝[6]改制爲難. 故天子生, 則天下一隆[7]致順而治, 論德而定次, 死 則能任天下者, 必有之矣. 夫禮義之分盡矣, 擅讓惡用矣哉?

| 해설 |

요임금과 순임금이 죽은 다음 천자 자리가 선양되었다는 속설을 반박한

---

1 載其事(재기사) : 그들이 할 일에 종사케 하다.
2 以僞(이위) : '위'는 위(爲)와 통하여(王先謙), 작위로써, 노력을 통하여.
3 後者(후자) : '후' 뒤에 자(子)가 들어 있어야 옳으며(俞樾), 후계자, 후손.
4 厭然(염연) : 공순한 것, 잘 따르고 복종하는 모양.
5 鄕(향) : 이전, 전날.
6 徙朝(사조) : 조정의 벼슬자리 등을 바꾸는 것.
7 一隆(일융) : 다 같이 예의를 존중하다, 존중하는 것이 통일되다.

글이다.

8

논자들은 "천자가 노쇠해지자 선양하였다."고도 말하는데, 그것도 그렇지 않다. 혈기와 근력은 쇠해지지만 지혜나 생각에 의한 판단은 쇠함이 없다. 논자들은 "늙으면 수고로움을 감당할 수가 없어서 천자를 그만두고 쉬게 되는 것이다"라고도 하는데, 그것도 일하기를 두려워하는 자들의 이론이다.

천자란 권세는 지극히 중대하고 육체는 지극히 편안하며, 마음은 지극히 즐겁고 그의 뜻은 굽혀지는 일이 없다. 그리하여 육체는 수고롭지 않고, 존귀함은 이보다 더할 수가 없는 것이다. 입는 옷은 오색(五色)에 간색(間色)을 섞어 물들이고, 많은 무늬의 수를 놓고 진주와 옥으로 장식을 더 보탠다.

먹고 마시는 것으로는 소·양·돼지고기를 여러 가지로 요리하고 갖가지 진귀한 것들을 다 갖추어 냄새와 맛을 극도로 추구하고 있다. 춤을 추면서 음식을 날라 오고, 북을 울리면서 식사를 하고, 옹(雍)이란 악장을 연주하면서 식탁을 부엌으로 치운다. 음식을 나르는 자들은 백 명이나 되었고, 이들은 서쪽 행랑방에 있으면서 시중한다.

조정에 있을 때는 장막을 치고 큰 병풍을 두르고 작은 병풍을 등지고 서게 되며, 제후들은 당(堂) 아래를 종종걸음으로 거닐며 명령을 따른다. 방문을 나설 때는 무당들이 상서롭지 못한 것들을 몰아내고, 도성 문을 나설 때는 대종백(大宗伯)과 대축(大祝)이 길의 신에게 제사를 지낸다. 큰 수레를 타고 부들로 짠 부드러운 자리에 앉아 몸을 편히 부양하는데, 향초를 그 곁에 놓아 코를 상쾌하게 하고, 앞에는 아름답게 조각한 멍에가 있어 눈을 즐겁게 하며, 멍에와 수레 앞턱 나무에 달린 방울들은 말들이 걸을 때는 무(武)와 상(象)의 음악 가락에 맞고, 뛸 때는 소(韶)와 호(護)의 음악 가락에 맞아 귀를 즐겁게 한다.

 삼공(三公)들이 수레 채를 받들고 안쪽 말고삐를 잡아 주며, 제후들은 수레바퀴를 잡기도 하고, 수레 양편을 지키기도 하며, 앞길을 인도하기도 한다. 먼 큰 나라 제후들은 뒤를 따르고 대부들은 그 뒤에 서며, 먼 작은 나라 제후들과 원사들은 다시 그 뒤를 따르고, 여러 군사들은 갑옷을 입고 길 양편에 늘어서며, 서민들은 몸을 숨겨 감히 바라보려 하지도 않는다.

 천자는 가만히 있을 때는 위대한 신과 같고, 움직일 때는 하느님과 같다. 늙음을 부지하고 쇠함을 보양하는 데 있어서 이보다 나은 사람이 있겠는가? 늙으면 쉬어야겠지만 쉬는 것도 안락하고 즐거움이 이와 같은 방법이 있겠는가? 그러므로 "제후들에게는 늙음이 있지만 천자에게는 늙음이 없다. 나라를 남에게 물려줄 수는 있어도 천하를 남에게 물려줄 수는 없다."고 하는데, 예로부터 지금에 이르기까지 한결같이 그러할 것이다.

 그러니 "요임금과 순임금이 선양을 하였다."고 하는 것은 바로 헛된 말이며, 천박한 자가 전하는 말이요, 어리석은 자의 이론이다. 거꾸로 되고 바로 되는 이치와 크고 작은 지극하고 지극하지 못한 변화를 알지 못하는 자인 것이다. 그들은 함께 천하의 위대한 이치를 논할 상대가 되지 못한다.

| 원문 |

曰; 老衰而擅. 是又不然. 血氣筋力則有衰, 若夫智慮取舍[1]則無衰.
曰; 老者不堪其勞而休也. 是又畏事者之議也.

天子者, 埶至重而形至佚, 心至愉而志無所詘, 而形不爲勞, 尊無上矣. 衣被[2]則服五采,[3] 雜間色,[4] 重文繡, 加飾之以珠玉.

食飮則重大牢[5]而備珍怪, 期[6]臭味, 曼[7]而饋,[8] 代睪[9]而食, 雍[10]而徹[11]乎五祀.[12] 執薦者[13]百人侍西房.[14]

居則設張容,[15] 負依[16]而立, 諸侯趨走乎堂下, 出戶而巫覡[17]有事,[18] 出門而宗祀[19]有事. 乘大路[20]趨[21]越席[22]以養安, 側載[23]睪芷[24]以養鼻, 前有

---

1 取舍(취사) : 취하고 버리다, 판단하여 선택하는 것.
2 衣被(의피) : 몸에 걸치는 옷.
3 五采(오채) : 청·적·황·백·흑의 다섯 가지 정색(正色).
4 間色(간색) : 분홍·연두처럼 여러 가지 색깔이 섞인 색.
5 大牢(태로) : 소·양·돼지고기가 다 갖추어진 음식(또는 祭物).
6 期(기) : 기(綦)와 통하여, 극도로 추구하는 것(楊倞 注).
7 曼(만) : 만(萬)과 통하여, 만무(萬舞), 춤의 총칭.
8 饋(궤) : 진식(進食), 음식을 올리는 것.
9 代睪(대고) : 벌고(伐皋)를 잘못 쓴 것(劉台拱), 곧 북을 치는 것.
10 雍(옹) : 악장 이름.
11 徹(철) : 상을 치우는 것.
12 五祀(오사) : 조(竈)를 뜻하며(劉台拱), 부엌.
13 執薦者(집천자) : 음식과 그릇을 나르는 사람들.
14 西房(서방) : 서쪽 행랑의 방.
15 張容(장용) : 장막과 병풍.
16 依(의) : 의(扆)와 통하여(楊倞), 작은 병풍.
17 巫覡(무격) : 여자 무당과 남자 무당.
18 有事(유사) : 상서롭지 못한 것을 몰아내다, 제사지내다.
19 宗祀(종사) : 대종백(大宗伯)과 태축(大祝). 제사를 주관하는 관원.
20 大路(대로) : 대로(大輅), 천자가 타는 큰 수레.
21 趨(추) : 잘못 끼어든 글자(楊倞).
22 越席(월석) : 부들로 짠 부드러운 자리.

錯衡[25]以養目, 和鸞[26]之聲, 步中武象,[27] 騶中韶護[28]以養耳.

三公奉軛[29]持納,[30] 諸侯持輪挾輿[31]先馬,[32] 大侯編後,[33] 大夫次之, 小侯元士[34]次之, 庶士介[35]而夾道, 庶人隱竄莫敢視望.

居如大神, 動如天帝. 持老養衰, 猶有善於是者與不?[36] 老者, 休也. 休, 猶有安樂恬愉如是者乎? 故曰; 諸侯有老, 天子無老. 有擅國, 無擅天下. 古今一也.

夫曰堯舜擅讓, 是虛言也, 是淺者之傳, 陋者之說也, 不知逆順之理, 小大至不至之變者也. 未可與及天下之大理者也.

| 해설 |

앞에 이어 옛날의 요임금과 순임금이 늙어서 어쩔 수 없이 선양하였다는 속설을 반박하고 있다.

---

23 側載(측재) : 곁에 놓다.
24 睪芷(고지) : 향초의 이름.
25 錯衡(착형) : 아름답게 조각한 멍에.
26 和鸞(화란) : '화'는 수레 앞턱 나무에, '란'은 멍에 양편에 다는 방울 이름.
27 武象(무상) : '무'는 주나라 무왕의 음악, '상'은 무무(武舞; 文舞의 대가 되는 춤)에 연주하는 음악.
28 韶護(소호) : '소'는 순임금의 음악, '호'는 상나라 탕임금의 음악.
29 軛(액) : 수레 채 앞에 달린 멍에.
30 納(납) : 사마(四馬) 중 안쪽 두 마리 참마(驂馬)의 안쪽 고삐.
31 挾輿(협여) : 수레 양편에 서는 것.
32 先馬(선마) : 앞길을 인도하는 것.
33 編後(편후) : 뒤에 서다.
34 元士(원사) : 비교적 높은 벼슬을 하는 사(士) 계급의 사람들.
35 介(개) : 갑옷을 입다.
36 不老者(불노자) : '불'은 잘못 끼어든 글자(楊倞).

제18편 올바른 이론_611

9

세속의 논자들 중에 "요임금과 순임금은 교화를 잘하지 못하였다."고 하는데 그것은 어째서입니까?

요임금의 아들 주(朱)와 순임금의 이복동생 상(象)이 교화되지 않았기 때문인데, 그것은 그렇지 않다. 요임금과 순임금은 천하에서 지극히 교화를 잘했던 분들이다. 남면하고 천자 자리에 앉아 천하를 다스리자 살아 있는 모든 사람들이 두려운 듯이 떨며 복종하고 교화되어 따랐다.

그러나 주와 상만은 교화되지 않았는데, 그것은 요임금과 순임금의 잘못이 아니라 주와 상의 죄이다. 요임금과 순임금은 천하의 영재(英才)이지만 주와 상은 천하의 악독한 자이며 한 시대의 몹쓸 자이다. 지금 세속의 논자들은 주와 상을 이상히 여기지 않고 요임금과 순임금을 비난하고 있으니 어찌 잘못이 심하다고 하지 않을 수가 있겠는가? 이런 것들을 사악한 이론이라 한다.

예와 봉문은 천하의 활을 잘 쏘는 사람들이지만, 줄이 느슨한 활과 굽은 화살로 작은 것을 맞출 수가 없다. 왕량과 조보는 천하의 수레를 잘 모는 사람들이지만, 절름발이 말과 부숴진 수레로는 먼 곳까지 달려갈 수가 없다. 요임금과 순임금은 천하의 교화를 잘하는 분들이지만, 악독한 자와 몹쓸 자들을 교화시킬 수는 없었다.

어느 세상이고 악독한 자들이 없고, 어느 시대고 몹쓸 자들이 없겠는가? 태고적 태호(太皥)와 수인(燧人)의 시대부터 그런 자들이 없었던 적이 없었다. 그러므로 못되고 몹쓸 짓을 하는 자는 상서롭지 못하고, 그것을 흉내내는 자는 그 재앙을 받게 되며, 그것을 비난하는 자들에게는 경사가 생긴다고 하는 것이다.

『시경』에 "백성들이 받는 재난은, 하늘로부터 내려지는 것이 아니라, 모이면 말만 많고 등지면 서로 미워하는 오로지 다투는 것을 일삼는 자들 때문이네."라고 읊은 것도, 이것을 뜻하는 말이다.

| 원문 |

世俗之爲說者曰; 堯舜不能敎化. 是何也?

曰: 朱[1]象[2]不化, 是不然也. 堯舜者, 至天下之善敎化者也, 南面而聽, 天下生民之屬, 莫不振動從服以化順之.

然而朱象獨不化, 是非堯舜之過, 朱象之罪也. 堯舜者, 天下之英也, 朱象者, 天下之嵬,[3] 一時之瑣[4]也. 今世俗之爲說者, 不怪朱象而非堯舜, 豈不過甚矣哉? 夫是之謂嵬說.

羿[5]蠭門[6]者, 天下之善射者也, 不能以撥弓[7]曲矢中[8]微. 王梁[9]造父[10]者, 天下之善馭者也, 不能以辟馬[11]毁輿致遠. 堯舜者, 天下之善敎化者也, 不能使嵬瑣化.

何世而無嵬, 何時而無瑣? 自太皥,[12] 燧人莫不有也. 故作者[13]不祥,

---

1 朱(주): 요임금의 아들. 요임금은 아들이 너무 어리석어 천자 자리를 순에게 물려주었다 한다.
2 象(상): 순임금의 이복 동생. 너무 악독해 여러 번 자기 형 순을 죽이려고 하였다.
3 嵬(외): 못된 자, 악한 자.
4 瑣(쇄): 몹쓸 자, 아무짝에도 쓸데없는 자.
5 羿(예): 제8편 유효 제12절 참조.
6 蠭門(봉문): 봉몽(蠭蒙)이라고도 하며, 예의 제자로 스승을 활로 쏘아 죽였다고도 한다.
7 撥弓(발궁): 줄이 느슨한 활.
8 矢中(시중): 밑에 미(微)자가 더 붙어 있어야 옳다.
9 王梁(왕량): 제11편 방패 제10절 참조.
10 造父(조보): 제8편 유효 제12절 참조.
11 辟馬(벽마): '벽'은 벽(躄)과 통하여, 절름발이 말.

學者受其殃, 非者有慶.

詩曰;[14] 下民之孼,[15] 匪[16]降自天, 噂沓[17]背憎, 職競[18]由人. 此之謂也.

| 해설 |

요임금에게는 어리석은 아들 주가 있었고, 순임금에게는 악독한 아우 상이 그대로 있었으니, 이들 두 임금은 사람들을 제대로 교화하지 못한 이들이라고 주장하는 속설을 부정한 것이다. 어떤 세상이고 한두 명의 악독하고 몹쓸 인간은 있게 마련이라는 순자의 현실 감각이 재미있다.

10

세속의 논자들은 "태고적에는 간략하게 장사지냈다. 관의 두께는 세 치였고, 수의는 세 벌이었으며, 밭에 장사지내되 농사짓는 데 방해가 되지 않도록 아무런 표식도 없었으므로 도굴도 없었다. 어지러워진 지금 세상에 와서야 후하게 장사지내며 관을 장식하게 되었으므로 도굴당하게 된 것이다."라고 말한다.

이것은 정치의 도에 대해 제대로 알지 못하고, 도굴을 하고 도굴을 하지 않은 이유를 제대로 살피지 못한 자들이 하는 말이다. 일반적으

---

12 太皥(태호) : 복희씨(伏羲氏). 수인(燧人)과 함께 요순 이전의 전설적인 황제들.
13 作者(작자) : 악독한 짓과 몹쓸 짓을 하는 자.
14 詩曰(시왈) : 『시경』 소아(小雅) 시월지교(十月之交)에 나오는 구절.
15 孼(얼) : 재난, 불행.
16 匪(비) : 비(非)와 통하는 부정사.
17 噂沓(준답) : '준'은 사람들이 모여드는 것, '답'은 말이 많은 것.
18 職競(직경) : '직'은 주로, 오로지. '경'은 다투는 것.

로 사람들이 도둑질을 하는 데에는 반드시 그 목적이 있다. 부족한 것에 대비하기 위해서가 아니라면, 풍족한 경우에는 여유를 더 늘리기 위해서이다.

그러나 성왕은 백성들 모두가 부유하고 여유가 있어서 풍족함을 알게 하되, 지나치게 남지는 않게 살아가도록 하였다. 그러므로 도둑이 남의 것을 훔치지 않고, 강도가 남을 칼로 찌르는 일이 없었다. 개나 돼지도 너무 잘 먹어 콩과 곡식을 뱉어 낼 정도이고, 농부나 상인 모두가 재물을 서로 남에게 사양한다. 풍속은 아름다워져서 남녀들이 길거리에서 남의 것은 갖지 않고 백성들은 떨어져 있는 물건을 줍는 것도 부끄러이 여긴다. 그러므로 공자께서도 "천하에 올바른 도가 행해지게 되면 도둑들이 가장 먼저 변화될 것이다."라고 말씀하셨다

비록 진주와 보옥을 시체에 가득 장식하고, 무늬를 수놓은 옷으로 관을 가득 채운 뒤, 겉관에는 황금을 가득 채우고, 그 위에 단사(丹砂)로 장식을 하고 다시 청동 장식을 보태며, 외뿔소 뿔과 상아를 광중(壙中)에 세우고, 낭간(琅玕)·용자(龍茲)·화근(華瑾) 같은 보석을 채워 놓는다 하더라도, 사람들은 그 무덤을 도굴하지 않는다. 그것은 어째서인가? 곧 이익을 추구하려는 욕심이 느슨해지고 자기 분수를 범하는 데 대한 부끄러움이 커졌기 때문이다.

어지러워진 지금 세상에서는 이와는 반대가 되었다. 임금은 무법으로 백성들을 부리고, 백성들은 법도에 어긋나게 행동하며, 지혜 있는 사람은 제대로 생각할 수가 없고, 능력 있는 사람은 제대로 다스릴 수가 없으며, 현명한 사람은 벼슬자리에 쓰일 수가 없다. 이렇게 되면 위로는 하늘이 내리는 본성을 잃고, 아래로는 땅이 주는 이익을 잃으며, 가운데로는 사람들의 화합을 잃는다.

그러므로 모든 일이 그릇되고, 재물이 부족해 재난과 혼란이 일어나며, 임금은 물자의 부족을 걱정하고, 서민들은 헐벗고 굶주려 지치고 쇠약해진다. 그렇게 되면 걸왕과 주왕 같은 악한 자들이 무리를 이루고, 도적들이 약탈을 행하여 임금자리도 위태로워지는 것이다. 사람들이 새나 짐승 같은 행동을 하면서 호랑이와 이리처럼 탐욕스러워진다. 그러므로 어른을 죽여 그의 살로 육포를 만들고, 어린아이를 불에 구워 먹게 될 것이다. 이렇게 된다면 남의 무덤을 도굴하고, 시체의 입을 벌려 그 안의 구슬을 꺼내어 자기 이익을 추구하는 것을 어찌 탓할 수가 있겠는가? 이런 상황이라면 맨몸으로 땅에 묻는다 하더라도 또한 반드시 도굴될 것이다. 어찌 장사지내 묻힌 채로 있을 수가 있겠는가? 그들은 시체의 살을 뜯어먹고 그 뼈라도 씹어 먹으려 할 것이다.

그러니 "태고적에는 간략하게 장사지냈기 때문에 도굴하지 않았는데, 어지러워진 지금 세상에 이르러서는 후히 장사를 지내어 도굴하게 되었다."고 말하는 것은, 바로 간사한 자들이 난설(亂說)로 어리석은 자들을 속여 그들을 진흙 구덩이에 빠뜨려 구차히 자기 이익을 취하려는 것이다. 이러한 것을 두고 크게 간사한 일이라 한다.

전하는 말에 "남을 위태롭게 함으로써 자기는 편안해지고, 남을 해침으로써 자기 이익을 추구한다."고 한 것은, 이런 자들을 두고 한 말이다.

| 원문 |

世俗之爲說者曰; 太古薄葬, 棺厚三寸, 衣衾[1]三領, 葬田不妨田,[2] 故不掘[3]也. 亂今厚葬, 飾棺, 故抇也.

是不及知治道, 而不察於扣不扣者之所言也. 凡人之盜也, 必以有爲,
不以備不足, 則以重有餘也.

而聖王之生民也, 皆使當厚[4]優猶[5]不知足,[6] 而不得以有餘過度. 故盜
不竊, 賊不刺, 狗豕吐菽粟, 而農賈皆能以貨財讓. 風俗之美, 男女自不
取於塗,[7] 百姓羞拾遺. 故孔子曰; 天下有道, 盜其先變乎!

雖珠玉滿體, 文繡充棺, 黃金充槨,[8] 加之以丹矸,[9] 重之以曾靑,[10] 犀
象以爲樹, 琅玕[11]龍茲華覲以爲實, 人猶且莫之扣也. 是何也? 則求利之
詭[12]緩, 而犯分之羞大也.

夫亂今然後反是. 上以無法使, 下以無度行, 知者不得慮, 能者不得
治, 賢者不得使. 若是, 則上失天性, 下失地利, 中失人和.

故百事廢, 財物詘,[13] 而禍亂起. 王公則病不足於上, 庶人則凍餒羸瘠[14]
於下. 於是焉桀紂羣居, 而盜賊擊奪以危上矣. 安禽獸行, 虎狼貪. 故脯
巨人[15]而炙嬰兒矣. 若是, 則有何尤扣人之墓, 抉[16]人之口, 而求利矣哉?

---

1 衣衾(의금) : 시체에 입히는 수의.
2 不妨田(불방전) : 밭농사에 방해가 되지 않게 장사지내는 것. 봉분이나 어떤 표식도 하지
   않고 땅 속에 묻는 것이다.
3 掘(굴) : 토굴을 가리킴. 뒤의 골(扣)도 같은 뜻임.
4 當厚(당후) : '당'은 부(富)의 잘못(王念孫), 부유한 것.
5 優猶(우유) : 여유가 있는 것.
6 不知足(부지족) : '부'는 잘못 끼어든 것임(楊倞).
7 塗(도) : 길. 도(途)와 같은 자.
8 槨(곽) : 덧관, 겉관. 곽(槨)으로도 씀.
9 丹矸(단안) : 단사(丹砂).
10 曾靑(증청) : 청동.
11 琅玕(낭간) : 용자・화근과 함께 보석의 이름.
12 詭(궤) : 꼭 하려는 생각, 욕심.
13 詘(굴) : 굴(屈)과 통하여, 부족한 것, 결핍한 것.
14 羸瘠(이척) : 지쳐서 쇠약해지다, 약하고 파리해지다.
15 巨人(거인) : 어른. 뒤의 영아(嬰兒)와 대가 됨.

雖此倮[17]而薶[18]之, 猶且必扣也, 安得葬薶哉? 彼乃將食其肉, 而齕[19]其骨也.

夫曰: 太古薄葬, 故不扣也, 亂今厚葬, 故扣也. 是特姦人之誤於亂說, 以欺愚者, 而潮陷[20]之. 以偸取利焉. 夫是之謂大姦.

傳曰: 危人而自安, 害人而自利. 此之謂也.

| 해설 |

장사를 간략히 지내야 한다는 주장으로는 『묵자(墨子)』의 절장(節葬) 편이 유명하며, 『여씨춘추(呂氏春秋)』에도 절상(節喪)·안사(安死) 등의 편이 있다. 여기에서는 후히 장사를 잘 지내는 것을 반대하는 속설이 특히 도굴과 관련지어져 있는 점을 신랄하게 비판하고 있다.

11

송자가 말하였다.

"모욕을 당해도 욕되지 않음을 밝히면 사람들은 싸우지 않는다. 사람들은 모두 모욕을 당하는 것을 욕되다고 여기기 때문에 싸운다. 모욕을 당해도 욕되지 않음을 알면 곧 싸우지 않는다."

---

16 扣(결): 째다. 옛날엔 장사지낼 때 죽은 이에게 큰 구슬을 물리는 습관이 있었다. 도굴꾼이 시체의 입을 째고 구슬을 꺼냄을 뜻한다. 『장자(莊子)』 외물(外物)편에는 도굴꾼들이 시체 입에 물린 구슬을 꺼내는 얘기가 나온다.
17 倮(나): 나체. 나(裸)와 같은 자.
18 薶(매): 땅에 묻다. 매(埋)와 같은 자.
19 齕(흘): 물어뜯다, 씹다.
20 潮陷(조함): '조'는 뇨(淖)의 잘못(盧文弨), 진흙에 빠뜨리다.

이에 대해 말하였다.

"그렇다면 또한 사람의 감정이 모욕을 싫어하지 않는다고 보는가?"

"싫어하지만 욕되다고 여기지는 않는다는 것이다."

내 생각으로는 그런 방법으로는 틀림없이 바라는 대로 싸우지 않도록 만들지 못할 것이다. 모든 사람들이 싸울 때는 반드시 그가 싫어하는 것으로 이유를 삼지, 그가 욕을 보았다는 이유로 싸우는 것은 아니다. 지금 배우나 난쟁이들이나 광대들이 욕을 먹고 모욕을 당해도 싸우지 않는 것이 어찌 바로 모욕을 당한 것이 욕되지 않음을 알기 때문이겠는가? 그런데도 싸우지 않는 것은 싫어하지 않기 때문이다.

지금 어떤 사람이 남의 집 개구멍으로 들어가 그 집의 돼지를 훔친다고 하자. 그러면 칼과 창을 들고서 그를 추격하여 죽고 다치는 것도 상관하지 않을 텐데, 이것이 어찌 돼지를 잃는 것을 욕되다고 여기기 때문이겠는가? 그런데도 싸움을 꺼리지 않는 것은 그것을 싫어하기 때문이다. 비록 모욕을 당하는 것을 욕되다고 여긴다 하더라도 싫어하지 않으면 싸우지 않는다. 비록 모욕을 당한 것이 욕되지 않음을 안다 하더라도 그것을 싫어하면 반드시 싸운다. 그러니 싸우고 싸우지 않는 것은 욕되고 욕되지 않는 것과 관계가 없으며, 바로 그것을 싫어하는가 싫어하지 않는가에 달려 있다.

지금 송자는 사람들이 모욕을 당하는 것을 싫어함은 이해하지 못하고서 사람들에게 욕되게 하지 말 것을 역설하고 있으니, 어찌 매우 잘못된 일이 아니겠는가? 쇠로 만든 혀로 입이 해지도록 떠든다 하더라도 아무 이익도 없을 것이다. 그것이 아무 이익도 없음을 알지 못한다면 무지한 것이고, 아무 이익도 없는 줄 알면서도 다만 그렇게 함으로써 사람들을 속이려 한다면 곧 어질지 못한 것이다. 어질지 못하고 무지한 것처럼 더 큰 욕됨은 없다. 사람들에게 이익이 있다고 생각하려 들겠지만 모두 사람들에게는 이익이 없는 것이니, 곧 큰 욕을 당하고서 물러나게 될 것이다. 논설에 있어서 이보다 병폐가 더 되는 일은 없을 것이다.

| 원문 |

子宋子¹曰; 明見侮²之不辱, 使人不鬪. 人皆以見侮爲辱, 故鬪也. 知見侮之爲不辱, 則不鬪矣.

應之曰; 然則亦以人之情爲不惡侮³乎?

曰; 惡而不辱也.

曰; 若是則必不得所求⁴焉. 凡人之鬪也, 必以其惡之爲說, 非以其辱之爲故也. 今俳優⁵侏儒⁶狎徒,⁷ 詈⁸侮而不鬪者, 是豈鉅⁹知見侮之爲不辱哉? 然而不鬪者, 不惡故也.

今人或入其央瀆,¹⁰ 竊其豬彘,¹¹ 則援¹²劍戟¹³而逐之, 不避死傷. 是豈

---

1 子宋子(자송자) : 앞의 천론편(天論篇)에 보인 송형(宋鈃). 그에게는 묵가적인 면과 도가적인 면이 있어 어떤 사람은 묵가에 넣기도 하나 지금은 도가에 속하는 사상가로 인정하는 사람들이 많다. 그것은 『장자』 소요유(逍遙遊)·천하(天下) 제편과 『관자(管子)』의 여러 편에 보이는 송자에 관한 기록에 근거를 둔 것이다.
2 見侮(견모) : 모욕을 당하다, 견은 피동을 나타냄.
3 惡侮(오모) : 모욕당함을 싫어하다.
4 所求(소구) : 구하는 바, 곧 사람들이 싸우지 않게 하려는 것.
5 俳優(배우) : 옛날 궁전에서 간단한 우스갯짓이나 가무를 해 사람들을 즐겁게 하는 사람들.
6 侏儒(주유) : 난쟁이. 난쟁이도 궁전에서 우스운 몸짓으로 사람들을 웃겼다.
7 狎徒(압도) : 재미있는 놀이를 해 사람들을 즐겁게 하는 사람들.
8 詈(리) : 욕을 먹는 것.
9 豈鉅(기거) : '거'는 거(遽)와 통하여, 바로의 뜻. '기거'는 어찌의 뜻으로 보아도 좋다. 이때 '거'는 뜻이 없는 어조사(王念孫).
10 央瀆(앙독) : 집의 수채 구멍, 개구멍.

以喪豬爲辱也哉? 然而不憚[14]鬪者, 惡之故也. 雖以見侮爲辱也, 不惡則不鬪. 雖知見侮爲不辱, 惡之則必鬪. 然則鬪與不鬪邪, 亡於[15]辱之與不辱也, 乃在於惡之與不惡也.

夫今子宋子不能解人之惡侮, 而務說人[16]以勿辱也, 豈不過甚矣哉? 金舌弊口,[17] 猶將無益也. 不知其無益, 則不知, 知其無益也, 直[18]以欺人, 則不仁. 不仁不知, 辱莫大焉. 將以爲有益於人, 則與無益於人也, 則得大辱而退耳. 說莫病是矣.

| 해설 |

도가에 속하는 송형의 비투론(非鬪論)을 반박한 글이다. 송형은 사람들이 싸우는 원인은 남을 욕되게 하기 때문이라 보고, 사람들이 비록 모욕을 당하더라도 욕됨을 느끼지 않게 함으로써 사람들 사이의 싸움을 없애려 하였다. 순자에 의하면 이것은 완전히 그릇된 생각이다. 사람들이 싸우는 원인은 욕을 당하기 때문이 아니라 상대방이 자기가 싫어하는 일을 하기 때문이라는 것이다.

어떻든 이 편의 본 뜻은 어떤 학설을 주장하는 사람은 이론이 공명정대해야 한다. 사람들은 어느 사물의 일부분만 보고 전부를 판단하기 때문에

---

11 豬彘(저체) : 돼지.
12 援(원) : 들다, 잡다.
13 戟(극) : 창.
14 憚(탄) : 꺼리는 것, 두려워하는 것.
15 亡於(무어) : ~에 달려 있지 않다, ~과 관계없다.
16 說人(세인) : 사람들을 설복시키는 것.
17 金舌弊口(금설폐구) : 쇠로 된 혀라 하더라도 해지도록 입을 놀리며 말하다. 곧 한없이 떠들어댄다는 뜻.
18 直(직) : 지(只)와 통하여, 다만.

그릇된 학설을 만든다는 제17편 천론(天論)의 끝 대목을 부연한듯 하다.

12

송자가 말하였다.

"모욕을 당해도 욕되게 여기지 않아야 한다."

그것에 대해 이렇게 말하고자 한다. 모든 이론은 반드시 표준이 되는 원칙을 세운 다음에야 이루어질 수가 있는 것이다. 표준이 되는 원칙이 없다면 곧 옳고 그름을 분별할 수 없고 송사의 판결도 할 수 없게 될 것이다. 그러므로 들은 바에 의하면 "천하의 위대한 표준은 옳고 그름이 나뉘어지는 경계이며, 분수와 직책과 명분과 법칙이 생겨나는 근본이어서, 왕자의 제도가 바로 그것이다."라고 한다. 그러므로 모든 이론과 명물은 성왕을 스승으로 삼지 않는 것이 없다.

그런데 성왕이 영예와 치욕을 분별하는 것은 바로 그 때문이다. 거기에는 각각 두 가지가 있다. 의로움에 의한 영예가 있고 권세에 의한 영예가 있으며, 의로움에 의한 치욕이 있고 권세에 의한 치욕이 있다.

마음과 뜻을 닦고 덕행이 두터우며 지혜와 생각이 밝으면, 이런 사람의 영예는 안으로부터 우러나오게 되는데, 바로 이런 것을 의로움에 의한 영예라 한다. 벼슬과 지위가 높고 받는 공부(貢賦)와 봉록이 두터우며 지위와 위세가 뛰어나서, 위로는 천자와 제후가 되고, 아래로는 경상(卿相)과 사대부가 되는 경우, 이런 사람의 영예는 밖으로부터 오는 것인데, 바로 이런 것을 권세에 의한 영예라 한다.

문란한 짓을 함부로 하고 더럽고 지저분한 짓을 하며, 분수를 넘어 사리를 어지럽히고 교만하고 포악하고 탐욕스럽고 이기적이라면, 이런 사람의 치욕은 안으로부터 우러나오게 되는데, 바로 이런 것을 의로움에 의한 치욕이라 한다. 욕을 먹고 모욕을 당하고 머리를 잡히고 손찌검을 당하며, 매를 맞고 다리를 잘리는 형벌을 받기도 하며, 목을 잘리거나 사지가 찢겨지는 형벌을 받기도 하며, 쇠사슬에 묶이고 재갈을 물리기도 한다면, 이런 사람의 치욕은 밖으로부터 오게 되는데, 바로 이것을 권세에 의한 치욕이라 한다. 이것이 영예와 치욕의 두 가지이다.

그러므로 군자에게는 권세에 의한 치욕은 있을 수가 있어도, 의로움에 의한 치욕은 있을 수가 없다. 소인에게는 권세에 의한 영예는 있을 수가 있어도, 의로움에 의한 영예는 있을 수가 없다. 권세에 의한 치욕을 받았다 해도 요임금 같은 이가 되는 데에 아무런 방해도 되지 않으며, 권세에 의한 영예는 걸왕 같은 포악한 자가 되는 데에 아무런 방해도 되지 않는다. 의로움에 의한 영예와 권세에 의한 영예는 오직 군자가 된 다음에야 같이 누릴 수가 있는 것이다. 의로움에 의한 치욕과 권세에 의한 치욕은 오직 소인만이 같이 받을 수가 있는 것이다. 이것이 영예와 치욕의 분계이다. 성왕은 그것을 법도로 삼고, 사대부들은 그것을 따라야만 할 도로 삼고, 벼슬아치들은 그것을 수칙으로 삼고, 백성들은 그것으로 풍속을 이루는데, 오랜 세월을 두고 바뀔 수 없는 원칙이다.

지금 송자만은 그렇지 않다. 홀로 비굴하게 치욕을 받아들임으로써 자기를 위하려 하고, 하루아침에 성왕의 도를 고치려 하고 있지만 그의 이론은 절대로 통하지 않을 것이다. 그는 마치 진흙을 뭉쳐 강과 바다를 메우고, 난쟁이가 태산을 머리에 이려 하는 것과 같다. 자빠지고 넘어지며 박살이 나는 것은 순식간일 것이다.

송자의 이론을 훌륭하다고 여기는 두세 명의 사람들은 아마도 그를 말리는 것이 좋을 것이다. 장차 그 자신이 해를 입을까 두렵기 때문이다.

| 원문 |

子宋子曰; 見侮不辱.

應之曰; 凡議, 必將立隆正[1]然後可也. 無隆正則是非不分, 而辨訟不決. 故所聞曰; 天下之大隆, 是非之封界,[2] 分職名象[3]之所起, 王制是也. 故凡言議期命[4]是非,[5] 以聖王爲師.

而聖王之分, 榮辱是也. 是有兩端矣, 有義榮者, 有埶榮者, 有義辱者, 有埶辱者.

志意脩, 德行厚, 知慮明, 是榮之由中出者也, 夫是之謂義榮. 爵列尊, 貢祿[6]厚, 形埶勝, 上爲天子諸侯, 下爲卿相士大夫, 是榮之從外至者也, 夫是之謂埶榮.

流淫[7]汙僈[8], 犯分亂理, 驕暴貪利, 是辱之由中出者也, 夫是之謂義辱. 詈侮[9]捽搏,[10] 捶笞[11]臏脚,[12] 斬斷枯磔,[13] 藉靡[14]舌縷,[15] 是辱之由外至者

---

1 隆正(융정) : 중정(中正)함(王先謙), 표준이 되는 원칙.
2 封界(봉계) : 나누어지는 경계.
3 分職名象(분직명상) : 분수와 직책과 명분과 법칙.
4 期命(기명) : 양경(楊倞)은 "기(期)란 물지소회(物之所會)이고, 명(命)은 명물(名物)이다"라고 설명하고 있다. 합쳐서 명물이라 번역하였다.
5 是非(시비) : '시'는 막(莫)의 잘못(王引之).
6 貢祿(공록) : 벼슬자리에 있는 사람이 받은 공물.
7 流淫(유음) : 함부로 문란한 짓을 하는 것.
8 汙僈(오만) : 오만(汚漫)과 같은 말. 더럽고 지저분한 짓을 하는 것.
9 詈侮(이모) : 욕하고 모욕하는 것.
10 捽搏(졸박) : 머리채를 잡고 휘두르고, 손으로 때리는 것.

也. 夫是之謂埶辱. 是榮辱之兩端也.

故君子可以有埶辱, 而不可以有義辱. 小人可以有埶榮, 而不可以有義榮. 有埶辱無害爲堯, 有埶榮無害爲桀. 義榮埶榮, 唯君子然後兼有之, 義辱埶辱, 唯小人然後兼有之. 是榮辱之分也. 聖王以爲法, 士大夫以爲道, 官人以爲守, 百姓以爲成俗, 萬世不能易也.

今子宋子案不然. 獨詘容[16]爲己, 慮一朝而改之, 說必不行矣. 譬之, 是猶以塼塗[17]塞江海也, 以焦僥[18]而戴太山也, 躓跌[19]碎折不待頃矣.

二三子之善於子宋子者, 殆不若止之. 將恐得傷其體也.

| 해설 |

송형이 "모욕을 당해도 욕되게 여기지 않는다."고 주장한 것을, 순자는 영예와 치욕을 내세우며 반박하고 있다. 부당한 외부의 권세에 모욕을 당하는 것은 욕이 되지 않지만, 그 스스로가 잘못 행동해 모욕을 당하거나 법을 어겨 형벌을 받는 것은 모두가 욕된 일이라는 것이다.

---

11 捶笞(추태) : 매를 치는 것, 곤장을 맞는 것.
12 臏脚(빈각) : 다리를 잘리는 형벌을 받는 것.
13 枯磔(고책) : 사지가 찢겨지는 형벌을 받는 것.
14 藉靡(자미) : 몸이 쇠사슬에 묶이는 것.
15 舌縸(설거) : 양경(楊倞)도 알 수 없다 하였다. 혀와 관계가 있으므로, "말을 못하게 재갈을 물린다"라고 번역하였다.
16 詘容(굴용) : 비굴하게 치욕을 받아들이다.
17 塼塗(전도) : '전'은 단(摶)의 잘못(盧文弨), 따라서 길의 진흙을 손으로 뭉치는 것.
18 焦僥(초요) : 키가 석 자밖에 안 되는 난쟁이 종족 이름(『史記』孔子世家).
19 躓跌(전질) : 넘어지고 미끄러지는 것, 자빠지고 넘어지다.

13

송자는 "사람들의 감정에는 욕망이 적은데, 사람들은 모두 자기의 감정에는 욕망이 많다고 생각하고 있으니, 그것은 잘못이다. 그 때문에 그의 무리와 제자들을 거느리고, 자기의 이론을 늘어놓고 비유를 들어 자기 주장을 밝힘으로써, 사람들에게 감정에는 욕망이 적음을 알리려 하는 것이다."라고 하였다.

거기에 대해 이렇게 말하고자 한다. 그렇다면 사람들의 감정은, 눈은 아름다운 색깔을 추구하려 하지 않고, 귀는 아름다운 소리를 추구하려 하지 않으며, 입은 단 맛을 추구하려 하지 않고, 코는 향기로운 냄새를 추구하려 하지 않으며, 몸은 안락함을 추구하려 하지 않는다는 것인가? 이러한 다섯 가지 오관(五官)의 욕구가 있는데도 사람들의 감정에는 바라는 것이 없다고 할 수 있겠는가? 바로 그것은 사람의 감정 속의 욕망인 것이다.

그렇다면 그의 이론은 절대로 통할 수가 없을 것이다. 사람들의 감정에는 이상과 같은 다섯 가지 오관의 욕구가 있는데도 욕망이 많지 않다고 하는 것은, 마치 사람들의 감정은 부귀를 바라고 있는데도 재물을 바라지 않는다고 하는 것과 같고, 아름다운 것을 좋아하는데도 미인 서시(西施)를 싫어한다고 하는 것과 같다.

그 때문에 옛날 사람들은 그렇지 않다고 여겼다. 사람들의 감정에는 욕망이 많고 욕망이 적지 않다고 여겼다. 그러므로 상을 주어 부유하게 해주고, 형벌을 내려 줄어들고 손상받도록 하였다. 그것은 모든 왕자들이 다 같았던 점이다. 그러므로 가장 현명한 사람은 천자가 되어 천하를 녹으로 받고, 다음으로 현명한 사람은 제후가 되어 한 나라를 녹으로 받고, 약간 현명한 사람은 사대부가 되어 밭과 고을을 녹으로 받고, 성실하고 올바른 백성들은 의식 생활을 완전히 할 수 있었던 것이다.

이러한데도 송자는 사람들의 감정에는 욕망이 적고 욕망이 많지 않다고 주장하고 있다. 그렇다면 옛 임금들은 사람들이 바라지 않는데도 상을 내리고, 사람들이 바라기 때문에 벌을 주었다는 말인가? 혼란이 이보다 더 클 수가 없을 것이다.

지금 송자는 어엿한 모습으로 자기 이론을 좋아하면서, 문도들을 모아 놓고 스승이니 학문이니 하면서 글을 쓰고 있다. 그러나 그의 이론은 지극한 다스림을 지극한 혼란이라고 하는 결과를 면할 수가 없을 것이니, 어찌 잘못이 심하다고 하지 않겠는가?

| 원문 |

子宋子曰; 人之情, 欲寡, 而皆以已之情爲欲多, 是過也. 故率其羣徒, 辨其談說, 明其譬稱,[1] 將使人知情欲之寡也.

應之曰; 然則亦以人之情爲欲,[2] 目不欲綦[3]色, 耳不欲綦聲, 口不欲綦味, 鼻不欲綦臭, 形不欲綦佚. 此五綦者, 亦以人之情爲不欲乎? 曰; 人之情欲是已.

曰; 若是則說必不行矣. 以人之情爲欲此五綦者, 而不欲多, 譬之是猶以人之情爲欲富貴, 而不欲貨也, 好美而惡西施[4]也.

古人爲之不然. 以人之情爲欲多, 而不欲寡, 故賞以富厚, 而罰以殺

---

1 譬稱(비칭) : 비유를 드는 것.
2 人之情爲欲(인지정위욕) : '欲'자가 잘못 끼어들었음(盧文弨).
3 綦(기) : 아름다움을 추구하는 것.
4 西施(서시) : 춘추 시대 월나라의 미녀 이름.

損⁵也, 是百王之所同也. 故上賢祿天下, 次賢祿一國, 下賢祿田邑. 愿慤之民完衣食.

今子宋子以是之情爲欲寡, 而不欲多也. 然則先王以人之所不欲者賞, 而以人之所欲者罰邪? 亂莫大焉.

今子宋子嚴然⁶而好說, 聚人徒, 立師學, 成文曲.⁷ 然而說不免於以至治爲至亂也, 豈不過甚矣哉!

| 해설 |

"사람의 감정에는 욕망이 적다"는 송형의 주장을 순자는 나라의 상벌제도까지 동원하며 반박하고 있다.

---

5 殺損(쇄손) : 덜어 주고 손상시키는 것.
6 嚴然(엄연) : 어엿한 모양, 의젓한 모양.
7 文曲(문곡) : '곡은 전(典)의 잘못(王念孫), 문장.

제19편

예의에 대하여 논함

禮論

　순자는 사회의 질서를 올바로 유지하기 위해서는 사람들의 신분에 알맞는 예가 필요하다고 하였다. 여기에서는 예가 바로 나라를 흥하게 하는 요건이며, 개인도 예를 통해 올바른 자신을 유지할 수 있다고 주장하고 있다. 이 편의 후반에서는 특히 장사 지내는 의식에 대해 자세히 설명하고 있다. 유가에서는 산 사람보다도 죽은 이에 대한 예를 매우 중시하기 때문이다. 이 예는 순자 사상의 중심을 이룬다 해도 과언이 아니므로 특히 주의해 읽어야 한다. 장사 지내는 의식에 이어 제사 지내는 의식에 대한 설명도 나오는데, 다만 그의 제사에 대한 기본 태도는 죽은 이를 위한 것이기보다는 산 사람을 위한 것이라는 합리적인 해석이 눈길을 끈다.

1

예는 어디서 생겨났는가? 사람은 나면서부터 욕망이 있는데, 바라면서도 얻지 못하면 곧 추구하지 않을 수 없고, 추구함에 일정한 기준과 한계가 없다면 곧 다투지 않을 수 없게 된다. 다투면 어지러워지고 어지러워지면 궁해진다. 옛 임금들께서는 그 어지러움을 싫어하셨기 때문에 예의를 제정해 이들의 분계를 정함으로써, 사람들의 욕망을 충족시켜 주고 사람들이 원하는 것을 공급케 하였던 것이다. 그리하여 욕망은 반드시 물건에 궁해지지 않도록 하고, 물건은 반드시 욕망에 부족함이 없도록 해, 이 두 가지가 서로 균형 있게 발전하도록 하였는데, 이것이 예가 생겨난 이유이다.

그러므로 예란 욕망을 충족시켜 주는 것이다. 예에 정해진 소·돼지와 벼·수수와 여러 가지 조화된 맛은 입을 충족시켜 주는 것이다. 산초(山椒)와 난초 및 향기로운 것들은 코를 충족시켜 주는 것이다. 여러 가지 조각과 보불 같은 무늬와 채색은 눈을 충족시켜 주는 것이다. 종과 북과 피리와 경(磬)과 금(琴)과 슬(瑟)과 우(竽)와 생황(笙簧)은 귀를 충족시켜 주는 것이다. 탁 트인 방과 웅장한 궁정과 돗자리와 침대와 안석과 방석은 몸을 충족시켜 주는 것이다.

그러므로 예란 욕망을 충족시켜 주는 것이다. 군자가 이미 그의 욕망을 충족시켰다면 또 그 분별을 좋아할 것이다. 분별이란 무엇을 말하는가? 그것은 귀하고 천한 등급이 있고, 어른과 어린이의 차별이 있고, 가난한 사람과 부자의 가볍고 무거움이 있어, 모두 알맞게 어울리고 있음을 뜻하는 것이다.

| 원문 |

禮起於何也? 曰; 人生而有欲, 欲而不得, 則不能無求, 求而無度量[1] 分界, 則不能不爭. 爭則亂, 亂則窮. 先王惡其亂也, 故制禮義以分之, 以養人之欲, 給人之求, 使欲必不窮乎物, 物必不屈於欲, 兩者相持而 長, 是禮之所起也.

故禮者, 養也. 芻豢[2]稻粱,[3] 五味調香,[4] 所以養口也. 椒蘭芬苾,[5] 所以 養鼻也. 雕琢[6]刻鏤,[7] 黼[8]黻[9]文章, 所以養目也. 鐘鼓管磬, 琴瑟竽笙, 所 以養耳也. 疏房[10]檖貌,[11] 越席[12]牀第[13]几筵,[14] 所以養體也.

故禮者, 養也. 君子旣得其養, 又好其別. 曷[15]謂別? 曰; 貴賤有等, 長幼有差, 貧富輕重皆有稱者也.

| 해설 |

예란 사람들의 요구를 충족시키기 위해 생겨난 법도이다. 멋대로 버려

---

1 度量(도량) : 일정한 길이나 양.
2 芻豢(추환) : 소 돼지 같은 가축.
3 稻粱(도량) : 벼와 수수(또는 기장). 모두 예에 정해져 있는 가축과 곡식을 뜻함.
4 調香(조향) : '향은 和(화)로 쓰는 것이 옳으며 조화의 뜻(王念孫).
5 芬苾(분필) : 향기로운 것들.
6 雕琢(조탁) : 구슬 같은 데 조각하는 것.
7 刻鏤(각루) : 쇠 같은 데 조각하는 것.
8 黼(보) : 제5편 비상 제8절 참조.
9 黻(불) : 제5편 비상 제8절 참조.
10 疏房(소방) : 탁 트인 방.
11 檖貌(수모) : '수'는 수(邃), '모'는 묘(廟)의 뜻으로 깊숙한 묘당, 웅장한 궁전(楊倞).
12 越席(월석) : 돗자리.
13 牀第(상자) : '상'은 지금의 침대, '자'는 대를 엮어 침대 위에 깐 것. 그러나 두 자를 합 쳐 보통 침대의 뜻으로 쓴다.
14 几筵(궤연) : 안석과 방석. 사람이 죽었을 때 신을 모시기 위해 궤연을 마련하기도 한다.
15 曷(갈) : 어찌, 무엇을.

두면 사람들의 수요와 공급이 제대로 균형 잡히지 않을 것이므로, 예로써 이에 차질이 없도록 조절해야 한다.

사람들의 욕구가 충족되면 이와 함께 사회적 신분의 분별이 요구된다. 이러한 신분의 분별을 균형 잡히도록 만드는 것도 예라는 것이다. 따라서 예는 윤리적인 질서, 경제적인 질서를 유지해 사회를 안정시키는 역할을 한다.

2

그러므로 천자가 대로(大輅)에 돗자리를 까는 것은 몸의 욕망을 충족시키려는 것이다. 곁에 택지(睪芷) 같은 향초를 놓는 것은 코의 욕망을 충족시키려는 것이다. 앞에 가로댄 나무에 조각을 하는 것은 눈의 욕망을 충족시키려는 것이다. 말방울 소리가 걸을 때는 무(武)와 상(象)의 음악에 들어맞고, 달릴 때는 소(韶)와 호(護) 음악에 들어맞는 것은 귀의 욕망을 충족시키려는 것이다.

용 그린 깃발에 아홉 개의 실띠가 달려 있는 것은 임금을 믿고 받들게 하려는 것이다. 엎드린 외뿔소와 호랑이를 수레바퀴에 그리고, 교룡(蛟龍)을 말 뱃대끈에 그리고, 비단실로 수레 덮개를 짜고, 멍에 양 옆 끝에 용을 그려 놓는 것은 임금의 위엄을 받들게 하려는 것이다.

그러므로 대로의 말은 반드시 몇 배의 공을 들이고 순하게 가르친 다음에야 수레를 끌게 하는 것이니, 그것은 임금의 편안함을 받들게 하려는 것이다.

신하는 나가 죽고 절의를 지키는 것은 삶을 보양하기 위한 것임을 잘 알아야 한다. 비용을 대고 그것을 쓰는 것은 재물을 늘리기 위한 것임을 잘 알아야 한다. 공경하고 사양하는 것은 안락함을 간직하기 위한 것임을 잘 알아야 한다. 예의와 형식은 감정을 보양하기 위한 것임을 잘 알아야 한다.

그러므로 사람이 구차히 삶만을 찾는다면 반드시 죽게 될 것이다. 구차하게 이익만을 찾는다면 반드시 손해를 볼 것이다. 구차하게 게으름 피고 놀고먹는 것을 편안하게 여긴다면 반드시 위태로워질 것이다. 구차하게 감정적으로 기뻐함을 즐거움으로 삼으면 반드시 멸망할 것이다.

그러므로 사람이 예의 하나로 통일되면 두 가지를 다 얻게 되고, 감정과 성질 하나로 통일되면 두 가지를 다 잃게 될 것이다.

그러므로 유자란 사람들로 하여금 두 가지를 다 얻게 하는 사람들이고, 묵자란 사람들로 하여금 두 가지를 다 잃게 하는 자들이다. 이것이 유가와 묵가의 분별이다.

| 원문 |

故天子大路[1]越席, 所以養[2]體也. 側載睪芷,[3] 所以養鼻也. 前有錯衡,[4] 所以養目也. 和鸞[5]之聲, 步中武象,[6] 趨中韶護,[7] 所以養耳也.

---

1 大路(대로) : '로'는 로(輅)로도 쓰며, 천자가 타는 큰 수레.
2 養(양) : 여기서는 경우에 따라 욕망을 충족시킨다, 받든다, 늘린다 등 여러 가지로 번역될 수 있다.
3 睪芷(택지) : 택지(澤芷)로도 쓰며, 향기로운 풀의 일종.
4 錯衡(착형) : 수레 앞에 가로댄 나무에 조각을 하는 것.
5 和鸞(화란) : '화'는 수레 앞턱 나무, '란'은 멍에에 달린 방울. 여기서는 말방울이라 번역하였다.
6 武象(무상) : '무'는 무무(武舞), 무왕의 공적을 상징한 악무(樂舞). '상'은 상무(象舞), 무왕이 문왕의 일을 본떠 칭송하는 뜻에서 만들었다는 악무.

龍旗九斿,⁸ 所以養信也. 寢兕⁹持虎¹⁰蛟韅¹¹絲末¹²彌龍,¹³ 所以養威也.
故大路之馬, 必倍至¹⁴敎順, 然後乘之, 所以養安也.
孰¹⁵知夫出死要節之所以養生也. 孰知夫出費用之¹⁶所以養財也. 孰知夫恭敬辭讓之所以養安也. 孰知夫禮義文理之所以養情也.
故人苟生之爲見, 若者必死. 苟¹⁷利之爲見,¹⁸ 若者必害. 苟怠惰¹⁹偸儒²⁰之爲安, 若者必危. 苟情說²¹之爲樂, 若者必滅.
故人一之於禮義, 則兩²²得之矣, 一之於情性, 則兩喪之矣.
故儒者將使人兩得之者也, 墨者將使人兩喪之者也. 是儒墨之分也.

| 해설 |

예절에는 형식적인 규제가 많지만 그것은 사람들의 신분과 욕망을 적절히 조절해 모두가 만족스러운 생활을 하기 위한 것이다. 여기서는 주로

---

7 韶護(소호) : '소'는 순임금의 악무. '호'는 호(濩)로도 쓰며 은나라 탕임금의 악무.
8 斿(유) : 깃발에 달린 실띠.
9 寢兕(침시) : 엎드려 있는 외뿔소. 옛날 수레 양편 바퀴에 그렸었다.
10 持虎(지호) : 특호(特虎)로 쓰는 것이 옳으며(盧文弨), 옛날 수레 앞바퀴에 그렸던 호랑이 무늬.
11 蛟韅(교현) : 교룡의 무늬가 그려진 말 뱃대끈.
12 絲末(사말) : '말은 멱(幦)과 통해 수레 덮개, '사말'은 비단 실로 짜서 만든 수레 덮개.
13 彌龍(미룡) : 멍에 양끝에 용을 그려 놓은 것.
14 倍至(배지) : 몇 배 지극한 공을 들이는 것.
15 孰(숙) : 숙(熟)과 통해 익히, 잘.
16 出費用之(출비용지) : 남에게 돈을 쓰고 예물을 보내 주고 하는 것.
17 苟(구) : 구차하게.
18 爲見(위견) : 본다, 안다, 찾는다.
19 怠惰(태타) : 게으름 피는 것.
20 偸儒(투유) : 놀고먹는 것.
21 情說(정열) : 감정적으로 기뻐하는 것.
22 兩(양) : 예의와 성정 두 가지. 또는 예의와 욕망의 충족.

임금의 수레의 형식적인 여러 가지 규제의 의의를 설명하고, 뒤에서는 신하로서의 예절을 설명하고 있다.

예의란 형식적인 규제이지만 그러한 규제는 사실은 더 큰 욕망의 충족을 위한 것에 불과하다. 보기를 들면 남에게 돈을 쓴다는 것은 더 큰 이익을 얻으려는 목적이 있는 것과 같다. 그리고 논리를 비약시켜 예를 숭상하는 유가는 형식적인 예의와 함께 사람들의 욕구를 충족시켜 주려는 학파이고, 형식적인 예를 부정하는 묵가는 사람들의 욕구 충족은 물론 형식적인 수식조차도 얻지 못하게 하는 나쁜 학파라는 것으로 결론짓고 있다.

3

예에는 세 가지 근본이 있다. 하늘과 땅은 생명의 근본이고, 선조는 종족의 근본이고, 훌륭한 임금은 다스림의 근본이다. 하늘과 땅이 없다면 어떻게 생명이 있겠는가? 선조가 없다면 사람이 어디서 나왔겠는가? 훌륭한 임금이 없다면 어떻게 다스려지겠는가? 세 가지 중에 어느 하나가 없어도 안락한 사람은 없을 것이다. 그러므로 예는 위로는 하늘을 섬기고 아래로는 땅을 섬기며 선조를 높이고 훌륭한 임금을 존중해야 한다. 이것이 예의 세 가지 근본이다.

그러므로 왕자는 그의 시조를 하늘과 나란히 제사 지내며, 제후는 그의 시조의 묘를 감히 부수지 못하며, 대부와 사(士)들도 언제나 제사 지낼 시조가 있는 것이다. 이것은 시조를 존숭하는 분별이 되는데, 시조를 존중하는 것은 도덕의 근본이다.

하늘을 제사 지내는 교제(郊祭)는 천자만이 지내고, 땅을 제사 지내는 사제(社祭)는 제후로부터 사대부들에 이르기까지 모두 지낼 수 있다. 이것은 존귀한 사람은 존귀한 것을 섬기고 낮은 사람은 낮은 것을 섬기며, 커야 할 사람은 마땅히 커야 하고 작아야 할 사람은 마땅히 작아야 함을 분별하려는 것이다.

그러므로 천하를 지배하는 사람은 칠대의 조상을 모시고, 한 나라를 지배하는 사람은 오대의 조상을 모시고, 오승(乘)의 땅을 지닌 사람은 삼대의 조상을 모시고, 삼승(乘)의 땅을 지닌 사람은 이대의 조상을 모시며, 자기 손으로 벌어먹는 사람은 종묘를 세우지 못한다. 이것은 공적이 두터움을 구별하려는 것이니, 공적이 많으면 후세까지 은택이 널리 미치고, 공적이 적으면 후세에 은택이 좁게 미친다는 것이다.

| 원문 |

禮有三本. 天地者, 生之本也, 先祖者, 類[1]之本也, 君師[2]者, 治之本也. 無天地, 惡[3]生? 無先祖, 惡出? 無君師, 惡治? 三者偏亡,[4] 焉無安人. 故禮, 上事天, 下事地, 尊先祖而隆君師. 是禮之三本也.

故王者天太祖,[5] 諸侯不敢壞,[6] 大夫士有常宗, 所以別貴始. 貴始, 得[7]之本也.

郊[8]止乎天子, 而社[9]止於諸侯, 道[10]及士大夫. 所以別尊者事尊, 卑者

---

1 類(류) : 종족, 집안사람들.
2 君師(군사) : 남의 스승이 될 만한 훌륭한 임금.
3 惡(오) : 어디서, 어찌, 어떻게.
4 偏亡(편무) : 한 부분만이라도 없다면.
5 天太祖(천태조) : 시조를 하늘과 동격으로 높여 제사 지내는 것.
6 壞(괴) : 자기 시조의 종묘를 부수고 딴 곳으로 옮김을 뜻함.
7 得(득) : 덕(德)으로 되어 있는 것이 옳다, 도덕.

事卑, 宜大者巨, 宜小者小也.

故有天下者事十世,[11] 有一國者事五世, 有五乘[12]之地者事三世, 有三乘之地者事二世, 持手而食者, 不得立宗廟. 所以別積厚,[13] 積厚者流澤[14]廣, 積薄者流澤狹也.

| 해설 |

예에는 하늘과 땅, 선조, 훌륭한 임금이라는 세 가지 근본이 있다. 이 세 가지를 바탕으로 인간 관계의 서열을 통해 질서가 이루어진다. 이러한 인간의 구별이나 서열은 그 자신의 행동이 바탕이 된 것이므로 이것은 극히 자연스러운 것이다.

4

선조들을 모두 함께 제사 지내는 대향(大饗)에는 물을 담은 술그릇을 위에 놓고 생선을 제기에 담고 양념을 하지 않은 국을 먼저 올리는데, 손 안 간 음식의 근본을 귀하게 여기기 때문이다. 사철 지내는 종

---

8 郊(교) : 하늘을 제사 지내는 것.
9 社(사) : 땅을 제사 지내는 것. 밑의 지(止)는 지(至)로 되어 있는 것이 옳으며(王先謙), 천자로부터 제후에 이르기까지의 뜻.
10 道(도) : 통용의 뜻.
11 十世(십세) : '십'은 칠(七)로 됨이 옳으며『穀梁傳』·『大戴禮』·『史記』가 모두 칠로 되어 있음), 칠대의 조상.
12 乘(승) : 수레의 수. '오승'의 땅이란 오십 리 사방의 땅으로 대부들의 채읍(采邑)을 가리킴.
13 積厚(적후) : '적'은 적(績)과 통해 공적이 두터운 것.
14 流澤(유택) : 은택이 후세까지 흐르는 것.

묘 제사인 향(饗)에서는 물을 담은 술그릇을 위에 놓고서 술과 단술을 쓰며, 메기장과 찰기장을 먼저 올리고 쌀과 수수로 밥을 지으며, 달마다 지내는 제사에서는 양념을 하지 않은 국을 올리고 여러 가지 제철 음식은 배불리 먹을 수 있도록 하는데 음식의 근본을 귀하게 여기면서도 실용을 가까이 하려는 때문이다.

근본을 귀하게 여기는 것은 형식적인 수식이라 할 것이며, 실용을 가까이 하는 것은 합리적인 것이라 하겠는데, 이 두 가지가 합쳐 예의 형식을 이루어 옛 이상으로 귀결된다. 이것을 일컬어 크게 융성한 것이라 말한다.

그러므로 술그릇은 맹물을 담아 위에 놓는 것과, 제기는 생선을 담아 위에 놓는 것과, 제기는 양념 안한 국을 먼저 올리는 것이 모두 옛 이상으로서는 동일하다. 제사가 끝나면 시동(尸童)은 술을 맛보지 않는 것과, 졸곡(卒哭) 제사에서는 시동은 제기의 음식을 맛보지 않는 것과, 세 번 밥을 먹은 뒤 시동은 더 이상 먹지 않는 것은 예식이 끝나면 소박함으로 돌아간다는 데 있어서 한가지이다.

결혼해서 아직 초례를 치르지 않고 있을 때와, 종묘에 아직 시동이 들어오기 전과, 사람이 죽었는데 아직 염을 안했을 때는, 태고적과 같다는 점에서 한가지이다. 대로에 흰 비단 덮개를 다는 것과, 하늘에 교제를 지낼 때는 삼베 관을 쓰는 것과, 상복에 먼저 밑으로 늘어뜨린 삼 띠〔麻帶〕를 매는 것은, 소박하다는 점에서 한가지이다. 삼년상에서 곡을 할 때는 곡절을 넣지 않는 것과, 종묘에서 노래할 때는 한 사람이 노래하면 세 사람만이 화하는 것과, 제악에서 한 개의 종을 달아 놓고 두드리는 악기를 숭상하며, 금슬의 줄은 붉은 비단실을 꼬아 만들어 소리가 트이면서도 둔하게 만드는 것은 검소하다는 점에서 한가지이다.

| 원문 |

大饗,¹ 尙²玄³尊,⁴ 俎⁵生魚, 先大羹,⁶ 貴食飮之本也. 饗,⁷ 尙玄尊而用酒醴,⁸ 先黍⁹稷¹⁰而飯稻¹¹粱,¹² 祭¹³齊¹⁴大羹而飽庶羞,¹⁵ 貴本而親用也.

貴本之謂文,¹⁶ 親用之謂理, 兩者合而成文,¹⁷ 以歸太一.¹⁸ 夫是之謂大隆.¹⁹

故尊之尙玄酒也, 俎之尙生魚也, 俎之先大羹也, 一也.²⁰ 利爵不醮²¹

---

1 大饗(대향) : 선조를 합제(合祭)하는 것.
2 尙(상) : 상(上)과 통해 위에 놓는 것.
3 玄(현) : 현주(玄酒), 맹물.
4 尊(준) : 준(樽)과 통해 술그릇.
5 俎(조) : 제기, 제사 지낼 때 고기 같은 것을 담는 그릇.
6 大羹(대갱) : 양념을 하지 않은 고깃국.
7 饗(향) : 사철에 따라 종묘에 지내는 제사.
8 醴(례) : 단술.
9 黍(서) : 메기장.
10 稷(직) : 차기장.
11 稻(도) : 벼, 여기서는 쌀.
12 粱(량) : 수수.
13 祭(제) : 달마다 지내는 제사.
14 齊(제) : 제(躋)와 통하여(俞樾), 제상에 제물을 올리는 것.
15 庶羞(서수) : 여러 가지 제철 음식.
16 文(문) : 수식, 형식적인 수식.
17 成文(성문) : 예의 형식을 이루는 것.
18 太一(태일) : 옛날의 이상적인 시대.
19 隆(융) : 융성의 뜻.
20 一也(일야) : 옛날 이상적인 시대처럼 음식의 근본을 존중한다는 점에서 같은 뜻을 지닌 예라는 뜻이다.
21 利爵不醮(이작불초) : '이'는 제사 지낼 때 음식 시중 드는 사람. 제사가 끝날 때 이가 제관인 축(祝)에게 술잔을 건네주면, 그는 술잔을 올리지만 시동(尸童)은 맛도 보지 않는다. 이것은 제사가 끝났음을 뜻한다. 시동은 제사를 받는 신의 대신 역할을 하는 사람.

也, 成事[22]之俎不嘗也, 三臭[23]之不食也, 一也.

大昏[24]之未發齊[25]也, 太廟之未入尸[26]也, 始卒[27]之未小斂[28]也, 一也. 大路之素未集[29]也, 郊[30]之麻絻[31]也, 喪服之先散麻[32]也, 一也. 三年之喪, 哭之不文[33]也, 淸廟[34]之歌, 一倡而三歎[35]也, 縣[36]一鍾, 尙拊[37]之膈,[38] 朱絃[39]而通越[40]也, 一也.

---

22 成事(성사) : 졸곡(卒哭) 제사. 졸곡은 곡을 끝냈다는 뜻으로, 초상난 지 보통 사람은 석 달, 대부는 다섯 달, 제후는 일곱 달만에 졸곡을 한다.
23 三臭(삼취) : 제사 지낼 때 시동은 밥을 세 번 먹고는 더 이상 먹지 않는다. '취'는 냄새를 맡는 것인데, 신은 밥의 기운만 먹는다는 뜻에서 취라 한 것이다.
24 大昏(대혼) : 결혼식.
25 未發齊(미발제) : 초례를 아직 치르지 않은 것, '제'는 초례 곧 결혼 의식.
26 尸(시) : 시동(尸童), 제사 지낼 때 제사를 받는 신이나 조상 역할을 대신하는 사람. 아이들이 이 역할을 맡아 '시동'이라 불렀다.
27 始卒(시졸) : 처음 사람이 죽은 것.
28 斂(렴) : 죽은 이의 몸을 씻은 뒤에 시의(尸衣)를 입히는 것.
29 素未集(소미집) : '미'는 말(末)의 잘못, '말'은 멱(幦)과 통해 수레 뚜껑. '집'은 주(幬)와 통해 수레 휘장. '소미집'은 흰 비단으로 만든 수레 뚜껑과 휘장(俞樾).
30 郊(교) : 하늘에 지내는 제사.
31 麻絻(마문) : 상복처럼 삼실을 꼬아 만든 관.
32 散麻(산마) : 상복의 삼베 띠를 흩뜨려 늘어뜨리는 것. 옛날 상례에선 염을 마친 뒤 상주는 산마를 하였으며, 정식으로 상복을 입게 되면 삼베 띠를 제대로 맸다.
33 不文(불문) : 곡절이 없는 것, 곡을 함에 굽이굽이 넘어가게 하지는 않는 것.
34 淸廟(청묘) : 종묘. 청결하다는 뜻에서 그렇게도 부른다. 혹은 문왕을 기린 악장의 뜻도 된다. 따라서 청묘지가(淸廟之歌)는 종묘에서 노래할 때 또는 청묘의 노래를 부를 때의 두 가지로 해석할 수 있다.
35 一倡而三歎(일창이삼탄) : 한 사람이 노래하면 세 사람이 따라 탄식한다(곧 화한다는 뜻).
36 縣(현) : 현(懸)과 통해 타악기를 치는 것.
37 拊(부) : 타악기를 두드리는 것.
38 膈(격) : 격(擊)과 통해 타악기를 치는 것.
39 朱絃(주현) : 슬(瑟)에 붉은 비단실로 끈 줄을 매는 것.
40 通越(통월) : 소리가 트이고도 둔한 것.

| 해설 |

여기서는 실제적인 보기를 들어가면서 예의 근본적인 문제를 설명하고 있다. 예에는 사람의 감정을 넘어선 인위적인 수식성이 있는 반면, 사람들의 감정에 맞는 합리적인 면도 있다. 순자는 앞의 경우를 근본을 귀중히 여기는 것이라 하고 뒤의 경우를 실용에 가까이 하는 것이라 구별해 대조시키면서 설명하고 있다. 그런데 훌륭한 예란 이와 같은 인위적인 수식성과 합리성이 모두 어울려 있어야만 된다고 하였다. 곧 어떤 예라도 예의 근본을 소홀히 해서는 안 되지만 실용성과 거리가 멀어도 안 된다는 것이다. 그래서 여러 가지 실용적인 보기를 들어가면서 그것이 예의 근본과 어떤 관계에 있는가를 설명하고 있다.

5

모든 예는 소탈함에서 시작하여 형식적인 수식에서 완성되며 쾌락에서 끝을 맺는다. 그러므로 지극히 잘 갖추어진 예는 감정과 형식을 모두 다하고 있으며, 그 다음의 예는 감정이나 형식 어느 한편에 치우쳐 있으며, 가장 하급의 예는 감정에만 치우쳐 있으나 옛날의 소박함으로 귀결된다.

하늘과 땅은 예로써 합치되고 해와 달도 예로써 밝으며, 사철은 예로써 차례를 이루고 별의 운행도 예로써 행해지며, 강물은 예로써 흐르고 만물도 예로써 번창하며, 좋고 나쁜 것도 예로써 조절되고 기쁨과 노여움도 예로써 합당하게 된다. 아랫자리에 있으면 순종을 하고 윗자리에 있으면 밝게 다스려 만물이 변화해도 어지러워지지 않는다. 예를 어기면 곧 망하게 된다. 예야말로 어찌 지극한 것이 아니겠는가?

융성한 예를 세워서 법도로 삼는다면 천하에 그 누구도 그것에 더하거나 덜지 못한다. 근본과 종말이 순리하며 처음과 끝이 서로 호응해 지극히 형식적인 수식으로 분별하고 지극한 관찰을 통해 판단하는 것이 예이다. 천하에 이를 따르는 사람은 다스려지고 이를 따르지 않는 사람은 혼란에 빠질 것이며, 이를 따르는 사람은 안락해지고 따르지 않는 사람은 위태로워질 것이며, 이를 따르는 사람은 생존하고 이를 따르지 않는 사람은 망할 것이다. 소인들로서는 헤아릴 수도 없는 일일 것이다.

| 원문 |

凡禮, 始乎悅,[1] 成乎文, 終乎悅[2]校.[3] 故至備, 情文俱盡, 其次, 情文代勝,[4] 其下, 復情以歸大一[5]也.

天地以合, 日月以明, 四時以序, 星辰以行, 江河以流, 萬物以昌, 好惡以節, 喜怒以當. 以爲下則順, 以爲上則明, 萬變變而不亂. 貳之[6]則喪[7]也. 禮豈不至矣哉?

立隆[8]以爲極,[9] 而天下莫之能損益也. 本末相順, 終始相應, 至文以有別, 至察以有說.[10] 天下從之者治, 不從者亂, 從之者安, 不從者危, 從

---

1 悅(탈) : 『사기(史記)』에 탈(脫)로 되어 있으며 소탈함의 뜻(楊倞).
2 悅(열) : 기쁜 것.
3 校(교) : 효(恔)로 쓰는 것이 옳으며(郝懿行), 유쾌, 쾌락의 뜻.
4 代勝(대승) : 이 편이 더하였다 저 편이 더하였다 하는 것.
5 大一(태일) : 옛적의 꾸밈없이 소박하던 것.
6 貳之(이지) : 예에 위배되는 것.
7 喪(상) : 멸망의 뜻.
8 隆(융) : 융성함. 잘 갖추어진 예를 뜻함.
9 極(극) : 법도, 규범.

之者存, 不從者亡. 小人不能測也.

| 해설 |

예란 소박한 사람의 감정에서부터 시작해 극도로 발달한 형식적인 수식에까지 미친다. 따라서 예란 바로 사람의 행동이나 사회적 질서의 규범이 될 뿐만 아니라, 하늘과 땅의 변화나 해와 달의 운행, 만물의 성장 등 자연 질서와도 부합되는 것이다. 그러므로 예는 다스림의 근본이 된다. 예를 따르면 흥하고 어기면 망한다는 것은 바로 자연의 섭리이다. 군자가 아닌 소인들은 이런 원리를 알기조차도 어려울 것이다.

6

예의 원리는 정말로 심오하다. 굳은 것과 흰 것〔堅白〕이나 같기도 하고 다르기도 한 것〔同異〕 등의 궤변은 들어가면 빠져 죽는다. 그 원리는 정말로 위대하다. 멋대로 만든 법이나 제도와 편벽된 학설은 들어가면 없어진다. 그 원리는 정말로 숭고하다. 난폭하고 방종하며 일반 습속을 가벼이 여기고 고상한 체하는 것들은 들어가면 추락한다.

그러므로 먹줄을 잘 치면 굽고 곧은 것을 속일 수가 없고, 저울을 잘 달면 가볍고 무거운 것을 속일 수가 없고, 굽은 자와 둥근 자를 잘 대면 모나고 둥근 것을 속일 수가 없듯이, 군자가 예를 잘 알면 거짓으로 속일 수가 없다.

그러므로 먹줄이란 곧음의 표준이고 저울은 공평함의 표준이며 굽

---

10 說(설) : 옳고 그름을 분간해 논설하는 것.

은 자와 둥근 자는 모꼴과 동그라미의 표준이듯이, 예란 사람들의 올바른 도의 극점이다. 그러니 예를 규범으로 삼지 않고 예를 잘 지키지 않으면 이것을 일컬어 법도 없는 백성이라 하고, 예를 규범으로 삼고 예를 잘 지키면 이것을 일컬어 법도 있는 선비라고 한다.

예에 들어맞게 사색할 줄 알면 이것을 일컬어 생각할 줄 안다고 하고, 예에 들어맞게 지조가 바뀌지 않으면 이것을 일컬어 절조가 굳다고 한다. 생각할 줄 알고 절조를 굳게 지킬 줄 알며 더욱 예를 좋아하는 사람이라면, 이것이 바로 성인(聖人)이다.

그러므로 하늘은 높음의 극치이고 땅은 낮음의 극치이며, 끝없는 것은 넓음의 극치이듯이, 성인이란 올바른 도의 극치이다. 따라서 배우는 사람이란 본디부터 성인이 되는 길을 배우려는 것이지, 법도 없는 백성이 되기를 배우려는 것은 더욱 아니다.

| 원문 |

禮之理誠深矣. 堅白[1]同異[2]之察, 入焉而溺.[3] 其理誠大矣. 擅[4]作典

---

[1] 堅白(견백) : 전국 시대 조나라의 공손룡(公孫龍)이 남긴 궤변 가운데 "굳은 돌은 돌이 아니고, 흰 말은 말이 아니다(堅石非石, 白馬非馬)"라는 말이 있다(『莊子』齊物論 및 그 주). 공손룡은 묵가의 영향을 받은 궤변가이다.
[2] 同異(동이) : 『장자(莊子)』 천하(天下)편에 "크게는 같은 것 같으면서도 작게는 같은 것이 다른데 이것을 일컬어 소동이(小同異)라 하고, 만물은 모두 같으면서도 모두 다른데 이것을 일컬어 대동이(大同異)라 한다(大同而與小同異, 此之謂小同異, 萬物畢同畢異, 此之謂大同異)"는 말이 있다. 성현영(成玄英)의 소(疏)에 의하면 "분별할 의욕 없이 같고 다른 것을 보는 게 소동이(小同異)이고, 생사·추위·더위·자연 변화에 대한 적응·체질 등이 같고 다른 것을 대동이(大同異)라 한다" 하였다. 어떻든 순자는 이것도 궤변에 속한다고 보고 공격하고 있다. 앞의 수신편(修身篇)에서는 "저 견백(堅白)·동이(同異), 두터움이 있고 없다는 관찰은, 관찰이 아닌 것은 아니지만 그러나 군자들이 분별하지 않는 것은 소용없는 것이기 때문이다", 정명편(正名篇)에서는 "흰 말은 말이 아니라는 것은

制辟陋之說,⁵ 入焉而喪. 其理誠高矣. 暴慢⁶恣睢,⁷ 輕俗以爲高之屬, 入焉而隊.⁸

故繩墨⁹誠陳矣, 則不可欺以曲直, 衡¹⁰誠縣¹¹矣, 則不可欺以輕重, 規矩¹²誠設矣, 則不可欺以方圓, 君子審¹³於禮, 則不可欺以詐僞.¹⁴

故繩者, 直之至, 衡者, 平之至, 規矩者, 方圓之至, 禮者, 人道之極也. 然而不法禮, 不足禮, 謂之無方¹⁵之民, 法禮, 足禮, 謂之有方之士.

禮之中焉能思索, 謂之能慮, 禮之中焉能勿易,¹⁶ 謂之能固. 能慮, 能固, 加好者¹⁷焉, 斯¹⁸聖人矣.

故天者, 高之極也, 地者, 下之極也, 無窮者, 廣之極也, 聖人者, 道之極也. 故學者, 固學爲聖人也, 非特學爲無方之民也.

명사의 사용에 미혹되어 사실에 혼란을 일으킨 것이다" 하였고, 비십이자편(非十二子篇)에도 같은 뜻의 논설이 있다.
3 溺(익) : 물에 빠지는 것, 익사.
4 擅(천) : 멋대로, 마음대로.
5 辟陋之說(벽루지설) : 편벽되고 고루한 논설.
6 暴慢(폭만) : 멋대로 난폭하게 구는 것.
7 恣睢(자휴) : 방자하게 행동하는 것.
8 隊(추) : 추(墜). 추락, 떨어지는 것.
9 繩墨(승묵) : 목수들이 나무를 바르게 자르고 깎는 기준으로 삼는 데 쓰는 먹줄.
10 衡(형) : 저울.
11 縣(현) : 현(懸)과 통하여, 다는 것.
12 規矩(규구) : '규'는 둥근 자, 동그라미를 그리는 데 쓰는 옛날의 컴퍼스. '구'는 굽은 자, 구십도 직각을 가늠하는 데 쓰는 자.
13 審(심) : 자세히 알다.
14 詐僞(사위) : 사기, 거짓.
15 無方(무방) : 법도가 없는 것.
16 勿易(물역) : 지조를 바꾸지 않는 것.
17 加好者(가호자) : 가호지자(加好之者)로 쓰는 것이 옳으며 더욱 예를 좋아하는 사람의 뜻(王先謙).
18 斯(사) : 이 사람, 이러면.

| 해설 |

예는 올바른 세상의 규범이다. 그러기에 쓸데없는 궤변이나 멋대로 만든 법칙이나 포악한 행동이 받아들여지지 않는다. 예는 올바른 일, 올바른 길만이 용납되는 것이다. 따라서 예에 알맞게 생각하고 예에 알맞게 행동해 예를 좋아하는 사람이 바로 성인이라는 것이다. 학자라면 이 예를 지키고 예를 좋아하는 성인을 본받고 배워야 한다.

여기에선 예의 주장 이외에도 이단적인 학설에 대한 공격을 겸하고 있는 것이 특징이다.

7

예란 재물로 활용을 하고, 귀하고 천함으로 형식적인 수식을 정하고, 많고 적은 형식으로 신분을 구분해, 등급을 융성히 하고 낮추어 요점을 삼는다. 형식적인 수식은 많고 인정과 실용면은 간략한 것이 예의 등급을 융성히 하는 것이고, 형식적인 수식은 간략하고 인정과 실용면은 번잡하고 많게 하는 것이 예의 등급을 낮추는 것이다. 형식적인 수식과 인정과 실용면이 서로 안팎을 이루어 겉과 속이 나란히 행해지며 섞여 있는 것, 이것이 올바른 예이다.

그러므로 군자는 위로는 예의 융성함을 다하고 아래로는 예의 등급을 낮추어, 그 가운데 알맞게 처신해 걷거나 달리거나 뛰어도 여기에서 벗어나지 않는다. 이것이 군자가 높이는 바이다. 사람에게 이것이 있다면 사군자(士君子)이며, 이것에서 벗어난다면 무지한 백성이다. 여기에서 예에 알맞게 두루 행동하는 것이 모두 그 질서에 들어맞는다면, 그 사람은 바로 성인이다.

그러므로 성인이 독실한 것은 예가 쌓여 있기 때문이며, 큰 것은 예가 넓기 때문이며, 높은 것은 예가 융성하기 때문이며, 밝은 것은 예를 다하였기 때문이다.

『시경』에 "예절이 모두 법도에 맞으니 웃고 얘기하는 것도 모두 어울리네."라고 읊은 것도, 이것을 뜻하는 말이다.

| 원문 |

禮者, 以財物爲用,[1] 以貴賤爲文,[2] 以多少[3]爲異,[4] 以隆殺[5]爲要. 文理繁, 情用省, 是禮之隆也. 文理省, 情用繁, 是禮之殺也. 文理情用, 相爲內外表裏, 並行而襍,[6] 是禮之中流[7]也.

故君子上致其隆, 下盡其殺, 而中處其中. 步驟[8]馳騁[9]厲騖[10]不外是矣, 是君子之壇宇[11]宮廷[12]也. 人有是, 士君子也, 外是, 民也. 於是其中焉, 方皇[13]周挾,[14] 曲[15]得其次序, 是聖人也.

---

1 用(용) : 활용, 재물로 선물이나 폐백 같은 것을 삼고, 또 형식을 수식한다.
2 爲文(위문) : 형식적인 수식을 결정하는 것.
3 多少(다소) : 형식적인 수식의 많음과 적음.
4 異(이) : 신분에 따라 다르게 하다.
5 隆殺(융쇄) : '융'은 예의 등급을 높이는 것, '쇄'는 등급을 낮추는 것.
6 襍(잡) : 잡(雜)과 같은 자. 섞이는 것.
7 中流(중류) : 중도. 가장 알맞는 길(王先謙).
8 步驟(보취) : 걷는 것.
9 馳騁(치빙) : 달리는 것.
10 厲騖(여무) : 빨리 뛰는 것.
11 壇宇(단우) : '단'은 흙을 쌓아 높게 만든 것. '우'는 지붕 추녀. 모두 높다는 데서 높이 받드는 것의 뜻으로 쓰였음.
12 宮廷(궁정) : '궁정'은 여기서는 임금이 있다는 데서 '높인다'는 뜻으로 쓰였음.
13 方皇(방황) : 방황(仿偟)으로도 쓰며 왔다갔다하는 것.
14 周挾(주협) : 두루 빠짐없이.
15 曲(곡) : 구석구석.

故厚者, 禮之積也, 大者, 禮之廣也, 高者, 禮之隆也, 明者, 禮之盡也.

詩曰:[16] 禮儀卒[17]度,[18] 笑語卒獲. 此之謂也.

| 해설 |

예에는 번거로운 형식과 수식이 많다. 그래서 자칫 하면 감정이나 실용에 끌려 예의 형식을 소홀히 하거나, 반대로 번거로운 형식 때문에 감정이나 실제를 등한하기 쉽다. 이 형식과 감정 또는 실용을 잘 어울리게 지키는 것이 올바른 예이다. 이런 것을 어느 정도 균형 있게 잘 지키면 군자가 되고, 어디서 무엇을 하든 언제나 적절하면 바로 성인이 된다. 따라서 사람은 두텁고 크고 넓고 높고 밝은 성인의 풍모를 배우기 위해 예를 올바로 지켜야 한다.

이 절에서의 형식적인 수식〔文理〕인 인정과 실용〔情用〕의 대조는 앞 4절에서의 근본을 귀히 여기는 것〔貴本〕과 실용을 가까이 하는 것의 대조와 호응이 된다.

8

예란 삶과 죽음을 다스리는 일을 삼가는 것이다. 삶은 사람의 시작이고, 죽음은 사람의 마지막이다. 마지막과 시작이 모두 훌륭하면 사람의 도리는 다한 것이다. 그러므로 군자는 시작을 공경하고 마지막

---

16 詩曰(시왈) : 『시경』 소아(小雅) 초자(楚茨)편에 나오는 구절.
17 卒(졸) : 모두.
18 度(도) : 법도에 맞는 것.

을 삼가서 마지막과 시작이 한결같도록 한다. 이것이 군자의 도리이며 예의의 형식〔文〕이다.

그의 삶은 후대하면서도 죽음은 박대하는 것은 그 지각이 있는 것만을 공경하고 지각이 없는 것은 소홀히 하는 것이다. 이것은 간사한 사람의 방법이며 사리에 어긋나는 마음씨이다. 군자는 사리에 어긋나는 마음씨로 하인과 아이들을 대하는 것조차도 부끄러워하거늘, 하물며 그 마음씨로 그가 존경하는 어버이를 섬기는 데 있어서는 어떠하겠는가?

본디 죽음을 치르는 길은 한 번뿐이며 두 번 다시 되풀이될 수는 없다. 신하가 그의 임금을 소중히 섬기는 근거나 자식이 그의 어버이를 소중히 섬기는 근거가 다 여기에 있는 것이다. 그러므로 살아 있을 때 충후하게 섬기지 못하고 공경스런 형식이 없는 것을 야(野)하다고 말하고, 죽었을 때 충후하게 장사 지내지 못하고 공경스런 형식이 없는 것을 박(薄)하다고 말한다. 군자는 야한 것을 천하게 여기고 박한 것을 부끄러워한다.

| 원문 |

禮者, 謹於治生死者也. 生, 人之始也, 死, 人之終也. 終始俱善, 人道畢矣. 故君子敬始而慎終, 終始如一. 是君子之道, 禮義之文也.

夫厚其生而薄其死, 是敬其有知而慢[1]其無知也, 是姦人之道而倍叛[2]之心也. 君子以倍叛之心接臧穀,[3] 猶且羞之, 而況以事其所隆親乎?

---

1 慢(만) : 소홀히 하는 것.
2 倍叛(배반) : 올바른 이치에 어긋나는 것.

故死之爲道也, 一而不可得再復也. 臣之所以致重[4]其君, 子之所以致重其親, 於是盡矣. 故事生不忠厚不敬文,[5] 謂之野, 送死不忠厚不敬文, 謂之瘠.[6] 君子賤野而羞瘠.

| 해설 |

실용적인 면에서 예의 해설을 시작한다. 예는 흔히 산 사람의 문제만을 생각하기 쉽지만, 죽음에 대한 예도 그에 못지않게 중요하다. 따라서 군자는 단 한 번밖에 없는 인생의 마지막인 죽음에 대해 극진한 예를 다한다는 것이다.

9

그러므로 천자의 관과 덧관〔外棺〕은 열 겹이고 제후는 다섯 겹이고 대부는 세 겹이고 사(士)는 두 겹이다. 또한 시의와 제물에는 많고 적고 후하고 박한 규칙이 모두에게 있으며 관의 장식과 무늬에는 등급이 모두에게 있어 공경히 장식하여 삶과 죽음의 처음과 마지막을 한결같게 하는 것인데, 한결같음은 사람들의 소원을 충분히 이루어 줄 수 있는 것이다. 이것이 옛 임금의 도이며 충신과 효자들의 법도이다.

천자의 상(喪)은 온 세상을 움직이며 제후들이 모여 조문(弔問)하고, 제후의 상은 여러 나라들을 움직이며 대부들이 모여 조문하고, 대

---

3 臧穀(장곡) : '장'은 하인(남자), '곡'은 어린아이(楊倞).
4 致重(치중) : 중히 섬김을 다하는 것.
5 敬文(경문) : 공경스런 태도와 예에 맞게 수식된 겉모양.
6 瘠(척) : 박한 것(楊倞).

부의 상은 한 나라를 움직이며 사들이 모여 조문하고, 훌륭한 사의 상은 한 고을을 움직이며 친구들이 모여 조문하고, 서민들의 상은 여러 동리들을 움직이며 일가들과 마을 사람들이 모여 조문한다.

형벌을 받은 죄인의 상은 일가들이나 마을 사람들이 모일 수 없으며 다만 그의 처자만이 모여 조문한다. 그의 관과 덧관은 세 치 두께이며 시의와 이불은 세 벌이다. 관은 장식할 수 없고 낮에 장사지낼 수도 없다. 저녁에 길가다 죽은 사람처럼 평복을 입은 채로 가서 묻어 준다. 돌아와서도 곡하고 우는 예절이 없으며, 삼베로 된 상복도 없고, 가깝고 먼 관계에 따라 복상하는 달 수의 등급도 없다. 각기 모두 그의 평상 상태로 돌아가고 각기 모두 그의 처음 상태로 되돌아가서, 장사 지낸 다음에는 초상을 치르지 않았던 것처럼 될 따름이다. 이러한 것을 두고 지극한 욕됨이라 한다.

| 원문 |

故天子棺槨[1]十重,[2] 諸侯五重, 大夫三重, 士再重. 然後皆有衣衾[3]多少厚薄之數, 皆有翣菨[4]文章之等, 以敬飾之, 使生死終始若一, 一足以爲人願, 是先王之道, 忠臣孝子之極也.

---

1 槨(곽) : 덧관.
2 十重(십중) : 열 겹. 『예기(禮記)』 단궁(檀弓)편에 천자의 관은 네 겹이라 하였고, 정현(鄭玄)의 주에는 "제공(諸公)은 세 겹, 제후는 두 겹, 대부는 한 겹, 사(士)는 홑겹"을 쓴다 하였다. 그 밖의 기록을 보아도 모두 순자의 기록 수와는 맞지 않아, 어떤 학자들은 十은 七을 잘못 쓴 것이라 하고 어떤 학자는 五(옛 5자는 ×로도 썼다)를 잘못 쓴 것이라 주장하기도 한다.
3 衣衾(의금) : 옷과 이불. 그러나 '금은 식(食)자의 잘못으로(王念孫), 여기서는 "시의와 죽은 이에게 제사 지낼 때 올리는 음식"을 뜻한다.
4 翣菨(삽접) : 루삽(蔞翣)으로 쓰는 것이 옳으며(楊倞), 관의 장식.

天子之喪, 動四海, 屬⁵諸侯. 諸侯之喪, 動通國,⁶ 屬大夫. 大夫之喪, 動一國, 屬脩士.⁷ 脩士之喪, 動一鄕, 屬朋友. 庶人之喪, 合族黨,⁸ 動州里.

刑餘罪人⁹之喪, 不得合族黨, 獨屬妻子. 棺槨三寸. 衣衾¹⁰三領.¹¹ 不得飾棺, 不得晝行,¹² 以昏殣,¹³ 凡緣¹⁴而往埋之. 反無哭泣之節, 無衰麻¹⁵之服, 無親疏月數¹⁶之等. 各反其平,¹⁷ 各復其始, 已葬埋, 若無喪者而止. 夫是之謂至辱.

| 해설 |

여기서부터는 그 시대의 장사 지내는 의식을 설명하고 있다. 천자로부터 일반 백성들에 이르는 신분의 차이에 따라 예의 형식에도 여러 가지 등급이 있음을 설명한다. 끝부분에 처형당한 죄인은 제대로 예도 갖추지 못하고 장사 지낸다는 사실을 자세히 설명한 것은, 올바로 살지 못한 사람은 마지막까지도 욕되다는 것을 강조하기 위한 것이다.

---

5 屬(속) : 모이는 것. 모여서 조문하는 것.
6 通國(통국) : 죽은 제후의 나라와 우호 관계를 맺고 있던 여러 나라들.
7 脩士(수사) : 덕을 닦은 훌륭한 사(士).
8 族黨(족당) : 일가들과 마을 사람들.
9 刑餘罪人(형여죄인) : 형벌을 받은 죄인.
10 衣衾(의금) : 송장에 입히는 시의(尸衣)와 관 속에 넣는 이불.
11 三領(삼령) : 세 벌.
12 晝行(주행) : 낮에 상여를 내는 것.
13 殣(근) : 길가다 죽은 주인 없는 송장. 혼근(昏殣)은 저녁에 길 가다 죽은 사람을 장사 지내듯 한다는 뜻.
14 凡緣(범연) : 그의 처자들이 "평상시대로 옷을 입는다"는 뜻(楊倞).
15 衰麻(최마) : 삼베로 만든 상복.
16 親疏月數(친소월수) : 죽은 이와의 친하고 먼 관계에 따라 복상하는 달 수.
17 平(평) : 평상.

10

예란 길한 일 흉한 일을 삼가 서로 뒤섞이지 않게 해야 하는 것이다. 새 솜을 코에 대고 숨이 끊겼나 안 끊겼나를 확인할 때는 충신이나 효자라면 그분이 앓고 계신 것만 알고 있어야 하며, 어떻든 아직 빈소 마련이나 염할 물건들을 구해서는 안 된다. 눈물을 흘리며 두려운 마음을 지니고 다행히 살아나실지도 모른다는 마음을 버리지 말아야 하며 살아 계실 때의 일들을 중단해서는 안 된다. 돌아가신 뒤에야 필요한 것을 만들고 갖추고 하는 것이다.

그러므로 비록 풍부한 집안이라 하더라도 반드시 하루를 넘긴 다음에야 빈소를 만들 수 있으며, 사흘을 넘긴 뒤에야 상복을 처음으로 입으며, 그러한 뒤에야 멀리 부고할 사람을 내보내고 갖출 물건들을 만든다. 그러므로 빈소는 길어도 칠십 일을 넘기지 못하며, 빨라도 오십 일은 넘겨야 한다. 그것은 왜 그런가? 먼 곳의 사람이 올 수 있고, 여러 가지 필요한 것들을 구해야 하며, 여러 가지 일들을 다 이룰 수가 있기 때문이다. 그러한 충성은 지극한 것이고, 그러한 예절은 위대한 것이며, 그러한 형식은 다 갖추어야 하는 것이다.

그런 뒤에 월초에 장삿날을 점쳐 정하고 월말엔 장지를 점쳐 정하며, 그 뒤에야 장사를 치르는 것이다. 이런 때에 도리상으로 며칠 미루어야겠다면 누가 그대로 장사를 지낼 수 있겠는가? 도리상으로 당장 지내야겠다면 누가 그것을 막을 수가 있겠는가? 그러므로 석 달 만에 장사 지내는데, 그 모습은 살았을 때의 물건들로 죽은 이를 꾸민다. 그것은 죽은 이를 그대로 남겨 둠으로써 삶에 안락하라는 뜻은 아닐 것이다. 이것은 융성한 의식을 다함으로써 죽은 이를 사모한다는 뜻이다.

| 원문 |

禮者, 謹於吉凶不相厭[1]者也. 紸纊[2]聽息之時, 則夫忠臣孝子亦知其閔[3]已, 然而殯[4]殮[5]之具, 未有求也. 垂涕[6]恐懼,[7] 然而幸生之心未已, 持生之事未輟[8]也. 卒矣, 然後作具之.

故雖備家,[9] 必踰日[10]然後能殯, 三日而成服.[11] 然後告遠者出矣, 備物者作矣. 故殯久不過七十日, 速不損[12]五十日. 是何也? 曰遠者可以至矣, 百求可以得矣, 百事可以成矣. 其忠至矣, 其節[13]大矣, 其文[14]備矣.

然後月朝[15]卜日,[16] 月夕[17]卜宅,[18] 然後葬也. 當是時也, 其義止,[19] 誰得

---

1 相厭(상압) : 서로 가리며 침범하는 것(楊倞 注).
2 紸纊(주광) : 사람이 죽은 뒤 고운 새 솜을 죽은 이의 코에 대고 숨이 완전히 끊어졌음을 확인하는 의식.
3 閔(민) : 병, 앓고 있는 것.
4 殯(빈) : 죽은 이의 시체를 간수해 장사 지낼 때까지 빈소에 안치하는 것.
5 殮(염) : '염'에는 소렴(小殮)과 대렴(大殮)이 있다. 소렴은 시의를 입히는 것, 대렴은 관에 시체를 안치하는 것.
6 垂涕(수체) : 눈물을 흘리는 것.
7 恐懼(공구) : 두려워하는 것.
8 輟(철) : 중지, 중단, 그만두는 것.
9 備家(비가) : 풍부한 집안, 모든 물건이 다 있는 집안.
10 踰日(유일) : 하루를 넘는 것, 곧 사흘째 되는 날.
11 成服(성복) : 초상난 뒤 처음으로 상복을 입는 것.
12 不損(불손) : 부족해서는 안 된다, 덜 차서는 안 된다.
13 節(절) : 예절, 지식으로서 마땅히 할 일.
14 文(문) : 의식에 쓰이는 기물이나 장식.
15 月朝(월조) : 월초.
16 卜日(복일) : 점을 쳐 좋은 날을 정하는 것.
17 月夕(월석) : 월말.
18 卜宅(복택) : 유택, 곧 장지를 점쳐 정하는 것. 청대 학자 왕인지(王引之)는 장삿날을 먼저 받고 장지를 뒤에 정하지 않고, 장지를 먼저 정하고 난 뒤에 장삿날을 받았으니 "月朝卜宅, 月夕卜日"이 되어야 한다고 주장하였다(『荀子集解』).
19 其義止(기의지) : 올바른 도리로 보아 며칠 있다 장사 지냄이 좋다고 판단하고 지금 당장 지내려는 것을 제지하는 것.

行之? 其義行, 誰得止之? 故三月之葬,[20] 其須[21]以生設飾死者也. 殆[22]
非直留死者以安生也. 是致隆思慕之義也.

| 해설 |

여기서는 사람이 죽은 뒤 빈소에 시체를 안치하는 동안의 예절을 설명하고 있다. 이러한 복잡한 예절은 모두 신하로서의 충성이나 자식으로서의 효도를 다하기 위한 것이다. 빈소에 안치하는 기간이 오십일 내지 칠십일인 것은, 여러 가지 상가의 사정에 따라 도리에 알맞게 장사를 지낼 수 있도록 신축성을 둔 것이다. 따라서 모든 예절은 대의에 비추어 보아 모두가 합당해야 한다.

11

장사 지내는 의식은 의식의 변화에 따라 수식이 가해지고 의식을 행할 때마다 멀어지며, 오래 되면 평상시로 되돌아오게 된다. 그러므로 주검을 다루는 도는 장식을 하지 않으면 보기 싫고 보기 싫으면 슬프지 않으며, 가까이 두면 너무 어울리고 너무 어울리면 싫증이 나며, 싫증이 나면 잊어버리고 잊어버리면 공경스럽지 않게 된다.

하루아침에 그의 임금이나 어버이를 여의고서 그분을 장사 지내는 장본인이 슬퍼하지도 않고 공경스럽지도 않다면 곧 새나 짐승만도 못

---

20 三月之葬(삼월지장) : 시체를 빈소에 모시는 기간이 오십일 내지 칠십일이므로 대략 석 달 만에 장사 지내게 된다.
21 須(모) : 모습. 모(貌)와 통하는 글자.
22 殆(태) : 거의, 아마.

할 것이니 군자는 이것을 치욕으로 안다. 그렇기 때문에 의식의 변화에 따라 수식을 가함으로써 보기 싫음을 줄이려는 것이며, 의식을 행할 때마다 멀리 감으로써 공경함을 완수하려는 것이며, 오래 되면 평상시로 되돌아감으로써 산 사람을 우대하려는 것이다.

| 원문 |

喪禮之凡,[1] 變而飾,[2] 動而遠,[3] 久而平. 故死之爲道也, 不飾則惡, 惡則不哀, 尒[4]則翫,[5] 翫則厭,[6] 厭則忘, 忘則不敬.

一朝而喪其嚴親,[7] 而所以送葬之者, 不哀不敬, 則嫌[8]於禽獸矣, 君子恥之. 故變而飾, 所以滅惡也, 動而遠, 所以遂敬也, 久而平, 所以優生也.

| 해설 |

장사 지내는 의식은 의식을 행할수록 더욱 형식적인 수식이 가해지고 또 의식을 행하는 순서에 따라 더욱 장소가 집으로부터 멀어지며, 오랜 뒤에는 초상나기 전의 평상시로 돌아오게 된다. 여기서는 그러한 예절이

---

1 凡(범) : 상도(常度), 보통 현상.
2 變而飾(변이식) : 빈소를 차리고 소렴(小殮)·대렴(大殮)을 하는 등 장사 지낼 때까지의 모든 의식이 바뀌어 갈수록 더욱 형식적인 수식이 가해짐을 뜻한다.
3 動而遠(동이원) : 소렴은 방안에서 하고 대렴은 동쪽 섬돌 위에서 하고 빈소는 객청에 차리고 길제사는 마당에서 지내고 장사는 먼 산에 지낸다. 이처럼 의식을 행하는 순서에 따라 자꾸만 멀어짐을 뜻한다.
4 尒(이) : 이(邇)와 통해 가깝다는 뜻.
5 翫(완) : 어울리는 것, 장난하고 노는 것.
6 厭(염) : 싫증나는 것.
7 嚴親(엄친) : '엄'은 임금, '친'은 어버이(俞樾).
8 嫌(혐) : ~만 못하다.

656_순자

정해진 연유를 설명하고 있다.

12

예란 너무 긴 것은 자르고 너무 짧은 것은 이어주며 남음이 있는 것은 덜어 주고 부족함이 있는 것은 보태 주어 사랑과 존경의 형식적인 수식을 다해 의로움을 행하는 아름다움을 기르고 완성케 하는 것이다. 그러므로 화려한 수식과 거칠어 보기 싫은 것, 노래나 음악과 곡하고 우는 것, 편하고 즐거운 것과 근심하고 슬퍼하는 것, 이것들은 반대되는 것이다. 그러나 예는 그것들을 아울러 쓰고 때에 따라 바꿔 가며 쓰는 것이다.

그러므로 아름다운 수식과 노래나 음악과 편하고 즐거움은 평상의 상태를 지탱하면서 경사스런 일에 쓰인다. 거친 상복과 곡하고 우는 것, 걱정하고 슬퍼하는 것은 험악한 사태를 지탱하면서 흉한 일에 쓰인다. 그러므로 화려한 수식을 하면서도 예쁘고 곱게 되지는 않게 하며, 거친 상복을 만들면서도 몸에 해롭고 괴롭게 되지는 않게 하며, 노래와 음악을 연주하고 편하게 즐거움을 나타내면서도 음탕하거나 태만하지는 않게 하며, 울며 곡하고 슬픔을 나타내면서도 슬픔이 극해 건강을 상하게 하지는 않는다. 이것이 올바른 예이다.

그러므로 감정과 모습의 변화는 길하고 흉한 것을 구별하고 귀하고 천한 신분과 친하고 먼 관계의 절도를 나타낼 수 있다면 그만이다. 여기에서 벗어남은 간사한 것이다. 비록 어렵기는 하지만 군자는 그것을 천하게 여긴다. 그러므로 밥 먹는 양대로 밥을 먹고 허리 둘레를 재어 허리띠를 하며 몸이 마른 것을 가지고 서로 뽐내는 것은, 간사한 사람의 방법으로, 예의의 형식이 아니고, 효자의 정도 아니며, 장차 어떤 목적을 위한 수단으로 삼으려는 것이다.

| 원문 |

禮者, 斷長續短, 損有餘, 益不足, 達愛敬之文, 而滋¹成行義之美者也. 故文飾麤惡,² 聲樂哭泣, 恬愉³憂戚,⁴ 是反也, 然而禮兼而用之, 時擧而代御.⁵

故文飾聲樂恬愉, 所以持平奉吉也. 麤衰哭泣憂戚, 所以持險奉凶也. 故其立文飾也, 不至於窕冶,⁶ 其立麤衰⁷也, 不至於瘠棄,⁸ 其立聲樂恬愉也, 不至於流淫惰慢,⁹ 其立哭泣哀戚也, 不至於隘懾¹⁰傷生. 是禮之中流也.

故情貌之變, 足以別吉凶, 明貴賤親疏之節, 期止¹¹矣. 外是, 姦也. 雖難, 君子賤之. 故量食而食之, 量要¹²而帶之. 相高¹³以毀瘠,¹⁴ 是姦人之道也, 非禮義之文也, 非孝子之情也, 將以有爲者¹⁵也.

---

1 滋(자) : 불어나는것, 자라게 하는 것.
2 麤惡(추악) : 조잡하고 보기 싫은 것.
3 恬愉(염유) : 편하고 즐거운 것.
4 憂戚(우척) : 근심하고 슬퍼하는 것.
5 代御(대어) : 교대로 쓰는 것.
6 窕冶(요야) : 예쁘고 고운 것.
7 麤衰(추최) : 거친 상복.
8 瘠棄(척기) : 몸이 마르고 자신을 버리게 되는 것.
9 惰慢(타만) : 태만, 게으름 피는 것.
10 隘懾(애섭) : 슬픔이 극도에 이르는 것(楊倞).
11 期止(기지) : '기'는 사(斯)의 잘못(楊倞), 따라서 이러면 그만의 뜻.
12 要(요) : 요(腰)의 본 글자로 허리.
13 相高(상고) : 서로 높은 체하는 것, 서로 뽐내는 것.
14 毀瘠(훼척) : 몸이 상하고 여윈 것.

| 해설 |

예는 경사스런 일에 쓰이는 길례나 불행한 일에 쓰이는 흉례를 막론하고 모두 너무 지나쳐서는 안 된다. 예의 형식은 길흉을 구별하고 높고 낮은 신분과 가깝고 먼 관계를 나타낼 수 있으면 그만이다. 그 이상의 예는 군자의 도가 아니라 간사한 사람들의 도라는 것이다.

13

그러므로 즐거워 얼굴에 고운 윤택이 나는 것과 근심과 슬픔으로 핼쑥하고 나쁜 안색을 하는 것은 길한 것과 흉한 것, 근심과 즐거움의 감정이 얼굴빛에 나타난 것이다. 노래하고 농담하며 웃는 것과 곡하며 울부짖는 것은 길한 것과 흉한 것, 근심과 즐거움의 감정이 목소리에 나타난 것이다. 소 돼지와 쌀과 수수, 술과 단술, 범벅과 죽, 생선과 고기, 콩과 콩잎, 물과 미음은 길한 것과 흉한 것, 근심과 즐거움의 감정이 음식에 나타난 것이다.

보통 옷과 관, 보무늬와 불무늬 같은 물들인 무늬와 굵은 베의 상복과 상복에 두르는 머리와 허리의 삼띠, 비초(非草)로 짠 상복과 띠풀로 짠 신은 길한 것과 흉한 것, 근심과 즐거움의 감정이 의복에 나타난 것이다.

탁 트인 방과 웅장한 집, 돗자리와 침대, 안석과 방석, 초가 지붕과 움막, 장작을 깔고 앉고 흙덩이를 베는 것은, 길한 것과 흉한 것, 근

---

15 有爲者(유위자) : 할 일이 있는 자, 어떤 딴 목적이 있는 자. 여기서는 명성을 얻어 출세나 하려는 자를 가리킨다.

심과 즐거움의 감정이 거처에 나타난 것이다.

사람은 나면서부터 이 두 가지 감정의 발단을 지니고 있다. 만약 그것을 자르기도 하고 이어 주기도 하며 넓혀 주기도 하고 좁혀 주기도 하며 더해 주기도 하고 덜어 주기도 하여, 어울려 충분히 발휘되고 성대하고 아름답게 됨으로써 근본과 끝과 시작과 마지막이 모두 순조롭게 되어 족히 오랜 동안 법칙이 될 만하다면 곧 이것이 예이다. 순조로이 충분한 수양을 쌓은 군자가 아니라면 그것을 알 수 없을 것이다.

| 원문 |

故說豫[1]婉澤,[2] 憂戚萃[3]惡, 是吉凶憂愉之情, 發於顔色者也. 歌謠謸[4]笑, 哭泣諦號,[5] 是吉凶憂愉之情, 發於聲音者也. 芻豢[6]稻粱, 酒醴[7]餰[8]鬻,[9] 魚肉菽[10]藿[11]酒漿,[12] 是吉凶憂愉之情, 發於飮食者也.

卑絻[13]黼黻[14]文織,[15] 資麤[16]衰絰,[17] 菲繐[18]菅屨,[19] 是吉凶憂愉之情, 發

---

1 說豫(열예) : 기뻐하고 즐거워하는 것.
2 婉澤(만택) : 고운 윤택이 얼굴에 나타나는 것. 이것은 길례를 행하는 사람의 모습임.
3 萃(취) : 췌(顇)와 통해 나쁜 안색을 짓는 것.
4 謸(오) : 오(傲)와 통해 우스갯소리를 하는 것, 농담하는 것.
5 諦號(체호) : '체'는 제(啼)와 통해 울부짖는 것.
6 芻豢(추환) : 풀을 먹여 기르는 돼지와 소.
7 醴(례) : 단술[甘酒].
8 餰(전) : 범벅.
9 鬻(죽) : 죽.
10 菽(숙) : 콩.
11 藿(곽) : 콩잎. 이 숙곽은 앞의 어육(魚肉)과 순서가 바뀌어 있다. 이 둘을 바꿔 놓아야 어육 이상은 길례, 숙곽 이하는 흉례로서 서술의 체제가 들어맞는다.
12 酒漿(주장) : '주'는 수(水)의 잘못(王念孫), 따라서 물과 미음.
13 卑絻(비면) : 비면(裨冕)으로 쓰기도하며, '비'는 보통 때 입는 옷, '면'은 보통 때 쓰는 관.
14 黼黻(보불) : 보무늬와 불무늬(앞에 여러 번 나왔음).

於衣服者也.

疏房[20]檖貎,[21] 越席[22]牀第[23]几筵,[24] 屬茨[25]倚廬,[26] 席薪[27]枕塊,[28] 是吉凶憂愉之情, 發於居處者也.

兩情者, 人生固有端焉. 若夫斷之繼之,[29] 博之淺之, 益之損之, 類[30]之盡[31]之, 盛之美之, 使本末終始莫不順比, 足以爲萬世則, 則是禮也. 非順孰[32]脩爲之君子, 莫之能知也.

| 해설 |

예에는 길례와 흉례가 있으니, 이를 경우에 알맞게 적절히 조절해서 사용해야 올바른 예가 될 수 있다.

---

15 文織(문직) : 실에 물을 들여 무늬를 이루도록 옷감을 짠 것.
16 資麤(자추) : 굵은 베천으로 만든 상복.
17 衰絰(최질) : '衰'는 상복, '絰'은 상복을 입고 머리와 허리에 두르는 거친 삼띠.
18 菲繐(비혜) : 비초(菲草)로 짠 가늘고 허술한 천으로 만든 상복.
19 菅屨(간구) : 띠풀로 짠 짚신.
20 疏房(소방) : 탁 트인 방.
21 檖貎(수모) : 깊숙한 집. 웅장한 집.
22 越席(월석) : 돗자리.
23 牀第(상자) : 침대.
24 几筵(궤연) : 안석과 방석.
25 屬茨(속자) : 풀을 이어 덮은 지붕. 초가 지붕.
26 倚廬(의려) : 돌아가신 분의 상을 지키기 위해 무덤 옆에 거처하기 위해 지은 움막.
27 席薪(석신) : 장작을 깔개로 삼는 것.
28 枕塊(침괴) : 흙덩이를 베개로 삼는 것. 모두 상주가 하는 예이다.
29 斷之繼之(단지계지) : 너무 긴 것은 자르고 너무 짧은 것은 이어준다. 이하 모두 예의 형식을 경우에 알맞게 조절함을 뜻한다.
30 類(유) : 여러 예가 어울리는 것.
31 盡(진) : 예의 뜻을 다하는 것.
32 孰(숙) : 숙(熟)과 통해 잘, 익히의 뜻.

14

그러므로 사람의 본성이란 시작의 근본이며 소박한 본질이요, 작위란 형식과 무늬가 융성된 것이라 하는 것이다. 본성이 없다면 작위가 가해질 곳이 없고 작위가 없다면 본성은 스스로 아름다울 수가 없다. 본성과 작위가 합쳐진 다음에라야 성인이란 이름과 천하를 통일하는 공이 이루어지는 것이다.

그러므로 하늘과 땅이 합쳐 만물이 생겨나고 음과 양이 접해 변화가 일어나며 본성과 작위가 합치면 천하가 다스려진다고 하는 것이다. 하늘은 만물을 생성하기는 하지만 만물을 분별하지는 못하며, 땅은 사람들을 그 위에 살게 하기는 하지만 사람들을 다스리지는 못한다. 우주 가운데 만물과 살고 있는 사람들의 무리는 성인에 의해 비로소 분별지어지는 것이다.

『시경』에 "여러 신령들을 편히 달래 황하와 높은 산의 신까지도 편하게 되었다."라고 읊은 것은, 이것을 뜻하는 말이다.

| 원문 |

故曰: 性¹者, 本始材朴²也, 僞³者, 文理隆盛也. 無性則僞之無所加, 無僞則性不能自美. 性僞合, 然後成聖人之名, 一天下之功, 於是就⁴也.

故曰: 天地合而萬物生, 陰陽接而變化起, 性僞合而天下治. 天能生物, 不能辨物也, 地能載人, 不能治人也. 宇中萬物, 生人之屬, 待聖人

---

1 性(성) : 사람이 타고난 성품, 본성.
2 材朴(재박) : 자질 또는 본질이 소박하다.
3 僞(위) : 위(僞)와 통해 사람들이 일부러 하는 작위.
4 就(취) : 성취되다. 이루어지다.

然後分也.

詩曰:[5] 懷柔[6]百神, 及河喬嶽.[7] 此之謂也.

| 해설 |

사람에게는 선천적인 소박한 본성이 있고 또 후천적으로는 인위적인 작위가 있다. 예란 이 소박한 본성과 인위적인 작위가 합쳐 이루어진 것이다. 따라서 예는 사람의 본성에도 어긋나지 않고 사람의 욕망도 충족시켜 줄 수 있는 것이라야 한다. 이러한 본성과 작위를 잘 조화시키는 사람이 바로 성인이며, 성인은 이 조화된 예를 통해 천지 만물을 올바로 분간하고 세상을 평화롭게 다스린다는 것이다.

15

장사 지내는 의식은 죽은 사람을 살아 있듯이 꾸미는 것이다. 그의 살아 있을 때의 형상을 대체적으로 본떠서 그의 죽음을 전송하는 것이다. 그러므로 죽은 사람을 살아있는듯이 섬기고, 살아진 분을 생존해 있는 듯이 섬기어 마지막이나 처음이나 한결같이 하는 것이다.

처음 돌아갔을 때 머리를 감기고 몸을 씻기며 머리를 모아 묶고 손톱 발톱을 깎으며 밥을 먹이고 입에 물건을 물리는데, 살아 있을 때 하던 일을 본뜬 것이다. 머리를 감기지 않을 때엔 빗을 적셔 세 번 빗

---

5 詩曰(시왈) : 『시경』 주송(周頌) 시매(時邁)편에 나오는 구절.
6 懷柔(회유) : 잘 달래 안락하게 해주는 것.
7 喬嶽(교악) : 높은 산.

기고 말며 몸을 씻기지 않을 때에는 수건을 적셔 세 번 닦고 만다. 흰 새 솜으로 귀막이를 하며 밥은 생쌀을 쓰며 입에는 조개를 물리는데, 살아 있을 때의 방법을 그대로 쓰는 것이다. 속옷을 입히고 세 벌의 옷을 입히며 넓은 띠에 홀(笏)을 꽂기는 하지만 띠의 고리는 없다. 얼굴에 비단을 덮고 눈을 검은 천으로 가리며 머리는 묶되 관과 비녀는 꽂지 않는다.

그의 이름을 깃발에 써서 그의 신주 위에 놓는데, 곧 이름은 보이지 않고 영구만이 드러날까 해서이다. 영전에 쓰는 명기(明器)는 관에 관 둘레는 있으되 머리를 싸는 천은 없으며, 독과 술통은 비워 놓고 채우지 않으며, 대자리는 있지만 침대는 없으며, 나무 그릇엔 조각을 하지 않으며, 질그릇은 못 쓰도록 흠집을 내며, 대나무 갈대 그릇은 겉만 번드르르하게 하고 속은 쓸 수 없게 한다. 생황(笙簧)과 우(竽)는 갖추기는 하되 함께 연주하지는 않으며, 금(琴)과 슬(瑟)도 벌여 놓기는 하되 줄을 뜯지는 않는다. 수레는 무덤 속에 묻지만 말은 되돌아온다. 이것은 모두 쓰지 못함을 알리는 것이다.

살았을 때의 기구들을 갖추어 무덤으로 가져가는 것은 이사하는 것을 본뜬 것이다. 생략하여 겉모양만 갖추고 쓸 수는 없게 하며 수레는 몰고 가서 무덤 속에 묻으면서 방울이나 가죽 장식, 고삐와 가슴띠는 넣지 않는 것은 쓰지 않는 것임을 밝히는 것이다. 이사하는 것을 본뜨는 것도 쓰지 않는 것임을 밝히는 것이다. 이것은 모두 슬픔을 소중하게 여기기 때문이다.

그러므로 살았을 때의 기구들은 장식은 하지만 쓸 수는 없게 하며 함께 묻는 명기는 모양은 갖추지만 쓸 곳은 없게 하는 것이다.

무릇 예가 삶을 섬김은 기쁨을 장식하려는 것이고, 죽음을 전송함은 슬픔을 장식하려는 것이고, 제사를 지냄은 존경을 장식하려는 것이며, 군대의 의식은 위엄을 장식하려는 것이다. 이것은 모든 임금들이 다 같았으며, 예나 지금이나 한결같지만, 그것이 어디서 유래한 것인지는 아는 이가 없다.

| 원문 |

喪禮者, 以生者飾死者也. 大象[1]其生以送其死也. 故事死如生, 事亡如存, 終始一也.

始卒, 沐浴[2]鬠[3]體[4]飯[5]唅,[6] 象生執[7]也. 不沐則濡[8]櫛[9]三律[10]而止, 不浴則濡巾三式[11]而止. 充耳[12]而設瑱, 飯以生稻, 唅以槁骨,[13] 反生術[14]矣. 說[15]褻衣,[16] 襲[17]三稱,[18] 縉紳[19]而無鉤帶[20]矣. 設掩面[21]儇目,[22] 鬠而不冠

---

1 大象(대상) : 대체적으로 형상을 본뜨는 것.
2 沐浴(목욕) : 머리 감고 몸을 씻는 것.
3 鬠(괄) : 실띠로 머리를 모아 묶는 것.
4 體(체) : 죽은 이의 손톱 발톱을 깎는 것.
5 飯(반) : 죽은 이의 입에 쌀을 넣어 주는 것.
6 唅(함) : 죽은 이의 입에 물건(조개)을 물리는 것.
7 生執(생집) : 살아 있을 때 하던 일.
8 濡(유) : 적시는 것.
9 櫛(즐) : 머리 빗는 빗.
10 三律(삼률) : 세 번 빗질하는 것.
11 三式(삼식) : '식'은 식(拭)과 통해 세 번 닦는 것.
12 充耳(충이) : 진(瑱)과 같은 뜻으로, 옥이나 옥돌로 만든 귀 위에 덮는 장식인 귀막이. 여기서는 죽은 이의 귀를 새 솜으로 막아 귀막이처럼 만드는 것이다.
13 槁骨(고골) : 조개(楊倞).
14 術(술) : 술법, 방법, 법.
15 說(설) : 설(設)과 통해 옷을 입히는 것.
16 褻衣(설의) : 속옷.
17 襲(습) : 입히는 것.
18 三稱(삼칭) : 세 벌의 시의.

笄²³矣.

書其名,²⁴ 置於其重,²⁵ 則名不見而柩²⁶獨明矣. 薦器²⁷則冠有鍪²⁸而毋²⁹縰,³⁰ 甕³¹廡³²虛而不實, 有簟³³席而無牀笫,³⁴ 木器不成斲,³⁵ 陶器不成物,³⁶ 薄器³⁷不成內,³⁸ 笙竽具而不和, 琴瑟張而不均. 輿³⁹藏⁴⁰而馬反. 告不用也.

具生器以適墓, 象徙道⁴¹也. 略而不盡,⁴² 䫉⁴³而不功,⁴⁴ 趨輿而藏之, 金革轡靷⁴⁵而不入, 明不用也. 象徙道, 又明不用也, 是皆所以重哀也.

---

19 縉紳(진신) : '진'은 홀을 꼽는 것. '신'은 관복에 쓰는 넓은 띠.
20 鉤帶(구대) : 띠의 고리.
21 掩面(엄면) : 죽은 이의 얼굴을 비단 헝겊으로 덮는 것.
22 儇目(현목) : 눈을 검은 헝겊으로 가리는 것.
23 笄(계) : 비녀. 옛날에 관을 머리에 고정시키기 위해 쓰던 것.
24 書其名(서기명) : 죽은 사람의 이름을 명정(銘旌) 위에 쓰는 것.
25 重(중) : 나무로 만든 길이가 석자 되는 신주.
26 柩(구) : 영구. 죽은 이가 담긴 관.
27 薦器(천기) : 장례에 쓰는 물건들.
28 鍪(무) : 관의 둘레.
29 毋(무) : 무(無)와 통하는 자.
30 縰(사) : 사(纚)로도 쓰며 관에 달린 머리를 싸는 헝겊.
31 甕(옹) : 독, 항아리.
32 廡(무) : 무(甒)로도 쓰며, 술을 담는 질그릇.
33 簟(점) : 대자리.
34 牀笫(상자) : 침대.
35 斲(착) : 조각을 하고 가공을 하는 것(楊倞).
36 不成物(불성물) : 물건으로 쓰일 수 없도록 흠을 내는 것.
37 薄器(박기) : 대나 갈대로 만든 그릇.
38 不成內(불성내) : 겉모양만 그럴듯하게 만들고 내용은 쓰지 못하게 만드는 것.
39 輿(여) : 수레.
40 藏(장) : 무덤 속에 함께 묻는 것.
41 徙道(사도) : 이사를 하는 것.
42 略而不盡(약이부진) : 여러 가지 조건을 생략해 완전한 그릇이 못 되게 하는 것.
43 䫉(모) : 모습. 겉모양만 비슷하게 만드는 것.
44 不功(불공) : 소용이 없게 하는 것.

故生器文而不功, 明器貌而不用.

凡禮, 事生, 飾歡也, 送死, 飾哀也, 祭祀, 飾敬也, 師旅, 飾威也, 是百王之所同, 古今之所一也, 未有知其所由來者也.

| 해설 |

장사 지내는 의식은 죽은 이가 살았을 때의 일을 본떠서 죽음을 장식하는 것이다. 그리하여 모든 의식은 그가 살았을 때의 일처럼 하지만 그것은 다만 모양을 본뜰 뿐 똑같이 하는 것은 아니다. 장사를 지낼 때 부장으로 쓰는 여러 가지 물건들이나 죽은 사람이 쓰던 물건들 모두 실제로는 쓸 수 없는 형태로 만들어 묻는다. 이러한 예는 다만 죽음을 슬퍼하는 뜻을 나타내는 것이므로 실용하는 물건과는 달라야 한다. 이것은 언제부터 시작되었는지는 모르지만 옛날부터 전해 내려오는 예라는 것이다.

16

그러므로 무덤 속과 무덤의 모양은 집과 방을 본뜬 것이다. 관과 덧관의 모양은 수레 둘레 널빤지와 수레 지붕과 수레 앞장식과 뒷장식을 본뜬 것이다. 관 위를 덮는 천과 아래를 싸는 천과 관 장식에 꽂는 다섯가지 색깔(五采)의 깃과 무덤 속에 다는 동으로 만든 고기와 관 가장자리의 장식과 관 위 장식의 모양은 발과 포장과 얇은 장막을 본뜬 것이다. 묘혈의 흙막이와 굴대의 모양은 담과 지붕과 울타리와 문

---

45 金革轡靷(금혁비인) : 쇠로 만든 방울 같은 장식, 가죽으로 만든 뱃대끈 같은 장식, 말 고삐, 말 가슴띠.

을 본뜬 것이다.

그러므로 상례는 별다른 것이 아니다. 죽음과 삶의 뜻을 밝혀 슬픔과 존경으로 전송하며 잘 묻는 것으로 끝맺는 것이다. 그러므로 죽은 이를 묻는 것은 그의 형체를 공경히 땅속에 모시는 것이며, 제사는 그 신을 공경히 섬기는 것이며, 그의 공로와 행장과 그의 가계(家系)를 쓴 글은 공경히 그의 이름을 전하는 것이다.

탄생의 의식은 사람의 시작을 장식하는 것이고, 죽음을 전송함은 마지막을 장식하는 것이다. 마지막과 시작이 다 갖추어져야만 효자로서의 일이 끝나고 성인의 도가 갖추어진다. 죽음에 대해 각박하여 삶에 보탬이 되는 것을 야박하다 하고 삶에 대해 각박하여 죽음에 보탬이 되는 것을 미혹되다고 하며, 삶을 죽여 죽음을 전송하는 것을 사람 백정이라고 한다.

대체로 그의 삶을 본떠서 그의 죽음을 전송해, 나고 죽는 처음과 마지막이 합당하고 훌륭하지 않은 것이 없도록 하는 것, 이것이 예의의 법식이다. 유가가 바로 이러하다.

| 원문 |

故壙[1]壟,[2] 其貌象室屋也. 棺椁,[3] 其貌象版[4]蓋[5]斯象拂[6]也. 無[7]帾[8]絲[9]

---

1 壙(광) : 묘혈, 죽은 이를 묻기 위해 판 구덩이.
2 壟(롱) : 무덤, 무덤 위의 봉분.
3 椁(곽) : 덧관.
4 版(판) : 수레 양 옆에 댄 널빤지.
5 蓋(개) : 수레 지붕. 사(斯)·근(斳)·흔(齦)과 통해 수레 앞장식. 다음의 상(象)자는 잘못 끼어든 것(楊倞).
6 拂(불) : 불(茀)과 통해 수레 뒤의 장식.

鬵¹⁰縷¹¹翣,¹² 其貌以象菲¹³帷¹⁴幬尉¹⁵也. 抗¹⁶折,¹⁷ 其貌以象槾¹⁸茨¹⁹番²⁰闕²¹也.

故喪禮者, 無它焉, 明死生之義, 送以哀敬而終周藏²²也. 故葬埋, 敬藏其形也, 祭祀, 敬事其神也. 其銘²³誄²⁴繫世,²⁵ 敬傳其名也.

事生, 飾始也, 送死, 飾終也. 終始具而孝子之事畢, 聖人之道備矣. 刻死²⁶而附生,²⁷ 謂之墨,²⁸ 刻生而附死, 謂之惑, 殺生而送死, 謂之賊.²⁹

大象其生以送其死, 使死生終始莫不稱宜³⁰而好善, 是禮義之法式也.

---

7 無(무) : 무(幠)와 통해 관 위를 덮는 천.
8 幬(도) : 관 아래를 싸는 헝겊.
9 絲(사) : 수(綏)와 통하여(楊倞), 관 장식 위에 꽂는 오색의 깃털.
10 鬵(어) : 어(魚)와 통하여(楊倞), 무덤 속에 달아 놓는 동으로 만든 물고기.
11 縷(루) : 관 가장자리의 장식.
12 翣(삽) : 관 위의 장식.
13 菲(비) : 긴 풀로 엮어 만든 발.
14 帷(유) : 문에 치는 포장.
15 幬尉(주위) : 얇은 장막.
16 抗(항) : 흙이 묘혈로 내려가지 못하도록 나무로 막는 것.
17 折(절) : 묘혈 위를 덮는 굴대.
18 槾(만) : 담.
19 茨(자) : 초가 지붕.
20 番(번) : 번(藩)과 통해 울타리.
21 闕(알) : 문.
22 周藏(주장) : 잘 묻어 주는 것.
23 銘(명) : 죽은 이의 공을 기물에 새긴 글.
24 誄(뢰) : 죽은 이의 행상을 쓴 글.
25 繫世(계세) : 세보(世譜), 집안의 계보.
26 刻死(각사) : 죽은 이의 장사를 각박하게 치르는 것.
27 附生(부생) : 비용을 아껴 생활에 보태는 것.
28 墨(묵) : 야박한 것. 묵자로도 풀이한다(楊倞).
29 賊(적) : 사람을 해치는 자.
30 稱宜(칭의) : 합당하게 잘 어울리는 것.

儒者是矣.

| 해설 |

여기서는 장사 지내는 의식이 죽은 이가 살았던 환경을 본뜬 것임을 보기를 들어 구체적으로 설명하고 있다. 이처럼 살았을 때를 본떠서 장사를 알맞게 지내 주는 것이 올바른 예라는 것이다.

17

삼년상을 치르는 것은 어째서인가? 인정에 어울리도록 형식을 정한 것이다, 그것으로 사회를 수식하고 친하고 먼 관계와 귀하고 천한 신분의 분별을 한 것이니, 마음대로 덜 수도 더할 수도 없는 것이다. 그러므로 어디를 가도 바꾸어질 수 없는 법도이다. 상처가 큰 사람은 아무는 기간이 오래 걸리고, 아픔이 심한 사람은 더디 낫는다.

삼년상은 인정에 어울리게 형식을 정한 것인데, 지극한 아픔이 극점에 이른 것이기 때문이다. 거친 상복을 입고 검게 마른 대나무 지팡이를 짚고 움막에 거처하며, 죽을 먹고 장작을 깔고 앉고 흙덩이를 베는 것은, 지극한 아픔을 수식하기 위한 것이다.

삼년상은 이십오 개월 만에 끝나는데 애통함이 다하지 않고 사모하는 마음이 잊혀지지 않을 것이다. 그런데도 예는 이십오 개월로써 끊어 버리는 것은, 어찌 죽음을 전송함에 끝맺음이 있어야 하고, 일상생활로 되돌아감에 절도가 있어야 하기 때문이 아니겠는가?

| 원문 |

　三年之喪, 何也? 曰; 稱情[1]而立文,[2] 因以飾羣,[3] 別親疎貴賤之節, 而不可益損也. 故曰; 無適不易[4]之術也. 創[5]巨者其日久, 痛甚者其愈遲.

　三年之喪, 稱情而立文, 所以爲至痛極也. 齊衰[6]苴杖,[7] 居廬[8]食粥,[9] 席薪枕塊, 所以爲至痛飾也.

　三年之喪, 二十五月而畢, 哀痛未盡, 思慕未忘. 然而禮以是斷之者, 豈不以送死有已,[10] 復生[11]有節也哉?

| 해설 |

　여기에서는 삼년상의 의의를 설명하고 있다. 옛날에는 부모가 돌아가시면 자식들이, 임금이 돌아가시면 제후와 신하들이, 남편이 죽으면 부인이 모두 삼년상을 치렀다. 삼년이란 오랜 기간 동안 상을 치르게 한 것은 그 분을 여읜 아랫사람의 애통하는 마음이 지극하기 때문이다. 그렇다고 애통하는 마음이 완전히 없어질 때까지 상을 입을 수도 없는 일이기에 삼년상이란 인정에 가장 알맞도록 제정된 예라는 것이다.

---

1 稱情(칭정) : 인정에 어울리는 것.
2 立文(입문) : 형식적인 수식을 정하는 것.
3 飾羣(식군) : 군중의 생활, 곧 사회를 수식한다는 뜻.
4 無適不易(무적불역) : 어디를 가도 바뀌어질 수가 없는 것.
5 創(창) : 상처.
6 齊衰(자최) : 부모를 여읜 상주가 입는 가장 거친 상복. 『예기(禮記)』에 의하면 참최(斬衰)가 옳다.
7 苴杖(저장) : 검게 마른 대나무 지팡이.
8 廬(려) : 움막, 묘막.
9 粥(죽) : 먹는 죽.
10 有已(유이) : 끝맺음이 있다.
11 復生(복생) : 일상생활로 되돌아가는 것.

18

하늘과 땅 사이에 살아 있는 모든 것 중에서 혈기가 있는 종류라면 반드시 지각이 있을 것이며, 지각이 있는 무리라면 그의 무리를 사랑하지 않는 것이 없을 것이다. 지금 큰 새와 짐승들도 그의 무리나 짝을 잃어버려 한 달이 넘고 한 철이 지나갔다면 곧 반드시 간 길을 따라 되돌아올 것이며, 고향을 지나게 되면 곧 반드시 왔다갔다 하면서 울부짖기도 하고 발로 땅을 구르기도 하고 머뭇머뭇거리기도 한 다음에야 그곳을 떠날 것이다. 작은 것으로는 제비나 참새가 있는데 역시 한동안 슬피 운 다음에야 떠날 것이다.

그런데 혈기가 있는 종류들 가운데에서 사람보다 더 지각이 있는 것은 없다. 그러므로 사람들은 죽을 때까지 끊임없이 어버이의 정을 그릴 것이다. 장차 어리석고 고루하며 음탕하고 사악한 사람을 따른다면, 그들은 아침에 죽은 이를 저녁이면 잊어버릴 것이며, 그런대로 내버려두면 새나 짐승만도 못하게 될 것이다. 그런 자들이 서로 함께 모여 살면 어찌 혼란해지지 않을 수가 있겠는가?

장차 수양이 있고 예가 있는 군자라면 삼년상인 이십오 개월이 네 마리 말이 끄는 마차가 지나가는 것을 벽 틈으로 보는 것 같이 빨리 끝나서, 그대로 두면 어버이를 그리는 정이 끝이 없을 것이다. 그러므로 옛 임금과 성인들께서는 이들을 위해 알맞은 방법을 정하고 예절을 제정함으로써, 한결같이 형식적인 수식을 이루기에 충분하면 곧 그만두도록 하였던 것이다.

| 원문 |

凡生乎天地之間者, 有血氣之屬必有知, 有知之屬莫不愛其類. 今夫

大鳥獸則失亡羣匹, 越月踰時,¹ 則必反鉛,² 過故鄕, 則必徘徊³焉, 鳴號焉, 躑躅⁴焉, 踟躕⁵焉, 然後能去之也. 小者是燕爵⁶猶有啁噍⁷之頃⁸焉, 然後能去之.

故有血氣之屬莫知於人. 故人之於其親也, 至死無窮.⁹ 將由夫愚陋¹⁰淫邪之人與, 則彼朝死而夕忘之, 然而縱¹¹之, 則是曾鳥獸之不若也. 彼安能相與羣居而無亂乎?

將由夫脩飾之君子與, 則三年之喪, 二十五月而畢, 若駟¹²之過隙,¹³然而遂之,¹⁴ 則是無窮也. 故先王聖人安爲之立中制節, 一使足以成文理, 則舍之¹⁵矣.

| 해설 |

삼년상은 인정에 알맞게 정해 놓은 예절이다. 따라서 삼년상도 제대로 지키지 못하는 사람은 새나 짐승만도 못한 사람이다. 올바른 군자라면 오

---

1 踰時(유시) : 한 철을 넘기는 것.
2 鉛(연) : 연(沿)과 통해 갔던 길을 따라가는 것.
3 徘徊(배회) : 한 장소를 중심으로 왔다갔다하는 것.
4 躑躅(척촉) : 발로 땅을 동동 구르는 것.
5 踟躕(지주) : 머뭇거리는 것.
6 爵(작) : 작(雀)과 통해 참새.
7 啁噍(조초) : 새들이 재잘재잘 우는 것.
8 頃(경) : 한동안.
9 至死無窮(지사무궁) : 죽기까지 어버이를 사모하는 정이 다함이 없는 것.
10 愚陋(우루) : 어리석고 고루한 것.
11 縱(종) : 내버려두는 것.
12 駟(사) : 수레를 끄는 네 마리의 말. 옛날에는 원래 네 마리가 한 수레를 끌었다.
13 隙(극) : 틈, 벽 틈.
14 遂之(수지) : 군자가 슬퍼하고 사모하는 정을 이루도록 내버려 두는 것.
15 舍之(사지) : 그만두게 하였다는 뜻.

히려 이십오 개월이란 삼년상을 다 치른 뒤에도 부모를 사모하는 정이 끝 없을 것이다. 그대로 두면 군자들은 어버이를 사모하는 정 때문에 삶을 해치게 될 것이므로, 오히려 이를 막기 위해 삼년상이란 한계를 제정해 놓았다는 것이다.

19

그렇다면 무엇 때문에 그것을 나눈 일년상이 있는가? 그것은 지극히 친근한 분이라도 일년이면 상을 벗어야 하기 때문이다. 그것은 어째서인가? 그것은 하늘과 땅도 일년이면 이미 바뀌어지고 사철도 이미 한 바퀴 돌아서 우주 안에 있는 것들은 다시 시작되지 않는 것이 없기 때문이다. 그러므로 옛 임금들께서는 이것으로 일년상을 본뜬 것이다.

그렇다면 삼년상을 치르는 것은 어째서인가? 그것은 은혜를 더욱 융성하게 하고자 그 두 배로 하였기 때문이다.

아홉 달 이하의 복상을 하는 것은 어째서인가? 그것은 은혜가 부모에 미치지 못함을 보이기 위해서이다. 그러므로 삼년상이 가장 융성한 것이고, 시마(緦麻)의 상복을 입는 석 달의 상과 소공(小功)의 상복을 입는 다섯 달의 상은 등급을 가장 낮춘 것이며, 일년과 아홉 달은 중간 등급이 된다.

위로는 하늘의 형상을 본받고 아래로는 땅의 형상을 본받고 중간으로 사람에게서 법칙을 취하였으니, 사람들이 모여 살며 하나로 조화될 근거가 되는 이치가 이에 다하고 있는 것이다. 그러므로 삼년상이란 사람의 도리에서 가장 수식이 된 것이다. 이것을 두고서 지극한 융성함이라 하며, 이것은 여러 임금들이 모두 같았고 예나 지금이나 같다.

임금의 상도 삼년을 지키는 것은 무엇 때문인가? 그것은 임금이란 다스리고 분별하는 주인이요, 형식적인 수식의 근원이요, 인정과 겉모양을 다한 분이기 때문이다. 부모의 예를 따라 융성함을 다해 상을 치러도 또한 괜찮지 않겠는가?

『시경』에 "점잖으신 군자여, 백성들의 부모로다."라고 읊고 있다. 저 군자란 본디 백성들의 부모가 된다는 말도 있었던 것이다.

| 원문 |

然則何以分之?[1] 曰; 至親以期[2]斷.[3] 是何也? 曰; 天地則已易矣, 四時則已徧[4]矣, 其在宇中者莫不更始矣. 故先王案以此象之也.

然則三年何也? 曰; 加隆焉, 案使倍之, 故再期也.

由九月以下, 何也? 曰; 案使不及也. 故三年以爲隆, 緦[5]小功[6]以爲殺,[7] 期九月以爲間.

上取象於天, 下取象於地, 中取則於人, 人所以羣居和一之理盡矣. 故三年之喪, 人道之至文者也. 夫是之謂至隆, 是百王之所同, 古今之所一也.

君之喪所以取三年, 何也? 曰; 君者, 治辨之主也, 文理之原也, 情貌

---

1 分之(분지) : 삼년상을 나눠 일년상을 만든 것.
2 期(기) : 돌.
3 斷(단) : 상 입는 것을 마치는 것.
4 徧(편) : 사철이 두루 한바퀴 도는 것.
5 緦(시) : 시마(緦麻). 가장 고운 베로 만든 가벼운 상복으로 삼월상에 입었다. 근친 관계를 다섯 등급으로 나누어 복상하는 기간과 상복을 구별하였다.
6 小功(소공) : 시마 다음으로 가벼운 상복으로, 오월상에 입었다.
7 殺(쇄) : 예의 등급을 낮추는 것.

之盡也. 相率而致隆之, 不亦可乎?

詩曰:[8] 愷悌[9]君子, 民之父母. 彼君者, 固有爲民父母之說焉.

| 해설 |

상복을 입는 데에는 삼년상 이외에도 일년상, 구월상, 오월상, 삼월상의 구별이 있다. 옛날에는 근친을 다섯 등급으로 나누어 그 멀고 가까운 관계에 따라 이처럼 상복을 입는 기간과 상복을 구별하였다. 여기서는 이러한 구별의 원리를 설명하였다.

20

아버지는 자식을 낳을 수는 있어도 자식을 젖 먹여 기르지는 못하며, 어머니는 자식을 젖 먹여 기를 수는 있어도 자식을 가르쳐 깨우치지는 못한다. 그러나 임금이란 그를 먹여 줄 수도 있지만 또 그를 잘 가르쳐 깨우치기도 하는 사람이다. 삼년의 복상으로 끝낼 수가 있겠는가? 유모는 그를 마시고 먹게 해준 사람인데 석 달 동안 복상을 해주고, 자모(慈母)는 그에게 의복을 입혀 준 사람인데 아홉 달 동안 복상을 해준다. 임금은 이런 것을 두루 돌보아 준 사람인데, 삼년의 복상으로 끝낼 수가 있겠는가?

훌륭한 임금이 있으면 나라가 잘 다스려지고, 훌륭한 임금이 없으면 나라가 어지러워지는 것은 형식적인 문리의 극치이다. 훌륭한 임

---

[8] 詩曰(시왈): 『시경』 소아(小雅) 청승(靑蠅)편에 나오는 구절.
[9] 愷悌(개제): 점잖은 것.

금이 있으면 안락하고, 훌륭한 임금이 없으면 위태로워지는 것은 실정의 극치이다. 이 두 가지 극치가 모두 그에게 모아져 있는데, 삼년상으로 그를 섬긴다는 것은 매우 부족한 일이지만 다만 예의의 규정이 그러해 더 늘릴 수가 없을 따름이다.

본디 사(社)는 땅의 신을 제사 지내는 것이고, 직(稷)은 곡식의 신을 제사 지내는 것이며, 교(郊)는 하늘에 합쳐서 여러 임금들을 아울러 제사 지내는 것이다.

| 원문 |

父能生之, 不能養[1]之, 母能食之, 不能敎誨之. 君者, 已能食之矣, 又善敎誨之者也. 三年畢矣哉? 乳母, 飮食之者也, 而三月, 慈母,[2] 衣被之者也, 而九月. 君, 曲備之者也, 三年畢乎哉?

得之則治, 失之則亂, 文[3]之至也. 得之則安, 失之則危, 情之至也. 兩至者俱積[4]焉, 以三年事之猶未足也, 直[5]無由進之[6]耳.

故社, 祭社也, 稷, 祭稷也, 郊者, 幷百王於上天而祭祀之也.

| 해설 |

임금이 죽었을 때에도 삼년상을 치르지만 이는 임금의 은혜에 보답하기

---

1 養(양) : 젖을 먹여 기르는 것. 사(食)로 쓰는 것이 옳다고 주장하는 이도 있으나(王念孫), 뜻은 같다.
2 慈母(자모) : 그를 사랑해 준 계모를 가리키는 듯하다.
3 文(문) : 형식적인 문리, 법도.
4 俱積(구적) : 모두 쌓이다, 모두 모아지다.
5 直(직) : 다만.
6 進之(진지) : 복상 기간을 연장하는 것.

에는 기간이 짧다는 것이다. 순자는 부모의 은혜보다도 임금의 은혜가 크다고 강조하고 있다.

21

삼년상을 치를 때 적어도 석 달 동안 빈소에 모셔 두는 것은 어째서인가? 그것은 죽은 이를 위대하게 여기고 존중해서이다. 존경을 다하고 친애를 다해야 할 분을 움직여 장소가 바뀌면 집을 떠나서 구릉으로 돌아가게 될 것이기 때문이다. 옛 임금들은 그럴 때에 예의 형식이 부족할까 두려워서 장례의 기일을 연장해 날짜가 충분하도록 하였던 것이다.

그러므로 천자는 칠 개월, 제후는 오 개월, 대부는 삼 개월 동안 빈소에 모셔 두었다. 모두 그 기간을 늘려 장례일을 준비하여 장례를 잘 이루게 하고, 장례를 잘 이루어 예의 형식을 잘 갖추게 하고, 예의 형식을 잘 갖추어 완벽하게 대비한다. 물건을 빈틈없이 갖추고 대비하는 것을 도라 한다.

| 원문 |

三月之殯,[1] 何也? 曰: 大之也, 重之也. 所致隆[2]也, 所致親也, 將擧錯[3]之, 遷徙之, 離宮室而歸丘陵也. 先王恐其不文也, 是以繇[4]其期, 足之日也.

---

1 殯(빈) : 사람이 죽은 뒤 정식으로 장례를 치르기 전에 빈소를 마련해 모셔 두는 것.
2 致隆(치륭) : 존경을 다하는 것.
3 擧錯(거조) : 시체를 들어 움직이는 것.

故天子七月, 諸侯五月, 大夫三月. 皆使其須⁵足以容事,⁶ 事足以容成, 成足以容文, 文足以容備.⁷ 曲容備物之謂道矣.

| 해설 |

삼년상을 치를 사람이 죽었을 때, 적어도 삼 개월 이상 빈소를 마련해 시체를 모셔 두고 장례를 준비하는 뜻을 설명하고 있다.

22

제사는 죽은 이를 생각하는 뜻과 사모하는 마음이 쌓여 이루어지는 의식이다. 특별한 변화로 감동하고 울분이 느껴지는 일은 갑작스럽게 닥쳐온다. 그러므로 사람들이 기뻐하며 잘 화합하고 있을 때에도 충신이나 효자라면 역시 특별한 변화를 생각하고 감동을 느끼는 일이 가끔 있을 것이다.

그러한 감동을 느낄 때에는 매우 감동이 크다는 것인데, 공연히 그대로 넘겨 버린다면, 곧 죽은 이를 생각하는 뜻을 지닌 감정에서 슬픔을 느끼며 만족하지 못할 것이고, 그분을 대하는 예절이 형편없이 다 갖추지 못하였음을 느낄 것이다. 그러므로 옛 임금들께서는 거기에 따라 예절의 형식을 마련해, 존귀한 분을 존경하고 친근한 분을 친히 모시는 뜻을 다하도록 했던 것이다.

---

4 繇(요) : 요(遙)와 통해(王引之), 기일을 멀리 연장하는 것.
5 須(수) : 지(遲)의 뜻으로(王引之), 기간을 늘리는 것.
6 容事(용사) : 장례일을 준비하다.
7 容備(용비) : 대비가 다 되다.

그러므로 제사란 죽은 이를 생각하는 뜻과 사모하는 마음이 쌓여 이루어지는 것이며, 충성과 신의와 사랑과 공경을 지극히 다하는 일이며, 예절과 형식의 모양을 성대하게 갖추는 행사이다. 진실로 성인이 아니라면 그 뜻을 알 수가 없다. 성인께서는 그 뜻을 분명히 아시어, 선비와 군자들은 그것을 편안히 시행하고, 관리들은 그것을 자기의 수칙으로 삼고, 백성들은 그것으로 풍속을 이루도록 하였다. 그것을 군자들은 사람의 도리라 생각하고 있으나, 백성들은 귀신에 관한 일이라 생각하고 있다.

그러므로 종·북·저(笛)·경(磬)·금(琴)·슬(瑟)·우(竽)·생(笙) 같은 악기, 소(韶)·하(夏)·호(護)·무(武)·작(酌)·환(桓)·삭(箾)·간(簡)·상(象) 같은 악무(樂舞)는, 바로 군자들이 변화로 인한 감동을 드러내고 기쁘고 즐거운 마음을 드러내는 형식이다. 상복을 입고 지팡이를 짚고, 움막에 거처하면서 죽을 먹고, 풀을 깔고 흙덩이를 베고 자는 것은, 바로 군자들이 변화로 인한 감동을 드러내고 슬프고 아픈 것을 드러내는 형식이다.

군대에는 일정한 제도가 있고, 형법에는 일정한 차등이 있어 모든 처벌이 죄에 어울리도록 하는 것은, 바로 군자들이 변화로 인한 감동을 드러내고 미워하고 싫어하는 것을 드러내는 형식이다.

제사는 점을 쳐서 날짜를 고르고, 재계를 하고 집안과 묘당을 청소하며, 궤연(几筵)에 제물을 올리고, 축문을 읽어 마치 그분이 직접 드시는 듯이 한다. 제물은 하나하나 모두 들어올려 마치 그분이 직접 맛보는 듯이 한다. 음식을 올리는 사람이 술잔을 올려서는 안 되고, 주인이 손수 술잔을 올려 마치 그분이 직접 마시는 듯이 한다.

제사가 끝나고 손님들이 나가면 주인은 절을 하며 전송하고, 돌아와서는 옷을 갈아입고 제자리로 돌아와 곡을 하여 마치 그분이 직접 떠나가신 듯이 한다.

슬퍼해야 한다! 공경해야 한다! 죽은 이 섬기기를 마치 살아 계신 이 섬기듯이 하고, 돌아가신 이 섬기기를 생존해 계신 이 섬기듯이 해야 한다. 형체도 그림자도 없는 중에 의식을 마련하는 것이다. 예의의 형식을 잘 마련해야 하는 것이다.

| 원문 |

祭者, 志意思慕之情也. 愅詭[1]唈僾[2]而不能無時至焉. 故人之歡欣和合之時, 則夫忠臣孝子亦愅詭而有所至矣.

彼其所至者, 甚大動[3]也, 案屈然[4]已, 則其於志意之情者惆然[5]不嗛[6], 其於禮節者闕然[7]不具. 故先王案爲之立文, 尊尊親親之義至矣.

故曰: 祭者, 志意思慕之情也, 忠信愛敬之至矣, 禮節文貌之盛矣. 苟非聖人, 莫之能知也. 聖人明知之, 士君子安行之, 官人以爲守, 百姓以成俗. 其在君子, 以爲人道也, 其在百姓, 以爲鬼事也.

故鐘鼓管磬, 琴瑟竽笙, 韶夏護武,[8] 汋桓箾簡象,[9] 是君子之所以爲愅

---

1 愅詭(격궤) : 특별한 변화로 감동하는 모양(楊倞).
2 唈僾(읍애) : 기운이 펴지지 않고 울분이 서려 있는 모양(楊倞).
3 大動(대동) : 크게 감동하는 것.
4 屈然(굴연) : 공연, 아무것도 하지 않는 모양.
5 惆然(추연) : 창연(悵然), 슬픈 모양.
6 不嗛(불겸) : 부족.
7 闕然(궐연) : 텅 비어 있는 모양.
8 韶夏護武(소하호무) : 순·우·탕·무왕의 음악.
9 汋桓箾簡象(작환삭간상) : '작'은 작(酌)으로 흔히 쓰며(『詩經』 周頌), 모두 옛 악무 이름.

詭其所喜樂之文也. 齊衰[10]苴杖[11]居廬食粥席薪[12]枕塊, 是君子之所以爲悼詭, 其所哀痛之文也.

師旅有制, 刑法有等, 莫不稱罪, 是君子之所以爲悼詭, 其所敦惡[13]之文也.

卜筮視日, 齋戒脩涂,[14] 几筵[15]饋薦[16]告祝, 如或饗之. 物取[17]而皆祭之, 如或嘗之. 毋利[18]擧爵, 主人有尊,[19] 如或觴[20]之.

賓出, 主人拜送, 反易服, 卽位而哭, 如或去之.

哀夫! 敬夫! 事死如事生, 事亡如事存. 狀[21]乎無形影, 然而成文.

| 해설 |

죽은 이를 제사 지내는 뜻과 그 방법에 대해 자세히 설명하고 있다. 곧 제사란 죽은 이를 생각하고 사모하는 의식이어서, 마치 그분이 살아 있는 것과 같은 마음가짐으로 제사를 지내야 한다는 것이다.

---

10 齊衰(재최) : 상복을 이르는 말.
11 苴杖(저장) : 상주가 상복을 입고 짚는 대지팡이.
12 席薪(석신) : 복상하는 동안 거친 풀을 깔고 지내는 것.
13 敦惡(돈오) : 미워하고 싫어하다. '돈'은 돈(諄)과 통함(盧文弨).
14 脩涂(수도) : '도'는 제(除)의 뜻으로(王念孫), 주변을 깨끗이 청소하는 것.
15 几筵(궤연) : 죽은 이를 모셔 놓는 제상.
16 饋薦(궤천) : 제물을 올리는 것.
17 物取(물취) : 제물로 쓰는 물건들을 모두 하나하나 드는 것.
18 利(이) : 음식을 올리는 사람, 좌식(佐食).
19 有尊(유준) : 술잔을 올리는 것, 유준(侑樽)과 같은 말.
20 觴(상) : 술잔을 받아 마시는 것.
21 狀(장) : 의식을 마련하는 것.

제20편

음악에 대하여 논함

樂論

    음악에 대한 순자의 견해가 씌어 있는 편이다. 유가에서 음악은 예와 함께 그들 사상의 중심을 이루고 있다. 예로는 사람의 행동과 겉모양을 규제하고, 음악으로는 사람의 성정을 다스렸다. 순자는 특히 예를 중시하고 있지만 그의 사상을 이해하는 데 빠져서는 안 되는 것이 음악에 대한 그의 견해다. 『묵자(墨子)』에는 음악을 부정하는 비악(非樂)편이 있는데 순자는 그의 이론을 반박하는 데에 많은 힘을 기울이고 있다. 또한 음악은 천지 자연의 형상을 본뜬 것으로 사람들에게 큰 영향을 미친다는 것은 물론, 음악이 그 사회상을 반영한다는 것을 설명하고 있다.

1

음악이란 즐기는 것(樂)이다. 사람의 감정으로서는 없을 수가 없는 것이다. 그러므로 사람에게서는 음악이 없을 수가 없다. 즐거우면 곧 그것이 목소리에 나타나고 행동으로 표현된다. 그래서 사람의 도인 목소리와 행동과 본성의 작용 변화가 모두 여기에서 발휘되는 것이다.

그러므로 사람에게는 즐김이 없을 수가 없으며, 즐기면 곧 겉으로 표현되지 않을 수가 없고, 겉으로 표현되어 올바른 도리에 맞지 않으면 곧 혼란이 없을 수가 없다.

옛 임금들께서는 그러한 혼란을 싫어하셨다. 그러므로 우아한 아(雅)·송(頌)의 음악을 제정하고 이끌어 주어 그 음악을 충분히 즐기면서도 어지러움으로 흐르지 않게 하고, 그 형식은 충분히 분별되면서도 없어지지 않게 하고, 그 소리의 복잡하고 단순한 가락과 뾰족하고 둥그스름한 장단은 충분히 사람의 착한 마음을 감동시켜 저 사악하고 더러운 기운이 가까이할 수 없도록 한 것이다. 이것이 옛 임금들께서 음악을 제정하신 이유이다. 그러나 묵자는 이를 부정하였으니 어찌 된 일인가?

| 원문 |

夫樂者, 樂[1]也, 人情之所必不免也. 故人不能無樂.[2] 樂則必發於聲音, 形於動靜, 而人之道, 聲音動靜性術[3]之變, 盡是矣.

---

1 樂(악) : 음악.
2 樂(낙) : 즐김, 즐거움.
3 性術(성술) : 본성의 작용.

故人不能不樂, 樂則不能無形, 形而不爲道, 則不能無亂.

先王惡其亂也, 故制雅頌⁴之聲以道之,⁵ 使其聲足以樂而不流,⁶ 使其文足以辨⁷而不諰,⁸ 使其曲直⁹繁省¹⁰廉肉¹¹節奏,¹² 足以感動人之善心, 使夫邪汙¹³之氣無由得接焉. 是先王立樂之方也. 而墨子非之, 奈何?

| 해설 |

음악이란 무엇인가? 음악은 어째서 생겨났는가? 왜 옛 임금들은 그들의 음악을 제정하였는가? 등의 문제를 논하고 있다. 이 편은 『예기(禮記)』의 악기(樂記)편과 대조해 읽으면 더욱 흥미롭다.

2

본디 음악은 종묘 가운데에서 임금과 신하와 윗사람과 아랫사람들이 함께 들으면 곧 화합하고 공경하지 않는 이가 없게 된다. 집안에서 부자와 형제들이 함께 들으면 곧 화합하고 친하지 않는 이가 없게 된

---

4 雅頌(아송): 『시경』의 내용은 크게 풍(風)·아(雅)·송(頌)의 세 가지로 분류된다. '풍'은 민요풍의 시가, '아'는 조정의 모임 또는 연회에서 연주되던 음악(그 가사), '송'은 종묘에서 제사 지낼 때 연주되던 음악. 따라서 아송은 정통적인 아악을 뜻한다.
5 道之(도지): 그들을 지도하다.
6 流(류): 나쁜 길로 흐르는 것.
7 辨(변): 분별, 이해.
8 諰(불시): 불식(不息)의 잘못으로(郝懿行) 없어지지 않는다, 끊임이 없다.
9 曲直(곡직): 소리가 굽고 곧은 것, 가락, 멜로디.
10 繁省(번성): 소리가 복잡하고 단순한 것.
11 廉肉(염육): 소리가 한편으로 빼져나오고 둥글둥글한 것.
12 節奏(절주): 장단. 리듬.
13 邪汙(사오): 사악하고 더러운 것.

다. 마을의 집안 어른을 모신 가운데에서 어른과 젊은이들이 함께 들으면 화합하고 종순해지지 않는 이가 없게 된다.

그러므로 음악이란 한 가지 표준을 잘 살펴 화합하도록 정한 것이며, 여러 가지 사물을 견주어서 절도를 수식한 것이며, 여러 악기들의 합주로써 아름다운 형식을 이루는 것이다. 그것은 충분히 한 가지 도를 따를 수가 있으며, 충분히 만물의 변화를 다스릴 수가 있다. 이것이 옛 임금께서 음악을 제정한 근거이다. 그러나 묵자는 이것을 부정하고 있으니 어찌 된 일인가?

| 원문 |

故樂在宗廟之中, 君臣上下同聽之, 則莫不和敬. 閨門[1]之內, 父子兄弟同聽之, 則莫不和親. 鄕里族長[2]之中, 長少同聽之, 則莫不和順.

故樂者, 審一[3]以定和者也, 比物以飾節者也, 合奏以成文者也. 足以率一道,[4] 足以治萬變. 是先王立樂之術也, 而墨子非之, 奈何?

| 해설 |

음악의 효용을 설명하고, 그러한 효용이 있기 때문에 옛 임금들이 음악을 제정했음을 설명하고 있다.

---

1 閨門(규문) : 집안. 가정.
2 族長(족장) : 같은 집안의 가장 어른이 되는 사람.
3 審一(심일) : 한 가지 기준, 한 가지 원칙을 살피고 심사하는 것.
4 一道(일도) : 한 가지 표준이 되는 올바른 도.

3

그러므로 아(雅)·송(頌)의 음악을 들으면 마음과 뜻이 넓어질 수 있다. 무무(武舞)의 방패와 도끼를 잡고서 몸을 숙이고 젖히고 구부리고 펴는 동작을 익히면 용모가 웅장해질 수 있다. 춤추는 위치와 나가고 들어갈 자리를 알게 하고 음악의 장단을 맞추게 되면 행렬이 바르게 될 수 있고 나아가고 물러나는 행동이 정해질 수 있다.

그래서 음악이란 밖으로 나아가서는 적을 정벌하고 벌을 줄 수 있으며, 안으로 들어와서는 서로 공손하게 인사를 하고 사양하는 예를 지킬 수 있게 한다. 적을 정벌하고 벌을 주는 것과 공손하게 인사를 하고 사양하는 예는 그 의의가 한가지인 것이다.

밖으로 나가서는 적을 정벌하고 벌하면 곧 명령에 따르지 않는 이가 없을 것이며, 안으로 들어와서는 서로 공손하게 인사를 하고 사양하는 예를 지키게 하면 곧 복종하지 않는 이가 없을 것이다. 그러므로 음악이란 천하를 크게 바로잡는 것이고 알맞게 조화시키는 규범이며, 사람의 정으로서는 없을 수가 없는 것이다. 이것이 옛 임금들이 음악을 제정한 이유이다. 그러나 묵자는 이것을 부정하고 있으니 어찌 된 일인가?

| 원문 |

故聽其雅頌之聲, 而志意得廣焉. 執其干戚,[1] 習其俯仰[2]屈伸,[3] 而容貌

---

[1] 干戚(간척) : 방패와 도끼, 옛날 춤에는 문무(文舞)와 무무(武舞)가 있어, 문무에선 피리와 깃을 들고 점잖은 춤을 추었고, 무무에선 방패와 도끼 같은 무기를 들고 전쟁을 상징하는 춤을 추었다. 옛날의 음악[樂]은 춤을 포함한 악무(樂舞)를 뜻한다.
[2] 俯仰(부앙) : 몸을 앞으로 숙였다 뒤로 젖혔다 하는 것.

得莊焉. 行其綴兆,⁴ 要⁵其節奏, 而行列得正焉, 進退得齊焉.

故樂者, 出所以征誅⁶也, 入所以揖讓⁷也. 征誅揖讓, 其義一也.

出所以征誅, 則莫不聽從, 入所以揖讓, 則莫不從服. 故樂者, 天下之大齊⁸也, 中和之紀也, 人情之所必不免也. 是先王立樂之術也, 而墨子非之, 奈何?

| 해설 |

여기서는 음악의 효용을 더욱 구체적으로 설명하고 있다. 훌륭한 음악은 사람들의 마음과 행동을 바르게 해줄 뿐만 아니라, 크게는 적국도 굴복시키는 힘을 가지고 있다는 것이다. 그것은 음악이 비뚤어진 적의 마음을 바로잡아 주기 때문에 자연히 덕 있는 자에게 굴복하게 되는 것이다.

그 보기로『서경』하서(夏書)의 대우모(大禹謨)를 보면 다음과 같은 얘기가 실려 있다. 순임금 때 묘족(苗族)이 명령을 거스르자 순임금은 우(禹)를 시켜 그들을 정벌케 하였다. 그러나 오랜 시일을 싸워도 그들을 굴복시키지 못하였다. 순임금은 마침내 익(益)의 충고를 따라 군사를 거둬들이고, 양쪽 섬돌 사이에서 음악을 연주해 문무(文舞)와 무무를 추게 하였다. 그 결과 묘족은 칠십일 만에 감화받아 스스로 굴복하였다.

음악의 효용은 이처럼 크다. 온 천하에 질서를 세우고 사회를 조화시킬

---

3 屈伸(굴신) : 몸을 굽혔다 폈다 하는 것, 모두 춤의 동작을 뜻함.
4 綴兆(철조) : 춤추는 위치. '철'은 춤추는 대열에서의 위치, '조'는 나아가고 물러서는 자리(『禮記』樂記 鄭玄 注).
5 要(요) : 회(會)의 뜻(『禮記』樂記 鄭玄 注).
6 征誅(정주) : 적국을 정벌하거나 죄를 물어 벌하는 것.
7 揖讓(읍양) : 사람들이 서로 몸을 숙여 인사하고 사양하는 예의.
8 大齊(대제) : 크게 정제하는 것.

수 있는 것이 음악이다. 그렇기 때문에 옛 임금들은 모두 훌륭한 음악을 제정하였던 것이다.

4

또한 음악이란 옛 임금들이 기쁨을 장식하기 위한 것이었다. 군대의 지휘권은 옛 임금들이 노여움을 장식하기 위한 것이었다. 옛 임금들의 기쁨과 노여움은 모두 알맞았다. 그렇기 때문에 기뻐하면 온 천하가 이에 화하고, 노여워하면 난폭한 자들이 두려워하였다. 옛 임금의 도란 바로 예의와 음악이 성대한 것이다. 그런데도 묵자는 그것을 부정하였다.

그러므로 도에 대한 묵자의 태도는 장님이 희고 검은 것을 모르는 것과 같고, 귀머거리가 맑고 탁한 소리를 분별하지 못하는 것과 같으며, 남쪽의 초나라를 북쪽에 가서 찾으려 하는 것과 같다.

| 원문 |

且樂者, 先王之所以飾喜也. 軍旅鈇鉞[1]者, 先王之所以飾怒也. 先王喜怒皆得其齊焉. 是故喜而天下和之, 怒而暴亂畏之. 先王之道, 禮樂正其盛者也. 而墨子非之.

故曰; 墨子之於道也, 猶瞽之於白黑也, 猶聾之於淸濁也, 猶欲之楚而北求之也.

---

1 鈇鉞(부월) : '부'와 '월'은 모두 무기로 쓰던 도끼. 특히 군대에서 군법을 어긴 자를 처단할 때에는 임금이 내린 부월을 썼다. 따라서 이것은 군대의 지휘권을 상징하는 말이 되었다.

| 해설 |

음악은 임금에게는 군대와 마찬가지로 꼭 있어야만 하는 것이다. 음악으로 백성들을 감화시켜 백성들을 올바로 이끌면 백성들은 잘 살고 나라는 부강해질 것이다.

그래서 유가에서는 예로써 사람의 겉모양과 행동을 다스리고, 악으로써 사람의 성격과 감정을 다스린다는 뜻에서 예악을 함께 말하기 좋아한다. 순자도 옛 임금의 훌륭한 도란 바로 예악이 성대함을 뜻하는 것이라 말한 것이다.

5

노래와 음악은 사람에게 미치는 영향이 매우 크고, 사람들을 매우 빠르게 변화시킨다. 그러므로 옛 임금들은 삼가 그 형식을 갖추게 하였다. 음악이 바르고 반듯하며 화평하면 곧 백성들은 화합하며 빗나가지 않게 되고, 음악이 엄숙하고 장중하면 곧 백성들은 질서가 있어 어지럽지 않게 된다. 백성들이 화합하고 질서가 있으면 곧 나라의 군대는 강하고 성이 견고해져 적국이 감히 침략하지 못한다.

그렇게 되면 백성들은 모두가 그의 거처에서 안락하게 지내고 그의 고을에서 즐겁게 지내며 그의 임금에 대해 지극히 만족하게 될 것이다. 그렇게 된 뒤에야 명성이 뚜렷이 드러나고, 그의 빛이 크게 빛나게 되어, 온 세상 백성들은 그를 자기네 우두머리로 삼기를 바라지 않는 사람이 없게 된다. 이것이 왕자로서의 시작이다.

음악이 요염하면서도 음흉하면 곧 백성들은 빗나가고 그릇되며 야비하고 천박하게 된다. 빗나가고 그릇되면 어지러워지고, 야비하고 천박하면 다투게 되며, 어지럽고 다투게 되면 곧 나라의 군대는 약하고 성은 침략을 받아 적국이 그들을 위태롭게 만든다.

그렇게 되면 백성들은 그의 거처에서 안락하게 지내지 못하고 그의 고을에서 즐겁게 지내지 못하며 그의 임금에 대해 만족하지 않게 된다. 그러므로 예의와 음악이 무너져 사악한 음악이 생겨나는 것은 나라가 위태롭게 되어 영토를 빼앗기고 모욕을 받는 근본이 된다. 그러므로 옛 임금께서는 예의와 음악을 귀중히 여기고 사악한 음악을 천시하였다. 그분들은 벼슬자리에 차례를 매기면서도 "법과 명령을 잘 지키고 시와 문장을 잘 살피며 음란한 음악은 금함으로써, 철에 따라 순조롭게 음악을 정비하여 오랑캐 풍속이나 사악한 음악이 감히 전통음악을 어지럽히지 못하게 해야 한다."고 당부하였는데, 그것은 태사(太師)가 주로 할 일이었다.

묵자는 "음악이란 성왕들이 부정했던 것이어서 유가 사람들은 그것 때문에 잘못을 저지르고 있다."고 했는데, 군자들은 그렇지 않다고 생각하고 있다. 음악이란 성인들이 즐기던 것이어서 백성들의 마음을 어질게 해줄 수가 있다. 그것은 사람들에게 깊은 영향을 주어 풍습을 바로잡고 풍속을 순화시킨다. 그러므로 옛 임금들은 백성들을 예의와 음악으로 이끌어 화목하게 지낼 수 있었던 것이다.

| 원문 |

夫聲樂之入人也深, 其化人也速. 故先王謹爲之文. 樂中平則民和而不流,[1] 樂肅莊則民齊而不亂. 民和齊則兵勁城固, 敵國不敢嬰[2]也.

---

1 流(류) : 빗나가다, 잘못되는 것.

如是, 則百姓莫不安其處, 樂其鄕, 以至足其上矣. 然後名聲於是白, 光輝於是大, 四海之民, 莫不願得以爲師.[3] 是王者之始也.

樂姚冶[4]以險, 則民流僈[5]鄙賤矣. 流僈則亂, 鄙賤則爭. 亂爭則兵弱城犯, 敵國危之.

如是, 則百姓不安其處, 不樂其鄕, 不足其上矣. 故禮樂廢而邪音起者, 危削[6]侮辱之本也. 故先王貴禮樂而賤邪音. 其在序官也, 曰; 修憲命,[7] 審誅賞,[8] 禁淫聲, 以時順脩, 使夷俗邪音不敢亂雅,[9] 太師之事也.

墨子曰; 樂者, 聖王之所非也, 而儒者爲之, 過也. 君子以爲不然. 樂者, 聖人之所樂也, 而可以善民心, 其感人深, 其移風易俗. 故先王導之以禮樂而民和睦.

| 해설 |

음악의 위대한 효용을 설명하고 있다. 음악은 사람들의 성정을 변화시키고 사회에 큰 영향을 미친다. 따라서 옛 성군들은 예의와 함께 음악으로 백성들을 올바로 이끌었다는 것이다.

2 嬰(영) : 침략하다.
3 師(사) : 사장(師長), 우두머리, 임금.
4 姚冶(요야) : 요염, 지나치게 아름다운 것.
5 流僈(유만) : 빗나가고 그릇되는 것.
6 危削(위삭) : 나라가 위태로워지고 나라 땅을 빼앗기는 것.
7 憲命(헌명) : 법과 명령.
8 誅賞(주상) : 시상(詩商)의 잘못(앞 왕제편 참조), '상'은 장(章)의 뜻.
9 雅(아) : 중원(中原)의 전통 음악.

6

백성들에게 좋아하고 싫어하는 감정만 있고, 기뻐하고 노여워하는 대응이 없다면 곧 어지러워진다. 옛 임금께서는 그러한 어지러움을 싫어했기 때문에, 그들의 행실을 닦게 하고 그들의 음악을 바로잡아 천하가 순조로울 수 있었던 것이다. 그러므로 상복을 입고 곡하는 소리를 들으면 사람들의 마음은 슬퍼지고, 갑옷을 입고 투구를 쓰고 행렬을 지어 노래를 부르면 사람들의 마음은 아파진다. 요염하고 음란한 정(鄭)나라 위(衛)나라의 음악은 사람들의 마음을 음란하게 하고, 단정한 예복을 입고 관을 쓰고서 소(韶)를 춤추고 무(武)를 노래하면 사람들의 마음은 장중해진다. 그러므로 군자는 귀로는 음란한 음악을 듣지 않고, 눈으로는 여색을 보지 않으며, 입으로는 악한 말을 하지 않는다. 이 세 가지는 군자가 신중히 하는 것이다.

모든 간사한 음악은 사람들을 감동시켜 반역의 기운이 이에 호응해 생겨나게 하며, 반역의 기운이 형상을 이루어 춤이 되면 어지러움이 생겨난다. 올바른 음악은 사람들을 감동시켜 순조로운 기운이 이에 호응해 생겨나며, 순조로운 기운이 형상을 이루어 춤이 되면 다스림이 생겨난다. 음악을 노래하면 이에 조화되어 호응하는 기운이 생겨나고 선과 악이 서로 형상을 이루어 춤이 된다. 그러므로 군자는 음악에 대해서는 거취를 신중히 하는 것이다.

음악 연주에서 군자는 종과 북으로 사람들의 뜻을 인도하고, 금(琴)과 슬(瑟)로 사람들의 마음을 즐겁게 한다. 춤을 추는 데는 방패와 도끼를 들고 움직이고, 깃털과 모우(旄牛) 꼬리는 장식을 삼고, 여기에 경(磬)과 관악기의 반주가 따른다. 그러므로 음악의 맑고 밝음은 하늘을 상징하는 것이고, 그 넓고 큼은 땅을 상징하는 것이며,

몸을 앞뒤로 젖히고 빙빙 돌며 춤추는 것은 사철과 흡사한 것이다. 그러므로 음악이 바르게 연주되면 뜻이 맑아지고, 예의가 닦여지면 행실이 이루어지며, 귀와 눈은 잘 들리고 잘 보이게 되고, 혈기는 화평스럽게 되며, 풍습은 바로잡고 풍속을 순화시켜 온 천하가 모두 편안해지고, 아름답고 착한 사람들이 서로 즐기게 된다.

그러므로 음악이란 즐기는 것이라고 하는 것이다. 군자는 올바른 도를 터득함을 즐기고, 소인은 그의 욕망을 채우게 됨을 즐긴다. 올바른 도로 욕망을 통제하면 곧 즐거우면서도 어지럽지 않게 되고, 욕심만 내고 올바른 도는 잊어버린다면 곧 미혹되어 즐겁지 않게 된다. 그러므로 음악이란 즐거움으로 인도하는 방편이다. 쇠와 돌과 실과 대나무로 만든 악기들은 덕으로 인도하는 방편이다. 음악이 바르게 연주되면 백성들이 올바른 길로 향하게 된다. 그러므로 음악이란 사람들을 올바로 다스리는 성대한 것이다. 그런데도 묵자는 그것을 부정하였다.

| 원문 |

夫民有好惡之情而無喜怒之應, 則亂. 先王惡其亂也, 故脩其行, 正其樂, 而天下順焉. 故齊衰[1]之服, 哭泣之聲, 使人之心悲, 帶甲嬰軸,[2] 歌於行伍, 使人之心傷, 姚冶之容, 鄭衛之音, 使人之心淫, 紳端章甫,[3] 舞韶歌武, 使人之心莊. 故君子耳不聽淫聲, 目不視女色, 口不出惡言. 此三者, 君子愼之.

---

1 齊衰(자최) : 상복의 일종.
2 嬰軸(영주) : 투구를 쓰다. '주'는 주(冑)와 같은 자.
3 紳端章甫(신단장보) : '신'은 예복에 매는 큰 띠, '단'은 예복, '장보'는 은나라의 관.

凡姦聲感人而逆氣[4]應之, 逆氣成象[5]而亂生焉. 正聲感人而順氣應之, 順氣成象而治生焉. 唱和有應, 善惡相象. 故君子愼其所去就也.

君子以鐘鼓道志, 以琴瑟樂心. 動以干戚,[6] 飾以羽旄,[7] 從以磬管. 故其淸明象天, 其廣大象地, 其俯仰周旋有似於四時. 故樂行而志淸, 禮脩而行成, 耳目聰明, 血氣和平, 移風易俗, 天下皆寧, 美善相樂.

故曰; 樂者, 樂也. 君子樂得其道, 小人樂得其欲. 以道制欲, 則樂而不亂, 以欲忘道, 則惑而不樂. 故樂者, 所以道樂也. 金石絲竹, 所以道德也. 樂行而民鄉方[8]矣. 故樂者, 治人之盛者也. 而墨子非之.

| 해설 |

여기서도 음악은 사람들의 마음과 감정에 큰 영향을 주므로, 세상을 올바로 다스리는 가장 좋은 방편이 됨을 강조하고 있다.

7

또한 음악이란 아무것으로도 변화시킬 수 없는 조화로 이루어지는 것이며, 예의란 아무것으로도 바꿀 수 없는 조리로 이루어지는 것이다. 음악은 모든 것을 다 같이 화합하게 하지만, 예의는 모든 것을 따로따로 구별한다. 그러나 예의와 음악의 법통은 사람들의 마음을 주

---

4 逆氣(역기) : 거스르는 기운, 반역의 기운.
5 成象(성상) : 형상을 이룩하다, 춤추는 것을 가리킨다.
6 干戚(간척) : 무무(武舞)를 출 때 손에 들던 방패와 도끼.
7 羽旄(우모) : 문무(文舞)를 출 때 손에 들던 깃털과 모우(旄牛) 꼬리. 모우는 서남이(西南夷)의 소의 일종으로 꼬리털이 길다.
8 鄉方(향방) : 말이나 행동이 바른 곳으로 향하다.

관한다. 근본을 추궁하며 변화를 다하는 것은 음악의 정신이고, 성실함을 드러내고 거짓을 제거하는 것은 예의의 원리이다.

묵자는 이것을 부정해 거의 형벌을 받아야 할 처지였으나, 명철한 임금들이 없어진 뒤라서 아무도 그를 바로잡지 못하였다. 어리석은 자들은 그것을 본떠서 그 자신을 위태롭게 하고 있다.

군자가 음악을 밝히고 있는 것은 바로 그들의 덕이다. 난세에는 선함을 싫어해 이 말을 듣지 않는다. 아아, 슬프도다! 그래서는 덕을 이룰 수가 없는 것이다. 제자들은 학문에 힘써 미혹되는 일이 없어야만 하겠다.

| 원문 |

且樂也者, 和之不可變也, 禮也者, 理之不可易者也. 樂合同,[1] 禮別異. 禮樂之統, 管乎人心矣. 窮本極變, 樂之情也, 著誠去僞, 禮之經也.

墨子非之, 幾遇刑也. 明王已沒, 莫之正也. 愚者學之, 危其身也.

君子明樂, 乃其德也. 亂世惡善, 不此聽也. 於乎哀哉! 不得成[2]也. 弟子勉學, 無所營[3]也.

| 해설 |

예의와 함께 사람들 마음을 바로잡아 주는 것이 음악이며, 그 원리의 위대함을 주장한다. 따라서 음악을 부정한 묵자는 형벌을 받아야 할 사람

---

1 合同(합동) : 모든 것을 다 같이 화합시키는 것.
2 不得成(부득성) : 덕을 이루지 못하다.
3 營(영) : 혹(惑)의 뜻, 미혹되다.

이라 비판하고 있다.

8

노래와 음악의 상징성은 다음과 같다. 북은 소리가 크고 많은 악기들이 거기에 따르며, 종은 여러 악기들을 통솔해 음악을 충실케 하며, 경(磬)은 소리가 산뜻해 음악을 절제케 하며, 우(竽)와 생(笙)의 소리는 엄숙하여 음악을 조화시키며, 관(筦)과 약(籥)의 소리는 크게 드러나 음악을 격렬하게 하며, 훈(塤)과 호(箎)의 소리는 은은해 음악을 부드럽게 하며, 슬(瑟)의 소리는 점잖아서 음악을 우아하게 하며, 금(琴)의 소리는 부드러워 음악을 아름답게 하며, 노래 소리는 맑아서 음악의 뜻을 다 표현한다. 춤의 뜻은 하늘의 도를 겸하고 있다.

북은 바로 음악에 있어서의 임금이라 할 것이다. 그러므로 북은 하늘과 같은 것이다. 종은 땅과 같고, 경은 물과 같고, 우와 생과 관과 약은 별과 별자리와 해와 달과 같으며, 도고(鞉鼓) · 축(柷) · 부액(拊鞷) · 강갈(椌楬)은 만물과 같다.

무엇으로 춤의 뜻을 알 수 있는가? 춤을 출 때 눈은 자신을 보지 못하고, 귀는 스스로를 듣지 못한다. 그러나 몸을 굽히고 젖히고 구부리고 뻗고 나아가고 물러가고 느리게 움직이고 빠르게 움직이는 것들이 산뜻하게 절제되지 않는 것이 없으며, 온몸의 힘을 다해 종과 북의 소리에 알맞는 절도를 따라서 전혀 거스르고 어긋나는 일이 없다. 여러 가지가 쌓여 온 춤의 뜻이 빈틈없이 잘 표현되고 있는 것이다.

| 원문 |

聲樂之象, 鼓大麗,¹ 鐘統實,² 磬廉制,³ 竽笙簫和,⁴ 筦籥⁵發猛,⁶ 塤篪翁博,⁷ 瑟易良,⁸ 琴婦好,⁹ 歌淸盡. 舞意天道兼.

鼓, 其樂之君邪! 故鼓似天, 鐘似地, 磬似水, 竽笙簫和筦籥¹⁰似星辰日月, 鞉¹¹柷¹²拊鞷¹³椌楬¹⁴似萬物.

曷以知舞之意? 曰; 目不自見, 耳不自聞也. 然而治俯仰詘信,¹⁵ 進退遲速, 莫不廉制, 盡筋骨之力, 以要鐘鼓俯會之節, 而靡有悖逆者. 衆積意諄諄¹⁶乎!

| 해설 |

음악과 악기 그리고 춤은 모두 천지 자연의 현상과 법칙을 따라 이루어진 것이라는 주장이다. 특히 여러 가지 악기의 특징을 설명한 대목이 흥미롭다.

---

1 大麗(대려) : 소리가 크고 다른 악기들이 붙어 따라오는 것.
2 統實(통실) : 악기들을 통솔하여 음악을 충실케 하다.
3 廉制(염제) : 소리가 산뜻하고 음악을 절제하다.
4 簫和(소화) : '소'는 숙(肅)의 잘못(王引之), 소리가 엄숙하여 음악을 조화시키다.
5 筦籥(관약) : 두 가지 모두 피리 종류의 관악기.
6 發猛(발맹) : 소리가 크게 드러나고 음악을 격렬하게 하다.
7 翁博(옹박) : 소리가 은은해 음악을 부드럽게 하다. 옹발(滃渤)과 같은 표현(俞樾).
8 易良(이량) : 소리가 점잖아서 음악을 부드럽게 하다. 낙이(樂易)와 같은 말(王先謙).
9 婦好(부호) : 소리가 부녀자처럼 부드러워 음악을 아름답게 하다.
10 簫和筦籥(소화관약) : '소화' 두 자는 잘못 끼어 넣은 것(王先謙).
11 鞉(도) : 도고(鞉鼓), 작은북의 일종.
12 柷(축) : 음악의 시작을 알리는 악기.
13 拊鞷(부액) : 악기 이름, 어떤 것인지는 알 수 없다.
14 椌楬(강갈) : 어(敔), 음악이 끝남을 알리는 악기.
15 詘信(굴신) : 몸을 굽혔다 폈다 하는 것, 굴신(屈伸).
16 諄諄(지지) : 순순(諄諄)과 같은 말로, 정성을 다한 모양, 곧 빈틈없이 잘 된 모양.

9

공자께서 말씀하셨다. "나는 향음주례(鄕飮酒禮)를 보고서 왕도를 실천하는 것이 매우 쉽다는 것을 알았다."

향음주례에서 주인은 친히 가서 주빈과 수행원을 초빙해야 하며, 다른 손님들은 모두 그들을 따라온다. 주인집 문밖에 도착하면 주인은 주빈과 수행원에게는 절을 하고 맞아들이나, 다른 손님들은 그들 스스로 들어온다. 예로써 귀하고 천한 뜻이 분별되는 것이다.

들어와서 주인과 주빈은 세 번 서로 읍을 하면서 섬돌 아래까지 오고, 세 번 서로 사양하면서 주빈을 모시고 당으로 올라간다. 주인은 주빈이 온 데 감사해 절을 하고, 술잔에 술을 따라 주빈에게 권하고, 주빈은 이를 마시고 주인에게 반배(返杯)하는 예를 행하는데, 서로 사양하는 절차를 번거로이 되풀이한다. 수행원들은 간단히 대접한다. 다른 손님들의 경우에는 담으로 올라와 잔을 받고 자리에 앉아서 술로 고수레를 하며, 서서 마시고 주인에게 반배하지 않고 섬돌을 내려간다. 존귀한 이는 존중하고 아랫사람에게는 간단히 대하는 예의 질서의 뜻이 분별되는 것이다.

악공이 들어와 당으로 올라와서 세 곡의 노래를 다 부르고 나면 주인은 악공에게 술잔을 준다. 다시 생(笙)을 부는 사람이 들어와 세 곡을 연주하고 나면, 주인은 그에게 술잔을 준다. 다시 당 위와 당 아래에서 번갈아 세 곡의 노래를 부르고, 당 위와 당 아래에서 함께 세 곡을 합주한다. 악공이 음악을 다 연주한 것을 알리고는 밖으로 나간다. 주인집의 한 사람이 술잔을 들어올리면, 곧 여수(旅酬)의 예를 위해 주인을 도울 사정(司正)을 세운다. 향음주례가 화평하게 잘 진행되어 빗나가지 않을 것을 알 수 있다.

여수에 있어서는 주빈이 먼저 주인에게 반배하고, 다음엔 주인이 수행원에게 반배하며, 다음엔 수행원이 다른 손님들에게 반배하는데, 나이가 적고 많은 순서에 따라 술을 마시고, 물에 잔을 씻는 자들에게까지 돌아간 뒤에야 끝난다. 향음주례가 젊은이나 늙은이 모두에게 빠짐없이 은택을 베푸는 것임을 알 수 있다.

당에서 내려와 신발을 벗고 다시 당으로 올라가 자리에 앉는다. 주인과 주빈이 술잔을 무수히 주고받으며 마신다. 그러나 술을 마시는 절도는, 아침에는 조정에 나가 조정 일을 다 끝낸 다음이어야 하고, 저녁에는 조정의 저녁 일을 다 끝낸 다음이어야 한다. 주빈이 나갈 때에는 주인은 절하며 전송하는데, 예절과 형식은 의식이 다 끝날 때까지 잘 갖추어져야 한다. 향음주례가 안락하게 잔치를 벌이면서도 어지러워지지 않는 것임을 알 수 있다.

신분이 존귀하고 천한 것을 분명히 하고, 높은 예우와 낮은 예우를 잘 가리며, 화합하고 즐기면서도 빗나가지 않고, 젊은이 늙은이 모두에게 빠짐없이 은택이 베풀어지며, 안락하게 잔치를 벌이면서도 어지러워지지 않는다. 이 다섯 가지의 실행은 사람의 몸을 바르게 하고 나라를 안정시키기에 충분하다. 그 나라가 안정되면 천하가 안정될 것이다. 그래서 공자께서는 "나는 향음주례를 보고서 왕도를 실천하는 것이 매우 쉽다는 것을 알았다."고 말씀하셨던 것이다.

| 원문 |

吾觀[1]於鄕[2]而知王道之易易[3]也.

---

1 吾觀(오관) : 『예기』 향음주의(鄕飮酒義)에 의하면, 이 앞에 "공자왈(孔子曰)"이 붙어 있

主人親速賓⁴及介,⁵ 而衆賓⁶皆從之. 至於門外, 主人拜賓及介, 而衆賓皆入. 貴賤之義別矣.

三揖⁷至於階, 三讓以賓升. 拜至,⁸ 獻酬,⁹ 辭讓之節繁. 及介省矣. 至於衆賓, 升受, 坐祭,¹⁰ 立飮, 不酢¹¹而降. 隆殺¹²之義辨矣.

工¹³入, 升歌三¹⁴終, 主人獻之. 笙入三¹⁵終, 主人獻之. 間歌三¹⁶終, 合樂¹⁷三終. 工告樂備, 遂出. 二人揚觶,¹⁸ 乃立司正.¹⁹ 焉知其能和樂而不流也.

賓酬主人,²⁰ 主人酬介, 介酬衆賓, 少長以齒,²¹ 終於沃洗²²者. 焉知其

어야 옳다(盧文弨).
2 鄕(향) : 향음주례(鄕飮酒禮)를 가리킴.
3 易易(이이) : 매우 쉬운 것.
4 速賓(속빈) : 주빈을 초청하다.
5 介(개) : 주빈의 예를 돕는 사람, 곧 수행원.
6 衆賓(중빈) : 주빈과 수행원 이외의 일반 손님들.
7 揖(읍) : 손을 모아 잡고 몸을 약간 굽히는 예.
8 拜至(배지) : 찾아온 주빈에 대해 주인이 절을 하는 것.
9 獻酬(헌수) : 주인이 손님에게 술을 따라 올리는 것이 헌, 손님이 술을 따라 주인에게 술잔을 돌려주면 주인이 그것을 마시고 다시 손님에게 술을 따라 잔을 주는 것이 수이다.
10 祭(제) : 고수레를 하는 것을 뜻함.
11 酢(작) : 주인이 마시고 따라준 술잔[酬]을 손님이 마시고 주인에게 되돌려 주는 것.
12 隆殺(융쇄) : 신분에 따라 높은 예우와 낮은 예우를 차등을 두어 하는 것.
13 工(공) : 악공.
14 歌三(가삼) : 세 곡을 노래하다. 『시경』 소아(小雅)의 녹명(鹿鳴)・사무(四牡)・황황자화(皇皇者華)의 세 노래(『禮記』 鄕飮酒義 注).
15 笙入三(생입삼) : 생(笙)을 부는 사람이 들어와 세 곡을 연주하다. 『시경』 소아의 남해(南陔)・백화(白樺)・화서(華黍)의 세 곡(『禮記』 注).
16 間歌三(간가삼) : 당 위와 당 아래에서 번갈아 가며 세 곡을 노래 부르는 것.
17 合樂(합악) : 노래하는 사람과 악기 연주자들이 합주하는 것.
18 觶(치) : 향음주례에 쓰이는 술잔 이름.
19 司正(사정) : 향음주례에서 주인의 예를 돕는 사람.
20 賓酬主人(빈수주인) : 주빈이 주인에게 술을 마시고 술을 따라 잔을 주는 것. 이 대목의 예를 여수(旅酬)라 한다.

能弟長而無遺也.

降說屨[23]升坐, 脩爵[24]無數. 飮酒之節, 朝不廢朝, 莫不廢夕. 賓出, 主人拜送, 節文[25]終遂. 焉知其能安燕而不亂也.

貴賤明, 隆殺辨, 和樂而不流, 弟長而無遺, 安燕而不亂. 此五行者, 足以正身安國矣. 彼國安而天下安. 故曰; 吾觀於鄕而知王道之易易也.

| 해설 |

향음주(鄕飮酒)의 예도 왕도를 실천하는 원리를 따른 것임을 강조한 대목이다. 『예기』향음주의(鄕飮酒義)에는 거의 이와 똑같은 글이 실려 있다.

10

난세의 징후는 다음과 같다. 사람들의 옷은 사치스럽고, 그들의 차림새는 여인들 같으며, 그들의 풍속은 음란하고, 그들의 뜻은 이익만을 추구하며, 그들의 행위는 난잡하고, 그들의 노래와 음악은 바르지 못하며, 그들의 무늬와 장식은 지저분하면서도 화려하고, 그들의 생활에는 법도가 없으며, 그들이 죽은 이를 장사지낼 때에는 박하고도 공경스럽지 못하다. 예의를 천하게 여기고 용기와 힘을 귀중히 여기

---

21 齒(치) : 나이에 따른 순서.
22 沃洗(옥세) : 물을 따라 잔을 씻는 것.
23 說屨(설구) : 신을 벗다.
24 脩爵(수작) : 잔을 주고받으며 술을 마시는 것.
25 節文(절문) : 향음주례의 예절 형식.

며, 가난하면 도둑질을 하고, 부유하면 남을 해친다. 잘 다스려지는 세상은 이와 반대이다.

| 원문 |

亂世之徵, 其服組,[1] 其容婦, 其俗淫, 其志利, 其行襍,[2] 其聲樂險.[3] 其文章匿[4]而采, 其養生無度, 其送死瘠墨.[5] 賤禮義而貴勇力, 貧則爲盜, 富則爲賊. 治世反是也.

| 해설 |

난세의 징조를 설명한 대목이다. 특히 예의를 중시하고 있음을 알 수 있다.

---

1 組(조) : 사치스럽다, 화사하다.
2 襍(잡) : 난잡하다. 잡(雜)과 같은 글자.
3 險(험) : 부정, 바르지 않은 것.
4 匿(특) : 특(慝)과 같은 자로(王先謙), 지저분한 것, 사악한 것.
5 瘠墨(척묵) : 박하고 공경스럽지 않은 것.

제21편

가려진 마음은 열어야 한다

解蔽

　사람이란 가끔 마음 한편이 가려져 꽉 막힌 것처럼 비뚤어진 견해를 고집하는 경우가 있다. 이 편에서는 이처럼 가려진 것을 벗겨 주어 마음을 탁 트이게 하고 올바른 사고를 갖게 한다는 것이 주된 내용이다.
　마음이 가려져 있는 경우의 여러 가지 병폐를 논한 다음, 마음이 가려지지 않도록 하는 방법을 설명하고 있다. 특히 마음이 가려지지 않게 하는 데 필요한 도와 마음의 수양 등에 역점을 두어 논하고 있다.

1

　모든 사람의 병폐는 한 모퉁이가 가려져 있어 큰 이치에 어둡다는 데 있다. 잘 다스리면 곧 정상으로 되돌아오지만, 옳은 것과 그른 것을 둘 다 의심하면 미혹될 것이다.

　천하에는 두 개의 올바른 도가 없으며, 성인에게는 두 가지 다른 마음이 없다. 지금 제후들은 제각기 다른 정치를 하고 여러 학파들은 제각기 다른 학설을 주장하고 있으니, 반드시 어떤 것은 옳고 어떤 것은 그른 것이며, 어떤 것은 잘 다스려지고 어떤 것은 혼란한 것이다.

　나라를 어지럽히는 임금과 집안을 어지럽히는 사람도 그의 성심을 다해 모두 올바른 것을 구하지만 자기 나름대로 판단하기 때문에 어지러워지는 것이다. 올바른 도리가 질투에 미혹되어 사람들은 그가 좋아하는 대로 유인당한다. 자기 자신이 해 놓은 것에 대해서는 다만 그것이 나쁘다는 말을 들을까 두려워하고, 그 자신의 입장에 따라 다른 사람이 하는 방법을 보고는 다만 그것이 훌륭하다는 말을 들을까 두려워한다. 그래서 다스림과는 멀리 떨어져 달리고 있는 데도 자기가 옳다는 생각을 버리지 못한다. 어찌 한 모퉁이가 가려져 있어서 올바름을 잘못 구하는 것이 아니겠는가?

　마음을 제대로 쓰지 않으면 희고 검은 것이 바로 앞에 있다 하더라도 그의 눈은 보지를 못하고, 천둥소리·북소리가 옆에서 들린다 하더라도 그의 귀는 듣지를 못한다. 하물며 마음이 딴 것에 부림을 당하는 사람이야 어떻겠는가? 덕 있고 올바른 사람을 나라를 어지럽히는 임금이 위에서 비난하고, 집안을 어지럽히는 사람이 아래에서 비난하고 있다면, 어찌 슬픈 일이 아니겠는가?

　그러므로 욕심에 가려지기도 하고, 미워하는 마음에 가려지기도 하며, 일을 시작한다는 생각에 가려지기도 하고, 일을 끝낸다는 생각에 가려지기도 하며, 멀리 있다는 생각에 가려지기도 하고, 가까이 있다는 생각에 가려지기도 하며, 넓다는 생각에 가려지기도 하고, 얕다는 생각에 가려지기도 하며, 옛것의 생각에 가려지기도 하고, 현재의 생각에 가려지기도 한다.

모든 만물은 서로 다른 한편만을 생각하면 서로 가려지지 않는 것이 없다. 그것이 마음을 쓰는 술법의 공공연한 환난이다.

| 원문 |

凡人之患,[1] 蔽[2]於一曲,[3] 而闇[4]於大理. 治則復經,[5] 兩疑[6]則惑矣.

天下無二道, 聖人無兩心. 今諸侯異政, 百家異說, 則必或是或非, 或治或亂.

亂國之君, 亂家之人, 此其誠心莫不求正, 而以自爲[7]也, 妬[8]繆[9]於道而人誘其所迨[10]也. 私其所積,[11] 唯恐聞其惡也. 倚[12]其所私, 以觀異術, 唯

---

1 患(환) : 걱정. 병폐.
2 蔽(폐) : 마음이 밝게 트이지 못하고 한 모퉁이에 엉겨 어떤 물건에 콱 막혀져 있는 것 (楊倞).
3 一曲(일곡) : 한 모퉁이.
4 闇(암) : 암(暗)과 통하며 어두운 것.
5 復經(복경) : 정상적인 사고로 되돌아오는 것.
6 兩疑(양의) : 바른 것과 바르지 못한 것 둘 다 의심하는 것.
7 自爲(자위) : 자기의 그릇된 판단으로 행동하는 것.
8 妬(투) : 질투.
9 繆(류) : 잘못된 것. 그릇된 것.
10 迨(태) : 가까이하는 것, 좋아하는 것.
11 所積(소적) : 행동을 쌓아 온 것. 쭉 일해 온 것.
12 倚(의) : 의지하며, 근거로 하며.

恐聞其美也. 是以與治離¹³走, 而是己不輟¹⁴也. 豈不蔽於一曲而失正求也哉?

心不使焉, 則白黑在前而目不見, 雷鼓在側而耳不聞. 況於使者¹⁵乎? 德道之人, 亂國之君非之上, 亂家之人非之下, 豈不哀哉?

故爲蔽, 欲爲蔽, 惡爲蔽, 始爲蔽, 終爲蔽, 遠爲蔽, 近爲蔽, 博爲蔽, 淺爲蔽, 古爲蔽, 今爲蔽.

凡萬物異則莫不相爲蔽. 此心術之公患也.

| 해설 |

마음 한 구석이 막혀 이치를 모르게 되는 근거를 설명하고 있다. 마음이 막히는 이유는 자기만을 아는 편견 때문에 생기는 것으로 그릇된 질투 때문에 남의 올바른 것은 듣거나 보려 하지 않는다. 그렇기 때문에 이런 사람은 올바르게 될 수가 없다. 임금이나 백성들이 이처럼 편견에 사로잡혀 올바른 도리를 모른다면 얼마나 슬픈 일이겠느냐는 것이다. 끝으로 마음이 가려지는 이유에 대해 만물은 모두 서로 다른 두 면이 있는데, 어느 한쪽에만 집착하면 마음이 가려지므로 그러한 집착을 버려야 함을 설명하고 있다.

---

13 離(이) : 떨어져 있는 것. 지금 판본은 수(雖)로 되어 있으나 왕염손(王念孫)의 교정을 따랐다(『荀子集解』).
14 輟(철) : 그만두는 것.
15 使者(사자) : 마음이 그릇된 질투나 편견에 부림을 받는 자.

2

옛날 임금 중에 마음이 가려졌던 사람으로는 하나라의 걸왕과 은나라의 주왕이 있다. 걸왕은 애희인 말희(末喜)와 간신 사관(斯觀)에게 가려져 충신 관용봉(關龍逢)을 알아보지 못하였으며, 미혹된 그의 마음으로 그의 행동을 어지럽게 하였다. 주왕은 애희 달기(妲己)와 간신 비렴에게 가려져 충신 미자계를 알아보지 못하였으며, 미혹된 그의 마음으로 그의 행동을 어지럽게 하였다.

그러므로 여러 신하들은 충성을 버리고 사사로이 섬겼으며, 백성들은 옳지 않음을 원망하면서 일하지 않았으며, 어진 사람들은 물러나 살면서 숨고 도망갔다. 이것이 그들이 구주(九州)의 땅을 잃어버리고 종묘를 지켜 온 나라를 망치게 된 원인이다. 걸왕은 정산(亭山)에서 죽었고 주왕은 머리가 잘려 붉은 깃대에 매달렸다. 자신도 먼저 알지 못하였거니와 사람들 또한 아무도 간해 주지 않았으니 이것은 가려지고 막혀진 데서 온 재난이었다.

은나라 탕임금은 하나라 걸왕을 거울삼아 그의 마음에 올바른 중심을 세워 신중히 다스렸다. 그리하여 오랫동안 이윤을 등용하고 자신도 도리를 잃지 않을 수가 있었다. 이것이 그가 하나라 임금을 대신해 구주를 물려받을 수 있었던 까닭이다.

주나라 문왕은 은나라 주왕을 거울삼아 그의 마음에 올바른 중심을 세워 신중히 다스렸다. 그리하여 오랫동안 여망을 등용하고 자신도 도리를 잃지 않을 수가 있었다. 이것이 그가 은나라 임금을 대신해 구주를 물려받을 수 있었던 까닭이다.

그렇게 되면 먼 나라들이 모두 진귀한 물건을 바쳐 오게 되므로 눈은 온갖 아름다운 색깔을 보고, 귀는 온갖 아름다운 소리를 듣고, 입은 온갖 아름다운 맛을 보고, 몸은 잘 갖추어진 궁전에 살고, 명성은 온갖 칭송을 다 받고, 살아서는 온 천하가 그를 노래하고 죽어서는 온 세상이 그를 곡하게 된다. 이러한 것을 지극한 성세(盛世)라 한다.

『시경』에 이렇게 읊고 있다. "봉황새가 훨훨 나는데, 그 날개는 방패와 같고, 그 소리는 퉁소 같네. 봉새도 있고 황새도 있어, 황제의 마음을 즐겁게 하네." 이것은 마음이 가려지지 않아서 받는 복을 노래한 것이다.

| 원문 |

昔人君之蔽者, 夏桀殷紂是也. 桀蔽於末喜[1]斯觀,[2] 而不知關龍逢,[3] 以惑其心而亂其行. 紂蔽於妲己[4]飛廉,[5] 而不知微子啓,[6] 以惑其心而亂其行.

故羣臣去忠而事私, 百姓怨非而不用, 賢良退處而隱逃. 此其所以喪九牧[7]之地, 而虛宗廟之國也. 桀死於亭山,[8] 紂縣[9]於赤旆,[10] 身不先知,

---

[1] 末喜(말희) : 말희(妹嬉)로도 쓰며, 걸왕은 그의 용모에 반해 정치를 돌보지 않았다 한다.
[2] 斯觀(사관) : 걸왕의 간신임에는 틀림없으나, 그의 생애에 대한 기록은 남아 있지 않다.
[3] 關龍逢(관용봉) : 환용봉(豢龍逢)이라고도 부르며, 걸왕의 충신으로 그의 잘못을 간하다가 걸왕에게 죽임을 당한 사람.
[4] 妲己(달기) : 주왕은 달기란 애희에게 반해 그의 환심을 사려고 난폭한 행동을 일삼았다 한다.
[5] 飛廉(비렴) : 주왕의 간신.
[6] 微子啓(미자계) : 제15편 의병 제7절 참조.
[7] 九牧(구목) : 중국에는 옛날에 아홉 주가 있었고, 한 주에 주목(州牧)이 있어 그것을 다스렸다. 따라서 구목은 중국땅 전체인 구주를 다스리는 사람들이다.
[8] 亭山(정산) : 지금의 안휘성(安徽省) 화현(和縣) 서북쪽에 있는 산 이름. 역양산(歷陽山)이라고도 부른다.
[9] 縣(현) : 현(懸)과 통하여 목이 매달리는 것.
[10] 赤旆(적패) : 붉은 깃대. 『사기(史記)』에는 무왕이 주를 친 다음 그의 머리를 태백기(太

人又莫之諫. 此蔽塞[11]之禍也.

　成湯[12]監[13]於夏桀, 故主其心而愼治之, 是以能長用伊尹[14]而身不失道. 此其所以代夏王而受九有[15]也.

　文王監於殷紂, 故主其心而愼治之, 是以能長用呂望[16]而身不失道. 此其所以代殷而受九牧也.

　遠方莫不致其珍, 故目視備[17]色, 耳聽備聲, 口食備味, 形居備宮, 名受備號, 生則天下歌, 死則四海哭. 夫是之謂至盛.

　詩曰:[18] 鳳凰[19]秋秋,[20] 其翼若干, 其聲若簫. 有鳳有凰, 樂帝之心. 此不蔽之福也.

| 해설 |

　마음이 가려졌던 임금의 예로 하나라 걸왕과 은나라 주왕을 들고, 마음이 탁 트였던 예로 은나라 탕임금과 주나라 문왕을 들고 있다. 임금이 마음이 가려져 올바른 도리를 분간하지 못하면 나라를 망치게 되고, 마음이 트여 올바른 정치를 하면 천하를 통일하게 된다는 것이다. 결론 부분에서는 임금의 마음이 가려지지 않으면 곧 태평성세를 이룬다고 강조하고 있다.

　　白旗)에 매달았다고 하였다.
11 蔽塞(폐색) : 마음이 가려지고 막히는 것. 꽉 막히는 것.
12 成湯(성탕) : 은나라 탕임금은 성업을 이룩한 분이라 하여 흔히 성탕이라 부른다.
13 監(감) : 감(鑑)과 통하여 거울삼다.
14 伊尹(이윤) : 탕임금을 도와 천하를 통일케 한 어진 재상.
15 九有(구유) : 구목이 다스리는 땅. 구주.
16 呂望(여망) : 여상(呂尙), 태공망(太公望), 강태공(姜太公).
17 備(비) : 온갖 좋은 것이 다 갖추어져 있는 것.
18 詩曰(시왈) : 지금의 『시경』에는 없는 일시(逸詩)임.
19 鳳凰(봉황) : 태평성대에 나타난다는 새로, '봉'은 암컷, '황'은 수컷이다.
20 秋秋(추추) : 훨훨 나는 모양.

3

 옛날에 남의 신하로서 마음이 가려졌던 자로는 당앙(唐鞅)과 해제가 있다. 당앙은 권세를 얻으려는 욕심에 가려져 현명한 재상 재자(載子)를 몰아냈고, 해제는 나라를 차지하려는 욕심에 가려져 자기 형 신생(申生)에게 죄를 뒤집어씌웠다. 그러나 당앙은 송나라에서 사형을 당하였고, 해제는 진(晉)나라에서 사형을 당하였다.

 현명한 재상을 몰아내고 효성스런 자기 형에게 죄를 뒤집어씌워 그들 자신이 처형당한 것이다. 그러나 이것은 마음이 가려져 막힌 데서 생겨난 화임을 알지 못하고 있다. 그러므로 탐욕스럽고 비루하며, 배신을 하고 반란을 일으키며, 권세를 다투다가 위태롭게 되고 욕을 본 뒤 멸망하지 않은 자는 옛날부터 지금에 이르기까지 있었던 일이 없다.

 제나라의 포숙(鮑叔)·영척(甯戚)·습붕(隰朋)은 어질고 지혜로워 마음이 가려지지 않았기 때문에 관중을 도와줄 수가 있었고, 그들의 명성과 이익과 행복과 봉록도 관중과 다를 바가 없었다.

 주나라의 소공·여망은 어질고 지혜로워 마음이 가려지지 않았기 때문에 주공을 도와줄 수가 있었고, 그들의 명성과 이익과 행복과 봉록도 주공과 다를 바가 없었다.

 전하는 말에 "현명한 사람을 알아보는 것을 밝다고 하고, 현명한 사람을 돕는 것을 유능하다고 한다. 그렇게 하는 데 부지런히 힘쓴다면 그는 많은 복을 누릴 것이다."라고 하였는데, 이것을 뜻하는 말이다.

 이것이 바로 마음이 가려지지 않음으로써 받게 되는 복이다.

| 원문 |

 昔人臣之蔽者, 唐鞅[1]奚齊[2]是也. 唐鞅蔽於欲權而逐載子,[3] 奚齊蔽於

欲國而罪申生. 唐鞅戮於宋, 奚齊戮於晉.

逐賢相而罪孝兄, 身爲刑戮. 然而不知, 此蔽塞之禍也. 故以貪鄙 背叛爭權, 而不危辱滅亡者, 自古及今, 未嘗有之也.

鮑叔⁴甯戚隰朋, 仁知且不蔽, 故能持管仲, 而名利福祿與管仲齊.

召公⁵呂望仁知且不蔽, 故能持周公, 而名利福祿與周公齊.

傳曰; 知賢之謂明, 輔賢之謂能. 勉之彊之, 其福必長. 此之謂也.

此不蔽之福也.

| 해설 |

신하로서 마음이 가려져 자신을 망쳤던 경우와 조금도 마음이 가려지지 않아 많은 일을 하고 복을 누렸던 경우를 들어, 사람은 마음이 가려져 막히지 않아야 함을 강조하고 있다.

4

옛날 여러 나라를 유세하며 마음이 가려졌던 사람으로는 다음의 어지러운 학파들이 있다.

---

1 唐鞅(당앙) : 전국 시대 송나라 강왕(康王)의 신하. 악한 신하로 유명하다.
2 奚齊(해제) : 춘추 시대 진(晉)나라 헌공(獻公)의 애희인 이희(驪姬)가 낳은 아들. 태자인 형 신생(申生)을 모함해 죽게 하였다.
3 載子(재자) : 양경(楊倞)은 송나라의 충신 대불승(戴不勝)을 말한다고 하였다(『孟子』 滕文公 下).
4 鮑叔(포숙) : 포숙아(鮑叔牙). 춘추 시대 제(齊)나라 환공(桓公)에게 관중(管仲)을 적극 추천해 유명하다. 영척·습붕과 함께 뒤에도 관중을 도와 제나라를 발전시켰다.
5 召公(소공) : 소공석(召公奭). 태공망 여상과 함께 주공을 도와 주나라의 터전을 마련하였다.

묵자는 실용에 가려서 겉치장을 하지 못하였고, 송자는 욕망에 가려서 소망을 알지 못하였고, 신자(愼子)는 법에 가려서 현명한 것을 알지 못하였고, 신자(申子)는 권세에 가려서 지혜를 알지 못하였고, 혜자는 말에 가려서 실속을 알지 못하였고, 장자는 자연에 가려서 사람을 알지 못하였다.

그러므로 실용을 좇는 것을 도라고 한다면 실리만을 다하게 될 것이고, 욕망을 좇는 것을 도라고 한다면 유쾌함만을 다하게 될 것이고, 법을 좇는 것을 도라고 한다면 술수만을 다하게 될 것이고, 권세를 좇는 것을 도라고 한다면 편의만을 다하게 될 것이고, 말을 좇는 것을 도라고 한다면 논의만을 다하게 될 것이고, 자연을 좇는 것을 도라고 한다면 되어 가는 대로 다하게 될 것이다. 이 몇 가지의 것은 모두 도의 한 모퉁이인 것이다.

도라는 것은 일정함을 본체로 해 변화를 다하는 것이니, 한 모퉁이로는 그것을 다 드러낼 수가 없다. 일부분만을 아는 사람은 도의 한 모퉁이만을 보는 것이어서 그것을 알 수가 없다. 그러므로 자신은 충분하다고 생각하고 이론을 꾸미면 안으로는 스스로를 어지럽히고 밖으로는 남을 미혹시키며, 위에서는 아랫사람들을 막히게 하고 아래에서는 윗사람들을 막히게 한다. 이것이 마음이 가려지고 막혀진 재난이다.

공자는 어질고 지혜로우며 또한 가려지지 않으셨다. 그러므로 다스리는 술법을 배워서 족히 옛 임금들과 같게 될 만한 분이었다. 그분은 한 학파로써 주나라를 다스리는 도를 터득하셨으니, 드러내어 그것을 쓴다면 도를 실행함에 막힘이 없을 것이다. 그러므로 그분의 덕은 주공과 같은 명성을 얻으셨고, 우임금 · 탕임금 · 문왕의 세 임금과 나란히 하게 되었다. 이것은 마음이 가려지지 않은 복이다.

| 원문 |

昔賓孟¹之蔽者, 亂家²是也.

墨子³蔽於用而不知文,⁴ 宋子蔽於欲⁵而不知得, 愼子蔽於法而不知賢, 申子⁶蔽於埶而不知知, 惠子蔽於辭而不知實, 莊子⁷蔽於天⁸而不知人.

故由用謂之道, 盡利矣, 由俗⁹謂之道, 盡嗛¹⁰矣, 由法謂之道, 盡數¹¹矣, 由埶謂之道, 盡便矣, 由辭謂之道, 盡論矣, 由天謂之道, 盡因¹²矣. 此數具者, 皆道之一隅也.

夫道者, 體常¹³而盡變, 一隅不足以擧之. 曲知¹⁴之人, 觀於道之一隅而未之能識也. 故以爲足而飾之,¹⁵ 內以自亂, 外以惑人, 上以蔽下, 下

---

1 賓孟(빈맹) : '맹'은 맹(萌)과 통하여 사람들. '빈맹'은 여러 나라를 손님으로서 찾아다니며 그 임금들을 자기 경륜으로 설복시키는 사람들, 곧 유세하는 사람들(俞樾).
2 亂家(난가) : 어지러운 설을 주장하는 여러 학파들.
3 墨子(묵자) : 묵자, 송자(宋子), 신자(愼子), 혜자(惠子)는 제6편 비십이자 참조.
4 文(문) : 문식, 겉치장, 겉모양과 행동의 아름다운 수식.
5 蔽於欲(폐어욕) : 송자가 "사람의 정욕은 적어서 많아지려 하지 않으니, 다만 그가 바라는 대로만 맡겨 두면 스스로 다스려질 것이다(人之情欲募而不欲多, 但任其所欲則自治也)"고 한 말에 근거한 것임.
6 申子(신자) : 전국 시대 한나라의 신불해(申不害). 그는 법으로 신하들을 부리는 방법을 논하여 법가인 한비자에게 많은 영향을 주었다.
7 莊子(장자) : 장주(莊周). 전국 시대의 사상가로서 도가의 대표적인 인물. 그의 저서로 『장자』가 있다. 여기서는 그의 무위자연설을 비판한 것이다.
8 天(천) : 천연, 자연.
9 俗(속) : 욕(欲)의 잘못(楊倞).
10 嗛(겸) : 겸(慊)과 통하여 유쾌한 것.
11 數(수) : 술수, 묘한 술법.
12 因(인) : 되어 가는 대로 자연에 맡겨 두는 것.
13 體常(체상) : 일정하고 질서 있는 본체.
14 曲知(곡지) : 한 모퉁이만 아는 것.

以蔽上. 此蔽塞之禍也.

孔子仁知且不蔽, 故學亂術[16]足以爲先王者也. 一家[17]得周道,[18] 擧而用之, 不蔽於成積[19]也. 故德與周公齊, 名與三王[20]竝. 此不蔽之福也.

| 해설 |

유가를 제외한 제자백가들의 학설은 마음 한 구석이 막힌 데서 비롯된 비뚤어진 것임을 비평하였다. 그리고 유가의 창시자인 공자는 마음이 막히지 않은 분이어서 올바른 도리로 세상을 가르쳤다는 것이다.

임금 · 신하의 뒤를 이어 여기서는 사상가들이 마음이 막히면 어떻게 되는가를 설명하고 있다.

5

성인은 사람들이 마음을 쓰는 술법에서 환난이 어디에 있는가를 알고, 마음이 가려져 막힘으로써 생기는 화를 통찰한다. 그러므로 각별한 욕심도 없고 싫어하는 것도 없으며, 시작한다는 생각도 없고 끝낸다는 생각도 없으며, 가까운 것에도 마음이 끌리지 않고 먼 것에도 마음이 끌리지 않으며, 광대한 것도 특별히 없고 천박한 것도 특별히 없으

---

15 飾之(식지) : 자기 이론을 체계가 서도록 꾸미는 것.
16 亂術(난술) : '난'은 본디 어지러움과 다스림의 두 가지 뜻이 있다. 여기서는 올바로 다스리는 술법을 뜻한다.
17 一家(일가) : 공자가 『춘추』라는 그 시대의 역사를 저술하여 한 학파로서의 견해를 이룬 것.
18 周道(주도) : 주나라를 다스리는 도. 『춘추』를 저술한 공자의 뜻을 가리킨다.
19 成積(성적) : 도를 실행하는 것.
20 三王(삼왕) : 하나라의 우임금, 은나라의 탕임금, 주나라의 문왕.

며, 옛것도 따로 없고 지금의 것도 따로 없다. 만물들을 다 같이 늘어놓고 곧고 바름을 재고 헤아리는 것이다. 그러므로 여러 가지 서로 다른 것들이 서로 마음을 가려서 그 질서를 어지럽힐 수가 없는 것이다.

무엇을 재고 헤아린다는 것인가? 그것은 올바른 도이다. 그러므로 사람의 마음은 도를 알지 못하면 안 된다. 마음이 도를 알지 못한다면 올바른 도를 따르지 못하고 도에 어긋나는 길을 따를 것이다. 사람이라면 누가 자기 멋대로 할 수 있기를 바라면서, 그가 해서는 안 된다고 생각하는 일을 하며 지키고, 그가 해야만 한다고 생각하는 일을 금하며 하지 않겠는가? 그의 올바른 도를 따르지 못하는 마음으로 사람을 고른다면, 곧 틀림없이 도에 어긋나는 사람을 만나게 되고 올바른 도를 따르는 사람과는 만나지 못할 것이다. 그의 올바른 도를 따르지 못하는 마음으로 도에 어긋나는 사람들과 함께하며, 올바른 도를 따르는 사람을 비판하는 것이 어지러움의 뿌리이다.

어째서 도에 대해 알아야 하는가? 그것은 사람의 마음이 올바른 도를 알아야만 올바른 도를 따를 수 있기 때문이다. 올바른 도를 따라야만 도를 지키면서 도에 어긋나는 일을 금할 수가 있다. 그의 올바른 도를 따르는 마음으로 사람을 고른다면, 곧 도를 따르는 사람을 만나고 도에 어긋나는 사람은 만나지 못할 것이다. 그의 올바른 도를 따르는 마음으로 도를 따르는 사람과 함께하며 도에 어긋나는 사람들을 비판하는 것이 다스림의 요체이다.

어째서 도에 대해 알지 못하는 것을 걱정하는가? 본디 다스림의 요체는 올바른 도에 대해 아는 데 있기 때문이다.

| 원문 |

聖人知心術之患, 見蔽塞之禍. 故無欲無惡, 無始無終, 無近無遠, 無博無淺, 無古無今. 兼陳萬物, 而中縣衡[1]焉. 是故衆異不得相蔽以亂其倫也.

何爲衡? 曰道. 故心不可以不知道. 心不知道, 則不可道而可非道. 人孰欲得恣,[2] 而守其所不可, 以禁其所可? 以其不可道之心取人, 則必合於不道人, 而不知合於道人.[3] 以其不可道之心, 與不道人論道人, 亂之本也.

夫何以知? 心知道, 然後可道. 可道, 然後能守道, 以禁非道. 以其可道之心取人, 則合於道人, 而不合於不道之人矣. 以其可道之心, 與道人論非道, 治之要也.

何患不知? 故治之要在於知道.

| 해설 |

마음이 가려지지 않게 하는 방법에 대해 논하고 있다. 특히 올바른 도를 따라야만 마음이 가려지지 않음을 역설하고 있다.

6

사람들은 무엇으로 도를 아는가? 그것은 마음으로 알 수 있다. 마

---

1 中縣衡(중현형) : 중정함을 재고 헤아리다. '현형'은 저울로 무게를 단다는 뜻.
2 恣(자) : 멋대로 하다.
3 不知合於道人(부지합어도인) : '지'는 잘못 끼어든 것(俞樾), 따라서 "올바른 도를 따르는 사람은 만나지 못하게 된다"는 뜻.

음은 어떻게 도를 아는가? 그것은 마음이 텅 비고 한결같아지고 고요해지는 것으로 알 수 있다.

마음에는 여러 가지가 쌓여 있으나 이른바 텅 빈 상태가 있다. 마음은 여러 가지를 생각하지만 이른바 한결같은 상태가 있다. 마음은 계속해서 움직이지만 이른바 고요한 상태가 있다.

사람은 나면서부터 지각이 있고, 지각이 있으면 기억이 있게 된다. 기억은 여러 가지가 쌓이게 된다. 그러나 이른바 텅 빈 상태가 있는 것이다. 마음에 이미 쌓여 있는 것들 때문에 새로 받아들이려는 것들이 방해를 받지 않는 것, 그것을 텅 빈 상태라 한다.

마음은 생겨나면서부터 지각이 있고, 지각이 있으면 여러 가지를 분별하게 된다. 분별하는 것은 동시에 여러 가지를 아울러 알게 하며, 동시에 여러 가지를 아울러 알게 되면 여러 가지를 생각하게 된다. 그러나 이른바 한결같은 상태가 있는 것이다. 저쪽의 하나 때문에 이쪽의 하나가 방해받지 않는 것, 그것을 한결같은 상태라 한다.

마음은 누워서 잠잘 때는 꿈을 꾸고, 멍청히 있을 때는 스스로 아무 곳이나 가게 되며, 그것을 부리면 생각을 하게 된다. 그러므로 마음은 움직이지 않을 때란 없는 것이다. 그런데도 이른바 고요한 상태가 있다. 몽상이나 번거로운 생각 때문에 지각이 어지러워지지 않는 것, 그것을 고요한 상태라 한다.

올바른 도를 아직 터득하지 못하고 도를 추구하고 있는 사람에게는, 마음을 텅 비우고 한결같이 고요하게 추구하라고 일러주어야 한다. 그렇게 하여 도를 따르려는 사람이 텅 빈 상태가 되면 도로 들어가게 되고, 도에 종사하려는 사람이 한결같은 상태가 되면 도를 다하게 되며, 도를 생각하려는 사람이 고요한 상태가 되면 도를 잘 살펴 이해하게 된다.

　도에 대해 알고 그것을 잘 살펴 이해하며, 도에 대해 알고 그것을 실천하는 것이 올바른 도를 체득한 사람이다. 마음이 텅 비고 한결같아지고 고요한 것을 크게 맑고 밝다고 하는 것이다.

　그렇게 되어 만물이 형체가 있는 것이라면 보이지 않는 것이 없게 되고, 보이는 것들은 조리가 없는 것이 없으며, 조리가 있는 것들은 자기 자리를 잃는 일이 없게 된다. 방안에 앉아서도 온 세상을 볼 수 있게 되고, 현재에 살고 있으면서도 먼 옛일을 논할 수 있게 된다. 만물을 꿰뚫어 보아 그 실정을 알게 되고, 다스려지고 어지러워지는 일을 참고하고 고증해 그 법도에 통달하게 된다. 천지의 운행을 바로잡고 만물이 제대로 존재할 수 있도록 위대한 섭리를 정돈하여 우주를 원리대로 존재토록 한다.

　그의 마음 끝없이 넓은데 누가 그 한계를 알 수 있겠는가? 크고 넓은데 누가 그 덕의 위대함을 알겠는가? 끓어오르듯 뒤섞이고 있는데 누가 그 원칙을 알 수 있겠는가? 그 마음은 밝기가 해와 달 같고 크기는 모든 곳에 가득 차 있다. 이러한 사람을 대인이라 하는데, 그런 분이야 어찌 가려지는 일이 있겠는가?

| 원문 |

人何以知道? 曰; 心. 心何以知? 曰; 虛壹而靜.
心未嘗不臧[1]也, 然而有所謂虛. 心未嘗不滿[2]也, 然而有所謂一. 心未

---

[1] 臧(장) : 장(藏)과 통하여, 많은 것이 쌓여 있다. 여러 가지가 담겨 있다.
[2] 滿(만) : 량(兩)으로 쓰는 것이 옳으며(楊倞), 동시에 여러 가지를 생각하는 것.

嘗不動也, 然而有所謂靜.

人生而有知, 知而有志.[3] 志也者, 臧也. 然而有所謂虛, 不以所已臧害所將受,[4] 謂之虛.

心生而有知, 知而有異. 異也者, 同時兼知之. 同時兼知之, 兩也. 然而有所謂一, 不以夫一[5]害此一, 謂之壹.

心, 臥則夢, 偷[6]則自行, 使之則謀. 故心未嘗不動也. 然而有所謂靜, 不以夢劇[7]亂知, 謂之靜.

未得道而求道者, 謂之虛壹而靜. 作之, 則將[8]須道者之虛則人,[9] 將事道者之壹則盡盡,[10] 將思道者靜則察.

知道察, 知道行, 體道者也. 虛壹而靜, 謂之大清明.

萬物莫形而不見, 莫見而不論,[11] 莫論而失位. 坐於室而見四海, 處於今而論久遠, 疏觀[12]萬物而知其情, 參稽[13]治亂而通其度, 經緯[14]天地而材官[15]萬物, 制割[16]大理而宇宙裏[17]矣.

---

3 志(지) : 마음에 새기다, 기억하다.
4 所將受(소장수) : 마음에 새로 받아들이려는 것.
5 夫一(부일) : '부'는 피(彼)와 같은 뜻(王先謙), 저쪽의 하나.
6 偷(투) : 멍청히 있는 것.
7 夢劇(몽극) : 몽상과 번거로운 생각.
8 作之則將(작지칙장) : 양경(楊倞)은 네 글자를 한 구절로 읽었으나, '작지'에서 끊고, '즉장'은 뒤 구절에 붙여 읽는 것이 옳을 듯하다(王引之).
9 則人(즉인) : '인'은 입(入)의 잘못(王引之).
10 則盡盡(즉진진) : '진'자 한 글자는 잘못 끼워 넣은 것임(王引之).
11 論(논) : 윤(倫)과 통하여, 조리, 원리.
12 疏觀(소관) : 꿰뚫어 보다.
13 參稽(참계) : 참고하고 고증하다.
14 經緯(경위) : 올바로 잘 정리하고 다스리는 것.
15 材官(재관) : 제대로 할 일을 하게 하다.
16 制割(제할) : 정돈하다, 정제히 하다.
17 裏(리) : 리(理)와 통하여(楊倞), 원리대로 존재케 하다.

恢恢廣廣, 孰知其極? 睪睪**18**廣廣, 孰知其德? 涫涫**19**紛紛, 孰知其形?**20** 明參日月, 大滿八極. 夫是之謂大人, 夫惡有蔽矣哉?

| 해설 |

마음이 가려지지 않기 위해 마음을 텅 비고 한결같고 고요하게 유지할 것을 논한다. 그래야 올바른 도를 터득하고, 도를 지킬 수가 있다는 것이다. 끝에는 마음을 닦고 도를 실천한 위대한 인물의 모양을 설명해, 자신의 주장을 강조하고 있다.

7

마음이란 육체의 임금이며, 신명의 주인이다. 명령을 내리기는 하지만 아무 곳으로부터도 명령을 받는 일이 없다. 마음은 스스로 금하고, 스스로 부리며, 스스로 뺏고, 스스로 가지며, 스스로 행하고, 스스로 멈춘다. 입은 협박하여 침묵을 하거나 말을 하게 할 수 있고, 육체는 협박하여 굽히거나 뻗게 할 수가 있으나, 마음은 협박하여 뜻을 바꾸게 할 수가 없다. 옳다고 생각하는 것이면 받아들이고, 그르다고 생각하는 것이면 물리친다.

그러므로 "마음은 그가 선택한 것을 받아들이는 데 금하는 것이 없고, 반드시 스스로 보고 택하는 것이며, 그 물건들은 잡다하지만 그의 정신이 지극한 경지에 이르렀을 때에는 헷갈리지 않는다."고 하는 것

---

18 睪睪(고고) : 고고(皥皥)와 같은 말로, 광대한 모양(楊倞), 큰 모양.
19 涫涫(관관) : 물이 끓는 모양.
20 形(형) : 칙(則)의 잘못으로(盧文弨), 원칙, 법칙.

이다.

『시경』에 "나물을 뜯고 또 뜯어도, 납작바구니에도 차지 못하네. 아아, 내 그리운 님 생각에 바구니도 한길 위에 내던지네."라고 읊고 있다. 납작바구니는 채우기 쉬운 그릇이고, 나물은 뜯기 쉬운 풀이다. 그러나 "한길로 떠나간 님 생각" 때문에 다른 일은 되지 않는 것이다.

그러므로 "마음이 갈라지면 아는 것이 없게 되고, 마음이 기울어지면 깨끗하지 못하게 되며, 마음이 헷갈리면 의혹이 생긴다."고 하는 것이다. 마음으로 참고하고 고증하면 만물은 아울러 알 수가 있게 된다. 몸으로 일에 대해 성의를 다하면 곧 아름다워진다. 모든 일은 한꺼번에 두 가지를 할 수는 없다. 그러므로 지혜 있는 사람은 하나를 택해 한결같이 하는 것이다.

| 원문 |

心者, 形之君也, 而神明之主也. 出令而無所受令. 自禁也, 自使也, 自奪也, 自取也, 自行也, 自止也. 故口可劫[1]而使墨云,[2] 形可劫而使詘申,[3] 心不可劫而使易意. 是之則受, 非之則辭.

故曰: 心容, 其擇也無禁, 必自見, 其物也雜博, 其情之至[4]也不貳.[5]

詩云,[6] 采采卷耳,[7] 不盈頃筐,[8] 嗟我懷人, 寘[9]彼周行.[10] 頃筐易滿也,

---

1 劫(겁) : 위협하다, 협박하다.
2 墨云(묵운) : 침묵하거나 말을 하다. '묵'은 묵(默)과 통함.
3 詘申(굴신) : 굴신(屈伸), 몸을 굽혔다 폈다 하는 것.
4 情之至(정지지) : 정신이 지극한 경지에 이르다. '정'은 정(精)과 통함(王先謙).
5 不貳(불이) : 둘이 되지 않다, 헷갈리지 않다.
6 詩云(시운) : 『시경』 국풍(國風) 주남(周南) 권이(卷耳)시에 나오는 구절.
7 卷耳(권이) : 나물 또는 약초의 일종.

卷耳易得也, 然而不可以貳周行.

故曰; 心枝[11]則無知, 傾則不精, 貳則疑惑. 以贊稽[12]之, 萬物可兼知也. 身盡其故[13]則美. 類不可兩也. 故知者擇一而壹焉.

| 해설 |

마음은 자유로이 아무 짓이나 할 수 있다. 그러나 그 움직임은 한결같아야 한다는 것이다.

8

농군은 밭일에 정통하지만 전사(田師)가 될 수는 없고, 상인은 장삿일에 정통하지만 고사(賈師)가 될 수는 없으며, 공인은 그릇을 만드는 일에 정통하지만 기사(器師)가 될 수는 없다. 여기 한 사람이 있어 이상 세 가지 일을 하나도 하지 못하지만, 이들 세 가지 일을 다스릴 수가 있는 것은 그가 도에 정통했기 때문이며, 사물에 정통했기 때문이다.

사물에 정통한 사람은 사물들을 사물대로 잘 처리하고, 도에 정통한 사람은 사물들을 사물대로 아울러 잘 이해한다. 그러므로 군자는 도를 한결같이 추구해야 하며, 그러기 위해서는 사물에 대해 참고하

---

8 頃筐(경광) : 삼태기처럼 생긴 굽이 낮은 바구니.
9 寘(치) : 놓다, 내던지다.
10 周行(주항) : 주나라의 국도, 한길.
11 枝(지) : 기(岐)와 통하여(郝懿行), 갈라지다.
12 贊稽(찬계) : 참계(參稽), 참고하고 고증하다.
13 其故(기고) : 그가 하는 일(楊倞).

고 고증해야 한다. 도를 한결같이 추구하면 올바르게 되고, 사물을 참고하고 고증하면 잘 살펴 알게 된다. 올바른 뜻을 가지고 잘 살펴 알게 된 이론을 실천하면 모든 사물이 제자리를 잡게 될 것이다.

옛날 순임금이 천하를 다스릴 때에는 일에 대해 하나하나 명을 내리지 않았지만 모든 사물이 제대로 이루어졌다. 마음을 한결같이 지니고 그 위태로움을 경계해도, 그로 인한 영광을 찾다가는 기울어지게 마련이다. 마음의 한결같은 미묘함을 잘 길러 나가면 그로 인해 영광을 얻는다 하더라도 알지를 못한다. 그러므로 『도경(道經)』에 "사람의 마음은 위태롭고, 도를 따르는 마음은 미묘하다."고 했던 것이다. 마음의 위태롭고 미묘한 빌미는 오직 명철한 군자라야만 그것을 알 수 있는 것이다.

그러므로 사람의 마음은 마치 쟁반의 물과 같은 것이다. 그것을 바르게 놓고 움직이지 않게 한다면, 지저분하고 탁한 것은 아래로 내려가고 맑고 밝은 것은 위에 있게 된다. 그러한 물에서는 수염과 눈썹까지도 비추어 보고 잔주름까지도 살필 수가 있을 것이다. 그러나 미풍이라도 불어오면 지저분하고 탁한 것이 아래편에서 움직이고, 맑고 밝은 것이 위편에서 어지러워져, 큰 형체조차도 올바르게 비추어 볼 수가 없게 될 것이다.

마음도 역시 그와 같은 것이다. 그러므로 마음을 원리에 따라 인도하고, 맑게 잘 길러서 사물이 마음을 기울어뜨리지 못하게 해야 한다. 그러면 옳고 그름을 가리고 의혹을 풀 수 있게 될 것이다. 작은 사물에 끌리게 되면 마음의 올바름이 밖으로 바뀌어지고 그 마음은 안으로 기울어져 여러 가지 이치를 가려낼 수가 없게 될 것이다.

| 원문 |

農精於田, 而不可以爲田師.[1] 賈精於市 而不可以爲賈師. 工精於器, 而不可以爲器師. 有人也, 不能此三技, 而可使治三官.[2] 曰; 精於道者也, 非精於物者也.

精於物者以物物, 精於道者兼物物. 故君子壹於道而贊稽物. 壹於道則正, 以贊稽物則察. 以正知行察論, 則萬物官矣.[3]

昔者舜之治天下也, 不以事詔[4]而萬物成. 處一[5]危之,[6] 其榮滿側, 養一之微,[7] 榮矣而未知. 故道經[8]曰; 人心之危, 道心之微. 危微之幾, 唯明君子而後能知之.

故人心譬如槃水. 正錯而勿動, 則湛濁[9]在下, 而淸明在上, 則足以見鬢眉而察理矣. 微風過之, 湛濁動乎下, 淸明亂於上, 則不可以得大形之正也.

心亦如是矣. 故導之以理,[10] 養之以淸, 物莫之傾, 則足以定是非決嫌疑矣. 小物引之, 則其正外易, 其心內傾, 則不足以決庶理矣.

---

1 田師(전사) : 농사일을 지도하는 관리. 고사(賈師)·기사(器師)도 같은 성격의 관리를 가리킴.
2 三官(삼관) : 농사·장사·공인의 세 가지 일을 관장하는 일.
3 官矣(관의) : 모든 사물이 제자리를 차지하고 제 소임을 다하는 것.
4 事詔(사조) : 일에 대해 일일이 명을 내리는 것.
5 處一(처일) : 마음을 한결같이 지니는 것.
6 危之(위지) : 마음 쓰임을 위태롭게 생각하고 조심하는 것.
7 微(미) : 미묘한 마음의 움직임.
8 道經(도경) : 책 이름. 지금은 전하지 않는다. 이 구절은 『서경』 대우모(大禹謨)편에 나오는 글인데 이는 가짜 책이며, 이 글은 『순자』의 이 대목에서 인용한 것이라고 보는 이가 많다.
9 湛濁(침탁) : 지저분하고 탁한 것.
10 理(리) : 피부의 잔주름, 살결.

| 해설 |

여기서도 앞에 이어 마음을 한결같이 유지해야 함을 강조하고 있다. 다만 한결같은 그 마음을 바르게 지녀야 언제나 맑고 밝을 수 있다는 것이다.

9

본디 글을 좋아했던 사람은 많은데, 창힐(倉頡)의 이름만이 전해지고 있는 것은 그가 글씨에 한결같았기 때문이다. 농사를 좋아했던 사람은 많은데, 후직(后稷)의 이름만이 전해지고 있는 것은 그가 농사에 한결같았기 때문이다. 음악을 좋아했던 사람은 많은데, 기(夔)의 이름만이 전해지고 있는 것은 그가 음악에 한결같았기 때문이다. 의로움을 좋아했던 사람은 많은데, 순임금의 이름만이 전해지고 있는 것은 그가 의로움에 한결같았기 때문이다.

수(倕)는 활을 만들고 부유(浮游)는 화살을 만들었는데, 활쏘기는 예(羿)가 잘하였다. 해중(奚仲)은 수레를 만들고 승두(乘杜)는 말이 수레를 끌도록 하였는데, 수레몰이는 조보가 잘하였다. 옛날부터 지금에 이르기까지 두 가지에 마음을 쓰면서도 한 가지 일을 잘한 사람은 없었다. 증자는 "그의 집 마당의 쥐를 잡을 수는 있을지 모르되, 어찌 나와 노래를 할 수 있겠느냐?"고 말하였다.

| 원문 |

故好書者衆矣, 而倉頡[1]獨傳者, 壹也. 好稼者衆矣, 而后稷[2]獨傳者,

---

1 倉頡(창힐) : 황제(黃帝)의 사관(史官)으로 한자를 만든 사람이라 전해진다.

壹也. 好樂者衆矣, 而夔³獨傳者, 壹也. 好義者衆矣, 而舜獨傳者, 壹也. 倕⁴作弓, 浮游⁵作矢, 而羿精於射. 奚仲⁶作車, 乘杜⁷作乘馬, 而造父精於御. 自古及今, 未嘗有兩而能精者也. 曾子⁸曰; 是其庭可以搏鼠,⁹ 惡能與我歌矣?

| 해설 |

마음이 한결같고, 한 가지 일에 전념해야 그 일을 잘할 수 있다는 것이다.

10

바위 동굴 안에 한 사람이 있었는데, 그의 이름은 급(皈)이었다. 그의 사람됨은 잘 모를 일을 잘 생각해 봄으로써 알아맞히기를 잘하였다. 그러나 귀와 눈의 욕망을 접하게 되면 생각이 뜻대로 되지 않고, 모기와 등에의 소리에도 그의 정신은 집중이 되지 않았다. 그러나 귀와 눈의 욕망을 물리치고, 모기와 등에의 소리 같은 것을 멀리한 채 한가히 앉아 고요히 생각하면 곧잘 통하였다.

어짊(仁)에 대해 생각하는 것이 그와 같다면, 미묘하다고 할 수가

---

2 后稷(후직) : 요순 시대의 농사를 주관한 장관. 이름은 기(棄)로 주나라의 시조가 됨.
3 夔(기) : 순임금 때의 전악(曲樂), 음악과 교육을 주관한 장관.
4 倕(수) : 순임금 때의 공업 장관, 수(垂)로도 씀.
5 浮游(부유) : 어떤 사람인지 분명하지 않다.
6 奚仲(해중) : 하나라 우임금의 거정(車正), 임중(壬仲)이라고도 함.
7 乘杜(승두) : 어떤 사람인지 확실하지 않다.
8 曾子(증자) : 공자의 제자 증삼(曾參).
9 搏鼠(박서) : 쥐를 잡다. 증자의 말은 뜻이 잘 통하지 않는다. 쥐잡는 일과 노래 부르는 일 두 가지를 동시에 제대로 할 수는 없다는 뜻으로 한 말인 듯하다.

있겠는가? 맹자는 그의 처가 그릇된 짓을 한 것을 미워해 그의 처를 쫓아 내었으니, 스스로 덕을 위해 노력한 사람이라 할 수 있으나 잘 통하도록 생각하는 경지에는 미치지 못한 것이다. 유자(有子)는 게을리 누워 자는 것을 싫어해 자기 손바닥을 불로 지졌으니, 스스로 덕을 위해 아픔을 참는 사람이라 할 수 있으나 잘 생각하는 경지에는 미치지 못한 것이다. 귀와 눈의 욕망을 물리치고 모기와 등에의 소리를 물리치는 것은 위태로움을 느끼고 경계하는 것이라고는 할 수 있으나 미묘하다고는 할 수가 없는 것이다.

미묘한 경지에는 지극한 사람만이 이를 수가 있는 것이다. 지극한 사람이라면 무엇에 대해 노력하고, 무엇을 참고, 무엇을 위태롭게 느끼고 경계하겠는가? 그러므로 탁한 밝음은 밖으로 빛을 발하고, 맑은 밝음은 안으로 빛을 발하는 것이다. 성인은 자기가 바라는 대로 행동하고 자기의 감정대로 다 따르지만, 그것을 도리가 제어하는 것이다. 그런데 무엇에 대해 노력하고, 무엇을 참고, 무엇을 위태롭게 느끼고 경계하겠는가?

그러므로 어진 사람이 도를 실천함에는 작위가 없으며, 성인이 도를 실천함에는 힘써 노력하는 것이 없다. 어진 사람이 생각하는 것은 공손하고, 성인이 생각하는 것은 즐겁다. 이것이 마음을 다스리는 도이다.

| 원문 |

空石[1]之中有人焉, 其名曰觙.[2] 其爲人也, 善射[3]以好思. 耳目之欲接,

---

1 空石(공석) : 석혈(石穴), 바위 동굴.

則敗其思, 蚊䗈⁴之聲聞, 則挫其精. 是以闢耳目之欲, 而遠蚊䗈之聲, 閑居靜思則通.

思仁若是, 可謂微乎? 孟子⁵惡敗而出妻, 可謂能自彊矣, 未及思也. 有子⁶惡臥而焠⁷掌, 可謂能自忍矣, 未及好也. 闢耳目之欲, 可謂能自彊矣, 未及思也.⁸ 蚊䗈之聲聞⁹則挫其精, 可謂危矣, 未可謂微也.

夫微者至人也. 至人也, 何彊, 何忍, 何危? 故濁明¹⁰外景, 淸明內景. 聖人縱其欲, 兼¹¹其情, 而制焉者理矣. 夫何彊, 何忍, 何危?

故仁者之行道也, 無爲也, 聖人之行道也, 無彊也. 仁者之思也, 恭, 聖人之思也, 樂. 此治心之道也.

| 해설 |

마음을 다스리는 술법을 설명하고 있다. 마음이 한결같고 아무것에도 가려지지 않도록 하는 것이 마음을 잘 다스리는 술법이다. 그래야만 지극한 사람, 어진 사람 또는 성인이 될 수 있다는 것이다.

---

2 皈(급) : 가공적인 인물인 듯하다(楊倞).
3 射(사) : 미래의 일이나 보고 듣지 못한 것들을 알아맞히는 것.
4 䗈(망) : 등에, 작은 벌레 이름.
5 孟子(맹자) : 맹가(孟軻).
6 有子(유자) : 공자의 제자 유약.
7 焠(쉬) : 불로 지지다.
8 未及思也(미급사야) : 앞의 가위능자강의(可謂能自彊矣) 뒤에 붙어 있어야 할 것이, 이 구절과 함께 잘못 옮겨와 끼어든 것이다(郭嵩燾).
9 蚊䗈之聲聞(문망지성문) : 앞에 원(遠)자가 붙고, 아래 즉좌기정(則挫其精)은 없어야 뜻이 통한다(郭崇燾).
10 濁明(탁명) : 탁한 밝음, 지극한 사람의 경지에 이르지 못한 것을 가리킨다. 따라서 청명(淸明)은 지인(至人)의 경지이다.
11 兼(겸) : 다하다, 진(盡)의 뜻(楊倞).

11

　모든 물건을 보았을 때에 의심이 나서 마음이 안정되지 않으면 곧 바깥 물건들이 분명히 보이지 않게 된다. 내 생각이 분명하지 않으면 곧 그렇고 그렇지 않음을 결정할 수가 없다.

　어둠 속을 가는 사람이 가로놓인 바위를 보고 엎드려 있는 호랑이라고 생각하고, 서 있는 나무숲을 보고 서 있는 사람이라고 생각하는 것은, 어둠이 그의 시력을 가리기 때문이다. 술취한 사람이 백 걸음의 큰 수로를 건너고서는 반걸음의 작은 도랑이라고 생각하고, 몸을 숙이고 성문을 나와서는 조그만 문이라고 생각하는 것은, 술이 그의 정신을 어지럽히기 때문이다. 손으로 눈을 누르고 물건을 보면 한 개가 두 개처럼 보이고, 귀를 막고 소리를 들으면 조용한 소리가 시끄러운 듯이 들리는 것은, 형세가 그의 감관을 어지럽혔기 때문이다.

　그러므로 산 위에서 아래의 소를 바라보면 양처럼 보이는데, 양을 찾는 사람이 내려가 그것을 끌고 가려 하지 않는 것은 먼 거리가 큰 모양을 가렸기 때문이다. 산 밑에서 위의 나무를 바라보면 열 길이나 되는 나무가 젓가락처럼 보이는데, 젓가락을 찾는 사람이 올라가 꺾으려 하지 않는 것은 높이가 그 길이를 가렸기 때문이다.

　물이 움직이면 거기에 비친 그림자도 움직이는데, 사람들은 그 그림자를 보고서 아름답다거나 보기 싫다고 결단을 내리지 않는 것은 물의 형세가 눈을 어른거리게 하기 때문이다. 장님은 하늘을 쳐다보아도 별이 보이지 않는데, 사람들이 그것으로 별이 있고 없음을 결정하지 않는 것은 시력이 없기 때문이다. 어떤 사람이 이런 때에 그 물건들에 대한 결단을 내린다면 곧 그는 세상의 어리석은 자이다. 어리석은 자가 물건에 대한 결단을 내리는 것은 의심스런 것으로 그 의심에 대한 결단을 내리는 것이니 반드시 합당하지 않을 것이다. 진실로 합당하지 않다면 어찌 잘못이 없을 수가 있겠는가?

| 원문 |

凡觀物有疑, 中心不定, 則外物不淸. 吾慮不淸, 則未可定然否[1]也.

冥冥[2]而行者, 見寢石[3]以爲伏虎也, 見植林[4]以爲後人[5]也, 冥冥蔽其明也. 醉者越百步之溝,[6] 以爲蹞步[7]之澮[8]也, 俯而出城門, 以爲小之閨[9]也, 酒亂其神也. 厭[10]目而視者, 視一以爲兩, 掩耳而聽者, 聽漠漠[11]而以爲哅哅,[12] 埶亂其官[13]也.

故從山上望牛者若羊, 而求羊者不下牽[14]也, 遠蔽其大也. 從山下望木者, 十仞[15]之木若箸,[16] 而求箸者不上折也, 高蔽其長也.

水動而景[17]搖, 人不以定美惡, 水埶玄[18]也. 瞽[19]者仰視而不見星, 人不

---

1 然否(연부) : 그렇고 그렇지 않음.
2 冥冥(명명) : 어둠.
3 寢石(침석) : 가로놓인 바위.
4 植林(식림) : 서 있는 나무숲.
5 後人(후인) : '후'는 입(立)의 잘못, 따라서 서 있는 사람.
6 溝(구) : 큰 수로.
7 蹞步(규보) : 반걸음.
8 澮(회) : 작은 도랑.
9 閨(규) : 집의 작은 문.
10 厭(압) : 누르는 것, 압(壓)과 같은 것.
11 漠漠(막막) : 소리가 안 나고 조용한 것.
12 哅哅(흉흉) : 시끄러운 것, 소란한 것.
13 官(관) : 감각 기관.
14 牽(견) : 끄는 것.
15 仞(인) : 여덟 자가 일 인, 따라서 한 발 정도(옛날 한 자는 지금 자보다 짧았다).
16 箸(저) : 젓가락.
17 景(영) : 영(影)과 같은 자로 그림자.

제21편 가려진 마음은 열어야 한다_731

以定有無, 用精²⁰惑²¹也. 有人焉, 以此時定物, 則世之愚者也. 彼愚者之
定物, 以疑決疑, 決必不當. 夫苟不當, 安能無過乎?

| 해설 |

　사람의 마음이 가려지고 막히는 데에는 여러 가지 이유가 있다. 주위의 상황이 정확한 판단을 내리기 어렵게 할 경우도 있고, 그의 감각이 모자랄 경우도 있다. 어떻든 이러한 불완전한 여건에서 자기도 잘 모르는 채 어떤 판단을 내린다는 것은 어리석은 일이라는 것이다.

12

　하수(夏水) 어귀의 남쪽에 연촉량(涓蜀梁)이라는 사람이 있었다. 그는 사람됨이 어리석고 무서움을 많이 탔다. 밝은 달밤에 길을 가다가 몸을 숙여 자기 그림자를 보고는 귀신이 엎드려 있는 것이라 생각하고, 우러러 그의 머리를 보고는 도깨비라 생각하여 등을 돌려 뛰었다. 그러나 자기 집에 도착해서는 숨이 끊어져 죽어 버렸으니, 어찌 슬픈 일이 아니겠는가?
　대체로 사람들이 귀신이 있다고 하는 것은 틀림없이 그의 정신이 멍할 때와 의심으로 혼란스러울 때에 그렇게 생각을 정해 버리기 때문이다. 이것이 사람들이 있지도 않은 것을 있다고 할 때가 있는 까닭

---

18 玄(현) : 현(眩)과 통하여 눈이 어른거리는 것.
19 瞽(고) : 장님.
20 精(정) : 시력.
21 惑(혹) : 미혹되다, 시력이 없다.

이다. 그런데도 그렇게 사물의 판단을 결정해 버리는 것이다. 그러므로 습기 때문에 병이 나면 냉증에 걸리는 것인데, 그 냉증이 귀신 때문이라 생각하고 북을 두드리며 돼지를 삶아 놓고 푸닥거리를 하지만, 틀림없이 북만 해어지고 돼지만 낭비하게 될 뿐 병이 낫는 복을 누리지는 못한다. 그러므로 사람들이 비록 하수 어귀의 남쪽에 있지 않다 하더라도 연촉량과 다를 바가 없는 것이다.

| 원문 |

夏首[1]之南有人焉, 曰涓蜀梁.[2] 其爲人也, 愚而善畏. 明月而宵行, 俯見其影, 以爲伏鬼也, 仰視其髮, 以爲立魅[3]也, 背而走. 比至其家, 失氣而死. 豈不哀哉?

凡人之有鬼也, 必以其感忽[4]之間, 疑玄[5]之時, 正之.[6] 此人之所以無有而有無之時也. 而已以正事. 故傷於溼[7]而擊鼓鼓痺,[8] 則必有蔽鼓喪豚之費矣, 而未有兪疾[9]之福也. 故雖不在夏首之南, 則無以異矣.

---

1 夏首(하수) : 하수(夏水) 어귀(『楚辭』 王逸 『章句』).
2 涓蜀梁(연촉량) : 가공적인 인물인 듯하다.
3 魅(매) : 도깨비, 허깨비.
4 感忽(감홀) : 황홀, 멍한 모양.
5 疑玄(의현) : 의심으로 마음이 혼란스러운 것.
6 正之(정지) : 생각을 결정하는 것. '정'은 정(定)의 뜻(王念孫).
7 故傷於溼(고상어습) : 이 대목은 뜻이 통하지 않음. 왕염손(王念孫)을 따라 "故傷於溼而痺, 痺而擊鼓烹豚, 則必有擊鼓喪豚之費矣, 而未有兪疾之福也"로 고쳐 번역하였다.
8 痺(비) : 냉증, 각기병.
9 兪疾(유질) : 병이 낫다. '유'는 유(愈)의 뜻.

| 해설 |

사람의 정신이 멍하거나 마음이 혼란스러울 때는 전혀 사물의 판단을 올바로 하지 못함을 보기를 들어 설명하고 있다.

13

대체로 사람의 본성을 알면 사물의 이치도 알 수가 있다. 사람의 본성을 아는 방법을 가지고 사물의 이치를 알 수 있는 원리를 추구한다 하더라도, 그 결말의 기준이 없다면 목숨이 다할 때까지 추구해도 제대로 알 수가 없을 것이다. 그 이치를 익히는 방법이 비록 수만 가지가 있다 하더라도 끝내 만물의 변화를 다 포괄할 수는 없기 때문에 어리석은 자와 똑같이 될 것이다.

학문을 하는데도 자기 몸이 늙고 자식들이 다 자라게 되도록 어리석은 자와 다름없고 또 그 잘못을 알지 못한다면, 그런 사람을 망령된 자라고 한다. 그러므로 학문을 한다는 것은 본디 사물의 결말이 나는 기준을 배우는 것이다. 어디에 사물의 결말이 나는 기준이 있는가? 지극히 충족되는 데에 그 기준이 있는 것이다. 어떤 것을 지극히 충족되었다고 하는가? 그것은 성인이다. 성인이란 사물의 이치를 다 꿰뚫은 사람이다. 왕자는 모든 제도를 다 마련한 사람이다. 이 두 가지를 다 추구한 성왕이야말로 천하의 법도가 될 수 있다.

그러므로 학문을 하는 사람은 성왕을 스승으로 삼고, 성왕의 제도를 법칙으로 삼아 그 법칙을 법도로 받들면서 그 강령을 추구하고 그 사람을 본받기에 힘쓰는 것이다. 성왕의 도를 향해 힘쓰는 것이 선비이고, 성왕의 도에 유사하게 거의 접근한 사람이 군자이며, 그 성왕의 도를 잘 알고 있는 사람이 성인이다.

그러므로 지혜가 있다 하더라도 성왕의 도를 생각하지 않고 행동한다면, 그는 남의 것을 빼앗는 자라 할 것이다. 용기가 있다 하더라도 성왕의 도를 지키지 않고 행동한다면, 그는 남을 해치는 자라 할 것이다. 잘 살피는 사람이라 하더라도 성왕의 도로 분별해 행동하지 않는다면, 그는 남의 것을 가로채는 자라 할 것이다. 능력이 많다 하더라도 성왕의 도로 깨끗이 행동하지 않는다면, 거짓된 꾀나 부리는 자라 할 것이다. 말은 잘한다 하더라도 성왕의 도를 바탕으로 말하지 않는다면, 그는 수다나 떠는 자라 할 것이다.

전하는 말에 "천하에는 두 가지 할 일이 있다. 그르다고 할 때는 옳은 것은 없는가 살피고, 옳다고 할 때는 그른 것은 없는가 살펴야 한다. 왕자의 제도에 맞는가 또는 왕자의 제도에 맞지 않는가를 살펴야 함을 말하는 것이다."라고 하였다. 천하에 성왕의 도로 올바른 기준을 삼지 않았는데도 옳고 그름을 분별할 수 있고 굽고 곧은 것을 다스릴 수 있는 사람이 있겠는가?

| 원문 |

凡以知人之性也, 可以知物之理也. 以可以知人之性, 求可以知物之理, 而無所疑止[1]之, 則沒世窮年不能徧[2]也. 其所以貫[3]理焉, 雖億萬, 已不足以浹[4]萬物之變, 與愚者若一.

---

1 疑止(의지) : '의'도 정(定) 또는 지(止)의 뜻(俞樾). 곧 결말이 나는 기준, 멈춰지는 곳.
2 徧(편) : 다 알다, 두루 알다.
3 貫(관) : 습(習)의 뜻(楊倞), 익히다.
4 浹(협) : 협(挾)의 뜻(王先謙), 지니다, 포괄하다.

學, 老身長子, 而與愚者若一, 猶不知錯. 夫是之謂妄人. 故學也者, 固學止之也. 惡乎止之? 曰; 止諸至足. 曷謂至足? 曰; 聖也. 聖也者, 盡倫[5]者也, 王也者, 盡制者也. 兩盡者, 足以爲天下極矣.

故學者, 以聖王爲師. 案以聖王之制爲法, 法其法以求其統類,[6] 以務象效其人. 嚮是而務, 士也. 類是而幾,[7] 君子也. 知之, 聖人也.

故有知非以慮是, 則謂之懼,[8] 有勇非以持是, 則謂之賊, 察孰[9]非以分是, 則謂之篡,[10] 多能非以脩蕩[11]是, 則謂之知,[12] 辯利非以言是, 則謂之䜩.[13]

傳曰; 天下有二. 非察是, 是察非. 謂合王制與不合王制也. 天下有不以是爲隆正[14]也. 然而猶有能分是非, 治曲直者邪?

| 해설 |

성왕의 도를 기준으로 모든 것을 행해야 함을 강조하고 있다. 학문이란 성왕의 도를 추구하는 것이 목표이므로 성왕의 도를 모른다면 아무리 지혜 · 용기 · 지식 · 능력 · 언변 등이 있다 해도 소용없는 것이 되고 만다.

---

5 盡倫(진륜) : 사물의 이치를 다 꿰뚫는 것.
6 統類(통류) : 대강, 강령.
7 幾(기) : 거의, 거의 가까워진 것.
8 懼(구) : 攫(攫)의 잘못으로(王引之), 남의 것을 탈취하는 것.
9 察孰(찰숙) : 매우 잘 살피다. '숙'은 매우, 심히의 뜻(楊倞).
10 篡(찬) : 남의 것을 가로채는 것.
11 脩蕩(수탕) : '수'는 척(滌)의 잘못(王引之), 맑고 깨끗이 하는 것.
12 知(지) : 간교한 지혜.
13 䜩(예) : 수다를 떠는 것.
14 隆正(융정) : 중정, 올바른 기준.

14

만약 옳고 그름을 분별하는 것을 비난하고, 굽고 곧은 것을 다스리는 것을 비난하고, 다스려지고 어지러워짐을 분별하는 것을 비난하고, 사람의 도를 다스리는 것을 비난한다면, 비록 일할 능력이 있다 하더라도 사람들에게 아무런 이익도 되지 않을 뿐 아니라 손해를 줄 것이다.

그들은 다만 괴상한 이론만을 늘어놓고 기이한 말로 장난을 치면서 세상을 혼란에 빠뜨리기만 할 것이다. 그들은 억지로 욕심을 추구하고 입만 놀리면서 후안무치(厚顔無恥)하고, 부정을 저지르고 멋대로 행동하며, 망령된 이론으로 이익만 추구하고, 남에게 사양할 줄 모르고 예절을 존중할 줄도 모르며, 서로 밀어 쓰러뜨리기만을 좋아한다. 이것이 난세의 간사한 자들에 관한 이론이다.

그런데 천하에 이론을 펴고 있는 자들 중에는 그러한 자들이 너무 많다. 전하는 말에 "말을 까다롭게 늘어놓으면서 잘 살펴 아는 것이라 하고, 사물에 대해 말을 하면서 그것이 옳고 그른 것이라 생각하는 것을 군자들은 천하게 여긴다. 널리 들어 알고 많은 것을 기억하고 있다 해도 왕자의 제도에 맞지 않는다면, 군자들은 그것을 천히 여긴다."고 한 것도, 이것을 뜻하는 말이다.

그런 것은 일을 성취하는 데 아무런 이익도 되지 않고, 그런 것을 추구해 얻어 봤자 아무런 이익도 되지 않으며, 그런 것을 걱정하고 근심한대도 일에 아무런 이익도 되지 않는다. 곧 그런 것은 멀리하고 버릴 수 있어야만 자기 할 일에 방해가 되지 않는다. 잠시 동안이라도 그런 것이 가슴속에 스며들어서는 안 되며, 그런 일을 따라가 하려고 생각지 말아야 하며, 그런 일이 닥쳐오는 것을 걱정하지 말고 바로잡아야 하며, 그런 일을 근심하고 애석하게 여기는 마음이 없어야 한다.

때에 알맞게 움직이고, 사물이 닥쳐오는 데 따라 잘 대응하며, 일이 생기면 잘 처리하고, 다스려지고 어지러워지는 것과 가능하고 가능하지 않은 것을 분명히 밝혀야만 한다.

| 원문 |

若夫非分是非, 非治曲直, 非辨治亂, 非治人道, 雖能之無益於人, 不能無損於人.

案直將治怪說, 玩奇辭, 以相撓滑[1]也. 案彊鉗[2]而利口, 厚顔而忍詬,[3] 無正而恣睢,[4] 妄辨而幾利,[5] 不好辭讓, 不敬禮節, 而好相推擠.[6] 此亂世姦人之說也.

則天下之治說者, 方多然矣. 傳曰; 析辭而爲察, 言物而爲辨, 君子賤之. 博聞彊志, 不合王制, 君子賤之. 此之謂也.

爲之無益於成也, 求之無益於得也, 憂戚之無益於幾也. 則廣[7]焉能棄之矣, 不以自妨也. 不少頃干[8]之胸中, 不慕往,[9] 不閔來.[10] 無邑憐[11]之心. 當時則動, 物至而應, 事起而辨, 治亂可否, 昭然明矣.

---

1 撓滑(요활) : 흔들어 혼란케 하다, 혼란에 빠뜨리다.
2 彊鉗(강겸) : '겸'은 구(求)의 뜻으로(兪樾), 억지로 추구하는 것.
3 忍詬(인구) : 치욕을 참고 넘기다.
4 恣睢(자휴) : 멋대로 행동하는 것.
5 幾利(기리) : 이익만을 가까이 하다, 이익만을 추구하다.
6 推擠(추제) : 밀어 떨어뜨리다, 밀어 쓰러뜨리다.
7 廣(광) : 광(曠)과 통하며, 멀리하는 것.
8 干(간) : 범하다, 스며들다.
9 不慕往(불모왕) : 그런 쓸데없는 일을 따라가 하려고 생각지 않는 것(楊倞).
10 不閔來(불민래) : 그런 쓸데없는 일이 닥쳐옴을 걱정하지 않고 그것을 바로잡는 것(楊倞).
11 邑憐(읍련) : '읍'은 읍(悒)과 통하며, 그런 일을 근심하고 애석하게 여기는 것.

| 해설 |

여기서는 성왕의 도에 어긋나는 행동을 하는 결과에 대해 설명하고, 그런 그릇된 행동에 대처하는 방법을 논하고 있다.

15

일을 빈틈없이 비밀스럽게 하면 성공하고 사람들에게 누설하면 실패한다고 하는데, 명철한 임금에게는 그런 일이 없다. 일을 드러내 놓고 하면 성공하고 사람들에게 감추면 실패한다고 하는데, 어리석은 임금에게는 그런 일이 없다.

본디 임금이 빈틈없이 비밀스럽게 일을 하면 남을 모함하는 말이 생기고 곧은 말은 되돌아가며, 소인들이 가까이 오고 군자들은 멀어지게 된다. 『시경』에 "컴컴한 것을 밝다 하고, 여우와 살쾡이 가죽이 파랗다 하네."라고 읊고 있다. 이것은 위로는 임금도 어둡고 아래로는 신하들도 음험함을 말한다.

임금이 일을 드러내 놓고 하면 곧은 말을 하게 되고 남을 모함하는 말은 되돌아가며, 군자들이 가까이 오고 소인들은 멀어지게 된다.

『시경』에 "밝고 밝은 사람들이 아래에 있고, 빛나고 빛나는 분이 윗자리에 있네."라고 하였다. 이것은 임금이 밝아서 신하들이 감화되었음을 말하는 것이다.

| 원문 |

周[1]而成, 泄[2]而敗, 明君無之有也. 宣[3]而成, 隱而敗, 闇君無之有也. 故君人者周, 則讒言至矣, 直言反矣, 小人邇而君子遠矣. 詩云,[4] 墨[5]

以爲明, 狐狸而蒼.[6] 此言上幽而下險也.

君人者宣, 則直言至矣, 而讒言反矣, 君子邇而小人遠矣.

詩曰;[7] 明明在下, 赫赫在上. 此言上明而下化也.

| 해설 |

모든 나라 일은 다 드러내 놓고 공명정대하게 해야 함을 강조하고 있다. 이는 마음뿐만 아니라 하는 일 모든 것에도 가려짐이 없어야 한다.

1 周(주) : 일을 빈틈없이 비밀로 하는 것.
2 泄(설) : 일하는 내용이 사람들에게 알려지는 것.
3 宣(선) : 일을 모든 사람이 알도록 드러내 놓고 하는 것.
4 詩云(시운) : 지금의 『시경』에는 실려 있지 않은 일시(逸詩)임.
5 墨(묵) : 검은 것, 어두운 것.
6 蒼(창) : 파란 것. 여우나 살쾡이 털은 파랗지 않다. 앞의 "컴컴한 것을 밝다"고 말한 것 역시 억지를 뜻한다.
7 詩曰(시왈) : 『시경』 대아(大雅) 대명(大明)시에 나오는 구절.

제22편

올바른 명칭
正名

　여기의 명(名)은 이름·명칭·명분의 여러 가지 뜻을 포함한 말이다. 이러한 명칭을 바로잡는다는 것은 올바른 사고와 논리를 세운다는 뜻이다. 전국 시대에는 궤변을 잘하는 명가(名家)라는 논리적인 학파가 있었는데, 이 편은 그러한 비과학적인 경향을 부정하려는 순자의 논리학의 집성이다.
　공자도 제자가 "만약에 임금이 선생님께 나라의 정치를 맡긴다면 무엇부터 먼저 하시겠습니까?" 하고 물었을 때, "반드시 명칭을 바로잡는 일부터 하겠다(必也正名于)"고 대답하고 있다(『論語』子路).

1

후세 임금들이 명칭[名]을 완성시키는 데 있어서는 형벌에 관한 명칭은 상나라를 따랐고, 작위에 관한 명칭은 주나라를 따랐고, 겉치레에 관한 명칭은 주나라의 예를 따랐고, 만물에 붙여진 여러 가지 명칭은 곧 중원 여러 나라의 옛 습속을 따라 풍속이 다른 고장의 명칭에도 모두 들어맞게 해 통용되도록 하였다.

사람에 관한 여러 가지 명칭은 나면서 그렇게 되어 있는 것을 본성[性]이라 하고, 나면서 조화되어 생겨난 것이 안의 정기와 합쳐지고 밖의 감각과 호응하여 애쓰지 않아도 스스로 그러한 것 또한 본성이라 한다.

본성으로부터 나타나는 좋아함과 싫어함, 기쁨과 노여움, 슬픔과 즐거움을 감정[情]이라고 한다. 감정이 그러하여 마음이 그것을 선택하는 것을 생각[慮]이라 한다. 마음이 생각해 그것을 위해 움직일 수 있는 것을 작위라 한다. 생각이 쌓이고 능력이 익숙해진 다음에 이루어지는 것을 인위라 한다.

이익을 올바르게 추구하는 것을 사업이라 한다. 의로움을 올바르게 추구하는 것을 행위라 한다. 사람에게 지각의 원인이 되는 것을 앎[知]이라 하며 앎이 모여 있는 것을 지혜[智]라 한다. 사람에게 지혜의 원인이 되는 것을 재능이라 하며 재능이 합쳐져 있는 것을 능력이라 한다.

본성이 상하는 것을 병이라 한다. 우연한 때에 당하는 것을 운명이라 한다.

이것이 사람에 관한 여러 가지 명칭이며, 후세의 임금들이 완성시킨 명칭이다.

| 원문 |

後王¹之成名, 刑名從商,² 爵名³從周, 文名從禮.⁴ 散名⁵之加於萬物者, 則從諸夏⁶之成俗⁷曲期,⁸ 遠方異俗之鄕, 則因之而爲通.

散名之在人者, 生之所以然者, 謂之性, 性之和所生, 精合⁹感應,¹⁰ 不事而自然,¹¹ 謂之性.

性之好惡喜怒哀樂, 謂之情. 情然而心爲之擇, 謂之慮. 心慮而能爲之動, 謂之僞.¹² 慮積焉, 能習焉, 而後成, 謂之僞.

正利而爲, 謂之事. 正義而爲, 謂之行. 所以知之在人者, 謂之知. 知有所合, 謂之智. 智所以能之在人者, 謂之能.¹³ 能有所合, 謂之能.

性傷, 謂之病. 節遇,¹⁴ 謂之命.

是散名之在人者也, 是後王之成名也.

---

1 後王(후왕) : 후대인 근세의 어진 임금들.
2 商(상) : 은나라의 옛 칭호.『서경』주서(周書) 강고(康誥)에 "은나라의 형벌엔 질서가 있었다(殷罰有倫)"는 기록이 있기는 하나, 은나라의 형법이 발달했었다는 특별한 기록은 없다.
3 爵名(작명) : 여러 제후들의 작위의 명칭과 함께 관명까지도 포함된다.
4 禮(예) : 주나라 의례, 주나라의 일반적인 예의(楊倞).
5 散名(산명) : 여러 가지 일반 명사.
6 諸夏(제하) : '하'는 중원 땅. 따라서 황하 유역을 중심으로 한 중원 땅의 여러 나라들.
7 成俗(성속) : 이미 이룩되어 있는 습속, 옛 습속.
8 曲期(곡기) : 모두 다 들어맞게 하는 것(王先謙).
9 精合(정합) : 사람 내부의 정기가 합쳐지는 것.
10 感應(감응) : 밖으로 사람의 감각이 호응하는 것.
11 自然(자연) : 스스로 그러한 것. 지금의 자연이란 말과는 뜻이 다르다.
12 僞(위) : 위(爲)와 통하며, 앞의 위는 작위, 뒤의 것은 인위의 뜻.
13 能(능) : 위지능(謂之能)의 앞의 능은 타고난 재능, 뒤의 능은 후천적으로 익혀 얻어진 능력.
14 節遇(절우) : 우연한 때에 당하는 것.

| 해설 |

여기서는 올바른 명칭의 개념을 주로 사람에 관한 보기를 들어 설명하고 있다. 명칭에 대한 개념이 정확해야만 올바른 논리가 성립될 수 있는 것이다.

2

그러므로 왕자가 명칭을 제정하면 명칭이 정해져 실물들이 분별되고, 그리하여 올바른 도가 행해지고 뜻이 통하게 되면 곧 신중히 백성들을 다스려 생각을 한결같이 만드는 것이다. 그러므로 말을 분석해 멋대로 명칭을 만들어 올바른 명칭을 어지럽혀 백성들에게 의혹을 품게 하면 사람들은 말다툼과 소송이 많아질 것이니, 곧 이런 것을 두고 크게 간사함〔大姦〕이라 하는 것이다. 그 죄는 사신의 신표나 도량형기를 멋대로 만든 것과 같다.

그러므로 그의 백성들이 감히 기이한 말에 기탁해 올바른 명칭을 혼란시키지 않는다면, 그로 인해 그 백성들은 성실해지고 성실하면 곧 부리기가 쉽고 부리기 쉬우면 공적을 올리게 된다. 그의 백성들이 감히 기이한 말에 기탁해 올바른 명칭을 혼란시키지 않는다면 그로 인해 한결같이 법을 따르고 명령을 지키는데 삼갈 것이다. 이렇게 된다면 그의 다스리는 실적은 오래 갈 것이다. 실적이 오래 가고 공적이 이룩되는 것은 다스림의 극치이며, 그것은 명칭의 약속을 삼가 지킨 공인 것이다.

지금은 성왕들이 돌아가시어 이름을 지키는 일을 소홀히 하고 기이한 말들이 생겨나 명칭과 실물이 혼란스러우며 옳고 그른 형상이 분명치 않으니, 비록 법을 지키는 관리나 올바른 가르침을 외우는 유가라 하더라도 역시 모두 혼란을 일으키고 있는 것이다.

만약 어떤 왕자가 출현한다면 반드시 옛 명칭을 따르기도 하고 새로운 명칭을 만들기도 할 것이다. 그러므로 명칭이 있어야 하는 필요성과 그것을 따라 같거나 다른 것을 구별할 수 있는 근거와 명칭을 제정하는 기본 원칙에 대하여 잘 살피지 않으면 안 될 것이다.

| 원문 |

故王者之制名, 名定而實辨, 道行而志通, 則愼率民而一焉. 故析辭[1]擅[2]作名, 以亂正名, 使民疑惑, 人多辨訟,[3] 則謂之大姦, 其罪猶爲符節[4]度量之罪也.

故其民, 莫敢託爲奇辭, 以亂正名. 故其民慤,[5] 慤則易使, 易使[6]則公.[7] 其民莫敢託爲奇辭, 以亂正名. 故壹於道法[8]而謹於循令矣. 如是則其迹[9]長矣. 迹長功成, 治之極也, 是謹於守名約之功也.

今聖王沒, 名守慢,[10] 奇辭起, 名實亂, 是非之形不明, 則雖守法之吏, 誦數[11]之儒, 亦皆亂也.

---

1 析辭(석사) : 말을 잘게 분석하는 것.
2 擅(천) : 멋대로.
3 辨訟(변송) : 논쟁과 소송.
4 符節(부절) : 옛날에 사신으로 멀리 가는 사람이 그의 신분을 증명하기 위해 지니고 가던 신표.
5 慤(곡) : 성실한 것.
6 易使(이사) : 부리기 쉬운 것.
7 公(공) : 공(功)이 옳으며(顧千里), 공적을 올리는 것.
8 道法(도법) : 법을 따라 행동하는 것.
9 迹(적) : 정치의 실적.
10 慢(만) : 게을리하는 것. 소홀히 하는 것.

若有王者起, 必將有循於舊名, 有作於新名. 然則所爲[12]有名, 與所緣[13]以同異, 與制名之樞要,[14] 不可不察也.

| 해설 |

명칭이 통일되어야 백성들의 생각도 통일되어 임금은 올바른 정치를 할 수 있게 된다. 명칭이 혼란스러우면 백성들은 자연히 그들의 생각과 행동에 혼란을 일으키게 된다. 따라서 나라를 올바로 다스리려면 먼저 여러 가지 명칭을 제정해야 한다. 이처럼 명칭의 중요성을 역설하는 것은 이 시대 논리학의 정설이었다.

3

형체가 다른 물건에 대해서는 사람의 마음이 각각 다르게 보고 모든 것을 이해하게 되는데, 다른 물건들의 명칭과 실체가 서로 뒤섞여 혼란스러울 때는 귀한 것과 천한 것도 분명하지 않고, 같은 것과 다른 것도 분별하지 못하게 된다. 그렇게 되면 사람의 뜻에는 반드시 사물을 잘 알지 못하는 걱정이 생기게 되고, 일은 반드시 곤경에 빠져 실패하는 환난을 겪게 될 것이다. 그러므로 지혜 있는 사람이 그것들을 분별해, 명칭을 제정하여 실체를 지정하였던 것이다.

그렇게 하여 위로는 귀한 것과 천한 것을 분명히 하고, 아래로는 같

---

11 誦數(송수) : '수'는 설(說)의 뜻으로 올바른 학설, 따라서 올바른 가르침을 외우는 것.
12 所爲(소위) : 그 때문에 있게 되는 바, 필요성.
13 所緣(소연) : 따르게 되는 바, 따르는 근거.
14 樞要(추요) : 기본, 기본 요건.

은 것과 다른 것을 분별토록 하였다. 귀한 것과 천한 것을 분명히 하고 같은 것과 다른 것을 구별하였다. 그렇게 되면 사람들의 뜻은 사물을 잘 알지 못하는 걱정이 없게 되고, 하는 일은 곤경에 빠져 실패하는 환난이 없게 된다. 이것이 명칭이 있게 된 까닭이다.

그렇다면 무엇을 근거로 같은 것과 다른 것을 분별하는가? 그것은 타고난 감각 기관에 의해서이다. 모든 종류도 같고 실상도 같은 물건들에 대해서는 감각 기관이 그 물건들을 의식하는 것 또한 같다. 그러므로 물건들을 견주어 보아 서로 비슷하고 통하는 것이라면, 바로 그것들을 요약하는 명칭을 함께 갖도록 하여 서로 통용케 하였던 것이다.

형체와 색깔과 살결은 눈으로 차이를 구별하고, 소리의 맑음과 탁함, 악기의 가락과 기이한 소리는 귀로 차이를 구별하고, 달고 쓰고 짜고 싱겁고 맵고 신 것과 기이한 맛은 입으로 차이를 구별하고, 향기와 꽃향기와 썩은내와 비린내와 누린내와 노래기 냄새와 악취와 기이한 냄새는 코로 차이를 구별하고, 아프고 가렵고 차고 뜨겁고 매끄럽고 따갑고 가볍고 무거운 것은 육체로 차이를 구별하고, 기꺼워하고 체하고 기뻐하고 노하고 슬퍼하고 즐거워하고 사랑하고 미워하고 욕심내는 것은 마음으로 차이를 구별하는 것이다.

마음은 인지 능력이 있다. 인지 능력으로 귀를 통해 소리를 알 수 있고, 눈을 통해 형체를 알 수 있다. 그러나 인지 능력은 반드시 오관(五官)이 물건의 여러 가지 종류들을 주관해 정리하기를 기다린 연후라야 알 수 있다. 오관이 그것들을 정리해도 알지 못하고 마음이 그것을 인지해도 말하지 못한다면, 사람들은 모두가 그는 알지 못한다고 말할 것이다. 이것이 사물이 같고 다른 것을 알게 되는 문제이다.

이런 뒤에야 거기에 따라 명명을 하게 된다. 같은 것이면 거기에 같은 명칭, 다른 것이면 거기에 다른 명칭을 붙인다. 하나만으로 알 수 있는 것에는 고유 명사를 부여하고, 하나만으로 알 수 없는 것에는 복합 명사를 부여한다. 고유 명사와 복합 명사로도 서로 상충될 경우에는 공동의 유명(類名)을 부여한다. 비록 유명을 부여한다 해도 아무런 해가 되지 않는 것은, 실체가 다른 것들은 다른 명칭이 있다는 것을 알기 때문이다. 실체가 다른 것은 다른 명칭이 부여되므로 혼란이 일어날 수가 없다. 그것은 마치 실체가 같은 것들에 같은 명칭이 부여되는 것과 같다.

| 원문 |

異形離心,[1] 交喩,[2] 異物名實玄紐,[3] 貴賤不明, 同異不別. 如是則志必有不喩之患, 而事必有困廢[4]之禍. 故知者爲之分別, 制名以指實.

上以明貴賤, 下以辨同異. 貴賤明, 同異別. 如是則志無不喩之患, 事無困廢之禍. 此所爲有名也.

然則何緣[5]而以同異? 曰; 緣天官. 凡同類同情者, 其天官[6]之意物也同. 故比方之疑似[7]而通, 是所以共其約名以相期[8]也.

形體色理, 以目異, 聲音淸濁 調竽[9]奇聲, 以耳異, 甘苦鹹淡辛酸奇

---

1 離心(이심) : 마음이 여러 다른 물건들에 대해 각각 다르게 아는 것.
2 交喩(교유) : 모든 것을 이해하다.
3 玄紐(현뉴) : '현'은 호(互)의 잘못(王念孫), '뉴'는 어지러운 것, 섞여 혼란한 것.
4 困廢(곤폐) : 곤경에 빠져 실패하다.
5 何緣(하연) : 무엇을 따라, 무엇을 근거로 하며.
6 天官(천관) : 하늘이 내려 준 감각 기관.
7 疑似(의사) : 서로 비슷한 것.
8 相期(상기) : 서로 통용을 약속하다.
9 調竽(조우) : 악기의 가락.

味, 以口異. 香臭芬[10]鬱[11]腥臊[12]洒酸[13]奇臭, 以鼻異. 疾[14]養[15]凔[16]熱 滑鈹[17]輕重, 以形體異. 說[18]故[19]喜怒哀樂愛惡欲, 以心異.

心有徵知.[20] 徵知, 則緣耳而知聲可也, 緣目而知形可也. 然而徵知, 必將待天官[21]之當簿[22]其類, 然後可也. 五官簿之而不知, 心徵之而無說, 則人莫不然[23]謂之不知. 此所緣而以同異也.

然後隨而命之. 同則同之, 異則異之. 單足以喩則單, 單不足以喩則兼. 單與兼無所相避則共. 雖共, 不爲害矣. 知異實者之異名也. 故使異實者莫不異名也, 不可亂也. 猶使異實者[24]莫不同名也.

| 해설 |

사물에 여러 가지 명칭을 부여하게 된 까닭과 그 방법을 자세히 설명하고 있다. 명칭은 사물을 대표하는 것이기 때문에, 명칭이 혼란하면 사물에 대한 이해 자체가 어지러워진다는 것이다.

---

10 芬(분) : 꽃향기.
11 鬱(울) : 썩은 냄새(楊倞).
12 腥臊(성조) : 비린내와 누린내.
13 洒酸(새산) : '새'는 누(漏)의 잘못으로 노래기 냄새, '샨'은 유(庮)의 잘못으로, 썩은 나무 냄새, 악취(盧文弨).
14 疾(질) : 아픔.
15 養(양) : 양(癢)과 통하며, 가려움.
16 凔(창) : 차가움.
17 鈹(피) : 따가움.
18 說(열) : 아주 기쁜 것.
19 故(고) : 체하는 것.
20 徵知(징지) : 물건에 따라서 그 차이를 아는 것, 인지 능력.
21 待天官(대천관) : '천관'은 오관(五官)의 잘못(俞樾).
22 當簿(당부) : 주관해 정리하다.
23 人莫不然(인막불연) : '연'자는 잘못 끼어든 것(王念孫).
24 猶使異實者(유사이실자) : '이'는 동(同)의 잘못(楊倞).

4

　그러므로 만물이 비록 많이 있으나, 어떤 때에는 이것들을 모두 한꺼번에 호칭하고자 할 때가 있다. 그래서 물(物)이라 부르게 된 것인데, 물이란 것은 최대의 공동의 유명(類名)이다. 이처럼 여러 가지를 헤아려 공동의 유명을 만드는데, 공동 유명을 모아 다시 공동의 유명을 만들어 더 이상 공동의 것이 없는 최대의 경지에 이르러서야 끝난다.

　어떤 때는 구별을 해 그것들을 호칭하고자 한다. 그러므로 새와 짐승 을 구별해 부르게 되는데, 새와 짐승이라는 것은 크게 구별한 명칭이다. 이처럼 여러 가지를 헤아려 구별하는 명칭을 만드는데, 구별한 명칭을 다시 구별해 명칭을 붙여 더 이상 구별하는 명칭을 만들 수 없는 최소의 경지에 이르러서야 끝난다.

　명칭에는 고정된 합당함이란 없으며, 그러한 약속으로 명명을 하게 되는 것이다. 약속에 의해 정해지면 그것이 습속을 이루어 그것을 합당한 것이라 말한다. 약속한 것과 다르면 곧 그것을 합당하지 않은 것이라 한다.

　명칭에는 고정된 실상이란 없으며, 그러한 약속으로 명명을 하게 되는 것이다. 약속에 의해 정해지면 그것이 습속을 이루어 그것을 명칭의 실상이라 말한다.

　명칭에는 본디 좋은 것들이 있는데, 간단하고 알기 쉬우면 그것을 좋은 명칭이라 한다.

　물건에는 모양은 같으나 있는 장소가 다른 것들이 있고, 모양은 다르나 있는 장소가 같은 것들이 있어서 분별을 할 수가 있다. 모양은 같으나 있는 장소가 다른 것들은 비록 이름은 합칠 수가 있으나 그것은 두 가지 실상이라 말한다. 모양은 변하였지만 실상에는 아무런 구별이 없는데도 명칭을 다르게 붙이는 것을 화(化)라고 한다. 화는 있으되 아무런 구별이 없는 것은 한 가지 실상이라 말한다.

이것이 사물의 실상을 자세히 살펴 그 종류의 수를 결정하는 방법이다. 이것이 명칭을 제정하는 기본 원칙이다. 후세의 이상적인 임금들은 명칭을 이룩하는 일을 잘 살펴야 한다.

| 원문 |

故萬物雖衆, 有時而欲徧擧[1]之, 故謂之物. 物也者, 大共名也. 推而共之, 共則有共,[2] 至於無共, 然後止.

有時而欲徧擧之, 故謂之鳥獸. 鳥獸也者, 大別名也. 推而別之, 別則有別, 至於無別, 然後止.

名無固宜,[3] 約之以命, 約定俗成, 謂之宜, 異於約則謂之不宜.

名無固實,[4] 約之以命實,[5] 約定俗成, 謂之實名.

名有固善, 徑易[6]而不拂,[7] 謂之善名.

物有同狀而異所者, 有異狀而同所者, 可別也. 狀同而爲異所者, 雖可合, 謂之二實. 狀變而實無別而爲異者, 謂之化, 有化[8]而無別, 謂之一實.

---

[1] 徧擧(편거) : 모두 한꺼번에 호칭하는 것.
[2] 共則有共(공즉유공) : 공이우공(共而又共)의 뜻(王念孫). 공동의 유명을 모아 다시 더 큰 공동의 유명을 만드는 것.
[3] 宜(의) : 합당한 이름, 올바른 이름.
[4] 實(실) : 실상, 명칭이 가리키는 내용.
[5] 命實(명실) : '실'은 잘못 끼어든 글자(王念孫).
[6] 徑易(경이) : 간단하고 쉬운 것.
[7] 不拂(불불) : 혼동을 일으키지 않는 것, 알기 쉬운 것.
[8] 化(화) : 여러 가지 명칭의 변화를 뜻함. 곧 말이나 소는 때와 장소에 따라 모양이 변화해 여러 가지 말과 소가 있게 되는데, 이것을 화라 한다는 것이다.

此事之所以稽⁹實定數也. 此制名之樞要也. 後王之成名, 不可不察也.

| 해설 |

여기서는 앞절에 이어, 명칭을 부여하는 여러 가지 방법과 그 의의를 설명하고 있다.

5

"모욕을 당해도 치욕으로 생각지 않는다.", "성인은 자기를 사랑하지 않는다.", "도둑을 죽이는 것은 살인이 아니다."는 등의 주장은, 바로 명칭의 사용에 미혹되어 바른 명칭을 어지럽히는 것이다. 그런 주장은 명칭이 있게 된 까닭을 조사해 그 중 어느 것을 행할 것인가를 살핀다면, 곧 금할 수가 있는 것들이다.

"산과 연못이 다 같이 평평하다.", "인정에 있어서 욕망은 적다.", "소·양고기, 개·돼지고기도 그다지 더 맛있는 것이 아니며, 큰 종소리라 해도 그다지 더 즐거운 것이 아니다."는 등의 주장은, 바로 실상의 사용에 미혹되어 바른 명칭을 어지럽히는 것이다. 그런 주장은 같고 다른 것의 연유가 되는 까닭을 조사해 그 중 어느 것을 조절할 것인가를 살핀다면, 곧 금할 수가 있는 것들이다.

"비이알영유우(非而謁楹有牛)", "흰 말은 말이 아니다."는 등의 주장은, 바로 명칭의 사용에 미혹되어 그 실상을 어지럽히는 것이다. 그런 주장은 그 마음으로 옳다고 받아들이는 것으로써 명칭의 요점을

---

9 稽(계) : 참고, 고구.

조사해 그 마음으로 그르게 여기는 것을 내친다면, 곧 금할 수가 있는 것들이다.

모든 사악한 이론과 편벽된 말들은 정도에서 벗어난 것이며 함부로 만든 것이어서, 이상 세 가지 종류에 들지 않는 것이란 없다. 그러므로 명철한 임금은 거기에 대한 분별을 알기 때문에 그들과는 논쟁도 하지 않는다.

| 원문 |

見侮不辱,[1] 聖人不愛己,[2] 殺盜非殺人[3]也, 此惑於用名, 以亂名者也. 驗[4]之所以爲[5]有名, 而觀其孰行,[6] 則能禁之矣.

山淵平,[7] 情欲寡,[8] 芻豢[9]不加甘, 大鍾不加樂, 此惑於用實, 以亂名者也. 驗之所緣而以同異,[10] 而觀其孰調, 則能禁之矣.

非而謁楹有牛,[11] 白馬非馬[12]也, 此惑於用名, 以亂實者也. 驗之名

---

1 見侮不辱(견모불욕) : 모욕을 당해도 치욕이라 여기지 않다. 송형(宋銒)의 주장으로 정론(正論)편에 나옴.
2 聖人不愛己(성인불애기) : 성인은 자기는 사랑하지 않고 남들만을 사랑한다. 누구의 주장인지 알 수 없다.
3 殺盜非殺人(살도비살인) : 『묵자(墨子)』 소취(小取)편에 나오는 말.
4 驗(험) : 증험(證驗)하다, 원인을 조사하다.
5 所以爲(소이위) : '이'는 잘못 끼워 넣은 글자(王引之).
6 孰行(숙행) : 어느 것을 행할까?
7 山淵平(산연평) : 『장자(莊子)』 천하(天下)편에 나오는 혜시(惠施)의 궤변.
8 情欲寡(정욕과) : 송형의 주장, 정론(正論)편에 나옴.
9 芻豢(추환) : '추'는 풀을 먹는 소와 양의 고기, '환'은 곡식을 먹는 개, 돼지의 고기. 이 말이 들어가는 주장은 묵자의 이론인 듯하다(楊倞).
10 無以同異(무이동이) : '무'는 잘못 끼워 넣은 글자(王引之).
11 非而謁楹有牛(비이알영유우) : 누가 한 말이며 무슨 뜻인지 알 수 없음.
12 白馬非馬(마비마) : "흰 말은 말이 아니다"라는 공손룡의 궤변. 본시 '백'자가 빠진 것을 바로 잡아 넣었다.

約,[13] 以其所受悖[14]其所辭, 則能禁之矣.

凡邪說辟言之離正道而擅作者, 無不類於三惑者矣. 故明君知其分而不與辨也.

| 해설 |

명칭을 바르게 하는 데 있어서, 명칭에 관한 세 가지 미혹된 경향을 들어 그 부당함을 설명하고 있다.

6

백성이란 도로 다스리면 통일하기 쉬우며, 함께 더불어 일해서는 안 된다. 그러므로 명철한 임금은 권세로 그들에게 임하고, 올바른 도로 그들을 인도하며, 명령으로 그들에게 거듭 당부하고, 올바른 말로 그들을 밝혀 주고, 형벌로 그들의 잘못을 금한다. 그러므로 그 백성들이 도에 감화됨이 귀신의 솜씨 같으니, 변론이나 권세를 어디에 쓰겠는가?

지금 성왕은 돌아가시고 천하가 어지러워져 간사한 말이 생겨나고 있으나 군자에게는 그들에게 군림할 권세도 없고, 그들의 잘못을 금할 형벌도 없다. 그러므로 일의 옳고 그름을 논하고 있는 것이다. 실상을 잘 알지 못하면서도 사물에 명명을 하고, 명명을 하고서도 잘 알지 못해 그 사물들을 합치고, 합쳐 놓아도 잘 알지 못해 설명을 하게

---

13 名約(명약) : 명칭의 요점.
14 悖(패) : 어기다, 내치다.

되고, 설명을 해도 잘 알지 못해 변론을 하게 된다. 그러므로 명명과 사물을 합치는 것과 설명과 변론이란 것은 명칭 사용의 위대한 형식이며, 왕업의 시작이 된다.

| 원문 |

夫民易一以道, 而不可與共故.[1] 故明君臨之以埶, 道之以道, 申[2]之以命, 章[3]之以論, 禁之以刑. 故其民之化道也如神, 辨埶惡用矣哉?

今聖王沒, 天下亂, 姦言起, 君子無埶以臨之, 無刑以禁之. 故辨說也. 實不喩然後命, 命不喩然後期,[4] 期不喩然後說, 說不喩然後辨. 故期命辨說也者, 用之大文[5]也, 而王業之始也.

| 해설 |

백성들을 다스리는 데 있어서 명칭을 올바르게 하는 일이 매우 중요함을 설명하고 있다.

7

명칭을 들으면 실상을 알게 되는 것이 명칭의 쓰임이다. 그것을 쌓아올려 형식을 이루는 것이 명칭의 꾸밈이다. 명칭의 쓰임과 꾸밈을

---

[1] 共故(공고) : 함께 일을 하다. 백성은 부리기만 하면 되는 것이다.
[2] 申(신) : 거듭하다.
[3] 章(장) : 밝히다.
[4] 期(기) : 회(會)의 뜻(楊倞). 여러 가지 물건들을 알기 쉽게 한 가지 명칭 아래 합치는 것.
[5] 大文(대문) : 위대한 겉치레. 위대한 형식.

다 터득한 것을 명칭에 대해 안다고 말한다.

　명칭이란 실상을 쌓아올려 말을 이룩하는 데 목적이 있다. 말이란 실상이 다른 여러 가지 명칭들을 아울러 한 가지 뜻을 논하는 데 목적이 있다. 변설이란 실상과 명칭이 다른 것을 따지지 않고 모두 동원하여 옳고 그른 도리를 깨우치게 하는 데 목적이 있다.

　여러 가지 사물들에 명명을 하는 것은 변설에 쓰이기 위해서이다. 변설이란 마음속의 도리를 표현하기 위한 것이다. 마음이란 도리의 주재자이다. 도리란 모든 사물을 다스리는 조리가 되는 것이다.

　마음은 도리에 합치되고, 설명은 마음에 합치되고, 말은 설명에 합치되어야 한다. 명칭을 올바르게 하여 여러 사물을 합쳐 놓고, 진실을 근본으로 하여 알도록 하며, 다른 것들을 분별해 말에 잘못이 없도록 하고, 같은 사물들을 헤아려 도리에 어긋나지 않게 해야 한다. 남의 말을 들을 때는 조리가 맞는 것만을 취하고, 자기가 변설을 할 때는 사물을 다 표현하도록 한다. 이러한 올바른 도리로써 간사함을 분별해 낸다면, 마치 목수가 먹줄을 써서 굽고 곧음을 가늠하는 것처럼 될 것이다. 그렇기 때문에 사악한 이론으로 어지럽힐 수가 없게 되고, 여러 학파들은 도망가 숨을 곳이 없게 될 것이다.

　그리하여 많은 것을 아울러 들어 이해할 수 있는 총명함을 지녔다 하더라도 나서서 뽐내는 모습을 보이지 않고, 많은 것을 아울러 포괄할 후덕함이 있다 하더라도 자기 덕을 자랑하려는 기색이 없어야 한다. 자기 이론이 행해지면 온 천하가 올바르게 될 것이고, 그의 이론이 통하지 않는다 하더라도 도리를 드러내기에 힘쓰며 자기 자신은 숨어 지내는 것이다. 이것이 성인의 변설이다.

　『시경』에 "존엄하고 의기가 높고, 서옥(瑞玉)처럼 순결하며, 아름다운 명성 들리니, 점잖은 군자님을 온 세상에서 본뜨네."라고 읊고 있는데, 이런 것을 뜻하는 말이다.

| 원문 |

名聞而實喩, 名之用也. 累¹而成文, 名之麗²也. 用麗俱得, 謂之知名.

名也者, 所以期累實³也. 辭也者, 兼異實之名, 以論一意也. 辨說也者, 不異實名, 以喩動靜⁴之道也.

期命⁵也者, 辨說之用也. 辨說也者, 心之象道也. 心也者, 道之工宰⁶也. 道也者, 治之經理也.

心合於道, 說合於心, 辭合於說, 正名而期, 質請⁷而喩. 辨異而不過, 推類而不悖. 聽⁸則合文, 辨⁹則盡故.¹⁰ 以正道而辨姦, 猶引繩以持曲直. 是故邪說不能亂, 百家無所竄.¹¹

有兼聽之明, 而無奮矜¹²之容, 有兼覆之厚, 而無伐德之色. 說行則天

---

1 累(루) : 쌓다, 명칭을 쌓아올리는 것.
2 麗(려) : 화려함, 꾸밈.
3 期累實(기루실) : 실상을 쌓아올리는 데 목적이 있다. 실상을 쌓아올린다는 것은 여러 가지 사물을 연결시켜 말을 이루는 것을 뜻한다.
4 動靜(동정) : 시비, 옳고 그른 것(楊倞).
5 期命(기명) : '기'는 여러 가지 사물들을 모아 놓고 한 가지 명칭을 부여하는 것, '명'은 명명.
6 工宰(공재) : 주재, 주재자(陳奐).
7 質請(질청) : '질'은 본(本)의 뜻, '청'은 정(情)과 통함. 따라서 진실을 근본으로 하다(王念孫).
8 聽(청) : 남의 말을 듣는 것.
9 辨(변) : 자기가 변설을 전개하는 것.
10 盡故(진고) : 사물을 철저히 표현하는 것. '고'는 사(事)의 뜻(楊倞).
11 竄(찬) : 도망가 숨는 것.
12 奮矜(분긍) : 떨치고 뽐내다, 나서서 뽐내다.

下正, 說不行則白道[13]而冥窮,[14] 是聖人之辨說也.

詩曰:[15] 顒顒[16]卬卬,[17] 如珪[18]如璋, 令[19]聞[20]令望, 豈弟[21]君子, 四方爲綱. 此之謂也.

| 해설 |

명칭의 쓰임을 설명하고 있다. 명칭은 말을 이루고 다시 변설을 이룰 뿐만 아니라 명칭이 올바른 것이어야 말과 변설도 제대로 이루어질 수 있다. 세상에서 이 명칭과 말과 변설의 효용은 매우 큰 것이다.

8

사양하는 예절이 잘 지켜지고, 어른과 아이들의 도리가 순조로이 지켜지며, 꺼려야 할 말은 하지 않고, 해가 되는 말은 하지 않아야 한다. 어진 마음으로 논설을 하고, 배우려는 마음으로 남의 말을 들어야 하며, 공정한 마음으로 그 내용을 분별해야 한다. 여러 사람들의 비난이나 칭찬에 동요되지 않고, 보는 이들의 귀나 눈을 미혹시키지 말아야 한다. 신분이 높은 사람들의 권세를 사려 들지 말아야 하며, 편벽

---

13 白道(백도) : 도를 밝히다, 도리를 드러내다.
14 冥窮(명궁) : '명'은 어두운 것, 숨는 것, '궁'은 궁(躬)과 통하여(俞樾). '명궁'은 자신은 드러내지 않고 숨는 것.
15 詩曰(시왈) : 『시경』 대아(大雅) 권아(卷阿)시에 나오는 구절.
16 顒顒(옹옹) : 온화한 모양(『毛詩』), 존엄한 모양.
17 卬卬(앙앙) : 뜻과 기개가 드높은 모양.
18 珪(규) : 장(璋)과 함께, 서옥(瑞玉)의 일종.
19 令(령) : 아름다운 것.
20 聞(문) : 망(望)과 함께, 명성 또는 명망의 뜻.
21 豈弟(개제) : 점잖고 예의가 바른 것.

된 사실을 전하는 말을 좋아하지 않아야 한다.

그러므로 도에 처신해 다른 길을 돌보지 않고, 어려움에 처해도 뜻을 빼앗기지 않으며, 순리할 때에도 빗나가지 않는다. 공정함을 귀하게 여기고 비루하게 다투는 것은 천하게 여긴다. 이것이 선비와 군자로서의 변설이다.

『시경』에 "긴긴 밤은 샐 줄 모르는데, 곰곰이 자기 잘못만 생각하네. 태고적 일이라 하여 가볍게 생각하지 않고, 예의에 어긋남이 없는데, 어찌 남들이 하는 말 걱정하랴!"라고 읊은 것도, 이것을 뜻하는 말이다.

| 원문 |

辭讓之節得矣, 長少之理順矣, 忌諱[1]不稱, 祅辭[2]不出. 以仁心說, 以學心聽, 以公心辨. 不動乎衆人之非譽, 不治[3]觀者之耳目, 不賂[4]貴者之權執, 不利[5]傳辟者之辭.

故能處道而不貳, 吐[6]而不奪, 利而不流, 貴公正而賤鄙爭. 是士君子之辨說也.

詩曰:[7] 長夜漫[8]兮, 永思騫[9]兮. 大古之不慢兮, 禮義之不愆兮, 何恤人

---

1 忌諱(기휘) : 꺼려야 할 말.
2 祅辭(요사) : 해가 되는 말, 나쁜 말.
3 不治(불치) : '치'는 야(冶)의 잘못. 야(冶)는 고(蠱)와 뜻이 통하여(王念孫), 미혹시키지 않는 것.
4 賂(뇌) : 뇌물을 써서 얻다, 재물을 주고 사다.
5 不利(불리) : 이롭게 여기지 않다, 좋아하지 않다.
6 吐(토) : 돌(咄)의 잘못. 굴(詘)과 통하여, 어려운 처지에 있는 것(俞樾).
7 詩曰(시왈) : 지금의 『시경』에는 없는 일시(逸詩).
8 漫(만) : 긴 모양.

之言今. 此之謂也.

| 해설 |
여기서도 군자의 말은 어떠해야 하는지를 요약해 설명하고 있다.

9

군자의 말은 심각하면서도 한결같고, 아래로 숙여 다른 사람에게도 잘 적용되며, 들쭉날쭉한 듯하면서도 정연하다. 그들은 말에 쓰이는 명칭을 올바로 하고 그 말을 합당케 하여, 그의 생각과 뜻을 분명히 드러내는 데 힘쓴다.

그들이 쓰는 명칭과 말은 생각과 뜻을 표현하기 위한 수단이기 때문에 서로 잘 통하기만 하면 곧 거기에서 멈춘다. 구차하게 쓰는 것은 간사한 짓이다. 그러므로 명칭은 실상을 가리키기에 충분하고, 말은 법도를 보여주기에 충분하면, 거기에서 멈추는 것이다. 여기에서 벗어나는 것은 까다롭다고 하는 것이어서 바로 군자들이 버리는 것이다. 그러나 어리석은 자들은 그것을 주워서 자기의 보배로 삼는다.

그러므로 어리석은 자들의 말은 근거도 없이 충동적이어서 거칠고, 남과는 다투기만 하여 남에게는 적용될 수가 없으며, 시끄럽게 물이 끓는 듯하다. 그들이 쓰는 말의 명칭은 사실과 어긋나고, 그들의 말은 현혹적이며, 그들의 생각과 뜻을 깊이 밝히지 못한다. 그러므로 고생하며 떠들어도 법도가 없고, 매우 수고는 하나 아무런 공적도 없으며,

---

9 騫(건) : 허물, 자기 잘못.

탐욕만 낼 뿐 아무런 명성도 올리지 못한다.

본디 지혜 있는 사람의 말은, 그것에 대해 생각해 보면 알기가 쉽고, 그것을 실천해 보면 쉽고도 편안하며, 그것을 지키고 보면 자기 입장이 편안해진다. 말한 것이 이루어지면 반드시 그가 좋아하는 것을 얻게 되고, 그가 싫어하는 일을 당하지 않게 된다. 그런데 어리석은 자의 말은 이와 반대가 된다.

『시경』에 "귀신이나 단호(短狐)가 되면 남들이 볼 수 없을 것인데, 얼굴 부끄럽게도 남에게 좋지 않게 보이네. 이런 좋은 노래 지어, 비뚤어진 그대들 마음 바로잡으려 하네."라고 읊은 것도, 바로 이것을 뜻하는 말이다.

| 원문 |

君子之言, 涉然[1]而精, 俛然[2]而類, 差差然[3]而齊. 彼正其名, 當其辭, 以務白其志義者也.

彼名辭也者, 志義之使[4]也, 足以相通, 則舍[5]矣. 苟之, 姦也. 故名足以指實, 辭足以見極,[6] 則舍之矣. 外是者謂之訒,[7] 是君子之所棄, 而愚者拾以爲己寶.

故愚者之言, 芴然[8]而粗, 嘖然[9]而不類, 諕諕然[10]而沸. 彼誘[11]其名, 眩

---

[1] 涉然(섭연) : 깊이 들어가는 모양(楊倞), 심각한 것.
[2] 俛然(면연) : 몸을 숙이고 나아가는 모양.
[3] 差差然(차차연) : 들쭉날쭉한 모양.
[4] 使(시) : 부리는 것, 여기서는 표현하는 수단.
[5] 舍之(사지) : 거기에 머물다, 거기에 멈추다.
[6] 見極(현극) : 법도를 드러내다.
[7] 訒(인) : 말이 까다로운 것.
[8] 芴然(물연) : 갑작스러운 모양, 근거도 없이 충동적인 모양.

其辭, 而無深於其志義者也. 故窮藉[12]而無極, 甚勞而無功, 貪而無名.

故知者之言也, 慮之易知也, 行之易安也, 持之易立也, 成則必得其所好, 而不遇其所惡焉. 而愚者反是.

詩曰:[13] 爲鬼爲蜮,[14] 則不可得, 有靦[15]面目, 視人罔極.[16] 作此好歌, 以極[17]反側.[18] 此之謂也.

| 해설 |

군자의 명칭과 말에 대한 태도, 어리석은 자의 명칭과 말에 대한 태도를 대조시켜, 말을 올바르게 하는 원칙을 설명하고 있다.

10

나라를 다스리는 일을 얘기하면서 욕망을 없애야 한다고 주장하는 자들은, 욕망을 잘 인도해 줄 생각은 하지 않고 사람들에게 욕망이 있다는 사실로 곤혹스러워 하는 자들이다. 나라를 다스리는 일을 얘기하면서 욕망을 적게 가져야 한다고 주장하는 자들은, 욕망을 조절해 줄

---

9 嘖然(책연) : 말다툼을 하는 모양.
10 諮諮然(답답연) : 말이 많은 모양.
11 誘(유) : 속이다, 사실과 어긋나다.
12 窮藉(궁자) : '자'는 밟고 나아가는 것(楊倞), 고생하며 떠드는 것.
13 詩曰(시왈) : 『시경』 소아(小雅) 하인사(何人斯)시에 나오는 구절.
14 蜮(역) : 단호(短狐). 강물에 비친 사람의 그림자를 쏘아 사람이 병들어 죽게 한다고 한다(孔穎達 『疏』).
15 靦(면) : 부끄러운 것.
16 罔極(망극) : 불선(不善), 좋지 않은 것.
17 極(극) : 바로잡다.
18 反側(반측) : 반대로 기울어진 것.

생각은 하지 않고 사람들에게 욕망이 많다는 사실로 곤혹스러워 하는 자들이다. 욕망이 있는 것과 욕망이 없는 것은 전혀 다른 종류이다. 그것은 나면서 본성으로 갖추어져 있는 것이지, 세상을 다스리고 어지럽히는 것은 아니다. 욕망이 많고 적은 것은 전혀 다른 종류이다. 감정으로 정해져 있는 것이지, 세상은 다스리고 어지럽히는 것은 아니다.

사람의 욕망이란 다 얻어질 수는 없지만, 추구하는 것은 가능한 범위 안에서 얻어진다. 사람의 욕망이 다 얻어질 수가 없다는 것은 그것이 하늘로부터 타고난 것이기 때문이며, 추구하는 것이 가능한 범위 안에서 얻어진다는 것은 그것이 마음에 의해 추구되는 것이기 때문이다. 하늘로부터 타고난 한 가지 욕망은 마음에 의해 추구되는 많은 것들에 의해 제약을 받게 되기 때문에, 하늘로부터 타고난 욕망과 본디부터 같은 종류의 것이라 하기는 어렵다.

사람들이 살고자 하는 욕망은 대단하다. 사람들이 죽음을 면하고자 하는 욕망도 대단하다. 그러나 사람은 살다가 죽음으로 끝나게 되는데 그것은 살기가 싫어서 죽으려고 하는 것이 아니라 살아 있을 수는 없고 죽을 수밖에 없기 때문이다. 그러므로 욕망이 그것보다 더한데도 사람의 움직임이 거기에 미치지 못하는 것은 마음이 행동을 제지하기 때문이다.

사람의 마음이 괜찮다고 판단한 것이 이치에 들어맞는 것이라면, 욕망이 비록 많다 하더라도 세상을 올바로 다스리는 데에 무슨 해가 되겠는가? 욕망은 그렇지 않은데 사람의 행동이 욕망보다 지나친 것은 마음이 그렇게 만드는 것이다. 마음이 괜찮다고 판단한 것이 이치에 어긋난다면, 욕망이 비록 적다 하더라도 어찌 세상이 어지러워지는 것을 제지할 수가 있겠는가?

그러므로 세상이 다스려지고 어지러워지는 것은 마음의 판단에 달려 있는 것이지, 감정에 딸린 욕망과는 상관없는 것이다. 그것들과 관계가 있는 마음으로 추구하지 않고, 그것들과 상관없는 욕망으로 추구한다면, 비록 자기가 올바르게 일을 하였다 하더라도 실패하게 될 것이다.

본성이란 하늘에 의해 주어진 것이고, 감정이란 본성의 실질이며, 욕망이란 감정의 반응이다. 사람의 욕망으로 얻어질 수 있는 것이라 여겨지면, 감정으로 그것을 추구하게 되는 것은 절대로 면할 수 없는 일이다. 그런데 괜찮다고 생각하고 욕망을 인도하는데서 지혜는 반드시 나오게 되는 것이다. 그러므로 비록 문지기라 할지라도 욕망은 다 버릴 수가 없으며, 비록 천자라 할지라도 욕망을 다 얻을 수가 없는 것이다.

욕망은 비록 다 얻을 수 없는 것이지만 그 가까이 추구할 수 있는 것이다. 욕망은 비록 다 버릴 수 없는 것이지만 그 추구를 조절할 수 있는 것이다. 욕망은 비록 다 얻을 수가 없지만 추구하면 그래도 가까이 갈 수는 있다. 욕망은 비록 다 버릴 수 없는 것이지만, 얻을 수 없는 것에 대한 추구는, 지각이 있는 자라면 욕망의 추구를 조절할 수가 있다.

올바른 도는 적극적으로 나아갈 때는 거의 목적에 가까이 가도록 추구해야 하고, 소극적으로 물러날 때는 추구하려던 일을 잘 조절해야 한다. 천하의 일이 그렇지 않은 것이란 없다.

| 원문 |

凡語治[1] 而待去欲者, 無以道欲, 而困於有欲者也. 凡語治而待寡欲

者, 無以節欲, 而困於多欲者也. 有欲無欲, 異類也, 生死也,[2] 非治亂. 欲之多寡, 異類也, 情之數[3]也, 非治亂也.

欲不待可得, 而求者從所可.[4] 欲不待可得, 所受乎天[5]也. 求者從所可, 所受乎心[6]也. 所受乎天之一欲, 制於所受乎心之多, 固難類所受乎天也.

人之所欲生甚矣, 人之所惡死甚矣. 然而人有從生成死者, 非不欲生 而欲死也, 不可以生而可以死也. 故欲過之而動不及, 心止之也.

心之所可中理,[7] 則欲雖多, 奚傷於治? 欲不及而動過之, 心使之也. 心之所可失理, 則欲雖寡, 奚止於亂?

故治亂在於心之所可, 亡於情之所欲. 不求之其所在,[8] 而求之其所 亡,[9] 雖曰我得之, 失之矣.

性者, 天之就也, 情者, 性之質也, 欲者, 情之應也. 以所欲爲可得而 求之, 情之所必不免也, 以爲可而道之, 知所必出也. 故雖爲守門, 欲不 可去, 性之具也.[10] 雖爲天子, 欲不可盡.

欲雖不可盡, 可以近盡也, 欲雖不可去, 求可節也. 所欲雖不可盡, 求 者猶近盡, 欲雖不可去, 所求不得, 慮者欲節求也.

道者, 進則近盡, 退則節求, 天下莫之若也.

---

1 語治(어치) : 다스림을 얘기하다, 나라의 정치를 논하다.
2 生死也(생사야) : 뒤에 나오는 '성지구야(性之具也)' 대신 잘못 들어와 있는 말(王念孫), 따라서 나면서 본성으로 갖추어져 있는 것을 뜻함.
3 情之數(정지수) : 감정의 정해진 분수.
4 從所可(종소가) : 가능한 것을 따르다, 가능한 범위 안에서 얻어지다.
5 受乎天(수호천) : 하늘로부터 받은 것, 하늘로부터 타고난 것.
6 受乎心(수호심) : 마음으로부터 받는 것, 마음에 의해 추구되는 것.
7 中理(중리) : 이치에 들어맞다.
8 其所在(기소재) : 그것들과 관계가 있는 것, 곧 마음.
9 其所亡(기소무) : 그것들과 상관이 없는 것, 곧 욕망.
10 性之具也(성지구야) : 앞에 가 있어야 할 것이 잘못 여기에 있는 것(王念孫).

| 해설 |

사람의 욕망이란 어떤 것이며, 욕망에 대해 어떻게 대처해야 하는가를 설명하고 있다. 그러나 이 이론을 무욕설과 과욕설로부터 끌어내고 있는 점에 주의해야 한다.

11

사람이란 누구나가 그의 마음속으로 괜찮다고 생각되는 길을 따르고, 그가 나쁘다고 생각하는 것은 멀리하게 된다. 올바른 도야말로 그만한 것이 없다는 것을 알면서도 도를 따르지 않을 사람이란 있을 수가 없다.

가령 어떤 사람이 남쪽으로 가고자 하는데 그러자면 어려움이 많은 것을 이겨내야 하고, 북쪽으로 가는 것은 싫어하지만 어려움이 적다고 하자. 어찌 남쪽으로는 끝까지 갈 수 없을는지 모른다 하여 남쪽으로 가는 것을 그만두고 북쪽으로 가겠는가? 지금 어떤 사람이 욕심을 내고 있는 일에는 어려움이 많은 것을 이겨내야 하고 싫어하는 일에는 어려움이 매우 적다고 하자. 어찌 욕심을 내고 있는 것을 다 추구할 수 없을는지 모른다 하여 욕심을 추구하는 길을 떠나 그가 싫어하는 것을 추구하겠는가?

그러므로 올바른 도에 합당하여 그 길을 따른다면 어찌 그를 밀어내어 어지럽힐 수가 있겠는가? 도에 합당하지 않다 하여 그 길로부터 떠나간다면 어찌 그를 도와 잘 다스려지게 할 수가 있겠는가? 그러므로 지혜 있는 사람은 올바른 도를 논할 따름이다. 소인들의 진기한 이론이 바라는 일을 모두 실패로 만들 것이다.

모든 사람들이 어떤 물건을 손에 넣을 때, 바라는 것이 순수한 형태로 자기에게 들어오는 것은 아니다. 그것을 버릴 때에도 싫어하는 것이 순수한 형태로 떠나가 버리는 것은 아니다. 그러므로 사람은 올바로 헤아려 행동하지 않으면 안 된다.

저울이 바르지 않다면 무거운 것을 놓은 쪽이 올라가서 사람들은 그것을 가볍다고 생각하게 된다. 가벼운 것을 놓은 쪽이 내려가면 사람들은 그것을 무겁다고 생각하게 된다. 이것이 사람들이 가볍고 무거운 것을 판단하는 데 미혹을 일으키는 까닭이다. 헤아림이 바르지 않다면 화(禍)가 욕망에 실려 있는데도 사람들은 그것을 복이라 생각하게 된다. 복이 싫어하는 곳에 실려 있는데도 사람들은 그것을 화라고 생각하게 된다. 이것이 사람들이 화복을 판단하는 데 미혹을 일으키는 까닭이다.

올바른 도는 고금을 통해서 가장 올바른 헤아림의 표준이다. 도를 떠나서 자기 마음대로 스스로 선택한다면, 곧 화와 복이 실려 있는 곳을 알지 못하게 된다. 물건을 교역하는 사람이 하나를 가지고 하나와 바꾼다면, 사람들은 이득도 없지만 손실도 없다고 말할 것이다. 하나를 가지고 둘과 바꾼다면, 사람들은 손실은 없고 이득이 있다고 말할 것이다. 둘을 가지고 하나와 바꾼다면, 사람들은 이득은 없고 손실만 있다고 말할 것이다. 계산을 하는 사람은 많은 것을 취할 것이고, 생각을 잘하는 사람은 괜찮다고 생각되는 쪽을 따를 것이다. 둘을 가지고 하나와 바꾸는 일을 사람들이 하지 않는 것은 그 숫자가 분명하기 때문이다.

그런데 올바른 도를 따라 나아가는 것은 하나를 가지고 둘과 바꾸는 것과 같은 일인데, 어찌 손실이 있겠는가? 도를 떠나서 자기 마음대로 스스로 선택하는 것은 바로 둘을 가지고 하나와 바꾸는 것과 같은 일인데 어찌 이득이 있겠는가? 그가 백 년에 걸쳐 쌓아 온 욕망을 일시에 싫어해야 할 일과 바꾼다면, 그것은 숫자 계산에 명확하지 못하기 때문이다.

| 원문 |

凡人莫不從其所可, 而去其所不可. 知道之莫之若也, 而不從道者, 無之有也.

假之有人而欲南, 無多,[1] 而惡北, 無寡.[2] 豈爲夫南者之不可盡[3]也, 離南行而北走也哉? 今人所欲, 無多, 所惡, 無寡. 豈爲夫所欲之不可盡也, 離得欲之道, 而取所惡也哉?

故可道而從之, 奚以損之[4]而亂? 不可道而離之, 奚以益之而治? 故知者論道而已矣, 小家珍說[5]之所願, 皆衰矣.

凡人之取也, 所欲未嘗粹而來也, 其去也, 所惡未嘗粹而往也. 故人無動而不可以[6]不與權俱.[7]

衡[8]不正, 則重縣於仰,[9] 而人以爲輕. 輕縣於俛, 而人以爲重. 此人所以惑於輕重也. 權不正, 則禍託[10]於欲, 而人以爲福. 福託於惡, 而人以

---

1 無多(무다) : 많은 것을 무시하다, 어려움이 많다 하더라도 하려고 하는 것.
2 無寡(무과) : 적은 것을 무시하다, 어려움이 적다 하더라도 거들떠보지 않는 것.
3 不可盡(불가진) : 끝까지 다 추구할 수가 없는 것.
4 損之(손지) : 그를 덜어내다, 그를 밀어내다.
5 小家珍說(소가진설) : 소인들의 진귀한 이론. 묵가나 명가 등의 이론을 가리킴.
6 不可以(불가이) : '불'은 잘못 끼워 넣은 글자(王念孫).
7 權俱(권구) : 저울로 달거나 헤아리는 일을 함께하다.
8 衡(형) : 저울.
9 仰(앙) : 저울대가 올라가는 것. 따라서 면(俛)은 저울대가 내려가는 것.

爲禍. 此亦人所以惑於禍福也.

　道者, 古今之正權也. 離道而內自擇, 則不知禍福之所託. 易者, 以一易一, 人曰無得亦無喪也. 以一易兩, 人曰無喪而有得也. 以兩易一, 人曰無得而有喪也. 計者取所多, 謀者從所可. 以兩易一, 人莫之爲, 明其數也.

　從道而出, 猶以一易兩也, 奚喪? 離道而內自擇, 是猶以兩易一也, 奚得? 其累百年之欲, 易一時之嫌,¹¹ 然且爲之, 不明其數也.

| 해설 |

　사람의 욕망과 올바른 도의 관계를 설명하고 있다. 욕심도 도를 따라 추구한다면 잘못이 있을 수가 없다.

12

　또 사람의 내면에 숨겨져 살피기 어려운 부분에 대해 깊이 관찰해 보기로 하자. 그의 의지로 이치를 가볍게 보면서도 밖으로 물건을 중요하게 여기지 않는 자는 있을 수가 없다. 밖으로 물건을 중요하게 여기면서도 안으로 걱정이 없는 자는 있을 수가 없다. 그의 행실이 이치에 벗어나면서도 밖으로 위태롭지 않은 자는 있을 수가 없다. 밖으로 위태로우면서도 안으로 두려워하지 않는 자는 있을 수가 없다.

　마음에 근심이 있고 두려움이 있다면, 입으로 소·양고기와 개·

---

10 託(탁) : 기탁하다, 실리다.
11 嫌(혐) : 자기 판단으로 싫어해야 한다고 생각되는 일.

돼지고기를 먹는다 해도 그 맛을 알 수가 없고, 귀로 악기의 연주 소리를 듣는다 하더라도 그 소리를 이해할 수가 없고, 눈으로 아름다운 무늬를 본다 하더라도 그 모양을 알 수가 없고, 가볍고 따뜻한 옷을 입고 평평한 대자리 위에 앉아 있어도 그의 몸은 안락을 알지 못한다. 그러므로 만물의 아름다움을 누리면서도 쾌적함을 알지 못하는 것이다. 가령 간간이 쾌적함을 느낀다 하더라도 근심과 두려움으로부터 벗어나지는 못하는 것이다.

그러므로 만물의 아름다움을 누리면서도 근심으로 가득하고, 만물의 이로움을 아울러 누리면서도 많은 피해를 입는다. 이러한 자야말로 사물을 추구할 수가 있겠는가? 양생을 할 수가 있겠는가? 장수(長壽)할 수가 있겠는가? 그러니 그의 욕망을 추구해 기르려 해도 그의 감정을 멋대로 발휘하고, 그의 본성을 찾아 잘 기르려 하면서도 그의 몸을 위태롭게 하며, 그의 즐거움을 누리며 기르려 해도 그의 마음을 쳐서 괴롭히고, 그의 명성을 널리 기르려 해도 그의 행동을 어지럽게 하는 것이다. 그러한 자들은 비록 제후가 되고 임금이 된다 하더라도 도둑들과 다를 바가 없으며, 큰 수레에 면류관을 쓰고 있다 하더라도 발 잘리는 형벌을 받은 절름발이와 다를 바가 없다. 이러한 자들을 자신이 사물에 의해 부림을 당하는 자라 하는 것이다.

마음이 편안하고 즐거우면 곧 색깔이 다 갖추어지지 않았다 해도 천한 일꾼이라도 눈을 즐겁게 할 수가 있고, 소리가 제대로 갖추어지지 않았다 해도 귀를 즐겁게 할 수가 있으며, 거친 음식과 채소 국이라 하더라도 입을 맛있게 해줄 수가 있고, 거친 천의 옷을 입고 거친 짚신을 신었다 해도 몸을 편안히 해줄 수가 있으며, 좁은 집은 갈대발에 볏집 깔개와 초라한 책상과 대자리를 쓴다 해도 몸은 안락할 수가 있다.

그러므로 만물의 아름다움이 없다 해도 그의 즐거움을 누릴 수가 있고, 권세 있는 높은 지위가 없다 해도 그의 명성을 떨칠 수가 있다. 그러한 사람에게 천하를 맡기면, 그는 천하를 위해 많은 공헌을 하면서도 사사로이 즐기는 일은 적을 것이다. 이러한 사람을 자신을 중히 받들고 사물을 부리는 이라 하는 것이다.

근거 없는 말과 남이 보지 않을 때의 행동과 남이 듣지 않을 때의 모의를 군자는 신중히 하는 것이다.

| 원문 |

有[1]嘗試深觀, 其隱而難其察[2]者. 志輕理而不重物[3]者, 無之有也. 外重物而不內憂者, 無之有也. 行離理而不外危者, 無之有也. 外危而不內恐者, 無之有也.

心憂恐, 則口銜芻豢而不知其味, 耳聽鐘鼓而不知其聲, 目視黼黻[4]而不知其狀, 輕煖平簟[5]而體不知其安. 故嚮[6]萬物之美而不能嗛[7]也. 假而得問[8]而嗛之, 則不能離也.

故嚮萬物之美而盛憂, 兼萬物之利而盛害. 如此者, 其求物也? 養生

---

1 有(유) : 우(又)의 뜻.
2 難其察(난기찰) : 기(其)는 잘못 끼워 넣은 글자(王念孫).
3 不重物(부중물) : 불외중물(不外重物)로 되어 있어야 옳다(顧千里).
4 黼黻(보불) : 제5편 비상 제8절 참조.
5 簟(점) : 대자리.
6 嚮(향) : 향(享)과 통하여(楊倞), 누리다.
7 嗛(겸) : 만족.
8 得問(득문) : '문은 간(間)의 잘못(王念孫). 간간이.

也? 粥壽⁹也? 故欲養其欲而縱其情, 欲養其性而危其形, 欲養其樂而攻其心, 欲養其名而亂其行. 如此者, 雖封侯稱君, 其與夫盜無以異. 乘軒戴絻,¹⁰ 其與無足¹¹無以異. 夫是之謂以己爲物役矣.

心平愉, 則色不及, 傭¹²而可以養目, 聲不及, 傭而可以養耳, 蔬食菜羹而可以養口, 麤¹³布之衣, 麤紃¹⁴之履, 而可以養體, 屋室¹⁵廬庾,¹⁶麤葭稿蓐,¹⁷ 尙机筵¹⁸而可以養形.

故無萬物之美, 而可以養樂, 無埶列¹⁹之位, 而可以養名. 如是而加天下焉, 其爲天下多, 其和樂²⁰少矣. 夫是之謂重己役物.

無稽²¹之言, 不見之行, 不聞之謀, 君子愼之.

| 해설 |

마음이 바르고 안정되어야 모든 일이 올바로 되고, 천하를 태평케 할 수 있는 인물이 됨을 강조하고 있다.

---

9 粥壽(국수) : '국'은 국(鬻)과 통하여, 목숨을 늘이는 것, 장수(長壽)하게 하는 것.
10 絻(면) : 면(冕)과 통하여, 면류관.
11 無足(무족) : 다리가 없는 사람, 월형(刖刑)을 받은 사람.
12 傭(용) : 고용인, 일꾼.
13 麤(추) : 거친 것, 조악.
14 麤紃(추천) : 거친 삼실.
15 屋室(거실) : 국실(局室)의 잘못(王念孫). 좁은 집.
16 廬庾(여유) : 노렴(蘆簾)의 잘못(王念孫). 갈대발.
17 葭稿蓐(가고욕) : '가'는 잘못 끼워 넣은 글자(王念孫), 볏짚 깔개.
18 尙机筵(상궤연) : 초라한 책상과 대자리.
19 埶列(세열) : 권세가 있는 높은 자리.
20 和樂(화락) : 사락(私樂)의 잘못(王念孫). 사사로운 즐김.
21 無稽(무계) : 근거가 없는 것.

제23편

사람의 본성은 악함
性惡

　인간의 본성은 악하다는 순자의 독특한 이론으로, 같은 유가인 맹자의 성선설과 대조되어 유명하다. 순자의 정치 사상이나 예의 존중 같은 학설이 모두 이 성악설에 기초를 두고 있다고 해도 과언이 아니므로, 순자의 독특한 사상을 이해하기 위해서는 반드시 읽어야 할 중요한 편이다. 이 성악설 때문에 순자는 후세 유가들에 의해 유학의 정통에서 제외되었다고 할 수 있다.

1

사람의 본성은 악한 것이니 그것이 선하다고 하는 것은 거짓이다. 지금 사람들의 본성은 나면서부터 이익을 좋아하는데, 이것을 따르기 때문에 쟁탈이 생기고 사양함이 없어진다. 사람은 나면서부터 질투하고 미워하는데, 이것을 따르기 때문에 남을 해치고 상하게 하는 일이 생기며 충성과 믿음이 없어진다. 사람은 나면서부터 귀와 눈의 욕망이 있어 아름다운 소리와 빛깔을 좋아하는데, 이것을 따르기 때문에 지나친 혼란이 생기고 예의와 아름다운 형식이 없어진다.

그러니 사람의 본성을 따르고 사람의 감정을 좇는다면 반드시 다투고 뺏게 되며, 분수를 어기고 이치를 어지럽히게 되어 난폭함으로 귀결될 것이다. 그러므로 반드시 스승과 법도에 따른 교화와 예의의 교도가 있어야 하며, 그런 뒤에야 서로 사양하게 되고 아름다운 형식을 갖게 되어 다스림으로 귀결될 것이다. 이로써 본다면 사람의 본성은 악한 것이 분명하며 그것이 선하다는 것은 거짓이다.

| 원문 |

人之性惡, 其善者僞也. 今人之性, 生而有好利焉, 順是, 故爭奪生而辭讓亡焉. 生而有疾惡[1]焉, 順是, 故殘賊[2]生而忠信亡焉. 生而有耳目之欲, 有好聲色焉, 順是, 故淫亂生而禮義文理亡焉.

然則從人之性, 順人之情, 必出於爭奪, 合於犯分[3]亂理, 而歸於暴.

---

1 疾惡(질오) : '질'은 嫉과 통하여 질투하고 미워하는 것.
2 殘賊(잔적) : 남을 상하게 하거나 해치는 것.
3 犯分(범분) : 자기의 분수를 어기는 것.

故必將有師法之化, 禮義之道,⁴ 然後出於辭讓, 合於文理而歸於治. 用此觀之, 然則人之性惡明矣, 其善者僞也.

| 해설 |

누구나가 지니고 있는 자기 중심의 욕망과 감정을 근거로 해 사람의 본성은 악하다는 것이다. 이러한 주장은 맹자가 사람이 본디부터 지니고 있는 동정심이나 사랑 등을 근거로 해 성선설을 주장한 것과 우열을 가리기 힘들다. 그러나 이러한 성악 또는 성선을 바탕으로 사람들을 다스리는 방법을 논한다면 결과적으로 큰 차이가 생긴다. 본성이 악하다는 사람은 교육과 법을 통해 예의와 충성·믿음 같은 덕을 억지로라도 가르치려 할 것이고, 본성이 선하다는 사람은 법이나 예의를 통한 규제보다는 사람의 훌륭한 본성과 감정을 있는 그대로 잘 발전시키려 할 것이기 때문이다.

2

그러므로 굽은 나무는 반드시 댈나무를 대고 쪄서 바로잡은 뒤에라야 곧아지며, 무딘 쇠는 반드시 숫돌에 간 뒤에라야 날카로워지듯이, 지금 사람의 본성이 악한 것은 반드시 스승과 법도의 가르침이 있은 뒤에라야 다스려지는 것이다.

지금 사람들에게 스승과 법도가 없다면 편벽되고 음험하여 바르지 않을 것이며, 예의가 없다면 이치에 어긋나는 어지러운 짓을 해 다스려지지 않을 것이다. 옛날 성왕께서는 사람들의 본성은 악하기 때문

---

4 道(도) : 예의지도(禮義之道)의 '도'는 도(導)와 통하여 교도, 인도, 지도의 뜻.

에 편벽되고 음험하며 바르지 않으며, 이치에 어긋나는 어지러운 짓을 해 다스려지지 않는다고 생각하였기 때문에, 이를 위해 예의를 만들고 법도를 제정해 사람들의 감정과 본성을 바로잡고 수식함으로써 이를 올바르게 하였으며, 사람들의 감정과 본성을 길들이고 교화함으로써 이를 올바로 인도하였다. 이에 비로소 모두 잘 다스려지고 도리에 맞는 행동을 하게 된 것이다.

지금 사람들은 스승과 법도에 교화되고 학문을 쌓으며 예의를 실천하고 있는 사람을 군자라 하고, 본성과 감정을 멋대로 버려두고 멋대로 행동하는 데 안주하고 예의를 어기는 자를 소인이라 한다. 이로써 본다면 사람의 본성은 악한 것이 분명하며 그것이 선하다는 것은 거짓이다.

| 원문 |

故枸[1]木必將待檃栝[2]烝矯[3]然後直, 鈍[4]金必將待礱厲[5]然後利. 今人之性惡, 必將待師法然後正, 得禮義然後治.

今人無師法, 則偏險而不正, 無禮義, 則悖亂而不治. 古者聖王以人之性惡, 以爲偏險[6]而不正, 悖[7]亂而不治, 是以爲之起禮義, 制法度, 以矯飾人之情性而正之, 以擾[8]化人之情性而導之也. 始皆出於治, 合於道

---

1 枸(구) : 굽은 것.
2 檃栝(은괄) : 댈나무. 휘어진 나무를 바로잡기 위해 대는 나무.
3 烝矯(증교) : 나무를 불로 쪄서 부드럽게 한 다음 바로잡는 것.
4 鈍(둔) : 둔한 것. 무딘 것.
5 礱厲(농려) : 숫돌에 가는 것. '려는 려(礪)와 같은 자.
6 偏險(편험) : 편벽되고 음험한 것.
7 悖(패) : 도리를 어기는 것.

者也.

今之人, 化師法, 積文學,⁹ 道禮義者, 爲君子, 縱¹⁰性情, 安恣睢,¹¹ 而違禮義者, 爲小人. 用此觀之, 然則人之性惡明矣, 其善者僞也.

| 해설 |

사람들의 본성은 악하기 때문에 그대로 버려두면 바르지 못하고 다스려지지 않게 된다. 그렇기 때문에 스승과 법도로써 사람들을 교화시켜 바로잡아야 하고, 예의로써 행동을 규제하여 잘 다스려지도록 해야 한다. 옛날 성왕들이 예의와 법도를 제정한 것도 그 때문이다. 따라서 사람의 본성이 악하다는 사실을 다시 한 번 강조하고 있다.

3

맹자는 "사람이 배우는 것은 그의 본성이 선하기 때문이다."라고 말하였다. 내 생각은 그렇지 않다. 그것은 사람의 본성을 제대로 알지 못해 본성과 작위의 구분을 잘 살피지 못한 때문이다.

본성이란 하늘로부터 타고난 것이어서 배워서 행하게 될 수 없는 것이며, 노력으로 이루어질 수 없는 것이다. 예의란 성인이 만들어 낸 것이어서 배우면 행할 수 있는 것이며, 노력하면 이루어질 수 있는 것이다. 배워서 행할 수 없고 노력해 이루어질 수 없는데도 사람에게 있는

---

8 擾(요) : 잘 길들이는 것.
9 文學(문학) : 넓은 뜻의 학문. 지금의 문학이란 말과는 뜻이 다르다.
10 縱(종) : 방종한 것, 멋대로 버려두는 것.
11 恣睢(자휴) : 멋대로 행동하다.

것을 본성이라 하고, 배우면 행할 수 있고 노력하면 이루어질 수 있는 사람에게 있는 것을 작위라 한다. 이것이 본성과 작위의 구분이다.

지금 사람의 본성으로 눈은 볼 수가 있고 귀는 들을 수가 있다. 모든 볼 수 있는 시력은 눈을 떠나지 않으며, 들을 수 있는 청력은 귀를 떠나지 않는다. 눈은 시력이 있고 귀는 청력이 있는데, 이것은 배워서 될 수가 없는 것들이다.

맹자는 "사람의 본성은 선한데, 모두 그 본성을 잃기 때문에 악해지는 것이다."라고 말하였다. 나는 그것은 잘못된 말이라고 생각한다. 사람을 본성대로 내버려두면 그의 질박함이 떠나고 그의 자질도 떠나버려 선한 것을 반드시 잃어버리고 말 것이다. 이로써 본다면 사람의 본성은 악한 것이 분명하다.

| 원문 |

孟子曰; 人之學者, 其性善. 曰; 是不然. 是不及知人之性, 而不察乎人之性僞[1]之分者也.

凡性者, 天之就[2]也, 不可學, 不可事. 禮義者, 聖人之所生也, 人之所學而能, 所事而成者也. 不可學, 不可事而在人者, 謂之性. 可學而能, 可事而成之在人者, 謂之僞. 是性僞之分也.

今人之性, 目可以見, 耳可以聽. 夫可以見之明不離目, 可以聽之聰不離耳, 目明[3]而耳聰,[4] 不可學明矣.

---

1 僞(위) : 위(爲)와 통하며 후천적인 사람의 작위.
2 就(취) : 이루어진 것.
3 明(명) : 밝게 보는 시력.
4 聰(총) : 분명히 듣는 청력.

孟子曰; 今人之性善, 將皆失喪其性, 故惡也.[5] 曰; 若是則過矣. 今人之性, 生而離其朴,[6] 離其資,[7] 必失而喪之. 用此觀之, 然則人之性惡明矣.

| 해설 |

여기서는 맹자의 성선설을 비판하고 있다. 맹자가 성선설을 주장한 것은 선천적인 사람의 본성과 후천적인 사람의 작위에 의해 얻어진 자질을 구별하지 못하였기 때문이란 것이다.

사람을 낳은 채로 가만히 내버려두면 맹자가 말하는 선한 성질이란 하나도 나타나지 않을 것이다. 그렇기 때문에 사람의 본성은 악한 것이 분명하다는 것이다. 이 대목을 통해 순자는 이미 같은 유가로서 맹자에 대해 경쟁 의식이 있었던 것으로 생각된다.

4

이른바 성선설이란 본래의 질박함이 떠나지 않아야 아름답고, 자질이 떠나지 않아야 이로운 것이다. 자질과 질박함의 아름다움, 마음과 뜻의 선함을 마치 볼 수 있는 시력이 눈을 떠나지 않고 들을 수 있는 청력이 귀를 떠나지 않음으로써 눈은 밝게 볼 수 있고 귀는 분명히 들을 수 있는 것과 같이 생각하려는 것이다. 그러므로 눈이 밝게 보고 귀가 분명히 듣는 것 같다고도 한다.

---

5 故~也(고야) : ~ 때문에 약해졌음을 뜻한다.
6 朴(박) : 질박, 소박. 곧 맹자가 말하는 선한 본성의 한 면.
7 資(자) : 자질. 맹자가 말하는 선한 자질을 뜻함.

사람들은 배고프면 밥을 먹고자 하고, 추우면 따뜻이 하고자 하며, 수고로우면 쉬려 하는데, 이것이 사람의 감정과 본성인 것이다. 사람들이 배가 고파도 어른을 보면 감히 먼저 먹지 않는 것은 사양하려는 마음이 있기 때문이다. 수고로우면서도 감히 쉬려고 들지 않는 것은 대신 일하려는 마음이 있기 때문이다. 자식이 아버지에게 사양하고 아우가 형에게 사양하며, 자식이 아버지를 대신해 일하고 아우가 형을 대신해서 일하는데, 이 두 가지 행동은 모두 본성에 반대되고 감정에 어긋난다.

그렇지만 효자의 도리요 예의의 형식적 수식인 것이다. 그러므로 감정과 본성을 따르면 곧 사양하지 않게 되며, 사양을 하면 곧 감정과 본성에 어긋나게 된다. 이로써 본다면 사람의 본성은 악한 것이 분명하며 그것이 선하다는 것은 거짓이다.

| 원문 |

所謂性善者, 不離其朴而美之, 不離其資而利之也. 使夫資朴之於美, 心意之於善, 若夫可以見之明不離目, 可以聽之聰不離耳. 故曰 ; 目明而耳聰也.

今人之性, 飢而欲飽, 寒而欲煖, 勞而欲休, 此人之情性也. 今人飢, 見長而不敢先食者, 將有所讓也. 勞而不敢求息者, 將有所代也. 夫子之讓乎父, 弟之讓乎兄, 子之代乎父, 弟之代乎兄, 此二行者, 皆反於性而悖於情也.

然而孝子之道, 禮義之文理也. 故順情性則不辭讓矣, 辭讓則悖[1]於情

---

1 悖(패) : 위배되는 것, 어긋나는 것.

性矣. 用此觀之, 然則人之性惡明矣, 其善者僞也.

| 해설 |

성선설에 대한 비판이 계속되고 있다. 여기서는 사람의 욕망을 내세워 예의와 대조시켜 이론을 전개하고 있다. 사람이 욕망대로 하고 싶은 대로 행동한다면 예의도 염치도 없게 될 것이다. 자기의 욕망을 누르고 예의를 지키는 것은 사람의 본성에 어긋나는 일이다. 욕망은 타고난 본성이므로, 사람의 본성은 악하다는 것이다.

5

어떤 사람이 "사람의 본성이 악하다면 곧 예의는 어떻게 생겨났는가?" 하고 물었다.

여기에 다음과 같이 대답하였다.

"무릇 예의라는 것은 성인의 작위에 의해 생겨나는 것이지, 본디 사람의 본성에서 생겨나는 것이 아니다. 그러므로 옹기장이가 진흙을 쳐서 질그릇을 만드는데, 질그릇은 옹기장이의 작위에서 생겨나는 것이지 본디 사람의 본성으로부터 생겨나는 것이 아니다. 또 목수가 나무를 깎아 그릇을 만드는데, 그릇은 목수의 작위에 의해 생겨나는 것이지 본디 사람의 본성으로부터 생겨나는 것이 아니다.

성인이 생각을 쌓고 작위를 오랫동안 익혀 예의를 만들어 내고 법도를 제정하였다. 그러니 예의와 법도는 성인의 작위에 의해 생겨나는 것이지 본디 사람의 본성으로부터 생겨나는 것이 아니다. 눈이 색깔을 좋아하고 귀가 소리를 좋아하고 입이 맛을 좋아하고 마음이 이익을 좋아하고 몸은 상쾌하고 편안함을 좋아하는데, 이것은 모두 사람의 감정과 본성으로부터 생겨나는 것이다. 느껴서 스스로 그러한 것이니 어떤 일이 있은 뒤에야 생기는 것이 아니다. 느껴도 그러하지 못하고 반드시 또한 어떤 일이 있은 뒤에야 그렇게 되는 것을 일컬어 "작위에서 생겨난다"고 말하는 것이다. 이것이 본성과 작위가 생겨나게 하는 것들이 같지 않다는 증거이다.

그러므로 성인께서는 사람들의 본성을 교화시켜 작위를 일으키고, 작위를 일으켜 예의를 만들어 내고, 예의를 만들어 내어 법도를 제정한다. 그러니 예의와 법도는 성인이 생겨나게 하는 것이다. 그러므로 성인이 여러 사람들과 같은 것, 곧 성인이 여러 사람들과 다름이 없는 것이 본성이고, 여러 사람들과는 다르고 훨씬 뛰어난 것이 작위이다."

| 원문 |

問者曰; 人之性惡, 則禮義惡生?[1]

應之曰;

凡禮義者, 是生於聖人之僞, 非故生於人之性也. 故陶人[2]埏埴[3]而爲器, 然則器生於工人之僞, 非故生於人之性也. 故工人斲[4]木而成器, 然則器生於工人之僞, 非故生於人之性也.

聖人積思慮, 習僞故, 以生禮義而起法度. 然則禮義法度者, 是生於聖人之僞, 非故生於人之性也. 若夫目好色, 耳好聲, 口好味, 心好利, 骨

---

1 惡生(오생) : 어디에서 생겨나는가?
2 陶人(도인) : 도자기를 만드는 공인, 곧 옹기장이.
3 埏埴(선식) : 진흙[埴]을 이기고 치대서 그릇의 형태를 만드는 것.
4 斲(착) : 깎는 것.

體膚理[5]好愉佚,[6] 是皆生於人之情性也. 感而自然, 不待事而後生之者也. 夫感而不能然, 必且待事而後然者, 謂之生於僞. 是性僞之所生, 其不同之徵[7]也.

故聖人化性而起僞, 僞起而生禮義. 禮義生而制法度. 然則禮義法度者, 是聖人之所生也. 故聖人之所以同於衆, 其不異於衆者, 性也, 所以異而過衆者, 僞也.

| 해설 |

"사람의 본성이 악하다면 곧 예의는 어떻게 생겨났는가?" 하는 질문의 대답으로, 다시 본성과 작위를 설명한다. 예의 같은 훌륭한 제도는 성인들이 본성을 변화시키려는 작위에 의해 생겨난 것이지, 본성 그 자체로부터 생겨난 것은 아니라는 것이다. 따라서 성인과 보통 사람의 본성은 다 같은데, 다만 그들의 작위에서 차이가 생기는 것이다. 예의나 법도 같은 것은 사람의 본성이 선하기 때문이 아니라, 오히려 악하기 때문에 이를 조절하려고 만들어 낸 것이라는 것이다.

6

이익을 좋아하고 얻기를 바라는 것은 사람의 감정이요 본성이다. 보기를 들면 어떤 사람에게 형제가 있는데 재물을 나누어 갖게 되었다고 하자. 이때 다만 감정과 본성을 따른다면 이익을 좋아하고 얻기

---

5 骨體膚理(골체부리) : 뼈와 몸과 피부와 살결, 곧 사람의 신체.
6 愉佚(유일) : 유쾌하고 편안한 것.
7 徵(징) : 징험. 증거.

를 바라기 때문에 형제가 서로 성내며 다툴 것이다. 그러나 예의의 형식과 이치에 교화되었다면 나라 안의 다른 사람에게라도 사양할 것이다. 그러므로 감정과 본성을 따르면 곧 형제라도 다투고, 예의의 교화를 받으면 나라 안의 다른 사람에게라도 사양할 것이다.

무릇 사람들이 선해지고자 하는 것은 본성이 악하기 때문이다. 얇으면 두터워지기를 바라고 보기 흉하면 아름다워지기를 바라며 좁으면 넓어지기를 바라고 가난하면 부유해지기를 바라며 천하면 귀해지기를 바라는데, 진실로 자기에게 없는 것은 반드시 밖에서 구하려 한다. 그러므로 부유하면 재산을 바라지 않고 귀하면 권세를 바라지 않는 것이니, 진실로 자기가 가지고 있는 것은 반드시 밖에서 얻으려 하지 않을 것이다. 이로써 본다면 사람이 선하게 되려고 하는 것은 본성이 악하기 때문이다.

지금 사람들의 본성은 본디 예의가 없으므로 애써 배워 그것을 지니기를 바라는 것이다. 사람의 본성은 예의를 알지 못하기 때문에 생각을 통해 그것을 알게 되기를 바란다. 그러므로 낳은 그대로 있다면 사람들은 예의가 없을 것이며 예의를 알지 못할 것이다. 사람에게 예의가 없다면 어지러워질 것이며, 예의를 알지 못한다면 이치에 어긋나는 짓을 하게 될 것이다. 그러므로 낳은 그대로 있다면 이치에 어긋나고 어지러워짐이 자기와 함께 있게 될 것이다. 이로써 본다면 사람의 본성은 악한 것이 분명하며 그것이 선하다는 것은 거짓이다.

| 원문 |

夫好利而欲得者, 此人之情性也. 假之[1] 人有弟兄, 資財而分者. 且順情性, 好利而欲得, 若是則兄弟相拂[2]奪矣. 且化禮義之文理, 若是則讓

乎國人矣. 故順情性則弟兄爭矣, 化禮義則讓乎國人矣.

凡人之欲爲善者, 爲性惡也. 夫薄願厚, 惡願美, 狹願廣, 貧願富, 賤願貴, 苟無之中者, 必求於外. 故富而不願財, 貴而不願埶, 苟有之中者, 必不及於外. 用此觀之, 人之欲爲善者, 爲性惡也.

今人之性, 固無禮義, 故彊學³而求有之也. 性不知禮義, 故思慮而求知之也. 然則生而已,⁴ 則人無禮義, 不知禮義. 人無禮義則亂, 不知禮義則悖.⁵ 然則生而已, 則悖亂在己. 用此觀之, 人之性惡明矣, 其善者僞也.

| 해설 |

사람의 본성은 악하다. 자기 이익을 중히 여기고 물건 얻기를 좋아한다. 따라서 본성대로 두면 형제 사이라도 서로 다투게 되고, 예의로써 본성을 교화시키면 남에게라도 사양할 수 있게 된다.

사람이 선한 일을 하려는 것도 사실은 본성이 악하기 때문이다. 사람이란 가난하면 부자가 되고 싶어하듯 자기에게 없는 것을 지니려 애쓴다. 사람이 선한 것을 좋아하는 것도 그의 본성이 악하다는 증거이다.

사람의 본성에는 예의가 없기 때문에 사람들은 이를 알고 이것을 지니려 한다. 사람들이 악하지만 질서 있게 살아가는 것은 예의 때문이다. 그러니 사람의 본성이 악한 것은 분명한 일이라는 것이다.

---

1 假之(가지) : 보기를 들면. 비유를 하자면.
2 拂(불) : 怫(불)과 통하여 성내는 모양(俞樾).
3 彊學(강학) : 힘써 배우다. 애써 배우다.
4 生而已(생이이) : 낳은 대로일 따름, 낳은 대로 그대로 둔다면.
5 悖(패) : 이치에 어긋나는 것.

7

 맹자는 "사람의 본성은 선하다"고 하였다. 내 생각으로는 그렇지 않다. 무릇 옛날부터 지금에 이르기까지 천하에서 선하다고 하는 것은 이치에 바르고 다스림에 공평한 것이며, 악하다고 하는 것은 음험하고 편벽되며 어지러이 이치를 어기는 것이다. 이것이 선함과 악함의 구분이다.

 지금 진실로 사람의 본성을 따른다면 본디부터 이치에 바르고 다스림에 공평해지겠는가? 그렇다면 성왕이 무슨 소용 있으며 예의는 무슨 소용이 있겠는가? 비록 성왕과 예의가 있다 하더라도 이치에 바르고 다스림에 공평한데 무엇을 더할 것인가?

 지금 보면 그렇지 않고 사람의 본성은 악하다. 그러므로 옛날에 성왕께서는 사람들의 본성이 악해 음험하고 편벽되어 바르지 못하며, 어지러이 사리를 어겨 다스려지지 않는다고 생각했기 때문에 그들을 위해 임금의 권세를 세워서 이들 위에 군림하고, 예의를 밝혀 이들을 교화하고, 올바른 법도를 만들어 이들을 다스렸으며, 형벌을 무겁게 해 이들의 악한 행동을 금하였다. 그렇게 함으로써 온 세상이 모두 잘 다스려지도록 하고 선함으로 모이도록 한 것이다. 이것이 성왕의 다스림이며 예의의 교화이다.

 지금 시험삼아 임금의 권세를 없애고 예의를 통한 교화를 중지하며, 올바른 법도의 다스림을 없애고 형벌에 의한 금지를 없애고서, 세상의 인민들이 서로 어떻게 어울려 사는가를 보기로 하자. 그렇게 되면 곧 강한 자는 약한 자를 해치며 그들의 것을 뺏을 것이고, 무리가 많은 자들은 적은 자들에게 난폭하게 굴면서 이들을 짓밟을 것이다. 세상이 이치를 어기고 어지러워져 한참 동안 기다릴 것도 없이 망할 것이다. 이로써 본다면 사람의 본성은 악한 것이 분명하며 그것이 선하다는 것은 거짓이다.

| 원문 |

孟子曰; 人之性善. 曰; 是不然. 凡古今天下之所謂善者, 正理平治也, 所謂惡者, 偏險悖亂也. 是善惡之分也已.

今誠以人之性, 固正理平治邪? 則有惡用[1]聖王, 惡用禮義矣哉? 雖有聖王禮義, 將曷加於正理平治也哉?

今不然, 人之性惡. 故古者聖人, 以人之性惡, 以爲偏險而不正, 悖亂而不治, 故爲之立君上之埶以臨之, 明禮義以化之, 起法正以治之, 重刑罰以禁之, 使天下皆出於治, 合於善也. 是聖王之治而禮義之化也.

今當試去君上之埶, 無禮義之化, 去法正之治, 無刑罰之禁, 倚[2]而觀天下民人之相與[3]也. 若是, 則夫彊者害弱而奪之, 衆者暴寡而譁[4]之, 天下之悖亂而相亡, 不待頃[5]也. 用此觀之, 然則人之性惡明矣, 其善者僞也.

| 해설 |

여기서도 맹자의 성선설을 비판하고 있다. 사람이 선하다는 것은 이치에 바르고 다스림에 공평함을 뜻하는데, 그렇다면 성왕이나 예의 같은 것

---

1 惡用(오용) : 어디에 쓰겠는가? 무슨 소용이 있는가?
2 倚(의) : 서는 것(『廣雅』).
3 相與(상여) : 서로 어울려 사는 것.
4 譁(화) : 화(華)와 통하여 가운데를 찢어 버리는 것, 깨버리는 것.
5 頃(경) : 한참. 잠깐 동안.

이 아무 소용도 없게 된다. 사람의 본성이 악하기 때문에 성왕은 예의 제도를 만들어 세상을 다스리게 되었다. 사람의 본성이 선하다고 예의나 여러 가지 제도를 당장 없애 버린다면, 세상은 바로 혼란에 빠져 망해 버리고 말 것이다.

8

그러므로 옛 일을 잘 말하는 사람은 반드시 지금에도 증거가 있고, 하늘에 관한 것을 잘 말하는 사람은 반드시 사람에게도 징험이 있다. 무릇 논설이란 그것이 분별 있게 잘 들어맞아야 하고 증거가 잘 들어맞아야만 한다. 그러므로 앉아서 말한 것을 일어나서 바로 실천할 수가 있으며, 그것을 펴면 바로 시행할 수가 있는 것이다.

지금 맹자는 "사람의 본성은 선하다"고 말하는데, 분별 있게 잘 들어맞거나 증거가 잘 들어맞는 일이 없고, 앉아서 말한 것을 일어나서는 바로 실천할 수가 없으며, 그것을 펴도 바로 시행할 수가 없으니, 어찌 그릇된 것이 아니겠는가? 그러므로 사람의 본성이 선하다면 성왕은 사라지게 되고 예의도 없어질 것이다. 본성이 악하기 때문에 곧 성왕이 필요하고 예의가 귀중한 것이다.

그러므로 댈나무가 생겨난 것은 굽은 나무가 있기 때문이며, 먹줄이 생겨난 것은 곧지 않은 것이 있기 때문이며, 임금을 세우고 예의를 밝히는 것은 사람의 본성이 악하기 때문이다. 이로써 본다면 사람의 본성은 악한 것이 분명하며 그것이 선하다는 것은 거짓이다.

곧은 나무가 댈나무를 쓰지 않아도 곧은 것은 그 본성이 곧기 때문이다. 굽은 나무가 반드시 댈나무를 대고 불로 쪄서 바로잡은 다음에야 곧아지는 것은 그 본성이 곧지 않기 때문이다. 지금 사람의 본성은 악하기 때문에 반드시 성왕의 다스림이 있고 예의의 교화가 있은 연후에야 모두 다스려지게 되고 선함으로 모이는 것이다. 이로써 본다면 사람의 본성은 악한 것이 분명하며 그것이 선하다는 것은 거짓이다.

| 원문 |

故善言古者, 必有節[1]於今, 善言天者, 必有徵[2]於人. 凡論者, 貴其有辨合,[3] 有符驗.[4] 故坐而言之, 起而可設,[5] 張而可施行.

今孟子曰; 人之性善. 無辨合符驗, 坐而言之, 起而不可設, 張而不可施行. 豈不過甚矣哉? 故性善, 則去聖王, 息禮義矣. 性惡, 則與聖王, 貴禮義矣.

故檃栝[6]之生, 爲枸[7]木也, 繩墨[8]之起, 爲不直也, 立君上, 明禮義, 爲性惡也. 用此觀之, 然則人之性惡明矣, 其善者僞也.

直木, 不待檃栝而直者, 其性直也. 枸木, 必將待檃栝烝矯[9]然後直者, 以其性不直也. 今人之性惡, 必將待聖王之治, 禮義之化, 然後皆出於治, 合於善也. 用此觀之, 然則人之性惡明矣, 其善者僞也.

---

1 節(절) : 표준, 징험.
2 徵(징) : 징험, 증거.
3 辨合(변합) : 분별이 사실과 잘 합치되는 것.
4 符驗(부험) : 징험이 사실과 잘 부합되는 것.
5 設(설) : 실천, 실행.
6 檃栝(은괄) : 굽은 나무를 바로잡는 데 쓰는 댈나무.
7 枸(구) : 굽은 것.
8 繩墨(승묵) : 목수들이 쓰는 먹줄.
9 烝矯(증교) : 나무를 쪄서 부드럽게 만든 다음 바로잡는 것.

| 해설 |

여기서는 먼저 맹자의 성선설의 논리적 모순을 지적한 뒤 성악설이 옳음을 주장하고 있다. 곧은 나무에는 이를 바로잡기 위한 댈나무가 필요 없듯이, 만약 사람의 본성이 선하다면 성인이나 예의 같은 것이 필요 없을 것이다. 성인이 사람들을 교화하고 예의로써 사람들의 행동을 규제하는 것은 바로 사람의 본성이 악하기 때문이라는 것이다.

순자는 특히 성악설의 주장에서 이론가로서의 면모를 보여주고 있다. 어쩌면 순자 자신이 비평한 혜자 같은 궤변가들의 술법을 이용하고 있는 것인지도 모른다.

9

어떤 사람이 "작위가 쌓여 예의가 되는 것은 바로 사람의 본성이다. 그러므로 성인은 그것을 만들어 낼 수가 있는 것이다."라고 하였다.

이에 나는 그렇지 않다고 대답하였다.

"옹기장이는 진흙을 쳐서 기와를 만들어 내는데, 그렇다면 진흙 기와는 어찌 옹기장이의 본성이란 말인가? 목수는 나무를 깎아 그릇을 만들어 내는데, 그렇다면 나무 그릇은 어찌 목수의 본성이란 말인가? 저 성인과 예의의 관계는 비유를 하면 옹기장이가 진흙으로 기와를 만들어 내는 것과 같다. 그러니 작위가 쌓여 예의가 된 것이 어찌 사람의 본성이 되겠는가?

무릇 사람의 본성은 요임금과 순임금 그리고 걸왕과 도척이 모두 같다. 군자나 소인이나 그들의 본성은 한가지이다. 그래도 작위가 쌓여 예의가 된 것을 가지고 사람의 본성이라 하겠는가? 그렇다면 요임금이나 우임금이 무엇이 귀할 것이며 군자가 무엇이 귀하겠는가?

　요임금과 우임금 그리고 군자가 귀한 것은 본성을 교화시키고 작위를 일으킬 수 있기 때문이다. 작위가 일어나 예의가 생겨나는 것이니, 성인과 작위가 쌓인 예의의 관계는 또한 옹기장이가 진흙으로 기와를 만들어 내는 것과 같다. 이렇게 본다면 작위가 쌓여 예의가 이루어진 것이 어찌 사람의 본성이겠는가?

　걸왕과 도척 그리고 소인들을 천하게 여기는 것은 그들이 본성을 따르고 그들의 감정을 좇아서 멋대로 성내고 이익을 탐하고 다투고 빼앗았기 때문이다. 이로써 본다면 사람의 본성은 악한 것이 분명하며 그것이 선하다는 것은 거짓이다."

| 원문 |

問者曰; 禮義積僞[1]者, 是人之性, 故聖人能生之也.

應之曰; 是不然.

夫陶人埏埴[2]而生瓦.[3] 然則瓦埴, 豈陶人之性也哉? 工人斲木而生器. 然則器木, 豈工人之性也哉? 夫聖人之於禮義也, 辟[4]則陶埏而生之也. 然則禮義積僞者, 豈人之本性也哉?

凡人之性者, 堯舜之與桀跖,[5] 其性一也, 君子之與小人, 其性一也. 今將以禮義積僞爲人之性邪? 然則有曷貴堯禹, 曷貴君子矣哉?

---

1 積僞(적위) : 사람의 작위가 쌓이는 것.
2 埏埴(선식) : 진흙을 이기는 것.
3 瓦(와) : 기와, 기왓장.
4 辟(비) : 비(譬)와 통하여 비유하는 것.
5 桀跖(걸척) : 하나라의 폭군 걸왕과 유명한 도둑인 도척.

凡所貴堯禹君子者, 能化性, 能起偽, 偽起而生禮義. 然則聖人之於禮義積偽也, 亦猶陶埏而生之也. 用此觀之, 然則禮義積偽者, 豈人之性也哉?

所賤於桀跖小人者, 從其性, 順其情, 安恣睢,[6] 以出乎貪利爭奪. 故人之性惡明矣, 其善者偽也.

| 해설 |

순자의 성악설을 반박하는 사람들은 예의라는 것도 사람의 본성이라고 주장하기 쉽다. 여기서는 그러한 자기의 약점을 보충하면서 사람의 본성은 악하다는 이론을 분명하게 내세우고 있다.

예의는 성인이 만들어 낸 것이어서, 예의와 성인의 관계는 마치 옹기장이와 기와의 관계와 같다. 옹기장이가 만들어 낸 기와가 옹기장이의 본성이 아니듯이, 성인이 만들어 낸 예의도 사람의 본성이 아니라는 것이다.

10

하늘은 증삼(曾參)·민자건(閔子騫)·효기(孝己)에게만 사사로이 효를 행하는 본성을 내려 주고 다른 여러 사람들은 제쳐놓은 것이 아니다. 그렇지만 증삼·민자건·효기 세 사람만이 효를 두터이 실행하여 효의 명성을 온전히 지니고 있는 것은 어째서일까? 그것은 예의를 다한 때문이다.

하늘은 제나라·노나라 사람들에게만 사사로이 예의를 지키는 본성

---

6 恣睢(자휴): 멋대로 성나는 대로 행동하는 것.

을 내려 주고 진(秦)나라 사람들은 제쳐놓은 것이 아니다. 그렇지만 아버지와 자식의 도리나 남편과 아내의 분별에 있어서 진나라 사람들은 제나라와 노나라 사람들만큼 효성스럽고 공손하지 못하며 공경하고 예의를 다하지 못하는 것은 어째서일까? 진나라 사람들은 감정과 본성에 따라 멋대로 성나는 대로 행동하여 예의에 소홀했기 때문이다. 어찌 그들의 본성이 다를 이가 있겠는가?

| 원문 |

天非私曾騫孝己,[1] 而外衆人也. 然而曾騫孝己, 獨厚於孝之實, 而全於孝之名者, 何也? 以綦[2]禮義故也.

天非私齊魯[3]之民, 而外秦[4]人也. 然而於父子之義, 夫婦之別, 不如齊魯之孝具敬父[5]者, 何也? 以秦人之從情性, 安恣睢,[6] 慢於禮義故也. 豈其性異矣哉?

| 해설 |

효자로서 유명한 증삼·민자건·효기가 있지만 이들만이 다른 본성을

---

1 曾騫孝己(증건효기) : 증삼(曾參)·민자건(閔子騫)·효기의 세 사람. 증삼은 공자의 제자이며 『효경(孝經)』의 저자로 알려져 있다. 민자건도 공자의 제자이며, 효기는 은나라 고종의 태자. 모두 지극한 효자로 유명하다.
2 綦(기) : 극하는 것, 다하는 것.
3 齊魯(제로) : 제나라와 노나라. 대략 지금의 산동성(山東省)에 해당하는 지방으로 공자를 비롯한 학자들이 많이 배출된 고장이다.
4 秦(진) : 지금의 섬서성(陝西省) 지방으로 학문보다는 군사력에 더 많은 관심을 기울였다.
5 孝具敬父(효구경부) : '효구'는 효공(孝恭)의 잘못(王念孫), '경부'는 경문(敬文)의 잘못(楊倞). '효공'은 효도하고 공경하는 것으로 부자지의(父子之義)를 말하고, '경부'는 공경하고 예가 있는 것으로 부부지별(夫婦之別)을 말한다.
6 恣睢(자휴) : 멋대로 성나는 대로 행동하는 것.

타고난 것이 아니다. 예의를 잘 지키는 제나라·노나라 사람들도 거친 진나라 사람과 본디부터 다른 본성을 타고난 것은 아니다. 다만 이들이 효나 예의에 뛰어난 것은 이들이 남보다 훨씬 예의를 존중하고 따를 줄 알았기 때문이다. 본성은 효자나 악인이나 제나라 사람이나 진나라 사람이나 모두 악하다. 다만 얼마나 예의로 이 악한 본성을 제재하느냐에 따라 이들의 성격에 큰 차이가 나는 것이다.

11

"길거리의 사람도 우임금 같은 성인이 될 수 있다."고 하는데, 무엇을 말한 것인가?

그것은 우임금이 우임금으로서 존경을 받은 까닭은 그가 어짊과 의로움과 올바른 법도를 행하기 때문이다. 그렇다면 어짊과 의로움과 올바른 법도는 알 수 있는 것이고 행할 수 있다는 이론이 성립된다. 그러므로 길거리의 사람이라 할지라도 모두 어짊과 의로움과 올바른 법도를 알 수 있는 자질이 있고, 모두 어짊과 의로움과 올바른 법도를 행할 수 있는 능력이 있다. 그러니 그들도 우임금 같은 성인이 될 수 있음은 분명한 일이다.

지금 어짊과 의로움과 올바른 법도는 본디부터 알 수도 없고 행할 수도 없다는 이론을 주장하겠는가? 그렇다면 비록 우임금이라 하더라도 어짊과 의로움과 올바른 법도를 알지 못할 것이며, 어짊과 의로움과 올바른 법도를 행하지 못할 것이다. 길거리의 사람은 본디부터 어짊과 의로움과 올바른 법도를 알 수 있는 자질이 없고, 본디부터 어짊과 의로움과 올바른 법도를 행할 능력이 없다고 하겠는가? 그렇다면 길거리의 사람은 또한 안으로는 아버지와 자식의 의리를 알 수 없을 것이며, 밖으로는 임금과 신하의 올바른 관계를 알 수 없을 것이다.

그러나 실은 그렇지 않다. 지금 길거리의 사람이라 하더라도 모두 안으로는 아버지와 자식의 도리를 알 수 있고, 밖으로는 임금과 신하의 올바른 관계를 알 수 있다. 그러니 그것들을 알 수 있는 자질과 행할 수 있는 능력이 길거리의 사람에게도 있음이 분명한 것이다.

지금 길거리의 사람에게 그것을 알 수 있는 자질과 행할 수 있는 능력을 가지고서 어짐과 의로움을 알 수 있는 이치와 행할 수 있는 능력을 근본으로 하여 행동하게 해 보라. 그러면 곧 그들도 우임금처럼 될 수 있음이 분명해질 것이다.

지금 길거리의 사람에게 도를 익히는 학문을 하고 마음을 오로지 하고 뜻을 통일해 사색하고 익히 살펴보게 하여, 오랜 시일 동안 선을 쌓기에 쉴 사이가 없게 하면 곧 신명함에 통달해 하늘과 땅의 변화와 행동을 함께할 것이다. 그러므로 성인이란 사람의 작위가 쌓여 이루어지는 것이다.

| 원문 |

塗[1]之人, 可以爲禹, 曷謂也? 曰; 凡禹之所以爲禹者, 以其爲仁義法正也. 然則仁義法正, 有可知可能之理. 然而塗之人也, 皆有可以知仁義法正之質, 皆有可以能仁義法正之具.[2] 然則其可以爲禹明矣.

今以仁義法正, 爲固無可知可能之理邪? 然則唯[3]禹不知仁義法正, 不

---

1 塗(도) : 길. 도(途)와 통함.
2 具(구) : 갖추고 있는 능력.
3 唯(유) : 수(雖)로 읽어 비록의 뜻.

能仁義法正也. 將使塗之人, 固無可以知仁義法正之質, 而固無可以能仁義法正之具邪? 然則塗之人也, 且內不可以知父子之義, 外不可以知君臣之正.

不然. 今塗之人者, 皆內可以知父子之義, 外可以知君臣之正. 然則其可以知之質, 可以能之具, 其在塗之人明矣.

今使塗之人者, 以其可以知之質, 可以能之具, 本夫仁義之可知之理, 可能之具, 然則其可以爲禹, 明矣.

今使塗之人, 伏術[4]爲學, 專心一志, 思索孰[5]察, 加日縣久[6], 積善而不息, 則通於神明, 參於天地[7]矣. 故聖人者, 人之所積[8]而致也.

| 해설 |

"길거리를 다니고 있는 어떤 사람이라도 우임금 같은 성인이 될 수 있다."는 옛말을 인용하고, 그것을 증명하면서 성악설이 올바른 이론임을 주장하고 있다.

본디 사람은 성인이나 소인을 막론하고 모두 똑같은 본성을 지니고 태어났다. 본성은 다 같이 악하지만 사람에 따라 바르게 되려는 노력의 차이가 있으므로 어떤 사람은 성인이 되고 어떤 사람은 소인이 된다는 것이다.

---

4 伏術(복술) : '술'은 도(道)와 통하여 도를 익혀 지니는 것.
5 孰(숙) : 숙(熟)과 통하여 익히, 잘.
6 縣久(현구) : 오랫동안 하는 것.
7 參於天地(참어천지) : 천지의 변화에 참여하다.
8 所積(소적) : 사람의 올바른 작위가 축적된 것.

12

"성인은 작위가 쌓여 이루어진다 하였다. 그런데 모두가 작위를 쌓을 수 없는 것은 어째서인가?"

그것은 될 수는 있으나 그렇게 되도록 할 수는 없기 때문이다. 그러므로 소인은 군자가 될 수는 있으나 군자가 되려 하지 않으며, 군자는 소인이 될 수 있으나 소인이 되려 하지 않는다. 소인과 군자는 서로가 상대방처럼 될 수 없는 것은 절대로 아니다. 그런데도 서로가 상대방처럼 되지 않는 것은, 될 수는 있으나 그렇게 되도록 할 수는 없기 때문이다.

그러므로 길거리의 사람이 우임금 같은 성인이 될 수도 있다는 말도 그러하다. 길거리의 사람이 우임금처럼 될 수는 있으나 반드시 그렇게 되는 것은 아니다. 비록 우임금처럼 되지는 못한다 하더라도, 우임금처럼 될 수 있음과는 상관없는 것이다. 사람의 발은 천하를 두루 돌아다닐 수 있다. 그러나 천하를 두루 돌아다닌 사람은 일찍이 없었다. 공인과 농부와 상인은 서로 상대방의 일을 할 수 없는 것은 절대 아니다. 그러나 서로 상대방의 일을 했던 사람은 일찍이 없었다.

이렇게 본다면 될 수 있다고 해서 반드시 되는 것은 아니다. 비록 되지 못한다 하더라도 될 수 있다는 것과는 아무런 상관이 없다. 그러므로 되고 안 되는 것과 될 수 있고 될 수 없는 것의 차이는 먼 것이다. 서로 상대방처럼 모두가 되지 못한다는 것은 분명한 일이다.

| 원문 |

曰: 聖可積而致. 然而皆不可積, 何也?

曰: 可以, 而不可使也. 故小人, 可以爲君子, 而不肯爲君子, 君子可以爲小人, 而不肯爲小人. 小人君子者, 未嘗不可以相爲也. 然而不相爲者, 可以, 而不可使也.

故塗之人可以爲禹, 則然. 塗之人能爲禹, 未必然也. 雖不能爲禹, 無害可以爲禹. 足可以徧行[1]天下, 然而未嘗有能徧行天下者也. 夫工匠農賈, 未嘗不可以相爲事也, 然而未嘗能相爲事也.

用此觀之, 然則可以爲, 未必能也. 雖不能, 無害可以爲. 然則能不能之與可不可, 其不同遠矣. 其不可以相爲, 明矣.

| 해설 |

소인도 성인이 될 수 있지만 모두가 성인이 되지 못하는 것은 사람의 본성이 악하기 때문이다. 누구나 성인이 될 수 있으나 본성이 악한 모든 사람을 성인이 되게 할 수는 없다는 것이다. 성인이란 오랜 기간 공부하고 노력한 끝에 이루어지는 것이다. 본성이 악한 사람들 모두가 오랜 시일을 두고 공부하며 노력할 수는 없기 때문에 될 수 있다고 해서 모두가 된다는 이론은 성립되지 않는다. 순자는 날카로운 논리를 전개하면서 그의 성악설의 근거를 확고히 하고 있다.

13

요임금이 순에게 물었다.

"사람의 정이란 어떤 것이오?"

순이 대답하였다.

---

[1] 徧行(편행) : 두루 돌아다니는 것.

"사람의 정이란 매우 아름답지 못한 것인데, 어찌하여 물으십니까? 자기 처자식이 생기면 어버이에 대한 효도가 시들고, 바라던 욕망이 채워지면 친구에 대한 믿음이 시들고, 작위와 봉록이 차면 임금에 대한 충성이 시드는 법입니다. 사람의 정이여, 사람의 정이여! 매우 아름답지 못한 것인데 어찌하여 묻습니까? 오직 현명한 사람만이 그렇지 않습니다."

| 원문 |

堯問於舜曰: 人情何如?

舜對曰: 人情甚不美, 又何問焉? 妻子具而孝衰於親, 嗜欲[1]得而信衰於友, 爵祿[2]盈而忠衰於君. 人之情乎! 人之情乎! 甚不美, 又何問焉? 唯賢者爲不然.

| 해설 |

순자는 성인인 요임금과 순의 대화를 인용해 자기의 성악설을 입증하고 있다. 사람의 정이 악하다는 것은 바로 사람의 본성이 악하다는 것을 뜻한다. 다만 현명한 사람은 학문과 예의로써 자기의 행동을 규제하기 때문에 악한 행동을 하지 않는다는 것이다.

---

1 嗜欲(기욕): 자기가 좋아하는 것과 욕망.
2 爵祿(작록): 작위와 봉록, 벼슬과 월급.

14

성인으로서의 지혜가 있고 사군자로서의 지혜가 있고 소인으로서의 지혜가 있고 하인으로서의 지혜가 있다.

말을 많이 한다 하더라도 그것은 우아하고 사리에 어긋나지 않으며, 하루종일 논의를 한다 하더라도 수없는 화제를 들어 여러 가지 얘기로 바뀌어도 그의 통일된 논리는 한결같다. 이것이 성인의 지혜이다.

말은 적게 하지만 알기 쉽고도 간결하며 논의에는 법도가 있어 먹줄을 친 것처럼 곧다. 이것이 사군자의 지혜이다.

그의 말은 아첨을 잘하며 그의 행동은 사리에 어긋나고 그가 하는 일은 잘못이 많다. 이것이 소인의 지혜이다.

재빨리 대답하며 말이 빠르기는 하지만 논리가 서지 않고, 여러 가지 능력을 광범히 지니고는 있지만 소용이 없으며, 판단을 빨리 내리고 모르는 것이 없는 듯 얘기하지만 절실하지는 않고, 옳고 그름을 가리지 않고 잘잘못을 논하지 않으면서 남을 이기려고 하는 뜻만을 지니고 있다. 이것이 하인의 지혜이다.

용기에는 상급의 용기가 있고 중급의 용기가 있고 하급의 용기가 있다.

천하에 알맞는 도리가 행해지고 있으면 과감히 그 자신을 곧게 간직하고, 옛 임금들의 도리가 행해지고 있으면 과감히 그의 뜻을 실행하며, 위로는 세상을 어지럽히는 임금을 따르지 않고, 아래로는 세상을 어지럽히는 백성들과 어울리지 않으며, 어짊(仁)이 행해지고 있는 곳이라면 가난도 거들떠보지 않고, 어짊이 행해지지 않고 있는 곳이라면 부귀도 거들떠보지 않으며, 천하 사람들이 그를 알아주면 천하와 더불어 함께 괴로워하고 즐기려 하고, 천하 사람들이 그를 알아주지 않아도 하늘과 땅 사이에 당당히 홀로 서서 두려워하지 않는다. 이것이 상급의 용기이다.

예의를 공손히 지키면서도 뜻은 검소하고, 신의를 크게 여기면서도 재물은 가벼이 여기며, 현명한 사람이면 과감히 추천하고 그를 존경하고, 못난 사람이면 과감히 끌어내어 파면시킨다. 이것이 중급의 용기이다.

몸을 가벼이 여기면서도 재물을 중히 여기며, 화를 입을 일을 즐겨 하면서 널리 자신을 변명해 구차히 모면하려 들고, 옳고 그름과 그렇고 그렇지 못한 사정을 따져보지 않고 남을 이기려고 하는 뜻만을 지닌다. 이것이 하급의 용기이다.

| 원문 |

有聖人之知者, 有士君子之知者, 有小人之知者, 有役夫之知者.

多言則文[1]而類,[2] 終日議, 其所以言之千擧[3]萬變,[4] 其統類一也. 是聖人之知也.

少言則徑而省,[5] 論而法, 若佚[6]之以繩.[7] 是士君子之知也.

其言也諂,[8] 其行也悖, 其擧事多悔.[9] 是小人之知也.

---

1 文(문) : 문아, 우아한 것.
2 類(류) : 논리가 어긋나지 않는 것.
3 千擧(천거) : 수없이 많은 천 가지 화제를 끌어내는 것.
4 萬變(만변) : 얘기의 내용이 수없이 만 가지로 변하는 것.
5 徑而省(경이생) : '경'은 알기 쉬운 것, '생'은 표현이 간결한 것.
6 佚(일) : 먹줄을 끌어 치는 것.
7 繩(승) : 먹줄, 묵승(墨繩).
8 諂(첨) : 아첨하는 것.
9 悔(회) : 잘못, 과오.

齊給10便敏11而無類, 雜能旁魄12而無用, 析速13粹孰14而不急, 不恤15
是非, 不論曲直, 以期勝人爲意. 是役夫之知也.

有上勇者, 有中勇者, 有下勇者.

天下有中, 敢直其身, 先王有道, 敢行其意, 上不循於亂世之君, 下不
俗16於亂世之民, 仁之所在, 無貧窮, 仁之所亡, 無富貴, 天下知之,17 則
欲與天下同苦樂之, 天下不知之, 則傀然18獨立天地之間而不畏. 是上勇
也.

禮恭而意儉, 大齊信19焉而輕貨財, 賢者敢推而尙之, 不肖者敢援20而
廢21之. 是中勇也.

輕身而重貨, 恬禍22而廣解23苟免,24 不恤是非然不然之情, 以期勝人
爲意. 是下勇也.

10 齊給(제급) : 재빨리 응답하는 것.
11 便敏(편민) : 행동이나 말이 잽싼 것.
12 旁魄(방박) : 광박, 널따란 것.
13 析速(석속) : 판단이 틀리든 옳든 빨리 내리는 것.
14 粹孰(수숙) : 모르는 게 없는 듯이 얘기하는 것.
15 不恤(불휼) : 돌보지 않는 것.
16 俗(속) : 세속에 어울리는 것.
17 知之(지지) : 그를 알아주는 것.
18 傀然(괴연) : 위대한 모양, 버젓이.
19 大齊信(대제신) : 믿음을 지키는 것을 크게 아는 것.
20 援(원) : 끌어내는 것.
21 廢(폐) : 파면시키는 것.
22 恬禍(염화) : 재난 또는 화를 당할 짓을 쉽사리 하는 것.
23 廣解(광해) : 널리 변명하는 것.
24 苟免(구면) : 구차히 재난을 면하려 드는 것.

| 해설 |

사람의 본성은 악하지만 후천적인 작위에 의해 사람의 성격이나 능력은 크게 달라진다. 여기서는 특히 사람들의 지혜와 용기에 관한 설명을 하고 있다. 같은 본성을 지니고 태어난 사람들이지만 각자의 노력에 따라 어떤 사람은 성인의 지혜를, 어떤 사람은 군자의 지혜를, 또 어떤 사람은 소인의 지혜를, 또 어떤 사람은 하인의 지혜를 지니게 된다. 용기 역시 사람에 따라 상·중·하 세 등급으로 나뉜다. 사람의 본성이 악하기 때문에 후천적인 작위, 곧 학문과 수양은 사람들에게 이처럼 중요한 뜻을 지닌다는 것이다.

15

번약(繁弱)과 거서(鉅黍)는 옛날의 좋은 활이다. 그러나 활을 바로잡아 주는 활도고리가 없다면 스스로 올바르게 될 수 없다. 제나라 환공은 총(蔥), 주나라 태공망의 궐(闕), 주나라 문왕의 녹(錄), 초나라 장왕의 홀(笏), 오나라 임금 합려의 간장(干將)·막야(莫邪)·거궐(鉅闕)·벽려(辟閭)는 모두 옛날의 좋은 칼이다. 그러나 숫돌에 갈지 않으면 날카로워질 수가 없고, 사람의 힘 없이는 물건을 자를 수가 없다. 화류(驊騮)·기기(騹驥)·섬리(纖離)·녹이(綠耳)는 모두 옛날의 좋은 말들이다. 그러나 앞에서는 반드시 재갈과 고삐로 제어하고 뒤에서는 채찍으로 위협하며 조보 같은 이가 몰아야만 비로소 하루에 천 리를 달려갈 수가 있다.

사람에게 비록 아름다운 본성과 자질이 갖추어져 있고 지혜로운 마음과 분별력이 주어져 있다 하더라도, 반드시 현명한 스승을 구해 그를 섬기고 좋은 친구를 골라서 그를 벗해야 한다. 현명한 스승을 찾아서 그를 섬기면 곧 그가 듣는 것이 요·순·우·탕 같은 성인의 도가 될 것이다. 좋은 친구를 구해 그를 벗하면 곧 그가 보는 것이 충실하고 신의가 있고 공경스럽고 사양하는 행동이 될 것이다. 그 자신이 나날이 어짊과 의로움의 길로 발전해도 스스로는 알지 못할 것이다. 주어진 환경에 따라 그렇게 되는 것이다.

지금 좋지 않은 사람들과 함께하게 되면, 곧 그가 듣는 것은 남에게 거짓말하고 남을 속이는 일일 것이며, 그가 보는 것은 더럽고 음란하고 사악하고 이익을 탐하는 행동이 될 것이다. 그 자신이 형벌이나 사형을 당하면서도 스스로는 그렇게 되는 것을 알지 못할 것이다. 주어진 환경에 따라 그렇게 되는 것이다.

전하는 말에 "그의 아들이 어떤지 모른다면 그의 친구들을 보면 되고, 그의 임금이 어떤지 모른다면 그의 신하들을 보면 된다."고 하였다. 주어진 환경에 따를 뿐이다. 주어진 환경에 따를 뿐이다.

| 원문 |

繁弱[1]鉅黍, 古之良弓也. 然而不得排㯳,[2] 則不能自正. 桓公之蔥,[3] 太公之闕, 文王之錄, 莊君之曶, 闔閭之干將莫邪鉅闕辟閭, 此皆古之良劍也. 然而不可砥厲,[4] 則不能利, 不得人力, 則不能斷. 驊騮[5]騹驥纖離綠

---

[1] 繁弱(번약) : 거서(鉅黍)와 함께 옛날의 좋은 활 이름. 『좌전(左傳)』 정공(定公) 4년에 봉보(封父)의 번약이란 글이 나온다. 봉보는 옛날 제후 이름. 『사기(史記)』 소진(蘇秦) 전에 거서라는 강궁(强弓)이 나온다.
[2] 排㯳(배경) : 활도고리. 궁노(弓弩)를 바로잡아 주는 기구.
[3] 蔥(총) : 궐·녹·홀·간장·막야·거궐·벽려 등과 함께 옛 날의 유명한 칼 이름. 이 중 간장과 막야만이 『오월춘추(吳越春秋)』 등 다른 기록에도 나온다.

耳, 此皆古之良馬也. 然而必前有銜轡之制, 後有鞭策之威, 加之以造父之馭, 然後一日而致千里也.

夫人雖有性質美, 而心辯知, 必將求賢師而事之, 擇良友而友之. 得賢師而事之, 則所聞者堯舜禹湯之道也. 得良友而友之, 則所見者忠信敬讓之行也. 身日進於仁義, 而不自知也者, 靡使然也.

今與不善人處, 則所聞者欺誣詐僞也, 所見者汙漫淫邪貪利之行也. 身且加於刑戮, 而不自知者, 靡⁶使然也.

傳曰: 不知其子, 視其友, 不知其君, 視其左右.⁷ 靡而已矣. 靡而已矣.

| 해설 |

사람의 본성은 악하기 때문에 올바로 이끌어 주어야 할 사람이 필요하다. 그 중에서도 훌륭한 스승과 좋은 벗이 사람들에게 미치는 영향은 무엇보다도 크다는 사실을 지적하고 있다.

---

4 砥厲(지려) : 숫돌에 가는 것.
5 驊騮(화류) : 기기·섬리·녹이와 함께 옛날의 유명한 말 이름. 화류는 주나라 목왕(穆王)의 여덟 마리의 좋은 말 중의 하나(『穆天子傳』). 기기는 기기(騏驥)이며(王念孫), 제1편 권학에도 나오고, 『장자(莊子)』 추수(秋水)편에도 나온다.
6 靡(미) : 주어진 환경에 따라가는 것(楊倞).
7 左右(좌우) : 옆에서 보좌하는 신하들.

제24편

훌륭한 군자

君子

양경(楊倞)의 주에 의하면 이 편의 제목은 천자편(天子篇)이 옳은 듯하다. 그 이유는 이 편의 전반에서 천자의 존귀함을 논하고 있기 때문이다. 그러나 순자는 앞부분 여러 곳에서 훌륭한 군자와 천자를 같은 자리에 놓고 얘기하였음을 상기할 필요가 있다. 후반부에서 임금은 어진 사람을 등용해야 하고, 사람들의 신분과 혈연을 분별해 주어야 하며, 어른과 젊은이들의 서열을 분명히 해야 한다는 등 임금의 할 일을 쓰고 있다. 이 편의 글은 매우 짧고 내용도 간단한 편이다.

1

천자에게 아내가 없는 것은 사람들에게 짝이 없는 분임을 알리는 것이다. 온 세상 안에서 손님의 예로 대접받지 않는 것은 필적할 사람이 없는 분임을 알리는 것이다.

발은 걸을 수 있으되 부축하는 이를 기다린 다음에야 나아가며, 입은 말할 수 있으되 관인을 기다린 다음에야 조서를 내린다. 보지 않고도 보이고, 듣지 않고도 분간하고, 말하지 않아도 믿게 되고, 생각하지 않아도 알고, 움직이지 않아도 공이 있음은 지극히 모든 능력을 갖추고 있음을 알리는 것이다.

천자란 권세는 지극히 무거우며 몸은 지극히 편안하고 마음은 지극히 유쾌하며 뜻은 굽히는 바가 없고 몸은 수고로운 일이 없으며 다시없이 존귀한 것이다.

『시경』에 "넓은 하늘 아래엔 임금의 땅 아닌 곳이 없으며, 어느 땅 끝을 따라가 보아도 임금의 신하 아닌 사람 없네."라고 읊은 것은 이를 두고 한 말이다.

| 원문 |

天子無妻,[1] 告人無匹也. 四海之內無客禮, 告無適[2]也.

足能行, 待相者[3]然後進, 口能言, 待官人[4]然後詔. 不視而見, 不聽而

---

1 妻(처) : 본디 齊(제)와 뜻이 통하여 평등한 짝이란 뜻을 지닌 글자임. 임금의 부인은 비(妃)라 하는데, 비는 후(後)와 뜻이 통해 뒤지는 여자의 뜻.
2 適(적) : 敵(적)과 통하여 필적의 뜻.
3 相者(상자) : 부조하는 사람. 부축하는 사람.
4 官人(관인) : 임금의 명령을 전달하는 관리.

聰, 不言而信, 不慮而知, 不動而功, 告至備⁵也.

天子也者, 埶至重, 形至佚,⁶ 心至愈,⁷ 志無所詘,⁸ 形無所勞, 尊無上矣.

詩曰:⁹ 普¹⁰天之下, 莫非王土. 率¹¹土之濱,¹² 莫非王臣. 此之謂也.

| 해설 |

여기서는 천자의 존엄을 설명하고 있다. 유가의 이론에 의하면 천자는 성인이어야 한다. 따라서 천자의 설명을 통하여 성인이란 이상적인 인간형의 모습을 보게 된다.

2

성왕이 윗자리에 있으면 분수에 따른 의로움이 아래 백성들에게 행해져, 사대부들은 그릇되고 지나친 행동을 하지 않으며 여러 관리와 벼슬아치들은 일을 태만히 하지 않는다.

여러 백성들에게는 간사하거나 괴상한 풍속이 없게 되고, 도둑질하는 죄를 범하지 않게 되어 감히 그 누구도 위에서 금하는 금령을 범하지 않게 된다. 온 천하가 분명히 모두 도둑질하는 사람이 부자가 될

---

5 至備(지비) : 지극히 모든 능력을 갖추고 있는 것.
6 佚(일) : 편안함.
7 愈(유) : 유(愉)와 통하여 유쾌, 상쾌.
8 詘(굴) : 굴(屈)과 통하여 굽히는 것.
9 詩曰(시왈) : 『시경』 소아(小雅) 북산(北山)편에 나오는 구절.
10 普(보) : 넓은.
11 率(솔) : 따라가는 것.
12 濱(빈) : 땅 끝. 바닷가.

수 없다는 것을 알게 된다. 모두가 남을 해치는 사람이 오래 살 수 없다는 것을 알게 된다. 모두가 위에서 금하는 금령을 범하고는 편안히 지낼 수 없다는 것을 알게 된다.

올바른 도를 따르면 사람들은 그가 좋아하는 것을 얻게 되고, 올바른 도를 따르지 않으면 반드시 그가 싫어하는 일을 당하게 된다. 그러므로 형벌이 거의 쓰이지 않아도 위엄은 물이 흐르듯 어디에나 영향을 미친다. 세상에서는 분명히 모두가 간악한 짓을 하고 비록 몰래 숨거나 도망을 친다 하더라도 여전히 벌을 면할 수가 없다는 것을 알게 된다. 그러므로 누구나 죄를 지었으면 사실대로 따르지 않는 자가 없게 된다. 『서경』에 "모든 사람들이 스스로 죄값을 받게 된다."고 한 것도 이것을 뜻하는 말이다.

| 원문 |

聖王在上, 分義行乎下, 則士大夫無流淫[1]之行, 百吏官人無怠慢之事. 衆庶百姓無姦怪之俗, 無盜賊之罪, 莫取犯大[2]上之禁. 天下曉然皆知, 夫竊盜之人, 不可爲富也, 皆知夫賊害之人, 不可以爲壽也, 皆知夫犯上之禁, 不可以爲安也.

由其道則人得其所好焉, 不由其道則必遇其所惡焉. 是故刑罰綦省[3]而威行如流, 世曉然皆知夫爲姦, 則雖隱竄逃亡之, 由不足[4]以免也, 故莫不服罪而請.[5] 書曰;[6] 凡人自得罪. 此之謂也.

---

1 流淫(유음) : 빗나가고 지나친 것, 그릇되고 음란한 것.
2 莫取犯大(막취범대) : '취'는 감(敢)의 잘못. '대'는 잘못 끼워 넣은 글자(俞樾).
3 綦省(기성) : 극히 생략되다, 거의 쓰이지 않는 것.
4 由不足(유부족) : '유'는 유(猶)의 뜻.

| 해설 |

성왕이 다스리는 세상을 설명하고 있다. 사대부에서부터 일반 관리들과 백성들이 모두 질서를 따라 평화로운 세상을 이룬다는 것이다.

3

그러므로 형벌이 죄에 합당하면 권위가 있게 되나, 죄에 합당치 않으면 가벼이 여기게 된다. 사람들의 벼슬이 현명함에 합당하면 존귀하게 여겨지나, 현명함에 합당치 않으면 천하게 여긴다. 옛날에 형벌은 범한 죄보다 무겁게 과하지 않고, 벼슬은 그의 덕에 비해 과분하게 주어지지 않았다. 그러므로 아버지를 죽이고도 그의 아들을 신하로 거느리기도 하였고, 형을 죽이고도 그의 아우를 신하로 거느리기도 하였다.

형벌이 그의 죄보다 넘치지 않고, 벼슬과 상여가 그의 덕을 초과하지 않고, 변함없이 언제나 그의 성실함만이 통용되었다. 그래서 착한 일을 한 사람은 격려하고 착한 일을 하지 않은 사람은 저지하였다. 형벌이 거의 쓰여지지 않아도, 다스리는 이의 위세는 물이 흐르듯 어디에나 영향을 주어서, 정령은 밝게 시행되고 교화는 신의 조화처럼 행해졌다. 전하는 말에 "임금 한 사람에게 경사스런 일이 있으면, 만 백성들이 그 덕을 보게 된다." 하였는데, 이것을 뜻하는 말이다.

난세가 되면 그렇지 않다. 형벌은 죄보다 무겁게 되고, 벼슬과 상

---

5 請(청): 정(情)과 통하여(俞樾), 사실대로 죄를 인정하는 것.
6 書曰(서왈): 『서경』 주서(周書) 강고(康誥)편에 비슷한 구절이 나오나, 쓰인 뜻은 다르다.

여는 그의 덕에 비해 과분하게 된다. 일족(一族)을 두고 죄를 따지고, 세족(世族)을 현명한 이의 자리에 등용한다. 그러므로 한 사람이 죄를 지었는데도 삼족을 모두 멸하게 되어, 덕이 비록 순임금과 같다 해도 형벌을 면치 못하게 되는데, 모두가 일족이란 이유로 죄값을 받기 때문이다. 선조에 현명한 이가 있으면 뒤의 자손들은 반드시 출세를 하게 되므로, 행실이 비록 걸주와 같다 해도 그의 조정 서열은 반드시 존귀해지니, 그것은 세족을 현명한 이의 자리에 등용하기 때문이다. 일족을 두고 죄를 따지고 세족을 현명한 이의 자리에 등용한다면 비록 어지러워지지 않으려 한다 해도 될 수가 있겠는가?

『시경』에 "온 강물이 끓어오르고 산봉우리 와르르 무너져, 높은 언덕 골짜기 되고 깊은 골짜기 언덕이 되었거늘, 슬프다! 지금 사람들은 어찌하여 정신 차리지 못하는가?"라고 읊고 있는 것도 이것을 뜻하는 말이다.

| 원문 |

故刑當罪則威, 不當罪則侮, 爵當賢則貴, 不當賢則賤. 古者刑不過罪, 爵不逾德. 故殺其父[1]而臣其子, 殺其兄[2]而臣其弟.

刑罰不怒[3]罪, 爵賞不逾德, 分然[4]各以其誠通. 是以爲善者勸, 爲不善者沮, 刑罰綦省而威行如流, 政令致明而化易[5]如神. 傳曰; 一人有慶,

---

1 殺其父(살기부) : 옛날 순임금이 곤(鯀)을 처형하고도 아들 우(禹)를 등용하여 치수케 한 것을 말한다.
2 殺其兄(살기형) : 주나라 성왕 때 주공이 형제인 관숙(管叔)을 죽인 뒤 아우 강숙(康叔)을 그 자리에 봉한 것을 말한다.
3 怒(노) : 물이 넘쳐흐른다는 뜻(郝懿行).
4 分然(분연) : 개연(介然)의 뜻으로, 변함없이 꾸준한 모양.

兆民賴之. 此之謂也.

亂世則不然. 刑罰怒罪, 爵賞逾德, 以族論罪, 以世擧賢. 故一人有罪而三族皆夷,[6] 德雖如舜, 不免刑均. 是以族論罪也. 先祖當賢, 後子孫必顯, 行雖如桀紂, 列從必尊. 此以世擧賢也. 以族論罪, 以世擧賢, 雖欲無亂, 得乎哉?

詩曰:[7] 百川沸騰, 山冢[8]崒崩, 高岸爲谷, 深谷爲陵. 哀今之人, 胡憯[9] 莫懲? 此之謂也.

| 해설 |

형벌과 상여를 올바로 쓰느냐 못쓰느냐에 따라 치세와 난세로 구별됨을 설명하고 있다.

4

이론을 전개하는 데 있어서 성왕을 법도로 하면 무엇이 존귀한 것인지를 알게 되고, 의로움으로 하는 일을 조종하면 무엇이 이익이 되는가를 알게 된다. 이론을 전개하는 데 있어서 존귀하게 여길 것을 알면 무엇을 육성할 것인가를 알게 되고, 일을 하는 데 있어서 이익이 되는 것을 알면 곧 어디로 나아갈 것인가를 알게 된다. 이 두 가지가

---

5 化易(화이) : '이'는 시(施)의 뜻(俞樾), 교화가 시행되는 것.
6 夷(이) : 멸하다.
7 詩曰(시왈) : 『시경』 소아(小雅) 십월지교(十月之交)의 구절.
8 冢(총) : 산꼭대기.
9 憯(참) : 증(曾)의 뜻(鄭玄『箋』), 일찍이, 전혀.

옳고 그름의 근본이 되며 이익과 손해의 근원이 되는 것이다.

그러므로 성왕은 주공을 대할 때 무슨 일이든 따르지 않는 것이 없었으니, 무엇이 존귀한 것인지를 알았기 때문이다. 제나라 환공은 관중을 대할 때 나랏일이라면 어떤 의견이든 따르지 않는 것이 없었으니, 무엇이 이익이 되는가를 알았기 때문이다. 오나라에는 오자서가 있었으나 그의 의견을 따르지 않아 나라가 망하였는데, 올바른 도리를 어기고 현명한 이를 등용하지 않았기 때문이다.

그러므로 성인을 존중하는 사람은 왕자가 되고, 현명한 사람을 존귀하게 여기는 사람은 패자가 된다. 현명한 사람을 공경하는 나라는 존속하고, 현명한 이를 가벼이 대하는 나라는 망한다. 그것은 옛날이나 지금이나 같다.

그러므로 현명한 이를 존중하고, 능력 있는 사람을 등용하고, 귀하고 천한 신분의 차등을 분명히 하고, 친하고 소원한 사람의 분별을 정확히 하고, 나이 많은 사람과 어린 사람의 서열을 올바로 정하는 것, 이것이 왕자의 도이다. 그러므로 현명한 이를 존중하고 능력 있는 사람을 부리면 임금은 존귀해지고 아래 백성들은 편안해진다. 귀하고 천한 신분에 등급이 있게 되면 정령이 행해져 멈춰지는 일이 없게 된다. 친하고 소원한 사람들의 분별이 있게 되면 두루 베풀어져 인정에 어긋나는 일이 없게 된다. 나이 많은 사람과 어린 사람의 서열이 정해지면 하는 모든 일이 계속 이어지고 이룩되어 휴식을 취할 수 있게 된다.

그러므로 어짊(仁)이라는 것은 이같은 일들을 사랑하는 것이고, 의로움(義)라는 것은 이같은 일들을 올바로 분별하는 것이고, 절의(節)이라는 것은 이같은 일들을 위해 죽을 수도 살 수도 있는 것이고, 충실함(忠)이라는 것은 이같은 일들을 독실하게 힘쓰는 것이다. 이같은 일들을 다 아울러 잘할 수 있다면 덕을 완전히 갖춘 것이다.

덕을 갖추었으면서도 뽐내지 않고 자기의 선함을 한결같이 추구한다면, 그를 성인이라 할 수 있다. 뽐내지 않기 때문에 천하에는 그와 능력을 다투려는 이가 없고, 훌륭한 것을 받아들여 그가 하는 일에 응용하게 될 것이다. 다 지니고 있으면서도 지니지 않은 듯 행동하기 때문에 천하의 존귀한 존재가 되는 것이다.

『시경』에 "훌륭한 군자는 그의 행동이 그릇되지 않네. 그의 행동이 그릇되지 않으니, 온 세상 바로잡은 것일세."라고 읊은 것도 이것을 뜻하는 말이다.

| 원문 |

論法聖王, 則知所貴矣, 以義制事,¹ 則知所利矣. 論知所貴, 則知所養矣, 事知所利, 則動知²所出矣. 二者, 是非之本, 得失之原也.

故成王之於周公也, 無所往而不聽, 知所貴也. 桓公之於管仲也, 國事無所往而不用, 知所利也. 吳有伍子胥而不能用, 國至於亡, 倍道³失賢也.

故尊聖者王, 貴賢者覇, 敬賢者存, 慢賢者亡, 古今一也.

故尙賢使能, 等貴賤, 分親疏, 序長幼, 此先王之道也. 故尙賢使能, 則主尊下安, 貴賤有等, 則令行而不流,⁴ 親疏有分, 則施行而不悖, 長幼有序, 則事業捷成⁵而有所休.

---

1 制事(제사) : 일을 제어하다, 하는 일을 조종하다.
2 則動知(즉동지) : '動'은 잘못 끼워 넣은 글자(兪樾).
3 倍道(배도) : 배도(背道), 올바른 도를 배반하다.
4 不流(불류) : 불류(不留)(王念孫), 머물지 않다, 멈추지 않다.

故仁⁶者, 仁此者也, 義者, 分此者也, 節者, 死生此者也, 忠者, 惇愼⁷ 此者也, 兼此而能之, 備矣.

備而不矜, 一自善也, 謂之聖. 不矜矣, 夫故天下不與爭能, 而致善用其功. 有而不有也, 夫故爲天下貴矣.

詩曰:⁸ 淑人⁹君子, 其儀不忒,¹⁰ 其儀不忒, 正是四國, 此之謂也.

| 해설 |

모든 이론과 하는 일은 옛 성왕을 본받아야 함을 강조한다. 그 중에서도 특히 "현명한 이를 존중하고, 능력 있는 사람을 등용하고, 귀하고 천한 신분의 차등을 분명히 하고, 친하고 소원한 사람의 분별을 정확히 하고 나이 많은 사람과 어린 사람의 서열을 올바로 정해야 함"을 강조하고 있다.

---

5 捷成(첩성) : 접성(接成), 대를 계속 이어받아 가면서 이룩하는 것(郝懿行).
6 仁(인) : 어짊, 사랑.
7 惇愼(돈신) : 돈모(惇慕)로 쓰는 것이 옳으며, 돈독(敦篤)하게 힘쓰는 것(俞樾).
8 詩曰(시왈) : 『시경』조풍(曹風) 시구(尸鳩)시에 나오는 구절.
9 淑人(숙인) : 훌륭한 사람.
10 忒(특) : 도에 어긋나는 것.

제25편

상(相) 가락의 노래
成相

　상(相)에 대해서는 학자들에 따라 해설이 완전히 일치하지는 않지만 대체로 일할 때 부르던 옛 악곡(樂曲)의 이름으로 보고 있다. 특히 유월(俞樾)은 옛날에 절구질을 할 때 부르던 노동요에서 나온 악곡임을 증명하고 있고(『荀子集解』), 노문초(盧文弨)는 "이 편의 음절은 바로 후세 탄사(彈詞)의 조상이다. 편 앞머리에 '장님에게 상 가락이 없는 것처럼 얼마나 허전한 일이겠는가?'라 하였으니, 그것은 분명한 사실이다. 첫 구절의 '청성상(請成相)'이라는 것은 '이 곡을 연주합시다'라는 뜻이다"(『荀子集解』)라고 하였다. 곧 '성상'은 중국 문학에서 말하는 강창 문학(講唱文學)의 시발점이 되는 것이다. 따라서 이 편은 제26편 부(賦)와 함께 문학사에서 매우 중요한 자료이다.
　'성상'이란 '상' 곡조를 이룬다는 뜻으로, 순자는 '상'이라는 노동요를 통하여 백성들이 알기 쉽도록 유가 사상을 해설하였다. 곧 형식은 노동요지만 내용은 임금은 어진 사람을 잘 등용해야만 나라가 올바로 다스려진다든가, 성인의 도란 어떤 것인가 하는 등의 문제를 해설하고 있다.

1

상(相) 가락으로 노래하세.
세상의 재앙은
어리석고 아둔해, 어리석고 아둔해,
현명하고 훌륭한 사람을 떨어뜨리는 것.
임금에게 현명한 사람이 없는 것은
장님에게 상 가락 없는 것처럼
얼마나 허전한 일이겠는가?

나라의 기업에 대해 노래할 것이니
신중히 내 말 들어보소.
어리석으면서도 제멋대로 하면 일이 제대로 되지 않고,
임금이 시기하며 구차히 모든 사람들 이기려 하면
여러 신하들 올바로 간하지 않게 되어
반드시 화를 입을 것이네.
신하들의 잘못을 따질 때는
자신이 한 일을 먼저 반성할지니라.
임금이 존귀해지고 나라가 편안하려면
현명한 이들 존중해야 하나니,
간하는 말 거역하고 잘못은 얼버무려
어리석은 자들만이 임금과 어울리게 되면,
나라는 반드시 환난을 당하리라.

무엇을 나라의 병폐라 하겠소?

나라에는 사사로운 일이 많고,
간사한 자들이 무리를 이루어 임금을 현혹시키며
붕당을 만드는 것일세.
현명한 이 멀리하고 간악한 자들 가까이 하면
충신들은 가려지고 막혀지며
임금의 권세는 다른 곳으로 옮겨갈 것이네.
어떤 이를 현명하다 하겠소?
임금과 신하의 도리에 밝고,
위로는 임금을 존귀하게 받들며
아래로는 백성들을 사랑하는 사람이지.
임금이 진실로 그들 말을 따른다면,
천하는 통일되고
온 세상이 복종하게 될 걸세.

임금의 재난은
간악한 자들이 출세해
현명하고 능력 있는 사람들은 숨고 도망가서,
나라가 곧 무너지는 것일세.
어리석고 또 어리석으며
아둔하고 또 아둔하다 보면
임금은 걸왕처럼 되리라.
세상의 재해는
현명하고 능력 있는 사람들을 시기해
비렴이 정권을 잡고 오래를 등용했을 때처럼,

임금의 뜻은 비천해지고
자기 정원이나 크게 만들고
자기 누대나 높이 짓게 되는 것이지. .

그때 주나라 무왕이 노하여
목야(牧野)에서 싸우게 되었는데,
주왕의 군사들은 등을 돌려 자기편을 공격했네.
그리고 미자계가 항복해 오자,
무왕은 그를 훌륭하다 여기고
송나라에 봉해
은나라 조상들 제사 받들게 했었네.
세상이 쇠미해지면
간악한 자들만이 모여들어,
비간 같은 이는 심장이 꺼내어지고
기자 같은 이는 잡혀 갇히게 되네.
무왕이 은나라를 주벌할 때,
태공 여상이 지휘를 하자
은나라 백성들 모두 따랐다네.

세상의 재해는
현명한 선비를 싫어해
오자서 같은 사람이 죽임을 당하고
백리해 같은 사람이 쫓겨나는 것인데,
진나라 목공은 백리해를 임용해

오패의 하나로 일컬어지는 강한 나라 되었고
천자처럼 육경을 두게 되었네.
세상의 어리석음은
대유학자를 미워해
그를 배척하여 뜻이 통하지 않게 되자
공자도 고난을 당하였고
노나라 전금은 세 번이나 쫓겨났네.
내가 섬긴 춘신군이 죽자
초나라 터전도 무너졌었지.

기업을 잘 다스리세!
현명한 사람 생각해야 하니,
요임금은 오랜 세월 눈으로 보듯 분명한데,
간악한 자들은 법도도 없이
음험하게 못된 짓을 해
그분의 업적조차도 의심한다네.
기업을 반드시 발전시키고
현명한 사람과 병폐 많은 사람 잘 분별해야 하네.
문왕과 무왕의 도는 옛 복희의 도와도 같은 것이니,
이를 따르는 나라는 잘 다스려지고
이를 따르지 않는 나라는 어지러워지는데,
무엇을 의심하는가?

| 원문 |

請成相, 世之殃,¹ 愚闇愚闇, 墮賢良.
人主無賢, 如瞽無相, 何悵悵?²

請布基,³ 愼聖人.⁴ 愚而自專事不治. 主忌⁵苟勝, 羣臣莫諫必逢災.
論臣過, 反其施,⁶ 尊主安國尙賢義. 拒諫飾非, 愚而上同國必禍.

曷謂罷?⁷ 國多私, 比周⁸還主⁹黨與施.¹⁰ 遠賢近讒, 忠臣蔽塞, 主執移.
曷謂賢? 明君臣, 上能尊主愛下民.¹¹ 主誠聽之, 天下爲一, 海內賓.

主之孽,¹² 讒人達, 賢能遁逃國乃蹶.¹³ 愚以重愚, 闇以重闇, 成爲桀.
世之災, 妬賢能, 飛廉¹⁴知政任惡來. 卑其志意, 大其園囿, 高其臺.

武王怒, 師牧野, 紂卒易鄕.¹⁵ 啓¹⁶乃下, 武王善之, 封之於宋, 立其祖.

---

1 殃(앙) : 재앙, 재난.
2 悵悵(창창) : 갈 곳이 없는 모양(楊倞), 몹시 허전한 것.
3 布基(포기) : 나라의 기업(基業)에 대해 노래하다.
4 愼聖人(신성인) : 신청지(愼聽之)의 잘못(兪樾).
5 忌(기) : 시기하다.
6 反其施(반기시) : 그가 시행한 것을 반성하다.
7 罷(피) : 지치다, 병나다, 병폐.
8 比周(비주) : 자기들끼리 친하게 어울리는 것.
9 還主(환주) : 영주(營主)와 같은 말로(王念孫), 임금을 현혹시키다.
10 黨與施(당여시) : 붕당을 만들다.
11 愛下民(애하민) : 하애민(下愛民)이 옳음(王念孫).
12 孽(얼) : 재난.
13 蹶(궐) : 쓰러지다, 무너지다.
14 飛廉(비렴) : 제8편 유효 제11절 참조.

世之衰, 讒人歸, 比干見刳,[17] 箕子累.[18] 武王誅之, 呂尙[19]招麾, 殷民懷.

世之禍, 惡賢士, 子胥[20]見殺, 百里[21]徙. 穆公任之, 强配五伯,[22] 六卿[23]施.

世之愚, 惡大儒, 逆斥不通, 孔子拘,[24] 展禽[25]三絀, 春申[26]道綴,[27] 基畢輸.[28]

請牧[29]基, 賢者思, 堯在萬世如見之. 讒人罔極, 險陂[30]傾側,[31] 此之疑.

---

15 易鄕(역향) : 방향을 바꾸다, 뒤돌아서서 자기편을 공격하는 것.
16 啓(계) : 미자(微子)의 이름. 은나라 주왕(紂王)의 이복형으로 충신이었다.
17 見刳(견고) : 가슴이 쪼개어지다. 주왕은 비간(比干)의 가슴을 쪼개어 심장을 꺼내 보았다.
18 累(루) : 잡혀 묶이다, 잡혀 갇히다.
19 呂尙(여상) : 제11편 방패 제14절 참조.
20 子胥(자서) : 오자서. 제13편 신도 제2절 참조.
21 百里(백리) : 백리해(百里奚). 우(虞)나라 임금을 섬기다 쫓겨난 뒤, 진(秦)나라 목공(穆公)에게 등용되어 진나라를 강성케 하였다.
22 五伯(오백) : 오패(五霸).
23 六卿(육경) : 본디 천자 밑에만 육경이 있었으나, 진(秦)나라는 뒤에 나라가 크다고 멋대로 그런 제도를 따른 것이다.
24 孔子拘(공자구) : 공자가 여러 나라들을 다니며 구경하다 진(陳)·채(蔡)·광(匡) 같은 지방에서 곤경에 처했던 것을 가리킨다.
25 展禽(전금) : 노나라의 대부. 유하혜(柳下惠)라고도 부른다.
26 春申(춘신) : 초나라의 춘신군 황헐(黃歇). 순자가 만년에 그를 따랐기 때문에 대유(大儒)로 친 듯하다.
27 道綴(도철) : 도가 끊기다. 춘신군이 만년에 이원(李園)에게 죽임을 당한 것을 뜻한다.
28 畢輸(필수) : 다 무너지다.
29 牧(목) : 다스리다.
30 險陂(험피) : 음험, 험악.
31 傾側(경측) : 못된 짓을 하다, 나쁜 짓을 하다.

基必施, 辨賢罷, 文武之道同伏戲. 由之者治, 不由者亂, 何疑爲?

| 해설 |

임금이 나라를 다스리는 도가 되는 나라의 기업에 대해 '상' 가락으로 노래한 것이다.

2

상(相) 가락에 맞추어
정치하는 법도와 방법 얘기하세.
지극한 다스림의 궁극은
후세 임금의 법도를 되찾는 것이네.
신도 · 묵자 · 계자 · 혜자 같은
여러 학파의 설을 따르면
진실로 상서롭지 않으리.

다스림은 한 가지 도로 돌아가는 것이니
그것을 닦으면 길할 걸세.
군자는 그것을 지켜
마음이 굳건한 것이며
세상 사람들은 그것을 어기고
남을 모함하여 해치는 자는 그것을 버려
형벌로나 다스려야 할 걸세.

물은 지극히 평평하면
반듯하여 기울어지지 않는다네.
마음을 이와 같이 쓰면
성인처럼 되리라.
사람으로서 권세를 지니고
자신은 곧고 남을 이끌어 주면
반드시 그의 공도 하늘의 변화와 비슷하게 되리라.

세상에 왕자 없으면
현명하고 훌륭한 이들 궁해지고,
난폭한 자들은 쇠고기와 돼지고기 먹고
어진 이들은 술찌끼와 겨 먹으며,
예의와 음악은 절멸되고
성인은 숨어 버리고
묵자의 술법이 행해지리라.

다스림의 중심은
예의와 형벌일세.
군자는 이로써 몸을 닦고
백성들을 편안케 한다네.
덕을 밝히고 형벌을 신중히 하면
나라도 다스려지려니와
세상도 평화로워진다네.

다스리는 이의 뜻은
권세와 부를 뒤로 미뤄야 하네.
군자가 진실로 그렇게 되면
즐겨 일을 기다릴 것일세.
처신은 독실하고 굳어지고
마음은 깊이 잠겨져
먼일을 생각할 수 있게 될 걸세.

생각이 곧 정밀하면
뜻은 더욱 자라나서
즐겨 통일을 이루어
신명(神明)에 통하게 될 걸세.
정밀함과 신통함이 서로 어울려
한결같이 통일되면
성인이 되는 것일세.

다스림의 도는
쉬지 않음이 아름답다네.
군자가 그렇게 하면
아리땁고 훌륭하게 된다네.
아래로는 그것으로써 자제들을 가르치고
위로는 그것으로써 조상들을 섬긴다네.

상(相) 가락 다 이루어졌으되

말 빗나가지 않았네.
군자가 이를 실행하면
순조롭게 통달될 것이며,
어질고 훌륭한 이 높이고
재앙의 씨가 되는 자 가려내리.

| 원문 |

凡¹成相, 辨法方, 至治之極, 復後王.² 復愼³墨⁴季⁵惠,⁶ 百家之說, 誠不詳.⁷

治復一,⁸ 脩之吉, 君子執之, 心如結. 衆人貳之, 讒夫⁹弃¹⁰之, 形¹¹是詰.¹²

水至平, 端不傾, 心術如此, 象聖人. 而有埶, 直而用抴,¹³ 必參天.¹⁴

---

1 凡(범) : 앞뒤 대목의 예로 보아 청(請), ~하세의 잘못인 듯하다.
2 後王(후왕) : 후세의 임금. 근세의 임금.
3 愼(신) : 신도(愼到).
4 墨(묵) : 묵자(墨子).
5 季(계) : 계자(季子). 『장자(莊子)』에 나오는 계자라 하기도 하고, 『열자(列子)』에 나오는 계량(季梁)이라는 이도 있으나 모두 확실치 않다.
6 惠(혜) : 혜시(惠施). 계자를 제외한 나머지 사람들은 비십이자편과 해폐편 참조.
7 詳(상) : 상(祥)과 통하여 상서로운 것, 좋은 것.
8 一(일) : 한 가지 도, 후왕의 도.
9 讒夫(참부) : 남을 잘 모함하는 사람.
10 弃(기) : 기(棄)와 같은 자로, 버리는 것.
11 形(형) : 형(刑)과 통하여 형벌.
12 詰(힐) : 다스리는 것.
13 直而用抴(직이용열) : 직은 자기 마음이 곧은 것. 용열은 그렇게 함으로써 남을 이끌어 주는 것.
14 參天(참천) : 공로가 하늘의 변화와 같게 되다.

世無王, 窮賢良, 暴人芻豢,¹⁵ 仁人糟糠.¹⁶ 禮樂滅息, 聖人隱伏, 墨術行.

治之經, 禮與刑, 君子以脩, 百姓寧. 明德慎罰, 國家旣治, 四海平.

治之志, 後埶富, 君子誠之, 好以待. 處之敦固,¹⁷ 有深藏之, 能遠思.

思乃精, 志之榮, 好而壹之, 神以成. 精神相反,¹⁸ 一而不貳, 爲聖人.

治之道, 美不老, 君子由之, 佼¹⁹以好. 下以敎誨²⁰子弟, 上以事祖考.²¹

成相竭,²² 辭不蹷,²³ 君子道之, 順以達. 宗其賢良, 辨其殃孼.²⁴

| 해설 |

후왕이란 순자의 독특한 사상이다. 그 시대 학자들은 모두 옛날 일을 빌려 자기의 학설을 이상화하였다. 유가에서도 요·순 시대를 이상적인

---

15 芻豢(추환) : 꼴을 먹여 기르는 소나 돼지.
16 糟糠(조강) : 술찌끼와 겨.
17 敦固(돈고) : 독실하고 굳건한 것.
18 相反(상반) : '반'은 급(及)의 잘못(王引之). 따라서 서로 미쳐 어울리는 것.
19 佼(교) : 예쁜 것, 좋은 것.
20 誨(회) : 깨우치는 것.
21 祖考(조고) : 돌아가신 할아버지, 곧 조상.
22 竭(갈) : 다하는 것.
23 蹷(궤) : 어긋나는 것, 빗나가는 것.
24 殃孼(앙얼) : 재앙의 씨가 되는 자.

정치가 행해진 시대로 본 것은 그 보기이다. 순자 자신도 옛 임금을 이상적인 정치를 행한 임금이란 뜻으로 사용하고 있는 것은 사실이나, 그러한 상고 사상에 대한 반발에서 후왕을 주장하였다.

후왕 사상이란 후세 또는 근세의 임금들도 옛날 성왕의 제도를 계승하여 그 시대에 알맞는 정치를 한다는 것이다. 구체적으로 후왕의 정치는 형벌과 예의를 기준으로 삼아야 한다고 주장한다. 이처럼 순자는 정치에 있어서 그 시대의 어느 사상가보다도 현실에 대한 이해가 깊었던 것 같다.

후왕 사상은 이미 앞의 정명편에도 언급되었으며, 그 밖의 불구· 비상· 유효· 왕제 등 여러 편에서도 단편적으로 그러한 주장을 엿볼 수 있다.

3

상 가락으로
성왕들 얘기해 보세.
요와 순은 현명한 이 존중하고
자신은 사양하였네.
허유와 선권은
의로움 중히 여기고 이익을 가벼이하여
행적이 밝게 드러났네.

요임금이 현명한 이에게 천자 자리를 사양한 것은
백성들을 위해서였으니,
널리 모든 사람 이롭게 하고 모든 사람 사랑하며
은덕을 고루 베푸시고,

위아래 분별하며 다스려,
귀하고 천한 신분의 등급을 정하고
임금과 신하의 도리 분명히 하셨네.

요임금이 능력 있는 이에게 천자 자리 내주려 하였을 적에
순임금은 마침 때를 잘 만났었네.
현명한 이 존중하고 덕 있는 이 밀어 주어
천하가 잘 다스려졌네.
비록 현명한 이나 성인이 있다 해도
마침 좋은 세상 만나지 못한다면
누가 그분들을 알아보겠는가?
요임금은 자신의 덕 내세우지 않고
순임금은 사양하지 않고 천자 자리 받았는데,
그 위에 요임금은 두 딸을 순임금 아내로 삼게 해주고
나랏일을 맡기셨으니,
위대한 분이셨네!

순임금이 천하를 다스리게 되자
만물이 다 갖추어졌거늘,
순임금은 다시 우에게
천하를 물려주어,
여전히 현명한 이 밀어 주며
질서를 잃지 않았네.
밖으로는 원수 같은 사람도 피하지 않고 등용하였으며,

안으로는 육친조차도 각별히 잘 대우하지 않았으니,
현명한 분이셨네!

요임금은 덕이 있은 위에
마음과 힘을 수고롭게 하였지만,
무기도 쓰지 않고
삼묘(三苗)를 복종케 하였네.
순을 밭이랑 사이에서 등용해
그에게 천하를 맡기고
자신은 편히 쉬었다네.
후직을 등용하니
오곡이 잘 자랐고,
기(夔)를 악정(樂正)에 임명하자
새와 짐승들까지도 따르게 되었으며,
설(契)을 사도(司徒)에 임명하니
백성들은 효도와 우애를 알게 되고
덕 있는 사람을 존경하게 되었네.

우임금은 공을 세웠으니
천하의 홍수를 다스려
백성들의 피해를 없애 주고
못된 공공(共工)을 쫓아내었네.
북쪽으로는 아홉 줄기의 강물을 터서 잘 흐르게 하고
열두 개의 모래톱을 터서 물이 제대로 흐르게 하고

세 강물을 준설하기도 하였네.
우임금은 나라 땅을 정리해
천하를 평화롭게 하였고,
몸소 백성들을 위해
노고를 다하였으며,
익(益)·고요(皐陶)·횡혁(橫革)과
직성(直成) 등을 임용해 보좌케 하였네.

상나라 선조이신 설(契) 현왕(玄王)은
소명(昭明)을 낳으시고,
지석(砥石)에 계시다가
상(商)으로 옮기셨네.
십사 대가 지나
바로 천을(天乙)이 태어났는데,
그분이 성탕(成湯)이시네.
천을 탕임금께선
사람을 검토해 등용함이 모두 합당하였고,
몸소 변수에게 천자 자리 물려주려 하였으며
모광을 등용하였네.
옛날 현명한 이와 성인의 길 따르면
나라의 기업 반드시 발전할 걸세.

| 원문 |

請成相, 道聖王. 堯舜尙賢, 身辭讓. 許由[1]善卷, 重義輕利, 行顯明.

堯讓賢, 以爲民, 氾利兼愛, 德施均. 辨治上下, 貴賤有等, 明君臣.

堯授能, 舜遇時. 尙賢推德, 天下治. 雖有賢聖, 適不遇世, 孰知之? 堯不德, 舜不辭, 妻以二女,[2] 任以事. 大人哉!

舜南面而立, 萬物備. 舜授禹, 以天下, 尙得推賢, 不失序. 外不避仇,[3] 內不阿親, 賢者予!

禹勞心力, 堯有德,[4] 干戈不用, 三苗[5]服. 擧舜畎畝,[6] 任之天下, 身休息. 得后稷,[7] 五穀殖, 夔爲樂正, 鳥獸服. 契爲司徒, 民知孝弟, 尊有德.

禹有功, 抑下鴻,[8] 辟除民害, 逐共工.[9] 北決九河, 通十二渚, 疏三江.

---

1 許由(허유) : 선권(善卷)과 함께 요·순임금 때의 현인. 요임금이 허유에게 천자 자리를 물려주겠다고 하자 더러운 말을 들었다며 영수(潁水)로 나가 귀를 씻고 숨었다 한다(『莊子』讓王). 선권은 순임금이 천자 자리를 물려주려 하자 받지 않고 깊은 산속으로 들어가 숨었다 한다.
2 二女(이녀) : 요임금의 딸이며 순임금의 비인 아황(娥皇)과 여영(女英).
3 不避仇(불피구) : 원수도 피하지 않다. 순임금은 먼저 곤(鯀)을 등용했는데 명을 따르지 않자 그를 처형하였다. 그 뒤에 곤의 아들 우를 다시 등용하여 치수의 일을 맡겼다.
4 禹勞心力, 堯有德(우로심력, 요유덕) : 요유덕, 노심력(堯有德, 勞心力)이어야 옳다(劉師培『荀子補釋』).
5 三苗(삼묘) : 나라 이름. 묘족들이 명을 거스르자 순임금은 문덕(文德)으로 이들을 감복시켜 따르게 하였다(『書經』大禹謨).
6 畎畝(견묘) : 밭도랑과 밭이랑. 농촌을 가리킴.
7 后稷(후직) : 본디 농사를 관장하는 벼슬 이름. 이때 후직에 임명된 이는 기(棄)이나, 뒤에 후직도 인명처럼 쓰임. 뒤의 기(夔)를 전악(典樂)에, 설(契)을 사도(司徒)에 임명한 기록 등 모두『서경』순전(舜典)에 나옴.
8 鴻(홍) : 홍(洪)과 통하여, 홍수.
9 共工(공공) :『서경』순전(舜典)에 순임금이 공공을 유주(幽州)로 귀양보냈다고 하였다.

禹傳土,¹⁰ 平天下, 躬親爲民, 行勞苦. 得益¹¹皐陶橫革,¹² 直成爲輔.

契玄王,¹³ 生昭明, 居于砥石, 遷于商.¹⁴ 十有四世, 乃有天乙, 是成湯. 天乙湯, 論擧當, 身讓卞隨, 擧牟光.¹⁵ 道古賢聖, 基必張.

| 해설 |
성인이라 칭송되는 요·순·우·탕 네 분의 업적을 노래한 것이다.

4
노래를 이어 보세.
세상이 어지럽고 선한 사람 싫어해도
그것을 다스리려 하지 않고,
잘못은 덮어놓고 현명한 사람 미워하며,
언제나 간사하고 거짓말하는 자를 쓰면,
재난이 없을 수 없으리라.

---

10 傳土(부토) : 나라 땅을 잘 다스리다.
11 益(익) : 고요(皐陶)와 함께 순임금의 신하. '익'은 산과 연못을 다스리는 우(虞)의 벼슬을 맡았고 '고요'는 옥관(獄官)인 사(士) 벼슬을 맡았었는데, 뒤에는 우(禹)를 섬김(『書經』舜典).『서경』에 고요모(皐陶謨)편이 있다.
12 橫革(횡혁) : 직성(直成)과 함께 다른 곳에는 기록이 보이지 않는 사람이다.
13 契玄王(설현왕) : '설'은 순임금 때의 민정을 맡은 사도였으며(『書經』舜典), 뒤에 상나라 시조가 된다. '설'은 현왕(玄王)이라고도 부른다(『詩經』商頌 長發).
14 商(상) : 지금의 하남성(河南省) 상구현(商丘縣) 지방.
15 卞隨擧牟光(변수거모광) : '거'는 여(與)의 잘못(俞樾). 이 얘기는『장자(莊子)』양왕(讓王)편에 나옴.

환난이로다!
도리에 어긋나는 일이나 하고
성인이나 지혜 있는 사람은 등용하지 않고
어리석은 자와 일을 꾀하며,
앞의 수레가 이미 뒤집혔는데도
뒤따르는 수레의 진로를 바꿀 줄 모르니,
언제 깨달을 것인가?

깨닫지도 못하고
괴로운 줄도 모르며,
미혹되어 목표를 잃고 위아래가 바뀌었으니,
충성된 말은 임금에게 전해지지 않아
귀와 눈 막히고 가려지고
드나드는 문은 막혀 버린 형편이네.
문이 막혀 버려
크게 미혹되니
어기고 어지러워 혼미하기 끝이 없는 지경,
옳고 그름은 반대로 뒤바뀌고
자기들끼리 어울려 임금을 속이며
바르고 곧은 사람은 미워하네.
바르고 곧은 사람 미워하니
그들 마음에는 법도가 없어져
사악하고 굽어지고 편벽되고 비뚤어져 갈 길을 잃게 되네.
자기가 남을 꾸짖을 것도 없거니와

자기 스스로가 아름답다 여기고 있으니
어찌 무사할 수가 있겠는가?

스스로 경계할 줄 모르면
뒤에는 반드시 후회하게 되리라.
잘못을 저지른 뒤에도
후회하지 않는다면,
간악한 자들이 많이 모여들어
이런 말 저런 말 거듭하여
거짓되고 간악한 짓 하게 되리라.
사람이 간악한데도
그를 대비할 줄 모르고,
총애나 다투고 현명한 이 질시하며,
서로 미워하고 시기하며
공로가 있는 자를 시기하고 현명한 이를 음해하며
아래로는 자기 붕당을 모으고
위로는 모든 일을 가리고 숨기리라.

임금 귀가 막히고 눈이 가려지면
보필하는 신하들이 세력을 잃어
간악한 자를 임용하는 것을
아무도 막아 주지 못하리라.
괵공(虢公) 장보의 변란에
주나라 여왕은 체(彘)로 귀양갔었네.

주나라 유왕과 여왕이 실패한 까닭은
올바로 간하는 말 듣지 않고 충신을 해쳤기 때문이네.
아아! 우리는 어찌된 셈이기에
좋은 시절 만나지 못하고
난세에 태어났는가?
충심으로 대하려 해도
내 말 따르지 않네.
오자서처럼 불행을 당하여
간하는 말은 들어주지 않고
독록(獨鹿)이란 칼에 목이 잘려
장강(長江)물에 버려지게 될까 두렵네.
지난 일을 잘 살펴
스스로 잘 경계하면,
다스려지고 어지러워짐과 옳고 그릇됨을 잘 알게 되리라.
상 가락에 기탁하여 내 뜻을 노래하네!

| 원문 |

願陳辭, 世亂惡善, 不此治. 隱諱疾賢,[1] 良由[2]姦詐, 鮮無災. 患難哉!
阪爲先,[3] 聖知不用, 愚者謀. 前車已覆, 後未知更, 何覺時?

---

1 隱諱疾賢(은휘질현) : 잘못을 덮어 놓고 현명한 사람을 미워하다.
2 良由(양유) : 장용(長用)으로 쓰는 것이 옳으며(王念孫), 언제나 ~을 쓰다의 뜻.
3 阪爲先(판위선) : '판은 반(反)의 뜻(楊倞), '선'은 지(之)의 잘못(王念孫). 도리에 반대되는 일을 하다.

不覺悟, 不知苦, 迷惑失指,⁴ 易上下. 中⁵不上達, 蒙揜⁶耳目, 塞門戶.
門戶塞, 大迷惑, 悖亂昏莫,⁷ 不終極. 是非反易, 比周欺上, 惡正直.
正直惡, 心無度, 邪枉辟回,⁸ 失道途. 己無郵人,⁹ 我獨自美, 豈獨無故?

不知戒, 後必有恨, 後遂過, 不肯悔. 讒夫多進, 反覆言語, 生詐態.¹⁰
人之態, 不如備, 爭寵嫉賢, 利惡忌.¹¹ 妬功毀賢, 下斂¹²黨與, 上蔽匿.

上壅蔽, 失輔執, 任用讒夫, 不能制. 孰公長父¹³之難, 厲王流於彘.¹⁴
周幽厲, 所以敗, 不聽規諫, 忠是害. 嗟我何人, 獨不遇時, 當亂世!
欲衷對, 言不從, 恐爲子胥, 身離凶. 進諫不聽, 剄而獨鹿,¹⁵ 棄之江.
觀往事, 以自戒, 治亂是非亦可識. 託於成相以喩意.

| 해설 |

지은이가 어지러운 세상에 태어난 것을 스스로 한탄하고 있다. 세상이

---

4 失指(실지) : 지표를 잃다, 목표를 잃다.
5 中(중) : 충(忠)과 통함.
6 蒙揜(몽암) : 막고 가리다.
7 昏莫(혼모) : 어둑어둑한 것, 혼미한 것.
8 辟回(벽회) : 편벽되고 비뚤어짐.
9 郵人(우인) : 남의 잘못을 꾸짖다.
10 詐態(사태) : '태'는 특(慝)과 통하여(王念孫), 거짓되고 간악한 것.
11 利惡忌(이오기) : '이'는 상(相)의 잘못(王念孫), 서로 미워하고 시기하다.
12 斂(렴) : 모으다.
13 孰公長父(숙공장보) : '숙'은 곽(郭)의 잘못이며, '곽'은 괵(虢)과 통하여(盧文弨) 주나라 여왕의 못된 신하(『呂氏春秋』當染편).
14 彘(체) : 지명으로, 하동 지방에 있었다.
15 獨鹿(독록) : 촉루(屬鏤)라고도 한다(楊倞). 오자서(吳子胥)는 오나라 왕 부차(夫差)가 내린 독록이란 칼로 자결하였다.

어지러워 현명한 사람, 훌륭한 사람은 몰라보고, 간사한 자들이 날뛰고
있기 때문이다. 그러한 간악한 자들이 판치는 세상은 오래갈 수 없다는
것이다.

5
상 가락의 노래로
나라 다스리는 방법 얘기해 보세.
임금의 도로 말하면 다섯 가지가 있는데,
그것은 간략하고도 분명하네.
임금이 삼가 그것을 지키면
아래 백성 모두 편안해지고 올바르게 되어
나라가 창성케 된다네.

첫째는 신하들이 직책을 수행하는 데
놀고먹는 자가 없도록 하며,
농사짓는 일에 힘쓰고 쓰는 것 절약하여
재물이 다하는 일 없도록 하며,
나라의 사업은 모두 임금의 뜻을 따라
멋대로 백성들을 부릴 수 없게 하여
백성들의 힘 통일해야 하네.

둘째는 모두가 자기 직책을 지켜
입는 옷 먹는 음식 풍족하게 하며,

수입이 많은 사람 적은 사람 등급이 있도록 하고
작위와 그에 따른 복식을 분명히 구분해야 하네.
백성들 이익은 오직 임금에게 의존하게 되어
멋대로 주어질 수가 없게 하면
누가 사사로이 이익을 추구하겠는가?

셋째는 임금의 법이 분명해
언론에 일정한 법도가 있어야 하네.
표준과 규범이 마련되어 있다면,
백성들도 방향을 올바로 알아
나아가고 물러남에 규칙이 있게 되어,
누구나가 멋대로 귀해지거나 천해질 수가 없을 것인데,
누가 사사로이 임금에게 아첨하려 하겠는가?

넷째는 임금의 법령에 비뚤어진 것이 있다면
그런 것은 금하여 결코 시행하지 않도록 해야 하네.
그러면 임금의 교화를 기뻐하지 않는 이 없게 되어
임금의 명성 흔들리지 않을 걸세.
교화를 잘 닦는 사람은 영화롭게 되고
거기로부터 이반하는 자는 욕을 보게 된다면
누가 다른 사람을 스승으로 모시겠는가?

다섯째는 형벌이 도리에 합당하면
그 한계를 잘 지킬 것일세.

신하가 형벌을 멋대로 쓸 수 없게 하면
사사로운 가문은 가볍게 여겨질 것이며,
죄를 판결함에 규칙이 있어
멋대로 가벼이 하거나 무겁게 하지 못하게 된다면,
임금의 권위는 분산되지 않으리라!

나라의 기업을 잘 다스려
길상(吉祥)이 언제나 분명해지도록 하세나!
임금이 논의하기 좋아하면
신하들도 반드시 좋은 계책을 생각할 것이네.
위에서 논한 다섯 가지 나라 다스리는 원칙이 잘 시행되면
제대로 처리되지 않는 일이 없을 것인데,
누가 이를 주관해야 하겠는가?

다섯 가지 나라 다스리는 원칙을 실천하는 원리는
실정을 분명히 파악하는 데 있다네.
이런 일 저런 일 모두 분명하고 신중히 하며
상을 주고 형벌을 가해야만 하네.
공로가 현저한 사람은 반드시 상을 받고
숨겨진 공로는 다시 현저히 드러나게 하면,
백성들은 성실함으로 돌아갈 것이네.

말에는 법도가 있고
모든 사실을 잘 참작하여,

신의가 있는 사람과 거짓된 자를 구분해
상과 벌이 틀림없이 주어지면,
백성들은 임금을 속이지 않고
모두가 사실을 말하게 되어
모든 일이 해처럼 분명하게 되리라.

임금이 모든 일에 통달하고 막힘이 없다면
숨겨진 일 먼 곳의 일도 모두 알려지고,
법도에 맞는 것과 어긋나는 것을 살피는 데 있어서도
보지 못하는 일까지 모두 알게 되리라.
임금의 귀와 눈이 밝으면
관리들은 법령을 공경해
감히 멋대로 일을 처리하지 않게 되리라.

임금의 훈령이 반포되고
임금의 행동에 규칙이 있다면,
관리들은 신중히 일을 해
비뚤어지고 어지러운 짓 하지 않게 되리라.
신하들은 사사로운 청탁을 하지 않고
각각 합당하게 행동하여
꾀부릴 생각은 버릴 것이다.

신하들이 삼가 법도를 따르게 되면
임금이 변화를 제어하게 될 것이며,

공평히 살피고 올바로 생각하면 질서가 어지러워지지 않으리라.
그렇게 천하를 다스리면
후세에도 그것을 본떠서
법률의 조리로 삼게 되리라.

| 원문 |

請成相, 言治方, 君論[1]有五, 約以明, 君謹守之, 下皆平正, 國乃昌.

臣下職, 莫游食, 務本[2]節用, 財無極. 事業聽上, 莫得相使,[3] 一民力.

守其職, 足衣食, 厚薄[4]有等, 明爵服. 利往卬上,[5] 莫得擅與, 孰私得?

君法明, 論有常, 表儀[6]旣設, 民知方. 進退有律, 莫得貴賤, 孰私王?

君法儀,[7] 禁不爲, 莫不說敎, 名不移. 脩之者榮, 離之者辱, 孰它師?

刑稱陳,[8] 守其銀,[9] 下不得用, 輕私門. 罪禍有律, 莫得輕重, 威不分.

---

1 君論(군론) : 임금의 도. 론(論)은 륜(倫)과 통한다.
2 務本(무본) : 근본에 힘쓰다. 옛 나라의 경제적인 근본은 농업이었다.
3 莫得相使(막득상사) : 신하들이 멋대로 백성을 부릴 수가 없는 것.
4 厚薄(후박) : 나라로부터 받는 경제적인 대우가 후하고 박한 것.
5 利往卬上(이왕앙상) : '왕'은 추(隹)와 통하며, 유(唯)의 뜻이 있다(王引之). '앙'은 앙(仰)과 통하여(楊倞), 이익은 오직 임금을 우러러 의존함에 있다는 뜻.
6 表儀(표의) : 표준과 규범.
7 法儀(법의) : '의'는 아(俄)의 잘못으로, 비뚤어진 것(俞樾).
8 刑稱陳(형칭진) : '진'은 도(道)의 뜻(王念孫), 형벌이 도에 합당한 것.

請牧祺, 明有基,¹⁰ 主好論議, 必善謀. 五聽¹¹脩領,¹² 莫不理續,¹³ 主執持?¹⁴

聽之經, 明其請,¹⁵ 參伍¹⁶明謹, 施賞刑. 顯者必得, 隱者復顯, 民反誠.

言有節, 稽其實, 信誕以分, 賞罰必. 下不欺上, 皆以情言, 明若日.

上通利,¹⁷ 隱遠至, 觀法不法, 見不視. 耳目旣顯, 吏敬法令, 莫敢恣.

君敎出, 行有律, 吏謹將之, 無鈹滑,¹⁸ 下不私請, 各以所宜, 舍巧拙.

臣謹脩,¹⁹ 君制變, 公察善思, 論不亂,²⁰ 以治天下, 後世法之, 成律貫.²¹

---

9 銀(은) : 은(垠)과 통하여(楊倞), 한계, 테두리.
10 請牧祺, 明有基(청목기, 명유기) : 기(祺)와 기(基)의 자리가 바뀌어 있다(俞樾). 따라서 나라의 기업을 잘 다스려 길상(吉祥)이 언제나 분명하도록 하는 것.
11 五聽(오청) : 위에서 밝힌 다섯 가지 나라의 실정을 파악하여 정치를 하는 원칙(顧千里).
12 脩領(수령) : '수'는 순(循)의 잘못(盧文弨), '령'은 리(理)의 뜻(王念孫). 따라서 잘 따라 다스리는 것.
13 理續(이속) : '속'은 적(績)의 잘못(王念孫). 일을 잘 다스리는 것.
14 主執持(주집지) : 숙주지(孰主持)의 잘못(王念孫). 누가 그 일들을 주관하겠는가?
15 請(청) : 정(情)과 통하여(楊倞), 실정, 사실.
16 參伍(참오) : 이런 일 저런 일, 여러 가지 일들.
17 通利(통리) : 모든 일에 통달하고 막힘이 없는 것.
18 鈹滑(피활) : 비뚤어지고 어지러운 것.
19 謹脩(근수) : '수'는 순(循)의 잘못(王念孫). 삼가 법도를 따르는 것.
20 論不亂(논불란) : '논'은 윤(倫)과 통하여 법도, 질서.
21 律貫(율관) : 법을 관통하는 조리.

| 해설 |

여기서는 나라를 다스리는 데 임금이 지켜야 할 다섯 가지 법칙을 노래하고 있다. 이 다섯 가지 법칙이야말로 천하를 올바로 다스리는 원리라는 것이다.

제26편

부(賦)로 노래함
賦

　부(賦)란 전국 시대 초(楚)나라에서부터 발달하기 시작해, 한대에 이르러는 한대를 대표하는 문학으로 발전하였던 문체이다. 반고(班固)의 『한서(漢書)』 예문지(藝文志)를 보면 손경부 십편(孫卿賦 十篇)이 있다 하였으니, 이 편도 그 속에 들어 있던 것인 듯하다.
　제25편 성상(成相)도 운문이었던 것을 생각할 때, 순자는 문학에 대한 조예 또한 깊었던 듯하다. 여기의 부는 예의[禮]·지혜[知]·구름[雲]·누에[蠶]·바늘[針] 등에 관하여 읊으면서, 그것을 빌려 유학의 원리를 설교하고 있다. 문학사에서도 중국 최초의 부로 중요한 기록이다.

1

여기에 위대한 물건이 있는데
비단실도 비단도 아니건만
무늬와 줄은 아름다운 구성 이루었고,
해도 달도 아니건만
천하를 밝게 비춰주네.
산 사람은 그것으로써 오래 살고
죽은 이는 그것으로써 장사 지내 주며,
성곽은 그것으로써 견고해지고
군대는 그것으로써 강해지네.
순수히 그것을 지키면 왕자가 되고
뒤섞여 그것을 지키면 패자가 되며
하나도 안 지키면 망해 버리네.

저는 어리석어 알지 못하겠으니
감히 임금님께 가르침을 청합니다.

임금이 대답한다.
그것은 무늬는 있어도 여러 가지 빛깔은 없는 것이지?
간결해 알기 쉬우면서도 매우 이치가 있는 것이지?
군자들은 공경하지만 소인들은 싫어하는 것이지?
본성이 이것을 잘 터득하지 못하면 새나 짐승과 같이 되고
본성이 이것을 잘 터득하면 매우 우아해지는 것이지?
보통 남자라도 이를 존중하면 성인이 되고

제후가 이를 존중하면 세계를 통일하게 되는 것이지?

매우 분명하고 간략하며
매우 순조롭게 체득되는 것,
그것은 예의밖에 더 있겠는가!

— 예의 —

| 원문 |

爰[1]有大物, 非絲非帛,[2] 文理成章.[3] 非日非月, 爲天下明. 生者以壽, 死者以葬, 城郭以固, 三軍[4]以强. 粹而王, 駁[5]而伯,[6] 無一焉而亡.

臣愚不識, 敢請之王.

王曰; 此夫文而不采者與? 簡然易知, 而致有理者與? 君子所敬, 而小人所不者與? 性不得則若禽獸, 性得之則甚雅似[7]者與? 匹夫隆之, 則爲聖人, 諸侯隆之, 則一四海者與?

致明而約, 甚順而體, 請歸之禮. 禮.

---

1 爰(원) : 이에, 여기에.
2 帛(백) : 비단.
3 章(장) : 무늬 같은 아름다운 구성.
4 三軍(삼군) : 옛날 군제에 천자 밑에는 육군(六軍), 제후 밑에는 삼군이 있었다. 여기서는 일반적으로 전군을 가리키는 말임.
5 駁(박) : 예의를 잡되게 지키는 것.
6 伯(백) : 제후 중에서 높은 사람. 여기서는 패자의 뜻.
7 雅似(아사) : 우아한 것.

| 해설 |

순자는 사람의 악한 본성을 올바로 다스리기 위해서는 예의가 없으면 안 된다고 생각하였다. 이 부는 운문인 만큼 그러한 순자의 사상이 더욱 집약적으로 표현되어 있다. 특히 대화를 이용해 여러 가지 표현과 의문을 맨 뒤의 예의로 귀납시키는 문장 구성이 독특하다.

2

임금께서 한 물건을 내리시어
아랫사람들에게 주었는데,
어떤 이에게는 많이, 어떤 이에게는 적게 주어
언제나 같거나 고르지 않네.
걸왕과 주왕은 그것으로 세상을 어지럽혔고,
탕임금과 무왕은 그것 때문에 현명했었네.
어지럽기도 하고 맑고 깨끗하기도 하며
장대하기도 하고 우아하게 아름답기도 하네.
온 세상에 두루 널리 퍼지는데
하루도 걸리지 않고 어디에나 간다네.
군자들은 그것으로 몸을 닦지만
도척은 그것으로 남의 집을 턴다네.
크기는 하늘에 맞먹을 정도이고
자세하고 치밀하기는 형체가 없는 정도이네.
행동의 의로움은 그것을 근거로 올바르게 되고
하는 일은 그것을 근거로 이룩되네.

포악함을 금할 수도 있고 궁핍한 것을 구해 줄 수도 있어
백성들은 그것을 바탕으로 한 뒤에야 안락하게 된다네.

저는 어리석어 알지 못하겠으니
감히 그 이름을 여쭙고자 합니다.

그것은 넓고 평평한 데에서는 편안하고
험하고 좁은 곳에서는 위태로운 것이지?
닦아서 깨끗한 것은 가까이하고
잡되고 더러운 것은 멀리하는 것이지?
매우 깊이 숨어 있다가도 밖으로 나와서는 적을 쳐 이기는 것이지?
순임금 우임금을 법도로 삼고 그분들 발자취를 따르려 하는 것이지?
행위의 움직임이 그것에 따라 행해지면 적절하게 되는 것이지?

혈기의 정수이며
마음과 뜻의 영화이며,
백성들은 그것에 의지한 연후에야 편안해지고,
천하는 그것에 의지한 연후에야 평화로워지는 것이지?
밝게 통달하고 순수해 아무런 티도 없는 것이지?
그런 것이라면 군자의 지혜이지!

— 지혜 —

| 원문 |

皇天隆物,¹ 以示²下民, 或厚或薄, 帝不齊³균. 桀紂以亂, 湯武以賢.

渾渾[4]淑淑,[5] 皇皇[6]穆穆,[7] 周流四海, 曾不崇日.[8] 君子以脩, 跖以穿室. 大參乎天, 精微而無形. 行義以正, 事業以成. 可以禁暴足窮, 百姓待之而後寧泰.

臣愚不識, 願問其名.

曰; 此夫安寬平而危險隘者邪? 脩潔之爲親,[9] 而雜汙之爲狄[10]者邪? 甚深藏而外勝敵者邪? 法禹舜而能弇迹[11]者邪? 行爲動靜, 待之而後適者邪?

血氣之精也, 志意之榮也. 百姓待之而後寧也, 天下待之而後平也. 明達純粹而無疵也, 夫是之謂君子之知. 知.

| 해설 |
군자의 지혜를 읊은 대목이다.

3
여기에 한 물건이 있는데,

---

1 隆物(융물) : '융'은 강(降)과 통하여(王念孫), 물건을 내려주는 것.
2 示(시) : 시(施)의 잘못이며, 여(予)의 뜻. 주는 것(王念孫).
3 齊(제) : 상(常)의 잘못(王念孫), 언제나.
4 渾渾(혼혼) : 생각이 어지러운 모양.
5 淑淑(숙숙) : 맑고 깨끗한 모양.
6 皇皇(황황) : 크고 굉장한 모양.
7 穆穆(목목) : 아름답고 우아한 모양.
8 不崇日(불숭일) : 하루도 차지 않다.
9 親(친) : 근(近)의 뜻. 가까이 하다.
10 狄(적) : 적(逖)과 통하여(王念孫), 멀리하다.
11 弇迹(엄적) : 발자취를 따르다.

가만히 있을 때는 두루 퍼져 고요하면서도 낮게 깔려 있지만,
움직일 때는 매우 높고 거대하네.
둥근 것은 그림쇠에 들어맞고
모난 것은 굽은자에 들어맞으며,
크기는 하늘 땅과 맞먹고,
은덕은 요임금·우임금처럼 두텁네.
터럭 끝과 같이 정밀하고
우주에 가득 차게 크네.
아득히 끝없이 멀리 가기도 하고
감돌면서 서로 쫓다가 되돌아오기도 하네.
높이 떠 있어서 온 천하가 모두 그 혜택을 받으니
그 은덕은 두터워 버리는 물건 하나 없고,
오색을 갖추어 무늬를 이루고 있네.
왔다 갔다 하는 것이 까마득하고도 변화가 많아
위대한 신의 일인 듯하네.
나왔다 들어갔다 매우 다급하나
그것이 나오는 문은 알 수가 없네.
천하는 그것을 잃는다면 멸망하게 되고
그것이 있어야 존속할 수 있다네.

이 제자는 어리석고 둔하니
이에 대해 말씀해 주시기 바랍니다.
군자께서 말씀하시어
그것이 무엇인가 깨우쳐 주십시오.

그것은 바로 크면서도 막힘이 없는 것이지?
우주에 가득 차면서도 빈틈이 없고,
틈이나 구멍으로 들어가도 막히는 일이 없는 것이지?
멀리 빠르게 달려가지만 편지를 부탁할 수는 없고
왔다 갔다 하며 까마득하고 변화가 많아
그것을 꽉 막아 둘 수는 없는 것이지?
갑자기 벼락을 쳐 사람들을 죽인다 해도
그를 의심하거나 미워할 수 없는 것이지?
공로는 온 천하에 미치지만
사사로운 자기 덕이라 내세우지 않는 것이지?

땅에 몸을 기탁하고 우주에 노닐면서
바람을 벗하고 비를 아들 삼으며,
겨울날에는 추위를 일으키고
여름날에는 더위를 일으키며,
광대한 정령과 신통함을 지닌 것,
그것은 구름이라네.

— 구름 —

| 원문 |

有物於此, 居則周靜[1]致下, 動則蟇高以鉅.[2] 圓者中規, 方者中矩. 大

---

[1] 周靜(주정) : 두루 퍼져 고요히 있는 것. 처음에 구름이 땅 위에 생겨날 때의 모습이다.

參天地, 德厚堯禹, 精微乎毫毛,[3] 而大盈乎大宇.[4] 忽兮[5]其極之遠也, 蠚兮[6]其相逐而反也, 卬卬兮[7]天下之咸蹇[8]也. 德厚而不捐,[9] 五采備而成文. 往來惛憊,[10] 通於大神, 出入甚極,[11] 莫知其門. 天下失之則滅, 得之則存.

弟子不敏, 此之願陳, 君子設辭, 請測意[12]之.

曰; 此夫大而不塞者與? 充盈大宇而不窕,[13] 入郄[14]穴而不偪[15]者與? 行遠疾速, 而不可託訊者與?[16] 往來惛憊, 而不可爲固塞者與? 暴至[17]殺傷, 而不億忌[18]者與? 功被天下, 而不私置[19]者與?

託地而游宇, 友風而子雨. 冬日作寒, 夏日作暑. 廣大精神,[20] 請歸之雲. 雲.

---

2 鉅(거) : 거대한 것.
3 毫毛(호모) : 가는 터럭 끝.
4 宇(우) : 우주.
5 忽兮(홀혜) : 먼 모양(王念孫).
6 蠚兮(나혜) : 구름이 감도는 모양(王念孫).
7 卬卬兮(앙앙혜) : 높이 떠 있는 모양.
8 蹇(건) : 건(攓)의 뜻으로(俞樾), 은택을 받는 것.
9 捐(연) : 버리다.
10 惛憊(혼비) : 분명치 않으면서도 변화가 무척 많은 것.
11 甚極(심극) : 매우 다급하다, 심히 빠르다.
12 測意(측의) : 뜻을 헤아리다. 뜻을 깨우치다.
13 不窕(부조) : 빈틈이 없다, 여유가 없다.
14 郄(극) : 틈. 극(隙)과 같은 글자.
15 不偪(불핍) : 막히지 않다, 걸리지 않다.
16 託訊者與(탁신자여) : '자여'는 잘못 붙은 글자(盧文弨). '탁신'은 편지 전해 줄 것을 부탁하는 것.
17 暴至(폭지) : 갑자기 천둥 번개를 치는 것.
18 億忌(억기) : 의기(疑忌)의 뜻(王念孫), 의심하고 미워하다.
19 私置(사치) : '치'는 덕(德)의 뜻(王念孫), 사사로운 개인의 덕.
20 精神(정신) : 지정지신(至精之神), 정령과 신통.

| 해설 |

구름을 주제로 그 은덕을 노래하고 있다.

4
여기에 한 물건이 있는데,
그 몸은 털도 깃도 없는 모양이나
자주 변화하는 것이 신묘하다네.
그의 공로는 온 세상에 미치고,
영원토록 문식의 재료가 되며,
예의와 음악도 이것이 있어 완성되고
귀하고 천한 신분도 이것을 바탕으로 구분되며,
노인들을 부양하고 어린아이들을 기르는 일도
이것을 이용해야만 잘 된다네.
그런데 그 이름은 별로 아름답지 못해
난폭하다는 뜻에 가까운 말이네.
공로를 이룩하면 그 자신은 죽고
사업이 완성되면 그의 집안은 무너진다네.
그들의 늙은이들은 버리고
그들의 후세만을 거두어들인다네.
사람의 무리들은 이로운 것이라 아끼지만
나는 새들은 그것들을 해치고 잡아먹는다네.

저는 어리석어 알 수가 없으니

이것이 무엇인지 오제(五帝)님께 점을 쳐 알아보고자 합니다.

오제는 거기에 대해 점을 치고 말씀하셨다.
그것은 몸은 부드럽고 머리는 말대가리지?
자주 변하기는 하지만 오래 살지는 못하는 놈이지?
잘 먹고 장성하지만 늙으면 형편없게 되는 것이지?
부모는 계시지만 암놈 수놈 구분은 없는 것이지?

겨울철에는 숨어 있다가 여름철에는 나와 놀며,
뽕잎을 먹고 실을 토하며,
본디 어지러이 얽혀 있는 것을 뒤에 잘 다스리고,
여름에 생장하면서도 더위는 싫어하고,
습기는 좋아하면서도 비는 싫어하며,
번데기는 어머니가 되고
나방은 아버지가 되며,
세 번 잠자고 세 번 깨어 일어나면
하는 일이 곧 크게 이루어지는 것,
그것이라면 바로 누에의 원리일 수밖에!

— 누에 —

| 원문 |

有物於此, 㒩㒩兮[1]其狀, 屢化如神. 功被天下, 爲萬世文. 禮樂以成,

---

1 㒩㒩兮(나라혜) : 벌거벗은 모양, 털도 깃도 없는 모양.

貴賤以分. 養老長幼, 待之而後存. 名號不美,² 與暴爲隣. 功立而身廢, 事成而家敗. 棄其耆老, 收其後世. 人屬所利, 飛鳥所害.

臣愚而不識, 請占之五泰.

五泰³占之曰: 此夫身女好⁴而頭馬首者與? 屢化而不壽者與? 善壯而拙老者與? 有父母而無牝牡者與?

冬伏而夏游, 食桑而吐絲, 前亂而後治, 夏生而惡暑, 喜溼而惡雨, 蛹以爲母, 蛾以爲父, 三俯三起,⁵ 事乃大已. 夫是之謂蠶理. 蠶.

| 해설 |

누에고치를 만드는 누에의 일을 노래하고 있다.

5

여기에 한 물건이 있는데
산 언덕에서 나서는
집 안에 거처하고 있다네.
아는 것이 없고 기술도 없지만
옷을 잘 만드네.
도둑질도 강도질도 안하는데

---

2 名號不美(명호불미) : 이름이 아름답지 않다. 잠(蠶)이라는 음은 참(慘)・참(憯)과 비슷하여 죽이다, 아프다, 슬프다는 뜻을 연상케 하기 때문이다(王引之).
3 五泰(오태) : 오제(五帝, 楊倞). 다만 여기서는 옛 황제가 아니라 신무(神巫)의 이름인 듯하다.
4 女好(여호) : 유완(柔婉), 부드러운 것(楊倞).
5 三俯三起(삼부삼기) : 누에는 고치를 만들기 전까지 세 번 자면서 자란다 한다.

구멍을 뚫고 다니며,
밤낮으로 떨어져 있는 것들을 합쳐
아름다운 무늬 이룩하네.
세로 합칠 줄도 알고
가로 잇기도 잘한다네.
밑으로는 백성들을 입혀 주고
위로는 제왕들을 장식해 주며,
그의 공적은 매우 넓지만
어질다고 뽐내지 않네.
써 줄 때면 그대로 존재하지만
써 주지 않으면 숨어 버린다네.

저는 어리석어 알지 못하겠으니
감히 임금님께 가르침을 청합니다.

임금이 대답한다.
그것은 처음 생겨날 때엔 컸지만
다 만들어진 다음엔 조그만 것이지?
그 꼬리는 길지만
그 끝은 날카로운 것이지?
머리는 뾰족하면서도
꼬리는 길다란 것이지?

왔다 갔다 하면서

꼬리를 맺음으로써 일하고
깃도 날개도 없지만
위아래로 매우 빨리 움직이며,
꼬리가 생기면 일이 시작되고
꼬리가 감기면서 일이 끝나네.
비녀는 아버지뻘이 되고
바늘통은 어머니뻘이 되며,
옷 겉을 다 꿰매고 나서는
또 안을 대어 주네.
이런 것을 두고서
바늘의 이치라 하는 것이네.

— 바늘 —

| 원문 |

有物於此, 生於山阜,[1] 處於室堂. 無知無巧, 善治衣裳. 不盜[2]不竊,[3] 穿窬[4]而行. 日夜合離,[5] 以成文章. 以能合從,[6] 又善連衡.[7]

下覆[8]百姓, 上飾帝王. 功業甚博, 不見[9]賢良. 時用則存, 不用則亡.

---

1 阜(부) : 큰 언덕.
2 盜(도) : 강도.
3 竊(절) : 절도.
4 穿窬(천유) : 구멍을 뚫는 것.
5 合離(합리) : 떨어져 있는 것들을 합치는 것.
6 從(종) : 세로.
7 衡(횡) : 횡(橫)과 통하여, 가로.
8 覆(복) : 덮어 주다, 입혀 주다.
9 不見(불현) : 드러내지 않다. 뽐내지 않다.

臣愚不識, 敢請之王.

王曰; 此夫始生鉅,[10] 其成功小者邪? 長其尾而銳其剽[11]者邪? 頭銛達[12]而尾趙繚[13]者邪?

一往一來, 結尾以爲事. 無羽無翼, 反覆甚極. 尾生而事起, 尾遭[14]移事已. 簪[15]以爲父, 管[16]以爲母. 旣以縫[17]表,[18] 又以連裏.[19] 夫是之謂箴[20]理. 箴.

| 해설 |

부는 본디 굴원(屈原)이나 송옥(宋玉) 같은 초기의 작가들에게는, 격한 자기의 감정을 서술하는 수단이었다. 굴원의 부에서도 자기의 마음을 향초(香草)나 옥에 흔히 비유하고 있지만, 이처럼 순전한 물건을 읊은 일은 없었다. 그러므로 구름이나 누에·바늘 같은 물건을 읊은 순자의 방법은 한대 부 작가들에게 더 많은 영향을 준 듯하다. 한대의 부는 주로 사물을 읊는 것이었으며, 뒤에는 왕실과 임금 행차의 화려함 등을 읊어 임금에게 아부하는 문학으로 전락하기도 했다.

---

10 鉅(거) : 큰 것. 바늘을 만들기 전에는 큰 쇳덩어리로 산에서 생산되었음을 뜻한다.
11 剽(표) : 끝머리.
12 銛達(섬달) : 날카로운 것, 뾰족한 것.
13 趙繚(조료) : 도료(掉繚)와 같은 말로, 긴 모양.
14 遭(전) : 감기는 것, 돌려 맺는 것.
15 簪(잠) : 비녀. 큰 바늘 모양으로 생겼다.
16 管(관) : 바늘 넣는 통.
17 縫(봉) : 꿰매는 것.
18 表(표) : 옷 겉.
19 裏(리) : 옷 안.
20 箴(침) : 침(針)과 통하여, 바늘.

6

천하가 다스려지지 않고 있으니
궤시(佹詩)로 한 번 읊어 보세나.

하늘과 땅의 자리 바뀌었고
사철의 차례도 엇바뀌었네.
많은 별들 다 떨어져
아침이고 저녁이고 캄캄하기만 하네.
어둡고 어리석은 자들이 밝은 자리에 올라 있고
해와 달처럼 밝은 이들은 아래에 숨어 있네.
공정하고 사심 없는 사람은
도리어 여러 가지 술책이나 쓰는 자라 알려지고,
마음속으로 여러 사람들의 이익을 위하고 있는 사람을 두고
높은 누각 넓은 집이나 짓고 살려는 자라 하네.
죄지은 사람을 사사로이 재판하는 일 없거늘
무기와 갑옷 준비해 자기 세력 키운다 하고,
도덕이 순수히 잘 갖추어져 있거늘
모함하는 말이 끊일 줄 모르네.
어진 사람은 물러나 궁하게 살고,
오만하고 난폭한 자가 권력을 휘두르네.
온 천하가 어둡고 험난하니
세상의 영재 잃게 될까 두렵네.
이무기와 용 같은 이를 도마뱀 취급하고
부엉이 같은 자들을 봉황새라 하네.

비간 같은 충신은 가슴이 쪼개지고,
공자 같은 성인이 광(匡) 땅에서 곤경을 겪었으니,
분명하게 그의 지혜가 밝은데도
뜻이 어긋나 상서롭지 않은 세상을 만나게 되었고,
그의 예의를 실현하고자 위대한 행동을 하는데도
천하는 어두워 아무도 알지 못하네.
밝은 세상은 다시 돌아오지 않으니
시름만이 끝없네.
천 년이면 반드시 세상이 뒤바뀐다는 것은
옛날부터의 법도이니,
제자들이 학문에 힘쓰고 있으면
하늘은 그것을 잊지 않으리니,
성인께서 두 손 모아
기다리는 때가 곧 올 것이네.

어리석은 자에게는 아직도 의심 가시지 않았으니
반복해서 읊는 말 더 들어보고 싶네.

그럼 다시 짧은 노래 부르세.
저 위대한 도 생각하니
어찌하여 그것이 막혀 있는가?
어진 사람은 곤궁하고
포악한 자는 잘 사네.
충신은 위태로운 처지이고

간악한 자들이 등용되고 있네.
붉은 옥 아름다운 진주는
몸에 찰 줄 모르고,
잡된 마포(麻布)와 비단이
다른 줄도 모르네.
여추(閭娵)나 자사(子奢) 같은 미인에게는
아무도 중매 서지 않고,
모모(嫫母)나 역보(力父) 같은 추녀를
그들은 좋아한다네.
장님을 눈이 밝다 하고
귀머거리를 귀가 밝다 하며,
위태로운 것을 안락하다 하고
길한 것을 흉하다 하네.
아아! 하나님이시어!
어찌 그것을 받아들일 수 있겠나이까?

| 원문 |

天下不治, 請陳佹詩.[1]

天地易位, 四時易鄉,[2] 列星殞墜, 旦暮晦盲. 幽晦登昭, 日月下藏. 公正無私, 反見從橫,[3] 志愛公利, 重樓疏堂. 無私罪人, 憼革[4]貳兵.[5] 道德

---

[1] 佹詩(궤시) : 궤이격절(佹異激切)한 시(楊倞).
[2] 鄉(향) : 향(向), 방향. 여기서는 사철의 차례.
[3] 反見從橫(반견종횡) : '반견'은 견위(見謂)의 잘못으로, ~이라 일컬어진다는 뜻(王念孫). '종횡'은 종횡가처럼 술책을 쓰는 사람, 이런 저런 교묘한 말만 많이 하는 사람.

純備, 讒口將將.⁶ 仁人絀約,⁷ 敖暴擅彊, 天下幽險, 恐失世英. 螭龍⁸爲蝘蜓,⁹ 鴟梟¹⁰爲鳳皇. 比干見刳, 孔子拘匡. 昭昭乎其知之明也, 拂乎其遇時之不祥也, 郁郁乎¹¹其欲禮義之大行也, 闇乎天下之晦盲也. 皓天¹² 不復, 憂無疆也. 千歲必反, 古之常也. 弟子勉學, 天不忘也. 聖人共手,¹³ 時幾將矣.

與愚以疑, 願聞反辭.

其小歌¹⁴曰; 念彼遠方,¹⁵ 何其塞矣. 仁人絀約, 暴人衍¹⁶矣. 忠臣危殆, 讒人服¹⁷矣. 琁玉¹⁸瑤珠, 不知佩也. 雜布與錦, 不知異也. 閭娵¹⁹子奢, 莫之媒也. 嫫母²⁰力父, 是之喜也. 以盲爲明, 以聾爲聰, 以危爲安, 以吉爲凶. 嗚呼上天! 曷維其同?²¹

---

4 憼革(경혁) : 무기를 비축하는 것.
5 貳兵(이병) : '이'는 계(戒)의 잘못(王念孫). 무기를 준비하는 것.
6 將將(장장) : 말이 많은 모양, 시끄러운 모양.
7 絀約(굴약) : 곤궁함, 궁핍함.
8 螭龍(치룡) : 이무기와 용.
9 蝘蜓(언전) : 도마뱀.
10 鴟梟(치요) : 부엉이, 올빼미.
11 郁郁乎(욱욱호) : 무늬가 아름다운 모양. 뒤의 불호(拂乎:어긋나는 모양)와 자리가 바뀌어 있음(楊倞).
12 皓天(호천) : 밝은 하늘, 밝은 세상을 뜻함.
13 共手(공수) : 두 손을 모아 잡는 것.
14 小歌(소가) : 옛 노래의 종장과 비슷한 노래. 부에서는 흔히 난왈(亂曰)이라 한다.
15 遠方(원방) : 대도, 위대한 도(楊倞). 청대의 많은 학자들(盧文弨)은 순자가 만년에 신세를 진 춘신군(春申君)이 있는 초나라를 뜻한다 하였다.
16 衍(연) : 풍요롭게 잘 사는 것.
17 服(복) : 쓰이다, 등용되다.
18 琁玉(선옥) : 붉은 옥(楊倞).
19 閭娵(여추) : 자사(子奢)와 함께 옛날의 미녀 이름.
20 嫫母(모모) : 역보(力父)와 함께 옛날의 추녀 이름.
21 其同(기동) : 거기에 찬동하다, 그것을 받아들이다.

| 해설 |

앞에 노래한 부와는 다른 형식의 궤시이다. 전국 시대의 운문의 일종이므로 중국 문학사에서 중요한 자료의 하나이다.

제 27 편

위대한 학문의 개략

大略

    이 편명은 위대한 학문의 개략이란 말에 가까운 뜻인데, 『순자』 전체의 대체적인 개략을 쓴 것은 아니다. 이 편은 순자의 제자들이 스승의 말을 이것저것 모은 것이어서, 그 내용도 예의·제도·교육·도덕 등 여러 방면에 걸친 잡다한 것들이다. 비교적 짧은 80개의 절로 이루어져 편폭이 크고 『순자』의 다른 편들의 내용이나 『예기(禮記)』의 내용 등과 겹치는 것들이 많다.

1

무릇 임금이란 예의를 숭상하고 현명한 사람들을 존중하면 왕자가 되고, 법을 중시하고 백성들을 사랑하면 패자가 되지만, 이익을 좋아하고 속임수를 많이 쓰면 위태롭게 된다.

| 원문 |

大略,¹ 君人者, 隆禮²尊賢而王, 重法愛民而覇, 好利多詐而危.

| 해설 |

임금의 마음가짐을 기본적으로 간략히 설명한 것이다.

2

사방의 여러 나라들과 가까이하려면 중앙보다 더 좋은 곳은 없다. 그러므로 왕자는 반드시 천하의 중앙에 자리잡는데, 이것이 예이다.

천자는 병풍을 문 밖에 치고, 제후는 병풍을 문 안에 치는 것이 예이다. 문 밖에 병풍을 치는 것은 밖의 일을 직접 보고 간섭하지 않으려는 것이다. 문 안에 병풍을 치는 것은 나라 안의 일을 보고 간섭하지 않으려는 것이다.

제후가 그의 신하를 부르면, 신하는 수레에 말을 매는 것을 기다리지 않고, 윗도리와 아랫도리를 거꾸로 입을 정도로 서둘러 달려가는

---

1 大略(대략) : 대략을 논하면, 대체적으로.
2 隆禮(융례) : 예의를 숭상하다.

것이 예이다. 『시경』에도 "옷을 거꾸로 입을 듯이 허둥지둥하는 것은, 임금께서 부르셨기 때문이네."라고 읊고 있다.

천자가 제후를 부르면, 제후들은 사람들에게 수레를 끌고 오도록 한 뒤 말 있는 곳까지 달려가 말을 수레에 매고 오는 것이 예이다. 『시경』에도 "내 수레를 내어 끌고 오도록 하고, 말 있는 곳까지 달려가는 것은, 천자 계신 곳에서 내게 오라고 명하셨기 때문이네."라고 읊고 있다.

천자는 산 무늬의 옷을 입고 면류관을 쓰고, 제후는 검은 옷을 입고 관을 쓰며, 대부는 보다 간편한 옷을 입고 면관(冕冠)을 쓰며, 사(士)는 가죽으로 만든 관을 쓰는 것이 예이다.

천자는 정(珽)을 들고, 제후는 서(荼)를 들며, 대부는 홀(笏)을 드는 것이 예이다.

천자는 조각한 활, 제후는 붉은 활, 대부는 검은 활을 쓰는 것이 예이다.

| 원문 |

欲近四旁, 莫如中央, 故王者必居天下之中, 禮也.

天子外屛,[1] 諸侯內屛, 禮也. 外屛, 不欲見外也, 內屛, 不欲見內也.

諸侯召其臣, 臣不俟駕,[2] 顚倒衣裳而走, 禮也. 詩曰:[3] 顚之倒之, 自公召之.

天子召諸侯, 諸侯輦輿[4]就馬,[5] 禮也. 詩曰:[6] 我出我輿, 于彼牧矣, 自

---

1 外屛(외병) : 문 밖에 병풍을 둘러치는 것. 내병(內屛)은 문 안에 병풍을 둘러치는 것이다.
2 駕(가) : 수레에 말을 매는 것.
3 詩曰(시왈) : 『시경』 제풍(齊風) 동방미명(東方未明) 시의 구절임.

天子所, 謂我來矣.

天子山冕,[7] 諸侯玄冠, 大夫裨冕, 士韋弁, 禮也.

天子御珽,[8] 諸侯御荼, 大夫服笏, 禮也.

天子雕弓, 諸侯彤弓, 大夫黑弓, 禮也.

| 해설 |

천자 제후 이하 대부와 사에 이르는 사람들의 예의 제도를 설명하고 있다. 병풍의 위치 등 다른 문헌에는 보이지 않는 내용들도 있다.

3

제후들이 다른 나라에서 서로 만날 때는 경이 보좌역이 되고, 예에 대해 배운 사(士)를 데리고 가며, 인덕이 많은 사람에게 나라에 머물러 지키도록 한다.

---

4 輦輿(연여) : 사람이 수레를 끄는 것.
5 就馬(취마) : 말 있는 곳으로 달려가다.
6 詩曰(시왈) : 『시경』소아(小雅) 출거(出車)시에 나오는 구절. 『시경』의 본 뜻과는 약간 다르게 해석하였다.
7 山冕(산면) : 산 무늬가 있는 옷을 입고 면류관을 쓰다. 천자의 옷에는 용(龍)·산(山)·화충(華虫)·불[火]·종이(宗彝)의 다섯 가지 무늬를 수놓았다. 이 대목은 제10편 부국(富國) 제2절에 보다 자세한 기록이 나오므로 참고 바란다.
8 珽(정) : 조정에서 천자가 손에 들던 물건. 서(荼)·홀(笏) 모두 옥으로 만든 같은 성격의 것으로 신분을 상징한다. '정'은 위아래 모두 모지고 가장 모양이 크며, '서'는 위는 둥글고 아래는 모지며, '홀'은 위아래 모두 둥글다. 옥 이외에 상아와 나무로 만든 것도 있다.

| 원문 |

諸侯相見,¹ 卿爲介,² 以其敎出³畢行, 使仁居守.

| 해설 |

제후가 다른 제후와 만나기 위해 자기 나라를 떠날 때의 방법을 쓴 것이다.

4

제후가 다른 나라로 사신을 보낼 때는 규(珪)를 쓰고, 다른 사람에게 일에 대해 물을 때는 벽(璧)을 쓰고, 다른 사람을 부를 때는 원(瑗)을 쓰고, 어떤 사람과 절연을 할 때는 결(玦)을 쓰고, 절연한 사람과의 관계를 되돌릴 때는 환(環)을 쓴다.

| 원문 |

聘人¹以珪,² 問士³以璧,⁴ 召人以瑗, 絶人以玦, 反絶以環.

---

1 相見(상견) : 자기 나라가 아닌 외국에서 서로 만나는 것.
2 介(개) : 부(副)의 뜻(楊倞). 보좌역.
3 敎出(교출) : 교사(敎士)의 잘못(王念孫). 예의에 대해 교육을 잘 받은 전문가.

1 聘人(빙인) : 다른 나라에 사신을 보내는 것.
2 珪(규) : 서옥(瑞玉)의 일종. 평평하고 길며 위는 둥글고 아래는 모가 졌다.
3 問士(문사) : 문사(問事)의 뜻(郝懿行), 일에 대해 질문하는 것.
4 璧(벽) : 뒤의 원(瑗)·결(玦)·환(環)과 함께 둥글고 평평하며 가운데 구멍이 뚫린 옥을 말한다. 이것들은 구멍의 크기가 다르며, '결'은 한 부분이 터져 있다.

| 해설 |

제후들이 신하들을 부릴 때 서옥(瑞玉)을 쓰는 방법을 설명한 것이다.

5

임금은 어진 마음으로 베풀어야 한다. 지혜는 어진 마음이 부리는 것이어야 하고, 예의는 어진 마음을 다하는 것이어야 한다. 그러므로 왕자는 어짐을 먼저 내세우고 예가 뒤를 따르게 한다. 하늘의 운행도 그러하다.

| 원문 |

人主仁心設[1]焉, 知其役也, 禮其盡也. 故王者先仁而後禮, 天施[2]然也.

| 해설 |

임금에게는 어진 마음과 예의가 가장 중요한 것임을 강조하고 있다.

6

빙례(聘禮)에 이렇게 기록되어 있다.

"폐백이 너무 과하면 그 사람의 덕이 손상되고, 예물이 사치스러우면 예를 망치게 된다. 예의다, 예의다 하고 말하지만, 옥이나 비단을

---

1 設(설) : 베풀다.
2 施(시) : 행하다, 베풀다.

말하는 것이겠는가?"

『시경』에 "음식이 맛있으니, 함께 먹세나!"라고 읊고 있다. 때에 맞지 않고 형식이 공경스럽지 않으며 즐겁고 기쁘지도 않다면, 비록 맛있는 음식을 대접한다 해도 예에는 어긋나는 것이다.

| 원문 |

聘禮¹志²曰; 幣厚則傷德, 財侈則殄³禮, 禮云禮云, 玉帛云乎哉?
詩曰;⁴ 物其指⁵矣, 唯其偕⁶矣. 不時宜, 不敬文,⁷ 不驩欣, 雖指, 非禮也.

| 해설 |

상대방을 방문할 때 가져가는 예물에 대해 설명하고 있다. 예물이 너무 비싸거나 호화로운 것이면 오히려 예에 어긋나는 일이라는 것이다.

7

물을 건너다니는 사람들은 물 깊이를 알리는 표지를 세워 놓아 사

---

1 聘禮(빙례) : 『의례(儀禮)』에는 빙례편이 있고, 그 끝 부분에는 기(記)가 있는데, 여기의 첫 두 구절과 비슷한 글이 나온다.
2 志(지) : 기록하다.
3 殄(진) : 멸하다, 망치다.
4 詩曰(시왈) : 『시경』 소아(小雅) 어려(魚麗)에 나오는 구절.
5 指(지) : 『시경』에는 지(旨)로 되어 있다. 맛있는 것.
6 偕(해) : 함께 즐기며 먹는 것.
7 敬文(경문) : 예의 형식을 공경하는 것.

람들이 물에 빠지지 않도록 해야 한다. 백성을 다스리는 사람은 혼란의 표지를 세워 놓아 사람들이 실수하지 않도록 해야 한다.

예의는 바로 그 표지이다. 옛 임금들은 예로써 천하가 혼란해지는 표지를 삼았다. 지금 예의를 폐지하는 자들은 바로 그 표지를 제거하는 셈이다. 그래서 백성들이 미혹되어 환난에 빠지게 되는 것이다. 이것이 형벌이 많아지고 있는 까닭이다.

| 원문 |

水行者表[1]深, 使人無陷, 治民者表亂,[2] 使人無失.

禮者, 其表也, 先王以禮表天下之亂. 今廢禮者, 是去表也. 故民迷惑而陷禍患. 此刑罰之所以繁也.

| 해설 |

나라를 다스리는 데 예의 중요성을 강조하고 있다.

8

순임금은 "나는 내가 바라는 대로 행동하였으나 잘 다스려졌다."고 말하였다. 그러므로 예의가 생겨난 것은 현명한 사람으로부터 서민들에 이르는 사람을 위해서이지, 성인이 되도록 하기 위한 것은 아니다.

---

1 表(표) : 표지.
2 表亂(표란) : 혼란의 표지를 세우다. 어떤 행위가 혼란을 일으키는 나쁜 행위인지 분명히 하는 것.

그러나 그것은 성인이 되는 근거가 된다. 그것에 대해 공부하지 않으면 성인은 될 수 없다. 요임금은 군주(君疇)에게서 배웠고, 순임금은 무성소(務成昭)에게서 배웠고,우임금은 서왕국(西王國)에게서 배웠다.

| 원문 |

舜曰；維予從欲而治. 故禮之生, 爲賢人以下至庶民也, 非爲成聖也. 然而亦所以¹成聖也, 不學不成. 堯學於君疇,² 舜學於務成昭,³ 禹學於西王國.⁴

| 해설 |

예가 나라를 다스리는 바탕이 되며, 예를 공부해야만 성인이 될 수 있다고 한다.

9

쉰 살이 되면 상례를 다 갖추지 않아도 되고, 일흔 살이 되면 상복을 걸치기만 하면 된다.

---

1 所以(소이) : 근거, 까닭.
2 君疇(군주) : 『한서(漢書)』 고금인표(古今人表)에는 윤수(尹壽), 『신서(新序)』에는 윤주(尹疇)로 나온다.
3 務成昭(무성소) : 『시자(尸子)』에도 나온다. 『한서』 예문지(藝文志) 소설가(小說家)에는 무성자(務成子) 11편이 나온다.
4 西王國(서왕국) : 다른 곳에는 기록이 보이지 않는다.

| 원문 |

五十不成喪,¹ 七十唯衰存.²

| 해설 |

노인들의 상례 치르는 법에 대해 설명한 것이다.

10

신랑이 신부를 마중하는 친영의 예에서는, 아버지는 남쪽을 향해 서고, 아들은 북쪽을 향해 무릎을 꿇고 앉는다.

아버지가 술잔에 술을 따라 마시고는 아들에게 명한다.

"가서 네 배필을 마중하여 우리 종묘의 제사 일을 잇게 하라. 부녀자의 도리를 공경히 따르며, 네 어머니의 후계자가 되게 하라. 너도 법도를 잘 따라야 한다."

아들이 대답한다.

"예, 잘하지 못할까 두렵습니다만 감히 하신 말씀을 잊을 리야 있겠습니까?"

| 원문 |

親迎¹之禮, 父南鄕而立, 子北面而跪.²

醮³而命之; 往迎爾相,⁴ 成我宗事,⁵ 隆率⁶以敬先妣⁷之嗣.⁸ 若⁹則有常.

---

1 不成喪(불성상) : 곡하고 슬퍼하는 예를 모두 하지 않아도 된다는 뜻(楊倞).
2 衰存(최존) : 상복을 몸에 걸치기만 하면 되고, 다른 예는 모두 따르지 않아도 된다는 것이다. 『예기』에도 그런 기록이 보인다.

子曰; 諾.¹⁰ 唯恐不能, 敢忘命矣?

| 해설 |

결혼식 때 가장 중요한 신랑이 신부를 맞아들이는 친영지례(親迎之禮)의 일부 절차를 설명하고 있다. 여기에서 옛 사람들의 결혼에 대한 개념도 엿볼 수 있다.

11

행실이란 예를 행하는 것을 말한다. 예란 신분이 존귀한 사람에게는 존경을 표시하고, 노인들에게는 효성을 나타내고, 나이 많은 사람들에게는 종순함을 드러내고, 어린아이들에게는 자애로움을 표시하고, 신분이 천한 사람에게는 은혜로움을 드러내는 것이다.

| 원문 |

夫行也者, 行禮之謂也. 禮也者, 貴者敬焉, 老者孝焉, 長者弟焉, 幼

---

1 親迎(친영) : 결혼식 때 신랑이 신부 집으로 가서 신부를 마중하는 의식.
2 跪(궤) : 무릎을 꿇다.
3 醮(초) : 술을 따라 잔을 주고받지 않고 마시는 것.
4 爾相(이상) : 너를 도울 사람, 너의 배필.
5 宗事(종사) : 종묘에서의 일, 조상들에 대한 제사.
6 隆率(융솔) : 부녀자의 도리를 힘써 따르는 것.
7 先妣(선비) : 돌아가신 어머니.
8 嗣(사) : 후계자.
9 若(약) : 너, 그대.
10 諾(낙) : 예.

者慈焉, 賤者惠焉.

| 해설 |
사람들 사이의 예의의 기본을 설명한 것이다.

12
그의 집안에서 물건을 내려 주는 것은, 마치 국가에서 상을 내리는 것과 같으며, 그가 부리는 사람들에게 성을 내는 것은 마치 여러 백성들에게 형벌을 사용하는 것과 같다.

| 원문 |
賜予其宮室,[1] 猶用慶賞於國家也. 忿怒其臣妾,[2] 猶用刑罰於萬民也.

| 해설 |
나라를 다스리는 데에는 상과 형벌을 적절히 써야 함을 설명한 것이다.

13
군자는 자식을 대할 때, 그를 사랑하되 그것을 얼굴빛으로 나타내지는 말 것이며, 그를 부리되 겉으로 봐주는 기색은 보이지 말 것이

---

1 宮室(궁실) : 개인의 집안.
2 臣妾(신첩) : 아래에 부리는 남녀.

며, 그를 올바른 도로 인도하되 강요하지는 말아야 한다.

| 원문 |

君子之於子, 愛之而勿面,[1] 使之而勿貌,[2] 導之以道而勿彊.

| 해설 |

군자가 자식을 대하는 기본 태도를 설명한 것이다.

14

예의란 인심을 따르는 것이 근본이다. 그러므로 예에 관한 경전에는 없는 일이라 하더라도 사람의 마음을 따르는 것은 모두가 예인 것이다.

| 원문 |

禮以順人心爲本. 故亡於禮經,[1] 而順人心者, 皆禮也.

| 해설 |

예의 근본은 인심임을 강조한 말로 예의는 형식이 아니라는 것이다.

---

[1] 勿面(물면) : 얼굴빛으로 나타내지 말라.
[2] 勿貌(물모) : 말이나 얼굴빛 등 겉으로 봐주는 기색을 보이지 말라.

[1] 禮經(예경) : 예에 관한 경전. 『예기』・『의례(儀禮)』 등을 뜻한다.

15

무릇 예의란 산 사람을 위할 때는 기쁨을 꾸며 주고, 죽은 사람을 장사지낼 때는 슬픔을 꾸며 주고, 군대에서는 권위를 꾸며 주는 것이다.

| 원문 |

禮之大凡,[1] 事生, 飾驩[2]也, 送死, 飾哀也, 軍旅, 飾威也.

| 해설 |

예의를 산 사람, 죽은 사람, 군대의 세 가지 경우로 나누어 그 대체적인 원리를 설명한 것이다.

16

친근한 사람을 친근히 하고, 오랜 친구를 오랜 친구로 대하고, 공이 있는 사람에게는 그 공로를 인정해 주고, 수고를 한 사람에게는 수고를 위로해 주는 것이 어짊(仁)에서 생겨나는 차등이다.

존귀한 사람을 존귀하게 대해 주고, 존경할 만한 사람을 존경해 주고, 현명한 사람을 현명한 사람으로 대접해 주고, 노인을 노인으로 잘 모시고, 어른을 어른으로 잘 모시는 것이 의로움(義)의 원리이다.

이상의 것들을 실천해 그것이 절도에 맞는 것이 예의 질서이다. 어짊은 사랑이기 때문에 서로 친해지고, 의로움은 원리이기 때문에 그

---

1 大凡(대범) : 대체적인 것, 대체적인 원리.
2 驩(환) : 기쁨, 환(歡)과 같은 글자.

것을 실천하게 되고, 예절은 절도이기 때문에 일이 이룩되는 것이다.

어짊에는 안주해야 할 마을이 있고, 의로움에는 출입해야 할 문이 있다. 어짊이라 하더라도 그가 안주해야 할 마을에 머물러 있지 않고 다른 곳에 머물러 있다면 올바른 어짊이 되지 못한다. 의로움이라 하더라도 그가 출입해야 할 문을 통과하지 않고 다른 길을 이용하였다면 올바른 의로움이 되지 못한다.

은덕은 헤아려 나간다 하더라도 그것이 도리에 어긋난다면 어짊이 되지 못한다. 도리에 맞는 일이라 하더라도 절도가 없다면 의로움이 되지 못한다. 절도에는 빈틈이 없다 하더라도 조화를 이루지 못하면 예의가 되지 못한다. 조화를 이룬다 하더라도 밖으로 드러나지 않는다면 음악(樂)이 되지 못한다. 그러므로 어짊·의로움·예의·음악은 그 목표가 모두 같은 것이다.

군자가 의로움을 바탕으로 어짊에 처신한 뒤에야 어질게 된다. 예의를 바탕으로 의로움을 실천한 뒤에야 의롭게 된다. 예의 제도를 마련하여 근본이 되는 어짊과 의로움으로 되돌아가 맨 끝의 절도까지 이룩한 뒤에야 예의가 이룩된다. 이 세 가지 것이 다 통달된 뒤에야 도가 이룩된다.

| 원문 |

親親故[1]故, 庸[2]庸勞勞, 仁之殺[3]也.

貴貴尊尊, 賢賢老老長長, 義之倫[4]也.

---

1 故(고) : 오래 사귄 사람.
2 庸(용) : 공(功)의 뜻, 공로가 있는 사람.
3 殺(쇄) : 차등.

行之得其節, 禮之序也. 仁, 愛也, 故親. 義, 理也, 故行. 禮, 節也, 故成.

仁有里,⁵ 義有門. 仁, 非其里而虛⁶之, 非禮也.⁷ 義, 非其門而由之, 非義也.

推恩而不理, 不成仁. 遂理而不敢,⁸ 不成義. 審節而不知,⁹ 不成禮. 和而不發, 不成樂. 故曰; 仁義禮樂, 其致¹⁰一也.

君子處仁以義, 然後仁也. 行義以禮, 然後義也. 制禮反本成末, 然後禮也. 三者皆通, 然後道也.

| 해설 |

어짊 · 의러움 · 예의라는 유가의 기본 원리를 설명하고 있다. 중간에 음악(樂)도 등장하나, 순자는 공자나 맹자에 비해 음악은 그다지 중시하지 않은 듯하다.

17

사람이 죽었을 때 재물을 보내 주는 것을 부(賻)라 하고, 수레와 말을 보내 주는 것을 봉(賵)이라 하고, 의복을 보내 주는 것을 수(襚)라 하고, 애완물을 보내 주는 것을 증(贈)이라 하고, 옥이나 보

---

4 倫(륜) : 이(理)(楊倞), 원리.
5 里(리) : 동리, 사람이 처신하는 곳.
6 虛(허) : 처(處)의 잘못(王念孫). 처신하다.
7 非禮也(비례야) : 비인야(非仁也)의 잘못(王念孫).
8 不敢(불감) : '감'이 절(節)이어야 문맥이 제대로 통한다. 절도에 맞지 않다, 절도가 없다.
9 不知(부지) : '지'는 화(和)의 잘못(王念孫).
10 致(치) : 목표, 귀착점.

석을 보내 주는 것을 함(唅)이라 한다.

부와 봉은 살아 있는 사람들을 돕기 위한 것이고, 증과 수는 죽은 이를 장사 지내기 위한 것이다. 그러므로 죽은 이를 장사 지내기 위한 물건이 시체를 관에 넣기 전에 도착하지 않고, 살아 있는 사람들을 조문하기 위해 보내는 물건이 장례를 치르기 전에 도착하지 않는 것은 예에 어긋나는 것이다.

그러므로 축하해야 할 일의 경우에는 하루 오십 리의 속도로 달려가지만, 사람이 죽었을 경우에는 하루 백 리의 속도로 달려가서, 봉이나 증 등이 일이 끝나기 전에 도착하도록 하는 것이 예의 중대한 요점이다.

| 원문 |

貨財曰賻,¹ 輿馬曰賵, 衣服曰襚, 玩好曰贈, 玉貝²曰唅.

賻賵, 所以佐生也, 贈襚, 所以送死也. 送死不及柩尸,³ 弔生不及悲哀, 非禮也.

故吉行五十, 犇⁴喪百里, 賵贈及事, 禮之大也.

| 해설 |

상가에 조문할 때 보내는 물건에 대한 설명이다. 뒷부분의 축하해야 할 일에는 하루 오십 리, 사람이 죽었을 적에는 하루 백 리의 속도로 달려간

---

1 賻(부) : 봉(賵)·수(襚)·증(贈)·함(唅)과 함께 상가에 보내는 물건. '부'와 '봉'은 죽은 이의 가족들이 쓰도록 보내는 것이고, '수'·'증'·'함'은 죽은 이와 함께 관 속에 넣어 장사 지낼 때 쓰는 물건들이다.
2 玉貝(옥패) : 옥과 보물.
3 柩尸(구시) : 시체를 관에 넣다, 입관시키는 것.
4 犇(분) : 달려가는 것. 분(奔)의 뜻.

다는 것은 조문하는 사람의 마음가짐을 나타내는 말이다.

18

예란 정치에서 수레의 줄과 같은 것이다. 예를 바탕으로 정치를 하지 않으면, 정치는 제대로 되지 않는다.

| 원문 |

禮者, 政之輓[1]也. 爲政不以禮, 政不行矣.

| 해설 |

정치에서의 예의 중요성을 강조한 말이다.

19

천자가 즉위할 때의 일이다. 상경(上卿)이 앞으로 나와 말한다.

"시름이 언제나 끊이지 않을 것인데 어찌하겠습니까? 나라의 환난을 물리치면 복을 누리게 되나, 환난을 물리치지 못하면 백성들을 해치게 될 것입니다."

그러고는 천자에게 그 말이 적혀 있는 첫째 서책을 건네준다.

다시 중경(中卿)이 앞으로 나와 말한다.

"하늘의 짝이 되시며 그 아래 천하를 다스리는 분께서는, 일에 앞

---

1 輓(만) : 수레 줄, 수레를 잡아끄는 줄.

서 그 일에 대해 생각해야 하고, 환난에 앞서 그 환난에 대해 생각해야 합니다. 일에 앞서 그 일에 대해 생각하는 것을 민첩한 처사라 하는데, 처사가 민첩하면 모든 일이 잘 이룩됩니다. 환난에 앞서 그 환난에 대해 생각하는 것을 미리 대처한다고 하는데, 미리 대처하면 환난이 생기지 않습니다. 일이 닥친 뒤에야 생각하는 것을 뒤진다고 하는데, 뒤지면 일이 제대로 이루어지지 않습니다. 환난이 닥친 뒤에야 생각하는 것을 곤혹되다고 하는데, 곤혹되면 환난을 막을 수가 없습니다."

그러고는 천자에게 그 말이 적혀 있는 둘째 서책을 건네준다.

다시 하경(下卿)이 앞으로 나와 말한다.

"공경히 경계하며 태만하지 않아야 합니다. 뜰 앞에 일을 축하하는 사람이 있을 때, 대문 앞에는 불행을 위문하려는 사람이 와 있는 법입니다. 재난과 행복은 바로 이웃하고 있어서, 그것들이 어디에서 어떻게 나타날지 알 수가 없는 것입니다. 힘쓰고 힘쓰십시오! 만백성들이 모두가 바라보고 있습니다."

그리고는 천자에게 그 말이 적혀 있는 셋째 서책을 건네준다.

| 원문 |

天子卽位, 上卿[1] 進曰; 如之何, 憂之長也? 能除患則爲福, 不能除患則爲賊.[2] 授天子一策.

---

1 上卿(상경) : 총재와 같은 지위의 대신(楊倞). 실제로는 말하는 것이 아니라 서책에 쓰여 있는 글을 읽는 것이다.
2 賊(적) : 나라와 백성을 해치는 자.

中卿進日;配天而有下土者, 先事慮事, 先患慮患. 先事慮事, 謂之接, 接³則事優成. 先患慮患, 謂之豫,⁴ 豫則禍不生. 事至而後慮者, 謂之後, 後則事不擧. 患至而後慮者, 謂之困, 困則禍不可禦. 授天子二策.

下卿進日;敬戒無怠. 慶者在堂, 弔者⁵在閭.⁶ 禍與福隣, 莫知其門. 豫哉!⁷ 豫哉! 萬民望之. 授天子三策.

| 해설 |

천자가 천자 자리에 오르는 의식을 행할 때의 절차를 설명하고 있다. 여기에서 유가의 천자에 대한 개념을 엿볼 수가 있다.

20

우임금은 사람들이 나란히 서서 밭을 가는 것을 보면, 수레를 세우고 수레 위에서 인사를 했으며, 열 집이 있는 마을을 지날 때도 반드시 수레에서 내려 경의를 표하였다.

| 원문 |

禹見耕者耦,¹ 立而式,² 過十室之邑³必下.

---

3 接(접) : 첩(捷)과 통하여(楊倞), 민첩한 것.
4 豫(예) : 미리 대비하는 것.
5 弔者(조자) : 조문하는 사람, 불행을 위로하려는 사람.
6 閭(려) : 본래는 마을의 문. 여기서는 궁전의 대문으로 보는 것이 좋을 듯하다.
7 豫哉(예재) : 면재(勉哉)로 쓰는 것이 옳다(王先謙).

1 耦(우) : 두 사람이 함께 한 쟁기를 가지고 나란히 서서 밭을 가는 것.

| 해설 |

우임금을 통해 농사의 중요성과 충실하고 신의가 있는 사람을 존중해야 함을 설교한 말이다.

21

너무 이른 철에 사냥을 해 동물을 죽이고, 조회에 너무 늦게 나오는 것은 예에 어긋난다. 예를 근거로 백성을 다스리지 않는다면 모든 일에 실패하게 될 것이다.

| 원문 |

殺大蚤,[1] 朝大晚, 非禮也. 治民不以禮, 動[2]斯陷[3]矣.

| 해설 |

여기에서도 정해진 예의 제도가 나라를 다스리는 데 매우 중요한 일임을 강조하고 있다.

---

2 式(식) : 식(軾), 수레 앞턱 나무에 기대서서 인사를 하는 것.
3 十室之邑(십실지읍) : 열 집이 있는 마을. 『논어』 공야장(公冶長)편에서 공자는 "열 집이 있는 마을이면 반드시 충성과 신의가 나와 같은 사람이 있다"고 하였다.

1 大蚤(대조) : 너무 이르다, 수렵 해금이 되지 않은 시기에 사냥을 하는 것.
2 動(동) : 움직이기만 하면, 모든 하는 일에.
3 陷(함) : 실패하다.

22

두 손을 마주 잡고 허리 높이까지 머리를 숙이는 절을 배(拜)라 하고, 잡은 두 손을 땅에까지 내리고 머리를 숙이는 절을 계수(稽首)라 하며, 이마를 땅에 대는 것을 계상(稽顙)이라 한다.

대부집의 가신들은 대부에게 배의 절을 하고 계수의 절은 하지 않는다. 그것은 가신들을 존중해서가 아니라 임금에게 하는 절인 계수를 피하기 위해서이다.

처음 벼슬을 한 일명(一命)의 경우에는 고을 사람들과 어울릴 때 나이 순서에 따라 자리를 차지하고, 대부로 승진한 재명(再命)의 경우에는 자기 집안사람들의 경우에만 나이 순서에 따라 자리를 차지하고, 경으로 승진한 삼명(三命)의 경우에는 자기 집안의 일흔 살 노인이라 하더라도 감히 그보다 윗자리를 차지하지 못한다. 이것이 상대부·중대부·하대부의 구별이다.

길례에는 신분이 높은 사람을 윗자리에 앉히고, 상례에는 죽은 이와 가깝게 지냈던 사람을 윗자리에 앉힌다.

임금과 신하 사이에 예가 없다면 존엄해지지 않고, 아버지와 아들 사이에 예가 없다면 친근해지지 않으며, 형과 아우 사이에 예가 없다면 순종하지 않게 되고, 남편과 아내 사이에도 예가 없다면 기쁨이 없게 된다. 젊은 사람은 예를 근거로 장성하게 되고, 노인은 예를 바탕으로 부양된다. 그러므로 하늘과 땅이 예를 생겨나게 하였고, 성인께서 예를 이룩한 것이다.

빙(聘)은 제후가 대부를 사신으로 다른 나라에 파견해 문안드리는 것이고, 향(享)은 그때 예물을 갖다 바치는 것이며, 사적(私覿)은 공무가 끝난 뒤의 사사로운 개인적 회견이다.

말의 아름다움은 공경스럽고 바른 것이어야 한다. 조정의 아름다움은 많은 뛰어난 신하들이 죽 늘어서 있어야 한다.

　신하는 간하는 말은 하더라도 비방하지는 말아야 하고, 간하는 말 때문에 다른 나라로 도망칠지언정 원망하지는 말아야 하며, 원망은 할 수 있으나 노여워해서는 안 된다.

　임금인 제후는 신하인 대부가 병이 났을 때 세 번 문병하고, 상을 당했을 때에는 세 번 문상할 수 있으나, 사(士)에 대해서는 한 번 문병하고 한 번 문상할 수 있다. 제후는 문병이나 문상의 경우가 아니라면 신하의 집에 가지 않는 법이다.

　장례가 끝난 뒤에 임금이나 아버지의 친구가 음식을 대접하면 그것을 먹어도 된다. 기장밥이나 고기 같은 좋은 음식을 피할 필요는 없으나 술과 단술만은 사양해야 한다.

　침전은 종묘보다 훌륭하지 않고, 평상복은 제복(祭服)보다 훌륭하지 않은 것이 예이다.

| 원문 |

平衡[1]曰拜, 下衡[2]曰稽首, 至地曰稽顙.

大夫之臣, 拜不稽首, 非尊家臣也, 所以辟君[3]也.

一命[4]齒[5]於鄕, 再命[6]齒於族, 三命[7] 族人雖七十, 不敢先. 上大夫, 中

---

1 平衡(평형) : 두 손을 마주 잡고, 허리 높이까지 머리를 숙이는 절.
2 下衡(하형) : 마주 잡은 두 손을 땅에 대고 머리를 숙여 절하는 것. 머리를 땅에 대지는 않는다.
3 辟君(피군) : 임금에게 하는 예를 피하다.
4 一命(일명) : 처음 벼슬하는 것. 제후의 사(士)들을 일컫는다.
5 齒(치) : 나이 순서대로 자리를 잡는 것.

大夫, 下大夫.

吉事尙尊,⁸ 喪事尙親.

君臣不得⁹不尊, 父子不得不親, 兄弟不得不順, 夫婦不得不歡. 少者以長, 老者以養. 故天地生之, 聖人成之.

聘, 問也. 享, 獻也. 私覿,¹⁰ 私見也.

言語之美, 穆穆¹¹皇皇.¹² 朝廷之美, 濟濟¹³鎗鎗.¹⁴

爲人臣下者, 有諫而無訕,¹⁵ 有亡而無疾, 有怨而無怒.

君於大夫, 三問其疾, 三臨其喪. 於士, 一問, 一臨. 諸侯非問疾弔喪, 不之臣之家.

旣葬, 君若父之友, 食之¹⁶則食矣, 不辟粱肉,¹⁷ 有酒醴則辭.

寢不踰廟, 設衣¹⁸不踰祭服, 禮也.

| 해설 |

절하는 방법, 향음주(鄕飮酒)에서의 자리 순서, 사신 파견, 신하로서

---

6 再命(재명) : 대부가 되는 것.
7 三命(삼명) : 경(卿), 즉 상대부가 되는 것.
8 尙尊(상존) : 신분이 높은 사람을 윗자리에 앉히는 것.
9 不得(부득) : 뒤에 "성인이 그것을 이룩하였다(聖人成之)" 했으니, 성인이 정한 예의가 아니라면의 뜻으로 보아야 한다.
10 覿(적) : 만나다, 보다.
11 穆穆(목목) : 공경스런 모양(楊倞).
12 皇皇(황황) : 바른 모양.
13 濟濟(제제) : 훌륭한 인재가 많은 모양.
14 鎗鎗(쟁쟁) : 줄지어 서 있는 모양(楊倞).
15 訕(산) : 비방하다, 욕하다.
16 食之(사지) : 그를 초청해 음식을 대접하는 것.
17 粱肉(양육) : 기장밥과 고기, 좋은 음식을 뜻한다.
18 設衣(설의) : 연의(䙝衣)의 잘못(王念孫), 평상복.

의 예, 제후로서의 예, 장례를 치른 뒤의 자식으로서의 몸가짐, 그 밖의 옷과 집의 구조 등 여러 가지 예를 중심으로 한 기록이다. 이 중 비슷한 기록이 『예기』에도 나온다.

23

『역경(易經)』의 함괘(咸卦)는 부부의 관계를 보여 준다. 부부의 도는 올바르지 않아서는 안 되는 것으로, 임금·신하, 아버지·아들 관계의 근본이 되기 때문이다.

함(咸)은 느낀다는 뜻이다. 높으면서도 아랫사람의 아래에 처신하고, 남자로서 여자의 아래에 처신하며, 부드러운 것이 위에 있고 강한 것이 아래 있게 되어 서로 감응한다는 것이다.

| 원문 |

易之咸,[1] 見夫婦. 夫婦之道, 不可不正也, 君臣父子之本也.
咸, 感[2]也, 以高下下, 以男下女, 柔上而剛下.

| 해설 |

『역경』의 함괘를 근거로 부부의 도를 설명하고 있다. 함괘(☱☶)는 위는 소녀를 뜻하는 태(兌)괘(☱), 아래는 소남(少男)을 뜻하는 간(艮)괘(☶)

---

1 易之咸(역지함) : 『역경』의 함괘.
2 感(감) : 느끼는 것, 감응하는 것. 함(咸)이 감(感)의 뜻이란 말은 『역경』 함괘의 괘사(卦辭)에도 나온다.

로 이루어진 부부의 형상을 나타낸다. 『역경』의 괘사(卦辭)와 단전(彖傳) 및 서괘전(序卦傳)에도 순자가 해설한 뜻과 부합하는 글이 보인다.

24

현명한 사람을 불러들이는 예인 빙사(聘士)의 뜻과, 신랑이 신부집에 가서 신부를 마중하는 예인 친영(親迎)의 도는 시작을 중시하는 것이다.

예란 사람들이 밟고 나가는 길이다. 밟고 나가는 길을 잃으면 반드시 걸려 넘어지고 깊은 곳에 떨어지거나 물에 빠지게 된다. 잘못은 미세한 듯하지만 그로 인한 혼란은 큰 것이 예이다.

예가 국가를 바로잡는 역할은 마치 저울이 가볍고 무거운 것을 다는 것과도 같고, 먹줄로 굽고 곧은 것을 가늠하는 것과도 같다. 그러므로 사람은 예가 아니라면 살아갈 수가 없고, 일은 예가 아니라면 이루어질 수가 없고, 국가는 예가 아니라면 편안할 수가 없다.

| 원문 |

聘士[1]之義, 親迎之道, 重始也.

禮者, 人之所履也. 失所履,[2] 必顚蹶[3]陷溺.[4] 所失微而其爲亂大者,

---

1 聘士(빙사) : 임금이 현명한 선비를 불러들여 벼슬자리에 앉히는 것. 임금이 상대방에게 예를 다한다.
2 所履(소리) : 밟고 나가는 길, 실행해야 할 것.
3 顚蹶(전궐) : 걸려 넘어지다.
4 陷溺(함닉) : 물에 빠지거나 못된 일에 빠지다.

禮也.

　禮之於正國家也, 如權衡之於輕重也, 如繩墨之於曲直也. 故人無禮不生, 事無禮不成, 國家無禮不寧.

| 해설 |

모든 것의 시작의 중요성을 강조하면서, 그 바탕이 되는 예를 거듭 강조하고 있다.

25

수레에 달린 방울 소리는 말이 걸을 때는 무(武)와 상(象)의 음악에 들어맞고, 말이 달릴 때는 소(韶)와 호(護)의 음악에 들어맞는다. 군자는 음률을 배우고 용의(容儀)를 익힌 다음에야 외출하기 때문이다.

| 원문 |

和樂¹之聲, 步中武象,² 趨中韶護.³ 君子聽律習容, 而後士.⁴

| 해설 |

수레에 달린 말방울이 지니는 의의를 설명하고 있다.

---

1 和樂(화악) : '악'은 란(鸞)의 잘못(顧千里), 곧 수레에 달린 방울. '화'는 수레 앞턱 나무에, '란'은 멍에에 다는 방울.
2 武象(무상) : '무'는 주나라 무왕의 음악, '상'은 문무(文舞)와 대를 이루는 무무(武舞)의 음악.
3 韶護(소호) : '소'는 순임금의 음악, '호'는 탕임금의 음악.
4 後士(후사) : '사'는 출(出)의 잘못(王先謙).

26

늦은 가을 서리가 내리면 며느리를 맞아들이고, 이월달에 얼음이 녹으면 혼례를 거행하지 않는다. 열흘에 한 번 부인과 함께 잔다.

| 원문 |

霜降[1]逆女,[2] 氷泮殺內,[3] 十日一御.[4]

| 해설 |

결혼의 시기와 부부 관계를 간단히 설명한 대목이다. 그것도 농사철과 연계해 이해하여야 할 내용이다. 십일(十日)의 십(十)은 오(五)의 잘못이라 주장하는 학자도 있다.

27

자식이 아버지 앞에 앉아 있을 때는 무릎을 보고, 서 있을 때는 발을 보며, 말을 주고받을 때에는 얼굴을 본다.

임금 앞에 서 있을 때는 앞 여섯 자 거리를 보는데, 크게 늘여 멀리 본다 해도 육육은 삼십육으로, 삼장(丈) 육 척(尺)을 넘어서는 안 된다.

---

1 霜降(상강) : 서리가 내리다. 늦은 가을 농한기로 접어드는 때이다.
2 逆女(역녀) : 여자를 맞아들이다. 처 또는 며느리를 맞아들이다. 결혼을 뜻함.
3 殺內(쇄내) : 쇄지(殺止)로 쓰는 것이 옳으며(盧文弨), 혼례를 그만두다, 혼례를 거행하지 않다.
4 御(어) : 남편이 부인 방에 가 함께 자는 것.

| 원문 |

坐視膝, 立視足, 應對言語¹視面.
立視前六尺, 而大之, 六六三十六, 三丈六尺.

| 해설 |

『의례(儀禮)』 사상견례(士相見禮)에 의하면, 앞부분의 앉아 있을 때 운운한 것은 아들이 아버지 앞에서의 몸가짐이다. 그리고 뒷부분의 앞 여섯 자 운운한 대목은 양경(楊倞)의 주를 따라 임금 앞에서의 신하의 눈길을 설명한 것으로 풀이하였다.

28

겉의 아름다운 조리와 안의 진실한 작용은 서로 예의 안과 밖, 겉과 속을 이룬다.
예에 들어맞으면서 잘 사색하는 것을 잘 생각한다고 한다.
예라는 것은 근본적인 것과 말단적인 것이 서로 순조로워야 하며, 끝과 시작이 서로 호응해야 한다.
예라는 것은 재물을 선물로 쓰기도 하고, 신분이 귀하고 천한 사람들의 문식을 달리하며, 재물이 많고 적은 데 따라서도 달라진다.

| 원문 |

文貌¹情用,² 相爲內外表裏.

---

1 應對言語(응대언어) : 말을 주고받는 것.

禮之中焉, 能思索, 謂之能慮.

禮者, 本末相順, 終始相應.

禮者, 以財物爲用, 以貴賤爲文, 以多少爲異.

| 해설 |

예의 형식과 내용이 일치해야 함을 설명하면서, 여러 가지 예의 특성을 얘기하고 있다.

29

하급의 신하는 재물로 임금을 섬기려 하고, 중급의 신하는 몸으로 임금을 섬기려 하며, 상급의 신하는 사람들을 추천하여 임금을 섬기려 한다.

| 원문 |

下臣事君以貨, 中臣事君以身, 上臣事君以人.[1]

| 해설 |

신하가 임금을 섬기는 방법을 설명하면서 유능한 인재를 임금에게 추천하는 일이 무엇보다 중요함을 강조하고 있다.

---

1 文貌(문모) : 예의 외부적인 아름다운 조리.
2 情用(정용) : 예의 내부적인 진실한 작용.

1 以人(이인) : 현명한 사람을 추천하는 일로 임금을 섬기려 하는 것.

30

『역경(易經)』에 "올바른 도를 통해 되돌아간다면 어찌 잘못이 되겠는가?"라고 하였다. 『춘추(春秋)』에서는 진나라 목공을 현명하다 하였는데, 잘못을 바로잡을 수가 있었기 때문이다.

| 원문 |

易曰:[1] 復自道, 何其咎. 春秋[2]賢穆公, 以爲能變[3]也.

| 해설 |

잘못을 발견하면 곧 바로잡아야 함을 강조하고 있다.

31

선비에게 투기하는 친구가 있으면 현명한 사람과 사귈 수가 없다. 임금에게 투기하는 신하가 있으면 현명한 사람이 모여들지 않는다.

공정한 것을 가리는 자를 어리석다고 하고, 훌륭한 것을 숨기는 자를 투기한다고 하며, 투기하고 어리석은 자를 받드는 자를 교활하고 속임수를 쓴다고 한다. 교활하고 속임수를 쓰는 자와 투기하고 어리석은 신하는 나라의 재해가 된다.

---

1 易曰(역왈) : 『역경』 소축(小畜) 상전(象傳) 초구(初九)의 구절.
2 春秋(춘추) : 『춘추공양전(春秋公羊傳)』 문공(文公) 12년의 구절. 진(秦)나라 목공은 신하들의 말을 듣지 않고 진(晉)나라를 공격하였다가 크게 패했으나, 자기 잘못을 인정하고 신하들에게 사과해, 현명하다고 하였다.
3 變(변) : 잘못을 바로잡는 것.

| 원문 |

士有妒¹友, 則賢交不親. 君有妒臣, 則賢人不至.

蔽公者謂之昧, 隱良者謂之妒, 奉妒昧²者謂之交譎.³ 交譎之人, 妒昧之臣, 國之薉孼⁴也.

| 해설 |

투기하는 자, 공정한 것을 가리는 자, 훌륭한 것을 숨기는 자, 교활하고 속임수를 쓰는 자 등, 나라에 재해가 되는 사람들에 대한 설명이다.

32

말을 잘하고 몸소 그것을 실행하는 사람은 나라의 보배이다. 말은 잘하지 못하지만 몸소 그것을 실행하는 사람은 나라의 그릇이다. 말은 잘하지만 몸소 그것을 실행하지 못하는 사람은 나라의 쓰임이다. 말은 선하게 하고 자신은 악한 짓을 행하는 자는 나라의 요물이다. 나라를 다스리는 사람은 그 보배를 공경하고 그 그릇을 아끼며 그 쓰임을 등용하고 그 요물을 제거해 버려야 한다.

| 원문 |

口能言之, 身能行之, 國寶也. 口不能言, 身能行之, 國器也. 口能言

---

1 妒(투) : 투기하다.
2 昧(매) : 어둡고 어리석다.
3 交譎(교휼) : '교'는 교(狡)와 통하여(俞樾) 교활하고 속임수를 잘 쓰는 것.
4 薉孼(예얼) : 더러운, 재해가 되는 것.

之, 身不能行, 國用也. 口言善, 身行惡, 國妖[1]也. 治國者敬其寶, 愛其
器, 任其用, 除其妖.

| 해설 |

사람의 재능을 그의 말과 실천력으로 분류하였다. 실천력이 있는 사람, 말을 잘하는 사람, 말도 잘하고 실천도 잘하는 사람은 나라에서 대우하고 등용해야 한다는 것이다. 말도 못하고 실천도 못하는 사람은 부리면 되지만, 가장 나쁜 것은 말로는 착한 체하고 행동은 악한 짓을 하는 자이니 없애 버려야 한다는 것이다.

33

부유하지 않으면 백성들의 성정을 기를 수 없고, 교육하지 않으면 백성들의 성품을 다스릴 수 없다.

그러므로 집집마다 다섯 묘(畝)의 택지에 백 묘의 밭을 주어 각자 농업에 힘쓰게 하고 그들이 일하는 때를 방해하지 않는 것은, 그들을 부유하게 해 주려는 방법이다.

중앙에는 태학(大學)을 세우고 지방엔 상서(庠序)를 설치해, 육례(六禮)를 닦게 하고 칠교(七敎)를 분명히 하는 것은 백성들을 교도하는 방법이다.

『시경』에도 "그들을 마시게 해 주고 먹여 주고, 그들을 가르쳐 주고 깨우쳐 준다."고 읊고 있다. 왕자로서의 일은 여기에 다 갖추어져 있

---

1 妖(요) : 요물, 요괴.

는 것이다.

| 원문 |

不富, 無以養民情, 不敎, 無以理民性.
故家五畝宅, 百畝[1]田, 務其業而勿奪其時, 所以富之也.
立大學,[2] 設庠序, 脩六禮,[3] 明十敎,[4] 所以道之也.
詩曰:[5] 飮之食之, 敎之誨之. 王事具矣.

| 해설 |

백성들에게는 농사를 잘 짓도록 해 주고 젊은이들을 잘 교육해야 한다고 주장하고 있다. 곧 나라를 다스리는 데 가장 중요한 일이 농업과 교육이라는 것이다.

34

주나라 무왕은 처음 은나라로 진군하여 은나라의 현명한 신하 상용(商容)의 집 앞에 정표를 세우고, 갇혀 있던 기자를 석방하고 비간의 무덤에 가서 곡을 하였다. 그리하여 온 천하가 선한 방향으로 향하게

---

1 百畝(백묘) : 한 농부에게 나누어 주어 경작케 하던 밭의 넓이이다.
2 大學(태학) : 상서(庠序)와 함께 옛 학교 이름.
3 六禮(육례) : 관(冠)·혼(婚)·상(喪)·제(祭)·향(鄕)·상견(相見)의 여섯 가지 예(『禮記』 王制 孔疏).
4 十敎(십교) : '십'은 칠(七)의 잘못(王念孫). 부자·형제·부부·군신·장유(長幼)·붕우(朋友)·빈객(賓客)에 관한 일곱 가지 가르침(上同).
5 詩曰(시왈) : 『시경』 소아(小雅) 면만(緜蠻)시에 보이는 구절.

되었다.

| 원문 |

武王始入殷, 表商容¹之閭,² 釋箕子之囚, 哭比干之墓, 天下鄕善矣.

| 해설 |

모든 일에 임금이 솔선수범해야 함을 강조한 무왕에 관한 일화이다.

35

천하에 나라마다 뛰어난 인재가 있고, 어느 시대건 현명한 사람이 있다. 그러나 미혹된 자는 그들에게 길을 묻지 않고, 물에 빠진 자가 얕은 지점에 대해 묻지 않으니, 망하는 사람은 독선을 좋아하기 때문이다.

『시경』에 "내 말 잘 따르고, 비웃지 말기를! 옛 분들 말씀에 나무꾼에게도 일을 물으라 하였다네."라고 읊고 있다. 널리 물어 보아야 함을 노래한 것이다.

| 원문 |

天下, 國有俊士, 世有賢人. 迷者不問路, 溺者不問遂,¹ 亡人好獨.

---

1 商容(상용) : 은나라의 현인으로, 주왕이 내쳤던 사람(楊倞).
2 表~閭(표~려) : 집 앞에 정표를 세우다.

1 遂(수) : 얕아서 걸어나올 수 있는 물 속의 지점(楊倞).

詩曰:[2] 我言維服,[3] 勿用爲笑. 先民有言, 詢[4]于芻蕘.[5] 言博問也.

| 해설 |

무슨 일이나 여러 사람 특히 현명한 사람과 의논해 처리해야 일을 올바르게 할 수 있다는 것이다.

36

법에 명시되어 있는 것은 법을 따라 행하지만, 법에 없는 일은 관례를 따른다. 그 근본을 바탕으로 하면 그 말단에 대해서도 알게 되고, 그 왼편을 근거로 하면 그 오른편에 대해서도 알게 된다. 모든 일이 처리는 다르더라도 그 목표는 서로 같을 수 있는 것이다.

시상과 형벌은 관례에 잘 통하게 된 뒤에야 호응이 나타나며, 정교(政敎)와 습속은 인심을 서로 따르게 된 뒤에야 제대로 행해지게 된다.

| 원문 |

有法者以法行, 無法者以類擧.[1] 以其本知其末, 以其左知其右. 凡百事異理而相守[2]也.

---

2 詩曰(시왈) : 『시경』 대아(大雅) 판(板)시의 구절.
3 服(복) : 행하다, 따르다.
4 詢(순) : 묻다.
5 芻蕘(추요) : 나무꾼(『毛傳』).

1 類擧(유거) : 관례를 따르다, 관례대로 행하다.

慶賞刑罰, 通類而後應. 政教習俗, 相順而後行.

| 해설 |

법과 함께 관례도 중시해야 함을 역설하고 있다. 모든 일의 원리와 궁극적인 목표는 상통되기 때문이다.

37

팔십 세가 된 사람이 있으면 그의 아들 한 사람은 노역이 면제되고, 구십 세가 된 사람이 있으면 온 집안사람들의 노역이 면제된다. 병에 걸려 다른 사람이 돌봐 주지 않으면 안 되는 사람이 있을 때는 한 사람의 노역이 면제된다. 부모의 상을 치르는 동안에는 삼 년 동안 노역이 면제되고, 자최(齊衰)나 대공(大功)의 상복을 입을 경우에는 석 달 동안 노역이 면제된다. 새로이 이 나라 제후를 보고 왔거나 신혼인 경우에는 일 년 동안 노역이 면제된다.

| 원문 |

八十者, 一子不事,[1] 九十者, 擧家不事. 廢疾非人不養者, 一人不事. 父母之喪, 三年不事, 齊衰大功,[2] 三月不事. 從諸侯不,[3] 與新有昏, 朞[4]

---

2 相守(상수) : 서로 목표가 같다, 서로 귀착점이 같다.

1 不事(불사) : 나라의 노역에 종사하지 않다, 노역을 면제받다.
2 齊衰大功(자최대공) : 모두 상복의 종류. 부모상에는 가장 거친 참최(斬衰)를 입는다. '자최'는 처나 조부모가 죽었을 때 입는 상복이고 일년상이며, '대공'은 형제 등이 죽었을 때 입는 상복으로 9개월 복상한다.

不事.

| 해설 |

나라에서 나랏일에 백성들을 동원할 때, 노역을 면제받는 대상에 대해 설명하고 있다.

38

공자께서 말씀하셨다. "노나라 자가구(子家駒)는 꿋꿋한 대부이나 제나라 안자(晏子)만은 못하다. 안자는 공이 많은 대신이나 정나라 자산(子産)만은 못하다. 자산은 은혜로운 사람이나 제나라 관중(管仲)만은 못하다. 관중의 사람됨은 공을 세우는 데에만 힘을 썼지 의로움(義)에는 힘쓰지 않았고, 지혜를 쓰는 데만 힘을 썼지 어짊(仁)에는 힘쓰지 않았으니 야인(野人)이며, 천자의 대부가 될 수는 없는 사람이다."

| 원문 |

子謂: 子家駒¹續然²大夫, 不如晏子,³ 晏子, 功用之臣也, 不如子産,⁴

---

3 從諸侯不(종제후불) : '불'은 래(來)의 잘못, 외국으로부터 들어온 사람(楊倞).
4 朞(기) : 만 일 년.

1 子家駒(자가구) : 이름은 기(羈), 구(駒)는 그의 자(楊倞), 노나라 대부.
2 續然(속연) : 경연(庚然), 꿋꿋한 모양, 아부하지 않는 모양(郝懿行).
3 晏子(안자) : 안영(晏嬰). 제나라 경공(景公) 때의 명재상. 『안씨춘추(晏氏春秋)』라는 저술이 있다.
4 子産(자산) : 정(鄭)나라의 명재상.

子産惠人也, 不如管仲.⁵ 管仲之爲人, 力功不力義, 力知不力仁, 野人也, 不可以爲天子大夫.

| 해설 |

춘추 시대 중국의 제후 나라들의 유명한 재상들에 대한 순자의 평가이다. 관중까지도 야인이라 하는 것은 유가의 일반적인 견해이다.

39

맹자는 세 번이나 제나라 선왕을 만나고도 용건을 얘기하지 않았다. 그의 제자가 물었다.

"어찌하여 세 번이나 제나라 임금을 만나시고도 용건을 말씀하시지 않으셨습니까?"

맹자가 대답하였다.

"나는 먼저 그의 사악한 마음을 공격한 것이다."

| 원문 |

孟子三見宣王, 不言事. 門人曰 ; 曷爲三遇齊王, 而不言事?
孟子曰 ; 我先攻其邪心.

| 해설 |

맹자는 얼굴빛으로 제나라 선왕의 마음을 공격한 것이다. 마음의 사악

---

5 管仲(관중) : 제(齊)나라 환공(桓公)을 패자로 만든 명재상.

함이 없어야만 군자와 얘기할 수 있다는 것이다.

40

제나라 공행자지(公行子之)가 연나라로 가는 길에 증원(曾元)을 만나 물었다.

"연나라 임금은 어떤 사람입니까?"

증원이 대답하였다.

"뜻이 비천한 사람입니다. 뜻이 비천한 사람은 사물을 가벼이 보고, 사물을 가벼이 보는 사람은 남의 도움을 바라지 않습니다. 진실로 남의 도움을 바라지 않는다면 어찌 능력 있는 사람을 등용할 수가 있겠습니까?"

| 원문 |

公行子之[1]之燕, 遇曾元[2]於塗,[3] 曰; 燕君何如?

曾元曰; 志卑. 志卑者輕物, 輕物者不求助. 苟不求助, 何能擧?[4]

| 해설 |

공행자지와 증원의 대화를 통해, 뜻이 작은 임금은 현명한 사람을 등용

---

[1] 公行子之(공행자지) : 『맹자』 이루(離婁) 하편에 공행자(公行子)가 나오는데, 조기(趙岐)는 제나라 대부라 주를 달고 있다. 양경(楊倞)은 공행자지는 그의 선조인 듯하다고 하였다.
[2] 曾元(증원) : 효행으로 유명한 공자의 제자 증삼(曾參)의 아들.
[3] 塗(도) : 길. 도(途)와 같은 자.
[4] 擧(거) : 현명한 사람을 등용하다.

할 수 없음을 밝히고 있다. 현명한 사람을 잘 쓰지 못하는 나라는 결국 망하게 된다.

41

오랑캐인 저(氐)와 강(羌)나라의 포로들은, 그 자신이 잡혀 있다는 것은 걱정하지 않고 그들이 죽은 뒤 화장되지 못할 것을 걱정한다.

가는 털끝 같은 이익 때문에 나라에 해를 끼쳐 멸망케 되는데도 여전히 그 이익을 추구한다면, 어찌 계책에 대해 아는 사람이라 하겠는가?

지금 바늘을 잃어버린 사람이 하루종일 그것을 찾았으나 찾지 못하였다 하자. 그리고 뒤에 그것을 찾았다면 그것은 그의 눈이 더 밝아진 때문이 아니라 눈동자가 거기에 집중되어 그것을 볼 수 있었기 때문이다. 마음과 생각의 관계도 역시 그러하다.

| 원문 |

氐[1]羌之虜也, 不憂其係纍[2]也, 而憂其不焚[3]也.
利夫秋豪, 害靡[4]國家, 然且爲之, 幾[5]爲知計哉?
今夫亡箴[6]者, 終日求之而不得. 其得之, 非目益明也, 眸[7]而見之也.

---

1 氐(저) : 강(羌)과 함께 서쪽의 다른 민족 이름.
2 係纍(계류) : '루'는 류(纍)의 뜻으로 잡혀 있는 것, 묶여 있는 것.
3 焚(분) : 화장하는 것. 저(氐)·강(羌)족의 풍습.
4 靡(미) : 멸(滅)의 뜻(王念孫).
5 幾(기) : 기(豈)의 뜻, 어찌.
6 箴(침) : 침(針), 바늘.
7 眸(모) : 눈동자의 시력이 집중되는 것.

心之於慮亦然.

| 해설 |

무슨 일이나 생각을 한곳에 집중시켜야만 그 일을 제대로 이룰 수 있다는 것이다.

42

의로움과 이익이라는 것은 사람이라면 둘 다 가지고 있는 것이다. 비록 요·순임금이라 하더라도 이익을 바라는 백성들의 마음을 없앨 수는 없다. 그러나 그들이 이익을 바라는 마음이 그들이 의로움을 좋아하는 마음을 이길 수 없게 하는 것이다. 비록 걸·주라 하더라도 백성들이 의로움을 좋아하는 마음을 없앨 수는 없다. 그러나 그들이 의로움을 좋아하는 마음이 그들이 이익을 바라는 마음을 이길 수 없게 하는 것이다.

그러므로 의로움이 이익을 이기는 나라는 잘 다스려지는 세상이 되고, 이익이 의로움을 이겨내는 나라는 어지러운 세상이 된다. 그런데 위에서 의로움을 중히 여기면 곧 의로움이 이익을 이기게 되고, 위에서 이익을 중히 여기면 곧 이익이 의로움을 이겨내게 된다.

그러므로 천자는 많고 적은 것을 말해서는 안 되며, 제후는 이해관계를 말해서는 안 되며, 대부는 얻고 잃는 것을 말해서는 안 되며, 사(士)는 재물을 유통시켜 이익을 추구하는 짓을 해서는 안 된다.

나라를 다스리는 임금은 소나 양을 길러 불리는 일은 하지 말아야 하고, 예물을 임금에게 바친 신하는 닭이나 돼지를 길러서는 안 되며,

상경이 된 사람은 집의 울타리가 무너져도 손수 수리해서는 안 되고, 대부는 밭농사를 지어서는 안 된다.

사의 신분 이상의 사람들은 모두 이익을 추구하는 것을 부끄럽게 여기고, 백성들과 사업의 경영으로 다투지 않아야 하며, 자기 것을 나누어 주고 베푸는 일은 즐기되 재물을 쌓아 두는 일은 부끄럽게 여겨야 한다. 그렇게 하면 백성들은 재물 때문에 곤궁해지지 않고, 가난한 사람들은 그들의 손을 놀려 일할 수 있게 되는 것이다.

| 원문 |

義與利者, 人之所兩有也. 雖堯舜, 不能去民之欲利, 然而能使其欲利, 不克其好義也. 雖桀紂, 亦不能去民之好義, 然而能使其好義, 不勝其欲利也.

故義勝利者爲治世, 利克¹義者爲亂世. 上重義則義克利, 上重利則利克義.

故天子不言多少, 諸侯不言利害, 大夫不言得喪,² 士不言通貨財.³

有國之君不息牛羊, 錯質⁴之臣不息雞豚, 冢卿⁵不脩幣,⁶ 大夫不爲場園.⁷

---

1 克(극) : 이기다.
2 得喪(득상) : 득실, 얻는 것과 잃는 것.
3 通貨財(통화재) : 재물을 유통시켜 이익을 추구하는 것. 상업 같은 것을 가리킨다.
4 錯質(조지) : 예물을 임금에게 바치는 것. '조'는 치(置), '지'는 지(贄)의 뜻으로, 사대부가 임금을 뵐 때 예물을 임금 앞에 갖다 놓는 것(楊倞).
5 冢卿(총경) : 상경(上卿).
6 不脩幣(불수폐) : 불수폐이(不脩敝杝)의 잘못이며(王念孫), 부서진 울타리를 손수 수리하지 않는 것.
7 場園(장원) : 장포(場圃)의 잘못(王念孫), 밭에 곡식이나 채소를 기르는 것.

從士以上, 皆羞利而不與民爭業, 樂分施而恥積臧. 然故[8]民不困財, 貧窶者有所竄其手.[9]

| 해설 |

의로움을 좋아하는 마음과 이익을 추구하는 마음에 대해 설명하고 있다. 나라의 정치를 맡은 사람은 이익을 추구하려는 마음을 버리고 의로움을 추구할 때 비로소 백성들의 마음가짐도 올바르게 되어 나라가 잘 다스려진다는 것이다.

43

주나라 문왕은 네 번 처형을 하고, 무왕은 두 번 처형을 해 주공이 왕업을 완성시켜 놓으니, 성왕과 강왕에 이르러서는 처형할 일이 없게 되었다.

재물을 많이 쌓아 놓고도 재산이 적다고 부끄러워하고, 백성들의 부담을 무겁게 해 놓고 그것을 감당 못하는 자들을 처형한다. 이것이 바로 사악한 행위가 생겨나는 까닭이며, 형벌이 많아지는 원인이다.

| 원문 |

文王誅四, 武王誅二, 周公卒業,[1] 至成康則案無誅已.

多積財而羞無有, 重民任[2]而誅不能. 此邪行之所以起, 刑罰之所以

---

8 然故(연고) : 연후(然後)의 잘못(王念孫).
9 有所竄其手(유소찬기수) : 유소조기수(有所措其手)의 뜻(王先謙), 손을 놀려 일할 것이 있게 된다는 뜻.

多也.

| 해설 |

임금이 재물에 욕심이 없어야 세상에 죄짓는 사람이 없어져 처벌할 일이 없게 된다는 것이다.

44

임금이 의로움을 좋아하면 백성들은 누가 보지 않는 곳에서도 스스로를 닦지만, 임금이 부유함을 좋아하면 백성들은 죽음으로 이익을 추구하게 된다. 이 두 가지가 나라가 다스려지고 어지러워지는 분기점이다.

백성들이 이렇게 말한다. "부유해지고자 하는가? 그러면 염치를 버리고, 목숨을 다 바쳐 추구하며, 친구들도 버리고, 의로움을 등져야 한다." 임금이 부유함을 좋아하면 곧 백성들의 행동이 그와 같이 되는데, 어찌 어지러워지지 않을 수가 있겠는가?

| 원문 |

上好羞[1]則民闇飾[2]矣, 上好富則民死利矣. 二者, 治亂之衢[3]也.

---

1 卒業(졸업) : 왕업을 다 이룩하다.
2 民任(민임) : 백성들의 책임, 백성들의 부담.

1 好羞(호수) : 호의(好義)의 잘못(王念孫).
2 闇飾(암식) : 어두운 곳에서도 수식하다, 남이 보지 않는 곳에서도 스스로를 닦다.
3 亂之衢(난지구) : 위에 치(治)자가 더 있어야 하며(劉台拱), 나라가 다스려지고 어지러워

民語曰; 欲富乎? 忍恥矣, 傾絶⁴矣, 絶故舊矣, 與義分背⁵矣. 上好富,
則人民之行如此, 安得不亂?

| 해설 |

임금은 이익을 가벼이 여기고 의로움을 좋아해야만 나라가 잘 다스려짐
을 다시 한 번 강조한 것이다.

45

상나라 탕임금은 가뭄이 들자 이렇게 기도하였다.
"정치하는 것이 적절치 않습니까? 백성들을 고통스럽게 했습니까?
어찌하여 이토록 심하게 비를 내리지 않으십니까? 궁전이 너무 화려
합니까? 부인들의 간섭이 너무 많습니까? 어찌하여 이토록 심하게
비를 내리지 않으십니까? 뇌물이 행해지고 있습니까? 남을 모함하는
자들이 많습니까? 어찌하여 이토록 심하게 비를 내리지 않으십니
까?"

| 원문 |

湯旱而禱曰; 政不節與? 使民疾¹與? 何以不雨至斯極也? 宮室榮與?

지는 분기점.
4 傾絶(경절) : 자기 몸을 바치고 목숨이 다하도록 추구하는 것(楊倞).
5 分背(분배) : 갈라서서 등지다.

1 疾(질) : 고통, 고통스럽게 하다.

婦謁²盛與? 何以不雨至斯極也? 苞苴³行與? 讒夫興與? 何以不雨至斯極也?

| 해설 |

탕임금 초기에는 칠 년 동안 계속 가뭄이 들었는데 탕임금이 직접 기우를 하여 비가 내렸다는 전설이 있다. 탕임금이 그때 하늘에 반문한 몇 가지 조건들은 바로 임금이 꼭 지켜야 할 요건이기도 하다.

46

하늘이 백성들을 낳은 것은 임금을 위한 것이 아니며, 하늘이 임금을 세운 것은 백성들을 위한 것이다. 그러므로 옛날에 땅을 나누어 나라를 세운 것은 그것으로 제후들을 존귀하게 하려던 것만은 아니며, 여러 관직을 두고 작위와 녹봉의 차별을 둔 것은 그것으로 대부들을 높여 주려 한 것만은 아니다.

| 원문 |

天之生民, 非爲君也, 天之立君, 以爲民也. 故古者列地¹建國, 非以貴諸侯而已, 列官職, 差爵祿, 非以尊大夫而已.

---

2 婦謁(부알) : 부인들의 정치에 대한 참견.
3 苞苴(포저) : 뇌물.

1 列地(열지) : '열'은 열(裂)과 통하여 땅을 나누는 것.

| 해설 |

임금이나 제후 또는 여러 가지 벼슬들은 모두 백성들을 위해 있는 것이지, 백성들이 그들을 위해 존재하는 것은 아니다. 따라서 정치를 하는 사람들은 무엇보다도 백성들이 잘 살 수 있도록 해 주어야만 한다는 것이다.

47

임금의 도는 사람들을 잘 알아보는 것이고, 신하의 도는 일에 대해 잘 아는 것이다. 그러므로 순임금이 천하를 다스릴 때는 어떤 일을 위해 명을 내린 일이 없으나, 모든 일이 제대로 이루어졌다.

| 원문 |

主道知人, 臣道知事. 故舜之治天下, 不以事詔而萬物[1]成.

| 해설 |

임금에게 가장 중요한 것은 현명한 사람과 능력 있는 사람을 잘 가려 등용하는 것이지, 직접 일을 처리하는 것이 아니라는 것이다.

48

농사꾼은 밭일에 정통하지만 전사(田師)가 될 수는 없다. 공인과 상인 역시 그러하다.

---

1 萬物(만물) : 모든 일, 모든 나랏일.

| 원문 |

農精於田而不可以爲田師,[1] 工賈亦然.

| 해설 |

사회 여러 계층의 사람들은 제각기 자기의 직분이 있음을 설명한 것이다.

49

현명한 사람을 등용해 못난 자가 있던 자리에 바꿔 앉히면, 점을 쳐볼 것도 없이 결과가 좋을 것임을 안다. 잘 다스려지는 나라가 어지러운 나라를 정벌한다면 싸움의 결과를 볼 것도 없이 승리할 것임을 안다.

| 원문 |

以賢易不肖, 不待卜而後知吉. 以治伐亂, 不待戰而後知克.

| 해설 |

현명한 사람을 등용해 나라를 잘 다스려야 함을 강조한 것이다.

50

제나라 사람들이 노나라를 정벌하려 했을 때 변장자의 용기를 꺼려 제나라 군대는 감히 그가 사는 변(卞) 땅을 통과하지 못하였다.

---

1 田師(전사) : 농업을 지도 관리하는 장관.

진(晉)나라 사람들이 위(衛)나라를 정벌하려 했을 때 진나라 군대는 자로가 두려워서 감히 그가 사는 포(蒲) 땅을 통과하지 못하였다.

| 원문 |

齊人欲伐魯, 忌卞莊子,[1] 不敢過卞.
晉人欲伐衛, 畏子路,[2] 不敢過蒲.

| 해설 |

능력 있는 사람의 효용을 강조한 말이다.

51

알지 못할 때는 요임금·순임금의 업적을 통해서 문제를 추구하고, 지닌 것이 없을 때는 자연의 창고에서 없는 것을 추구해야 한다. 그것은 옛 임금의 도란 바로 요임금·순임금의 업적이며, 육부(六府)가 풍성한 것은 바로 자연의 창고이기 때문이다.

| 원문 |

不知而問堯舜, 無有[1]而求天府.[2] 曰; 先王之道, 則堯舜已, 六貳[3]之

---

1 卞莊子(변장자) : '변'은 노(魯)나라의 고을 이름. '장자'는 그곳의 대부로 용감한 사람이었다(楊倞).
2 子路(자로) : 공자의 제자 중유(仲由). 뒤에 위(衛)나라에서 포읍(蒲邑)의 재(宰)가 되었다.

1 無有(무유) : 가진 것이 없을 때, 물건이 없을 때.

博, 則天府已.

| 해설 |

나라를 다스리는 사람은 반드시 요·순임금을 본받아야 함을 강조한 말이다.

52

군자가 학문을 하는 것은 매미가 껍질을 벗는 것처럼 훌렁훌렁 벗으며 바뀌어야 한다. 그러므로 길을 갈 때도 배우고, 서 있을 때도 배우고, 앉아 있을 때도 배우고, 그가 얼굴빛을 바로잡거나 말을 할 때도 배워야 한다. 선한 것은 남겨 놓지 말고 바로 행하며, 물어야 할 것은 묻어 두지 말고 바로 물어야 한다.

잘 공부하는 사람은 그 이치를 다 추구하고, 잘 실천하는 사람은 그 어려운 점도 다 추구한다.

군자는 뜻을 세우면 꽉 막힌 것처럼 변함이 없어야 하며, 비록 천자나 삼공이 묻는다 하더라도 올바르게 옳고 그른 것을 분별해 대답한다.

군자는 곤경에 처하더라도 자신을 잃지 않고, 수고롭고 지쳤다 하더라도 구차한 짓은 하지 않으며, 환난을 당했을 때도 평소의 말을 잊

---

2 天府(천부) : 자연의 창고.
3 六貳(육이) : 중국 학자들은 대체로 이를 예(藝)의 잘못으로 보고(盧文弨), 육예(六藝) 곧 육경(六經)이라 풀이하고 있다. 그러기 위해서는 위의 무유(無有)도 아는 것이 없는 것으로 풀이해야 하므로, 부지(不知)의 뜻과 큰 차이가 없다. '육이'는 육부(六府)의 잘못인 듯하다. 육부란 물·불·나무·쇠·흙·곡식의 여섯 가지를 가리킨다.

지 않아야 한다.

  날씨가 춥지 않으면 소나무·잣나무의 절조를 알 길이 없고, 어려운 일에 부딪히지 않으면 군자의 진가를 알 길이 없다. 군자는 하루도 올바른 도에서 벗어나는 일이 없다.

| 원문 |

君子之學如蛻,[1] 幡然[2]遷之. 故其行效, 其立效, 其坐效, 其置顔色[3]出辭氣[4]效. 無留善, 無宿問.

善學者盡其理, 善行者究其難.

君子立志如窮,[5] 雖天子三公問正, 以是非對.

君子隘窮而不失, 勞倦而不苟, 臨患難而不忘細席[6]之言.

歲不寒, 無以知松柏, 事不難, 無以知君子, 無日不在是.[7]

| 해설 |

군자의 학문 태도·행동 방법 등을 설명한 것으로 군자는 언제나 공부하고 올바른 도를 지켜야 한다는 것이다.

---

1 蛻(세) : 뱀이나 매미가 껍질을 벗는 것.
2 幡然(번연) : 훌렁훌렁, 뒤집히는 모양.
3 置顔色(치안색) : 얼굴빛을 바로잡다, 몸가짐을 고치다. '치'는 조(措)의 뜻.
4 出辭氣(출사기) : 말을 하는 것.
5 窮(궁) : 꽉 막히다, 딴 곳으로 갈 데가 없는 것.
6 細席(세석) : 인석(茵席)의 잘못(郝懿行), 평소, 평상의 자리.
7 不在是(부재시) : 올바른 도에 있지 않다. 올바른 도를 벗어나다.

53

비가 조금 와도 땅속으로 깊이 스며들게 된다. 작은 것이라 하더라도 노력을 다하면 크게 되고, 미소한 것이라 하더라도 쌓아 나가면 드러나게 된다.

덕이 지극한 사람은 얼굴빛이나 외모가 두루 윤택하게 되고, 실천을 다하는 사람은 명성이 먼 곳까지 전해진다. 소인들은 마음속에 성실함이 없이 밖으로 명성을 추구하려 한다.

| 원문 |

雨小, 漢故潛.¹ 夫盡小者大, 積微者著.
德至者色澤洽,² 行盡而聲問遠. 小人不誠於內, 而求之於外.

| 해설 |

작은 일이라도 선한 일을 꾸준히 하면 결국은 큰 성과를 이룩할 수 있다.

54

말을 하면서 그 이론을 가르쳐 준 스승을 밝히지 않는 것을 배반하는 것이라 하며, 가르치면서 그것을 가르쳐 준 스승을 밝히지 않는 것을 어기는 것이라 한다. 배반하고 어기는 사람이라면 명철한 임금이 조정에 들여놓지 않고, 사대부들이 길에서 그를 만난다 하더라도 더

---

1 漢故潛(한고잠) : '한'은 잘못 끼워 넣은 글자(俞樾). 땅속으로 깊이 스며드는 것.
2 色澤洽(색택흡) : 얼굴빛이나 외모가 두루 윤택해지다.

붙어 말을 하지 않는다.

| 원문 |

言而不稱師,¹ 謂之畔,² 敎而不稱師, 謂之倍.³ 倍畔之人, 明君不內, 朝士大夫遇諸塗, 不與言.

| 해설 |

스승에 대한 존경을 강조하고, 스승을 섬기는 도리를 밝히고 있다.

55

실천력이 부족한 사람은 말을 지나치게 하고, 신의가 부족한 사람은 말로만 성실한 체한다. 그러므로 『춘추(春秋)』에서는 제후가 말로만 약속한 서명(胥命)을 칭찬하고 있고, 『시경』에서는 제후들의 맹약이 잦은 것을 비난하고 있는데, 그 의도는 같은 것이다.

『시경』을 잘 아는 사람은 시를 해설하지 않고, 『역경』을 잘 아는 사람은 점을 치지 않으며, 『예경』을 잘 아는 사람은 의식을 돌보아주지 않는데, 그들의 의도는 다 같은 것이다.

| 원문 |

不足於行者, 說過,¹ 不足於信者, 誠言. 故春秋善胥命,² 而詩非屢

---

1 稱師(칭사) : 스승을 밝히다, 스승의 이름을 들다.
2 畔(반) : 반(叛), 배반.
3 倍(배) : 배(背), 어기다.

盟,³ 其心一也.

善爲詩者不說, 善爲易者不占, 善爲禮者不相,⁴ 其心同也.

| 해설 |

말보다 실천과 신의가 중요함을 강조하고 있다.

56

증자가 말하였다.

"효자의 말은 들을 만하고, 그의 행위는 볼 만하다. 말이 들을 만하기 때문에 먼 곳의 사람들을 기쁘게 하고, 행위가 볼 만하기 때문에 가까이 있는 사람들을 기쁘게 한다. 가까이 있는 사람들이 기뻐하면 친근해지고, 먼 곳의 사람들이 기뻐하면 따르게 된다. 가까이 있는 사람을 친근히 하고 먼 곳의 사람들을 따르게 하는 것이 효자의 도이다."

증자가 제나라를 떠날 때 재상인 안영이 교외까지 따라 나가서 말하였다.

"제가 듣건대, 군자는 사람들에게 말을 선물하고, 서민들은 사람들

---

1 說過(설과) : 말을 지나치게 하다, 말에 잘못을 저지르다.
2 胥命(서명) : 제후들이 말로만 약속하는 것. 본디 제후들이 맹약을 할 때는 서로 피를 나누었다. 그러나 『춘추공양전(春秋公羊傳)』을 보면 환공(桓公) 3년에, 제나라 제후와 위(衛)나라 제후가 포(蒲)라는 곳에서 간단히 말로만 약속하는 서명을 하는데, 그것이 옛분들의 뜻에 가까운 일이라 칭찬하고 있다.
3 詩非屢盟(시비루맹) : 『시경』 소아(小雅) 교언(巧言)에 "군자들이 너무 자주 맹약을 하니, 혼란은 그 때문에 더해지네.(君子屢盟, 亂是用長.)"라고 읊고 있다.
4 相(상) : 의식의 절차를 옆에서 돕는 것.

에게 재물을 선물한다 했습니다. 저는 가난해서 재물이 없으니, 군자의 흉내를 내어 선생님께 말을 선물하고자 합니다. 수레의 바퀴는 태산의 나무로 만든 것인데, 본디 곧은 나무를 나무틀에 끼워 놓아 석 달이나 다섯 달 정도 지나면, 바퀴 테나 바퀴 통 모양으로 굽어져 다시는 그 본래 모습으로 되돌아가지 않습니다. 군자에게도 틀이 있으니, 그것을 삼가지 않으면 안 됩니다. 신중히 대처하십시오. 난초·채초(茝草)·고본(藁本) 같은 향초라도 단술에 담가 두면 향기가 없어져 사람들이 한 번 차 보고는 바꾸게 될 것입니다. 올바른 군자라 하더라도 향긋한 술 같은 데 젖어 있다면 남을 모함하는 말이 받아들여질 것입니다. 군자는 자신을 젖어 있도록 하는 일에 신중하지 않으면 안 됩니다."

| 원문 |

曾子曰; 孝子言爲可聞, 行爲可見. 言爲可聞, 所以說遠[1]也, 行爲可見, 所以說近也. 近者說則親, 遠者說則附. 親近而附[2]遠, 孝子之道也.

曾子行, 晏子[3]從於郊. 曰; 嬰聞之, 君子贈人以言, 庶人贈人以財. 嬰貧無財, 請假於君子,[4] 贈吾子以言. 乘輿之輪, 太山之木也, 示[5]諸檃栝,[6] 三月五月, 爲幬菜敝[7]不反其常. 君子之檃栝, 不可不謹也, 愼之!

---

1 說遠(열원) : 먼 곳 사람들을 기쁘게 하다.
2 附(부) : 친부(親附)하다, 따르다.
3 晏子(안자) : 제(齊)나라의 명재상이었던 안영(晏嬰). 안영은 공자보다도 빠른 시대의 사람이고, 증자의 아버지조차도 공자의 제자였으니, 안영이 증자를 전송하는 얘기는 호사가들이 만든 듯하다(楊倞).
4 假於君子(가어군자) : 군자라는 신분을 빌리다, 군자를 흉내내다.
5 示(시) : 치(寘)의 뜻으로, 끼워 놓는 것.

蘭茝,⁸ 藁本, 漸於密醴,⁹ 一佩易之. 正君漸於香酒, 可讒而得¹⁰也. 君子之所漸, 不可不慎也.

| 해설 |

효행으로 유명한 증자와 관계되는 두 가지 얘기이다. 앞부분의 "효자의 말은 들을 만하고 볼 만하다"는 것은, 먼 곳의 사람들은 따르게 하고 가까이 있는 사람들은 친근하게 하여, 부모님께 걱정 끼치는 일이 없게 된다는 말이다.

그리고 뒷부분에서는 제나라 명재상 안영이 증자에게 한 말을 인용해, 사람이란 생활 환경이 중요함을 강조하고 있다.

57

사람과 학문의 관계는 마치 옥돌을 쪼고 가는 것과 같다. 『시경』에서도 "깎고 다듬고 쪼고 간 듯하다." 하였는데, 학문을 닦은 것을 말한다.

화씨(和氏)의 구슬은 본디 정리(井里)란 시골 마을의 문지방 돌이었는데, 옥공이 그것을 쪼고 다듬어 천하의 보물이 되었던 것이다.

공자의 제자 자공과 자로는 본디 시골 사람이었는데, 학문을 닦고

---

6 檃栝(은괄) : 도지개, 나무를 다른 모양으로 굽히는 데 쓰는 틀.
7 幬茱敝(주채폐) : 양경(楊倞)도 뜻을 알 수 없다 하였다. 그러나 모양이 변하여 바퀴테나 바퀴 통 모양이 된다는 뜻인 듯하다.
8 茝(채) : 난·고본과 함께 향초 이름.
9 密醴(밀례) : 단술. 향초를 단술에 담가 놓아도 향기는 거의 없어진다.
10 讒而得(참이득) : 남을 모함하는 말이 받아들여지다.

예의를 익혀 천하의 명사가 된 것이다.

학문에 싫증을 내지 않고 올바른 선비를 좋아하는 일을 게을리하지 않는다면, 바로 자연의 보고를 얻는 것과 같다.

| 원문 |

人之於文學[1]也, 猶玉之於琢磨[2]也. 詩曰;[3] 如切磋,[4] 如琢如磨. 謂學問也.

和之璧[5], 井里[6]之厥[7]也, 玉人琢之, 爲天子[8]寶.

子贛[9]季路,[10] 故鄙人[11]也, 被文學, 服禮義, 爲天下列士.

學問不厭, 好士不倦, 是天府也.

| 해설 |

사람에게 학문이 얼마나 중요한 것인가를 강조하고 있다.

---

1 文學(문학) : 본래는 학문의 뜻.
2 琢磨(탁마) : 옥이나 돌을 쪼고 갈아 다듬는 것.
3 詩曰(시왈) : 『시경』 위풍(衛風) 기욱(淇奧)시에 나오는 구절.
4 切磋(절차) : 뼈나 뿔 등을 칼로 깎고 줄로 갈아 다듬는 것.
5 和之璧(화지벽) : 초(楚)나라 사람 변화(卞和)가 얻었다는 천하의 보배(『韓非子』 和氏편).
6 井里(정리) : 시골 마을 이름.
7 厥(궐) : 궐(橜)과 통하여(盧文弨), 문지방.
8 天子(천자) : 천하(天下)의 잘못(王念孫).
9 子贛(자공) : 자공(子貢)이라고도 쓰며, 성은 단목(端木), 이름은 사(賜), 공자의 제자.
10 季路(계로) : 보통 자로(子路)라 부르며, 성은 중(仲), 이름은 유(由), 역시 공자의 제자.
11 鄙人(비인) : 시골 사람.

58

군자는 의심스런 것을 말하지 않고, 물어서 확인하지 않은 것도 말하지 않기 때문에, 갈 길은 멀다 하더라도 날로 더 나아가게 되는 것이다.

많은 사람들을 알면서도 친한 사람은 없고, 널리 공부했으면서도 법도가 없으며, 많은 공부를 하기 좋아하면서도 자기의 정견(定見)이 없다면, 군자는 그런 사람과 함께하지 않는다.

젊어서는 경전을 읽지 않고, 장년이 되어서는 남과 논의하지 않는다면, 비록 바탕은 괜찮다 하더라도 완성된 사람은 못 된다.

군자는 힘을 오로지해 가르치고, 제자는 힘을 오로지해 배운다면 빠르게 학문이 완성될 것이다.

군자는 벼슬자리에 나아가면 곧 임금의 영예에 보탬이 되고 백성들의 걱정을 덜어 줄 수 있어야 한다. 그런 일을 못하면서도 벼슬자리에 있다면 속임수를 쓰는 것이 되고, 아무런 소용도 없는데 많은 대우를 받고 있다면 도둑질을 하는 셈이다.

학문을 한다는 것은 반드시 벼슬을 하기 위한 것은 아니지만, 그러나 벼슬을 하였다면 반드시 배운 것처럼 행동해야 한다.

| 원문 |

君子疑則不言, 未問[1]則不立,[2] 道遠日益矣.
多知[3]而無親, 博學而無方,[4] 好多[5]而無定者, 君子不與.

---

1 未問(미문) : 잘 모르는 것을 물어서 확인하지 못한 것.
2 不立(불립) : 불언(不言)의 잘못(王念孫).

少不諷,⁶ 壯不論議, 雖可, 未成也.

君子壹⁷敎, 弟子壹學, 亟⁸成.

君子進, 則能益上之譽, 而損下之憂. 不能而居之, 誣也, 無益而厚受之, 竊也.

學者非必爲仕, 而仕者必如學.⁹

| 해설 |

여러 가지 군자의 행실에 관해 설명하였다. 특히 군자의 행실을 학문과 관련지어 설명한 점에 주의하기 바란다.

59

자공이 공자에게 물었다.

"저는 공부하는 데 지쳤습니다. 그만 쉬면서 임금이나 섬기고 싶습니다."

공자께서 말씀하셨다.

"『시경』에 '아침저녁으로 온순히 공경하고, 신중히 일하네.' 라 읊고 있네. 임금을 섬기는 것은 어려운 일인데, 임금을 섬기면서 어떻게

---

3 多知(다지) : 많은 사람을 아는 것.
4 方(방) : 법도.
5 好多(호다) : 많은 것을 배우기 좋아하는 것.
6 諷(풍) : 경전을 읽고 외는 것.
7 壹(일) : 한결같이, 힘을 오로지해.
8 亟(극) : 급히, 빨리.
9 如學(여학) : 배운 것처럼 행동하다.

쉴 수가 있다는 것이냐?"

"그렇다면 저는 그만 쉬면서 부모님이나 섬기고 싶습니다."

공자께서 말씀하셨다.

"『시경』에 '효자의 효도 다함 없으니, 영원토록 복을 내리시겠네.'라 읊었네. 부모를 섬기는 것도 어려운 일인데, 부모를 섬기면서 어떻게 쉴 수가 있다는 것이냐?"

"그렇다면 저는 그만 쉬면서 처자와 함께 지내고 싶습니다."

공자께서 말씀하셨다.

"『시경』에 '자기 처를 올바로 거느리고 형제들을 바르게 이끌어 집안과 나라를 다스리네.'라 읊고 있네. 처자와 함께 지내는 것도 어려운 일인데, 처자와 함께 지내면서 어떻게 쉴 수가 있다는 것이냐?"

"그렇다면 저는 그만 쉬면서 친구들과 함께 지내고 싶습니다."

공자께서 말씀하셨다.

"『시경』에 '친구들이 위엄과 예의를 갖추고 돕고 있네.'라 읊고 있네. 친구들과 함께 지내는 것도 어려운 일인데, 친구들과 함께 지내면서 어떻게 쉴 수가 있다는 것이냐?"

"그렇다면 저는 그만 쉬면서 농사나 짓고 싶습니다."

공자께서 말씀하셨다.

"『시경』에 '낮에는 띠풀 베어 들이고, 밤에는 새끼 꼬아 빨리 지붕 이어야 하니, 봄이면 여러 곡식 씨 뿌려야 한다네.'라 읊고 있네. 농사짓는 것이 그처럼 어려운데, 농사를 지으면서 어떻게 쉴 수가 있다는 것이냐?"

"그렇다면 저는 쉴 곳이 없다는 말씀입니까?"

공자께서 말씀하셨다.

"무덤의 봉분을 바라보아라. 높다랗고 우뚝하고 그릇을 엎어놓은 것 같구나! 저것을 보면 쉴 곳을 알 수가 있을 것이다."

자공이 말하였다.

"위대하도다. 죽음이여! 군자는 쉬게 되고, 소인도 모든 일을 그만두게 되는구나!"

| 원문 |

子貢問於孔子曰；賜¹倦於學矣, 願息事君.

孔子曰；詩云；² 溫恭朝夕, 執事有恪.³ 事君難, 事君焉可息哉？

然則賜願息事親.

孔子曰；詩云；⁴ 孝子不匱,⁵ 永錫⁶爾類.⁷ 事親難, 事親焉可息哉？

然則賜願息於妻子.

孔子曰；詩云；⁸ 刑⁹于寡妻, 至于兄弟, 以御於家邦. 妻子難, 妻子焉可息哉？

然則賜願息於朋友.

孔子曰；詩云；¹⁰ 朋友攸攝,¹¹ 攝以威儀. 朋友難, 朋友焉可息哉？

---

1 賜(사) : 자공의 이름.
2 詩云(시운) : 『시경』 상송(商頌) 나(那) 시에 나오는 구절.
3 恪(각) : 공경히 하다, 신중히 하다.
4 詩云(시운) : 『시경』 대아(大雅) 기취(旣醉)시의 구절.
5 不匱(불궤) : 다함이 없다, 끊임이 없다.
6 錫(석) : 사(賜)의 뜻, 주다.
7 類(류) : 좋은 일.
8 詩云(시운) : 『시경』 대아(大雅) 사제(思齊)시에 나오는 구절.
9 刑(형) : 올바로 거느리다, 바르게 하다.
10 詩云(시운) : 『시경』 대아(大雅) 기취(旣醉)시에 나오는 구절.
11 攸攝(유섭) : 돕고 있는 것.

然則賜願息耕.

孔子曰; 詩云;**12** 晝爾于茅,**13** 宵爾索綯,**14** 亟**15**其乘屋, 其始播百穀. 耕難, 耕焉可息哉?

然則賜無息者乎?

孔子曰; 望其壙,**16** 皋如**17**也, 嵮如**18**也, 鬲**19**如也. 此則知所息矣.

子貢曰; 大哉, 死乎! 君子息焉, 小人休焉!

| 해설 |

사람은 살면서 무슨 일을 하든 쉴 수가 없는 동물이다. 죽음만이 진정한 휴식이라는 것이다. 그러므로 살아 있는 한 열심히 일하며 살아야 함을 뜻한다.

60

『시경』 국풍(國風)의 여색을 좋아하는 점에 대해, 『전(傳)』에 풀이하기를 "그의 욕망을 채우면서도 그의 처신에 허물이 되는 것이 없다. 그 성실함은 쇠나 돌에 견줄 만하고, 그 노래는 종묘 안에서 부르게 해도 되는 것이다."라고 하였다.

---

12 詩云(시운) : 『시경』 빈풍(豳風) 칠월(七月)시에 나오는 구절.
13 于茅(우모) : 띠풀을 베어 들이다. 띠풀은 지붕을 이을 이엉을 만드는 데 쓰는 것이다.
14 索綯(색도) : 새끼를 꼬다.
15 亟(극) : 빨리, 급히.
16 壙(광) : 무덤의 봉분.
17 皋如(고여) : 고여(高如), 높다란 모양.
18 嵮如(전여) : 전여(巓如), 우뚝한 모양(盧文弨).
19 鬲(력) : 옛날 솥의 일종. 솥 같은 그릇.

소아(小雅)는 어리석은 임금에게 등용되지 않아 스스로 물러나 아랫자리에 있는 사람이 현실 정치를 비판하면서 지난 시대의 정치를 사모하는 내용이다. 그 언어에는 무늬가 있고, 그 가락에는 슬픔이 있다.

| 원문 |

國風之好色也, 傳[1]曰; 盈其欲, 而不愆[2]其止.[3] 其誠可比於金石, 其聲可內[4]於宗廟.

小雅不以[5]於汙上,[6] 自引而居下, 疾[7]今之政, 以思往者. 其言有文焉, 其聲有哀焉.

| 해설 |

『시경』 국풍(國風)과 소아(小雅)의 성격에 대한 설명이다.

61

나라가 흥성하려 할 때는 반드시 스승을 귀중히 여기고 가르치는 사람을 존중한다. 스승을 귀중히 여기고 가르치는 사람을 존중하면 법률과 제도가 잘 지켜진다.

---

1 傳(전) : 성인이 쓴 경(經)에 대한 현인의 해석이 전이다.
2 不愆(불건) : 허물이 되지 않다, 잘못이 없다.
3 其止(기지) : 그의 처신.
4 可內(가내) : 안에 들여놓을 수 있다, 안으로 가져와 노래 불러도 된다.
5 不以(불이) : 쓰이지 않다, 등용되지 않다.
6 汙上(오상) : 지저분한 임금, 어리석은 임금.
7 疾(질) : 미워하다, 비판하다.

나라가 쇠하려 할 때는 반드시 스승을 천하게 여기고 가르치는 사람을 가벼이 여긴다. 스승을 천하게 여기고 가르치는 사람을 가벼이 여기면 곧 사람들이 자기 멋대로 행동하게 된다. 사람들이 자기 멋대로 행동하면 법률과 제도가 무너진다.

| 원문 |

國將興, 必貴師而重傅,[1] 貴師而重傅, 則法度存.
國將衰, 必賤師而輕傅, 賤師而輕傅, 則人有快,[2] 人有快則法度壞.

| 해설 |

어느 사회에서나 학문을 가르치는 스승이나 그 밖의 다른 일들을 가르쳐 주는 사람 및 지도자를 존중할 줄 알아야 함을 강조하고 있다.

62

옛날에 보통 사람들은 쉰 살이 되어서야 벼슬을 하기도 하였다. 천자와 제후의 아들은 열아홉 살에 관례를 치르고 관을 쓰고서 정치에 참여하는데, 그에 대한 교육이 지극하기 때문이다.

| 원문 |

古者匹夫, 五十而士,[1] 天子諸侯子, 十九而冠,[2] 冠而聽治, 其敎至也.

---

1 傅(부) : 가르치는 사람, 지도자.
2 快(쾌) : 멋대로 행동하는 것(楊倞).

| 해설 |

예의 제도를 설명하면서, 임금의 아들들은 지극한 교육을 받아야 함을 강조한 듯하다.

63

군자다운 사람을 좋아한다면 군자가 될 만한 사람이다. 군자가 될 만한 사람을 가르치지 않는 것은 상서롭지 못한 일이다. 군자가 되지 못할 사람을 좋아한다면 군자가 될 만한 사람이 아니다. 군자가 되지 못할 사람을 가르친다면 도둑에게 양식을 대주고 난적에게 무기를 빌려주는 것과 같다.

| 원문 |

君子也者而好之, 其人.[1] 其人也而不教, 不祥. 非君子而好之, 非其人也. 非其人而教之, 齎[2]盜糧, 借賊兵也.

| 해설 |

군자를 좋아하는 사람이어야만 군자가 될 수 있는 사람이라는 뜻이다.

---

1 士(사) : 벼슬하다. 『예기』 내칙(內則)편에는 "사십 세에 비로소 벼슬하고, 오십 세에는 대부가 되었다" 하였다. 여기서는 예외를 말한 듯하다.
2 冠(관) : 관례를 치르다, 관을 쓰다. 보통 사람들은 이십 세에 관례를 치렀으나 천자와 제후들은 예로로 일 년이 빨랐다.

1 其人(기인) : 그런 사람이 될 만한 사람, 군자가 될 만한 사람.
2 齎(재) : 양식을 보내 주는 것.

64

자기의 행동이 불완전함을 스스로 깨닫지 못하는 사람은 말을 함부로 지나치게 한다. 옛날의 현명한 사람들은 천한 서민에, 가난한 보통 남자이며, 먹을 것이라고는 범벅과 죽도 넉넉하지 못하고, 온전치 못한 거친 옷을 입는다 하더라도, 예가 아니면 나아가지 않고 의로운 것이 아니면 받지 않았다. 어찌 이런 훈계가 필요했겠는가?

| 원문 |

不自嗛[1]其行者, 言濫過.[2] 古之賢人, 賤爲布衣,[3] 貧爲匹夫, 食則饘粥[4]不足, 衣則豎褐[5]不完, 然而非禮不進, 非義不受, 安取此?[6]

| 해설 |

말보다 실천이 중요함을 강조하고, 옛날의 현명한 사람들은 가난하고 천해도 언제나 예의를 존중하였다는 것이다.

65

자하는 가난해 입은 옷이 늘어진 메추라기 깃처럼 너덜너덜하였다.

---

1 嗛(겸) : 부족한 것, 불완전하다 여기는 것.
2 濫過(남과) : 넘치고 지나치다, 함부로 지나치게 하다.
3 布衣(포의) : 거친 천의 옷, 서민의 옷, 서민.
4 饘粥(전죽) : 범벅과 죽.
5 豎褐(수갈) : 거친 천으로 만든 짧은 옷.
6 安取此(안취차) : 어찌 이런 훈계를 받아야 하랴?

어떤 사람이 "선생께선 어찌하여 벼슬하지 않습니까?" 하고 물으니, 이렇게 대답하였다.

"제후라 하더라도 나에게 교만하면 나는 그의 신하가 되지 않습니다. 대부라 하더라도 나에게 교만하면 나는 다시는 만나지 않습니다. 노나라의 유하혜는 성문이 닫힌 뒤에 활동하는 무법자들과 같은 옷을 입었지만 전혀 의심을 받지 않았습니다. 그의 명성이 하루 이틀에 퍼진 것이 아니기 때문이지요. 벼슬로 손톱만한 이익을 다투다가 손바닥 전체를 잃게 될 것이기 때문입니다."

| 원문 |

子夏[1]家貧, 衣若縣鶉.[2] 人曰; 子何不仕? 曰; 諸侯之驕我者, 吾不爲臣, 大夫之驕我者, 吾不復見. 柳下惠[3]與後門者[4]同衣, 而不見疑. 非一日之聞也. 爭利如蚤甲,[5] 而喪其掌.

| 해설 |

자하에 관한 얘기로, 가난해도 올바른 도를 잃지 않았던 그의 절조를 높이 평가하고 있다.

---

1 子夏(자하) : 공자의 제자.
2 縣鶉(현순) : 메추라기의 늘어진 깃털처럼 너덜너덜한 것.
3 柳下惠(유하혜) : 춘추 시대 노(魯)나라 사람. 이름은 전획(展獲), 자는 금거(禽居). 『논어』・『맹자』 등에도 보인다.
4 後門者(후문자) : 성문이 닫힌 뒤에 활동하는 범법자들(王念孫).
5 蚤甲(조갑) : '조'는 조(爪)의 뜻으로(盧文弨), 손톱.

66

임금은 신하들을 채용하는 데 신중하지 않으면 안 된다. 일반 사람들은 벗을 사귀는 데 신중하지 않으면 안 된다. 벗이란 서로 돕는 것이다. 뜻을 둔 도가 같지 않다면 어떻게 서로 도울 수 있겠는가?

땔나무를 고루 펴놓고 불을 붙이면 불은 건조한 곳으로 옮겨간다. 땅을 평평히 해 놓고 물을 부으면 물은 축축한 곳으로 흐르게 된다. 물건이 같은 종류를 서로 따르는 것이 그처럼 분명한 것이다.

벗을 통해서 그 사람을 살핀다면 그 사람을 올바로 알게 됨을 어찌 의심하겠는가? 벗을 사귈 때는 그 사람이 훌륭한 사람이어야만 하니, 신중하지 않으면 안 된다. 그것이 덕의 기초가 되기 때문이다. 『시경』에도 "큰 수레를 밀고 가지 마라, 오직 먼지만 자욱이 일어날 것을!"이라 하였는데, 이것은 소인들과 함께 지내지 말라는 뜻이다.

| 원문 |

君人者不可以不愼取臣, 匹夫不可以不愼取友. 友者, 所以相有[1]也. 道不同, 何以相有也?

均薪施火, 火就燥, 平地注水, 水流溼. 夫類之相從也, 如此之箸[2]也. 以友觀人, 焉所疑? 取友善人, 不可不愼, 是德之基也. 詩曰;[3] 無將[4]大車, 維塵冥冥, 言無與小人處也.

---

1 有(유) : 우(友)와 같은 뜻, 서로 돕고 함께 행동하는 것.
2 箸(저) : 저(著). 현저하다, 분명하다.
3 詩曰(시왈) : 『시경』 소아(小雅) 무장대거(無將大車) 시의 구절.
4 將(장) : 수레를 뒤에서 밀고 가는 것(楊倞).

| 해설 |

사람은 되도록 훌륭한 사람들과 함께 생활해야 그 자신도 훌륭해짐을 강조한 말이다.

67

함부로 행동하고 아무렇게나 일한다면, 지혜로운 듯하지만 실은 그렇지 않다. 부드럽고 약하고 물건을 쉽게 남에게 내준다면, 어진 듯하지만 실은 그렇지 않다. 흉악해 뒤도 돌아보지 않고 싸우기 좋아하는 것은, 용감한 듯하지만 실은 그렇지 않다.

| 원문 |

藍苴路作,[1] 似知而非. 偄弱[2] 易奪,[3] 似仁而非. 悍戇[4] 好鬪, 似勇而非.

| 해설 |

지혜와 어짊과 용기의 참뜻을 알려주는 말이다.

---

1 藍苴路作(남저노작) : 양경(楊倞)도 미상이라 하였다. 다만 '저'는 저(姐)와 통하여 만(漫)의 뜻이라고도 한다 했으니, '남'은 남(濫)과 통하여, 함부로 행동한다는 뜻인 듯하다. '노작'은 아무렇게나 일하다로 해석하였다.
2 偄弱(연약) : 부드럽고 약한 것.
3 易奪(이탈) : 쉽게 빼앗기다, 쉽사리 남에게 물건을 내주다.
4 悍戇(한당) : 흉악해 고지식하다, 흉악한 짓을 뒤도 돌아보지 않고 하다.

68

어짐(仁)·의로움(義)·예의(禮)·선함(善)은 사람에게 비유하자면 마치 집안의 재물이나 곡식과 같은 것이다. 그것이 많은 사람은 부유하고, 그것이 적은 사람은 가난하며, 그것을 가지고 있지 않은 사람은 곤궁하다. 그러므로 크게는 어짐·의로움·예의·선함을 추구하지 못하고, 작게는 그것을 추구하지 않는다면, 그것은 나라를 버리고 자신을 멸망시키는 도가 된다.

| 원문 |

仁義禮善之於人也, 辟¹之若貨財粟米之於家也, 多有之者富, 少有之者貧, 至無有者窮. 故大者不能, 小者不爲, 是棄國捐身²之道也.

| 해설 |

어짐·의로움·예의·선함의 윤리의 중요성을 강조한 것이다.

69

모든 사물은 무엇인가에 편승해 찾아오게 된다. 따라서 저곳으로 나간 것은 다시 이곳으로 돌아오게 된다.

---

1 辟(비) : 비유를 들다.
2 捐身(연신) : 자신을 버리다, 자신을 망치다.

| 원문 |

凡物有乘¹而來, 乘其出者, 是其反者也.

| 해설 |

모든 사물이 생겨나는 데에는 모두 까닭이 있다는 것이다.

70

근거 없는 말은 없애 버리고 재물과 여색은 멀리해야 한다. 그것들은 재난이 생겨나는 바탕으로 자질구레한 일로부터 생겨난다. 그러므로 군자는 일찍이 그런 것들을 끊어 버리는 것이다.

| 원문 |

流言¹滅之, 貨色遠之. 禍之所由生也, 生自纖纖²也. 是故君子蚤絶之.

| 해설 |

일반적으로 사람들에게 재난을 가져오는 근원으로 근거 없는 말과 재물·여색을 들고 있다. 이는 모두 사람들이 미혹되기 쉬운 것들이다.

---

1 乘(승) : 타다, 편승하다. 뒤의 승자는 잘못 끼어든 것임(王念孫).

1 流言(유언) : 근거 없는 말, 유언비어.
2 纖纖(섬섬) : 가늘고 작은 모양, 자질구레한 것.

71

말에 신의가 있는 것은 알지 못하는 것과 의심스러운 것을 어떻게 처리하느냐에 따라 결정된다. 의심스러운 것은 말하지 말고, 물어서 확인하지 않은 것도 말하지 않아야 한다.

| 원문 |

言之信者, 在乎區蓋¹之間. 疑則不言, 未問則不立.²

| 해설 |

의심스러운 것, 잘 모르는 것은 남에게 애기하지 말아야 한다는 것이다. 앞 58절에도 비슷한 말이 나온다.

72

지혜 있는 사람은 일에 밝고 도리에도 통달해 있으니, 정성껏 일하지 않으면 안 된다. 그러므로 "군자를 기쁘게 해 주기는 어렵다. 그를 올바른 도로써 기쁘게 해 주지 않는다면, 기뻐하지 않기 때문이다."라고 하는 것이다.

속담에 "흘러간 탄환은 움푹한 구덩이에서 멈춰지고, 근거 없는 말은 지혜 있는 사람에 의해 멈춰진다."고 하였다. 그것은 비뚤어진 학문으로 일가를 이룬 자들이 유학자를 미워하는 까닭이다.

---

1 區蓋(구개) : 잘 알지 못하는 것과 의심스러운 것(郝懿行).
2 不立(불립) : '립'은 언(言)의 잘못.

옳고 그른 것이 의심스러울 때는 먼일로써 그것을 헤아리고 가까운 사물로써 그것을 검증한 후 공평한 마음으로 생각해 보면 된다. 그러면 근거 없는 말도 없어지고 나쁜 말도 사라지게 된다.

| 원문 |

知者明於事, 達於數,[1] 不可以不誠事也. 故曰; 君子難說,[2] 說之不以道, 不說也.

語曰; 流丸[3]止於甌臾,[4] 流言止於知者, 此家言[5]邪學之所以惡儒者也.

是非疑, 則度之以遠事, 驗之以近物, 參之以平心, 流言止焉, 惡言死焉.

| 해설 |

비뚤어진 학문으로 일가를 이룬 자들이 유학자를 미워한다는 것은, 유학자들이 그릇된 학문과 이론들을 없애고 있기 때문이다.

73

증자가 물고기를 먹다가 남게 되자 "여기에 쌀뜨물을 부어 놓아라." 하고 지시하였다. 그러자 제자가 말하였다.

---

1 數(수) : 도리, 법칙.
2 說(열) : 기쁘게 하다.
3 流丸(유환) : 튕겨져 나간 탄환.
4 甌臾(구유) : 땅이 움푹 들어간 곳(楊倞), 굴러가는 탄환은 곧 움푹한 땅에서 멈춰지게 된다.
5 家言(가언) : 일가를 이룬 이론.

"여기에 쌀뜨물을 부어 놓으면 상하게 되어 사람이 피해를 봅니다. 소금에 절여 두는 것이 좋을 듯합니다."

증자가 울면서 말하였다.

"내가 딴 마음이야 있었겠느냐? 상하게 되어 사람이 피해를 볼 거라는 말은 이제야 들어 알게 되었다."

| 원문 |

曾子食魚, 有餘, 曰; 泔[1]之. 門人曰; 泔之傷人, 不若奧[2]之.
曾子泣涕曰; 有異心乎哉? 傷其聞之晩也.

| 해설 |

이 글은 학자들에 따라 해석이 구구하다. "쌀뜨물을 부어 놓아라."라고 한 것은 그것으로 국이나 찌개를 끓이려는 의도였을 것이다. 그리고 뒤에 증자가 눈물을 흘린 것은 돌아가신 부모를 생각한 때문이라고도 하는데 (王先謙), 그대로 자기의 잘못을 뉘우치는 태도로 보는 것이 무난할 듯하다.

74

내가 잘못하는 일을 가지고 남이 잘하는 일과 겨루지 말라. 그러므로 잘못하는 일은 덮어두고 피해야 하며, 잘하는 일은 나아가서 처리

---

1 泔(감) : 쌀뜨물, 쌀뜨물을 붓다.
2 奧(오) : 술이나 소금에 절이는 것(盧文弨).

해야 한다. 사리에 통달하고 지혜가 있으면서도 법을 지키지 않고, 잘 살피고 분별이 있으면서도 편벽된 짓을 하고, 용기가 있고 과감하면서도 무례한 것은 군자들이 미워하는 일이다.

| 원문 |

無用吾之所短, 遇¹人之所長. 故塞²而避所短, 移³而從所仕.⁴ 疏⁵知而不法, 察辨而操辟,⁶ 勇果而亡禮, 君子之所憎惡也.

| 해설 |

자기의 장점을 잘 살피고, 군자들이 싫어하는 짓을 하지 말라는 것이다.

75

많은 말을 하면서도 모두가 합당하다면, 그는 성인이다. 말을 조금 하면서도 모두 법도에 들어맞는다면, 그는 군자이다. 많은 말을 하는데 법도에도 들어맞지 않고 비뚤어지고 멋대로라면, 비록 말을 잘한다 하더라도 소인이다.

---

1 遇(우) : 맞서다, 겨루다.
2 塞(색) : 덮어두다.
3 移(이) : 나아가다.
4 仕(사) : 임(任)의 잘못으로(俞樾), 잘하는 것.
5 疏(소) : 통(通)의 뜻, 사리에 통달한 것.
6 操辟(조벽) : 편벽된 짓을 하다.

| 원문 |

多言而類¹, 聖人也. 少言而法, 君子也. 多言無法, 而流喆然,² 雖辯,
小人也.

| 해설 |

말을 바탕으로 성인과 군자와 소인의 구별을 얘기하고 있다.

76

나라의 법에서 남이 잃은 물건을 주워 갖는 것을 금하는 것은, 백성들이 남의 것을 갖는 데 습관이 되어 소득에 대한 분별이 없어지는 것을 싫어하기 때문이다. 분별의 뜻을 지니고 있다면 천하가 주어져도 잘 다스릴 것이지만, 분별의 뜻을 지니고 있지 않다면 한 부인과 한 첩의 집안도 어지러워진다.

| 원문 |

國法禁拾遺,¹ 惡民之串²以無分得也. 有夫分義,³ 則容⁴天下而治, 無

---

1 類(류) : 같은 종류에 모두가 합당한 것.
2 流喆然(유철연) : '철'은 면(面)의 잘못(제6편 비십이자 제3절에 나옴). 비뚤어지게 함부로 하는 것.

1 拾遺(습유) : 남이 잃은 물건을 주워 갖는 것.
2 串(관) : 관(慣), 습관이 되다.
3 分義(분의) : 분별의 뜻, 분별의 의의.
4 容(용) : 받다, 다스리기 위해 받는 것.

分義, 則一妻一妾而亂.

| 해설 |

사람은 모든 일에 대한 분별이 있어야 함을 강조한 말이다.

77

천하의 사람들은 비록 제각기 다른 뜻을 가지고 있지만 그러나 함께 공감하는 것들도 있다. 맛을 얘기하는 사람들은 역아(易牙)의 요리에 공감하고, 음악을 얘기하는 사람들은 사광(師曠)의 음악에 공감하고, 정치를 얘기하는 사람들은 삼대의 임금들의 정치에 찬동한다.

삼대의 임금들이 이미 법도를 만들어 놓고 예악을 제정해 놓아 그것이 전해지고 있다. 그런데 그것을 쓰지 않고 고쳐 자신이 새로 만드는 경우도 있는데, 그것은 역아의 요리 방법을 바꾸고, 사광의 음률을 고치는 것과 무엇이 다르겠는가?

삼대의 임금들의 법도가 없다면, 천하는 기다릴 것 없이 바로 망하고, 나라도 기다릴 것 없이 바로 망하게 될 것이다. 마시기만 하고 먹지 않는 것은 한 철밖에 못 사는 매미이고, 마시지도 않고 먹지도 않는 것은 하루도 못 사는 하루살이인 것이다.

| 원문 |

天下之人, 唯[1]各特意[2]哉, 然而有所共予[3]也. 言味者予易牙,[4] 言音者

---

1 唯(유) : 雖(수)와 통함(王念孫), 비록.

予師曠,⁵ 言治者予三王.⁶

三王旣已定法度, 制禮樂而傳之, 有不用而改自作, 何以異於變易牙之和, 更師曠之律.

無三王之法, 天下不待亡, 國不待死. 飮而不食者, 蟬也, 不飮不食者, 浮蝣也.

| 해설 |

세상을 다스리는 데에는 무엇보다도 옛 성왕들의 법도가 중요함을 강조하고 있다. 성왕의 법도를 제대로 따르지 못하는 자는 결국 매미나 하루살이 같은 인간이 될 것이라는 말이다.

78

순임금과 효기는 효성스러웠으나 부모의 사랑을 받지 못하였고, 비간과 자서는 충성스러웠으나 임금이 그들의 의견을 따르지 않았고, 공자와 안연은 지혜로웠으나 세상에서 곤궁하게 살았다.

포악한 나라에서 협박을 당해 그가 피할 곳도 없다면, 곧 그들의 선함을 존중해 주고, 그들의 아름다움을 선양하며, 그들이 잘하는 일을 얘기하고, 그들이 잘못하는 것은 들추어 내지 않아야 한다. 네네 하면

---

2 特意(특의) : 다른 뜻.
3 共予(공여) : 함께 공감하는 것.
4 易牙(역아) : 춘추 시대 제(齊)나라 환공(桓公)의 명요리사.
5 師曠(사광) : 춘추 시대 진(晉)나라 평공(平公)의 음악가.
6 三王(삼왕) : 하·은·주 삼대(三代)의 임금. 우(禹)·탕(湯)·문무(文武).

서 따르다가도 죽게 되는 것은 뒤로 물러나서는 욕을 하기 때문이다.

널리 알면서도 곤궁한 사람은 남을 비판하기 때문이며, 청렴해지려 하면서도 더욱 더러워지는 사람은 입 때문이다.

| 원문 |

虞舜孝己[1]孝而親不愛, 比干[2]子胥[3]忠而君不用, 仲尼[4]顔淵[5]知而窮於世.

劫迫於暴國, 而無所辟之, 則崇其善, 揚其美, 言其所長, 而不稱其所短也. 惟惟[6]而亡者, 誹[7]也.

博而窮者, 訾[8]也, 清之而兪濁[9]者, 口也.

| 해설 |

어지러운 나라에서는 특히 말을 신중히 해야 한다는 것이다. 맹자에 비해서는 어느 정도 술책을 존중하는 듯하다. 맹자라면 어디에서나 인의에 들어맞는 올바른 말을 하라고 했을 것이다.

---

1 孝己(효기) : 은(殷)나라 고종(高宗)의 아들. 효도를 다했으나 계모에게 시달리다 죽었다.
2 比干(비간) : 제8편 유효 제11절 참조.
3 子胥(자서) : 제13편 신도 제2절 참조.
4 仲尼(중니) : 공자의 자.
5 顔淵(안연) : 안회(顔回), 공자의 제자.
6 惟惟(유유) : 유유(唯唯), 네네 하고 대답하며 순종하는 것.
7 誹(비) : 비방하다, 뒤에서 욕하는 것.
8 訾(자) : 비판하다, 흉보다.
9 兪濁(유탁) : 더욱 탁해지다, 더욱 더러워지다.

79

군자는 남이 존귀하게 여길 행동을 할 수는 있지만, 사람들이 반드시 그를 존귀하게 여기도록 할 수는 없다. 자기 스스로 벼슬에 임용될 만한 행동을 할 수는 있지만, 사람들이 반드시 자기를 임용하게 할 수는 없다.

| 원문 |

君子能爲可貴,[1] 不能使人必貴己. 能爲可用,[2] 不能使人必用己.

| 해설 |

군자의 한 가지 특징을 설명하고 있다.

80

삼대의 말로 훈계하고 훈시하던 일은, 그런 것이 없던 오제(五帝) 때만 못하다. 춘추 시대에 동물의 피를 서로 빨면서 맹약을 하던 일은, 그런 일을 하지 않던 삼대 성왕 때만 못하다. 전국 시대에 자식을 인질로 교환하던 일은, 그런 일을 하지 않던 춘추 오패 때만 못하다.

| 원문 |

誥誓[1]不及五帝, 盟詛[2]不及三王, 交質子[3]不及五伯.

---

1 爲可貴(위가귀) : 남이 존귀하게 여길 만한 행동을 하다.
2 爲可用(위가용) : 벼슬자리에 임용해도 좋을 만한 행동을 하다.

| 해설 |

후세로 오면서 세상이 어지러워져, 나라와 나라 사이의 약속이 형식은 갈수록 거창해졌으나 약속의 이행은 점점 믿기 어렵게 되었음을 말해 주고 있다.

---

1 誥誓(고서) : 훈계하는 말이 고, 전쟁을 하기 전에 훈시하는 말이 서이다. 주로 삼대의 성왕들에 의해 행해짐.
2 盟詛(맹조) : 희생의 피를 서로 나누면서 맹약을 하고, 서약을 하는 것(詛). 주로 춘추 시대에 행해짐.
3 交質子(교질자) : 인질로 자식을 교환하며 맹약을 하는 것, 주로 전국 시대에 행해짐.

제 28 편

평상시의 교훈

宥坐

　이 편에서부터 마지막 편까지는 순자와 그의 제자들이 여러 가지 일들을 모아 기록한 것이다. 따라서 편명도 앞에서처럼 중요한 뜻을 지니고 있지 않다.
　이 편에는 주로 공자에 관한 얘기들이 모아져 있다. 유좌는 자리 옆에 두고 교훈을 삼는다는 뜻이며, 이 말은 첫머리에 나오는 글 가운데서 따온 말이다. 곧 평상시의 교훈이란 뜻이다.

1

공자께서 노나라 환공의 묘를 구경하는데 거기에 기울어진 그릇이 있었다. 공자께서 묘지기에게 물으셨다.

"이것은 무엇에 쓰는 그릇이오?"

묘지기가 대답하였다.

"이것은 거처하는 옆에 두고 교훈을 삼는 그릇[宥坐之器]일 것입니다."

공자께서 말씀하셨다.

"내가 듣건대 거처하는 옆에 두고 교훈을 삼는 그릇이란, 비면 기울어지고, 알맞으면 바로 서고, 가득 차면 엎어진다 하였다."

공자께서는 그의 제자들을 돌아보며 말씀하셨다.

"물을 갖다 부어 봐라."

제자들이 물을 길어다 부으니, 알맞을 때는 바로 서고 가득 차니 엎어지고 비게 되자 기울어졌다.

공자께서 크게 한숨지으며 말씀하셨다.

"아아! 가득 차고서도 엎어지지 않는 것이 어디 있을까?"

자로가 말하였다.

"감히 가득 찬 것을 지탱해 가는 도리가 있는지 여쭙고자 합니다."

공자께서 대답하셨다.

"총명하고 신통한 지혜가 있으면 어리석음으로써 그것을 지키고, 공로가 천하를 덮을 만한 사람이면 사양함으로써 그것을 지키고, 용기와 힘이 세상을 뒤덮을 만하면 겁냄으로써 그것을 지키고, 온 세상을 차지하는 부귀를 지니면 겸손함으로써 그것을 지키는 것이다. 이것이 자신을 낮추고 또 낮추는 처세 방법인 것이다."

| 원문 |

孔子觀於魯桓公之廟,¹ 有欹器²焉.

孔子問於守廟者曰; 此爲何器?

守廟者曰; 此蓋爲宥坐³之器.

孔子曰; 吾聞宥坐之器者, 虛則欹, 中則正, 滿則覆.

孔子顧謂弟子曰; 注⁴水焉!

弟子挹⁵水而注之. 中而正, 滿而覆, 虛而欹.

孔子喟然⁶而歎曰; 吁⁷! 惡⁸有滿而不覆者哉?

子路⁹曰; 敢問持滿有道乎?

孔子曰; 聰明聖知, 守之以愚, 功被天下, 守之以讓, 勇力撫¹⁰世, 守之以怯,¹¹ 富有四海, 守之以謙.¹² 此所謂挹而損之¹³之道也.

---

1 桓公之廟(환공지묘): 『춘추』 애공 삼년(哀公三年)의 기록에 의하면 환공의 묘와 희공(僖公)의 묘가 모두 화재를 당하였다 하였다. 따라서 공자는 황폐한 묘를 구경갔던 것이다.
2 欹器(의기): 한편으로 기울어져 엎어지기 쉬운 그릇.
3 宥坐(유좌): '유'는 우(右)와 통해 돕는다는 뜻. 따라서 '유좌'는 자기 자리의 좌우(左右)에 두고 교훈을 삼는 것.
4 注(주): 물을 붓는 것.
5 挹(읍): 물을 뜨는 것.
6 喟然(위연): 크게 한숨짓는 모양.
7 吁(우): 아아, 감탄사.
8 惡(오): 어찌, 어디에.
9 子路(자로): 성은 중(仲), 이름은 유(由). 공자의 수제자 중 한 사람으로 성격이 거칠고 용감하기로 유명하다.
10 撫(무): 가리는 것, 덮는 것.
11 怯(겁): 겁냄, 비겁.
12 謙(겸): 겸손, 겸허.
13 挹而損之(읍이손지): 떠내고 덜어내고 하는 것, 자기를 낮추고 또 낮추는 것.

| 해설 |

세상일이란 기울어진 그릇처럼, 알맞으면 바로 서지만 너무 많아도 실패하고 너무 적어도 실패한다. 따라서 사람은 가장 알맞은 길을 찾아 처신해야 한다. 자신이 매우 성공하여 가장 높은 위치에 있다 하더라도 겸손해야만 그 자리를 오래 지킬 수 있다는 것이다.

2

공자께서 노나라의 사구(司寇)가 되어 나랏일을 맡게 되자 조정에 나간 지 칠일 만에 소정묘(少正卯)를 처형하였다. 문인이 앞으로 나와 공자에게 질문하였다.

"소정묘는 노나라에서 유명한 사람입니다. 선생께서 정치를 맡으시면서 맨 먼저 그를 처형한 것은 실수가 되지 않겠습니까?"

공자께서 대답하셨다.

"거기 앉거라! 내 네게 그 까닭을 설명해 주마! 사람에게 악한 것이 다섯 가지가 있는데, 도둑질도 그 속에는 끼지 않는다. 첫째는 마음이 만사에 통달하면서도 음험한 것, 둘째는 행실이 편벽되면서도 완고한 것, 셋째는 거짓말을 일삼으면서도 말을 잘하는 것, 넷째는 아는 것이 추잡하면서도 광범한 것, 다섯째는 그릇된 일을 일삼으면서도 겉으로는 윤택해 보이는 것이다.

어떤 사람이 이상 다섯 가지 것들 중 한 가지만 가지고 있다 하더라도 군자의 처형을 면할 수가 없을 것인데, 소정묘는 그런 것들을 다 갖추고 있었다. 그러므로 그가 사는 곳에는 따르는 자들이 모여 무리를 이루었고, 그의 말은 사악함을 꾸며 여러 사람들의 눈을 속일 수가 있었으며, 그의 실력은 올바른 사람들을 반대하면서 홀로 설 수 있는 정도였다. 이런 자는 소인들의 영웅이라 할 수 있으니, 처형하지 않으면 안 되는 것이다.

그래서 탕임금은 윤해(尹諧)를 처형하였고, 문왕은 번지(潘止)를 처형하였으며, 주공은 관숙(管叔)을 처형하였고, 태공은 화사(華仕)를 처형하였으며, 관중은 부리을(付里乙)을 처형하였고, 자산은 등석(鄧析)과 사부(史付)를 처형했던 것이다. 이상 일곱 명의 사람들은 모두 시대는 다르지만 마음은 같은 자들이기 때문에 처형하지 않으면 안 되었다.

『시경』에도 '마음에 시름 겨우니, 여러 소인들의 미움만 사네.'라고 읊고 있는데, 소인들이 무리를 이루면 걱정할 만한 일이 되는 것이다."

| 원문 |

孔子爲魯攝相,[1] 朝七日而誅少正卯.[2] 門人進問曰; 夫少正卯, 魯之聞人[3]也, 夫子爲政而始誅之, 得無失乎?

孔子曰; 居! 吾語女其故. 人有惡者五, 而盜竊不與焉, 一曰心達而險,[4] 二曰行辟而堅,[5] 三曰言僞而辯, 四曰記醜[6]而博, 五曰順非[7]而澤.

---

[1] 攝相(섭상) : 지금의 법무장관에 해당하는 사구가 되어 나랏일을 처리하는 것.
[2] 少正卯(소정묘) : 춘추 시대 노나라의 대부. 공자에게 주살당했음.
[3] 聞人(문인) : 이름이 알려진 사람, 유명인.
[4] 達而險(달이험) : 모든 일에 통달하면서도 음험한 것.
[5] 辟而堅(벽이견) : 편벽되면서도 완고한 것.
[6] 記醜(기추) : 알고 있는 것이 추잡한 것.
[7] 順非(순비) : 그릇된 일을 따르다, 그릇된 일을 일삼다.

此五者, 有一於人, 則不得免於君子之誅, 而少正卯兼有之. 故居處足以聚徒成羣, 言談足以飾邪營衆,[8] 强足以反是獨立, 此小人之桀雄也, 不可不誅也.

是以湯誅尹諧,[9] 文王誅潘止, 周公誅管叔, 太公誅華仕, 管仲誅付里乙, 子産誅鄧析史付. 此七子者, 皆異世同心, 不可不誅也.

詩曰:[10] 憂心悄悄,[11] 慍於羣小. 小人成羣, 斯足憂矣.

| 해설 |

공자가 노나라 사구가 되어 소정묘를 처형했던 얘기를 보다 자세히 알려주고 있다. 그 당시 많은 사람들이 공자가 소정묘를 잡아죽인 것을 뜻밖의 일이라 여겼던 듯하다.

3

공자께서 노나라의 사구가 되었을 때, 어느 부자가 소송을 하였다. 공자는 그들을 석 달 동안이나 잡아 두고 판결을 하지 않다가 그 중 아버지가 소송을 취하하자 이들을 석방하였다.

---

8 飾邪營衆(식사영중) : 자신의 사악함을 꾸며 여러 사람들의 눈을 속이는 것.
9 尹諧(윤해) : 여기에 인용된 일곱 명의 사람들은 관숙과 등석 이외에는 모두 잘 알 수 없는 사람들이다. 관숙은 주공(周公)의 형으로 주나라 성왕(成王)이 즉위한 초기에 반란을 일으켰다가 처형되었다. 등석은 춘추 시대 정(鄭)나라의 궤변가로 민심을 미혹시킨다 하여 명재상이었던 자산(子産)에게 처형되었다. 태공망이 화사를 처형한 것은 그가 나라의 명에 따르지 않고 멋대로 행동한 때문이라 한다(『韓非子』外儲說 右上).
10 詩曰(시왈) : 『시경』 패풍(邶風) 백주(柏舟) 시에 나오는 구절.
11 悄悄(초초) : 시름에 겨운 모양.

계손씨(季孫氏)는 그 얘기를 듣고는 불쾌히 여기면서 말하였다.

"이 노인이 나를 속였네! 그분은 내게 '나라를 다스리는 데 반드시 효도를 중시해야 한다'고 하였네. 이번엔 한 사람은 죽이되 불효한 아들을 죽여야 할 것인데도, 그들을 석방해 주었어!"

제자인 염자(冉子)가 이 사실을 아뢰자, 공자께서는 크게 탄식하면서 이렇게 말씀하셨다.

"아아! 윗사람이 잘못하는데도 아랫사람을 죽이면 되겠는가? 그의 백성들을 가르치지도 않고 그들에게 유죄 판결을 내리는 것은 죄 없는 사람을 죽이는 일이다. 대군(大軍)이 전쟁에 크게 패하더라도 병사들을 참해서는 안 되며, 옥사를 제대로 다스리지 못한다면 사람들에게 형벌을 가해서는 안 된다. 그 죄가 백성들에게 있는 것이 아니기 때문이다.

지금 법령은 함부로 다루면서 처형만 엄격히 한다면 그것은 백성들을 해치는 일이다. 물자 생산에는 때가 있는데, 세금 거둬들이는 일에는 때가 없다면, 그것은 폭정이 된다. 가르치지는 않고 업적을 이룩하도록 채찍질한다면, 그것은 백성들을 학대하는 일이다. 이 세 가지 일을 없애 버린 다음에야 형벌을 쓸 수가 있는 것이다.

『서경(書經)』에 '의로운 형벌로 의롭게 죽이되, 네 멋대로 형벌을 쓰지 마라. 그리고는 오직 순조로이 일이 되지 않았다고 말하라' 하였는데, 먼저 백성들을 가르쳐야 함을 뜻하는 말이다.

그러므로 옛 임금들은 먼저 올바른 도를 얘기해 준 뒤 위에서 먼저 그것을 실천하였다. 만약 잘 되지 않으면 현명한 사람들을 등용해 우대하고 존중하였으며, 그래도 잘 되지 않으면 무능한 자들을 남김없이 벼슬자리에서 몰아내었다. 삼년 동안 이렇게 하여 백성들을 따르게 하였다. 그래도 따르지 않는 사악한 백성이 있다면 그제서야 형벌로 그들을 다스려 곧 백성들은 그들의 죄를 알았다.

『시경』에 '윤씨(尹氏)와 태사(大師)여! 그대들은 주나라의 초석. 나라를 고르게 다스려, 온 세상 평화롭게 하네. 천자님 잘 보좌하고, 백성들 미혹시키지 않네.' 라고 읊고 있다. 그리하여 '위엄은 지엄하지만 쓰지 않고, 형벌도 마련되어 있지만 쓰지 않는다.' 는 것도 그것을 뜻하는 말이다.

지금의 세상은 그렇지 못하다. 교육은 어지러워지고 형벌은 번거로워져서, 백성들이 미혹되어 죄에 빠지면 그들을 따라 처형을 하고 있다. 그리하여 형벌은 더욱 번거로워지고 있지만 사악함을 이겨내지는 못하고 있는 것이다.

세 자 높이의 언덕을 빈 수레로도 오르지 못하는데, 백 길 높이의 산을 짐을 실은 수레가 오를 수 있는 것은 어째서인가? 완만한 경사를 따라가기 때문이다. 몇 길 높이의 담도 사람들은 뛰어넘지 못하는데, 백 길 높이의 산에 아이들이 올라가 놀 수 있는 것도, 그 경사가 완만하기 때문이다. 지금 세상이 완만하게 무너지기 시작한 지 오래되었는데, 사람들이 그것을 뛰어넘지 않도록 할 수가 있겠는가?

『시경』에 '주나라의 도는 숫돌처럼 평평하고, 화살과 같이 곧네. 군자들은 그것을 실천하고 있는데, 소인들은 그것을 바라보고만 있네. 소인들 휙 뒤돌아보니, 눈물만 줄줄 흐르네.' 라고 읊고 있는데, 어찌 슬프지 않은가?"

| 원문 |

孔子爲魯司寇, 有父子訟者, 孔子拘之, 三月不別.[1] 其父請止, 孔子

舍之.

　季孫²聞之, 不說, 曰; 是老也欺予, 語予曰; 爲國家必以孝. 今殺一人以戮不孝, 又舍之.

　冉子³以告. 孔子慨然歎曰; 嗚呼! 上失之, 下殺之, 其可乎! 不敎其民而聽其獄,⁴ 殺不辜也. 三軍大敗, 不可斬也, 獄犴⁵不治, 不可刑也, 罪不在民故也.

　嫚令⁶謹誅,⁷ 賊也. 今生⁸也有時, 斂也無時, 暴也. 不敎而責成功, 虐也. 已此三者, 然後刑可卽也.

　書曰;⁹ 義刑義殺, 物庸以卽予.¹⁰ 維曰; 未有順事. 言先敎也.

　故先王旣陳之以道, 上先服之.¹¹ 若不可, 尙賢以綦¹²之, 若不可, 廢不能以單¹³之. 綦三年而百姓往矣.¹⁴ 邪民不從, 然後俟之以刑, 則民知罪矣.

　詩曰;¹⁵ 尹氏¹⁶大師, 維周之氏.¹⁷ 秉國¹⁸之均, 四方是維.¹⁹ 天子是

---

1 不別(불별) : 판결을 내리지 않다.
2 季孫(계손) : 노나라의 대부로 정권을 좌우하는 실력자였다.
3 冉子(염자) : 공자의 제자로 이름은 구(求), 자는 유(有). 계씨(季氏)를 섬기고 있었다.
4 聽其獄(청기옥) : 옥사나 송사에 판결을 내리는 것.
5 犴(한) : 역시 옥의 뜻.
6 嫚令(만령) : 법령을 함부로 다루는 것.
7 謹誅(근주) : 엄격히 처형하다.
8 今生(금생) : '금' 자는 앞의 만령 앞에 붙는 것이 옳다(王念孫).
9 書曰(서왈) : 『서경』 주서(周書) 강고(康誥)의 구절.
10 卽予(즉여) : 자기 생각대로 형벌을 쓰는 것.
11 服之(복지) : 행하다, 실천하다.
12 綦(기) : 잘 우대하는 것.
13 單(단) : 탄(殫)과 통하여(楊倞), 다하다, 없애다.
14 往矣(왕의) : '왕'은 종(從)의 잘못(盧文弨).
15 詩曰(시왈) : 『시경』 소아(小雅) 절피남산(節彼南山) 시에 나오는 구절.
16 尹氏(윤씨) : 태사(太師)와 함께 조정 안의 높은 벼슬 이름.

庫,[20]卑民不迷. 是以威厲而不試, 刑錯而不用, 此之謂也.

今之世則不然. 亂其敎, 繁其刑, 其民迷惑而墮焉, 則從而制之. 是以刑彌繁而邪不勝.

三尺之岸, 而虛車不能登也, 百仞[21]之山, 任負[22]車登焉, 何則? 陵遲[23]故也. 數仞之牆, 而民不踰也, 百仞之山, 而豎子[24]馮[25]而游焉, 陵遲故也. 今夫世之陵遲亦久矣, 而能使民勿踰乎?

詩曰:[26] 周道如砥,[27] 其直如矢. 君子所履, 小人所視. 睠焉[28]顧之, 潸焉[29]出涕. 豈不哀哉?

| 해설 |

백성들을 먼저 가르쳐야 함을 강조하고 있다. 공자의 말이지만 학문을 중시하는 순자의 경향과 일치한다.

---

17 氐(지) : 초석, 기초.
18 秉國(병국) : 나라를 잘 다스리다.
19 是維(시유) : 잘 지탱되다, 평화로워지다.
20 庳(비) : 돕다, 보조하다. 『시경』엔 비(毗)로 씀.
21 百仞(백인) : 일 인(仞)은 여덟 자, 대략 한 길, 따라서 백 길.
22 任負(임부) : 짐을 싣는 것. '부도 임(任)의 뜻.
23 陵遲(능지) : 언덕의 경사가 완만한 것.
24 豎子(수자) : 아이들.
25 馮(빙) : 오르다.
26 詩曰(시왈) : 『시경』 소아(小雅) 대동(大東) 시에 나오는 구절.
27 砥(지) : 숫돌.
28 睠焉(권언) : 돌아보는 모양.
29 潸焉(산언) : 눈물이 흐르는 모양.

4

『시경』에 "저 해와 달 바라보니, 내 시름 그지없네. 길은 먼데 언제 오시려나?"라고 읊고 있다.

공자께서 말씀하셨다.

"오직 올바른 도에 합당하기만 하다면 오지 않을 리가 있겠는가?"

| 원문 |

詩曰;[1] 瞻彼日月, 悠悠我思. 道之云[2]遠, 曷云能來.
子曰; 伊稽首[3]不其有來乎?

| 해설 |

『시경』의 노래와 공자의 말의 연계가 분명하지 않다. 공자는 "올바른 생각, 올바른 도에 어긋나지 않는 행동을 하기만 하면, 언제든 자기의 목표는 달성된다"는 뜻을 강조하려 한 듯하다.

5

공자께서 동쪽으로 흐르고 있는 강물을 바라보고 계셨다. 자공이 공자에게 여쭈었다.

"군자들이 큰 강물을 보기만 하면 반드시 그것을 바라보게 되는 까

---

[1] 詩曰(시왈) : 『시경』 패풍(邶風) 웅치(雄稚) 시의 구절.
[2] 云(운) : 조사.
[3] 伊稽首(이계수) : '이'는 조사. '계'는 동(同) 또는 합(合)의 뜻, '수'는 도(道)의 뜻. 곧 올바른 도에 합당하기만 하면의 뜻(俞樾).

닭은 무엇입니까?"

공자께서 대답하셨다.

"강물은 두루 여러 가지 생물들을 살아가게 하지만 아무런 작위도 가하지 않으니, 그것은 덕이 있는 사람과 같다. 그 흐름은 낮은 곳으로 꾸불꾸불 흘러가지만 반드시 그 이치를 따르고 있으니, 그것은 의로운 사람과 같다. 강물은 출렁출렁 다함이 없으니, 도를 터득한 사람과 같다. 만약 강물을 터서 흘러가게 한다면 그에 따른 빠른 흐름이 소리에 울림이 따르는 듯하고, 백 길의 골짜기로 흘러든다 하더라도 두려워하지 않으니, 용감한 사람과 같다. 움푹한 곳으로 흘러들면 반드시 평평해지도록 흘러드니, 법을 잘 지키는 사람과 같다. 물이 찬 다음에도 위를 깎을 것도 없이 평평해지니, 올바른 사람과 같다. 유약하면서도 어디에나 숨어드니, 잘 살피는 사람과 같다. 그곳을 들락날락하면 깨끗해지니, 잘 교화하는 사람과 같다. 강물은 이리저리 꺾이면서 흐르지만 결국은 반드시 동쪽으로 가니, 마치 뜻이 굳건한 사람과 같다. 그러므로 군자는 큰 강물을 보기만 하면 반드시 그것을 바라보게 되는 것이다."

| 원문 |

孔子觀[1]於東流之水. 子貢問於孔子曰; 君子之所以見大水, 必觀焉者, 是何?

孔子曰; 夫水, 大徧[2]與諸生,[3] 而無爲也, 似德. 其流也埤下,[4] 裾拘[5]必

---

[1] 觀(관) : 오랜 동안 생각하면서 바라보는 것.
[2] 大徧(대편) : '대'는 잘못 끼어든 글자(王念孫), 두루.

循其理, 似義. 其洸洸⁶乎不淈盡,⁷ 似道. 若有決行之, 其應佚⁸若聲響, 其赴百仞之谷不懼, 似勇. 主量⁹必平, 似法. 盈不求槪,¹⁰ 似正. 淖約¹¹微達,¹² 似察. 以出以入, 以就鮮絜, 似善化. 其萬折也必東, 似志. 是故君子見大水必觀焉.

| 해설 |

물의 덕성과 특징을 빌려 사람들의 덕성을 설명하고 있다. 군자는 물과 같아야 한다고도 할 수 있다. 특히 물의 덕성을 높게 평가한 노자의 사상과 통한다.

6

공자께서 말씀하셨다.

"내게는 부끄럽게 여기는 것이 있고, 야비하게 여기는 것이 있고, 위태롭게 여기는 것이 있다. 어려서는 애써 배우지 못하고 늙어서는 남을 가르칠 것이 없는 것을 나는 부끄러워한다. 그의 고향을 떠나 다

---

3 與諸生(여제생) : 여러 가지 생물들을 살아가도록 돕다.
4 埤下(비하) : 비하(卑下). 낮은 곳으로 흘러가는 것.
5 裾拘(거구) : 구거(句倨)(楊倞). 꾸불꾸불 여러 가지 모양으로 흐르는 것.
6 洸洸(광광) : 호호(浩浩), 출렁출렁.
7 淈盡(굴진) : 다해 없어지는 것.
8 應佚(응일) : 호응이 빠른 것.
9 主量(주량) : '주'는 주(注), '량'은 갱(阬), 구덩이(楊倞).
10 求槪(구개) : 위쪽을 곡식의 양을 헤아릴 때 되나 말에 담긴 곡식을 깎듯이 깎아서 평평하게 만드는 것.
11 淖約(작약) : 작약(綽弱)(楊倞), 유약한 것.
12 微達(미달) : 미세한 곳에도 이르다, 물이 어디에나 숨어드는 것.

른 임금을 섬겨 출세하였다고 하여 갑자기 옛 친구를 만나도 전혀 옛
날 얘기가 없는 것을 나는 야비하게 생각한다. 소인들과 함께 지내는
것을 나는 위태롭게 생각한다."

| 원문 |

孔子曰; 吾有恥也, 吾有鄙[1]也, 吾有殆也. 幼不能彊學, 老無以教之,
吾恥之. 去其故鄕, 事君而達,[2] 卒遇[3]故人, 曾無舊言, 吾鄙之. 與小人
處者, 吾殆之也.

| 해설 |

이러한 공자의 말은 『논어(論語)』에서도 흔히 발견된다. 공자가 학문
과 교육을 중히 여긴 것은 말할 것도 없지만, 출세하였다고 옛 친구를 몰
라보는 위인도 야비하게 생각했던 것이다.

7

공자께서 말씀하셨다.
"작은 개밋둑 같은 모습이라 하더라도 그가 발전하고 있다면 나는
그를 도와줄 것이다. 큰 언덕 같은 모습이라 하더라도 멈춰서 발전하
지 않는다면 나는 손을 대지 않을 것이다. 지금 그의 학문은 군살이나

---

1 鄙(비) : 비루한 것, 야비한 것.
2 達(달) : 영달, 출세.
3 卒遇(졸우) : 갑자기 만나는 것.

혹 정도도 못되는데 만족하면서 남의 스승이 되려는 자들이 있다."

| 원문 |

孔子曰; 如垤¹而進, 吾與之. 如丘而止, 吾已矣. 今學曾未如肬贅,² 則具然³欲爲人師.

| 해설 |

사람은 언제나 발전하려고 노력하는 사람이어야 한다. 이미 발전이 멈춘 사람이라면 그의 학문이 아무리 위대하다 하더라도 소용없는 인물이라는 것이다.

8

공자께서 남쪽 초나라로 가다가 진(陳)나라와 채(蔡)나라 사이에서 곤경에 빠졌다. 칠 일 동안이나 익힌 음식을 먹지 못하고, 명아주 국에 쌀가루를 넣고 끓이지도 못하였다. 제자들 모두가 굶주린 얼굴빛이었는데, 자로가 앞으로 나와 물었다.

"제가 듣건대, 착한 일을 한 사람은 하늘이 그에게 복을 내려 주고, 착하지 못한 일을 한 자에게는 하늘이 그에게 화를 내려 준다 하였습니다. 지금 선생님께서는 덕을 쌓고 의로운 일을 많이 하시어, 아름다운 생각을 품고 그것을 실천해 오신 지 오랜 세월이 되었습니다. 어찌하여 곤궁한 처지가 되신 것입니까?"

---

1 垤(질) : 개밋둑.
2 肬贅(우취) : 군살과 혹.
3 具然(구연) : 스스로 만족하는 모양.

공자께서 말씀하셨다.

"유야! 너는 모를 게다. 내 네게 설명해 주마! 너는 지혜 있는 사람이라 해서 반드시 임용된다고 생각하느냐? 왕자 비간은 심장이 쪼개지는 일을 당하지 않았더냐? 너는 충성된 사람이라 해서 반드시 임용된다고 생각하느냐? 관용봉은 형벌을 당하지 않았더냐? 너는 올바르게 간하는 사람이라 해서 반드시 임용된다고 생각하느냐? 오자서는 고소(姑蘇)의 동문 밖에서 사형당해 그 시체가 거리에 매달리지 않았더냐?

잘 만나고 잘 만나지 못하고 하는 것은 때이다. 현명하고 못나고 한 것은 사람의 자질이다. 군자가 널리 공부하고 깊이 생각하면서도 때를 잘 만나지 못했던 경우는 많았다. 이로써 본다면 좋은 세상을 만나지 못했던 사람은 많다. 어찌 나뿐이겠느냐?

지초나 난초는 깊은 숲 속에 자라지만 사람들이 없다고 해서 향기를 발하지 않는 법이란 없다. 군자가 학문을 하는 것은 출세하기 위해서가 아니다. 그러므로 곤궁해지더라도 괴로워하지 않고, 걱정스럽다 하더라도 뜻이 쇠약해지지는 않는다. 화복의 성격과 일의 끝과 시작을 잘 알아서 마음이 미혹되지 않는 것이다.

현명하고 못난 것은 사람의 자질이고, 무엇을 하고 하지 않는 것은 사람의 일이며, 잘 만나고 잘 만나지 못하는 것은 때이며, 죽고 사는 것은 천명이다.

지금 여기 한 사람이 있는데 좋은 때를 만나지 못하였다면 비록 현명하다 하더라도 그의 뜻을 실천할 수가 있겠느냐? 진실로 그에게 맞는 때를 만나기만 하였다면 하는 일에 무슨 어려움이 있겠느냐? 그러므로 군자는 널리 공부하고 깊이 생각하며 몸을 닦고 행실을 단정히 하면서 그의 때를 기다리는 것이다."

공자께서는 다시 말씀을 이으셨다.

"유야! 거기 앉거라! 내 네게 더 설명해 주마! 옛날 진(晉)나라 문공은 망명 중의 조(曹)나라에서 패자가 되려는 마음을 갖게 되었다. 월왕 구천은 회계에서 치욕을 당하면서 패자가 되려는 마음을 갖게 되었다. 제나라 환공은 거(莒)나라에 망명하면서 패자가 되려는 마음을 갖게 되었다. 그러므로 처지가 곤궁해 보지 않았던 사람은 생각이 원대할 수 없고, 방랑의 괴로움을 겪지 않은 사람은 뜻이 광대할 수가 없다.

너는 내가 처참하고 어려운 처지라 하더라도 얻는 것이 없으리라는 것을 어찌 알 수가 있겠느냐?"

| 원문 |

孔子南適楚, 戹¹於陳蔡之間, 七日不火食, 藜羹²不糝,³ 弟子皆有飢色. 子路⁴進問之曰; 由聞之, 爲善者天報之以福, 爲不善者天報之以禍. 今夫子累德積義懷美, 行之日久矣, 奚居之隱⁵也?

孔子曰; 由不識, 吾語女. 女以知者爲必用邪? 王子比干不見剖心乎? 女以忠者爲必用邪? 關龍逢不見刑乎? 女以諫者爲必用邪? 吳子胥不磔⁶姑蘇⁷東門外乎?

---

1 戹(액) : 액(厄), 재난을 당하다, 곤경에 빠지다.
2 藜羹(여갱) : 명아주 국.
3 糝(삼) : 삼(糝)(楊倞), 쌀을 섞는 것.
4 子路(자로) : 공자의 제자 중유(仲由)의 자.
5 隱(은) : 곤궁함.
6 磔(책) : 사형을 받은 시체를 길거리에 내걸어 전시하는 것.

夫遇不遇者, 時也, 賢不肖者, 材也. 君子博學深謀, 不遇時者多矣! 由是觀之, 不遇世者衆矣! 何獨丘[8]也哉?

且夫芷蘭生於深林, 非以無人而不芳. 君子之學, 非爲通也, 爲窮而不困, 憂而意不衰也, 知禍福終始, 而心不惑也.

夫賢不肖者, 材也, 爲不爲者, 人也, 遇不遇者, 時也, 死生者, 命也.

今有其人不遇其時, 雖賢, 其能行乎? 苟遇其時, 何難之有? 故君子博學深謀, 脩身端行, 以俟其時.

孔子曰; 由! 居! 吾語女. 昔晉公子重耳[9]覇心生於曹, 越王句踐[10]覇心生於會稽, 齊桓公[11]小白覇生心於莒. 故居不隱者思不遠, 身不佚[12]者志不廣.

女庸安知吾不得之桑落[13]之下?

| 해설 |

공자는 군자는 어려운 처지에 놓이더라도 올바른 뜻을 굽히지 말고 몸을 닦으며 때를 기다려야 한다고 말하고 있다.

---

7 姑蘇(고소) : 오나라 수도, 지금의 소주(蘇州).
8 丘(구) : 공자의 이름, 자신을 가리킴.
9 重耳(중이) : 춘추 시대 진(晉)나라 문공(文公)의 이름. 조(曹)나라에 망명해 수모를 겪은 끝에 다시 진나라로 돌아가 패자가 되었다. 조는 지금의 산동성 정도현(定陶縣)임.
10 句踐(구천) : 숙적인 오왕 부차(夫差)에게 패해 회계(會稽)에서 굴욕적인 화의를 맺고 귀국해 와신상담(臥薪嘗膽)한 끝에 오나라를 쳐부수고 패자가 되었다.
11 桓公(환공) : 소백(小白)은 그의 어릴 적 이름. 내란 때문에 거에 망명해 고생을 한 끝에 다시 돌아와 관중의 도움으로 패자가 되었다.
12 佚(일) : 망명하다, 도망다니다.
13 桑落(상락) : 색랑(索郎). 색(索)은 쓸쓸하고 처량한 것, 랑(郎)은 낭당(郎當), 어지럽고 어려운 것(盧文弨).

9

자공이 노나라 종묘의 북당(北堂)을 참관하고 나와서 공자에게 질문하였다.

"전에 제가 태묘의 북당을 참관했을 때는 다 보지도 못하고 돌아왔는데, 이번에 다시 가서 그곳 북쪽의 문짝들을 보았더니 모두 잘려진 재목을 이어서 만든 것이었습니다. 그렇게 만든 데에는 무슨 이유가 있습니까? 목수가 재목을 잘못 잘라서 그렇게 된 것입니까?"

공자께서 말씀하셨다.

"태묘의 당을 그렇게 만든 데에는 마땅이 무슨 이유가 있을 것이다. 관청에서는 훌륭한 목수들을 불러모아 장식과 무늬를 만들도록 하였을 것이다. 좋은 재목이 없어서 그렇게 만든 것이 아니라 아마도 장식을 귀중히 하다 보니 그렇게 되었을 것이다."

| 원문 |

子貢[1]觀於魯廟之北堂,[2] 出而問於孔子曰; 鄕者,[3] 賜觀於太廟之北堂, 吾亦未輟還,[4] 復瞻被九蓋,[5] 皆繼,[6] 被有說邪? 匠過絶邪?

孔子曰; 太廟之堂亦甞[7]有說, 官致良工, 因麗節文.[8] 非無良材也, 蓋

---

[1] 子貢(자공) : 공자의 제자 단목사(端木賜)의 자. 뒤에 보이는 사(賜)는 그의 이름임.
[2] 北堂(북당) : 묘안에 신주를 모셔 두는 곳.
[3] 鄕者(향자) : 향자(嚮者), 저번에.
[4] 未輟還(미철환) : 다 보지 못하고 중도에 돌아오다.
[5] 被九蓋(피구개) : 피북개(彼北蓋)의 잘못(楊倞). '개'는 문짝. 따라서 그 북당의 문짝들.
[6] 皆繼(개계) : '계'는 절(絶)의 잘못(王念孫). 모두 재목을 잘라 다시 이어 만들었다는 뜻.
[7] 甞(상) : 당(當)의 잘못.
[8] 因麗節文(인려절문) : '려'는 시(施)의 뜻, 베풀다(王念孫). 장식과 무늬를 만들다의 뜻.

曰貴文也.

| 해설 |

노나라 종묘의 문짝을 만든 방법에 대한 토론이다. 양경은 "여기에서도 공자의 박식함을 알게 된다" 하였는데, 잘 알 수 없는 일이다.

제29편

자식의 올바른 도리
子道

자도란 자식으로서의 올바른 도리이다. 이 편의 전반부에서는 효도에 관한 해설과 이에 대한 공자의 가르침이 씌어 있지만, 후반부는 자식의 도리와는 관계없는 여러 가지 공자의 교훈들이 모아져 있다. 뒷부분은 다른 편으로부터 잘못 끼어든 듯하다.

1

들어가서는 효도를 행하고 나와서는 우의를 지키는 것은 사람으로서의 작은 행위〔小行〕이다. 위로는 임금과 어버이에게 순종하고 아래로는 손아래 사람들을 두터이 사랑하는 것은 사람으로서의 중간 행위〔中行〕이다. 도리〔道〕를 따르되 임금을 따르지 않으며 의로움을 따르되 어버이를 따르지 않는 것은 사람으로서의 큰 행위〔大行〕이다.

그리고 만약 뜻은 예의를 근거로 편안히 지니고 말은 논리 있게 구사한다면 바로 유가의 도〔儒道〕를 다하게 되는 것이다. 비록 순임금 같은 성인이라 하더라도 여기에 터럭 끝만큼도 더할 수는 없을 것이다.

효자가 명령을 따르지 않는 경우가 세 가지 있다. 명령을 따르면 어버이가 위태로워지고 명령을 따르지 않아 어버이가 편안해진다면 효자는 명령을 따르지 않는데, 곧 충심이다. 명령을 따르면 어버이에게 욕되고 명령을 따르지 않아 어버이가 영화로우면 효자는 명령을 따르지 않는데, 곧 의로움이다. 명령을 따르면 새나 짐승같이 되고 명령을 따르지 않아 잘 수식해 드릴 수 있으면 효자는 명령을 따르지 않는데, 곧 공경함이다.

그러므로 순종할 수 있는데 순종하지 않는 것은 자식이 아니며, 순종해서는 안 될 때 순종하는 것은 충심으로 섬기지 않는 것이다. 순종하고 순종치 않는 뜻을 분명히 깨닫고서, 공경과 충성과 믿음을 다하며 바르고 성실하고 삼가 행동한다면 곧 위대한 효도〔大孝〕라 말할 수 있는 것이다.

전하는 말에 "도리를 따르되 임금을 따르지 않으며, 의로움을 따르되 아버지를 따르지 않는다."고 한 것은 이를 두고 말한 것이다.

그러므로 노고로 지쳤다 해도 그의 공경스런 마음을 잃지 않고, 재해나 환난을 당하더라도 그의 의로운 몸가짐을 잃지 않으며, 불행히도 부모님께 순종치 않는다 하여 미움을 받는다 하더라도 그의 부모님에 대한 사랑을 잃지 않아야 한다. 그것은 어진(仁) 사람이 아니라면 행할 수가 없는 일이다. 『시경』에도 "효자의 행실은 다함이 없다."고 읊고 있는데, 이것을 뜻하는 말이다.

| 원문 |

入孝出弟,[1] 人之小行也. 上順下篤, 人之中行也. 從道不從君, 從義不從父, 人之大行也.

若夫志以禮安, 言以類使,[2] 則儒道畢矣, 雖舜不能加毫末[3]於是矣.

孝子所以不從命有三. 從命則親危, 不從命則親安, 孝子不從命, 乃衷.[4] 從命則親辱, 不從命則親榮, 孝子不從命, 乃義. 從命則禽獸, 不從命則脩飾, 孝子不從命, 乃敬.

故可以從而不從, 是不子也, 未可以從而從, 是不衷也. 明於從不從之義, 而能致恭敬忠信, 端慤[5]以愼行之, 則可謂大孝矣.

傳曰;[6] 從道不從君, 從義不從父. 此之謂也.

故勞苦彫萃,[7] 而能無失其敬, 災禍患難, 而能無失其義, 則不幸不順見惡, 而能無失其愛, 非仁人莫能行. 詩曰;[8] 孝子不匱.[9] 此之謂也.

---

1 弟(제) : 아우처럼 남에게 공손한 것. 우애. 우의.
2 類使(유사) : 논리를 세워 쓰는 것.
3 毫末(호말) : 터럭 끝.
4 衷(충) : 충심. 선(善) 또는 충(忠)의 뜻으로도 풀이한다.
5 端慤(단곡) : 바르고 성실한 것.
6 傳曰(전왈) : 옛부터 전해 오는 말에 이르기를.
7 彫萃(조취) : 지치고 병이 나다. '조'는 상(傷)의 뜻임.

| 해설 |

효도란 덮어놓고 부모님께 순종하는 것이 아님을 강조하고 있다. 충심과 의로움과 공경으로써 그때그때 적절히 부모를 위하는 것이 효도라는 것이다. 이처럼 부모의 뜻을 따라야 하는지 안 따라야 하는지 옳게 분별하여, 예의를 따라 행동하고 올바른 논리를 따라 말하면 유가의 가르침은 다하는 것이 된다.

2

노나라 애공이 공자에게 물었다.

"자식이 아버지의 명령에 순종하면 효도입니까? 신하가 임금의 명령에 순종하면 충절입니까?"

세 번이나 물었으나 공자는 대답하지 않았다.

공자는 종종걸음으로 그 자리에서 나와 자공에게 말씀하셨다.

"조금 전에 임금께서 내게 '자식이 아버지의 명령에 순종하면 효도인가, 신하가 임금의 명령에 순종하면 충절인가' 하고 물었네. 세 번 물었는데도 나는 대답하지 않았는데, 자네는 어떻게 생각하는가?"

자공이 대답하였다.

"자식이 아버지의 명령에 순종하면 효도이고, 신하가 임금의 명령에 순종하면 충절입니다. 선생님께선 또 무슨 대답을 하실 필요가 있으십니까?"

---

8 詩曰(시왈) : 『시경』 대아(大雅) 기취(旣醉)시의 구절.
9 匱(궤) : 다하다, 없어지다.

공자께서 말씀하셨다.

"소인이로다! 자네는 알지를 못하는군. 옛날에 만승 천자의 나라에 올바른 말로 다투는 신하 네 명만 있다면 다른 나라가 변경을 침략하지 못하고, 천승 제후의 나라에 올바른 말로 다투는 신하 세 명만 있다면 나라가 위태로워지지 않고, 백승의 대부 집안에 올바른 말로 다투는 신하 두 명만 있다면 집안이 무너지지 않으며, 아버지에게 올바른 말로 다투는 자식이 있다면 무례한 행동을 하지 않게 되고, 선비에게 올바른 말로 다투는 친구가 있다면 의롭지 않은 일은 하지 않게 된다 하였네.

그런데 자식이 아버지에게 순종한다고 해서 어찌 그 자식이 효성스러운 것이 되며, 신하가 임금에게 순종한다고 해서 어찌 그 신하가 충절을 지키는 것이 되겠는가? 윗사람에게 순종하는 이유를 잘 살펴 순종하는 것을 효도라 하고 충절이라 하는 것이네."

| 원문 |

魯哀公[1]問於孔子曰: 子從父命, 孝乎? 臣從君命, 貞[2]乎? 三問, 孔子不對.

孔子趨[3]出, 以語子貢曰: 鄕者, 君問丘也, 曰: 子從父命, 孝乎? 臣從君命, 貞乎? 三問而丘不對, 賜以爲何如?

子貢曰: 子從父命, 孝矣, 臣從君命, 貞矣. 夫子有奚對焉?

---

1 魯哀公(노애공) : 정공(定公)의 아들. B.C. 494~B.C. 468 재위. 공자는 애공 16년에 죽었다.
2 貞(정) : 곧은 것, 임금에게 곧은 것이므로 충절.
3 趨(추) : 종종걸음, 종종걸음으로 걷다.

孔子曰; 小人哉, 賜不識也. 昔萬乘[4]之國有爭臣[5]四人, 則封疆[6]不削,[7] 千乘之國有爭臣三人, 則社稷不危, 百乘之家有爭臣二人, 則宗廟不毁. 父有爭子, 不行無禮, 士有爭友, 不爲不義.

故子從父, 奚子孝? 臣從君, 奚臣貞? 審其所以[8]從之, 之謂孝, 之謂貞也.

| 해설 |

무조건 부모의 뜻을 따르고 임금의 명령에 순종하는 것이 효나 충은 아니다. 부모의 뜻이나 임금의 명령이 도에 합당한가를 잘 살펴, 도에 합당하고 예에 맞을 때 따르고 순종해야 효와 충이 된다는 것이다.

3

자로가 공자에게 질문하였다.

"어떤 사람이 새벽 일찍 일어나 밤늦게 자면서, 밭 갈고 김매고 나무 심고 씨 뿌리느라 손과 발에 못이 박이도록 일하며 그의 부모님을 봉양하는데도 효자라는 명성이 나지 않고 있으니, 어째서 그렇습니까?"

공자께서 말씀하셨다.

---

4 萬乘(만승) : 전차 만 대. 옛날 천자의 나라에는 보통 전차 만 대가 갖추어져 있어, 천자를 부르는 말로 쓰임. 천승(千乘)은 제후, 백승(百乘)은 대부임.
5 爭臣(쟁신) : 올바른 말로 충고하며 다투는 신하.
6 封疆(봉강) : 변경, 국경.
7 削(삭) : 깎이다, 영토를 침략당하는 것.
8 審其所以(심기소이) : 순종하는 것이 옳은가 그른가를 살피는 것, 순종하는 까닭을 살피다.

"아마도 그의 몸가짐이 공경스럽지 않기 때문이 아닐까? 말씨가 겸손하지 않기 때문이 아닐까? 얼굴빛이 온순치 않기 때문이 아닐까? 옛 말에 '옷도 입혀 주고, 돌보아 주기도 하지만, 네게 의지하지는 않겠다.'라고 하였다. 새벽 일찍 일어나 밤늦게 자면서, 밭 갈고 김매고 나무 심고 씨 뿌리느라 손과 발에 못이 박이도록 일하며 그의 부모님을 부양하면서, 앞의 세 가지 잘못이 없다면 무엇 때문에 효자라는 명성이 나지 않겠느냐?"

공자께서 다시 말씀하셨다.

"유야! 이것을 마음속에 잘 새겨 두어라! 내 네게 얘기해 주마. 비록 한 나라에서 으뜸갈 만한 힘이 있다 하더라도 자기 자신의 몸을 들지는 못한다. 힘이 없어서가 아니라 행세를 그렇게 할 수 없는 것이다. 그러니 집안에서의 행실이 닦여지지 않은 것은 그 자신의 죄이지만, 밖으로 나가 명성이 드러나지 않는 것은 친구들의 잘못이다. 그러므로 군자는 집안으로 들어가서는 곧 행실을 독실히 하고, 밖으로 나가서는 현명한 사람을 벗하는 것이다. 그러면 어찌하여 그가 효자라는 명성이 드러나지 않겠느냐?"

| 원문 |

子路問於孔子曰; 有人於此, 夙興夜寐, 耕耘[1]樹藝,[2] 手足胼胝,[3] 以養其親. 然而無孝之名, 何也?

孔子曰; 意者,[4] 身不敬與? 辭不遜與? 色不順與? 古之人有言曰; 衣

---

1 耕耘(경운) : 밭 갈고 김매다.
2 樹藝(수예) : 나무 심고 씨 뿌리다.
3 胼胝(변지) : 못이 박이는 것.

與繆[5]與, 不女聊.[6] 今夙興夜寐, 耕耘樹藝, 手足胼胝, 以養其親, 無此三者, 則何爲而無孝之名也?

孔子曰; 由志之.[7] 吾語女. 雖有國士之力, 不能自擧其身, 非無力也, 埶不可也. 故入而行不脩, 身之罪也, 出而名不章, 友之過也. 故君子入則篤行, 出則友賢, 何爲而無孝之名也?

| 해설 |

부모에게 물질적인 봉양이 공경스럽지 않고, 겸손하지 않고, 온순하지 않다는 세 가지 잘못 중 한 가지만 있어도 효도가 되지 못한다.

그와 같은 세 가지 잘못이 없는데도 다른 사람들이 그의 효성을 인정하지 않는다면, 그것은 그의 친구들이 잘못되었기 때문이라는 것이다.

4

자로가 공자에게 여쭈었다.

"노나라의 대부가 연제(練祭)를 지내고는 침상에서 잠자고 있는데, 예에 합당합니까?"

공자께서 대답하셨다.

"나는 알지 못한다."

자로가 나와서 자공에게 말하였다.

---

4 意者(의자) : 생각건대, 아마도.
5 繆(무) : 돌보아 주는 것.
6 聊(료) : 기대다, 의지하다.
7 志之(지지) : 기억하라, 마음에 새겨 두어라.

"나는 우리 선생님은 알지 못하는 것이 없다고 생각했는데, 선생님께서도 알지 못하는 것이 있소."

자공이 말하였다.

"무엇을 질문하였습니까?"

자로가 말하였다.

"노나라의 대부가 연제를 지내고는 침상에서 잠자고 있는데, 예에 합당한지를 물었지요. 그런데 선생님께선 나는 알지 못한다고 말씀하셨소."

자공이 말하였다.

"내가 당신을 위해 그 문제에 대해 여쭈어 보지요."

자공이 가서 질문하였다.

"연제를 지내고 나서 침상에서 잠자는 것이 예에 합당합니까?"

공자께서 말씀하셨다.

"예에 어긋난다!"

자공이 나와서 자로에게 말하였다.

"당신은 선생님께서 알지 못하는 것이 있다고 했지요? 선생님께서는 알지 못하는 것이란 없으시오. 당신의 질문 방법이 잘못되었던 것이오. 예에 그 나라에 살면서 그 나라의 대부를 비난해서는 안 된다 하였소."

| 원문 |

子路問於孔子曰: 魯大夫練[1]而牀,[2] 禮邪?

---

1 練(연) : 소상(小祥) 때 지내는 제사(『禮記』 曾子問). 삼년상을 치르면서 일 년 만에 지

孔子曰; 吾不知也.

子路出, 謂子貢曰; 吾以夫子爲無所不知, 夫子徒[3]有所不知.

子貢曰; 女何問哉?

子路曰; 由問魯大夫練而牀, 禮邪? 夫子曰; 吾不知也.

子貢曰; 吾將爲女問之.

子貢問曰; 練而牀, 禮邪?

孔子曰; 非禮也.

子貢出, 謂子路曰; 女謂夫子爲有所不知乎? 夫子徒無所不知, 女問非也. 禮, 居是邑, 不非其大夫.

| 해설 |

자기가 머물고 있는 나라의 대부 이상의 사람들의 행위는 비난해서는 안 된다는 것이다. 그런 생각이 정통 유가 사상에 합당한가의 여부는 별개의 문제이다.

5

자로가 성장(盛裝)을 하고 가서 공자를 뵈었다. 공자께서 말씀하셨다.

"유야! 이렇게 성장을 한 것은 어째서이냐? 본디 장강은 민산에서 흘러나오는 것인데, 처음 흘러나올 때 그 근원은 술잔을 띄울 수 있는

내는 제사가 소상, 다시 일 년 뒤에 지내는 제사가 대상이다.
2 牀(상) : 침상 또는 침대 위에 누워 자는 것.
3 徒(도) : 독(獨). 강조하는 말.

정도의 강물에 불과하다. 그러나 그 강물이 나루터가 있는 곳에 이르면, 뗏목이나 배를 띄우지 않고 바람을 피하지 않으면 건널 수가 없게 된다. 어찌 하류로 오면서 물이 많아진 때문이 아니겠느냐?

지금 너는 의복을 성장하고 얼굴빛은 자신이 넘치는데, 천하에서 또 누가 너에게 바른 말을 해주려 하겠느냐?"

자로는 종종걸음으로 물러 나와서 옷을 갈아입고 다시 들어갔다. 대체로 무난한 옷이었다. 공자께서 말씀하셨다.

"유야! 마음에 잘 새겨 두어라! 내 네게 얘기해 주마. 말을 신중히 하는 사람은 시끄럽지 않고, 행동을 신중히 하는 사람은 뽐내지 않는다. 겉으로 아는 체하고 유능한 체하는 자는 소인이다.

그러므로 군자는 아는 것이면 그것을 안다 하고 모르는 것이면 그것을 모른다 하는데, 그것이 말하는 요령이다. 할 수 있는 일이면 그것을 할 수 있다 하고, 할 수 없는 일이면 그것을 할 수 없다고 하는 것이 행동의 원칙이다. 말에 요령이 있다면 지혜로운 것이고, 행동에 원칙이 있다면 어진(仁) 것이다. 지혜롭고 어질다면 또한 무엇이 부족하겠느냐?"

| 원문 |

子路盛服見孔子. 孔子曰; 由, 是裾裾,[1] 何也? 昔者,[2] 江出於岷山,[3] 其始出也, 其源可以濫觴,[4] 及其至江之津也, 不放[5]舟, 不避風, 則不可

---

1 裾裾(거거) : 성장을 한 모양.
2 昔者(석자) : 옛날이라 해석하면 뜻이 통하지 않으므로, 본디라고 번역하였다.
3 岷山(민산) : 민산(岷山). 사천성(四川省) 송반현(松潘縣) 북쪽에 있는 산.
4 濫觴(남상) : 술잔을 띄우다.

涉也. 非維下流水多邪?

今女衣服旣盛, 顔色充盈,[6] 天下且孰肯諫女矣? 由![7]

子路趨而出, 改服而入, 蓋猶若[8]也. 孔子曰; 志之, 吾語女. 奮於言者華,[9] 奮於行者伐.[10] 色知[11]而有能者, 小人也.

故君子知之曰知之, 不知曰不知, 言之要也. 能之曰能之, 不能曰不能, 行之至[12]也. 言要則知, 行至則仁. 旣知且仁, 夫惡有不足矣哉?

| 해설 |

군자는 겉모양을 꾸미지 않는다. 따라서 진실대로 말하고 행동하며 올바르게 살아야 한다는 것이다.

6

자로가 방안으로 들어가자 공자께서 말씀하셨다.

"유야! 지혜로운 사람(知者)은 어떠하고, 어진 사람(仁者)은 어떠한고?"

---

5 放(방) : 방(方)과 통하여(楊倞), 부(泭), 뗏목.
6 充盈(충영) : 혈기가 차고 넘치다, 자신이 넘치다.
7 由(유) : 뒤의 공자왈(孔子曰) 밑에 붙는 것이 옳다(俞樾).
8 猶若(유약) : 무난한 모양.
9 奮於言者華(분어언자화) : 신어언자불화(愼於言者不譁)의 잘못(俞樾). 말을 신중히 하는 사람은 시끄럽지 않다.
10 奮於行者伐(분어행자벌) : 신어행자불벌(愼於行者不伐)의 잘못(上同). 행동이 신중한 사람은 뽐내지 않는다.
11 色知(색지) : 얼굴빛이 아는 듯하다, 겉으로 아는 체하다.
12 至(지) : 극(極). 법칙, 원칙.

자로가 대답하였다.

"지혜로운 사람은 사람들이 자기를 알도록 하고, 어진 사람은 사람들이 자기를 사랑하도록 합니다."

공자께서 말씀하셨다.

"가히 선비라 할 수 있겠구나."

자공이 방안으로 들어가자 공자께서 말씀하셨다.

"사야! 지혜로운 사람은 어떠하고, 어진 사람은 어떠한고?"

자공이 대답하였다.

"지혜로운 사람은 다른 사람들을 잘 알아보고, 어진 사람은 다른 사람들을 사랑합니다."

공자께서 말씀하셨다.

"가히 사군자(士君子)라 할 수 있겠구나."

안연이 방안으로 들어가자 공자께서 말씀하셨다.

"회야! 지혜로운 사람은 어떠하고, 어진 사람은 어떠한고?"

안연이 대답하였다.

"지혜로운 사람은 자신을 알고, 어진 사람은 자신을 사랑합니다."

공자께서 말씀하셨다.

"가히 명군자(明君子)라 할 수 있겠구나."

| 원문 |

子路入. 子曰; 由, 知者若何? 仁者若何?

子路對曰; 知者使人知己, 仁者使人愛己.

子曰; 可謂士矣.

子貢入. 子曰; 賜, 知者若何? 仁者若何?

子貢對曰; 知者知人, 仁者愛人.

子曰; 可謂士君子矣.

顔淵[1]入. 子曰; 回, 知者若何? 仁者若何?

顔淵對曰; 知者自知, 仁者自愛.

子曰; 可謂明君子矣.

| 해설 |

자로와 자공과 안연의 지혜로운 사람과 어진 사람에 대한 이해가 재미있다. 공자는 말할 것도 없이 자로보다는 자공이 한 수 위이고, 안연이 최고의 경지라 생각하였다. 『노자(老子)』 제33장에서도 "남을 아는 사람은 지혜로운 사람이고, 자신을 아는 사람은 총명한 사람이다"라고 하였다.

7

자로가 공자에게 질문하였다.

"군자도 역시 걱정이 있습니까?"

공자께서 말씀하셨다.

"군자는 자기가 바라는 것을 얻지 못하였을 때는 그가 얻으려는 뜻을 즐기고, 바라는 것을 얻은 다음에는 또 그것을 처리하는 것을 즐긴다. 그런 까닭에 평생토록 즐거움만 있고 하루도 걱정이 없다. 소인은 바라는 것을 얻지 못하였을 때는 곧 그가 얻지 못하고 있음을 걱정하

---

1 淵(안연) : 공자의 수제자. 이름은 회(回), 자는 연(淵). 젊은 나이에 죽어 공자를 가슴 아프게 하였다.

고, 바라는 것을 얻은 다음에는 또 그것을 잃어버릴까 두려워한다. 그런 까닭에 평생토록 걱정만 있고 하루도 즐거움이 없는 것이다."

| 원문 |

子路問於孔子曰; 君子亦有憂乎?

孔子曰; 君子, 其未得[1]也則樂其意,[2] 旣已得之又樂其治. 是以有終身之樂, 無一日之憂. 小人者, 其未得也, 則憂不得, 旣已得之, 又恐失之. 是以有終身之憂, 無一日之樂也,

| 해설 |

군자와 소인의 차이는 군자는 언제나 즐기며 걱정하지 않고, 반대로 소인은 즐거움 없이 걱정하며 산다는 것이다.

---

[1] 未得(미득) : 바라는 것을 얻지 못한 것.
[2] 樂其意(낙기의) : 그것을 얻으려는 뜻을 즐긴다. 군자는 무엇이나 뜻있는 일을 추구한다.

제30편

법도에 맞는 행동
法行

법행이란 예 또는 법도를 따라 행동하는 방법을 뜻한다. 이 편은 공자와 그의 제자와의 대화로 이루어져 있는 짧은 글이다. 그러나 예의 또는 법도를 따라 세상을 올바로 살아가야 한다는 것이 중심 내용이라 할 수 있다.

1

공수 같은 유명한 목수도 나무를 먹줄보다 더 곧게 만들 수는 없고, 성인도 예의를 더 손질할 수는 없다. 예의라는 것은 민중들이 법도로 받들기는 하면서도 그 뜻을 알지 못하고, 성인이 법도로 받들며 그 뜻을 알고 있는 것이다.

| 원문 |

公輸[1]不能加於繩, 聖人莫能加於禮. 禮者, 衆人法而不知, 聖人法而知之.

| 해설 |

예의의 절대적 가치를 강조한 말이다. 예의는 아무리 성인이라 하더라도 법도로 받들어야 하는 것이며, 마음대로 폐기하거나 고칠 수 없는 것이다. 다만 성인은 보통 사람들보다도 예의의 뜻을 잘 알고 있어서 올바로 지킬 수 있다는 게 다른 점이다.

2

증자가 말하였다.

"사람들이 멀리하는 사람을 안으로 끌어들이고, 사람들이 가까이하는 사람을 밖으로 밀어내지 말라. 자신이 착하지 못하면서 남을 원망하지 말고, 형벌이 이미 닥쳐온 다음에 하나님을 찾지 말라.

---

1 公輸(공수) : 노나라의 유명한 목수. 이름은 반(班).

사람들이 멀리하는 사람을 안으로 끌어들이고, 사람들이 가까이하는 사람을 밖으로 밀어낸다면, 매우 잘못된 일이 아니겠느냐? 자신이 착하지 못하면서 남을 원망한다면 사리에 어긋나는 것이 아니겠느냐? 형벌이 이미 닥쳐온 다음에 하나님을 찾는다면 매우 뒤늦지 않겠느냐?

『시경』에 이렇게 읊고 있다. '졸졸 물의 근원이 흘러나올 때 막지 않으면 막을 수 없는 법이다. 수레바퀴통이 다 부숴지고 나서, 그 바퀴살을 크게 만들려 하는구나!'

일에 실패하고 난 뒤에야 거듭 큰 한숨 짓게 되는데, 그게 무슨 소용 있는가?"

| 원문 |

曾子[1]曰: 無內[2]人之疏, 而外人之親, 無身不善而怨人, 無刑已至而呼天.[3]

內人之疏, 而外人之親, 不亦遠[4]乎? 身不善而怨人, 不亦反[5]乎? 刑已至而呼天, 不亦晚乎?

詩曰;[6] 涓涓[7]源水, 不雝[8]不塞. 轂[9]已破碎, 乃大其輻.[10]

---

1 曾子(증자) : 공자의 제자. 효행으로 유명한 증삼(曾參). 『효경(孝經)』의 저자로 알려져 있다.
2 內(내) : 안으로 끌어들이다, 안에 들여놓다. 외(外)는 그 반대.
3 呼天(호천) : 하늘을 부르다, 다급해 하나님을 찾다.
4 遠(원) : 크게 잘못되다.
5 反(반) : 사리에 어긋나는 것.
6 詩曰(시왈) : 지금의 『시경』에는 보이지 않는 이른바 일시(逸詩).
7 涓涓(연연) : 물이 졸졸 흐르는 모양.
8 雝(옹) : 옹(壅), 막다.
9 轂(곡) : 수레바퀴통.
10 輻(폭) : 수레바퀴살.

事已敗矣, 乃重大息, 其云益乎?

| 해설 |

평소에 그릇된 것, 잘못된 것은 멀리하여 재난이 닥쳐오지 않도록 늘 대비해야 한다는 것이다.

3

증자가 병이 나서 아들 증원(曾元)이 아버지의 발을 잡고 있었다. 증자가 말하였다.

"원아! 이걸 마음에 새겨 두어라! 내 네게 얘기해 주마. 물고기와 자라·큰자라·악어는 깊은 못도 얕다고 생각하고 그 속에 다시 굴을 판다. 매와 솔개는 높은 산도 낮다고 생각하고 그 위에 다시 둥지를 만든다. 그런데 그것들이 잡히는 것은 반드시 먹는 미끼 때문이다. 그러므로 군자는 진실로 이익 때문에 의로움을 해치는 일이 없어야만 한다. 그러면 치욕스런 일이 닥칠 수가 없는 것이다."

| 원문 |

曾子病, 曾元[1]持足.

曾子曰; 元, 志之! 吾語汝. 夫魚鱉黿鼉[2]猶以淵爲淺, 而堀其中, 鷹鳶[3]猶以山爲卑, 而增巢其上. 及其得也, 必以餌.[4] 故君子苟能無以利害

---

1 曾元(증원) : 증삼의 아들. 그 이외에 증화(曾華)라는 아들도 있었다(『大戴禮』曾子疾病).
2 鱉黿鼉(별원타) : 자라, 큰자라, 악어.

義, 則恥辱亦無由至矣.

| 해설 |

증자의 말을 빌려 군자는 이익보다도 먼저 의로움을 추구해야 함을 강조하고 있다.

4

자공이 공자에게 질문하였다.

"군자들이 옥은 귀중히 여기고 민(珉)은 천하게 여기는 것은 어째서 그렇습니까? 옥은 적고 민은 많기 때문입니까?"

공자께서 말씀하셨다.

"아아, 사야! 그게 무슨 말이냐? 군자들이 어찌 많다고 그것을 천하게 여기고 적다고 그것을 귀하게 여긴단 말이냐?

옥이란 것은 군자의 덕과 견줄 만한 것이다. 온화하고 윤택이 있는 것은 어짊(仁)을 뜻한다. 분명히 드러나게 문리(文理)가 있는 것은 지혜(知)를 뜻한다. 굳고 강하며 굽히지 않는 것은 의로움(義)을 뜻한다. 모가 나면서도 남을 상하게 하지 않는 것은 행실(行)을 뜻한다. 꺾여질지언정 굽히지 않는 것은 용기(勇)를 뜻한다. 옥이 티를 모두 드러내는 것은 정성스러움(誠)을 뜻한다. 그것을 두드리면 소리가 맑고 높게 멀리 들리며, 두드리는 것을 멈추면 딱 그치는 것은 말

---

3 鷹鳶(응연) : 매와 솔개.
4 餌(이) : 먹이, 미끼.

〔辭〕이 그러해야함을 뜻한다. 그러므로 비록 민의 조각이 아름답다 하더라도 옥의 밝은 윤택만은 못한 것이다.

『시경』에 '군자를 그리노니, 온화하기 옥 같은 분이시네.' 라고 읊은 것은, 이것을 뜻하는 말이다."

| 원문 |

子貢問於孔子曰; 君子所以貴玉, 而賤珉[1]者, 何也? 爲夫玉之小, 而珉之多邪?

孔子曰; 惡![2] 賜! 是何言也? 夫君子豈多而賤之, 少而貴之哉?

夫玉者, 君子比德焉. 溫潤而澤, 仁也. 栗[3]而理, 知也, 堅剛而不屈, 義也. 廉[4]而不劌,[5] 行也. 折而不橈,[6] 勇也. 瑕適竝見, 情[7]也. 扣[8]之, 其聲淸揚而遠聞, 其止輟然,[9] 辭也. 故雖有珉之雕雕,[10] 不若玉之章章.[11]

詩曰;[12] 言[13]念君子, 溫其如玉. 此之謂也,

---

1 珉(민) : 옥돌의 일종.
2 惡(오) : 아아, 감탄사.
3 栗(율) : 분명히 드러나는 것.
4 廉(염) : 모난 것.
5 劌(궤) : 상하게 하다, 손상하다.
6 橈(요) : 굽혀지다, 요(撓).
7 瑕適(하적) : '적'은 적(謫)과 통하여 '하'와 같은 옥의 티를 뜻한다. 정(情)은 정(精)과 통하여 정성스러움(誠)을 뜻한다. (이상 王念孫).
8 扣(구) : 두드리다.
9 輟然(철연) : 딱 그치는 모양.
10 雕雕(조조) : 아름답게 조각한 모양.
11 章章(장장) : 본디 윤택이 밝게 나는 것.
12 詩曰(시왈) : 『시경』 진풍(秦風) 소융(小戎)시의 구절.
13 言(언) : 조사.

| 해설 |

옥의 특성을 사람의 덕에 비유하여 설명하고 있다. 이런 까닭에 중국에서는 예로부터 옥을 귀하게 여겼다. 『예기(禮記)』 빙의(聘義) · 『춘추번로(春秋繁露)』 집지(執贄) · 『설원(說苑)』 아언(雅言)편 등에도 옥을 사람의 덕에 견주어 설명한 기록이 보인다.

5

증자가 말하였다.

"함께 놀면서도 사랑받지 못하는 것은 반드시 내가 어질지 않기 때문이다. 사귀면서도 존경을 받지 못하는 것은 반드시 내가 뛰어나지 못하기 때문이다. 재물을 놓고 신뢰받지 못하는 것은 반드시 내가 신용이 없기 때문이다. 위의 세 가지를 지니고 있다면 어찌 남을 원망하겠는가? 남을 원망하는 자는 궁해지고, 하늘을 원망하는 자는 무식하다. 잘못이 자기에게 있는데도 그것을 남에게 미루는 것은 어찌 또한 어리석은 일이 아니겠는가?"

| 원문 |

曾子曰; 同游而不見愛者, 吾必不仁也, 交而不見敬者, 吾必不長也, 臨財而不見信者, 吾必不信也. 三者[1]在身, 曷怨人? 怨人者窮, 怨天者無識. 失[2]之己而反諸[3]人, 豈不亦迂[4]哉?

---

1 三者(삼자) : 위의 어짊(仁) · 뛰어남(長) · 신용(信)의 세 가지.
2 失(실) : 과실, 잘못.

| 해설 |

일이 뜻대로 되지 않거나 남이 자기에게 섭섭하게 행동하면, 흔히 남에게 그 책임을 돌리고 남을 원망한다. 심하면 하늘을 원망하기도 하는데 모두 어리석은 일이라는 것이다. 남을 탓하기 전에 자기 자신을 바로잡을 줄 알아야 한다.

6

남곽혜자(南郭惠子)가 자공에게 물었다.
"선생님의 문하는 어찌하여 그처럼 복잡합니까?"
자공이 말하였다.
"군자는 자신을 올바로 건사하며 남을 대합니다. 찾아오는 사람은 거절하지 않고, 떠나려는 사람은 잡지 않습니다. 훌륭한 의원의 문 앞에는 병자가 많고, 굽은 나무를 바로잡는 도지개 곁에는 굽은 나무가 많은 법입니다. 그래서 복잡한 것이지요."

| 원문 |

南郭惠子[1] 問於子貢曰; 夫子之門, 何其雜也?
子貢曰; 君子正身以俟,[2] 欲來者不距, 欲去者不止. 且夫良醫之門多

---

3 諸(저) : 지어(之於)가 합친 말로 보면 좋다. 곧 그것을 ~에게의 뜻.
4 迂(우) : 먼 것, 어리석은 것.

1 南郭惠子(남곽혜자) : 어떤 사람인지 분명치 않다.
2 俟(사) : 기다리다, 사람을 대하다.

제30편 법도에 맞는 행동_989

病人, 檃栝³之側多枉木, 是以雜也.

| 해설 |

공자의 문하에는 여러 종류의 사람들이 모여들어 공부하였음을 알 수 있는 글이다.

7

공자께서 말씀하셨다.

"군자에게는 삼서(三恕)가 있다. 자기 임금을 잘 섬기지 못하면서 자기 가신은 잘 부릴 수 있기를 바라는 것은 서(恕)의 태도가 아니다. 자기 부모에게는 보답하지 못하면서 자기 아들에게는 효도하기를 바라는 것은 서의 태도가 아니다. 자기 형은 공경하지 못하면서 자기 동생에게는 말하는 대로 잘 따르기를 바라는 것은 서의 태도가 아니다. 선비가 이 세 가지 서에 대해 잘 알아둔다면 자신을 단정히 할 수 있을 것이다."

| 원문 |

孔子曰; 君子有三恕.¹ 有君不能事, 有臣而求其使, 非恕也. 有親不

---

3 檃栝(은괄) : 굽은 나무를 바로잡는 도지개.

1 恕(서) : 남에 대해 배려하는 것. 『논어』이인(里仁)편에서, 공자는 "자신의 도는 하나로 관통되어 있다.(吾道一以貫之.)" 하였는데, 증자는 그 '하나'라는 것이 충서(忠恕)라고 설명하고 있다. '충'은 자기 자신이 모든 일에 성의를 다하는 것이고, '서'는 자신을 미루어 남을 생각해 주는 것, 곧 남에 대해 배려하는 것이다.

能報, 有子而求其孝, 非恕也. 有兄不能敬, 有弟而求其聽令,² 非恕也. 士明於此三恕, 則可以端身矣!

| 해설 |

『논어』 옹야(雍也)편을 보면 공자는 "자기가 서고자 하면 남부터 서게 하고, 자기가 이루고자 하면 남부터 이루게 하라.(己欲立而立人, 己欲達而達人.)" 하였고, 다시 위영공(衛靈公)편에서는 "바로 서(恕)가 있지! 자기가 바라지 않는 것은 남에게도 하게 하지 말라.(其恕乎! 己所不欲, 勿施於人.)"고 하였다. 공자는 이처럼 남에 대한 배려를 강조하고 있는데 비해, 후세 유가들에게는 이 서의 정신이 부족한 듯하다.

8

공자께서 말씀하셨다.

"군자에게는 세 가지 생각해야 할 것이 있으니, 그것에 대해 생각하지 않으면 안 된다. 젊어서 공부하지 않으면 나이 먹어서 무능해진다. 늙어서도 남을 가르치지 않으면 죽은 뒤에 생각해 주는 사람이 없다. 풍요한데도 남에게 베풀지 않으면 곤궁해졌을 때 의지할 곳이 없다.

그러므로 군자는 젊어서는 나이 먹은 뒤를 생각해 공부하고, 늙어서는 죽은 뒤를 생각해 남을 가르치고, 풍부할 때는 곤궁해질 때를 생각해 베푸는 것이다."

---

2 聽令(청령) : 명령을 따르다, 말을 잘 따르다.

| 원문 |

孔子曰; 君子有三思, 而不可不思也. 少而不學, 長無能也. 老而不敎, 死無思[1]也. 有而不施, 窮無與[2]也.

是故君子, 少思長則學, 老思死則敎, 有思窮則施也.

| 해설 |

군자는 젊어서는 공부하고, 늙어서는 남을 가르치고, 지닌 것이 있으면 남에게 베풀어야 함을 가르치고 있다.

---

1 無思(무사) : 그를 생각해 주는 이가 없다, 사모하는 이가 없다.
2 無與(무여) : 함께할 이가 없다, 의지할 곳이 없다.

제 31 편

공자와 애공의 문답
哀公

이 편은 주로 노나라 애공과 공자 사이의 문답으로 이루어져 있다. 그 내용은 나라를 잘 다스리기 위해서는 관리를 잘 등용해야 하고, 예의와 제도 등을 중시해야 한다는 것이다. 그리고 사람에는 보통 사람을 비롯해 선비[士]와 군자와 현인과 성인의 다섯 종류가 있음을 설명하고 있다. 예의 형식이 그 내용에 끼치는 영향을 강조한 점도 주목할 만하다. 끝부분에는 노나라 정공과 안연의 문답이 덧붙여 있다.

1

노나라 애공이 공자에게 물었다.

"나는 우리 나라의 선비들을 골라서 그들과 더불어 나라를 다스리고자 하는데, 어떻게 이들을 임용하면 되는가 감히 여쭙고자 합니다."

공자께서 대답하셨다.

"지금 세상에 살면서 옛날의 도에 뜻을 두고, 지금 세상의 풍속을 따라 살면서 옛날의 옷을 입고 있다면, 옛것을 버리고 그릇된 일을 할 사람은 매우 드물지 않겠습니까?"

애공이 말하였다.

"그러면 은나라 때의 장보(章甫)의 관을 쓰고, 발끝에 굽은 장식이 있는 신을 신고, 넓은 띠를 매고 거기에 홀을 꽂고 있다면, 그는 현명한 사람입니까?"

공자께서 대답하셨다.

"반드시 그렇지는 않을 것입니다. 그러나 단의(端衣)에 현상(玄裳)을 입고, 면류관을 쓰고 큰 수레를 타고 제사를 지내러 가는 사람은 파나 부추 같은 것을 먹을 생각은 하지 않을 것이고, 상복에 짚신을 신고 지팡이를 짚으며 죽을 먹는 사람은 술이나 고기를 먹을 생각은 하지 않을 것입니다. 지금 세상에 살면서 옛날의 도에 뜻을 두고, 지금 세상의 풍속을 따라 살면서 옛날의 옷을 입고 있다면, 옛것을 버리고 그릇된 짓을 할 사람은 비록 있다 해도 매우 드물지 않겠습니까?"

애공이 말하였다.

"그렇습니다."

| 원문 |

魯哀公問於孔子曰; 吾欲論¹吾國之士, 與之治國, 敢問何如取之邪?

孔子對曰; 生今之世, 志古之道, 居今之俗, 服古之服, 舍此而爲非者, 不亦²鮮乎?

哀公曰; 然則夫章甫³絇屨,⁴ 紳⁵帶而搢笏⁶者, 此賢乎?

孔子對曰; 不必然. 夫端衣⁷玄裳,⁸ 絻⁹而乘路¹⁰者, 志不在於食葷,¹¹ 斬衰¹² 菅屨,¹³ 杖而啜粥¹⁴者, 志不在於酒肉. 生今之世, 志古之道, 居今之俗, 服古之服, 舍此而爲非者, 雖有, 不亦鮮乎?

哀公曰; 善!

| 해설 |

옛날 성왕의 도에 뜻을 두고, 옛 사람들의 생활 방식을 따르는 사람이 대체로 현명한 사람이라는 것이다.

---

1 論(논) : 따지다, 고르다.
2 亦(역) : 강조하는 말.
3 章甫(장보) : 은나라 시대의 관 이름.
4 絇屨(구구) : 발끝에 굽은 장식이 달려 있는 신발.
5 紳(신) : 예복에 띠는 넓은 띠.
6 搢笏(진홀) : 홀을 꽂다. 홀은 조정에서 손에 들고 있는 물건, 옥이나 나무로 만들어 신분을 나타낸다.
7 端衣(단의) : 정의(正衣), 바른 예복의 웃옷.
8 玄裳(현상) : 검은 치마, 예복의 아래옷.
9 絻(면) : 면(冕)과 통해, 면관(冕冠).
10 路(로) : 로(輅), 본디 천자의 수레, 큰 수레.
11 葷(훈) : 파·부추·마늘 같은 고명 풀.
12 斬衰(참최) : 삼년상 때 입는 가장 거친 상복.
13 菅屨(관구) : 왕골로 만든 짚신.
14 啜粥(철죽) : 죽을 먹다.

2

공자께서 말씀하셨다.

"사람에게는 다섯 등급이 있습니다. 보통 사람이 있고, 선비가 있고, 군자가 있고, 현명한 사람이 있고, 위대한 성인이 있습니다."

애공이 물었다.

"어떤 사람을 보통 사람이라 할 수 있는 것인지 감히 여쭙고자 합니다."

공자께서 대답하셨다.

"이른바 보통 사람이란 입으로는 훌륭한 말을 하지 못하며, 마음으로는 긴장할 줄 모릅니다. 또 현명한 사람과 훌륭한 선비를 골라 그 자신을 그에게 의탁함으로써 자신의 근심을 해결할 줄 모릅니다. 움직이고 행동하는 데 힘써야 할 일을 알지 못하고, 멈춰 서 있을 때도 안정되는 것을 알지 못합니다. 매일 사물에 자신이 이끌려 귀중한 것이 무엇인지 알지 못하고, 사물을 따라 물이 흐르듯 따라가기만 해 귀착될 곳을 알지 못합니다. 그의 귀·눈·코·입·심장의 다섯 가지 욕망 때문에 올바른 마음은 그것을 따라 무너져 버립니다. 이와 같다면 그는 보통 사람이라 할 수 있을 것입니다."

애공이 말하였다.

"훌륭한 말씀이십니다. 어떤 사람을 선비라 할 수 있는 것인지 감히 여쭙고자 합니다."

공자께서 대답하셨다.

"이른바 선비란 비록 올바른 도술을 다 행하지는 못하지만 반드시 따르는 법도가 있고, 비록 아름답고 훌륭한 것을 다 행할 수는 없지만 반드시 목표는 있습니다. 그러므로 지식은 많이 알기에 힘쓰지 않고 그가 알아야 할 것이 무엇인가를 잘 살피고, 말은 많이 하기에 힘쓰지 않고 그가 말해야 할 것이 무엇인가를 잘 살피며, 행동은 많이 하기에 힘쓰지 않고 그가 행해야 할 것이 무엇인가를 잘 살핍니다. 그러므로 지식 중에 이미 알고 있는 것과 말 중에 이미 말한 것과 행동 중에 이미 행한 것들은, 마치 생명과 살갗이 이미 주어져 다른 것과는 바꿀 수가 없는 것처럼 됩니다. 그러므로 그는 부귀해진다고 해서 지식과 말과 행동이 더 늘어날 수가 없고, 비천해진다고 해서 그것들이 더 줄어들 수도 없습니다. 이와 같다면 그는 선비라 할 수 있을 것입니다."

애공이 말하였다.

"훌륭한 말씀이십니다. 어떤 사람을 군자라 할 수 있는 것인지 감히 여쭙고자 합니다."

공자께서 대답하셨다.

"이른바 군자란 말은 충실하고 신의가 있지만 마음속으로 그것이 자기의 덕이라 여기지 않고, 어짊과 의로움을 몸으로 실천하고 있지만 얼굴에 뽐내는 빛이 없습니다. 사려는 밝고 통달해 있으되 말로 남들과 다투지는 않습니다. 그러므로 평범한 듯해 누구든 그처럼 될 수가 있는 듯한 사람이 바로 군자입니다."

애공이 말하였다.

"훌륭한 말씀이십니다. 어떤 사람을 현명한 사람이라 할 수 있는 것인지 감히 여쭙고자 합니다."

공자께서 대답하셨다.

"이른바 현명한 사람은 행동이 규범에 들어맞아 근본을 손상시키지 않으며, 말은 천하의 법도로 삼을 만해 그 자신을 손상시키지 않습니다. 천하에서 으뜸갈 정도로 부유하다 하더라도 사재를 축적하지 않고, 온 천하에 널리 베풀면서도 가난해질까 걱정하지 않습니다. 이러하면 현명한 사람이라 할 수 있을 것입니다."

애공이 말하였다.

"훌륭한 말씀이십니다. 어떤 사람을 위대한 성인이라 할 수 있는 것인지 감히 여쭙고자 합니다."

공자께서 대답하셨다.

"이른바 위대한 성인이란, 지혜가 위대한 도에 통해, 여러 가지 변화에 호응하며 궁해지는 법이 없고, 만물의 실상과 본성을 잘 분별합니다. 위대한 도란 만물을 변화시키고 생성케 하는 근원이며, 실상과 본성이란 그러하거나 그렇지 않은 것과 취하고 버릴 것을 정리하는 근거입니다. 그러므로 그러한 성인이 하는 일은 하늘과 땅에 크게 펼쳐지게 됩니다. 성인의 명철함은 해와 달처럼 밝고, 만물을 아울러 다스리는 것은 비바람의 영향과 같습니다. 조화롭고 아름다운 것과 정세하고 빈틈없는 성인의 일은 아무도 따를 수가 없습니다. 마치 하늘이 그런 일을 하는 것과 같아서 사람으로서는 잘 알 수가 없으며, 백성들은 가까이 늘 보고 있으면서도 그것이 직접 자신을 지배하고 있음을 알지 못합니다. 이와 같다면 위대한 성인이라 할 수 있을 것입니다."

애공이 말하였다.

"훌륭한 말씀이십니다."

| 원문 |

孔子曰; 人有五儀,[1] 有庸人,[2] 有士, 有君子, 有賢人, 有大聖.

---

1 五儀(오의) : 다섯 등급. 의는 등(等)의 뜻(王先謙).

哀公曰; 敢問何如斯可謂庸人矣?

孔子對曰; 所謂庸人者, 口不能道善言, 心不知色色,³ 不知選賢人善士, 託其身焉以爲己憂. 勤⁴行不知所務, 止交⁵不知所定. 日選擇於物,⁶ 不知所貴, 從物如流, 不知所歸. 五鑿⁷爲正心從而壞. 如此則可謂庸人矣.

哀公曰; 善! 敢問何如斯可謂士矣?

孔子對曰; 所謂士者, 雖不能盡道術, 必有率⁸也, 雖不能徧美善, 必有處⁹也. 是故知不務多, 務審其所知, 言不務多, 務審其所謂, 行不務多, 務審其所由. 故知旣已知之矣, 言旣已謂之矣, 行旣已由¹⁰之矣, 則若性命¹¹肌膚之不可易也. 故富貴不足以益也, 卑賤不足以損也. 如此則可謂士矣.

哀公曰; 善! 敢問何如斯可謂之君子矣?

孔子對曰; 所謂君子者, 言忠信而心不德.¹² 仁義在身而色不伐, 思慮明通而辭不爭. 故猶然¹³如將可及者, 君子也.

哀公曰; 善! 敢問何如斯可謂賢人矣?

---

2 庸人(용인) : 평범한 사람, 보통 사람.
3 色色(색색) : 읍읍(邑邑)의 잘못(郝懿行). 조심하는 모양, 긴장하고 있는 모양.
4 勤(근) : 동(動)의 잘못(郝懿行). 움직임.
5 止交(지교) : 지립(止立)의 잘못(盧文弨). 멈춰 서는 것.
6 選擇於物(선택어물) : 사물에 선택을 당하다, 사물에 자신이 끌리는 것.
7 五鑿(오착) : 오규(五竅). 귀·눈·코·입·심장의 다섯 가지 욕망.
8 率(솔) : 따르는 것, 따르는 법도.
9 處(처) : 처신하는 곳, 목표.
10 由(유) : 따르다, 행하다.
11 性命(성명) : 생명, 타고난 목숨.
12 不德(부덕) : 자기의 덕이라 내세우지 않는 것.
13 猶然(유연) : 평범한 모양.

孔子對曰; 所謂賢人者, 行中規繩[14]而不傷於本, 言足法於天下而不傷於身, 富有天下而無怨財,[15] 布施天下而不病貧. 如此則可謂賢人矣.

哀公曰; 善! 敢問何如斯可謂大聖矣?

孔子對曰; 所謂大聖者, 知通乎大道, 應變而不窮, 辨乎萬物之情性[16]者也. 大道者, 所以變化遂成萬物也, 情性者, 所以理然不[17]取舍也. 是故其事大辨[18]乎天地. 明察乎日月, 總要萬物於風雨. 繆繆[19]肫肫,[20] 其事不可循. 若天之嗣,[21] 其事不可識, 百姓淺然,[22] 不識其鄰.[23] 若此則可謂大聖矣.

哀公曰; 善!

| 해설 |

사람에는 보통 사람 · 선비 · 군자 · 현명한 사람 · 성인의 다섯 등급으로 나누어 각각 그들의 특징을 설명하고 있다.

---

14 規繩(규승) : 목수들이 쓰는 굽은 자와 먹줄, 곧 규범.
15 怨財(원재) : 원은 온(蘊)과 통하여, 사재를 쌓는 것.
16 情性(정성) : 실정과 본성.
17 然不(연불) : 연부(然否), 그러한 것과 그렇지 않은 것.
18 大辨(대변) : 대편(大徧), 크게 펼쳐 있는 것(王念孫).
19 繆繆(목목) : 목목(穆穆), 조화롭고 아름다운 모양.
20 肫肫(순순) : 순순(純純), 정세하고 빈틈없는 모양.
21 嗣(사) : 사(司)의 뜻(王念孫)으로, 일을 주관하는 것.
22 淺然(천연) : 얕은 모양, 알아보기 쉬운 모양.
23 鄰(린) : 가까이 있는 것, 직접 자신에게 작용하고 있는 것.

3

노나라 애공이 공자에게 순임금의 관(冠)에 대해 물었으나 공자는 대답하지 않으셨다. 세 번 물어도 대답하지 않자 애공이 말하였다.

"내가 선생께 순임금의 관에 대해 물었는데 어찌하여 말하지 않소?"

공자께서 대답하셨다.

"옛날 왕자 중에 허술한 옷을 입었던 분이 있었으나, 그분은 살리기는 좋아하면서 죽이기는 싫어하는 정치를 하였습니다. 그리하여 늘어선 나무에는 봉황새가 날아들고, 교외의 들에는 기린이 뛰어 놀았으며, 까마귀와 까치의 둥지도 몸을 굽혀 들여다볼 수 있는 곳에 만들었습니다. 임금께선 이런 것은 묻지 않고 순임금의 관에 대해서만 묻기에 대답하지 않았습니다."

| 원문 |

魯哀公問舜冠於孔子, 孔子不對. 三問, 不對. 哀公曰; 寡人**1**問舜冠於子, 何以不言也?

孔子對曰; 古之王者有務**2**而拘領**3**者矣, 其政好生而惡殺焉. 是以鳳**4**在列樹, 麟**5**在郊野, 烏鵲**6**之巢**7**可俯而窺**8**也. 君不此問, 而問舜冠, 所以

---

1 寡人(과인) : 임금이 자기 자신을 가리켜 부르는 말.
2 務(무) : 모(冒)와 통해, 옷이나 모자를 뒤집어쓰거나 입는 것.
3 拘領(구령) : 구령(句領), 곡령(曲領)이라고도 부른다. 옛날의 정복인 방령(方領)이 모난 옷깃인 데 비해, '구령'은 옷깃이 굽은 것으로 허술한 막옷을 뜻한다.
4 鳳(봉) : 봉황새. 임금에게 덕이 있고 나라가 태평스러우면 나타난다는 전설적인 새.
5 麟(린) : 기린. 태평스런 시대에만 나타난다는 어진 짐승.
6 烏鵲(오작) : 까마귀와 까치.

不對也.

| 해설 |

임금에게 중요한 것은 덕이지 옷이 아니다. 덕이 있다면 옷은 아무렇게나 입어도 세상이 평화로워진다. 공자는 애공에게 옷보다 덕에 관심을 두라고 충고하고 있다.

4

노나라 애공이 공자에게 물었다.
"나는 깊은 궁전 안에서 태어나 부인들 손에 자랐습니다. 나는 슬픔에 대해서도 전혀 모르고, 걱정에 대해서도 전혀 모르고, 수고로움에 대해서도 전혀 모르고, 두려움에 대해서도 전혀 모르고, 위험에 대해서도 전혀 모릅니다."
공자께서 말씀하셨다.
"임금의 질문은 성군의 질문이십니다. 저는 소인인데 어찌 그런 것에 대해 알 수가 있겠습니까?"
"선생께서는 들어보지 못한 일이란 없지 않습니까?"
공자께서 말씀하셨다.
"임금은 종묘의 문으로 들어가서는 오른편으로 나아가 주인이 오르는 조계(阼階)를 통해 당(堂)으로 오르고, 몸을 젖혀서는 서까래와

---

7 巢(소) : 둥지.
8 俯而窺(부이규) : 몸을 굽혀 들여다보다. 세상이 극도로 태평스러워 까마귀나 까치도 사람을 겁내지 않고 낮은 곳에 집을 짓는다는 뜻.

들보를 바라보고, 몸을 굽혀서는 안석과 자리를 굽어봅니다. 이때 조상들의 물건은 그대로 있는데 그분들은 안 계십니다. 임금께서 이를 바탕으로 슬픔을 생각하신다면 어찌 슬픔을 느끼지 않겠습니까?

임금께서는 새벽에 일어나 머리를 빗고 관을 쓰고 이른 아침에 조회에 나가시는데, 한 가지 사물이라도 적절히 호응하지 않는다면, 그것은 혼란의 단서가 됩니다. 임금께서 이를 바탕으로 걱정을 생각하신다면 어찌 걱정을 하지 않겠습니까?

임금께서는 이른 아침에 조회에 나가셨다가 해질 무렵에 물러나오시는데, 제후의 자손들 중에 틀림없이 망명해 조정의 말석에서 일하고 있는 이가 있습니다. 임금께서 이를 바탕으로 수고로움을 생각하신다면 어찌 수고로움이 느껴지지 않겠습니까?

임금께서 노나라의 사방 문 밖으로 나가 노나라 사방의 교외를 바라보신다면, 망한 나라의 폐허가 줄지어 반드시 여러 구획에 있을 것입니다. 임금께서 이를 바탕으로 두려움을 생각하신다면 어찌 두려움이 느껴지지 않겠습니까?

또한 제가 듣건대 임금이 배라면 백성들은 물이라 하였습니다. 물은 배를 띄우기도 하지만 배를 둘러엎기도 합니다. 임금께서 이를 바탕으로 위험을 생각하신다면 어찌 위험이 느껴지지 않겠습니까?"

| 원문 |

魯哀公問於孔子曰: 寡人生於深宮之中, 長於婦人之手, 寡人未嘗知哀也, 未嘗知憂也, 未嘗知勞也, 未嘗知懼也, 未嘗知危也.

孔子曰: 君之所問, 聖君之問也. 丘, 小人也, 何足以知之?

曰: 非吾子無所聞之也.

孔子曰; 君入廟門而右, 登自阼階,[1] 仰視榱棟,[2] 俛[3]見几筵.[4] 其器[5]存, 其人亡. 君以此思哀, 則哀將焉而不至矣?

君昧爽[6]而櫛冠,[7] 平明[8]而聽朝, 一物不應,[9] 亂之端也. 君以此思憂, 則憂將焉而不至矣?

君平明而聽朝, 日昃[10]而退, 諸侯之子孫, 必有在君之末庭[11]者. 君以此思勞, 則勞將焉而不至矣?

君出魯之四門, 以望魯四郊, 亡國之虛則[12]必有數蓋[13]焉. 君以此思懼, 則懼將焉而不至矣?

且丘聞之, 君者, 舟也, 庶人者, 水也. 水則載舟, 水則覆舟. 君以此思危, 則危將焉而不至矣?

| 해설 |

임금이 슬픔·걱정·수고로움·두려움·위험 등의 감정을 올바로 지니는 법에 대한 공자의 설명이다.

---

1 阼階(조계) : 동쪽 섬돌, 주인이 이용하는 섬돌임.
2 榱棟(최동) : 서까래와 들보.
3 俛(면) : 몸을 굽히는 것.
4 几筵(궤연) : 안석과 자리.
5 其器(기기) : 조상들이 쓰던 기물.
6 昧爽(매상) : 새벽, 날이 밝으려 할 때.
7 櫛冠(줄관) : 빗질을 하고 관을 쓰다.
8 平明(평명) : 이른 아침.
9 不應(불응) : 제대로 호응치 않는 것, 잘 되지 않는 것.
10 昃(측) : 해가 기우는 것.
11 末庭(말정) : 조정의 말석.
12 虛則(허칙) : 허열(虛列)의 잘못(盧文弨), 폐허가 줄지어 있는 것.
13 數蓋(수개) : 수구(數區), 몇 구획.

5

노나라 애공이 공자에게 물었다.

"넓은 띠를 매고 주나라 관이나 은나라 관을 쓰는 것이 어짐의 덕에 보탬이 됩니까?"

공자께서는 얼굴빛을 바꾸면서 말씀하셨다.

"임금께서는 어찌하여 그런 말씀을 하십니까? 상복을 입고 대지팡이를 짚고 상을 치르는 사람이 음악을 듣지 않는 것은, 그의 귀가 듣지 못하기 때문이 아니라 그의 옷이 그렇게 만드는 것입니다. 보무늬 윗옷에 불무늬 아래옷을 입고 제사지내는 사람이 파나 부추를 먹지 않는 것은, 그의 입이 맛을 모르기 때문이 아니라 그의 옷이 그렇게 만드는 것입니다.

또한 제가 듣건대, '장사를 좋아하는 사람은 계속 흥정하려 하며, 덕망 있는 사람은 장사를 하지 않는다' 고 했습니다. 그들에게 이익이 있는 것과 이익이 없는 것을 잘 살펴보면, 임금께서도 그 까닭을 아실 것입니다."

| 원문 |

魯哀公問於孔子曰; 紳[1]委[2]章甫,[3] 有益於仁乎?

孔子蹴然[4]曰; 君號然[5]也? 資衰[6]苴杖[7]者不聽樂, 非耳不能聞也, 服使

---

1 紳(신) : 예복에 매는 넓은 띠.
2 委(위) : 주나라의 관 이름.
3 章甫(장보) : 은나라의 관 이름.
4 蹴然(축연) : 얼굴빛이 변하는 모양.
5 號然(호연) : 호연(胡然), 어찌하여 그런 말을 하는가?

然也. 黼⁸衣黻⁹裳者不茹葷,¹⁰ 非口不能味也, 服使然也.

且丘聞之, 好肆¹¹不守折,¹² 長者不爲市. 察其有益與其無益, 君其知之矣.

| 해설 |

옷은 예의의 형식이지만 그 옷을 입은 사람의 마음에도 큰 영향을 미친다는 것이다.

6

노나라 애공이 공자에게 물었다.
"사람을 임용하는 방법에 대해 여쭙고자 합니다."
공자께서 대답하셨다.
"욕망이 넘치는 자는 임용하지 마십시오. 억지를 쓰는 자는 임용하지 마십시오. 말이 많은 자는 임용하지 마십시오. 욕망이 넘치는 자는 탐욕스럽고, 억지를 쓰는 자는 어지럽히고, 말이 많은 자는 거짓말을 하게 됩니다.

그러므로 활은 잘 조절된 다음에 강한 것을 구해야 하고, 말은 잘

---

6 資衰(자최) : 상복 이름.
7 苴杖(저장) : 상주가 짚는 대지팡이.
8 黼(보) : 제5편 비상 제8절 참조.
9 黻(불) : 제5편 비상 제8절 참조.
10 茹葷(여훈) : 파·부추 따위를 먹다.
11 好肆(호사) : 장사를 좋아하다, 물건 사고 파는 것을 좋아하다.
12 不守折(불수절) : 절은 에누리. 한 번 에누리한 것을 지키지 않고 계속 물건 값을 흥정하는 것.

훈련된 다음에 훌륭한 것을 구해야 하며, 선비는 신의가 있고 성실한 다음에 지혜와 능력 있는 사람을 구해야 합니다. 선비가 신의가 없고 성실하지도 않으면서 많은 지혜와 능력을 가지고 있다면 그는 마치 승냥이나 이리와 같아서, 몸을 가까이해서는 안 됩니다. 옛말에도 '제나라 환공은 그의 적이었던 사람을 임용하고, 진(晉)나라 문공은 도둑을 등용하였다. 그처럼 명철한 임금은 계책을 따르지 노여움을 좇지 않으며, 어리석은 임금은 노여움을 좇아 계책을 따르지 않는다. 계책이 노여움을 이기면 강하고, 노여움이 계책을 이기면 망한다.'고 하였습니다."

| 원문 |

魯哀公問於孔子曰; 請問取人.

孔子對曰; 無取健,[1] 無取詌,[2] 無取口啍,[3] 健, 貪也, 詌, 亂也, 口啍, 誕[4]也.

故弓調而後求勁[5]焉, 馬服[6]而後求良焉, 士信慤而後求知能焉. 士不信慤而有多知能, 譬之其豺狼[7]也, 不可以身尒[8]也. 語曰; 桓公用其賊,[9] 文公用其盜.[10] 故明主任計不信怒, 闇主信怒不任計. 計勝怒則彊, 怒勝計

---

1 健(건) : 욕망이 넘치는 사람.
2 詌(감) : 겸(拑)과 통하여(郝懿行), 억지를 쓰는 사람.
3 口啍(구톤) : 톤톤(啍啍)의 잘못(郝懿行). 말이 많은 사람.
4 誕(탄) : 거짓말을 하다, 근거 없는 말을 하다.
5 勁(경) : 강한 활.
6 服(복) : 길들이다, 훈련하다.
7 豺狼(시랑) : 승냥이와 이리.
8 尒(이) : 이(邇), 가까이하는 것.
9 賊(적) : 관중은 본디 환공과 싸우던 형 자규의 신하였으나, 뒤에 재상으로 등용하였다.

則亡.

| 해설 |

신의가 있고 성실한 사람을 등용해야 하며, 개인 감정을 버리고 나라를 위한 계책을 따라 사람을 써야 한다는 것이다.

7

정공이 안연에게 물었다.
"선생께서도 동야자가 훌륭한 수레몰이라는 말은 들었겠지요?"
안연이 대답하였다.
"훌륭하기는 합니다. 그러나 그의 말은 도망칠 것입니다."
정공은 불쾌하게 생각해 방안으로 들어와 곁에 있는 사람들에게 말하였다.
"군자도 본디 남을 모함한단 말인가?"
그런데 사흘만에 말을 관장하는 교인(校人)이 와서 아뢰었다.
"동야필의 말이 도망쳤습니다. 두 참마는 말배띠를 물어 뜯고 도망쳤고, 두 복마는 마구간으로 되돌아갔습니다."
정공은 자리에서 벌떡 일어나 말하였다.
"수레를 몰고 가서 안연을 불러오라!"
안연이 오자 정공이 말하였다.
"전날 내가 선생께 질문하자, 선생께선 동야필이 수레 모는 솜씨는

---

10 盜(도) : 진(晉)나라 두수(頭須)는 나라의 재물을 훔쳤으나, 뒤에 문공이 등용하였다.

'훌륭하기는 합니다. 그러나 그의 말은 도망치게 될 것입니다' 라고 말하였소. 선생께선 어떻게 그것을 아셨습니까?"

안연이 대답하였다.

"저는 정치를 통해서 그것을 알았습니다. 옛날에 순임금은 백성들을 매우 잘 부렸고, 조보는 말을 매우 잘 부려, 순임금은 그의 백성들을 곤경에 빠뜨리지 않았고, 조보는 그의 말을 곤경에 빠뜨리지 않았습니다. 그래서 순임금에게는 도망치는 백성이 없었고, 조보에게는 도망치는 말이 없었습니다.

지금 동야필이 수레를 모는 것을 보면, 수레에 올라가 말고삐를 잡으면 말재갈과 말의 몸이 바르게 되고, 걷는 것과 빨리 걷는 것과 달리는 것의 조련이 예에 다 들어맞습니다. 그러나 험난한 길을 지나 먼 곳을 달려왔다면 말의 힘이 다하였을 터인데도, 여전히 끊임없이 말에게 올바로 수레를 끌 것을 요구하고 있으니, 그것으로 알았던 것입니다."

정공이 말하였다.

"훌륭한 말씀이오. 좀 더 말씀해 주실 수 있겠소?"

안연이 대답하였다.

"제가 듣건대, 새는 궁지에 몰리면 주둥이로 쪼고, 짐승은 궁지에 몰리면 발로 할퀴며, 사람은 궁지에 몰리면 거짓말을 한다 했습니다. 예로부터 지금까지, 그의 백성들을 궁지에 몰아넣고도 위험하지 않았던 임금이란 없었습니다."

| 원문 |

定公[1]問於顔淵曰:[2] 東野子[3]之善馭乎?

顔淵對曰; 善則善矣. 雖然, 其馬將失.⁴

定公不悅, 入謂左右曰; 君子固讒人乎?

三日而校⁵來謁, 曰; 東野畢之馬失. 兩驂⁶列,⁷ 兩服入廄,⁸

定公越席而起曰; 趨⁹駕召顔淵!

顔淵至. 定公曰; 前日寡人問吾子, 吾子曰; 東野畢之馭善則善矣. 雖然, 其馬將失. 不識吾子何以知之?

顔淵對曰; 臣以政知之. 昔舜巧於使民, 而造父¹⁰巧於使馬. 舜不窮其民, 造父不窮其馬. 是以舜無失民, 造父無失馬也.

今東野畢之馭, 上車執轡,¹¹ 銜¹²體正矣, 步驟¹³馳騁, 朝¹⁴禮畢矣. 歷險致遠, 馬力盡矣. 然猶求馬不已, 是以知之也.

定公曰; 善! 可得少進¹⁵乎?

---

1 定公(정공): 노나라 임금. B.C. 509~B.C. 495 재위. 애공의 아버지. 이 정공이 공자를 중용하였다.
2 顔淵曰(안연왈): 그 밑에 자역문(子亦聞), 곧 '선생도 들었을 것'이라는 세 글자가 빠져 있다(盧文弨).
3 東野子(동야자): 동야필(東野畢). 정공의 수레몰이 이름.
4 失(실): 일(逸), 도망치다.
5 校(교): 교인(校人), 말 기르는 일을 관장하는 사람.
6 兩驂(양참): 두 참마. 옛날에는 네 마리의 말이 수레를 끄는 것이 정식이었는데, 바깥쪽의 두 마리를 참마라 하고, 안쪽의 두 마리를 복마라 하였다.
7 列(열): 열(裂). 말이 배띠를 물어뜯어 끊는 것.
8 廄(구): 마구간.
9 趨(추): 속히, 달려가다.
10 造父(조보): 제8편 유효 제12절 참조.
11 轡(비): 말고삐.
12 銜(함): 말재갈.
13 驟(취): 빨리 걷는 것.
14 朝(조): 조(調)와 통해(郝懿行), 조련이 잘 된 것.
15 少進(소진): 설명을 조금 더 하다.

顔淵對曰; 臣聞之, 鳥窮則啄,¹⁶ 獸窮則攫,¹⁷ 人窮則詐. 自古及今. 未有窮其下, 而能無危者也.

| 해설 |

수레를 끄는 말 얘기에서 시작하여 정치 얘기로 결론을 맺고 있다. 말과 마찬가지로 백성들도 궁지에 몰아넣으면 백성을 부리는 임금이 위태로워진다는 것이다.

---

16 啄(탁) : 주둥이로 쪼다.
17 攫(확) : 발로 치다, 발톱으로 할퀴다.

제 3 2 편

요임금과 순임금의 대화
堯問

이 편은 요임금과 순임금의 대화, 전국 시대 초기 병가인 오기의 일화, 주공의 교훈, 초나라 손숙오에 관한 얘기 등으로 이루어져 있다. 특히 끝부분에는 이 책 전체의 결론이라고도 할 수 있는 순자에 대한 그의 제자들의 칭송이 실려 있다. 여기에서는 순자가 공자에 못지 않은 훌륭한 인물이라고 말하고 있다.

1

요임금이 순에게 물었다.

"나는 온 천하를 따라오게 하고자 하는데, 어떻게 하면 되겠소?"

순이 대답하였다.

"한결같은 마음을 지니고 실수가 없도록 하며, 미세한 일이라 하더라도 태만히 행하지 말며, 충성과 신의를 가지고 게을리하는 일이 없다면, 천하는 스스로 따라올 것입니다.

한결같은 마음을 하늘이나 땅처럼 지니고, 미세한 일을 해와 달처럼 밝게 행하면, 충실함과 성의가 마음속에 가득해, 그것이 밖으로까지 퍼져 온 세상에 드러나게 될 것입니다.

천하란 것이 한 모퉁이에 있는 물건입니까? 어찌 억지로 그것을 따라오도록 할 수가 있겠습니까?"

| 원문 |

堯問於舜曰; 我欲致[1]天下, 爲之奈何?

對曰; 執一[2]無失, 行微[3]無惰, 忠信無勌.[4] 而天下自來.

執一如天地, 行微如日月, 忠誠盛於內, 賁[5]於外, 形[6]於四海.

天下其在一隅邪? 夫有何足致也?

---

1 致(치) : 따라오게 하다, 따르며 모여들게 하다.
2 執一(집일) : 한결같은 마음을 지니다.
3 行微(행미) : 미세한 일을 행하다.
4 勌(권) : 권(倦), 게을리하다.
5 賁(분) : 분(墳)의 뜻으로(郝懿行), 크게 되는 것, 커지다.
6 形(형) : 드러나다.

| 해설 |

순임금의 말을 빌려 온 천하를 자기에게 따라오도록 하는 방법을 설명하고 있다.

2

위나라 무후가 나랏일을 다루는 것이 합당하여 여러 신하들은 아무도 무후를 따르지 못하였다. 조정에서 물러나온 무후는 기쁜 빛을 띠고 있었다.

이때 오기가 말하였다.

"이제껏 초나라 장왕의 얘기를 임금께 들려준 사람이 있었습니까?"

무후가 말하였다.

"초나라 장왕의 얘기라니 어떤 것이오?"

오기가 대답하였다.

"초나라 장왕은 나랏일을 다루는 것이 합당하여 여러 신하들이 아무도 그를 따르지 못하자, 조정에서 물러나와 근심하는 얼굴빛을 띠고 있었습니다. 신읍(申邑)의 무신(巫臣)이 물러나와 물었습니다. '임금께서는 조정에서 일을 보시고는 걱정하는 기색이시니, 어째서 그렇습니까?'

장왕은 이렇게 대답했습니다. '내가 나랏일을 다루는 것이 합당하여 여러 신하들은 아무도 나를 따르지 못하는데, 그 때문에 걱정을 하고 있는 것이오. 은나라 재상 중훼(仲虺)는 제후가 스스로 스승으로 모실 분을 얻은 사람은 왕자가 되고, 좋은 벗을 얻은 사람은 패자가 되고, 의심스런 일을 해결해 줄 신하를 얻은 사람은 존속하고, 스스로 계획을 세우며 신하 중에 자기만한 자도 없는 사람은 멸망한다고 말하였소. 지금 나는 못났는데도 여러 신하들 중에는 나를 따를 만한 사람이 없으니, 우리 나라는 거의 망할 지경에 이른 듯하오. 그래서 걱정하는 것이오.'

초나라 장왕은 그 때문에 걱정을 하였으나 임금께서는 그 때문에 기뻐하고 계십니다."

무후는 우물쭈물하다가는 두 번 절하면서 말하였다.

"하늘이 선생으로 하여금 나의 잘못을 깨우쳐 주었소!"

| 원문 |

魏武侯[1]謀事而當, 羣臣莫能逮, 退朝而有喜色.

吳起[2]進曰; 亦[3]嘗有以楚莊王[4]之語, 聞於左右者乎?

武侯曰; 楚莊王之語, 何如?

吳起對曰; 楚莊王謀事而當, 羣臣莫逮, 退朝而有憂色. 申公巫臣[5]進問曰; 王朝而有憂色, 何也?

莊王曰; 不穀[6]謀事而當, 羣臣莫能逮, 是以憂也. 其在中蘬[7]之言也, 曰; 諸侯自爲得師者王, 得友者霸, 得疑者[8]存, 自爲謀而莫己若者亡.

---

1 魏武侯(위무후) : 진(晉)나라 대부 필만(畢萬)의 후손으로 문후(文侯)의 아들.
2 吳起(오기) : 전국 시대의 병가. 위나라 문후에게 중용되었으나, 무후 때에 모함을 받아 초나라로 갔다. 『오자(吳子)』라는 저술이 있다.
3 亦(역) : 강조를 나타내는 조사.
4 楚莊王(초장왕) : 춘추 시대 오패 중의 한 사람. 초나라를 다스려 강성케 하였다.
5 申公巫臣(신공무신) : 신읍의 대부인 무신(楊傓).
6 不穀(불곡) : 과인처럼 임금이 자신을 가리키는 말.
7 中蘬(중훼) : 중훼(仲虺). 은나라 탕임금의 좌상. 『서경』 중훼지고(仲虺之誥)편에 여기의 글과 비슷한 말이 있다.

今以不穀之不肖, 而羣臣莫吾逮, 吾國幾於亡乎! 是以憂也.

　楚莊王以憂, 而君以憙.⁹

　武侯逡巡¹⁰再拜曰; 天使夫子振¹¹寡人之過也.

| 해설 |

임금보다 우수한 신하가 많아야 나라가 잘 된다. 따라서 임금은 자기보다 우수한 인재를 등용하는 일에 힘써야 한다.

3

주공의 아들 백금(伯禽)이 노나라 임금으로 부임하려 할 때, 주공이 백금의 스승에게 말하였다.

"그대들이 부임하려 하는데, 어찌하여 제자의 미덕을 드러내 보이지 않는가?"

스승이 대답하였다.

"아드님의 사람됨은 너그러우며, 자기가 스스로 나서서 일을 하기 좋아하고, 신중합니다. 이 세 가지 미덕을 가지고 계십니다."

주공이 말하였다.

"아아! 사람의 결점을 가지고 미덕이라 하는가? 군자는 도덕을 좋아한다. 그러므로 그의 백성들은 올바른 도를 따르게 되는 것이다.

---

8 疑者(의자) : 의심스런 일을 해결해 주는 사람(楊倞).
9 憙(희) : 희(喜). 기뻐하다.
10 逡巡(준순) : 우물쭈물하다.
11 振(진) : 구해 주다, 깨우쳐 주다.

그가 너그럽다는 것은 선악의 분별이 없는 데서 나오는 것인데, 그대는 그것을 찬미하고 있다. 그는 또 자기가 스스로 나서서 일을 하기 좋아한다 했는데, 그것은 도량이 작기 때문이다. 군자는 소처럼 힘이 세다 하더라도 소와 힘을 겨루지 않고, 말처럼 달리기를 잘한다 하더라도 말과 달리기를 겨루지 않으며, 관리들과 같이 아는 것이 많다 하더라도 관리들과 아는 것을 다투지 않는 법이다. 그가 다툰다는 것은 비슷한 사람들을 대적하려는 기세 때문인데, 그대는 또 그것을 찬미하고 있다.

그가 신중하다는 것은 바로 그가 아는 것이 천박하기 때문이다. 듣건대 매일 선비들을 만나지 않으면 안 된다고 하였다. 선비들을 만나 잘 살피지 못하는 것은 없는가 물어보아야 할 것이다. 남에게 듣지 않으면 곧 사물에 대해서도 적게 접하게 되며, 적게 접하게 되면 아는 것이 천박해지는 것이다. 아는 것이 천박하다는 것은 천한 사람들의 방식이다. 그런데도 그대는 그것을 찬미하고 있다.

내 네게 얘기해 주마. 나는 문왕에게는 아들이 되고, 무왕에게는 아우가 되며, 성왕에게는 숙부가 된다. 나는 천하에서 천하지 않은 신분이다. 그러나 내가 폐백을 들고 가서 만난 사람들은 열 명 정도이다. 폐백을 가지고 온 사람에게 황송해 그것을 되돌려 주고 만난 사람들은 삼십 명 정도이다. 예모를 갖추어 접대한 훌륭한 사람은 백여 명이나 된다. 그리고 내게 와서 말하는 중도에 그만하라고 했던 자는 천여 명이나 된다. 이 중에서 나는 겨우 훌륭한 사람 셋을 얻었다. 그들을 바탕으로 나 자신을 올바로 건사하고, 천하를 안정시켰던 것이다.

그런데 내가 얻은 훌륭한 세 사람은 앞에서 얘기한 열 명과 삼십 명 중에서 나온 것이 아니라, 바로 백 명과 천 명 중에서 나왔던 것이다.

그러므로 상사(上士)에 대해서는 나는 간단히 예모를 갖추고, 하사(下士)에 대해서는 나는 후하게 예모를 갖추고 있다. 사람들은 모두가 내가 지나치게 선비들을 좋아한다고 말한다. 그러나 그 때문에 선비들이 내게 오는 것이다.

선비들이 찾아와야만 사물을 제대로 볼 수 있고, 사물을 제대로 보게 된 다음에야 옳은 것과 그른 것을 제대로 알게 된다.

경계하라! 네가 노나라의 권세를 가지고 사람들에게 교만히 굴면 위태로워진다. 봉록을 받는 관리들은 교만해도 괜찮을지 모르지만 자신을 올바로 건사하려는 사람은 교만해서는 안 된다. 자기 몸을 올바로 건사하려는 사람은 존귀한 신분을 버리고 천한 신분이 되고, 부귀함을 버리고 가난해지고, 안락함을 버리고 수고로워져, 얼굴빛이 새까맣게 된다 하더라도 자신의 위치를 잃지 않는 것이다.

그래서 천하의 기강은 무너지지 않고, 문화는 쇠퇴하지 않는 것이다."

| 원문 |

伯禽[1]將歸[2]於魯, 周公謂伯禽之傅[3]曰; 汝將行, 盍[4]志[5]而子[6]美德乎?

對曰; 其爲人寬, 好自用,[7] 以愼. 此三者, 其美德已.

---

1 伯禽(백금) : 주공 단의 아들, 노나라 제후에 봉해졌다.
2 將歸(장귀) : 처음으로 노나라 제후로 부임하려 하다.
3 傅(부) : 사부.
4 盍(합) : 하불(何不), 어찌하여 ~을 하지 않는가?
5 志(지) : 기록하다, 드러내 보이다.
6 而子(이자) : 그대의 제자, 백금을 가리킴.
7 自用(자용) : 스스로 나서서 먼저 일을 처리하는 것.

周公曰; 嗚呼! 以人惡爲美德乎? 君子好以道德, 故其民歸道.

彼其寬也, 出無辨⁸矣, 女又美之. 彼其好自用也, 是所以窶小⁹也. 君子力如牛, 不與牛爭力, 走如馬, 不與馬爭走, 知如士, 不與士爭知. 彼爭者, 均者¹⁰之氣也, 汝又美之.

彼其愼也, 是其所以淺也. 聞之曰; 無越踰,¹¹ 不見士. 見士問曰; 無乃不察乎? 不聞, 卽物少至,¹² 少至則淺. 彼淺者, 賤人之道也, 女又美之.

吾語女, 我, 文王之爲子, 武王之爲弟, 成王之爲叔父, 吾於天下不賤矣. 然而吾所執贄¹³而見者, 十人. 還贄¹⁴而相見者, 三十人. 貌執¹⁵之士者, 百有餘人. 欲言而請畢事¹⁶者, 千有餘人. 於是吾僅得三士焉, 以正吾身, 以定天下.

吾所以得三士者, 亡於十人與三十人中, 乃在百人與千人之中. 故上士吾薄爲之貌, 下士吾厚爲之貌. 人人皆以我爲越踰¹⁷好士. 然, 故士至. 士至而後見物,¹⁸ 見物然後知其是非之所在.

戒之哉! 女以魯國驕人, 幾¹⁹矣! 夫仰祿之士, 猶可驕也, 正身之士,

---

8 無辨(무변) : 선악 또는 시비의 분별이 없는 것.
9 窶小(구소) : 도량이 작은 것.
10 均者(균자) : 비슷하게 대적할 만한 자.
11 聞之曰無越踰(문지왈무월유) : 문지무월일(聞之無越日)의 잘못(俞樾)
12 物少至(물소지) : 사물이 적게 오다, 사물을 적게 접하다.
13 執贄(집지) : 사람들을 찾아갈 때 예물인 폐백을 갖추어 들고 가는 것.
14 還贄(환지) : 폐백을 가지고 와서 만나려 할 때 상대방이 존귀한 사람이라 생각되면 그 폐백을 돌려보내고 만나는 것이 예이다(『士見禮』鄭玄 注).
15 貌執(모집) : 예모를 갖추어 대접하는 것.
16 請畢事(청필사) : 중도에 그에 관한 얘기는 그만하라고 중지시키는 것.
17 越踰(월유) : 유(踰)는 잘못 끼어든 글자(俞樾). 지나치게.
18 見物(견물) : 사물을 제대로 보다.

不可驕也. 彼正身之士, 舍貴而爲賤, 舍富而爲貧, 舍佚而爲勞, 顏色黎黑而不失其所.

是以天下之紀不息, 文章[20]不廢也.

| 해설 |

노나라에 부임하는 아들 백금에게 주공이 훈계를 하는 말이 중심을 이룬다. 자기 몸을 올바로 건사하며 나라를 제대로 다스리려면 견문을 넓혀야 한다는 것이다.

4

옛말에 이런 얘기가 있다. 증나라의 국경을 관장하는 봉인이 초나라 재상 손숙오를 만나 말하였다.

"제가 듣건대, 벼슬자리에 오래 있는 사람은 다른 관리들이 시기하고, 봉록을 많이 받는 사람은 백성들이 원망하고, 지위가 높은 사람은 임금이 꺼린다 했습니다. 지금 재상께서는 이 세 가지를 다 가지고 있으면서도 초나라 관리와 백성들에게 미움을 받고 있지 않으니 어째서 그렇습니까?"

손숙오가 대답하였다.

"나는 세 번 초나라 재상을 지내면서 마음은 더욱 낮추었고, 봉록이 더해질 때마다 더욱 많이 베풀었으며, 지위가 높아질수록 예의를

---

19 幾(기) : 危(위), 위태롭다.
20 文章(문장) : 문화.

더욱 공경히 지켰소. 그래서 초나라의 관리와 백성들에게 미움을 받지 않고 있는 것이오."

| 원문 |

語曰: 繒¹丘之封人²見楚相孫叔敖³曰; 吾聞之也, 處官久者士妒之, 祿厚者民怨之, 位尊者君恨之. 今相國有此三者, 而不得罪⁴楚之士民, 何也?

孫叔敖曰; 吾三相楚而心瘉⁵卑, 每益祿而施瘉博, 位滋尊而禮瘉恭, 是以不得罪於楚之士民也.

| 해설 |

손숙오의 일화를 빌려 사람은 신분이 높을수록 겸손해야 함을 강조하고 있다.

5

자공이 공자에게 여쭈었다.

"저는 남보다 몸가짐을 낮게 하고 있사오나, 그렇게 해야 하는 까닭은 모르고 있습니다."

---

1 繒(증) : 증(鄫)(楊倞), 증구(繒丘)는 증나라.
2 封人(봉인) : 나라의 경계를 관장하는 사람.
3 孫叔敖(손숙오) : 춘추 시대 초나라 장왕의 명재상.
4 得罪(득죄) : 죄를 짓다. 미움을 받는 것.
5 瘉(유) : 유(愈), 더욱.

공자께서 말씀하셨다.

"남보다 몸가짐을 낮게 하는 것 말인가? 그것은 마치 땅과 같은 것이다. 그곳을 깊이 파면 단 샘물이 솟아난다. 거기에 심기만 하면 오곡이 무성해지고, 풀과 나무가 자라나며, 새와 짐승도 거기에서 생육되고, 살아 있는 것들은 그 위에 서 있으며, 죽으면 그 속으로 들어간다. 그 공로는 많으나 그 은덕을 내세우지는 않는다. 남보다 몸가짐을 낮게 하는 사람은 마치 땅과 같은 것이다."

| 원문 |

子貢問於孔子曰; 賜[1]爲人下, 而未知[2]也.

孔子曰; 爲人下者乎? 其猶土也. 深扣[3]之而得甘泉焉, 樹之而五穀蕃[4]焉, 草木殖焉, 禽獸育焉, 生則立焉, 死則入焉. 多其功而不息.[5] 爲人下者, 其猶土也.

| 해설 |

사람은 공손하고 공경스런 몸가짐을 지녀야 한다는 가르침이다.

---

1 賜(사) : 자공의 이름.
2 未知(미지) : 그 까닭을 알지 못한다.
3 扣(골) : 굴(掘)의 뜻, 파다.
4 蕃(번) : 번식하다, 무성히 자라다.
5 息(식) : 덕(悳)의 잘못(王引之). 자기의 은덕이라 내세우는 것.

6

옛날에 우(虞)나라는 궁지기(宮之奇)를 임용하지 않아 진(晉)나라에 병합되었고, 내(萊)나라는 자마(子馬)를 등용하지 않아 제나라에 병합되었다. 주왕은 왕자 비간의 심장을 도려내어 무왕이 그의 나라를 주벌하였다. 현명한 사람을 친근히 하지 않고 지혜로운 사람을 임용치 않았으므로, 그 자신도 죽고 나라도 망하였던 것이다.

| 원문 |

昔虞[1]不用宮之奇[2]而晉幷之, 萊[3]不用子馬[4]而齊幷之, 紂刳王子比干而武王得之. 不親賢用知, 故身死國亡也.

| 해설 |

어느 나라든 현명한 사람을 잘 임용해야 함을 강조한 말이다.

7

논설하는 사람들은 "손자는 공자만 못하다"고 하는데 그것은 그렇지 않다.

손자는 어지러운 세상에 몰렸고 엄한 형벌에 짓눌렸으며, 위로는

---

[1] 虞(우) : 춘추 시대에 지금의 산서성(山西省) 평릉현(平陵縣)에 있었던 작은 나라 이름.
[2] 宮之奇(궁지기) : 우나라의 현신. 진(晉)나라가 괵(虢)나라를 공격하기 위해 우나라를 통과하겠다고 통보해 왔을 때, 궁지기는 그것이 음모임을 알고 허락치 말 것을 제의했으나, 받아들여지지 않아 결국 진나라에게 멸망당하였다.
[3] 萊(래) : 지금의 산동성(山東省) 황현(黃縣) 부근에 있던 작은 나라.
[4] 子馬(자마) : 어떤 사람인지 알 수 없다.

어진 임금이 없었고 아래로는 포악한 진나라가 있었다. 예의는 행해지지 않고 교화는 이루어지지 않았으며, 어진 사람은 핍박을 당하고 온 세상이 어두웠으며, 행동이 온건한 사람도 중상을 당하고 제후들은 망해 가는 세상에 살았다.

이런 세상을 만나면 지혜로운 사람도 생각할 수가 없고 능력 있는 사람도 다스릴 수 없으며 현명한 사람도 벼슬할 수 없게 된다. 그러므로 임금은 가려져 아무것도 보지 못하고, 현명한 사람은 막혀 받아들여지지 않는다. 그리하여 손자는 성인이 되려는 마음을 품고 있었으나, 일부러 미친 사람 같은 행색을 하고 세상에 어리석은 사람처럼 보였던 것이다. 『시경』에 "밝고도 어짊으로써 그의 몸을 보전하네."라 읊은 것은 이를 두고 노래한 것이다. 이것이 그의 명성이 드러나지 않고 제자들이 많지 않으며, 빛이 널리 비추이지 못한 까닭이다.

지금의 학자들도 손자가 남긴 말과 남긴 가르침을 지키면 충분히 천하의 법도에 모범이 될 수 있을 것이며, 그가 있는 곳은 잘 다스려지고 그가 지나는 곳은 교화를 받게 될 것이다.

그의 훌륭한 행동은 공자 못지않다. 세상은 자세히 살펴보지 않고 성인이 아니라고 하니 어쩔 것인가? 세상이 다스려지지 않았음은 손자가 시대를 잘못 만난 때문이었다. 그의 덕은 요임금이나 우임금 같았는데 세상에는 그를 알아주는 이 적었고, 그의 학문은 쓰이지 않고 사람들의 의심을 받았다. 그의 지혜는 지극히 밝고, 올바른 도를 따라 바르게 행동하였으니, 충분히 세상의 규범이 될 만하다.

아아, 현명하도다! 마땅히 제왕이 될 분이었으나 온 세상이 알지 못하였다. 걸·주 같은 이를 훌륭하다 하고, 현명하고 훌륭한 이를 죽였다. 비간 같은 충신의 심장을 도려내고, 공자는 광 땅에서 환난을 당했으며, 접여는 세상을 피하고, 기자는 미친 척하였다. 한편 제나라 전상은 난리를 일으키고, 오왕 합려는 무력을 휘둘렀다. 악한 일을 한 자는 복을 받았고 선한 사람은 재앙을 당하였다.

지금 논설하는 사람들은 또 그 사실은 살펴보지 않고 바로 그러한 평판을 믿는다. 시대와 세상이 다른데 명예가 어떻게 생겨나겠는가? 정치를 할 수가 없는데 공을 어떻게 이룰 수가 있는가? 뜻을 닦았고 덕이 두터웠으니 누가 현명하지 않다고 말하는가?

| 원문 |

爲說者曰；孫卿不及孔子. 是不然.

孫卿迫於亂世, 鰌[1]於嚴刑, 上無賢主, 下遇暴秦, 禮義不行, 敎化不成, 仁者絀約,[2] 天下冥冥,[3] 行全刺[4]之, 諸侯大傾.

當是時也, 知者不得慮, 能者不得治, 賢者不得使. 故君上蔽[5]而無覩,[6] 賢人距[7]而不受. 然則孫卿懷將聖之心, 蒙[8]佯狂[9]之色, 視天下以愚. 詩曰；[10] 旣明且哲, 以保其身. 此之謂也. 是其所以名聲不白,[11] 徒與[12]不

---

1 鰌(추) : 밑에 깔리는 것.
2 絀約(굴약) : 핍박을 당하는 것.
3 冥冥(명명) : 어두운 것, 혼란한 것.
4 刺(자) : 찌르는 것, 중상하는 것.
5 蔽(폐) : 가르는 것.
6 覩(도) : 보는 것.
7 距(거) : 막히는 것.
8 蒙(몽) : 뒤집어쓰는 것.
9 佯狂(양광) : 거짓으로 미친 체하는 것.
10 詩曰(시왈) : 『시경』 대아(大雅) 증민(蒸民)편에 보이는 구절.
11 白(백) : 뚜렷해지는 것, 드러나는 것.
12 徒與(도여) : 그를 따르는 제자들.

衆, 光輝不博也.

今之學者, 得孫卿之遺言餘教, 足以爲天下法式表儀.[13] 所存者神, 所過者化.

觀其善行, 孔子弗過. 世不詳察, 云非聖人, 奈何?[14] 天下不治, 孫卿不遇時也. 德若堯禹, 世少知之, 方術[15]不用, 爲人所疑. 其知至明, 循道正行, 足以爲紀綱.

嗚呼! 賢哉! 宜爲帝王, 天下不知. 善桀紂, 殺賢良. 比干[16]剖心, 孔子拘匡,[17] 接輿[18]避世, 箕子[19]佯狂. 田常[20]爲亂, 闔閭[21]擅彊.[22] 爲惡得福, 善者有殃.

今爲說者, 又不察其實, 乃信其名. 時世不同, 譽何由生? 不得爲政, 功安能成? 志修德厚, 孰謂不賢乎?

| 해설 |

이것은 순자의 제자가 쓴 글로, 순자는 공자 못지않게 훌륭한 성인이었는데, 다만 세상을 잘못 만나 뜻을 이루지 못하였다는 내용이다.

어떻든 순자 자신도 어지러운 세상을 누구보다도 잘 인식하고 있었던

---

13 表儀(표의) : 모범, 규범.
14 奈何(내하) : 어찌할 것인가? 어쩌면 좋은가?
15 方術(방술) : 그의 학문, 세상을 올바로 다스리는 방법.
16 比干(비간) : 제8편 유효 제11절 참조.
17 拘匡(구광) : '광'은 위(衛)나라에 속해 있던 땅 이름, 지금의 하북성(河北省) 장원현(長垣縣) 서남 지방. 공자는 제자들과 이 지방을 지나다 곤경에 처한 일이 있다.
18 接輿(접여) : 초(楚)나라의 어진 사람으로 미친 체하며 숨어 살았다.
19 箕子(기자) : 제8편 유효 제11절 참조.
20 田常(전상) : 제나라의 신하로서 임금을 죽이고 나라를 차지했던 사람.
21 闔閭(합려) : 춘추 시대 오(吳)나라의 왕. 월(越)왕 구천(勾踐)과의 싸움이 유명하다.
22 擅彊(천강) : 무력을 휘두르는 것.

듯하다. 그의 성악설을 비롯해 후왕 사상 등은 세상의 혼란을 의식하고 있었던 데서 우러난 것이다. 이런 점 때문에 순자는 뒤에 덕을 존중하는 유가의 정통에서 맹자에게 밀려날 수밖에 없었다.